Nadvornik/Kofler/Renner/Schwarz

•

Steuergestaltung und Betriebswirtschaft

Steuergestaltung und Betriebswirtschaft

Gründung – Expansion – Sanierung – Unternehmensnachfolge

Festschrift
für Josef Schlager zum 65. Geburtstag

herausgegeben von

Wolfgang Nadvornik
Herbert Kofler
Bernhard Renner
Reinhard Schwarz

Bibliografische Information der Deutschen Nationalbibliothek

Die Deutsche Nationalbibliothek verzeichnet diese Publikation in der Deutschen Nationalbibliografie; detaillierte bibliografische Daten sind im Internet über http://dnb.d-nb.de abrufbar.

Das Werk ist urheberrechtlich geschützt. Alle Rechte, insbesondere die Rechte der Verbreitung, der Vervielfältigung, der Übersetzung, des Nachdrucks und der Wiedergabe auf fotomechanischem oder ähnlichem Wege, durch Fotokopie, Mikrofilm oder andere elektronische Verfahren sowie der Speicherung in Datenverarbeitungsanlagen, bleiben, auch bei nur auszugsweiser Verwertung, dem Verlag vorbehalten.

ISBN 978-3-7073-1505-9

Es wird darauf verwiesen, dass alle Angaben in diesem Fachbuch trotz sorgfältiger Bearbeitung ohne Gewähr erfolgen und eine Haftung der Autoren oder des Verlages ausgeschlossen ist.

© LINDE VERLAG Ges.m.b.H., Wien 2012
1210 Wien, Scheydgasse 24, Tel.: 01/24 630
www.lindeverlag.at

Druck: Hans Jentzsch u Co. Ges.m.b.H.
1210 Wien, Scheydgasse 31

Vorwort

Bei der vorliegenden Schrift handelt es sich um eine nach Aktualitäts- sowie Relevanzaspekten ausgewählte Sammlung steuerlicher und damit zusammenhängender betriebswirtschaftlicher und juristischer Fragestellungen in Verbindung mit dem Lebenszyklus von Unternehmen. Wenngleich dabei wissenschaftliche Forschungsbeiträge im Sinne der Anwendungsorientierung überwiegen, wurden wissenschaftliche Grundlagenforschung wie auch reine Praxisorientierung integriert.

Dieser umfassende Konnex sowohl in thematischer wie auch methodischer Hinsicht hat nicht allein die Aufgabe, Erkenntnisse im Rahmen der betriebswirtschaftlichen Steuerlehre (in einem sehr weiten Sinn) dem Leser/der Leserin zu vermitteln, sondern: Es soll ihm in hohem Maße **Symbolkraft** zukommen!

Genau dieses weitumfassende „Etwas Zusammengefügtes" (im Griechischen eben „Symbol" – σύμβολον) steht für das berufliche Wirken von Honorarprofessor, Wirtschaftsprüfer, Steuerberater, allgemein beeidetem und gerichtlich zertifiziertem Sachverständigem, kurzum der Person, dem Menschen, Josef *Schlager*.

Josef *Schlager*, ein ganz besonderer Mensch, dessen wissenschaftliche Neugierde, Belesenheit, Intellekt, praktische Erfahrung sowie methodologische Kompetenz für die Betriebswirtschaft und ganz besonders für die betriebswirtschaftliche Steuerlehre in Forschung, Lehre und Praxis prägenden Einfluss hatten, haben und haben werden.

Die hervorragenden Leistungen von Josef *Schlager*, seine persönliche Integrität, sein Handeln auf dem Fundament von menschlicher Wertschätzung, sozialer Kompetenz und Humanismus finden in diesem Vorwort nicht ausreichend Platz. Wir freuen uns deshalb, auf den folgenden Seiten Würdigungen für Josef *Schlager* veröffentlichen zu können.

Wir danken allen Autorinnen und Autoren, die mitgeholfen haben, diese Festschrift mit ihren wertvollen Beiträgen zu verwirklichen, um damit ein Symbol für das bisherige und zukünftige Lebenswerk von Josef *Schlager* zu setzen. Wie könnte dieses Symbol gerade bei Josef *Schlager*, dem Maß aller Dinge in puncto fachlicher Belesenheit, geeigneter als in Buchform gesetzt werden!

Herzlichen Dank in diesem Zusammenhang auch an den Linde Verlag, namentlich Prof. Dr. Oskar Mennel und Mag. Roman Kriszt, der durch seine unbürokratische, flexible und höchst kompetente Unterstützung dieses Buchprojektes die Veröffentlichung in einer solch ansprechenden Art und Weise ermöglichte, an das umsichtige Lektorat durch Frau Clara Anschuber, an Frau Verena Renner für ihren fachkundigen Rat betreffend das Altgriechische sowie an Frau Barbara Herbst für ihre unermüdliche organisatorische Betreuung.

Klagenfurt, Leonding und Steyr im Juli 2012

Wolfgang Nadvornik
Herbert Kofler
Bernhard Renner
Reinhard Schwarz

Publikationsliste

Hon.-Prof. Mag. Dr. Josef Schlager

1. Zur Anwendung des Mißbrauchstatbestandes (§ 22 BAO) bei „Beurkundung gebührenpflichtiger Rechtsgeschäfte im Ausland", in SWK 1977, A VI, 92ff.
2. Die unternehmerische Steuergestaltung, Planung-Durchsetzbarkeit-Grenzen, Unternehmung und Gesellschaft, Schriftenreihe des Journal für Betriebswirtschaft, Wien 1978.
3. Probleme im Spannungsfeld zwischen Unternehmen und steuerlicher Betriebsprüfung, in SWK 1978, A V, 3ff.
4. (gemeinsam mit *Bertl, J.*) Belastungswirkungen der Behandlung von Personenkraftwagen und der Änderung hinsichtlich der Pensionen und Abfertigungen im 2. AbgÄndG 1977, in *Vodrazka, K.* (Hrsg), Kraftfahrzeuge und Sozialkapital, Schriftenreihe des Journal für Betriebswirtschaft, Wien 1978, 105ff.
5. Einfluß der Steuerrechtsprognose auf die Risikopolitik der Unternehmung, in *Heigl, A., Uecker, P.* (Hrsg), Betriebswirtschaftslehre und Recht, Bericht von der wissenschaftlichen Tagung des Verbandes der Hochschullehrer für Betriebswirtschaft eV vom 17. bis 19. Mai 1978 in Nürnberg, Wiesbaden 1979, 329ff.
6. Vom Nutzen der betriebswirtschaftlichen Steuerlehre – ein Wegweiser durch die Literatur, in JfB 1979, 37ff.
7. Wie formal kann § 4 Abs 1 Z 3 lit b GrEStG ausgelegt werden? – Unerwartetes Steuerrisiko durch VwGH Erkenntnisse, in SWK 1979, A VII, 15ff.
8. Die Behandlung von Steuerbegünstigungen (§§ 4 Abs 7, 8 bis 12, 13 EStG) bei der Veräußerung und dem Erwerb von Mitunternehmeranteilen, SWK 1979, A I, 199ff.
9. Objektivierte Steuerwirklichkeit, in Der Wirtschaftstreuhänder 6/1979, 13ff.
10. Ärger mit der „erwarteten" Grunderwerbsteuerbefreiung – zur Auslegung des § 4 Abs 1 Z 2 GrEStG nach Abschluß des Gesetzesprüfungsverfahrens, in FJ (GuVStR) 1980, 1ff.
11. Steuerreformprobleme aus einzelwirtschaftlicher Sicht, in JfB 1980, 36ff.
12. Wozu Bilanzen gut sind, in thema 6/1980, 32ff.
13. Der Einfluß des Steuerrechts auf die nach Handelsrecht aufzustellenden Jahresabschlüsse – Einzelprobleme und Tendenzen, in Wirtschaftlichkeit 1979, Wien 1980, 65ff.
14. Grundfragen und Zweifelsfälle der Buchführungs- und Bilanzierungspraxis, in SWK 1980, 57ff.
15. Ausbau der Finanzrechnung der Unternehmer durch den Wirtschaftstreuhänder, in Der Wirtschaftstreuhänder 3/1980, 14ff, 4/1980, 12ff, 5/1980, 18ff, 1/1981, 2.
16. (gemeinsam mit *Bertl, J.*) Die bilanzielle und steuerliche Behandlung der Finanzierungskosten bei langfristiger Fertigung, in FJ 1981, 8ff, 23ff, 43ff.
17. Bemerkungen zur betriebswirtschaftlichen und steuerlichen Begutachtung bei der Enteignung von unternehmerisch genutzten Liegenschaften, in *Rummel, P., Schlager, J.*, Enteignungsentschädigung, Wien 1981, 207ff.

18. Besteuerungsfolgen und steuerliche Gestaltungsmöglichkeiten in Enteignungsfällen, in FJ 1982, 29ff, 42ff, 59ff.
19. Die umsatzsteuerliche Behandlung von „Durchlaufposten" bei Freiberuflern, in FJ 11/1983, 181f.
20. Steuerliche Belange beim internationalen Leistungsaustausch im Consulting, in Ingenieurvermessung 84, Beiträge zum internationalen Kurs für Ingenieurvermessung Graz, Bonn 1984, F 5ff.
21. (gemeinsam mit *Briedl, S.*) Problematische Bindung an die ordnungsmäßige Buchführung, in SWK 1985, A I, 107ff.
22. (gemeinsam mit *Bertl, J./Kofler, H.*) Der Verlustvortrag bei entgeltlicher und unentgeltlicher Rechtsnachfolge, in SWK 1986, A I, 333ff.
23. Steuerliches Hintergrundwissen bei der Wahl der optimalen Rechtsform, in Der Wirtschaftstreuhänder 1/1987, 10ff.
24. § 23a EStG: Antragsveranlagung und Eintragungen auf der Lohnsteuerkarte, in Der Wirtschaftstreuhänder 2/1987, 9.
25. Informationsfluß und Informationsverarbeitung im gegenwärtigen Steuersystem, in Der Wirtschaftstreuhänder 2/1987, 27.
26. Steuerung des Abgabenverfahrens durch die EDV der Finanzverwaltung, in Der Wirtschaftstreuhänder 3/1987, 26.
27. Einnahmen-Ausgaben-Rechner auch weiterhin ohne Verlustvortrag, in SWK 1987, A I, 129ff.
28. „Gewinnpooling" als unternehmerisches Gestaltungselement zur Bewältigung schwankender Wirtschaftslagen – betriebswirtschaftliche, zivil- und steuerrechtliche Beurteilung, in ÖStZ 1988, 34ff.
29. Steuerberatungsbetriebe im Ausland – Aufgaben und Anforderungen, in Der Wirtschaftstreuhänder 2/1988, 6.
30. Von der Steuerplanung zum Steuercontrolling, in Der Wirtschaftstreuhänder 4/1988, 7.
31. Betriebsaufgabeorientierte Steuerpolitik (Buchbesprechung), in Der Wirtschaftstreuhänder 6/1988, 23f.
32. Risikoanalyse und Revision des Telefax-Einsatzes, in SWK 1989, C 6ff.
33. Der Stichtag für die Ermittlung des gemeinen Wertes, in SWK 1989, A IV 9f.
34. Spannungsfeld Beitragsprüfung, in Der Wirtschaftstreuhänder 2/1989, 6f.
35. Namenlose Provisionszahlungen als Betriebsausgaben, in Der Wirtschaftstreuhänder 3/1989, 6ff.
36. Ordnungsmäßigkeit von EDV-Buchhaltungen, in Der Wirtschaftstreuhänder 4/1989, 6ff.
37. Anmerkungen zu den Vermögensteuerrichtlinien 1989, in Der Wirtschaftstreuhänder 5/1989, 10f.
38. Oberösterreichtag 1989, in Der Wirtschaftstreuhänder 6/89, 17f.
39. Auslandsbeziehungen – Erfahrungsaustausch mit der Finanzverwaltung, in Der Wirtschaftstreuhänder 5/1990, 18f.
40. Oberösterreich-Tag 1990, in Der Wirtschaftstreuhänder 6/1990, 25f.
41. Umsatzsteuerzeitpunkt bei Lieferungen und Leistungen zwischen ARGE-Partnern und ARGE, in Der Wirtschaftstreuhänder 1/1991, 17f.

42. Finanzverwaltung und Steuerberatung – ökonomische Abwicklung der Besteuerung, in Der Wirtschaftstreuhänder 4/1991, 4ff.
43. Steuercontrolling von Personengemeinschaften, in *Kofler, H./Jacobs. O. H.* (Hrsg), Rechnungswesen und Besteuerung der Personengesellschaften (Vodrazka-Festschrift), Wien 1991, 123ff.
44. Handels- und Steuerbilanz, in Der Wirtschaftstreuhänder 6/1991, 19ff.
45. „Heimliche" Steuererhöhungen, Belastungen durch Nebenansprüche des Fiskus, in Die Presse v 24.6.1992, 17.
46. „Steuerreform und Steuereinhebung – Wechselwirkungen", in Der Wirtschaftstreuhänder 2/1992, 18ff.
47. Gebühren und Verkehrsteuern als „sonstige Rechtsfolgen" des Umgründungssteuerrechtes, in Der Wirtschaftstreuhänder 3/1992, 5ff.
48. Die neue ÖVFA-Formel als Bilanzanalyse-Instrument, in Der Wirtschaftstreuhänder 5/1992, 29.
49. Bilanzpolitik und Rückstellungen, in Der Wirtschaftstreuhänder 6/1992, 4ff., 1/1993, 14ff.
50. Praktische Steuerprobleme im Kräftefeld unseres Besteuerungssystems – Wechselwirkungen zwischen Steuerpflichtigem, Steuerberater, Finanzverwaltung, Rechtsprechung und Gesetzgebung, Institut für Finanzwissenschaft und Steuerrecht, Gelber Brief Nr 172, Wien 1993.
51. Praktische Steuerprobleme im Kräftefeld unseres Besteuerungssystems, in Der Wirtschaftstreuhänder 1/1993, 4ff.
52. Die Herabsetzung von Steuervorauszahlungen 1993, EDV-gerechnete Anpassung von Amts wegen ist nicht immer ausreichend, in SWK 1993, A, 179ff.
53. Welchen Unternehmen hilft der erhöhte Investitionsfreibetrag? Konjunkturprogramm erfordert die Wiedereinführung der Investitionsprämie und die Verbesserung der Verlustverwertung, in SWK 1993, A, 195f.
54. Rechnungslegungsgesetz (RLG) für Erstinformation und Anwendung strukturiert, in ÖStZ 1993, 86ff.
55. Gravierende Beeinträchtigung der Steuerrechtssicherheit, Rückwirkende Änderung der Übergangsgewinn(verlust)regelung verfassungswidrig, in SWK 1993, A 437ff.
56. „Konkurs" des Konkurses?, in Die Presse v 22.9.1993, 21.
57. Vorbeugen ist besser. Warum der Gesetzgeber eine regelmäßige Planung vorschreiben will, in Wirtschafts-Woche 1993, Nr 41, 57.
58. Besteuerung in einem Europa ohne Grenzen, in Der Wirtschaftstreuhänder 2/1993, 21f.
59. Nicht Eu(ro)phorie sondern Eurosachlichkeit, in Der Wirtschaftstreuhänder 2/1993, 26f.
60. Insolvenzprophylaxe bei mittelständischen Unternehmen als Aufgabe von StB und WP, in Der Wirtschaftstreuhänder 5/1993, 21ff.
61. Krisenbewältigung und Insolvenzverfahren, in Der Wirtschaftstreuhänder 6/1993, 14f.
62. Die Anforderungen an das Rechnungswesen beim Börsegang aus der Sicht des Beraters, in *Pernsteiner, H.* (Hrsg), Rechnungslegung und Börse, Wien 1994, 43ff.

63. Schadensberechnung – Vernetzung von rechtlichen und (betriebs)wirtschaftlichen Erkenntnissen, in Der Wirtschaftstreuhänder 4/1994, 6ff.
64. (gemeinsam mit *Schwarz, R.*) Letztmalige Optimierung der Gewerbesteuer und Mehr-Weniger-Rechnung im Jahresabschluß 1994 bei abweichendem Wirtschaftsjahr, in SWK 1994, A, 542ff.
65. Qualität, Organisation, Konkurrenz/Kooperation, Rentabilität, ein magisches Viereck für den WT-Betrieb, in Der Wirtschaftstreuhänder 5/1994, 21f.
66. Der Rechtsschutz in Abgabensachen aus der Sicht der Steuerberatung, in Der Wirtschaftstreuhänder 6/1994, 7ff.
67. Rechnungswesen, Rechnungslegung, Informationsmanagement, in Der Wirtschaftstreuhänder 1/1995, 8ff.
68. Einfluß der Steuerreformetappen und der handelsrechtlichen Rechnungslegungsreform auf die Rechnungslegungspolitik, in *Bertl, R.* (Hrsg), Praxis und Zukunft der Unternehmensbesteuerung (Heidinger-Festschrift), Wien 1995, 143ff.
69. Gebühren und (Kapital)Verkehrsteuern – ein wichtiges Beratungsfeld, in Der Wirtschaftstreuhänder 2/1995, 6ff.
70. ABC-Führer für die steuerliche Praxis der Gemeinden (Buchbesprechung), in Der Wirtschaftstreuhänder 2/1995, 33.
71. Die Tätigkeit des Buchsachverständigen für das Gericht, in Der Wirtschaftstreuhänder 4/1995, 4ff.
72. Oberösterreich-Tag 1995, in Der Wirtschaftstreuhänder 5/1995, 26ff.
73. Herabsetzung überhöhter Einkommensteuervorauszahlungen 1996, in SWK 3/1996, 44ff.
74. Wie kann und soll die Berichterstattung des Abschlußprüfers von mittelgroßen Gesellschaften erfolgen?, in *Kofler, H., Nadvornik, W., Pernsteiner, H.* (Hrsg), Betriebswirtschaftliches Prüfungswesen in Österreich, FS f Karl Vodrazka z 65. Geburtstag, Wien 1996, 655ff.
75. Steuern – Rechnungslegung – Betriebswirtschaftslehre, insbesondere für Klein- und Mittelbetriebe, in Der Wirtschaftstreuhänder 3/1996, 7ff.
76. Probleme bei den Offenlegungsvorschriften von „kleinen" und „mittelgroßen" Kapitalgesellschaften, in SWK 1996, D, 37ff.
77. 14. Oberösterreich-Tag 1996, in Der Wirtschaftstreuhänder 5/1996, 41f.
78. Anmerkungen zur Jahresabschlußerstellung und Prüfung mittelgroßer Gesellschaften durch Wirtschaftstreuhänder, in Der Wirtschaftstreuhänder 6/1996, 4ff.
79. Die Bilanzierung von Werkzeugen, Formen und Modellen aus bilanzpolitischer Sicht, in *Bertl, R., Mandl, G.* (Hrsg); Rechnungswesen und Controlling, FS f Anton Egger z 65. Geburtstag, Wien 1997, 185ff.
80. (unter Mitwirkung von *Schwarz, R.*) Die Harmonisierung des Umsatzsteuerrechts und das Umsatzsteuerkontrollsystem aus der Sicht der Unternehmen und der Steuerberatung, in *Vodrazka, K.* (Hrsg), Umsatzsteuer und österreichische Betriebsprüfung in der Europäischen Union, Wien 1997, 133ff.
81. Rechnungslegung – EDV-Einsatz – Rechtsentwicklung, in Der Wirtschaftstreuhänder 5/1997, 9ff.
82. (gemeinsam mit *Pointner, J.*) KR Hubert Achleitner: Vorbildliches Engagement für den Berufstand, in Der Wirtschaftstreuhänder 1/1998, 4.

83. Steuern heute und morgen, in Der Wirtschaftstreuhänder 3/1998, 19.
84. Betriebswirtschaftliche Beratung durch den Wirtschaftstreuhänder, in Der Wirtschaftstreuhänder 4/1998, 29ff.
85. Informationen und Diskussionen beim 16. OÖ-Tag, in Der Wirtschaftstreuhänder 5/1998, 19f.
86. Ausgestaltung eines zukunftsorientierten Rechnungswesens im Sinne der neuen Gesetzesvorschriften (§ 22 GmbHG), in Der Wirtschaftstreuhänder 6/1998, 8ff.
87. Allgemein beeideter und gerichtlich zertifizierter Sachverständiger, in Der Wirtschaftstreuhänder 6/1998, 34f.
88. Steuererklärungspolitik und -controlling aus der Sicht der Steuerberatung, in *Heidinger, G., Bruckner, K.E.* (Hrsg), Steuern in Österreich, Festschrift des Fachsenats für Steuerrecht, Wien 1998, 371ff.
89. Buchbesprechung *Kolacny, P., Mayer, L.*: Umsatzsteuergesetz 1994, in JBl 1998, 336f.
90. (gemeinsam mit *Heitzinger, F.*) Kommentierung der Steuern in der GuV, in HBA, 3. Aufl, Wien 1999.
91. Kommentierung Verbindlichkeiten gegenüber Kreditinstituten und Wechsel, in HBA, 3. Aufl, Wien 1999.
92. Zahlungserleichterungen, in Der Wirtschaftstreuhänder 3/1999, 36f.
93. Gesetzgebung und Rechtsinterpretation im Entscheidungsfeld der Steuerberatung, in Der Wirtschaftstreuhänder 5/1999, 14ff.
94. Vom Nutzen der betriebswirtschaftlichen Steuerlehre – Ein Beitrag zum 80-jährigen Fachjubiläum in Der Wirtschaftstreuhänder, Millenniumsausgabe 1999, 220ff.
95. Verspätete Offenlegung gem. §§ 277 ff HGB. Verhängung von Zwangsstrafen nicht ohne vorherige Androhung, Anmerkung zu OGH 6 Ob 171/00 s vom 13.7.2000, in SWK 2000, Heft 26, W 107f.
96. (Interview *Univ.-Prof. Dr. Axel Haller*) Internationalisierung der Rechnungslegung – Vorstellung des Fachbereiches Unternehmensrechnung an der Universität Linz, in Der Wirtschaftstreuhänder 1/2000, 32f.
97. Aufstockung der PAST – Warnung vor einer unnötigen Zerschlagung des Steuerklimas, in Der Wirtschaftstreuhänder 1/2000, 34.
98. Überschießende Sanktionen bei verspäteter Hinterlegung von Jahresabschlüssen, in Der Wirtschaftstreuhänder 2 u 3/2000, 12f.
99. (Interview *Univ.-Prof. Dr. Harald Stiegler*) Controlling – ein Aufgabenfeld für Wirtschaftstreuhänder. Vorstellung der Abteilung Controlling an der Universität Linz, in Der Wirtschaftstreuhänder 6/2000, 17ff.
100. Vereinfachung der Einhebung der Offenlegungskosten von Jahresabschlüssen, in Der Wirtschaftstreuhänder 6/2000, 26.
101. Spannungsfeld Finanzverwaltung, Rechtsprechung und Steuerberatung, in Der Wirtschaftstreuhänder 6/2000, 32ff.
102. (Interview *Univ.-Prof. Dr. Michael Tumpel*), Betriebswirtschaftliche Steuerlehre mit starkem Planungs-, Gestaltungs- und Praxisbezug. Vorstellung der Abteilung „Betriebswirtschaftliche Steuerlehre" an der Universität Linz, in Der Wirtschaftstreuhänder 1/2001, 32f.

103. Eskalation der Vorauszahlungen – Wann besinnt man sich wieder auf Besteuerungsgrundsätze?, in Der Wirtschaftstreuhänder 2/2001, 18.
104. (Interview *Univ.-Prof. Dr. Alfred Gutschelhofer*) Unternehmensgründung – eine Wirtschaftstreuhänderdomäne ist neu zu positionieren, Vorstellung des Instituts für Unternehmensgründung und -entwicklung an der Universität Linz, in Der Wirtschaftsteuhänder 2/2001, 29f.
105. (Interview *Univ.-Prof. Dr. Helmut Pernsteiner*) Die Finanzwirtschaft der Unternehmen – Verstärkte Aufmerksamkeit durch den Wirtschaftstreuhänder wird erwartet. Vorstellung des Instituts für betriebliche Finanzwirtschaft an der Universität Linz, in Der Wirtschaftstreuhänder 3/2001, 65f.
106. (Interview *Univ.-Prof. Dr. Reinbert Schauer*) Betriebswirtschaftliche Hilfestellungen für Non-profit-Organisationen, Vorstellung des Instituts für Betriebswirtschaftslehre der gemeinwirtschaftlichen Unternehmen an der Universität Linz, in Der Wirtschaftstreuhänder 4/2001, 34f.
107. Steuerrechtsauslegung durch Finanzverwaltung, Gerichte und Steuerberatung, in Der Wirtschaftstreuhänder 5/2001, 30ff.
108. (gemeinsam mit *Bertl, E.*) Steuern – Ein systematischer Grundriss, Buchbesprechung des Lehrbuchs von *Univ.-Prof. Dr. Beiser, R.*, in Der Wirtschaftstreuhänder 6/2001, 41f.
109. (gemeinsam mit *Moringer, W.*) Die Umsatzsteuernachschau in Verbindung mit § 99 (2) FinStrG, in Der Wirtschaftstreuhänder 1/2002, 15.
110. Die Bedeutung des Unternehmensreorganisationsgesetzes (URG) für die Unternehmenspraxis, in *Feldbauer-Durstmüller, B., Schlager, J.* (Hrsg), Krisenmanagement – Sanierung – Insolvenz, Wien 2002, 1. u 2. Auflage, 529ff.
111. Das betriebswirtschaftliche Gutachten und die (Buch-)sachverständigentätigkeit in Krise, Sanierung und Insolvenz, in *Feldbauer-Durstmüller, B., Schlager, J.* (Hrsg), Krisenmanagement – Sanierung – Insolvenz, Wien 2002, 1. u 2. Auflage, 779ff.
112. Zugang zu verstecktem Fachwissen in Festschriften und Sammelwerken, in Der Wirtschaftstreuhänder 3/2002, 39f.
113. Beratungsfelder für Steuerberatungsbetriebe – die Berateraugaben der DATEV, in Der Wirtschaftstreuhänder 4/2002, 18f.
114. Hilfen zur Bewältigung der Geschäftsfelder von Wirtschaftstreuhandbetrieben, in Der Wirtschaftstreuhänder 2/2003, 38f.
115. (gemeinsam mit *Steinlechner, Ch. u Wührer, G.A.*) Events als Betriebsausgabe. Was bedeutet das vom VwGH geforderte professionelle Event-Marketing?, in SWK 2003, Heft 16, S 431ff.
116. Die „Realität" des Steuerberatungsmarktes. Analyse und Folgerungen, in Der Wirtschaftstreuhänder 5/2003, 24ff.
117. Liegenschaftsbewertung im Steuerverfahren, in Der Sachverständige 4/2003, 177ff.
118. Geleitwort in *Heitzinger, F./Silber G. J.*, Forschungsfreibeträge und Forschungsprämie. Auslegungsfragen und Gestaltungsmöglichkeiten im österreichischen Steuerrecht, Wien 2003.
119. Buchbesprechung „Hübner-Schwarzinger, P., Buchungs- und Bilanzierungspraxis bei Umgründungen, Wien 2004", in Der Wirtschaftstreuhänder 1/2004, 44f.

120. Buchbesprechung „Lechner, K., Egger, A., Schauer, R., Einführung in die Allgemeine Betriebswirtschaftslehre, Wien 2003", in Der Wirtschaftstreuhänder 1/2004, 45f.
121. Erwartungen an die Entwicklung der Betriebswirtschaftslehre – eine Umfrage, in Der Wirtschaftstreuhänder 2/2004, 40ff, und 3/2004, 4.
122. (gemeinsam mit *Schlager, St.*) Betriebswirtschaft und Steuer, Bericht über die Arbeitstagung der Kammer der Wirtschaftstreuhänder in Linz vom 20.-22.5.2004, in Der Wirtschaftstreuhänder 3/2004, 16ff.
123. Buchbesprechung „Jochen Drukarczyk, Unternehmensbewertung, 4. Aufl, München 2003", in Der Wirtschaftstreuhänder 4/2004, 46f.
124. Auswirkungen von Steuerreformen, Änderungen der Finanz-Organisation und des Rechtschutzes auf den steuerberatenden Beruf, in Der Wirtschaftstreuhänder 5/2004, 42ff.
125. (gemeinsam mit *Kern, P.*) Die steuerliche Behandlung betrieblicher Preisausschreiben in Deutschland und Österreich. Konträre Auslegung bei der Schenkungssteuer bei gleichem Gesetzeswortlaut, in SWK 2004, Heft 23/24, S 743ff.
126. Anekdoten aus der Steuerberatung, in Der Wirtschaftstreuhänder 6/2004, 48.
127. Zur Ehrenrettung des Steuerstaates, in SWK 2005, Heft 1, T 1f.
128. Buchbesprechung „Hübner-Schwarzinger, P., Der Weg in die Rechtsanwalts-GmbH", in JBl 2005, 406f.
129. Aspekte des Steuercontrolling, in *Feldbauer-Durstmüller, B., Schwarz, R., Wimmer, B.* (Hrsg), Handbuch Controlling und Consulting, Festschrift für Harald Stiegler zum 65. Geburtstag, Wien 2005, 613ff.
130. Steuercontrolling im Steuerberatungsbetrieb, in Der Wirtschaftstreuhänder 3/2005, 32f.
131. Instrument des Wissensmanagement – Inhaltsverzeichnisse von Sammelwerken und Festschriften in Datenbanken, in Der Wirtschaftstreuhänder 4/2005, 49.
132. Änderung der Anlassfallwirkung von Beschwerden durch den Verfassungsgerichtshof. War die Weiterentwicklung der Anlassfallrechtsprechung vorhersehbar?, in SWK 2005, Heft 34/35, S 964ff.
133. (Interview *Univ.-Prof. Dr. Birgit Feldbauer-Durstmüller*) Controlling und Consulting – Eine Kombination, die WT-Aufmerksamkeit verdient, in Der Wirtschaftstreuhänder 6/2005, 39ff.
134. Steuerberater – ein freier Beruf zur bestmöglichen Interessenvertretung der Steuerpflichtigen und zur Bewältigung neuer Dimensionen des Rechnungswesens für die Wirtschaft, in Der Wirtschaftstreuhänder 1/2006, 10f.
135. Geschäftsmodelle 2010 – auch für Dienstleistungs-(Wirtschaftstreuhand-)Betriebe (Buchbesprechung), in Der Wirtschaftstreuhänder 2/2006, 16f.
136. (Interview *Univ.-Prof. Dr. Otto A. Altenburger*) Externes Rechnungswesen – ein unerschöpfliches Forschungsgebiet, in Der Wirtschaftstreuhänder 3/2006, 28f.
137. (gemeinsam mit *Schwarz, R.*; Interview *Univ.-Prof. em. Dr. Karl Vodrazka*) Bedeutsame betriebswirtschaftliche Fragestellungen für Wirtschaftstreuhänder, in Der Wirtschaftstreuhänder 4/2006, 13ff.
138. (gemeinsam mit *Hackl, M.*) Die Stellung des Abgabepflichtigen bzw. seines Wirtschaftstreuhänders im steuerlichen Betriebsprüfungsverfahren, in *Koller, W., Schuh, H., Woischitzschläger, H.* (Hrsg), Handbuch zur Praxis der steuerlichen Betriebsprüfung, Wien 2006, 16. Lieferung, Komm/Verfahren, 1ff.

139. (gemeinsam mit *Steinmaurer, W.*) Wissensmanagement für Steuerberater am Beispiel Jahresabschlusserstellung, Wien 2006.
140. (gemeinsam mit *Schlager, St.*) So könnte es gehen. Steuervereinfachung durch verbesserte Kommunikation zwischen Steuerpflichtigen und Finanz Neu im Abgabenverfahren, in CHEF INFO 7/2006, 72.
141. Die besondere Stellung und Interessenlage der Wirtschaftstreuhänder im Betriebsprüfungsverfahren, in Der Wirtschaftstreuhänder 5/2006, 20f.
142. Emeritierung *Univ.-Prof. Dr. Dieter Rückle*, in Der Wirtschaftstreuhänder 6/2006, 5.
143. In memoriam *Prof. Walter Köglberger*, in SWK 2007, Heft 3, T 11.
144. (gemeinsam mit *Pointner, J.*) Professor Walter Köglberger, WP/StB – ein Nachruf, in Der Wirtschaftstreuhänder 1/2007, 8f.
145. (gemeinsam mit *Feldbauer-Durstmüller, B.*) Herausgeber, Krisenmanagement, Wien 2007.
146. Vorstellung Dieter Schneider, in Der Wirtschaftstreuhänder 4/2007, 19.
147. (gemeinsam mit *Haider, J.*) Entwicklungen in der Unternehmensberichterstattung, in Der Wirtschaftstreuhänder 6/2007, 37f.
148. (Interview *Univ.-Prof. Dr. Reinhard Resch*) zuvo – Zukunftsvorsorge in den drei Säulen – ernst genommen!, in Der Wirtschaftstreuhänder 6/2007, 35f.
149. Steuerklima und Steuerkultur zeigen nach unten – wie kann ein „Turnaround" geschafft werden?, in Der Wirtschaftstreuhänder 1/2008, 19f.
150. (gemeinsam mit *Schlager, St.*) Steuermoral und Steuergestaltung, in CHEF INFO 3/2008, 86.
151. (gemeinsam mit *Kern, P. P.*) Die Quellen des Selbstverständnisses des deutschen und österreichischen Berufsstandes der Steuerberater und ihre Bedeutung für die Qualität der Leistungserbringung – Teil 1, in Der Wirtschaftstreuhänder 2/2008, 20ff; Teil 1 (Fortsetzung), in Der Wirtschaftstreuhänder 4/2008, 49ff; Teil 2, in Der Wirtschaftstreuhänder 5/2008, 46ff; Teil 3, in Der Wirtschaftstreuhänder 6/2008, 33ff.
152. „Jakom" – ein neuer österreichischer Einkommensteuerkommentar. Sein Standort in der Entwicklung von Einkommensteuerrecht und Steuerberatung, in Der Wirtschaftstreuhänder 3/2008, 46ff.
153. Vorstellung Dieter Rückle, in Der Wirtschaftstreuhänder 4/2008, 47f.
154. Buchbesprechung „Rechnungswesen in öffentlichen Verwaltungen und Public Management – Reinbert Schauer im Doppelpack", in Der Wirtschaftstreuhänder 6/2008, 48f.
155. Steuergestaltung bei Änderungen der Gewinnermittlung, in *Renner, B., Schlager, J., Schwarz, R.* (Hrsg), Praxis der steuerlichen Gewinnermittlung, Gedenkschrift für Walter Köglberger, Wien 2008, 669ff.
156. Fortführungsprognosen und Fortbestehensprognosen im Rahmen von Prüfungen und Begutachtungen, in *Kern, P.* (Hrsg), Brennpunkte der Wirtschaftsprüfung und des Steuerrechts – Orientierungshilfen für die Praxis, Festschrift für Hanns Robby Skopp zum 50. Geburtstag, Straubing 2008, 121ff.
157. Geleitwort in *Kern, P. P.*, Qualitätssicherung in der Steuerberatungspraxis. Auswirkungen auf den Beratungsansatz, Wien 2008.

158. Soll die „Charta der österreichischen Finanzverwaltung" um einen „Verhaltenskodex für Finanzverwaltung, Steuerpflichtige und Steuerberater" ergänzt werden?, in Der Wirtschaftstreuhänder 1/2009, 8f.
159. Anpassung der Einbahnoption des § 10 Abs. 3 KStG als Hilfestellung für den Wirtschaftsaufschwung, in Der Wirtschaftstreuhänder 2/2009, 61f.
160. Vorstellung *Prof. Otto H. Jacobs*, in Der Wirtschaftstreuhänder 3/2009, 132f.
161. (gemeinsam mit *Schwarz, R.*) CCCTB – Zusammenfassung der Podiums- und Plenums-Diskussion beim dritten Karl-Vodrazka-Kolloquium, in Der Wirtschaftstreuhänder 3/2009, 134.
162. Großbetriebsprüfung 2009 – Das zukünftige Umfeld gemeinsam bestimmen, in Der Wirtschaftstreuhänder 4/2009, 169ff.
163. Buchbesprechung „Dr. Stefan Bendlinger, Betriebsstättenbesteuerung, Montagen und Anlagenerrichtung im Ausland", in Der Wirtschaftstreuhänder 4/2009, 199.
164. (gemeinsam mit *Kern, P. P.*) Unternehmenssanierung aus Sicht des Wirtschaftstreuhänders, in Der Wirtschaftstreuhänder 6/2009, 274ff.
165. „Gutscheine" im Ertragsteuerrecht – Jakom, 2. Auflage 2009 im Test, in SWK 2009, Heft 19, T 167.
166. „Blaulichteinsatz" bei Kommunalsteuerexekution – eine wahre Geschichte, in SWK 2009, Heft 1, T 2.
167. Der „Hofratspunkt" – oder wie man die Unternehmensentwicklung behindernde langjährige Rechtsmittel vermeiden kann, Eine Steueranekdote zum Nachdenken, in SWK 2009, Heft 7, T 28.
168. Die Auswahl der Saldenbestätigung kann Kundenärger verursachen, Eine Anekdote aus der Abschlussprüfung von KMU, in SWK 2009, Heft 22, T 171.
169. Geht die Verfahrensökonomie mit dem Rückgang von Einigungsmöglichkeiten verloren?, in VWT Oberösterreich 3/2009, 2.
170. (gemeinsam mit *Kern, P.*) Unternehmenssanierung aus Sicht des Wirtschaftstreuhänders, in *Feldbauer-Durstmüller, B., Mayr, St.* (Hrsg), Unternehmenssanierung in der Praxis, Wien 2009, 169ff.
171. Aspekte der Abschlussprüfung von KMU, in *Urnik, S., Fritz-Schmied, G., Kanduth-Kristen, S.* (Hrsg), Steuerwissenschaften und betriebliches Rechnungswesen, Strukturen – Prinzipien – Neuerungen, Festschrift für Herbert Kofler zum 60. Geburtstag, Wien 2009, 623ff.
172. (gemeinsam mit *Kalb, H.*) Vorwort, in *Vodrazka, K.*, Aufsätze zur Donau, Linz 2009.
173. Wirtschaftspolitische Beratung, Vortrag Prof. Rothschild, in Der Wirtschaftstreuhänder 2/2010, 48.
174. Herausforderungen für die Steuerberatung durch Unternehmensbilanzgesetzgebung und Maßnahmen zur Steueraufkommenssicherung, Abschiedskolloquium von Prof. Norbert Krawitz, in Der Wirtschaftstreuhänder 3/2010, 112f.
175. Buchbesprechung „Michael Trybek, Die Clown Philosophie, schöön! erfolgreich scheitern, leichter leben, Linz 2010", in Der Wirtschaftstreuhänder 3/2010, 139.
176. (gemeinsam mit *Schlager, St.*) Fair Play zwischen Finanzverwaltung und Steuerpflichtigen, in CHEF INFO 3/2010, 69.

177. Die Bedeutung der Grundsätze des Abgabenverfahrens bei der elektronischen Steuerveranlagung, Beispiel aus der Praxis: die unwiderrufliche Option des § 10 Abs. 3 KStG, in SWK 2010, Heft 9, T 33ff.
178. Ehrenamtlich ist nicht ehrenamtlich, Wie gelingt es, besser mit der Finanzverwaltung zu kommunizieren?, in SWK 2010, Heft 20/21, T 111.
179. Was Sie da machen, ist Liebhaberei, Eine Steueranekdote zum Nachdenken, in SWK 2010, Heft 25, T 121.
180. Gibt es eine finanzamtliche und eine unternehmerische/beraterbezogene Tax-Compliance-Sichtweise?, in Der Wirtschaftstreuhänder 5-6/2010, 218 ff.
181. Externe und interne Regulierung der Wirtschaftsprüfung und deren Auswirkung auf die intrinsische und extrinsische Motivation der Wirtschaftsprüfer/innen. Wirtschaftsprüfung für KMU, in Der Wirtschaftstreuhänder 1/2011, 52ff.
182. (gemeinsam mit *Nadvornik, W.*) Verleihung Honorarprofessur an WP/StB Univ.-Doz. Dr. Reinhard Schwarz, in Der Wirtschaftstreuhänder 1/2011, 7.
183. Personalrabatte und Sprachkurse als aktuelle Zweifelsfragen, Helfer in Steuersachen: Jakom, 4. Auflage, im Praxistest, in SWK 2011, Heft 14, S 729f.
184. (gemeinsam mit *Steinmaurer, W.*) Die Schwierigkeit der umsatzsteuerlichen Abgrenzung von Bauleistungen, Unbestimmtheit des Begriffs „Bauleistung", in SWK 2011, Heft 15, S 793ff.
185. Buchbesprechung „Wilfried Stadler – Der Markt hat nicht immer recht. Über die wirklichen Ursachen der Finanzmarktkrise und wie wir die nächste vermeiden können, Wien 2011", in Der Wirtschaftstreuhänder 2/2011, 114f.
186. Zur Vielfalt der Forschungsansätze in der Betriebswirtschaftlichen Steuerlehre – Bericht zur Grazer Tagung am 25. und 26.2.2011, in Der Wirtschaftstreuhänder 2/2011, 80ff.
187. Finanzverwaltung und Beratung – Durchlässigkeit oder Unvereinbarkeit? Die persönliche Meinung, in Der Wirtschaftstreuhänder 05–06/2011, 208f.
188. Buchbesprechung „Grünberger, Herbert, Praxis der Bilanzierung 2011/2012, 12. überarbeitete Auflage, Wien 2011", in Der Wirtschaftstreuhänder 05–06/2011, 263.
189. Buchbesprechung „Gobiet, Andreas, Organisationshandbuch für Architektur- und Ingenieurbüros, Wien 2011", in Der Wirtschaftstreuhänder 05–06/2011, 264.
190. Was darf man sich vom „Horizontal Monitoring/Zeitnahe Betriebsprüfung" als Prüfungsmodell erwarten?, in Der Wirtschaftstreuhänder 1/2012, 28ff.
191. Umfang der Vorsteuer bei „Bewirtungskosten" und „Tagesdiäten". Der neue kompakte Umsatzsteuerkommentar von Melhardt/Tumpel im Betriebsprüfungseinsatz, in SWK 2012, Heft 7, 376f.
192. (gemeinsam mit *Gruber, E./Maschinda, A.*) Der Begriff der „Erwachsenenbildung" in § 49 Abs. 7 ASVG. Hat der VwGH dafür eine zutreffende Auslegung gefunden?, in ASoK 2012, Heft 4, 136ff; auch veröffentlicht in Die Österreichische Volkshochschule, Nr 244/02–2012, 4ff.
193. (gemeinsam mit *Schlager, St.*) Abweichendes Geschäfts- und Wirtschaftsjahr. Wirkungen und Gestaltungen im Steuerrecht und Rechnungswesen, Wien 2012.
194. Öffentliches Controlling 2.0 – und es bewegt sich doch?, Bericht zum Vortrag von Univ.-Prof. Dr. Dr.h.c. Jürgen Weber beim 6. Karl-Vodrazka-Kolloquium, in Der Wirtschaftstreuhänder 02/2012, 101f.

195. Buchbesprechung, Rechtsformgestaltung für Klein- und Mittelbetriebe – Ein Buchvergleich im Generationenabstand, in Der Wirtschaftstreuhänder 02/2012, 122f.

Weiters in jedem Heft „Der Wirtschaftstreuhänder" Bearbeitung der Rubriken „Oberösterreich-Nachrichten" und „Universitätssplitter" mit Ehrungen, Berichten und Stellungnahmen.

Inhaltsverzeichnis

Vorwort der Herausgeber 5

Publikationsliste von Hon.-Prof. Mag. Dr. Josef Schlager 7

Präambel

Gerhart Holzinger
Josef Schlager – Laudatio 25

Harald Stiegler
Josef Schlager – Der Universitätsmensch 29

Klaus Hübner
Josef Schlager – Der Wirtschaftstreuhänder 35

Betriebswirtschaftslehre und betriebswirtschaftliche Steuerlehre
Methodik – Instrumente – Verfahren

Karl Vodrazka
Grundsätze ordnungsgemäßer Finanzplanung – ein Versuch 39

Dieter Rückle
Planungssicherheit im Spannungsfeld zwischen Fiskus und Unternehmung 59

Dieter Schneider
Wissensökonomie als Fortschritt bei der Erforschung der Steuerrechtsprognose und des Steuerrechtsrisikos? 91

Alfred Gutschelhofer
Die Zukunft braucht Manager und Entrepreneure – Die SOWI-Fakultäten im Dialog zwischen Theorie und Praxis 105

Christoph Denk
Vom Nutzen der Betriebswirtschaftlichen Steuerlehre (Methodische Grundlagen und ihre Umsetzung in Lehre und Forschung) 127

Markus Achatz
Zur Herausgabepflicht elektronischer Leistungsverzeichnisse von Rechtsanwälten und Steuerberatern im Abgabeverfahren 151

Bruno Binder
Der Finanzamt-Automat – Grenzen des E-Governments in der Finanzverwaltung 163

Der Berufsstand des Wirtschaftstreuhänders – Positionierung aus wissenschaftlicher und praktischer Sicht

Petra Hübner-Schwarzinger
Der Wirtschaftstreuhänder als „Freier Beruf" – Mythos oder Realität?
Aspekte der Rechtsformgestaltung des WT-Betriebes 173

Franz Xaver Priester
Der Wirtschaftstreuhänder im Lebenszyklus des Unternehmens und im
Wandel der Zeit 199

Wolfgang Steinmaurer
Der Einsatz von Wissensmanagement in der betriebswirtschaftlichen
Steuerlehre 221

Unternehmen im Lebenszyklus – ausgewählte Fragen aus steuerlicher, betriebswirtschaftlicher und rechtlicher Sicht

Unternehmensgründung – laufender Betrieb – Expansion von Unternehmen

Norbert Kailer
Unternehmensgründung: betriebswirtschaftliche Problembereiche und
Gestaltungsüberlegungen 241

Rainer Stadler
Ertragsteuerliche Erwägungen bei der Unternehmensgründung 263

Sabine Kanduth-Kristen
Steuerliche Gestaltung bei Unternehmensgründung einschließlich Aspekte
der Rechtsformwahl 295

Carl-Friedrich Leuschner
Die Auswirkungen der Modernisierung des Bilanzrechts auf das Maßgeblichkeitsprinzip – aktuelle Entwicklungen in Deutschland, Österreich und der Schweiz 311

Herbert Grünberger
Abgrenzung latenter Steuern von laufenden Steuern 325

Stephan Schlager
Steuercontrolling in der Privatstiftung 341

Verena Trenkwalder
Die (K)Einmalberücksichtigung von Verlusten im österreichischen Steuerrecht 369

Gudrun Fritz-Schmied/Reinhard Schwarz
Der steuerliche Spendenabzug – Gestaltung in der aktuellen Rechtslage und
seine Entwicklungsmöglichkeiten 379

Stefan Bendlinger
Internationale Geschäftstätigkeit steueroptimal gestaltet 403

Karl Mitterlehner
Steuersystematische Rechtfertigung und Weiterentwicklung der Firmenwertabschreibung in der Unternehmensgruppe gem § 9 Abs 7 KStG 441

Helmut Pernsteiner
Post Merger Integration von Akquisitionen in Emerging Markets 457

Eduard Lechner
Häufige oft unbedachte Probleme bei Errichtung von Substiftungen 475

Dietmar Aigner/Georg Kofler/Herbert Kofler/Michael Tumpel
Kriterien für die Anerkennung von Mietverhältnissen zwischen Privatstiftung,
Stifter und Begünstigten 489

Sanierung von Unternehmen

Alois Markschläger
Sanierung abseits von Zahlen und Paragraphen 509

Herbert Helml
Betriebliche Sanierung – Ertragsteuerliche Aspekte 525

Marco Laudacher
Ertragsteuerliche Begünstigungen in EStG und KStG im Zusammenhang
mit betrieblichen Schuldnachlässen 547

Andreas Kauba/Rudolf Krickl
Spezialfragen zu Umgründungen im Rahmen von Sanierungsmaßnahmen 577

Ulrich Kraßnig
Erkennbarkeit der Strategiekrise – Möglichkeiten und Grenzen für den
Wirtschaftsprüfer 599

Paul Peter Kern
Ansatzpunkte für Sanierungen aus betriebswirtschaftlicher Sicht unter Berück-
sichtigung des ESUG 611

Udo Schwarz/Anita Witzler
Sanierung des Unternehmens – Umsatzsteuerliche Konsequenzen 633

Ferdinand Kerschner/Erika Wagner
Umwelthaftung in der Insolvenz – Ein Zwischenbericht 645

Unternehmensnachfolge

Bernhard Renner
Einzelfragen zur Betriebsaufgabe und Betriebsveräußerung 669

Hans Pointner/Margot Pintscher
Unternehmensnachfolge-Umsatzsteuer 697

Michael Tumpel
Umsatzsteuerfragen bei der Unternehmensnachfolge 715

Johann Fischerlehner
Abgabenrechtliche Erwerberhaftung (§ 14 BAO) 723

Karl-Werner Fellner
Weitere öffentlich-rechtliche Geldleistungen bei Unternehmensnachfolge 741

Erich Novacek
Gesamtrechtsnachfolge- und Haftungsfragen 769

Wolfgang Nadvornik/Fabian Sylle
Klein- und mittlere (Familien-)Unternehmen als Bewertungsobjekt im Rahmen der Unternehmensnachfolge 791

Exkurs

Christian Huber
Die Rolle des (betriebswirtschaftlichen) Sachverständigen bei der Ermittlung des Erwerbsschadens eines Selbständigen im Schadenersatzrecht – ein Beitrag zur Abgrenzung von Rechts- und Tatfrage 817

Autorenverzeichnis 863

Abkürzungsverzeichnis 869

Stichwortverzeichnis 873

Präambel

Josef Schlager – Laudatio

Gerhart Holzinger

Sehr geehrte Festgäste!
Meine sehr geehrten Damen und Herren!
Liebe Freunde!
Liebe Familie!
Lieber Josef!

Vor etwa einem Jahr hat mich Herr o.Univ.-Prof. Mag. Dr. *Wolfgang Nadvornik* in meiner Eigenschaft als Präsident des Verfassungsgerichtshofes, aber auch in der eines Schulkollegen und langjährigen Freundes des Jubilars eingeladen, bei der Überreichung der Festschrift für Hon.-Prof. Dr. *Josef Schlager* aus Anlass seines 65. Geburtstages die Festrede zu halten.

Ich habe diese Einladung mit großer Freude angenommen, weil mich mit *Josef Schlager* sehr viel verbindet. Wir kennen einander seit dem Beginn unserer Gymnasialzeit, die wir gemeinsam am Gymnasium im Gmunden verbracht haben, wo wir 1966 maturierten. Obgleich unterschiedliche Berufsausbildungen unseren gemeinsamen Weg danach getrennt haben, haben wir uns über die folgenden Jahrzehnte nicht aus den Augen verloren: Ich freue mich, dass mein persönlicher Kontakt mit *Josef Schlager* durch jährlich veranstaltete Klassentreffen in Gmunden immer wieder erneuert wird.

Josef Schlager feiert(e) am 8. Oktober dieses Jahres seinen 65. Geburtstag. Ich möchte ihn dazu sehr herzlich beglückwünschen und ihm zu seinem vielfältigen und erfolgreichen Leben aufrichtig gratulieren.

1. Studium und Berufsweg

Josef Schlager wurde am 8. Oktober 1947 geboren. Seine Eltern besaßen ein Gemischtwarengeschäft mit Tankstelle in Neukirchen an der Vöckla. Durch die ständige Mitarbeit im elterlichen Betrieb wurde wohl schon damals der Grundstein für seine spätere Karriere als Freiberufler und Unternehmer gelegt.

Doch dahin war es ein weiter Weg, den er mit großem Einsatz und dennoch scheinbar spielerischer Leichtigkeit verfolgte. Zugute kam ihm manchmal wohl auch das Glück des Tüchtigen, das darin besteht, zur richtigen Zeit am richtigen Ort zu sein.

Seinen sehr guten frühen schulischen Erfolgen verdankte *Josef Schlager* den Besuch des Gymnasiums in Gmunden, wo er das Glück hatte, bei einer Tante wohnen zu können. Auch während dieser Zeit zeichnete er sich durch tatkräftige Mithilfe im elterlichen Betrieb und Wald sowie in der Landwirtschaft eines Onkels aus. Hier zeigte sich schon seine herausragende Gabe, Theorie und Praxis mühelos zu verbinden.

Nach der Matura 1966 trennten sich unsere Wege: Nach Ableistung des Wehrdienstes ging *Josef Schlager* nach Graz, um dort Mathematik und Sport zu studieren. Aber seine Begeisterung für die Betriebswirtschaftslehre ließ ihn dieses Studium schon bald beenden und führte ihn an die damals noch junge Hochschule Linz, wo er 1972 das Studium der Betriebswirtschaftslehre und Wirtschaftspädagogik mit dem Magisterium abschloss.

Josef Schlager wurde erster Assistent von o.Univ.-Prof. Dkfm. Dr. *Karl Vodrazka* am Institut für Revisions-, Treuhand- und Rechnungswesen. Seit dieser Zeit hält er ohne Unterbrechung – neben seiner beruflichen Tätigkeit – Lehrveranstaltungen an der Universität Linz ab. Seine Dissertation 1975 zum Thema „Die unternehmerische Steuergestaltung, Planung – Durchsetzbarkeit – Grenzen" wurde von o.Univ.-Prof. Dr. *Stoll* als einer Habilitationsschrift würdig befunden.

1977 begann *Josef Schlager* seine selbständige Tätigkeit als Steuerberater und eröffnete eine Kanzlei, die er gemeinsam mit seiner Frau Maria betrieb. Ihr Interesse für Lohnverrechnung, EDV und Büroorganisation war für ihn sehr hilfreich. Seit 1984 fungiert er als Buchprüfer und Steuerberater sowie als Gerichtssachverständiger, seit 1990 auch als Wirtschaftsprüfer und Steuerberater.

1995 wurde *Josef Schlager* zum Honorarprofessor für Betriebswirtschaftslehre an der Universität Linz ernannt.

Als Steuerberater und Wirtschaftsprüfer gehört sein besonderes Interesse – neben vielen anderen einschlägigen Gebieten – dem Krisenmanagement und der Krisenbewältigung.

Seine wissenschaftliche Laufbahn ist in nicht weniger als etwa 200 Publikationen dokumentiert. Vielfach ist dabei *Josef Schlagers* starkes Interesse an der Verbindung zwischen Betriebswirtschaft und Rechtswissenschaft festzustellen.

Josef Schlagers gesamte berufliche Tätigkeit ist bis zum heutigen Tag durch die Verbindung von Wissenschaft und Praxis gekennzeichnet. Er selbst bezeichnet sich als „Wanderer zwischen zwei Welten, zwischen Theorie und Praxis". Besser könnte man seinen beruflichen Werdegang und sein professionelles Wirken nicht charakterisieren.

2. Sonstige Tätigkeiten

Josef Schlagers Aktivitäten beschränkten sich allerdings nicht nur auf die bisher genannten Bereiche.

Schon in jungen Jahren nahm er an vielfältigen Aktivitäten in seinem heimatlichen Umfeld teil (in der Jungschar, bei der Feuerwehr und im Rahmen von Sportvereinen). Bei der Gründung der Ortsgruppe des Alpenvereins „Neukirchen an der Vöckla" 1970 war *Josef Schlager* beteiligt und wurde zum ersten Schriftführer gewählt.

An der Universität engagierte er sich in der Studenten- und Assistentenvertretung.

Seine Mitwirkung im Gerichtssachverständigenverband für Oberösterreich und Salzburg wird seit 1984 ebenso geschätzt wie sein Engagement bei der Organisation der Veranstaltungen der Vereinigung österreichischer Wirtschaftstreuhänder in Oberösterreich.

Er moderierte und organisierte – mit Unterstützung seiner gesamten Familie, vom Versenden der Einladungen bis zur Durchführung – durch viele Jahre hindurch den „Oberösterreichertag" an der Johannes Kepler Universität in Linz, an dem stets zahlreiche Wirtschaftstreuhänder, Vertreter der Finanzverwaltung und Studenten teilnahmen.

Darüber hinaus schätzt die Kammer der Wirtschaftstreuhänder seine Mitgliedschaft in den Fachsenaten für Steuerrecht und Datenverarbeitung sowie seine Mitarbeit in Ausschüssen, Arbeitsgruppen und anderen Gremien.

Das von *Josef Schlager* skizzierte Bild wäre nicht korrekt, würde nicht auch seine Begeisterung für den Sport, insbesondere den Klettersport und das Bergsteigen, erwähnt werden.

3. Familie

Ohne sein familiäres Umfeld wäre es *Josef Schlager* wohl nicht gelungen, seine bemerkenswerten Leistungen im selben Ausmaß zu erbringen.

In erster Linie ist hier seine Frau *Maria* zu erwähnen, mit der er seit 1970 verheiratet ist, deren bedingungslose Unterstützung und unschätzbare Mitarbeit durch viele Jahrzehnte hindurch ihm vieles erleichterte und den erfolgreichen Verlauf seines Lebens ermöglichte.

Seinen Kindern *Eva Maria* und *Stephan*, geboren 1976 und 1979, wurden die professionellen Talente ihrer Eltern gleichsam in die Wiege gelegt.

Wann und wie *Josef Schlager* Zeit und die Energie erübrigen konnte, neben vielem anderen auch die sportlichen Aktivitäten seiner Kinder – wie Judo und Turniersport bei Standardtänzen – zu fördern, wird uns wohl rätselhaft bleiben müssen.

Die Vielfalt und Qualität der Leistungen von *Josef Schlager* spiegelt sich in der großen Wertschätzung wider, mit der ihm seine Berufskolleginnen und -kollegen, seine Klientinnen und Klienten, die Finanzbeamtenschaft und die Richterschaft und – nicht zuletzt – auch seine Freunde begegnen.

Das Leitbild, das *Josef Schlager* auf seiner Website darstellt, lautet: „We take you higher!"

Ich wünsche ihm, dass er dieses auch in der Zukunft so erfolgreich auf allen Gebieten, auf denen er tätig ist, – beruflich wie privat –, realisieren wird, wie er dies bisher getan hat!

In diesem Sinne: Ad multos annos!

Josef Schlager – Der Universitätsmensch

Harald Stiegler

Hon.-Prof. Mag. Dr. *Josef Schlager*, STB & WP (Steuerberater und Wirtschaftsprüfer), vollendet am 8. Oktober 2012 sein 65. Lebensjahr. Dies ist Anlass für einen persönlichen Kurzbericht über seine berufsbezogene Laufbahn.

Josef Schlager wurde im oberösterreichischen Neukirchen ad Vöckla geboren, er verbrachte dort seine frühe Jugend. Seine Eltern betrieben ein Gemischtwarengeschäft und eine Tankstelle – und lebten ihm unternehmerische Selbstständigkeit vor.

Es folgten acht Jahre Gymnasialzeit im nahe gelegenen Gmunden; *Schlager* sieht diesen Lebensabschnitt als einen sehr glücklichen. Außerschulisch konzentrieren sich seine Aktivitäten auf Mithilfe im elterlichen Betrieb bzw in der Landwirtschaft seines Onkels (auch sonntags) und auf sein vorrangiges Hobby, Bergsteigen bzw Klettern.

Der Lebensabschnitt „Gmunden" wurde 1966 mit Matura abgeschlossen. Im Anschluss daran leistete Schlager regulären Präsenzdienst, belegte an der Universität Graz ein einjähriges Schnupperstudium „Lehramt Turnen und Mathematik", um sich sodann dem Studium der Betriebswirtschaftslehre an der JKU, der Johannes Kepler Universität Linz, zu widmen.

Als Studentenvertreter bemühte er sich erfolgreich, dass die Studienrichtung Wirtschaftspädagogik in die Angebotspalette der jungen Linzer Hochschule aufgenommen wurde – er schloss sein Wipäd-Studium 1972 ab.

In diese Zeit fielen vielfältige Aktivitäten: Neben regelmäßigem Sonntagsfrühdienst im elterlichen Geschäft war er Mitglied eines Sportvereins, der Freiwilligen Feuerwehr und wurde Gründungsmitglied bzw Schriftführer der seit 1970 existierenden regionalen Alpenvereinssektion uam.

1970 war auch das Jahr der großen privaten Entscheidung: Er heiratete Maria, seine Frau und Kollegin, die, beruflich wie privat, bis heute an seiner Seite ist.

Ihre beiden Kinder, Eva, geboren 1976, und Stephan, geboren 1979, folgten der Lebens- und Berufslinie ihrer Eltern: Eva absolvierte die Studien Jus und Wipäd, arbeitete mehrere Jahre im Familienunternehmen „Dr. Schlager Wirtschaftstreuhand-GmbH", sie ist derzeit in Mütterkarenz. Stephan trat nach einem BWL-Studium als STB und (seit 2010 auch beeideter) WP in die Fußstapfen seines Vaters.

Im Anschluss an sein Fachstudium trat Josef Schlager seinen Dienst als Univ.-Ass. bei dem aus Regensburg berufenen o.Univ.-Prof. Dkfm. Dr. *Karl Vodrazka* am Institut für Revisions-, Treuhand- und Rechnungswesen, Fachgebiet „Betriebswirtschaftliche Steuerlehre und Wirtschaftsprüfung", der JKU an.

Er dissertierte zügig: Seine ausgezeichnete Arbeit „Die unternehmerische Steuergestaltung. Planung – Durchsetzbarkeit – Grenzen" wurde 1975 approbiert und später vom Wiener Fachverlag Orac publiziert.

Nach erfolgter Promotion ließ sich Schlager für zwei Jahre beurlauben, um erst als Berufsanwärter und, nach erfolgreicher Prüfung, als Steuerberater und als Univ.-Ass. zu arbeiten. So konnte er seine Zielvorstellung „Sowohl Theorie als auch Praxis" verwirklichen – dies jedoch nicht innerhalb der gesetzlichen Normal-Arbeitszeit; Letzteres galt gleichermaßen für seine Frau Maria, welche die Steuerberatungskanzlei mit Josef gemeinsam aufbaute und betreibt.

Ende der 1970ger Jahre lud Prof. Vodrazka seinen ersten Mitarbeiter, Dr. Schlager ein, über das wichtige und (noch heute!) aktuelle Thema „Grundsätze ordnungsgemäßer Finanzplanung" zu habilitieren. Schlager übernahm dieses Projekt – und legte es 1981 zurück, weil ein großer Klient seiner Kanzlei in die Insolvenz schlitterte; Schlager war entschlossen, die Unternehmenssanierung durchzuführen – ein Vorhaben, das ihm und seinem Team auch gelang.

Das Jahr 1982 brachte eine erneute Weichenstellung: *Josef Schlager* quittierte den Dienst als Univ.-Ass. (nicht jedoch als Univ.-Lektor) und arbeitete fortan selbständig und freiberuflich als Wirtschaftstreuhänder; seine Lehraufträge an der JKU, die er seit 1972 ununterbrochen abhielt, kündigte er nicht; er hält sie heute noch.

Damit wurde die Kapazitätsverteilung zu Gunsten der Praxis und zu Lasten der Theorie/Lehre geändert, nicht aber sein Leitbild „Sowohl Theorie als auch Praxis" aufgegeben.

ME ist dieses Doppelziel eine für das gesamte Arbeitsgebiet der Betriebswirtschaftslehre bedeutsame Meta-Zielvorgabe (ausgenommen: Grundlagenforschung): Die Praxis kann als Datenbank gesellschaftlicher bzw wirtschaftlicher Probleme verstanden werden, während die Theorie, verkörpert durch die Universität, als Pool möglicher Problemlösungen gesehen werden kann; als Clearing-Stelle wäre dann zB ein „Univ.-Lektor und STB & WP" gut geeignet.

Das Gegenstück hiezu wäre ein Theoretiker, der praxisfern l'art pour l'art Problemlösungen sucht bzw ein Praktiker, der theoriefern Ad-hoc-Lösungen, Improvisationen für aktuelle Probleme einsetzt.

Die Lösungsbeiträge zu realen Problemen sind eindeutig vom „Theoriepraktiker" als höher (bzw als geeignet) einzustufen – das oa „Gegenstück" jedoch ist durchaus als Bequemlichkeit und als Mode der Community empirisch nachweisbar.

Josef Schlager eröffnete sich und seiner Kanzlei ein weiteres Arbeitsfeld, als er 1984 als „allgemein beeideter gerichtlicher Sachverständiger" und als „Vorstandsmitglied des Hauptverbandes der gerichtlich beeideten Sachverständigen für OÖ und Salzburg" auftrat.

Seither stammt aus seiner Feder eine Vielzahl fundierter Gutachten zu komplexen bzw speziellen Steuertatbeständen und Krisensachverhalten. Erkenntnisse aus dieser Gutachtertätigkeit fanden/finden ihren Niederschlag sowohl in seinen Lehrveranstaltungen als auch in seinen Publikationen.

In Anerkennung seiner fachlichen und didaktischen Leistungen wurde Schlager 1995 vom Senat der Johannes Kepler Universität Linz zum Honorarprofessor für Betriebswirtschaft ohne Zeitlimit ernannt.

ME wurde damit auch die Fähigkeit dieses engagierten Universitätslehrers & Wirtschaftspraktikers angesprochen, Studierende für betriebswirtschaftliche Probleme bzw deren Lösungen interessieren, einnehmen zu können – also nicht nur kognitive, sondern auch emotionale Erlebnisse zu vermitteln, wie zB das Zustandekommen von bzw das Ringen um effiziente, sozial verträgliche Problemlösungsvorschläge.

Schlagers bisher vorgestellter Tätigkeitenkatalog ist (ohne Vollständigkeitsanspruch) um folgende Aktivitäten zu erweitern: Beisitzer zum Berufungssenat der Finanzlandesdirektion, Mitglied des Redaktionskomitees der Fachzeitschrift „Der Wirtschaftstreuhänder", Mitglied des Fachsenats für Steuerrecht der Kammer der Wirtschaftstreuhänder, des Zukunftsausschusses dieser Kammer und Mitglied des Kammertages, Prüfer für Buchsachverständige beim Landesgericht Linz, Bildungsreferent der Vereinigung Österreichischer Wirtschaftstreuhänder, Landesgruppe OÖ (in dieser Funktion Organisation und Moderation von monatlichen Weiterbildungsveranstaltungen sowie des jährlich veranstalteten Oberösterreich-Tages an der JKU – bis 2004), er übt diverse ehrenamtliche Tätigkeiten in universitären Vereinen aus.

Das Schriftenverzeichnis *Schlagers* wird in dieser Publikation gewürdigt. Hier werden lediglich die Themenbereiche, zu denen Schlager an die 200 Beiträge in Aufsatz- oder Buchform geschrieben hat, angesprochen; es sind dies betriebswirtschaftliche Steuerlehre (Schwerpunkte Steuergestaltung, Steuer- und Handelsbilanzpolitik, steuerliche Risikopolitik und -controlling, Steuerberatungsbetrieb, Finanzverwaltung und Steuerberatung, Betriebsprüfung, zukünftige Steuerpolitik), Rechnungswesen und Steuern, Verhältnis Handelsbilanz zu Steuerbilanz, Unternehmensbewertung, Krisen- und Sanierungsmanagement und schließlich Wirtschaftsprüfung.

Auf die Frage nach einem Blick in die Zukunft, nach berufswichtigen, offenen Problemen nannte Schlager spontan mehrere. Pars pro toto ist hier ein generelles Problem ausgewählt, nämlich die Stiländerung der Kommunikation zwischen dem STB und der Finanzverwaltung.

Gemeint ist die Aushöhlung des Instituts „tatsächliche Verständigung" zu Gunsten einer verstärkten, autoritären Reglementierung und Standardisierung seitens der Finanzverwaltung.

Über Jahrzehnte galt für den des öfteren auftretenden Fall, dass ein Sachverhalt, der anlässlich einer Betriebsprüfung vom STB anders interpretiert wurde als vom Finanzprüfer, dieser Sachverhalt zweckmäßigerweise zwischen STB und Vorstand des Finanzamtes verhandelt wurde; das Ergebnis einer fairen Kommunikation über den Sachverhalt (den „Hofratspunkt") war in aller Regel ein sachorientierter Kompromiss, eine verlässliche Steuerpraxis. In letzter Zeit hingegen wurde immer öfter auf diese zweiseitige Kommunikation und prompte Einigungsmöglichkeit verzichtet, stattdessen wurde eine autoritäre Entscheidung seitens der Finanzverwaltung gesetzt – mit dem Ziel der Verfahrensvereinfachung, -beschleunigung, -kostenreduktion, aber offensichtlich ohne Berücksichtigung von kontraproduktiven „Nebenwirkungen".

Da als Folge der Kommunikationsverweigerung weder ein faires Gespräch noch ein analoger Kompromiss möglich sind, werden STB und Klient gezwungen, sich über ein Rechtsmittel zu artikulieren – ein Umstand, der per se die vorhin genannten Ziele der Verfahrensoptimierung konterkariert: Steuerverfahren werden umständlicher, brauchen mehr Zeit und werden teurer; überdies ist der Verfahrensausgang naturgemäß ungewiss und damit ist die Rechtsunsicherheit verlängert/erhöht. Letztlich ist zu erwarten, dass diese Vorgangsweise die Tax Compliance der Klienten negativ beeinflusst.

Vor dem Hintergrund dieses Szenarios ist dringend zu fordern, die Möglichkeit der „tatsächlichen Verständigung" weiterhin zu erhalten und wieder verstärkt zu nutzen; dies zum Vorteil aller im Besteuerungssystem Handelnden.

In unmittelbarem Zusammenhang mit Schlagers Problembeschreibung ist es mE nützlich, sich folgender Überlegung zuzuwenden: Stetig wiederkehrende Pauschalbeurteilungen über handelnde Wirtschaftssubjekte (zu erweitern auf „Subjekte") füllen Gazetten und Monitore – sie sind in aller Regel als Erklärung bzw als Handlungsempfehlung untauglich. Hiezu zwei beliebige Beispiele:

Bei Ausbruch der Finanzkrise 2008 geriet die Berufsgruppe der Banker pauschal in Misskredit; mE ist dies nur zum Teil richtig – überwiegend fehlte es an politischer Entscheidung wie Wieder-Trennung von Geschäfts- und Investitionsbanken bzw an einer gesetzlichen Mindestregulierung des Handlungsrahmens.

Bei Einführung des Schuldenregulierungsverfahrens 1995 äußerte der Bankensektor massive Befürchtungen, das neue Verfahren würde generell zur Bereicherung missbraucht; diese Lagebeurteilung erwies sich als falsche Prophezeiung.

Diese und verwandte Pauschalaussagen könnten aufwandsarm durch konkrete, empirisch fundierte Aussagen ersetzt werden, sofern sich jemand die Mühe machte, statistisch relevante Gruppen handelnder Menschen empirisch zu untersuchen.

So könnte eine Ausgangshypothese lauten: „Mindestens 93 % einer beliebigen, repräsentativen (zB Berufs-)Gruppe handeln redlich, entsprechend sind maximal 7 % Rechtsbrecher in der Gruppe zu erwarten."

Die These stützt sich auf Untersuchungsergebnisse des Kreditschutzverbandes von 1870 bzgl Insolvenzursachen aller österreichischen Unternehmungen über den Zeitraum der letzten 15 Jahre.

Ein Beweis für die generelle Gültigkeit dieser betriebswirtschaftlich fundierten These fehlt, eine Prüfung brächte nützliche Informationen (als Ersatz für pauschalierte Dogmen).

Im Hinblick auf die Vielzahl der beruflichen und berufsnahen Tätigkeiten bzw auf die Vielfalt der Publikationen und Vorträge Josef Schlagers ist zusammenfassend festzuhalten, dass sein Wirken stets geprägt war von der Fähigkeit, wissenschaftliche Präzision mit den Anforderungen, welche die Praxis an die Wissenschaft stellt, zu verbinden. Er genügt seinem anspruchsvollen Leitbild „Sowohl Theorie als auch Praxis" mit großem Engagement und hoher Kompetenz.

Seine Lösungsvorschläge sind nicht nur erwartbare Beraterleistungen – in aller Regel bewirkt die Generalität der theoretisch fundierten Lösungsansätze umfassende und nachhaltige Problemlösungen.

Schlagertypisch sind pointierte Kommentare zu herausragenden Ereignissen in Form von Anekdoten – weshalb hier eben mit einer wahren, keinesfalls humorvollen Anekdote abgeschlossen werden soll: Als sportliche Belohnung für die erfolgreiche Dissertation 1975 gönnte sich Schlager eine anspruchsvolle Klettertour gemeinsam mit einem Jugendfreund, welcher mittlerweile Bergführer geworden war.

Die beiden brachen von der Hofpürglhütte aus auf, um die Däumling-Ostkante (im Gosaukamm-Massiv) zu begehen. Nach dem Zustieg wurde je Seillänge abwechselnd geführt bis zu einem Überhang unweit des Gipfels. Hier machten sich bei Josef nicht erwartete Trainingsrückstände fatal bemerkbar: bei einer Hand versagten Muskel und Sehnen ihren Dienst, die Hand wurde zur unwillkürlich gesteuerten „Nähmaschine".

Es genügt, sich selbst in diese Lage – in einer senkrechten Wand, ca 400 m über Boden – zu versetzen, um den existenziellen Ernst der Situation zu empfinden.

Zur Lösung ihres Problems wählten die beiden folgenden Weg: Der gesunde Kletterer bezwang de facto ohne wirksame Sicherung den Überhang und sicherte danach seinen Stand; der angeschlagene Josef sprang nun im Stil des Bungee Jumping auf das freihängende Seil zu, setzte trotz Handicaps seine Prusikschlingen ein und stieg mit diesen das Seil hinauf, am Überhang vorbei. Die beiden erreichten noch den Gipfel und seilten sich im Anschluss ab – sie kamen letztendlich spät, aber heil zurück.

Mit den Worten Josef Schlagers gesprochen: „Die Moral von der Geschicht': Verlier' die Nerven nicht, … und strebe gemeinsame Verbesserungen an!" (J. Schlager: „Blaulichteinsatz" bei Kommunalsteuerexekution – eine wahre Geschichte, in SWK 2009, S 2).

Die mit dem Zitat ausgedrückte Grundhaltung als überlegen handelnder Optimist ist mE die prägnante Kurzfassung einer Charakterbeschreibung Schlagers.

Letztlich ist festzuhalten, dass sein Wirken als Universitätslehrer, als Wirtschaftstreuhänder und als Persönlichkeit wesentliche Bedeutung für die Fachwelt hat – an dieser Stelle soll die hohe Wertschätzung für Josef Schlager ausgedrückt werden.

Beste Wünsche zum 65. Geburtstag!

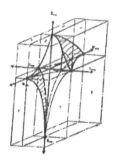

Josef Schlager – Der Wirtschaftstreuhänder

Klaus Hübner

Josef Schlager ist in Neukirchen an der Vöckla aufgewachsen und war bedingt durch das Gemischtwarengeschäft seiner Eltern bereits sehr früh in verschiedenen Vereinen, wie zum Beispiel Feuerwehr, katholische Jugend, Sportvereine und andere, tätig.

Mit 18 Jahren hat Josef Schlager eine Alpenvereinsortsgruppe mitgegründet. Seine Mitgliedschaft beim Alpenverein jährt sich 2012 zum fünfzigsten Mal. Im Zuge dieser Aktivitäten ist die Bekanntschaft und Freundschaft zu Bergsteigerinnen wie Wanda Rutkiewicz oder Gerlinde Kaltenbrunner entstanden.

Seine Verbundenheit zu den Bergen hat Josef Schlager letztendlich auch in seinem Kanzleilogo zum Ausdruck gebracht, in welches er eine Bergflanke integriert hat. Diese Bergflanke bringt zum Ausdruck, dass es gemeinsam mit ihm möglich ist, hochgesteckte Ziele zu erreichen.

Nicht nur die Liebe zum Bergsteigen ist ihm eigen, sondern auch die Liebe zum Buch. Mein lieber Freund Josef Schlager hatte immer eine besondere Vorliebe für die Fachliteratur und damit sicherlich eine sehr umfangreiche Fachbibliothek in unserem Berufsstand geschaffen.

Er war auch in seiner Studentenzeit als Studentenvertreter an der Johannes Kepler Universität aktiv und hat sich nach dem Studium als Universitätsassistent ehrenamtlich engagiert. Er hat wesentlich dazu beigetragen, dass an der Johannes Kepler Universität die Studienrichtung Wirtschaftspädagogik eingerichtet wurde.

Schon in seiner Ausbildung zum Steuerberater hat Josef Schlager seine uneigennützigen Aktivitäten weiter verfolgt und war in monatlichen Steuerberatertreffen als Vortragender aktiv tätig.

Nach Absolvierung seiner Steuerberaterprüfung im Jahr 1977 hat Josef Schlager in Oberösterreich neben anderen Kammerfunktionen 10 Jahre als Prüfer in der Fachprüfung zum Steuerberater gewirkt. Weiterbildung war für ihn schon immer ein ganz wichtiger Aspekt seiner beruflichen und uneigennützigen Tätigkeit und führte schließlich dazu, dass er über Jahrzehnte den OBERÖSTERREICH-TAG an der Johannes Kepler Universität Linz gestaltet hat – dies unter Einbeziehung aller Familienmitglieder.

Dem Jubilar ist es mit dem OBERÖSTERREICH-TAG nicht nur gelungen, dass dieser immer von einer großen Anzahl von BerufskollegInnen besucht wurde, er hat damit besonders die gerade heute so wichtige Kommunikation zwischen Steuerberatung, Finanzverwaltung und den Gerichten – losgelöst vom Einzelfall – gepflegt.

Josef Schlager hat, und macht dies auch noch laufend, Tagungen veranstaltet, bei welchen es ihm auf Grund seiner mehr als durchschnittlichen Aktivitäten immer wieder gelungen ist, interessante und anspruchsvolle Themen mit sehr bekannten nationalen und internationalen Fachleuten zu behandeln.

Mein lieber Freund hat immer die Verbindung zwischen Forschung und praktischer Tätigkeit aufrechterhalten. Damit hat er wesentlich, auch wenn es berufsbedingt Interessengegensätze gibt, zum Erhalt eines positiven Klimas zwischen der Steuerberatung und der Finanzverwaltung beigetragen.

Seine persönliche Meinung hat Josef Schlager über Jahrzehnte im „Wirtschaftstreuhänder" zum Ausdruck gebracht. Er ist dadurch den BerufskollegInnen als kritische und konstruktive Stimme bekannt. Neben seinen Fachartikeln hat er Berichte und Buchbesprechungen veröffentlicht. Als Mentor für junge Berufsangehörige hat er wesentlich dazu beigetragen, dass auch diesen die Möglichkeit von Veröffentlichungen gegeben wurde. So hat Josef Schlager zum Beispiel erste literarische Tätigkeiten von heutigen Universitätsprofessoren möglich gemacht.

Josef Schlager hat durch seine Anregungen und Unterstützungen viele BerufskollegInnen bei ihrem fachlichen Fortkommen wesentlich unterstützt und damit zu deren Erfolg beigetragen.

Eine besondere Vorliebe von Josef Schlager ist die Tätigkeit für den Hauptverband der gerichtlich beeideten Sachverständigen für Oberösterreich und Salzburg, welche er seit dem Jahr 1984 als Vorstandsmitglied ausübt. Die Erstellung von Gerichtsgutachten ist für ihn deshalb besonders bedeutsam, weil vielfach fachliche Grenzfälle zu beantworten sind.

Der Jubilar war dem Berufsstand auch dadurch dienlich, indem er immer wieder Themen aufgegriffen und gefördert hat, wodurch die Forschung betreffend den Steuerberatungsbetrieb vorangetrieben wurde. Dazu seien die Veröffentlichungen seiner Dissertanten Kern und Steinmaurer genannt.

Den Aufbau der eigenen Steuerberatungskanzlei, als Basis für sein umfangreiches Wirken, hat Josef Schlager gemeinsam mit seiner Frau Maria geschafft. Es ist beiden nicht nur gelungen eine Steuerberatungskanzlei mit ausgezeichneter Reputation zu entwickeln und zu führen, sie haben es auch geschafft ihr Interesse an der Steuerberatung und Wirtschaftsprüfung an ihren Sohn Stephan weiterzugeben. Als Wirtschaftsprüfer und Steuerberater hat Stephan Schlager schon jetzt wichtige Agenden in der Kanzlei übernommen und setzt damit die beruflichen Aktivitäten seines Vaters fort.

Namens des Berufsstandes und in meinem eigenen darf ich dir, lieber Josef, herzlich danken!

Dein Klaus

Betriebswirtschaftslehre und betriebswirtschaftliche Steuerlehre

Methodik – Instrumente – Verfahren

Grundsätze ordnungsgemäßer Finanzplanung – ein Versuch

Karl Vodrazka

1. Einleitung
2. Gegenstand der Finanzplanung
3. Ziele der Finanzplanung
4. Objekte der Finanzplanung
5. Zeitliche Aspekte der Finanzplanung
    5.1. Zeitraum der Vornahme der Finanzplanung und Zeitpunkt der Aufstellung des Finanzplans
    5.2. Planungsperiode der Finanzplanung und des Finanzplans
    5.3. Teilplanungsperioden der Finanzplanung und des Finanzplans
    5.4. Zeitlicher Abstand zwischen den einzelnen Finanzplanungen und Finanzplänen
6. Die Zahlen der Finanzplanung
    6.1. Herkunft der Zahlen
    6.2. Das Vorsichtsprinzip in der Finanzplanung
    6.3. Allgemeine Anforderungen an die Zahlen der Finanzplanung
        6.3.1. Die Dokumentation der Zahlen der Finanzplanung
        6.3.2. Die Richtigkeit der Zahlen der Finanzplanung
        6.3.3. Die Vollständigkeit der Zahlen der Finanzplanung

1. Einleitung

Einen wesentlichen Bestandteil der Führung von Unternehmen und Unternehmenszusammenschlüssen und die Voraussetzung jeder weiteren Tätigkeit in diesen bildet die Planung, unabhängig von deren mehr oder weniger detaillierten Formulierung und davon, ob sie nur aus der vorgehaltenen Bereitschaft zur Tätigkeit eines Unternehmens oder Unternehmenszusammenschlusses abgeleitet werden kann. Abhängig von der Größe der Unternehmen und Unternehmenszusammenschlüsse und von der Komplexität der Tätigkeit ist derzeit über die Planung hinaus auch die Planungsrechnung für eine ordnungsgemäße Geschäftsführung unerlässlich. Eine Ausnahme von dieser Anforderung stellen wohl nur sehr kleine Unternehmen dar, ohne dass dieses Merkmal „sehr klein" hier weiter präzisiert werden soll. Mit dieser Feststellung ist noch nichts über die Ausgestaltung dieser Planungsrechnung gesagt, die nachstehend für einen Teilbereich, nämlich die Finanzplanung, genauer betrachtet werden soll. Einen Anhaltspunkt bildet aber das Erfordernis der üblicherweise als Soll-Ist-Vergleich bezeichneten Gegenüberstellung zwischen den Daten der Planungsrechnung und den tatsächlich realisierten Daten. Die Anforderungen an den Jahresabschluss, wie sie sich vor allem aus den gesetzlichen Bestimmungen ergeben, werden so zu Anforderungen (Mindestanforderungen) an den Plan-Jahresabschluss (Planbilanz und Plan-Gewinn- und Verlustrechnung), wenn diese beiden Teile des Soll-Ist-Vergleichs kongruent sein sollen.

Mit der Hervorhebung der Bedeutung der Planungsrechnung ist aber nicht gemeint, dass diese auch veröffentlicht werden soll oder dass dies sogar gesetzlich vorgeschrieben werden soll. Dagegen spricht vor allem, dass die Planungsrechnung damit zu einem Instrument der Unternehmenspolitik würde: So kann dann, wenn dies zB aus Gründen der Kapitalaufbringung für ein Unternehmen erwünscht ist, eine möglicherweise zu optimistische Planungsrechnung für ein Unternehmen publiziert werden, oder es kommt vielleicht sogar dazu, dass an die Seite der internen eine externe Planungsrechnung tritt. Aber auch ohne die Unterstellung einer solchen unternehmenspolitischen Ausrichtung der Planungsrechnung kann diese an der Veröffentlichung ausgerichtet werden und damit daran, dass es zu keinen Soll-Ist-Vergleichen kommt, die ein negatives Bild von der Qualität der Geschäftsführung ergeben könnten. So würde die Befürchtung zu großer und vor allem negativer Abweichungen zwischen Soll und Ist die Daten der Planungsrechnung bestimmen. Es ist daher verständlich, wenn gesetzlich keine Publizität der Finanzplanung gefordert wird, sondern maximal eine Einschätzung der künftigen Entwicklung durch die Geschäftsführung und die Beurteilung der zu erwartenden Risiken als Gefährdungen der Entwicklung, mit der die Geschäftsführung im „Normalfall" rechnet, dh wenn die Planung wie beabsichtigt realisiert werden kann.

Wenn im Weiteren die Finanzplanung erörtert wird, so ist damit dem soeben Gesagten gemäß eine interne Finanzplanung gemeint, nicht eine solche, die an eine interessierte Öffentlichkeit weitergegeben wird. Dies schließt also nicht aus, dass die Finanzplanung zB Kreditgebern oder potentiellen Kreditgebern offengelegt wird. Es handelt sich dabei um einen Personenkreis, von dem angenommen wird, dass er die Finanzplanung wie auch die Planung und Planungsrechnung im Allgemeinen sachkundig beurteilen kann. Damit soll gesagt werden, dass diese Personen die Realitätsnähe dieser Planung oder ihre unternehmenspolitische Ausrichtung beurteilen können und über die Möglichkeit der Überprüfung dieser Planung durch Zugang zu den Daten und Quellen, die ihr zugrunde liegen, verfügen. In diesem Sinne bleibt eine Finanzplanung auch dann intern, wenn sie im Insolvenzverfahren den Organen in diesem Verfahren zugänglich gemacht und vielleicht sogar gemeinsam mit diesen aufgestellt wird.

2. Gegenstand der Finanzplanung

Den Gegenstand der Finanzplanung bilden die liquiden Mittel eines Unternehmens, eines Unternehmenszusammenschlusses oder von deren Teilen (Stellen auch im Sinne von Kostenstellen) und deren Veränderungen. Diese Veränderungen sollen als Ein- und Auszahlungen oder Zahlungsein- und -ausgänge bezeichnet werden. Die Begriffe der Einnahmen und Ausgaben sollen dabei vermieden werden, da sie zu sehr in Verbindung mit der Ermittlung von Gewinnen und Verlusten (vgl die steuerliche Einnahmen-Ausgaben-Rechnung) und der Gewinn- und Verlustrechnung stehen.

Als liquide Mittel sind dabei jene Vermögensteile zu verstehen, die Verpflichtungen monetärer Art erfüllen können, denen also in diesem Sinne schuldbefreiende Wirkung zukommt. Die Beschränkung auf die Erfüllung monetärer Verpflichtungen ist dabei allerdings nicht zu eng aufzufassen, da bei Unterlassung der Erfüllung anderer Verpflichtungen die Schadenersatzleistung zumeist in Zahlungen besteht. Zu den liquiden Mitteln gehören Vermögensteile erst dann, wenn ihnen die beschriebene Eigenschaft zukommt. Wenn diese Vermögensteile erst in andere umgewandelt werden müssen, um diese Eigenschaft zu erlangen, dann zählen sie noch nicht zu den liquiden Mitteln. ZB gilt dies für gebundene Sparguthaben, die erst nach Ablauf der Bindungszeit oder nach Kündigung der Bindung zu liquiden Mitteln werden.

Verpflichtungen, die durch die Hingabe anderer als liquider Mittel zu erfüllen sind, gehen nicht in die Finanzplanung ein, dies trifft auch für die Vereinbarung eines Tausches zu. Bei diesen gilt ebenfalls, dass sie durch die Verpflichtung zum Schadenersatz zu monetären Verpflichtungen werden können.

Wie jede Planung kann auch die Finanzplanung zwei unterschiedliche Inhalte haben. Sie kann einerseits eine Prognose der künftigen wirtschaftlichen Entwicklung geben und andererseits eine Handlungsvorgabe, einen Standard bieten, der durch die betriebliche Tätigkeit erreicht werden soll. Ob Prognose oder Standard zum Gegenstand der Finanzplanung gemacht wird, hängt von deren Stellung im betrieblichen Entscheidungsprozess ab: Ist sie ein Instrument der Entscheidungsvorbereitung, so wird sie die Prognose anstreben, ist der beschlossene Finanzplan als Ergebnis der Finanzplanung ein Instrument der Entscheidungsdurchsetzung oder -realisierung, so kommt ihm das Merkmal des Standards, der eingehalten werden soll, zu. So eindeutig diese Unterscheidung auch aussieht, so finden sich in der betrieblichen Realität doch eher Zwischen- und Mischformen als diese beiden Idealtypen. Dies kann damit begründet werden, dass der Entscheidungsprozess nicht als eine Einheit gesehen werden kann, die zwischen Prognose und Standard steht, sondern als ein Vorgang, in welchem neue Entscheidungen auf alten aufbauen, diese intensivieren und detaillieren, aber vielleicht auch umstoßen. Dabei können alte Standards als solche stehenbleiben, durch neue ersetzt oder ergänzt werden und dazu als Grundlage neue, verbesserte oder aktualisierte Prognosen herangezogen werden.

Der Gegenstand der Finanzplanung ist gegenüber den Finanzierungsregeln und der eventuellen Planung von deren Einhaltung abzugrenzen. Letztere Planung ist der Bilanzpolitik in einem weiteren Sinne zuzuordnen, der auch die Gewinn- und Verlustrechnung einschließt. Die Finanzierungsregeln, deren Eignung und Qualität dafür hier nicht näher betrachtet werden sollen, setzen Positionen der Bilanz und eventuell auch der Gewinn- und Verlustrechnung zueinander ins Verhältnis, um daraus Schlüsse auf die künftige finanzielle Entwicklung eines Unternehmens oder eines Unternehmenszusammenschlusses zu ziehen. Sie nehmen damit die Ergebnisse der Finanzplanung vorweg, soweit diese aus den Positionen von Bilanz und Gewinn- und Verlustrechnung abgeleitet werden können, ohne weitere, vor allem in diesen Positionen noch nicht enthaltene Einflüsse berücksichtigen zu können. Ganz abgesehen wird dabei von der Unsicherheit der zukünftigen Entwicklung, die selbstverständlich auch für den Aussagewert der Finanzierungsregeln gilt. Diese Regeln ersetzen daher die Finanzplanung für jene Interessenten an deren Ergebnissen, die über diese nicht verfügen.

3. Ziele der Finanzplanung

Die Besprechung der Ziele der Finanzplanung könnte mit einer einzigen Feststellung abgetan werden: Die Finanzplanung ist Teil der gesamten Planung der Unternehmen und Unternehmenszusammenschlüsse. Ihre Aufgabe ist es daher, zur Realisierung der Ziele der Unternehmen und Unternehmenszusammenschlüsse beizutragen. An dieser Stelle könnte eine Erörterung dieser Ziele und ihrer Unterscheidung etwa in Sach- und Formalziele sowie des unterschiedlichen Gewichts von diesen je nach den Eigentümern und Gesellschaftern der Unternehmen und Unternehmenszusammenschlüsse folgen. Das alles soll an dieser Stelle nicht betrachtet werden. Tatsächlich sagt nämlich der Begriff des finanziellen Gleichgewichts bereits, dass die Ziele der Finanzplanung nicht so einfach abgehandelt werden können, sondern dass möglicherweise eine Abwägung zwischen verschiedenen Zielen vorgenommen werden muss, um zu dem genannten Gleichgewicht zu gelangen. Darauf soll hier kurz eingegangen werden.

Die Finanzplanung dient zweifellos der Erreichung der Ziele der Unternehmen und Unternehmenszusammenschlüsse. Daran ändert sich auch durch die Einführung des finanziellen Gleichgewichts nichts. Es soll damit nur die Überlegung einbezogen werden, dass die Finanzplanung dazu beitragen soll und dafür das entscheidende Instrument ist, das Hinübergleiten des Unternehmens oder Unternehmenszusammenschlusses in ein finanzielles Ungleichgewicht zu verhindern. Damit ist gemeint, dass das Unternehmen, oder ein oder mehrere oder alle Unternehmen eines Unternehmenszusammenschlusses aus dem Zustand der Zahlungsfähigkeit in den Zustand der Zahlungsunfähigkeit geraten. Damit ist wegen der rechtlichen Folgen der Zahlungsunfähigkeit die Gefahr verbunden, dass die Erreichung der Ziele des Unternehmens oder des Unternehmenszusammenschlusses misslingt und letztlich der Bestand des oder der von der Zahlungsunfähigkeit betroffenen Unternehmen(s) in Frage gestellt ist. Jedenfalls kann aber auch dann, wenn das Unternehmen weiterbestehen kann und damit die Zahlungsunfähigkeit „überlebt", die Stellung und der Einfluss der bisherigen Eigentümer und Gesellschafter verloren gehen. Wird zwischen deren Zielen und denen des Unternehmens kein Unterschied gemacht und werden die Ziele der Eigentümer und Gesellschafter nicht von denen des Unternehmens gelöst – und dies soll hier nicht geschehen –, so bildet die Erhaltung der Zahlungsfähigkeit eine notwendige Voraussetzung für die Zielerreichung eines Unternehmens oder Unternehmenszusammenschlusses. Das finanzielle Gleichgewicht ist also dann gegeben, wenn die Erreichung der Ziele eines Unternehmens oder Unternehmenszusammenschlusses nicht durch Zahlungsunfähigkeit gestört oder verhindert wird. Dies ist zunächst einmal eine Feststellung, die ex post getroffen wird: In einem abgelaufenen Zeitraum, vorwiegend einem Geschäftsjahr, konnte ein Unternehmen oder Unternehmenszusammenschluss seine Ziele uneingeschränkt oder auch nur eingeschränkt erreichen, ohne zahlungsunfähig zu werden. An den Worten „uneingeschränkt oder auch nur eingeschränkt" ist bereits zu erkennen, dass die Erhaltung der Zahlungsfähigkeit zum dominierenden Ziel wird, wenn eine Gefährdung der Zahlungsunfähigkeit besteht, dem gegenüber die sonstige Zielerreichung ganz oder teilweise zurücktreten muss. Mit der Feststellung „ganz oder teilweise", die soeben getroffen wurde, gelangt ein zeitlicher Aspekt in die hier angestellte Betrachtung, der sich freilich einer exakten Bestimmung entzieht: Es hängt nämlich von der Einschätzung der Eigentümer und Gesellschafter ab, wie lange sie sich mit der fehlenden oder nur teilweisen Zielerreichung des Unternehmens oder Unternehmenszusammenschlusses zufrieden geben, bevor sie deren Liquidation oder Veräußerung beschließen.

Die Finanzplanung blickt als Planungsrechnung aber nicht so sehr in die Vergangenheit, sondern in die unsichere Zukunft. Damit soll nicht gesagt werden, dass die Vergangenheit für die Finanzplanung bedeutungslos ist, dazu braucht nur an den Soll-Ist-Vergleich als Auswertung der Finanzplanung und an die Vergangenheitsdaten als Grundlage der Finanzplanung erinnert werden. Dennoch ist die zukünftige Entwicklung das zentrale Thema der Finanzplanung. Für das finanzielle Gleichgewicht ist die Konsequenz daraus, dass es verschiedene Ebenen des finanziellen Gleichgewichts gibt. Je nachdem, wie hoch die Gefahr der Zahlungsunfähigkeit eingeschätzt wird, können mehr oder weniger risikoreiche Handlungen unternommen oder Geschäfte getätigt werden. Gerade im Bereich der Finanzierung kann dazu auf den Leverage-Effekt hingewiesen werden. Dabei steigt die Gewinnchance für das Eigenkapital, wenn mehr Fremdkapital aufgenommen wird, dessen Verzinsung unter der erwarteten Rentabilität seines Einsatzes im Unternehmen liegt. Trifft diese Gewinnchance aber nicht zu, so kann der Verlust bei gleichzeitiger Zahlungsverpflichtung für das Fremdkapital aus Verzinsung und Rückzahlung die Zahlungsfähigkeit des Unternehmens gefährden. Diese Gefahr wird umso größer, je mehr auf die Hebelwirkung des Leverage-Effekts vertraut wurde. Die Einschätzung des künftigen finanziellen Gleichgewichts und damit die darauf aufbauende Finanzplanung ist also davon abhängig, wie risikogeneigt oder -abgeneigt die entscheidenden Personen sind. Ob ihre Risikoneigung oder -abneigung die bessere Handlungsweise im Einzelfall war oder nicht, kann nur im Nachhinein danach beurteilt werden, inwieweit die Ziele des Unternehmens oder Unternehmenszusammenschlusses unter der notwendigen Bedingung der Erhaltung der Zahlungsfähigkeit erreicht wurden.

Diese Bedingung ist in ihrer zeitlichen Dimension anders als die Gewinnermittlung der Gewinn- und Verlustrechnung zu sehen: Diese Rechnung wird von einer zeitlichen Zurechnung bestimmt, dh der Gewinn- und Verlustrechnung werden die Aufwendungen und Erträge zugerechnet, die von der Unternehmenstätigkeit im betrachteten Zeitraum verursacht wurden. Wo diese zeitliche Verursachung nicht genau bestimmt werden kann oder möglicherweise weitere Entwicklungen diese Wirkungen wiederum aufheben, treten Rechenregeln an die Stelle der Verursachung. An dieser Stelle seien nur der Grundsatz der kaufmännischen Vorsicht und das Imparitätsprinzip genannt. In der Finanzplanung müssen aber die Folgen der Entscheidungen und Handlungen auch vergangener Perioden aufgenommen werden. ZB trifft dies auf Zahlungsausfälle von Forderungen, die in der Vergangenheit erworben wurden, zu, die mit der aktuellen Situation nichts zu tun haben. Hierher gehören auch Zahlungsverpflichtungen aus dem Kauf von Vermögensteilen, die schon lange nicht mehr zum Unternehmen gehören. Ebenso kann der Hinweis auf die zukünftige Entwicklung ergänzt werden: Es genügt ja nicht, dass das Unternehmen oder der Unternehmenszusammenschluss bis zum Ende der Rechnungsperiode, in der Bilanzierung also bis zu dem Bilanzstichtag, an dem die neue Rechnungsperiode beginnt, zahlungsfähig bleibt und – vielleicht überspitzt gesagt – am nächsten Tag zahlungsunfähig wird. Für die Finanzplanung ergibt sich daraus die Notwendigkeit, auch die Zeit nach dem Ende der Rechnungsperiode zu berücksichtigen, selbst wenn dies nur über einen sehr ungenau eingeschätzten Sicherheitsbestand an liquiden Mitteln zu diesem Ende geschehen kann.

Abschließend zu diesem Abschnitt ist noch eine kurze Erläuterung dafür zu geben, warum nur vom gesetzlichen Insolvenzgrund der Zahlungsunfähigkeit bei der Diskussion des finanziellen Gleichgewichts die Rede war:

Die drohende Zahlungsunfähigkeit als eine in der unmittelbaren Zukunft zu erwartende Zahlungsunfähigkeit braucht gerade im Zusammenhang der Finanzplanung nicht als ein von dieser getrennter Insolvenzgrund erörtert werden.

Die Überschuldung sieht zwar vom Wortsinn, der rechtlichen Stellung und vom unterschiedlichen Personenkreis der davon betroffenen Insolvenzschuldner wie ein zweiter Insolvenzgrund neben der Zahlungsunfähigkeit aus, sie ist es aber nicht. Tatsächlich bildet sie nur eine widerlegliche Vermutung der Zahlungsunfähigkeit. Der Personenkreis umfasst dabei jene möglichen Insolvenzschuldner, bei denen der Gesetzgeber unterstellt, dass ihnen dann, wenn der Insolvenzgrund der Überschuldung eingetreten ist, von den Eigentümern oder Gesellschaftern keine Unterstützung zur Vermeidung der Zahlungsunfähigkeit mehr zuteil wird oder werden kann. Es spielt dabei keine Rolle, ob diese Unterstützung an der Unfähigkeit der Eigentümer oder Gesellschafter scheitert, die entsprechenden Mittel zur Kapital- und vor allem Eigenkapitalzufuhr aufzubringen, oder daran, dass die Eigentümer oder Gesellschafter dies deshalb unterlassen, da sie dem überschuldeten oder vor der Überschuldung stehenden Unternehmen keine Chancen für eine positive Entwicklung mehr geben. Es fehlt der gesetzlichen Annahme nach auch an einer persönlich unbeschränkt haftenden Person oder derartigen Personen, die durch ihren persönlichen Einsatz und den Verzicht auf eine angemessene Entlohnung dafür die Lage des Unternehmens noch zum Positiven wenden könnten. In dieser Situation wird der wohl überwiegenden Realität nach vom Gesetzgeber unterstellt, dass auf die Überschuldung die Zahlungsunfähigkeit folgen wird, bei deren Eintritt die Gläubiger mit größeren Verlusten zu rechnen haben als bei der vorhergehenden Überschuldung.

Die Überschuldung als widerlegliche Vermutung der Zahlungsunfähigkeit, so wie dies im vorangehenden Absatz bereits angesprochen wurde, geht auf die Judikatur zurück, die in der Situation der Überschuldung dem potentiellen Insolvenzschuldner die Möglichkeit eröffnet, durch eine positive Fortbestehensprognose den Insolvenzgrund der

Überschuldung vom Eintritt der Insolvenz zu lösen. Ist die Fortbestehensprognose demnach positiv, so fehlt es an der Voraussetzung für die Eröffnung eines Insolvenzverfahrens. Ein Beispiel dafür sind – abgesehen von Aufwertungen von Vermögensteilen und der Einbeziehung von immateriellen Vermögenswerten in die Darstellung – hohe Abschreibungen auf Vermögensteile, denen hinreichend Eigenkapital gegenübersteht. Führen diese Abschreibungen zu Verlusten, so kann dies eine rechnerische Überschuldung ergeben, die aber keine finanziellen Auswirkungen hat, wenn die Zahlungseingänge zur Deckung der bestehenden und künftig zu erwartenden Zahlungsverpflichtungen reichen.

Die Fortbestehensprognose ersetzt Gegenwartswerte der Überschuldung als „sichere" Werte durch Zukunftswerte, die zwar „unsicherer" sind, aber als für die Zahlungsfähigkeit und Zahlungsunfähigkeit aussagekräftiger angesehen werden. Sie wird damit zu einer spezifischen Ausprägung der Finanzplanung, auf die noch kurz einzugehen sein wird.

4. Objekte der Finanzplanung

Die Objekte der Finanzplanung unterscheiden sich nach ihrer Größe. Sie reichen von den Unternehmenszusammenschlüssen bis zu einzelnen Stellen in der Art der Kostenstellen, wie dies bereits am Beginn des Abschnitts 2 angedeutet wurde. Je nach der Größe der Objekte kommen der Finanzplanung abweichende Aufgaben zu, die nachstehend ein wenig erörtert werden sollen.

Je kleiner das Objekt ist, umso mehr sind die Planwerte des Finanzplans, also die Vorgabe der Zahlungsvorgänge, die in einer Stelle bewirkt werden sollen, als Standard aufzufassen. Beispiele dafür sind im Einzelhandel zu erwirtschaftende Zahlungseingänge. Bei diesen kommt bei Barzahlung der Kunden noch dazu, dass die Leistung der Stelle, gemessen am Umsatz, und der Zahlungseingang zusammenfallen. Aber es kann auch angestrebt werden, den Zahlungseingang und den Umsatz möglichst gleich zu halten. So soll der Umsatz im Hinblick auf das Gesamtinteresse des Unternehmens an einer Verbesserung seiner Zahlungsfähigkeit besser durch Skonti geschmälert werden als lange Zahlungsziele und das Risiko des Ausfalls von Kundenforderungen in Kauf zu nehmen. Vergleichbar kann die Beschaffung betrachtet werden, wobei ebenfalls je nach der Liquiditätslage des Unternehmens die Vorgaben differenziert werden.

Interessanter aus allgemeiner Sicht sind aber zweifellos die Unternehmen selbst als Objekte der Finanzplanung, da bei ihnen zu den allgemeinen Zielen die notwendige Bedingung der Erhaltung der Zahlungsfähigkeit hinzutritt und damit in der Finanzplanung die Bemühung um das finanzielle Gleichgewicht mit ihrem bereits angesprochenen Risikoaspekt. Im Unternehmen kommt es zur Abwägung zwischen den Leistungszielen, die nicht nur für die Unternehmen der „Realwirtschaft", sondern auch für die der „Finanzwirtschaft" zutrifft, und der Sicherstellung der Zahlungsfähigkeit, die je nach der Fristigkeit der Betrachtung sehr unterschiedlich ausfallen kann. Als Schlagwort dazu sei die „Fristenkongruenz" der Finanzierung angeführt, die bis hin zum Postulat der möglichst weitgehenden Finanzierung mit Eigenkapital oder ähnlichen Kapitalformen führen kann. Es sind gerade solche Überlegungen, die sich in den schon erwähnten Finanzierungsregeln niederschlagen. Damit ist zugleich auch eine risikopolitische Entscheidung verbunden. An dieser Stelle darf aber nicht übersehen werden, dass auch die Finanzierung mit Eigenkapital nicht risikolos ist. Zwei Gesichtspunkte sollen besonders hervorgehoben werden: Auf der einen Seite steht der Einfluss der Gesellschafter auf die Unternehmensziele. Es lassen sich viele Beispiele dafür anführen, dass es zwischen den Gesellschaftern zur Uneinigkeit über die Unternehmensziele kommt, die bis zur Zerschlagung von Unternehmen führen kann, die letztlich die Frage nach deren Erhaltung negativ beantwortet. Es kann aber auch ein neuer Gesellschafter oder eine neue Gesellschaftergruppe die Unternehmensziele so umgestalten, dass der oder die Altgesellschafter trotz ihrer Beteiligung am Eigenkapital in die faktische Position von Fremdkapitalgebern hinsichtlich der Mitsprachemöglichkeit gedrängt werden. Auf der anderen Seite ist der Einfluss einer „Flucht" von Gesellschaftern zu bedenken. Damit sind vor allem Aktionäre gemeint, die aus welchen Gründen immer ihre Anteile veräußern und über einen Kurssturz der Aktien an der Börse oder einen vergleichbaren Wertverlust, der bekannt wird, Zweifel an der Bonität des Unternehmens wecken. Die Finanzierung mit Fremdkapital mit einer engen Bindung an das Unternehmen und eventuelle Marktinterventionen einer Hausbank, die damit auch ihre eigene Forderung absichert, können hier für die Zielerreichung und Erhaltung des Unternehmens vorteilhafter als eine hohe Ausstattung mit Eigenkapital sein.

In Unternehmenszusammenschlüssen nimmt die Zahl der Entscheidungsmöglichkeiten zu. Dies gilt auch dann, wenn aus einem Unternehmen durch Ausgliederungen ein Unternehmenszusammenschluss entstehen soll. Es wird dabei angenommen, dass von den einzelnen Unternehmen, die dem Zusammenschluss angehören, Finanzpläne ausgearbeitet werden, die von den Personen, die die Entscheidungen im Zusammenschluss treffen, gebilligt werden müssen.

Wenn zunächst unterstellt wird, dass der Unternehmenszusammenschluss und die in diesen einbezogenen Unternehmen unverändert bleiben und diese Unternehmen nicht als von Zahlungsunfähigkeit bedroht erscheinen sowie die Finanzpläne der Unternehmen akzeptiert werden, besteht die erste Aufgabe darin, den Zahlungsmittelbedarf der Unternehmen und ebenso deren Zahlungsmittelüberschüsse, mit denen gerechnet wird, abzustimmen. Es werden daher Zahlungsmittelüberschüsse, seien es aktuelle, seien es in Zukunft erwartete, mehr zu den Unternehmen verlagert, wo sie dringender erforderlich sind. Dies kann sich daraus ergeben, dass andere Unternehmen höhere Sicherheitsbestände benötigen oder durch die Kreditaufnahme innerhalb des Zusammenschlusses eine solche von außerhalb ersparen können. In diesen Zusammenhang gehört die Aufgabe des Cash Managements im Zusammenschluss. Dringender wird der finanzielle Ausgleich innerhalb des Zusammenschlusses dann, wenn ein oder mehrere Unternehmen von Zahlungsunfähigkeit bedroht sind und in diesem Zusammenhang die eigene Finanzplanung nicht geändert werden kann oder soll. In dieser Situation kommt dem finanziellen Ausgleich die Funktion zu, die gefährdeten Unternehmen zu erhalten. Allerdings kann auch dieser Ausgleich an Grenzen stoßen. Dann kommt es zur Überlegung, das oder die „schwachen" Unternehmen wegen der Aussichtslosigkeit der Rettung aufzugeben, entweder weil die erforderlichen Mittel im Zusammenschluss nicht aufgebracht werden können oder weil die Situation des oder der Unternehmen Rettungsversuche aussichtslos macht. Dies führt zu einer Änderung des Zusammenschlusses durch das Ausscheiden des oder der Unternehmen, von denen soeben die Rede war. Dieses Ausscheiden kann allerdings auch über die Veräußerung des oder der betroffenen Unternehmen an Dritte geschehen, die für dieses oder diese Unternehmen bessere Erwartungen haben, wobei dies bei isolierter Betrachtung eines Unternehmens oder auch bei Aufnahme in einen neuen Zusammenschluss (vergleiche dazu die sogenannten Synergieeffekte!) der Fall sein kann.

Mit dieser Überlegung wurde bereits die Betrachtung des in seiner Zusammensetzung unveränderten Zusammenschlusses verlassen. Für dessen Umgestaltung sprechen selbstverständlich auch Gründe, die nicht in der Gefahr der Zahlungsunfähigkeit liegen und die deshalb an dieser Stelle nicht weiter interessieren brauchen. Dazu gehören Erwägungen der besseren Führungsorganisation, steuerliche Argumente, Veränderungen der Ziele im Sinne einer Konzentration auf ein „Kerngeschäft", in umgekehrtem Sinne Verbesserung der „Risikostreuung" und sicherlich noch viele andere.

Der hier im Mittelpunkt stehenden Finanzplanung ist es aber zuzurechnen, wenn im Zusammenschluss ein Unternehmen eingerichtet wird, das auf die Finanzierung der anderen Unternehmen des Zusammenschlusses spezialisiert ist. Die Zuständigkeit für alle oder für bestimmte Finanzierungsmaßnahmen der einzelnen anderen Unternehmen wird dabei bei diesem Unternehmen konzentriert, das möglicherweise auch dazu dient, die Vorteiles eines Sitzstaates zu nutzen.

5. Zeitliche Aspekte der Finanzplanung

5.1. Zeitraum der Vornahme der Finanzplanung und Zeitpunkt der Aufstellung des Finanzplans

Der soeben genannte Zeitraum und ebenso der Zeitpunkt sind im Verhältnis zum Beginn der Planungsperiode zu verstehen, für die der Finanzplan gelten soll. Bei deren Festlegung kommt es zu widersprüchlichen Bedürfnissen, zwischen denen ein Kompromiss zu suchen ist, ohne dass eine allgemeine zeitliche Fixierung möglich erscheint. Gedacht wird dabei einerseits an den besseren Informationsstand, der erreicht wird, je näher diese Zeiten an den Beginn der Planungsperiode gerückt werden. Dem stehen andererseits Zeiten gegenüber, in denen die Genehmigung des Finanzplans nach Prüfung durch die dazu berufenen Organe erfolgt, eventuell mit der Folge der Vornahme von Plankorrekturen, die nur am Beginn der Planungsperiode sinnvoll sind. Ferner sind Zeiträume zu beachten, welche für eventuelle interne und externe Änderungen notwendig sind, die aufgrund des Finanzplans erforderlich wurden. Als Beispiele dafür seien Änderungen im internen Ablauf der Genehmigung von Kundenkrediten und von deren Überziehung genannt, aber auch die Änderung der entsprechenden Kreditbedingungen. Schon diese Beispiele zeigen, dass die Finanzplanung Rückwirkungen auf die Leistungserstellung des Unternehmens hat und daher nicht isoliert betrachtet werden kann. Die erforderlichen Änderungen aufgrund des Finanzplans oder bereits aufgrund der Daten und Informationen, die in der Finanzplanung verarbeitet werden, können freilich wesentlich weiter gehen. Genannt seien dazu Änderungen in der Finanzierung des Unternehmens und vor allem in den Bedingungen für die Tilgung und Verzinsung von aufgenommenen Krediten und letztlich auch in der Leistungserstellung eines Unternehmens hinsichtlich Umfang und artenmäßiger Zusammensetzung, um die Gefahr der Zahlungsunfähigkeit zu vermeiden. Es liegt nahe, dass diese Situationen, die noch dazu möglicherweise überraschend auftreten, für einen möglichst langen Zeitraum zwischen Finanzplanung und Aufstellung des Finanzplans sowie dem Beginn der Planungsperiode sprechen, um die entsprechenden Vorbereitungen und Verhandlungen mit Dritten führen zu können.

Der Ausweg aus diesem Dilemma kann darin gesehen werden, dass zwischen einer „normalen" Finanzplanung und einer „außergewöhnlichen" unterschieden wird. Die „normale" ist dadurch gekennzeichnet, dass vorgegebene Rahmenbedingungen eingehalten werden oder ihre Weitergeltung für die Finanzplanung unterstellt wird. Die zentrale Rahmenbedingung ist dabei sicherlich die Leistungserstellung des Unternehmens gemäß der entsprechenden Planung, von der angenommen wird, dass sie „weiter läuft". Die „normale" Finanzplanung erfolgt daher regelmäßig und laufend, und es genügt, wenn ihre Ergebnisse verhältnismäßig kurz vor Beginn der Planungsperiode vorliegen.

Anders ist die „außergewöhnliche" Finanzplanung zu gestalten. Sie wird nicht regelmäßig vorgenommen und ist keine routinemäßige Tätigkeit. Ihre Zuständigkeit und die Kompetenz für die Genehmigung ihres Inhalts liegen bei den entscheidenden Organen eines Unternehmens oder Unternehmenszusammenschlusses. Im positiven Sinne wird sie dann erfolgen, wenn Änderungen in der Art der Leistungserstellung und des Leistungsumfanges erwogen werden, ebenso auch dann, wenn besondere Finanzierungsmöglichkeiten als Chance gesehen werden, wie zB die Emission neuer Aktien oder besonders vorteilhafte Konditionen für die Aufnahme von Fremdkapital. Im negativen Sinne seien Umsatzeinbrüche in erheblichem Umfang, Kursverluste der Aktien eines Unternehmens, die den Verlust des Vertrauens der Geschäftspartner in dieses befürchten lassen, und die Fälligstellung erheblicher Kredite, die das Unternehmen aufgenommen hat, genannt. Die längerfristigen Konsequenzen derartiger „außergewöhnlicher" Finanzpläne werden nicht sogleich in die „normalen" Finanzpläne eingehen, sondern vermutlich erst mit einiger Verzögerung. Eine Ausnahme davon bilden freilich überraschende Ereignisse, wie zB der unerwartete Ausfall eines Großkunden, die überwiegend negativer Natur sind. Sie müssen unmittelbar über die „außergewöhnliche" in die „normale" Finanzplanung eingehen, die eventuell auch entsprechend korrigiert werden muss.

5.2. Planungsperiode der Finanzplanung und des Finanzplans

Bei der Bestimmung der Gesamtlänge der Planungsperiode der Finanzplanung begegnen wir neuerlich einem Dilemma: Einerseits soll die Finanzplanung wie jede andere Planung möglichst weit in die Zukunft reichen – die Lebensdauer des Unternehmens als zeitliche Begrenzung der Planung scheitert zumeist daran, dass diese Lebensdauer nicht festgesetzt, theoretisch also unendlich ist –, andererseits soll die Planung zahlenmäßig möglichst genau sein, was nur für einen relativ kurzen Zeitraum realisierbar ist, wenn die Planung ein auch nur annähernd genaues Bild der künftigen Wirklichkeit bieten soll. Dazu kommt, dass dieser Zeitraum darüber hinaus für die einzelnen Plangrößen sehr unterschiedlich lang ist: Die Tilgungsraten von Obligationen und Hypotheken stehen auf Jahre hinaus fest, die Umsatzentwicklung insgesamt und in einzelnen Sparten kann schon für das nächste Jahr höchst ungewiss sein. In dieser Situation kann ein Blick in die Vergangenheit hilfreich sein: Eine bestimmte Planungsperiode hat sich schon länger bewährt, zB drei oder fünf Jahre, daher bleibt man bei dieser auch in Zukunft, obwohl bekannt ist, dass es gelegentlich zu größeren Soll-Ist-Abweichungen etwa wegen der konjunkturellen Entwicklung oder Brüchen in dieser gekommen ist. Darüber hinaus könnte eine Verkürzung der Planungsperiode zu Misstrauen zB bei den Kreditgebern, denen die Planung offengelegt wird, oder bei Gesellschaftern führen: Diese würden daraufhin auf eine größere Unsicherheit schließen und diesen Schluss auf die Unsicherheit ihrer Investition übertragen. Eine Verlängerung der Planungsperiode könnte als Vortäuschung einer größeren Sicherheit ausgelegt werden, es könnten Zweifel daran aufkommen, ob für diese Planungsperiode Zahlen mit gleicher Genauigkeit wie für die kürzere Periode vorgelegt werden können, und es könnte schließlich die Sorge bestehen, dass eine künftige Verkürzung der Planungsperiode zu dem bereits geschilderten Misstrauen führt.

Nachstehend soll versucht werden, eine allgemeine, wenngleich nicht generell zahlenmäßig bestimmbare Regel für die Dauer der Gesamtplanungsperiode zu formulieren: Dabei wird von der Kongruenz zwischen Planungs- und Entscheidungsperiode ausgegangen. Die Planungsperiode soll so lange dauern, wie noch annähernd verlässliche Plandaten für Entscheidungen im Unternehmen oder Unternehmenszusammenschluss zur Verfügung stehen und für Entscheidungen genutzt werden können. Gemeint sind dabei Daten, die das ganze Unternehmen oder den Unternehmenszusammenschluss erfassen, und nicht nur einzelne Daten, die auf frühere Entscheidungen zurückgehen oder als Grundlage der gesamten Tätigkeit, eben als Datum, vorgegeben und in der Planungsrechnung nicht disponibel sind. Als Beispiele seien neuerlich Obligationen- und Hypothekentilgungen, in der Planungsperiode nicht veränderliche Lizenzverträge und eventuell auch Standortbestimmungen genannt. Damit werden die Grenzen abgesteckt, innerhalb derer die Planung insgesamt und auch die Finanzplanung sich bewegen, zur Gesamtplanung für das Unternehmen oder den Unternehmenszusammenschluss führen können. Nur soweit eine solche Gesamtplanung erfolgen kann, ist es vertretbar, die Planungsperiode zu erstrecken.

Einen gewissen Ausweg bietet in diesem Zusammenhang die Unterscheidung zwischen Grob- und Feinplanung. Die Grobplanung ist dabei – und das ist naheliegend – längerfristig als die Feinplanung. Die Grobplanung bezieht sich dabei auf die Annahme, dass stärker aggregierte Daten mehr Abweichungen zwischen Soll und Ist auszugleichen vermögen, als weniger stark aggregierte (siehe Abschnitt 6.3.2.). Außerdem bietet sie mit dem Schritt zur Feinplanung für diese einen Rahmen an, innerhalb dessen für diese ein Spielraum bleibt, die Planung an die inzwischen besser überschaubare zukünftige Situation anzupassen. Als Beispiel sei ein geplanter Gesamtumsatz für eine künftige Teilplanungsperiode angeführt, der erst in der Feinplanung auf Abnehmergruppen oder sogar auf einzelne Abnehmer aufgeteilt wird. Insgesamt soll der Umsatz aber erreicht werden. Für die Feinplanung nimmt die Grobplanung damit Züge eines Standards und nicht nur einer Prognose an. Die Erläuterung der Gesamtperiode der Planungsrechnung und damit auch der Finanzplanung leitet damit zur Zerlegung der Gesamtperiode der Planung in Teilperioden über, die im nächsten Abschnitt erfolgen soll.

Die Besprechung der Gesamtplanungsperiode kann nicht abgeschlossen werden, ohne auf die Fortbestehensprognose einzugehen. Gerade wenn diese zu einem positiven Ergebnis führen soll, ist deren Periode von besonderer Bedeutung. Vermutlich wird in vielen Fällen die kürzere Periode noch größere Zweifel am Fortbestehen wecken als die längere. Dies gilt vor allem dann, wenn eine schlechtere wirtschaftliche Entwicklung des Unternehmens überwunden werden muss, bevor bessere Erwartungen berechtigt erscheinen. Die entscheidende Frage ist dabei, ob über die eben vorgeschlagene Grenze der Planungsperiode hinausgegangen werden kann, wenn während dieser Frist keine positive Prognose erstellt werden kann. Diese Frage soll hier vorsichtig bejaht werden.

Dies gilt unter der Voraussetzung, dass während dieser Periode eine positive Entwicklung des Unternehmens abzusehen ist. Das Unternehmen ist also in der Lage, in diesem Zeitraum die laufenden Zahlungsverpflichtungen durch die Zahlungseingänge abzudecken und darüber hinaus die Überschuldung zu reduzieren. Es kann dabei dahingestellt bleiben, welche Maßnahmen dazu erforderlich sind, wesentlich ist nur, dass diese Maßnahmen zwei mögliche Wirkungen aufweisen. Einerseits können es einmalige Einschnitte sein, denen eine neue Phase der Unternehmenstätigkeit folgt, in welcher kein „Rückfall" in die Zeit vor Eintritt der Überschuldung zu erwarten ist. Andererseits können die getroffenen Maßnahmen nachhaltig wirken, sodass der damit erreichte Erfolg über die Planungsperiode hinaus als anhaltend einzuschätzen ist. Es spricht daher nichts dagegen, dass der positive Einfluss länger als die Planungsperiode wirkt und nicht mit deren Ende abrupt abbricht. Diese Situation ist mit jener in der Unternehmensbewertung vergleichbar, wo einer genau festlegbaren Planungsphase eine solche angeschlossen wird, die nur weniger genau eingeschätzt werden kann, aber dennoch einen Ertragswertanteil in Form einer Rente erbringen soll. Diese kleine Exkursion in die Unternehmensbewertung soll durch den Hinweis darauf abgeschlossen werden, dass das erwartete Vermögen des Unternehmens am Ende der Planungsperiode sicherlich eine wesentliche Ergänzung für die Beurteilung des möglichen Fortbestehens des Unternehmens in diesem Zeitpunkt bildet. Obwohl dies dem Wortsinn der Fortbestehensprognose widerspricht, könnte für diesen Zeitpunkt auch eine Veräußerung oder Liquidation des Unternehmens erwogen werden, wenn daraus keine Schädigung der Gläubiger zu erwarten ist.

Das soeben zur Fortbestehensprognose Gesagte kann sinngemäß auf den Sanierungsplan im Sanierungsverfahren als Insolvenzverfahren übertragen werden. Dabei wird allerdings unterstellt, dass eine bestimmte Quote der Verbindlichkeiten wegfällt, um zu einer positiven Erwartung für die Fortführung des Unternehmens zu gelangen. Da dies auch ein Merkmal eines außergerichtlichen Verfahrens zur Sanierung ist, bei welchem alle oder möglicherweise nicht alle Gläubiger auf Forderungen verzichten, trifft dies auch für ein solches Verfahren zu.

5.3. Teilplanungsperioden der Finanzplanung und des Finanzplans

Die Gesamtplanungsperiode von vielleicht drei bis fünf Jahren ist für die Finanzplanung allein zu lang. Sie bedarf der Unterteilung in Teilplanungsperioden aus Gründen des zeitnahen Soll-Ist-Vergleichs, aber auch im Hinblick auf die Disposition über erzielte Zahlungsmittelüberschüsse und erforderliche Kreditaufnahmen und Entscheidungen über Änderungen im Kapital im Allgemeinen, die nicht bis zum Ende der Gesamtplanungsperiode warten können. Am wichtigsten ist jedoch immer dann, wenn diese Gefahr besteht, die rasche Information über eine mögliche Zahlungsunfähigkeit. Es ist daher nach dem Bestimmungsgründen für diese Unterteilung zu fragen.

Ein Bestimmungsgrund ergibt sich aus dem Zusammenhang zwischen der Finanzplanung und der Buchführung. Die Teilperioden der Finanzplanung sind daher sicherlich die Geschäftsjahre der Bilanzierung und die Zeitabschnitte der kurzfristigen Erfolgsrechnung (Quartale und Monate). Mit diesen Teilperioden wird die Abstimmung der Zahlen der Finanzplanung und der Buchführung erleichtert, und darüber hinaus können für den Soll-Ist-Vergleich bessere Grundlagen für die Analyse der Abweichungen gewonnen werden. Als Beispiel sei auf die Beziehungen zwischen der Entwicklung der

Forderungen, der Zahlungseingänge aus diesen, der daraus resultierenden liquiden Mittel und der Zahlungsausfälle hingewiesen.

Einen weiteren Bestimmungsgrund bildet die Abgrenzung zwischen dem oder den Zeiträumen der Feinplanung (Detailplanung) und dem- oder denjenigen der Grobplanung. Das Kriterium dafür stellt der Informationsstand für beide dar (vergleiche dazu die Ausführungen im vorangehenden Abschnitt). Die Teilperioden der Feinplanung sind dabei kürzer als jene der Grobplanung (zB Monate im Verhältnis zu Jahren).

Weniger von praktischen als von grundsätzlichen Erwägungen geleitet ist der Bestimmungsgrund der aus der Finanzplanung und dem Soll-Ist-Vergleich abgeleiteten Entscheidungen. Die Entwicklung einer Teilperiode soll dargestellt werden, um darauf Entscheidungen im Unternehmen und im Unternehmenszusammenschluss aufbauen zu können. Wie oft diese Notwendigkeit und vielleicht auch Möglichkeit besteht, kann allgemein nicht gesagt werden. Im Extremfall eines täglich wechselnden Bedarfs an liquiden Mitteln und der Möglichkeit einer eben solchen Deckung kann dies zu einer täglichen Finanzplanung führen (vergleiche dazu die Tagesgelder im Verkehr der Banken untereinander). Traditionelle Teilperioden bieten einen Anhaltspunkt dafür, bei denen es aber vor allem in Situationen möglicher Zahlungsunfähigkeit nicht bleiben kann. Dann müssen kürzere Perioden oder auch nur einzelne Soll- und Ist-Zahlen, zB erwartete Forderungen und reale Forderungsentwicklung, an deren Stelle treten.

Die Zahlungsunfähigkeit mit der Folge der Insolvenz kann täglich eintreten. Dies hat jedoch nur dann die Folge einer täglichen Finanzplanung, wenn täglich für die Deckung der sofort fälligen Verbindlichkeiten gesorgt werden muss, um damit die Insolvenz zu vermeiden. Ein Bestimmungsgrund für die Länge von Teilperioden ergibt sich daraus wohl nur kurzfristig, nicht aber auf Dauer.

Welche Argumente auch immer auf die Dauer der Teilperioden einwirken, es darf doch deren Auswirkung auf die Haltung eines Reservebestandes von liquiden Mitteln nicht übersehen werden: Dieser muss tendenziell umso höher angesetzt werden, je länger die Teilperioden gewählt wurden, um zu verhindern, dass es durch eine Zusammenballung der Auszahlungen am Beginn und der Einzahlungen am Ende der Teilperiode zu einem Mangel an liquiden Mitteln kommt, obwohl sich dies aus den liquiden Mitteln am Beginn und am Ende der Teilperiode nicht ableiten lässt.

5.4. Zeitlicher Abstand zwischen den einzelnen Finanzplanungen und Finanzplänen

Im Allgemeinen widerspricht es dem Sinn der Finanzplanung, diese nur dann wiederum aufzustellen, wenn eine Gesamtplanungsperiode abgelaufen ist, also etwa der Planung für die Jahre 2013–2015 erst die Planung für die Jahre 2016–2018 folgen zu lassen. Die Planung könnte dann nicht mehr laufend den aktuellen Entwicklungen angepasst werden. Es ist daher eine revolvierende Planung zu fordern: Nach den Jahren 2013–2015 als Gesamtplanungsperiode kommt es zur Planung für die Jahre 2014–2016 und so weiter. Damit können neue Entwicklungen berücksichtigt und der laufende Übergang von der Grob- zur Feinplanung vorgenommen werden. Die Überleitung der „außergewöhnlichen" in die „normale" Finanzplanung (vergleiche Abschnitt 5.1.) und überraschende Entwicklungen, die eine Korrektur der Finanzplanung erforderlich machen, können dazu führen, dass Neu- und Umplanungen darüber hinaus stattfinden müssen.

6. Die Zahlen der Finanzplanung

Mit den Objekten der Finanzplanung (Abschnitt 4) und der Bestimmung von deren zeitlicher Stellung (Abschnitt 5) wurde das Gerüst aufgezeigt, das mit den Zahlen der Finanzplanung und letztlich des Finanzplans gefüllt werden muss. Damit soll sich dieser Abschnitt beschäftigen, in dem zunächst Allgemeines über diese Zahlen gesagt werden soll, bevor auf diese und die dabei zu beachtenden Anforderungen eingegangen wird.

6.1. Herkunft der Zahlen

Sowohl in der „Realwirtschaft" als auch in der „Finanzwirtschaft", um ein derzeit beliebtes Begriffspaar neuerlich zu gebrauchen, steht wohl die Erfüllung der Aufgabe der Unternehmen und Unternehmenszusammenschlüsse voran, bevor die finanziellen Auswirkungen der gesetzten Ziele zu bestimmen sind. Dies trifft auch dann zu, wenn als endgültige Zielsetzung die Gewinnerzielung betrachtet wird und als deren weitere Konsequenz die Gewinnentnahme und -ausschüttung, die für die Unternehmen und Unternehmenszusammenschlüsse einen Abfluss an liquiden Mitteln bedeutet, der einen Gegenstand der Finanzplanung und des Finanzplans darstellt. Es ist daher naheliegend, dass die Finanzplanung und damit die in ihr aufgezeigten Daten aus der Gesamtplanung des Unternehmens oder des Unternehmenszusammenschlusses und somit aus der Planung von deren Tätigkeiten und Leistungen abgeleitet werden. Solange keine Gefahr der Zahlungsunfähigkeit zu erkennen ist und aus der Planung der Zahlungsströme nicht besondere Vorteile ersichtlich werden, die nur durch eine Änderung der Leistungsplanung realisiert werden können, ist die Planung der Tätigkeiten und Leistungen dabei die originäre Planung (siehe Abschnitt 6.3.2.). Beispiele für solche besonderen Vorteile stellen dabei bessere Zahlungsbedingungen bei der Wahl bestimmter Lieferanten, günstige Leasingkonditionen für Anlagegüter und andere Möglichkeiten der Kreditgewährung an Kunden dar. Die Rückwirkung der Finanzplanung auf die Gesamtplanung des Unternehmens oder des Unternehmenszusammenschlusses ist dabei eher peripherer Natur, an den Grundgedanken, die die Leistungsplanung leiten, wird dabei nichts geändert.

Völlig anders steht es, wenn die Finanzplanung auf eine drohende Zahlungsunfähigkeit reagieren muss. Dann dreht sich das Verhältnis von originärer und derivativer Planung völlig um, die Erhaltung des Unternehmens oder des Unternehmenszusammenschlusses hat Vorrang vor der Leistungsplanung (siehe Abschnitt 6.3.2.). Diese wird durch die von der Finanzplanung gesetzten Grenzen determiniert. Dies betrifft sowohl die laufende Leistungserstellung als auch die Kapazitäten und die Bereitschaft für diese. Diese Feststellung kann auf den Sanierungsplan übertragen werden, der freilich die Erleichterung hinsichtlich der Zahlungsunfähigkeit durch die geplante Minderung der Verbindlichkeiten berücksichtigen kann. Bei der Sanierungsplanung können dabei unterschiedliche Pläne je nach dem Ausmaß dieser Minderung erwogen werden. Die Entscheidung wird dabei wohl zugunsten einer sicheren Variante fallen, für die mit der Zustimmung der im Sanierungsverfahren zuständigen Organe zu rechnen ist.

Schwieriger ist die Situation für die Fortbestehensprognose bei der Überschuldung zu beurteilen: Wird davon ausgegangen, dass die Überschuldung mit einer möglichen künftigen Zahlungsunfähigkeit nichts zu tun hat und – aus dieser Sicht – nur mit Mängeln und Schwächen der Bewertung, so würde für die Prognose der Grundsatz „business as usual" gelten, diese würde also so geschehen, als ob keine Zahlungsunfähigkeit zu befürchten wäre. Wird die Überschuldung aber als Indiz für eine vielleicht erst auf längere Sicht zu befürchtende Zahlungsunfähigkeit verstanden, so würde es zu der geschilderten Rückwirkung der Finanzplanung auf die Leistungsplanung kommen, allerdings vielleicht nur abgeschwächt gegenüber der Lage bei drohender Zahlungsunfähigkeit. Es wird demnach versucht werden, mehr von der laufenden Leistungserstellung und der Bereitschaft und Kapazität für diese zu retten. Möglicherweise kann es aus der Sicht der Planung der Vorteil der Überschuldung sein, dass sie nicht nur zu einer Prognose zwingt, sondern zu einer qualifizierten Prognose durch die Ausrichtung auf die Erhaltung des Bestands des Unternehmens oder Unternehmenszusammenschlusses.

6.2. Das Vorsichtsprinzip in der Finanzplanung

Das aus der Buchführung geläufige Vorsichtsprinzip hat bekanntlich im imparitätischen Realisationsprinzip den Inhalt, dass nicht realisierte Gewinne nicht ausgewiesen werden dürfen, nicht realisierte Verluste aber ausgewiesen werden müssen. Die Verluste wirken daher auf den Erfolg der Gegenwart oder Vergangenheit, soweit dieser für Gewinnentnahmen und -ausschüttungen noch relevant ist. Die Gewinne werden hingegen in die Zukunft, genauer: bis zu ihrem künftigen Realisationszeitpunkt verlagert. Die gewünschte Wirkung davon ist offensichtlich, dass die entsprechende Erfolgsausweisung demgemäß erfolgt und die Gewinnausweisung mit der Folge der Gewinnentnahme und -ausschüttung ebenfalls in die Zukunft verschoben wird. Damit soll ein Beitrag zur Erhaltung des Unternehmens geleistet werden. Da anzunehmen ist, dass zwischen Gewinnrealisierung und Zahlungseingang ein engerer Zusammenhang besteht als zwischen der Erzielung des Gewinnes durch Wertbewegungen und dem Zahlungseingang, wirkt das Vorsichtsprinzip auch positiv auf die Entwicklung der finanziellen Mittel eines Unternehmens. Es braucht hier nicht weiter erörtert zu werden, ob dieses Vorsichtsprinzip angesichts von Fair Value und IFRS noch uneingeschränkt anzuwenden ist, denn es gilt für die Finanzplanung trotz seiner Auswirkung auf die liquiden Mittel des Unternehmens nicht. Dies kann damit begründet werden, dass die Finanzplanung sich nicht mit einer solchen Annahme über eine mögliche bessere Wirkung auf den Bestand an liquiden Mitteln begnügt, sondern diesen genauer für die Zukunft erkennen will.

Dennoch wirkt das Vorsichtsprinzip auf die Finanzplanung, wenn auch nicht in einer solchen strikten Fassung. Dafür ist die Schwere der Auswirkungen zu bedenken, die der Eintritt der Zahlungsunfähigkeit im Verhältnis zu einer hohen Gewinnausweisung, -entnahme und -ausschüttung hat: Im einen Fall kommt es zu einer Existenzgefährdung des Unternehmens oder Unternehmenszusammenschlusses, im anderen zu einer positiven Episode in deren Geschichte. Dies kann auf die Finanzplanung und auf die in ihr enthaltene Einschätzung der finanziellen Entwicklung unter Ungewissheit übertragen werden: Das Risiko der Zahlungsunfähigkeit wiegt schwerer als die Chance eines höheren Gewinns als geplant.

Welche subjektive Einschätzung der Wahrscheinlichkeit und Höhe von Risiko und Chance dazu führt, Handlungen zu treffen, zu modifizieren oder zu unterlassen, kann allgemein nicht gesagt werden, da dies von der Risiko- und Chancenbeurteilung und von der Risikobereitschaft der entscheidenden Personen abhängt. In einer allgemeinen Darstellung wie dieser muss es dabei sein Bewenden haben, dass die Gefahr der Zahlungsunfähigkeit zu einem vorsichtigeren Handeln führt, als dies bei Fehlen dieser Gefahr geschieht.

Wegen des so aufgefassten Vorsichtsprinzips kann die Finanzplanung den entscheidenden Personen risikopolitische Maßnahmen nahelegen, die in den Finanzplan eingehen können und die von Sicherungsbeständen an liquiden Mitteln bis zu Sicherungsgeschäften und zu Nachschüssen im Bereich des Eigenkapitals reichen können. Deren Erörterung im Einzelnen würde aber über die Überlegungen zur Finanzplanung hinausgehen und soll deshalb hier unterbleiben.

Das bisher beschriebene Vorsichtsprinzip wurde auf die sozusagen unspezifische Finanzplanung bezogen. Es soll nunmehr auf die Fortbestehensprognose und den Sanierungsplan übertragen werden. Es gilt für diese uneingeschränkt und angesichts der Lage des Unternehmens und des Unternehmenszusammenschlusses, die diese Planungsformen herbeigeführt hat, noch verstärkt. Dem Interesse an der Erhaltung der durch Zahlungsunfähigkeit gefährdeten wirtschaftlichen Einheiten entspricht es, die Sicherheit, mit der die Plandaten eintreten werden oder wenigstens eine Verschlechterung des Ist gegenüber dem Plan vermieden werden kann, durch risikopolitische Maßnahmen zu gewährleisten. Darüber hinaus sollte es die Sachkenntnis derjenigen, die zur Prüfung dieser Pläne berufen sind, verhindern, dass Pläne mit nicht realistischen Daten akzeptiert werden. Möglicherweise können diesen Personen Plandaten mit unterschiedlichen Risiken und Risikograden vorgelegt werden, aus denen diese aufgrund ihrer Einschätzung den danach endgültigen Plan als Handlungsanweisung auswählen können.

6.3. Allgemeine Anforderungen an die Zahlen der Finanzplanung

So wie an die Zahlen der Buchführung sind auch an diejenigen der Finanzplanung drei allgemeinen Anforderungen zu stellen, nämlich die Dokumentation der Zahlen, ihre Richtigkeit und ihre Vollständigkeit. Im Vergleich zur Buchführung sind allerdings insofern Veränderungen dieser Anforderungen vorzunehmen, als die Buchführung zu einem großen Teil auf Vergangenheits- und Gegenwartsdaten aufbaut – als Ausnahmen seien Abschreibungen und Rückstellungen genannt –, während in der Finanzplanung notwendigerweise die Zukunftsdaten dominieren. Der Begriff der Richtigkeit als Ausdruck der Übereinstimmung der Zahlen mit der Wirklichkeit darf also nicht wörtlich genommen werden. Die Besprechung soll mit der einfachsten Anforderung, nämlich der Dokumentation, begonnen werden.

6.3.1. Die Dokumentation der Zahlen der Finanzplanung

Für die Buchführung gibt es bekanntlich den Grundsatz „Keine Buchung ohne Beleg", womit über die Art des Beleges (tatsächlich ein Beleg für jede Buchung, Belege, die als Belege für eine Reihe oder Vielzahl von Buchungen dienen, Belege, die auf den Berechnungsmodus für eine Buchung verweisen, die also erst mit Hilfe dieses Modus aus Daten des Belegs abgeleitet wird, externe und interne Belege usw) noch nichts ausgesagt wird. Dieser Grundsatz kann unmittelbar auf die Finanzplanung übertragen werden. Auch in dieser muss für jede Zahl eine formale Begründung vorhanden sein – die inhaltliche Begründung ist in Verbindung mit der Richtigkeit zu erörtern. Dass es sich dabei überwiegend um interne Belege handelt, bedarf wohl keiner weiteren Erläuterung. Die Notwendigkeit des Belegs folgt aus der ohne diesen nicht gebotenen Möglichkeit der Prüfung und Analyse der darin enthaltenen Zahlen, die auch im späteren Soll-Ist-Vergleich und für die Fortschreibung der Finanzplanung von Bedeutung ist.

6.3.2. Die Richtigkeit der Zahlen der Finanzplanung

Wegen der Orientierung der Finanzplanung an der zukünftigen Entwicklung muss die Richtigkeit für diese anders als durch die Übereinstimmung mit dem Ist, also der Wirklichkeit, interpretiert werden. Die Richtigkeit ist vielmehr dann erreicht, wenn die Daten, die in den Finanzplan eingehen, auf begründete Annahmen über die zukünftige Entwicklung gestützt werden. Diese Anforderung hat einen zeitlichen Aspekt: Sie bezieht sich auf den Zeitpunkt, zu dem der Finanzplan oder die einzelnen Teile des Finanzplans, wenn diese unterschiedliche Termine haben, aufgestellt wird. Weiteres Zuwarten mit dieser Aufstellung kann möglicherweise zu im soeben beschriebenen Sinn richtigeren Daten führen, dies darf aber nur dann zum zeitlichen Aufschieben des Finanzplans führen, wenn dies im Hinblick auf die damit verbundene Verzögerung von Entscheidungen vertretbar ist.

Die zuvor genannte begründete Annahme schließt das bloße Erraten von Daten aus, dieses ist für die Finanzplanung auch dann abzulehnen, wenn sich in einer Ex-post-Betrachtung zeigt, dass Daten tatsächlich zutreffend erraten wurden. Die Gründe für diese Ablehnung der Datengewinnung durch Erraten wurden bereits genannt: Sie bestehen einerseits im Soll-Ist-Vergleich, in dem Abweichungen analysiert werden müssen, was bei erratenen Zahlen nicht möglich ist, und andererseits darin, dass die Zahlen eines Finanzplans Grundlagen für die Fortsetzung der Finanzplanung in weiteren Plänen sind. Dies erfordert aber, dass die Zahlen fortgeschrieben werden und damit Begründungen für das Gleichbleiben oder Ändern der Zahlen in den folgenden Finanzplänen gegeben werden.

Die Quellen, aus denen die begründeten Annahmen stammen, sind weit aufzufassen: Es sind damit nicht nur Ergebnisse von Marktforschungen und volkswirtschaftliche Daten zB über die Konjunkturentwicklung gemeint, sondern ebenso Fortschreibungen von Werten aus Vorperioden und Meinungen zB über den Erfolg eines neues Produktes, wenn dies durch Argumente untermauert werden kann, auf denen die spätere Analyse und der Vergleich aufbauen können.

Es bedarf wohl keines Beweises dafür, dass die Planung umso mehr mit Ungewissheit konfrontiert ist, je weiter sie in die Zukunft reicht. Deshalb ist es in der Finanzplanung erforderlich, für zeitlich noch entferntere Perioden erwartete Ein- und Auszahlungen zusammenzufassen und längere Planungsperioden zu wählen. Damit wird ein Fehlerausgleich erreicht, sodass das Gesamtergebnis richtiger prognostiziert werden kann, als dies die einzelnen Daten erwarten lassen, die in die Planung eingehen (siehe Abschnitt 5.2.). Es ist auch möglich, mehrwertige Pläne aufzustellen, in denen zB optimistische, durchschnittliche und pessimistische Zahlen ausgewiesen werden. Damit werden einerseits Grenzen für die erwartete künftige Entwicklung abgesteckt. Besser als die optimistischen Werte es zeigen, wird es sicherlich nicht werden, vor allem aber: Die pessimistisch zusammengetragenen Daten stellen den möglichen Tiefpunkt auch im Hinblick auf die Gefahr der Zahlungsunfähigkeit dar, der aus der Sicht des oder der Planenden nicht unterschritten werden wird. Andererseits wird damit die Entscheidung darüber, welche Zahlen für die Entwicklung des Unternehmens oder des Unternehmenszusammenschlusses als maßgeblich angesehen werden sollen und damit auch für das Ausmaß an Risiken, die eingegangen werden sollen, von dem oder den Planenden auf die zuständigen Leitungsorgane übertragen.

Soweit die Finanzplanung aus der Planung der künftigen Tätigkeit des Unternehmens oder Unternehmenszusammenschlusses abgeleitet wird, werden sich die bisher zur Richtigkeit der Finanzplanung erörterten Fragen nur eingeschränkt stellen. Wie schon früher gesagt, übernimmt die Finanzplanung die Werte der Planung der künftigen Tätigkeit und stellt deren finanzielle Konsequenzen dar (siehe Abschnitt 6.1.). Zeigt sich aber die Gefahr der Zahlungsunfähigkeit mehr oder weniger drohend, so gewinnt die Richtigkeit der verwendeten Daten in der besprochenen Bedeutung ein größeres Gewicht, und von der Finanzplanung gehen die entscheidenden Zielsetzungen für die Gesamtplanung aus (siehe Abschnitt 6.1.). Dies gilt einerseits für Grenzen, die der betrieblichen Tätigkeit insgesamt gesetzt werden, wie zB durch Einschränkung des ursprünglich beabsichtigten Produktionsumfanges oder ebenso des Investitionsprogramms. Andererseits ist es möglich, dass zur Sicherung der Zahlungsfähigkeit oder zu deren Wiedergewinnung die Art der betrieblichen Tätigkeit verändert wird, wie dies auch dann zutrifft, wenn wesentliche Grundlagen der bisherigen Tätigkeit durch Veräußerung von einzelnen Vermögensgegenständen oder Teilbetrieben oder Unternehmen zur Rettung des übrigen Unternehmenszusammenschlusses aufgegeben werden müssen. Mit der Auswahl dieser Grundlagen, die zur Erhaltung oder Herstellung der Zahlungsfähigkeit geopfert werden müssen, ist bereits die Vollständigkeit der Finanzplanung angesprochen, die im folgenden letzten Teil dieses Beitrags behandelt werden soll.

6.3.3. Die Vollständigkeit der Zahlen der Finanzplanung

Die Vollständigkeit ist in der Buchführung und im Jahresabschluss verhältnismäßig leicht erreichbar. Dies ergibt sich aus der pagatorischen Ausrichtung, aus dem System der doppelten Buchführung und aus dem Gebot, auch Geschäftsfälle für die Rechnungsperiode in den Jahresabschluss und damit in die Buchführung aufzunehmen, die noch keine pagatorischen Auswirkungen gehabt haben, aber nach den Grundsätzen ordnungsmäßiger Buchführung zu berücksichtigen sind. Der Inhalt der vom Wirtschaftsprüfer zu fordernden Vollständigkeitserklärung ist das beste Beispiel dafür.

In der Planung im Allgemeinen ist die Vollständigkeit allerdings praktisch unerreichbar. Sie würde nämlich bedeuten, dass alle künftigen Handlungsmöglichkeiten erfasst werden. Tatsächlich werden die Handlungsmöglichkeiten auf den Bereich reduziert, der vom Tätigkeitsbereich der Unternehmen und Unternehmenszusammenschlüsse bestimmt wird und in den vorhandenen Kapazitäten personeller und sachlicher Natur seinen Niederschlag gefunden hat. Auch wenn Änderungen der Tätigkeit erwogen werden, muss davon ausgegangen werden.

Soweit die Finanzplanung aus der Planung der künftigen Tätigkeit abgeleitet wird, sind die relevanten Handlungsmöglichkeiten noch weiter eingeschränkt (siehe Abschnitt 6.1. und 6.3.2.). Sie sind reduziert auf die Planung der verschiedenen Zahlungsströme, die für die vorgesehene künftige Tätigkeit offenstehen. Beispiele dafür wurden bereits oben in Abschnitt 6.1. gegeben.

Das Bild ändert sich allerdings, wenn die Planung der betrieblichen Tätigkeit von der Finanzplanung als originärer Planung ausgeht. Dies kann dann geschehen, wenn bestimmte finanzielle Ergebnisse in den künftigen Rechnungsperioden angestrebt werden.

Wird diese Überlegung auf die Gewinnentnahme und -ausschüttung bezogen, dann ist allerdings zu bedenken, dass der im Jahresabschluss ausgewiesene Gewinn im Regelfall Voraussetzung für die Gewinnentnahme und -ausschüttung ist. Damit wird in dieser Situation neuerlich das Ergebnis der Tätigkeit des Unternehmens oder des Unternehmenszusammenschlusses entscheidend, losgelöst vom Zeitpunkt, in dem dieser Gewinn im finanziellen Ergebnis wirksam wird (siehe Abschnitt 6.2.). Allerdings wird das für die Entnahme und Ausschüttung zu beachten sein.

Besteht jedoch die Gefahr der Zahlungsunfähigkeit, so dominiert die Finanzplanung die gesamte Planung eines Unternehmens oder Unternehmenszusammenschlusses (siehe Abschnitte 6.1 und 6.3.2.). Die dazu anzustellenden Überlegungen können auf die Fortbestehensprognose und auf den Sanierungsplan übertragen werden. In dieser Situation bestehen zwei große Gruppen von Handlungsmöglichkeiten:

Für die Tätigkeit in einem Unternehmen oder Unternehmenszusammenschluss, die schon länger ausgeübt wurde und für die die Kapazitäten personeller und sachlicher Natur zur Verfügung stehen, ist es naheliegend, diese Tätigkeit möglichst weiterzuführen, vor allem dann, wenn die drohende oder eingetretene Zahlungsunfähigkeit als Resultat eines einmaligen Ereignisses (wie zB der Zusammenbruch eines Großkunden oder politische Ereignisse auf einem wichtigen Absatzmarkt) anzusehen ist. Unter dieser Voraussetzung werden die Handlungsmöglichkeiten danach gruppiert, wie sehr sie die bisherige Tätigkeit des Unternehmens oder Unternehmenszusammenschlusses verändern, und diejenige Handlungsmöglichkeit wird gewählt, die diese Veränderungen minimiert. Die Skala der Handlungsmöglichkeiten beginnt dabei mit der Veräußerung nicht betriebsnotwendigen Vermögens im Sinne der Kostenrechnung und mit Sale-and-Lease-Back-Varianten und reicht über die Aufgabe von Filialen und Standorten bis zur Schließung von Teilbetrieben. Erst als schlechteste Wahl werden die Gesamtveräußerung von Unternehmen und Unternehmenszusammenschlüssen und letztlich die Einzelveräußerung (Versilberung) des Vermögens erwogen werden.

In der zweiten Gruppe wird die bisherige Tätigkeit oder der bisherige Tätigkeitsbereich als aussichtslos oder als weniger aussichtsreich als andere angesehen, was durch die drohende oder eingetretene Zahlungsunfähigkeit bewiesen wird. Es wird ein anderer Tätigkeitsbereich gesucht. Dies kann auch mit Hilfe Dritter geschehen. Für die Wahl dieses Tätigkeitsbereichs können außer den dafür bestehenden Kenntnissen, sei es im Unternehmen oder Unternehmenszusammenschluss oder bei den mitwirkenden Dritten, keine Regeln angegeben werden, wenn von der dabei möglichen wenigstens teilweisen Nutzung der vorhandenen Kapazitäten personeller oder sachlicher Natur abgesehen wird. Eine Vollständigkeit der Planung im angesprochenen Sinn der Erfassung aller Handlungsmöglichkeiten liegt auch hier nicht vor.

Planungssicherheit im Spannungsfeld zwischen Fiskus und Unternehmung

Dieter Rückle

1. Einführung
   1.1. Josef Schlager als Theoretiker und Praktiker der Betriebswirtschaftlichen Steuerlehre
   1.2. Problemstellung – Explikation und Abgrenzungen
        1.2.1. Planungssicherheit und steuerliche Risiken
            1.2.1.1. Systematik der planungsrelevanten steuerlichen Risiken
            1.2.1.2. Sachverhaltsrisiken
            1.2.1.3. Beurteilungsrisiken
            1.2.1.4. Rechtsänderungsrisiken
            1.2.1.5. Konkurrenzrisiken
            1.2.1.6. Entwicklungsrisiken
        1.2.2. Dimensionen des Begriffs „Fiskus"
        1.2.3. Dimensionen des Begriffs „Unternehmung"

2. Der Gesetzgeber als Risikofaktor
   2.1. Zum Steuerbewilligungsrecht des Parlaments
        2.1.1. Grundsatz
        2.1.2. Interessengegensatz zwischen Gesetzgeber und Steuersubjekt
   2.2. Bindung durch Verfassungsrecht?
   2.3. Zum Rückwirkungsverbot
        2.3.1. Grundsätzliches
        2.3.2. Arten von Rückwirkung und deren unterschiedliche Beurteilung
        2.3.3. Desiderata der Unternehmungen

3. Verwaltung und Rechtsprechung als Risikofaktoren
   3.1. Zur Kontinuität (Präjudizialität)
   3.2. „Wirtschaftliche Betrachtungsweise" und Gestaltungsmissbrauch
   3.3. Offenlegung von Verwaltungsanweisungen
   3.4. Die Entscheidung der Unternehmung zwischen Akzeptierung einer Verwaltungsmeinung und dem Gang zum Gericht

4. Spezielle unternehmerische Versuche zur Erhöhung der Planungssicherheit
   4.1. Zur klassischen Steuerauskunft
   4.2. Neuere Entwicklung: Advance Ruling

5. Fazit
Literaturverzeichnis

1. Einführung

1.1. Josef Schlager als Theoretiker und Praktiker der Betriebswirtschaftlichen Steuerlehre

Josef Schlager gehört zu den wenigen „idealen" Verbindern von Theorie und Praxis auf dem Gebiet der Betriebswirtschaftlichen Steuerlehre. Gleiches gilt für seine Betätigung in anderen Bereichen, insbesondere auf dem Gebiet des Revisionswesens; hiervon wird in diesem Beitrag aber nur auf die steuerliche Betriebsprüfung eingegangen. Beginnend als Mitarbeiter Prof. *Karl Vodrazkas* in dessen Mannschaft beim Aufbau der einschlägigen Studien an der damaligen Hochschule für Sozial- und Wirtschaftswissenschaften (nun: Johannes-Kepler-Universität) Linz war er gleichermaßen von wissenschaftlichem wie pädagogischem Eros durchdrungen. Von Ersterem durfte ich selbst bereits vor Jahrzehnten profitieren (siehe unten), über Letzteres berichten seine Schüler, die er noch als Hochschulassistent betreute.

Bereits mit seiner Dissertation betrat *Josef Schlager* wegweisend Neuland;[1] diese Arbeit über Steuerplanung ist bis heute von großer Bedeutung und bildet auch den Kern des in diesem Beitrag behandelten Themas. Das Gebiet hat unseren Jubilar bis in die jüngste Gegenwart nicht losgelassen. Nachdem er seine Haupttätigkeit in die praktische Steuerberatung (und Prüfung) verlegt hatte, blieb er aber auch der akademischen Lehre treu, lehrte und publizierte weiterhin fleißig. Gestützt auf die praktischen Erfahrungen des Steuerberaters[2] konnte er sich auch mit neuesten Entwicklungen, speziell im Bereich von Veranlagung und Betriebsprüfung, kritisch und konstruktiv auseinandersetzen. Hervorgehoben sei, dass Josef *Schlager* in einer Einzelpraxis tätig ist und viele seiner Klienten Klein- und Mittelunternehmen sind; dies befähigt ihn auch zu Arbeiten auf diesem in der Wissenschaft vielfach vernachlässigten Gebiet.

Seine Begeisterung für die Sache brachte er auch in die Förderung vieler fremder Arbeiten ein, was neben seiner eigenen regen Publikationstätigkeit[3] (und später zusätzlich zur aufreibenden zusätzlichen Arbeit als Steuerberater) in Verbindung mit der Aufrechterhaltung der Lehrtätigkeit für die Universität zu einer schier unglaublichen Arbeitsfülle führte.

Es sei hier gestattet, eine persönliche Erinnerung an den Beginn unserer wissenschaftlichen Kontakte einzubringen: Als ich meine Habilitationsschrift „Grundfragen einer normativen Theorie der Steuerbilanzpolitik" 1978 einreichte, war zur Erlangung der akademischen Lehrbefugnis ein Nachweis über die Publikation (oder eine Zusage hierfür) erforderlich. Der österreichische Fonds zur Förderung der wissenschaftlichen Forschung wies die Arbeit zur Begutachtung Herrn Prof. Dr. *Karl Vodrazka* zu. Die Publikationsempfehlung war wohl wesentlich von der Mitarbeit Herrn *Schlagers* beeinflusst. Aber nicht nur, wie das sonst wohl öfters passiert, wurde ein Ja-/Nein-Gutachten erstellt,

---

[1] Vgl *Schlager*, Die Durchsetzbarkeit der unternehmerischen Steuergestaltung als Problem der Steuerplanung – zugleich ein Beitrag zur wirtschaftlichen Betrachtungsweise (maschinschriftl Diss); aktualisiert und leicht verändert im Druck: *Schlager*, Die unternehmerische Steuergestaltung. Planung – Durchsetzbarkeit – Grenzen.

[2] Mit „Steuerberatern" sind im Folgenden die Angehörigen der (hierzu befugten) einschlägigen Berufe, also etwa auch „Wirtschaftsprüfer und Steuerberater" oder Rechtsanwälte gemeint.

[3] Vgl das Schriftenverzeichnis im Anhang dieser Festschrift.

sondern *Josef Schlager* machte sich auch die Mühe, mir zur 500-Seiten-Arbeit für zahlreiche Einzelfragen Diskussionspunkte und Verbesserungsanregungen zu übermitteln, die ich vielfach in der Veröffentlichung berücksichtigt habe.[4] Diese große Mühe war durchaus kein Einzelfall, wie ich aus verschiedenen Quellen weiß.

Von der Natur der Sache her ist praxisnahe Steuerberatung nur bei gründlicher Kenntnis der Rechtsgrundlagen und der einschlägigen juristischen Diskussion möglich. *Josef Schlager* hat hier niemals die großen Mühen gescheut. Auch der akademischen Disziplin „Betriebswirtschaftliche Steuerlehre" stünde es gut an, sich nicht nur – einer Modeströmung folgend – mit abstrakten Modellen und/oder empirischen Untersuchungen zu künstlich isolierten Fragestellungen zu befassen. Unser Jubilar kann hierzu als Vorbild dienen. Seiner Argumentation kommt auch zu Gute, dass er sich auf breites Wissen über ältere Literatur und Rechtsprechung stützen kann. Manches „hochmoderne" Problem ist nur bei Einpflegung solcher Kenntnisse zufriedenstellend lösbar. Als Beleg hierfür sei bspw auf eine Arbeit aus 2010 zur elektronischen Veranlagung hingewiesen.[5] Zum akademischen Fach „Steuerrecht" möchte ich mich als Nicht-Jurist nicht generell äußern, doch scheint in jüngster Zeit teilweise verstärkt die Kooperation mit der (Betriebs-)Wirtschaftslehre angestrebt zu werden; allerdings wird nicht selten bezweifelt, ob (betriebs-)wirtschaftliche Zusammenhänge hier zutreffend und ausreichend gewürdigt werden.

1.2. Problemstellung – Explikation und Abgrenzungen

1.2.1. Planungssicherheit und steuerliche Risiken

1.2.1.1. Systematik der planungsrelevanten steuerlichen Risiken

Betriebswirtschaftliche Planungsüberlegungen sind mit einer Vielzahl von Risiken verbunden. Hier sollen speziell die steuerlichen Risiken als Beeinträchtigung der Planungssicherheit dargestellt werden. Dabei ist bereits das Planungssubjekt (Für wen soll die Planung erfolgen?) problematisch: Insbes die Abgrenzung zwischen Unternehmung und hinter der Unternehmung stehenden Individuen kann für die Besteuerung wichtig sein.

Eine nützliche Systematik der planungsrelevanten steuerlichen Risiken hat *Gerd Rose* vorgelegt:[6] Hiernach sind zu unterscheiden:

- Sachverhaltsrisiken,
- Beurteilungsrisiken,
- Rechtsänderungsrisiken.

Zusätzlich zu diesen bei Rose genannten Risiken sind aber mindestens zwei weitere Risikoarten zu nennen:

- Konkurrenzrisiken,
- Entwicklungsrisiken.

---

[4] Vgl *Rückle*, Normative Theorie der Steuerbilanzpolitik, 4 und passim.
[5] Vgl *Schlager*, SWK 2010, T33ff.
[6] Vgl *Rose*, Ein Grundgerüst planungsrelevanter Steuerrechtsrisiken, in *Elschen/Siegel/Wagner* (Hrsg), Unternehmenstheorie und Besteuerung. Festschrift zum 60. Geburtstag von Dieter Schneider, 479ff.

1.2.1.2. Sachverhaltsrisiken

Die Sachverhaltsrisiken betreffen – bei vorausgesetzter Konstanz des geltenden Steuerrechts – Merkmale, die für die steuerliche Beurteilung wichtig oder auch entscheidend sind. Beispielhaft seien hier genannt: Wird ein Sachverhalt (zB eine Geldanlage bzw Privatentnahme) dem Betriebsvermögen oder dem Privatvermögen zugerechnet? Wird eine Aktivität (zB Bewirtschaftung eines Jagdreviers) der betrieblichen Tätigkeit oder aber dem Privatbereich („Liebhaberei") zugeordnet? Wird eine zivilrechtliche Gestaltung als missbräuchlich erkannt und auf Grund „wirtschaftlicher Betrachtungsweise" umgedeutet (besonders häufig bei Geschäften zwischen nahen Verwandten), so dass im Endeffekt die beabsichtigte Steuervermeidung nicht eintritt?

1.2.1.3. Beurteilungsrisiken

Beurteilungsrisiken bestehen darin, dass ein Sachverhalt in steuerrechtlicher Hinsicht vom Steuerplaner (-berater) unrichtig beurteilt wird. Das kann durch fehlerhafte Subsumption des Sachverhalts unter den für zutreffend gehaltenen Sachverhalt des Steuergesetzes entstehen; bei der Kompliziertheit des Steuerrechts (insbesondere im Bereich von Begünstigungen und Subventionen) sind solche Fehler geradezu wahrscheinlich. Besonders schwierig ist die Beurteilung von neuen, noch nicht einhellig kommentierten Vorschriften.

Ein spezielles Risiko besteht darin, dass sich als gesichert angesehene Rechtsprechung oder Verwaltungsübung (durch „neue Erkenntnisse") ändern. Dies kann aber auch den „Rechtsänderungsrisiken" zugeordnet werden.

1.2.1.4. Rechtsänderungsrisiken

Rechtsänderungsrisiken aus der Sicht des Planenden resultieren aus Änderungen der Gesetze, der Rechtsprechung und der Verwaltungsübung. Zwischen Verwaltungsübung, Rechtsprechung und Gesetzgebung bestehen teilweise – praktisch gesehen – Ursache-Wirkung-Beziehungen. Für Deutschland sind – vielfach kritisiert – sogenannte „Nicht-Anwendungserlasse" typisch: Führt die höchstgerichtliche Beurteilung zu einem Ergebnis, das den Absichten der Finanzbürokratie zuwider läuft, wird zunächst durch Verwaltungsanweisung eine Anwendung auf analoge Fälle verhindert; gleichzeitig wird häufig eine Gesetzesänderung betrieben. Im Gefolge der Rechtsprechung werden daher nicht selten „Reparaturmaßnahmen" im Bereich der Gesetzgebung ausgelöst. In Österreich kann dies wohl noch einfacher erfolgen, weil kein Anspruch auf Auskunft über (interne) Verwaltungsanweisungen besteht und Wirkungen präjudizieller Entscheidungen jedenfalls theoretisch geleugnet werden. Für das Wissen um die Rechtsprechung ist von nicht geringer Bedeutung, ob bzw in welchem Umfang Urteile veröffentlicht werden; dies gilt nicht nur für höchstgerichtliche Urteile, sondern auch für solche nachgelagerter Instanzen (Finanzgerichte bzw in Österreich – noch – unabhängiger Finanzsenat).

Änderungen der Rechtslage können aber auch durch allgemein-politische Entwicklungen ausgelöst werden, zB in der aktuellen Finanzkrise durch die Notwendigkeit der Konsolidierung der öffentlichen Haushalte. Für den Steuerplaner ergeben sich hieraus speziell dadurch Probleme, dass bereits verwirklichte oder unmittelbar geplante Dispositionen nachträglich bzgl ihrer Steuerwirkungen verändert werden. Ob bzw wie eine faktische Rückwirkung der Besteuerung eintreten kann, bildet für die betriebswirtschaftliche Steuerplanung ein zentrales Problem; verfassungsrechtlich ist die Zulässigkeit solcher Maßnahmen umstritten, worauf noch zurückzukommen ist.

Das Steuerrecht enthält auch Begünstigungen (ihrem Gehalt nach teilweise Subventionen) im Interesse der Wirtschaftslenkung, etwa vorübergehend gewährte Anreize zur Stützung der Konjunktur. Diese sind der Natur der Sache nach schwer prognostizierbar und hängen zudem von politischen Entwicklungen ab.

1.2.1.5. Konkurrenzrisiken

Der Erfolg eines Unternehmens hängt ua von seiner relativen Stellung im Markt, maW von der Stärke seiner Konkurrenten, ab. Daher ist nicht nur die steuerliche Behandlung des Unternehmens selbst, sondern auch die seiner Konkurrenten ein Risikofaktor. Gleichmäßiges Verwaltungshandeln gegenüber allen in Konkurrenz stehenden Marktteilnehmern ist daher geboten, wird jedoch nicht durchwegs erreicht. Eklatant ist dies etwa im Bereich der steuerlichen Betriebsprüfung kleiner und kleinster Unternehmen: Werden nicht alle konkurrierenden Unternehmen geprüft, so kann dies zu einer Wettbewerbsverzerrung führen.[7] Der steuerliche Konkurrentenschutz ist für betriebswirtschaftliche Planungen von erheblicher Bedeutung.[8]

Einsparungen von Personal im Bereich der Finanzverwaltung, insbesondere bei der Durchführung von Betriebsprüfungen, verursachen dem Staat beträchtliche Steuerausfälle und führen zu Wettbewerbsverzerrungen.[9]

1.2.1.6. Entwicklungsrisiken

In der mehrperiodischen Betrachtung ist eine Entscheidung des Steuerpflichtigen von Erwartungen künftiger Sachverhalte abhängig. Dabei sind unter speziell steuerlichem Aspekt folgende Fragestellungen von Interesse:

- Die Entwicklung künftiger steuerlich relevanter Tatbestände (insbes Bemessungsgrundlagen) ist unsicher, daher können jetzige Entscheidungen des Steuersubjektes nur unter Unsicherheit getroffen werden. So können Ausübungen von Wahlrechten, die eine längere (steuerliche) Bindung bewirken, sich im Nachhinein als nachteilig herausstellen. Ein Beispiel hierfür ist die Ausübung der unwiderruflichen Option des § 10 Abs 3 KStG, ob für eine internationale Schachtelbeteiligung Steuerfreiheit oder Steuerpflicht bestehen soll: Ob die eine oder andere Entscheidung für den Steuerpflichtigen vorteilhaft ist, hängt von der künftigen Entwicklung ab.[10] Es ist allerdings in verfassungsrechtlicher Sicht problematisch, in solchen Fällen dem Steuerpflichtigen durch Ausübung des Wahlrechts eine Festlegung zu oktroieren.

---

[7] Vgl für Deutschland *Rückle/Schmitz*, Betriebsprüfungsstellen der Finanzverwaltung, in *Ballwieser/Coenenberg/v.Wysocki* (Hrsg), Handwörterbuch der Rechnungslegung und Prüfung³, 348f und 351.

[8] Vgl zu diesem Problemkreis *Mamut*, Konkurrentenschutz im Abgabenrecht.

[9] Nach Angaben der obersten Personalvertreter aus 2010 wurde die Zahl der Finanzbeamten in den letzten 15 Jahren um über ein Drittel reduziert; die Zahl der Großbetriebsprüfer soll ausgehend von 750 im Jahr 2008 mehr als halbiert werden. Allein aus dem Titel Umsatzsteuerbetrug sei aber mit einem jährlichen Schaden von 2,5 Milliarden Euro zu rechnen. Vgl *Eder-Kornfeld*, Wiener Zeitung v 13. April 2010, 29.

[10] Zum speziellen Fall vgl *Schlager*, SWK 2010, T 37f mwN.

- Die Vornahme von steuerrelevanten Maßnahmen (etwa Investitionsentscheidungen) hängt in ihrer Vorteilhaftigkeit in mehrfacher Hinsicht von der Entwicklung des Unternehmens selbst sowie des Steuerrechts ab: Werden zB jetzt Investitionen getätigt, so werden sie durch künftige Investitionsbegünstigungen relativ benachteiligt; das betrifft sowohl die Entscheidungen zwischen eigenen jetzt oder später vorgenommenen Investitionen als auch die Konkurrenzfähigkeit jetzt vorgenommener eigener Investitionen im Vergleich zu späteren Investitionen der Konkurrenten.

1.2.2. Dimensionen des Begriffs „Fiskus"

Unter „Fiskus" sind zu verstehen:

- Der Gesetzgeber als Autor steuerrelevanter Normen (speziell des Steuerrechts, aber auch dem übergeordnet des Verfassungsrechts einschließlich des Europarechts, wobei das Spannungsfeld zwischen Europarecht und möglicherweise konkurrierendem nationalem Verfassungsrecht hier nicht problematisiert werden kann),
- die „Steuerverwaltung", dh die Durchführung der gesetzlich angeordneten Besteuerung im Rahmen von Veranlagung und steuerlicher Betriebsprüfung,
- die Rechtsprechung in Steuersachen (Höchstgerichte und nachgelagerte richterliche Institutionen, wobei die Abgrenzung gegenüber der Steuerverwaltung in Österreich durch den bisher existierenden unabhängigen Finanzsenat problematisch ist).

Das Europarecht muss im Folgenden – trotz seiner großen Bedeutung – ausgeklammert werden.

Bei grenzüberschreitenden Transaktionen stehen der Unternehmung mehrere Fiski gegenüber. Die grundsätzlich vielfach gegebene Doppelbelastung im In- und Ausland wird idR vom Konzept her durch Doppelbesteuerungsabkommen verhindert. Allerdings ist für die Auslegung eines Doppelbesteuerungsabkommens der jeweilige nationale Fiskus zuständig. Selbst bei identischen Steuervorschriften, wie sie etwa teilweise für Österreich und Deutschland gelten, führt die Auslegung zu unterschiedlichen Auffassungen etwa über die Angemessenheit von Preisvereinbarungen oder zu „Qualifikationskonflikten", weil zB der eine Staat Aktivitäten den Einkünften aus Gewerbebetrieb, der andere aber den Einkünften aus Kapitalvermögen zuordnen will.[11]

Die Planungsunsicherheit des Steuerpflichtigen wird noch durch folgende (in der Lehre ganz überwiegend und von der höchstrichterlichen Rechtsprechung teilweise abgelehnte) Vorgangsweise der (österreichischen und deutschen) Finanzverwaltung verstärkt:

- Der jeweils aktuelle Kommentar zum OECD-Musterabkommen und nicht die zum Zeitpunkt des Abkommensabschlusses bestehende Fassung des OECD-MA wird zur Auslegung herangezogen.[12]

---

[11] Vgl etwa für ein Spezialproblem im Bereich der Mitunternehmerschaften *Ostendorf*, Behandlung von Sondervergütungen der Mitunternehmer im internationalen Steuerrecht, unter besonderer Berücksichtigung der deutschen und österreichischen Rechtslage.

[12] Vgl *Lang, M.*, Die Auslegung von Doppelbesteuerungsabkommen als Problem der Planungssicherheit bei grenzüberschreitenden Sachverhalten, in *Grotherr* (Hrsg), Handbuch der internationalen Steuerplanung³, 1868ff.

- DBA werden nach einem „*Grundsatz der Maßgeblichkeit des innerstaatlichen Rechts*" und nicht als eigenständig zu interpretierendes Recht internationaler Verträge ausgelegt.[13]
- Es fehlen übergeordnete gemeinsame Instanzen der DBA-Partner.[14]

Auf die besonderen Probleme bei grenzüberschreitenden Transaktionen einschließlich der Doppelbesteuerungsabkommen kann hier nicht weiter eingegangen werden.

1.2.3. Dimensionen des Begriffs „Unternehmung"

Bereits oben (Abschnitt 1.b) wurden als Sachverhaltsrisiken Abgrenzungen zwischen dem Bereich der Unternehmung und dem privaten Bereich angesprochen.[15] Besondere steuerliche Bedeutung hat dies für den Bereich der Einkommensteuerpflicht. Ist die einzelne Person mit ihrer unternehmerischen Tätigkeit Steuersubjekt (als Einzelunternehmer oder als Mitunternehmer), so sind die Einkünfte aus dem Unternehmen gemeinsam mit anderen Einkünften und unter Berücksichtigung persönlicher (steuerlich berücksichtigungsfähiger) Belastungen im Rahmen der Einkommensteuer zu erklären. Die Steuerplanung und die Steuerberatung haben hier auf jeden Fall auch die Privatsphäre mit einzubeziehen, denn die finanzielle Zielsetzung – auf andere Ziele sei hier nur hingewiesen – besteht typischerweise in der Maximierung des Wohlstands des Individuums, der sich in (Konsum-)Entnahmen und/oder Vermögensmehrung niederschlägt.[16]

Diese auf das Individuum bezogene Zielsetzung ist aber auch dann der Planung zu Grunde zu legen, wenn als Steuersubjekt im Sinne des Steuerrechts zusätzlich eine juristische Person vorliegt: Dann ist die Wohlstandsmehrung (oder -minderung) des Individuums unter Gesamtbetrachtung des Entscheidungsfeldes (etwa GmbH, deren Ausschüttungen und private Merkmale) zu bestimmen.[17] Unmittelbar einsichtig ist das etwa für eine Ein-Mann-GmbH. Aber auch bei Publikumsgesellschaften, die im Interesse der Anteilseigner geführt werden, gilt im Prinzip dasselbe; allerdings ist zu bestimmen, an welchem Typ von Anteilseigner (zB dem Durchschnittsaktionär oder dem Hauptaktionär) die Planung ausgerichtet werden soll.[18]

Nur zur Vereinfachung werden statt der eigentlich erforderlichen Totalanalyse aus Sicht des Individuums eine Reihe von Partialbetrachtungen angestellt. Für die Betriebswirtschaftliche Steuerlehre (für Steuerplanung und -beratung) ist die gedankliche Isolie-

---

[13] Vgl *Lang*, ebendort, 1873ff.
[14] Vgl *Lang*, ebendort, 1877ff.
[15] Vgl hierzu umfassend *Hundsdoerfer*, Die einkommensteuerliche Abgrenzung von Einkommenserzielung und Konsum.
[16] Vgl grundlegend insbes *Schneider*, Investition, Finanzierung und Besteuerung^7, 65ff. – Als praktisch besser handhabbare Vereinfachungen kommen insbesondere in Frage: Entnahmen- (Einkommens-)maximierung mit im Zeitablauf fixierter Struktur unter der Nebenbedingung eines Mindestendvermögens oder Vermögensmaximierung bei gegebenen Entnahmen. Für die mehrperiodische Planung sind je nach Kapitalmarktbedingungen vollständige Finanzpläne erforderlich oder es kann mit Kapitalwerten gearbeitet werden; vgl hierzu besonders klar *Kruschwitz*, Investitionsrechung^{10}, 12f und 44ff. – Für die Integration von Steuern in solche Rechnungen ist die Endvermögens- bzw Kapitalwertmaximierung besonders geeignet; vgl *Siegel*, Steuerwirkungen und Steuerpolitik in der Unternehmung, 27f und 64f.
[17] Vgl *Wagner/Dirrigl*, Die Steuerplanung der Unternehmung, 10f.
[18] Vgl *Schneider* (FN 16), 142ff.

rung der Unternehmung typisch, wobei aber nicht übersehen werden darf, dass so eben nur Analysen eines Teils des Gesamtproblems vorgenommen werden. Bei der gedanklichen Isolierung der Unternehmung wird zT Rechtssubjektivität fingiert,[19] etwa bei der Unternehmung eines Einzelunternehmers. In steuerlicher Sicht liegt bei Mitunternehmerschaften quasi ein Rechtssubjekt vor; vgl die einheitliche und gesonderte Gewinnfeststellung iSd §188 BAO.[20]

Ausdrücklich sei erwähnt, dass die auf der Unternehmensebene ermittelten Einkünfte (insbesondere aus Gewerbebetrieb) auch nach Zuordnung von Steuern nicht mit den individuellen Entnahmen, die in der Planungsliteratur auch als Einkommen bezeichnet werden, gleichzusetzen sind.[21]

Gleichwohl ist auf Unternehmungsebene die Betrachtung der Planungssicherheit für das steuerliche Einkommen (genauer den aus der Unternehmung stammenden Einkommensteil) bzw für den Steuerbilanzgewinn eine sinnvolle Schwerpunktsetzung, denn die möglichen Entnahmen oder Vermögenssteigerungen werden durch Steuerzahlungen, die am steuerlichen Gewinn anknüpfen, mitbestimmt.

Ausgeklammert bleibt im Folgenden das spezielle Problem, dass bei einheitlicher Gewinnfeststellung für mehrere Personen diese bzgl des Gewinnausweises unterschiedliche Interessen haben können und die Kollektiventscheidungen bei Mitunternehmerschaften noch durch „Seitenzahlungen" (ds Zahlungen direkt zwischen Gesellschaftern) erleichtert werden können.[22]

2. Der Gesetzgeber als Risikofaktor

2.1. Zum Steuerbewilligungsrecht des Parlaments

2.1.1. *Grundsatz*

Die Erkämpfung des Steuerbewilligungsrechts markiert bereits den Übergang von der absoluten zur konstitutionellen Monarchie.[23] In modernen Demokratien ist die Verfügung über die Staatsfinanzen (Einnahmen wie Ausgaben) ein unentziehbares Recht des Parlaments, wie gerade wieder die aktuellen Entscheidungen des deutschen Bundesver-

---

[19] Vgl *Aufermann*, Grundzüge der Betriebswirtschaftlichen Steuerlehre, 18.
[20] Für Deutschland ist in §15 Abs 1 Nr 2 Satz 1 EStG iVm §180 Abs 1 Nr 2 lit a AO eine einheitliche Feststellung nicht explizit vorgesehen, doch ist das steuerliche Ergebnis der betrieblichen Gesamthand nach ständiger Rechtsprechung einheitlich zu ermitteln. Vgl mwN *Brönner/Pohl*, in *Brönner/Bareis/Pohl* (Bearb), Die Besteuerung der Gesellschaften[18], Abschnitt B, Rdnr 432ff (445ff).
[21] *Schneider* (FN 16), 65, weist darauf hin, dass er das von ihm früher als „Einkommensstreben" bezeichnete Ziel des Individuums in „Entnahmestreben" umbenannt hat, um so einer Verwechslung der konsumorientierten Entnahmen mit dem steuerlichen Einkommen oder dem handelsrechtlichen Gewinn entgegenzuwirken.
[22] Vgl dazu ua bereits *Rückle* (FN 4), 449 (469ff); aktuell mwN *Hundsdoerfer*, Ist die Steuerbarwertminimierung auf die interpersonale Übertragung von Bemessungsgrundlagenteilen anwendbar?, in *Schneider et al* (Hrsg), Kritisches zu Rechnungslegung und Unternehmensbesteuerung, 633 (636ff).
[23] Die englische Bill of Rights aus dem Jahr 1689 als Grundlage des Parlamentarismus regelt die Rechte des Parlaments gegenüber dem Königtum: Insbesondere der Erhebung von Steuern und Abgaben muss das Parlament zustimmen. Vgl *Thatcher* (Hrsg), The Library of Original Sources: Volume VII (Era of Revolution), 10. – Dieses Dokument wurde zum internationalen Vorbild, auch für Republiken.

fassungsgerichts zu Maßnahmen zur Bewältigung der Euro- bzw Staatsschuldenkrise betonen.[24] Dabei sollte die jeweilige parlamentarische Mehrheit über die künftigen Haushalte bestimmen, somit auch Steuergesetze grundsätzlich ändern können.

2.1.2. Interessengegensatz zwischen Gesetzgeber und Steuersubjekt

Dies steht jedoch im Widerspruch zu den Interessen der Steuersubjekte auf Planbarkeit der Steuerbelastung. Die Interessenabwägung zwischen Parlament und Steuersubjekten ist sowohl für Ökonomen als auch für Juristen ein äußerst wichtiges und schwieriges Problem. Nicht nur für die Gesetzgebung, sondern auch für das Verwaltungshandeln und die Rechtsprechung sollte gelten, dass *„staatliches Änderungsinteresse und privates Bestandsinteresse zu einem Ausgleich gebracht werden".*[25]

Dem Steuerpflichtigen können Änderungen des Steuerrechts, speziell wenn sie unvorhersehbar waren, Belastungen auferlegen, die in den Planungen nicht erfasst wurden. Vor allem Verschärfungen der Steuerlast, aber auch Entlastungen (die Konkurrenten zu Gute kommen oder vom Steuerpflichtigen wegen bereits vorgenommener Dispositionen nicht in Anspruch genommen werden können) verschlechtern uU im Nachhinein getroffene Dispositionen. Dabei sind zwei Fälle zu unterscheiden:

- Nur das absolute Ergebnis (einschließlich eventueller zeitlicher Verschiebungen) der Disposition nach Steuern wird verändert.
- Das Ergebnis der Disposition nach Steuern (einschließlich einer Null-Aktion) verändert sich so, dass die Rangfolge der Ergebnisse verschiedener Aktionen nach Steuern geändert wird. Dieser letztere Fall stellt das hauptsächliche betriebswirtschaftliche Problem dar. Die Unternehmungen fordern vom Fiskus einen „Dispositionsschutz", der sicherstellen soll, dass getroffene Dispositionen nicht im Nachhinein unvorteilhaft werden.

Die Abschätzung ökonomischer Folgen einer Rechtsänderung ist eine primär wirtschaftswissenschaftliche (betriebswirtschaftliche) Fragestellung. Der Betriebswirt sollte als Sachverständiger den (Steuer-)Juristen komplexe Folgen insbesondere auf Ebene der Unternehmung aufzeigen, wie dies etwa auch in anderen Bereichen (vgl zB Technikoder Medizinrecht und die entsprechenden Fachgutachter) üblich ist. Ein bisweilen von

---

[24] BVerfG 7.9.2011, 2 BvR 987/10, 2 BvR 1485/10, 2 BvR 1099/10 hat zu Beschwerden im Zusammenhang mit der Griechenland-Hilfe und mit weiterer Euro-Stabilisierung auf europäischer Ebene entschieden, dass die deutschen Gesetze Währungsunion-Finanzstabilisierungsgesetz und Euro-Stabilisierungsmechanismus-Gesetz (StabMechG) nicht verfassungswidrig sind, wenn der Haushaltsausschuss des Bundestags zustimmt, *bevor* Gewährleistungen übernommen werden. – Mit einstweiliger Anordnung wurde allerdings bis zur Entscheidung in der Hauptsache die Änderung des StabMechG vom 9. Oktober 2011 verworfen: der neue § 3 Abs 3 will *„in Fällen besonderer Eilbedürftigkeit oder Vertraulichkeit"* die Rechte des Haushaltsausschusses auf ein Gremium von nur neun, vom Bundestag gewählte, Mitglieder des Haushaltausschusses übertragen: BVerfG 27.10.2011, 2 BvE 8/11. – Nach Abschluss des Manuskripts wurde hierzu am 28. Feburar 2012 entschieden: Das kleine Gremium darf bei besonderer Eilbedürftigkeit und Erfordernis der Vertraulichkeit vorläufig entscheiden; nach Wegfall der Gründe für die Vertraulichkeit ist alsbald das Plenum des Bundestags zu informieren.

[25] *Hey*, Steuerplanungssicherheit als Rechtsproblem, V.

juristischer Seite erhobener Anspruch auf ausschließlich juristische Beurteilung ist zurückzuweisen.²⁶

2.2. Bindung durch Verfassungsrecht?

Der Gesetzgeber kann dadurch in seinen Aktionen eingeschränkt werden, dass die Gesetze an der Verfassungskonformität gemessen werden. In Deutschland hat dies eine ziemlich große Bedeutung, in Österreich eine geringere, aber auch nicht zu vernachlässigende. Einen vorzüglichen Überblick über die Bedeutung des Verfassungsrechts für die österreichische Gesetzgebung im Steuerrecht verdanken wir *Ruppe*, dem für den folgenden kurzen Überblick gefolgt wird.²⁷ Zwei Arten von Schranken existieren:

- Allgemeine Schranken durch die Verfassung: Neben den formellen Rechtsstaatsgarantien (Gesetzmäßigkeit, Tatbestandsmäßigkeit, Rechtsschutz etc) die Grundrechte, vor allem der Gleichheitssatz (auf dessen Einhaltung auch Fragen der Eigentumsgarantie idR hinauslaufen),
- die Finanzverfassung.

Im Rahmen der Judikatur zum Gleichheitssatz ist von besonderer und ständig steigender Bedeutung die Beurteilung von rückwirkenden Abgabenbelastungen.²⁸ Diese Thematik ist auch ein zentraler Diskussionspunkt im deutschen Steuerrecht. Wegen seiner weitreichenden Auswirkungen auf die Planungssicherheit wird die Rückwirkung im folgenden Abschnitt 2.3. vertieft behandelt.

Fragen der Finanzverfassung spielen vor allem bei Auseinandersetzungen des Steuerpflichtigen mit Bundesländern und Gemeinden eine Rolle, wobei vor allem die eventuelle (verbotene) Doppelbelastung einzelner Besteuerungsgegenstände, die bereits von Bundesabgaben erfasst werden, geprüft wird.²⁹

Eine bedenkliche, in den letzten Jahren immer mehr verbreitete Praxis zur Immunisierung von Steuergesetzen gegen Grenzen des Verfassungsrechts besteht in Österreich darin, steuerrechtliche Bestimmungen explizit in den Verfassungsrang zu erheben.³⁰ In Deutschland besteht – soweit ich sehe – diese Möglichkeit nicht. Für Österreich ist zu hoffen, dass durch allgemein-politische Veränderungen (Regierungen können sich nicht mehr auf Parteien mit Zwei-Drittel-Mehrheit stützen) diese Perversion des Verfassungsstaats ausstirbt. Es bleibt aber jedenfalls das Problem, dass bestehende Ausnahme- und Sonderbestimmungen im Verfassungsrang nur mit Zwei-Drittel-Mehrheit aufgehoben werden können.

2.3. Zum Rückwirkungsverbot

2.3.1. *Grundsätzliches*

Planungen des Steuerpflichtigen werden durch rückwirkende Steuerrechtsänderungen einer besonderen, und wie von manchen Betriebswirten vertreten, generell abzulehnen-

---

[26] Zu methodischen Fragen der Zusammenarbeit von Juristen und Ökonomen vgl *Siegel et al*, StuW 2000, 257 mwN.
[27] Vgl *Ruppe*, Verfassungsrechtliche Grenzen der Gesetzgebung im Steuerrecht, in *Achatz et al* (Hrsg), Finanzverfassung und Rechtsstaat, 185.
[28] Vgl *Ruppe*, ebendort, 193ff.
[29] Vgl *Ruppe*, ebendort, 203.
[30] Vgl *Ruppe*, ebendort, 207.

den Unsicherheit ausgesetzt.[31] In der (insbesondere deutschen) Literatur wird daher auch von einem Rückwirkungsverbot gesprochen. Dies ist jedoch in mehrfacher Hinsicht zu präzisieren und zu modifizieren.

Es wird oft die Parallele zum Strafrecht gezogen: Dieses schränkt die Freiheit des Einzelnen ein und darf daher nicht rückwirkend etwas für strafbar erklären und auch nicht über den genau umschriebenen Tatbestand hinaus etwa durch Analogie Strafbarkeit herstellen. Das Steuerrecht ist hier allerdings weniger streng.[32]

Dennoch wird in der deutschen Steuerrechtsliteratur von einem „prinzipiellen Verbot rückwirkender (Steuer-)Gesetze"[33] ausgegangen; für dieses werden anschließend aber zulässige Ausnahmen aufgezeigt. Das prinzipielle Verbot wurde vom deutschen Bundesverfassungsgericht entwickelt; es wird gestützt auf das Rechtsstaatsprinzip, das auch Rechtssicherheit und Vertrauensschutz verlangt.[34]

Die ältere österreichische verfassungsrechtliche Judikatur ist zunächst gegenteilig: *„Ein verfassungsrechtliches Bedenken aus dem Grund der Rückwirkung allein besteht ... nicht, da ... die Verfassung nicht verwehrt ..., eine Rückwirkung auszusprechen."*[35] Die neuere Rechtsprechung geht allerdings auch in Richtung eines grundsätzlichen (aber nicht ausnahmefreien) Rückwirkungsverbots, das mit dem allgemeinen Gleichbehandlungsgrundsatz begründet wird.[36]

Trotz anderer dogmatischer Begründung wird zT im Ergebnis in Deutschland und Österreich gleich judiziert. Ohne dass dies aus der Abstützung einerseits auf das Rechtsstaatsprinzip, andererseits auf den Gleichbehandlungsgrundsatz folgen müsste, bestehen aber auch unterschiedliche Beurteilungen gleicher Vorgänge in Deutschland und Österreich. Die Rechtsprechung erscheint in Österreich recht kasuistisch, was für den jeweiligen Einzelfall zu beträchtlicher Planungsunsicherheit führt. Im Hinblick auf einen neuen Fall sind uU Argumente aus dem jeweils anderen Land nützlich.

2.3.2. Arten von Rückwirkung und deren unterschiedliche Beurteilung

Für die Rückwirkungsarten gibt es keine einheitliche Terminologie, wohl aber eine anerkannte sachliche Trennung. Zu unterscheiden sind:

---

[31] Vgl stellvertretend für viele *Rose*, StbJb 1975/76, 41 (45), der für die Gesetzgebung, aber auch für die Steuerverwaltung und die Steuerrechtsprechung aus rechtlichen und moralischen Gründen fordert, Steuerplanung zu ermöglichen. Vgl aber auch juristisches Schrifttum, so ua *Tipke*, Zu Gerd Roses Bemühen um mehr Steuerplanungssicherheit. Ein Beitrag aus juristischer Sicht, in *Herzig* (Hrsg), Betriebswirtschaftliche Steuerlehre und Steuerberatung. Festschrift für Gerd Rose, 91; *Hey* (FN 25), 185ff.

[32] Vgl bes *Tipke*, Die Steuerrechtsordnung, Bd I², 146ff, mit internationalem Überblick, aus dem hervorgeht, dass in einer Reihe von Staaten kein steuerliches Rückwirkungsverbot besteht.

[33] Vgl etwa *Tipke*, ebendort, 146, oder *Lang, J.*, § 4 Rechtsstaatliche Ordnung des Steuerrechts, in *Tipke/Lang*, Steuerrecht²⁰, vor 170.

[34] Vgl *Tipke* (FN 32), 147 mwN.

[35] VfGH 29.3.1958, G 11/58 (mit Verweis auf Erk Slg Nr 845, 2009 [richtig wohl: 15. Heft, 1951, Nr 2009]); vgl auch *Ruppe*, Verfassungsrechtlicher Vertrauensschutz und rückwirkende Abgabengesetze, in *Holoubek/Lang* (Hrsg), Vertrauensschutz im Abgabenrecht, 203 (204f mwN).

[36] Vgl *Holoubek*, Verfassungsrechtlicher Vertrauensschutz – allgemeine und rechtsvergleichende Überlegungen für Deutschland, die Schweiz und Österreich, in *Holoubek/Lang* (Hrsg), Vertrauensschutz im Abgabenrecht, 13 (25); vgl auch *Ruppe* (FN 35), 206ff.

(1) „Die (belastende) Veränderung der Rechtsfolgen für bereits abgeschlossene Sachverhalte" und

(2) „die Veränderung der Rechtslage pro futuro mit Auswirkungen auf in Schwebe befindliche Sachverhalte oder Rechtspositionen."[37]

Terminologisch vorherrschend ist (noch) die (in Deutschland verbreitete) Bezeichnung von (1) als *„echte Rückwirkung"*, von (2) als *„unechte Rückwirkung"*. Die neuere Terminologie des deutschen Bundesverfassungsgerichts (Zweiter Senat) spricht bei (1) von *„Rückbewirkung von Rechtsfolgen"*, bei (2) von *„tatbestandlicher Rückanknüpfung"*; die jeweiligen Termini zu (1) und (2) werden als Synonyma verwendet.[38] (1) wird auch als *„retroaktive"*, (2) als *„retrospektive"* Rückwirkung bezeichnet.[39] Der Einfachheit halber soll weiterhin von „echter" und „unechter" Rückwirkung gesprochen werden.[40]

Da in Österreich grundsätzlich von einer Zulässigkeit der Rückwirkung ausgegangen wird, sind die Ausnahmen zu bestimmen, die dem entgegenstehen. Für die echte Rückwirkung gilt: Eine Verschlechterung der Rechtsposition des Steuerpflichtigen mit Wirkung für die Vergangenheit widerspricht im Allgemeinen dem Gleichheitsgrundsatz, *„wenn der Eingriff von erheblichem Gewicht ist"* und der Steuerpflichtige *„in einem berechtigten Vertrauen auf die Rechtslage enttäuscht wurde."*[41] Insgesamt ist – wie schon erwähnt – das Interesse des Steuerpflichtigen an der Beibehaltung der bisherigen Rechtslage gegen das öffentliche Interesse an einer Veränderung abzuwägen.[42]

Umformuliert kommt man in etwa auch zur deutschen Rechtsprechung. Dort wird die echte Rückwirkung für grundsätzlich unzulässig gehalten, jedoch werden Ausnahmen formuliert:

- Das Vertrauen ist nicht immer schutzwürdig (ua, wenn schon früher mit Rechtsänderungen gerechnet werden musste oder wenn kein oder nur ein geringer Schaden entsteht);
- zwingende Gründe des Gemeinwohls können dem Vertrauensschutz vorausgehen;
- es kann eine nichtige Vorschrift vorliegen.[43]

Als zulässig wird sowohl in Österreich als auch in Deutschland eine echte Rückwirkung angesehen, wenn sie der Klärung einer bisher unklaren Rechtslage dient.[44] Hiergegen sind aber grundsätzliche Bedenken vorzubringen (siehe unten Abschnitt 2.3.3).

---

[37] *Ruppe* (FN 35), 205.
[38] Vgl etwa *Desens*, StuW 2011, 113f mwN.
[39] Vgl etwa *Lang, J.* (FN 33), 172.
[40] *Ruppe* (FN 35), 205, meint zwar, diese Unterscheidung sei *„in Österreich nie heimisch geworden"*, doch wird sie auch in der österreichischen Diskussion immer wieder benutzt, sogar bei *Ruppe* selbst (mit dem Zusatz *„sogenannt"*).
[41] VfGH 5.10.1989, G228/89; besondere Umstände (etwa Vermeidung anderer Gleichheitswidrigkeiten) können allerdings eine Rückwirkung verlangen. – Zu weiterer Judikatur vgl *Ruppe* (FN 35), 207ff.
[42] Vgl *Ruppe* (FN 35), 211.
[43] Vgl zB *Tipke* (FN 32), 150f.
[44] Vgl dazu zB *Ruppe* (FN 35), 212; *Tipke* (FN 32), 151. Das deutsche Bundesverfassungsgericht spricht davon, dass das geltende Recht *„unklar und verworren"* ist. Nachweise etwa bei *Tipke,* ebendort, oder bei *Lang, J.* (FN 33), 173.

Von der „unechten" Rückwirkung ist die Wirtschaft in wesentlich größerem Ausmaß betroffen als von der „echten". Typisches Beispiel für eine unechte Rückwirkung ist etwa die Anschaffung und/oder Finanzierung eines langlebigen Wirtschaftsguts. Wird zB im Jahr x ein Anlagegut angeschafft und ist zu diesem Zeitpunkt eine Abschreibungsdauer von 15 Jahren normiert (vgl etwa § 8 Abs 3 EStG zum Firmenwert) und wird im Jahre x+n (n ≤ 14) die Abschreibungsdauer auf mehr als 15 Jahre verlängert, so wird im Fall von Gewinnen die seinerzeitige Anschaffung rückwirkend belastet, weil nun ein Teil der ursprünglich geplanten Abschreibungen erst später verrechnet werden können.

Ein Problemfall, der bei vergleichbarer Gesetzeslage in Österreich und Deutschland unterschiedlich judiziert wurde, ist die Verlängerung von „Spekulationsfristen": Gemäß § 29 Z 2 iVm § 30 öEStG bzw gemäß § 22 Nr 2 iVm § 23 dEStG sind bestimmte Spekulationsgeschäfte (bzw in Deutschland „private Veräußerungsgeschäfte") einkommensteuerpflichtig. In beiden Staaten wurde die ursprünglich kürzere Frist, innerhalb der eine Wiederveräußerung zur Steuerpflicht führt, bei Grundstücken auf 10 Jahre verlängert. Ein Problem der unechten Rückwirkung ergibt sich ua für Grundstücke, die vor Änderung der Rechtslage angeschafft worden waren und deren Veräußerung zwar nach alter Rechtslage steuerfrei geblieben wäre, durch die Änderung jedoch steuerpflichtig wurde.

Der österreichische Verfassungsgerichtshof hat mit problematischer Begründung erkannt, dass die 1988 vorgenommene Verlängerung des Spekulationszeitraums für Grundstücke von 5 auf 10 Jahre nicht an den seinerzeitigen Grundstückskauf anknüpfe, sondern an den in der Zukunft liegenden Grundstücksverkauf; daher liege überhaupt keine Rückwirkung vor.[45] Der Beschwerdeführer hatte argumentiert, beim Erwerb des Grundstücks hätte er darauf vertrauen können, dass eine Veräußerung nach einer Behaltefrist von über 5 Jahren zu keinem steuerpflichtigen Spekulationsgewinn führen kann.

Das deutsche Bundesverfassungsgericht hat hingegen in teilweisem Widerspruch hierzu entschieden, dass die am 31.3.1999 in Kraft getretene und auch rückwirkende Verlängerung der Spekulationsfrist bei Grundstücksveräußerungen von zwei auf 10 Jahre teilweise verfassungswidrig war:[46] Falls die alte zweijährige Spekulationsfrist im Zeitpunkt der Verkündung der Rechtsänderung noch nicht abgelaufen sei, bestünden gegen die neue Steuerpflicht bei Veräußerung keine verfassungsrechtlichen Bedenken; falls die alte Frist bei Veräußerung bereits abgelaufen war, sich der Zugriff des Fiskus aber auf die nach Verkündung der Neuregelung eintretenden Wertsteigerungen beschränkt, sei dies ebenfalls verfassungskonform. Für letzteren Fall ist somit die Wertsteigerung aufzuteilen in diejenige bis zum 31.3.1999 und in die weitere nach diesem Zeitpunkt. Den Weg für die praktische Umsetzung weist das BMF-Schreiben vom 20.12.2010:[47] Der steuerbare Wertzuwachs kann entweder

(1) vereinfachend entsprechend dem Verhältnis der Besitzzeit nach dem 31.3.1999 im Vergleich zur Gesamtbesitzzeit oder

(2) nach den tatsächlichen Verhältnissen
ermittelt werden.

---

[45] VfGH 21.6.1993, B 2022/92. – Vgl, auch zu weiterer Judikatur, *Lienbacher*, Verfassungsrechtlicher Schutz für „steuergesetzlich angeregte" Investitionsentscheidungen, in *Holoubek/Lang* (Hrsg), Vertrauensschutz im Abgabenrecht, 131 (137ff).

[46] BVerfG 7.7.2010, 2 BvL 14/02, 2 BvL 2/04, 2 BvL 13/05.

[47] IV C1 – S 2256/07/10001: 006[2010/1015920] in DB 2011, 85.

(2) kommt als Günstigerregelung auf Antrag des Steuerpflichtigen bei entsprechenden Nachweisen oder auf Initiative der Finanzverwaltung bei klaren nachweisbaren Anhaltspunkten als für den Steuerpflichtigen ungünstigere Regelung in Betracht. So könnte vor dem 31.3.1999 eine Umwidmung in Bauland erfolgt sein und der übliche Baulandpreis vor dem 31.3.1999 nachgewiesen werden.

Vom Grundgedanken her überzeugt die deutsche Rechtsprechung (samt ihr folgender Verwaltungsanweisung). Sie ermöglicht einen Schutz der Dispositionen des Steuerpflichtigen bis zum Inkrafttreten der Rechtsänderung. Ein vollständiger Schutz von Dispositionen zwischen Anschaffung und (hier:) Ablauf von 10 Jahren wird nicht gewährt. Das entspricht auch der allgemeinen Überzeugung, dass *„die Erwartung, das geltende Recht werde unverändert fortbestehen"*, verfassungsrechtlich nicht geschützt ist.[48] Dem Gesetzgeber steht es frei, auch für den Steuerpflichtigen ungünstigere Regelungen einzuführen. Allerdings sind schonende Übergänge geboten.[49]

In der deutschen Literatur (und ihr teilweise vorsichtig folgend in der Rechtsprechung) wird zunehmend darauf abgestellt, dass Dispositionen im Vertrauen auf die seinerzeitige Rechtslage zu schützen seien (sog „abgeschlossene Vertrauensbetätigungen").[50] Dies greift allerdings zu kurz. Wie Ruppe überzeugend ausgeführt hat, genügt es, *„dass der Steuerpflichtige seine ganzen Lebensumstände auf die jeweils geltende Steuerbelastung einstellen darf und muss."*[51] Dies bietet auch einen Ansatzpunkt für ein in Abschnitt 2.3.3. behandeltes Desideratum.

Bereits getroffene Dispositionen werden nur teilweise geschützt. Bemerkenswert ist eine Feststellung des deutschen Bundesverfassungsgerichts, dass selbst für eine grundsätzlich schutzwürdige Disposition der Vertrauensschutz nur für zwei aufeinanderfolgende Veranlagungszeiträume gilt; bei längerem zeitlichem Auseinanderfallen von Disposition und steuerlicher Auswirkung seien steuerliche Anpassungsklauseln zumutbar.[52] Dieses Verhalten ist dem Steuerpflichtigen dort, wo solche Klauseln möglich sind, jedenfalls zu empfehlen.

Ein erhöhter Vertrauensschutz für das Fortbestehen der Regelung ist dann zu gewähren, wenn durch staatliche Maßnahmen (etwa Investitionsförderungen) Dispositionen des Steuerpflichtigen verursacht, erzwungen oder veranlasst werden.[53] Die Ziele von steuerlichen Normen sind nämlich nur teilweise fiskalisch (auf Einnahmenerzielung ausgerichtet). Die Steuergesetze enthalten aber auch Normen, die das Verhalten der Steuerpflichtigen lenken sollen.[54] Diese Normen sind ihrem wahren Charakter nach Subventionen für politisch erwünschtes Verhalten, zB die erwähnte Investitionsförderung oder

---

[48] *Lang, J.* (FN 33), 179 mwN zur deutschen Rechtsprechung und zu Kritik; für Österreich vgl etwa *Holoubek* (FN 36), 17 mwN zu Rechtsprechung und Literatur.
[49] Vgl *Holoubek* (FN 36), 38 mwN.
[50] Vgl *Lang, J.,* (FN 33), 177f mwN, bes in FN 66f.
[51] *Ruppe,* Die Rückwirkung von Abgabengesetzen. Gedanken zur Judikatur des VfGH, in *Funk et al* (Hrsg), Steuerrecht und Staatswissenschaften in Zeiten des Wandels. Festschrift für Ludwig Adamovich zum 60. Geburtstag, 567 (585).
[52] BVerfG 7.7.2010 (FN 46); vgl auch *Desens,* StuW 2011, 119 mwN.
[53] Vgl *Holoubek* (FN 36), 33 mwN; *Lienbacher* (FN 45), 141ff mwN; *Lang, J.* (FN 33), 180 mwN.
[54] Diese Normen werden in der Literatur als „Lenkungsnormen" bezeichnet; mit *Tipke* (FN 32), 77ff (mwN auch zur Entstehung dieser Unterscheidung und zu verschiedenen Terminologien) kann verallgemeinernd von „Sozialzwecknormen" gesprochen werden.

eine Förderung des Umweltschutzes; wesentlich ist, dass es dem Steuersubjekt meistens frei steht, eine erwünschte Disposition zu tätigen oder nicht. Im Bereich der Lenkungs- oder Sozialzwecknormen wird von einem Teil der Literatur vertreten, dass eine Rückwirkung auf bereits durchgeführte Dispositionen überhaupt unzulässig sei.[55] Andere (und wohl die Mehrheit der Juristen) gehen nicht so weit und fordern für rückwirkende Verschlechterung von Lenkungsnormen nur, an den Gesetzgeber seien hier besonders hohe Anforderungen zu stellen, insbesondere wenn der Betroffene keine Möglichkeit mehr habe, sich auf die geänderte Rechtslage einzustellen.[56]

Eine wahre Fülle von rückwirkenden Steuerrechtsänderungen brachte in Deutschland das „Gesetz zur Fortsetzung der Unternehmenssteuerreform" aus 1997; hieran schloss sich eine intensive Diskussion über die Zulässigkeit im Allgemeinen sowie verschiedener konkreter Neuregelungen an.[57] In Österreich aktuelle Fälle betreffen zB

- § 13 Abs 2 KStG, geändert durch das Budgetbegleitgesetz 2009: Beteiligungserträge einer eigennützigen Privatstiftung aus Drittstaaten unterliegen nun auch im Falle geringer Anteile (sog Portfolio-Dividenden) der Körperschaftsteuer auf der Ebene der Privatstiftung.[58]
- § 11 Abs 1 Z 4 KStG, geändert durch das Budgetbegleitgesetz 2011: Fremdkapitalzinsen für konzerninterne Beteiligungserwerbe sind nicht mehr abzugsfähig.[59]

Rückwirkungsprobleme ergeben sich auch im Bereich der Steuerverwaltung und der Steuerrechtsprechung. Ob hier Gleiches oder Ähnliches wie bzgl der Rückwirkung von Gesetzen gilt, ist sehr umstritten. Vgl dazu unten Abschnitt 3.1.

2.3.3. Desiderata der Unternehmungen

Zunächst soll auf die vielfach als problemlos dargestellte nachträgliche „Klärung" von unklaren Vorschriften eingegangen werden.

Nach neuerer Rechtsprechung des VfGH ist von einer (zulässigen) rückwirkenden Klarstellung auszugehen, wenn die neue Regelung „bereits in der bisherigen Rechtslage enthalten" war und davon, ob sie sich „im Rahmen der vernünftigerweise vertretbaren Interpretationen der unklaren Rechtslage hält."[60] Dem ist zwar zuzustimmen, doch darf nicht übersehen werden, dass die Finanzverwaltung mitsamt ihrem Einfluss auf die (alte und neue) Gesetzgebung idR von einer belastenden Auslegung ausgeht und – auch im Falle gegenteiliger Judikatur des VwGH – häufig eine angeblich klärende Gesetzesänderung herbeiführen wird.[61] Aus der Sicht des Steuerpflichtigen und seines Beraters hingegen mag gar keine unklare Rechtslage vorliegen, vielmehr eine im Sinne des Steuerpflichtigen eindeutige. Es kann daher nicht genügen, dass die Neuregelung einer vertret-

---

[55] Vgl *Lang, J.*, WPg 1998, 163 (174) unter Verweis auf *Vogel*, JZ 1988, 833 (838).
[56] Vgl etwa *Hey*, BB 1988, 1444 (1447f).
[57] Vgl *Lang, J.* (FN 55) mwN.
[58] Vgl *Moshammer*, RdW 2010, 548.
[59] Vgl *Marchgraber*, SWK 2011, 608.
[60] *Ruppe* (FN 51), 582f.
[61] Vgl *Ruppe* (FN 51), 581. – Zu den Problemen der „Klärung" vgl auch jüngst die umfassende Arbeit (zur deutschen Rechtslage) *Schön*, „Rückwirkende Klarstellungen" des Steuergesetzgebers als Verfassungsproblem, in *Tipke et al* (Hrsg), Gestaltung der Steuerrechtsordnung. Festschrift für Joachim Lang zum 70. Geburtstag, 221.

baren Interpretation der alten Rechtslage entspricht. Vielmehr sollten die Grundsätze für die Auslegung unbestimmter Rechtsbegriffe herangezogen werden. Das alte Recht wäre objektiv-teleologisch auszulegen: Der Rechtsanwender muss sich am Willen des Gesetzgebers orientieren, aber nur insoweit, als er sich im (alten) Gesetz, mindestens in dessen Begründung, niedergeschlagen hat.[62] Für den Bereich von „Redaktionsfehlern", soweit der Inhalt nicht den Wünschen des Gesetzgebers entspricht, ist diese Sicht wohl anerkannt: Der Normunterworfene *„ist auch im Vertrauen auf ein fehlerhaftes Gesetz geschützt."*[63]

Aus Sicht der betroffenen Unternehmungen ist bei langfristigen (Investitions-)Maßnahmen ein Dispositionsschutz wünschenswert, der nicht erst die endgültige Disposition, sondern auch vorgelagerte Planungsschritte schützt. So sind etwa bei Bauvorhaben aufwendige Detailplanungen, so auch Konstruktionsarbeit, erst dann möglich, wenn vorherige Genehmigungen erteilt worden sind (zB Wasserrechtsbescheide aufgrund vorheriger Probebohrungen). Mit diesen Planungsschritten sind oft beträchtliche Aufwendungen verbunden, auch wenn möglicherweise später die Investition nicht durchgeführt wird, etwa wegen Wegfalls von Steuerbegünstigungen. Zu schützen sind auch diese vor der endgültigen Investitionsentscheidung liegenden, insbesondere auch durch Spezialsteuerbe- und -entlastung (mit-)motivierten Aktivitäten.[64]

Für die Abwägung zwischen dem Bestandsinteresse des Steuerpflichtigen und dem entgegenstehenden öffentlichen Interesse auf Veränderung der Rechtslage ist zu fordern, dass die Nachteile einer (rückwirkenden) Änderung der Rechtslage für den Steuerpflichtigen quantitativ bestimmt werden, insbesondere durch einen nach anerkannten betriebswirtschaftlichen Grundsätzen aufgemachten Investitionskalkül vor und nach der (rückwirkenden) Änderung der Rechtslage. Dabei ist auf Planungsrechnungen der Unternehmung zurückzugreifen.[65]

Ein spezielles Problem, das nur schwer mit allgemeinen Grundsätzen des Verfassungsrechts zu bewältigen ist, besteht darin, dass eine (rückwirkende) Normänderung die verschiedenen Unternehmungen sehr unterschiedlich treffen wird: Für die eine Unternehmung (etwa eine hochspezialisierte Kleinunternehmung) mag die Normänderung unmittelbar existenzvernichtend sein (was durch die geforderten Investitionsrechnungen nachgewiesen werden kann), für andere Unternehmungen mögen sich die Auswirkungen in bewältigbaren Grenzen halten. Eine allgemeingültige Auflösung dieses Dilemmas ist nicht möglich. Hier müsste über rechtlich zulässige Einzelmaßnahmen nachgedacht werden. So könnte entschieden werden, dass die Rechtsänderung grundsätzlich verfassungskonform ist, aber individualisierte Übergangsregelungen bzw verschiedene Übergangsregelungen für bestimmte Typen von Unternehmungen geschaffen werden. Ein (individueller) Abgabenerlass aufgrund von Billigkeitserwägungen befriedigt nur einge-

---

[62] Vgl *Tipke,* Auslegung unbestimmter Rechtsbegriffe, in *Leffson/Rückle/Großfeld* (Hrsg), Handwörterbuch unbestimmter Rechtsbegriffe im Bilanzrecht des HGB, 1 (6f).
[63] *Ruppe* (FN 51), 584; vgl umfassend zu diesem Problembereich *Hey,* Vertrauen in das fehlerhafte Steuergesetz, in *Pezzer* (Hrsg), Vertrauensschutz im Steuerrecht. 28. Jahrestagung der Deutschen Steuerjuristischen Gesellschaft e.V., Graz, 15. und 16. September 2003, 91.
[64] Vgl hierzu und zu den „Dauersachverhalten" eingehend *Hey* (FN 25), 399ff.
[65] Zur Bedeutung der guten Dokumentation von Planungen für die Beweisführung in Steuersachen vgl bereits *Schlager,* Die unternehmerische Steuergestaltung (FN 1), 116f.

schränkt, weil er ermessensabhängig ist. Insgesamt sind kreative Juristen zur Lösung dieses Problems aufgerufen.

3. Verwaltung und Rechtsprechung als Risikofaktoren

3.1. Zur Kontinuität (Präjudizialität)

Die Kontinuität der Verwaltungsübung und der Rechtsprechung sind für die Steuerplanung der Unternehmungen von noch größerer Bedeutung als jene der Gesetzgebung. *„Dies liegt insbesondere daran, dass das für die Praxis so sehr wichtige Gebiet des Bilanzsteuerrechts nur schwach kodifiziert ist und im Rahmen der jeweiligen Kodifikation auch nur relativ geringfügigen Änderungen unterliegt."*[66] Es ist allerdings umstritten, inwieweit eine Fortführung der bisherigen Verwaltungsübung und der Rechtsprechung geboten sind. Abgesehen davon, ob neue Fälle überhaupt den Tatbeständen vorheriger Entscheidungen entsprechen, wird dagegen eingewandt, dass neuere Einsichten und andere Umstände eine veränderte Beurteilung erfordern können. Für die breite Masse der Fälle ist aber davon auszugehen, dass Verwaltung und (höchstrichterliche) Rechtsprechung gleichgelagerte Fälle gleichartig beurteilen werden. Daraus folgt auch, dass der Steuerberater verpflichtet ist, bzgl Rechtsprechung und Verwaltungsübung auf dem Laufenden zu bleiben, also insbesondere Entscheidungen der Höchstgerichte und Richtlinien angemessen zu berücksichtigen. Andernfalls ist er zum Schadenersatz verpflichtet. Dem Steuerberater ist insbesondere dann, wenn er eine der bisherigen Verwaltungsübung und/oder Rechtsprechung widersprechende Vorgangsweise empfiehlt, dringend anzuraten, unter Angabe seines Empfehlungszeitpunktes zu dokumentieren, welche Verwaltungsübung und/oder Rechtsprechung er zur Kenntnis genommen hat. Die Änderung der Verwaltungspraxis ist grundsätzlich verfassungsrechtlich unbedenklich; das Legalitätsprinzip hat Vorrang, allerdings darf eine Änderung der Verwaltungspraxis nicht willkürlich (leichtfertig, unbegründet) erfolgen und auch nicht zu einer Doppelbesteuerung ein und desselben führen.[67]

Trotz der großen praktischen Bedeutung der Judikatur als Leitlinie für die Auslegung der häufig sehr pauschal gehaltenen Steuernormen besteht nach herrschender Auffassung kein Anspruch auf eine Fortsetzung der Rechtsprechung, auch wenn unzweifelhaft der gleiche Sachverhalt vorliegt.[68] Wie immer juristisch begründet – in Deutschland wird ungleich Österreich dem Vertrauensschutz große Bedeutung beigemessen – baut die tägliche Arbeit des Steuerberaters bei Erklärungen, aber auch bei Planungen auf der (höchstrichterlichen) Rechtsprechung auf; die „Rechtslage" wird durch

---

[66] *Rose*, StbJb 1987/88, 361 (373) für die Rechtsprechung, mit Hinweis, dass *„hier der Rechtsprechung die wichtige Aufgabe der Rechtsfortbildung zufällt"*. Für Österreich kann zwar nicht von Rechtsfortbildung gesprochen werden, doch läuft die Interpretation der vielfach unbestimmten Rechtsbegriffe der Gesetze teilweise auf dasselbe hinaus.

[67] Vgl *Ehrke*, Verfassungsrechtlicher Vertrauensschutz und Änderungen der Verwaltungspraxis, in *Holoubek/Lang* (Hrsg), Vertrauensschutz im Abgabenrecht, 243, zusammenfassend 258f.

[68] Vgl (mit Hinweisen auf gewisse Einschränkungen) *Müller*, Verfassungsrechtlicher Vertrauensschutz und Rechtsprechungsänderungen, in *Holoubek/Lang* (Hrsg), Vertrauensschutz im Abgabenrecht, 215, bes 237ff.

die höchstrichterliche Rechtsprechung wesentlich mitkonstituiert.[69] Besondere Härten für den einzelnen Steuerpflichtigen, auf dessen Fall eine geänderte, für ihn nachteilige, Rechtsprechung angewandt wird, werden ggf durch Nachsicht aus Billigkeit uÄ abgemildert.[70]

Ein Vorschlag, der eine Verfestigung einer als überholt angesehenen Rechtsauslegung vermeidet und zugleich das Interesse des Steuerpflichtigen, dass die bisherige Rechtsprechung für seinen Fall aufrechterhalten wird, berücksichtigt, wurde bereits mehrfach vorgetragen, bisher aber nicht umgesetzt: In Anlehnung an die amerikanische Gerichtsübung des „prospective overruling"[71] könnte für den konkret zu entscheidenden Fall die bisherige Rechtsprechung angewandt, zugleich aber für die Zukunft eine Änderung der Rechtsprechung angekündigt werden.[72] Ein Vorbild für ein solches Vorgehen liefert die Außerkraftsetzung von Gesetzen ab einem bestimmten in der Zukunft liegenden Zeitpunkt, wie es für Entscheidungen zur Verfassungswidrigkeit bestimmter Normen häufig verwendet wird. Die „Ankündigungsurteile" werden aus juristisch-dogmatischer Sicht aber abgelehnt, weil sie dem anglo-amerikanischen Fallrecht, nicht aber unserem kodifizierten Recht, entsprächen.[73]

Aus Sicht der Steuerpflichtigen ist diese Beurteilung bedauerlich. Die Rechtsdogmatik steht hier nicht zur Diskussion. Praktisch ergibt sich jedenfalls, dass präjudizielle Gerichtsentscheide für neue Fälle nur eine Richtschnur bilden können und eine gewisse Wahrscheinlichkeit für gleiche Beurteilung in der Zukunft vermitteln. ME wird dies dem Massenphänomen der Steuererhebung auf Basis sehr allgemein gehaltener Rechtsnormen (etwa im Bereich des Bilanzsteuerrechts) nicht gerecht. Wirkliche Rechtssicherheit für zukünftige Fälle könnte aber wohl dadurch geschaffen werden, dass in regelmäßigen Abständen die Leitsätze wichtiger Urteile (Erkenntnisse) in Gesetzesform gegossen werden. Natürlich würde dadurch der Gesetzestext immer umfangreicher. Allerdings hat die Finanzbürokratie bisher immer wieder, wenn sie höchstgerichtliche Entscheidungen nicht auf zukünftige Fälle anwenden wollte, eine Gesetzesänderung in ihrem Sinne veranlassen können. Für die Verfeinerung der Gesetzesgrundlagen spricht jedenfalls gerade für wichtige, häufig vorkommende Fälle der Zugewinn an Planungssicherheit.

---

[69] Vgl ua *Tipke* (FN 32), 171ff, bes 175; *Felix*, Zum Rückwirkungsverbot verschärfend geänderter Steuerrechtsprechung, in *Lang, J.* (Hrsg), Die Steuerrechtsordnung in der Diskussion. Festschrift für Klaus Tipke zum 70. Geburtstag, 71 (mit dem für Österreich wichtigen Argument, die Überraschungsrichtersprüche seien gleichheitswidrig); *Rose*, Die Steuerberatung, 1999, 401.

[70] *Tipke* (FN 32), 174f, kritisiert (für Deutschland), dass eine Billigkeits- oder Ermessensregelung nicht ausreiche, vielmehr auf den Vertrauensschutz ein rechtsstaatlicher Anspruch bestehe.

[71] Vgl ua *Knittel*, Zum Problem der Rückwirkung bei einer Änderung der Rechtsprechung. Eine Untersuchung zum deutschen und US-amerikanischen Recht, 30ff.

[72] Zu entsprechenden Vorschlägen vgl insb *Flume*, StbJb 1964/65, 55 (79); sehr plastisch *Knobbe-Keuk*, StbJb 1989/90, 185 (195): Der BFH könnte „*aufgrund seiner geläuterten Erkenntnis*" entscheiden, im Streitfall sei noch „*der alte Rechtszustand zur Zeit der Verwirklichung des Steuertatbestands maßgebend. ... Die Rechtsfrage ist dann für die Zukunft entgegen der bisherigen Rechtsprechung entschieden. Den armen Steuerpflichtigen, dessen Fall zum Anlass für Rechtsprechungsänderung genommen wurde, beißen dann nicht mehr die Hunde.*"

[73] Vgl etwa *Leisner*, Kontinuität als Verfassungsprinzip, 538f mwN; *Hey* (FN 25), 639ff.

3.2. „Wirtschaftliche Betrachtungsweise" und Gestaltungsmissbrauch

Unbestritten hat der Steuerpflichtige das Recht, seine Steuerbelastung durch Nutzung von Gestaltungsmöglichkeiten zu minimieren. Allerdings ist *„in wirtschaftlicher Betrachtungsweise der wahre wirtschaftliche Gehalt und nicht die äußere Erscheinungsform des Sachverhalts maßgebend"* (§ 21 Abs 1 BAO). Damit können insbesondere bürgerlich-rechtliche Gestaltungen für die Zwecke der Besteuerung abweichend vom Wortlaut entsprechender Rechtsakte beurteilt werden. Auch durch *„Missbrauch von Formen und Gestaltungsmöglichkeiten des bürgerlichen Rechts kann die Abgabenpflicht nicht umgangen oder gemindert werden"* (§ 22 Abs 1 BAO).

Hieraus resultiert ein beträchtliches Risiko für die unternehmerische Steuerplanung. Unser Jubilar hat hierzu wichtige Beiträge vorgelegt, die innovativ die Problemlage aus Sicht der Unternehmungen in den Vordergrund stellen.[74]

Auf die zahlreichen Uminterpretationen von Gestaltungen der Steuerpflichtigen durch die Gerichte kann hier nicht im Einzelnen eingegangen werden, doch soll speziell darauf hingewiesen werden, dass Rechtsgeschäfte im Familienverband besonders häufig als nicht anzuerkennende Umgehungen eingestuft werden.

3.3. Offenlegung von Verwaltungsanweisungen

Durch Richtlinien oder Durchführungserlässe kann bekanntlich kein neues Recht geschaffen werden. Daher werden sie vom Bundesministerium für Finanzen auch lediglich als *„Auslegungshilfe, ..., die im Interesse einer einheitlichen Vorgangsweise mitgeteilt wird"*, bezeichnet. *„Über die gesetzlichen Bestimmungen hinausgehende Rechte und Pflichten können aus den Richtlinien nicht abgeleitet werden."* ...Die Richtlinien sind eine *„Zusammenfassung des geltenden"* Rechts *„und damit als Nachschlagewerk für die Verwaltungspraxis und die betriebliche Praxis anzusehen."*[75] Erledigungen sind direkt auf die Gesetzesvorschriften zu stützen.

Vielfach sind bisherige höchstgerichtliche Entscheidungen eingearbeitet; völlige Planungssicherheit kann durch Richtlinien und Erlässe nicht hergestellt werden, zumal die Auslegung bestritten sein mag. Unbedingt ist aus Sicht der Unternehmungen zu fordern, dass über Richtlinien und Erlässe volle Publizität gegeben ist. „Geheimerlässe" sollten verpönt sein.

Durch neuere Entwicklungen im Rahmen der Behördenorganisation wird aber diese – in einem Rechtsstaat wohl selbstverständliche – Forderung unterlaufen: Die an sich begrüßenswerte Effizienzsteigerung der Finanzverwaltung ua durch vermehrten Einsatz der EDV und durch die standardisierte Behandlung fachlicher Fragen durch die sog „Fachbereiche" führt zu Verschlechterungen der Position der Steuerpflichtigen, die zT nicht hingenommen werden können und auch geltendem Recht widersprechen: *„Die Entscheidungsträger der Steuerveranlagung befinden sich in einer Teamstruktur mit Außen- und Innendienstmitarbeitern und einem Fachbereich, der für eine einheitliche rechtliche Beurteilung zuständig ist;"* die Auskünfte des „Fachbereichs" bewirken fak-

---

[74] Vgl insb bereits *Schlager*, Die unternehmerische Steuergestaltung (FN 1), bes 39ff und 74ff.
[75] Zitate beispielsweise aus den Einkommensteuerrichtlinien 2000 oder aus den Umsatzsteuerrichtlinien 2000.

tisch eine Bindung der Steuerrechtsinterpretation, die auch für andere Einzelfälle zur Verfügung steht.[76] Problematisch aus Sicht der Unternehmungen ist vor allem:[77]

- Die Anfragen an den „Fachbereich" werden zT ohne Berücksichtigung von Besonderheiten des Einzelfalls, für die der Steuerpflichtige bzw dessen Berater gehört werden sollte, gestellt,
- entsprechende Auskünfte bringen ein Risiko für nachgeordnete Finanzbeamte, wenn sie von der Auskunft abweichen und erschweren somit Einigungen im Rahmen einer Betriebsprüfung,
- vor allem aber: Die Auskünfte gelten als rein interne Hilfestellung für die Finanzämter; es soll kein Anspruch auf Kenntnis durch die Steuerpflichtigen bzw deren Berater bestehen.

Die Fachbereichsauskünfte widersprechen zT sogar den Äußerungen in den öffentlich kundgemachten Richtlinien und Erlässen. Es ist daher eine Ungeheuerlichkeit, dieses Wissen nur den Behördenmitarbeitern vorbehalten zu wollen. Die Planungsunsicherheit der Unternehmungen wird hierdurch massiv vergrößert. Mit rechtsstaatlichen Grundsätzen ist dies jedenfalls nicht vereinbar.

Nur ergänzend sei auch darauf hingewiesen, dass die Erledigung von Verfahren durch Einsatz elektronischer Verfahrenshilfen auch gesetzwidrig ist, insoweit Pflichten der Behörde zur Würdigung von Angaben der Abgabenpflichtigen und von amtsbekannten Umständen sowie zur Veranlassung einer Mängelbehebung verletzt werden.[78]

3.4. Die Entscheidung der Unternehmung zwischen Akzeptierung einer Verwaltungsmeinung und dem Gang zum Gericht

Ob eine (nachteilige) Verwaltungsmeinung akzeptiert wird, hängt von folgenden Kriterien ab, wobei als Entscheidungsträger ein „homo oeconomicus" und nicht etwa ein „Michael-Kohlhaas-Typ" unterstellt wird:[79]

(1) von der Prognose der letztinstanzlichen Richterentscheidung und von der Voraussage des Verwaltungshandelns,[80]

(2) von den Nachteilen einer längeren Zeit der Ungewissheit der letztendlichen Beurteilung.[81]

Ad (1): Für die Rechtsprechungsprognose muss auch verhaltenswissenschaftlich-statistisch das tatsächliche Richterverhalten herangezogen werden.[82] Bei gerichtlichen Entscheidungen spielt häufig ein Rückgriff auf „herrschende Lehre" oder „herrschende Meinung" eine Rolle. Speziell für bisher nicht judizierte Sachverhalte kann hier durch die eilige „Produktion" von Literatur zur Unterstützung der eigenen Auffassung beigetragen werden.

---

[76] *Schlager*, SWK 2010, T 34.
[77] Vgl insbes *Schlager*, SWK 2010, T 34; *Schlager*, Der Wirtschaftstreuhänder 2010, 218 (219).
[78] Vgl *Schlager*, SWK 2010, T 35, 453f (unter speziellem Hinweis auf § 115 und § 85 Abs 2 BAO).
[79] Das bedeutet, dass in einem Rationalkalkül unter Berücksichtigung aller Unsicherheiten die finanziell günstigste Aktion gewählt wird.
[80] Vgl insbes *Schlager*, Die unternehmerische Steuergestaltung (FN 1), 99ff.
[81] Vgl etwa *Hey* (FN 25), 89f.
[82] Vgl *Schlager*, Die unternehmerische Steuergestaltung (FN 1), 100f mwN.

Funktionell ist in Österreich auch die Berufungsinstanz des unabhängigen Finanzsenats der Rechtsprechung zuzurechnen, obwohl sie im rechtlichen Sinne der Verwaltung angehört. Seine Zusammensetzung aus Finanzbeamten und Vertretern der gesetzlichen Berufsvertretungen bewirkt, dass sich meistens die Auffassung der Finanzverwaltung auch in der zweiten Instanz durchsetzt.[83] In den Kalkül des Steuerpflichtigen ist allerdings einzubeziehen, dass ihn doch möglicherweise bereits die Entscheidung der zweiten Instanz zufriedenstellt und auch die Finanzverwaltung nicht gemäß § 292 BAO Beschwerde beim Verwaltungsgerichtshof erhebt.

Ad (2): Nachteilig für den Steuerpflichtigen sind bei Gerichtsverfahren (einschließlich Verfahren vor dem UFS) die Prozesskosten, vor allem aber die vielfach lange Dauer des Schwebezustands. Es ist insbesondere bei den Höchstgerichten von mehreren Jahren, in Einzelfällen auch von mehr als zehn Jahren Verfahrensdauer auszugehen. Dies bewirkt die Bindung von Finanzmitteln und auch die fortgesetzte Unsicherheit, wenn der strittige Sachverhalt wiederholt werden soll.

Eine dritte Handlungsmöglichkeit, die in der Praxis (noch) große Bedeutung hat, besteht darin, dass sich die Unternehmung und der Fiskus auf eine Zwischenlösung einigen: Ist zB strittig, ob (aus Sicht insbesondere der Betriebsprüfung) ein Wertansatz bei x oder (aus Sicht der Unternehmung) bei y liegen müsste, so kann eine Vereinbarung dahingehend erfolgen, dass ein Wert zwischen x und y angesetzt und außer Streit gestellt wird. Diese „tatsächliche Verständigung auf Sachverhaltsfragen" ist in Deutschland anerkannt, lässt sich aber auch für Österreich gut begründen.[84] Ganz überwiegend abgelehnt wird die Zulässigkeit einer Verständigung über Rechtsfragen, zB im vorher angesprochenen Fall die Frage, ob die Veränderung des Wertansatzes in einer Periode steuerrelevant sei; allerdings wird hiergegen auch eingewandt, dass die Trennung von Sach- und Rechtsfragen gar nicht generell möglich sei.[85] Bei einer Einigung (Verständigung) hat der Steuerpflichtige eine erhöhte Wahrscheinlichkeit dafür, dass gleichartige Fälle (zB besondere Umstände bei der Festlegung der AfA) auch in Zukunft entsprechend behandelt werden. Ein Rechtsanspruch hierauf besteht allerdings nicht; auf die in Deutschland möglichen verbindlichen Zusagen wird in Abschnitt 4.1. noch eingegangen.

Bedauerlicherweise ist in der neueren österreichischen Praxis ein Rückgang von Einigungsmöglichkeiten bei Betriebsprüfungen festzustellen.[86] Dies dürfte mit der bereits oben angesprochenen Neuorganisation der Finanzverwaltung zusammenhängen, aufgrund deren die am Einzelfall arbeitenden Finanzbeamten zur Vermeidung persönlicher Nachteile nicht von Auskünften der Fachbereiche abweichen wollen. Für ein Zusammenwirken der Unternehmung und des Fiskus bei der Ermittlung des Besteuerungsergebnisses spricht jedoch, dass eine punktgenaue Richtigkeit realiter nicht erreichbar ist:
„*Komplexe wirtschaftliche Sachverhalte auf der einen Seite und komplizierte steuer-*

---

[83] Vgl *Schlager*, ebendort, 106f, damals noch zur Rechtslage vor Schaffung des unabhängigen Finanzsenats. Die Ausführungen treffen sinngemäß aber weiter zu.
[84] Vgl *Achatz*, Verständigungen im Steuerrecht, in *Pezzer* (Hrsg), Vertrauensschutz im Steuerrecht. 28. Jahrestagung der Deutschen Steuerjuristischen Gesellschaft e.V., Graz, 15. und 16. September 2003, 161 (164ff mwN). – Vgl auch umfassend zum deutschen Steuerrecht *Seer*, Verständigungen in Steuerverfahren.
[85] Vgl *Achatz* (FN 84), bes 171ff.
[86] Vgl *Schlager/Schlager*, Chef Info 3/2010, 69.

rechtliche Tatbestände auf der anderen Seite definieren ... geradezu im Regelfall eher einen Rechtsraum an möglichen Besteuerungsergebnissen als ein exaktes Besteuerungsergebnis."[87]

Die gesamtwirtschaftlichen Vorteile von Einigungen zwischen Fiskus und Unternehmung sind offensichtlich: Speziell der Mittelstand ist durch längere Schwebezustände gefährdet, ausländische Direktinvestoren werden durch steuerliche Unsicherheit abgeschreckt usw. Wenn solche Einigungen nach (wohl herrschender) juristischer Dogmatik nicht rechtssicher möglich wären, sollten die einschlägigen Gesetze geändert werden, wie dies auch unser Jubilar mehrfach gefordert hat.[88]

4. Spezielle unternehmerische Versuche zur Erhöhung der Planungssicherheit

4.1. Zur klassischen Steuerauskunft

Der Steuerpflichtige kann versuchen, vom Fiskus vor Durchführung von Aktionen eine Auskunft zu erlangen, wie diese Aktionen später in Bezug auf Steuern behandelt werden.

Wesentliche Fragen hierzu sind:
- Besteht ein Anspruch auf die Erledigung solcher Anfragen?
- Besteht Rechtsverbindlichkeit bzgl der Auskünfte?
- Welche Kosten sind mit solchen Anfragen verbunden?
- Bedeutet die Auskunftseinholung eine Einschränkung der vom Steuerpflichtigen verfolgten Strategien?

Nach § 1 Abs 1 Auskunftspflichtgesetz (BG vom 15. Mai 1987 – APG[89]) haben die *„Organe des Bundes ... Auskünfte zu erteilen, soweit eine gesetzliche Verschwiegenheitspflicht nicht dem entgegensteht."* Allerdings schränkt § 1 Abs 2 leg cit ein: *„Auskünfte sind nur in einem solchen Umfang zu erteilen, der die Besorgung der übrigen Aufgaben der Verwaltung nicht wesentlich beeinträchtigt."* Stempelgebühren und Bundesverwaltungsabgaben werden gemäß § 5 APG nicht erhoben.

Auch Rechtsauskünfte fallen unter den Auskunftsbegriff, und zwar auch solche über noch nicht verwirklichte Sachverhalte; allerdings können die hier iA gewünschten Beurteilungen schwieriger Fragen von der Behörde wegen § 1 Abs 2 APG verweigert werden.[90]

Darüber hinaus bestehen zu einigen Spezialgebieten Vorschriften zu Auskünften oder Belehrungen. ZT ist die Behörde zur Auskunftserteilung verpflichtet (so im Falle der Lohnsteuerauskunft nach § 90 EStG), zT ist diese Pflicht strittig.[91] Verbindlich sind

---

[87] *Achatz* (FN 84), 170, mwN.
[88] Soweit ich sehe, zuletzt *Schlager/Schlager* (FN 86).
[89] Vgl ausführlich zu diesem Gesetz *Nikolaus*, Auskünfte von Finanzbehörden nach dem Auskunftspflichtgesetz. – Auskunftspflichten ähnlichen Inhalts bestehen auch für Bundesländer und Gemeinden (vgl Auskunftspflicht-Grundsatzgesetz, ebenfalls vom 15. Mai 1987).
[90] Vgl ua *Ehrke*, Verbindliche Auskünfte im Abgabenrecht?, 37f.
[91] Vgl zu sonstigen Auskünften und Belehrungen die aktuelle Übersicht bei *Ritz/Koran*, Advance Ruling 2011. Der Auskunftsbescheid gemäß § 118 BAO, 12ff.

Auskünfte allerdings nur dann, wenn sie in Bescheidform ergehen, ds auch diverse Feststellungsbescheide, die auf Antrag ergehen.[92] Bindend sind auch vertragliche Vereinbarungen zwischen Abgabengläubigern und Abgabenschuldnern, die allerdings gesetzlich ausdrücklich vorgesehen sein müssen.[93]

Ohne triftige Gründe darf die auskunftserteilende Behörde wegen des Grundsatzes von „Treu und Glauben" nicht später von der erteilten Auskunft abweichen. Sogar eine Auskunft, die rechtswidrig ist, entfaltet deshalb für den Abgabepflichtigen eine gewisse Schutzwirkung. Zwar vermeidet die Judikatur des VwGH, zur Bindungswirkung von Auskünften Stellung zu nehmen, und weicht auf Folgenbeseitigungsansprüche aus.[94] Insbesondere der Vertrauensschaden (angeblich die Differenz zwischen der tatsächlichen Steuerschuld und jener, die entstanden wäre, falls der Steuerpflichtige aufgrund einer richtigen Auskunft disponiert hätte), kann nach § 236 BAO wegen Unbilligkeit auf Antrag nachgesehen werden; hierdurch wird auch eventuellen Ansprüchen aus Amtshaftung vorgebeugt.[95] Näheres findet sich in der Verordnung des Bundesministeriums für Finanzen betreffend Unbilligkeit der Einhebung im Sinne des § 236 BAO (BGBl II 2005/435) und in den Richtlinien des BMF zum Grundsatz von Treu und Glauben (AÖFV 2006/126).[96]

Die Berechnung des Vertrauensschadens ist aber sehr schwierig: Es müssten zwei Investitionskalküle für die tatsächliche Disposition und für die bei richtiger Auskunft optimale Disposition den jeweiligen Barwert des Ergebnisses nach Steuern ermitteln. Der bloße Vergleich der Steuern greift genaugenommen zu kurz.

Eine bemerkenswerte Abweichung vom österreichischen Recht enthält § 204 dAO: *„Im Anschluss an eine Außenprüfung soll die Finanzbehörde dem Steuerpflichtigen auf Antrag verbindlich zusagen, wie ein für die Vergangenheit geprüfter und im Prüfungsbericht dargestellter Sachverhalt in Zukunft steuerrechtlich behandelt wird, wenn die Kenntnis der künftigen steuerrechtlichen Behandlung für die geschäftlichen Maßnahmen des Steuerpflichtigen von Bedeutung ist."* Form, Bindungswirkung, Außerkrafttreten, Aufhebung und Änderung der verbindlichen Zusage sind in den §§ 205 bis 207 leg cit geregelt.[97] Die verbindliche Zusage tritt (selbstverständlich) nach § 207 Abs 1 leg cit bei Änderung der zugrundeliegenden Rechtsvorschriften außer Kraft. Besonders wichtig erscheint, dass die Finanzbehörde zwar für die Zukunft Zusagen aufheben oder ändern kann, jedoch rückwirkend – abgesehen von seltenen Ausnahmefällen – nur mit Zustimmung des Steuerpflichtigen.

Eine entsprechende oder gleichwertige Regelung wäre auch für Österreich zu empfehlen. In Österreich können bisher nur erste Ansätze einer im Ergebnis in diese Richtung weisenden Auffassung gefunden werden: Auch ohne ausdrückliche gesetzliche

---

[92] Vgl *Ritz/Koran*, ebendort, 22ff, mit zahlreichen bescheidfähigen Fällen.
[93] Vgl *Ritz/Koran*, ebendort, 32ff, mit zahlreichen Beispielen insbesondere aus den Landesgesetzen.
[94] Vgl *Rapberger*, Die Bindungswirkung von Rechtsauskünften, in *Holoubek/Lang* (Hrsg), Vertrauensschutz im Abgabenrecht, 359 (361).
[95] So bereits *Stoll* (zB:) Das Steuerschuldverhältnis in seiner grundlegenden Bedeutung für die steuerliche Rechtsfindung, 80; vgl auch *Müller* (FN 68), 220 mwN.
[96] Vgl auch *Ritz/Koran* (FN 91), 19ff mwN.
[97] Vgl auch die Kurzdarstellung bei *Rose*, Außenprüfung, steuerliche, in *Ballwieser/Coenenberg/v.Wysocki* (Hrsg), Handwörterbuch der Rechnungslegung und Prüfung³, 200 (209f).

Grundlagen sei nach einigen Autoren eine Vereinbarung zwischen Fiskus und Abgabepflichtigen möglich, insoweit die Verwaltung Spielraum besitzt; das sei jedenfalls für die Sachverhaltsermittlung der Fall.[98] Da selbst dies nicht unstrittig ist, sollte etwa sinngemäß § 204 dAO übernommen oder die Zulässigkeit von (näher umschriebenen) Vereinbarungen zwischen Fiskus und Abgabepflichtigem explizit gesetzlich zugelassen werden.[99]

Aus der Sicht der Unternehmungen ist die Steuerauskunft bzw Steuerzusage – abgesehen davon, ob sie überhaupt erlangt werden kann – in mehrfacher Hinsicht problematisch: Zwar kann die Unsicherheit bzgl künftiger Beurteilungen steuerrechtlich relevanter Sachverhalte reduziert werden, aber nur um den Preis, dass eine den Interessen des Fiskus genügende Auskunft gegeben wird.[100] Der Steuerpflichtige vergibt sich zwar nicht hiervon abweichende Aktionsmöglichkeiten[101], jedoch kann durch die Anfrage die Wahrscheinlichkeit einer Durchsetzung der eigentlich gewünschten Strategie negativ beeinflusst werden.

4.2. Neuere Entwicklung: Advance Ruling[102]

Durch ausländische Vorbilder (insb § 89 Abs 2 – 5 dAO iVm der hierzu ergangenen Steuer-Auskunftsverordnung, BStBl 2007 I 820) angeregt, besteht seit 1.1.2011 (AbgÄG 2010, BGBl I 2010/34) gemäß § 118 BAO („Auskunftsbescheid") das Recht, auf Antrag eine rechtsverbindliche Vorabauskunft über einen noch nicht verwirklichten Sachverhalt im Zusammenhang mit Umgründungen, Unternehmensgruppen und Verrechnungspreisen zu erlangen, *„wenn daran in Hinblick auf die erheblichen abgabenrechtlichen Auswirkungen ein besonderes Interesse besteht."* Ergänzt wird die Vorschrift durch „Richtlinien zu Advance Ruling (Auskunftsbescheid gemäß § 118 BAO)" vom 2. März 2011 (BMF-010103/0035-VI/2011), im Folgenden kurz als ARR zitiert.[103]

Neben dem Advance Ruling bleibt auch auf den von ihm erfassten Gebieten weiterhin die Möglichkeit der bisherigen Steuerauskunft.[104] Auf deren Erteilung besteht aber – im Hinblick auf die sonstige Arbeitsbelastung der Finanzämter – kein Rechtsanspruch; Wirtschaftstreuhänder erhalten immer seltener solche Auskünfte über noch nicht verwirklichte Sachverhalte.[105]

---

[98] Vgl die Literaturhinweise bei *Ritz/Koran* (FN 91), 35.
[99] Siehe dazu auch oben Abschnitt 3.4.
[100] Vgl *Schlager*, Die unternehmerische Steuergestaltung (FN 1), 108f. – Es liegt also keine reine „Informationsbeschaffung" vor: vgl *Rückle* (FN 4), 342.
[101] So aber noch *Rückle* (FN 4), 342, wovon hier abgegangen wird. – Für Deutschland normiert § 206 Abs 2 AO, dass bei (vermeintlicher) Rechtswidrigkeit zu Ungunsten des Abgabenpflichtigen keine Bindungswirkung eintritt.
[102] Für wertvolle Hinweise zur aktuellen österreichischen Situation danke ich besonders MR Prof. Dr. *Ch. Ritz* und HR *G. Steiner* (beide BMF) sowie WP/StB *F. Roedler* (PwC Österreich).
[103] Für einen vorzüglichen Überblick über § 118 BAO einschließlich ARR vgl *Ritz/Koran* (FN 91), 36ff. – Für ein aktuelles Verzeichnis der (österreichischen) Literatur siehe *Ritz*, Bundesabgabenordnung. Kommentar⁴, § 118.
[104] So ausdrücklich Abschn 10 der ARR.
[105] So berichtet in der Stellungnahme der Kammer der Wirtschaftstreuhänder vom 24.1.2011 zum Entwurf der Richtlinien zum Advance Ruling (Zeichen 5127/10/KG), S 7.

Allgemeine Unterschiede zwischen klassischer Steuerauskunft (StA) und Advance Ruling (AR) sind:

- StA ist kostenlos, AR ist kostenpflichtig (Verwaltungskostenbeitrag nach § 118 Abs 10 BAO).
- StA bringt nur im Rahmen von „Treu und Glauben" Sicherheit; insbesondere im Rahmen der Außenprüfung kann doch eine andere Beurteilung als durch die Auskunft erfolgen. AR hingegen bringt Rechtssicherheit, insb auch bei Änderungen der Verwaltungspraxis oder der Rechtsprechung.

Gemeinsam ist StA und AR, dass sie durch Änderung oder Aufhebung der zugrundeliegenden Abgabenvorschriften erlöschen. Selbstverständlich wird eine vollständige Sachverhaltsbeschreibung gefordert, auf die sich StA und AR beziehen.

Wenn die Erläuterungen zur Regierungsvorlage des AbGÄG 2010 Art 8 auf das deutsche Vorbild (siehe oben: insb § 89 dAO) hinweisen (RV, 662 der Beilagen XXIV.GP), so dürfen doch wichtige Unterschiede nicht übersehen werden.[106] Besonders bedeutend ist, dass in Deutschland keine Einschränkung auf bestimmte inhaltliche Bereiche vorgesehen ist.

Verrechnungspreise sind ausdrücklich Gegenstand des AR (§ 118 Abs 2 BAO); gemeint sind nach Abschn 1 ARR internationale Verrechnungspreise.[107] Bei diesen besteht zwar besonderes Interesse an einem Auskunftsbescheid, doch kann auch bei inländischen verbundenen Unternehmen, die gesondert besteuert werden, ein Auskunftsinteresse bestehen. Zu den internationalen Verrechnungspreisen ist zu ergänzen, dass die österreichische Rechtsauskunft natürlich nur den österreichischen Fiskus binden kann.

Von besonderem Interesse sind bei grenzüberschreitenden Transaktionen zwischen verbundenen Unternehmungen oder Betriebsstätten bi- oder multilaterale Advance Pricing Agreements, die alle betroffenen Staaten binden.[108] Auf diese speziellen Fragen kann hier nicht eingegangen werden, doch soll auf einen wichtigen Unterschied gegenüber der deutschen Rechtslage hingewiesen werden: Aus § 178a dAO ergibt sich eindeutig, dass auch die Durchführung eines Vorab-Verständigungsverfahrens mit einem oder mehreren anderen Staaten beantragt werden kann. Dem gegenüber wird für Österreich vertreten, dass sich aus § 118 BAO kein Rechtsanspruch auf eine solche Verständigungsvereinbarung herleiten lässt.[109] Aus Unternehmungssicht kann aber durchaus Interesse an einer Vorab-Einleitung eines Verständigungsverfahrens bestehen; diese Möglichkeit sollte durch eine Gesetzesänderung geschaffen werden.

§ 118 Abs 10 und 11 BAO fordern die Entrichtung eines Verwaltungskostenbeitrags. Damit wird im Grundsatz, nicht aber in den Details der deutschen Regelung von § 89 AO gefolgt. Nach § 89 Abs 4 dAO richtet sich die Gebühr nach dem Wert, den die verbindliche Auskunft für den Antragsteller hat; bei Unmöglichkeit der Ermittlung dieses

---

[106] Vgl die instruktive Gegenüberstellung bei *Ritz/Koran* (FN 91), 65ff.
[107] Dies geht wohl auf die Stellungnahme der KWT (FN 105) zurück.
[108] Vgl hierzu insbesondere OECD Transfer Pricing Guidelines for Multinational Enterprises and Tax Administrations, Tz 4.123, wonach eine bestimmte Methode zur Bestimmung von Verrechnungspreisen festgelegt wird. – Vgl näher etwa *Ehrke-Rabel/Ritz*, RdW 2010, 659 (664ff; dieser Teil des Beitrags allein von *Ehrke-Rabel*).
[109] Vgl *Ritz/Koran* (FN 91), 51.

"Gegenstandswertes" wird eine Zeitgebühr für die Antragsbearbeitung (€ 100 je Stunde) erhoben.

Demgegenüber ist die österreichische Regelung wesentlich einfacher: Ausgehend von einer Mindestgebühr von € 1.500 steigt der Verwaltungskostenbeitrag in Abhängigkeit von den Umsatzerlösen des Antragstellers stufenweise bis € 20.000. Ist der Antragsteller (oder mindestens einer von mehreren Antragstellern) Teil eines konzernrechnungslegungspflichtigen Konzerns, so werden stets € 20.000 erhoben.[110] € 500 werden erhoben, wenn der Antrag zurückgewiesen wird oder als zurückgenommen erklärt wird (wegen nicht fristgerechter aufgetragener Mängelbehebung) oder zurückgenommen wird.

Für Deutschland wurde vom BFH entschieden, dass die gesetzliche Gebührenpflicht ("Auskunftsgebühren") verfassungskonform sei, auch wenn sie im Einzelfall besonders hoch ausfällt, jedenfalls wenn sie sich nach der Bearbeitungszeit des Finanzamts richtet.[111] Österreichische entsprechende Rechtsprechung gibt es bisher nicht, jedoch ist grundsätzlich, nicht aber bzgl aller Details, von der Verfassungsmäßigkeit auszugehen. Die Erlöse können als Indikator für den Wert der Auskunft angesehen werden; in Verbindung mit der Stufenregelung liegt wohl eine grundsätzlich sachgerechte Differenzierung und Vereinfachung vor. Die Anknüpfung an die Konzernrechnungslegungspflicht ist ebenfalls ein Indikator für den Wert der Auskunft.

Es wurden aber auch bereits Zweifel an der Angemessenheit einiger Regelungen bzw Nicht-Regelungen vorgebracht: In den Fällen des Abs 11 (Reduktion des Verwaltungskostenbeitrags) seien keine diesen Betrag rechtfertigenden Arbeiten erbracht worden; vor allem sei die rückwirkende Aufhebung des Auskunftsbescheids (im Falle einer Berichtigung nach § 293 BAO oder offenkundiger Unrichtigkeit des Auskunftsbescheids) in Abs 11 gar nicht erwähnt, so dass die vollen Beträge des Abs 10 gelten.[112] Für solche Fälle könnte der Gang zum Verfassungsgerichtshof wegen Verletzung des Gleichheitsgebots in Frage kommen.

In diesem Zusammenhang ist auch die aktuelle deutsche Entwicklung von Interesse. Im Steuervereinfachungsgesetz 2011[113] wurde für die Auskunftsgebühr (§ 89 AO) eine Bagatellgrenze eingeführt: Bis zu einem Gegenstandswert von € 10.000 oder bis zu einer Gesamtarbeitszeit von weniger als 2 Stunden wird auf die Erhebung der Gebühr verzichtet. Auch für Österreich sind Auskunftsbescheide für kleinere Unternehmen denkbar. Durch die Mindestgebühr von € 1.500 werden diese möglicherweise gleichheitswidrig behandelt.

5. Fazit

Steuerplanungssicherheit ist in Österreich durch die Dominanz des Legalitätsprinzips gegenüber dem Vertrauensschutz schwer erreichbar. Der Parlamentarismus bringt gerade in Zeiten instabiler Mehrheitsverhältnisse immer wieder auch rückwirkende Rechts-

---

[110] Vgl Näheres zur Ermittlung der relevanten Umsatzerlöse und zur Bestimmung der Konzernrechnungslegungspflicht *Ritz/Koran*, ebendort, 59ff.
[111] BFH, Urt v 30.3.2011 – I R 61/10 und Beschluss v 30.3.2011 – I B 136/10; veröffentlicht am 4.5.2011.
[112] Vgl *Novacek*, ÖStZ 2010, 363.
[113] Steuervereinfachungsgesetz v 1. November 2011, BGBl 2011 Teil I Nr 56.

änderungen. Wirtschaftlich belastend sind Rückwirkungen von Gesetzen, aber auch deren (geänderte) Anwendung durch Verwaltung und Rechtsprechung. Die Auswirkung von Rückwirkungen auf die Unternchmungen sollten mit anerkannten betriebswirtschaftlichen Kalkülen finanziell konkretisiert werden. Von der Rechtsprechung sollte aus Sicht der Unternehmungen anerkannt werden, dass Festlegungen der Steuerpflichtigen auch Pläne für künftige Handlungen oder Handlungsmöglichkeiten enthalten und somit wenigstens teilweise schutzwürdig sind. Das Ausweichen auf „Billigkeitserwägungen" (Erlassung von Abgaben) ist wegen des Ermessens unbefriedigend und sollte aus wirtschaftlichen wie rechtsstaatlichen Gründen zurückgedrängt werden. Eine Verschlechterung der Planungssicherheit ist im Gefolge der Reorganisation der Finanzverwaltung eingetreten. Rechte der Steuerpflichtigen dürfen nicht der Rationalisierung der Steuererhebung geopfert werden; auch sollten bisherige Einigungsmöglichkeiten zwischen Unternehmungen und Fiskus unter Berücksichtigung von Besonderheiten des Einzelfalls aufrecht bleiben. Mit dem neuen Auskunftsbescheid wurde eine grundsätzlich begrüßenswerte Erhöhung der Planungssicherheit geschaffen; allerdings wäre dieses Instrument dem Gegenstand nach noch auszubauen und könnte auch Interessen des Mittelstands besser berücksichtigen.

Literaturverzeichnis

Achatz, M., Verständigungen im Steuerrecht, in *Pezzer, H.-J.* (Hrsg), Vertrauensschutz im Steuerrecht. 28. Jahrestagung der Deutschen Steuerjuristischen Gesellschaft e.V., Graz, 15. und 16. September 2003, Köln 2004, 161.

Aufermann, E., Grundzüge betriebswirtschaftlicher Steuerlehre, Wiesbaden 1951.

Brönner, H./Bareis, P./Pohl, J. (Bearb), Die Besteuerung der Gesellschaften[18], Stuttgart 2007.

Desens, M., Die neue Vertrauensschutzdogmatik des Bundesverfassungsgerichts für das Steuerrecht, StuW 2011, 113.

Eder-Kornfeld, R., Zu wenige Prüfer schauen den Firmen in die Bücher, Wiener Zeitung 13. April 2010, 29.

Ehrke, T., Verbindliche Auskünfte im österreichischen Abgabenrecht?, Wien 2003.

Ehrke, T., Verfassungsrechtlicher Vertrauensschutz und Änderungen der Verwaltungspraxis, in *Holoubek, M./Lang, M.* (Hrsg), Vertrauensschutz im Abgabenrecht, Wien 2004, 243.

Ehrke-Rabel, T./Ritz, Ch., Verbindliche „Rulings" im Steuerrecht, RdW 2010, 659.

Felix, G., Zum Rückwirkungsverbot verschärfend geänderter Steuerrechtsprechung, in *Lang, J.* (Hrsg), Die Steuerrechtsordnung in der Diskussion. Festschrift für Klaus Tipke zum 70. Geburtstag, Köln 1995, 71.

Flume, W., Richterrecht im Steuerrecht, StbJb 1964/65, 55.

Hey, J., Die rückwirkende Abschaffung der Sonderabschreibungen auf Schiffsbeteiligungen, BB 1988, 1444.

Hey, J., Steuerplanungssicherheit als Rechtsproblem, Köln 2002.

Hey, J., Vertrauen in das fehlerhafte Steuergesetz, in *Pezzer, H.-J.* (Hrsg), Vertrauensschutz im Steuerrecht. 28. Jahrestagung der Deutschen Steuerjuristischen Gesellschaft e.V., Graz, 15. und 16. September 2003, Köln 2004, 91.

Holoubek, M., Verfassungsrechtlicher Vertrauensschutz – allgemeine und rechtsvergleichende Überlegungen für Deutschland, die Schweiz und Österreich, in *Holoubek, M./Lang, M.* (Hrsg), Vertrauensschutz im Abgabenrecht, Wien 2004, 13.

Hundsdoerfer, J., Die einkommensteuerliche Abgrenzung von Einkommenserzielung und Konsum, Wiesbaden 2002.

Hundsdoerfer, J., Ist die Steuerbarwertminimierung auf die interpersonale Übertragung von Bemessungsgrundlagenteilen anwendbar?, in *Schneider, D./Rückle, D./Küpper, H.-U./Wagner, F. W.*, Kritisches zu Rechnungslegung und Unternehmensbesteuerung. Festschrift zur Vollendung des 65. Lebensjahres von Theodor Siegel, Berlin 2005, 633.

Knittel, W., Zum Problem der Rückwirkung bei einer Änderung der Rechtsprechung, Bielefeld 1965.

Knobbe-Keuck, B., Aktuelle Rechts- und Steuerprobleme der mittelständischen Unternehmen, StbJb 1989/90, 185.

Kruschwitz, L., Investitionsrechnung[10], München-Wien 2005.

Lang, J., Verfassungsrechtliche Zulässigkeit rückwirkender Steuergesetze, WPg 1998, 163.

Lang, J., § 4 Rechtsstaatliche Ordnung des Steuerrechts, in *Tipke/Lang*, Steuerrecht[20], Köln 2010.

Lang, M., Die Auslegung von Doppelbesteuerungsabkommen als Problem der Planungssicherheit bei grenzüberschreitenden Sachverhalten, in *Grotherr, S.* (Hrsg), Handbuch der internationalen Steuerplanung[3], Herne 2011, 1865.

Leisner, A., Kontinuität als Verfassungsprinzip, Tübingen 2002.

Lienbacher, G., Verfassungsrechtlicher Schutz für „steuergesetzlich angeregte" Investitionsentscheidungen, in *Holoubek, M./Lang, M.* (Hrsg), Vertrauensschutz im Abgabenrecht, Wien 2004, 131.

Mamut, M.-A., Konkurrentenschutz im Abgabenrecht, Wien 2010.

Marchgraber, C., Die Einschränkung des Fremdkapitalzinsenabzugs bei konzerninternen Beteiligungserwerben auf dem Prüfstand, SWK 2011, 608.

Moshammer, H., Drittstaatsbeteiligungen von Privatstiftungen. Portfoliodividenden tatsächlich erst mit 18.6.2009 steuerpflichtig?, RdW 2010, 548.

Müller, R., Verfassungsrechtlicher Vertrauensschutz und Rechtsprechungsänderungen, in *Holoubek, M./Lang, M.* (Hrsg), Vertrauensschutz im Abgabenrecht, Wien 2004, 215.

Nikolaus, W., Auskünfte von Finanzbehörden nach dem Auskunftspflichtgesetz, Wien 1987.

Novacek, E., Auskunftsbescheid (§ 118 BAO) – Angemessenheit des Verwaltungskostenbeitrags?, ÖStZ 2010, 363.

Ostendorf, C., Behandlung von Sondervergütungen der Mitunternehmer im internationalen Steuerrecht unter besonderer Berücksichtigung der deutschen und österreichischen Rechtslage, Berlin 1994.

Rapberger, B., Die Bindungswirkung von Rechtsauskünften, in *Holoubek, M./Lang, M.* (Hrsg), Vertrauensschutz im Abgabenrecht, Wien 2004, 359.

Ritz, Ch., Bundesabgabenordnung. Kommentar[4], Wien 2011.

Ritz, Ch./Koran, B. U., Advance Ruling 2011. Der Auskunftsbescheid gemäß § 118 BAO, Wien 2011 (SWK-Spezial).

Rose, G., Verunsicherte Steuerpraxis, StbJb 1975/76, 41.

Rose, G., Steuerliche Absicherung langfristiger Dispositionen – ein Gesetzgebungsvorschlag, in StbJb 1987/88, 361.

Rose, G., Ein Grundgerüst planungsrelevanter Steuerrechtsrisiken, in *Elschen, R./Siegel, T./Wagner, F. W.* (Hrsg), Unternehmenstheorie und Besteuerung. Festschrift zum 60. Geburtstag von Dieter Schneider, Wiesbaden 1995, 479.

Rose, G., Rückwirkende Steuerrechtsprechung und Steuerplanungssicherheit. Über eine Lücke im Vertrauensschutzsystem, Die Steuerberatung 1999, 401.

Rose, G., Außenprüfung, steuerliche, in *Ballwieser, W./Coenenberg, A. G./v.Wysocki, K.* (Hrsg), Handwörterbuch der Rechnungslegung und Prüfung³, Stuttgart 2002, 200.

Rückle, D., Normative Theorie der Steuerbilanzpolitik, Wien 1983.

Rückle, D./Schmitz, E., Betriebsprüfungsstellen der Finanzverwaltung, in *Ballwieser, W./Coenenberg, A. G./v.Wysocki, K.* (Hrsg), Handwörterbuch der Rechnungslegung und Prüfung³, Stuttgart 2002, 346.

Ruppe, H. G., Rückwirkung von Abgabengesetzen. Gedanken zur Judikatur des VfGH, in *Funk, B.-Ch./Klecatsky, H. R./Loebenstein, E./Mantl, W./Ringhofer, K.* (Hrsg), Staatsrecht und Staatswissenschaften in Zeiten des Wandels. Festschrift für Ludwig Adamovich zum 60. Geburtstag, Wien-New York 1992, 567.

Ruppe, H. G., Verfassungsrechtliche Schranken der Gesetzgebung im Steuerrecht, in *Achatz, M./Ehrke-Rabel, T./Heinrich, J./Leitner, R./Taucher, O.* (Hrsg), Finanzverfassung und Recht. Beiträge zu Kompetenz- und Verfassungsfragen des Steuerrechts von Hans Georg Ruppe, Wien 2007, 185 = Wiederabdruck aus Österreichische Juristenkommission (Hrsg), Rechtsstaat – Liberalisierung und Strukturreform, Wien 1998, 119.

Ruppe, H. G., Verfassungsrechtlicher Vertrauensschutz und rückwirkende Abgabengesetze, in *Holoubek, M./Lang, M.* (Hrsg), Vertrauensschutz im Abgabenrecht, Wien 2004, 203.

Seer, R., Verständigungen in Steuerverfahren, Köln 1996.

Schlager, J., Die Durchsetzbarkeit der unternehmerischen Steuergestaltung als Problem der Steuerplanung – Zugleich ein Beitrag zur wirtschaftlichen Betrachtungsweise, Diss (maschinschriftl) Hochschule für Sozial- und Wirtschaftswissenschaften (nun: Johannes Kepler Universität) Linz 1974.

Schlager, J., Die Unternehmerische Steuergestaltung. Planung – Durchsetzbarkeit – Grenzen, Wien 1978.

Schlager, J., Die Bedeutung der Grundsätze des Abgabenverfahrens bei der elektronischen Steuerveranlagung. Beispiele aus der Praxis: die unwiderrufliche Option des §10 Abs. 3 KStG, SWK 2010, T 33ff.

Schlager, J., Gibt es eine finanzamtliche und eine unternehmerische/beraterbezogene Tax-Compliance-Sichtweise?, Der Wirtschaftstreuhänder 2010, 218.

Schlager, J./Schlager, St., Fair Play zwischen Finanzverwaltung und Steuerpflichtigen, Chef Info 3/2010, 69.

Schneider, D., Investition, Finanzierung und Besteuerung⁷, Wiesbaden 1992.

Schön, W., „Rückwirkende Klarstellungen" des Steuergesetzgebers als Verfassungsproblem, in *Tipke, K./Seer, R./Hey, J./Englisch, J.* (Hrsg), Gestaltung der Steuerrechtsordnung. Festschrift für Joachim Lang zum 70. Geburtstag, Köln 2010, 221.

Siegel, T., Steuerwirkungen und Steuerpolitik in der Unternehmung, Würzburg-Wien 1982.

Siegel, T./Kirchner, Ch./Elschen, R./Küpper, H.-U./Rückle, D., Juristen und Ökonomen: Kooperation oder Mauerbau?, StuW 2000, 257.

Stoll, G., Das Steuerschuldverhältnis in seiner grundlegenden Bedeutung für die steuerliche Rechtsfindung, Wien 1972.

Thatcher, O. J. (Hrsg), The Library of Original Sources: Volume VII (Era of Revolution), zahlreiche Nachdrucke, ua Paperback Honolulu (Hawaii), 2004.

Tipke, K., Auslegung unbestimmter Rechtsbegriffe, in *Leffson, U./Rückle, D./Großfeld, B.* (Hrsg), Handwörterbuch unbestimmter Rechtsbegriffe im Bilanzrecht des HGB, Köln 1986, 1.

Tipke, K., Zu Gerd Roses Bemühen um mehr Steuerplanungssicherheit. Ein Beitrag aus juristischer Sicht, in *Herzig, N.* (Hrsg), Betriebswirtschaftliche Steuerlehre und Steuerberatung. Festschrift für Gerd Rose zum 65. Geburtstag, Wiesbaden 1991, 91.

Tipke, K., Die Steuerrechtsordnung, Band I^2, Köln 2000.

Vogel, K., Rechtssicherheit und Rückwirkung zwischen Vernunftrecht und Verfassungsrecht, JZ 1998, 833.

Wagner, F. W./Dirrigl, H., Die Steuerplanung der Unternehmung, Stuttgart-New York 1980.

Wissensökonomie als Fortschritt bei der Erforschung der Steuerrechtsprognose und des Steuerrechtsrisikos?

Dieter Schneider

Problemstellung
1. Das Dilemma zwischen Handlungsempfehlungen, hergeleitet aus Modellen unter „Sicherheit", und der Unsicherheit einer Steuerrechtsprognose
2. Bringt Wissensökonomie durch Aussagen über den Erwerb von Wissen empirischen Gehalt in formale Analysen?
3. Quantitative Aussagen in der steuerbetriebswirtschaftlichen Theorie durch modellgebundene Steuerbelastungsvergleiche?
4. Folgerung
Literaturverzeichnis

Problemstellung

Josef Schlager spricht in seinem Erstauftritt vor der Kommission „Betriebswirtschaftliche Steuerlehre" im Verband der Hochschullehrer für Betriebswirtschaft eV von **Steuerrechtsrisiko** dann, *„wenn aufgrund unvollkommener Informationen die negativen Wirkungen des Steuerrechts auf unternehmerische Ziele entweder nicht erkannt oder ungewiß sind".*[1] Praktisch unterliegt jede Prognose darüber, welches Steuerrecht für einen mehrjährigen Planungszeitraum gilt, einem solchen Steuerrechtsrisiko: Politische Palaver um ein Einführen oder Verzichten auf einzelne Steuerarten, auf Änderungen von Steuersätzen und der Bemessungsgrundlagen, aber auch die Unsicherheit über Entscheidungen der Finanzgerichte sind Beispiele für das Steuerrechtsrisiko, dem „nachhaltige", auf mehrere Jahre angelegte Unternehmungspolitik unterworfen ist.

Dieser Beitrag zu Ehren der 65. Wiederkehr von *Schlagers* Geburtstag legt die von ihm 1978 untersuchten Steuerrechtsrisiken auf die Risikopolitik der Unternehmung zugrunde und fragt: Führt eine seither diskutierte „Wissensökonomie" zu wissenschaftlichem Fortschritt bei der Erforschung der Steuerrechtsprognose und des Steuerrechtsrisikos?

„Wissensökonomie" wird verschieden verstanden. Mit „Wissensökonomie" ist in diesem Beitrag kein Sammelbegriff für Entscheidungstheorie und Theorie der Informationsbeschaffung gemeint, und insbesondere ist „Wissensökonomie" von Wissensmanagement als Weiterentwicklung eines organisationalen Lernens abzugrenzen. „Wissensökonomie" (Knowledge Economy) befasst sich in diesem Beitrag mit einem methodologischen Problem: Können formale Modellergebnisse aus der betriebswirtschaftlichen Theorie zu **quantitativen** Aussagen mit empirischem Gehalt führen?

Teil 1 erläutert das Problem, ob Handlungsempfehlungen, hergeleitet aus Modellen unter angenommener Planungssicherheit, bei der Prognose eines künftigen Steuerrechts und seiner Folgen helfen.

Teil 2 versteht Wissensökonomie im ursprünglichen Sinne von *Hayeks* „Economics and Knowledge". Darin behauptet *Hayek*, dass die Tautologien, die formale, mathematische Modelle des wirtschaftlichen Gleichgewichts (und damit auch Modelle zur betriebswirtschaftlichen Planung) verkörpern, dann empirischen Gehalt erlangen, wenn sie in Aussagen über den Erwerb und die Verbreitung von Wissen abgewandelt werden.[2]

Nach Prüfung dieser Behauptung untersucht Teil 3, ob quantitative Aussagen zur Steuerrechtsprognose und dem Steuerrechtsrisiko durch modellgebundene Steuerbelastungsvergleiche zu erlangen sind.

Teil 4 zieht eine Schlussfolgerung.

---

[1] Schlager, Einfluß der Steuerrechtsprognose auf die Risikopolitik der Unternehmung, in *Heigl/Uecker* (Hrsg), Betriebswirtschaftslehre und Recht, 336.

[2] *"the tautologies, of which formal equilibrium analysis in economics essentially consists, can be turned into propositions with definite statements about how knowledge is acquired and communicated ... the empirical element in economic theory ... consists of propositions about the acquisition of knowledge"*, von Hayek: Economics and Knowledge. In Economica, New Series, 1937, 33. Hayek fordert nicht nur *"skill"* [which] *"refers only to the knowledge of which a person makes use in his trade"*, sondern *"the knowledge of alternative possibilities of action of which he makes no direct use"*, 50 FN 1.

1. Das Dilemma zwischen Handlungsempfehlungen, hergeleitet aus Modellen unter „Sicherheit", und der Unsicherheit einer Steuerrechtsprognose

Betriebswirtschaftliche Theorie lässt sich als Einzelwirtschaftstheorie der Institutionen kennzeichnen, wobei Institutionen im weiten Sinne von Handlungssystemen (Organisationen) und von Regelsystemen (Ordnungen) verstanden werden. Institutionen bezwecken eine bessere Vorhersehbarkeit, also eine Verringerung von Unsicherheiten und Ungleichverteilungen von Wissen und Können.[3] In einer anwendungsbezogenen, auf Handlungsempfehlungen hin zielenden Wissenschaft, wie die Steuerliche Betriebswirtschaftslehre überwiegend verstanden wird, ist dabei folgendes Problem zu lösen:

Handlungsempfehlungen zur Unternehmenspolitik oder allgemeiner Politikempfehlungen, zB zum Steuerrecht, werden in der Wirtschaftswissenschaft regelmäßig mit formalen, Mathematik verwendenden Modellen begründet. Gängig, weil bequem, ist dabei, im Modell die Erfahrungstatbestände der Unsicherheit und Ungleichverteilung von Wissen und Können auszuklammern.

Ein einfaches Beispiel mag diesen Sachverhalt verdeutlichen: Um Sachinvestitionen zu fördern, werden nicht selten höhere steuerliche Anlagenabschreibungen erwogen. Im lehrbuchgängigen Modell der Investitionsrechnung unter Planungssicherheit steigt bei der Mehrzahl der Annahmen der Kapitalwert nach Steuern, wenn die Nutzungsdauer verkürzt und die steuerliche Absetzung für Abnutzung gegenüber einer linearen AfA vorgezogen wird.[4]

Ein solcher Schluss gilt zunächst nur für eine „Zukunftslage", also ein einziges Bündel aus Annahmen über Zahlungssalden (einschließlich Zinseinnahmen und Zinsausgaben) in einem Planungszeitraum, die dem Planenden vernünftig erscheinen. Selbst wenn der Planende die Zahlungssalden für eine einzige angenommene Zukunftsentwicklung über den Planungszeitraum hinweg als „sicher" (repräsentativ) ansieht, bleiben jene Unsicherheitsursachen außer acht, die aus einer Reinvestition verdienter Abschreibungen entstehen. Die lehrbuchgängige Prämisse eines „vollkommenen und vollständigen Kapitalmarkts" (vereinfacht: Jedermann kann jederzeit zu ein und demselben Zinssatz beliebige Beträge anlegen oder aufnehmen) verschweigt den Sachverhalt, dass jede Ausgabe für Sachen, Rechte und noch zu leistende Dienste nicht erläuterte Unsicherheitsursachen für die unternehmungspraktische Anwendung mit sich bringt. Eine dauerhafte Unsicherheitsminderung für eine Unternehmung insgesamt entsteht nur dann, wenn verdiente Abschreibungen in „risikoärmere" Neuinvestitionen fließen als bisher geplant und verwirklicht sind. Dabei erfordert es eine Reihe von entscheidungslogischen Axiomen, um dem Ausdruck „risikoärmer" einen empirischen Sinn zu geben, insbesondere: Es treten keine in der Planung nicht berücksichtigten nachträglichen Überraschungen auf.

Genau hier liegt des Pudels Kern. Nichts spricht dafür, dass Investitionen in technische Neuerungen oder in andere Innovationen zu einer geringeren Unsicherheit (Spannweite künftiger Zahlungssalden mit gleicher oder höherer Glaubwürdigkeit gewünschter Zielbeiträge) für die Unternehmung führen als bisher angenommen wurde. Der durch Fi-

---

[3] *Schneider*, Betriebswirtschaftslehre als Einzelwirtschaftstheorie der Institutionen, 20–54.
[4] *Schneider*, Investition, Finanzierung und Besteuerung, 218–265.

nanzierung aus Abschreibungen gestiegenen Innenfinanzierung stehen bei Innovationen neue Unsicherheitsursachen für die Unternehmung als Ganzes gegenüber, die trotz sorgfältiger Planung dem Eintritt von Ex-post-Überraschungen Raum bieten.

Da nachträgliche Überraschungen per Definition nicht planbar sind, erscheint die vorherrschende Lehre von den Entscheidungswirkungen der Besteuerung fragwürdig, denn Unterstellungen über die Existenz von quantitativen Wahrscheinlichkeiten künftiger Zahlungen und daraus folgender Ertragswert- oder Renditeberechnungen entpuppen sich, wenn die Unsicherheitsursachen aus Reinvestitionen nicht überlegt werden, als bloße Hoffnungen. Ohne ein Bemühen, Unsicherheitsursachen zu erkunden und ihre Glaubwürdigkeit abzuwägen, verdienen theoriegeleitete Handlungsempfehlungen unter angenommener Planungssicherheit wenig Vertrauen. Ein solches Vertrauen nützen freilich Manager und manche ihrer Berater als Schutzbehauptung aus zur Mehrung der Innenfinanzierung, welche die Einkommenswünsche Gewinnberechtigter (Anteilseigner wie Fiskus, auch Arbeitnehmer und Gläubiger) hintanstellt.

Aus dem Vorstehenden wäre zu folgern: Handlungsempfehlungen dürfen nicht aus Modellen unter angenommener Planungssicherheit übernommen werden. Dies gilt insbesondere für Handlungsempfehlungen, die ein Steuerrechtsrisiko vermindern wollen. Zugrunde zu legen seien vielmehr Modelle, die Unsicherheitsursachen erfassen und in Prognosen zugleich die Ungleichverteilung des Wissens zwischen den entscheidenden Personen in einer Institution Unternehmung, deren Marktpartnern und einer regulierenden Obrigkeit (Finanzamt und Finanzgerichte eingeschlossen) berücksichtigen.

Doch ein solcher Sollensanspruch an die betriebswirtschaftliche Wissenschaft: Empfehle nur Modellergebnisse unter Unsicherheit und bei ungleichem Wissensstand der Handelnden, denen Du Rat geben willst, ruft eine Gegenrede hervor: Für viele Unsicherheitssituationen ist rationales Verhalten nicht modellmäßig unstrittig entfaltet. Erst recht offen wird eine Suche nach Modellergebnissen, die Unsicherheitsursachen mit ungleich verteiltem Wissen in Märkten und gegenüber regulierenden Behörden zu beachten versuchen. So gesehen, scheinen allgemeine Handlungsempfehlungen kaum mehr wissenschaftlich verantwortbar zu sein.

Als Zwischenergebnis droht damit: Die Wissenschaft habe entweder zu Prognosen über ein künftiges Steuerrecht und folglich auch zu Politikempfehlungen zur Verminderung des Steuerrechtsrisikos zu schweigen, selbst dort, wo die Theorie rationaler Entscheidungen ausgebaut erscheint. Oder die Wissenschaft müsse statt behaupteter rationaler Entscheidungswirkungen steuerrechtlicher Sachverhalte das empirische Verhalten der Beteiligten mit sozialwissenschaftlichen und statistischen Methoden erkunden. Die bisherige Einzelwirtschaftstheorie (mikroökonomisch ausgerichtete betriebswirtschaftliche Theorie) sei ein unfruchtbares Unterfangen. Allenfalls seien in einer Steuerlichen Betriebswirtschaftslehre die Verteilungsfolgen des Steuerrechts hervorzuheben, mit der Gefahr, sich endgültig in Wunschdenken oder Klageliedern zu verheddern.

Lässt sich das Dilemma vermeiden oder wenigstens eingrenzen zwischen (1) Handlungsempfehlungen, gestützt auf Modelle unter angenommener Sicherheit, und (2) dem Verzicht auf eindeutige Handlungsempfehlungen wegen der Vielschichtigkeit der Unsicherheit und der Ungleichverteilung des Wissens?

Das Folgende untersucht, ob mathematische Modelle des wirtschaftlichen Gleichgewichts, verstanden als Planungsmodelle unter „Sicherheit", dann empirischen Gehalt gewinnen, wenn sie in Aussagen über den Erwerb und die Verbreitung von Wissen abgewandelt werden.

2. Bringt Wissensökonomie durch Aussagen über den Erwerb von Wissen empirischen Gehalt in formale Analysen?

Hayeks Formulierung über den empirischen Gehalt formaler Gleichgewichtsanalysen, wenn diese in Aussagen über den Erwerb und die Verteilung von Wissen übersetzt werden, weckt die Frage: Wie lassen sich aus Tautologien formaler Gleichgewichtsanalysen Aussagen über den Erwerb und die Verbreitung von Wissen erlangen?

Um diese Frage zu beantworten, ist eine begriffliche Unterscheidung zwischen Wissen, Können und Information nötig.

- Wissen heißt die persönliche Wahrnehmung von Sachverhalten, verbunden mit einer Erinnerung daran. Wissen umfasst die Schritte zu und die Ergebnisse einer
  – gedanklichen Vorbereitung von Handlungen,
  – Bemessung von Ansprüchen und Verpflichtungen und
  – Rechenschaft eines Beauftragten (das Liefern nachprüfbarer Sachverhalte über die Erfüllung von Aufgaben) bzw die Kontrollen eines Auftraggebers (das Nachprüfen der Handlungen Beauftragter).
- Wissen ist von Können zu unterscheiden. Können handelt von einem „Gewusst, wie Wissen in Handlungen umgesetzt wird": Die Noten der Hammerklaviersonate Beethovens unterrichten über ein bestimmtes Wissen; wie daraus eine richtige Akkord- und Melodienfolge zur rechten Zeit in einer treffenden Lautstärke entsteht, bleibt wenigen Könnern vorbehalten.

Der Vollzug von Handlungen setzt neben Wissen ein Können und die Verfügbarkeit der benötigten Mittel voraus. Falls ein empirischer Gehalt der formalen Wirtschaftstheorie existiert, besteht er nicht, zumindest nicht nur, in Aussagen über den Erwerb von Wissen, sondern vornehmlich in Aussagen über den Erwerb und Besitz von **Können**. Die Beschreibung der Vorteile der Arbeitsteilung, wie sie schon *Xenophon* im 4. Jahrhundert v Chr erläutert und mit denen *Adam Smith*[5] sein bekanntestes Werk beginnt, sind zB Aussagen über den Besitz eines Könnens und dessen mögliche Folgen für den „Wohlstand der Nationen".

- Informationen werden hier auf einen Wissensbestand über die Erfahrungswelt eingegrenzt. Durch eigene Arbeit oder in Märkten erworbene Erwartungen über empirische Ereignisse (Prognosen) sind Teil der Information bis hin zur Beschäftigung von Spionen, der schon die aus dem Beginn des 4. Jahrhunderts v Chr stammende „Unterrichtung über den materiellen Wohlstand" des in Sanskrit schreibenden *Kautilya* einen Abschnitt widmet.[6] Hierin mag man einen Anfang einer Wissensökonomie sehen.

---

[5] Vgl *Xenophon*, Kyrupaedie – Die Erziehung des Kyros, hrsg von R. Nickel. Darmstadt 1992, 569, geschrieben um 362 v Chr; *Adam Smith*, Der Wohlstand der Nationen, hrsg von H. C. Recktenwald, 1974, 17f.

[6] Vgl *Sen*, On Ethics and Economics 1987, 5f.

Mit der Eingrenzung von Information auf einen Wissensbestand über die Erfahrungswelt gelten nicht gesondert gekaufte, sondern selbst erarbeitete logische oder mathematische Ableitungen nicht als Information. Das Aufdecken logischer oder mathematischer Implikationen schafft kein neues Erfahrungswissen, sondern lehrt eine Tautologie. Zwar überblicken Menschen regelmäßig nicht sämtliche logischen Implikationen aus der Verknüpfung mehrerer Aussagen, dennoch ist es notwendig, logische Implikationen von Wissen und Vermutungen über die Erfahrungswelt zu trennen, weil ungeklärt erscheint, wie aus einer tautologischen Umformung auf eine erfahrungsgestützte Aussage über den Erwerb von Wissen und dessen Verteilung zu schließen ist.

- Worin bestehen nach Hayek die Aussagen über den Erwerb von Wissen, die der formalen Gleichgewichtsanalyse empirischen Gehalt geben? Hayek lässt Regulierungen, wie sie das Steuerrecht und dessen Komplizierungen durch Regierungen, Parlamente, Gerichte verkörpern, außen vor. Seine Aussagen beschränken sich auf eine einzige Abhängigkeit von Information und Wettbewerb: *„Die Summe an Information, die sich in den Preisen widerspiegelt oder niederschlägt, ist vollständig das Ergebnis des Wettbewerbs oder zumindest der Offenheit des Marktes für jeden. Der Wettbewerb wirkt als Entdeckungsverfahren".* Wettbewerb sei „als ein Prozeß anzusehen, in dem Menschen Wissen erwerben und einander mitteilen" und dabei genötigt sind, rational zu handeln. [7]
Doch zu dieser Behauptung fehlt sowohl ein Beweis, warum jemand rational aus Eigeninteresse anderen Menschen Tatsachen über die Ergebnisse seines Handelns und persönliche Wissensvorsprünge mitteilen soll, als auch eine Analyse, wie rationales Handeln unter Unsicherheit und Ungleichverteilung des Wissens aussieht.

Eine unabdingbare Voraussetzung, damit die Institution Wettbewerb als Regelsystem gemeinwohlfördernde Ergebnisse erreicht, ist, dass nicht nur die Preissignale selbst, sondern die in Märkten entstehenden Gewinne und Verluste bekannt werden.[8] Bleiben die Gewinne verborgen, so versandet die Hoffnung, dass Nachahmer Spekulationsgewinne wegschwemmen oder Regulierungsbehörden Monopolrenten erkennen und durch Steuerrecht und Verwaltungshandeln zu einer volkswirtschaftlich sinnvollen Neuverteilung des Einsatzes knapper Mittel beitragen.

Wie unzuverlässig veröffentlichte Gewinne oder Verluste in der Rechnungslegung oder in Ankündigungen darüber in den Fällen sind, in denen Unternehmungen genötigt sind, Zahlen zu publizieren, offenbaren nicht nur zahlreiche Rechnungslegungsrelikte.

Dies allein schon spricht gegen *Hayeks* Aussage, Wettbewerb als evolutorischer Prozess impliziere, dass die Erwartungen der Leute, insbesondere der Unternehmer, immer richtiger werden,[9] was später *Kirzner* dahin verschärft, dass Bewegungen von einem be-

---

[7] *von Hayek*, Recht, Gesetzgebung und Freiheit. Bd 2: Die Illusion der sozialen Gerechtigkeit. 1981, 161; *von Hayek*, Recht, Gesetzgebung und Freiheit, Bd 3, 100f.

[8] Darauf weist schon *T.E.C. Leslie*, The Known and the Unknown in the Economic World, in Fortnightly Review, 1879, 934–949, 939–944, hin.

[9] "that the expectations of the people and particularly of the entrepreneurs will become more and more correct", *Hayek*, Economics and Knowledge, 44.

obachteten Ungleichgewicht in Märkten zum Gleichgewicht zugleich eine Bewegung vom unvollkommenen zum vollkommenen Wissen sind.[10]

Solche Aussagen bieten keinen empirischen Gehalt, sondern postulieren eine vermeintlich empirische und evolutorische Gesetzmäßigkeit „Tendenz zum Gleichgewicht". Diese evolutorische „Tendenz zum Gleichgewicht" entpuppt sich jedoch als in Widersprüche verstrickte Träumerei: Es ist abwegig anzunehmen, dass die Erwartungen der Leute, insbesondere der Unternehmer, immer richtiger werden; denn da die künftige Welt von den Entscheidungen einzelner abhängt, lösen unterschiedliche Wahlhandlungen abweichende Entwicklungen aus. Mit *Shackle* ausgedrückt: Die Zukunft ist nicht einfach unbekannt, sondern sie existiert im Zeitpunkt vor einer Entscheidung, dies zu tun und jenes zu unterlassen, noch gar nicht[11].

Von einer „Tendenz zum Gleichgewicht" durch Lernen aus Erfahrungen kann unter Unsicherheit, also beim möglichen Auftreten von Ex-post-Überraschungen, nicht gesprochen werden. Logisch kann eine Tendenz zum Gleichgewicht durch Erwerb und Verbreitung des Wissens nur bestehen, solange der gesamtwirtschaftliche Bestand an Wissen und Können sich nicht ändert. Daraus folgt, dass evolutorischer Wettbewerb in der Erscheinungsform des Schaffens neuen Wissens und ihres Durchsetzens in Märkten (also über Innovationen) mit einer Tendenz zum Gleichgewicht unvereinbar ist; denn, wie schon *Rosenstein-Rodan* vor über 80 Jahren erkannte, es gibt empirisch *„keine allgemeine Interdependenz, sondern nur verschiedene irreversible Dependenzen",*[12] also **unumkehrbare Abhängigkeiten**.

Die Griffigkeit von *Hayeks* Formulierung erweist sich somit letztlich als Fehlgriff, weil unerläutert bleibt, wie aus dem mathematischen Existenzbeweis für ein wirtschaftliches Gleichgewicht, in dem keiner der Handelnden seine Wirtschaftspläne zu ändern wünscht, auf empirische Aussagen über den Erwerb und die Verteilung von Wissen geschlossen werden kann.

Zu diesem leeren Erkenntnisfeld tritt ein weiteres: Als Ideal setzt eine empirisch sinnvolle Messung die Existenz einer empirischen Gesetzmäßigkeit auf derselben Messbarkeitsstufe voraus. Inwieweit erlauben quantitativ formulierte Entscheidungsmodelle unter angenommener Planungssicherheit empirische Aussagen in quantitativen Begriffen herzuleiten, liefern also Messergebnisse auf einer Intervallskala oder gar auf einer Verhältnisskala?

3. Quantitative Aussagen in der steuerbetriebswirtschaftlichen Theorie durch modellgebundene Steuerbelastungsvergleiche?

Ein Vergleich zwischen naturwissenschaftlichen Messungen und Messungen durch das betriebswirtschaftliche Rechnungswesen soll die Behauptung belegen, dass Modellergebnisse unter angenommener Planungssicherheit erst dann Aussagen in quantitativen

---

[10] *Kirzner*, Wettbewerb und Unternehmertum, 1978, 176; vgl dazu kritisch *Claudia Loy*, Marktsystem und Gleichgewichtstendenz, 1988, 28–34.
[11] *Shackle*, Epistemics in Economics, 1972, 3.
[12] *Rosenstein-Rodan*, Das Zeitmoment in der mathematischen Theorie des wirtschaftlichen Gleichgewichts, in Zeitschrift für Nationalökonomie, 1930, 129–142, 142.

Begriffen bieten, wenn die Existenz einer empirischen Gesetzmäßigkeit auf derselben Messbarkeitsstufe bekannt ist, mindestens also auf einer Intervallskala.[13]

Das Messinstrument Badethermometer benutzt als Messziel einen Maßstab für den Messzweck „Wärmefeststellung", wie schon der Name sagt: Thermo-Meter. Ein empirischer Test durch Sinneswahrnehmung, der Wissen in Zahlen liefert, ist weder beim Badewasser noch bei der Vermögens- und Finanzlage möglich. Die Rechtfertigung für die Messung von haushaltsüblichen Temperaturänderungen durch Längenänderungen bestimmter Flüssigkeiten in einem Röhrchen liefert ein Naturgesetz: Wenn die Temperatur sich erhöht, dann dehnen sich Alkohol, Quecksilber und andere Flüssigkeiten aus, vorausgesetzt, Luftdruckschwankungen und einige andere Einflussgrößen werden ausgeschaltet. Dabei bestimmt die empirische Gesetzmäßigkeit, ob die „gemessenen" Zahlen Anwendungsfälle quantitativer, komparativer (im Rang ordnender) oder klassenbildender Begriffe darstellen, und damit, ob bei quantitativen Begriffen Abstandsaussagen oder Verhältniszahlen Sinn ergeben.

Bei der Temperaturmessung über ein Haushaltsthermometer wird eine Intervallskala benutzt. Diese Messung führt zwar zu quantitativen Begriffen, die aber nur Abstandsaussagen erlauben. Verhältniszahlen aus Messwerten ergeben hierbei keinen Sinn. Dies wird deshalb betont, weil daraus der bescheidene Aussagewert von Kennzahlen, zB aus Jahresabschlüssen (wie der Kapitalstruktur), beruht, aber auch die Fragwürdigkeit von Steuerbelastungsvergleichen oder der überaus enge Anwendungsbereich quantitativer Wahrscheinlichkeiten in der Entscheidungstheorie. Am Beispiel verdeutlicht:

Wenn ein Europäer behauptet, kochendes Wasser sei viermal so heiß wie das Wasser in einem Schwimmbad mit 25°C(elsius), so wird ein US-Amerikaner dies bestreiten, denn 212°F(ahrenheit) sind nicht das Vierfache von 77°F, die er auf seinem Thermometer abliest. Wohl aber werden sich beide verständigen, dass die Differenz der Temperaturen zwischen kochendem Wasser und diesem Badewasser dreimal so groß ist wie die Differenz zwischen Badewasser und gefrierendem Wasser.

In diesem Beispiel spiegelt sich in der Wärme des jeweiligen Wassers eine empirische „Gesetzmäßigkeit". Die erfahrungswissenschaftliche Begründung für beide Messinstrumente, das Celsius-Thermometer und das Fahrenheit-Thermometer ist dieselbe. Nur die Messkalen unterscheiden sich in der Wahl des Nullpunktes (dem Gefrierpunkt des Wassers bei Celsius, der bei Fahrenheit +32° entspricht) und der Skaleneinheit (100 bzw 212 Teile vom jeweiligen Nullpunkt bis zum Siedepunkt des Wassers in Meereshöhe).

Die schärfere Messbarkeit auf einer Verhältnisskala lässt sich erst dann verwirklichen, wenn auch der Nullpunkt durch eine strengere empirische Gesetzmäßigkeit festgelegt werden kann. Eine strukturgleiche Abbildung beobachtbarer Sachverhalte in Zahlen, die zugleich den Nullpunkt festlegt, wäre bei der Temperaturmessung dann gegeben, wenn die Wärme in Kelvin abgebildet wird; denn die Theorien, welche diese Messung begründen (das Gesetzesbündel der Thermodynamik), bedingen eine absolute Untergrenze für die Temperatur.

---

[13] Das folgende Beispiel ist erstmals veröffentlicht in *Schneider*, Wozu eine Reform des Jahresabschlusses? Oder: Jahresabschlußzwecke im Lichte der Temperaturmessung, in *Baetge* (Hrsg), Der Jahresabschluß im Widerstreit der Interessen, 131–155.

Erst wenn irgendeine empirische Gesetzmäßigkeit einen Nullpunkt als logische Folge erzwingt, wird eine Messung als strukturgleiche Abbildung einer empirischen „Gesetzmäßigkeit" in Zahlen auf einer Verhältnisskala sinnvoll: In Kelvin ausgedrückt, ist kochendes Wasser (373,16 K) zu obigem Badewasser (298,16 K) um rund ein Viertel heißer und nicht viermal so heiß, wie bei dem fehlerhaften Vergleich der Celsius-Grade. **Erst bei einer Messung auf einer Verhältnisskala erlangen Verhältniszahlen aus den gemessenen Einzelwerten empirischen „Informationsgehalt".**

Aber um dieses Ziel zu erreichen, türmen sich Erklärungslücken über Erklärungslücken auf: Welchen empirischen Gehalt bieten zB **Steuerbelastungsvergleiche**, selbst wenn diese sich nicht auf einzelne Steuersätze („Teilsteuerrechnungen") beschränken, sondern wirtschaftliche Belastungen durch unterschiedliche Steuerbemessungsgrundlagen einzurechnen versuchen? Alternative Annahmen über ein künftiges Steuerrecht sind die Grundlage dafür, um über Steuerbelastungsvergleiche für ein Steuerrechtsrisiko, also für *„die negativen Wirkungen des Steuerrechts auf unternehmerische Ziele"* (Text zu FN 1), einen zahlenmäßigen Ausdruck zu finden.

Das Problem liegt hier darin, dass unterschiedliche Bemessungsgrundlagen Modellannahmen zusätzlich erfordern, um vergleichbare Aussagen mit einem Steuersatz zu erhalten.

Steuersätze (also „rechtliche" Steuerbelastungen) sagen ohne Bezug zu den Bemessungsgrundlagen nur Schiefes über die wirtschaftliche Steuerbelastung aus. Um die Belastung aus Steuersätzen und Bemessungsgrundlagen insgesamt zu berechnen, bedarf es jedoch zusätzlich eines quantitativen Modells, das einen Eichstrich liefert. Bei diesem Eichstrich zeigt die Höhe des Steuersatzes zugleich die wirtschaftliche Steuerbelastung unter Einschluss der Bemessungsgrundlagen an. Um einen solchen Eichstrich zu bestimmen, sind drei Modellannahmen vorauszusetzen:

- Der Gesetzgeber sei fähig und willens, nur Steuerbemessungsgrundlagen zu regeln, welche die Rangordnung unternehmerischer Handlungsalternativen für rational entscheidende Steuerpflichtige nicht umstoßen.

- Die Gemeinschaft der Staatsbürger sehe die vom Gesetzgeber erlassenen, entscheidungsneutral wirkenden Bemessungsgrundlagen zugleich als „gerecht" im Hinblick auf die Verteilungsfolgen der Besteuerung an. Entscheidungsneutrale Bemessungsgrundlagen gelten zugleich als Maßgrößen für eine unterschiedslose Besteuerung gleich erachteter steuerlicher Leistungsfähigkeit, also für Gleichmäßigkeit der Besteuerung.

- Für die Quantifizierung entscheidungsneutraler Bemessungsgrundlagen empfiehlt sich als Eichstrich das Modell des kapitaltheoretischen Gewinns. Der kapitaltheoretische Gewinn entspricht dem Einnahmenüberschuss am Jahresende vor Reinvestitionen, Finanzierungszahlungen und gewinnabhängigen Ausgaben, korrigiert um die Änderung des Ertragswerts der Unternehmung zwischen Jahresanfang und Jahresende. Dabei wird vorausgesetzt, Pläne verwirklichen sich, es treten keine „Ex-post-Überraschungen" auf. Wie umstritten in der Praxis Ertragswertberechnungen bleiben, ist bekannt. Demgegenüber ist zu betonen, dass eine Modellannahme „Bekannt ist der Ertragswert bzw eine jährliche Ertragswertänderung" Voraussetzung dafür ist, Steuervergünstigungen oder Steuerbenachteiligungen gegenüber alternativ denkbaren Steuerrechtsetzungen zu definieren, zu quantifizieren und in dieser Weise ein Steuerrechtsrisiko zu messen.

Wird der kapitaltheoretische Gewinn als modellmäßige Steuerbemessungsgrundlage gewählt, so gilt für jene Investitionen, die bei angenommener Planungssicherheit das Investitionsprogramm begrenzen (also zu einem Kapitalwert von null führen): Die Rendite nach Steuern gleicht der Rendite vor Steuern, verkürzt um den Betrag Steuersatz mal Rendite vor Steuern.

Nur in diesem Fall misst ein Steuersatz als rechtliche Steuerbelastung zugleich die wirtschaftliche Steuerbelastung. In diesem Fall können zB vermeintliche „Steuervergünstigungen" in den Bemessungsgrundlagen, wie eine degressive Afa, in ermäßigte Steuersätze umgerechnet werden.

Bei positiven Kapitalwerten existiert der Eichstrich nicht mehr, dass eine rechtliche Steuerbelastung dann der wirtschaftlichen Steuerbelastung gliche, falls entscheidungsneutrale Steuerbemessungsgrundlagen bestünden. Dieser Sachverhalt führt in **ein erstes Messdilemma**: Nur für noch nicht unvorteilhafte Investitionen, nicht aber für vorteilhafte Investitionen, lassen sich zB „Steuervergünstigungen" in den Bemessungsgrundlagen durch Vergleich mit Steuersätzen quantitativ messen.

Ein **zweites Messdilemma** folgt aus der zweiten Prämisse: Entscheidungsneutrale Steuerbemessungsgrundlagen könnten zugleich als Bezugsgrößen für Gleichmäßigkeit der Besteuerung dienen. Dies ist nicht der Fall: Wird der kapitaltheoretische Gewinn als Messmodell für die Verteilungsfolgen der Besteuerung benutzt, so bleiben positive Kapitalwerte steuerfrei. Negative Kapitalwerte, also Kapitalverluste, lösen dann keine steuerliche Verlustberücksichtigung aus, obwohl sie bei Investitionen unter Unsicherheit für einige Zukunftslagen nicht auszuschließen sind.

Aber die für ein Modell entscheidungsneutraler Besteuerung nötigen Voraussetzungen, wie: Ausschluss von Unsicherheit und Finanzmärkte sind stets im Konkurrenzgleichgewicht, bleiben Fiktionen.[14] Diese leiten zwar einen Nullpunkt eines „Gewinns" her, verkörpern aber **keine empirische Gesetzmäßigkeit**, die Messbarkeit auf einer Verhältnisskala sichert, also einen Nullpunkt des Gewinns als logische Folge der Messskala erzwingt.

Drei Anwendungen dieser Einsicht lauten:[15]
- Steuerfreie Einnahmen, Steuerfreibeträge, Freigrenzen oder ermäßigte Steuersätze bewirken in gleicher Richtung Entscheidungsverzerrungen und Ungerechtigkeiten, wie nicht entscheidungsneutral geregelte Steuerbemessungsgrundlagen. Sie verkörpern somit Teile eines Steuerrechtsrisikos in einer mehrjährigen Planung.
- Vergleiche der sog „effektiven Grenzsteuerbelastungen" von Vorrats-, Maschinen-, Forschungs-Investitionen in einzelnen Ländern bieten bestenfalls Beispiele für Rangordnungsaussagen, und dies nur unter zahlreichen Vereinfachungen, wie keine Innenfinanzierung durch Pensionsrückstellungen.
- Einen Steuervorteil aus Verschuldung rechnen Teile des Schrifttums in die sog gewogenen durchschnittlichen Kapitalkosten („Weighted Average Costs of Capital", WACC) ein. An die Stelle eines Steuervorteils aus Verschuldung hat jedoch eine Mindestrendite zu treten, die unterschiedlich finanzierte Investitionen zu erwirtschaf-

---

[14] Vgl zB *Blaug*, The Methodology of Economics Or how economists explain, 1992, 165.
[15] *Schneider*, Betriebswirtschaftslehre als Einzelwirtschaftstheorie der Institutionen, 171–175 mit Quellenangaben.

ten haben. In Deutschland ist diese Mindestrendite um die Gewerbesteuer auf Fremdkapitalzinsen zu erhöhen; denn Fremdkapitalzinsen und darauf anfallende Gewerbesteuer sind vom Steuerpflichtigen ungekürzt zu zahlen. Wegen teils widersprüchlicher Unterstellungen erscheinen solche WACC-Salbereien als Quacksalbereien.

Verhältniszahlen, die Steuerrechtssachverhalte messen wollen, bilden keine empirischen Beobachtungen ab, sondern verlagern die Steuerrechtssachverhalte in eine an Abstraktionen reiche Messmodellwelt, in der Ex-post-Überraschungen als empirisch unmöglich erklärt werden![16]

4. Folgerung

Politikempfehlungen, wie sie eine anwendungsbezogene Betriebswirtschaftslehre beabsichtigt, fallen nicht selten einem Blendwerk an vermeintlich quantitativen Aussagen, einer Zahlengläubigkeit, anheim. Verhältniszahlen, wie sie Steuerbelastungsbeispiele behaupten, geben nur in einem sehr engen Modellrahmen Sinn. Hinter solchen Verhältniszahlen steht dann keine Prognosekraft, wenn der in einem Modell beabsichtigte Erkenntniszusammenhang Messanforderungen stellt, die bei der Suche nach empirischem Gehalt nicht einzuhalten oder aufzufinden sind. Erst das Beachten solcher Messanforderungen schüfe eine methodologische Grundlage für eine anwendungsbezogene Betriebswirtschaftslehre. Dieses Erfordernis ist in der bisherigen Entscheidungsorientierung der quantitativen Steuerlichen Betriebswirtschaftslehre zu stark vernachlässigt worden. Es bleiben deshalb, wie schon in *Schlagers* Untersuchung, auch heute nur komparative (rangordnende) und klassenbildende Aussagen als Erkenntnisquelle für die Steuerrechtsprognose und das Steuerrechtsrisiko.

Wissensökonomie im hier zugrunde gelegten Sinne, dass der empirische Gehalt formaler Modellergebnisse durch Aussagen über den Erwerb und die Verteilung von Wissen gesichert werden kann, erleichtert nicht als theoretische Grundlage Steuerrechtsprognosen in der Unternehmungspolitik. Deshalb sehe ich hinsichtlich des Einflusses der Steuerrechtsprognose auf die Risikopolitik der Unternehmung seit *Schlagers* Untersuchung 1978 zwar wissenschaftlichen Fortschritt in der logischen Folgerichtigkeit von Annahmenbündeln mit deren Optimierungsbedingungen, aber kaum einen wissenschaftlichen Fortschritt hin zum unmittelbaren Anwendungsbezug einer quantitativen Steuerlichen Betriebswirtschaftslehre, wenn diese ohne Modellbildung Empirisches zahlenmäßig abzubilden hofft.

Literaturverzeichnis

Blaug, M., The Methodology of Economics Or how economists explain. 2nd ed Cambridge 1992.
von Hayek, F. A., Economics and Knowledge, in Economica, New Series, 1937, 33–54.
von Hayek, F. A. Recht, Gesetzgebung und Freiheit. Bd 2: Die Illusion der sozialen Gerechtigkeit. Landsberg 1981.
von Hayek, F. A., Recht, Gesetzgebung und Freiheit, Bd 3. Landsberg 1981.

---

[16] *Schneider*, Investition, Finanzierung und Besteuerung 1992, 445–452.

Leslie, T. E. C., The Known and the Unknown in the Economic World, in Fortnightly Review, 1879, 934–949.

Schlager, J., Einfluß der Steuerrechtsprognose auf die Risikopolitik der Unternehmung, in *Heigl, A./Uecker, P.* (Hrsg), Betriebswirtschaftslehre und Recht, Wiesbaden 1978, 329–376.

Schneider, D., Wozu eine Reform des Jahresabschlusses? Oder: Jahresabschlußzwecke im Lichte der Temperaturmessung, in *Baetge, J.* (Hrsg), Der Jahresabschluß im Widerstreit der Interessen. Düsseldorf 1983, 131–155.

Schneider, D., Investition, Finanzierung und Besteuerung. 7. Aufl. Wiesbaden 1992.

Schneider, D., Betriebswirtschaftslehre als Einzelwirtschaftstheorie der Institutionen. Wiesbaden 2011.

Sen, A., On Ethics and Economics. Oxford 1987.

Smith, A., Der Wohlstand der Nationen, hrsg von *H. C. Recktenwald*, München 1974.

Xenophon: Kyrupaedie – Die Erziehung des Kyros, hrsg von *R. Nickel*, Darmstadt 1992.

Die Zukunft braucht Manager und Entrepreneure

Die SOWI-Fakultäten im Dialog zwischen Theorie und Praxis

Alfred Gutschelhofer

1. Problemhintergrund und zentrale Fragestellungen
2. Anknüpfungspunkte und Befunde aus der Empirie
3. Konzeptionelle und strukturelle Betrachtung von konkreten Modellen
4. Überblick über die derzeitig besetzten Entrepreneurship-Lehrstühle und die jeweilige Theorie-Praxis-Ausrichtung in Mitteleuropa
5. Zusammenfassende Betrachtung
Literaturverzeichnis

Präambel

Josef Schlager ist sowohl ein Mann der Praxis als auch mit einem hervorragenden theoretischen Fundament ausgestattet. Seine persönliche Qualifikation und seine jahrzehntelange Praxiserfahrung haben eine besondere Mischung ergeben, die er in großer Begeisterung sowohl an die Studierenden als auch an die KollegInnenschaft weitergegeben hat. Der Jubilar hat ein gutes betriebswirtschaftliches Theoriewissen, das er allerdings nahezu zu 100 % auch in die Praxis transferieren kann. Er hat ein unternehmerisches Verständnis und kann auf Basis seiner Erfahrungen nahezu für alle Branchen, die für den österreichischen Raum relevant sind, sein Wissen einbringen, um Methoden, aber auch Systemverständnis zu vermitteln. Der Autor dieses Beitrages hat diese Grundhaltung und diese Fähigkeiten und Kenntnisse selbst positiv in jahrelanger Kooperation und Nachbarschaft in der Freistädterstraße erfahren dürfen. Aus dieser Beobachtung resultiert die Themenauswahl dieses Beitrages, da der Jubilar nach Beobachtung des Autors einerseits stets nach dem Grundsatz „Praxis ist die heiligste Form der Theorie" gelebt hat und andererseits – im Sinne des Entrepreneurship – ist er einer der wirklich wahren Selbstständigen: er arbeitet selbst und ständig.

1. Problemhintergrund und zentrale Fragestellungen

In den folgenden Ausführungen sollen nun einige Merkmale zwischen Management und Entrepreneurship herausgearbeitet werden, um in weiterer Folge auf Basis einiger weniger ausgesuchter empirischer Daten die Koexistenz von Theorie und Praxis an einer SOWI-Fakultät kurz zu diskutieren und zu umreißen.

Die österreichischen Universitäten haben laut Universitätsgesetz 2002 den Auftrag, autonom und selbstständig zu agieren. Das heißt, Unternehmensführung und Entrepreneurship sind generische Themen, die sich im Zusammenhang mit einer effizienten Gestaltung und strategischen Ausrichtung von Universitäten ergeben. Die SOWI-Fakultäten beschreiten allerdings im Zuge ihrer Emanzipation als wissenschaftliche Disziplin in vielen Bereichen eher eine gegenläufige Richtung, indem sie versuchen, mit Methoden insbesondere aus der Naturwissenschaft den wissenschaftlichen Status und die theoretische Fundierung im Sinne einer Grundlagenforschung zu untermauern. Entrepreneurship und angewandtes Management sind seit Jahren aktuelle Themen. In Österreich sind jedoch einige Möglichkeiten bis dato nicht in vollem Umfang genützt und es bedarf einzelner Initiativen, die letztendlich mit ihrer theoretischen und praktischen Erfahrung diesen Brückenschlag wieder herstellen.

Entrepreneurship ist verstärkt ein gesellschaftspolitisches Thema und natürlich ergeben zahlreiche Studien, die insbesondere durch die EU, aber auch andere Organisationen wie das Weltwirtschaftsforum initiiert wurden, ganz klar den Bedarf, dass diese Lebenshaltung und dieses Wertegerüst der unternehmerischen, selbstständigen Einstellung zum Wirtschaftsleben in allen Bereichen der Gesellschaft von großer Bedeutung sind. Insbesondere den hohen Schulen kommt diesbezüglich eine zentrale Awareness-Aufgabe zu und in der nachstehenden Abbildung 1 ist die Grundausrichtung im Sinne der Aufteilung zwischen unternehmerischem Denken und der Einstellung und Aufgabe von Führungskräften nach *Mintzberg* dargestellt.[1]

---

[1] *Mintzberg*, Die Praxis des Managens, Managen, 23ff.

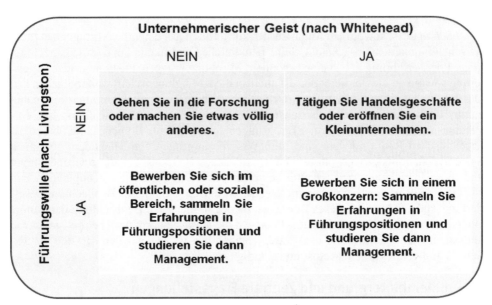

Abb 1: Unternehmensführung und Entrepreneurship nach *Mintzberg*

Um die Darstellung nach *Mintzberg* noch um einiges zu verdeutlichen, wird in Abbildung 2 versucht, die Koexistenz und den Dialog zwischen Unternehmensführung und Entrepreneurship einerseits und zwischen Theorie und Anwendungsorientierung bzw Praxisorientierung andererseits darzustellen. Grundsätzlich hat sich hinsichtlich der Theorie die Betriebswirtschaftslehre in den 60er und 70er Jahren sukzessive entwickelt und man hat versucht, im Zusammenspiel mit den Sozialwissenschaften eine eigene wissenschaftliche Disziplin zu entwickeln. Der angloamerikanische Raum ist in dieser Hinsicht schon um einige Jahre vorausgeeilt und letztendlich wurde die Brücke zwischen Praxis und Theorie in vielen Bereichen nicht geschlagen, sondern die Kluft hat sich vergrößert. So hat sich mittlerweile in der dritten oder vierten Generation bereits eine in sich geschlossene Gruppe der WissenschafterInnen und Wissenschafter entwickelt, die nicht die Frage stellen „Welche Anwendungsorientierung haben meine Theorien, meine Hypothesen, Befunde und Erkenntnisse?", sondern letztlich davon ausgehen: „Wo können diese Erkenntnisse publiziert werden, in welchen Journalen, welche Impact-Punkte und welche Publikationsleistung wird dafür anerkannt werden?" Letztendlich geht es darum, die einzelnen Lieblingsmethoden – sei es in formaler Hinsicht, aber auch in empirischer Hinsicht – in Zusammenhang mit stark reduzierten praktischen Annahmen in Verbindung zu bringen.[2]

---

[2] *Mintzberg*, Manager statt MBAs, 20ff.

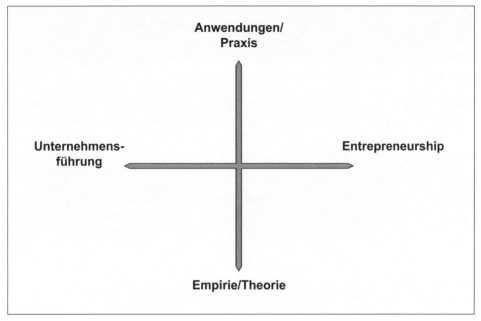

Abb 2: Positionen und Gegensätze in der BWL

Aus diesem Grund muss man natürlich schon kritisch hinterfragen: „Wie kann diese Koexistenz künftig stattfinden und welche Berechtigung haben beide Bereiche?"

Nun, der Autor hat sich diese Frage häufig gestellt, und letztendlich sollte man das Urteil nicht fällen, welcher Bereich richtiger ist, sondern vielleicht wäre das die Annahme: jeder darf frei entscheiden, in welchem Bereich er forscht, aber das, was er macht, muss er gut machen und muss auch entsprechendes Feedback entweder in der Praxis oder in der theoretischen Community finden. Dieses Vorgehen könnte die Kluft wieder verringern.

Grundsätzlich muss man bereits auf der Elementarebene hinterfragen, wo der Unterschied zwischen Entrepreneurship und Management liegt. Betrachtet man es von einer Elementarstruktur ausgehend, so wird häufig im Sinne des Managements moniert „Alles ist im Fluss" (panta rhei), wobei diese Annahme nur für eine kurze Momentaufnahme gültig sein kann, zumal dissipative Systeme sofort Energie investieren, um in einen Ordnungszustand zu geraten. Grundsätzlich würde das in der Wirtschaft bedeuten, dass gewisse Prozessmuster einzuhalten sind und letztendlich ein stabiler Zustand erreicht wird. Wäre eine Organisation in permanenter Instabilität, würden diese Organisationen und Betriebe kein Geld verdienen. Der Übergang von einem Prozessmuster und von einer Ordnungsstruktur in eine andere ist oft schmerzhaft und spannend – das ist im Prinzip die evolutionäre organisatorische Veränderung. Wenn man nun von einem Prozessmuster ausgeht und in ein bekanntes neues Prozessmuster geht und nur Funktionsoptimierung betreibt, dann befindet man sich im Bereich des Managements.

Geht man allerdings von einem Prozessmuster in einen eher ungewissen, instabilen Zustand in ein neues Prozessmuster, in ein neues Ordnungsmuster des Unternehmens und man weiß nicht unbedingt, ob das von der Ertragsmechanik, von der Struktur funktionieren wird, dann ist das stärker dem Entrepreneurship zuzuordnen.

Wir betrachten die erfolgreichen Unternehmensgeschichten im Nachhinein. Viel spannender wäre es allerdings, diesen Prozess der Veränderung, diese Ungewissheit zu betrachten. Spricht man mit guten Unternehmungen und Unternehmern, die im Jahr 2008 in die Krise geraten sind, so kann man lernen, wie es diesen Menschen damals gegangen ist und welche Veränderungen das persönlich bewirkt hat. Mir ist es bei einigen Podiumsdiskussionen gelungen, solche Momentaufnahmen in diesem Zeitraum einzufangen, und ich muss sagen, das war mitunter das Spannendste, das ich in der Betriebswirtschaftslehre bis dato erlebt habe.

Geht man nun wieder stärker in eine konkrete Sichtweise, so kann gesagt werden, dass jene Lehrstühle und Lehrveranstaltungen, die sich stärker mit Unternehmensgründung, Selbstständigkeit, Klein- und Mittelbetrieben und Entrepreneurship beschäftigen, einen stark praxisbezogenen Kontext haben und letztendlich immer wieder die Frage suchen „Wie weit kann dieses oder jenes Muster erfolgreich umgesetzt werden?"

Von der didaktischen Sichtweise sind gerade diese Bereiche bei den jungen Menschen sehr beliebt, da über konkrete Beispiele und konkrete Vergleiche die Vorstellungskraft, die Emotionen, das Spüren des unternehmerischen Handelns natürlich ganz zentral in den Vortrag und auch in die Forschung mit eingebracht werden.

Unternehmensführung hat natürlich sehr viele Facetten und geht vom Leadership zu mechanistischen, nahezu strukturellen Fragestellungen, die auch oft in die Makro-Ökonomie gehen. Letztendlich kann man hier auch in einer sehr abstrakten Form über Führung sprechen, wenn es sich um Großkonzerne handelt, wo die obersten Managementebenen für das Schaffen der nötigen strategischen Rahmenplanung und der Rahmenbedingungen sorgen. Auf Basis dieser Sichtweise kann auch die sinnvolle Koexistenz zwischen abstraktem Hinterfragen und Reflektieren einer theoretischen Forschung und Ausbildung im Kontext mit einer praxisbezogenen, erfahrungsgeleiteten, empirischen und anwendungsorientierten Ausbildung in einer wirtschaftswissenschaftlichen Fakultät Sinn stiften.

Wie bereits erwähnt, war der Autor stets in beiden Welten zu Hause und hat sich nie Gedanken gemacht, wo die bessere Betriebswirtschaftslehre zu finden ist, sondern er hat sich viel mehr Gedanken gemacht, welche Sichtweise in welcher Situation die richtige ist.

2. Anknüpfungspunkte und Befunde aus der Empirie

Um die bereits angedeuteten Spannungen, aber auch gegenseitige Verstärkungen ein bisschen besser herauszuarbeiten, sollen nun einige empirische Anknüpfungspunkte aufgegriffen werden, um daraus dann einige Schlüsse in Zusammenhang mit den SOWI-Fakultäten in Österreich zu ziehen. Erster Betrachtungspunkt ist eine Untersuchung der Europäischen Union zur Förderung der Oslo-Agenda im Sinne von Fostering Entrepreneurial Mindset, die 2008 durchgeführt wurde – kurz EHEI.[3] Bei dieser Untersuchung wur-

---

[3] Survey of Entrepreneurship in Higher Education in Europe (EHEI), October 2008, NIRAS Consultans.

den 664 Fragebögen von 190 Institutionen ausgewertet. Einige zentrale Auswertungen wurden entlang eines Bezugsrahmens bzw einer auf Basis einer Voruntersuchung gestalteten Heuristik vorgenommen. Der in Abbildung 3 dargestellte Bezugsrahmen der Higher Education in Entrepreneurial Programmes ist ein sehr guter Ausgangspunkt, um die zentralen Anliegen besser verstehen zu können.

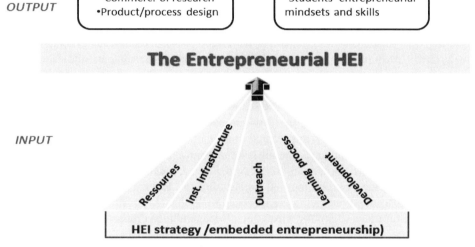

Abb 3: Bezugsrahmen für HEI-Programme[4]

So wurde einerseits in den Ergebnissen ganz klar festgestellt, dass Entrepreneurship eine extrem katalytische Wirkung hat, die Wirtschaftsausbildung voranzutreiben und zu promoten. Eine zentrale Richtung geht auf die kulturelle Abstimmung der einzelnen Nationen, wobei hier einige Empfehlungen ganz deutlich ausgesprochen wurden, indem wirtschaftspolitische Programme für die Verankerung von Entrepreneurship und Unternehmensgründung an den höheren Schulen vorgenommen werden sollten. Die Ressourcen für diese Programme und die jeweiligen Regeln bzw organisatorischen und strukturellen Lösungen sollen jedoch im Zusammenhang mit den EU-bezogenen Evaluierungen konform gehen. Letztendlich muss das Thema der Selbstständigkeit und des Entrepreneurship wie eine Kette über alle Ebenen der Erziehung und Ausbildung gezogen werden, wobei die Frage zu lösen ist, inwieweit jenes Lehrpersonal, das sich in keiner Phase des Lebens mit Selbstständigkeit und Unternehmertum auseinandergesetzt hat, glaubwürdig und authentisch diese Einstellung vermitteln können wird.

Auf der Outputebene werden bei dieser Konzeption der Europäischen Kommission einerseits der Knowledge-Transfer im Sinne des Schaffens von Wissen und der kommerziellen Erforschung von unternehmerischem Wissen bzw auch einem entsprechenden Produkt- und Prozessdesign angeführt. Weiters ist es wichtig, dass Entrepreneurial Gra-

---

[4] Survey of Entrepreneurship in Higher Education in Europe, 44.

duates, die in ihrer Ausbildung schon eine entsprechende Geisteshaltung und Fähigkeiten erhalten haben, in einem viel höheren Ausmaß unter den Absolventinnen und Absolventen in der EU zu finden sein sollten. Als Input werden natürlich ein verstärkter Ressourceneinsatz, eine entsprechende institutionelle Infrastruktur wie zB Lehrstühle, Inkubatororganisationen, aber auch entsprechende Netzwerke sowie letztendlich der Lernprozess und die Entwicklung von neuen Methoden sowohl in der Didaktik als auch im unternehmerischen Wissen selbst gesehen. Grundsätzlich wird verlangt, dass die unternehmerische Vision von höchster Ebene nach unten transportiert wird, wobei Entrepreneurship ein Mindset im Rahmen der gesamten EU sein sollte, um eine nachhaltige Veränderung zu bewirken. Angesichts der derzeitigen Krise muss man sich allerdings oft die Frage stellen, inwieweit die EU bei dieser Meinungsvielfalt und bei dieser unterschiedlichen Qualifikations- und Potenziallage dazu in der Lage sein wird, ihre eigene existenzielle Krise durch unternehmerische und nachhaltige Maßnahmen zu bewältigen. Die Alumni sollten in das Netzwerk entsprechend involviert werden, um den Kontakt zwischen den Absolventinnen und Absolventen, den gerade in der Ausbildung befindlichen Studierenden und dem Lehrpersonal zu ermöglichen. Die Institutionen der höheren Ausbildung sollen verstärkt in die Infrastruktur und in das Personal investieren, das auch in der Lage ist, diese Entrepreneurial Agenda zu vermitteln und in die Curricula einzuweben.

Eine weitere Untersuchung, die auch konzeptionell stark ausgearbeitet ist, stammt vom World Economic Forum 2009 unter dem Titel „Educating the Next Wave of Entrepreneurs – Unlocking Entrepreneurial Capabilities to Meet the Global Challenge of the Century".

Die nachstehende Abbildung 4 zeigt den Bezugsrahmen dieser Studie.[5]

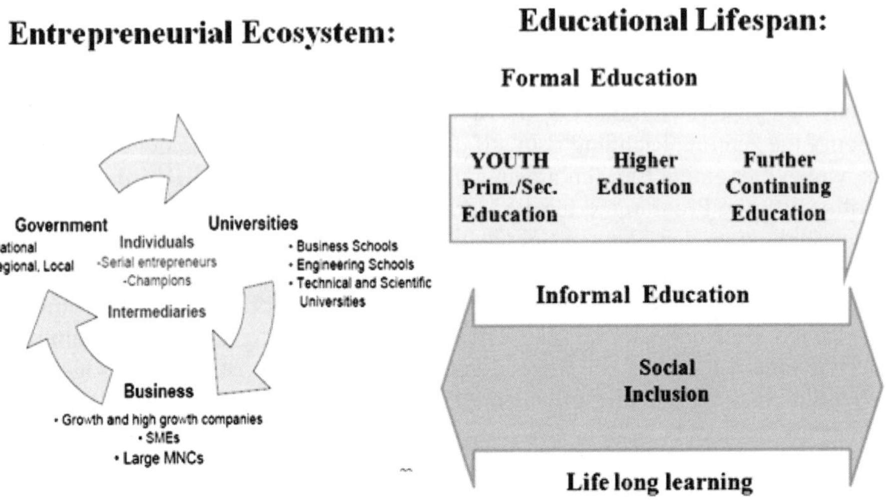

Abb 4: Bezugsrahmen der Studie vom World Economic Forum[6]

---

[5] *World Economic Forum*, Educating the Next Wave of Entrepreneurs, A report of the Global Education Initiative, Geneva Swizerland, 2009.
[6] *World Economic Forum*, 10–12.

Diese Studie verfasst auch einen konzeptionellen Rahmen, der im Sinne von *Peter Drucker*[7] klar zum Ausdruck bringt, was wir in einer unternehmerischen Gesellschaft brauchen, die von Innovation und Unternehmergeist lebt, dass diese Fähigkeiten und Möglichkeiten auch als normal und kontinuierlich empfunden werden und entsprechend auch auszubilden sind. Grundsätzlich wird in diesem Konzept eine Prozesskette gesehen, die zwischen der Wirtschaft, der Politik und den Ausbildungsinstitutionen, insbesondere den Universitäten angesiedelt wird. Einerseits wird die formale Ausbildungsschiene ganz stark eingebunden, indem man die unternehmerischen Fähigkeiten zwischen der Ausbildung im Jugendalter und der berufsbegleitenden und berufsspezifischen Ausbildung positioniert, um entsprechende Awareness zu erzielen, und auf der anderen Seite ist insbesondere die informelle Ausbildung im Sinne einer Iteration und Wechselwirkung zu sehen, bei der das Lifelong Learning insbesondere die sozialen Fähigkeiten, die Einstellungen und Werte besser transportieren soll, wobei es hier auf ein wechselseitiges Aufeinander-Zugehen hinausläuft. Die interaktive Schiene, die letztendlich auf der einen Seite die einzelnen Fähigkeiten der Unternehmensführung und des unternehmerischen Denkens und Lebens, und auf der anderen Seite aber auch die pädagogischen Möglichkeiten eröffnet, um sich über konkrete Beispiele, Problemstellungen und Fallstudien mit dieser Welt auseinanderzusetzen, werden in dieser Studie des World Economic Forums besonders forciert. Als besondere Erfolgsfaktoren werden das Ökosystem im unternehmerischen Sinne, die Ausbildung des Personals, die Gestaltung der Curricula, das entsprechende Engagement der Wirtschaft und das Vorantreiben der Innovationsbereitschaft und der Innovationen durch Forschung sowie eine deutliche Verbesserung der Mittelausstattung gesehen. In weiterer Folge sollen nun einige Studien mit konkreten empirischen Befunden aus Österreich bzw Mitteleuropa angesprochen werden, wobei auch hier hervorgehoben werden muss, dass es sich letztendlich nur um einige Beispiele, punktuelle empirische Befunde, handeln kann.

---

[7] *Peter Drucker*: „What we need is an entrepreneurial society in which innovation and entrepreneurship are normal, steady and continual."

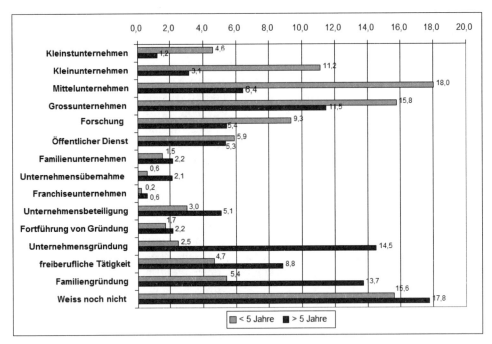

Abb 5: Berufsziele nach Abschluss

Die Befunde sind einerseits der Studie ISCE[8] und andererseits der Studie GUESSS (Global University Entrepreneurial Spirit Students Survey) aus dem Jahr 2009 entnommen.[9] GUESSS stellt die Folgestudie des International Survey on Collegiate Entrepreneurship (ISCE) dar, und beide Studien wurden durch das Institut für Unternehmensgründung an der Johannes Kepler Universität Linz vorangetrieben, wobei dieses Institut im Laufe der letzten Jahre weitere aussagekräftige eigene Untersuchungen angestellt hat. Fragestellungen sind etwa, wie die Grundeinstellung in Österreich ist und welche Berufsziele die Absolventinnen und Absolventen haben, wo sie hintendieren, und ob eine Neigung zur Selbstständigkeit oder sich in unternehmerische Aktivitäten einzubringen noch nicht ausreichend hoch ausgeprägt ist (siehe Abb 5).

Die Gründungsneigung laut der ISCE-Studie ist eher oberflächlich, wobei sich nur ein ganz kleiner Prozentsatz konkret mit selbstständigen Tätigkeiten auseinandergesetzt bzw schon erste Schritte in diese Richtung gesetzt hat.

---

[8] International Survey on Collegiate Entrepreneurship, 2006/07 – für Österreich *Kailer, N.*, JKU Linz.
[9] GUESSS – Global University Entrepreneurial Spirit Students Survey, 2009 – Country Study Austria, *Kailer, N., Daxner, F.*, Linz.

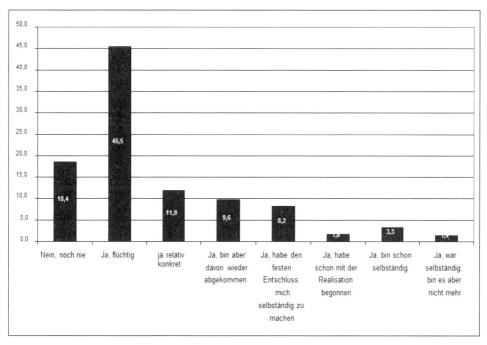

Abb 6: Gründungsneigung lt ISCE 2006

Konkret werden als Unterstützungsbedarfe (siehe Abb 7) insbesondere das Coaching für die eigene Gründung, entsprechende Anlaufstellen, allgemeine Vorlesungen zur Gründung und eine Ausbildung im Businessplan gesehen, wobei letztendlich auch das umfassende Universitätsnetzwerk, das für Gründungsaktivitäten angeboten wird, als zentrale Lösung gesehen werden kann. Diesbezüglich decken sich alle Untersuchungen. Grundsätzlich sollte die Entrepreneurship-Ausbildung nach *Kailer* nicht nur auf die Wirtschaftswissenschaften alleine reduziert sein, da sie auch besondere Bedeutung für die anderen umliegenden Fächer, insbesondere im Bereich der Technik, Naturwissenschaften, aber auch Medizin hat.

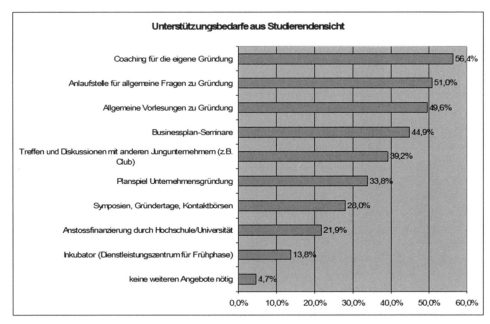

Abb 7: Unterstützungsbedarfe im Bereich der Gründung

Deshalb ist es wichtig, diesbezüglich Wahlfachprogramme und entsprechende Anregungs- und Eingangsprogramme für alle Studienrichtungen anzubieten. Betriebswirtschaftliches Know-how sollte nicht nur in den Technikveranstaltungen, sondern auch im Bereich der Geisteswissenschaften oder in anderen Bereichen angeboten werden, wobei es letztendlich auch um die Grundeinstellung des selbstständigen Handelns geht. Die Hochschulinitiativen zur Unterstützung von Spin-offs und Unternehmensgründungen wie beispielsweise das A+B-Programm und eine verbesserte Ressourcenausstattung stellen zentrale Maßnahmen dar. Die hochschulweite Koordination der Maßnahmen durch ein Universitätszentrum für unternehmerisches Handeln sind bewährte Organisationsmuster, die aus dem angloamerikanischen Raum übernommen werden können.

Betrachtet man die empirischen Ergebnisse, so wird letztendlich die Bedeutung von Einrichtungen zur Unternehmensgründung in Form von Instituten und Zentren eindeutig hervorgehoben. Diese Einrichtungen der Universität können nur dann zielführend ihre Programme aufstellen, wenn sich die Kammer und der gesamte Bereich der Unternehmens- und Steuerberatung, aber auch erfolgreiche Unternehmungen in diese Ausbildungsschiene einklinken und die Leistungen hebeln. Die Erfahrungen der Wirtschaftsuniversität Wien, der Johannes Kepler Universität Linz, der Universität Klagenfurt und der Technischen Universität Graz zeigen eindeutig, dass sich nach ca fünf bis sieben Jahren der Erfolg dieser gründungsfördernden Maßnahmen nachweisen lässt, wobei auch die Zufriedenheit der Studierenden dieser Studienrichtungen signifikant ist, da sie sich mit konkreten Themenstellungen auseinandersetzen und eigene Karriereperspektiven eröffnet bekommen.

3. Konzeptionelle und strukturale Betrachtung von konkreten Modellen

In diesem Kapitel sollen einige konzeptionelle Ansätze nochmals diskutiert werden, wobei Ausgangspunkt jener Ansatz an der Universität Linz ist, der im Jahr 2000 zur Einrichtung des Instituts für Unternehmensgründung und Unternehmensentwicklung geführt hat.[10]

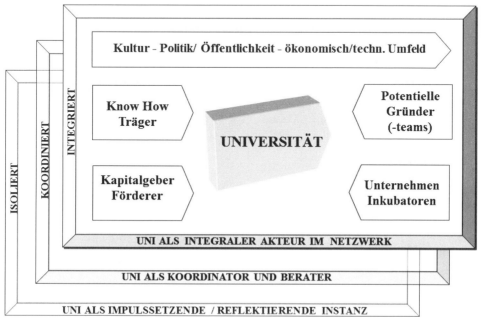

Abb 8: Modell an der JKU im Jahr 2000

Die in der Abbildung 8 dargestellte Entwicklung von verschiedenen Ebenen und Phasen zeigt konkret entlang dieser Ebenen, wie sich eine Universität bei entsprechender Entschlossenheit und strategischer Ausrichtung und auch der wahrscheinlich notwendigen Akzeptanz durch die Berufungspolitik in Richtung Entrepreneurship entwickeln kann.

Letztendlich muss gesagt werden, dass auch der in Folge zitierte Ansatz des NSCE ebenfalls ein dreistufiges Modell (Abb 9) darstellt und von einer statischen in eine dynamische Position überleitet.[11] Das Modell an der Johannes Kepler Universität Linz wurde darauf aufgebaut, welche Leistungen einerseits eine einzelne punktuelle Maßnahme wie beispielsweise die Einrichtung eines Institutes erbringen kann, und andererseits, welcher integrierten Netzwerk- und Aufbaufunktion es im Laufe einer Dekade bedarf, um ein voll integriertes aktives Netzwerk, wie es beispielsweise am MIT oder in Stanford und Cambridge betrieben wird, an österreichischen Universitäten zu ermöglichen.

---

[10] *Gutschelhofer*, Berufungsvortrag an der JKU, Linz, 2003.
[11] *Gibb*, Towards the Entrepreneurial University, The National Council for Graduate Entrepreneurship (NCGE), 2006.

Ausgehend vom Modell an der JKU sollen nun einige jüngere auf soft skills basierende Konzepte diskutiert werden. Bei der Darstellung der einzelnen Ansätze und Modelle im Bereich der Entrepreneurship-Ausbildung gilt es einerseits strukturale und organisatorische Elemente darzustellen, wie sich ein Netzwerk, eine Universität auf der Organisationsebene in diese Ausbildung einbringen kann, auf der anderen Seite gilt es auf die didaktischen Aspekte, wie die einzelnen Emotionen und Werte, entsprechend einzugehen.

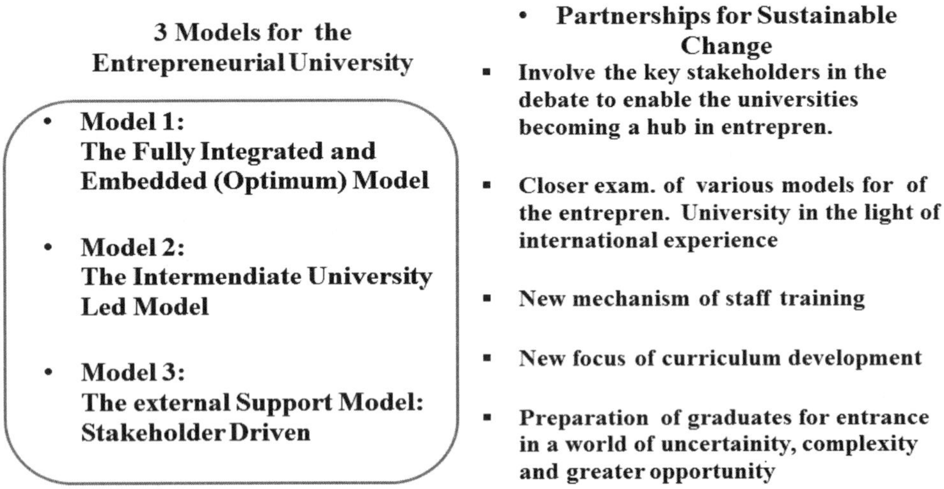

3 Models for the Entrepreneurial University

- **Model 1:**
  The Fully Integrated and Embedded (Optimum) Model

- **Model 2:**
  The Intermendiate University Led Model

- **Model 3:**
  The external Support Model: Stakeholder Driven

- **Partnerships for Sustainable Change**
  - Involve the key stakeholders in the debate to enable the universities becoming a hub in entrepren.
  - Closer exam. of various models for of the entrepren. University in the light of international experience
  - New mechanism of staff training
  - New focus of curriculum development
  - Preparation of graduates for entrance in a world of uncertainty, complexity and greater opportunity

Abb 9: Die 3 Ebenen des NCGE nach *Gibb*[12]

Der NCGE-Ansatz von Allan Gibb bietet insofern eine sehr gute Perspektive, als er ein eher dominantes Modell der mechanistischen Wissensvermittlung und Kommunikation über Entrepreneurship einem sehr dynamischen und zeitgerechten Modell (Abb 10) gegenüberstellt, indem er die Öffnung, das Erleben- und das Entdecken-Lassen, in den Mittelpunkt stellt. Dieser Ansatz bedarf natürlich einer entsprechenden Ausstattung, wobei letztendlich auch eine gute Durchmischung zwischen Theorie und Praxis von Bedeutung ist.

---

[12] *Gibb*, Towards the Entrepreneurial University, 8.

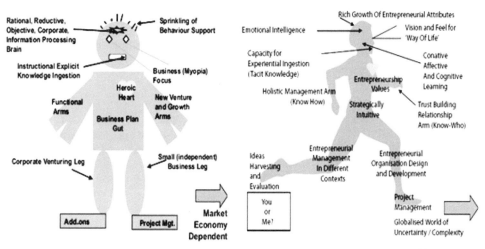

Abb 10: Ansatz des National Council for Graduate Entrepreneurship – *Allan Gibb* (2006)[13]

Die folgenden Ausführungen beziehen sich auf ein Konzept, das von *Vyakarnam* unter dem Titel „Practitioner Led Education for Entrepreneurship" präsentiert wurde.[14] Dieser Ansatz zielt insbesondere auf die Soft Facts im Bereich der Entrepreneurship-Ausbildung in Cambridge ab und versucht, die Motivation, die Einstellung, das Selbstbewusstsein der Studierenden im Hinblick auf die Entrepreneurship-Ausbildung bzw die gesamte Entrepreneurship-Szene an einer Universität zu reflektieren. Grundsätzlich setzt das Konzept im Umfeld von Cambridge darauf auf, die Motivation des Entrepreneurship zu stärken im Sinne von: was man glaubt und welche Einstellungen und Werthaltung man hat, das sind die essenziellen Fähigkeiten, die man für eine erfolgreiche Karriere als Entrepreneur mitbringen muss. Und diesbezüglich gilt es eben den Background der Studierenden und die Emotionen, aber auch Motivationen und die Erwartungen entsprechend zu wecken. Die Entrepreneurship-Ausbildung in Cambridge basiert natürlich auf einem entsprechenden Netzwerk und man geht davon aus, dass positive Beispiele, gute Diskussionsplattformen, aber auch der Wert aus der Forschung heraus, der umgesetzt werden kann, die zentralen treibenden Kräfte sind. Ein ganz klares Credo ist, dass das Leben auch außerhalb von Publikationen letztendlich im Zusammenhang mit der Forschung gesehen werden sollte, zumal Forschung in irgendeiner Form auch irgendwann einmal umgesetzt werden sollte.

Die Art, mit der in Cambridge über die Ressourcenausstattung und über die harte Infrastruktur hinweggesehen wird, da sie als gegeben erscheint, ist natürlich für mittel-

---

[13] *Gibb*, Towards the Entrepreneurial University, 4.
[14] *Vyakarnam*, To inspire, inform and help implement –The role of entrepreneurship education, Melbourne, 2005.

europäische Universitäten nicht ganz einfach zu verstehen, da wir hier primär um die Ressourcenausstattung kämpfen müssen.

Die wesentlichen Elemente, die eine Universität einbringen kann, sind der „Rohstoff" im Sinne der jungen Menschen und der motivierten Studierenden. Dieser „Rohstoff" wird im Cambridge-Konzept auch in Zusammenhang mit der Soft Infrastructure gesehen, wobei der Zugang, wie man mit der Motivation umgeht, der zentrale Ansatzpunkt ist.

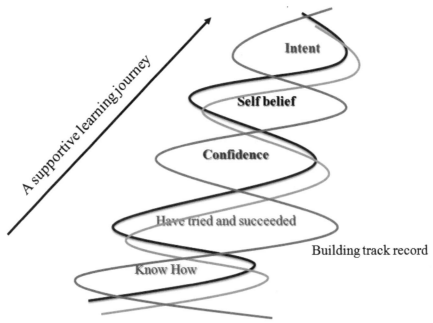

Abb 11: Cambridge-Konzept der supportive learning journey[15]

Mittels einer Doppelhelix (siehe Abbildung 11) wird basierend auf Wissen und Knowhow bis hin zum Selbstvertrauen und der Intention und nahe zu der strategischen persönlichen Vision ein Entwicklungsprozess gezeichnet, den es durch die Universität und das Umfeld der Entrepreneurship-Ausbildung zu begleiten gilt. In diesem Prozess sind insbesondere das Zusammenwirken zwischen Wirtschaftsleben, Personalressourcen, persönlichem Engagement und sozialem Kontext von Bedeutung. Die Zusammenschau der drei Ebenen Business – Social – Personal sind in der Abbildung 12 konkretisiert.

Grundsätzlich ist diese Betrachtungsweise richtig, da man nicht mechanistisch auf einer Strukturebene verharrt, sondern das Potenzial der jungen Menschen im Sinne eines Entrepreneurship-Eco-Systems fördert, wobei grundsätzlich das Vertrauen, die Offenheit, die positive Einstellung, beispielbezogenes Lernen, Risiko und Toleranz von Bedeutung sind.

---

[15] *Vyakarnam,* Practitioner led Education for Entrepreneurship, EEC, 2009.

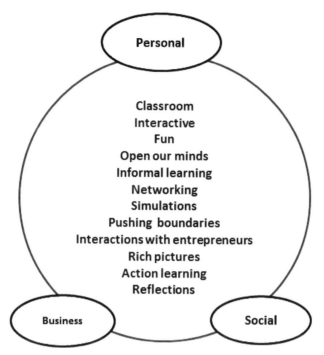

Abb 12: Entrepreneurial Learning[16]

Miteinander zu kooperieren, miteinander Ziele zu formulieren, Netzwerke auszubilden sind jene Fähigkeiten, die man leider in der Laborsituation der herkömmlichen Universitäten nur schwer darstellen kann und es bedarf so gesehen anderer frischer Aktivitäten, um die Entrepreneurship-Ausbildung wirklich auf eine andere Ebene, einen integrierten Ansatz heben zu können. Erst nachdem die didaktischen Voraussetzungen und die Soft Skills entsprechend betrachtet wurden, geht das Cambridge-Konzept auf eine organisationale Ebene. Diese traditionsreiche Universität kann natürlich auf ein großes Netzwerk und eine entsprechende Basis zurückblicken. Die nachstehende Abbildung soll nur ganz kurz skizzieren, wie umfangreich das Netzwerk im Bereich der Entrepreneurship-Ausbildung dieser Universität ist. Wenn man bedenkt, wie theoriegeleitet und grundlagenorientiert andere Bereiche an dieser Universität agieren. Gerade Cambridge ist ein Beispiel, wie erfolgreich eine klassische Universität auch im Bereich der Entrepreneurship-Ausbildung sein kann, indem man jene Bereiche fördert und auch wirklich stolz auf ein umfangreiches Netzwerk im Hinblick auf Wirtschaft, Umsetzung und Unternehmensgründungen ist. Die Abbildung 13 zeigt die Entwicklung des Netzwerkes an der Cambridge University im Zeitablauf der letzten 30 Jahre.

---

[16] *Vyakarnam S.*: Practitioner led Education for Entrepreneurship, EEC, 2009.

In diesem Abschnitt wurde nochmals das Zusammenspiel zwischen organisationalen und didaktischen Ansätzen im Bereich der Unternehmensgründung kurz erläutert.

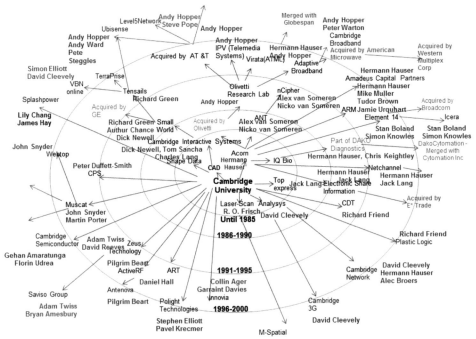

Abb 13: Entrepreneurship in Cambridge[17]

4. Überblick über die derzeitig besetzten Entrepreneurship-Lehrstühle und die jeweilige Theorie-Praxis-Ausrichtung in Mitteleuropa

Die nachstehenden Ausführungen beziehen sich auf den FGF-Report 2008, der die Entrepreneurship-Professuren an deutschsprachigen Hochschulen analysiert, wobei einige weiterführende Analysen vom Autor selbst noch durchgeführt wurden, um die Praxisausrichtung der einzelnen Lehrstühle nochmals zu konkretisieren.[18]

Die Anzahl der Entrepreneurship-Professuren im deutschsprachigen Raum sind rapid steigend und dieses Themenfeld hat sich auch in unseren Regionen im Hochschulraum festgesetzt. Grundsätzlich kann man eine positive Entwicklung diagnostizieren, wobei für einen nicht unerheblichen Teil der Professuren die Aufnahme der Lehr- und Forschungstätigkeit noch nicht konkret zu ermitteln ist. Dies lässt sich insofern sehr einfach auch interpretieren, als die meisten Professuren von Anfang an mit der Grundlagenausbildung im Bereich der BWL stark belastet sind und der Aufbau eines Netzwerkes und der Dialog mit der Praxis somit nur schleppend voran gehen. Grundsätzlich werden in

---

[17] *Vyakarnam*, Practitioner led Education for Entrepreneurship, EEC, 2009.
[18] *Klandt/Koch/Schmude/Knaup*, FGF Report, Entrepreneurship Professuren im deutschsprachigen Raum: Ausrichtung, Organisation und Vernetzung, 12.

dieser Betrachtung ca 70 Professuren dargestellt, wobei die Aufteilung in der nachstehenden Tabelle kurz umrissen werden soll.

Lehrstühle	Universitäten	Fachhochschulen	Gesamt
Deutschland	28	30	58
Österreich	4	2	6
Schweiz	6	1	7
Liechtenstein	0	1	1
Gesamt	38	34	71

Tab 1: Lehrstühle für Entrepreneurship im FGF Report 2008

Betrachtet man die inhaltliche Analyse der einzelnen Professuren, so ist das Thema Gründung im Allgemeinen und innovative Gründung zentral dominant, wobei auch betriebswirtschaftliches Prozesswissen im Sinne von Finanzierung, Technologie, Unternehmensübernahmen, Unternehmensnachfolge, aber auch die Koexistenz mit Business Angels und Inkubatoren sowie Marketing häufig im Lehrprogramm genannt werden. Weniger häufig sind Family-Business-Konzepte, Gründungspsychologie, Gründung durch Frauen oder die jeweilige Micro- und Macroorientierung im Lehrportfolio enthalten. Die Entwicklung ist, wie in der nachstehenden Tabelle dargestellt, auch in Österreich positiv, wobei eine Analyse der konkreten Umsetzungen und der Praxisanwendung natürlich gegenüber dem angloamerikanischen Raum wenig schmeichelhaft ausfallen wird.

Überblick über die Entrepreneurship-Ausbildung an österreichischen Universitäten				
Universität	Department/Institut/Abteilung	Anzahl LV	Anzahl d. PraktikerInnen	Businessplan
WU Wien	Institut für Entrepreneurship und Innovation	17	0	ja
Uni Wien	kein Lehrstuhl	2	0	kA
Uni Graz	Institut für Unternehmensführung und Entrepreneurship	17	14	Ja
Uni Linz	Institut für Unternehmensgründung und Unternehmensentwicklung	24	7	Ja

Uni Klagenfurt	Abteilung für Innovationsmanagement und Unternehmensgründung	19	8	Ja
Uni Innsbruck	kein Lehrstuhl	7	1	kA
Uni Salzburg	kein Lehrstuhl	9	2	kA

Tab 2: Überblick über die Entrepreneurshipausbildung in Österreich 2012[19]

Grundsätzlich kann festgehalten werden, dass in Relation zu jenen anerkannten Business Entrepreneurship Schools in den USA natürlich keine sehr ausgewogene Praktiker-Theoretiker-Relation festzustellen ist, wobei die Anzahl der assoziierten Praktikerinnen und Praktiker stets im Steigen begriffen ist. Grundsätzlich scheint sich durch das neue Universitätsgesetz auch im Hinblick auf die Öffnung des Berufsstandes der Gastprofessuren und der sogenannten § 99-Professuren eine positive Entwicklung abzuzeichnen. Auch im Bereich der Fachhochschulen hat sich ein erheblicher zusätzlicher struktureller Gewinn erzielen lassen, insbesondere an jenen Fachhochschulen, die auch der Wirtschaft sehr nahe stehen.

Bei einer Analyse der Professuren für Unternehmensführung und Management bzw der Professuren für Entrepreneurship im deutschsprachigen Raum hat sich folgendes Bild ergeben: die Praxiserfahrung der einzelnen Professuren insbesondere im Managementbereich ist zwar durchaus flächendeckend ausgewiesen, wobei tatsächliche selbständige Tätigkeit, leitende Funktionen oder mittleres Management nur sehr selten ausgeführt wurden, sondern eher begleitende Aufsichtsratsfunktionen oder beratende Funktionen im Vordergrund stehen.[20]

5. Zusammenfassende Betrachtung

Dieser Beitrag soll die Struktur und Entwicklungsvektoren der Entrepreneurship-Ausbildung an Universitäten und Hochschulen kurz umreißen, wobei letztendlich der Jubilar ein Musterbeispiel darstellt, wie Praxis und Theorie sehr gut geeint werden können.

Die Universitäten haben das Universitätsgesetz 2002 durchaus genützt, um die Autonomie zu leben und auch ihrem Auftrag gemäß selbst unternehmerisch als Vorbild und authentisch für Studierende vorzugehen. Das Angebot an den nicht ökonomischen Fakultäten im Hinblick auf die Entrepreneurship-Ausbildung ist noch nicht sehr ausgeprägt. Betrachtet man die Betreuungsrelationen und die Ausstattungen an den Universitäten, insbesondere an den großen Allgemeinuniversitäten und der Wirtschaftsuniversität Wien, so muss festgehalten werden, dass letztendlich nur eine gewisse Befassung mit

---

[19] *Ruhri*, Erhebung der Entrepreneurship Ausbildung in Österreich, Graz, 2012.
[20] *Rybnicek*, Analyse der Praxisverbindung von Lehrstühlen für Unternehmensführung und Entrepreneurship im deutschsprachigen Raum, Graz, 2012.

dem Thema und nicht eine umfassende Betreuung der gesamten Gründungsaktivitäten im Vordergrund stehen kann. Betrachtet man allerdings die Entwicklung der letzten 20 Jahre, so muss hier ein Quantensprung festgestellt werden, wobei nach wie vor Standesdünkel und in einer gewissen Weise eine sehr eigenwillige Ausrichtung der Betriebswirtschaftslehre als praxisferne Wissenschaft als zentrale Hindernisse gesehen werden müssen.

Generell kann gesagt werden, dass jene Studienrichtungen, die ganz einen starken Konnex zur Umsetzung haben, auch im Bereich des Entrepreneurship einen ganz anderen Zugang finden als etwa die Bücherwissenschaften. So haben Medizin, Technik und Naturwissenschaften über die Gründerpersonen und über die jeweiligen Gründungsideen sehr klare und konkrete Aussichten im Zusammenhang mit Inkubatororganisationen und Entrepreneurship-Programmen zu erfolgreichen Gründungen zu kommen, wohingegen die Bücherwissenschaften erst in einer späteren Lebensphase mit Gründungsaktivitäten und unternehmerischen Zielsetzungen konfrontiert werden. Demgemäß sollte man auch danach trachten, dass letztendlich die theoretischen Konzepte und Ansätze, die in jenen sehr theorielastigen Wissenschaftsdisziplinen erarbeitet werden, einen gewissen Konnex in die Realität erhalten, indem sie beispielsweise auch in unternehmerisches Wissen umgemünzt werden können.

Sehr optimistisch dürfen wir in diesen Fragen allerdings nicht sein. Diesbezüglich gilt es, etliche Konzeptions-, Ziel- und Richtungsdiskussionen zu führen, wobei Entrepreneurship als ein guter Katalysator für eine Koexistenz von Theorie und Praxis gesehen werden kann.

Grundsätzlich wird an den Universitäten und auch an den Fachhochschulen ein ganz starker Fokus auf Awareness und Basisservice gelegt werden, wobei die Persönlichkeitsbildung, die Karriereperspektiven und das Eröffnen eines Netzwerkes ganz stark im Vordergrund stehen. Für die Universitäten bieten sich natürlich auch hervorragende Möglichkeiten im benachbarten Ausland, insbesondere in den ost- und südosteuropäischen Ländern, dort durch Gründungsaktivitäten oder entsprechende Unternehmenskooperationen die ökonomische Zukunft zu gestalten. Einer Universität kommt eine zentrale Rolle zu, einen Cluster oder eine Ausrichtung der Strukturen in der Region und in der Wirtschaft voranzutreiben bzw zu initiieren. Inkubatoren sind notwendig, wobei hier durch die A+B-Initiative ein hervorragender Schritt gesetzt wurde, der mittlerweile mehr als 10 Jahre als Erfolgsgeschichte betrachtet werden darf.

Die gesellschaftspolitische Komponente für eine Selbstständigkeit, für eine eigene und kritische Auseinandersetzung mit der eigenen Existenz, wird immer stärker von Bedeutung.

Würde man bei unternehmerischen Aktivitäten nicht nur einen gewissen Prozentsatz des Erfolges, sondern auch einen gewissen Prozentsatz des Misserfolges als natürliche und statistisch klar gegebene Voraussetzung sehen, so wären diverse Misserfolge im Wirtschaftsleben als Lernprozess leichter zu verkraften, als dies momentan in unserer Gesellschaft gesehen wird. Betrachtet man die nahezu wechselhafte Entwicklung der Märkte in Europa, so ist diese Ängstlichkeit im Umgang mit neuen Herausforderungen und neuen Chancen auch symptomatisch dafür, wie wir teilweise unser unternehmerisches Handeln an Universitäten projizieren, bzw wie wenig wir eigentlich bereit sind, im eigenen Leben gestaltend und zuversichtlich zu agieren. Die Koexistenz von praktischer

Erfahrung, von Basisfähigkeiten und von Zukunftsperspektiven ist eine zentrale Aufgabe der Universitäten. Die Lehrstühle für Entrepreneurship sind nicht nur angehalten, betriebswirtschaftliches Grundwissen zu vermitteln, sondern vor allem die Vision von einer unternehmerischen selbstständig denkenden und handelnden Gesellschaft zu vermitteln.

Der Jubilar ist ein leuchtendes Beispiel für diese Grundhaltung und Grundeinstellung und hat dies authentisch über die letzten Jahrzehnte zu leben gewusst.

Literaturverzeichnis

Gibb, A., Towards the Entrepreneurial University, The National Council for Graduate Entrepreneurship (NCGE), 2006.
GUESSS – Global University Entrepreneurial Spirit Students Survey, 2009 – Austria Study, Kailer, N./Daxner F., Linz.
Gutschelhofer, A., Berufungsvortrag an der JKU, Linz, 2003.
ISCE – International Survey on Collegiate Entrepreneurship, 2006/07 – für Österreich Kailer, N., JKU Linz.
Klandt, H./Koch, L./Schmude, J./Knaup, J., FGF Report: Entrepreneurship Professuren im deutschsprachigen Raum: Ausrichtung, Organisation und Vernetzung.
Mintzberg, H., Die Praxis des Managens, Managen, Offenbach 2010.
Mintzberg, H., Manager statt MBAs, Frankfurt 2005.
Ruhri, M., Internet-Erhebung der Entrepreneurship Ausbildung in Österreich, Graz 2012.
Rybnicek, R., Internet-Analyse der Praxisverbindung von Lehrstühlen für Unternehmensführung und Entrepreneurship im deutschsprachigen Raum, Graz 2012.
Survey of Entrepreneurship in Higher Education in Europe (EHEI), NIRAS Consultans, October 2008.
Vyakarnam, S., Practitioner led Education for entrepreneurship, EEC, Cambridge 2009.
Vyakarnam, S., To inspire, inform and help implement – The role of entrepreneurship education, Melbourne 2005.
World Economic Forum, Educating the Next Wave of Entrepreneurs, A report of the Global Education Initiative, Geneva Swizerland 2009.

Vom Nutzen der Betriebswirtschaftlichen Steuerlehre (Methodische Grundlagen und ihre Umsetzung in Lehre und Forschung)[1]

Christoph Denk

1. **Problemstellung und Überblick**
2. **Grundlagen der Betriebswirtschaftlichen Steuerlehre**
   2.1. Aufgaben der Betriebswirtschaftlichen Steuerlehre
   2.2. Abgrenzung zu den Nachbardisziplinen und historischer Hintergrund
   2.3. Betriebswirtschaftliche Steuerlehre als Teil der Allgemeinen Betriebswirtschaftslehre?
3. **Das Studium der Betriebswirtschaftlichen Steuerlehre**
   3.1. Die Schwierigkeit der Einordnung des Studienfaches und seine Inhalte
   3.2. Stand der Betriebswirtschaftlichen Steuerlehre in Österreich
   3.3. Studienpläne für Masterstudien der „Betriebswirtschaftlichen Steuerlehre"
4. **Forschungsschwerpunkte der Steuerlehre-Lehrstühle in Österreich im Jahre 2011**
   4.1. Untersuchung der Forschungsschwerpunkte
   4.2. Fachliteratur und Lehrbücher als Ergebnis der Forschungsarbeit
5. **Chancen und Gefahren für die Betriebswirtschaftliche Steuerlehre**
6. **Zusammenfassung**
7. **Literaturverzeichnis**
   7.1. Bücher
   7.2. Beiträge in Sammelwerken
   7.3. Beiträge in Zeitschriften

---

[1] Für die Mithilfe an den Erhebungen und der Literaturbeschaffung dankt der Autor Mag. *Sandra Resch*, Revisionsassistentin, für diverse Schreibarbeiten Frau *Christina Ster*, beide Mitarbeiter der G&P Wirtschafts-Prüfung GmbH, Graz.

1. Problemstellung und Überblick

Über den „Nutzen der Betriebswirtschaftlichen Steuerlehre" hat der Jubilar mindestens zweimal gleichnamig publiziert[2] und wollte damit den „Sinn" der wissenschaftlichen/universitären Arbeit der Praxis näherbringen. Die Aufsätze erinnern daran, dass die Forschung im Bereich „Betriebswirtschaftliche Steuerlehre" anwendungsorientiert bleiben muss. Andererseits aber müsse die Praxis auch bereit sein, sich stärker der Theorie zu widmen.

Dass der *Jubilar* diese Forderungen auch gelebt hat, ist an zahlreichen seiner Veröffentlichungen zu erkennen.[3]

Der vorliegende Beitrag soll sich den Methoden der Betriebswirtschaftlichen Steuerlehre zuwenden und gleichzeitig eine Bestandsaufnahme der Forschung und Lehre in Österreich bringen. Er wird sich aber auch mit dem oben genannten sehr speziellen Anliegen des *Jubilars* beschäftigen.

Zu Beginn sollen die Grundlagen der Betriebswirtschaftlichen Steuerlehre vorgestellt werden. Wichtig erscheint hierbei neben ihren Hauptaufgaben auch die Abgrenzung zu benachbarten Disziplinen und die Frage des Verhältnisses des Faches zur „Allgemeinen Betriebswirtschaftslehre".

Im dritten Kapitel soll das Studienfach „Betriebswirtschaftliche Steuerlehre" vorgestellt werden. Dabei wird zuerst auf die Schwierigkeit eingegangen, das Fach und seine Inhalte in den Studienplan sinnvoll einbauen zu können. Danach werden drei deutsche Untersuchungen vorgestellt, die zeigen, in welchen Bereichen auf den Universitäten Deutschlands Schwerpunkte gesetzt werden. Am Schluss des dritten Kapitels wird versucht, herauszuarbeiten, wie die österreichischen Fachvertreter einzelne Teilbereiche gewichten. Dies geschieht anhand der auf den entsprechenden Homepages veröffentlichten Masterstudienpläne der Institute.

---

[2] Vgl *Schlager*, 1979, 37ff; vgl *Schlager*, 1999, 220ff.

[3] Vgl dazu die zahlreichen Veröffentlichungen in der Praxiszeitschrift „Der Wirtschaftstreuhänder" (WT), in der der Jubilar das Fach und universitäre Neuigkeiten seinen Kollegen näherbringen möchte. Hierbei sei auf Grund der Fülle dieser Artikel auf seine Publikationsliste verwiesen, die an anderer Stelle dieser Festschrift zu finden ist. Besonders herauszuheben sind aber die in einer Vielzahl von Heften des WT publizierten „Universitätssplitter": Hier gibt es Berichte über universitäre Veranstaltungen für Praktiker zum Nachlesen, regelmäßig mit dem Angebot, Interessenten Skripten zu übermitteln.
Außerdem findet der Praktiker im selben Publikationsmedium Interviews mit (universitären) Fachvertretern der Steuerlehre und des Rechnungswesens sowie Institutsvorstellungen. Vgl dazu zB *Schlager*, 2000, 32f (Interview mit Axel Haller, ehemals Lehrstuhl für Unternehmensrechnung und Wirtschaftsprüfung, Universität Linz); *Schlager*, 2000, 17ff (Interview mit Harald Stiegler und Vorstellung der Abteilung für Controlling an der Universität Linz); *Schlager* 2001, 32f (Interview mit Michael Tumpel und Vorstellung der Abteilung für „Betriebswirtschaftliche Steuerlehre" an der Universität Linz); *Schlager* 2006, 28f (Interview mit Otto A. Altenburger: Externes Rechnungswesen – ein unerschöpfliches Forschungsgebiet); *Schlager*, 2006, 25f (Interview mit Roman Rohatschek, Lehrstuhl für Unternehmensrechnung und Wirtschaftsprüfung, Universität Linz); *Schlager/Schwarz*, 2006, 13ff (Interview mit Karl Vodrazka); *Schlager*, 2007, 19 (Vorstellung Dieter Schneider); *Schlager*, 2009, 132f (Vorstellung Otto H. Jacobs).

Im vierten Kapitel erfolgt eine Erhebung der Forschungsschwerpunkte der Professoren der österreichischen Steuerlehre-Lehrstühle.

Im fünften Kapitel soll ein Blick in die Zukunft erfolgen: Welche Chancen, aber auch Gefahren ergeben sich für diese Disziplin in der nächsten Zeit?

Den Abschluss bildet eine Zusammenfassung.

2. Grundlagen der Betriebswirtschaftlichen Steuerlehre

2.1. Aufgaben der Betriebswirtschaftlichen Steuerlehre

In der Literatur[4] werden der Betriebswirtschaftlichen Steuerlehre drei *Hauptaufgaben* zugedacht: Die erste besteht darin, zu untersuchen, wie ein Unternehmen bei gegebenem Steuersystem seine steuerliche Belastung (in allen Bereichen) optimieren kann. Dieser *ersten Hauptaufgabe* werden zwei Bereiche der Steuerlehre zugeordnet: Die *Betriebswirtschaftliche Steuerwirkungslehre* untersucht die Wirkungen der Besteuerung auf die betrieblichen Größen. Es handelt sich dabei um die Aufbauelemente des Betriebes wie zB Produktionsfaktoren, Rechtsform und Standort und andererseits um die betrieblichen Hauptfunktionen wie zB Beschaffung, Produktion, Absatz, Investition und Finanzierung. Die *Betriebswirtschaftliche Steuergestaltungslehre* (Steuerplanung und Steuerpolitik) als zweiter Bereich entwickelt aufbauend auf den Erkenntnissen der Steuerwirkungen zweckmäßige Entscheidungsalternativen, um die betrieblichen Zielsetzungen zu realisieren.[5] Steuerwirkungs- und -gestaltungslehre werden von den Fachvertretern als Kernbereiche ihres Faches angesehen.[6]

Die *zweite Hauptaufgabe* besteht darin, zu untersuchen, welchen Einfluss die Besteuerung auf das betriebliche Rechnungswesen hat. Im Rahmen dessen wird versucht, die Frage zu beantworten, wie die Unternehmensrechnung ausgestaltet werden muss, damit sie als Steuerbemessungsgrundlage optimal herangezogen werden kann. Andererseits ist sie aber auch so zu gestalten, dass sie zur Berechnung und Einbehaltung bestimmter Steuern für dritte Personen verwendet werden kann. Als Beispiel dafür dient der Lohnsteuerabzug für Dienstnehmer und der Kapitalertragsteuerabzug.[7]

Als *dritte Hauptaufgabe* versucht die Betriebswirtschaftliche Steuerlehre aus ihren Erkenntnissen Vorschläge für die Verbesserung des Steuersystems zu entwickeln.[8] Da der Gesetzgeber mit seiner Steuerpolitik neben den fiskalischen auch außerfiskalische Ziele (wie zB Konjunktur- und Beschäftigungspolitik) verfolgt, erscheint es legitim, die dazu eingesetzten Mittel auf ihre Tauglichkeit hin zu überprüfen.[9] Die dritte Aufgabe wird von

---

[4] Vgl *Wöhe*, 1983, 8; *Wöhe*, 1988, 24ff; *Wöhe/Bieg*, 1995, 1.
[5] Vgl *Wöhe/Bieg*, 1995, 1.
[6] Vgl *Schneeloch*, 2008, 1.
[7] Vgl *Wöhe/Bieg*, 1995, 2.
[8] Vgl *Wöhe/Bieg*, 1995, 2.
[9] Vgl *Wöhe*, 1983, 17f. *Wöhe* kommt dabei zum Schluss, dass diese Hauptaufgabe auch ohne Abgabe von Werturteilen gelöst werden kann. Somit gilt „*das Postulat der Wertfreiheit der Betriebswirtschaftslehre auch für eine als Teilgebiet der Allgemeinen Betriebswirtschaftslehre aufgefasste Betriebswirtschaftliche Steuerlehre*". *Wöhe*, 1983, 19.

Schneeloch auch als „Rechtskritische Betriebswirtschaftliche Steuerlehre",[10] von *Haberstock* und *Rose* als „Normative Betriebswirtschaftliche Steuerlehre"[11] bezeichnet.

Von einigen Vertretern wird als *weitere Hauptaufgabe* die „empirische Betriebswirtschaftliche Steuerlehre" genannt, die sich darauf spezialisiert, die gefundenen Ergebnisse empirisch zu überprüfen.[12]

Als *„übergeordnete Hauptaufgabe"*[13] erwähnt der Jubilar die Ratgeberfunktion des Faches gegenüber den einzelnen Interessensgruppen. Der Schwerpunkt liegt hier in der Beratung von Unternehmen. Ausgangspunkt ist ebenfalls die Erforschung der Steuerwirkungen, zum Teil bereits auf anderer (höherer) Ebene, ohne sich darauf allein zu beschränken.[14]

In diesem Zusammenhang ist es naheliegend, dass sich die Betriebswirtschaftliche Steuerlehre auch mit dem „Betrieb" selbst befasst. Hierbei handelt es sich um eine institutionenbezogene Sichtweise. Als steuerliche Institutionen werden die Finanzverwaltung, die Steuergerichte, die Steuerberatungsbüros und die Steuerabteilungen der Betriebe genannt.[15]

Die Aufgaben der Steuerberatungsbetriebe werden beispielsweise wie folgt gegliedert:[16] Im Rahmen der Steuerverwaltung ist die Durchführung von Abrechnungsverpflichtungen und die Bearbeitung von Steuererklärungen gemeint. Die Vertretung bei Betriebsprüfungen und die Führung von Rechtsmitteln wird mit der Steuerrechtsdurchsetzung angesprochen. Schließlich sollen mit der Steuergestaltung und -planung vorausschauend Handlungsalternativen gefunden und beurteilt werden, um optimale Steuerziele zu erreichen. Gedanklich wird hier das Steuerverfahren vorweggenommen.[17]

In Österreich sind in den letzten Jahrzehnten einige Publikationen erschienen, die sich mit dem Steuerberatungsbetrieb befassen: Darunter befinden sich beispielsweise die Publikationen von *Steinmaurer/Schlager*[18], *Kern/Schlager*[19] und *Bertl*[20].

Nicht zum Aufgabenbereich der Betriebswirtschaftlichen Steuerlehre gehört das Steuer- oder Finanzrecht. Die Kenntnisse des Finanzrechts sind Voraussetzung. Außerdem sind rechtliche Untersuchungen dem Forschungsbereich der Jurisprudenz zuzuordnen.[21]

---

[10] Vgl *Schneeloch*, 2008, 1.
[11] Vgl *Haberstock*, 1989, 20; vgl Rose, 1976, 3761.
[12] Vgl *Schneeloch*, 2008, 1. Trotzdem beschäftigt sich zB *Schneeloch* in seinem Standardwerk „Betriebswirtschaftliche Steuerlehre", das in zwei Bänden aufgelegt wird, nicht mit dieser Seite der Wissenschaftsdisziplin, *„da zurzeit noch nicht in ausreichendem Maße für die Lehre verwendbare Forschungsergebnisse vorliegen"*. Schneeloch, 2008, 3.
[13] *Schlager*, 1999, 220.
[14] Vgl dazu zB *Schlager*, 1979, 49f; vgl *Schlager*, 1999, 223f.
[15] Vgl *Fischer/Schneeloch/Sigloch*, 1980, 700f.
[16] Vgl *Schlager*, 1999, 224.
[17] Für nähere Ausführungen und zu Literaturhinweisen sei hier aus Platzgründen auf *Schlager*, 1999, 224 verwiesen.
[18] Vgl *Steinmaurer/Schlager*, 2006.
[19] Vgl zB *Kern/Schlager*, 2008, 20ff; vgl *Kern/Schlager*, 2008, 46ff.
[20] Vgl *Bertl*, 1989; *Bertl*, 2010, 265ff.
[21] Vgl *Schneeloch*, 2008, 2.

Eine strenge Trennung wird von Fachvertretern jedoch kritisch gesehen,[22] da bei der Anwendung und Gestaltung von Steuergesetzen betriebswirtschaftlichen Begriffen und Argumenten Rechnung zu tragen ist. In der Praxis erfordert die Vermittlung von Steuerrechtskenntnissen innerhalb der Betriebswirtschaftlichen Steuerlehre viel Zeit.[23] Wie die Betriebswirtschaftliche Steuerlehre von den Nachbardisziplinen abzugrenzen ist, zeigt das folgende Kapitel.

2.2. Abgrenzung zu den Nachbardisziplinen und historischer Hintergrund

Die Betriebswirtschaftliche Steuerlehre ist wie ihre „Nachbarn" die rechtswissenschaftliche Steuerlehre und die finanzwissenschaftliche Steuerlehre den Steuerwissenschaften zuzuordnen.[24] Während Erstere eine juristische Betrachtung verfolgt, beschäftigt sich die Finanzwissenschaft mit dem Bereich Steuern aus volkswirtschaftlicher Sicht.[25] Die Beziehung dieses Faches zur Betriebswirtschaftlichen Steuerlehre wird vor allem dadurch deutlich, dass die Unternehmenssteuern das Staatsbudget erheblich beeinflussen und so die Finanzpolitik an der Teilhabe und Einflussnahme auf betriebliche Entscheidungsprozesse interessiert sein muss.[26]

Mit der Steuerjurisprudenz hat die Betriebswirtschaftliche Steuerlehre jedoch sehr enge Berührungspunkte im Rahmen der Steuerberatungslehre.[27] Ebenso setzt die Betriebswirtschaftliche Steuerlehre fundierte Kenntnisse des Steuerrechts voraus. Das Steuerrecht wird insofern als „Hilfswissenschaft" für die Betriebswirtschaftliche Steuerlehre angesehen. Umgekehrt hat die Betriebswirtschaftliche Steuerlehre eine wichtige Hilfsfunktion im Rahmen der steuerrechtlichen Forschung, weil in der steuerrechtlichen Diskussion oft betriebswirtschaftliche Argumente unumgänglich sind.[28]

Die Betriebswirtschaftliche Steuerlehre ist die jüngste im Bunde.[29] Vielerorts wird der Beginn der Betriebswirtschaftlichen Steuerlehre mit einem Artikel von *Findeisen*, erschienen 1919 in der Frankfurter Zeitung, gleichgesetzt.[30] Es gibt jedoch auch Meinungen,

---

[22] Vgl zB *Schneeloch*, 2008, 2.
[23] *Schneeloch* schätzt den Zeitaufwand auf 40% bis 50% der zur Verfügung stehenden Zeit. Vgl *Schneeloch*, 2008, 2.
[24] Näheres dazu und zum Verhältnis dieser drei Disziplinen zur „Steuerberatungslehre" vgl *Rose*, 1969/70, 54ff.
[25] Vgl *Djanani/Pummerer*, 2010, 6f.
[26] Vgl *Jacobs*, 2004, 252.
[27] Vgl *Rose*, 1976, 3762. Vgl dazu auch Kapitel 2.1.
[28] Vgl *Fischer/Schneeloch/Sigloch*, 1980, 700 mwN.
[29] Vgl *Schlager*, 1999, 220.
[30] Der Originalbeitrag aus dieser Zeit konnte leider nicht organisiert werden. Ein Nachdruck ist im Steuerberater-Jahrbuch 1969/70 zu finden. Vgl *Findeisen*, 1969/70, 67f. Ebenso zu erwähnen ist die Publikation von Findeisen in der Zeitschrift für Handelswissenschaft und Handelspraxis 1919/20. Ein Nachdruck ist ebenfalls im Steuerberater-Jahrbuch 1969/70 zu finden. Vgl dazu *Findeisen*, 1969/70, 68ff. *Rose* konzentriert die Aussagen von *Findeisen* auf sieben wesentliche Punkte, die an dieser Stelle nicht wiedergegeben werden müssen. Der letzte Punkt gipfelt in der Forderung, dass sich den betriebswirtschaftlichen Problemen der Besteuerung jedenfalls ein eigener Forschungsbereich der Betriebswirtschaftslehre zuwenden sollte. Vor allem wegen der siebten These werden diese Veröffentlichungen als Geburtsstunde des Faches der „Betriebswirtschaftlichen Steuerlehre" angesehen. Vgl dazu *Rose*, 1969/70, 32f.

nach denen diese Disziplin wesentlich älter ist.[31] Die verhältnismäßig geringe Besteuerung in der Zeit vor dem ersten Weltkrieg hat jedenfalls dazu geführt, dass sich der Betrieb nicht so intensiv mit der Besteuerung befasst hat, zumal die Umsatzsteuer in Deutschland auch erst 1916 eingeführt wurde.

Durch die starke Erhöhung der steuerlichen Belastung, der Vermehrung von Steuerarten und der Einführung des Quellenabzugsverfahrens durch die Erzberger'sche Steuerreform in Deutschland im Jahre 1920 (und vergleichbarer Entwicklungen in den Nachbarländern wie Österreich) wurden die Betriebe jedenfalls gezwungen, sich ab diesem Zeitraum intensiver mit der Besteuerung zu beschäftigen.[32]

Aufgrund der Nähe der Fächer zueinander kann es zu einem Konkurrenzdenken zwischen diesen drei Disziplinen kommen, wie es zB von *Djanani/Pummerer* geschildert wird.[33] Durch die Vielzahl von Problemstellungen und den ständig neuen Herausforderungen ist ein derartiges Denken jedoch nicht angebracht.[34]

2.3. Betriebswirtschaftliche Steuerlehre als Teil der Allgemeinen Betriebswirtschaftslehre?

In der Vergangenheit gab es intensive Diskussionen, wie die Betriebswirtschaftliche Steuerlehre innerhalb der Betriebswirtschaftslehre einzuordnen wäre: Sie ist nach Meinung

---

[31] *Treisch* sieht die Begründung der Betriebswirtschaftlichen Steuerlehre bereits im Kameralismus (ca 1650–1835). Vgl dazu *Treisch*, 2006, 255ff.

[32] Vgl dazu ausführlich *Wöhe*, 1961, 49f und vgl *Rose*, 1969/70, 42f. Dies fällt in die Zeit der Publikationen von *Findeisen*. Vgl *Findeisen*, 1969/70, 67f (Wiederabdruck aus der Frankfurter Zeitung von 1919), *Findeisen*, 1969/70, 68ff (Wiederabdruck aus der Zeitschrift für Handelswissenschaft und Handelspraxis 1919/20) und *Findeisen*, 1923. Bei letzterer Publikation handelt es sich um die erste Buchveröffentlichung dieses Faches. Kapitelüberschriften wie „Steuerstandort", „Unternehmensform und Steuer", „Die Steuerfinanzierung", „Vermögen und Steuer", „Gewinn und Steuer" und „Die Berücksichtigung der Steuer in der Kalkulation" zeugen von Praxisnähe.
Ebenso wurden im WS 1919/20 an der Universität Frankfurt am Main die Vorlesungen für diese Disziplin durch Findeisen eröffnet, nahezu gleichzeitig mit der Gründung des Seminars für Steuer- und Revisionswesen an der selben Universität durch *Fritz Schmidt*. Ebenfalls ein Steuerinstitut wurde 1920 von Grossmann an der Handelshochschule Leipzig errichtet. Vgl dazu zB *Fischer/Schneeloch/Sigloch*, 1980, 699.
Seitdem werden in regelmäßigen Abständen Festschriftenartikel „zum Geburtstag" der Betriebswirtschaftlichen Steuerlehre veröffentlicht. Vgl dazu zB zum 80-jährigen Bestandsjubiläum Schlager, 1999, 220ff bzw zum 60-jährigen Fachjubiläum *Fischer/Schneeloch/Sigloch*, 1980, 699ff. Zum 50-jährigen Bestandsjubiläum vgl *Rose*, 1969/70, 31ff.
Schneider bezeichnet die Datierung des Geburtstages der Betriebswirtschaftlichen Steuerlehre schon deswegen als „anfechtbar", weil *Findeisen* damals lediglich einen Steueranwalt gefordert hat. Von einer Forderung nach einer selbständigen Disziplin war 1919 aber nicht die Rede. Vgl *Schneider*, 1991, 178.
In Österreich wurde die Grundlage für die Einführung einer Warenumsatzsteuer durch das Wiederaufbaugesetz vom 27.11.1922 (BGBl 1922/843) gelegt. Die detaillierten Regelungen wurden aber Rechtsverordnungen überlassen. Als besonderer Vorteil dieser neuen Steuer galt der damals bedeutsamen Inflationssicherheit. Näheres dazu vgl *Ruppe/Achatz*, 2011, Einf Rz 3.
Zur weiteren geschichtlichen Entwicklung vgl *Rose*, 1976, 3766f bzw für Österreich vgl zB *Ruppe/Achatz*, 2011, Einf.

[33] Vgl *Djanani/Pummerer*, 2010, 7.

[34] Gleicher Meinung ist *Schlager*. Vgl zB *Schlager*, 1999, 220.

vieler Autoren[35] keine spezielle Betriebswirtschaftslehre sondern Bestandteil der Allgemeinen Betriebswirtschaftslehre. *Scherpf* wiederum räumt ihr eine „völlige Sonderstellung im Rahmen der Betriebswirtschaftslehre" ein.[36] Nach einer dreidimensionalen Betrachtung kann sie allerdings durchaus auch als „Spezielle Betriebswirtschaftslehre" gesehen werden:[37] Demnach gibt es nicht nur eine institutionale und funktionale, sondern auch eine problemorientierte Sichtweise. In letztere Betrachtung kann die Betriebswirtschaftliche Steuerlehre gut eingeordnet werden, da spezifische steuerliche Probleme aller institutionalen und funktionalen Teilbereiche der Allgemeinen Betriebswirtschaftslehre erforscht werden.[38]

Diese Abgrenzungsproblematik erübrigt sich in nahezu allen nicht-deutschsprachigen Ländern: Dort ist das Fach in Betriebswirtschaftlichen Fakultäten nämlich so gut wie nicht vertreten.[39]

3. Das Studium der Betriebswirtschaftlichen Steuerlehre

3.1. Die Schwierigkeit der Einordnung des Studienfaches und seine Inhalte

In den Lehrplänen und der Organisation der Fakultäten im deutschsprachigen Raum wird die Betriebswirtschaftliche Steuerlehre ungeachtet des oben geschilderten Meinungsstreits jedenfalls im Rahmen des Betriebswirtschaftlichen Studiums als spezielle BWL behandelt. Dies erfolgt wohl aus Gründen der Zweckmäßigkeit: Der Einbezug der Steuerlehre in die Allgemeine BWL wäre zwar die einzige richtige Vorgangsweise, der sich jedoch erhebliche Probleme entgegenstellen: Diese liegen im außerordentlich hohen Stoffumfang und in der Notwendigkeit, sich zuvor detaillierte Finanzrechtskenntnisse aneignen zu müssen.[40] Die Ausgliederung der Betriebswirtschaftlichen Steuerlehre hat aber zur Folge, dass dieses Fach von Studenten abgewählt werden kann und daher ihre Ausbildung unvollständig bleibt.[41] Besonders *Wöhe* sieht die Gefahr, dass dadurch viele Problemkreise innerhalb der Betriebswirtschaftslehre zerschnitten werden würden, weil bei vielen unternehmerischen Entscheidungen gerade die steuerliche Komponente wichtig ist.[42] Dieses Problem kann jedoch insoweit gemildert werden, als Grundzüge der Betriebswirt-

---

[35] Vgl zB *Wöhe*, 1961, 49ff; *Wöhe/Bieg*, 1995, 3; vgl *Jacobs*, 2004, 251.
[36] *Scherpf*, 1959, 64. Vgl dazu auch die Anmerkungen von *Schneider*, 1983, 21ff.
[37] Vgl *Djanani/Pummerer*, 2010, 6.
[38] Vgl *Djanani/Pummerer*, 2010, 6.
[39] Der Bereich der Steuerwirkungsanalyse und Steuerplanung wird zB in den USA von den juridischen Fakultäten für individuelle Entscheidungen beispielsweise unter dem Namen „Tax Planning" angeboten. Erstreckt sich die Untersuchung jedoch über den individuellen Rahmen hinaus, fühlt sich die Finanzwissenschaft zuständig. Vgl dazu *Jacobs*, 2004, 252.
[40] Dieser Einwand wird von *Wöhe* jedoch als nicht stichhaltig angesehen: *„Es sollen im Rahmen des betriebswirtschaftlichen Studiums Betriebswirte und nicht Steuerjuristen oder Steuerberater ausgebildet werden. (...) Wer detaillierte steuerrechtliche Kenntnisse erwerben will, darf sich nicht mit Betriebswirtschaftslehre und auch nicht mit betriebswirtschaftlicher Steuerlehre beschäftigen, sondern muss sich mit dem Steuerrecht befassen."* *Wöhe*, 1961, 59f.
[41] Vgl *Wöhe/Bieg*, 1995, 4.
[42] Vgl *Wöhe*, 1961, 70.

schaftlichen Steuerlehre bereits im ersten Studienabschnitt (für alle Studenten verpflichtend) gelehrt werden.

Nach einer Untersuchung von *Schulz*[43] weisen die Lehrangebote Ende der siebziger Jahre in Deutschland ein hohes Maß an Gemeinsamkeiten auf: In den meisten Lehrplänen finden sich (unter teilweise unterschiedlichen Bezeichnungen) folgende Lehrveranstaltungen:

- Steuerarten
- Steuerbilanzen und Steuerbilanzpolitik (Besteuerung und betriebliches Rechnungswesen)
- Besteuerung und betriebliche Aufbauelemente (Rechtsform, Rechtsformwechsel, Zusammenschlüsse und Standortwahl)
- Besteuerung und betriebliche Funktionen (Beschaffung, Produktion, Absatz, Investition und Finanzierung)

Nach *Fischer/Schneeloch/Sigloch* sollte sich der Aufbau des Studienfaches an den zugewiesenen Aufgaben orientieren, wobei die praktische Relevanz eine wichtige Rolle spielt.[44] Schließlich wendet ein Großteil der Studenten seine Kenntnisse in der Steuerberatungs-, Wirtschaftsprüfungspraxis bzw. in der Steuerabteilung eines Betriebes an. Daher ergeben sich ihrer Ansicht nach zwei Schwerpunkte, die einerseits in der Vermittlung der steuerrechtlichen Kenntnisse, andererseits aber in einer Einführung der „entscheidungsorientierten betriebswirtschaftlichen Steuerlehre" liegen. In ihrer Arbeit, die 1980 erschienen ist, stellen sie fest, dass diese Schwerpunkte auch an nahezu allen deutschen Universitäten gelehrt werden, dass aber rechtskritische Betrachtungen nur in geringem Umfang vorgenommen werden.[45] Dies ist aufgrund des Zeitumfanges im Bereich der Lehre allerdings verständlich, sollen doch andere (grundlegendere) Bereiche nicht vernachlässigt werden. Lehrveranstaltungen, die sich mit steuerlichen Institutionen befassen (wie in dieser Arbeit als eine der Aufgaben der Betriebswirtschaftlichen Steuerlehre angeführt)[46] werden nur „in äußerst eng begrenztem Umfang"[47] angeboten.

Eine weitere Untersuchung wurde von *Jacobs* und seinem Team 2003 durchgeführt und zeigt folgendes Ergebnis:[48]

	Universitäten
	Von insgesamt 818,5 SWS in betrieblicher Steuerlehre entfallen auf
Steuerarten/Bilanzfragen	338,5 SWS (42%)
Rechtsform	117,5 (14%)

---

[43] Vgl *Schulz*, 1980, 124ff.
[44] Vgl *Fischer/Schneeloch/Sigloch*, 1980, 701.
[45] Vgl *Fischer/Schneeloch/Sigloch*, 1980, 701 mwN.
[46] Vgl dazu Kapitel 2.1 dieser Arbeit.
[47] *Fischer/Schneeloch/Sigloch*, 1980, 701.
[48] Vgl *Jacobs*, 2004, 255.

Steuerplanung/Steuerwirkung	174,5 (21%)
Internationale Steuerlehre	98 (12%)
Steuerrecht	22 (3%)
Sonstige	68 (8%)

Tab. 1: Zusammenfassung der Untersuchung von *Jacobs* 2003[49]

Demnach dominiert an den Universitäten Deutschlands mit 42% die Darstellung der Steuerarten (einschließlich Bilanzfragen). Abgeschlagen auf den zweiten und dritten Platz entfallen Fragen zu Steuerplanung und Steuerwirkung (21%) und der Problembereich der Rechtsform (14%). Dass der Bereich der Internationalen Steuerplanung erst am 4. Platz mit 12% rangiert, wird von *Jacobs* kritisiert: *„Die Betonung nationaler Probleme führt naturgemäß auch zu internationaler Isolation in der wissenschaftlichen Kommunikation und reduziert die internationale Wettbewerbsfähigkeit des Fachs (...)".*[50]

3.2. Stand der Betriebswirtschaftlichen Steuerlehre in Österreich

In Österreich gibt es an folgenden Universitäten Lehrstühle für das Fach Betriebswirtschaftliche Steuerlehre:[51]

Ort	Name der Universität	Name des Instituts	Lehrstuhlinhaber
Wien[51]	Wirtschaftsuniversität	Institut für Revisions-, Treuhand- und Rechnungswesen, Abteilung für Betriebswirtschaftliche Steuerlehre	Eva Eberhartinger
Linz	Johannes Kepler Universität	Institut für Betriebswirtschaftliche Steuerlehre	Michael Tumpel
Salzburg	Paris Lodron Universität	Steuerlehre und Rechnungslegung am Fachbereich Sozial- und Wirtschaftswissenschaften an der rechtswissenschaftlichen Fakultät	Sabine Urnik
Innsbruck	Leopold-Franzens- Universität	Institut für Rechnungswesen, Steuerlehre und Wirtschaftsprüfung	Corinna Treisch

---

[49] Vgl *Jacobs*, 2004, 255.
[50] *Jacobs*, 2004, 255.
[51] Das an der Universität Wien angesiedelte Institut für Betriebswirtschaftslehre (Vorstand: Univ.-Prof. Dr. Otto A. Altenburger) wurde nicht als Lehrstuhl für Steuerlehre angesehen, da es sich vornehmlich mit Rechnungswesen beschäftigt und sich auch auf der Homepage so nennt (Stand: Herbst 2011).

Graz	Karl-Franzens-Universität	Institut für Unternehmensrechnung und Steuerlehre	Rainer Niemann
Klagenfurt	Alpen-Adria-Universität	Institut für Finanzmanagement, Abteilung Betriebliches Finanz- und Steuerwesen	Sabine Kanduth-Kristen

Tab. 2: Lehrstühle für das Fach Betriebswirtschaftslehre[52]

Im folgenden Kapitel soll angeführt werden, welche Schwerpunkte das Studium der „Betriebswirtschaftlichen Steuerlehre" an den österreichischen Universitäten zu bieten hat.

3.3. Studienpläne für Masterstudien der „Betriebswirtschaftlichen Steuerlehre"

Grundlage für die Untersuchung waren die auf den jeweiligen Homepages veröffentlichten Studienpläne für ein Masterstudium. Dabei wurde der (schwierige) Versuch unternommen, die einzelnen Lehrveranstaltungen bestimmten Kategorien zuzuordnen. Dies war naturgemäß nicht immer möglich, insbesondere, wenn der Titel beispielsweise lediglich „Steuerlehre" war oder aber Lehrveranstaltungen verschiedene Kategorien ansprachen. Die Einordnung erfolgte mit Hilfe des bereits vorgestellten Schemas von *Jacobs*.[53] Die Lehrveranstaltungen wurden vornehmlich mit Hilfe ihres Namens zugeordnet. Lehrveranstaltungen mit allgemeinen Bezeichnungen wie zB „Steuerlehre" wurden dem Inhalt entsprechend zugerechnet. Die Seminare wurden nach dem Seminarthema geordnet, die Masterseminare jedoch separat dargestellt. Stand der Untersuchung ist Herbst 2011.

Steuerlehre an österreichischen Universitäten

Masterstudien

„in %"	Gesamt
Steuerarten/Bilanzfragen	26,19%
Rechtsform	14,29%
Steuerplanung/Steuerwirkung	28,57%
Internationale Steuerlehre	11,90%
Steuerrecht	7,14%
Masterseminare (Diplomarbeit)	11,90%
Gesamt pro Universität	100,00%

---

[52] In der Tabelle wurden nur die österreichischen Universitäten berücksichtigt. Forschungseinrichtungen an Fachhochschulen und sonstige Forschungsvorhaben konnten hier nicht berücksichtigt werden.
[53] Vgl Kapitel 3.1.

JKU Linz	Master Finance & Accounting
KF Graz	Master BWL
WU Wien	Master Steuern und Rechnungslegung
Innsbruck	Master Accounting, Auditing and Taxation
Salzburg	Master Recht und Wirtschaft
Klagenfurt	Master Angewandte Betriebswirtschaftslehre

Tab. 3: Überblick des Inhalts der Masterstudiengänge für betriebswirtschafliche Steuerlehre

Die Auswertung der österreichischen Ergebnisse zeigt ein etwas differenzierteres Bild als die Untersuchung von *Jacobs* 2003. Demnach dominieren fast gleich an erster Stelle die Themen „Steuerplanung/Steuerwirkung", dicht gefolgt von „Steuerarten/Bilanzfragen". Bei *Jacobs* war die Thematik Steuerplanung/Steuerwirkung stark abgeschlagen an zweiter Stelle. Das bei ihm an dritter Stelle ausgewiesene Thema „Rechtsform" ist auch hier an dritter Stelle. Ebenfalls wie bei *Jacobs* ausgewiesen, findet sich an erst vierter Stelle der Themenkomplex „Internationale Steuerlehre". Der Anteil von 11,90% genügt: Das Lehrangebot kann nur einen Überblick über die verschiedenen Aspekte der Steuerlehre geben.[54] Die weitere Spezialisierung sollte dann im Selbststudium vorangetrieben werden.

Abgeschlagen an letzter Stelle findet sich der Bereich „Steuerrecht". Dies verwundert nicht. Schließlich gilt dieser Teil als Voraussetzung. Die „Empirische Betriebswirtschaftliche Steuerlehre" schließlich wird vor allem im Rahmen der Diplom- und Masterarbeiten bzw auch Dissertationen bedient.

Die „Normative Betriebswirtschaftliche Steuerlehre" wird durch keine eigenen Lehrveranstaltungen abgedeckt.[55]

4. Forschungsschwerpunkte der Steuerlehre-Lehrstühle in Österreich im Jahre 2011

4.1. Untersuchung der Forschungsschwerpunkte

Die Forschungsschwerpunkte der jeweiligen Institute sollen in Folge dargestellt werden:

Dazu wurden die Publikationen aller gegenwärtigen am jeweiligen Lehrstuhl forschenden Professoren zum Stichtag 31.08.2011 ausgewertet. Nicht berücksichtigt wurden all jene Personen, die entweder zu diesem Zeitpunkt nicht habilitiert waren oder aber das Institut (aus welchen Gründen auch immer vorher) verlassen hatten. Es wurden nur jene Publikationen herangezogen, die zum Stichtag 31.08.2011 auf der Homepage des Institutes angeführt waren. Sollte ein Werk mehrmals aufgelegt worden sein, so wurde es nur einmal gewertet. Sollten universitätsübergreifende Publikationen aufgelistet worden sein, so wurden sie bei jedem einzelnen Autor extra berücksichtigt. Die Publikationsliste wurde

---

[54] *Jacobs* sieht dies deutlich kritischer. Vgl Kapitel 3.1 dieser Arbeit bzw *Jacobs*, 2004, 255.
[55] Dies wird auch als nicht notwendig erachtet, da hier auch kein größerer Lehr- und Forschungsbedarf erkennbar ist. Vgl dazu zB *Schneeloch*, 2005, 263.

bis inklusive des Jahres 2000 ausgewertet. Ältere Publikationen wurden nicht berücksichtigt, um ein aktuelles Bild der Forschungsschwerpunkte zu bekommen. Eine Differenzierung zwischen referierten und nicht referierten Beiträgen wurde ebenso wenig vorgenommen wie eine Qualitätseinstufung oder eine Wertung nach der Beitragslänge. Sollte aber ein Beitrag in zwei Teilen erschienen sein, so wurde er – aufgrund der besonderen Länge – doppelt gezählt.

Es erfolgte eine prozentuelle Reihung.[56] Der Prozentsatz gibt das Verhältnis der Publikationen eines Forschungsgebietes zur gesamten Publikationstätigkeit des Autors wieder. Die Forschungsbereiche wurden je nach Autor individuell festgelegt. Ebenso angeführt wurden Vortragstätigkeiten in absoluten Zahlen, soweit diese der Homepage entnommen werden konnten.

Einen ersten Überblick über die Erhebung soll folgende Tabelle geben.

	Forschungsbereich	**Summe**	**Vorträge**
Wien Eva Eberhartinger	Finanzierung und Steuern	45%	9
	Nationale Steuerlehre (Steuerrecht)/ Bilanzsteuerrecht	26%	6
	Gruppenbesteuerung und Konzernstrukturgestaltung	20%	1
	Internationale Steuerlehre (Steuerrecht)	9%	4
		100%	
Wien Klaus Hirschler	Rechnungslegung	65%	4
	Umgründungen, Rechtsformwahl, Gruppenbesteuerung	23%	8
	Nationale Steuerlehre (Steuerrecht)	12%	1
		100%	
Linz Michael Tumpel	Nationale Steuerlehre (Steuerrecht)	44%	kA
	Internationale Steuerlehre (Steuerrecht) (Starke Betonung auf europarechtliche Fragen)	39%	kA
	Umgründungen, Rechtsformwahl, Gruppenbesteuerung	15%	kA

---

[56] Die exakte Anzahl der Publikationen liegt vor, konnte aber für vorliegende Untersuchung mangels Vergleichbarkeit nicht herangezogen werden. An der Vergleichbarkeit mangelt es zB schon deshalb, weil die Anzahl der Publikationen der Lehrstuhlinhaber aufgrund ihres Alters oder Forschungsgebietes zwangsläufig unterschiedlich hoch sind. Eine numerische Reihung ist hier auch nicht notwendig, da es lediglich um die Schwerpunktsetzung geht.

	Sonstige (va Arbeiten zu nationaler Rechnungslegung und Sanierung)	2%	kA
		100%	
Linz Dietmar Aigner	Nationale Steuerlehre (Steuerrecht)	62%	27
	Internationale Steuerlehre (Steuerrecht) (Starke Betonung auf europarechtliche Fragen)	29%	19
	Umgründungen, Rechtsformwahl, Gruppenbesteuerung	5%	3
	Sonstige (va Arbeiten zu nationaler Rechnungslegung und Sanierung)	4%	1
		100%	
Salzburg Sabine Urnik	Nationale Steuerlehre (Steuerrecht)	58%	kA
	Unternehmensbeendigung	24%	kA
	Bilanzierung und Bilanzanalyse	7%	kA
	Sonstige (ua einige Arbeiten zur Erbschaftssteuer, zu Finanzierung und Steuern sowie zur Unternehmensbewertung)	11%	kA
		100%	
Innsbruck Corinna Treisch	Nationale Steuerlehre (Steuerrecht)	43%	kA
	Bilanzierung und steuerliche Gewinnermittlung	26%	kA
	Internationale Steuerlehre (Steuerrecht)	20%	kA
	Konzernsteuerpolitik	5%	kA
	Sonstige (ua Arbeiten zur Gruppenbesteuerung, Erbschaftsteuer und geschichtlichen Entwicklung der betriebswirtschaftlichen Steuerlehre)	6%	kA
		100%	
Graz Rainer Niemann	Nationale Steuerlehre (Steuerrecht)	43%	16
	Steuern und „Unsicherheit/ Risiko" in der ABWL	21%	8

	Sonstige Veröffentlichungen iZm ABWL und Steuerlehre	15%	14
	Internationale Steuerlehre (Steuerrecht) (inkl europarechtliche Fragen)	13%	9
	Sonstige (va auch Arbeiten zur Gruppenbesteuerung und nationaler Rechnungslegung)	8%	5
		100%	
Klagenfurt Sabine Kanduth-Kristen[57]	Nationale Steuerlehre (Steuerrecht)	71%	kA
	Sanierung/Insolvenz	18%	kA
	Umgründungen, Rechtsformwahl, Gruppenbesteuerung	7%	kA
	Sonstige (va Arbeiten zur Internationalen Steuerlehre [Steuerrecht] mit europarechtlichen Fragen)	4%	kA
		100%	

Tab. 4: Forschungsschwerpunkte der Steuerlehre-Lehrstühle in Österreich 2011

Eine Analyse der Forschungsergebnisse erfolgt im Folgekapitel.

4.2. Fachliteratur und Lehrbücher als Ergebnis der Forschungsarbeit

Die deutsche Fachliteratur wird von *Fischer* 1974 in vier Gruppen eingeteilt, wobei er feststellt, dass sie sich im Dilemma zwischen Praxisrelevanz und theoretischem Anspruch zugunsten der Praxisrelevanz entschieden hat:[58]

- Kurze Aufsätze, die einzelne Gesetzesvorschriften oder -novellierungen kommentieren, eventuell auch den Berechnungsmodus zeigen und Überblicksartikel über die Judikatur und Verwaltungserlässe,
- Darstellung der steuerlichen Konsequenzen einzelner unternehmerischer Maßnahmen, oft verbunden mit der Diskussion verschiedener Auslegungsmöglichkeiten,

---

[57] Nicht berücksichtigt wurde am Institut für Finanzmanagement (Abteilung für Betriebliches Finanz- und Steuerwesen) Frau ao. Univ.-Prof. Mag. Dr. *Gudrun Fritz-Schmied*, die im Herbst 2011 laut Homepage der Abteilung „Betriebliche Finanzierung, Geld- und Kreditwesen" zugeteilt war. Ebenso unberücksichtigt blieben die Veröffentlichungen von Herrn o. Univ.-Prof. Mag. Dr. Herbert Kofler, der sich zum Zeitpunkt der Erhebung bereits im Ruhestand befand.
[58] Vgl *Fischer*, 1974, 4ff.

- Aufsätze über Tatbestandsauslegungen mit damit verbundenen Gestaltungsanregungen,
- Beiträge, die (unter Rückgriff auf das entscheidungstheoretische Instrumentarium) Erklärungs- und Entscheidungsmodelle unter Berücksichtigung der Besteuerung entwickeln wollen.

Insgesamt gesehen ist die Ein- bzw Zuordnung der Literatur schwierig: Bibliographien führen nur einen Teil der Literatur, die der Betriebswirtschaftlichen Steuerlehre zuzurechnen ist.[59] Einen anderen Teil findet der Leser unter einer Vielzahl anderer Stichworte wie Rechnungswesen und Steuerrecht. Dies hindert an der Entwicklung des Faches.[60]

Es ist dem *Jubilar* beizupflichten, dass (erfreulicherweise) die Literatur zu Steuerfragen in den letzten Jahren dermaßen zugenommen hat, dass es nicht mehr möglich ist, alle Arbeiten wahrzunehmen.[61] Dies trifft nicht nur auf viele Zeitschriftenbeiträge zu, die in den Publikationen der verschiedensten Verlage erscheinen, viel mehr noch auf die Festschriftenartikel. Dabei ist gerade hier idR das Bemühen der Autoren hoch, gute Beiträge abzuliefern. Dem *Jubilar* ist nicht genug zu danken, der sich in den letzten Jahren sehr bemüht hat, beizutragen, diese Schätze zu heben, indem er das Inhaltsverzeichnis einiger dieser Werke im Fachmagazin „Der Wirtschaftstreuhänder" veröffentlichen ließ.[62]

Die Forschungsschwerpunkte in der Abteilung für Betriebswirtschaftliche Steuerlehre des Instituts für Revisions-, Treuhand- und Rechnungswesen der WU Wien sind – auch aufgrund zweier habilitierter Professoren – vielschichtig: Die Themen „Finanzierung und Steuern", „Bilanzsteuerrecht" und „Rechnungslegung", „Umgründungen" und „Gruppenbesteuerung" spielen hierbei aber die Hauptrollen. Aus den Forschungsbereichen entstehen wesentliche Publikationen: In Wien sind dies neben zahlreichen Beiträgen in Fachzeitschriften va auch Bücher wie „Bilanzsteuerrecht und Steuerbilanzpolitik anhand von Fällen"[63], das „Handbuch Sonderbilanzen"[64] und ein Kommentar zum UGB.[65]

---

[59] Vgl *Schlager*, 1979, 42.
[60] Der Jubilar führt richtigerweise aus, dass aufgrund schlechter Literaturzuordnung *„Doppelt- und Mehrfachentdeckungen, wie sie insbesondere bereits von den naturwissenschaftlichen Forschungen bekannt wurden, die Entwicklung des Faches hemmen"* und (…) *„demjenigen, für dessen Problembearbeitung bereits Hilfen zur Verfügung stünden, diese nicht bekannt werden"*. Schlager, 1979, 43.
[61] Vgl *Schlager*, 1999, 224f.
[62] Um den Zugang zu verstecktem Fachwissen in Festschriften und Sammelwerken zu erleichtern, wurden auf Initiative des *Jubilars* einige Inhaltsverzeichnisse in der Fachzeitschrift „Der Wirtschaftstreuhänder" abgedruckt. Ziel ist es, dass die Fachbeiträge bei der Literaturrecherche in der Rechtsdatenbank RDB aufgefunden werden können. Ebenso erging der Aufruf des *Jubilars* an die österreichischen Wirtschaftsverlage, die Autoren und Artikel in der RDB vor allem auch für (noch) nicht digital gesetzte Werke ausfindig zu machen. Vgl *Schlager*, 2002, 39. In der Fachzeitschrift „Der Wirtschaftstreuhänder" wurden so einige Inhaltsverzeichnisse veröffentlicht. Vgl dazu *Schlager*, 2002, 39f; vgl *Schlager*, 2005, 49.
[63] Vgl *Eberhartinger*, 2010.
[64] Vgl *Fraberger/Hirschler/Kanduth-Kristen/Ludwig/Mayr*, 2010.
[65] Vgl *Hirschler*, 2010.

In Linz nehmen (bei ebenfalls zwei habilitierten Institutsangehörigen) traditionell die Themen „Internationales Steuerrecht (Europarecht)", „Internationale Steuerplanung", „Umsatzsteuer" und „Umgründungen" eine große Rolle ein. Daraus ergeben sich auch die wichtigsten Buchveröffentlichungen.[66] Nicht nur anhand zahlreicher Publikationen, sondern auch durch das gemeinsam gegründete „Forschungsinstitut für Steuerrecht und Steuermanagement" sieht der Interessierte die in Linz sehr enge Zusammenarbeit zwischen dem Fachbereich der Steuerlehre und dem des Finanzrechtes. Seit einigen Jahren gibt es auch einen gemeinsam veranstalteten Universitätslehrgang für „Europäisches Steuerrecht".[67]

In Salzburg nehmen „Nationale Steuerlehre (Steuerrecht)" und „Unternehmensbeendigung" die größte Rolle ein. Ebenfalls gibt es Veröffentlichungen größeren Ausmaßes im Bereich der „Bilanzierung und Bilanzanalyse".

Die größte Anzahl der Publikationen und Vorträge in Innsbruck beschäftigen sich mit „nationalen Besteuerungsproblemen"[68] und „Internationaler Steuerlehre".

Am steirischen Lehrstuhl „Unternehmensrechnung und Steuerlehre" spielen „Nationale Steuerlehre (Steuerrecht)"[69] und diverse betriebswirtschaftliche Themen in Zusammenhang mit Besteuerungsfragen (insbesondere Fragen zur Besteuerung und Unsicherheit) die größte Rolle.

In Klagenfurt beschäftigt sich die Lehrstuhlinhaberin vor allem mit „Nationaler Steuerlehre" (Steuerrecht), mit der Thematik „Sanierung und Insolvenz" und neuerdings auch stärker mit „Rechtsformgestaltung".[70] Der Leserschaft sind in den letzten beiden Jahren va Herausgeberschaften zu einem Kommentar zum Einkommen- und Umsatzsteuergesetz in Erinnerung.[71]

Bis Ende der Neunziger Jahre gab es keine österreichischen Bücher, die zusammenfassend den Lehrgegenstand „Betriebswirtschaftliche Steuerlehre" darstellten. Die Studenten behalfen sich mit Vorlesungsmitschriften, universitätsinternen Skripten, deutscher Literatur[72] und Einzelpublikationen, die sich vorwiegend mit Steuerrecht[73] oder Rechnungswesen[74] beschäftigten.

---

[66] Vgl dazu va *Gaedke/Tumpel*, 2002; vgl *Aigner/Kofler/Tumpel*, 2004; vgl *Aigner/Gaedke/Grabner/Tumpel*, 2004; vgl *Achatz/Aigner/Kofler/Tumpel*, 2005; vgl *Quantschnigg/Achatz/Haidenthaler/Trenkwalder/Tumpel*, 2005; vgl *Melhardt/Tumpel*, 2011.

[67] Der Lehrgang „European Tax Law" findet an der Universität Linz statt. Lehrgangsleitung: *Markus Achatz* und *Michael Tumpel*.

[68] Aufgrund der Herkunft der Lehrstuhlinhaberin (sie studierte und promovierte laut Homepage ihres Institutes in Bayreuth (Doktorvater *Jochen Sigloch*) und habilitierte sich in Osnabrück (Habilitationsvater *Michael Wosnitza*) handelt es sich hierbei nicht nur um österreichische, sondern auch um deutsche Themen.

[69] Aufgrund der Herkunft des Lehrstuhlinhabers (er studierte an der Universität Bielefeld und promovierte bzw habilitierte sich laut Homepage des Institutes in Tübingen) handelt es sich hierbei nicht nur um österreichische, sondern auch um deutsche Themen.

[70] Vgl *Hübner-Schwarzinger/Kanduth-Kristen*, 2011.

[71] Vgl *Kanduth-Kristen/Baldauf/Laudacher/Lenneis/Marschner*, 2011; vgl *Kanduth-Kristen/Berger/Bürgler/Wakounig*, 2010.

[72] Vgl dazu va Fußnote 74.

[73] Hier wurde va der Klassiker *Doralt/Ruppe* in zwei Bänden und jeweils aktueller Auflage zu Hilfe genommen: Vgl dazu in derzeit aktueller Auflage *Doralt/Ruppe*, 2007; vgl *Doralt/Ruppe*, 2006.

[74] Vgl dazu in derzeit aktueller Auflage zB *Seicht*, 2002; vgl *Bertl/Deutsch/Hirschler*, 2009; *Platzer/Kros*, 1983.

Nunmehr bietet der Markt vor allem zwei klassische Lehrbücher mit Österreichbezug:[75,76]

Tumpel verfasst mit seinen Mitarbeitern – einmal jährlich aktualisiert – das Buch „Steuern kompakt – Eine Einführung in die Steuerlehre".[77] Das Buch hat mittlerweile knapp 150 Seiten und ist vor allem für den ersten Studienabschnitt gedacht.[78] In der ersten Hälfte bietet es schwerpunktmäßig einen Überblick über das derzeit geltende Finanzrecht und im zweiten Teil werden Kernbereiche der betriebswirtschaftlichen Steuerlehre abgedeckt. Das Buch ist preislich so angesetzt, dass es idR Studenten problemlos erwerben können.[79]

Als „besonderen Glücksfall"[80] bezeichnet der *Jubilar* zu Recht das „Handbuch der österreichischen Steuerlehre":[81] Dieses mittlerweile in vielen Teilen erscheinende Standardwerk behandelt erstmals umfassend alle Arbeitsgebiete der „Betriebswirtschaftlichen Steuerlehre" aus österreichischer Sicht. Obwohl für dieses Werk ein Hörerschein vorhanden ist, erscheint dem Autor das vorliegende Buch für den Praktiker sehr brauchbar, für den Studenten allerdings etwas zu detailliert und dadurch zu teuer.[82] Ein Lehrbuch, das in seiner Ausführlichkeit zwischen oben genannten Werken steht, fehlt der österreichischen Lehre nach wie vor.

Abschließend beurteilt ist festzustellen, dass der Publikationsoutput der österreichischen Lehrstühle sehr rege ist und die themenmäßige Schwerpunktsetzung breit gestreut ist. Teilweise ist auch eine sehr starke internationale Verankerung bemerkbar.[83]

---

[75] In Folge soll lediglich auf österreichische Literatur eingegangen werden. Zu den bekannteren Lehrbüchern in Deutschland zählen etwa (in alphabetischer Reihenfolge ohne Anspruch auf Vollständigkeit): *Breithecker/Haberstock*, 2008; *Kußmaul*, 2010; *Rose*, 1992; *Schneeloch*, 2008; *Schneider*, 1996; *Schult*, 1998; *Wöhe/Bieg*, 1995.

[76] Nicht genannt werden an dieser Stelle Lehrbücher, die schwerpunktmäßig den juridischen und volkswirtschaftlichen Nachbardisziplinen zuzurechnen sind. Zur Abgrenzung vgl dazu die Ausführungen an anderer Stelle dieser Arbeit.

[77] Vgl *Tumpel*, 2011.

[78] Im Vorwort der ersten Auflage des Lehrbuches heißt es, das Werk soll einen „*möglichst umfassenden und zugleich konzentrierten Einblick in das österreichische und internationale Steuerrecht geben. Gleichzeitig sollen die Wirkungen der Steuern auf unternehmerische Entscheidungen gezeigt werden. Das Buch dient als Arbeitsunterlage für Studierende der Wirtschaftswissenschaften (...). Das Konzept, die Wissensvermittlung möglichst benutzerfreundlich zu gestalten und gleichzeitig einen ausreichenden Überblick über die Maßgeblichkeit der Besteuerung für die betrieblichen Entscheidungen gegeben, wurde beibehalten.*" Tumpel, 2003, 5.

[79] Das Buch kostet laut Katalog des Linde-Verlages (Stand: Herbst 2011) EUR 22,00, mit Hörerschein EUR 17,60.

[80] *Schlager*, 1999, 226.

[81] Vgl *Bertl/Djanani/Eberhartinger/Kofler/Tumpel*, 2008; vgl *Bertl/Djanani/Eberhartinger/Hirschler/Kofler/ Tumpel/Urnik*, diverse Bände, 2010; vgl *Bertl/Djanani/Eberhartinger/Hirschler/Kofler/ Tumpel/Urnik*, 2011.

[82] Der Preis ohne Hörerschein (Stand Herbst 2011) beträgt laut Homepage des Verlages LexisNexis EUR 374,00, mit Hörerschein EUR 299,20. Die Seitenanzahl beträgt derzeit (Auflagen der Jahre 2010 bzw. 2011) für Band I/1: 550 Seiten, für Band I/2: 314 Seiten, für Band II: 326 Seiten, für Band III: 530 Seiten, für Band IV: 254 Seiten, für Band V: 294 Seiten, für Band VI: 354 Seiten, das sind insgesamt 2.622 Seiten.

[83] Vgl dazu die Homepages der einzelnen Institute.

5. Chancen und Gefahren für die Betriebswirtschaftliche Steuerlehre

In den letzten zehn Jahren ist im Bereich der Betriebswirtschaftslehre eine starke Tendenz zur Internationalisierung in Zusammenhang mit verstärkten mathematischen Modellberechnungen festzustellen. Diese Tendenz ergreift auch die Betriebswirtschaftliche Steuerlehre. Sie kann zu einer Kluft zwischen Forschungsbemühen (va im Bereich der Steuerplanung und -analyse) und Praxisakzeptanz führen.[84] Dies verwundert, da hier im Regelfall Probleme erörtert werden, die sich sehr wohl aus der aktuellen Entwicklung des Steuerrechts ergeben und daher durchaus auch für die Praxis von Belang sein können. Die Internationalisierung ist mE durchaus notwendig: sie stärkt die internationale Reputation der Lehrstuhlinhaber und ist auch eine Antwort auf die Globalisierung, die vor allem auch im Bereich der Steuerlehre nicht aufhört: Die Betonung rein nationaler Probleme hingegen kann zu internationaler Isolation in der wissenschaftlichen Kommunikation führen und schwächt daher die Wettbewerbsfähigkeit inländischer Lehrstühle.[85] Aber auch die Unternehmen denken verstärkt grenzübergreifend und verlangen dies auch von ihren Mitarbeitern. Diese brauchen dafür eine entsprechende universitäre Ausbildung mit teilweise fremdsprachigem Unterricht und grenzübergreifendem Steuerwissen.

Schneeloch führt Verständnisprobleme zwischen Theorie und Praxis auf drei Gründe zurück: Zum Ersten ortet er den *„Unwillen (...) aber auch die ausbildungsbedingte Unfähigkeit eines großen Teils der mit der Steuerplanung beschäftigten Praktiker an, die häufig intellektuell in hohem Maße anspruchsvollen modelltheoretischen Betrachtungen der Wissenschaftler nachzuvollziehen"*[86]. Dafür macht er die fehlende und unzureichende Ausbildung verantwortlich. Als zweiten Grund erwähnt er *„die Neigung vieler Wissenschaftler, Modelle möglichst komplex und mathematisch anspruchsvoll zu formulieren, und zwar auch in Fällen, in denen die Frage, ob nicht eine einfachere Modellierung möglich wäre, nahe liegend ist"*[87]. Als letzten Grund erwähnt *Schneeloch* *„die Neigung einiger Wissenschaftler, Probleme zu lösen, die von der Praxis als Scheinprobleme in dem Sinne angesehen werden, als es sich um Probleme handelt, die außer dem jeweiligen Wissenschaftler niemanden interessieren"*.[88] Das dritte Problem führt *Schneeloch* auf die Berufungspolitik der letzten Jahre zurück, bei der die Tendenz unverkennbar ist, darauf zu achten, dass die Kandidaten in möglichst vielen internationalen (idR amerikanischen und damit englischsprachigen) Zeitschriften mit entsprechenden Ratings veröffentlicht haben.[89] Dadurch sei es nicht verwunderlich, dass die jungen Wissenschaftler vor allem Themen bearbeiten, mit denen sie eine Chance haben, angenommen zu werden. Dies ist bei steuerplanerischen Themen auf Grundlage des deutschen (oder auch noch vielmehr des österreichischen) Steuerrechts jedenfalls auch nach Ansicht des *Verf* kaum der Fall. Ebenso sinkt dadurch das Interesse von Lehrstuhlinhabern, Lehrbücher zu verfassen oder in Zeit-

---

[84] Von einer derartigen Kluft schreibt auch *Schlager* in seinem Bericht über die Grazer Tagung der Kommission „Betriebswirtschaftliche Steuerlehre". Vgl dazu *Schlager*, 2011, 80ff.
[85] Vgl dazu auch Jacobs, 2004, 255.
[86] *Schneeloch*, 2005, 255.
[87] *Schneeloch*, 2005, 255.
[88] *Schneeloch*, 2005, 255.
[89] Vgl *Schneeloch*, 2005, 256.

schriften zu publizieren, die vorwiegend von Praktikern gelesen werden, da diese entweder schlecht oder gar nicht geratet sind.

Es ist hier ein Mittelweg zu suchen, der die internationale Zusammenarbeit mit allen aktuellen Herausforderungen nicht behindert, aber auch den Diskurs mit Praktikern offenhält: Forschungsergebnisse sollten dabei auf eine für Praktiker verständliche Ebene heruntergebrochen werden: Es ist nicht immer notwendig, zu verstehen, wie ein Ergebnis entstanden ist, sondern welche Auswirkungen solche Erkenntnisse haben und wie sie anwendungsorientiert genutzt werden können. Umgekehrt müssen auch Praktiker bereit sein, auf Lehre und Forschung zuzugehen.

Nur so entsteht der „Nutzen", von dem der *Jubilar* bereits mehrfach geschrieben hat.[90]

6. Zusammenfassung

Im vorliegenden Aufsatz wurde versucht, die methodologischen Grundlagen der Betriebswirtschaftlichen Steuerlehre herauszuarbeiten und sie im Kontext mit dem Stand der Lehre und Praxis in Österreich im Jahr 2011 zu untersuchen. Insgesamt ergibt sich ein befriedigender Befund mit einem guten Mix aus den unterschiedlichen Bereichen der Steuerlehre. Anhand zahlreicher (praxisrelevanter) Publikationen der letzten Jahre lässt sich auch feststellen, dass die Zusammenarbeit zwischen Lehre und Praxis derzeit gut funktioniert. Alle sollten sich jedoch der Gefahren bewusst sein, die sich aus einer stärkeren Kluft zwischen Theorie und Praxis ergeben können.

Der *Jubilar* vermittelt seit vielen Jahren zwischen diesen beiden Seiten und trägt damit entscheidend zu einer guten Zusammenarbeit bei.[91] Ihm ist neben Gesundheit weiterhin privates Glück und Zufriedenheit zu wünschen, dem Fachgebiet sein weiterhin unermüdlicher Elan und der Fachkollegenschaft seine Einsatzbereitschaft.

7. Literaturverzeichnis

7.1. Bücher

Achatz, M./Aigner, D./Kofler, G./Tumpel, M., Internationale Umgründungen, Wien 2005.
Aigner, D./Gaedke, G./Grabner, R./Tumpel, M., Das Auto im Steuerrecht^2, Wien 2004.
Aigner, D./Kofler, G./Tumpel, M., Zuzug und Wegzug von Kapitalgesellschaften im Steuerrecht – Ein Überblick zu den steuerlichen Folgen von Daily Mail, Centros, Überseering und Inspire Art, Wien 2004.
Baldauf/Kanduth-Kristen/Laudacher/Lenneis/Marschner, Jakom Einkommensteuergesetz^4, Wien 2011.
Bertl, R., Handbuch für Wirtschaftstreuhänder, Wien 1989.

---

[90] Vgl Kapitel 1 dieser Arbeit und die dort angeführten Literaturhinweise.
[91] Hierbei tragen va auch die zahlreichen Publikationen seit 1979 in der Praxiszeitschrift „Der Wirtschaftstreuhänder" dazu bei. Dazu sei auf die Publikationsliste des Jubilars an anderer Stelle der Festschrift verwiesen.

Bertl, R./Deutsch, E./Hirschler, K., Buchhaltungs- und Bilanzierungshandbuch[6], Wien 2009.
Bertl, R./Djanani, C./Eberhartinger, E./Kofler, H./Tumpel, M. (Hrsg), Handbuch der österreichischen Steuerlehre, Band VI[2], Wien 2006.
Bertl, R./Djanani, C./Eberhartinger, E./Hirschler, K./Kofler, H./Tumpel, M./Urnik, S. (Hrsg), Handbuch der österreichischen Steuerlehre, Band I/1[3], Wien 2010.
Bertl, R./Djanani, C./Eberhartinger, E./Hirschler, K./Kofler, H./Tumpel, M./Urnik, S. (Hrsg), Handbuch der österreichischen Steuerlehre, Band I/2[3], Wien 2010.
Bertl, R./Djanani, C./Eberhartinger, E./Hirschler, K./Kofler, H./Tumpel, M./Urnik, S. (Hrsg), Handbuch der österreichischen Steuerlehre, Band II[2], Wien 2010.
Bertl, R./Djanani, C./Eberhartinger, E./Hirschler, K./Kofler, H./Tumpel, M./Urnik, S. (Hrsg), Handbuch der österreichischen Steuerlehre, Band III[2], Wien 2010.
Bertl, R./Djanani, C./Eberhartinger, E./Hirschler, K./Kofler, H./Tumpel, M./Urnik, S. (Hrsg), Handbuch der österreichischen Steuerlehre, Band IV[2], Wien 2010.
Bertl, R./Djanani, C./Eberhartinger, E./Hirschler, K./Kofler, H./Tumpel, M./Urnik, S. (Hrsg), Handbuch der österreichischen Steuerlehre, Band V[2], Wien 2011.
Bertl, R./Djanani, C./Eberhartinger, E./ Kofler, H./Tumpel, M. (Hrsg), Handbuch der österreichischen Steuerlehre, Band VI[2], Wien 2008.
Breithecker, V./Haberstock, L., Einführung in die betriebswirtschaftliche Steuerlehre[14], Berlin 2008.
Doralt, W./Ruppe, H. G., Steuerrecht, Band I[9], Wien 2007.
Doralt, W./Ruppe, H. G., Steuerrecht, Band II[5], Wien 2006.
Findeisen, F., Unternehmung und Steuer (Steuerbetriebslehre), Stuttgart 1923.
Fraberger, F./Hirschler, K./Kanduth-Kristen, S./Ludwig, C./Mayr, G., Handbuch Sonderbilanzen, Band II, Wien 2010.
Gaedke, G./Tumpel, M., Bauleistungen neu – Leitfaden zu den Änderungen im österreichischen Umsatzsteuerrecht, Graz/Wien 2002.
Haberstock, L., Einführung in die Betriebswirtschaftliche Steuerlehre[7], Hamburg 1989.
Hirschler, K., Bilanzrecht, Kommentar Einzelabschluss, Wien 2010.
Hübner-Schwarzinger, P./Kanduth-Kristen, S., Rechtsformgestaltung, Wien 2011.
Kanduth-Kristen, S./Berger, W./Bürgler, C./Wakounig, M., UStG-ON, Kommentar zum Umsatzsteuergesetz 1994[2], Wien 2010.
Kußmaul, H., Betriebswirtschaftliche Steuerlehre[6], München 2010.
Melhardt, S./Tumpel, M., Umsatzsteuergesetz-Kommentar, Wien 2011.
Platzer, W./Kros, F.W., Buchhaltungs- und Bilanzierungs-Handbuch[7], Wien 1983.
Quantschnigg, P./Achatz, M./Haidenthaler, E./Trenkwalder, V./Tumpel, M. (Hrsg), Gruppenbesteuerung, Wien 2005.
Rose, G., Betriebswirtschaftliche Steuerlehre – Eine Einführung für Fortgeschrittene[3], Wiesbaden 1992.
Ruppe, H. G./Achatz, M., Umsatzsteuergesetz-Kommentar[4], Wien 2011.
Schneeloch, D., Betriebswirtschaftliche Steuerlehre, Band 1[5], München 2008.
Schneider, D., Grundzüge der Unternehmensbesteuerung[6], Nachdruck, Wiesbaden 1996.
Schult, E., Betriebswirtschaftliche Steuerlehre[3], München/Wien 1998.

Schulz, G., Steuerberatungslehre, Wiesbaden 1980.
Seicht, G., Buchführung, Jahresabschluss und Steuern[12], Wien 2002.
Steinmaurer, W./Schlager, J., Wissensmanagement für Steuerberater, Wien 2006.
Tumpel, M., Steuern kompakt 2003, Wien 2003.
Tumpel, M., Steuern kompakt 2011, Wien 2011.
Wöhe, G., Betriebswirtschaftliche Steuerlehre, Band I, 1. Halbband[6], München 1988.
Wöhe, G./Bieg, H., Grundzüge der Betriebswirtschaftlichen Steuerlehre4, München 1995.

7.2. Beiträge in Sammelwerken

Bertl, R., Rechtliche Rahmenbedingungen der Steuerberatung und Abschlussprüfung, in: *Bertl, R./Djanani, C./Eberhartinger, E./Hirschler, K./Kofler, H./Tumpel, M./Urnik, S.* (Hrsg), Handbuch der österreichischen Steuerlehre, Band I, Teil 2[3], Wien 2010, 265–307.

Djanani, C./Pummerer, E., Methodologische Grundlagen, in: *Bertl/Djanani/Eberhartinger/Hirschler/Kofler/Tumpel/Urnik,* Handbuch der österreichischen Steuerlehre, Band I, Teil 1[3], Wien 2010, 1–22.

Findeisen, F., Der Steueranwalt, Frankfurter Zeitung, Abendblatt vom 10.11.1919, 64. Jg., Nr.843, 2. Wiederabdruck in StbJb, 1969/70, 67–68.

Findeisen, F., Eine Privatwirtschaftslehre der Steuern, in: Zeitschrift für Handelswissenschaft und Handelspraxis 1919/20, Heft 8, 163–164, Nachdruck in StbJb, 1969/70, 68–70.

Fischer, L., Zu einigen Problemen einer entscheidungsorientierten betriebswirtschaftlichen Steuerlehre, in: Jacob, H. (Hrsg): Besteuerung und Unternehmensführung, Schriften zur Unternehmensführung, Band 19, Wiesbaden 1974, 4–14.

Rose, G., Steuerberatung und Wissenschaft, Gedanken anläßlich des 50jährigen Bestehens der Betriebswirtschaftlichen Steuerlehre, in: StbJB 1969/70, 31–66.

Rose, G., Steuerlehre, betriebswirtschaftliche, in: Grochla, E./Wittmann, W. (Hrsg): Handwörterbuch der Betriebswirtschaft, Stuttgart 1976, Sp. 3760–3768.

Schneeloch, D., Gedanken zum Stand und zum Selbstverständnis der Betriebswirtschaftlichen Steuerlehre, in: *Siegel, T./Kirchhof, P./Schneeloch, D./Schramm, U.* (Hrsg), Steuertheorie, Steuerpolitik und Steuerpraxis, FS Bareis, Stuttgart 2005, 251–274.

Schneider, D., Betriebswirtschaftliche Steuerlehre als Steuerplanungslehre oder als ökonomische Analyse des Steuerrechts?, in: *Fischer, L.* (Hrsg), Unternehmung und Steuer, FS Scherpf, Wiesbaden 1983, 21–37.

Schneider, D., Die Anfänge der „Steuerbilanz" und die Entstehung des Maßgeblichkeitsprinzips, in: *Herzig, N.* (Hrsg), Betriebswirtschaftliche Steuerlehre und Steuerberatung, FS Rose, Wiesbaden 1991, 175–190.

Wöhe, G., Die Aufgaben der Betriebswirtschaftlichen Steuerlehre und das Postulat der Wertfreiheit, in: *Fischer, L.,* (Hrsg), Unternehmung und Steuer, FS Scherpf, Wiesbaden 1983, 5–20.

7.3. Beiträge in Zeitschriften

Fischer, L./Schneeloch, D./Sigloch, J.: Betriebswirtschaftliche Steuerlehre und Steuerberatung, DStR 1980, 699–705.

Jacobs, O. H.: Stand und Entwicklungstendenzen der Betriebswirtschaftlichen Steuerlehre, in: StuW 2004, 251–259.

Kern, P./Schlager, J.: Die Quellen des Selbstverständnisses des deutschen und österreichischen Berufsstandes der Steuerberater und ihre Bedeutung für die Qualität der Leistungserbringung, Teil 1, in: WT 2008, 20–26.

Kern, P./Schlager, J.: Die Quellen des Selbstverständnisses des deutschen und österreichischen Berufsstandes der Steuerberater und ihre Bedeutung für die Qualität der Leistungserbringung, Teil 2, in: WT 2008, 46–51.

Scherpf, P., Zur Entwicklung der betriebswirtschaftlichen Steuerlehre (Versuch eines einheitlichen Systems), in: Neue Betriebswirtschaft, 1959, 61–65.

Schlager, J., Vom Nutzen der betriebswirtschaftlichen Steuerlehre – ein Wegweiser durch die Literatur, in: JfB 1979, 37–55.

Schlager, J., Vom Nutzen der betriebswirtschaftlichen Steuerlehre – ein Beitrag zum 80-jährigen Fachjubiläum, in: WT 1999, 220–228.

Schlager, J., Internationalisierung der Rechnungslegung – Vorstellung des Fachbereiches Unternehmensrechnung an der Universität Linz, in: WT 1/2000, 32–33.

Schlager, J., Controlling – ein Aufgabenfeld für Wirtschaftstreuhänder. Vorstellung der Abteilung Controlling an der Universität Linz, in: WT 6/2000, 17–19.

Schlager, J., Betriebswirtschaftliche Steuerlehre mit starkem Planungs-, Gestaltungs- und Praxisbezug. Vorstellung der Abteilung „Betriebswirtschaftliche Steuerlehre" an der Universität Linz, in: WT 1/2001, 32–33.

Schlager, J., Zugang zu verstecktem Fachwissen in Festschriften und Sammelwerken, in: WT 3/2002, 39–40.

Schlager, J., Instrument des Wissensmanagement – Inhaltsverzeichnisse von Sammelwerken und Festschriften in Datenbanken, in: WT 4/2005, 49.

Schlager, J., Unternehmensrechnung und Wirtschaftsprüfung – national und international, in: WT 1/2006, 25–26.

Schlager, J., Externes Rechnungswesen – ein unerschöpfliches Forschungsgebiet, in: WT 3/2006, 28–29.

Schlager, J., Vorstellung Dieter Schneider, in: WT 4/2007, 19.

Schlager, J., Vorstellung Prof. Otto H. Jacobs, in: WT 3/2009, 132–133.

Schlager, J., Zur Vielfalt der Forschungsansätze in der Betriebswirtschaftlichen Steuerlehre, in: WT 2/2011, 80–82.

Schlager, J./Schwarz, R., Bedeutsame betriebswirtschaftliche Fragestellungen für Wirtschaftstreuhänder, in: WT 4/2006, 13–15.

Treisch, C., Zum Entstehen einer Betriebswirtschaftlichen Steuerlehre, in: StuW 2006, 255–265.

Wöhe, G., Die betriebswirtschaftliche Steuerlehre – eine spezielle Betriebswirtschaftslehre?, in: ZfhF 1961, 49–70.

Zur Herausgabepflicht elektronischer Leistungsverzeichnisse von Rechtsanwälten und Steuerberatern im Abgabenverfahren

Markus Achatz

1. **Problemstellung**
2. **Leistungsverzeichnisse als Grundaufzeichnungen?**
   2.1. Zum Begriff der Grundaufzeichnungen
   2.2. Zur Einordnung von Leistungsverzeichnissen als Grundaufzeichnungen
      2.2.1. Grundaufzeichnungsfunktion
      2.2.2. Rekonstruktion von Geschäftsvorfällen im weiteren Sinn
3. **Verpflichtung zur Offenlegung von Leistungsverzeichnissen iRd Mitwirkungspflicht des Abgabepflichtigen**
   3.1. Rechtsgrundlage
   3.2. Keine allgemeine abgabenrechtliche Bedeutsamkeit von Leistungsverzeichnissen
   3.3. Abgabenrechtliche Bedeutsamkeit in Sonderfällen
   3.4. Einschränkung der Offenlegungspflichten auf Grund berufsrechtlicher Verschwiegenheitsrechte (§ 171 BAO)
4. **Ergebnis**

1. Problemstellung

Rechtsanwälte und Steuerberater führen vielfach elektronische Datenbanksysteme, die der Erfassung und systematischen Zuordnung von erbrachten Leistungszeiten zu bestimmten Aufträgen dienen. Neben der Funktion, den Inhalt und Umfang der für einzelne Klienten erbrachten Leistungen bestimmen zu können, haben diese Systeme vielfach auch Unternehmensführungs- und Kontrollfunktion: sie nehmen eine lückenlose Zeiterfassung der Arbeitsleistung von Mitarbeitern vor, in der in nicht unwesentlichem Umfang auch regelmäßig nicht verrechenbare Zeiten erfasst werden.

Im Abgabenverfahren kann sich die Frage stellen, ob und unter welchen Voraussetzungen der Rechtsanwalt oder Steuerberater verpflichtet ist, diese Zeitaufzeichnungen auf Verlangen der Abgabenbehörde vorzulegen. Eine solche Herausgabepflicht auf Verlangen wurde in jüngster Zeit etwa von *Joklik-Fürst*[1] ohne nähere Erläuterung bejaht. Im olgenden Beitrag soll der Frage nachgegangen werden, unter welchen Voraussetzungen eine solche Verpflichtung im Abgabenverfahren tatsächlich besteht.

Eine solche Herausgabepflicht wäre nach der geltenden Rechtslage jedenfalls dann zu bejahen, wenn derartige Leistungsverzeichnisse als Grundaufzeichnungen iSd § 131 BAO zu qualifizieren wären[2]. Qualifiziert man Leistungsverzeichnisse als Grundaufzeichnungen, würde hieraus folgen, dass der Rechtsanwalt bzw Steuerberater verpflichtet wäre, diese den Büchern und Aufzeichnungen zugrunde zu legen, dh solche Aufzeichnungen tatsächlich zu führen. Die Aufzeichnungen müssten hierbei den Anforderungen des § 131 BAO entsprechen. Werden Grundaufzeichnungen nicht offengelegt, könnte die Abgabenbehörde hieraus den Schluss ziehen, dass eine Verletzung der formellen Ordnungsmäßigkeit vorliegt. Sind Leistungsverzeichnisse dagegen nicht als Grundaufzeichnungen einzustufen, besteht weder eine Verpflichtung zur Führung solcher Verzeichnisse noch zur Beachtung der Anforderungen des § 131 BAO. Die Nichtvorlage von Leistungsverzeichnissen genügt bei einer solchen Sicht nicht, die Vermutung der sachlichen Ordnungsmäßigkeit von offengelegten Büchern und Aufzeichnungen aufzuheben (§ 163 BAO).

Aber selbst wenn man Leistungsverzeichnisse nicht als Grundaufzeichnungen qualifiziert, bleibt zu prüfen, inwieweit der Steuerpflichtige im Rahmen der allgemeinen Offenlegungspflicht nach § 119 Abs 1 BAO auf Verlangen der Abgabenbehörde Leistungsverzeichnisse im Abgabenverfahren vorzulegen hat (vgl dazu 3.).

2. Leistungsverzeichnisse als Grundaufzeichnungen?

2.1. Zum Begriff der Grundaufzeichnungen

§ 131 BAO Abs 1 bestimmt, dass den Büchern und Aufzeichnungen Grundaufzeichnungen zugrunde zu legen sind. Als konkreten Fall spricht § 131 BAO die Führung von Grundaufzeichnungen zur Erfassung aller Bareingänge und Barausgänge an. Grundaufzeich-

---

[1] SWK 2010, S 742 [749].
[2] Vgl dazu 2.

nungen sind somit offensichtlich nicht mit Aufzeichnungen iSd § 126 BAO gleichzusetzen: Grundaufzeichnungen sind Büchern und Aufzeichnungen funktional vorgelagert; sie sind den Aufzeichnungen zugrunde zu legen.

Das Gesetz selbst führt aus, dass alle Bareingänge und Barausgänge in den Büchern oder in den zu Grunde liegenden Grundaufzeichnungen täglich einzeln festgehalten werden. Hieraus kann abgeleitet werden, dass eine Verpflichtung zur Führung von Grundaufzeichnungen nach § 131 BAO offensichtlich dann besteht, wenn Bareingänge oder Barausgänge nicht täglich in den Büchern oder Aufzeichnungen erfasst werden. § 131 BAO schließt aber nicht aus, dass Grundaufzeichnungen auch zu anderen Zwecken als zur Erfassung von Barzu- und Barabgängen zu erstellen sind. Dementsprechend geht auch die Praxis der Finanzverwaltung allgemein davon aus, dass Grundaufzeichnungen Aufzeichnungen sind, die Grundlage für die systematische Verbuchung von Geschäftsvorfällen sind[3].

Der Rechtsprechung des VwGH und des BFH können Aussagen zum Zweck der Grundaufzeichnungen entnommen werden: Grundaufzeichnungen müssen danach gewährleisten, dass von der späteren Buchung bis zum Beleg zurück die Geschäftsvorfälle festgestellt werden können[4]. Auch der BFH geht davon aus, dass der Zweck der Grundaufzeichnungen darin besteht, die Möglichkeit zu garantieren, von der späteren Buchung bis zum Beleg zurück den Geschäftsvorfall zu identifizieren[5]. Hierbei kommt jedes System in Betracht, durch das die Geschäftsvorfälle fortlaufend vollständig und richtig so in der Buchführung festgehalten werden, dass die Grundaufzeichnungsfunktion, nämlich die Belegsicherung und Garantie der Unverlierbarkeit des Geschäftsvorfalles erfüllt wird.

Die Grundaufzeichnungsfunktion erlaubt es jedenfalls nicht, Grundaufzeichnungen auf Bargeldbewegungen einzuschränken[6]. Es handelt sich vielmehr um Aufzeichnungen, welche Grundlage für die systematische Verbuchung der Geschäftsvorfälle sind[7]. Sie stellen den unmittelbaren Zusammenhang zu den betroffenen Geschäftsfällen her[8]. Aus dieser Funktion ergibt sich jedenfalls, dass Grundaufzeichnungen nicht auf bestimmte Geschäftsvorfälle eingeschränkt sind. Sie dienen vielmehr der Unverlierbarkeit des Geschäftsvorfalles und sind somit Grundlage für die vollständige und zutreffende Erfassung des Geschäftsvorfalls in den Büchern und Aufzeichnungen.

2.2. Zur Einordnung von Leistungsverzeichnissen als Grundaufzeichnungen

2.2.1. Grundaufzeichnungsfunktion

Aus der Rechtsprechung und dem Schrifttum kann somit verallgemeinernd gefolgert werden, dass Grundaufzeichnungen die Funktion zukommt, die Rekonstruktion von Ge-

---

[3] AÖF 1998/ 93; AÖF 1990/ 169.
[4] VwGH 7.8.2001, 96/14/118; *Stoll*, BAO 1456 f.
[5] BFH 26.3.1968, IV 63/63.
[6] So aber *Trenkwalder*, Die Verpflichtung zur Führung von Büchern und Aufzeichnungen im Lichte der neuen Technologien, in *Lang/Toifl/Züger*, Besteuerung von E-Commerce, 428.
[7] Ritz, BAO³ § 131 Tz 2.
[8] *Mattes/Mühl*, SWK 2005, S 522.

schäftsvorfällen zu ermöglichen und die Unverlierbarkeit des Geschäftsvorfalles zu gewährleisten. Hierbei muss es sich offensichtlich um eine Dokumentation handeln, aus der unmittelbar der verwirklichte Geschäftsvorfall abgeleitet werden kann (Grundaufzeichnungsfunktion). Es handelt sich dabei offensichtlich um eine Dokumentation, die zeitlich anlässlich des an sich verbuchungspflichtigen bzw aufzeichnungspflichtigen Geschäftsvorfalles anstelle einer Verbuchung erstellt wird, um diese zu einem späteren Zeitpunkt nachzuholen. Grundaufzeichnungen erfassen somit den Geschäftsvorfall, somit jenen Vorfall, für den eine Verpflichtung zur Aufnahme in die Bücher und Aufzeichnungen besteht. Beispielhaft führt die Judikatur unter anderem Paragons, Registrierkassen-Kontrollstreifen, Strichel-Listen oder auch das Kassabuch an[9].

Den von Rechtsanwälten bzw Steuerberatern für die einzelnen Causen aufgewendeten Zeiten kommt danach aber keine Grundaufzeichnungsfunktion zu: Eine Auswirkung auf den stl Gewinn hat nicht die jeweilige konkrete Tätigkeit (die für sich unstrittig keine steuerpflichtige Betriebseinnahme ist), sondern im Fall der Gewinnermittlung durch Betriebsvermögensvergleich die aus der erbrachten Leistung resultierende Forderung. Diese entsteht nicht nach Maßgabe der erbrachten einzelnen Tätigkeiten und den dafür aufgewendeten Zeiten, sondern entsprechend der mit dem Auftraggeber abgeschlossenen Honorarvereinbarung über die zu erbringende Leistung und den zugrundeliegenden Auftragsbedingungen. Im Fall einer Gewinnermittlung durch Einnahmen-Ausgaben-Rechnung gem § 4 Abs 3 EStG ist auf den Zufluss der Einnahme abzustellen.

Auch umsatzsteuerlich sind die für die einzelne Causa angeführten Tätigkeiten nicht als umsatzsteuerliche Leistung, sondern als unbeachtliche Vorbereitungshandlung zu qualifizieren. Umsatzsteuerlicher Geschäftsvorfall ist die tatsächlich gegenüber dem Leistungsempfänger ausgeführte Leistung. Geht man vom Vorliegen eines Zielschuldverhältnisses aus, wird die Leistung mit Bewirkung des geschuldeten Erfolgs erbracht[10]; im Fall eines Dauerschuldverhältnisses hängt es letztlich von der Parteienvereinbarung ab, ob die Leistung nach Zeitabschnitten oder Leistungsinhalten abgerechnet wird[11]. Entsteht die Umsatzsteuerschuld nach dem Ist-Prinzip (§ 17 UStG), ist schlicht die Vereinnahmung des Entgelts steuerschuldbegründend. Die einzelnen vorbereitend ausgeführten Tätigkeiten sind danach umsatzsteuerlich nicht relevant und somit nicht als Geschäftsvorfall zu qualifizieren.

Leistungsverzeichnisse iSv Zeiterfassungen von einzelnen Arbeitsabläufen und Tätigkeiten stellen somit keine „Grundaufzeichnungen" dar, da sie keine abgabenrechtlich relevanten Geschäftsvorfälle erfassen. Die jeweilige aufgezeichnete Tätigkeit ist weder aus estl noch aus ustl Sicht Geschäftsvorfall. Hierbei spielt auch keine Rolle, ob die Abrechnung in der konkreten Causa pauschal oder unter Zugrunde- und Offenlegung aller konkret erbrachten Einzelleistungen erfolgt.

Dieses Ergebnis fügt sich auch systematisch in die Rechtsprechung des VwGH ein: Grundaufzeichnungen müssen laut VwGH nicht geführt werden, wenn ein Gewerbetrei-

---

[9] VwGH 7.10.2003, 2001/15/0025; 23.3.1999, 89/14/0127.
[10] *Ruppe/Achatz*, UStG[4] § 3a Tz 124.
[11] *Ruppe/Achatz*, UStG[4] § 3a Tz 125.

bender täglich alle seine Bargeldbewegungen erfasst[12]. Auch Gärtner, Bäcker, Fleischer und Gastwirte führen in wesentlichem Umfang Tätigkeiten aus, die nicht unmittelbar an einen Kunden abgerechnet werden, wenngleich sie notwendigerweise in die Preiskalkulation einfließen. Diese Vorbereitungshandlungen müssen unzweifelhaft nicht gesondert aufgezeichnet werden (zB muss der Bäcker keine Aufzeichnungen führen, wie viele Brote er gebacken hat und wie viele Stunden er oder seine Mitarbeiter dafür pro Tag aufwenden). Auch bei anderen freien Berufen, wie zB Ärzten, werden keine Zeitaufzeichnungen oder sonstigen Leistungsverzeichnisse verlangt, wenngleich Grundaufzeichnungen notwendig sind, soweit Bargeschäfte getätigt werden[13]. Wenn aber bei ordnungsgemäßer Erfassung von Bargeldbewegungen in den Büchern keine weitergehende Führung von Grundaufzeichnungen für die diesen Bargeldbewegungen zugrunde liegenden Tätigkeiten verlangt wird, muss dies ebenso gelten, wenn der Stpfl in den Büchern und Aufzeichnungen die gegenüber dem Mandanten erbrachte Leistung und die hieraus entstandene abrechenbare Forderung ordnungsgemäß erfasst. Eine darüber hinausgehende Verpflichtung zur Aufzeichnung einzelner, zu diesen Leistungen und Forderungen führenden vorbereitenden Tätigkeiten besteht nicht, da Letztere nicht als Geschäftsvorfall zu betrachten sind.

Dem steht auch die Auffassung des VwGH nicht entgegen, wonach *„[a]lle bei Erfassung der Einnahmen verwendeten Aufschreibungen [...] Bestandteil der Bücher (Aufzeichnungen) und damit aufbewahrungspflichtig"* sind[14]. Zeitaufzeichnungen über die Tätigkeiten von Rechtsanwälten bzw deren Mitarbeiter sind von diesem Rechtssatz nicht angesprochen, da sie nicht *„bei Erfassung der Einnahmen"*, sondern zeitlich wie auch funktional der Erfassung der Einnahme vorgelagert erfolgen.

2.2.2. Rekonstruktion von Geschäftsvorfällen im weiteren Sinn

Die angesprochenen Leistungsverzeichnisse erfüllen somit zweifelsfrei nicht die von Grundaufzeichnungen zu fordernde Grundaufzeichnungsfunktion[15]. Sie werden nicht anlässlich des Geschäftsvorfalls (also anlässlich der Ausführung der Leistung), sondern vorgelagert im Zuge der Vorbereitung der Leistung erstellt. Sie dienen somit nicht der nachgelagerten Rekonstruktion von Geschäftsvorfällen. Eingewendet werden könnte freilich, dass die Grundaufzeichnungsfunktion in einem weiten Sinn zu verstehen sei, die auch der Sicherung der Erfassung von künftigen Geschäftsvorfällen dienen soll. Diese Sicht ist aber aus mehreren Gründen abzulehnen:

Die Aufzeichnung beispielsweise eines für den Mandanten geführten Telefonats, der Arbeit an einem Schriftsatz, einer durchgeführten Datenbankrecherche, von Besprechungen mit Klienten und Gegenpartei etc dienen zwar der Dokumentation für die Abrechnung der erbrachten Leistung; hieraus folgt aber noch nicht, dass die in den Leistungsverzeichnissen angeführten Tätigkeiten der Rekonstruktion des Geschäftsvorfalles an sich

---

[12] ZB VwGH 7.10.2003, 2001/15/0025 zum Betrieb eines Gärtners; VwGH 11.12.2003, 2000/14/0113 zum Betrieb eines Bäckers; VwGH 23.3.1999, 98/14/0127 zum Betrieb eines Fleischers.
[13] Vgl zB UFS 5.7.2006, RV/1881-W/04.
[14] VwGH 25.11.1986, 84/14/0109.
[15] Vgl 2.2.

dienen. Dies wäre nur dann der Fall, wenn die zu einer bestimmten Causa angefallenen Tätigkeiten aggregiert den Geschäftsvorfall ergeben, der Geschäftsfall selbst somit als Integral der aufgezeichneten Tätigkeiten zu betrachten ist. Dies ist aber nicht der Fall. Ob der Rechtsanwalt bzw Steuerberater alle (intern!) aufgezeichneten Arbeitsstunden an seine Klienten tatsächlich verrechnet oder die verrechneten Stunden geringfügig oder auch wesentlich von den im Leistungsverzeichnis zugeordneten Stunden abweichen, hängt allein von der im jeweiligen Fall bestehenden Honorarvereinbarung ab.

Eine bloße Orientierung an den aufgezeichneten Stunden bei der Erstellung der Honorarabrechnung schafft somit noch keinen ausreichenden unmittelbaren Zusammenhang der Aufzeichnungen mit den erbrachten Leistungen und den hieraus resultierenden steuerlichen Konsequenzen. Ganz unzweifelhaft wird nicht jede aufgezeichnete Stunde tatsächlich an den Mandanten weiterverrechnet, wenn etwa eine besonders hohe Stundenanzahl nach der getroffenen Honorarvereinbarung nicht verrechenbar ist; gleichermaßen kann es im Einzelfall gerechtfertigt sein, ein über die aufgewendeten Stunden hinausgehendes Honorar zu verrechnen, wenn aufgrund der besonderen Erfahrung mit einer bestimmten Rechtsfrage eine Lösung in wesentlich kürzerer Zeit herbeigeführt werden kann. Die Aufzeichnungen haben daher für den Geschäftsvorfall keine Rekonstruktionsfunktion, sondern lediglich eine Orientierungsfunktion für die Kalkulation iSe internen Steuerungs- und Kontrollfunktion.

3. Verpflichtung zur Offenlegung von Leistungsverzeichnissen iRd Mitwirkungspflicht des Abgabepflichtigen

3.1. Rechtsgrundlage

§ 119 Abs 1 Satz 1 BAO bestimmt, dass die für den Bestand und Umfang einer Abgabepflicht oder für die Erlangung abgabenrechtlicher Begünstigungen bedeutsamen Umstände vom Abgabepflichtigen nach Maßgabe der Abgabevorschriften offen zu legen sind. Ergänzt wird diese Vorschrift durch § 138 Abs 2 BAO, wonach Bücher und Aufzeichnungen, Geschäftspapiere, Schriften und Urkunden auf Verlangen zur Einsicht und Prüfung vorzulegen sind, soweit sie für den Inhalt der Anbringen von Bedeutung sind. Nach diesen Vorschriften besteht somit die Pflicht zur Offenlegung von Leistungsverzeichnissen nicht uneingeschränkt, sondern nur insoweit, als diese abgabenrechtlich bedeutsam sind. Während im Fall der Qualifikation als Grundaufzeichnung schon alleine das Verlangen der Abgabenbehörde zur Herausgabe verpflichtet, besteht diese Pflicht gestützt auf § 119 BAO nur dann, wenn und insoweit die Leistungsverzeichnisse abgabenrechtlich bedeutsam sind.

3.2. Keine allgemeine abgabenrechtliche Bedeutsamkeit von Leistungsverzeichnissen

Nach § 119 Abs 1 BAO sind somit nur abgabenrechtlich bedeutsame Umstände offenzulegen[16]. Abgabenrechtlich bedeutsam ist ein Umstand immer dann, wenn seine

---
[16] Vgl unten 3.3.

Kenntnis die abgabenbehördliche Qualifikation beeinflusst oder beeinflussen kann[17]. Gerade an dieser abgabenrechtlichen Bedeutsamkeit fehlt es den in Leistungsverzeichnissen aufgezeichneten Tätigkeiten. Für die Einkommensteuer ergibt sich dies schon daraus, dass nicht die vom Rechtsanwalt oder gar seinen Mitarbeitern ausgeführten Tätigkeiten das relevante Steuerobjekt sind, sondern die auf Grund der Honorarvereinbarung entstandene Forderung. An die jeweilige aufgezeichnete Arbeitsstunde selbst knüpft das Ertragsteuerrecht im Regelfall keine Rechtsfolgen. Die Leistungsverzeichnisse haben damit im Regelfall auch keine abgabenrechtliche Relevanz für die Beurteilung durch die Abgabenbehörde[18].

Auch aus der Sicht der Umsatzsteuer ist festzuhalten, dass Leistungsverzeichnissen keine abgabenrechtliche Bedeutsamkeit zukommt. Zwar ist nach § 11 Abs 1 Z 3 UStG Art und Umfang der erbrachten Leistung festzuhalten. Dies erfordert eine Konkretisierung der ausgeführten Leistung oder auch des Leistungserfolgs, keinesfalls aber eine Auflistung interner Tätigkeiten und Handlungen auf Ebene des Leistenden, die der ausgeführten Leistung zugrunde liegen oder diese vorbereiten. Die Angabe der erbrachten Leistung in der Rechnung soll nämlich „nur" die Kontrolle ermöglichen, ob die abgerechnete Leistung tatsächlich für das Unternehmen des Leistungsempfängers ausgeführt wurde[19].

Allein der Umstand, dass Leistungsverzeichnisse Instrumente der Unternehmensführung sind und der Honorarrechnung dienen, kann ihnen keine abgabenrechtliche Bedeutsamkeit verleihen[20]. Für eine Kostenrechnung eines Betriebs hat hiezu das FG Rheinland-Pfalz[21] entschieden, dass der Umstand, dass die Kostenrechnung einfacher und zeitökonomischer eine Überprüfung der Finanzbuchhaltung erlaubt, nicht ihre abgabenrechtliche Bedeutsamkeit bedingt. Auf der selben Ebene liegt es, wenn nach dem Urteil des FG Hamburg ein Recht der Abgabenbehörde auf elektronischen Datenzugriff nur insoweit besteht, als der Umfang der Aufzeichnungspflicht besteht[22]. Eine uneingeschränkte Aufforderung zur Vorlage von Sachkonten ist daher bei einem §-4-Abs-3-Ermittler rechtswidrig. Es besteht somit erst recht keine aus dem Gesetz a priori ableitbare Pflicht zur Offenlegung von Leistungsverzeichnissen. Dieser Befund wird noch dadurch verstärkt, dass eine vollständige Offenlegung aller eingetragenen Daten im Regelfall schon aufgrund der anwaltlichen Verschwiegenheitspflicht nicht zulässig ist (vgl dazu im Detail unten 3.4).

In einem weiten Verständnis könnten allenfalls solche Leistungsaufstellungen, die den Honorarnoten an die Klienten beigefügt werden, um einen Überblick über die erbrachten Leistungen gleichsam als Rechtfertigung der Höhe des verrechneten Honorars zu geben, Aufzeichnungen von abgabenrechtlicher Relevanz darstellen, da sie unmittelbar den jeweils abgerechneten Geschäftsvorfall dokumentieren. Derartige Leistungsaufstellungen,

---

[17] *Achatz*, Umfang und Grenzen der Offenlegung im Abgabenverfahren, in *Leitner/Zitta* (Hrsg), Die Darlegung der Verfehlung bei der Selbstanzeige nach dem FinStrG (2001) 23; *Tipke/Kruse*, AO § 90 Tz 2.
[18] Zu Ausnahmen siehe unten 3.3.
[19] *Ruppe/Achatz*, UStG⁴ § 11 Tz 68.
[20] *Taetzner/Büssow*, BB 2002, 69 ff.
[21] 13.6.2006, 1 K 1743/05; dazu *Groß/Lamm*, Finanzgerichte beschneiden das Recht auf Datenzugriff, www.elektronische-steuerpruefung.de/rechtspr/gross_lamm_1.htm.
[22] Urteil vom 13.11.2006, 2 K 198/05.

die auch Informationen über die angesetzten „Stundensätze" enthalten können, unterscheiden sich von den elektronisch geführten Leistungsverzeichnissen allerdings sowohl inhaltlich als auch formell deutlich, in dem sie ausschließlich „verrechenbare" Leistungen anführen. Diese Leistungsaufstellungen sind aber ebenso wie die Rechnung selbst umfassend durch die anwaltliche Verschwiegenheitspflicht geschützt (vgl dazu unten 3.4).

3.3. Abgabenrechtliche Bedeutsamkeit in Sonderfällen

Eine abgabenrechtliche Bedeutsamkeit von Leistungsverzeichnissen besteht dann, wenn ungeachtet bestehender Aufzeichnungsverpflichtungen Geschäftsvorfälle (Forderungen, Leistungen, Einnahmen) nicht den Vorgaben des § 131 BAO entsprechend erfasst werden. Fehlt es an derartigen formell ordnungsgemäßen Aufzeichnungen, ist die im § 163 BAO statuierte Vermutung der sachlichen Ordnungsmäßigkeit aufgehoben. Eine Vermutung der sachlichen Unrichtigkeit wird durch formelle Mängel allerdings nicht begründet[23]. Aus den formellen Mängeln resultiert somit eine Schätzungsbefugnis nur dann, wenn die Behörde begründeterweise die sachliche Richtigkeit der Aufzeichnungen in Zweifel ziehen kann. In solchen Fällen können interne Leistungsverzeichnisse der Gewinnung einer realistischen Schätzungsgrundlage dienen. Gleiches gilt beispielsweise bei Leistungen zwischen nahen Angehörigen oder gesellschaftlich verbundenen Personen[24]; bei der Abgrenzung von bereits abrechenbaren Teilleistungen können Leistungsverzeichnisse ebenfalls abgabenrechtlich bedeutsam sein[25].

Ein Vergleich zur deutschen Rechtslage führt zu dem gleichen Befund. Der BFH[26] hatte jüngst über die Mitwirkungspflicht eines nicht buchführungspflichtigen Rechtsanwalts, Notars und Steuerberaters auf Grundlage des § 200 AO, der in seinem Inhalt weitgehend § 138 BAO entspricht, zu befinden. Der BFH entschied dabei, dass die Forderung der Vorlage freiwillig geführter Unterlagen regelmäßig unverhältnismäßig sein wird, wenn aus anderen Unterlagen ausreichende Kenntnisse zu erwarten ist. Allerdings ist die Offenlegungspflicht bei Auskunftsverlangen nicht von der Aufbewahrungspflicht abhängig, sondern besteht auch dort, wo Unterlagen freiwillig aufbewahrt wurden[27]. Tatsächlich geführte Unterlagen sind auch dann offenzulegen, wenn deren Führung durch das Gesetz nicht gefordert wird, aber deren abgabenrechtliche Bedeutsamkeit in Frage steht. Hierbei besteht wohl ein Erstqualifikationsrecht des Stpfl, das allerdings der Nachprüfung durch die Finanzverwaltung unterliegt[28].

Die Offenlegungspflicht beschränkt sich hierbei auf jene Datenbankteile, die abgabenrechtlich bedeutsam sind. Daten, die ausschließlich der Unternehmensführung und -kontrolle dienen, sind nicht offenzulegen[29].

---

[23] *Stoll*, BAO 1738; Ritz, BAO³ § 163 Tz 3.
[24] VwGH 8.7.2009, 2007/15/0036; 13.10.1999, 93/13/0074.
[25] VwGH 18.1.1994, 90/14/0124.
[26] 28.10.2009, VIII R 78/05, DStR 2010, 326.
[27] Mit Hinweis auf abweichende Auffassung zB von *Tipke* in *Tipke/Kruse*, § 200 AO Rz 10.
[28] FG Rheinland-Pfalz 13.6.2006, 1 K 1743/05; *Burchert*, INF 2002, 677.
[29] So auch FG Rheinland-Pfalz, aaO zur Offenlegung einer Kostenrechnung: die Offenlegungspflicht besteht nur insoweit, als sie für die Bewertung von Wirtschaftsgütern von Bedeutung ist; ebenso *Taetzner/Büssow*, BB 2002, 69 ff; *Tipke/Kruse*, § 147 AO Rz 23a.

3.4. Einschränkung der Offenlegungspflichten auf Grund berufsrechtlicher Verschwiegenheitsrechte (§ 171 BAO)

Soweit die Abgabepflicht Dritter betroffen ist, kann der berufsmäßige Parteienvertreter gestützt auf § 143 Abs 3 iVm § 171 BAO die verlangte Auskunft verweigern. Die materielle Abgabepflicht des berufsmäßigen Parteienvertreters selbst wird freilich durch die Geheimhaltungspflichten nicht berührt. Die Geheimhaltungspflichten beziehen sich lediglich auf das berufstypische Wissen, das dem Parteienvertreter in seiner Eigenschaft anvertraut oder zur Kenntnis gelangt ist[30].

In Bezug auf die eigene Abgabepflicht resultiert aus dem Spannungsverhältnis zwischen Offenlegungspflicht und Geheimnisschutz, dass den Berufsträger eine gesteigerte Mitwirkungspflicht im Abgabeverfahren, aber auch schon bei Führung der Bücher und Aufzeichnungen sowie bei Gestaltung der Unterlagen und Belege trifft, um die Verminderung amtswegiger Erhebungsmöglichkeiten der Behörde im Rahmen des Zumutbaren auszugleichen[31]. Die Vorlage von Unterlagen in eigenen Abgabenangelegenheiten kann somit nicht mit Verweis auf die berufsrechtliche Verschwiegenheit ausgeschlossen werden. Vielmehr trifft den berufsmäßigen Parteienvertreter eine erweiterte Mitwirkungspflicht, die Unterlagen so zu gestalten, dass er seiner Verpflichtung zur Offenlegung nachkommen kann, ohne zugleich die Pflicht zur Verschwiegenheit zu verletzen.

Fraglich ist, ob und unter welchen Voraussetzungen diese erweiterte Mitwirkungspflicht sich auch auf Leistungsverzeichnisse beziehen kann. Die im Hinblick auf die Pflicht zur Verschwiegenheit erweiterte Mitwirkungspflicht besteht nämlich zunächst wohl nur für die abgabenrechtlich zwingend zu führenden Bücher und Aufzeichnungen. Aus dieser Perspektive ist eine Verpflichtung, Leistungsverzeichnisse im Rahmen der erweiterten Mitwirkungspflicht derart zu führen, dass amtswegige Erhebungsmöglichkeiten der Behörde nicht beeinträchtigt sind, abzulehnen. Da bereits die Führung von Büchern und Aufzeichnungen den Anforderungen an die erweiterte Mitwirkungspflicht zu entsprechen hat, erscheint die Ausdehnung dieser Verpflichtung auf Leistungsverzeichnisse unverhältnismäßig. Diese Verpflichtung besteht eben nur für die nach der BAO zu führenden Bücher und Aufzeichnungen des Abgabepflichtigen, nicht hingegen für andere Dokumentationen, wie zB Terminkalender[32]. Gleiches muss auch für elektronische Leistungsverzeichnisse gelten. Diese müssen daher nicht in einer Weise geführt werden, dass die Einsichtnahme durch die Abgabenbehörde zulässig (d.h. ohne Beeinträchtigung des Verschwiegenheitsrechts des Parteienvertreters möglich) wird.

4. Ergebnis

Eine allgemeine Pflicht zur Herausgabe von Leistungsverzeichnissen besteht für Rechtsanwälte und Steuerberater nicht, da diese Aufzeichnungen nicht als Grundaufzeichnungen

---

[30] *Stoll*, Auskunftspflicht und Geheimnisschutz im Abgabenrecht in *Ruppe*, Geheimnisschutz im Wirtschaftsleben, 204 ff.
[31] *Stoll*, BAO 1571 mHa VwGH 19.2.1992, 91/14/0216; *Ritz*, BAO³ § 115 Tz 11 mVa VwGH 16.9.1986, 86/14/0020.
[32] *Ritz*, BAO³ § 171 Tz 25.

iSd § 131 Abs 1 BAO zu qualifizieren sind. Eine Offenlegungspflicht hinsichtlich tatsächlich geführter Leistungsverzeichnisse besteht allerdings iRd Mitwirkungspflicht nach § 119 bzw § 138 Abs 2 BAO. Die Offenlegungspflicht setzt dabei allerdings die abgabenrechtliche Bedeutsamkeit der aufgezeichneten Inhalte voraus. Eine solche Relevanz ist bei Leistungsverzeichnissen typischerweise nicht gegeben, da sie in erster Linie ein Informationsinstrument für die Unternehmensführung darstellen. Aus der Mitwirkungspflicht resultiert daher weder eine allgemeine Pflicht zur Führung, noch zur Offenlegung tatsächlich geführter Leistungsverzeichnisse.

Eine Offenlegungspflicht besteht für einzelne Einträge tatsächlich geführter Leistungsverzeichnisse im Rahmen der Mitwirkungspflicht nur dann, wenn diese aufgrund spezifischer Umstände abgabenrechtlich bedeutsam sein sollten. Die Offenlegung ist dann auf jene Einträge zu beschränken, deren abgabenrechtliche Bedeutsamkeit von der Abgabenbehörde begründet dargelegt wird. Sie unterliegt darüber hinaus den Einschränkungen, die sich aus den berufsrechtlichen Verschwiegenheitspflichten ergeben. Insofern besteht keine erweiterte Mitwirkungspflicht, Leistungsverzeichnisse in einer Weise zu führen, die es ermöglicht, der Verpflichtung zur Offenlegung nachzukommen.

Der Finanzamt-Automat

Grenzen des E-Governments in der Finanzverwaltung

Bruno Binder

1. FinanzOnline
2. Gesetzwidrige Soforteingaben
3. Gesetzwidrige FinanzOnline-Erklärungsverordnung (FOnErklV)
4. Rechtsstaat und Verfahrensgrundsätze
5. E-Government ja, aber in rechtsstaatlichen Grenzen

1. FinanzOnline

Seit die modernen Informations- und Kommunikationstechnologien es erlauben, zur Sammlung und Übermittlung von Daten durch elektronische Vorgänge das beschriebene Papier zu ersetzen, hat das E-Government[1] in der öffentlichen Verwaltung steigende Bedeutung. Elektronische Datenbanken, der elektronische Rechtsverkehr (ERV), der elektronische Akt (ELAK) sind heute in weiten Bereichen der öffentlichen Verwaltung selbstverständlich, wobei die technologische Entwicklung selbst und ihr Einsatz in der öffentlichen Verwaltung wohl erst am Anfang, nicht an ihrem Ende stehen.

Das E-Government ist der Finanzverwaltung besonders adäquat. Die Finanzverwaltung beruht auf einer Vielzahl von Zahlen und Berechnungen. Das E-Government erlaubt durch die elektronische Strukturierung der Daten und Berechnungen einen erheblichen Vereinfachungs- und Einsparungseffekt, vor allem auf Seiten der Abgabenbehörden, aber auch auf Seiten der Abgabenpflichtigen. Schon 1994[2] führte der Gesetzgeber daher das System „FinanzOnline" in die Bundesabgabenordnung (BAO) [§§ 86a[3], 90a, 97 Abs 3 BAO] ein. Die gesetzlichen Grundlagen werden durch die FinanzOnline-Erklärungsverordnung (FOnErklV)[4] und die FinanzOnline-Verordnung 2006 (FOnV)[5] ergänzt.

Das System „FinanzOnline" ermögliche den elektronischen Rechtsverkehr in der Finanzverwaltung als Alternative zum Papierverkehr, zur Pflicht machte es ihn ursprünglich nicht. Um alle Vereinfachungs- und Einsparungsmöglichkeiten zu nützen, müssten allerdings möglichst alle Abgabenpflichtigen in das System „FinanzOnline" eingebunden sein, was auf freiwilliger Basis nicht einfach ist. Es setzt auf Seiten der Abgabenpflichtigen eine entsprechende Ausstattung mit elektronischen Geräten und vor allem ein entsprechendes Know-how im Umgang mit diesen Technologien voraus.

Nachfolgende gesetzliche Bestimmungen verpflichteten einerseits berufliche Vertreter, die notwendige Ausstattung zu erwerben und sich das notwendige Know-how anzueignen.[6] Und anderseits machte es das Gesetz bestimmten Abgabepflichtigen zur Pflicht, Abgabenerklärungen nur über FinanzOnline einzubringen, so etwa für die Körperschafts-

---

[1] Siehe *Gudrun Trauner*, E-Government, www.vwrecht.jku.at/fileadmin/user_upload/Downloads/Trauner/E-Government/E-Government.pdf.
[2] BAO-Novelle BGBl 1994/681.
[3] § 86a BAO: *„(1)Anbringen, für die Abgabenvorschriften Schriftlichkeit vorsehen oder gestatten, können auch telegraphisch, fernschriftlich oder, soweit es durch Verordnung des Bundesministers für Finanzen zugelassen wird, im Wege automationsunterstützter Datenübertragung oder in jeder anderen technisch möglichen Weise eingebracht werden. Durch Verordnung des Bundesministers für Finanzen kann zugelassen werden, dass sich der Einschreiter einer bestimmten geeigneten öffentlich-rechtlichen oder privatrechtlichen Übermittlungsstelle bedienen darf... (2) Der Bundesminister für Finanzen kann durch Verordnung im Sinn des Abs. 1 erster Satz bestimmen, a) unter welchen Voraussetzungen welche Arten der Datenübertragung an Abgabenbehörden zugelassen sind, b) dass für bestimmte Arten von Anbringen bestimmte Arten der Datenübertragung ausgeschlossen sind und c) welche Unterlagen wie lange vom Einschreiter im Zusammenhang mit bestimmten Arten der Datenübertragung aufzubewahren sind."*
[4] BGBl II 2006/512.
[5] BGBl II 2006/97 idF II 2012/93.
[6] Etwa für Rechtsanwälte § 9 Abs 1a RAO; für Rechtsanwälte, Notare und Wirtschaftstreuhänder § 10a Abs 2 KVG.

steuererklärung § 24 Abs 3 Z 1 KStG 1988[7, 8] iVm § 1 FOnEklV. Diese gesetzlichen Maßnahmen sind gerade für die Finanzverwaltung nachvollziehbar. Wie in keinem anderen Verwaltungsbereich kommunizieren die Abgabenbehörden im Abgabenverfahren nicht mit den Parteien selbst, sondern mit professionellen Parteienvertretern, von denen ein entsprechender Umgang mit den erforderlichen Informations- und Kommunikationstechnologien erwartet werden kann.

2. Gesetzwidrige Soforteingaben

Die Vision des E-Governments für die Finanzverwaltung aus der Sicht der neuen Informations- und Kommunikationstechnologien ist möglichst eine Automatik – der Finanzamt-Automat. Von der vom professionellen Parteienvertreter bearbeiteten Abgabenerklärung bis zum Abgabenbescheid der Abgabenbehörde erster Instanz könnte alles automatisch abgewickelt werden.

Das ist die Sicht der Technik. Die Sicht der Technik ist allerdings nicht die einzige, auch nicht die entscheidende Sicht. Entscheidend ist die Sicht des Rechtsstaats. Sie geht der Sicht der Technik vor. Der Finanzamt-Automat funktioniert nur, wenn sich in vorgegebenen Abläufen alle Vorgänge und Denkweisen den technischen Strukturen anpassen und unterordnen. Diese Unterordnung ist allerdings aus Verfassungsgründen nur dort möglich, wo sie rechtsstaatliche Grundsätze nicht berührt. Und das tut der Finanzamt-Automat:

- Soll ein Abgabenverfahren mit optimalem Einsatz der modernen Informations- und Kommunikationstechnologien „automatisch" abgewickelt werden, erledigt die Abgabenbehörde ein Abgabenverfahren von der Abgabenerklärung bis zum Abgabenbescheid ohne Mitwirkung eines Menschen. Das ist rechtsstaatlich unzulässig. Auf Seiten der Abgabenbehörde muss ein Mensch die elektronische Abgabenerklärung bearbeiten und die bescheidmäßige Anordnung in bewusster Abwägung zu den Rechtsvorschriften treffen. So meint der Verwaltungsgerichtshof in aller Klarheit:

„Für die Qualifikation eines Aktes als Bescheid kommt es nicht allein auf den äußeren Anschein an, sondern ... auch darauf, dass diese Erledigung durch einen für die Behörde handlungsbefugten Menschen genehmigt wird ... Dies entspricht der allgemeinen Einsicht, dass die Rechtsordnung durch Menschen erzeugt und vollzogen wird. Nur auf diese Weise kann auch eine Verantwortlichkeit für die Führung der Verwaltung (Art. 20 B-VG) bestehen. (Vgl. Walter/Thienel, Verwaltungsverfahrensgesetz, 16. Auflage 2004, RZ. 3 zu § 18 AVG)."[9]

---

[7] § 24 Abs 3 Z 1 KStG: *„Die Körperschaftsteuererklärung für unbeschränkt Steuerpflichtige ist elektronisch zu übermitteln. Ist dem Steuerpflichtigen die elektronische Übermittlung der Steuererklärung mangels technischer Voraussetzungen unzumutbar, hat die Übermittlung der Steuererklärung unter Verwendung des amtlichen Vordrucks zu erfolgen. Der Bundesminister für Finanzen wird ermächtigt, den Inhalt und das Verfahren der elektronischen Übermittlung der Steuererklärung mit Verordnung festzulegen. In der Verordnung kann festgelegt werden, dass sich der Steuerpflichtige einer bestimmten geeigneten öffentlich-rechtlichen oder privatrechtlichen Übermittlungsstelle zu bedienen hat."*

[8] Neben § 24 Abs 3 Z 1 KStG etwa § 10 Abs 2 KVG, § 11 Abs 4 KommStG, § 21 Abs 1 UStG, § 12 Abs 8 Tabaksteuergesetz.

[9] VwGH 2007/12/0168.

Ein ohne inhaltliche Mitwirkung eines Menschen erzeugter Bescheid, ein vom Finanzamt-Automaten erzeugter Bescheid wäre nicht bloß rechtswidrig, er wäre nichtig.

- Schleichend aber merkbar hat der immer intensivere Einsatz der modernen Informations- und Kommunikationstechnologien in der Finanzverwaltung den kritischen Bereich erreicht. Das Unbehagen ist greifbar. In der Literatur etwa meint Pezzer, es wäre an der Zeit, darauf zu achten, „*dass das Recht die EDV-Programme prägt und dass nicht etwa umgekehrt die von EDV-Technikern ersonnenen Abläufe die rechtlichen Strukturen ersetzen*"[10]. Und in der Praxis der Finanzverwaltung haben sich sogenannte „Soforteingaben" eingeschlichen, bei denen ohne inhaltliche Prüfung die Abgabenbehörde die in der Steuererklärung angegebenen Daten als Grundlage für den Abgabenbescheid heranzieht. Das erkannte der Verwaltungsgerichtshof als gesetzwidrig:[11]

„Es mag zutreffen, dass Abgabenbehörden die Abgabenerklärungen mehr oder weniger ungeprüft den Abgabenbescheiden zugrunde legen und eine Prüfung der Richtigkeit und Vollständigkeit der Erklärungen einer nachfolgenden abgabenrechtlichen Prüfung überlassen (sogenannte ‚Soforteingabefälle'). Im Gesetz ist jedoch eine solche Vorgangsweise nicht vorgesehen. Vielmehr bestimmt § 115 Abs. 1 BAO, dass die Abgabenbehörden die abgabepflichtigen Fälle zu erforschen und von Amts wegen die tatsächlichen und rechtlichen Verhältnisse zu ermitteln haben, die für die Abgabepflicht und die Erhebung der Abgaben wesentlich sind."

Die Gerichtshöfe des Öffentlichen Rechts zeigten sich im Allgemeinen gegenüber dem Einsatz der neuen Informations- und Kommunikationsmedien in der öffentlichen Verwaltung aufgeschlossen. Die Judikatur zum allgemeinen Verwaltungsverfahrensgesetz (AVG) etwa ließ für automationsunterstützt erlassene Bescheide zu, dass die Ausfertigung des Bescheids weder die Unterschrift des Genehmigenden noch die Unterschrift des die Ausfertigung Beglaubigenden enthalten muss, solange der Text der Ausfertigung eine Zurechnung zur Bescheid erlassenden Behörde erlaubt.[12] Man hätte das auch anders sehen können. § 18 Abs 4 AVG in der geltenden Fassung (BGBl I 2008/5) verlangt nunmehr bei elektronischen Ausfertigungen eine „Amtssignatur" iSd § 19 e-GOVG. Bei dieser Judikatur ging es aber immer nur um die Frage, wie die elektronische Ausfertigung eines Bescheids gestaltet sein muss. Dass die Genehmigung des Bescheids in jedem Fall immer durch einen Menschen erfolgen muss, stand in der Judikatur nie zur Debatte oder gar zur Disposition.

3. Gesetzwidrige FinanzOnline-Erklärungsverordnung (FOnErklV)

Wie stark bereits – im Sinne *Pezzers*[13] – „*die von EDV-Technikern ersonnenen Abläufe die rechtlichen Strukturen ersetzen*", zeigen etwa die Regeln, die für die nach § 24 Abs 3 Z 1 2. Satz KStG 1988 verpflichtend elektronisch abzugebende Körperschaftssteuererklärung gelten.

---

[10] *Heinz-Jürgen Pezzer*, Gleichmäßiger Gesetzesvollzug in der Steuerrechtsordnung, in StuW 2007, 107.
[11] VwSlg 7210 F/1997.
[12] VfSlg 14857 (mit weiteren Judikaturhinweisen).
[13] Siehe oben FN 10.

Nach § 24 Abs 3 Z 1 3. Satz KStG 1988 ist der Bundesminister für Finanzen ermächtigt, *„den Inhalt und das Verfahren der elektronischen Übermittlung der Steuererklärung mit Verordnung festzulegen"*. Die darauf gestützte FinanzOnline-Erklärungsverordnung, BGBl II 2006/512, versuchte gar nicht erst, den Inhalt und das Verfahren für die elektronische Übermittlung der Körperschaftssteuererklärung im Einzelnen zu regeln. Die Verordnung verweist pauschal auf die FinanzOnline-Verordnung, deren allgemeiner Text den konkreten Inhalt einer Körperschaftssteuererklärung in keiner Weise festschreibt.

Die Abläufe im Zusammenhang mit der elektronischen Körperschaftssteuererklärung bestimmten also die Techniker. Sie gestalteten die Eingabemaske und gehen davon aus, dass der Abgabenpflichtige alles, was nach der Maske nachgefragt ist, angibt. Die FOnEklV bietet dafür nur eine rechtliche Scheingrundlage. Der Verordnungsgeber bemühte sich erst gar nicht, entsprechend seinem gesetzlichen Auftrag den konkreten Inhalt der elektronisch zu übermittelnden Abgabenerklärung festzulegen. Dieser Mangel macht die FOnEklV gesetzwidrig.[14]

Grundsätzliche Bedenken zu derartigen Vorgängen äußerte Tanzer schon 2005:

„Fest steht jedenfalls, dass bei den ... erforderlichen Datentransporten via Finanz-Online noch immer etliche Unzulänglichkeiten auftreten. Dies mag auch damit zusammenhängen, dass die Finanz-Online-Verordnung in ihrer derzeitigen Fassung die Anwendbarkeit und Reichweite des Systems mehr denn je ‚dynamisiert', es also beliebig änderbaren Aussendungen auf der Website des BMF überlässt, die für eine Datenstromübermittlung erforderlichen organisatorischen und technischen Spezifikationen abrufbar zu halten."[15]

Die FOnErklV leidet auch an diesem Mangel, verweist sie doch einfach pauschal auf die FOnV. Wobei der Mangel hier schwerer wiegt. Ist doch die FOnEklV die Grundlage für eine verpflichtend elektronisch abzugebende Abgabenerklärung.

4. Rechtsstaat und Verfahrensgrundsätze

Der Einsatz der neuen Informations- und Kommunikationstechnologien in der Finanzverwaltung hat also rechtsstaatliche Grenzen. Die Grenzen liegen einerseits im Gesetzmäßigkeitsgebot der Bundesverfassung in Art 18 Abs 1 und 2 B-VG, das eindeutige vom Gesetzgeber festgelegte Kriterien für Art und Umfang des Einsatzes elektronischer Medien in der Finanzverwaltung verlangt, insbesondere was die Pflichten des Abgabenpflichtigen betrifft, anderseits in Art 20 Abs 1 B-VG, der ausdrücklich verlangt, dass Menschen – nicht Maschinen – die Verwaltung führen und verantworten.

Eine Abkehr von diesen Verfassungserfordernissen ist dem einfachen Gesetzgeber nicht erlaubt – dem Bundesverfassungsgesetzgeber auch nur, wenn das Volk wegen der

---

[14] Beschwerdeverfahren beim VfGH sind anhängig.
[15] *Michael Tanzer*, Zum 80. Geburtstag von Gerhard Stoll, elektronische Steuererklärungen und mögliche Fehlerfolgen; die BAO auf dem Weg ins 21. Jahrhundert, SWK 2005, S 409ff; so auch *Lukas Hübl*, Die „papierlose" Finanzverwaltung, Vorzeigeprojekt der österreichischen Verwaltung, in SWK 2006, S 88ff; *Josef Schlager*, die Bedeutung der Grundsätze des Abgabenverfahrens bei der Steuerveranlagung, in SWK 2010, S 460.

Bedeutung für die Rechtsstaatlichkeit in einer Volksabstimmung einem solchen Ansinnen zustimmt.[16]

Die Rechtsstaatlichkeit in den Alltagsabläufen der öffentlichen Verwaltung garantiert insbesondere das Verwaltungsverfahren. Der Finanzamt-Automat scheitert auch an Verfahrensgrundsätzen, welche die BAO vorgibt:

- Der Mensch – nicht die Maschine – muss den Inhalt einer Abgabenerklärung gemäß § 115 Abs 3 BAO zu prüfen und würdigen. Dazu – wie auch oben zitiert – der Verwaltungsgerichtshof: *„Es mag zutreffen, das Abgabenbehörden die Abgabenerklärungen mehr oder weniger ungeprüft den Abgabenbescheiden zugrunde legen und eine Prüfung der Richtigkeit und Vollständigkeit der Erklärungen einer nachfolgenden abgabenrechtlichen Prüfung überlassen ('Soforteingabefälle'). Im Gesetz jedoch ist eine solche Vorgangsweise nicht vorgesehen (vgl § 115 Abs 1 BAO). Dass diese Verpflichtung der Abgabenbehörde nicht erst im Rahmen einer abgabenbehördlichen Prüfung zum Tragen kommt, ergibt sich zweifelsfrei aus den §§ 161 ff BAO."*[17] Die Möglichkeit eines Berufungsverfahrens oder einer amtswegigen Wiederaufnahme des Verfahrens ersetzt die erstinstanzlichen Prüfungen und Würdigungen nicht.
- Die Abgabenbehörde hat gegebenenfalls in einem erstinstanzlichen Ermittlungsverfahren von Amts wegen Erhebungen durchzuführen. *„In welchen Fällen die Abgabenbehörde zur Erfüllung ihrer Aufgabe, die Abgabenerklärungen auf ihre Richtigkeit zu überprüfen, von Amts wegen Ermittlungen durchzuführen hat, lässt sich § 138 und § 161 BAO entnehmen. Es sind dies Fälle, in denen Bedenken gegen die Richtigkeit der Abgabenerklärung zu Zweifeln Anlass geben."*[18] Bei der Prüfung des Inhalts einer Abgabenerklärung hat die Abgabenbehörde insbesondere ihr Amtswissen aus dem Akt des Abgabenpflichtigen aber auch aus anderen Akten zu berücksichtigen.
- Eingaben, wozu insbesondere Abgabenerklärungen zählen, können mangelhaft sein (Formgebrechen, inhaltliche Mängel, …). Gemäß § 85 Abs 2 BAO hat die Abgabenbehörde dem Einschreiter die Behebung dieser Mängel aufzutragen.

5. E-Government ja, aber in rechtsstaatlichen Grenzen

Der Einsatz der modernen Informations- und Kommunikationsmedien in der öffentlichen Verwaltung, insbesondere in der Finanzverwaltung, ist sinnvoll und zweckmäßig. Der Einsatz darf aber nicht so weit gehen, dass die Abgabenbehörde als Finanzamt-Automat fungiert, das heißt, dass das gesamte Abgabenverfahren erster Instanz von der Abgabe der Abgabenerklärung bis zur Zustellung des Abgabenbescheids automatisch erfolgt, ohne dass ein Mensch mitdenkt und die bescheidmäßige Anordnung trifft und verantwortet.

Der Finanzamt-Automat scheitert verfassungsgesetzlich an den Grundsätzen des Rechtsstaats, so am Gesetzmäßigkeitsgebot des Art 18 Abs 1 und 2 B-VG und am Vorbehalt menschlicher Verantwortung in der Verwaltung nach Art 20 Abs 1 B-VG – ein-

---

[16] Art 44 Abs 3 B-VG („Gesamtänderung der Bundesverfassung").
[17] VwGH 7210 F/1997.
[18] VwGH 7109 F/1996.

fach-gesetzlich an den die Regeln des Rechtsstaats ausformenden Verfahrensbestimmungen der BAO. Die sogenannten ‚Soforteingaben', bei denen die Abgabenbehörde erster Instanz die Abgabenerklärungen mehr oder weniger ungeprüft den Abgabenbescheiden zugrunde legt und eine Prüfung der Richtigkeit und Vollständigkeit der Erklärungen einer nachfolgenden abgabenrechtlichen Prüfung überlässt, sind – wie auch die Judikatur erkannt hat – gesetzwidrig. Gesetzwidrig ist auch die FOnErklV, die versucht, entgegen ihrer gesetzlichen Grundklage unbesehenen Soforteingaben eine Scheinrechtfertigung zu geben.

Um mit *Pezzer*[19] zu sprechen, es ist an der Zeit, darauf zu achten, *„dass das Recht die EDV-Programme prägt und dass nicht etwa umgekehrt die von EDV-Technikern ersonnenen Abläufe die rechtlichen Strukturen ersetzen".*

---

[19] Siehe oben FN 10.

Der Berufsstand des Wirtschaftstreuhänders – Positionierung aus wissenschaftlicher und praktischer Sicht

Der Wirtschaftstreuhänder als „Freier Beruf" – Mythos oder Realität?
Aspekte der Rechtsformgestaltung des WT-Betriebes

Petra Hübner-Schwarzinger

1. Der freie Beruf in Österreich
2. Rechtsformen und berufsrechtliche Restriktionen bei der Rechtsformwahl des Wirtschaftstreuhänders
3. Haftungsrechtliche Positionierung des WT-Betriebes
4. Steuerliche Positionierung einer Wirtschaftstreuhandkanzlei
   4.1. Laufende Gewinnermittlung
   4.2. Rechtsformgestaltung
      4.2.1. Rechtsformwechsel ohne Veränderung in der Unternehmer-(Gesellschafter-)Struktur
         4.2.1.1. Wechsel in GmbH
         4.2.1.2. Wechsel in GmbH & Co KG
         4.2.1.3. (Rück-)Wechsel in Einzelunternehmen
      4.2.2. Aufnahme eines neuen Wirtschaftstreuhänders als Partner in das Unternehmen
         4.2.2.1. Eintritt eines Neupartners in ein Einzelunternehmen/Personengesellschaft
         4.2.2.2. Eintritt eines Partners in eine WT-GmbH
      4.2.3. Austritt des Wirtschaftstreuhänders aus dem Unternehmen aufgrund der Beendigung seiner aktiven Erwerbstätigkeit als Wirtschaftstreuhänder
         4.2.3.1. Aufgabe eines Wirtschaftstreuhandunternehmens bzw einer WT-Gesellschaft
         4.2.3.2. Verkauf eines Mitunternehmeranteiles/GmbH-Anteiles an einer WT-GmbH
         4.2.3.3. Ausscheiden eines Wirtschaftstreuhänders aufgrund eines Trennungsszenarios
5. Reformbedarf zur Sicherung des freien Berufs des Wirtschaftstreuhänders

Der Jubilar, Herr Hon.-Prof. Mag. Dr. Josef Schlager, ist seit 1977 Steuerberater, seit 1984 Buch- und seit 1990 Wirtschaftsprüfer. Zeit seines beruflichen Lebens war sein Engagement für den Wirtschaftstreuhandberuf ungebrochen. Als aktives Mitglied einer Kammerfraktion (Vereinigung der Österreichischen Wirtschaftstreuhänder) widmete er unzählige Stunden den Anliegen des Kollegenstandes – nicht zuletzt zur Sicherung und Bewahrung der Rechte und des Ansehens des freien Berufes des Steuerberaters und Wirtschaftsprüfers. Es ist somit fast zwingend, in einer Festschrift für Herrn Prof. Dr. Josef Schlager eine Abhandlung über den freien Beruf, seine Entwicklung und seine Positionierung in der österreichischen Unternehmenslandschaft aufzunehmen. In diesem Zusammenhang stellt sich zwangsläufig die Frage, ob der Steuerberater seine eigene steuerliche Position zu optimieren trachtet oder ob vielmehr das Sprichwort „der Schneider trägt die schlechtesten Kleider selbst" gilt.

Es ist mir eine Ehre und Freude, eine Untersuchung über die rechtsformabhängige Positionierung und die steuerlichen Konsequenzen aus der Rechtsformwahl vornehmen zu dürfen. Mit diesem Beitrag sei Herrn Prof. Dr. Schlager ein herzliches Dankeschön für die mir stets entgegengebrachte Wertschätzung ausgedrückt.

1. Der freie Beruf in Österreich

Angehörige freier Berufe bringen aufgrund besonderer beruflicher Qualifikation persönlich, eigenverantwortlich und fachlich unabhängig geistige Leistungen im Interesse ihrer Auftraggeber und der Allgemeinheit. Ihre Berufsausübung unterliegt spezifischen berufs- und standesrechtlichen Bedingungen – nach Maßgabe der staatlichen Gesetzgebung und des von der jeweiligen Berufsvertretung autonom gesetzten Rechtes, welches die Professionalität, Qualität und das zum Auftraggeber bestehende besondere Vertrauensverhältnis gewährleisten und fortentwickeln.[1] Das Bundeskomitee für freie Berufe per 31.12.2009 hat rund 70.000 Mitglieder, die sich auf die folgenden Standesorganisationen verteilten:

Berufsstand	Mitgliederanzahl
Ärzte	32.266
Wirtschaftstreuhänder	10.112
Architekten und Ingenieurkonsulenten	6.541
Rechtsanwälte	5.496
Apotheker	5.452
Zahnärzte	4.619
Tierärzte	3.448
Notare	857
Patentanwälte	65

---

[1] Definition der freien Berufe durch das Bundeskomitee der freien Berufe Österreichs.

Sowohl das Recht als auch die Betriebsformen, die Betriebsgrößen und das wirtschaftliche Handeln der freien Berufe sind weltweit im Umbruch begriffen. Das zeigt sich einerseits durch die sogenannte Tertiärisierung der Produktion, welche nach dem zweiten Weltkrieg eingeleitet wurde und sich nach wie vor – seit Ostöffnung und EU-Beitritt Österreichs sowie Vergrößerung der EU durch Entwicklung von neuen Strategien – niederschlägt. Die freien Berufe werden zunehmend mit den Anforderungen des Marktes nach beruflicher Routine, institutionalisierter Analyse und Lösungsentwicklung einerseits und individueller hochqualifizierter Einzelbehandlung konfrontiert.[2] Das Berufsrecht der einzelnen Berufsgruppen ist innerhalb der letzten zwei Jahrzehnte einem ständigen Umbruch unterlegen; Modernisierung der Berufsrechte, Schaffung neuer Rechtsformen, Aufnahme neuer Berufsbilder, Qualifizierungsnachweise und Professionalitätssicherungskriterien sind nur einige Beispiele des sich ständig verändernden Anforderungsprofiles der Berufsrechte der freien Berufe. Daneben stehen Fragen, wie ausländische Konkurrenz versus Zulassung, Zusammenarbeit mit Gewerbetreibenden, Liberalisierung versus Deregulierung, im Raum.[3]

Wissenschaftliche Auseinandersetzung mit den freien Berufen und ihren sich ändernden Rahmenbedingungen sind nach wie vor national und international eher kursorisch und unkoordiniert, werden allerdings auch auf nationaler Ebene gefordert und auch erforderlich. Ein ganzheitlicher Ansatz in Forschung und Lehre fehlt weitgehend. Die einzelnen Berufsgruppen sind vielfach gezwungen, die wirtschaftliche Aus- und Weiterbildung ohne entsprechende wissenschaftliche Fundierung zu erarbeiten, durchzuführen und auch selbst zu finanzieren. Der Aufbau eines Forschungsinstituts „Freie Berufe" in Zusammenarbeit mit der Wirtschaftsuniversität wurde bereits mehrfach erwogen, ist allerdings noch keiner Realisierung zugeführt worden.[4]

Gerade im Bereich der Wirtschaftstreuhänder zeigt die Aufnahme neuer Berufsbilder (selbständiger Buchhalter bzw die Diskussion um die Berufsbefugnisse einerseits sowie die diversen Novellierungen im Bereich der Qualitätssicherung, System der Wirtschaftsprüfer) die stetige Dynamik der Entwicklung.

Die nachstehende Tabelle gibt die Anzahl an selbständigen natürlichen Personen als Mitglieder der Kammer der Wirtschaftstreuhänder (Wirtschaftstreuhänder) mit Stand 1.7.2011 (und Vergleichsstand per 1.7.2002) laut einer Statistik der Kammer der Wirtschaftstreuhänder wieder.

Berufsberechtigte Wirtschaftstreuhänder	Anzahl Stand 1.7.2011	Vergleich Stand 1.7.2002
Selbständige Buchhalter	116	932
Bilanzbuchhalter	775	–
Steuerberater	2.760	2.267

---

[2] Zur historischen Entwicklung siehe ua *Steindl*, Glanz und Elend der freien Berufe, Wirtschaftspolitische Blätter 4/1999, 350ff.
[3] Dazu *Metzler*, SteuerberaterIn – Freier Beruf, WT 03/2011, 134.
[4] Ausführlich dazu *Chini*, Forschungsinstitut „Freie Berufe" der Wirtschaftsuniversität Wien, Projektvorstellung, 2010, http://www.freieberufe.at.

Buchprüfer	–	422
Wirtschaftsprüfer	1.163	601
Gesamt	4.814	4.222

Die Freizügigkeit in der Rechtsformwahl – die Anforderungen des Marktes an den Wirtschaftstreuhänder ua sind unterschiedlich hinsichtlich Leistungsspektrum und Haftungsrisiko – zeigt, dass Rechtsformplanung zu einer ganz wesentlichen Entscheidungsposition im Rahmen eines Wirtschaftstreuhandbetriebes gehört. Nachstehend soll ein Streifzug durch Aspekte der Rechtsformplanung und -gestaltung für Wirtschaftstreuhänderbetriebe aufgezeigt werden.

2. Rechtsformen und berufsrechtliche Restriktionen bei der Rechtsformwahl des Wirtschaftstreuhänders

Gem § 66 WTBG dürfen Wirtschaftstreuhandberufe in folgenden Rechtsformen ausgeübt werden:

- als Einzelunternehmen
- als Personengesellschaft in der Rechtsform einer Offenen Gesellschaft
- als Personengesellschaft in der Rechtsform einer Kommanditgesellschaft
- Als Kapitalgesellschaft, wobei sowohl die GmbH als auch die AG zulässige Rechtsformen sind. [5]

Gesellschafter in Personen- und Kapitalgesellschaften dürfen gem § 68 Abs 1 WTBG nur folgende Personen sein:

1. berufsberechtigte natürliche Personen,
2. Ehegatten und Kinder von an der Gesellschaft beteiligten Berufsberechtigten,
3. Gesellschaften, die berechtigt sind, einen Wirtschaftstreuhandberuf auszuüben,
4. nach ausländischem Recht Berufsberechtigte, wenn ihre Kapitalanteile am Gesellschaftsvermögen und ihre Stimmrechte ein Viertel nicht übersteigen, sofern zwischen Österreich und dem Staat, in dem die Berufsberechtigung erlangt wurde, Reziprozität gegeben ist und eine ähnliche Ausbildung nachgewiesen wird und die Geschäftsführung und die Vertretung nach außen mehrheitlich durch in Österreich Berufsberechtigte erfolgt, und
5. bei Wirtschaftsprüfungsgesellschaften, Abschlussprüfer und Prüfungsgesellschaften gemäß Art 2 Z 2 und 3 der Abschlussprüfungs-RL, die in einem anderen Mitgliedstaat der EU oder eines Vertragsstaates des EWR oder der Schweizerischen Eidgenossenschaft zugelassen sind, wenn ihre Kapitalanteile am Gesellschaftsvermögen und ihre Stimmrechte drei Viertel nicht übersteigen.

---

[5] Hinsichtlich der AG gibt es die Einschränkung, dass die Aktien auf Namen zu lauten haben. Die Übertragung von Namensaktien ist nur mit Zustimmung der Gesellschaft zulässig. § 68 Abs 6 WTBG.

Für die Gesellschafter gemäß § 68 Abs 1 Z 2 WTBG müssen folgende Voraussetzungen vorliegen:

- sie müssen über einen in einem EU- oder EWR-Mitgliedstaat gelegenen Hauptwohnsitz,
- über eine besondere Vertrauenswürdigkeit gemäß § 9 WTBG und
- über geordnete wirtschaftliche Verhältnisse gemäß § 10 WTBG verfügen.

Laut einer seitens der Kammer der Wirtschaftstreuhänder geführten Statistik bestehen in Österreich mit Stand 1.7.2011 folgende Wirtschaftstreuhandbetriebe:[6]

Rechtsform	Anzahl Stand 1.7.2011	Vergleich Stand 1.7.2002
selbständige Mitglieder der KWT (natürliche Personen)[6]	4.814	4.222
Gesellschaften:		
GmbH	2.020	1.243
AG	2	5
KG (+ KEG)	361	213
OG (+ OHG/OEG)	193	167
Gesamtanzahl Gesellschaften	2.576	1.628

Welche Kriterien sind nun für die rechtliche Positionierung eines Wirtschaftstreuhandbetriebes entscheidend? Es lässt sich dazu folgender Katalog aufstellen:

- Haftungsrechtliche Aspekte
- Gesellschaftsrechtliche Aspekte
- Kosten der Rechtsform
- Steuerliche Positionierung
- Sozialversicherungsrechtliche Aspekte
- Finanzierungsaspekte und andere betriebswirtschaftliche Kriterien
- Publizitätsverpflichtungen

Wenig von Bedeutung sind nach Aussagen von Kollegen Kriterien wie der Auftritt am Markt und Kosten der Rechtsform. In Folge seien die haftungsrechtliche und steuerliche Positionierung näher beleuchtet.

3. Haftungsrechtliche Positionierung des WT-Betriebes

Ein Wirtschaftstreuhänder haftet im Rahmen seiner Tätigkeit als Werkbesteller für sein Werk.[7] Berufsrechtlich ist der verpflichtende Abschluss einer Berufshaftpflichtversicherung vorgesehen.[8] Die gesetzliche Mindestversicherungspflicht beläuft sich auf eine Versicherungssumme von € 70.000,–. Darüber hinaus haftet die sog Exzedentenhaft-

---

[6] Es liegen keine Angaben über die konkrete Anzahl von aktiv geführten Einzelunternehmen vor.
[7] § 1165ff ABGB.
[8] § 11 WTBG.

pflichtversicherung der Kammer der Wirtschaftstreuhänder bis zu einem Höchstbetrag von € 2,1 Mio. Im Rahmen einer Berufshaftpflichtversicherung ist ein Schaden aufgrund leichter und grober Fahrlässigkeit gedeckt.

Durch die Vereinbarung der Allgemeinen Auftragsbedingungen für Wirtschaftstreuhänder[9] (AAB) wird eine Haftung auf Grund leichter Fahrlässigkeit ausgeschlossen, dh der Wirtschaftstreuhänder haftet nur für Schäden aufgrund grober Fahrlässigkeit bzw vorsätzlichem Handeln. Die betragliche Haftungsgrenze lt AAB beträgt rd 10 x € 72.000,–. Die Verjährung wird mit 6 Monaten begrenzt.

Die Auftragsbedingungen gelten, wenn ihre Anwendung ausdrücklich oder stillschweigend vereinbart ist. Darüber hinaus sind sie mangels anderer Vereinbarung Auslegungsbehelf. Hinsichtlich der Haftungsbestimmungen gelten sie auch gegenüber Dritten, die vom Beauftragten zur Erfüllung des Auftrages im Einzelfall herangezogen werden.[10] Damit die AAB rechtsgültig vereinbart sind, sollten sie dem Mandanten vor Auftragsbeginn übermittelt werden und dieser sollte die AAB unterfertigt retournieren. Weiters sollte in dem Mandantenbrief darauf hingewiesen werden, dass die AAB für sämtlich Aufträge auch zukünftig Geltung haben. Dadurch wird ein oftmaliges Vereinbaren der AAB vermieden. Bei Vereinbarung der AAB kann sich die Versicherung auf die Haftungseinschränkungen der AAB berufen.

Die Vereinbarung der AAB führt allerdings dazu, dass folgende Tatbestände, welche auch immer versichert sind, damit von der Haftung ausgeschlossen werden.

- Leichte Fahrlässigkeit: ist grundsätzlich immer durch die Versicherung gedeckt.
- Betragsbeschränkung auf die 10-fache Versicherungssumme: rd € 0,72 Mio.
  – Ist grundsätzlich nur sinnvoll, wenn der Einzelvertrag nicht höhere Summen vorsieht.
  – Bei optimaler Ausnutzung der Excedentenversicherung ist der Höchstbetrag rd € 2,1 Mio.[11]
- 6 Monate Verjährung: die normale Verjährung von 3 Jahren ist durch die Versicherung immer gedeckt.

Es können somit Fälle auftreten, bei denen durch die AAB die Haftung gegenüber dem Mandanten ausgeschlossen wird und damit die Versicherung den Schaden auch nicht deckt, dh, dass die AAB dem Klienten gegenüber von der Versicherung eingewendet werden, obwohl der Schaden durch die Versicherung gedeckt wäre.

Beispiele:
- *Schaden durch leichte Fahrlässigkeit:*
  – *Keine Haftung des Wirtschaftstreuhänders durch AAB*

---

[9] Allgemeine Auftragsbedingungen für Wirtschaftstreuhandberufe (AAB 2011) – Festgestellt vom Arbeitskreis für Honorarfragen und Auftragsbedingungen bei der Kammer der Wirtschaftstreuhänder und zur Anwendung empfohlen vom Vorstand der Kammer der Wirtschaftstreuhänder mit Beschluss vom 8.3.2000, adaptiert vom Arbeitskreis für Honorarfragen und Auftragsbedingungen am 23.5.2002, am 21.10.2004, am 18.12.2006, am 31.8.2007, am 26.2.2008, am 30.6.2009, am 22.3.2010 sowie am 21.2.2011.

[10] I. Teil, 1. Geltungsbereich Abs 2 und 3 AAB 2011.

[11] Es kann pro Jahr der doppelte Höchstbetrag ausgeschöpft werden; dh alle Schadensfälle eines Jahres sind bis rd € 4,4 Mio gedeckt.

- *Versicherung bezahlt nicht, obwohl Schaden theoretisch gedeckt wäre.*
• *Schaden über der Betragsbeschränkung*
  - *Keine Haftung des Wirtschaftstreuhänders durch AAB über dem vereinbarten Betrag*
  - *Versicherung wendet AAB ein und zahlt nur Schaden bis Mindestbetrag, obwohl Schaden höher versichert wäre.*
• *Ebenso ist es bei der Beschränkung der Verjährung auf 6 Monate, da die 3 Jahre grundsätzlich immer gedeckt sind.*

Ferner gibt es Fälle, bei denen die Berufshaftpflichtversicherung nicht greift, wobei jedoch in diesen Fällen die Haftungsbeschränkung der AAB besteht, wenn diese vereinbart wurden. Als wesentliche Anwendungsfälle sind zu nennen:

• Örtlicher Geltungsbereich: Bei internationaler Tätigkeit kann es zu nicht gedeckten Versicherungsfällen kommen (kein Versicherungsschutz bei Inanspruchnahme vor Gericht in den USA). Eine Beschränkung durch AAB ist möglich.
• Schaden durch „wissentliches Abweichen" von Auftrag oder Gesetz (zB: Mitarbeiter der Lohnverrechnung weicht vom Auftrag des Mandanten ab, weil er glaubt, dass es anders besser, schneller etc geht). Eine Beschränkung durch AAB (auch betraglich) ist möglich.
• Kundengelder-Verwahrung: Überweisung von Geldern vom Finanzamt auf dem Kundenkonto; es kommt zu einem Verstoß beim Zahlungsakt (Mitarbeiter überweist irrtümlich auf falsches Konto und Geld kann nicht zurückverlangt werden). Es besteht kein Versicherungsschutz; die AAB beschränken die Haftung, wenn kein Vorsatz besteht.
• Überschreitung der berufsrechtlichen Befugnisse: Es besteht kein Versicherungsschutz aber die Beschränkungen der AAB gelten.
• Beschränkte Nachhaftung der Versicherung: Die Versicherungen vereinbaren teilweise zeitlich beschränkte Nachhaftungen nach Beendigung des Vertrages. Bei einer Einschränkung auf zB 4 Jahre würde dies bedeuten, dass bei Schadensfällen, welche nach Ablauf der 4 Jahre an die Versicherung gemeldet werden, diese nicht mehr gedeckt sind. Auch wenn die Verjährungsfrist von der Frist der Nachhaftung getrennt werden muss, können sich Konstellationen ergeben, bei denen durch die kurze Verjährung der AAB ein Vorteil für den Wirtschaftstreuhänder entsteht.[12]

In den oben genannten – in der Praxis möglicherweise selten auftretenden – Fällen beschränken die AAB die Haftung des Wirtschaftstreuhänders und dies erscheint auch sinnvoll, da die Versicherung diese Fälle nicht decken würde. In anderen Konstellationen ist eine Einwendung der AAB seitens der Versicherung unter Umständen nachteilig für den Wirtschaftstreuhänder, da er, zB um Imageschaden zu vermeiden, Schäden in der

---

[12] Beispiel: Vertrag wurde beendet, Nachhaftung 4 Jahre: Schaden wird 3,5 Jahre nach Beendigung des Vertrages dem Klienten bekannt. Der Klient muss nunmehr innerhalb von 6 Monaten den Schaden einfordern. In dieser Zeit ist aber auch die Nachdeckung noch aktiv. Ohne AAB könnte der Klient noch bis zu 3 Jahren warten, dann den Schaden rechtmäßig einfordern und die Versicherung würde diesen nicht mehr decken. Bei unbegrenzter Nachhaftung besteht dieses Problem nicht und die Begrenzung auf 6 Monate ist sinnlos, da die Versicherung den Schaden jedenfalls deckt.

angefallenen Höhe jedenfalls decken muss. Folgende Lösungen wären uU nunmehr möglich:

- Aufnahme einer Klausel in den Versicherungsvertrag, dass die Versicherung die AAB nur dann einwenden kann, wenn der Wirtschaftstreuhänder dem zustimmt. Diese Vereinbarung müsste aber auch mit den Exzedenten vereinbart sein, damit dies auch dort gilt, was derzeit in Ausverhandlung steht.
- Eine weitere Möglichkeit wäre, die AAB so zu modifizieren, dass einerseits nur eine Haftungsbeschränkung bei der maximalen Versicherungssumme (€ 2,1 Mio) vereinbart wird und andererseits die leichte Fahrlässigkeit und die Verkürzung auf 6 Monate gestrichen werden. Problematisch wäre in diesem Fall aber, wenn ein Schadensfall, wie oben angegeben, eintritt, der nicht durch die Versicherung gedeckt ist, da dann die modifizierten AAB grob nachteilig für den Wirtschaftstreuhänder wären. Es stellt sich daher die Frage, ob die Haftungsbeschränkungen der AAB,
  – leichte Fahrlässigkeit und
  – 6 Monate,
  nur auf jene Fälle allgemein reduziert werden könnten, die
  – nicht durch die Haftpflichtversicherung gedeckt sind und
  – die betragliche Haftungsbeschränkung in Höhe der 10-fachen Versicherungssumme festgesetzt wird, außer die Versicherung (inkl Exzedenten) würde vertraglich auch einen höheren Schaden decken. Dann ist eine Haftung bis zur maximalen Versicherungsdeckung gegeben.

Es ist erkennbar, dass für den Wirtschaftstreuhänder trotz Berufshaftpflichtversicherung und Allgemeinen Auftragsbedingungen eine gewisse Resthaftung verbleibt. Diese trifft ihn dann persönlich, wenn er als Einzelunternehmer oder als persönlich haftender, zur solidarischen und unbeschränkten Haftung heranzuziehender Gesellschafter einer Personengesellschaft tätig wird.

In weiterer Folge wird untersucht, ob der Gesellschafter bzw Geschäftsführer einer Kapitalgesellschaft (GmbH) ebenso von einer persönlichen Haftung betroffen sein kann.

Grundsätzlich ist bei einer Wirtschaftstreuhand-GmbH – anders als zB bei einer Rechtsanwalts-GmbH oder Ziviltechniker-GmbH – bloß wegen der Höchstpersönlichkeit der erbrachten Leistung keine zusätzlich eingreifende Durchgriffshaftung auf den Gesellschafter denkbar. Dies ist ua historisch begründet, da sich der Beruf des Wirtschaftstreuhänders aus dem Berufsbild des „gewerblichen Buchhalters" entwickelt hat und somit ursprünglich nicht als freier Beruf angesehen wurde. Eine Durchgriffshaftung für den Gesellschafter einer Wirtschaftstreuhand-GmbH ist weiters ua aus folgenden Merkmalen nicht möglich:

- Dem WTBG ist eine persönliche Haftung des Wirtschaftstreuhänders nicht ableitbar, die sich jedoch möglicherweise für den Gesellschafter einer RA-GmbH laut RAO ergibt.
- Es besteht für die Wirtschaftstreuhand-Gesellschaft (und für jeden Wirtschaftstreuhänder als natürliche Person) – anders als bei RA-GmbH – eine gesetzliche Versicherungspflicht.
- Eine Prokurabestellung ist – anders als bei RA-GmbH – beim Wirtschaftstreuhänder möglich.

Von der Wirtschaftstreuhandtätigkeit ist die Geschäftsführungstätigkeit des Wirtschaftstreuhänders zu unterscheiden. Der Geschäftsführer einer Wirtschaftstreuhand-GmbH hat – wie jeder andere GmbH-Geschäftsführer – eine Sorgfaltsverpflichtung und haftet auch bei leichter Fahrlässigkeit, unabhängig davon, ob er Gesellschafter ist oder nicht. Dh, dass im Falle einer Insolvenz der Wirtschaftstreuhand-GmbH der Masseverwalter den Geschäftsführer für ein die Insolvenz verursachendes sorgfaltswidriges Handeln persönlich zur Haftung heranziehen kann. Diese Haftung umfasst nun allerdings wiederum die gesamte Tätigkeit des Geschäftsführers, dh im Falle von Wirtschaftstreuhändern auch die durch den WT-Geschäftsführer persönlich durchgeführte fehlerhafte Wirtschaftstreuhandtätigkeit. Im Falle einer Fehlberatung durch Mitarbeiter der WT-GmbH haftet der Geschäftsführer für sein Auswahl- und gegebenenfalls Überwachungsverschulden.

Als Zwischenergebnis ist festzuhalten, dass das Haftungsthema aufgrund der unterschiedlichen Positionierung der Rechtsformen durchaus ein Entscheidungskriterium sein kann.

4. Steuerliche Positionierung einer Wirtschaftstreuhandkanzlei

Wie in der Einleitung erwähnt, stellt sich die Frage, ob – nach dem Motto „der Schneider trägt die schlechtesten (oder die besten) Kleider selbst" – der Wirtschaftstreuhänder respektive der Steuerberater in der steuerlichen Positionierung seines Unternehmens Optimierungen anstrebt.

4.1. Laufende Gewinnermittlung

Einkünfte aus selbständiger Arbeit liegen bei Erträgen aus Tätigkeiten vor, die eine bestimmte Berufsausbildung oder besondere persönliche Fähigkeiten oder Fachkenntnisse erfordern.[13]

Als **Einzelunternehmer** stehen dem Wirtschaftstreuhänder die Vorteile der Gewinnermittlungsart gem § 4 Abs 3 EStG zur Verfügung, dh er muss seine Leistungen erst nach Maßgabe des Zahlungsflusses steuerlich berücksichtigen.[14]

Diese Begünstigung ist unabhängig von der Umsatzleistung, da gem § 189 Abs 4 UGB für Angehörige der freien Berufe eine Ausnahme von der verpflichtenden Rechnungslegung ab dem Überschreiten einer bestimmten Umsatzgrenze (derzeit € 700.000,–) vorsieht. Im Rahmen einer Einnahmen-Ausgaben-Rechnung kann die Pauschalierung gem § 17 EStG in Anspruch genommen werden.[15]

Eine ähnliche Begünstigung gilt auch hinsichtlich der umsatzsteuerlichen Behandlung, wonach gem § 17 Abs 1 UStG ein Unternehmer, der freiberufliche Leistungen erbringt, die Umsatzsteuer nach vereinnahmten Entgelten abzuführen hat (Ist-Besteuerung). Diese steuerlichen Normen stehen naturgemäß in engem Zusammenhang mit betriebswirtschaftlichen und finanzierungstechnischen Aspekten der Unternehmensplanung.

---

[13] Vgl EStR 2000, Rz 5201ff.
[14] Die nachstehenden Ausführungen wurden entnommen aus *Kanduth-Kristen* in *Hübner-Schwarzinger/Kanduth-Kristen* (Hrsg), Rechtsformgestaltung für Klein- und Mittelbetriebe, 2011, 127ff.
[15] Der Freiberufler kann freiwillig Bücher führen und seinen Gewinn durch doppelte Buchführung ermitteln. Mangels Gewerbebetrieb ist die Gewinnermittlungsart gemäß § 5 EStG ausgeschlossen.

Im Rahmen der laufenden Gewinnermittlung stehen dem Wirtschaftstreuhänder folgende steuerliche Begünstigungen zu:

Seit der Veranlagung 2010 können natürliche Personen im Rahmen der Gewinnermittlung einen Gewinnfreibetrag in Anspruch nehmen.[16] Der Gewinnfreibetrag kommt für alle Gewinnermittlungsarten zur Anwendung und beträgt 13 % des Gewinns vor Gewinnfreibetrag. In Verlustjahren ist die Inanspruchnahme des Gewinnfreibetrages nicht möglich. Bis zu einem Gewinn von € 30.000,– steht der Gewinnfreibetrag ohne weitere Bedingungen zu (Grundfreibetrag). Der Grundfreibetrag setzt lediglich die Erzielung eines betrieblichen Gewinnes voraus und kann im Rahmen aller Gewinnermittlungsarten und auch bei Pauschalierung geltend gemacht werden. Die Wirkung des Grundfreibetrags ist letztlich die einer Tarifermäßigung.[17] Der maximale Grundfreibetrag beträgt € 3.900,– (13 % von € 30.000,–). Bei mehreren Betrieben (und/oder Mitunternehmeranteilen) mit positivem Ergebnis werden die Gewinne für den Grundfreibetrag zusammengerechnet. Verluste bleiben unberücksichtigt.[18] Der Grundfreibetrag (max € 3.900,–) ist nach Wahl des Steuerpflichtigen den einzelnen Betriebenen bzw Mitunternehmeranteilen im Ausmaß von höchstens 13 % des Gewinns aus dem jeweiligen Betrieb zuzuordnen. Befindet sich der Mitunternehmeranteil im Betriebsvermögen eines Einzelunternehmens, kann der Gewinnfreibetrag lediglich auf Ebene des Einzelunternehmens geltend gemacht werden.

Über den Grundfreibetrag hinaus (bei mehr als € 30.000,– Gewinn) setzt die Inanspruchnahme des Grundfreibetrag die Deckung der Gewinne durch begünstigte Investitionen im laufenden Jahr voraus (investitionsbedingter Gewinnfreibetrag).[19]

§ 12 EStG ermöglicht es, stille Reserven aus der Veräußerung von Anlagevermögen unter bestimmten Voraussetzungen vorübergehend steuerfrei zu belassen. Der Veräußerungserlös soll ungeschmälert für (Re-)Investitionen zur Verfügung stehen.[20] Die Regelung bewirkt eine Steuerstundung, denn die übertragene stille Reserve kürzt die Anschaffungs- oder Herstellungskosten eines neu angeschafften oder hergestellten Wirtschaftsguts und vermindert dessen AfA-Wege einer Übertragungsrücklage, die innerhalb bestimmter Fristen in den folgenden Wirtschaftsjahren vorgenommen werden. Die Regelung kann nur von natürlichen Personen (wahlweise) in Anspruch genommen werden. Das Wahlrecht kann für jedes Wirtschaftsgut und für jedes Wirtschaftsjahr gesondert ausgeübt werden.[21]

Wird der Wirtschaftstreuhandbetrieb in der Rechtsform einer steuerlichen **Mitunternehmerschaft** betrieben, kommen grundsätzlich die oben für den Einzelunternehmer dargestellten Ausführungen zur Anwendung. Festzuhalten ist, dass eine WT-GmbH & Co KG, bei denen kein unbeschränkt haftender Gesellschafter eine natürliche Person ist, gemäß § 189 Abs 1 Z 1 UGB zur unternehmensrechtlichen Rechnungslegung verpflich-

---

[16] Siehe dazu im Detail *Doralt/Heinrich*, EStG[13] Kommentierung zu § 10; *Jakom/Kanduth-Kristen* EStG, 2011 Kommentierung zu § 10.
[17] Siehe auch RV 54 XXIV. GP, Erläut zu Z 8 und Z 24. Es sollte damit ein Pendant zur sog Sechstelbegünstigung (13. und 14. Monatsgehalt) bei nichtselbständig Tätigen geschaffen werden (vgl auch *Hirschler/Grangl*, UFSjournal 2010, 127).
[18] Vgl EStR 2000, Rz 3820; *Gierlinger/Sutter*, ÖStZ 2009, 93.
[19] Dazu *Jakom/Kanduth-Kristen*, EStG, 2011, § 10 Rz 11ff.
[20] Vgl *Quantschnigg/Schuch*, 1993, § 12 Rz 1.
[21] Vgl *Jakom/Kanduth-Kristen*, EStG, 2011, § 12 Rz 1ff.

tet ist. Mangels Gewerbebetrieb wird der Gewinn allerdings nicht gemäß § 5 EStG, sondern gemäß § 4 Abs 1 EStG ermittelt.

Hervorzuheben sind ferner die diversen Aspekte der Leistungsbeziehungen zwischen Gesellschaftern und Gesellschaft, die sich auf Vergütungen beziehen, die die Gesellschafter von der Gesellschaft für ihre Tätigkeit im Dienste der Gesellschaft, für die Hingabe von Darlehen oder für die Überlassung von Wirtschaftsgütern erhalten. Nur betrieblich veranlasste und fremdübliche Leistungen zwischen der Gesellschaft und dem Betrieb eines Gesellschafters finden steuerlich Anerkennung.[22] Zur Geschäftsführervergütung ist anzumerken, dass diese zur jeweiligen betrieblichen Einkunftsart zählen. Die Vergütung für die Geschäftsführungstätigkeit stellt eine Sonderbetriebseinnahme dar. Im Zuge der einheitlichen und gesonderten Gewinnfeststellung sind die mit der Geschäftsführung in Zusammenhang stehenden Ausgaben der Gesellschafter, zB Sozialversicherungsbeiträge, als Sonderbetriebsausgaben geltend zu machen. Durch die Vereinbarung eines Geschäftsführerbezugs lassen sich für den Gesellschafter keine steuerlichen Vorteile erzielen, weil der Bezug als Gewinnanteil zu erfassen und zu besteuern ist. Die Vereinbarung eines Geschäftsführerbezugs hat lediglich Einfluss auf die Gewinnverteilung bzw auf die Höhe der Gewinnanteile der einzelnen Gesellschafter. Ebenso von Bedeutung sind Vermögensübertragungen zwischen dem Betriebsvermögen der Gesellschaft und dem Sonderbetriebsvermögen des Gesellschafters.[23] Wird als Sonderbetriebsvermögen der Personengesellschaft ein Wirtschaftsgut zur Nutzung überlassen, sind fremdübliche Nutzungsentgeltvereinbarungen ua dann zu empfehlen, wenn diese der Dokumentation des Vorliegens von Sonderbetriebsvermögen dienen sollen.[24]

Wird der Wirtschaftstreuhandbetrieb in der Rechtsform einer **GmbH** geführt, gelten die oben genannten Begünstigungen gemäß § 10 und 12 EStG nicht. In Zusammenhang mit Leistungsbeziehungen zwischen der Kapitalgesellschaft und ihren Gesellschaftern sind die Fremdüblichkeitsgrundsätze zu beachten. Nach der Judikatur sind derartige Leistungsbeziehungen wie Verträge zwischen nahen Angehörigen zu prüfen, ob der Vertrag nämlich

- nach außen hin ausreichend zum Ausdruck kommt,
- einen eindeutigen, klaren und jeden Zweifel ausschließenden Inhalt hat und
- dem Fremdvergleich standhält, dh fremdüblichen Bedingungen entspricht.[25]

Die Nichtanerkennung einer Vertragsbeziehung dem Grunde nach oder die Unangemessenheit der Höhe nach führt bei im Fremdvergleich zu hohen Vergütungen an den Gesellschaftern bzw bei im Fremdvergleich zu geringen Gegenleistungen des Gesellschafters insoweit zur Unbeachtlichkeit der Leistungsbeziehung im Rahmen der Einkommensermittlung der Gesellschaft und zu einer Korrektur im Wege einer verdeckten Gewinnausschüttung. Werden Ausschüttungen auf Ebene der Kapitalgesellschaft fremdfinanziert, so sind die Zinsen gemäß Rz 1217 KStR auch bei Vorliegen eines unmittelba-

---

[22] Dazu ausführlich *Kanduth-Kristen* in *Hübner-Schwarzinger/Kanduth-Kristen* (Hrsg), Rechtsformgestaltung für Klein- und Mittelbetriebe, 2011, 133ff.
[23] Vgl dazu Rz 5929 EStR 2000.
[24] Wird beispielsweise der Firmenwert als wesentliche Betriebsgrundlage eines Freiberuflerbetriebes nicht im Rahmen der Personengesellschaft, sondern als Sonderbetriebsvermögen geführt, ist eine entsprechende Dokumentation und Nachweiserbringung empfohlen.
[25] KStR 2001, Rz 754.

ren Zusammenhanges zwischen der Kreditaufnahme und der Einkommensverwendung gemäß § 8 Abs 2 KStG abzugsfähig. Dies gilt allerdings nicht, wenn es sich um die Rückführung von Einlagen handelt.[26]

Das Gegenstück zur verdeckten Ausschüttung ist die verdeckte Einlage. Damit werden Einlagen und Beträge jeder Art, die von Personen in ihrer Eigenschaft als Gesellschafter, Mitglieder oder in ähnlicher Eigenschaft geleistet werden, verstanden. Aus steuerlicher Sicht sind die Konsequenzen hinsichtlich der Einlagenbewertung, der Erhöhung der Anschaffungskosten bzw im Rahmen einer Finanzierung hinsichtlich allfälliger Zinsen zu beurteilen. Umstritten ist die steuerliche Behandlung von Nutzungseinlagen.[27]

Aufgrund des Trennungsprinzips sind Vergütungen, die für die Geschäftsführung an einen Gesellschafter-Geschäftsführer gezahlt werden, bei der Gesellschaft als Betriebsausgaben abzugsfähig, soweit die Höhe der Bezüge nicht über den im Fremdvergleich angemessenen Beträgen liegt.[28] Der Gesellschafter-Geschäftsführer hat die Bezüge der Einkommensteuer zu unterwerfen, wobei die konkrete Einkunftsart (idR Einkünfte aus nichtselbständiger oder aus selbständiger Arbeit) zu bestimmen ist, an die sich unterschiedliche steuerliche und sozialversicherungsrechtliche Folgen knüpfen. Im Falle selbständiger Einkünfte kann der Gesellschafter-Geschäftsführer von der Betriebsausgabenpauschalierung gem § 17 EStG (sowie bei Umsatzsteuerpflicht von der Vorsteuerpauschalierung gem § 14 UStG) Gebrauch machen und den Gewinnfreibetrag gem § 10 EStG (Grundfreibetrag) in Anspruch nehmen. Neben Sozialversicherungsbeiträgen fallen für Geschäftsführervergütungen Lohnnebenkosten (3 % KommSt, 4,5 % Dienstgeberbeitrag, ggf Zuschlag zum Dienstgeberbeitrag) an, wenn der GmbH-Geschäftsführer aufgrund eines steuerlichen Dienstverhältnisses oder als GmbH-Gesellschafter-Geschäftsführer iSd § 22 Z 2 zweiter Teilstrich EStG tätig ist.[29] Nach der Judikatur des VwGH[30] ist es selbst bei einem Gesellschafter-Geschäftsführer einer Einpersonen-GmbH nahezu unmöglich, die Lohnnebenkostenpflicht – auch nicht durch ausgefallene Vergütungskonstruktionen – zu vermeiden.[31]

Als Zwischenergebnis ist festzuhalten, dass sich die steuerlichen Rahmenbedingungen zwischen den einzelnen Rechtsformen deutlich unterscheiden. Besonderheiten, insbesondere mögliche Begünstigungen, die nur Angehörigen freier Berufe möglich sind, nicht zu verzeichnen, wobei allerdings die Nichtgeltung der Rz 104 EstR hervorgehoben werden soll.

4.2. Rechtsformgestaltung

Neben der laufenden Gewinnermittlung sind Änderungen im Leben des Unternehmens bzw des Unternehmers Anlass für Rechtsformgestaltungen. Folgende Situationen können zum Überdenken und zu einer aktiven Rechtsformgestaltung führen:

---

[26] *Jakom/Maschner*, EStG, 2011, § 4 Rz 113; KStR 2001, Rz 1217 mit Verweis auf VwGH 19.12.2006, 2004/15/0122.
[27] Dazu KStR 2001, Rz 679 sowie EStR 2000, Rz 2605.
[28] *Kanduth-Kristen* in *Hübner-Schwarzinger/Kanduth-Kristen* (Hrsg), Rechtsformgestaltung für Klein- und Mittelbetriebe, 2011, 144ff.
[29] Vgl ua *Binder*, taxlex 2005, 419.
[30] Vgl VwGH 10.11.2004, 2003/13/0018 – verstärkter Senat.
[31] Vgl *Bruckner*, persaldo 1/2005, 31.

- Betriebswirtschaftliche, gesellschaftsrechtliche und steuerliche Motive für einen Rechtsformwechsel ohne Veränderung in der Unternehmer- (Gesellschafter-)Struktur
- Aufnahme eines neuen Wirtschaftstreuhänders als Partner in das Unternehmen
- Austritt des Wirtschaftstreuhänders aus dem Unternehmen aufgrund der Beendigung seiner aktiven Erwerbstätigkeit als Wirtschaftstreuhänder
  - durch Beendigung (Aufgabe/Liquidation) seines Unternehmens
  - durch Verkauf seines Unternehmens bzw Unternehmensanteiles
  - durch kontinuierliches „Ausschleifen" aus dem Betrieb
  - durch Trennung von bisherigen Partnern

4.2.1. Rechtsformwechsel ohne Veränderung in der Unternehmer- (Gesellschafter-) Struktur

Betriebswirtschaftliche, gesellschaftsrechtliche und steuerliche Motive sind ua verantwortlich für die Erstentscheidung, welche Rechtsform ein Wirtschaftstreuhänder für seinen Berufseinstieg wählt. Die gleichen und weitere Motive sind relevant, wenn sich die Rechtsform im Unternehmensleben einer Veränderung unterziehen soll. Zu beinahe jeder Form des Rechtsformwechsels ist zu sagen, dass dieser mit einer Vermögensübertragung[32] verbunden ist, die aus ertragsteuerlicher Sicht grundsätzlich einen Realisierungsakt darstellt. Um einen solchen hintanzuhalten, bietet die Anwendung des UmgrStG die Buchwertfortführung an. Da ein Rechtsformwechsel jedenfalls mit zahlreichen außersteuerlichen Begleiterscheinungen einhergeht, kann die Anwendung des UmgrStG schon mit dem bloßen Motiv des Rechtsformwechsels mE keinen Fall eines Mißbrauchs iSd § 44 UmgrStG darstellen.

4.2.1.1. Wechsel in GmbH

Soll eine in der Rechtsform eines Einzelunternehmens betriebene WT-Kanzlei in eine GmbH transformiert werden, dann stellt dies – ohne Anwendung des UmgrStG – eine Sacheinlage in eine Körperschaft gem § 6 Z 14 EStG dar und es kommt der Tauschgrundsatz mit entsprechender Besteuerung der stillen Reserven zur Anwendung. Alternativ führt die Anwendung des Art III UmgrStG zu einer ertragsteuerlich neutralen Einbringung, die bis vor dem Inkrafttreten des BBG 2007 ua mit der Begünstigung der Ausnützung der sog unbaren Entnahme gem § 16 Abs 5 Z 2 UmgrStG zur Schaffung einer Entnahmeverbindlichkeit für den einbringenden Unternehmer – unter Umständen bereits als Pensionsvorsorge – geführt hat. Seit der Einführung der „Ausschüttungsfiktionsbesteuerung" gem § 18 Abs 2 UmgrStG sind unbare (jetzt: vorbehaltene) und auch bare Entnahmen gem § 16 Abs 5 Z 1 und 2 UmgrStG einer KESt zu unterziehen, sofern sich aufgrund sämtlicher Veränderungen im Sinne des § 16 Abs 5 UmgrStG ein negativer Buchwert des einzubringenden Vermögens ergibt oder sich ein solcher erhöht.

Die mit einer (baren oder) unbaren Entnahme oftmals verbundenen negativen Anschaffungskosten[33] bleiben an den GmbH-Anteilen des nach der Einbringung zum Gesellschafter der übernehmenden GmbH werdenden Wirtschaftstreuhänders hängen

---

[32] Davon ausgenommen sind reine formwechselnde Umwandlungen, wie etwa die Umwandlung einer OG in eine KG und umgekehrt oder eine GmbH in eine AG und umgekehrt.
[33] Negative Anschaffungskosten ergeben sich dann, wenn das steuerliche Einbringungskapital negativ ist bzw war (§ 20 Abs 2 Z 1 UmgrStG).

und wären spätestens im Zeitpunkt der Veräußerung des GmbH-Anteiles einer Nachversteuerung zu unterziehen. Derartige negative Anschaffungskosten können durch eine Umwandlung nach dem Umwandlungsgesetz (UmwG) und unter Anwendung des Art II UmgrStG ersatzlos untergehen (siehe dazu unten).

Der Wechsel eines Einzelunternehmens in eine GmbH ist oftmals mit dem Wunsch verbunden, bisher betrieblich genutztes Liegenschaftsvermögen nicht mit auf die GmbH zu übertragen. § 16 Abs 5 Z 3 UmgrStG bietet die Möglichkeit der Entnahme von Wirtschaftsgütern des Anlagevermögens, sofern die betriebliche Einheit nicht verletzt wird. Durch die Zurverfügungstellung der Liegenschaft an die den Betrieb führende GmbH kann dafür Sorge getragen werden, dass die wesentlichen Grundlagen des Betriebes übertragen werden. In diesem Zusammenhang sind mehrere Themen von Bedeutung:

- Die Zurückbehaltung von Wirtschaftsgütern des Anlagevermögens stellt eine steuerliche Entnahme dar und ist demnach auch steuerlich zu erfassen. Die Anwendung des § 37 Abs 5 EStG auf Entnahmegewinne anlässlich einer einbringungsbedingten Entnahme wurde höchstgerichtlich abgelehnt, da diese Entnahme nicht mit einem Veräußerungs- bzw Aufgabevorgang einher geht.[34] Mit Inkrafttreten des StabG 2012 erfolgt die Entnahme (= Zurückbehaltung) von Grund und Boden mit dem Buchwert und vom Gebäude mit dem Teilwert (§ 6 Z 4 EStG). Es liegt somit nur mehr hinsichtlich der stillen Reserven im Gebäude ein Realisierungstatbestand vor. Für einen nachfolgenden Verkauf des Grundstücks aus dem Privatvermögen ist § 30 EStG anwendbar.
- § 16 Abs 5 Z 3 UmgrStG nennt den sog Finanzierungszusammenhang, dh, dass Passivposten, die mit einem zurückbehaltenen Aktivum unmittelbar verbunden sind, mit diesem zurückbehalten werden müssen. Etwaige Fremdfinanzierungskosten behalten weiter ihren Abzugscharakter, sofern sie mit mit der Einkünfteerzielung in Zusammenhang stehenden Einkünften verbunden sind.[35]
- Für zurückzubehaltende Liegenschaften empfiehlt es sich, gleichzeitig mit dem Einbringungsvertrag eine Nutzungsvereinbarung abzuschließen. Aufgrund der Bestimmungen des § 18 Abs 3 UmgrStG ist dann nämlich im Rückwirkungszeitraum, dh ab dem auf den Einbringungsstichtag folgenden Tag, ein Mietentgelt steuerlich absetzbar. (In diesem Zusammenhang sei darauf hingewiesen, dass diese Möglichkeit für etwaige Geschäftsführerbezüge nicht gegeben ist, da eine Rückwirkungsfiktion für Arbeitsentgelte nicht greift.[36])
- Alternativen zur Zurückbehaltung bzw Miteinbringung des gesamten Liegenschaftsvermögens bieten Baurechts- bzw Dienstbarkeitslösungen an. In diesen Fällen kommt es zur Trennung von Grund und Boden und Baulichkeit.[37]
- Wurde Liegenschaftsvermögen durch einen §-4-Gewinnermittler auf die GmbH übertragen, kam es vor StabG 2012 im Rahmen der Eröffnungsbilanz zu einer Auf-

---

[34] Vgl VwGH 29.1.1998, 97/15/0197; UmgrStR 2002, Rz 919.
[35] Anders jedoch, wenn Verbindlichkeiten unter Anwendung des § 16 Abs 5 Z 3 UmgrStG zurückbehalten wird. Dann entfällt die Möglichkeit der steuerlichen Abzugsfähigkeit etwaiger Aufwendungen. Vgl UFS 18.7.2011, RV/1113-L/10 oder VwGH 30.9.2009, 2004/13/0169.
[36] In diesem Zusammenhang siehe ua UFS 19.3.2009, RV/0545-G/06.
[37] Siehe ua dazu UmgrStR 2002, Rz 694 a und b. Die Bedeutung ist seit StabG 2012 zurückgegangen.

wertung des Grund und Bodens auf den Teilwert zum Einbringungsstichtag. Diese Aufwertung schlug sich gem § 20 Abs 8 UmgrStG auch in den steuerlichen Anschaffungskosten des GmbH-Gesellschafters nieder. Seit StabG 2012 ist mangels entsprechender Bestimmung zum Wechsel der Gewinnermittlungsart eine Buchwertübernahme vorgesehen.

4.2.1.2. Wechsel in GmbH & Co KG

Als Alternative zur Einbringung des Einzelunternehmens in eine GmbH stellt sich – hinsichtlich der Beweggründe einer Haftungseinschränkung für den Wirtschaftstreuhänder – die Möglichkeit, ein bestehendes Einzelunternehmen in eine GmbH & Co KG zu überführen. Das bedeutet, dass dem Einzelunternehmen eine GmbH als reine Arbeitsgesellschafterin und Komplementärin beigestellt wird. Die technische Umsetzung erfolgt ertragsteuerlich neutral unter Anwendung eines Zusammenschlusses gemäß Art IV UmgrStG. Für die Vornahme eines Zusammenschlusses sind die Anwendungsvoraussetzungen, insbesondere die Erstellung einer Bilanz und einer Zusammenschlussbilanz zu nennen. Die Anwendung des UmgrStG ermöglicht, die Änderung rückwirkend vorzunehmen. Wird auf das UmgrStG verzichtet, indem eine Anwendungsvoraussetzung – zB die Erstellung der Bilanz und Zusammenschlussbilanz unterbleibt – können sich dennoch keine ertragsteuerlichen Konsequenzen ergeben, da es nicht zu einem Verschieben von stillen Reserven kommt.[38]

Dem Wirtschaftstreuhänder, der betrieblich genutztes Liegenschaftsvermögen im Einzelunternehmen hat, wird im Rahmen des Art IV UmgrStG die Möglichkeit geboten, dieses Liegenschaftsvermögen (oder andere Wirtschaftsgüter des Anlagevermögens) in sein abgabenrechtliches Sonderbetriebsvermögen zu überführen. Dies ist insbesondere sinnvoll, wenn das Liegenschaftsvermögen nur im Miteigentum steht und eine Miteigentumsüberbindung auf eine andere Person (KG) nicht erwünscht ist. Es kommt durch die Übertragung ins Sonderbetriebsvermögen zu keiner zivilrechtlichen Änderung in der Eigentümerstellung und damit zu keiner Grunderwerbsteuerbelastung.

Auch im Rahmen einer GmbH & Co KG ändert sich zwingend die Gewinnermittlungsart für den Wirtschaftstreuhänder, was wiederum Finanzierungs- und andere betriebswirtschaftliche Auswirkungen nach sich zieht. Aus ertragsteuerlicher Sicht ergibt sich für den Wirtschaftstreuhänder dahingehend keine Veränderung, da er als 100 %-iger Kommanditist steuerlich die idente Position wie ein Einzelunternehmer einnimmt. Mögliche Gestaltungsüberlegungen wären hinsichtlich einer Geschäftsführerposition bei der Komplementär-GmbH anzustellen, insbesondere dann, wenn der Wirtschaftstreuhänder an der Komplementär-GmbH nur zu maximal 25 % beteiligt ist und ein Dienstverhältnis einnimmt.

Besteht bereits eine WT-GmbH und ist ein Wechsel in eine GmbH & Co KG geplant, da sich aus gesellschaftsrechtlichen Motiven beispielsweise eine Veränderung abzeichnet, kann dieser Rechtsformwechsel ertragsteuerlich neutral durch die Technik eines Zu-

---

[38] UmgrStR 2002 Rz 1390; vgl ua *Wundsam/Zöchling/Huber/Khun*, UmgrStG[4], § 24 Rz 86; *Mühlehner*, in *Hügel/Mühlehner/Hirschler*, Umgründungssteuergesetz Kommentar, IV § 24 Rz 35; *Sulz*, in *Helbich/Wiesner/Bruckner*, Handbuch der Umgründungen, IV § 24 Rz 149; *Walter*, Umgründungssteuerrecht[7], Zusammenschluss Rz 636f; *Wiesner/Schwarzinger/Sedlacek/Sulz*, Zusammenschluss und Realteilung von Rechtsanwälten, 58.

sammenschlusses gemäß Art IV UmgrStG bewerkstelligt werden. Die GmbH überträgt ihren Betrieb in eine steuerliche Mitunternehmerschaft (KG), an der sich der Wirtschaftstreuhänder persönlich beteiligt. Welche Zusammenschlussmethode in diesem Fall geeignet ist, ist grundsätzlich nach zivilrechtlichen Parametern zu entscheiden. Jedenfalls ist der Zusammenschlussmethode eine geeignete Vorsorgemethode zur Vermeidung, dass es nicht zu einer endgültigen Verschiebung von Steuerlasten iSd § 24 Abs 2 UmgrStG kommt, zur Seite zu stellen.

Im Zusammenhang mit derartigen Überlegungen ist zu hinterfragen, ob das Liegenschaftsvermögen, welches der Wirtschaftstreuhänder in seinem Privatvermögen hält und welches der GmbH bislang zur Verfügung gestellt wird, nun in das abgabenrechtliche Sonderbetriebsvermögen des Wirtschaftstreuhänders und nunmehrigen Kommanditisten wechseln soll oder ob die Eigentumsverhältnisse vorab verändert werden sollen. Eine Übertragung des Liegenschaftsvermögens in das Sonderbetriebsvermögen erfolgt seit Stab 2012 mit den (fortgeschriebenen) Anschaffungskosten[39].

Steuerlich zur identen Situation gelangt man, wenn anstelle der KG als Außengesellschaft eine Innengesellschaft in der Rechtsform einer atypisch stillen Gesellschaft errichtet wird und sich der Wirtschaftstreuhänder somit als atypisch stiller Gesellschafter an der GmbH beteiligt. Es wären hierfür möglicherweise zusätzliche außersteuerliche Gründe notwendig, um diese Gestaltung wirtschaftlich begründbar und nicht als Missbrauch qualifizieren zu lassen.[40]

4.2.1.3. (Rück-)Wechsel in Einzelunternehmen

Ein Wechsel in ein Einzelunternehmen kann sich aus einer GmbH heraus ergeben und ist idR wiederum von gesellschaftsrechtlichen Beweggründen getragen. Ein Motiv für eine Rückumwandlung nach einer bereits erfolgten Einbringung kann sein, dass in Hinblick auf eine geplante Veräußerung des Unternehmens bzw von Unternehmensanteilen eine Nachversteuerung von negativen Anschaffungskosten vermieden werden soll. Dieser Beweggrund ist eine legitime Forderung hinsichtlich der privaten Vermögensplanung – ua oftmals iZm Erbschaftsüberlegungen – und wird durch die gesetzlichen Bestimmungen des Art II UmgrStG ermöglicht.

Eine Eliminierung von (negativen wie positiven) Anschaffungskosten ergibt sich aufgrund der Buchgewinn- bzw Buchverlustneutralität gem § 9 Abs 2 UmgrStG, die auch auf Ebene der Anschaffungskosten durchschlägt. Die Umwandlung nach UmwG,[41] die die Änderung der Rechtsform einer GmbH zB in ein Einzelunternehmen oder eine Personengesellschaft darstellt, bedingt nämlich die Streichung der zweiten Besteuerungsebene und damit den Ersatz der Anschaffungskosten des Gesellschafters durch das sich im Rahmen der Umwandlung zu ermittelnde Umwandlungskapital bzw das sich beim Nachfolgerechtsträger ergebende Eigenkapital.

Sind an einer GmbH bereits weitere Gesellschafter beteiligt, die positive Anschaffungskosten, beispielsweise durch entgeltlichen Erwerb oder Eintritt mittels Kapitaler-

---

[39] Änderungen hinsichtlich Gebäude durch AbgÄG 2012 vorgesehen.
[40] Dazu ua *Hübner-Schwarzinger* in *Hübner-Schwarzinger/Kanduth-Kristen* (Hrsg), Rechtsformgestaltung für Klein- und Mittelbetriebe, 2011, 24.
[41] Bundesgesetz über die Umwandlung von Handelsgesellschaften, BGBl 1996/304 idgF.

höhung, haben, wird eine Umwandlung differenziert betrachtet werden, da sich naturgemäß die Buchgewinn- und Buchverlustneutralität auch für die Gesellschafter auswirkt, deren Anschaffungskosten positiv sind und die dadurch möglicherweise ein weit geringeres Eigenkapital als Ersatz erhalten.

Eine Umwandlung zurück in ein Einzelunternehmen (bzw eine Personengesellschaft) hat per se zwangsläufig außersteuerliche Beweggründe, da ja damit auch grundsätzliche Veränderungen auf anderen als bloß auf steuerlichen Ebenen verbunden sind. Während die Vermögensübertragung eines WT-Betriebes in eine GmbH im Wesentlichen von Haftungsüberlegungen getragen sein kann, und der Wirtschaftstreuhänder den sich daraus idR ergebenden Wechsel der Gewinnermittlungsart von § 4 Abs 3 EStG auf § 5 EStG in Kauf nimmt,[42] bietet ein Rückwechsel wiederum die Möglichkeit der Gewinnermittlungsart gem § 4 Abs 3 EStG und damit einen wesentlichen betriebswirtschaftlichen Effekt im Cash Management an.

Bei der Planung einer Umwandlung sind die durch das BBG 2011 neu geregelten Bestimmungen des § 9 Abs 6 UmgrStG zur Ausschüttungsfiktion zu beachten. Während der Grundsatz des § 9 Abs 6 UmgrStG, der besagt, dass etwaige aufgrund des Wegfalls der zweiten Besteuerungsebene thesaurierte Gewinne einer KESt-Besteuerung zu unterziehen sind, aufrecht geblieben ist und auch die Bemessung der Ausschüttungsfiktionsbesteuerung abgeleitet aus dem unternehmensrechtlichen Eigenkapital inhaltlich unverändert geblieben ist, soll es durch die Neuregelungen zu Nachversteuerungen von durch Vorumgründungen eingestellten unternehmensrechtlich wirksam abgeschriebenen Posten kommen. So lautet § 9 Abs 6 Z 1 lit b dritter und vierter Teilstrich UmgrStG idF Budgetbegleitgesetz 2011 nun wie folgt:

Mit dem Tag der Anmeldung des Umwandlungsbeschlusses zur Eintragung in das Firmenbuch gilt ein Betrag im Sinne der Z 1 als an die Rechtsnachfolger offen ausgeschüttet.

Der Betrag ist in folgender Weise zu ermitteln:

Reinvermögen nach der der Umwandlung zugrunde liegenden nach den Grundsätzen ordnungsmäßiger Buchführung erstellten Schlussbilanz

(...)

erhöht um

– *Buchverluste, die aufgrund einer Vermögensübernahme im Rahmen einer Umgründung (Verschmelzung, Einbringung, Realteilung, Spaltung) vor der Umwandlung unter Ansatz der Werte gemäß § 202 Abs. 2 des Unternehmensgesetzbuches entstanden oder im Wege der Abschreibung als Umgründungsmehrwert bzw. Firmenwert wirksam geworden sind; dies gilt nicht für Buchverluste, für die nach § 18 Abs. 2 Z 1 Kapitalertragsteuerpflicht entstanden ist oder entsteht,*

---

[42] Als Anwendungsvoraussetzung für Art III UmgrStG ist eine Bilanz des einzubringenden Betriebes zu erstellen. Damit verbunden ist der Wechsel auf die Gewinnermittlungsart gem § 4 Abs 1 EStG und idR die Ermittlung eines Übergangsgewinnes, welcher noch im Wirtschaftsjahr, in dem der Einbringungsstichtag fällt, steuerlich zu berücksichtigen ist (UmgrStR 2002, Rz 819). Da als Einbringungsstichtag jeder beliebige Tag gewählt werden kann, empfiehlt es sich uU, keinen Jahresletzten, sondern den darauffolgenden Jahresersten als Einbringungsstichtag zu wählen.

– *Beträge, die aufgrund einer Vermögensübernahme im Rahmen einer Umgründung (Verschmelzung, Einbringung, Realteilung, Spaltung) vor der Umwandlung unter Ansatz der Werte gemäß § 202 Abs. 1 des Unternehmensgesetzbuches bis zum Umwandlungsstichtag in Bezug auf den den unternehmensrechtlichen Buchwert des Vermögens übersteigenden Teil im Wege der Abschreibung als Aufwand wirksam geworden sind; dies gilt nicht für Buchverluste, für die nach § 18 Abs. 2 Z 1 Kapitalertragsteuerpflicht entstanden ist oder entsteht.*

Es ist anzufügen, dass diese Neuregelung mit einer Pauschalbestimmung dahingehend verbunden ist, als derartige Nachversteuerungen nur dann zu berücksichtigen sind, wenn sie sich seit dem 31.12.2007 ausgewirkt haben und längstens über einen 10-Jahreshorizont Beachtung finden.

Es zeichnet sich ab, dass der Gesetzgeber die erst jüngst überarbeitete Fassung des § 9 Abs 6 UmgrStG bereits wiederum – diesmal konzeptionell völlig neu – novellieren will und auf die sog „Evidenzkontentechnik" umsteigen will.

4.2.2. Aufnahme eines neuen Wirtschaftstreuhänders als Partner in das Unternehmen

4.2.2.1. Eintritt eines Neupartners in ein Einzelunternehmen / Personengesellschaft

Der Aufnahme eines neuen Partners in eine WT-Kanzlei geht idR ein mehr oder weniger langer Planungsprozess voraus. Dieser Planungsprozess umfasst unterschiedliche Aspekte wie betriebswirtschaftliche Rahmenbedingungen, Finanzierungsüberlegungen, Wettbewerbs- und Marktauftrittsthemen udgl. Für den „Alt-Partner" stellt sich die Frage, ob der Neuzutretende seinen Anteil auf entgeltliche oder unentgeltliche Weise übernehmen wird. Im Familienverband werden Schenkungsüberlegungen Platz greifen; unter Dritten stehen idR entgeltliche Eintrittsszenarien im Raum.

Im Rahmen der *entgeltlichen* Eintrittsmöglichkeiten stehen wiederum rechtsgeschäftliche den gesellschaftsrechtlichen Alternativen gegenüber. Ein rechtsgeschäftliches Szenario bietet die Abtretung von Gesellschaftsanteilen bzw im Falle eines Einzelunternehmens der sogenannte *Quotenverkauf*.

In der Regel kommt es für den veräußernden Wirtschaftstreuhänder anlässlich des Veräußerungstatbestandes zu einem Wechsel der Gewinnermittlungsart gemäß § 4 Abs 3 auf § 4 Abs 1 EStG und damit zur Ermittlung der noch nicht abrechenbaren Leistungen und Forderungen sowie Verbindlichkeitspositionen. Das sich dadurch ergebende Nettoreinvermögen (Eigenkapital) ist dem Veräußerungserlös (quotal) gegenüberzustellen.

Für den verkaufenden Wirtschaftstreuhänder stellt die Abtretung einen Realisierungsakt dar, der im Rahmen des § 24 EStG zu würdigen ist. Steuerliche Begünstigungen ergeben sich wie folgt:

- Freibetrag gemäß § 24 Abs 4 EStG
- Progressionsermäßigung gemäß § 37 Abs 2 EStG
- Halbsatzbegünstigung gemäß § 37 Abs 5 EStG[43]

---

[43] Vgl ua *Hübner-Schwarzinger* in *Hübner-Schwarzinger/Kanduth-Kristen* (Hrsg), Rechtsformgestaltung für Klein- und Mittelbetriebe, 2011, 213ff.

Der steuerliche Veräußerungsgewinn wird mit Setzung des Veräußerungstatbestandes realisiert, unabhängig davon, ob mit dem Erwerber eine Ratenvereinbarung getroffen wird oder nicht. Sollte Gegenstand der Kaufvereinbarung eine sogenannte „earn-out"-Vereinbarung sein, das heißt, dass der tatsächliche Kaufpreis variable Kaufbestandteile (künftige Gewinne, künftiges EGT udgl) beinhaltet, ist der Veräußerungsgewinn nach Maßgabe der aller Voraussicht nach zu realisierenden Erlöse zu ermitteln. Eine Anpassung in den Folgejahren führt möglicherweise zu einer Korrektur des Veräußerungsgewinnes.

Im Falle eines über dem steuerlichen Buchwert liegenden Kaufpreises besteht für erwerbenden Partner die Möglichkeit, die von ihm entgeltlich erworbenen und aufgedeckten stillen Reserven im Rahmen einer steuerlichen Ergänzungsbilanz anzusetzen und geltend zu machen.[44]

Eine Alternative zur Veräußerung eines Teiles des Unternehmens bzw eines Gesellschaftsanteiles an einer Personengesellschaft stellt der Eintritt mittels eines *Zusammenschlusses* gemäß Art IV UmgrStG dar. Gedanklich kommt es zur Übertragung des Betriebes des Wirtschaftstreuhänders auf eine Personengesellschaft, wobei der neu eintretende Partner ebenso eine Einlage tätigt. Diese Einlage kann unterschiedlicher Natur sein, von der reinen Arbeitsleistung, die in die Stellung eines Arbeitsgesellschafters ohne Substanzbeteiligung versetzt, bis hin zu einer Bareinlageleistung, Sacheinlageleistung oder zur Übertragung eines Betriebes.

Anders als die Unternehmensveräußerung kann der Eintritt mittels Zusammenschluss rückwirkend auf einen maximal 9 Monate zurückliegenden Stichtag vollzogen werden.

Die Anwendungsvoraussetzungen für einen ertragsteuerlich neutralen Zusammenschluss gemäß Art IV UmgrStG sind in § 23 Abs 1 UmgrStG dargelegt. Unter anderem ist die Erstellung einer Bilanz gemäß § 4 Abs 1 EStG sowie die Erstellung einer Zusammenschlussbilanz eine Anwendungsvoraussetzung.[45] Eine der wesentlichsten Vorfragen für den Vollzug eines Zusammenschlusses ist die zivilrechtliche Regelung über die Eintrittsmethode des Neupartners. Tritt dieser mit einer Einlage ein, die verkehrswertmäßig seiner zu erlangenden Beteiligungsquote entspricht, wird in der Diktion der UmgrStR sowie in der herrschenden Literatur von einem „Verkehrswertzusammenschluss" gesprochen. Die steuerlichen Techniken, die die Buchwertfortführung ermöglichen sollen und dafür Sorge tragen, dass es – wie § 24 Abs 2 UmgrStG fordert – nicht zu einer endgültigen Verschiebung von Steuerlasten kommt, sind mittels Ergänzungsbilanzen vorzunehmen. Es bieten sich dafür nach der herrschenden Lehre die Methoden der Verkehrswertübernahme sowie der Quotenverschiebetechnik an.

Nach Ansicht der Finanzverwaltung wäre ein Verkehrswertzusammenschluss bei nicht bilanzierenden Unternehmen nicht möglich, da diese mangels Bilanzierung auch nicht zu Führung von Ergänzungsbilanzen berechtigt sein sollen.[46] Diese Ansicht ist mE zu kritisieren, da sie dem Gesetzeswortlaut und -willen nicht entnehmbar ist, Ergän-

---

[44] EStR 2000, Rz 3188 ff; VwGH 29.10.2003, 200/13/0217.
[45] Zur Notwendigkeit bzw zum Unterlassen der Erstellung einer Bilanz sowie einer Zusammenschlussbilanz bei Beitritt eines reinen Arbeitsgesellschafters siehe UmgrStR 2002, Rz 1297 und 1390.
[46] Ua *Schwarzinger/Wiesner*, UmS 172/17/18/11, SWK 12/18/2011, 70.

zungsbilanzen in Form eines Ergänzungsanlagevermögens auch bei Verkaufsszenarien bei nicht bilanzierenden Personengesellschaften geführt werden und außerdem dem – vorrangig zu beachtenden – Willen der Parteien in der Umsetzung einer den Verkehrswerten entsprechenden Beteiligungsquote dadurch unter Umständen nicht entsprochen werden kann.

Als Alternative zum sogenannten Verkehrswertzusammenschluss bieten die UmgrStR die Möglichkeit des sogenannten Buchwert- oder Kapitalkontenzusammenschlusses. In diesem Fall wird dem neu Eintretenden die Möglichkeit gegeben, seine Einlageleistung in einer beliebigen Größe, das heißt unabhängig von seiner Zielbeteiligungsquote, zu leisten. Naturgemäß kommt es auf irgendeine andere Art und Weise zur Abgeltung des ausstehenden Betrages. Diese Abgeltung stellt einerseits die gesellschaftsrechtliche Forderung nach einem Ausgleich zwischen den Gesellschaftern dar, andererseits kann sie – bei Identität von unternehmensrechtlichen und steuerlichen Werten – gleichzeitig die Vorsorgemaßnahme zur Vermeidung einer endgültigen Verschiebung von Steuerlasten gemäß § 24 Abs 2 UmgrStG darstellen. Als zulässige Maßnahmen werden genannt:

- Gewinnvorab
- Liquidationsvorab
- Kombination zwischen Gewinn- und Liquidationsvorab
- Vorbehaltszusammenschlussmethode
- Lock-step-Methode (als Kombination zwischen Vorbehalts- und Gewinnvorabmethode)

Sowohl Gewinnvorab- als auch Liquidationsvorabmethoden sind zwingend mit einer Ersatzausgleichsregelung zu verbinden, da ansonsten der gesetzlichen Forderung der Vermeidung einer *endgültigen* Verschiebung von Steuerlasten nicht entsprochen wird. Die Ersatzausgleichsregelung ist in den Zusammenschlussvertrag aufzunehmen und im Falle der Nichterfüllung des Gewinnvorabs bzw des Liquidationsvorabs durch die Gesellschafter zu erfüllen. Weder ein Gewinnvorab noch ein Liquidationsvorab unterliegen einer steuerlichen Begünstigung; für den Liquidationsgewinn wird das in Rz 1325 UmgrStR damit begründet, da der Liquidationsgewinn eine Kummulierung von laufenden Gewinnen ist. Demgegenüber zu stellen ist das Argument, dass der Liquidationsgewinn idR im Rahmen eines Ausscheidensszenarios, das heißt im Rahmen einer Veräußerung des Mitunternehmeranteiles anfällt, und somit durchaus als Teil des Veräußerungsgewinnes zu qualifizieren ist. Es ist somit nicht verständlich, warum hier die Begünstigungen des § 37 Abs 5 EStG nicht greifen sollten.

Der Vorbehaltszusammenschluss sieht vor, dass die stillen Reserven vom Altgesellschafter „vorbehalten" werden, das heißt, dass er – bei Nochvorhandensein derselben – im Zeitpunkt seines Ausscheidens für die Besteuerung Sorge tragen wird. Ob die stillen Reserven bzw in welcher Höhe diese im Zeitpunkt des Ausscheidens noch vorhanden sind, kann zum Zeitpunkt des Eintritts des Neugesellschafters noch nicht gesagt werden, weshalb in diesem Fall die wirtschaftlichen Chancen bzw Risken der Altgesellschafter übernimmt, während sie beim Gewinn- bzw Liquidationsvorab, der von vornherein betraglich feststeht, vom neueintretenden Partner getragen werden. Eine Besteuerung von etwaigen vorbehaltenen stillen Reserven ist nur nach Maßgabe ihrer Realisierung denkbar und erfolgt diese anlässlich der Veräußerung bzw Aufgabe des Mitunternehmers, spricht bei Vorliegen der Voraussetzungen des § 37 Abs 5 EStG nichts gegen die Inanspruchnahme der Halbsatzbegünstigung.

Das lock-step-Verfahren[47] stellt die wirtschaftliche Vereinbarung hinsichtlich einer sukzessiven Aufgabe von Substanzrechten an einer Personengesellschaft gegen Leistung eines Gewinnvorabs bzw Gewinnverzichts seitens des Neueintretenden dar und kann hinsichtlich des § 24 Abs 2 UmgrStG als Kombination zwischen Gewinnvorab und Vorbehaltszusammenschlussmethode qualifiziert werden. Die unterschiedlichen Ausprägungen in verschiedenen Kanzleien, die sich aufgrund unterschiedlichster persönlicher und situativer Konstellationen ergeben, sind hinsichtlich ihrer steuerlichen Anerkennung als Vorsorgemaßnahme gemäß § 24 Abs 2 UmgrStG – unter Umständen auf rechnerischer Ebene – zu würdigen, andererseits aufgrund ihrer individuellen Ausprägung hinsichtlich außersteuerlicher Beweggründe unantastbar.

4.2.2.2. Eintritt eines Partners in eine WT-GmbH

Für den Eintritt eines neuen Gesellschafters in eine WT-GmbH stellen sich idR nur die Alternativen eines entgeltlichen Erwerbs von GmbH-Anteilen durch den Altgesellschafter oder Eintritt mittels Kapitalerhöhung.

Beim *Verkauf von GmbH-Anteilen* sind ua folgende Aspekte von Beachtung:
- Die Veräußerung eines GmbH-Anteiles führt aufgrund der Bestimmungen des Budgetbegleitgesetzes 2011 nach Maßgabe des § 27 Abs 3 EStG jedenfalls zu einer Besteuerung mit 25 %, unabhängig von der Behaltedauer und unabhängig von der Beteiligungsquote. Die Übergangsbestimmungen des § 124 Z 185 und 186 EStG sehen allerdings vor, dass bei Anteilen, die aufgrund einer Vorumgründung vor dem BBG 2011 auf unter 1 % gesunken sind, jedoch in der 10-jährigen Wartefrist des § 20 Abs 5 UmgrStG stehen, diese Fristen weiterhin von Beachtung sind.[48]
- Für den Verkäufer ist beachtlich, ob es durch die Veräußerung zu einer Nachversteuerung etwaiger negativer Anschaffungskosten (uU durch eine Vorumgründung) kommt.

Die Variante der *Kapitalerhöhung* stellt auf einen gesellschaftsrechtlichen Tatbestand ab. Die Kapitalerhöhung mit einer Ausgabe neuer Anteile an Dritte ist ein von einer Veräußerung unterschiedlicher Vorgang. Dies liegt zum einen an der gesellschaftsrechtlichen Konstellation; beim Verkauf handelt es sich um ein Rechtsgeschäft, bei der Kapitalerhöhung um einen gesellschaftsrechtlichen Vorgang zwischen der Gesellschaft und einem neuen Gesellschafter. Ferner kommt es – verglichen mit einem Anteilsverkauf – bei einer Kapitalerhöhung betriebswirtschaftlich zu einer völlig unterschiedlichen Bewertung.

Die Kapitalerhöhung sieht grundsätzlich eine Erhöhung des Stammkapitals vor. Der Restbetrag bezogen auf den Verkehrswert ist als Agio einzubezahlen und bei der GmbH in eine Kapitalrücklage einzubuchen. Wird zwischen den Parteien vereinbart, dass das

---

[47] UmgrStR 2002, Rz 1330.
[48] Vgl dazu die Beiträge von *Grün*, Anteilsveräußerung nach dem BBG 2011, ecolex 2011, 37f; *Marschner*, Vermögenszuwachssteuer – Neuerungen bei Wertpapieren des Betriebsvermögens, SWK 3/2011, 79ff; *Wurm*, Einbringung von „Zwerganteilen": Bestandsschutz für Gegenleistungsanteile?, SWK 16/2011, 678ff.

Agio vom neuen Gesellschafter nicht zu leisten ist, sondern er auf einen Gewinnbezug zugunsten des Altgesellschafters verzichtet, um den Verkehrswertausgleich zu bewerkstelligen, ändert das nichts an der Eigenständigkeit der Würdigung der Kapitalerhöhung. Ähnlichkeiten mit einem Verkauf können sich dann ergeben, wenn der neue Gesellschafter sein Agio tatsächlich einbezahlt und der Altgesellschafter für dieses einen Ausschließlichkeitsanspruch erhebt und dieses alleine bezieht[49]. Die Unterstellung dieses Vorgehens als ein verstecktes Verkaufsgeschäft kann allerdings auch nur dann greifen, wenn damit eine Abgabenverkürzung erzielt wird, da sonst § 22 BAO nicht greifen kann.[50]

Erwähnenswert iZm dem Eintritt in eine Kapitalgesellschaft ist, dass dem Erwerber nur im Rahmen einer Gruppenkonstellation gemäß § 9 KStG eine Firmenwertabschreibung ermöglicht wird. Dazu ist allerdings erforderlich, dass die entsprechenden Voraussetzungen vorliegen, und besonders, dass der Erwerb durch eine Körperschaft erfolgt und eine finanzielle Eingliederung erreicht wird. Ferner, dass der Anteilserwerb nicht von einer Person erfolgt, die einen beherrschenden Einfluss an der die Beteiligung erwerbenden Gesellschaft innehat. Das bedeutet, dass der Altgesellschafter an der Gesellschaft, die neu eintritt und damit die Firmenwertabschreibung lukrieren soll, nicht wesentlich (mehr als 25 %) beteiligt sein darf.

4.2.3. Austritt des Wirtschaftstreuhänders aus dem Unternehmen aufgrund der Beendigung seiner aktiven Erwerbstätigkeit als Wirtschaftstreuhänder

4.2.3.1. Aufgabe eines Wirtschaftstreuhandunternehmens bzw einer WT-Gesellschaft

Beendet der Wirtschaftstreuhänder seine Tätigkeit und gibt er damit seinen in der Rechtsform eines Einzelunternehmens geführten Betrieb auf, unterliegt der nach Ermittlung eines auf Basis der Gewinnermittlungsvorschriften des § 4 Abs 1 EStG ermittelten Eigenkapitals bezogenen Aufgabegewinn den steuerlichen Begünstigungen des § 37 Abs 5 EStG, sofern die dort vorgesehenen Voraussetzungen (Betriebsführung seit mindestens 7 Jahren, …) gegeben sind. Vom Aufgabegewinn zu unterscheiden ist der sich durch den Wechsel der Gewinnermittlungsart von § 4 Abs 3 EStG auf § 4 Abs 1 EStG ergebende Übergangsgewinn, der jedoch, sofern er im Rahmen einer Aufgabe ermittelt wird, ebenso der Halbsatzbegünstigung unterliegt. Werden Vermögensgegenstände in das Privatvermögen übertragen, sind diese mit dem gemeinen Wert anzusetzen und die stille Reserve, sofern sie steuerhängig ist,[51] ist dem Aufgabegewinn einzubeziehen.

Eine Betriebsaufgabe liegt dann nicht vor, wenn der Betrieb am gleichen Standort weitergeführt wird und anlässlich der Einstellung der betrieblichen Tätigkeit durch den Unternehmer Wirtschaftsgüter ins Privatvermögen übertragen wurden.[52]

Im Falle der Beendigung der Tätigkeit einer GmbH kommen die gesellschaftsrechtlichen Bestimmungen der Liquidation zur Anwendung. Aus steuerlicher Sicht ist gemäß § 19 KStG eine Liquidationseröffnung sowie eine Liquidationsschlussbilanz zu erstel-

---

[49] BFH-Urteil vom 19.4.2005, VIII R 68/4, BStBl 2005 II, 762.
[50] *Beiser*, Kapitalerhöhung mit Ausgabe neuer Anteile an Dritte oder Anteilsverkauf mit nachfolgender Einlage?, SWK 2009, 672f; *Mühlehner*, „Kapitalerhöhung als Veräußerungsvorgang?", SWK 2009, 850ff.
[51] Somit nicht stille Reserven in Grund und Boden.
[52] VwGH 28.10.2009, 2007/15/0114.

len. Die Liquidationsschlussbilanz dient der Bemessung des Liquidationsgewinnes, welcher der Körperschaftsteuer zu unterziehen ist. Das vom Gesellschafter nach der Liquidation übernommene Reinvermögen unterliegt der Ausschüttungsbesteuerung, somit der KESt. Zu hinterfragen ist, ob negative Anschaffungskosten, die der Gesellschafter an den Anteilen an der WT-GmbH hat, im Rahmen einer Liquidation der Gesellschaft zur Nachversteuerung gelangen. § 31 spricht grundsätzlich von der Liquidation, differenziert allerdings nicht hinsichtlich des Anlasses der Liquidation. Meines Erachtens ist zwischen einer ordentlichen Liquidation und einer Liquidation im Insolvenzwege zu unterscheiden. Während im ordentlichen Liquidationsweg eine Nachversteuerung – schon aus Billigkeitsgründen – Platz greift, ist im insolvenzrechtlichen Liquidationsverfahren eine Nachversteuerung ua deswegen nicht möglich, da dies Unbilligkeitskriterien widerspricht.

Zur Vermeidung der gesellschaftsrechtlichen Liquidationskosten wäre an eine Umwandlung einer GmbH in ein Einzelunternehmen zu denken. Sofern kein steuerlicher Betrieb mehr vorhanden ist, ist die Umwandlung nur nach den Bestimmungen des UmwG, nicht allerdings unter Anwendung der Begünstigungen des Art II UmgrStG denkbar.[53] Liegt allerdings ein steuerlicher Betrieb vor, gehen etwaigen Verlustvorträge nach Maßgabe der Bestimmungen des § 10 UmgrStG auf den Gesellschafter über, wobei einerseits die Vergleichbarkeitskriterien gemäß § 4 Z 1 lit c UmgrStG, andererseits die Gesellschafteridentitätskriterien des § 10 Z 1 lit c UmgrStG Beachtung finden. Die Übernahme von Mindestkörperschaftsteuern ist jedenfalls möglich.[54] Stellt der Wirtschaftstreuhänder nach erfolgter Umwandlung die Betriebstätigkeit ein und liegt eine Betriebsaufgabe im ertragsteuerlichen Sinne vor, ist § 37 Abs 5 EStG dann anwendbar, wenn im Gesamtkontext die 7-Jahresfrist eingehalten wurde, das heißt, Vorumgründungen lösen keinen neuen Fristenlauf aus.[55]

4.2.3.2. Verkauf eines Mitunternehmeranteiles/GmbH-Anteiles an einer WT-GmbH

Hinsichtlich der Veräußerung eines Mitunternehmeranteiles ist das oben Gesagte zur Aufnahme eines Partners in eine WT-Personengesellschaft gegen Veräußerung analog anwendbar. Beachtenswert ist, dass etwaige Ergänzungsbilanzen aus einem Vorzusammenschluss bzw einem Erwerb von Mitunternehmeranteilen im Rahmen der Veräußerung des gesamten Mitunternehmeranteiles zur Realisierung gelangen.

Hinsichtlich der Mitübertragung von Sonderbetriebsvermögen an den Erwerber bzw der Zurückbehaltung von Sonderbetriebsvermögen finden die Ausführungen der EStR in Rz 5927ff Anwendung. Kommt es zur Realisierung von im Sonderbetriebsvermögen befindlichen Liegenschaftsvermögen, ist zu hinterfragen, welche Gewinnermittlungsart bei der Personengesellschaft vorliegt. Dies entscheidet nämlich darüber, ob etwaige stille Reserven in Grund und Boden einer Besteuerung zu unterziehen sind oder nicht. Zu beachten ist allerdings, ob in Vorperioden ein Wechsel der Gewinnermittlungsart stattgefunden hat und stille Reserven uU aufgrund einer Antragstellung gemäß § 4 Abs 10

---

[53] Bspw VwGH 2.9.2009, 2008/15/0030.
[54] VfGH 30.6.2011, G 15/11.
[55] BMF 4.2.2008 (unveröffentlicht).

Z 3 lit b EStG in Evidenz genommen wurden bzw ob eine Aufwertung stattgefunden hat und somit stille Reserven aus Vorperioden nicht zu erfassen sind.

Hinsichtlich der Veräußerung eines GmbH-Anteiles gelten die Ausführungen zur Aufnahme eines Partners in eine GmbH gegen Anteilsverkauf. Auch hier sind insbesondere steuerliche negative Anschaffungskosten in die Verkaufsüberlegungen einzubeziehen und werden uU verkaufspreisgestaltend sein.

4.2.3.3. Ausscheiden eines Wirtschaftstreuhänders aufgrund eines Trennungsszenarios

Kommt es in der Partnerstruktur zu Unstimmigkeiten bzw werden aus anderen Gründen Trennungsszenarien erforderlich, können diese wiederum in Form von Realisationsvorgängen (Verkauf von assets bzw von Gesellschaftsanteilen, steuerlich wirksame Aufkündigung der Gesellschaft) erfolgen oder es wird nach Möglichkeiten einer ertragsteuerlich neutralen Vermögensübertragung gesucht.

Auf Ebene der Personengesellschaft bietet die Realteilung gemäß Art V UmgrStG die Möglichkeit, Entflechtungsschritte auf Gesellschafterebene dahingehend vorzunehmen, als aus der bestehenden Personengesellschaft begünstigtes Vermögen auf ein Rechtsnachfolgeunternehmen, an dem zumindest einer der bisherigen Gesellschafter wiederum beteiligt ist, übertragen wird. Als begünstigtes Vermögen im Rahmen des Wirtschaftstreuhandbetriebes ist der Klientenstock zu verstehen, der in der sogenannten Teilbetriebsfiktion gemäß § 27 Abs 3 Z 2 UmgrStG gesetzlich determiniert ist. Die UmgrStR führen in Rz 1599ff dazu aus, dass die Teilbetriebsfiktion nur dann gegeben ist, wenn der zu teilende Klientenstock zumindest ein Jahr vom Nachfolgeunternehmer als bisheriger Gesellschafter betreut wurde. Dasselbe muss wohl für das zurückbehaltene Vermögen gelten; dieses muss ebenso wieder der Teilbetriebsfiktion gerecht werden und einen Klientenstock mit dauerhafter Betreuung durch den verbleibenden Gesellschafter bzw Rechtsnachfolger darstellen. Im Rahmen eines Wirtschaftstreuhandbetriebes ist es auch möglich, Wirtschaftsprüfung und Steuerberatung zu teilen, da diese – auch nach Bestätigung des BMF – idR unterschiedliche Teilbetriebe darstellen. Die gesetzlichen Bestimmungen des Art V UmgrStG, insbesondere die Drittelgrenze für etwaige Ausgleichszahlungen bzw das Erfordernis der Ermittlung von Ausgleichsposten zur Vermeidung der endgültigen Verschiebung von Steuerlasten sind zu beachten. Die Notwendigkeit eines doppelten Wechsels der Gewinnermittlungsart, der sich bei Einnahmen/Ausgaben rechnenden Kanzleien ergibt, ist aufgrund der derzeitigen UFS-Judikatur[56] nicht gegeben.

Im Rahmen von GmbH ist eine Trennung im Spaltungswege ertragsteuerlich neutral möglich. Auch hier kann es zu einer völligen Entflechtung auf Gesellschafterstruktur kommen. Die für die Realteilung geltende Teilbetriebsfiktion ist auch in Art VI UmgrStG, nämlich in § 32 Abs 3 Z 2 UmgrStG, geregelt. Während Ausgleichszahlungen bei der Realteilung zum Ausgleich unterschiedlicher Verkehrswerte ertragsteuerlich neutral sind, finden derartige Zuzahlungen im Rahmen des Art VI UmgrStG ertragsteuerliche Beachtung, sie sind nämlich Veräußerungsgewinn beim Zahlungsempfänger und erhöhen die steuerlichen Anschaffungskosten beim Zahlenden.

---

[56] UFS 20.1.2010, RV/0638-I/07; anders UmgrStR 2002, Rz 1579.

5. Reformbedarf zur Sicherung des freien Berufs des Wirtschaftstreuhänders

Die wirtschaftliche Bedeutung des freien Berufes ist gesellschaftspolitisch und steueraufkommensmäßig unbestritten. Die wissenschaftliche Auseinandersetzung mit den freien Berufen einerseits ist national und international eher kursorisch und unkoordiniert.[57] Ein ganzheitlicher Ansatz in Forschung und Lehre fehlt weitgehend. Wirtschaftlich treten die freien Berufe ebenso eher unkoordiniert und oftmals gegeneinander auf. Dies liegt einerseits an mangelnder Koordination hinsichtlich der Standesvertretungen bzw an Diskussionen über „Pfründe-Sicherungen".[58] Die zum Teil öffentlich und medial ausgetragenen Diskussionen über die Ausweitung bzw Einschränkung von Befugnissen, Standes-Zugehörigkeiten udgl, wie sie zwischen selbstständigen Buchhaltern der Kammer der Wirtschaftstreuhänder und gewerblichen Buchhaltern der Wirtschaftskammer einerseits als auch selbständigen Buchhaltern und Steuerberatern innerhalb der Kammer der Wirtschaftstreuhänder (teilweise historisch) ausgetragen wurden, schaden dem Ansehen des Berufsstandes als Gesamten.

Dass der freie Beruf im Verständnis eines gesellschaftsstabilisierenden und nutzenstiftenden Wirtschaftsteilnehmers unterstützenswert ist, sollte seitens der Politik und der Gesellschaft als solches gesehen werden. Eine „Verbeamtung" und zusätzliche Reglementierung schwächt letztlich die Kompetitivität und geht damit zu Lasten der Qualität des Berufsstandes.

Es ist zu begrüßen, dass es seit jüngster Zeit ein Forschungsinstitut „Freie Berufe" an der Wirtschaftsuniversität gibt, welches sich den Themenstellungen dieser spezifischen Wirtschaftseinheit annimmt und auf wissenschaftlicher Ebene die Entwicklung und Diskussion anregen kann.

In Hinblick auf die Rechtsformgestaltung der Angehörigen freier Berufe sollte stets Marktfreiheit und die Bedarfsgerechtigkeit abgewogen werden. Hemmnisse, welche nicht mehr zeitgemäß sind und lähmend wirken, sind aus dem Weg zu schaffen. Aus steuerlicher Sicht wäre eine größere Förderung dieser Berufe, die sich im Wesentlichen durch ihre Bereitschaft, Verantwortung und Haftung zu tragen, von anderen Berufsgruppen unterscheiden, wünschenswert.

Dem Jubilar sei auf diesem Wege für sein Engagement für den Berufsstand im Sinne eines freien Wirtschaftstreuhänderberufes herzlichst gedankt und ihm gleichzeitig Mut zugesprochen, seine Aufgaben auch weiterhin couragiert und erfolgreich fortzusetzen.

---

[57] *Chini*, Forschungsinstitut „Freie Berufe" der Wirtschaftsuniversität Wien, Projektvorstellung 2010, 2.
[58] Auseinandersetzung über die Befugnisse zwischen gewerblichen Buchhaltern und selbständigen Buchhaltern der Kammer der Wirtschaftstreuhänder.

Der Wirtschaftstreuhänder im Lebenszyklus des Unternehmens und im Wandel der Zeit

Franz X. Priester

1. **Der Berater von der Gründung bis zur Nachfolge**
2. **Grundlagen und Aufgaben des Wirtschaftstreuhänders**
   - 2.1. Berufsständische Grundlagen
     - 2.1.1. Berechtigungsumfang Steuerberater/Wirtschaftsprüfer
     - 2.1.2. Wo sind die zentralen Aufgaben des Wirtschaftstreuhänders?
     - 2.1.3. Voraussetzungen und Berufsausübung
   - 2.2. Der Wirtschaftstreuhänder als Gründungsberater
     - 2.2.1. Neugründung
     - 2.2.2. Übernahme von Unternehmen
     - 2.2.3. Gründungsprüfung
   - 2.3. Der Wirtschaftstreuhänder als laufender Berater
   - 2.4. Der Wirtschaftstreuhänder als Sanierungsberater
     - 2.4.1. Sanierungsberatung
     - 2.4.2. Sanierungsverwalter
   - 2.5. Der Wirtschaftstreuhänder als Nachfolgeberater
3. **Steuerberatung im Wandel der Zeit**
   - 3.1. Die „kurze" Geschichte des Wirtschaftstreuhänders
   - 3.2. Die (Jahrtausend)Wende im Berufsstand
   - 3.3. Politik schafft Parallelberufe in der Wirtschaftskammer oder „Geburt des gewerblichen Steuerberaters"
   - 3.4. Der volkswirtschaftliche Wert des Wirtschaftstreuhänders

Literaturverzeichnis

Vorbemerkung

Die Berufsbezeichnung Wirtschaftstreuhänder wird in der Öffentlichkeit und in der Presse teils falsch dargestellt und bezeichnet bzw werden die einzelnen Begriffe verwechselt:

Der **Wirtschaftstreuhänder** ist der Sammelbegriff für alle Steuerberater und Wirtschaftsprüfer in Österreich und gleichzeitig Name der freiberuflichen Kammer für diese Berufsgruppe. Steuerberater ist der wirtschafts- und steuerberatende Beruf. Wirtschaftsprüfer ist der im Auftrag der „Öffentlichkeit" prüfende Beruf. Jeder Wirtschaftsprüfer ist gleichzeitig auch Steuerberater und hat daher auch alle Befugnisse der Steuerberaters. Dh wenn in diesem Beitrag in der Folge vom Steuerberater gesprochen wird, gilt dies auch immer für alle Wirtschaftsprüfer.

1. Der Berater von der Gründung bis zur Nachfolge

Der Traum vom eigenen Unternehmen, von der beruflichen Selbständigkeit ist für jedermann realisierbar. Voraussetzungen dafür sind eine klare Unternehmensstrategie mit vermarktbaren Ideen und Produkten, der Wille und das Wagnis, sich in einem freien Markt im Wettbewerb zu behaupten und den vielfältigen Restriktionen der wirtschafts- und sozialpolitischen Gesetzgebung auszusetzen. Alle dynamischen Menschen, die diese Herausforderung annehmen, haben die Chance, als Gewerbetreibende(r) oder Freiberufler(in) mehr aus sich zu machen.

Wie jede unternehmerische Entscheidung sollten die Gründung, die Expansion, die Sanierung und die Unternehmensnachfolge – nicht nur auf rein subjektive persönliche Einschätzungen, sondern vielmehr auf objektive Analysen und Expertenbeurteilungen – beruhen. Es genügen nicht alleine die Vision mit hohem Selbstbewusstsein und Optimismus, um erfolgreich zu sein, sondern es müssen neben dem richtigen Produkt auch die Unternehmerpersönlichkeit und das fachliche Know-how sowie der finanzielle Background in einem geordneten familiären Umfeld vorhanden sein. In der strategischen Planung sollten jedenfalls die gesellschaftsrechtlichen, steuer- und sozialrechtlichen Konsequenzen im Lebenszyklus des Unternehmens geprüft und beachtet werden.

Um dies alles objektiv zu durchleuchten, sind nach der Vision und Ideenfindung Experten in allen unternehmerischen Prozessen einzubeziehen bzw für die operative Umsetzung notwendig. Im umfangreichen Angebot der „unternehmerischen Beraterlandschaft" ist bei einer so wichtigen Entscheidung vor allem auf Seriosität, Verschwiegenheit, Unabhängigkeit, Erfahrung, Vielseitigkeit und Ausbildung des Beraters zu achten.

Neben der Arbeiter- und Wirtschaftskammer bieten Unternehmensberater, Buchhalter/Bilanzbuchhalter, Finanz- und Vermögensberater, Banken, Förderstellen und zahlreiche Seminarbetriebe Steuer- und Unternehmensberatung an. All diese Angebote sind mE nur für Einzelfragen bzw Teilbereiche geeignet. Eine umfassende Palette mit allen Aspekten in der wirtschaftlichen und rechtlichen Begleitung des Unternehmers bietet der Wirtschaftstreuhänder (Steuerberater und Wirtschaftsprüfer). Er berät auf Grund seiner Ausbildung und Erfahrung umfassend für eine erfolgreiche Gründung, Expansion, Sanierung und Nachfolge und verfügt über die notwendigen Instrumente zur Umsetzung als klassischer ONE-STOP-SHOP für Betriebswirtschaft, Steuer- und Wirtschaftsrecht.

Der erfahrene Wirtschaftstreuhänder verfügt neben seiner persönlichen fachlichen Kompetenz über ein Netzwerk in allen wirtschaftlichen und rechtlichen Belangen im Lebenszyklus des Unternehmens.

Der Wirtschaftstreuhänder unterstützt den Unternehmer als „Arzt der Wirtschaft" mit Diagnosen und Therapien, zeigt Potentiale und Chancen auf, analysiert die Situation und warnt vor unliebsamen Entwicklungen.

Der Wirtschaftstreuhänder hat seinen Beruf neben seiner qualifizierten Lösungskompetenz gewissenhaft, sorgfältig, eigenverantwortlich und unabhängig auszuüben und ist ein Garant für:

Qualität: durch akademische und/oder langjährige Ausbildung, eine umfassende Berufsrechtsprüfung, lange praktische Erfahrung, bestens ausgebildete Mitarbeiter und permanente Aus- und Fortbildung.

Ganzheitlichkeit: durch Unterstützung nicht nur in Steuerrecht und Rechnungswesen, sondern in allen wirtschaftlichen rechtlichen Belangen zur Stärkung, Weiterentwicklung und Stabilisierung der Unternehmen.

Weitblick, um für die Globalisierung der Märkte gerüstet zu sein und am internationalen Parkett bestehen zu können.

Verschwiegenheit und Verlässlichkeit als oberstes Gebot seiner Berufsausübung. Sie ist die Grundlage jedes treuhänderischen Handelns und gilt nicht nur vor Gerichten und anderen Behörden, sondern auch Dritten gegenüber und ist Grundstein für seine hohe Vertrauenswürdigkeit und Verlässlichkeit.

2. Grundlagen und Aufgaben des Wirtschaftstreuhänders

2.1. Berufsständische Grundlagen

Die berufliche Tätigkeit des Wirtschaftstreuhänders (Steuerberater und Wirtschaftsprüfer) als freier Beruf ist im Wirtschaftstreuhänderberufsgesetz (WTBG) geregelt.[1] Der 1. Teil: Berufsrecht, regelt neben dem Berechtigungsumfang die Voraussetzungen, die Berufsprüfung und das Bestellungs- bzw Anerkennungsverfahren sowie Rechte und Pflichten. Der 2. Teil: das Disziplinarrecht und der 3. Teil: die berufliche Vertretung durch die Kammer der Wirtschaftstreuhänder.

2.1.1. Berechtigungsumfang Steuerberater/Wirtschaftsprüfer

Der *Berechtigungsumfang des Steuerberaters* umfasst als **Vorbehaltsaufgaben:**[2]

- die Beratung und Hilfeleistung auf dem Gebiet des Abgabenrechts und der Rechnungslegung,
- die Beratung auf dem Gebiet des Bilanzwesens und der Abschluss kaufmännischer Bücher,

---

[1] Bundesgesetz über die Wirtschaftstreuhandberufe (WTBG), BGBl I 1999/58.
[2] § 3 (1) WTBG, wobei diese Vorbehalte durch das BiBuG mit Wirkung 1.1.2013 stark eingeschränkt wurden: BiBus dürfen Bilanzen bis zu den Grenzen des § 221 UGB (Euro 4,84 Mio Bilanzsumme, Euro 9,86 Mio Umsatzerlöse, durchschnittlich maximal 50 Arbeitnehmer) erstellen, im Rechnungswesen beraten, haben weitere Vertretungsrecht in Abgaben- und Abgabenstrafverfahren bei Bundes-/Landes-/Gemeindeabgaben (Ausnahme vor Abgabenbehörden des Bundes, UFS, VwGH) bzw Sozialversicherungen sowie Vertretung bei UVAs und Durchführung der Arbeitnehmerveranlagung.

- die Vertretung in Abgabe- und Abgabestrafverfahren für Bundes-, Landes- und Gemeindeabgaben und in Beihilfenangelegenheiten vor den Finanzbehörden, den übrigen Gebietskörperschaften und den Unabhängigen Verwaltungssenaten, hierbei ersetzt die Berufung auf die Bevollmächtigung deren urkundlichen Nachweis,
- die Durchführung von Prüfungsaufgaben, die nicht die Erteilung eines förmlichen Bestätigungsvermerkes erfordern, und eine diesbezügliche schriftliche Berichterstattung und
- die Erstattung von Sachverständigengutachten auf den Gebieten des Buchführungs- und Bilanzwesens, des Abgabenrechts und auf jenen Gebieten, zu deren fachmännischer Beurteilung Kenntnisse des Rechnungswesens und der Betriebswirtschaftslehre erforderlich sind.

Der Steuerberater ist neben den Vorbehaltsaufgaben zu weiteren Tätigkeiten berechtigt und ausgebildet:[3]

- alle Tätigkeiten der Bilanzbuchhaltungsberufe, ausgenommen Tätigkeiten gemäß § 32 der Gewerbeordnung,
- sämtliche Beratungsleistungen und Tätigkeiten im Zusammenhang mit dem betrieblichen Rechnungswesen und die Beratung betreffend Einrichtung und Organisation des internen Kontrollsystems,
- die Beratung in Beitrags-, Versicherungs- und Leistungsangelegenheiten der Sozialversicherungen und die Vertretung in erster und zweiter Instanz der betreffenden Verwaltungsverfahren,
- die Sanierungsberatung, insbesondere die Erstellung von Sanierungsgutachten, Organisation von Sanierungsplänen, Prüfung von Sanierungsplänen und die begleitende Kontrolle bei der Durchführung von Sanierungsplänen,
- die Beratung in Rechtsangelegenheiten, soweit diese mit den für den gleichen Auftraggeber durchzuführenden wirtschaftstreuhänderischen Arbeiten unmittelbar zusammenhängen,
- die Beratung und Vertretung vor gesetzlich anerkannten Kirchen und Religionsgemeinschaften in Beitragsangelegenheiten,
- die Vertretung bei den Einrichtungen des Arbeitsmarktservice, der Berufsorganisationen, der Landesfremdenverkehrsverbände und bei anderen in Wirtschaftsangelegenheiten zuständigen Behörden und Ämtern, soweit diese mit den für den gleichen Auftraggeber durchzuführenden wirtschaftstreuhänderischen Arbeiten unmittelbar zusammenhängen,
- die Übernahme von Treuhandaufgaben und die Verwaltung von Vermögenschaften mit Ausnahme der Verwaltung von Gebäuden,
- die Beratung in arbeitstechnischen Fragen und
- die Vertretung in Abgaben- und Abgabenstrafverfahren vor dem Verwaltungsgerichtshof, wobei sie in diesem Verfahren die Beschwerde und die Anträge auf Wiederaufnahme des Verfahrens und die Wiedereinsetzung in den vorigen Stand auch mit ihrer Unterschrift versehen dürfen.

---

[3] § 3 (2) WTBG.

Der Berechtigungsumfang des Wirtschaftsprüfers umfasst neben den Aufgaben des Steuerberaters (§ 3 WTBG) alle weiteren Tätigkeiten, die in anderen Gesetzen mit dem Hinweis versehen sind, dass sie nur von Wirtschaftsprüfern durchgeführt werden dürfen sowie:[4]

- die gesetzlich vorgeschriebene und jede auf öffentlichem oder privatem Auftrag beruhende Prüfung der Buchführung, der Rechnungsabschlüsse, der Kostenrechnung, der Kalkulation und der kaufmännischen Gebarung von Unternehmen, mit der die Erteilung eines förmlichen Bestätigungsvermerkes verbunden ist,
- die Beratung und Vertretung ihrer Auftraggeber in Devisensachen mit Ausschluss der Vertretung vor Gerichten.

2.1.2. Wo sind die zentralen Aufgaben des Wirtschaftstreuhänders?

Der Wirtschaftstreuhänder soll mit allen rechtlichen Möglichkeiten einen durch Steuer bedingten Vermögensabgang verringern oder sogar vermeiden. Dies vor allem deshalb, weil mit einer zu viel bezahlten Abgabe keine positive Gegenleistung verbunden ist. Die Tätigkeit des Steuerberaters/Wirtschaftsprüfers basiert auf den Grundlagen eines freien Berufes, der ua charakterisiert wird in der Hilfeleistung bei der Durchdringung staatlicher Reglementierungsgeflechte, dem besonderen Vertrauensverhältnis mit dem Klienten, der Verschwiegenheitsverpflichtung, den strengen berufsrechtlichen Auflagen, der wirtschaftlichen und sozialen Selbständigkeit und fachlichen Unabhängigkeit und last but not least mit der hohen Integrität des freiberuflich Tätigen selber.[5]

Man sieht den Steuerberater/Wirtschaftsprüfer in der Zwischenzeit aber nicht nur als Prüfer und/oder Berater in Sachen Steuern und Rechnungswesen, sondern als einen umfassenden, rechtlichen und betriebswirtschaftlichen Begleiter und Berater im gesamten Lebenszyklus eines Unternehmens.

Durch Wirtschaftskrisen, Veränderungen am Kapitalmarkt und verstärkten politischen Lobbyismus steigen die Anforderungen für die Unternehmer. Angeheizt wird dies noch durch stärkeren Wettbewerb, durch restriktive Kreditvergaben, durch Liberalisierung und Internationalisierung der Märkte, welche auch vor mittleren und kleineren Unternehmen nicht haltmachen. Dies fordert immer mehr den Steuerberater, neben seinen Kernaufgaben in der Beratung im Rechnungswesen, Steuerrecht, Arbeitsrecht, Sozialversicherungsrecht und Gesellschaftsrecht auch die betriebswirtschaftliche Begleitung seiner betreuten Unternehmen von der Gründung bis zur Beendigung verstärkt zu unterstützen.

Durch seine Unabhängigkeit und persönliche Integrität verbunden mit hohem moralischem Anspruch sowie der fachlichen Kompetenz übernimmt er in einer Zeit mit zunehmend komplexen sozialen Strukturen die Rolle eines Vermittlers, Mediators oder Coach. Besondere Bedeutung erlangt diese Aufgabe in nachfolgend beschriebenen Übergängen im Lebenszyklus eines Unternehmens, die naturgemäß krisenanfällig sind. So schafft er einen Ausgleich zwischen den divergierenden Interessen bei gesellschaftsrechtlichen/familiären Auseinandersetzungen, Sanierungen, Nachfolgen aber auch im Rahmen der Vertretung des Unternehmers vor Behörden und Gerichten.

---

[4] § 5 WTBG.
[5] Vgl dazu *Schlager/Kern*, Der Wirtschaftstreuhänder „Steuerberatungsbetrieb".

2.1.3. Voraussetzungen und Berufsausübung[6]

Die hohe Qualifikation des Wirtschaftstreuhänders ist durch umfangreiche Voraussetzungen zur öffentlichen Bestellung[7] als Steuerberater oder Wirtschaftsprüfer gekennzeichnet. Neben der vollen Handlungsfähigkeit, der besonderen Vertrauenswürdigkeit, den geordneten wirtschaftlichen Verhältnissen, einer aufrechten Vermögensschadenversicherung zum Schutze des Mandanten und einer vorgeschriebenen Praxiszeit, hat er eine umfassende Berufsrechtsprüfung abzulegen, welche seinen gesamten Aufgaben- und Vorbehaltsbereich abdeckt.[8]

Bei Wirtschaftstreuhandgesellschaften muss sichergestellt sein, dass die Mehrheit der Gesellschafter und das Vertretungsrecht von Berufsangehörigen gehalten und ausgeübt wird. Eine Treuhandschaft ist nicht möglich. Außerdem muss die Gesellschaft die Berufsbezeichnung Steuerberater und/oder Wirtschaftsprüfer im Firmenwortlaut führen.

Die absolute Verschwiegenheitspflicht[9], die Ausübungsrichtlinie[10] und das Disziplinarrecht[11] (bis zum Entzug der Befugnisse) sowie das Verbot von gewerblichen Tätigkeiten auf Provisionsbasis[12] sichert dem Mandanten die Seriosität und hohe Vertrauenswürdigkeit des Wirtschaftstreuhänders. Weiters haben sich Wirtschaftstreuhänder zwingend mit der Berufsbezeichnung Steuerberater oder Wirtschaftsprüfer zu bezeichnen[13] und bieten damit dem Mandanten ein klares Qualitätszeugnis. Denn dort, wo Steuerberater/Wirtschaftsprüfer draufsteht, ist Fachkompetenz und hoher Ausbildungsstand vorhanden.

Durch das berufliche Vertretungsrecht des Wirtschaftstreuhänders und die damit verbundene zwingende Beachtung von Ausschließungs- bzw Befangenheitsgründen bei der Bevollmächtigung[14] hat der Mandant eine hohe Sicherheit für eine objektive Vertretung und Beratung.

Steuerberatung ist Vertrauenssache: Jeder Wirtschaftstreuhänder muss nicht nur eine umfassende theoretische und praktische Ausbildung und eine der anspruchsvollsten staatlichen Berufsprüfungen absolvieren, er unterliegt darüber hinaus strengen gesetzlichen Berufspflichten und hat zum Schutz seiner Mandanten eine Vermögensschadenversicherung abzuschließen.

Die Berufsberechtigten eines Wirtschaftstreuhandberufes sind durch ihre Gewissenhaftigkeit und Sorgfältigkeit, ihre Eigenverantwortlichkeit und ihre Unabhängigkeit, ihre Verschwiegenheit, ihre fachliche Ausbildung, ihre nachgewiesene Qualifikation sowie ihre laufende Fortbildung im Rahmen ihres jeweiligen Berechtigungsumfanges ausgewiesene Berater und Vertreter ihrer Mandantschaft in all deren wirtschaftlichen und abgabenrechtlichen Belangen.[15]

---

[6] Vgl dazu *Franz Xaver Priester*; Festschrift Brogyányi: Hat der Steuerberater und/oder Wirtschaftsprüfer noch eine Zukunft?
[7] §§ 59ff WTBG.
[8] §§ 8ff WTBG.
[9] § 91 WTBG.
[10] § 83 WTBG.
[11] 2. Teil WTBG.
[12] § 90 WTBG.
[13] § 84 WTBG.
[14] § 88 WTBG.
[15] WT-Ausübungsrichtlinie 2003.

- Zwingende Fortbildung
  Jeder Wirtschaftstreuhänder ist verpflichtet, mindestens 40 Fortbildungsstunden jährlich zu erbringen[16] und die Erfüllung nachzuweisen,[17] wobei die Fortbildungsverpflichtung für Steuerberater/Wirtschaftsprüfer gesondert überprüft wird.[18] Aus dieser Verpflichtung resultiert eine kontinuierliche Weiterbildung, die es dem Wirtschaftstreuhänder ermöglicht, dieses Wissen sofort an den Klienten weiterzugeben.

- Erfolgshonorare
  Eine Vereinbarung eines Erfolgshonorars ist genauso wie die Annahme von Provisionen untersagt,[19] was gewährleistet, dass der Wirtschaftstreuhänder in seiner Beratung durch keinerlei externe Faktoren beinflussbar ist und den Fokus immer auf den optimalen Kundennutzen legen kann.

- Befangenheit – Interessenkollision
  Jeder Berufsberechtigte hat bei der Ausübung seiner Tätigkeit jegliche Bindung oder Handlung zu vermeiden, die die berufliche Entscheidungsfreiheit und Unbefangenheit beeinflussen könnte.[20] Hier genügt bereits der Anschein der Voreingenommenheit oder die Besorgnis, dass bei der Ausübung der Beratung andere als rein sachliche Überlegungen eine Rolle spielen könnten.[21] Weiters ist es vom Berufsberechtigten jedenfalls zu vermeiden, dass eine Interessenkollision vorliegt, es können zwar mehrere Auftraggeber in derselben Angelegenheit beraten werden, aber nur auf der Basis eines gemeinsam erteilten Auftrages oder wenn alle Auftraggeber einverstanden sind.[22]

- Geldwäsche
  In der Ausübungsrichtlinie ist auch die Prüfung im Rahmen der EU-Geldwäscherichtlinie vorgesehen. Durch die Umsetzung der 3. EU-Richtlinie gegen Geldwäsche und Terrorfinanzierung ist grundsätzlich jeder Mandant (auch bestehender) und natürlich jeder neue Mandant (Gründer) einem detaillierten Check der Personendaten zu unterziehen und Verdachtsfälle sind zu melden.

2.2. Der Wirtschaftstreuhänder als Gründungsberater

2.2.1. Neugründung

Der Steuerberater/Wirtschaftsprüfer als erfahrener und kompetenter Partner in allen wirtschaftlichen und unternehmensrechtlichen Angelegenheiten sollte bei Vorliegen einer Geschäftsidee in allen Phasen der Unternehmensgründung beigezogen werden. Die Selbständigkeit ist ein erstrebenswertes Ziel, denn unser Wirtschaftssystem lebt von den Ideen und der Risikobereitschaft der Gründerpioniere.

---

[16] § 3(2) WT-ARL 2003.
[17] § 3(3) WT-ARL 2003.
[18] § 1b A-QSG und WT-ARL, siehe auch IWP 10.6.2010 „Information zur Fortbildungsverpflichtung für Wirtschaftsprüfer".
[19] § 8 WT-ARL 2003.
[20] § 21(1) WT-ARL 2003.
[21] § 21(2) WT-ARL 2003.
[22] § 22 WT-ARL 2003.

Um Erfolg zu haben und die erste Phase zu bestehen, ist jedoch ein geordnetes und gezieltes Vorgehen unbedingt notwendig. Es gibt zwar keine Patentrezepte für den zukünftigen Verlauf des Unternehmens, aber es sind im Vorfeld oft Anzeichen zu erkennen, die von erfahrenen und fachlich kompetenten Wirtschaftstreuhändern geprüft werden sollten, um negative Entwicklungen zu vermeiden.

Eine umfassende Gründungsberatung sollte jedenfalls folgende Themen umfassen und diese objektiv analysieren bzw ausarbeiten:

- Prüfung auf Realisierbarkeit der Geschäftsidee, deren Marktchance und Wirtschaftlichkeit
- Prüfung der unternehmerischen Qualifikation
- Schriftliche Festlegung der Unternehmensstrategie, des Leitbildes und der Unternehmensziele
- Ausfertigung einer Durchführbarkeitsstudie
- Klärung der Finanzierbarkeit
- Beratung und Festlegung der Rechtsform des Unternehmens
- Abklärung der gewerberechtlichen Voraussetzungen
- Erstellung von Businessplänen (worst/best case)
- Checklisten zur Umsetzung
- Beratung im „Behördendschungel" zur Gründung
- Abklärung möglicher Förderprogramme und Zuschüsse
- Einrichtung und Organisation des Rechnungswesens
- Schaffung von Controllingtools zur Unternehmensführung

2.2.2. Übernahme von Unternehmen

So wie bei der Neugründung sollten bei der Unternehmensübernahme ebenfalls Analysen durchgeführt werden. Vor allem zur Beurteilung des Unternehmenswertes des zu erwerbenden Unternehmens sollte ein Wirtschaftstreuhänder beigezogen werden. Dieser kann auf Grundlage der Fachgutachten der Kammer der Wirtschaftstreuhänder[23] eine objektive Beurteilung abgeben.

Der Wirtschaftstreuhänder kann sowohl zur Koordination des Übernahmeprozesses als auch als Verhandler beigezogen werden. Ein Unternehmenskauf oder Unternehmensverkauf hat viele Facetten und ist nicht vergleichbar mit einem Verkauf von Assets. Eine Firma ist neben den vorhandenen Vermögenswerten stark geprägt von den Menschen, die darin arbeiten und von ihren Kunden und Lieferanten. Ein Unternehmen ist ein „lebendes Ganzes"!

Der Wirtschaftstreuhänder verfügt neben der betriebswirtschaftlichen Erfahrung über sehr gute Kenntnisse im Handels-, Bilanz- und Steuerrecht, in der Unternehmensbewertung, in der Durchführung von Due Diligence (legal, commercial, tax), im Vertrags- und Gesellschaftsrecht und hat außerdem die notwendige Mediationserfahrung zur guten Verhandlungsführung. Gerade hier kann seine Rolle als Mediator bzw Coach von entscheidender Bedeutung sein.

---

[23] Fachgutachten zur Unternehmensbewertung (KFS BW 1).

2.2.3. Gründungsprüfung

Soweit Sachgründungen oder bestimmte Fälle der Kapitalerhöhungen bei Kapitalgesellschaften erfolgen, sind gesetzliche Gründungsprüfungen vorgesehen. Solche Gründungsprüfungen sind eine ausschließliche Aufgabe des Wirtschaftsprüfers (zB § 6a GmbHG, § 25 AktG, § 11 PSG, § 3 Abs 4 SpaltG), wobei die Tätigkeit des Gründungsprüfers sich nicht auf ein Vertragsverhältnis zur Gesellschaft begründet, sondern er im öffentlichen Interesse durch das Gericht bestellt wird.

2.3. Der Wirtschaftstreuhänder als laufender Berater

Der **Steuerberater** bietet als fachlich kompetenter Begleiter und Berater des Unternehmens zahlreiche Dienstleistungen an, wie insbesondere:[24]

- Organisation, Hilfeleistung oder Führung des gesamten Rechnungswesens, einschließlich Kostenrechnung und Controlling und Finanzplanung
- Durchführung arbeitsrechtlicher Beratungen und/oder Durchführung der gesamten Lohnverrechnungsarbeiten
- Beratung oder Erstellung der monatlichen Abgabenberechnungen
- Beratung und Erstellung aller Steuererklärungen
- Beratung und Erstellung der Jahresabschlüsse (Einnahmen/Ausgabenrechnungen, Bilanzen, Konzernabschlüsse usw)
- Vertretung in allen Abgaben- und Abgabenstrafverfahren vor den Abgabenbehörden von Bund/Land/Gemeinden, den unabhängigen Finanz- und Verwaltungssenaten und dem Verwaltungsgerichtshof
- Vertretung in Versicherungsangelegenheiten, AMS, Berufsorganisationen, Gewerbebehörden usw
- Erstattung von Sachverständigengutachten im Bereich Abgabenrecht, Rechnungswesen, Betriebswirtschaft usw
- Sanierungsberatung und Ausfertigung von Sanierungsplänen
- Übernahme von Treuhandaufgaben und Verwaltung von Vermögenschaften
- Beratung und Begleitung im Bereich Merger & Acquisition, sowie die Durchführung von Due Diligence
- Verschiedene Prüfungsaufgaben ohne Bestätigungsvermerk

Darüber hinaus hat der **Wirtschaftsprüfer** neben den Tätigkeiten des Steuerberaters noch weitere, gesonderte Aufgaben und Berechtigungen:

- Gesetzliche Pflichtprüfungen mit Bestätigungsvermerk
- Beratung und Vertretung in Devisensachen (außer vor Gericht)
- Sonstige durch Gesetz dem Wirtschaftsprüfer zugewiesene Tätigkeiten

Vor allem in der laufenden Beratung eines Unternehmens ist der Wirtschaftstreuhänder ein wichtiger Begleiter zur bestmöglichen Interessenvertretung der Steuerpflichtigen und zur Bewältigung neuer Dimensionen des Rechnungswesens.[25] Prof. *Schlager* vergleicht mit dem Zitat[26] *„Hygiene ist besser als Therapie"* die Steuerberatung mit der

---

[24] § 3 (1) WTBG Berechtigungsumfang.
[25] *Schlager J.*, „Steuerberater – ein freier Beruf", Wirtschaftstreuhänder 01/2006.
[26] *Mittelsteiner/Pausch/Kumpf,* Illustrierte Geschichte des steuerberatenden Berufes.

neuen Medizin. Es sollte die Steuerberatung für sich fordern, von vornherein bei der Gestaltung von Rechtsverhältnissen gehört zu werden und nicht erst, wenn der einzelne Steuerfall zu einer hoffnungslosen Erkrankung geworden ist, die bei sachgemäßer Vorbeugung vermeidbar gewesen wäre.

Wie wichtig der Steuerberater für die laufende und zeitgerechte Beratung von Unternehmen ist, hat Prof. *Albert Hensel* (Deutscher Steuerrechtler) bereits 1930 erkannt: **„Je eher die Steuerberatung einsetzt, umso besser ist es im allseitigen Interesse!"**

Der Steuerberater ist für den laufenden Betrieb der erste Ansprechpartner in allen Rechnungswesen- und Abgabenfragen. Er prüft und/oder erstellt das laufende Rechnungswesen, berät im Bereich der Lohnverrechnung mit den notwendigen arbeitsrechtlichen Gestaltungsmöglichkeiten und unterstützt den Verkehr mit den Sozialversicherungsanstalten. Er berechnet oder prüft die laufenden Selbstbemessungsabgaben wie Umsatzsteuer und Lohnabgaben. Vor allem die Umsatzsteuer hat durch die Europäische Union eine neue Dimension angenommen und ist von einer „Buchhaltersteuer" zu einer „High-Tech-Steuer" geworden.

2.4. Der Wirtschaftstreuhänder als Sanierungsberater

Durch das IRÄG 2010 (Insolvenzrechtsänderungsgesetz 2010 wirksam ab 1.7.2010) wurde das Schlagwort „Retten statt Ruinieren" in den Vordergrund gestellt und auch die Begriffe im Insolvenzrecht wie folgt verändert:

- Konkurs wurde Insolvenz
- Zwangsausgleich wurde Sanierungsverfahren mit Sanierungsplan
- Ausgleich wurde Sanierungsverfahren mit/ohne Eigenverantwortung
- Masseverwalter wurde zum Sanierungsverwalter

ME sind die Namensänderungen alleine zu wenig, man braucht auch zur rechtzeitigen und dauerhaften Sanierung die geeigneten Berater und Sanierungsverwalter. Leider war das bisherige Insolvenzrecht (KO und AO) sehr stark geprägt von der Zerschlagung der Unternehmen (nur ca 1 % Ausgleiche). Dies war darauf zurückzuführen, dass die Verfahren, wenn überhaupt, nur mit erheblicher Verspätung beantragt wurden. Ein weiterer Grund war mE die fast ausschließliche Bestellung von Rechtsanwälten als Masseverwalter, welche im Zuge des Konkurses meistens nur die Liquidation des Unternehmens durchgeführt haben.[27]

Ein Sanierungsverfahren sollte primär von der Fortführung des Unternehmens geleitet werden und dafür ist neben den insolvenzrechtlichen Grundlagen auch eine hohe betriebswirtschaftliche Erfahrung notwendig. Im neuen Insolvenzrecht hat der Gesetzgeber durch die Begriffe „Sanierungsverfahren" und mit der Reduktion der Ausgleichsquote von 40 % auf 30 % die emotionale Hürde ein Verfahren rechtzeitig zu beantragen, stark reduziert.

2.4.1. Sanierungsberatung

Unabhängig von den Neuerungen im Insolvenzrecht ist auf Grund seiner betriebswirtschaftlichen Erfahrung der Steuerberater als Sanierungsberater der erste Ansprechpart-

---

[27] Creditreform Statistik 2009 (7.076 Unternehmensinsolvenzen, davon 75 Ausgleiche).

ner. Als laufender Berater des Unternehmers im Rechnungswesen oder im Zuge der Erstellung des Jahresabschlusses kann er zeitgerecht Sanierungsschritte empfehlen bzw betriebswirtschaftliche Analysen vor Eintritt einer Krise erstellen und Maßnahmen gemeinsam mit der Unternehmensführung einleiten.

Bei rechtzeitigem Handeln bieten sich neben dem gerichtlichen Verfahren auch verschiedene außergerichtliche Maßnahmen an (Vergleichsverhandlungen, Moratorien usw). Ist ein Insolvenzverfahren nicht mehr abwendbar, ist der Steuerberater der geeignete Partner zur Erstellung des Sanierungskonzeptes mit Sanierungsplan. Damit kann das zentrale Anliegen des Gesetzgebers, Insolvenzverfahren rechtzeitig zu eröffnen, um die Chancen zur Befriedigung der Gläubiger zu erhöhen und die Sanierung des schuldnerischen Unternehmens zu gewährleisten, erfüllt werden.

Der Steuerberater kann auf Grund seiner betriebswirtschaftlichen Kenntnisse die Sanierungsfähigkeit und Sanierungswürdigkeit prüfen, ein Fortführungskonzept mit Mehrjahresplanung erstellen und damit auch eine weitere Finanzierung des Unternehmens sichern. Denn jede Sanierung ist eine Investitionsentscheidung, welche mit aktuellen Zahlen in einem Sanierungskonzept dokumentiert, gut überlegt und geprüft sein muss.

2.4.2. Sanierungsverwalter

Ob die zukünftige Abwicklung der Sanierungsverfahren dem Geist des Gesetzgebers „Fortführung statt Zerschlagung" entspricht, hängt mE sehr stark von der Bestellungspraxis der Sanierungsverwalter durch die Gerichte ab. Der Steuerberater und/oder Wirtschaftsprüfer[28] hat nicht nur eine Ausbildung im Bereich Insolvenzrecht, sondern auch die mE notwendigen betriebswirtschaftlichen Kenntnisse, um als Sanierungsverwalter eine geordnete Fortführung und Sanierung des Unternehmens zu begleiten oder zu überwachen. Der Steuerberater/Wirtschaftsprüfer sollte vor allem bei Sanierungsverfahren mit oder ohne Eigenverantwortung bestellt werden. Im Falle der Zerschlagung sind meist Abwicklungs- bzw Anfechtungsfragen vorhanden. Solche klassischen Liquidationsverfahren sollten eher von Rechtsanwälten durchgeführt werden.

Um die Verfahrenskosten zu optimieren und für die Gläubiger die bestmöglichen Ergebnisse zu erzielen, ist mE die Kombination von Rechtsanwalt mit Wirtschaftstreuhänder (Steuerberater/Wirtschaftsprüfer) zielführend. Im Falle der Fortführung (Insolvenzverfahren mit oder ohne Eigenverantwortung) sollten der Sanierungsverwalter ein Wirtschaftstreuhänder und der Rechtanwalt Stellvertreter sein. Im Falle der Zerschlagung wäre eine Vice-versa-Bestellung zweckmäßig.

Dieses Anforderungsprofil für den Sanierungsverwalter ergibt sich mE aus dem Gesetzesauftrag,[29] bei dem der gerichtlich bestellte Sanierungsverwalter (ohne Eigenverantwortung) die wirtschaftliche Lage des Schuldners zu überprüfen, dessen Ausgaben für die Lebensführung zu überwachen und die Geschäfte des schuldnerischen Unternehmens für die Dauer des Verfahrens zu führen hat. Im eigenverwalteten Sanierungsverfahren hat er die wirtschaftliche Lage des Schuldners und seine Lebensführungskosten zu überprüfen sowie dessen Geschäftsführung zu überwachen. In diesem Zusammenhang wird vom Sanierungsverwalter ein hohes Maß an betriebswirtschaftlichen Kennt-

---

[28] F.X. Priester, „Unser Insolvenzrecht ist sanierungsbedürftig", VWT OÖ 03/2009.
[29] Siehe ua §§ 177 und 178 IO.

nissen gefordert, da er im Zusammenhang mit seiner Überwachungs- und Prüfungsaufgabe auch die wirtschaftliche Lage einschätzen, die Einhaltung des Finanzplanes überprüfen und die Erfüllung des Sanierungsplanes bestätigen muss.

Um in Zukunft Insolvenzverfahren noch effizienter und im „Sanierungsgeist" der Insolvenzordnung abzuwickeln, sollten verstärkt Wirtschaftstreuhänder als Sanierungsverwalter eingesetzt werden, die diese Aufgabe auch als eine ihrer Kernaufgaben in ihrem Berechtigungsumfang haben.[30]

2.5. Der Wirtschaftstreuhänder als Nachfolgeberater

Ein Unternehmen zu gründen ist „einfach", es erfolgreich zu führen, ist eine Herausforderung, aber es in die nächste Generation zu bringen, ist eine besondere Managementleistung!

„Die größte unternehmerische Leistung ist die komplikationslose Überführung des Unternehmens in die nächste Generation!"

Unternehmer deren Ausscheiden aus dem Unternehmen ohne schwerwiegende Turbulenzen und ohne Streit mit der Familie gelingt, verdienen ein „Denkmal". Um dieser Herausforderung gewachsen zu sein, bedarf es einer umfassenden Beratung durch einen erfahrenen Wirtschaftstreuhänder (Steuerberater/Wirtschaftsprüfer). Denn neben persönlichen Befindlichkeiten sind erb-, arbeits-, miet-, pensions-, gesellschafts- und haftungsrechtliche Fragen zu klären und last but not least auch eine Reihe von Steuerhürden zu bewältigen.

Jede Unternehmensnachfolge, ob in der Familie oder durch Dritte, ist ein gravierender Einschnitt in die Betriebsstruktur und Betriebskultur. Der Übergang soll ohne Behinderung mit Unterstützung des ausscheidenden Unternehmers erfolgen. Dafür ist eine rechtzeitige Planung und Vorbereitung mit professioneller Unterstützung notwendig. Der Wirtschaftstreuhänder kann hier als erfahrener Berater sowohl als Moderator zwischen „Alt" und „Jung" als auch als Ablaufplaner unterstützend und begleitend mitwirken. Dies gilt sowohl bei Übergaben innerhalb der Familie als auch beim Verkauf an Dritte.

Der Wirtschaftstreuhänder soll mit dem Übergeber und/oder Übernehmer die verschiedenen Möglichkeiten der Übergabe/Übernahme prüfen und diskutieren. ME gibt es keine „beste Lösung" der Unternehmensübergabe, sondern diese ist von Fall zu Fall auszuloten. Der Wirtschaftstreuhänder als Spezialist in der Unternehmensbewertung auf Grund seiner meist langjährigen Zusammenarbeit rasch in der Lage ist, einen objektiven Unternehmenswert als Basis für Verhandlungen zu ermitteln. Dieser ist sowohl bei der unentgeltlichen Übergabe für die Abfindung von „scheidenden Kindern"[31] als auch bei der entgeltlichen Übernahme notwendig.

Rechtzeitige Beratung durch einen Wirtschaftstreuhänder mit gemeinsamem Brainstorming und Anfertigung von Checklisten ist ein Garant für eine geordnete und komplikationslose Überführung des Unternehmens. Es sind hier gesellschaftsrechtliche Fragen (Umgründungen) genauso von Bedeutung wie die Frage des zukünftigen Lebensunterhaltes und der Altersversorgungsplanung des Übergebers. Wichtig ist jedenfalls ein ge-

---

[30] § 3 (2) Z 4 WTBG.
[31] Gesetzliches Erbrecht mit Pflichtteil.

nauer Zeitplan, der auch Freiraum für neue Überlegungen und Alternativen lässt. Eine durchdachte Planung der Nachfolge sollte eine Vorlaufzeit von zwei bis drei Jahren haben.

3. Steuerberatung im Wandel der Zeit

3.1. Die „kurze" Geschichte des Wirtschaftstreuhänders

Der steuerberatende Beruf in Österreich entwickelte sich seit der Jahrhundertwende langsam vom Gewerbetreibenden zum freien Beruf.

Nach dem 1. Weltkrieg und der zunehmenden Erholung der ökologischen Landschaft wuchs die Anzahl von gewerblichen Buchhaltern, Bücherrevisoren und Buchsachverständigen, wobei die Rechtsgrundlagen in der Gewerbeordnung 1859 geregelt und an nahezu keine Voraussetzungen gebunden waren. Durch einen ministeriellen Erlass wurde allen Bücherrevisoren, die vor dem 12.8.1925 einen Gewerbeschein hatten, das Recht eingeräumt, als Steuervertreter tätig zu werden. Dazu reichte ein Ansuchen um Zulassung bei den Landesfinanzämtern.[32] Es war jedoch weiterhin möglich, die normale steuerliche Beratung ohne Voraussetzung im Gewerbe auszuüben.

Bereits 1920 hat der neu entstandene Reichsverband für Bücherrevisoren in Österreich (Vorgänger der Wirtschaftsprüfer) versucht, den Berufsstand so schnell wie möglich aus der Gewerbeordnung herauszulösen. 1933 schien das Ziel sehr nahe und es wurde im österreichischen Nationalrat ein Konsulatorengesetz vorgelegt, welches durch den ausgerufenen „Ständestaat" nicht mehr beschlossen werden konnte. Weitere Bemühungen führten lediglich dazu, dass aus den Bücherrevisoren und Buchsachverständigen ein gebundenes Gewerbe wurde.[33] Hier reichte eine Bestätigung über Buchhaltungskenntnisse zur Berufsausübung. Welche Bedeutung der Beruf des „Steuerberaters" in den Dreißigerjahren hatte, kann man auch daran erkennen, dass er gemeinsam mit Stellenvermittler, Theaterkartenbüro, Kreditvermittler und Pfandleiher in der Handelskammer-Innung „Beratungs- und Vermittlungsgewerbe" zusammengefasst wurde (ähnliche Tendenzen sind auch jetzt wieder erkennbar).

Durch den Anschluss von Österreich 1938 an das Deutsche Reich übernahm man die deutschen Bestimmungen über die Berufsausübung und damit neben dem deutschen Steuerberater auch die öffentliche Bestellung von Wirtschaftsprüfern als Freier Beruf.[34] Die diesbezüglichen deutschen Rechtsvorschriften wurden dann 1945 durch das Rechts-Überleitungsgesetz als österreichisches Recht übernommen.

Die bisherigen steuerberatenden bzw Buchhaltungsberufe blieben weiterhin in der Gewerbeordnung und es entwickelte sich damit ein unüberschaubarer und zersplitterter Berufsstand aus: Bücherrevisoren, Buchsachverständigen, Finanz- und Wirtschaftsberater, Buchführer, Wirtschaftsprüfer, Steuerberater, Helfer in Steuersachen, vereidigter Buchprüfer und Devisenberater.

---

[32] *Pausch*, Illustrierte Geschichte des steuerberatenden Berufes, 174f.
[33] Gewerbeordnungsnovelle 19.10.1934, BGBl 322.
[34] Österr Landesgrundsatzgesetz vom 24.10.1938 über die Einführung des Berufsstandes der Wirtschaftsprüfer und WP-Gesellschaften (GBlfdLÖ 517).

Entgegen zahlreicher Widerstände aus der Bundeswirtschaftskammer, Rechtsanwalts- und Notariatskammer, sowie des Finanzministeriums wurde am 28.2.1947 ein Initiativantrag im Nationalrat eingebracht und das Wirtschaftstreuhänder-Kammergesetz am 10. Dezember 1947[35] im Nationalrat einstimmig beschlossen.

Erst sieben Jahre später wurde mit der Wirtschaftstreuhänder-Berufsordnung[36] am 22.6.1955 der Beruf des Wirtschaftstreuhänders letztendlich gesetzlich geregelt. Wirtschaftsprüfer, Buchprüfer und „Helfer in Buchführungs- und Steuersachen" wurden als Wirtschaftstreuhänder definiert und die bisherigen gewerblichen Buchhaltungsberufe mit Übergangsregelungen übernommen. Die Befugnisse des Buch- und Wirtschaftsprüfers konnten in der Folge nur mehr von Akademikern und die des Helfers in Buchführungs- und Steuersachen nur mehr von Maturanten erlangt werden.

Vor allem die Berufsbezeichnung „Helfer in Buchführungs- und Steuersachen" führte weiterhin zu einer großen Unzufriedenheit. Man wollte der Ausbildung entsprechend die Bezeichnung „Steuerberater" haben, die bereits 1961 in Deutschland umgesetzt wurde. Erst mit der WTBO-Novelle[37] vom 3.2.1965 wurde aus dem Helfer in Buchführungs- und Steuersachen der Steuerberater.

Den Weg zum akademischen freien Beruf des Wirtschaftstreuhänders hat man mit der WTBO-Novelle vom 27.6.1986 umgesetzt. Mit dem Auslaufen der Übergangsfrist bis 31.12.1990 galt für alle Zugänge im Wirtschaftstreuhandberuf (Steuerberater, Wirtschaftsprüfer) als Voraussetzung ein einschlägiges Hochschulstudium.

Der Beruf des Steuerberaters war nun nach 45 Jahren ein den Ärzten, Rechtsanwälten und Notaren gleichgestellter akademischer FREIER BERUF.

3.2. Die (Jahrtausend-)Wende im Berufsstand

Die Liberalisierungswelle nach dem Beitritt Österreichs zur Europäischen Union hat auch den Wirtschaftstreuhänder erfasst. Das Wirtschaftstreuhänder-Kammergesetz und die Wirtschaftstreuhänder-Berufsordnung wurde durch das Wirtschaftstreuhänderberufsgesetzes 1999 abgelöst und es erfolgte gleichzeitig, auf Druck der Politik, eine Änderung der Gewerbeordnung mit der Schaffung neuer Berufe im Rechnungswesen.

Seitens der Wirtschaftskammer wurde bereits 1997 die Schaffung eines Buchhaltungsgewerbes eingefordert und auch durch die Politik unterstützt. Deregulierung der freien Berufe, erleichterte Zugänge zur Berufsausübung und Belebung der Konkurrenz waren die damaligen Schlagworte.

Ergebnis daraus war, dass mit Wirkung 1.7.1999 parallel zum Steuerberater, Buchprüfer und Wirtschaftsprüfer zwei Buchhaltungsberufe aus der Taufe gehoben wurden:

- der Selbständige Buchhalter als Mitglied der Kammer der Wirtschaftstreuhänder[38] und
- der Gewerbliche Buchhalter[39] als Mitglied der Wirtschaftskammer.

---

[35] BGBl 1948/20, Wirtschaftstreuhänder-Kammergesetz.
[36] BGBl 1955/125, Wirtschaftstreuhänder-Berufsordnung (wirksam ab 1.9.1955).
[37] BGBl 1965/26, WTBO-Novelle.
[38] WTBG 24.2.1999, BGBl I 1999/58.
[39] Änderung Gewerbeordnung, BGBl I 1999/59.

Diese neuen Buchhaltungsberufe waren mit unterschiedlichen Befugnissen ausgestattet, wobei jedoch der selbständige Buchhalter neben der Erstellung der Buchhaltung auch Jahresabschlussarbeiten durchführen durfte.

Aber auch dem Buchprüfer „ging es an den Kragen". Die Ablegung der Prüfung zum Buchprüfer war nur bis zum 31.12.1999 möglich. Ziel war es, dass es im Sinne der EU-Abschlussprüferrichtlinie nur mehr einen Abschlussprüfer geben soll. Um auch eine einheitliche Bezeichnung für die Zukunft am Markt zu schaffen, wurden alle Buchprüfer durch einen Initiativantrag vom 6.7.2005 automatisch zu Wirtschaftsprüfern übergeleitet. Dies führte zu einer Markenbereinigung und mehr Klarheit am Markt. Ab 2005 gibt es damit in Österreich nur mehr zwei Wirtschaftstreuhandberufe: Wirtschaftsprüfer und Steuerberater.

Mit einer einstimmig angenommenen Entschließung ersuchte der Nationalrat den Bundesminister für Wirtschaft und Arbeit, bis Ende der 22. Legislaturperiode die Rechte der Selbständigen Buchhalter und der Gewerblichen Buchhalter anzugleichen und die derzeit getrennten Berufe zu einem Bilanzbuchhalter zu vereinigen. *„Ziel sollte es sein, einen einheitlichen qualifizierten Buchhaltungsberuf zu schaffen, der seinen Kunden eine umfassende, ihren Bedürfnissen entsprechende Dienstleistung erbringen kann"* (Wirtschaftsausschuss 30.6.2005, 1051 BlgNR 22 GP).

Die Bereinigung (Vereinheitlichung) der beiden unterschiedlichen Buchhaltungsberufe zu einem für den Markt klar erkennbaren Buchhalterberuf wurde aber durch den Gesetzgeber nicht umgesetzt. Vielmehr wurden durch das Bilanzbuchhaltergesetz[40] (BibuG 2006) weitere Buchhaltungsberufe geschaffen. Ein Paradoxon dabei ist, dass sich der neu geschaffene Bilanzbuchhalter seine Kammerzugehörigkeit (KWT oder WKO) aussuchen konnte. Um dieses „komplizierte" Bilanzbuchhaltergesetz auch vollziehen zu können, musste zusätzlich eine neue „Zwischenbehörde", die Paritätische Kommission, geschaffen werden, die nun als „Moderator – Mediator – Organisator – Verwalter" zwischen den beiden Kammern agiert und gleichzeitig anstatt der Bezirksverwaltungsbehörde die Bestellung und Verwaltung der Bilanzbuchhalter aus der WKO vorzunehmen hatte.

Ergebnis dieser Vereinheitlichungsbemühung war, dass es neben den zwei Wirtschaftstreuhandberufen noch sieben Buchhaltungsberufe gab:

- Bilanzbuchhalter in der KWT
- Bilanzbuchhalter in der WKO
- Buchhalter
- Personalverrechner
- Selbständiger Buchhalter KWT
- Selbständiger Buchhalter WKO
- Gewerblicher Buchhalter

Alle diese Buchhaltungsberufe hatten sehr unterschiedliche Befugnisse und Kenntnisse, sodass es für den Kunden (Unternehmer) sehr schwer und äußerst verwirrend war und ist, auf Grund der Bezeichnung bzw vermeintlichen Ausbildung eine Auswahl des Beraters treffen zu können. Die geringen Ausbildungsvoraussetzungen und vereinfachten

---

[40] BGBl I 2006/161, gültig ab 1.1.2007.

Übergangslösungen für Selbständige oder Gewerbliche Buchhalter zu Bilanzbuchhaltern mit umfangreichen, dem Steuerberater vergleichbaren Befugnissen waren für die Wirtschaftstreuhänder sehr unbefriedigend und schaffen am Markt eine große Unsicherheit.

3.3. Politik schafft Parallelberufe in der Wirtschaftskammer oder „Geburt des gewerblichen Steuerberaters"

Der Druck der Wirtschaftskammer wurde im Jahr 2011 immer stärker. Die „Neidgesellschaft" unter dem Deckmantel der Liberalisierung und dem intensiven politischen Lobbying der WKO haben unsere Politiker zum Anlass genommen, einen Initiativantrag einzubringen. Am 8.3.2012 hat unser Steuerberaterkollege und WKO-Vizepräsident NRAbg Dr. *Christoph Matznetter* gemeinsam mit dem Vorsitzenden des Wirtschaftsausschusses NRAbg *Konrad Steindl* mit drei weiteren Abgeordneten diesen Antrag eingebracht, welcher am 28.3.2012 im Plenum des Nationalrates beschlossen wurde.[41]

Dieser Antrag hat im ersten Entwurf vorgesehen, dass Bilanzbuchhalter in Zukunft alle Jahresabschlüsse bis zu den Grenzen der Prüfungspflicht und alle Steuererklärungen erstellen dürfen sowie ein Vertretungsrecht im Bereich der Arbeitnehmerveranlagung erhalten.

Durch massive Proteste aus der Kollegenschaft und den Hinweis darauf, dass der Ausbildungsstand der Bilanzbuchhalter für diese umfangreichen Befugnisse nicht ausreichen, wurde dieser Antrag dahingehend noch abgeändert, dass die Erstellung von Steuererklärungen mit Ausnahme der Arbeitnehmerveranlagung weiterhin Vorbehaltsaufgabe des Steuerberaters bleibt.

Laut Statistik Austria haben von ca 400 Ts österreichischen Unternehmen etwa 6000 mehr als 50 Dienstnehmer und ca 11000 mehr als 5 Mio Umsatz (Schätzwert über 10 Mio ca 6–7000).

Damit können in Zukunft Bilanzbuchhalter ca 98 % der österreichischen Unternehmen beraten, deren Jahresabschlüsse erstellen und das Rechnungswesen führen.[42]

Seitens der Politik bzw der großen Koalition (ÖVP-SPÖ) wurde offensichtlich nicht erkannt, dass der Steuerberater ein wichtiger Erfolgsfaktor für die österreichische Wirtschaft und für den Wirtschaftsstandort Österreich ist. Dieser „überfallartige" Initiativantrag (ohne Begutachtungsverfahren) ist mE nicht nur ein Affront gegen die 7000 Steuerberater/Wirtschaftsprüfer, die mehr als 30.000 Mitarbeiter beschäftigen und fast 300.000 Unternehmen seit Jahrzehnten gut und gewissenhaft vertreten, sondern auch eine gewaltige Schwächung der Beraterlandschaft in Österreich. Mit dieser Gesetzesänderung wird ohne Begutachtung und Stellungnahme der Interessenvertretungen, insbesondere der Kammer der Wirtschaftstreuhänder, ein gewerblicher Parallelberuf zum Steuerberater geschaffen, der mit der Ausbildung in einem Buchhalter- und Bilanzbuchhalterkurs (2 x 56 Stunden Steuerrecht) fast alle österreichischen Unternehmen betreuen kann.

---

[41] Initiativantrag 1870/A des Wirtschaftsausschusses vom 8.3.2012 zur Änderung WTBG, BiBuG und GewO.
[42] Statistik Austria, Leistungs- und Strukturstatistik – Unternehmensdaten.

Rechnungswesen, Erstellung der Jahresabschlüsse sowie der Steuererklärungen sind als Einheit zu sehen und verlangen ein hohes Ausbildungsniveau im Steuer- und Wirtschaftsrecht, welches mE in dieser Gesamtheit nur mit abgelegter Steuerberaterprüfung angeeignet werden kann. Mangelhafte Kenntnisse in diesem Bereich schaden nicht nur den beratenen Unternehmer, sondern sind bei Unkenntnis umfassender steuerlicher Kenntnis auch ein Problem im Steueraufkommen für die Republik Österreich.

ME ist man mit dem Schritt „Erweiterung der Befugnisse für den Bilanzbuchhalter" als selbständiger Beruf zu weit gegangen, denn die Wirtschaft braucht Sicherheit in der Qualifikation bei der Auswahl ihres Beraters. Dies vor allem in einem so sensiblen Bereich wie dem Steuer-, Sozial- bzw Wirtschaftsrecht.

Es geht auch in der Wirtschaft wie in der Medizin um „Leben und Tod". Denn gut ausgebildete Berater sichern den Bestand von Unternehmen und verhindert damit vermehrte Schäden durch Insolvenzen für die Allgemeinheit. Die Wirtschaft braucht Sicherheit und Garantien bei der Auswahl ihrer Berater. Dies gilt nicht nur in der Medizin oder beim Advokaten, sondern auch beim Steuerberater …. oder wollen wir in Zukunft von der Krankenschwester operiert werden?

ME heißt Liberalisierung – den Zugang zu den Berufen zu erleichtern bzw für jeden Qualifizierten zu ermöglichen. Aber Voraussetzung sollte eine gute und gediegene Ausbildung zum Schutze der Normunterworfenen sein. Jeder Bilanzbuchhalter kann die Steuerberaterprüfung ablegen, aber er sollte die dafür notwendige Ausbildung zum Schutze seines Mandanten auf sich nehmen.

Die Politik spricht von Bildungsoffensiven, von höheren Anforderungsprofilen für den Einzelnen und gleichzeitig wird das Niveau im Bereich der Selbständigkeit permanent reduziert. Dazu ein Zitat von Dr. Androsch: *Wissen, Bildung und Know-how werden immer bestimmender für ein sinnerfülltes Leben und den beruflichen Erfolg jedes Einzelnen, aber auch für die Wettbewerbsfähigkeit jeder Volkswirtschaft.*

Man hat im Bereich der Finanzdienstleister leider sehr spät erkannt, dass nur mit hoher und gezielter Ausbildung Schäden für den beratenen Kunden vermindert werden können und weitere Befähigungsvoraussetzungen zum Wohle und Sicherheit des beratenen Klienten festgelegt werden müssen. Beim Steuerberater geht man nun den umgekehrten Weg!

Die tatsächlichen Auswirkungen der geringeren Ausbildungsvoraussetzung für diese Berufe werden sich erst in der Zukunft bei den zu beratenden Unternehmen zeigen oder auch NIE, denn wenn man die Fehler nicht erkennt, kann man auch nicht beurteilen, was RICHTIG oder FALSCH ist.

Eine Ausbildungs- und Qualitätsgarantie kann in Zukunft nur der Wirtschaftstreuhänder bieten. Der Steuerberater und Wirtschaftsprüfer hat durch ein umfangreiches Prüfungsverfahren und verpflichtende Praxis und Fortbildung die erforderliche Ausbildung und Erfahrung zur Beratung in allen Lebenszyklen des Unternehmens.

Wie weit der Markt diese Unterschiede erkennen kann und welche Auswirkungen dies auf Steueraufkommen oder die volkswirtschaftliche Entwicklung Österreichs hat, bleibt abzuwarten.

3.4. Der volkswirtschaftliche Wert des Wirtschaftstreuhänders

Der Wirtschaftstreuhänder hat in seiner Rolle als Mittler zwischen Wirtschaft und Staat eine ganz besondere Aufgabe für den Wirtschaftsstandort Österreich zu erfüllen. In seiner Mittlerrolle werden von ihm hohe Fachkenntnisse verlangt und gleichzeitig vorausgesetzt, dass er ein guter und gewissenhafter Staatsbürger ist und die Gesetze stets treu und unverbrüchlich befolgt.[43] Diese Gewissenhaftigkeit ist unmittelbar mit der Verschwiegenheitspflicht, seiner Objektivität und seiner Unabhängigkeit im freien Beruf verbunden.

Diese mE so wichtige Rolle des Steuerberaters hat der Gesetzgeber 1955 bei der Schaffung der Wirtschaftstreuhänder-Berufsordnung (WTBO) erkannt und auch öffentlich diskutiert. *Die Vielzahl der Rechnungswesenberufe* nach 1945 (siehe 3.1.) und die damit verbundene Unübersichtlichkeit für den Markt sowie die Entwicklung im Unternehmensrecht und in der Betriebswirtschaft sowie der vorhandene Steuerdruck verlangten einen hochqualifizierten unabhängigen Beruf und eine dazugehörige Berufsordnung, welche Treuhandwesen, Prüfung und Steuerrecht umfassend abdeckt.

Im Zuge der Parlamentsdebatte zur WTBO[44] meinte ua der Abgeordnete Kostroun, SPÖ, dass „... *das Gesetz (WTBO) die Voraussetzung dafür schafft, dass die Wirtschaftstreuhänder ihre Aufgabe als* **Mittler zwischen Staat und Wirtschaft** *unbeeinflusst und nach strengen rechtlichen Gesichtspunkt ausüben können.... wir sind von der großen* **Bedeutung des Standes der Wirtschaftstreuhänder für die Entwicklung unserer Volkswirtschaft** *überzeugt.*"

Diese Aussagen werden durch den Abgeordneten Guth, ÖVP, noch verstärkt und ergänzt: „... *aber auch der zunehmende Steuerdruck, der auf der Wirtschaft lastet, und die immer komplizierter werdende Steuergesetzgebung haben den Berufsstand der Wirtschaftstreuhänder zu einem* **wichtigen Hilfsberuf der Wirtschaft** *werden lassen. ..... die Wirtschaftstreuhänder werden daher nicht nur als Fachleute in Steuerangelegenheiten, sondern darüber hinaus immer mehr und mehr als Wirtschaftsberater und geradezu als* „**Ärzte der Wirtschaft**" *betrachtet ... die moderne Wirtschaft überträgt daher den Wirtschaftstreuhändern nicht nur in Österreich, sondern auch in allen übrigen Staaten bedeutungsvolle Aufgaben. .... internationale Wirtschaftskongresse zeigen immer wieder, welche* **bedeutende Funktion** *diesem Berufsstand im Rahmen der* **modernen Volkswirtschaft** *zukommt.*"

Diese Voraussetzungen und Anforderungen für den Berufsstand haben sich mE seit 1955 nicht verändert. Vielmehr steigt durch die Volatilität des Kapitalmarktes und die damit zusammenhängenden Ängste in der Realwirtschaft der Bedarf an gut ausgebildeten Beratern. Der Wirtschaftstreuhänder bietet neben der fachlichen Kompetenz im Wirtschafts- und Steuerrecht die notwendigen betriebswirtschaftlichen und volkswirtschaftlichen Kenntnisse, um die Unternehmen durch die Krise zu steuern.

In einem Interview[45] hat *Hans-Olaf Henkel*, früherer Präsident des Bundesverbandes der Deutschen Industrie (BDI) zur Frage „Wie wichtig ist der Steuerberater als Berater für die Wirtschaft?", gesagt:

---
[43] Eides-/Gelöbnisformel § 62 WTBG.
[44] 71. Sitzung des Nationalrates vom 22.6.1955.
[45] Steuerberater Magazin 07–08/2011, 16.

"Wenn eine Seuche ausbricht, hat der Arzt den wichtigsten Beruf im Land. Wenn wir eine Umweltkatastrophe zu bewältigen haben, sind es diejenigen, die Sandsäcke stapeln, um uns vor dem über die Ufer tretenden Wasser zu schützen. **Und wenn man als Unternehmer in ein solches Steuerlabyrinth wie das deutsche gerät, sind diejenigen, die in diesem Labyrinth den Weg weisen können, die wichtigste Berufsgruppe."**

Weiters hat er zur Frage, ob dies besonders für die mittelständische Wirtschaft gilt, ergänzt:

"Ja, das kann man sagen. Je größer ein Unternehmen, desto eher kann es sich eine eigene Steuerabteilung leisten. **Der Steuerberater hat sicherlich in diesem Bereich der Wirtschaft ein große Aufgabe, und er hat einen der anspruchsvollsten Berufe."**

Für die in der Finanzverwaltung laufenden Kosteneinsparprozesse ist der Steuerberater, vor allem im Bereich Steuererklärungen über Finanz-ONLINE ein wichtigerer „Partner". Von Seiten der Finanzverwaltung wird dabei oft verkannt, dass ohne den Steuerberater als „wichtiges Bindeglied", zur rascheren und effizienteren Steuerfestsetzung und Einhebung, die Automatisation und damit verbundene Kostensenkung in der Finanzverwaltung kaum möglich gewesen wären.

Die Wirtschaftstreuhänder sind diejenige Berufsgruppe, welche die Steuermoral verstärkt „vermitteln" und mit Erstellung der Jahresabschlüsse die Richtigkeit des Rechnungswesens und der Steuererklärungen überwachen. Wir sorgen wesentlich dafür, dass Steuern und Abgaben regelmäßig und richtig, wenn auch nicht mit Begeisterung, bezahlt werden. Gleichzeitig sind wir von unseren Klienten zur steuergestaltenden Beratung beauftragt und sollen Steuern im Rahmen der rechtlichen Möglichkeiten minimieren.

Neben diesem „riesigen Spagat" zwischen Motivation zur richtigen Steuerzahlung und Beratung zur Steueroptimierung sollen wir auch noch mit der Finanzverwaltung „gut auskommen" und verlangen last but not least dafür von unserem Klienten ein Honorar. Dies führt gelegentlich zu dem traurigen Ergebnis, dass die Finanzverwaltung uns in der „Steuergestaltungsarbeit" als „Mittäter" und „Gegner" sieht, was nicht nur Gefahren für uns bedeutet, sondern gelegentlich auch als Druckmittel gegen uns verwendet wird.[46]

Bei der seit Jahren andauernden Diskussion, die Befugnisse der Buchhaltungsgewerbe immer wieder zu erweitern und damit einen gewerblichen Steuerberater zu schaffen, sollte eines nicht vergessen werden:

Rechtskenntnis schafft Rechtssicherheit!

Nur wenn die Wirtschaft durch gut ausgebildete und fachlich kompetente Wirtschaftstreuhänder als Berater begleitet wird, kann sie sich gegen Übergriffe des Staates wehren bzw kann in Augenhöhe mit den Verwaltungsbehörden verhandelt werden. Der Wirtschaftstreuhänder als Berater und Mitgestalter in der österreichischen Volkswirtschaft hat in den letzten fünfzig Jahren viel für die österreichischen Unternehmer und den Wirtschaftsstandort Österreich geleistet und er sollte in der Zukunft als unabhängiger FREIER BERUF bestehen bleiben und im Sinne einer Verwaltungsökonomie mehr Befugnisse im Sinne eines Steueranwaltes erhalten.[47]

---

[46] *Priester*, Steuerberater im Wechselspiel zwischen Klienten und Finanzverwaltung, VWT OÖ.

Marke Wirtschaftsprüfer und Steuerberater

Diese verpflichtende Berufsbezeichnung gilt als klares Qualitätszeugnis für fachliche Kompetenz im Wirtschafts-, Steuerrecht und Rechnungswesen, garantierte Aus- und Fortbildung, Objektivität, Verschwiegenheit, Seriosität und Vertrauenswürdigkeit.

Abschließen möchte ich mit den Worten von *Karl August Ziegler*, Kammervizepräsident, anlässlich der Verabschiedung des Kammergesetzes 1948:[48]

„Dem Recht, das uns durch dieses Organisationsgesetz gegeben wurde, steht die Pflicht gegenüber, die Ehre und das Ansehen unseres Berufes hochzuhalten und jederzeit für diesen Beruf, der für den einzelnen nicht eine bloße Erwerbstätigkeit darstellen darf, sondern im wahrsten Sinne des Wortes eine Berufung sein soll, einzutreten."

Literaturverzeichnis

Wirtschaftstreuhänderberufsgesetz, BGBl I 1999/58.
Abschlussprüfungs-Qualitätssicherungs-Gesetz, BGBl I 2005/84.
WT-Ausübungsrichtlinie 2003, Kammer der Wirtschaftstreuhänder.
Wirtschaftstreuhänder-Kammergesetz, BGBl 1948/20.
Wirtschaftstreuhänder-Berufsordnung, BGBl 1955/125.
Initiativantrag vom 8.3.2012; 1870/A Änderung des Wirtschaftstreuhandberufsgesetz, Bilanzbuchhaltergesetz und Gewerbeordnung.
Kammer der Wirtschaftstreuhänder, Div Publikationen auf der Homepage.
Bilanzbuchhaltergesetz 1996, BGBl I Nr 2006/161.
Bundessteuerberaterkammer Deutschland, Div Publikationen auf der Homepage.
Kammer der Wirtschaftstreuhänder, Skriptum „Österreichs Wirtschaftstreuhänder".
Priester F. X., aus Festschrift Brogyányi, „Hat der Steuerberater und/oder Wirtschaftsprüfer noch eine Zukunft?", Wien 2008.
Priester F. X., Wirtschaftstreuhänder, Steuerberater und Buchhaltungsgewerbe, warum lernen wir nicht aus der Vergangenheit?, Wirtschaftstreuhänder.
Schlager J./Kern P.P., Steuerberatungsbetrieb, Wirtschaftstreuhänder.
Schlager J., „Steuerberater – ein freier Beruf", Wirtschaftstreuhänder 01/2006.
Mittelsteiner/Pausch/Kumpf, Illustrierte Geschichte des steuerberatenden Berufes.
Henkel, Steuerberater Magazin 7–8/2011, Herne.
Pausch, Illustrierte Geschichte des steuerberatenden Berufes, Augsburg.
Ziegler K. A., Festschrift anlässlich der Verabschiedung des Bundesgesetzes betreffend die Errichtung der Kammer der Wirtschaftstreuhänder, Wien 1948.
Statistik Austria, Leistungs- und Strukturstatistik.

---

[47] Forderung der KWT: Eingaben und Vertretung im Firmenbuch, sowie Erstellung von Verträgen (Dienstverträge, Gesellschaftsverträge) usw.
[48] *Ziegler*, Festschrift anlässlich der Verabschiedung des Bundesgesetzes betreffend die Errichtung der Kammer der Wirtschaftstreuhänder, 12.

Der Einsatz von Wissensmanagement in der betriebswirtschaftlichen Steuerlehre

Wolfgang Steinmaurer

1. **Ein Dankeschön**
2. **Wiki als ein Instrument des Wissensmanagements**
   2.1. Was ein wiki ist
   2.2. Was man mit einem wiki erreichen kann
      2.2.1. Mit wiki die Informationsflut bewältigen
      2.2.2. Mit wiki den beruflichen Alltag erleichtern
      2.2.3. Mit wiki ständig aktuell sein
      2.2.4. Mit wiki eine neue Plattform schaffen
      2.2.5. Mit wiki die Qualität sichern
      2.2.6. Mit wiki von anderen Berufsgruppen abgrenzen
      2.2.7. Mit wiki die Steuerrechtsdurchsetzung unterstützen
      2.2.8. Mit wiki Informationen nachfragen
      2.2.9. Mit wiki gemeinsam Informationen entdecken
      2.2.10. Mit wiki eine neue Dienstleistung anbieten
3. **Die Problembeschreibung**
4. **Die Problemlösung am Beispiel der Abzugsfähigkeit von Events**
   4.1. Ausgangslage
   4.2. Bausteine des Wissensmanagements
      4.2.1. Wissensziel
      4.2.2. Wissensidentifikation
      4.2.3. Wissenserwerb
      4.2.4. Wissensentwicklung
      4.2.5. Wissensteilung
      4.2.6. Wissensbewahrung
      4.2.7. Wissensbewertung
5. **Schlussbemerkung**
Literaturverzeichnis

1. Ein Dankeschön

Als ich vor einigen Jahren begann, mich mit dem Thema Wissensmanagement und im Speziellen mit der Wissensarbeit im Form eines wikis zu beschäftigen, war *Josef Schlager* eine der wenigen Personen, die sich schon damals für dieses Thema interessiert und diese Aktivitäten gefördert hat.

Wenn man sich mit neuen Themenstellungen zu befassen beginnt, ist es oft ein mühsamer Weg, auf den man sich gemacht hat, denn es muss viel Überzeugungsarbeit geleistet werden. Speziell dann hat es eine ganz besondere Bedeutung Personen zu finden, die einem das Gefühl geben, auf dem richtigen Weg zu sein. Diese Unterstützung habe ich neben einigen wenigen Personen[1] vor allem von *Josef Schlager* erhalten.

Ergebnis dieser besonderen Verbindung und intensiven Auseinandersetzung mit der Wissensarbeit für den Beruf der SteuerberaterInnen war das gemeinsam veröffentlichte Buch „Wissensmanagement für Steuerberater".[2]

Josef Schlager hat durch seine Unterstützung und sein Interesse für das Wissensmanagement ganz wesentlich zur Entwicklung eines Instruments (wikis) für den Berufsstand der SteuerberaterInnen beigetragen, welches viele Vorteile bietet und die ganz besondere Bedeutung des freien Berufs der SteuerberaterInnen unterstreicht. So wie eine Pflanze, wenn sie erst einmal gesetzt ist, sehr wohl von selbst wachsen muss, braucht sie dennoch Unterstützung, um sich entwickeln zu können.

Auch wenn heute noch nicht viele SteuerberaterInnen die Vorteile der Wissensarbeit wirklich erkannt haben, werden sie dennoch früher oder später die von *Josef Schlager* geförderte Entwicklung zu ihrem Vorteil nutzen können und ihm dann im Stillen dafür dankbar zu sein.

2. Wiki als ein Instrument des Wissensmanagements

2.1. Was ein wiki ist

Ein wiki[3] ist eine im World Wide Web verfügbare Seitensammlung, die von den TeilnehmerInnen nicht nur gelesen, sondern auch geändert werden kann. Dazu gibt es eine entsprechende Bearbeitungsfunktion, die ein Eingabefenster öffnet, in welchem der Text des Artikels bearbeitet werden kann. Wie bei Hypertexten üblich, sind die einzelnen Seiten und Artikel eines wikis durch Querverweise (Links) miteinander verbunden. Als Instrument des Web 2.0[4] ermöglicht ein wiki einen zeit- und ortsunabhängigen Zugriff auf Inhalte.

Leserechte ermöglichen es allen TeilnehmerInnen die wiki-Einträge einsehen zu können. Obwohl die Bearbeitung einer wiki-Seite durch die TeilnehmerInnen im Lese-

---

[1] Ein besonderes Dankeschön möchte ich an dieser Stelle aber auch an o.Univ.-Prof. Dr. *Christian Riegler* und o.Univ.-Prof. Dr. *Norbert Kailer* aussprechen, welche mir ebenfalls immer wieder Mut gemacht und mir im Rahmen von Lehrveranstaltungen die Möglichkeit gegeben haben, mit Studenten die Wissensarbeit zu praktizieren.
[2] *Steinmaurer/Schlager*, Wissensmanagement für Steuerberater, Wien 2006.
[3] *Steinmaurer*, Wiki für Wirtschaftstreuhänder, in VWT 2006, Heft 3.
[4] *Tim O'Reilly* hat den Begriff des „Web 2.0" geprägt. Als Web 1.0 bezeichnet man das alte Internet. Das Web 2.0 bezeichnet die Gesamtheit aller web-basierten Tools und Dienste, die kollaborativ verwendet werden (können) und den Anwender in die Gestaltung der Inhalte miteinbezieht. Dabei fließen die Aktivitäten von Nutzern und Entwicklern zusammen, die sich gegenseitig unterstützen. Man kann deshalb von einer kollektiven Intelligenz sprechen, die sich in den Web 2.0-Diensten manifestiert.

modus nicht möglich ist, gibt es sehr wohl die Möglichkeit Kommentare zu dieser wiki-Seite zu verfassen.

Schreibrechte ermöglichen es den TeilnehmerInnen aktiv an der Gestaltung von wiki-Seiten mitzuwirken. Schreibrechte können unterschiedlich vergeben werden, so dass grundsätzlich für alle TeilnehmerInnen, welche das wünschen, die Möglichkeit besteht an wiki-Seiten mitzuwirken.

Kommentare zu einer wiki-Seite können von allen TeilnehmerInnen abgegeben werden. Diese Kommentare werden als solche auch im wiki gezeigt. Ob der Inhalt eines Kommentars oder ein Teil davon in eine wiki-Seite aufgenommen wird, entscheiden die TeilnehmerInnen mit den entsprechenden Schreibrechten.

Eine besondere Bedeutung in einem wiki kommt der Qualität der Aufbereitung der Themenstellungen zu, denn sie muss geeignet sein, den TeilnehmerInnen das unmittelbare Weiterarbeiten (darauf aufsetzen können) zu ermöglichen. Das ist die Herausforderung bei der Erstellung von praktischen Arbeitsunterlagen, die auch anderen TeilnehmerInnen dienen sollen.

Ein wiki ist somit wesentlich mehr als ein eine reine Datenbank. In einem wiki wird Wissen nicht nur dargestellt, sondern auch weiter entwickelt und vor allem ständig aktualisiert.

2.2. Was man mit einem wiki erreichen kann

2.2.1. Mit wiki die Informationsflut bewältigen

Wir leben heute in einer Informationsgesellschaft, in welcher sich in wenigen Jahren das uns bekannte Wissen verdoppelt. Ausfluss dieser Entwicklung ist das Entstehen einer Informationsflut, welche es zu bewältigen gilt. Wir selbst sind Teil dieser Informationsflut, da es heute wesentlich leichter als früher ist, Informationen schneller zu erstellen und diese an verschiedenste Empfänger zu übermitteln. Die negative Konsequenz ist, dass wir mit so vielen Informationen eingedeckt werden, dass sie uns letztendlich nichts mehr nützen.

Wie sollen also diese Informationsmengen verwaltet werden, wie wird der Zugriff auf benötigte Informationen am besten organisiert, wer braucht welche Informationen in welchem Umfang und zu welchem Zeitpunkt, wie bekommt jemand die Informationen die er braucht, und viele Fragen mehr ergeben sich in diesem Zusammenhang. Nicht die Quantität der Informationen ist das Wesentliche, sondern die Qualität.

Zur Frage, was Management eigentlich ist, schreibt *Peter F. Drucker*:[5] *„Die Aufgabe des Managements besteht darin, Menschen in die Lage zu versetzen, gemeinsam Leistungen zu erbringen".* Dazu muss das Management entsprechende betriebliche Entscheidungen fassen. Um entsprechende Entscheidungen treffen zu können, sind Daten, Informationen und Wissen erforderlich, und es müssen den Entscheidungen entsprechende Planungen vorausgehen.[6] Dies geschieht zum Beispiel durch den Einsatz von Wissensmanagement in Steuerberatungskanzleien.

2.2.2. Mit wiki den beruflichen Alltag erleichtern

Der wohl größte Vorteil eines wikis besteht darin, dass es den TeilnehmerInnen die Möglichkeit bietet, ihr Wissen mit anderen auszutauschen, um auf diese Art und Weise wesentlich mehr daraus machen zu können.

---

[5] *Drucker*, Was ist Management?, Das Beste aus 50 Jahren, München 2002, 27.
[6] *Voß/Gutenschwager*, Informationsmanagement, Berlin 2001, 9.

Dies erleichtert den beruflichen Alltag insofern, als man nicht mehr alles selbst lesen und entwickeln muss. Man kann einerseits auf die Ergebnisse von Gleichgesinnten zurückgreifen und andererseits seine eigenen Erfahrungen und Entwicklungen den TeilnehmerInnen zur Verfügung stellen.

Ein Merkmal der Wissensarbeit ist, dass diejenigen Personen, welche sich daran beteiligen und ihr Know-how zur Verfügung stellen, selbst am meisten davon profitieren und dadurch stärker werden. Es ist eine Fehlmeinung, wenn jemand glaubt, dass er besser fährt, wenn er sein Wissen für sich allein behält und es auf keinen Fall jemand anderem zugänglich macht. Wer diese Auffassung vertritt, wird alleine bleiben und auf Grund der immer stärker steigenden Anforderungen selbst immer schwächer werden.

2.2.3. Mit wiki ständig aktuell sein

Die TeilnehmerInnen an wiki achten selbst sehr darauf, dass die von ihnen in das wiki eingestellten Informationen aktuell sind. Jeder von uns kauft sich Bücher, besucht Seminare, liest Fachartikel, erstellt selbst Unterlagen zu einzelnen Themenbereichen und anderes mehr. Das Problem dabei besteht darin, dass sich anschließend keiner mehr darum kümmert, weil der ständige Leistungsdruck dies nicht zulässt, mit der Konsequenz, dass die mit viel Einsatz erstellten Unterlagen alt werden.

Trotz des Leistungsdrucks ist es aber sehr wohl möglich, dass man sich für einen kleineren Teilbereich zuständig fühlt und diesen auch weiter pflegt und betreut. Das sind die Arbeitsunterlagen, die man einerseits TeilnehmerInnen zur Verfügung stellt, für die man aber andererseits auch andere wieder zur Verfügung gestellt bekommt. Also ein Geben und (sich mehr) Nehmen von praktischen Arbeitsunterlagen. Diese Unterlagen kann man sehr wohl aktuell halten und damit behalten sie ihren Wert.

2.2.4. Mit wiki eine neue Plattform schaffen

Das wiki bietet den TeilnehmerInnen, neben der Möglichkeit des Verfassens eigener Artikel, sogar die Möglichkeit, sich noch intensiver mit einem Thema zu befassen und dies in Form von wiki-Büchern auch zu veröffentlichen.

Vielen AutorInnen ist es nicht möglich, ein Buch zu veröffentlichen. Obwohl ein Buch zu schreiben eine sehr aufwendige Angelegenheit ist, gibt es viele Personen, die das trotzdem gerne täten.

AutorInnen können damit anderen Personen gegenüber zeigen, dass sie besondere Kenntnisse auf einzelnen Gebieten haben, was ihnen sonst ja gar nicht möglich ist, weil man dies ja wohl nur in einem engen Kollegenkreis kommunizieren kann.

So könnte ein solcher Titel eines Buches zum Beispiel die „Schaffung eines effektiven und effizienten Controlling-Instrumentes" sein. Viele Unternehmen möchten im Groben vorausplanen. Ihnen ist es aber ein Dorn im Auge, dafür zu viel Zeit aufwenden und zu viel planen zu müssen. Das will man nicht und deshalb gibt es auch keine weiteren Anstrengungen in etwas, was man eigentlich haben möchte, aber nicht kriegt.

Diese Planung wäre zum Beispiel durch die Erstellung eines Cockpits möglich. Wenn sich jemand mit dieser Thematik auseinandersetzt und ein solches Konzept entwickelt, wäre es gut, wenn auch andere (durch ihre Vorschläge) einen Beitrag dazu leisten könnten.

2.2.5. Mit wiki die Qualität sichern

Abgesehen davon, dass das traditionelle Tätigkeitsfeld der SteuerberaterInnen im Hinblick auf den immer stärker werdenden Wettbewerb, auf das ständig steigende Haftungsrisiko, auf immer kritischer werdende Klienten uam in Zukunft nicht mehr ausreichen wird[7], gilt es dafür Sorge zu tragen, dass die Qualität nicht unter der ständigen Überforderung leidet.

Hier gilt es, das Qualitätsmanagement durch das Wissensmanagement erheblich zu unterstützen, damit in Steuerberatungskanzleien weiterhin Hochleistungen[8] erbracht werden können. Die Qualität wird besser, wenn die Quantität reduziert wird, wobei allerdings darauf zu achten ist, dass darunter nicht der Inhalt (die Botschaft) leidet.

Durch Reduktion auf das Wesentliche und eine entsprechende Organisation der Informationsflüsse trägt die durch ein wiki unterstützte Wissensarbeit wesentlich zur Qualitätssicherung bei.

2.2.6. Mit wiki von anderen Berufsgruppen abgrenzen

Wiki bietet die Möglichkeit zur Abgrenzung gegenüber anderen Berufsgruppen. Mit einem wiki können SteuerberaterInnen ihren Klienten Informationen zur Verfügung stellen, welche sich diese grundsätzlich auch woanders (bei anderen Berufsgruppen) im Rahmen des Wissenserwerbs besorgen könnten. Der Unterschied liegt aber in der anwenderfreundlichen und praxisgerechten Aufbereitung durch SteuerberaterInnen und im jederzeitigen Zugang über das Internet.

Streng genommen kann man Wissen nicht vermitteln, sondern man kann immer nur Daten weitergeben, die dann, wenn jemand etwas damit anfangen kann, zu Informationen[9] werden und erst in den Köpfen der Empfänger zu Wissen unterschiedlicher Art mutieren.

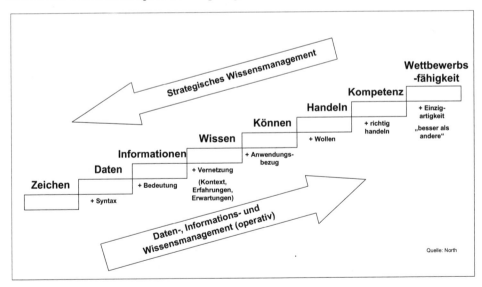

---

[7] *Kern*, Qualitätssicherung in der Steuerberatungspraxis, Wien 2008.
[8] *Steinmaurer*, Hochleistung in der Steuerberatungskanzlei, in VWT 1/2006, 32ff.

Die Kunst dabei liegt darin, diese Daten so aufzubereiten, dass sie bei möglichst vielen Empfängern zu Informationen werden. Eine zu komplizierte und zu umfangreiche Darstellung verfehlt das Ziel, weil sie nicht gelesen oder nicht verstanden wird. Die Besonderheit liegt in der Einfachheit (Weniger ist Mehr oder small is beautiful).

2.2.7. Mit wiki die Steuerrechtsdurchsetzung unterstützen

SteuerberaterInnen vertreten die Interessen ihrer Klienten und sind damit gezwungenermaßen nicht immer einer Meinung mit der Finanzverwaltung. Diese Unterstützung in der Steuerrechtsdurchsetzung ist die Basis für den Beruf der SteuerberaterInnen und damit die Existenzbegründung des Berufsstandes.

In letzter Zeit hat sich auch die Finanzverwaltung nicht nur zusehends formiert, sondern setzt ebenfalls die Instrumente des Wissensmanagements gezielt ein. Diese intelligente[10] Vorgangsweise verschafft der Finanzverwaltung Vorteile gegenüber einzelnen SteuerberaterInnen.

Dieser Wettbewerbsnachteil kann mit einem wiki nicht nur wesentlich reduziert, sondern sogar in einen Wettbewerbsvorteil gewandelt werden, wenn man dies will und dazu auch bereit ist. Insofern ist die Anwendung des wiki auch eine Kulturfrage, nämlich ob die Bereitschaft besteht, mit anderen Gleichgesinnten gemeinsam an Lösungen zu arbeiten. Nur wer bereit für die Wissensarbeit ist, kann diese für sich nutzen.

Es gibt Menschen, welche zwar über ein sehr großes Wissen verfügen, die aber Wissensarbeit deshalb nicht verrichten können, weil sie nicht bereit sind, ihr Wissen mit anderen zu teilen. Für diese Menschen kann ein wiki lediglich die Funktion des Wissenserwerbs erfüllen, nie aber jene der Wissensentwicklung.

Personen, welche keine Furcht bei der Weitergabe von Informationen (Daten) entwickeln, werden von den Informationen der anderen erheblich profitieren und sich dadurch selbst stärken.

Durch diese Zusammenarbeit in einem wiki kann man sich viele nicht verrechenbare Stunden ersparen und in dieser Zeit verrechenbare Leistungen erbringen.

2.2.8. Mit wiki Informationen nachfragen

Neben den Informationen, welche von Dritten (ob in Aufsätzen, Büchern, Datenbanken etc) zur Verfügung gestellt werden, gibt es noch jene Informationen, die man gerne hätte, aber bisweilen von niemandem zur Verfügung gestellt wurden.

Mit der in einem wiki zur Verfügung gestellten Möglichkeit, Themenstellungen anzuregen, haben SteuerberaterInnen die Möglichkeit, selbst auf den Informationsfluss einwirken zu können.

Diese Möglichkeiten bieten große Vorteile gegenüber Fachzeitschriften, weil diese nicht direkt auf Wünsche der Leser eingehen. Die Informationsversorgung wird immer von Dritten gesteuert und nicht von denjenigen, die sie benötigen. Mit einem wiki ist das anders.

---

[9] Eigentlich handelt es sich um Daten, die erst dann zur Informationen werden, wenn der Empfänger der Daten diese in einen Zusammenhang bringen kann. Um aber die Lesbarkeit des Textes nicht unnötig zu erschweren, wird hier vereinfachend davon ausgegangen, dass es sich bei den erhaltenen Daten immer um Informationen handelt, und daher der Begriff Informationen verwendet.

[10] Mit „intelligent" im Sinne des Wissensmanagements ist gemeint, aus dem bestehenden Wissen mehr zu machen, als andere dazu imstande sind.

2.2.9. Mit wiki gemeinsam Informationen entdecken

Nicht selten glaubt man, dass es zu bestimmten Themenstellungen keine Informationen gibt. Dem ist aber oft nicht so. So gibt es in verschiedensten (zB Fest- oder Gedenk-) Schriften wertvolle Beiträge, die aber nur einem geringen Personenkreis bekannt sind.

Wenn diese Informationen von TeilnehmerInnen beschrieben und in einem wiki erfasst werden, stehen diese plötzlich wieder einer Vielzahl von Nutzern zur Verfügung. Diese Entwicklung ist auch für Verlage interessant ist, weil es dadurch sicherlich zum Kauf des einen oder anderen Buches kommen wird.

Auch für Zeitschriften haben die praxisgerechten Aufbereitungen eine ganz besondere Bedeutung, weil dadurch die einzelnen Beiträge zielgerichtet auf praktische Fälle dargestellt und eingearbeitet werden.

2.2.10. Mit wiki eine neue Dienstleistung anbieten

Man kann mit wiki aber auch weitere Dienstleistungen anbieten, denn die Einsatzmöglichkeit der Instrumente des Wissensmanagements sind sehr breit gestreut. SteuerberaterInnen können durch Beratungsleistungen, die sie als WissensmanagerInnen erbringen, zusätzliches Beratungspotenzial erzielen.

Es gibt sicherlich viele UnternehmerInnen, welche schon oft über dieses Thema gehört haben, die aber noch nicht den richtigen Partner gefunden haben, der sie an dieses Thema heranführt.

Der große Vorteil, den SteuerberaterInnen gegenüber anderen Berufsgruppen haben, ist jener, dass sie die Betriebe ihrer Klienten sehr gut kennen. Dieser Wissensvorsprung gepaart mit dem Know-how über den Einsatz von Instrumenten des Wissensmanagements ist eine sehr wertvolle und gewinnbringende Kombination.

3. Die Problembeschreibung

SteuerberaterInnen haben, so wie andere Berufsgruppen auch, das Problem, dass sie immer mehr Informationen verarbeiten und diese für ihre Klienten bereithalten müssen. Sie brauchen etwas, das sie dabei unterstützt, die notwendigen Informationen zu erhalten, diese zu nutzen und sinnvoll an die Klienten weiter zu geben.

Wenn es dazu keine geeigneten Instrumente gibt, prallen viele (und sicher auch wichtige) Informationen von der Kanzlei ab. Dagegen müssen sich SteuerberaterInnen absichern, denn wenn eine für die Beratungsleistung wichtige Information nicht bis zur Kanzlei vorgedrungen ist, kann dies nicht als Entschuldigung geltend gemacht werden, wie schon das Sprichwort „Unwissenheit schützt vor Schaden nicht" zum Ausdruck bringt.

Eine Kanzlei kann man betreffend die Informationsflut mit einem Flaschenhals vergleichen. Zuerst ist einmal die Frage zu lösen, welche Informationen überhaupt mit dem Flaschenhals in Berührung kommen sollen. Diesbezüglich sind die relevanten Daten von den irrelevanten und den sinnlosen Daten zu unterscheiden.

Diese Fülle an Informationen, die auf SteuerberaterInnen einströmen, gilt es intelligent zu bearbeiten. Zuerst geht es einmal darum, die Informationen überhaupt zu erfassen. Informationen können durch Fachzeitschriften, Fachbücher, Fachseminare, Fachgespräche uam erworben werden; deshalb spricht man in diesem Zusammenhang auch vom Wissenserwerb. Größere Kanzleieinheiten haben hier den Vorteil, dass sie die Informationsbeschaffung auf verschiedene Personen aufteilen können, welche dann für den Wissenserwerb zuständig sind.

Wenn aber die relevanten Daten immer noch zu groß sind, kommen Sie nicht in genügender Menge durch und verstopfen den Flaschenhals. Die unangenehme Folge ist, dass diese von potenziellen Empfängern einfach abprallen und somit gar nicht bis zu diesen vordringen. Wenn die Informationen gut und klein sind, passen sie durch den Flaschenhals und kommen an.

Selbst diese von den einzelnen KollegInnen aufbereiteten und gestrafften Informationen sind noch sehr viele und es muss dafür Sorge getragen werden, dass diese Informationen die KollegInnen nicht wieder nur überfluten, sondern dass Ihnen diese wirklich bewusst werden und bei ihrer Arbeit helfen. Dies erfolgt in größeren Kanzleien unter verschiedenen Bezeichnungen (wie zB Literaturrundschau), ist aber in kleineren Kanzleien auf Grund der beschränkten Ressourcen nicht möglich. Mit wiki werden diese Vorteile von größeren Kanzleien auch für kleinere Kanzleien plötzlich möglich.

Ein weiterer großer Vorteil dieser Informationen ist, dass sie von Personen aufbereitet werden, welche ihren Beruf sehr gut kennen und aus ihrer praktischen Tätigkeit bestens beurteilen können, wie diese Aufbereitung erfolgen soll.

4. Die Problemlösung am Beispiel der Abzugsfähigkeit von Events

Das Problem, wenn man sich mit einem wiki befasst, liegt nicht selten darin, dass zwar die meisten die Idee für gut finden, wenn es aber darum geht, auch etwas dafür zu tun, ist es schnell aus mit der Begeisterung. Die dabei vorgebrachten Argumente sind immer wieder die gleichen:

- Ich habe zu viel zu tun!
- Ich weiß nicht, was ich beitragen soll!
- Ich stecke mehr rein als ich rausbekomme!
- etc

Es stellt sich daher die Frage, was man sich eigentlich von einem wiki erwartet, und was einen dazu bringt, die obigen „KO-Kriterien" auszuschalten. Im Endeffekt wünscht sich jeder, dass er etwas bekommt, ohne viel dafür tun zu müssen. Das wäre der optimale Effekt für jeden Einzelnen, ist aber nicht realistisch. Wenn man nicht bereit ist, selbst etwas zu investieren, wird auch nichts dabei rauskommen. Wenn aber mehrere investieren, ist der Nutzen für die TeilnehmerInnen schnell mehr als man selbst dazu beigetragen hat.

Am Beispiel der steuerlichen Abzugsfähigkeit von Events kann dieser Vorteil sehr gut aufgezeigt werden. Dass SteuerberaterInnen, wenn sie sich im Rahmen einer Betriebsprüfung mit der steuerlichen Abzugsfähigkeit von Events auseinandersetzen müssen, gerne auf von KollegInnen vorbereitete Unterlagen zurückgreifen würden, welche ihnen bei ihrer Argumentation gegen die Betriebsprüfung helfen könnten, braucht wohl nicht extra erwähnt zu werden.

Zur steuerlichen Abzugsfähigkeit von Events wurde ja bereits einiges geschrieben, man muss aber erst einmal wissen, wo dies alles steht. Unter Umständen stehen Informationen sogar in Büchern, bei denen man nicht damit rechnet oder die man gar nicht kennt. Man kann also nur dann etwas nachlesen, wenn man auch weiß, wo es steht.

Das ist aber grundsätzlich zu wenig und das kann jeder, wo ist da der Unterschied? Es muss etwas sein, das mehr ist als das. Wenn wir unseren Klienten bei der Abzugsfähigkeit von Events helfen wollen, brauchen wir etwas, das uns viel Zeit bei der Vorbereitung für die Beratung erspart, die Beratung unterstützt und der Steuerrechtsdurchsetzung zum Durchbruch verhilft. Das erreicht man alles mit einem wiki.

Daten und die daraus entstehenden Informationen müssen so aufbereitet werden, dass sie zuerst einmal danach beurteilt werden, ob diese Daten auch für andere von Interesse sind. Wenn dies bejaht werden kann, müssen sie möglichst effizient genutzt werden können. Eine wichtige Anforderung an ein wiki ist daher das Befüllen mit wichtigen Grundinformationen, die für eine möglichst große Basis von Bedeutung sind.

4.1. Ausgangslage

Die Bedeutung der Werbung ist so groß geworden, dass der Betriebsausgabencharakter einer intensiven Auseinandersetzung von Seiten der Steuerpflichtigen bedarf, um für Diskussionen mit der Finanzverwaltung gerüstet zu sein.

Die offzielle Meinung der Finanzverwaltung akzeptiert mittlerweile die Abzugsfähigkeit, wenn die geforderten Kriterien erfüllt werden; manche BetriebsprüferInnen folgen dem noch nicht wirklich. Daher wäre es wichtig zu wissen, wie es anderen KollegInnen bei diesem Fall der Rechtsdurchsetzung geht. Gibt es SteuerberaterInnen, die diesbezüglich gute oder schlechte Erfahrungen mit der Finanzverwaltung gemacht haben?

Von BetriebsprüferInnen wird ja ein Mehrergebnis erwartet, was ein erheblicher Grund dafür ist, dass Steuerpflichtige von der Betriebsprüfung nicht selten die Antwort erhalten: „Sie können ja ein Rechtsmittel einbringen". Dadurch entsteht eine Verlagerung der Entscheidung weg von der Betriebsprüfung in den Rechtsmittelbereich. Das ist eine negative Entwicklung, die hier aufgezeigt, aber nicht weiter diskutiert wird.

Das Beharren der Betriebsprüfung wird vielfach auch mit der Meinung des Fachbereichs begründet. Entweder werden früher ergangene Auskünfte auf einen Sachverhalt angewendet, der nicht zutreffend ist, oder es werden zu Einzelfällen Auskünfte eingeholt, bei deren Schilderung nur die Sicht der Betriebsprüfung einfließt, ohne der wünschenswerten Möglichkeit, dass auch Steuerpflichtige oder deren Steuerberater in die Fragenformulierung einbezogen werden.[11]

Der Gestaltung und der Dokumentation eines Events kommt eine sehr große Bedeutung zu, weil die damit zusammenhängenden Ausgaben nur dann Betriebsausgaben darstellen, wenn es sich um eine Veranstaltung aus dem Bereich des professionellen Event-Marketings handelt.

Schon im Jahr 2003 hat *Schlager* in einem Aufsatz zur Entscheidung des VwGH vom 24.10.2002, 2002/15/0123, im Schlusssatz angemerkt, dass es eine Verkennung der steuerlichen Realität wäre, *„wenn trotz angestrengter Bemühungen um die Dokumentation eines Event als Marketingmaßnahme die Absetzbarkeit im Rahmen von Betriebsprüfungen gleichsam gesichert wäre".*[12]

---

[11] *Schlager*, Die Bedeutung der Grundsätze des Abgabenverfahrens bei der elektronischen Steuerveranlagung, SWK 2010, T 33ff.

[12] *Schlager/Steinlechner/Wührer*, Events als Betriebsausgabe, SWK 2003 S 431ff.

Die Finanzverwaltung ist gefordert, dem modernen Begriff der Werbung (Kommunikation) mehr Rechnung zu tragen als bisher. Dem ist noch nicht so, weil die Praxis der Finanzverwaltung (obwohl sich die Einkommensteuerrichtlinien diesbezüglich auf Grund des VwGH-Erkenntnisses vom 24.10.2002, 2002/15/0123, schon zugunsten eines umfassenderen Kommunikationsbegriffes geändert haben) leider immer noch viel zu schnell davon ausgeht, dass die Werbung subjektiv veranlasst ist, und sich Unternehmer nur „schön darstellen" (präsentieren) wollen.

Das grundsätzliche Abzugsverbot für Repräsentationsaufwendungen gelangt dann nicht zur Anwendung, wenn der Steuerpflichtige nachweist, dass die Aufwendungen Werbezwecken dienen und ein erhebliches Überwiegen der betrieblichen bzw beruflichen Veranlassung vorliegt. Bei Veranstaltungen im Bereich des Event-Marketing ist die Möglichkeit der weitaus überwiegenden beruflichen bzw betrieblichen Veranlassung nicht von vornherein ausgeschlossen. Unter dem Begriff der Werbung ist eine Produkt- und Leistungsinformation, also eine auf die betriebliche bzw berufliche Tätigkeit bezogene Informationserbringung, zu verstehen.

4.2. Bausteine des Wissensmanagements

Diese Bausteine des Wissensmanagements sind nicht statisch, sie sind ständig in Bewegung.

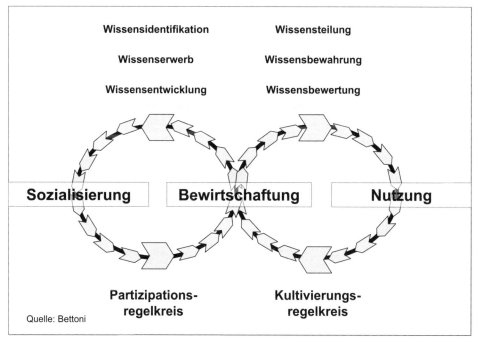

So kann es im Rahmen der Wissensentwicklung zum Wissenserwerb aus anderen Quellen kommen. Durch die Wissensteilung wiederum wird die Wissensentwicklung gefördert. Im Rahmen der Wissensentwicklung wird erkannt, welches Wissen überholt ist und welches Wissen erhalten (Wissensbewahrung) bzw ergänzt werden soll, welches Wissen noch fehlt (Wissensidentifikation) oder noch nicht optimal genutzt wird. Diese Bausteine beeinflussen sich gegenseitig und sind hoch dynamisch.

Einzelne Menschen können nur einen bestimmten Teil an Erfahrungen, und vor allem an speziellen Erfahrungen, machen. Wenn aber viele Personen dies tun und festhalten, entsteht eine brauchbare Sammlung an Arbeitsunterlagen, die es in dieser Form woanders nicht gibt. Durch die Möglichkeit, sein Wissen zu präsentieren, können TeilnehmerInnen dieses Wissen auch anderen TeilnehmerInnen mitteilen. Dadurch gewinnen sie über die eigenen Grenzen hinaus an Bedeutung.

Dazu müssen Mitarbeiter aber auch bereit sein. Wenn diese Bereitschaft nicht besteht, wird Wissensarbeit nicht funktionieren. Wenn Mitarbeiter zur Wissensarbeit hingeführt werden, können sie diese Möglichkeit nutzen.

4.2.1. Wissensziel

Das Wissensziel besteht darin, eine Arbeitsunterlage zu erstellen, welche es den einzelnen TeilnehmerInnen ermöglicht, gemeinsam an der Steuerrechtsdurchsetzung, im Hinblick auf die steuerliche Absetzbarkeit von Events, zu arbeiten. Ob das Wissensziel erreicht worden ist, wird dann im Rahmen der Wissensbewertung evaluiert.

Wenn sich einmal jemand die Mühe gemacht hat, sich mit der steuerlichen Abzugsfähigkeit von Events auseinander zu setzen, hat er ohne Zweifel schon viel Vorarbeit geleistet. Diese Arbeit machen SteuerberaterInnen in der Regel für sich alleine.

Wenn dieses Wissen besonders dokumentiert ist, kann man es anderen zur Verfügung stellen. Die besondere Dokumentation ist auch die Herausforderung bei einem wiki, dazu bedarf es auch des Einhaltens einer bestimmten Vorgangsweise. Ein Sammeln von Daten ohne Struktur wäre sinnlos und passiert in üblichen Datenbanken. Die Aufbereitung muss so erfolgen, dass man nicht nur selbst damit umgehen kann, sondern dass sich auch andere schnell in die Themenstellung einfinden. Das erfordert somit ein ständiges Denken an die Empfänger der Informationen.

Wenn sich jemand schon intensiv mit dieser Materie auseinandergesetzt hat, ist es auch deshalb gut, dies zu wissen, weil einem diese KollegInnen unter Umständen bei der eigenen Problembewältigung helfen können. Es gibt viel mehr Experten, als man denkt, weil man sie nicht alle kennt. Mit einem wiki wird dies leichter möglich. Wer sich als Experte outen will, kann dies gerne tun.

Wenn man sich mit einer Thematik auseinandersetzt, kann man vielleicht 70 bis 80 % dieser aufarbeiten. Wenn andere SteuerberaterInnen auch ihr Wissen beitragen, kann man auf 90 % und mehr kommen. So geht das immer weiter.

Wenn sich mehrere solche Personen um ein Thema annehmen, werden sie als Experten für dieses Thema erkannt werden. Dabei hängt der Expertenstatus nicht davon ab, was jeder einzelne für eine Vorbildung hat, wichtig sind einzig und allein die Inhalte.

4.2.2. Wissensidentifikation

Im Rahmen der Wissensidentifikation wird versucht festzustellen, über welches Wissen man diesbezüglich verfügt und welches Wissen zur Lösung einer bestimmten Problematik noch fehlt.

Wenn man die steuerliche Problematik der Abzugsfähigkeit von Events nicht schon einmal lösen musste, wird es dazu in einer Steuerberatungskanzlei nicht besonders viele Unterlagen geben. Dies vor allem deswegen, weil es sich doch um eine ganz spezielle Materie handelt.

Relativ schnell wird man in diesem Fall feststellen, dass gezielte und unmittelbar verwendbare Informationen fehlen. Diese Wissenslücke ist sehr schmerzhaft, weil sie gleichzeitig bedeutet, dass man hier viel Arbeit investieren muss. Meistens geht es hier auch um höhere Beträge, so dass der Erfolgsdruck sehr hoch sein wird.

Mit dieser unbefriedigenden Situation heißt es nun möglichst effektiv und effizient umzugehen. Wenn Wissen in einer bestimmten Materie fehlt, dann muss dieses beschafft werden. Dies kann durch Wissenserwerb oder durch Wissensentwicklung geschehen.

4.2.3. Wissenserwerb

Der Wissenserwerb wird wohl so funktionieren, dass man in erster Linie KollegInnen fragen wird, ob sie einen solchen Fall schon einmal zu bearbeiten gehabt haben. Da der hier zur Verfügung stehende Kollegenkreis nicht sehr groß sein kann, ist die Erfolgsquote eher beschränkt.

In weiterer Folge wird die Suche in Online-Datenbanken zielführend sein. Je nachdem, welche Datenbanken zur Verfügung stehen und wie geschickt man die einzelnen Begriffe wählt, werden in der Regel sehr viele Dokumente angezeigt werden. Diese Dokumente wird man, auf Grund des laufenden Termindrucks in der Kanzlei, wahrscheinlich zuerst einmal ausdrucken. Auf diese Art und Weise hat man schnell einmal einen ganzen Ordner von Aufsätzen, die nun gelesen werden sollen, was sehr zeitaufwendig ist.

Schnell kommt einem da der Gedanke: „wenn man doch nicht alles alleine lesen müsste". Aber es gibt niemand, der mit ähnlicher Vorbildung und Qualifikation die Aufsätze auf deren wesentliche Inhalte sichten kann. Im Zuge dieser Arbeit ist es besonders ernüchternd, weil man beim Lesen der Aufsätze immer wieder draufkommt, dass man das eine oder andere schon einmal gelesen hat. Aber man kommt eben zu spät drauf.

Ein Problem des Wissenserwerbs, wenn man diesen Prozess ganz alleine machen muss, ist noch, dass man gar nicht alle Aufsätze kennt und erfassen kann, weil diese nicht alle in Datenbanken zur Verfügung stehen. Wertvolle Informationen stehen oft in Werken, die man gar nicht kennt.

Was hier dringend benötigt würde, wären von SteuerberaterInnen zu diesem Thema bereits aufbereitete und leicht verständliche Informationen, in welchen diese Vorarbeit schon geleistet worden ist. Natürlich ist jeder selbst dafür verantwortlich, welche Informationen er aufgreift und welche nicht. Man kann aber davon ausgehen, dass die von SteuerberaterInnen aufbereiteten Informationen auch verwendbar und richtig sind. Durch Angabe der Quellen, welche in die Bearbeitung eingeflossen sind, können sich Dritte auch selbst mit einzelnen Aufsätzen auseinandersetzen.

Im Zuge einer solchen Vorbereitung, die Stunden, aber auch Tage dauern kann, haben einzelne KollegInnen sehr viel Arbeit geleistet, und wenn diese anderen zur Verfügung gestellt wird, können sich diese wiederum diese viele Vorarbeit sparen. Das ist eine sehr große Hilfe für jene SteuerberaterInnen, die sich auf Grund ihrer Kanzleigröße keine Spezialisten leisten können und daher vermeiden, dass sie überdurchschnittlich viel Zeit investieren müssen.

Abgesehen davon werden KollegInnen, welche von diesen Informationen Kenntnis erlangen, vielleicht mit diesen KollegInnen Kontakt aufnehmen und sie um Unterstützung bitten – eine zusätzliche Möglichkeit, sein Spezialwissen gewinnorientiert einzusetzen.

4.2.4. Wissensentwicklung

Wenn man selbst eine steuerliche Materie aufbereitet, kann man dies nur bis zu einem bestimmten Umfang tun. Das Problem, wenn man selbst Lösungsmöglichkeiten sucht, ist, dass man an seinen Gedanken hängen bleibt und quasi festgefahren ist. Es wird sehr schwierig, sich auf neue Ideen einzulassen.

Durch die gemeinsame Arbeit im Dialog nimmt man in erster Linie seine Meinung zurück und betrachtet unvoreingenommen die Meinung des Gegenübers. Andere Ansichten und andere Denkweisen lösen dann beim Einzelnen Ideen aus, zu denen er sonst nicht gekommen wäre.

Diese Zusammenarbeit war auch schon bisher möglich, allerdings hat sie vorausgesetzt, dass sich die handelnden Personen auch treffen. Dieses Treffen kann in Zukunft im wiki erfolgen. Dort werden die interessierten Personen gemeinsam im Dialog arbeiten und jeder für sich Schlüsse ziehen und dadurch mehr erreichen.

Wenn jemand zum Beispiel das Buch zur „Imagewirkung von Kunst- und Kulturevents"[13] gelesen hat, in welchem man feststellen kann, welche Anforderungen an ein Marketingkonzept gestellt werden, dann kann daraus mehr entwickelt werden.

Man muss wissen, worauf es ankommt, damit man von einem Marketingkonzept sprechen kann.

- In einem Marketing-Konzept werden Informationen und Maßnahmen im Unternehmen strukturiert beschrieben. Es kann in fünf Phasen eingeteilt werden, muss laufend überwacht und wenn nötig angepasst werden.[14]
- In der **Situationsanalyse** werden aktuelle Lage des Unternehmens, dessen Umfeld und zukünftige Entwicklungen analysiert und festgehalten.
- Basierend auf der Situationsanalyse und den unternehmerischen Zielen werden quantitative (Absatz, Umsatz, Preisniveau, Marktanteil etc) und qualitative (Bekanntheit, Kundenzufriedenheit, Kundenbindung, Markenimage etc) **Marketingziele** abgeleitet.
- Im Zuge der **Marketingstrategie** wird festgelegt, wie die vereinbarten Ziele erreicht werden sollen. Die Strategie beinhaltet, welche Märkte und Zielgruppen wie bearbeitet und welche Mittel zur Verfügung gestellt werden sollen.
- Im Rahmen der **Marketingmaßnahmen** werden die verschiedenen operativen Maßnahmen und Mittel definiert, mit denen die Strategie und die Ziele umgesetzt werden sollen. Das Zusammenstellen und Ableiten der einzelnen Maßnahmen wird als Marketing-Mix bezeichnet und setzt sich aus den vier Instrumenten Produktpolitik, Preispolitik, Distributionspolitik und Kommunikationspolitik zusammen.
- **Marketing-Controlling** ist ein Informations- und Führungskonzept für das ganze Unternehmen, bei welchem darauf geachtet wird, dass die vorher gesetzten Aktivitäten auf ihre Wirksamkeit geprüft und weiter verfolgt werden.

Diese Erarbeitung des Begriffes Marketingkonzept ist erstens zeitaufwendig, weshalb es ein großer Vorteil ist, wenn auf vorbereitete Unterlagen zurückgegriffen werden kann, und zweitens wird sich die Auslegung dieses Begriffes weiter entwickeln.

---

[13] *Steinlecher-Marschner*, Die Imagewirkung von Kunst- und Kulturevents, Wien 2008.
[14] Entnommen aus Wikipedia, „http://de.wikipedia.org/wiki/Marketing-Konzept", vom 29.3.2010.

4.2.5. Wissensteilung

Die Wissensteilung ist jener Vorgang, bei welchem das aufbereitete Wissen auch anderen Personen zur Verfügung gestellt wird. Diese haben für sich die Möglichkeit, auf Informationen zugreifen zu können, die ihnen viel Zeit und Sorgen sparen kann. Wenn diese Personen auch ihre Erfahrungen in das wiki einstellen, werden über einen längeren Zeitraum aus den 80 % wahrscheinlich 90 %.

Die Wissensteilung ist das, was zur Zeit noch nicht passiert, weil jeder einzelne Angst hat, dass, wenn er etwas erstellt hat und an andere weitergibt, er selbst schwächer wird, abgesehen davon, dass er nichts dafür bekommt. Beides ist falsch!

Wenn man sein Wissen anderen zur Verfügung stellt, erhält man viel mehr zurück, als man selbst geben kann. Was man bekommt, mag zwar kein Geld sein, lässt sich aber dennoch sehr wohl in Geld ausdrücken, nämlich in der Vermeidung vieler nicht verrechenbarer Stunden, die man dann als verrechenbare Stunden erbringen kann.

Insofern führt die Wissensteilung zu einer permanenten Wissensentwicklung. Im Rahmen der Event-Diskussion ist es von besonderer Bedeutung, dass die eigenen Erfahrungen den anderen zur Verfügung gestellt werden, denn nur dann erreicht man auch jene, die man sonst nie erreichen würde. Die Wissensteilung im wiki sprengt die Kanzleigrenzen und die Möglichkeiten förmlich.

4.2.6. Wissensbewahrung

Das große Problem an Wissensbeständen generell ist, dass diese mit der Zeit alt werden und vielleicht gar nicht mehr zielführend sind. Abgesehen davon, dass dies sehr störend ist, nimmt es sehr viel Zeit in Anspruch, wenn man alte Informationen gelesen hat – wer kennt das nicht?

In einem wiki haben die einzelnen Autoren selbst den Ehrgeiz, dass ihnen genau das nicht passiert. Wenn jemand Informationen in das wiki einstellt, wird er sehr wohl darauf achten, dass diese immer aktuell sind, wird man doch mit diesen in Verbindung gebracht. Außerdem ist die Reputation bei KollegInnen dadurch viel besser, als wenn alte Dinge drinnen stehen.

Nicht mehr aktuelle Wissensbestände werden nicht mehr gelesen, man wird sich den Autor merken und seine Beiträge mit Vorsicht lesen.

Durch das laufende Aktuellhalten entsteht ein sehr großer Vorteil. Ein weiterer Vorteil im wiki ist der Dialog. Wenn jemand etwas zu einem Thema weiß, das andere vielleicht noch nicht wissen, wird er dies in einem Kommentar erfassen. Er weist damit andere darauf hin, dass es etwas Neues gibt, ohne Kritik zu üben, denn wir können nicht alles wissen.

4.2.7. Wissensbewertung

Das Wissensziel hat darin bestanden, eine Arbeitsunterlage zu erstellen, welche es den einzelnen TeilnehmerInnen ermöglicht, gemeinsam an der Steuerrechtsdurchsetzung im Hinblick auf die Absetzbarkeit von Events zu arbeiten.

Aufgabe der Wissensbewertung ist die Überprüfung, ob die gesetzten Wissensziele erreicht worden sind. Das Wissensziel im Rahmen der steuerlichen Abzugsfähigkeit von Events kann zum Beispiel darin bestehen, dass man sich die Vorarbeit in wesentlichen

Punkten sparen will, man will sich zum Beispiel einen Tag Arbeit sparen. Man will sich die Arbeit erleichtern. Man will die Qualität der Steuerrechtsdurchsetzung verbessern. Man will aus diesem Fall für weitere Fälle lernen etc.

5. Schlussbemerkung

Die obigen Ausführungen sollen zeigen, wie wichtig die Wissensarbeit jetzt schon ist und welche Bedeutung ihr in Zukunft zukommen wird. Mit einem wiki können die Grenzen eines Unternehmens förmlich gesprengt werden.

Diese Möglichkeiten können aber nur dann wirklich genutzt werden, wenn auch die Bereitschaft dafür gegeben ist. Man kann aber nur für etwas bereit sein, wenn man es auch kennt.

Wenn dieser Aufsatz dazu beiträgt, das Thema Wissensarbeit für SteuerberaterInnen zu sensibilisieren, dann ist dies im Sinne von *Josef Schlager* und seiner unermüdlichen Tätigkeit für den Berufsstand der SteuerberaterInnen gelungen.

Literaturverzeichnis

Drucker, Was ist Management? Das Beste aus 50 Jahren, München 2002.
Kern, Qualitätssicherung in der Steuerberatungspraxis, Wien 2008.
Schlager, Die Bedeutung der Grundsätze des Abgabenverfahrens bei der elektronischen Steuerveranlagung, SWK 2010.
Schlager/Steinlecher/Wührer, Events als Betriebsausgabe, SWK 2003.
Steinlechner-Marschner, Die Imagewirkung von Kunst- und Kulturevents, Wien 2008.
Steinmaurer, Hochleistung in der Steuerberatungskanzlei, in VWT 2006, Heft 1.
Steinmaurer, Wiki für Wirtschaftstreuhänder, in VWT 2006, Heft 3.
Steinmaurer/Schlager, Wissensmanagement für Steuerberater, Wien 2006.
Voß/Gutenschwager, Informationsmanagement, Berlin 2001.

Unternehmen im Lebenszyklus – ausgewählte Fragen aus steuerlicher, betriebswirtschaftlicher und rechtlicher Sicht

Unternehmensgründung – laufender Betrieb –
Expansion von Unternehmen

Unternehmensgründung: betriebswirtschaftliche Problembereiche und Gestaltungsüberlegungen

Norbert Kailer

1. Einleitung und Zielsetzung
2. Einflussfaktoren auf die Gründungskompetenz und -entscheidung
3. Problembereiche und Herausforderungen in der Phase der Gründungsplanung und Frühentwicklung von Unternehmen
4. Gestaltungsüberlegungen im Zuge der Gründungsplanung
    4.1. Kompetenz-Assessment und Life-Styling-Überlegungen
    4.2. Überlegungen im Zuge der Businessplanerstellung
    4.3. Kooperation mit Gründungshelfern

Literaturverzeichnis

1. Einleitung und Zielsetzung

Der Erhöhung des Gründungspotenzials, der Anzahl der neugegründeten Unternehmen sowie der Unterstützung von Start-Ups in ihrer Entwicklungsphase kommt international aus wirtschafts- und arbeitsmarktpolitischen Gründen hohe Bedeutung zu. Seit der Konstatierung einer europaweiten Nachfolgelücke wird auch der Unterstützung von Übergabe-Übernahme-Prozessen erhöhtes Augenmerk zugemessen.[1] Insbesondere von Hochschulabsolventen werden Unternehmensgründungen mit nachhaltigem Geschäftserfolg und hoher Wachstumsorientierung erwartet, wobei deren hohes Gründungspotenzial durch eine Reihe von Studien belegt ist.[2] Deswegen wird seitens der Hochschulen der systematischen Förderung der Karriereoption Selbständigwerden sowie der Unterstützung gründungsinteressierter Hochschulangehöriger und Absolventen hohes Augenmerk geschenkt[3] – bis hin zur Vision einer „entrepreneurial university".[4]

Vor diesem Hintergrund ist es Ziel des Beitrages, Einflussfaktoren auf die Entwicklung der Gründungskompetenz und die Gründungsentscheidung in einem Bezugsrahmen (Kap 2) darzustellen. In Kap 3 werden Problemfelder und Herausforderungen im Zuge der Gründungsplanung und Gründungsphase skizziert. Kap 4 geht auf Gestaltungsüberlegungen, welche von GründungsinteressentInnen und JungunternehmerInnen anzustellen sind, ein.

2. Einflussfaktoren auf die Gründungskompetenz und -entscheidung

Die individuelle Entscheidung, konkrete Aktionen hinsichtlich Gründung bzw. Übernahme eines Unternehmens zu setzen, hängt ebenso wie die Nachhaltigkeit dieser Entscheidung von einer Reihe von Faktoren ab,[5] die sich zudem auch gegenseitig beeinflussen. Dieses Zusammenwirken wird im Modell der Gründungskompetenz dargestellt (Abb. 1).

Dieser Bezugsrahmen geht vom Bochumer Kompetenzmodell aus:[6] Die Umsetzung von Gründungsabsichten in Planungen und konkrete Gründungshandlungen setzen individuelle *Handlungsfähigkeit* (dh Gründungskompetenz) voraus. Diese beinhaltet sowohl *unternehmerisches Wissen iwS* als auch Handlungsbereitschaft (dh Motivation zur Gründung/entrepreneurial intention).

---

[1] Siehe dazu European Commission, Green Paper: Entrepreneurship in Europe; *Schauer/Kailer/Feldbauer-Durstmüller*, Mittelständische Unternehmen; *Juritsch/Nadvornik/Gutschelhofer*, Gerne geschehen – Unternehmensnachfolge in Familienbetriebe, sowie die GEM-Studien (gem.comsortium.org).

[2] Siehe zB die internationalen Studien ISCE und GUESSS; *European Commission*, High Tech SME in Europe; *Kailer/Daxner*, Gründungspotenzial und -aktivitäten von Studierenden an österreichischen Hochschulen.

[3] Siehe dazu *Vyakarnam*, To inspire, inform and help implement, sowie *Kuratko*, The emergence of Entrepreneurship Education, sowie die Fallbeispiele und Erhebungsergebnisse von *NIRAS et al*, Survey of Entrepreneurship Education in Higher Education in Europe.

[4] Siehe dazu *Kirby*, Creating Entrepreneurial Universities; *Gibb*, Towards the Entrepreneurial University.

[5] Vgl *Dowling*, Erfolgs- und Risikofaktoren bei Neugründungen; *Schwarz/Harms/Breitenecker*, Dynamik und Stabilität von Erfolgsfaktoren bei der Analyse junger Unternehmen; *Krueger*, What lies beneath?

[6] Vgl *Staudt et al*, Kompetenz und Innovation, 123ff.

Das *unternehmerische Wissen iwS* beinhaltet explizite und implizite Wissensbestandteile. Zum *expliziten Wissen* zählt sowohl das Fachwissen, das einmalig für den Gründungsvorgang selbst notwendig ist, als auch das für den laufenden Betrieb und die Weiterentwicklung des Unternehmens erforderliche Fachwissen, Methodenwissen und sozialkommunikative Fähigkeiten. Von zentraler Bedeutung ist das *implizite Wissen*. Dieses beinhaltet die im jeweiligen Anwendungskontext relevante Praxis- und Berufserfahrung, Branchen-„Know-How" und -„Know-Whom".[7] Die zentrale Bedeutung branchenspezifischen Erfahrungswissens für den Unternehmenserfolg wird auch von Jungunternehmern bestätigt.[8] Je ausgeprägter die Branchenerfahrung einer gründungsinteressierten Person, desto ausgeprägter die unternehmerische Wachsamkeit (entrepreneurial alertness), desto präziser können zB branchenbezogene Marktforschungsergebnisse, Branchengerüchte, Informationen über Neuerungen bei Konkurrenten und Veränderungen der Marktssituation bewertet werden und in eigene Planungsvorhaben einfließen. Branchenerfahrung hilft, unternehmerische Chancen (entrepreneurial opportunities) zu erkennen. Serial Entrepreneurs und Teams mit branchen- und gründungserfahrenen Teammitgliedern sind hier im Vorteil. Das Problem bei der Vermittlung impliziten Wissens liegt darin, dass es nur sehr schwer bewusst gemacht und nur zum Teil transferiert werden kann.[9]

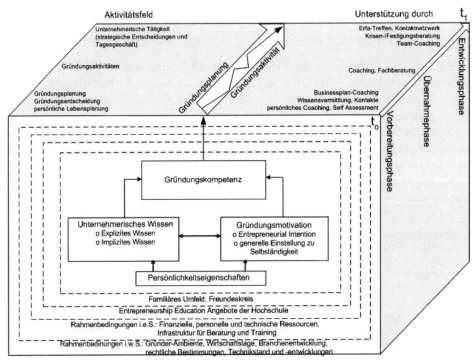

Abb. 1: Bezugsrahmen der Gründungskompetenz

---

[7] Vgl *Argyris*, Tacit Knowledge and Management, 123ff.
[8] Vgl *Kailer/Stockinger*, JungunternehmerInnen in Oberösterreich, 13ff.
[9] Vgl *Nonaka/Takeuchi*, Die Organisation des Wissens, 71ff.

Die *Handlungsbereitschaft* (Motivation zur Gründung) umfasst einerseits die grundsätzliche Einstellung der Person gegenüber Selbständigkeit an sich sowie daraus resultierend deren individuelle Gründungsintention (entrepreneurial intention). Jedoch führt erst *Handlungsfähigkeit* kombiniert mit Handlungsbereitschaft zur Durchführung konkreter Gründungsplanung bzw unternehmerischer Aktivitäten.[10]

Die *Persönlichkeitseigenschaften* üben einen wichtigen Einfluss auf die Gründungskompetenz aus.[11] Sie beeinflussen über die individuelle Risikoneigung die Gründungsintention (entrepreneurial intention). Die generelle Lernmotivation und Weiterbildungsbereitschaft der Person sowie ihre präferierten Lern- und Arbeitsstile beeinflussen wiederum, wie und wie schnell Informationen aus dem Umfeld aufgenommen, bewertet und in Aktionspläne umgesetzt werden. Dies hat Auswirkungen auf Dauer und Intensität der Gründungsplanung.[12]

In der Vergangenheit wurde eingehend diskutiert, ob Persönlichkeitseigenschaften beeinflussbar sind, dh ob es „geborene Unternehmer" gibt oder ob diese ausgebildet werden können. Dabei setzte sich die Auffassung durch, dass Persönlichkeitseigenschaften zwar nur zum Teil und nur auf längere Sicht gesehen, aber doch beeinflussbar sind.[13]

Darüber hinaus ist eine Reihe von *Rahmenbedingungen* zu berücksichtigen, die eine Umsetzung von vorhandener Gründungskompetenz in konkrete Planungs- und Gründungsaktivitäten hemmen oder fördern können. Im Bezugsrahmen werden mehrere Einflussbereiche unterschieden:

Das *familiäre Umfeld* prägt die Herausbildung von Persönlichkeitsmerkmalen und damit auch die Einstellung gegenüber Selbständigkeit. Studierende aus Familienunternehmen werden zB häufiger selbst Unternehmer als Studierende mit unselbständig tätigen Eltern.[14] Dies gilt unabhängig von einer eher positiven oder eher negativen Einstellung gegenüber dem eigenen Familienunternehmen. Eltern mit unternehmerischer Erfahrung werden deutlich häufiger als Informationsgeber und Berater bei Gründungsentscheidungen ihrer Kinder beigezogen als unselbständig tätige Eltern.[15] In ähnlicher Weise beeinflussen der *Freundeskreis*, Arbeitskollegen und Arbeitgeber Gründungsentscheidungen. Je intensiver der Kontakt zu Unternehmern, desto eher sind Studierende geneigt, selbst die unternehmerische Laufbahn zu ergreifen.[16]

Im Zuge der Ausbildung können *Schulen und Hochschulen* in ihrem Kontext durch entsprechende Gestaltung des Unterrichts das Lehrziel der Selbständigkeit verfolgen und damit eine positive(re) Grundeinstellung gegenüber einer unternehmerischen Tätigkeit erzielen.[17] Sie vermitteln auch konkrete Fachkenntnisse für eine selbständige Tätigkeit (zB

---

[10] Vgl *Staudt et al*, aaO, 123ff; *Wunderer/Bruch*, Umsetzungskompetenz.
[11] Vgl *Galloway/Kelly/Keogh*, Identifying entrepreneurial potential in students; *Kickul/Gundry*, Prospecting for strategic advantage.
[12] Vgl *Müller*, Eigenschaftsmerkmale und unternehmerisches Handeln, 106ff.
[13] Vgl *Lang-von Wins*, Der Unternehmer.
[14] Vgl *Leodolter*, Universitäts-AbsolventInnen als Unternehmensgründer und -nachfolger.
[15] Vgl *Kailer/Weiß*, Unternehmensnachfolge in kleinen und mittleren Familienunternehmen in Oberösterreich.
[16] Vgl *Galloway/Kelly/Keogh*, aaO, 4ff.
[17] Vgl *Kailer*, Entrepreneurship Education.

Erstellung von Business Plänen) und können gründungsförderliche Rahmenbedingungen schaffen (zB Unternehmenspraktika, hochschuleigene Start-Up-Zentren und Inkubatoren, Business-Plan-Wettbewerbe, Mentoring von Gründungsideen usw).

Unter den *Rahmenbedingungen iwS* ist für Gründungsinteressenten nicht nur das Ausmaß der in der *Gründungsinfrastruktur* vorhandenen Ressourcen, sondern vor allem die Qualität der Unterstützungsleistungen, zB die Kompetenz der Berater oder der Umfang finanzieller Förderungen, von Bedeutung. Für eine Beeinflussung der individuellen Gründungsmotivation durch die Gründungsinfrastruktur entscheidend ist, ob und inwieweit die vorhandenen Unterstützungsangebote von Interessierten überhaupt wahrgenommen werden und in weiterer Folge, ob sie unter Kosten-Nutzen-Aspekten als nützlich für ihr Gründungsvorhaben eingeschätzt werden.

Zu den *Rahmenbedingungen iwS* zählen das „Gründer-Ambiente", die Wirtschaftslage und insbesondere die Branchenentwicklung, technologische Entwicklungen, aber auch Veränderungen in gesetzlichen Rahmenbedingungen (zB Abbau von Zugangsbeschränkungen zu bestimmten Berufen oder Märkten). Auch hier ist zu berücksichtigen, dass der individuelle Lernstil, (branchenspezifisches) Vorwissen und Intentionalität von Suchprozessen zu selektiver Wahrnehmung und Interpretation führen.

Alle diese Einflussfaktoren sind nicht statisch zu sehen, sondern wirken im *Zeitablauf unterschiedlich stark*. Dh von den ersten Gründungsüberlegungen über die Gründungsplanung und Durchführung der Gründung bis hin zur Aufbauphase des Start-Ups verschieben sich die Einschätzung von Problemen und daraus resultierend die Nachfrage nach Unterstützungsleistungen markant.[18] Je nach Entwicklungsphase des Unternehmens sind auch unterschiedliche Managementkompetenzen vorrangig wichtig.[19] Unterstützungsaktionen sind zudem oft auf bestimmte Phasen des Gründungsprozesses fokussiert und deshalb je nach Stand der Gründungsplanung von unterschiedlichem Interesse für die Gründer. Je mehr Planungsschritte gesetzt werden und je konkreter die Gründungsabsicht ist, desto „praxisnähere" Unterstützungsformen werden gewünscht.[20] Generell treten im Zuge der Gründungsplanung und der Aufnahme der unternehmerischen Tätigkeit oft massive Lerneffekte durch trial-and-error-Lernen auf. Damit werden oft erst zu diesem Zeitpunkt den Gründern ihre Defizite (zB im kaufmännisch-rechtlichen Bereich, in der Verkaufskompetenz, Mitarbeiterführung) bewusst.[21] Jedoch hängt auch dies entscheidend vom Lern- und Arbeitsstil der Gründer und deren Reflexionsfähigkeit ab. Dies hat wiederum Rückwirkungen auf die Entscheidung zur konkreten Aufnahme von Gründungsaktivitäten bzw auf die in der Aufbauphase gesetzten Entscheidungen.

Es kann nicht davon ausgegangen werden, dass in der Gründungsplanung einmal getroffene Entscheidungen in weiterer Folge auch konsequent durchgehalten werden. Viel-

---

[18] Vgl *Kailer*, Was lernen GründerInnen und JungunternehmerInnen (und was lernen ihre Helfer daraus?).
[19] Vgl *Pleitner*, Unternehmerpersönlichkeit und Unternehmensentwicklung; *Thommen/Behler,* Vom Gründer zum Manager.
[20] Vgl *Kailer*, Gründungspotenzial und -aktivitäten von Studierenden an österreichischen Hochschulen.
[21] Vgl *Kailer*, Gründungspotenzial und -aktivitäten von Studierenden, aaO.

mehr ist ein „oszillierender" Verlauf festzustellen.[22] Dies weist darauf hin, dass Gründungs-/Übernahmeaktivitäten durch *gründungsphasenspezifische Angebote* besonders wirksam unterstützt werden können.[23]

3. Problembereiche und Herausforderungen in der Phase der Gründungsplanung und Frühentwicklung von Unternehmen

Die Studien zu Herausforderungen, denen sich GründungsinteressentInnen in ihrer Gründungsplanung bzw JungunternehmerInnen im Zuge der Gründung und des Aufbaues ihres Unternehmens gegenübersehen, sind zahlreich und zeigen ein *sehr breites Spektrum von Problembereichen* auf.

Haber hebt aus volkswirtschaftlichem Blickwinkel als kritische Faktoren für Unternehmensgründungen insbesondere Kapitalmangel, bürokratische Eintrittsbarrieren (zB bei Betriebsanlagengenehmigungen), Transaktionskosten des Markteintrittes, Informationsdefizite (zB durch fehlendes kaufmännisch-juristisches Wissen), sowie Fixkostenbelastungen durch Infrastruktur und ArbeitnehmerInnen – verschärft bei suboptimalen Kapazitäten – hervor.[24]

Terpstra/Olson identifizierten eine Reihe von Problemklassen, denen sich junge Unternehmen gegenübersehen. Bezogen auf Unternehmensgründung untergliederten sie in folgende Teile: Finance, Marketing, Human Resource, Organisation, Environment, Management, Research and Development. In dieser Studie wird den verschiedenen Problemkategorien *unterschiedliche Bedeutsamkeit im Zeitablauf der Gründung* zugemessen. So haben in der frühen Gründungsphase Marketing, externe Finanzierung, Forschung und Entwicklung, Management und das wirtschaftlich-rechtliche Umfeld die größte Bedeutung. In der folgenden Wachstums- und Aufbauphase gewinnen insbesondere das interne Finanzmanagement, die Umwelt des Unternehmens sowie aufgrund der steigenden Mitarbeiterzahl das HRM und Managementfragen generell an Bedeutung.[25] *Kazanjian* weist darüber hinaus darauf hin, dass in weiterer Folge Jungunternehmen in eine Stabilitätsphase eintreten, in der die dominante Problemquelle die Erhaltung des Marktanteiles durch die Entwicklung eines Produktes der zweiten Generation darstellt.[26] Diese Problemverlagerung im Zeitablauf zeigen auch Jungunternehmerbefragungen in Österreich. So zeigt sich zwischen den Hauptproblemen der (Vor-)Gründungsphase bzw. der Aufbauphase deutliche Bedeutungsverschiebungen: In der (Vor-)Gründungsphase stellen die Befürchtung einer Gründungsbürokratie sowie die Suche nach Finanzierungsquellen und Förderungen und nach (Erst-)Kunden wichtige Probleme dar. In der Aufbauphase steht jedoch die Suche nach (weiteren) Kunden an vorderster Stelle, ebenso der Umgang mit der hohen zeitlichen

---

[22] Vgl *Frank/Korunka/Lueger*, Hemmende und fördernde Faktoren im Gründungsprozess.
[23] Vgl *Kailer*, Gründung und Frühentwicklung von Unternehmen.
[24] Vgl *Haber*, Gesamtwirtschaftliche Effekte der Unternehmensgründungen in Österreich.
[25] Vgl *Terpstra/Olson*, Entrepreneurial start-up and growth, 11.
[26] Vgl *Kazanjian*, Relation of dominant problems to stages of growth in a technology-based venture, 265.

Belastung, die Suche nach geeigneten Mitarbeitern, Einkommensprobleme sowie eine wahrgenommene große Konkurrenz am Markt.[27]

Zu ähnlichen Ergebnissen kommen auch Studien, die sich explizit mit den Gründen des Scheiterns von Jungunternehmen beschäftigen.[28] Diesbezügliche Hinweise finden sich auch in Gründerleitfäden.[29] Auch der *Kreditschutzverband KSV 1870* identifiziert eine Reihe von Gründen für das Scheitern von Jungunternehmen, nämlich mangelnde Markt- und Konkurrenzanalyse, Wissensdefizite im kaufmännischen Bereich, Unterschätzung der Start-Kosten, Fehlen einer gesicherten Finanzierung, Fehlen eines guten Unternehmenskonzeptes (Businessplanes), Abhängigkeit von einzelnen Lieferanten und Kunden, zu hohe Privatentnahmen bzw zu geringes Startkapital, zu rasches Wachstum, Umsatz- statt Ertragsorientierung, Probleme zwischen Gesellschaftern und geschwächte Liquidität aufgrund fehlenden Mahnwesens und somit hoher Außenstände.[30]

Natürlich hängen die Wahrnehmung und Bedeutungseinschätzung von Problemfeldern der Gründungsphase auch entscheidend von *Dauer und Intensität der Gründungsplanung* ab. Diese ist bei Jungunternehmern äußerst unterschiedlich. Eine Befragung von Jungunternehmern in Österreich hinsichtlich ihre Gründungsplanung[31] zeigte, dass beinahe drei Viertel den Schritt in ihre Selbständigkeit innerhalb eines halben Jahres vorbereiteten. Gründungen ohne jegliche Vorbereitung waren mit 3 % eher die Ausnahme. 9 % der befragten Gründer benötigten mehr als ein Jahr für die Gründungsvorbereitung. Als Hinweis auf Intensität und Qualität der Gründungsplanung wurde – aufgrund der zentralen Bedeutung von Businessplänen in dieser Phase – deren Einsatzintensität analysiert: Ein Viertel der Gründer hatten laut ihren Angaben ein Konzept „im Kopf", ohne Details schriftlich fixiert zu haben. Ein weiteres Viertel hatte zumindest einige Teile bzw Teilziele schriftlich festgelegt. Ein Viertel entwickelte einen umfassenden Businessplan, wobei diese Personen erwartungsgemäss ihr Gründungsvorhaben auch über einen deutlich längeren Zeitraum hin geplant hatten. Die Wirkung von Businessplänen hängt natürlich davon ab, zu welchem Zweck diese erstellt werden bzw inwieweit sie als Planungs- und Steuerungsgrundlage verwendet und laufend überarbeitet werden. In dieser Erhebung erstellte jedoch etwa die Hälfte der Gründungsplaner diesen lediglich für die Vorlage bei der Bank oder anderen Geldgebern. Nur etwa ein Viertel der befragten Jungunternehmen haben dieses Steuerungsinstrument laufend überarbeitet und genutzt. Nicht überraschend sind diejenigen Gründer an meisten von Nutzen eines Businessplanes überzeugt, die diesen selbst und in eigener Initiative erstellten, laufend für ihre Planung nutzen und ihn überarbeiten.

Einen wichtigen Einfluss hat auch das *Kompetenzportfolio* des Gründungs-Teams. Je umfangreicher das Fachwissen zB hinsichtlich relevanter kaufmännisch-juristischer Aspekte der Unternehmensgründung sowie der Führung eines Unternehmens, je ausgeprägter das methodische Wissen (hinsichtlich Ausgestaltung eines Businessplanes), je um-

---

[27] Vgl *Kailer/Stockinger*, aaO.
[28] Siehe zB *Franco/Haase*, Failure factors in small and medium-sized enterprises.
[29] Siehe zB *DtA*, Existenzgründung.
[30] Vgl dazu *KSV*, Gründungswelle setzt sich fort.
[31] Siehe im Detail *Kailer/Stockinger*, aaO, 15ff.

fangreicher das Branchen-Know-how und die Praxiserfahrung im Gründungsteam ist, desto eher erfolgt eine ausgefeilte Gründungsplanung mit realitätsnaher Einschätzung der Markttragfähigkeit der Gründungsidee und der Umfeldinformationen. Je ausgedehnter die einschlägige Praxiserfahrungen, desto vielfältiger sind auch die Netzwerkkontakte, die Zugänge zu potenziellen Kunden und Lieferanten, sowie zu Banken und Risikokapitalgebern.[32]

4. Gestaltungsüberlegungen im Zuge der Gründungsplanung

4.1. Kompetenz-Assessment und Life-Styling-Überlegungen

Bereits im Vorfeld von Gründungsüberlegungen und als erster Schritt bei konkretem Gründungsinteresse sollte reflektiert werden, inwieweit die GründungsinteressentInnen über die *notwendigen Kompetenzen* verfügen.[33] Dies schließt den Check bezüglich erforderlicher Qualifikationsnachweise (zB Schulabschlüsse, Zulassungs-, Befähigungs-, Konzessionsprüfung) ein, geht aber weit darüber hinaus.[34]

Kompetenzen als Fähigkeiten zur Selbstorganisation sind in ergebnisoffenen Problem- und Entscheidungssituationen, wie sie gerade bei Start-Ups laufend auftreten, besonders bedeutsam. Sie beinhalten komplexe – teils verdeckte – Potenziale und umschließen komplexe Erfahrungen und Handlungsantriebe, die auf angeeigneten Regeln, Werten und Normen einer Person oder Gruppe beruhen. Handlungsrelevant werden diese für eine Person allerdings erst dann, wenn sie in Form von eigenen Emotionen und Motivationen interiorisiert werden. Kompetenzen umfassen nicht nur die natürlich unerlässlichen *Fach- und Methodenkompetenzen*. Erst deren Zusammenspiel mit *sozial-kommunikativen Kompetenzen* (zB Team- und Kommunikationsfähigkeit), *personalen Kompetenzen* (zB Einsatzbereitschaft, Eigenverantwortung) sowie *aktivitätsbezogenen Kompetenzen* (zB Entscheidungsfähigkeit, Initiative) befähigt die Unternehmer und ihre Mitarbeiter, ihr Leistungsangebot zu erbringen und sichert Flexibilität und Innovationsfähigkeit.[35]

Es gibt sicherlich keine speziellen Entrepreneurshipkompetenzen, aus deren Fehlen direkt eine Stop-or-Go-Entscheidung in der Gründungsphase abgeleitet werden könnte. Es gibt aber Kompetenzen, die bei (zukünftigen) Unternehmern bzw. ihren Mitunternehmern (Intrapreneuren) höher ausgeprägt sein sollten als bei angestellten Managern.[36] Als Hilfestellung können Self-Assessment-Tests eingesetzt werden, ebenso psychologische Testverfahren sowie kompetenzdiagnostische Tests. Solche Verfahren liegen in unter-

---

[32] Siehe dazu *Brüderl/Preisendörfer*, Network Support and the Success of Newly Founded Businesses.
[33] Siehe dazu *LeBrasseur/Zinger*, Start-Up Survival and Management Capability.
[34] Dementsprechend orientieren sich VC-Gesellschaften nicht nur an Qualifikationsnachweisen (zB einschlägiger akademischer Abschluss), sondern vor allem am im Gründerteam vorhandenen einschlägigen Erfahrungswissen und Branchen-Know-how.
[35] Siehe dazu detailliert *Heyse/Erpenbeck*, Kompetenztraining, XIff.
[36] Siehe zB die Erhebungen von *Kailer/Gruber-Mücke*, Entwicklung eines Entrepreneurship-Kompetenzprofils, sowie *Niemeier*, Kompetenzprofile erfolgreicher selbständiger mittelständischer Unternehmer.

schiedlichem Detaillierungsgrad als paper- and pencil-Tests sowie als computergestützte Verfahren vor und sind sinnvollerweise durch Coaching zu ergänzen.[37]

Bei Teamgründungen, wie es gerade bei technologieorientierten Gründen häufig vorkommt, sollte sichergestellt sein, dass das *Gründerteam* über ein entsprechend *ausgewogenes Kompetenzportfolio* verfügt.[38] Es ist zu prüfen, ob die Kompetenz (und Motivation) der Mitglieder des Gründungsteams ausreicht, alle wichtigen Aufgaben zu erfüllen.[39] Fehlende Expertise – typischerweise bei akademischen High-Tech-Start-Ups sind das Defizite in der Vertriebs- und Verkaufskompetenz, zu geringes Know-how bezüglich Vertriebswegen, Branche, spezifischer Zielgruppen – kann oft besser durch Aufnahme entsprechender Spezialisten (zB praxiserfahrener Verkaufsleiter) oder durch Manager auf Zeit ausgeglichen werden.

Darüber hinaus ist auch auf die *Vereinbarkeit der persönlichen Ziele*, die jeweils mit dem gemeinsamen Gründungsprojekt verfolgt werden, Bedacht zu nehmen. Gerade Zielkonflikte im Gründungsteam gehören zu den wichtigsten Ursachen des Ausscheidens von Personen in den ersten Jahren der Geschäftstätigkeit.

Neben der Kompetenzdiagnose und darauf basierenden Kompetenzentwicklung sind im Vorfeld insbesondere Überlegungen hinsichtlich der eigenen Lebensziele anzustellen (*Life-styling, work-life-balance*). Gerade angesichts des (zumindest) in den Aufbaujahren sehr hohen Zeitaufwandes ist die Klarheit über eigene Lebensziele, physische und psychische Gesundheit und damit dauerhafte Belastbarkeit eine wichtige Voraussetzung.

Besonders zu beachten ist die *Vereinbarkeit mit der Familie iwS*. Diese stellt – siehe das Modell der Gründungskompetenz (Abb 1) – einen besonders wichtigen Einflussfaktor dar. Dies gilt insbesondere in Familienunternehmen mit ihrer Verzahnung von Familien- und Unternehmenssphäre.[40] Familienmitglieder spielen nicht nur beim Entschluss zum Selbständigwerden eine wesentliche Rolle, sie sind auch wichtig als Mithelfende, in der Finanzierung zB durch private Startdarlehen oder (insbesondere bei Unternehmensübernahmen) als Berater ihrer Nachfolger.[41]

Zur Zielklärung und Bearbeitung von Zielkonflikten in Bezug auf das Gründungsvorhaben spielt die Beiziehung von Beratern eine wichtige Rolle. Dies kann in der Form eines persönlichen Coachings oder einer Teamberatung (Übergeber und Übernehmer bzw Gründungsteam) durchgeführt werden.

---

[37] Siehe zB die Self-Assessment-Materialien von *Rae*, Entrepreneurship – from opportunity to action, sowie *Timmons/Spinelli*, New Venture Creation; weiters die Self-Development-Instrumentarien von *Pedler/Burgoyne/Boydell*, A Manager's Guide to Self Development; *Nash/Stevenson*, Just Enough, oder *Corssen*, Der Selbst-Entwickler.

[38] Vgl *Lechler/Gemünden*, Gründerteams.

[39] Typisches Beispiel: Soll ein Techniker, der für die F&E und Produktentwicklung zuständig ist und seine Motivation auch genau aus dieser Tätigkeit bezieht, den Aufgabenbereich Verkauf übernehmen, für den er eigentlich keine Erfahrung und auch nur wenig Motivation aufweist? Das Ergebnis könnte sein, dass dem Unternehmen ein wichtiger F&E-Spezialist fehlt und es dafür einen schwachen Verkaufsleiter erhält.

[40] Vgl *Kailer/Belak*, EU-Integration und die Entwicklungsbesonderheiten der Familienunternehmen; *Feldbauer-Durstmüller/Kailer/Pernsteiner/Duller/Haas*, Familienunternehmen in Österreich.

[41] Vgl *Kailer/Weiß*, aaO; *Juritsch/Nadvornik/Gutschelhofer*, aaO.

Deshalb spielen in dieser Phase Berater eine besondere Rolle: Zur persönlichen Zielklärung kann zB die Arbeit mit Self-Assessment-Unterlagen oder persönliches Coaching oder Teamberatung (z.B. von Übergebern und Übernehmern) eingesetzt werden.

4.2. Überlegungen im Zuge der Businessplanerstellung

Ein Businessplan ist ein Schlüsseldokument für Planung und Steuerung der künftigen Geschäftstätigkeit und bietet in klar strukturierter Form Informationen über alle relevanten Aspekte eines neuen Unternehmens. Er dient dazu, eine erste Gründungsidee oder einen opportunity plan systematisch weiterzuentwickeln und die Produkt- bzw Dienstleistungsidee auf ihre Markttragfähigkeit hin zu überprüfen. Durch die Erarbeitung eines Businessplanes werden GründerInnen gezwungen, sich intensiv und detailliert mit allen Aspekten des Gründungsprojektes auseinanderzusetzen.[42]

Gleichzeitig ist er ein wichtiges Dokument für potenzielle Geschäftspartner, Banken und Risikokapitalgeber, da er belegen soll, dass die Gründer imstande sind, aus der Gründungsidee ein reales Unternehmen entstehen zu lassen. Auch für Kleingründer, die mit wenig Geldeinsatz starten und keine Kredite benötigen, wird zumindest ein „Mini-Business-Plan" empfohlen.[43]

Im Folgenden werden ausgewählte betriebswirtschaftliche Fragestellungen im Zuge einer Gründungsplanung skizziert, wobei sich die Auswahl an der in der Praxis üblichen Strukturierung von Businessplänen orientiert.

Im Zuge der Erarbeitung des Businessplanes werden Gegenstand, Ziele und Strategien des Unternehmens detailliert herausgearbeitet. Dabei ist – gerade für potenzielle Kapitalgeber – die Darstellung des zugrundeliegenden Geschäftsmodells und des Produkt- bzw Leistungsspektrums interessant.

Im *Geschäftsmodell* werden die unternehmerische Chance und Wege und Mittel, wie diese Idee umgesetzt werden kann, beschrieben. Dabei sind Kosten und erzielbare Umsatzerlöse nachvollziehbar darzustellen, die zu bearbeitenden (Teil-)Märkte und Kundengruppen sowie der mit dem Leistungsangebot verbundene Kundennutzen sind zu konkretisieren.

Das zu erarbeitende *Unternehmensprofil* soll die wesentlichen Angaben zum Unternehmen, zur Rechtsform- und Standortwahl (siehe unten) und zur Eigentümer-Struktur – mit entsprechenden Begründungen – enthalten. Es ist eine *Vision* für das neue Unternehmen zu entwickeln und so zu formulieren, dass sich daraus nachvollziehbar *Unternehmensziele* ableiten lassen; diese wiederum sollen schriftlich und nachprüfbar formuliert werden. Erst dadurch wird es ermöglicht, regelmäßig den Zielerreichungsgrad zu messen und ggf Korrekturmaßnahmen einzuleiten. Dabei ist insbesondere für Jungunternehmen die Konzentration auf einige Ziele sinnvoll. Ziele können in verschiedenen Bereichen formuliert werden, zB bezogen auf Markt und Konkurrenz (Marktanteil etc), auf

---

[42] Vgl *Lechner/Egger/Schauer*, Einführung in die Allgemeine Betriebswirtschaftslehre, 216ff; *Kailer/Weiß*, Gründungsmanagement; *Volkmann/Tokarski/Grünhagen*, Entrepreneurship in an European Perspective, 116ff.

[43] Vgl *Hofert*, Praxisbuch Existenzgründung, 238ff.

Marketing und Vertrieb (messbares Image des Unternehmens, Höhe und Steigerungsraten der Nachfrage, Anteil der akzeptierten Angebote etc), bezogen auf Qualität (Erreichung bestimmter Qualitätsstandards, Produktqualität, Ausschusshöhe und Fehlerraten etc), HRM-Ziele (Mitarbeiterzufriedenheit, Qualifikationsniveau, Fluktuationsrate) und ethische Ziele (zB nur ethisch vertretbare Produkte), sie sollen aber sinnvoll aufeinander bezogen sein.[44]

Zur Erreichung dieser selbstgesetzten Ziele sind entsprechende *Unternehmensstrategien* zu entwickeln. In Start-Ups, welche kein ausgeprägtes Wachstum anstreben, dienen diese Strategien zur Existenzsicherung. Für wachstumsorientierte Jungunternehmen sind *Wachstumsstrategien* wichtig. Als Strategien zur Erreichung von Wettbewerbsvorteilen bieten sich nach *Porter* die Kostenführerschaft, die Produktdifferenzierung und die Konzentration auf Schwerpunkte an.[45] Jungunternehmen mit beschränkten Ressourcen setzen eher auf Differenzierung, d.h. sie versuchen ihr Produkt- bzw. Dienstleistungsangebot und die damit verbundenen Serviceleistungen (Pre- und After-Sale-Service, Distributionsservice) durch Einzigartigkeit von Wettbewerbern abzuheben. Sie konzentrieren sich auch auf Schwerpunkte, indem sie z.B. nur einen bestimmten regional abgegrenzten Markt oder nur eine bestimmte Produktgruppe oder Zielgruppe bearbeiten. Dabei ist es gerade bei innovativen Produkten wichtig, den Nutzen dieser Innovation im Vergleich mit möglichen Konkurrenzprodukten zu analysieren, um den speziellen Kundennutzen fundiert beschreiben zu können. Gerade wenn es sich um ein erklärungsbedürftiges Produkt (zB aus dem High-Tech-Bereich) handelt, besteht gegenüber potenziellen Kapitalgebern ein hoher Erläuterungsbedarf. Die Forschungspläne mit Budgets und milestones, der Produktnutzen, aber auch vorhandene technologische Risiken sind darzustellen. Die Präsentation von Prototypen oder der Hinweis auf Pilotkunden ist hier von besonderem Vorteil.

Ein weiterer wichtiger Aspekt ist gerade bei F&E-intensiven Entwicklungen die Frage der *Schutzrechte*. Es ist zu klären, ob und welche Schutzrechte (Patent, Gebrauchsmuster, Marke, Lizenzen etc) überhaupt greifen können, bereits vorhanden oder künftig geplant sind. Ebenso muss die Frage von bei Konkurrenzprodukten vorhandenen Schutzrechten geklärt werden. Auch andere relevante gesetzliche Vorschriften hinsichtlich des Angebotes sind zu recherchieren und im Businessplan darzustellen.

Gerade Jungunternehmen setzen zu Beginn oft auf eine einzige Produkt- bzw. Dienstleistungsidee. Es ist deshalb wichtig darzustellen, wann und welche *Weiterentwicklungen und Innovationen* geplant sind (zB Adaption des Produktes für neue Märkte oder Zielgruppen, Produktion verschiedener Varianten, Schaffung eines weiteren Standbeines durch Ausweitung der Angebotspalette) und welcher Finanzierungsbedarf sich daraus wann ergeben wird.

Eine unzureichende Markt- und Konkurrenzanalyse und dadurch unrealistische Einschätzung der eigenen Marktchancen ist eine häufige Ursache für das Scheitern von Jung-

---

[44] Allerdings zeigten *Kailer/Stockinger*, aaO, dass nur ein Teil der Jungunternehmen eine systematische Gründungsplanung durchführt: nur ca. 40 % setzen sich schriftliche (Umsatz-)Ziele. Jedoch zeigt sich ein signifikanter Zusammenhang zwischen Planungsintensität und der Formulierung konkreter Ziele.

[45] Vgl *Porter*, Wettbewerbsstrategie.

unternehmen.⁴⁶ Deshalb ist es bereits in der Vorgründungsphase erforderlich, sich detailliert mit dem Gesamtmarkt, der Branche, den angezielten Kundengruppen und potenziellen Wettbewerbern auseinanderzusetzen. Eine *Branchenanalyse* kann dabei auf dem Branchenstrukturmodell von *Porter* („Five Forces": Markteintritt neuer Konkurrenten, Gefahr von Ersatzprodukten, Verhandlungsstärke der Abnehmer, Verhandlungsstärke der Lieferanten, Konkurrenz unter den Wettbewerbern) basieren.⁴⁷

Marktanalyse und Marktforschung stellt einen Grundbaustein jedes Businessplanes dar. Die Gründer erhalten damit einen Einblick in ihren Zielmarkt, seine Entwicklungen und Einflussfaktoren (zB Wettbewerber, Gesetzgebung). Die Informationsquellen sind vielfältig, wie Fachliteratur, Datenbanken von Verbänden und Behörden, Studien von Hochschulen, Internet, Fachmessen, Branchenberichte von Auskunfteien und Kreditinstituten, Interviews und Fokusgruppen etc. Aufgrund finanzieller Restriktionen wird in der Gründungsphase selten Primärmarktforschung durch Beauftragung umfassender Marktstudien betrieben. Informationen werden eher über eigene Sekundärforschung⁴⁸, ggf in Kooperation mit Hochschulinstituten (Marktforschung oder Businessplanerstellung in Projektarbeiten), sowie durch Interviews und Fokusgruppen mit Experten oder potenziellen Kunden und Lieferanten erhoben. Dabei ist es von besonderer Bedeutung, Daten zur Größe des Gesamtmarktes und zum Wachstumsverlauf der Branche, zu wichtigen Rahmenbedingungen, zum Einfluss durch Innovationen und technologischen Entwicklungen und zur Positionierung der Branche auf der Lebenszykluskurve zu gewinnen, um damit letztlich den Umfang des Zielmarktes für das Unternehmen einschätzen zu können.

Eine wesentliche Entscheidung liegt auch in der Frage, welches Teilsegment des Marktes bearbeitet werden soll. Im Zuge der *Marktsegmentierung* werden Kundengruppen gebildet, die ähnliche Eigenschaften oder Verhaltensweisen aufweisen. Es sind dabei die relevanten sozio-ökonomischen, demografischen und psychografischen Kriterien der Zielgruppe zu ermitteln und die relevanten Regionen festzulegen.

Bei der *Wettbewerbsanalyse* sind die wichtigsten direkten Konkurrenten, die vergleichbare Produkte und Dienstleistungen anbieten, in die Analyse einzubeziehen. Zusätzlich sind aber auch indirekte Konkurrenten, welche Substitutionsprodukte anbieten, sowie potenzielle Wettbewerber, dh Unternehmen, bei denen das Risiko eines Markteintrittes besteht, zu identifizieren und hinsichtlich Marktanteile, Zielgruppen, Wettbewerbsvorteilen und Stärken und Schwächen – zB in Kostenstruktur, Produktgestaltung und -qualität, Vertriebskanal, Preisgestaltung, Service – zu untersuchen. Von besonderem Interesse ist auch, welche Neuentwicklungen von Konkurrenten zu erwarten sind. Ebenso wichtig ist es, zu beurteilen, welche Markteintrittsbarrieren für neue Konkurrenten bestehen und wie schnell das eigene neue Produkt imitiert werden kann.

Der Frage der *Standortwahl* unter Berücksichtigung sowohl harter (zB Verkehrslage, Kundenanzahl und -struktur, Mietenhöhe) als auch weicher Standortfaktoren (zB Stand-

---

⁴⁶ Vgl *Egeln/Fakl/Heger/Höwer/Metzger*, Ursachen für das Scheitern junger Unternehmen in den ersten fünf Jahren ihres Bestehens, 45ff.
⁴⁷
⁴⁹ Vgl *Porter*, aaO.
⁴⁸ ZB Datenbankrecherchen bei Statistik Austria oder KMU Forschung Austria.

ortimage, persönliche Präferenzen) kommt für den langfristigen Geschäftserfolg hohe, wenn auch je nach Geschäftstyp unterschiedliche, Bedeutung zu. Trotzdem werden Standortüberlegungen im Zuge der – oft ohnedies zeitlich kurzen – Gründungsphase eher vernachlässigt. Die meisten Gründer wählen als Standort ihren Wohn- oder Arbeitsort, im Falle von Hochschulabsolventen oft den Studienort.[49] Der tatsächliche Standortsuchraum beschränkt sich auf ein regional eng begrenztes Gebiet, wobei auch nur ein Teil der Gründer überhaupt mindestens zwei Standortalternativen prüft. Häufig wird in der Gründungsphase der Unternehmensstand einfach am Wohn-, Arbeits- oder Studienort festgelegt.[50] Fundiertere Kosten-Nutzen-Überlegungen zum Standort werden oft erst in der Wachstumsphase angestellt, was dann mit hohen Umgestaltungskosten verbunden sein kann. Diese Problematik zeigt sich zB darin, dass etwa ein Drittel der oberösterreichischen JungunternehmerInnen bereits in ihrer Frühentwicklungsphase Überlegungen hinsichtlich eines Standortwechsels angestellt hat.[51]

Die *Rechtsformwahl* hängt von einer Reihe von grundsätzlichen Überlegungen ab: Soll allein oder im Team gegründet werden? Wie viel Gründungskapital kann aufgebracht werden? Inwiefern spielt für die Gründer eine Haftungsbeschränkung eine Rolle und welchen Umfang soll die Haftung haben? Welche Steuerbelastung muss in Kauf genommen werden? Je nach gewähler Rechtsform fallen unterschiedlich hohe Gründungskosten an (zB durch Errichtung von Verträgen), in weiterer Folge aber auch unterschiedlich hohe Administrationskosten (zB durch Bilanzierungs- und Veröffentlichungspflichten). Es ist deshalb die Rechtsform mit ihren jeweiligen Vor- und Nachteilen bereits im Zuge der Gründungsplanung sorgfältig abzuwägen.[52] Gerade bei Gründerteams können hier unterschiedliche Vorstellungen bestehen, die vorab abzuklären sind. Sinnvoll ist deshalb die Beiziehung von Rechtsexperten. Am weitaus häufigsten wird im deutschsprachigen Raum für Unternehmensgründungen die einfache Version des Einzelunternehmens gewählt, mit weitem Abstand gefolgt von der GmbH. Die von einer GmbH-Gründung erhofften Haftungsbeschränkungen kommen jedoch durch von Banken verlangte persönliche Haftungserklärungen oft nicht zum Tragen. Die Bedeutung einer sorgfältigen Abklärung der Rechtsform zeigt sich daran, dass nach einigen Jahren der Geschäftstätigkeit relativ häufig – oft verbunden mit dem Ausscheiden einzelner Gründungsmitglieder – Rechtsformänderungen durchgeführt werden.

Gerade der *Marketingplan* stößt bei potenziellen Kapitalgebern auf größtes Interesse, da Marketingfehler auch eine häufige Ursache des Scheiterns junger Unternehmen sind.[53] In diesem wird festgelegt, mit welchen Strategien Kunden gewonnen werden und wie Umsätze und Gewinne generiert werden sollen.

---

[49] Vgl *Kailer/Böhm/Zweimüller*, Unternehmerisches Potenzial von AbsolventInnen der Johannes Kepler Universität Linz.
[50] Vgl *Schmude*, Standortwahl und Netzwerke von Unternehmensgründern, *Lechner*, Unternehmensnetzwerke.
[51] Vgl *Kailer/Stockinger*, aaO.
[52] Als Überblick über Rechtsformen im deutschsprachigen Raum vgl *Fueglistaller/Müller/Volery*, Entrepreneurship, 345ff.
[53] Vgl *Egeln ua*, aaO, 45ff.

Die *strategische Marketingplanung* befasst sich mit dem Geschäftsfeld bzw. der Branche, in der das Unternehmen tätig wird. Es sind von den Gründern Zielmärkte und -kunden zu definieren. Sie müssen auch analysieren, welche Produkte und Leistungen Kunden kaufen werden und welche Zahlungsbereitschaft dabei besteht. Aus strategischer Perspektive sind die Markteintritts- und Wachstumsstrategie festzulegen.[54] Darüber hinaus ist über den Einsatz und die Kombination der Marketinginstrumente Produkt- und Leistungspolitik, Distributions- und Vertriebspolitik, Kommunikationspolitik und Preispolitik zu entscheiden; dh der *Marketing-Mix* ist festzulegen. Bei der Wahl der Vertriebskanäle stellt sich Jungunternehmen insbesondere die „*Make or Buy*"-Entscheidung, dh es muss vor dem Hintergrund der Gründungsidee überlegt werden, ob dieses Produkt besser selbst oder über Partnerunternehmen vertrieben werden soll. Gerade Jungunternehmen setzen oft auch auf das Internet als Absatzkanal. Bei der Preisgestaltung ist zu klären, welcher Preis kalkuliert und welche Preisstrategie (Penetrations-, Abschöpfungspreisstrategie) verfolgt werden soll. Die Preisgestaltung muss sowohl das auf den Zielmärkten herrschende Preisniveau als auch die Zahlungsbereitschaft der Kunden für den herausgearbeiteten Nutzen des neuen Produktes bzw der Dienstleistung ins Kalkül ziehen. In ihrer Kommunikationspolitik (mit den Instrumenten Werbung, Verkaufsförderung und Öffentlichkeitsarbeit) setzen gerade neugegründete Unternehmen und KMU generell oft auf Sponsoring von (regionalen) Veranstaltungen, Event-Marketing, Online-Marketing oder Guerilla-Marketing. Hinsichtlich des Produktsortimentes ist insbesondere die Frage zu klären, welche Produkte bzw Leistungen jetzt und in Zukunft angeboten werden sollen. Hier ist es für Jungunternehmen gleichermaßen wichtig, sich durch Produktvarianten oder eine Erweiterung der Angebotspalette weitere Standbeine zu schaffen, ohne dadurch das eigene Angebot zu kannibalisieren. Geplante Erweiterungen sind natürlich auch bei Standortwahl, Personalplanung, Markenentwicklung, Finanzierung usw zu berücksichtigen.

Auch wenn die österreichischen Jungunternehmen zu einem großen Teil Ein-Personen-Unternehmen sind[55], ist die Frage der personellen Ressourcen auch für diese von großer Bedeutung.[56] Bei sich ausweitender Geschäftstätigkeit verfolgen Jungunternehmen oft die Strategie, Kapazitätsengpässen in Produktion, Verkauf und F&E zuerst durch Ausweitung der eigenen Arbeitszeit – bis hin zur Selbstausbeutung – zu begegnen. In weiterer Folge wird auf die Mithilfe aus dem Familien- und Freundeskreis, auf auftragsbezogene Kooperationen mit anderen (Jung-)Unternehmen sowie auf kurzzeitige Werkverträge zurückgegriffen. Jedoch wird früher oder später die Aufnahme von (Vollzeit-)Mitarbeitern erforderlich. Auch für bereits geschäftlich etablierte Kleinstbetriebe stellt die *erstmalige Aufnahme von Mitarbeitern* eine besondere Herausforderung dar. Neben der einzugehenden finanziellen Verpflichtung und administrativen Erfordernissen (zB Gehaltsverrechnung, Sozialversicherung) liegt das Problem vor allem in der fehlenden personalwirtschaftlichen Expertise und im zeitlichen Aufwand für Personalsuche und -auswahl.[57] Häufig erfolgt hier ein Rückgriff auf das eigene Netzwerk, dh Einstellung von Personen aus

---

54 Vgl *Emes/Gruber*, Der Markteintritt junger Unternehmen.
55 Vgl KMU Forschung Austria, Ein-Personen-Unternehmen in Österreich 2009.
56 Vgl *Hargis/Bradley*, Strategic Human Resource Management in small and growing firms.
57 Vgl *Mares/Pucher*, Der erste Mitarbeiter.

dem Familien- und Freundeskreis oder aufgrund von Empfehlungen aus dem privaten oder geschäftlichen Umfeld oder von Mitarbeitern. Der Suchaufwand wird dabei minimiert. Professionelle Personalberater werden gerade von Jungunternehmen vergleichsweise selten herangezogen.

Mit dem verständlichen Bemühen von zeitlich hoch belasteten Jungunternehmern, die *Suche und Auswahl neuer Mitarbeiter* möglichst schnell zu erledigen, steigt jedoch das Risiko einer Fehlentscheidung. Eine solche hat jedoch, insbesondere wenn es sich um Mitarbeiter mit Kundenkontakt (Sekretariat, Verkauf) oder um Personen mit spezialisierter Fachexpertise handelt, gerade für Start-Ups gravierende Konsequenzen. Diese umfassen nicht den finanziellen Aufwand, sondern auch geschäftliche Konsequenzen von Fehlverhalten oder Unterlassungen. Auch die erneut erforderliche Suche und Einarbeitung belastet die personellen und finanziellen Kapazitäten des KMU.

Spätestens vor der Aufnahme neuer Mitarbeiter müssen auch Überlegungen angestellt werden, wie künftig die Mitarbeiterkompetenzen weiterentwickelt werden sollen. Im laufenden Geschäftsbetrieb findet die *Kompetenzentwicklung* zu einem grossen Teil informell statt. Charakteristisch für die gesetzten Maßnahmen ist, dass diese oft gar nicht als spezielle „Lernanlässe" ausgeschildert sind, d.h. dass der Lerneffekt im Zuge dieser Tätigkeiten (zB durch Bearbeitung neuer Projektaufträge, Mitarbeit mit erfahrenen Kollegen, vertretungsweise Arbeitsübernahme von Kollegen, Aufgabenrotation in Teams, Feedback von Geschäftspartnern, Kollegen, Kunden) gar nicht bewusst als Kompetenzentwicklung wahrgenommen wird.

Erhebungen zeigen, dass gerade in Kleinbetrieben *überwiegend in nicht-seminaristischer Form gelernt* wird. Jungunternehmer nennen weitaus häufiger unterschiedliche Varianten des on-the-job-Trainings als wichtigste Form betrieblichen Lernens als den Besuch von Kursen und Seminaren.[58] Dabei werden bei on-the-job-Training neben Unternehmensmitarbeitern auch externe Trainer zur Wissens- und Erfahrungsvermittlung eingesetzt. Von sehr hoher Bedeutung ist auch das Lernen durch systematisches Einholen von Feedback von Kunden. Überbetriebliche Veranstaltungen werden vorwiegend bei Bildungsträgern der Interessensvertretungen (zB Wirtschaftsförderungsinstitute der Wirtschaftskammern, Industrie- und Handelskammern, Handwerkskammern, RKW) besucht, wobei in der Branche anerkannte Abschlussprüfungen eine wichtige Rolle spielen. Von hoher Bedeutung ist auch der Besuch von Hersteller- und Lieferantenschulungen. Zum Teil dürfen bestimmte Produkte oder Dienstleistungen überhaupt erst nach deren Besuch angeboten werden. Der Besuch von Fachmessen dient vorrangig der Konkurrenzanalyse, dem Knüpfen neuer Kontakte, dem Finden neuer Produkte und Marktnischen und damit der Schaffung eines Wettbewerbsvorteils gegenüber anderen Konkurrenten.[59]

Von besonderer Bedeutung ist die Frage der rechtzeitigen Planung der Rekrutierung und Kompetenzentwicklung neuer Mitarbeiter insbesondere in (technologieorientierten) „gazelles", welche bei der Suche nach Fachspezialisten auf harte Konkurrenz durch bereits

---

[58] Vgl *Voigt et al*, Kompetenzentwicklung in Start-up-Unternehmen, 109ff; *Moog*, Der Faktor Personal in der Unternehmensgründung; *Behrends*, Personalarbeit in jungen Unternehmen.

[59] Siehe dazu *Kailer*, Entwicklung von kleinen und mittleren Unternehmen durch Kompetenzentwicklung, sowie *Kailer*, Kompetenzentwicklung in jungen Unternehmen und KMU.

etablierte Konkurrenten (Großunternehmen, Forschungseinrichtungen) stoßen, ebenso für born globals, die aufgrund ihres Geschäftsmodelles von vornherein auf eine rasche Expansion auch auf ausländischen Märkten ausgerichtet sind. Hier müssen im Businessplan glaubwürdige Überlegungen, wie qualifizierte Mitarbeiter im Zielmarkt angeworben werden können, vorgelegt werden.

Auch in Jungunternehmen mit meist wenigen Mitarbeitern ist eine zumindest grobe *Ablauf- und Aufbauorganisation* zu planen. In Start-Ups und in der Gründungsphase sind am häufigsten noch sehr informale Strukturen anzutreffen, die Aufgaben werden um Personen, ihre Vorlieben und Kompetenzen herum strukturiert.[60] Im Falle größerer Unternehmensgründungen – sowie bei antizipiertem baldigem Unternehmenswachstum – sollte jedoch bereits frühzeitig eine Organisationsstruktur vorgesehen werden, in der Zuständigkeiten und Verantwortungsbereiche eindeutig zugeordnet sind. Im Zuge einer solchen Unternehmensentwicklung ist es wichtig, begleitend Kompetenzentwicklungsprozesse auf individueller Ebene sowie auf Teamebene einzuleiten. Ein typischer Fall wären hier Techniker, welche aufgrund des Unternehmenswachstums auch Führungsaufgaben übernehmen sollen und entsprechend vorbereitet werden müssten.

Im Rahmen eines Businessplanes sind auch *Finanzierung und Finanzplanung* darzustellen. Dabei sind Liquiditätsplan, Cashflowrechnung, Planerfolgsrechnung, Planmittelflussrechnung und Planbilanz zu erstellen und bei Bedarf durch spezifische Rechnungen (zB Investitionsrechnungen, Make-or-Buy-Berechnungen) zu ergänzen.[61] Um den Realitätsgrad dieser Planungen beurteilen zu können, sind im Businessplan auch die Annahmen aufzuzeigen, welche die Basis dieser Berechnungen bilden.

Allerdings sind die Anforderungen an Finanzierung und Finanzierungsbedarfe in der Gründungsphase äußerst unterschiedlich.[62] Start-Ups im Produktionsbereich, technologieorientierte Start-Ups und born globals benötigen deutlich höhere Finanzierungsmittel als ein EPU im Dienstleistungs- oder Consultingbereich und nehmen auch eher Fördermittel in Anspruch. Eine Erhebung bei österreichischen Jungunternehmen zeigt jedoch, dass die Gründungsvorhaben zum überwiegenden Teil (ca 80 %) aus eigenen Mitteln (mit-)finanziert wurden. An zweiter Stelle rangiert die Hausbank mit gut einem Drittel der Nennungen. Die berühmten drei F's (Family, Friends and Fools) sowie Förderungen werden von ca jedem sechsten Jungunternehmen genannt. Finanzierungsalternativen Venture Capital und Business Angels werden nur von relativ wenigen Gründungsvorhaben in Anspruch genommen. Dies kann einerseits in einer Unkenntnis dieser alternativen Finanzierungsformen, in einer Inkompatibilität mit dem Gründungsvorhaben bzw in fehlender Notwendigkeit externer Finanzierung begründet sein. Nur etwa 10 % der Interviewten berichteten von starken Problemen bei der Aufbringung des nötigen Kapitals.[63]

---

[60] Zur Pionierphase und ihren Krisenerscheinungen siehe *Glasl/Lievegoed*, Dynamische Unternehmensentwicklung, sowie *Glasl/Kalcher/Piber*, Professionelle Prozessberatung 2005.
[61] Vgl *Fueglistaller/Müller/Volery*, aaO 239ff.
[62] Siehe *Pernsteiner*, Finanzierung von Unternehmensgründungen und jungen Unternehmen, 50ff.
[63] Siehe *Kailer/Stockinger*, aaO.

4.3. Kooperation mit Gründungshelfern

Im deutschsprachigen Raum bieten zahlreiche Institutionen der Gründungsinfrastruktur eine breite Palette von Maßnahmen an,[64] sodass die mit dem Überangebot einhergehende Intransparenz von Angebot und Qualität bereits wiederum ein wichtiges Problemfeld in der Unternehmensgründung darstellt.[65] Die Bedeutung der einzelnen Einrichtungen wird in einer Reihe von Studien erhoben:[66] An vorderster Stelle werden die Unterstützungseinrichtungen der Interessensvertretungen genannt (in Österreich insbesondere die Wirtschaftskammern mit ihrem Gründerservicestellen, in Deutschland IHKs und Handwerkskammern), gefolgt von Steuerberatern und mit Abstand von Rechtsanwälten und Notaren sowie Gründungsberatung durch Banken, Technologie- und Transferzentren, Inkubatoren etc. Zunehmend sehen auch Unternehmensberater in der Gründungsberatung ein wichtiges (kostenpflichtiges) Tätigkeitsfeld. Auf informeller Ebene werden Freunde und Arbeitskollegen sowie – insbesondere bei Übernahmen – Familienmitglieder genannt.

Aufgrund unterschiedlicher Kompetenzschwerpunkte dieser Beratungsinstitutionen kooperieren diese auf regionaler Ebene, um ein umfassendes Gesamtangebot bereitzustellen. Ergänzend wurden zur Förderung der Vernetzung der Jungunternehmer zahlreiche Erfahrungsaustauschgruppen, Kontaktplattformen, Jungunternehmerclubs, Mentorennetzwerke usw entwickelt.

Geht man von einem Beratungsmodell der individuellen Prozessbegleitung über den gesamten Gründungsprozess hinweg aus, gewinnen beratungsmethodische, sozial-kommunikative und personale Kompetenzen für die Berater markant an Bedeutung. Zur Erhöhung des Beratungserfolges müssen jedoch sowohl die Gründungsinteressenten als auch deren Klienten ihre Beteiligungskompetenz verbessern, um den Umsetzungserfolg zu erhöhen.[67] Dazu zählt neben einer Übersicht über das Angebot das methodische Grundwissen hinsichtlich des Ablaufes von Beratungsprozessen sowie hinsichtlich kriteriengeleiteter Auswahl und Evaluation von Beratern und Coaches.

Literaturverzeichnis

Argyris, C., Tacit Knowledge and Management, in: *Sternberg, R./Horvath, J.* (Hrsg), Tacit Knowledge in Professional Practice, Mahwah N.J./London 1999, 123–140.

Behrends, T., Personalarbeit in jungen Unternehmen – (k)ein Thema?, in *Fink, M. et al* (Hrsg), Sozialwissenschaftliche Aspekte des Gründungsmanagements, Stuttgart 2007, 163–188.

Brüderl, J./Preisendörfer, P., Network Support and the Success of Newly Founded Businesses, in Small Business Economics, 1998, 10, 213–225.

Corssen, J., Der Selbst-Entwickler, München 2002.

---

[64] Vgl zB *Kailer/Pernsteiner/Schauer*, Initiativen zur Unternehmensgründung und -entwicklung.
[65] Dies zeigt sich auch darin, dass in den Erhebungen deutliche Unterschiede zwischen Bekanntheitsgrad, Nutzung und Einschätzung des Nutzens der in Anspruch genommenen Beratungsleistung bestehen.
[66] ZB *Feldbauer-Durstmüller et al*, aaO; *Kailer/Gruber-Mücke*, Unternehmensnachfolge.
[67] Vgl *Kailer/Merker*, Kompetenzbarrieren und -defizite in der Beratung von Klein- und Mittelunternehmen, 247ff.

Deutsche Ausgleichsbank (DtA), Existenzgründung, Bonn und Berlin 1999.
Dowling, M., Erfolgs- und Risikofaktoren bei Neugründungen, in *Dowling M./Drumm H.-J.* (Hrsg), Gründungsmanagement, 2. Auflage, Berlin ua 2003, 19–32.
Egeln, J./Falk, U./Heger, D./Höwer, D./Metzger, G., Ursachen für das Scheitern junger Unternehmen in den ersten fünf Jahren ihres Bestehens, *ZEW/ZIS/Creditreform* (Hrsg), Mannheim und Neuss 2010.
Emes, J./Gruber, M., Der Markteintritt junger Unternehmen: Konzeptionelle Grundlagen und empirische Befunde, in *Marxt, C./Kraus, S./Müller, D.* (Hrsg), Entrepreneurial Management, Stuttgart 2010, 13–26.
European Commission, Green Paper: Entrepreneurship in Europe, COM (2003) 27 final, Brussels.
European Commisson/DG Enterprise (ed), High tech SME in Europe, European Network for SME Research, No. 6, Brussels 2002.
Feldbauer-Durstmüller, B./Kailer, N./Pernsteiner, H./Duller, C./Haas, T., Familienunternehmen in Österreich – Entwicklungsstand und Handlungsempfehlungen zum Controlling, Finanzmanagement und zur Unternehmensentwicklung, Johannes Kepler Universität Linz, Linz 2010.
Frank, H./Korunka, C./Lueger M., Fördernde und hemmende Faktoren im Gründungsprozeß, *Wirtschaftsministerium* (Hrsg), Wien 1999.
Franco, M./Haase, H., Failure factors in small and medium-sized enterprises: qualitative study from an attributional perspective, in International Entrepreneurship and Management Journal, 2009, 6, 503–521.
Fueglistaller, U./Müller, C./Volery, T., Entrepreneurship, 2. Auflage, Wiesbaden 2008.
Galloway L./Kelly S./Keogh W., Identifying entrepreneurial potential in students, National Council for Graduate Entrepreneurship Working Paper 6/2006, Birmingham 2006.
Gibb, A., Towards the Entrepreneurial University: Entrepreneurship Education as a lever for change, National Council for Graduate Enterpreneurship Policy Paper 3, Birmingham 2005.
Glasl, F./Lievegoed, B., Dynamische Unternehmensentwicklung, 2. Auflage, Bern 1996.
Glasl, F./Kalcher, T./Piber, H. (Hrsg), Professionelle Prozessberatung, Bern 2005.
Haber, G., Gesamtwirtschaftliche Effekte der Unternehmensgründungen in Österreich 2009, *WKO/cbsc/METIS* (Hrsg) Wien 2009.
Hargis, M./Bradley, D., Strategic Human Resource Management in small and growing firms: Aligning valuable resources, in Academy of Strategic Management Journal, Vol 10, 2011, No. 2, 105–125.
Hofert, S., Praxisbuch Existenzgründung, Frankfurt/Main 2010.
Heyse, V./Erpenbeck, J., Kompetenztraining, 2. Auflage, Stuttgart 2009.
Juritsch, E./Nadvornik, W./Gutschelhofer, A., Gern geschehen – Unternehmensnachfolge in Familienbetrieben, Wien 2007.
Kailer, N., Entwicklung von kleinen und mittleren Unternehmen durch Kompetenzentwicklung, in *Kailer, N./Mugler, J.* (Hrsg), Entwicklung von kleinen und mittleren Unternehmen, Wien 1998, 247–290.
Kailer, N., Gründung und Frühentwicklung von Unternehmen: Leistungsspektrum der Gründungshelfer, Kooperationsprobleme und Ansatzpunkte zur Verbesserung, in *Kailer, N./Pernsteiner, H./Schauer, R.* (Hrsg), Initiativen zur Unternehmensgründung und

-entwicklung: Konzeptionelle Überlegungen und Fördermaßnahmen auf dem Prüfstand, Wien 2000, 57–90.
Kailer, N., Was lernen GründerInnen und JungunternehmerInnen (und was lernen ihre Helfer daraus?), in *Fueglistaller, U./Pleitner, H.-J./Volery, T./Weber, W.* (Hrsg), Umbruch der Welt – KMU vor Höhenflug oder Absturz, Rencontres de St. Gall 2002, KMU-HSG St. Gallen 2002, 203–214.
Kailer, N., Förderung von kleinen Familienunternehmen in der Gründungs-, Entwicklungs- und Übergabephase, in MER Journal for Management and Development (MER Revija za management in razvoj), Vol 5, No 2, Maribor 2003, 100–109.
Kailer, N., Gründungspotenzial und -aktivitäten von Studierenden an österreichischen Hochschulen – Austrian Survey on Collegiate Entrepreneurship, IUG-Arbeitsbericht Nr. 3, Johannes Keper Universität Linz 2007.
Kailer, N., Kompetenzentwicklung in jungen Unternehmen und KMU, in *Kraus, S./Fink, M.* (Hrsg), Entrepreneurship, Wien 2008, 68–78.
Kailer, N., Entrepreneurship Education: Wie kann Unternehmertum an Universitäten gefördert werden?, in Wirtschaftspolitische Blätter, 57. Jg., Heft 3/2010, 247–260.
Kailer N./Belak J. (Hrsg), EU-Integration und die Entwicklungsbesonderheiten der Familienunternehmen, Maribor 2002.
Kailer, N./Böhm, D./Zweimüller, R., Unternehmerisches Potenzial von AbsolventInnen der Johannes Kepler Universität Linz – Ergebnisse einer Online-Erhebung, IUG-Arbeitsbericht 7, Johannes Kepler Universität Linz, Linz 2010.
Kailer, N./Daxner, F., Gründungspotenzial und -aktivitäten von Studierenden an österreichischen Hochschulen – Global University Entrepreneurial Spirit Students' Survey – Country Study Austria, IUG-Arbeitsbericht 4, Johannes Kepler Universität Linz, Linz 2010.
Kailer, N./Gruber-Mücke, T., Entwicklungs eines Entrepreneurship-Kompetenzprofiles, in *Heyse, V., Erpenbeck, J., Ortmann, S.* (Hrsg), Grundstrukturen menschlicher Kompetenzen – Praxiserprobte Konzepte und Instrumente, Münster 2010, 251–257.
Kailer, N./Gruber-Mücke, T., Unternehmensnachfolge – Planung und Umsetzung, IUG-Arbeitsbericht 8, Johannes Kepler Universität Linz 2011.
Kailer N./Merker R., Kompetenzbarrieren und -defizite in der Beratung von Klein- und Mittelunternehmen, in *Kailer, N./Walger, G.* (Hrsg), Perspektiven der Unternehmensberatung für kleine und mittlere Betriebe, Wien 2000, 233–274.
Kailer N./Pernsteiner H./Schauer R. (Hrsg), Initiativen zur Unternehmensgründung und -entwicklung, Wien 2000.
Kailer, N./Stockinger, A., JungunternehmerInnen in Oberösterreich – Gründungsplanung, Kompetenzentwicklung, Kooperation mit Externen und Standortüberlegungen, IUG-Arbeitsbericht 2007/1, Johannes Kepler Universität Linz 2007.
Kailer, N./Weiß, G., Unternehmensnachfolge in kleinen und mittleren Familienunternehmen in Oberösterreich – Hemmende und fördernde Faktoren, Unterstützungsbedarfe und Gestaltungsmöglichkeiten, in *Schauer, R./Kailer, N./Feldbauer-Durstmüller, B.* (Hrsg), Mittelständische Unternehmen – Probleme der Unternehmensnachfolge, Linz 2005, 9–116.
Kailer, N./Weiß, G., Gründungsmanagement kompakt – Von der Idee zum Businessplan, 3. Auflage, Wien 2009.

Kazanjian, R., Relation of dominant problems to stages of growth in a technology-based ventures, in: Academy of Management Journal, Vol. 31, 1988, 257–279.

Kickul, J./Gundry, L., Prospecting for strategic advantage: The proactive entrepreneurial personality and small firm innovation, in Journal of Small Business Management, 40, 2002 (2), 85–97.

Kirby D., Creating Entrepreneurial Universities: A Consideration, National Council for Graduate Entrepreneurship Working Paper 5/2006, Birmingham 2006.

KMU Forschung Austria, Ein-Personen-Unternehmen in Österreich – Status quo 2009, Wien 2009.

KSV 1970, Gründungswelle setzt sich fort, Presseinformation, Wien, 20.9.2011.

Krueger, N., What Lies Beneath? The Experiential Essence of Entrepreneurial Thinking, in Entrepreneurship Theory and Practice, 31, 2007, 123–128

Kuratko, D., The Emergence of Entrepreneurship Education: Development, Trends and Challenges, in Entrepreneurship Theory and Practice, 29, 2005, 577–597.

Lang-von Wins, T., Der Unternehmer – Arbeits- und organisationspsychologische Grundlagen, Berlin ua 2004.

LeBrasseur, R./Zinger, J., Start-up Survival and Management Capability: A Longitudinal Study of Micro-Enterprises, in Journal of Small Business Entrepreneurship, 18, 2005, No. 4, 409–422.

Lechner C., Unternehmensnetzwerke: Wachstumsfaktor für Gründer, in *Dowling M./Drumm, H.-J.* (Hrsg), Gründungsmanagement, 2. Auflage, Berlin u.a. 2003, 305–316.

Lechner, E./Egger A./Schauer, R., Einführung in die Allgemeine Betriebswirtschaftslehre, 23. Auflage, Wien 2006.

Lechler, T./Gemünden, H., Gründerteams – Chancen und Risiken für den Unternehmenserfolg, Heidelberg 2003.

Leodolter, M., Universitäts-AbsolventInnen als Unternehmensgründer und -übernehmer – Eine empirische Studie an der JKU, Diplomarbeit, Johannes Kepler Universität Linz, Linz 2005.

Mares, T./Pucher, D., Der erste Mitarbeiter – Personal einstellen im Mikro- und Kleinunternehmen, Heidelberg 2007.

Moog, P., Der Faktor Personal in der Unternehmensgründung – Bedeutung und Management, in Konrad, E. (Hrsg), Aspekte erfolgreicher Unternehmensgründungen, Münster u.a. 2005, 229–242.

Müller, G., Eigenschaftsmerkmale und unternehmerisches Handeln, in Müller, G. (Hrsg), Existenzgründung und Unternehmerisches Handeln – Forschung und Förderung, Landau 2000, 105–122.

Nash, L./Stevenson, H., Just Enough – Tools for Creating Success in Your Work and Life, Hoboken (New Jersey) 2004.

Niemeier, W., Kompetenzprofile erfolgreicher selbständiger mittelständischer Unternehmen, Diss Universität Bielefeld 2006.

NIRAS Consultants/FORA/ECON Pöyry, Survey of Entrepreneurship Education in Higher Education in Europe, European Commission/Directorate General for Enterprise and Industry (ed), Bruxelles 2008.

Nonaka, I./Takeuchi, H., Die Organisation des Wissens, Frankfurt/Main und New York 1997.

Pedler, M., Burgoyne, J., Boydell, T., A Manager's Guide to Self Development, McGraw Hill, 5th edition, London et al 2007.

Pernsteiner H., Finanzierung von Unternehmensgründungen und jungen Unternehmen, in *Buchinger S.* (Hrsg), Gründerland Österreich, Wien 2002, 50–66.

Porter, M., Wettbewerbsstrategie, Methoden zur Analyse von Branchen und Konkurrenten, 11. Auflage, Frankfurt/Main 2008.

Pleitner, H.-J., Unternehmerpersönlichkeit und Unternehmensentwicklung, in *Pleitner, H.-J.* (Hrsg), Bedeutung und Behauptung der KMU in einer neuen Umfeldkonstellation, St. Gallen 1996, 531–546.

Rae, D., Entrepreneurship – from opportunity to action, Houndmills, Basingstoke (Hampshire) 2007.

Schauer, R./Kailer, N./Feldbauer-Durstmüller, B. (Hrsg), Mittelständische Unternehmen – Probleme der Unternehmensnachfolge, Linz 2005.

Schmude, J., Standortwahl und Netzwerke von Unternehmensgründern, in *Dowling M./Drumm H.-J.* (Hrsg), Gründungsmanagement, 2. Auflage, Berlin u.a. 2003, 291–304.

Schwarz, E./Harms, R./Breitenecker, R., Dynamik und Stabilität von Erfolgsfaktoren bei der Analyse junger Unternehmen, in *Ehrmann, T./Witt, P.* (Hrsg), Entrepreneurship, ZfB Special Issue 4/2006, 165–183.

Shane, S., Academic Entrepreneurship, Cheltenham (UK)/Northamptom (MA) 2005.

Staudt, E./Kailer, N./Kottmann, M./Kriegesmann, B./Meier, A./Muschik, C./Stephan, H./Ziegler, A., Kompetenz und Innovation – Die Rolle der Kompetenz bei Organisations-, Unternehmens- und Regionalentwicklung, Reihe Innovation: Forschung und Management, Band 10, Bochum 1997.

Terpstra, D./Olson, P., Entrepreneurial start-up and growth: a classification of problems, in Entrepreneurship Theory and Practice, Vol 17, 1993, No. 3, 5–20.

Thommen, J.-P./Behler, S., Vom Gründer zum Manager – Entwicklung von Managementkompetenzen in wachstumsorientierten Start-ups, in Zeitschrift für KMU und Entrepreneurship, Heft 3 (2004), 188–205.

Timmons, J., Spinelli, S., New Venture Creation – Entrepreneurship for the 21th century, 6th edition, Boston et al 2003.

Voigt, M. et al., Kompetenzentwicklung in Start-up-Unternehmen – Strategien und Besonderheiten, QUEM Report Heft 93, ABWF (Hrsg), Berlin 2005.

Volkmann, C./Tokarski, K./Grünhagen, M., Entrepreneurship in a European Perspective – Concepts for the Creation of New Ventures, Wiesbaden 2010.

Vyakarnam, S., To inspire, inform and help implement – The role of entrepreneurship education, Second AGSE International – Entrepreneurship Teaching Exchange, 14.–16. February 2005, Melbourne.

Wunderer, R./Bruch, H., Umsetzungskompetenz, München 2000.

Ertragsteuerliche Erwägungen bei der Unternehmensgründung

*Rainer Stadler**

1. **Einleitung**
2. **Steuerbelastung als Entscheidungsgrundlage bei der Unternehmensgründung**
    2.1. Rechtsformabhängige Besteuerung
    2.2. Ertragsteuerbelastung als ausschließliches Entscheidungskriterium?
3. **Ertragsbesteuerung**
    3.1. Systematik der Gewinnermittlung
        3.1.1. Die Besteuerung des Gewinnes
            3.1.1.1. Betriebsvermögensvergleich
            3.1.1.2. Einnahmen-Ausgaben-Rechnung
            3.1.1.3. Pauschalierung
    3.2. Systematik der Einkommensbesteuerung
    3.3. Systematik der Körperschaftsbesteuerung
    3.4. Ermittlung der Bemessungsgrundlagen
        3.4.1. Einkommensteuer
            3.4.1.1. Schema der Einkommensteuerermittlung
            3.4.1.2. Gewinnfreibetrag
            3.4.1.3. Übertragung stiller Reserven (§ 12 EStG)
            3.4.1.4. Verlustausgleich und Verlustvortrag
            3.4.1.5. Sonderausgaben
            3.4.1.6. Sonstige Abzüge
        3.4.2. Körperschaftsteuer
            3.4.2.1. Einkommensbegriff und Einkommensermittlung
            3.4.2.2. Einlagen, Entnahmen und Einkommensverwendung
            3.4.2.3. Befreiung für Beteiligungserträge
            3.4.2.4. Abzugsfähige Aufwendungen
            3.4.2.5. Nicht abzugsfähige Aufwendungen
            3.4.2.6. Sonderausgaben
            3.4.2.7. Zurechnung des Einkommens
    3.5. Tarif
        3.5.1. Einkommensteuer
        3.5.2. Körperschaftsteuer
    3.6. Erhebung der Steuer
        3.6.1. Einkommensteuer
        3.6.2. Körperschaftsteuer
4. **Steuerliche Konsequenzen der Unternehmensgründung**
    4.1. Grundsätzliche Überlegungen
    4.2. Gestaltungsmöglichkeiten bei Personenunternehmen

       4.2.1. Allgemeines
       4.2.2. Grenze der vertraglichen Gestaltung
       4.2.3. Entnahme- bzw Ausschüttungspolitik
       4.2.4. Aufteilung der Einkünfte im Familienverband
       4.2.5. Erzielung anderer Einkünfte
       4.2.6. Sonstige Überlegungen
       4.2.7. Besonderheiten bei Personengesellschaften
  4.3. Kapitalgesellschaft
       4.3.1. Besteuerung der Geschäftsführung
            4.3.1.1. Bei der Kapitalgesellschaft
            4.3.1.2. Beim Gesellschafter-Geschäftsführer
            4.3.1.3. Gesamtsteuerbelastung der Geschäftsführerbezüge
       4.3.2. Vermietung von Liegenschaften
       4.3.3. Besteuerung von Darlehensverträgen
  4.4. Kapitalgesellschaft & Co

5. Zusammenfassung der ertragsteuerlichen Überlegungen bei der Unternehmensgründung

Literaturverzeichnis

---

*   Für die Diskussionen, Anregungen und kritischen Anmerkungen bei der Verfassung meines Beitrages sowie für dessen Durchsicht bedanke ich mich bei Frau Hofrätin Dr. Brigitte *Stadler-Ruzicka*, BMF, SZK Mitte, Regionalmanagement.

1. Einleitung

Der Gewinn aus jeder gewerblichen oder selbständigen Tätigkeit muss versteuert werden. Auf diese Weise partizipiert der Fiskus an der unternehmerischen Betätigung jedes Einzelnen. Bei Personengesellschaften (zB OG, KG) und Einzelunternehmern unterliegt der Gewinn der Einkommensteuer, bei Kapitalgesellschaften (zB GmbH, AG) der Körperschaftsteuer.

Die mit der Gründung eines Unternehmens verbundenen steuerlichen Verpflichtungen bereiten in der Gründungsphase häufig Schwierigkeiten. Hierbei macht es die Komplexität des österreichischen Steuerrechts schwierig, den Überblick über die einzelnen Normen zu behalten.

Aus der Sicht der Ertragsteuern wird die voraussichtliche Höhe des zu versteuernden Jahreseinkommens das entscheidende Kriterium sein. In Verbindung damit wird die Rechtsformwahl in der Gründungsphase insbesondere von folgenden Faktoren bestimmt:

- Tarifvergleich (= laufende Besteuerung)
- Entnahme- bzw Ausschüttungspolitik
- Mitarbeit der Gesellschafter
- Aufteilung der Einkünfte im Familienverband
- Erzielung anderer Einkünfte
- Höhe einmaliger Kosten beim Wechsel der Rechtsform

Die Wahl der optimalen Rechtsform ist für jedes Unternehmen von grundlegender Bedeutung. Dadurch können steuerliche oder sonstige Vorteile oder eben auch Nachteile erzielt werden. Die Erfahrung zeigt, dass keine Rechtsform nur Vorteile bietet. Auch die weniger günstigen Aspekte einer Rechtsform müssen vor deren Wahl gewichtet und bedacht werden. Laut Statistik[1] führen etwa 72% der aktiven Wirtschaftskammer-Mitglieder in Österreich ihren Betrieb als Einzelunternehmen, knapp 19% als Kapitalgesellschaft (GmbH, AG), ca 7% als Personengesellschaft (OG, KG) und der Rest von rund 2% zB in Form von ausländischen Rechtsformen, Genossenschaften oder Vereinen, wobei diese Variante nur sehr eingeschränkt zulässig ist.

Im Normalfall werden bei der Gründung eines Unternehmens am häufigsten folgende Rechtsformen gewählt:

- Einzelunternehmen und Personengesellschaften (OG, KG)
- Kapitalgesellschaften (GmbH, AG)
- Mischformen (zB GmbH & Co KG)

In der Gründungsphase sind die Gewinnerwartungen oft recht ungewiss. So ist zB bei der Wahl der Rechtsform der GmbH zu beachten, dass in der Regel fremdübliche Vergütungen an mitarbeitende Gesellschafter bezahlt werden müssen. Diese verursachen mit den Lohnnebenkosten hohe Betriebsausgaben für die GmbH, welche die in dieser Phase häufig auftretenden Verluste noch vergrößern.

---

[1] Quelle: Wirtschaftskammer Österreich, Die Wahl der Rechtsform aus steuerlicher Sicht.

2. Steuerbelastung als Entscheidungsgrundlage bei der Unternehmensgründung

2.1. Rechtsformabhängige Besteuerung

Das österreichische Ertragsteuerrecht kennt kein einheitliches „Unternehmenssteuerrecht", sondern knüpft die Ertragsbesteuerung an das Einkommen natürlicher und juristischer Personen.

So ist zu beachten, dass bei den Personenunternehmen (Einzelunternehmen, Mitunternehmerschaften) die am Personenunternehmen beteiligten Personen und nicht das Personenunternehmen Steuersubjekt der Ertragsbesteuerung sind.[2] Den Beteiligten wird der Gewinn(anteil) direkt zugerechnet und ist von diesen zu versteuern. Es spielt keine Rolle, ob der Gewinn entnommen wird oder im Unternehmen verbleibt. Gewinn oder Verlust werden den Gesellschaftern in dem Zeitpunkt zugerechnet, in dem das Wirtschaftsjahr der Gesellschaft endet. Zu den betrieblichen Einkünften gehören auch sämtliche Vergütungen, die die Gesellschafter von der Gesellschaft für ihre Tätigkeit im Dienste der Gesellschaft oder für die Überlassung von Wirtschaftsgütern bezogen haben (§ 21 Abs 2 Z 2, § 22 Z 3 und § 23 Z 2 EStG).[3] Die tatsächliche Steuerbelastung des betrieblichen Erfolges hängt von der nach einkommensteuerrechtlichen Grundsätzen beurteilten persönlichen Situation der Gesellschafter (wie zB übrige Einkünfte, Familienstand, Sonderausgaben, …) ab.

Kapitalgesellschaften haben steuerrechtlich ebenso wie zivilrechtlich eine eigene Rechtspersönlichkeit und sind selbst Steuersubjekt der Körperschaftsteuer.[4] Die Steuersubjektivität der Körperschaft führt zu einer Doppelbelastung von Einkommensteilen, da sich die Besteuerung auf zwei Ebenen (Gesellschaftsebene und Gesellschafterebene) vollzieht.[5] Auf Gesellschaftsebene werden die Gewinne der Kapitalgesellschaft versteuert, unabhängig davon, ob sie ausgeschüttet werden oder nicht. Verluste, die die Kapitalgesellschaft erleidet, kann nur sie selbst vortragen. Eine Verlustverrechnung mit Einkünften der Anteilseigner ist nicht möglich. Auf Gesellschafterebene werden nur ausgeschüttete Gewinne erfasst.

2.2. Ertragsteuerbelastung als ausschließliches Entscheidungskriterium?

Wenn auch die Steuerbelastung im Allgemeinen eines der wichtigeren Kriterien für die Rechtsformwahl ist, so darf doch nicht übersehen werden, dass der Vergleich der Steuerbelastung im Rahmen der Rechtsformentscheidung nur vorbereitenden Charakter hat und nicht die Entscheidung selbst ersetzt, die von im Einzelfall unterschiedlich zu gewichtenden Faktoren abhängig sein wird.

Die Art und Weise, wie die Ertragsbesteuerung in die Rechtsformwahl einfließt, hängt vom verwendeten Entscheidungsmodell ab. Regelmäßig wird aber ein Vorgehen erforderlich sein, das steuerliche und außersteuerliche Gründe gleichermaßen berück-

---

[2] *Doralt/Ruppe*, Steuerrecht I^9 (2007) Rz 525.
[3] *Doralt/Ruppe*, Steuerrecht I^9 (2007) Rz 543, sowie *Quantschnigg/Schuch*, ESt-HB § 23 Tz 38 und *Doralt/Kauba*, EStG^{10} § 23 Tz 270ff.
[4] *Nolz/Loukota*, Steuerpraxis 91/92, Einkommensteuer Rz 600.
[5] *Doralt/Ruppe*, Steuerrecht I^9 (2007) sprechen in Rz 904 von einem Dualismus der Unternehmensbesteuerung.

sichtigt. Aufgrund steuerlicher Optimierungsüberlegungen werden in der Gründungsphase Gestaltungsvarianten überlegt, die auf ihre Vereinbarkeit mit den nichtsteuerlichen Zielen zu überprüfen sind. Als Ergebnis bei der Wahl der Rechtsform genügt daher nicht eine Reihung der Vorteilhaftigkeit aus steuerlicher Sicht.

Die Rechtsformwahl wird auch durch andere Aspekte, wie zB rechtsformspezifische Kosten (Publizitätspflicht, Prüfungspflicht, Erstellung von Anhang und Lagebericht) wesentlich beeinflusst. Es wäre daher problematisch, die Entscheidung für oder gegen eine Rechtsform ausschließlich auf Basis der erwarteten Steuerbelastung durchzuführen.

In der Folge sollen die ertragsteuerlichen Überlegungen im Überblick dargestellt werden, die im Rahmen der Unternehmensgründung eine Rolle spielen können.

3. Ertragsbesteuerung

3.1. Systematik der Gewinnermittlung

Das Einkommensteuergesetz sieht im § 2 Abs 4 vor, dass bei den betrieblichen Einkunftsarten die Einkünfte als Gewinn ermittelt werden. Gewinnermittlungszeitraum ist das Wirtschaftsjahr, das sich grundsätzlich mit dem Kalenderjahr deckt.[6] Das EStG kennt prinzipiell folgende vier Arten der Gewinnermittlung:

§ 4 Abs 1	Betriebsvermögensvergleich
§ 5	Allgemeine Gewinnermittlungsart für protokollierte Gewerbetreibende
§ 4 Abs 3	Überschuss der Betriebseinnahmen über die Betriebsausgaben
§ 17	Besteuerung nach Durchschnittssätzen

3.1.1. Die Besteuerung des Gewinnes

Die allgemeine Gewinnermittlungsmethode ist der Betriebsvermögensvergleich gem § 4 Abs 1 EStG. Als Gewinn definiert das Gesetz den *„durch doppelte Buchführung zu ermittelnden Unterschiedsbetrag zwischen dem Betriebsvermögen am Schluss des Wirtschaftsjahres und dem Betriebsvermögen am Schluss des vorangegangenen Wirtschaftsjahres"*, der um den Wert der Entnahmen zu erhöhen und um den Wert der Einlagen zu kürzen ist. Damit wird das gesamte Betriebsvermögen wertmäßig erfasst.

Für Unternehmer, die Einkünfte aus Gewerbebetrieb[7] beziehen und nach § 189 UGB rechnungslegungspflichtig sind, sieht § 5 EStG eine zweite Art des Betriebsvermögensvergleichs vor.[8] Grundlage für die Besteuerung ist die nach unternehmensrechtlichen Grundsätzen aufgestellte Bilanz[9] (Maßgeblichkeit der Unternehmensbilanz für die steu-

---

[6] *Wiesner* in *Wiesner/Grabner/Wanke*, MSA EStG 12 EL, § 2 Anm 54.
[7] Gemäß *Doralt*, EStG[11] § 4 Tz 10 setzen Einkünfte aus Gewerbebetrieb einen Gewerbebetrieb iSd § 23 Z 1 EStG voraus, der ausschließlich nach steuerrechtlichen und nicht nach unternehmens- oder gewerberechtlichen Grundsätzen zu beurteilen ist.
[8] *Doralt*, EStG[11] § 4 Tz 8; die Eintragung in das Firmenbuch hat keine Bedeutung mehr für die steuerliche Gewinnermittlung.
[9] Die unternehmensrechtlichen Grundsätze ordnungsmäßiger Buchführung sind in den §§ 189 bis 216 sowie 217–243 UGB festgelegt. Diese Regelungen umfassen allgemeine – auch für nicht protokollierte Bilanzierende geltende – und spezielle Grundsätze.

erliche Gewinnermittlung), jedoch unter Berücksichtigung von Besonderheiten der steuerlichen Gewinnermittlungsvorschriften.

Die steuerliche Buchführungspflicht wird sich daher in erster Linie aus dem Unternehmensgesetzbuch (§§ 189 ff UGB) ergeben, weil eine unternehmensrechtliche Pflicht – Rechnungslegungspflicht – auch eine steuerliche Buchführungspflicht (Gewinnermittlung durch Betriebsvermögensvergleich, doppelte Buchführung) nach sich zieht (§ 124 BAO). Die Buchführungsgrenzen des § 125 BAO[10] sind nur mehr auf Land- und Forstwirte anzuwenden.

Unternehmer, die Einkünfte aus selbständiger Arbeit (§ 22 EStG) beziehen, sind daher nicht buchführungspflichtig.

Besteht nach den unternehmensrechtlichen Vorschriften keine Buchführungspflicht und werden Bücher auch nicht freiwillig geführt,[11] so kann der Gewinn nach § 4 Abs 3 EStG vereinfachend als Überschuss der Betriebseinnahmen über die Betriebsausgaben ermittelt werden (Einnahmen-Ausgaben-Rechnung).

Eine weitere Vereinfachung der Gewinnermittlung stellt die nach § 17 EStG bestehende Möglichkeit der Betriebsausgabenpauschalierung aufgrund des Gesetzes dar. Daneben bestehen Voll- oder Teilpauschalierungsmöglichkeiten, die in verschiedenen Verordnungen des BMF geregelt sind.[12]

3.1.1.1. Betriebsvermögensvergleich

Der Betriebsvermögensvergleich ist die wichtigste und genaueste Gewinnermittlungsart. Hier werden der Gewinn (bzw Verlust) sowie die betrieblich veranlasste Veränderung des Reinvermögens während eines Wirtschaftsjahres abgebildet.[13] Der Gewinn umfasst somit neben den unmittelbaren Erlösen aus der Geschäftätigkeit auch Wertschwankungen des Betriebsvermögens selbst. Einlagen bzw Entnahmen bewirken Vermögensänderungen, die aufgrund ihrer privaten Veranlassung nicht als Betriebserfolg gewertet werden können. Sie werden beim Betriebsvermögensvergleich durch Abrechnung bzw Hinzurechnung neutralisiert.[14] Grundlage des Betriebsvermögensvergleiches ist die jährliche Inventur[15]. Der Umfang des Betriebsvermögens und dessen Bewertung sind das Kernstück dieser Art der Gewinnermittlung.

---

[10] Umsatz von mehr als EUR 400.000 in zwei aufeinander folgenden Kalenderjahren oder Einheitswert von mehr als EUR 150.000.

[11] Gemäß *Wiesner/Grabner/Wanke*, MSA EStG 2 EL § 4 Anm 48 liegt eine freiwillige Buchführung dann vor, wenn die Grundaufzeichnungen so beschaffen sind (Aufzeichnung von Forderungen und Verbindlichkeiten und deren Veränderung), dass sie einen Betriebsvermögensvergleich ermöglichen.

[12] Durchschnittssatzverordnungen bestehen für folgende Bereiche: Land- und Forstwirtschaft, nichtbuchführende Gewerbetreibende, Gaststätten- und Beherbergungsbetriebe, Lebensmitteleinzel- und Gemischtwarenhändler, Drogisten, Handelsvertreter, Künstler und Schriftsteller sowie Sportler. Weiters werden in einer Verordnung Durchschnittssätze für Werbungskosten von Angehörigen bestimmter Berufsgruppen festgelegt.

[13] *Doralt/Ruppe*, Steuerrecht I^9 (2007) Rz 160.

[14] *Nolz/Loukota*, Steuerpraxis 91/92, Einkommensteuer Tz 100 (3).

[15] Gemäß § 191 UGB hat der Unternehmer zu Beginn seines Unternehmens die diesem gewidmeten Vermögensgegenstände und Schulden genau zu verzeichnen und deren Wert anzugeben (Inventar). Weiters ist für den Schluss eines jeden Geschäftsjahrs ein solches Inventar aufzustellen.

Die beiden Formen des steuerlichen Betriebsvermögensvergleiches unterscheiden sich in folgenden Punkten:

§ 4 Abs 1 EStG	§ 5 EStG
Freiwillige Bilanzierung oder Buchführungspflicht	Bilanzierung protokollierter Gewerbetreibender
Vermögensvergleich nach allgemeinen Grundsätzen ordnungsmäßiger Buchführung	Vermögensvergleich nach unternehmensrechtlichen Grundsätzen ordnungsmäßiger Buchführung
Vorsichtsprinzip spielt keine besondere Rolle	Die Bewertung der Wirtschaftsgüter ist bei Gewinnermittlung vom unternehmensrechtlichen Vorsichtsprinzip geprägt
Wahlrecht bei der Bildung von Rechnungsabgrenzungsposten sowie Rückstellungen	Pflicht zur Bildung von Rückstellungen und Rechnungsabgrenzungsposten[16]
Nur notwendiges Betriebsvermögen[17]	Auch gewillkürtes Betriebsvermögen[18]
Grund und Boden bleibt seit dem StabG 2012 nicht mehr außer Ansatz[19]	
Abweichendes Wirtschaftsjahr nur für buchführende Land- und Forstwirte	Abweichendes Wirtschaftsjahr möglich[20]

---

[16] Der Ansatz dieser Posten ist in der Unternehmensbilanz und somit aufgrund des Maßgeblichkeitsprinzips der Handelsbilanz für die Steuerbilanz auch für den §-5-Ermittler verpflichtend. Die Bewertung von Wirtschaftsgütern richtet sich bei der Gewinnermittlung nach § 4 Abs 1 ausschließlich nach § 6 ff EStG.

[17] In die Gewinnermittlung dürfen nur die Wirtschaftsgüter des Betriebsvermögens einbezogen werden. Zum BV gehören alle positiven und negativen WG im weitesten Sinne, die im wirtschaftlichen Eigentum des Betriebsinhabers stehen und *betrieblich veranlasst*, entgeltlich oder unentgeltlich erworben, hergestellt oder eingelegt worden sind (siehe auch EStR Rz 451). Der Umfang des Betriebsvermögens bestimmt sich ausschließlich nach steuerlichen Vorschriften. Betriebswirtschaftliche Überlegungen beispielsweise die Kapitalisierung eines Einzelunternehmens dürfen keine Rolle spielen (VwGH 22.2.2007, 2006/14/0022; 27.1.1998, 93/14/0166). In der steuerlichen Lehre und Rechtsprechung wird zwischen notwendigem Betriebsvermögen, gewillkürtem Betriebsvermögen sowie notwendigem Privatvermögen unterschieden (EStR Rz 469).

[18] Gewillkürtes Betriebsvermögen ist nur bei Gewinnermittlung gem § 5 möglich. Die Rechtsprechung sieht folgende Zuordnungskriterien für die Zuordnung zum Betriebsvermögen: Zweckbestimmung, die Besonderheit des Betriebes und des Berufszweiges sowie die Verkehrsauffassung (*Lenneis* in Jakom, EStG 20114, § 4 Rz 73).

[19] Bis zum 1.4.2012 hatte dies zur Konsequenz, dass Gewinne aus der Veräußerung oder Entnahme sowie sonstige Wertänderungen steuerlich nicht berücksichtigt wurden. Grund und Boden war zwar Betriebsvermögen und damit in die Bilanz aufzunehmen, sein Wert durfte jedoch bei der Gewinnermittlung keinen Niederschlag finden. Dies galt nur für den nackten Grund und Boden.

[20] Das abweichende Wirtschaftsjahr kann im Jahr der Betriebseröffnung gewählt werden, wenn die Betriebsgründung während des Jahres erfolgte. Diesfalls ist keine Zustimmung des Finanzamtes erforderlich. Eine Änderung des gewählten Bilanzstichtages ist gem § 2 Abs 7 EStG nur dann zulässig, wenn gewichtige betriebliche Gründe vorliegen (zB leichtere Inventur- und Bilanzerstellung). Außerdem muss das Finanzamt vorher bescheidmäßig zustimmen. Diese Zustimmung muss erfolgen, wenn gewichtige betriebliche Gründe vorliegen, auch wenn die Umstellung einen Steuervorteil nach sich zieht.

Das Betriebsvermögen unterscheidet körperliche (materielle) und unkörperliche (immaterielle) Wirtschaftsgüter (zB Rechte, Know-how, Firmenwert). Der § 4 Abs 1 EStG sieht vor, dass unkörperliche Wirtschaftsgüter des Anlagevermögens nur angesetzt werden dürfen, wenn sie entgeltlich erworben wurden (§ 4 Abs 1 EStG).[21]

Bewegliche Wirtschaftsgüter können nur einheitlich entweder Betriebsvermögen oder Privatvermögen sein.[22] Bei gemischt genutzten Wirtschaftsgütern wird daher auf das Überwiegen abgestellt.[23] Grundstücke und Gebäude können hingegen anteilig sowohl Betriebsvermögen als auch Privatvermögen darstellen. Die Aufteilung in einen betrieblich genutzten und einen privat genutzten Teil ist bei untergeordneter Bedeutung eines Nutzungsanteils[24] nicht vorzunehmen. Werden allerdings dieselben Grundstücksteile zeitlich abwechselnd privat und betrieblich genutzt, ist auf die überwiegende Nutzung abzustellen. Gewinnermittler gemäß § 5 Abs 1 EStG können bei gemischt genutzten Wirtschaftsgütern den nicht betrieblich genutzten Anteil als gewillkürtes Betriebsvermögen behandeln, außer es liegt notwendiges Privatvermögen vor.

Bei der Zuordnung von Wirtschaftsgütern zum Betriebsvermögen ist das wirtschaftliche Eigentum (nicht das zivilrechtliche) an den betreffenden Vermögensgegenständen maßgeblich. Wirtschaftliches Eigentum wird dann angenommen, wenn jemand über Wirtschaftsgüter die Herrschaft gleich einem Eigentümer ausübt (so § 24 BAO), dh darüber die Verfügungsgewalt wahrnehmen kann.[25]

3.1.1.2. Einnahmen-Ausgaben-Rechnung

Die Gewinnermittlung nach § 4 Abs 3 EStG stellt eine im Verhältnis zu § 4 Abs 1 vereinfachte Form der Gewinnermittlung dar. Die Grundlage dieser Gewinnermittlungsart bildet eine Gegenüberstellung der Betriebseinnahmen und Betriebsausgaben und zwar im Sinne einer Geldflussrechnung.[26] Dieses Prinzip erfährt allerdings eine Reihe von Durchbrechungen. Die Einnahmen-Ausgaben-Rechnung führt gegenüber dem Betriebsvermögensvergleich zu unterschiedlichen Periodenergebnissen. Vergleicht man die einzelnen Jahresergebnisse der Einnahmen-Ausgaben-Rechnung mit den durch Betriebsvermögensvergleich ermittelten Einzelergebnissen, ergeben sich unterschiedliche Periodenergebnisse. Der Totalgewinn muss jedoch grundsätzlich gleich sein.[27] Die Abwei-

---

[21] Nach *Nolz/Loukota*, Steuerpraxis 91/92, Einkommensteuer Tz 107(3) sind Aufwendungen für selbsterstellte immaterielle Wirtschaftsgüter des Anlagevermögens im Wirtschaftsjahr der Herstellung sofort als Betriebsausgaben zu erfassen.
[22] Aufteilungsverbot EStR Rz 479.
[23] Wird ein Wirtschaftsgut sowohl betrieblich als auch privat genutzt, führt überwiegende betriebliche Nutzung grundsätzlich zu notwendigem Betriebsvermögen, überwiegende private Nutzung grundsätzlich zu Privatvermögen (VwGH 19.11.1998, 96/15/0051).
[24] Laut EStR Rz 566 ist eine Aufteilung dann nicht vorzunehmen, wenn ein entweder der betrieblichen oder der privaten Nutzung dienender Gebäudeteil im Verhältnis zum Gesamtgebäude nur von untergeordneter Bedeutung ist. In einem solchen Fall ist eine einheitliche Betrachtung geboten. Von einer untergeordneten Nutzung ist dann zu sprechen, wenn diese weniger als 20% der Nutzung der Gesamtnutzfläche beträgt (VwGH 18.1.1983, 82/14/0100; VwGH 19.9.1989, 88/14/0172; VwGH 10.4.1997, 94/15/0211; VwGH 29.7.1997, 93/14/0062).
[25] Weiterführend *Doralt/Ruppe*, Steuerrecht I^9 (2007) Rz 188ff, wo auch auf die Problematik von Leasingverträgen und wirtschaftlichem Eigentum näher eingegangen wird (Rz 190–191).
[26] *Stadler* in Praxis der Gewinnermittlung, 107.
[27] *Stadler* in Praxis der Gewinnermittlung, 107.

chungen zwischen den beiden Gewinnermittlungsarten bestehen vor allem hinsichtlich des Zeitpunktes, in dem sich die Betriebseinnahmen und Betriebsausgaben auswirken. Bei der Einnahmen-Ausgaben-Rechnung gilt dabei prinzipiell das Zufluss-Abfluss-Prinzip (§ 19 EStG). Dies bedeutet, dass Einnahmen und Ausgaben dann steuerlich wirksam werden, wenn sie bezahlt werden.[28]

Auch für Einnahmen-Ausgaben-Rechner gelten grundsätzlich dieselben Regeln wie für die Gewinnermittlung nach § 4 Abs 1 EStG:

- Es darf nur notwendiges Betriebsvermögen in die Gewinnermittlung einbezogen werden.
- Entnahmen von Sachwerten (nicht von Geld) sind hinzuzurechnen, Einlagen sind abzuziehen.
- Bei der Anschaffung und Herstellung von Wirtschaftsgütern des Anlagevermögens kommt es nicht im Anschaffungs(Herstellungs)jahr zu einer Betriebsausgabe in Höhe der Anschaffungs- bzw Herstellungskosten, sondern nur zu einer Berücksichtigung der Absetzung für Abnutzung.
- Werden Wirtschaftsgüter des Anlagevermögens veräußert, sind die Einnahmen um die fortgeschriebenen Anschaffungskosten (Buchwert) zu vermindern.
- Bestimmte Investitionsbegünstigungen sind auf die Gewinnermittlung nach § 4 Abs 3 EStG teilweise anwendbar.
- Nicht zulässig ist hingegen eine Teilwertabschreibung, es können lediglich Absetzungen für außergewöhnliche technische oder wirtschaftliche Abnutzung vorgenommen werden.[29]
- Mit dem StabG 2012 wurde ein neuer § 4 Abs 3a EStG eingefügt, der nunmehr die steuerlichen Konsequenzen der Veräußerung von Grund und Boden bei Einnahmen-Ausgaben-Rechnern regelt.[30]

Exkurs: Überblick über die Besteuerung von betrieblichen Grundstücken nach dem 1. StabG 2012

Veräußerungsgewinne von Grund und Boden sowie von Gebäuden sind nunmehr ohne Beachtung einer Behaltedauer bei allen Gewinnermittlungsarten ertragsteuerpflichtig. Entnahmen von Grund und Boden sind grundsätzlich steuerneutral.[31] Dies gilt grundsätzlich für vor dem 1.4.2012 angeschafftes Grundvermögen (Altvermögen) auch dann, wenn dieses zum 31.3.2012 nach alter Rechtslage nicht mehr steuerhängig sein sollte, sowie auch für nach dem 31.3.2012 (Neuvermögen) erworbenes Grundvermögen.[32]

Die Berechnung des Veräußerungsgewinnes für Neuvermögen erfolgt nach den allgemeinen Gewinnermittlungsvorschriften ohne Abzug von Aufwendungen.

---

[28] *Stadler* in Praxis der Gewinnermittlung, 109.
[29] Zur Einnahmen-Ausgaben-Rechnung weiterführend siehe auch *Stadler* in Praxis der Gewinnermittlung, 107ff mwN.
[30] Eingeführt durch das 1. Stabilitätsgesetz 2012, BGBl I 2012/22.
[31] Außer den im EStG ausdrücklich angeführten Ausnahmen.
[32] *Zenkl/Kurner* in *Perthold/Plott*, SWK-Spezial Stabilitätsgesetz 2012, 27.

Das Gesetz sieht bei der Veräußerung von Grund und Boden (nicht jedoch für Gebäude), bei der Ermittlung des steuerpflichtigen Betrages einen Inflationsabschlag bis zu 50% des Veräußerungsgewinnes vor.[33]

Gewinne aus der Veräußerung von Immobilien unterliegen – unabhängig von der Gewinnermittlungsart – generell einem Steuersatz von 25%.[34]

Für Einlagen von Grundstücken ab dem 1.4.2012 gelten immer die historischen Anschaffungs- bzw Herstellungskosten als Einlagewert. Dies gilt jedoch nicht, wenn der Teilwert im Zeitpunkt der Einlage niedriger ist.[35]

Entnahmen von Grundstücken (Grund und Boden) aus dem Betriebsvermögen in das Privatvermögen oder in einen anderen Betrieb erfolgen grundsätzlich zum Buchwert. Daher sind Entnahmen nach der neuen Rechtslage im Regelfall ertragsteuerlich unbeachtlich, da die Liegenschaften im Privatvermögen unverändert steuerhängig bleiben.[36]

3.1.1.3. Pauschalierung

Bei der Ermittlung der Einkünfte aus selbständiger oder gewerblicher Tätigkeit (§§ 22, 23 EStG) können im Rahmen der Gewinnermittlung nach § 4 Abs 3 nunmehr gem § 17 Abs 1–3 EStG die Betriebsausgaben pauschal mit 6%[37] bzw 12%[38] des Umsatzes angesetzt werden (sog gesetzliche oder Basispauschalierung[39]). Die Anwendung des Durchschnittssatzes setzt jedoch voraus, dass keine Buchführungspflicht besteht und auch nicht freiwillig Bücher geführt werden[40] und die Umsätze des vorangegangenen Wirtschaftsjahres nicht mehr als EUR 220.000 betrugen (§ 17 Abs 2 EStG). Aufzeichnungen nach § 4 Abs 3 (Einnahmen-Ausgaben-Rechnung) dürfen geführt werden.[41]

---

[33] Analog der Veräußerung von Grundstücken aus dem Privatvermögen. Dies gilt nicht in den Fällen, in denen der besondere Steuersatz von 25% nicht anwendbar ist. Ist der Grund und Boden nach der bis zum 31.3.2012 geltenden Rechtslage nicht mehr steuerhängig, kann der steuerpflichtige Betrag bei §-4-Abs-3- und §-4-Abs-1-Ermittlern (analog zum Privatvermögen) pauschal mit 14% bzw bei ab 1988 erfolgter Umwidmung mit 60% des Veräußerungserlöses angenommen werden. Der auf das Gebäude entfallende Veräußerungsgewinn ist nach den allgemeinen Vorschriften zu ermitteln.

[34] Ausgenommen gewerbliche Grundstückshändler, wenn der Schwerpunkt der betrieblichen Tätigkeit eines Steuerpflichtigen in der Überlassung oder Veräußerung von Immobilien liegt oder soweit eine Teilwertabschreibung vorgenommen worden ist oder stille Reserven nach § 12 EStG übertragen worden sind.

[35] *Zenkl/Kurner* in *Perthold/Plott*, SWK-Spezial Stabilitätsgesetz 2012, 28; Wertminderungen vor Einlage in das Betriebsvermögen sind dem außerbetrieblichen Bereich zuzuordnen. Damit können die im außerbetrieblichen Bereich erfolgten Wertminderungen nicht mit betrieblichen Einkünften ausgeglichen werden.

[36] Dies gilt nicht für die Entnahme von Gebäuden. Hier erfolgt jedenfalls eine Realisierung von stillen Reserven (mit Ausnahme der Fälle des § 24 Abs 6 EStG – begünstigte Betriebsaufgabe).

[37] Für freiberufliche oder gewerbliche Einkünfte aus kaufmännischer oder technischer Beratung, einer Tätigkeit aus sonstiger selbständiger Arbeit (§ 22 Z 2 EStG) sowie aus einer schriftstellerischen, vortragenden, wissenschaftlichen, unterrichtenden oder erzieherischen Tätigkeit anzuwenden; höchstens EUR 13.200.

[38] Höchstens EUR 26.400.

[39] Neben diesen pauschalierten Betriebsausgaben dürfen nur Ausgaben für den Wareneingang sowie für Löhne (einschließlich Lohnnebenkosten) und Fremdlöhne, soweit diese direkt in Leistungen eingehen, die den Betriebsgegenstand des Unternehmens bilden, abgesetzt werden.

[40] *Doralt*, EStG[12], § 17 Tz 26.

[41] *Kohler/GebhartLenneis*, EStG 1.1.2010, 153 (EB zu § 17).

Darüber hinaus bestehen Pauschalierungsmöglichkeiten für 54 (!) Berufsgruppen von nicht buchführenden Gewerbetreibenden. Dabei wird der Gewinn aufgrund von gesetzlichen oder im Rahmen von Verordnungen festgelegten Durchschnittssätzen errechnet. Die Gewinnermittlung kann in Form einer Voll- oder Teilpauschalierung erfolgen.

Wenn Pauschalierungen im Ergebnis den Erfahrungen des tatsächlichen Lebens und der Besteuerungsgerechtigkeit entsprechen, sind sie verfassungsrechtlich unbedenklich. Durch die Pauschalierung soll eine Vereinfachung der Durchführung der Besteuerung und damit eine Verbesserung der Verwaltungsökonomie und eine Reduktion des Administrationsaufwands für die Unternehmen erreicht werden.[42]

Trotz der Fülle von Pauschalierungsmöglichkeiten[43] werden sie in der Praxis nur sehr selten angewandt. Außerhalb der Pauschalierungsmöglichkeit für Land- und Forstwirte ist anscheinend die Attraktivität für Unternehmer nicht gegeben.

Mit Beginn eines Wirtschaftsjahres kann auf die allgemeine Gewinnermittlung übergegangen werden. Eine erneute Ermittlung der Betriebsausgaben mittels Durchschnittssatzes ist dann aber frühestens nach dem Ablauf von fünf Wirtschaftsjahren zulässig.[44]

3.2. Systematik der Einkommensbesteuerung

Die Einkommensteuer (ESt) ist eine Personen- oder Subjektsteuer. Die einzelne natürliche Person ist daher Bezugspunkt der Einkommensteuer.[45] Die in Deutschland gesetzlich mögliche Zusammenveranlagung mehrerer Personen in Form einer Haushaltsbesteuerung ist in Österreich nicht vorgesehen.[46] Einkommensteuerpflichtig sind nur natürliche Personen. Juristische Personen unterliegen hingegen der Körperschaftsteuer. Personengesellschaften (OG, KG, GesBR) sind weder Subjekt der Einkommen- noch

---

[42] Der UFS hegte jüngst Bedenken gegen die Gaststättenpauschalierung, insbesondere in touristisch attraktiven Regionen, die zu markanten Steuervorteilen führt, die in dem vom UFS zu entscheidenden Fall mit besonderer Deutlichkeit zu Tage getreten seien (Steuervorteil von rd 360.000 Euro an Umsatz- und Einkommensteuer in vier Jahren, dh rund 90.000 Euro jährlich). Daher gelangte der UFS zur Auffassung, dass er die VO als Rechtsgrundlage einer offenkundig nicht notifizierten Beihilfe anwenden müsse (UFS 30. 3. 2011, RV/0688-I/10), da ihn als Gericht iSd AEUV die Verpflichtung träfe, alles in seiner Macht Stehende zu unternehmen, um dem in Art 88 Abs 3 EG-Vertrag (nunmehr: Art 108 AEUV) verankerten Verbot der Durchführung nicht notifizierter Beihilfen Wirksamkeit zu verleihen. Aufhebung der GaststättenpauschalierungsVO durch den VfGH (14.3.2012, V 113/11).

[43] Branchenpauschalierungen insbesondere:
Gastwirte, Lebensmitteleinzelhandel (Vollpauschalierung)
Drogisten, Handelsvertreter, Künstler: Betriebsausgaben = 12% vom Umsatz
Sportler mit überwiegender Auslandstätigkeit: 33% der Gesamteinkünfte in Österreich steuerpflichtig
Tagesmütter, Pflegetätigkeit, Vereinsfunktionäre

[44] *Wanke* in *Wiesner/Grabner/Wanke*, MSA EStG 9. EL § 17 Anm 41.

[45] *Doralt/Ruppe*, Steuerrecht I^9 (2007) 9 Rz 18.

[46] In Deutschland ist die Ehegattenveranlagung in den § 26, § 26a, § 26b, § 26c und § 28 Einkommensteuergesetz (dEStG) geregelt. Ehegatten, die beide unbeschränkt einkommensteuerpflichtig sind und nicht dauernd getrennt leben, können zwischen getrennter Veranlagung gemäß § 26a dEStG und Zusammenveranlagung gemäß § 26b dEStG wählen. Diese steuerliche Gestaltungsmöglichkeit besteht für Lebenspartner nicht. Die Wahl der Veranlagungsart kann in der Einkommensteuererklärung oder durch gesonderte Erklärung eines der Ehepartner erfolgen. Wird keine Erklärung zur Veranlagungsart abgegeben, wird die Zusammenveranlagung durchgeführt.

der Körperschaftsteuer. Bei diesen Gesellschaftsformen unterliegen die einzelnen Gesellschafter mit ihrem Anteil an den Einkünften der Personengesellschaft der ESt (bzw der KSt bei juristischen Personen) (= Durchgriffs- oder Identitätsprinzip).[47]

Die ESt stellt nach dem Steuergegenstand eine Ertragsteuer dar. Es wird das Einkommen einer bestimmten Person besteuert. Persönliche Verhältnisse des Steuerpflichtigen, soweit sie die Leistungsfähigkeit beeinflussen, sind bei der Steuerbemessung zu berücksichtigen.[48] Die Einkünfte aus den einzelnen Einkunftsarten werden grundsätzlich vor der Besteuerung zusammengerechnet und nicht im Sinne eines Schedulensystems isoliert besteuert, wobei negative und positive Einkünfte prinzipiell ausgeglichen werden (Verlustausgleich).[49]

Der ESt unterliegt das „Einkommen", das nur die in § 2 Abs 3 EStG taxativ aufgezählten Einkunftsarten umfasst. Einkünfte, die nicht unter eine der sieben Einkunftsarten fallen (zB Schenkungen, Glücksspielgewinne, Einkünfte aus Liebhabereitätigkeiten), sind nicht steuerbar.[50] Die betrieblichen Einkünfte bezeichnet das EStG als Gewinn, die außerbetrieblichen Einkünfte als Überschuss der Einnahmen über die Werbungskosten.

Der ESt ist stets das Einkommen zugrunde zu legen, das der Steuerpflichtige innerhalb eines Kalenderjahres bezogen hat (Prinzip der Abschnittbesteuerung).[51] Bei buchführenden Land- und Forstwirten und bei protokollierten Gewerbetreibenden kann ein allenfalls vom Kalenderjahr abweichendes Wirtschaftsjahr der für die Einkünfteermittlung maßgebende Zeitraum sein.

3.3. Systematik der Körperschaftsbesteuerung

Die Körperschaftsteuer als Einkommensteuer der juristischen Personen zu bezeichnen. Folgende juristische Personen des privaten Rechts werden zur Körperschaftsteuer herangezogen:[52]

- Kapitalgesellschaften (AG, GmbH),
- Erwerbs- und Wirtschaftsgenossenschaften,
- Sparkassen,
- Versicherungsvereine auf Gegenseitigkeit,
- Vereine und Privatstiftungen.

---

[47] Das Einkommensteuergesetz unterscheidet zwischen unbeschränkter und beschränkter Steuerpflicht. Unbeschränkt steuerpflichtig sind natürliche Personen, die im Inland einen Wohnsitz oder ihren gewöhnlichen Aufenthalt (§ 26 BAO) haben. Sie sind mit allen in- und ausländischen Einkünften (Welteinkommen) unbeschränkt steuerpflichtig. Mit den in § 98 EStG aufgezählten inländischen Einkünften sind jene natürlichen Personen beschränkt steuerpflichtig, die im Inland weder einen Wohnsitz noch ihren gewöhnlichen Aufenthalt haben. Von diesem Grundsatz gibt es Ausnahmen, die sich insbesondere durch die Doppelbesteuerungsabkommen (DBA) ergeben.

[48] Nach der Judikatur des VfGH bedarf es einer sachlichen Rechtfertigung, wenn in einem Teilbereich vom Leistungsfähigkeitsprinzip abgewichen werden soll (Nachweise in *Doralt/Ruppe*, Steuerrecht I^9, 2007, Tz 22).

[49] *Doralt/Ruppe*, Steuerrecht I^9 (2007) Tz 25.

[50] *Nolz/Loukota*, Steuerpraxis 91/92, Einkommensteuer Rz 6.

[51] *Doralt/Ruppe*, Steuerrecht I^9 (2007) Tz 27.

[52] Auf die Besteuerung von Betrieben gewerblicher Art von Körperschaften des öffentlichen Rechts, nicht rechtsfähigen Anstalten, Stiftungen und anderen Zweckvermögen wird in der Folge nicht eingegangen.

§ 5 KStG sieht ergänzend zu § 1 Abs 2 KStG einen umfangreichen Katalog an Befreiungen von der unbeschränkten Steuerpflicht vor.

Die KSt ist wie die ESt eine Ertragsteuer. Besteuert wird das Einkommen einer Körperschaft.[53] Die Einkommensermittlung erfolgt in weitgehender Anlehnung an das Einkommensteuerrecht. Das KStG sieht lediglich ergänzende Bestimmungen vor. Wenn die Vorschriften des Körperschaftsteuergesetzes von denen des EStG abweichen, gehen sie als Sonderrechte[54] den einkommensteuerlichen Vorschriften vor.[55]

Sachliche Voraussetzung für das Entstehen der Steuerpflicht ist, dass überhaupt eine steuerlich beachtliche Einkunftsquelle vorliegt. Wie bei natürlichen Personen ist daher bei Körperschaften zu prüfen, ob eine Tätigkeit nicht als Liebhaberei einzustufen ist.

3.4. Ermittlung der Bemessungsgrundlagen

3.4.1. Einkommensteuer

3.4.1.1. Schema der Einkommensteuerermittlung

1. Einkünfte aus Land- und Forstwirtschaft
2. Einkünfte aus selbständiger Arbeit
3. Einkünfte aus Gewerbebetrieb
4. Einkünfte aus nichtselbständiger Arbeit
5. Einkünfte aus Kapitalvermögen
6. Einkünfte aus Vermietung und Verpachtung
7. Sonstige Einkünfte

Gesamtbetrag der Einkünfte = Summe der sieben Einkunftsarten

– Sonderausgaben § 18

– außergewöhnliche Belastungen § 34, 35

– Freibetrag nach § § 104, 105

Einkommen gem § 2 Abs 2 EStG

– Veranlagungsfreibetrag bei Arbeitnehmern § 41 Abs 3

= Bemessungsgrundlage für den Tarif

*Tarif § 33

= Einkommensteuer nach § 33 Abs 1

– Absetzbeträge gem § 33

= Einkommensteuerschuld

– entrichtete Lohnsteuer

– entrichtete Kapitalertragsteuer (soweit Einkünfte nicht endbesteuert)

– Vorauszahlungen

Schlusszahlung bzw Gutschrift

---

[53] Bzw bei beschränkter Steuerpflicht bestimmte Einkünfte.
[54] Leges speciales.
[55] *Nolz/Loukota*, Steuerpraxis 91/92, Einkommensteuer Tz 617 (2).

3.4.1.2. Gewinnfreibetrag

Mit Wirksamkeit ab 2010 wurde der Freibetrag für investierte Gewinne in einen Gewinnfreibetrag (GFB) überführt, der auch von bilanzierenden Unternehmen (ausgenommen Körperschaften) geltend gemacht werden kann. Der Freibetrag beträgt 13% des Gewinnes und ist in zwei Teil-Freibeträge gesplittet:

- Grundfreibetrag[56] bis zu einem Gewinn von 30.000 Euro ohne Investitionserfordernis: Freibetrag daher bis zu 3.900 Euro
- Investitionsbedingter Gewinnfreibetrag[57] für über 30.000 Euro hinausgehende Gewinnanteile (bis zu einem Maximalgewinn von 769.230 Euro x 13 Prozent = 100.000 Euro maximaler Gesamtfreibetrag) mit Investitionserfordernis.[58, 59]

3.4.1.3. Übertragung stiller Reserven (§ 12 EStG)

Bei Einzelunternehmen und Personengesellschaften ist bei der Veräußerung von Wirtschaftsgütern die Übertragung stiller Reserven gemäß den Vorschriften des § 12 EStG möglich. Auch die Bildung einer Übertragungsrücklage ist möglich.

Die stille Reserve ermittelt sich als Unterschiedsbetrag zwischen Buchwert des Wirtschaftsgutes im Jahre des Ausscheidens (Betriebsausgabe) und dem in einem oder mehreren Folgejahren zufließenden Erlös (Entschädigung).[60] Der Fristenlauf[61] beginnt mit dem Zeitpunkt der Aufdeckung der stillen Reserven.

3.4.1.4. Verlustausgleich und Verlustvortrag

Bei der Ermittlung des Gesamtbetrages der Einkünfte werden negative Einkünfte mit positiven aufgerechnet. Der Verlustausgleich trägt dem Leistungsfähigkeitsprinzp Rech-

---

[56] Der Grundfreifreibetrag steht auch bei Inanspruchnahme einer Pauschalierung (unabhängig von der Rechtsgrundlage der Pauschalierung) zu.

[57] Der investitionsbedingte Gewinnfreibetrag kann hingegen (ebenso wie der Freibetrag für investierte Gewinne bis 2009) bei Inanspruchnahme einer Pauschalierung (insbesondere bei der Basispauschalierung, bei der Pauschalierung im Rahmen der Land- und Forstwirtschaft und bei den Pauschalierungen für Gaststätten-/Beherbergung und für Lebensmittel-/Gemischtwarenhandel) grundsätzlich nicht beansprucht werden.

[58] Wenn der Gewinn mehr als 30.000 Euro beträgt, kann der investitionsbedingte GFB geltend gemacht werden, wenn begünstigte Wirtschaftsgüter angeschafft oder hergestellt werden. Die Höhe richtet sich nach den Anschaffungs- oder Herstellungskosten dieser Wirtschaftsgüter. Er beträgt höchstens 13 Prozent des (über 30.000 Euro) hinausgehenden Betriebsgewinnes (vor Abzug des Freibetrages).Die Geltendmachung hat im Jahr der Anschaffung oder Herstellung zu erfolgen.

[59] Durch das 1.StabG 2012 (BGBl I 2012/22) wird bei den Veranlagungen der Jahre 2013 bis 2016 der 13%ige Gewinnfreibetrag (GFB) für Gewinne ab 175.000 Euro wie folgt reduziert:
 – für Gewinne zwischen 175.000 und 350.000 Euro   auf 7%
 – für Gewinne zwischen 350.000 und 580.000 Euro   auf 4,5%
 Ab einem Gewinn von 580.000 Euro gibt es gar keinen GFB mehr. Das Maximalausmaß des Gewinnfreibetrages wird daher bei der Veranlagung der Jahre 2013 bis 2016 45.350 Euro (statt bisher 100.000 Euro) oder durchschnittlich 7,82% betragen. Bei der Festsetzung der Vorauszahlungen für die Jahre 2013 bis 2016 werden bereits die reduzierten Sätze berücksichtigt.

[60] *Wiesner/Grabner/Wanke*, MSA EStG 1. GL, § 12 Anm 26.

[61] Übertragung der stillen Reserven auf Anschaffungen (Herstellungen) im selben Kalenderjahr oder Bildung eines steuerfreien Betrages mit 12- bzw 24-monatiger Verwendungsauflage.

nung. Aus dem betriebsbezogenen Gewinnbegriff ergibt sich, dass zunächst der Betriebserfolg jedes einzelnen Betriebes gesondert zu ermitteln ist.[62] Beim Bestehen von mehreren Betrieben innerhalb derselben Einkunftsart können demnach positive und negative Ergebnisse auch innerhalb einer Einkunftsart entstehen (horizontaler Verlustausgleich). Anschließend hat der Ausgleich zwischen den einzelnen Einkunftsarten (vertikaler Verlustausgleich) zu erfolgen,[63] dh ein Verlust aus Gewerbebetrieb muss zunächst mit Gewinnen aus anderen Gewerbebetrieben ausgeglichen werden. Das Einkommensteuerrecht kennt allerdings einige Rechtsinstitute, die bestimmte Verluste (zB aus Liebhaberei oder Spekulationsverluste) ganz oder teilweise vom Ausgleich mit positiven Einkünften ausschließen.[64]

Vom Gesamtbetrag der Einkünfte können Verluste aus Land- und Forstwirtschaft, aus selbständiger Arbeit und aus Gewerbebetrieb abgezogen werden, die aufgrund ordnungsmäßiger Buchführung ermittelt wurden, soweit sie nicht bei der Veranlagung für die vorangegangenen Kalenderjahre ausgeglichen oder abgezogen wurden (§ 18 Abs 6 EStG = Verlustvortrag).[65]

Der Verlustvortrag soll verhindern, dass die Summe der Periodengewinne den Totalgewinn übersteigt, den das Unternehmen während seiner gesamten Lebensdauer realisiert.

Zu beachten ist die Verlustvortragsgrenze von 75%. Seit der Veranlagung 2001 dürfen demnach Verluste nur mehr im Ausmaß von 75% des Gesamtbetrages der Einkünfte abgezogen werden. Der Restverlust geht jedoch nicht verloren, sondern bleibt weiterhin als Verlustvortrag für zukünftige Jahre erhalten. Im Regelfall muss daher immer ein Viertel des Gesamtbetrages der Einkünfte des betreffenden Jahres versteuert werden.[66]

Bei Steuerpflichtigen, die den Gewinn gem § 4 Abs 3 ermitteln, sind Anlaufverluste ebenfalls vortrags- und nach § 18 Abs 6 abzugsfähig (§ 18 Abs 7 EStG). Als Anlaufverluste gelten jene Verluste, die in den ersten drei Veranlagungszeiträumen ab Eröffnung eines Betriebes entstehen.

3.4.1.5. Sonderausgaben

Der Gesamtbetrag der Einkünfte ist für die Ermittlung des Einkommens zunächst um die Sonderausgaben zu vermindern. Sonderausgaben sind die in § 18 EStG aufgezählten

---

[62] *Quantschnigg/Schuch*, ESt-HB, § 2 Rz 53.
[63] *Doralt/Toifl*,EStG14,§ 2 Tz 174/1.
[64] Eine andere Einschränkung des Verlustausgleiches ergibt sich durch § 2 Abs 2a EStG. Dieser bestimmt, dass Verluste aus Betrieben, deren Unternehmensschwerpunkt im Verwalten unkörperlicher Wirtschaftsgüter oder in der gewerblichen Vermietung von Wirtschaftsgütern gelegen ist, weder ausgleichs- noch vortragsfähig sind. Solche Verluste sind mit Gewinnen aus diesem Betrieb frühestmöglich zu verrechnen. Dies gilt auch für Verluste aus bestimmten Beteiligungen oder Betrieben (wenn das Erzielen steuerlicher Vorteile im Vordergrund steht).
[65] Ein Verlustrücktrag ist nicht vorgesehen. Darin sieht der VwGH keine Unbilligkeit iSd § 236 BAO (VwGH 13.2.91, 86/13/0120; 7.11.89, 89/14/0136; siehe auch Jakom 4 Rz 167).
[66] Die diesbezügliche Regelung enthält § 2 Abs 2b EStG. Die Begründung in der Verlustvortragsbeschränkung liegt in einer stärker an der aktuellen Liquidität von Unternehmen ausgerichteten Betrachtungsweise. Daher sollen sowohl die Verlustverrechnung als auch der Verlustabzug betraglich beschränkt werden (*Kohler/GebhartLenneis*, EStG 1.1.2010, 27).

Ausgaben, die mit keiner Einkunftsart in Zusammenhang stehen und weder zu den Betriebsausgaben noch zu den Werbungskosten gehören. Zu den Sonderausgaben zählt aber auch der Verlustabzug.

§ 18 Abs 1 EStG nennt im Einzelnen folgende Sonderausgaben:

Art	Höchstbetrag	Teil des Sonderausgabenpauschales
Renten und dauernde Lasten	Unbegrenzt	Nein
Versicherungsprämien, Wohnraumschaffung und -sanierung[67]	€ 2.920 allgemein, zusätzlich € 2.920 für Alleinverdiener und Alleinerzieher sowie zusätzlich € 1.460 bei mindestens 3 Kindern	Ja
Kirchenbeiträge	€ 400	Nein
Steuerberatungskosten	Unbegrenzt	Nein
Zuwendungen an begünstigte Spendenempfänger (Empfänger gem § 4a Abs 1 und 2)[68]	10% der Einkünfte des Vorjahres	Nein
Geldzuwendungen an begünstigte Spendenempfänger (an Empfänger gem § 4a Abs 3 und 4)[69]	10% der Einkünfte des Vorjahres	Nein

Grundsätzlich kann nur derjenige Sonderausgaben geltend machen, der zur Leistung der Aufwendungen verpflichtet ist, und bei dem sie tatsächlich abfließen. Versicherungsbeiträge, Aufwendungen für Wohnraum und Kirchenbeiträge kann der Steuerpflichtige aber auch dann absetzen, wenn sie für den nicht dauernd getrennt lebenden (Ehe)Partner und für Kinder geleistet werden.[70]

---

[67] Einschleifung ab Einkünften in Höhe von € 36.400. Ab € 60.000 keine Absetzbarkeit mehr.
[68] In die 10%-Grenze sind auch die Spenden aus dem Betriebsvermögen im Sinne des § 4a Z 1 und 2 einzurechnen.
Liste der begünstigen Spendenempfänger: https://www.bmf.gv.at/Steuern/Fachinformation/Einkommensteuer/AbsetzbarkeitvonSpenden/Listenderbegnstigte_10632/BegnstigterEmpfnger_4096/_start.htm sowie die im Gesetz genannten Institutionen
[69] Liste der begünstigen Spendenempfänger: http://www.bmf.gv.at/Service/allg/spenden/show_mast.asp; Bei Unternehmen sind auch Sachspenden zulässig, aber nur bei Spendenempfängern für Mildtätigkeit, Entwicklungs- und Katastophenhilfe.
[70] Weiterführend *Wanke* in *Wiesner/Grabner/Wanke*, MSA EStG 11. EL, § 18 Anm 130.

3.4.1.6. Sonstige Abzüge

Der Gesamtbetrag der Einkünfte ist weiters um die außergewöhnlichen Belastungen sowie um bestimmte Freibeträge[71] zu kürzen, ehe sich das Einkommen iSd § 2 Abs 2 EStG ergibt.

Bei außergewöhnlichen Belastungen handelt es sich an sich um Aufwendungen der Lebensführung, die aber die persönliche Leistungsfähigkeit mindern und daher steuerlich abzugsfähig sind. Für die steuerliche Berücksichtigung ist dabei notwendig, dass die Aufwendungen außergewöhnlich sind, zwangsläufig erwachsen und die wirtschaftliche Leistungsfähigkeit wesentlich[72] beeinträchtigen. Wenn die entsprechenden Ausgaben bereits im Rahmen der Betriebsausgaben oder Werbungskosten zu erfassen sind, ist die Berücksichtigung als außergewöhnliche Belastung ausgeschlossen. Außergewöhnliche Belastungen sind somit von Amts wegen zu berücksichtigen, der Nachweis obliegt aber dem Steuerpflichtigen.[73]

3.4.2. Körperschaftsteuer

3.4.2.1. Einkommensbegriff und Einkommensermittlung

§ 7 Abs 2 KStG enthält einen eigenständigen körperschaftsteuerrechtlichen Einkommensbegriff. Die Definition des Einkommens erfolgt dabei weitgehend in Anlehnung an das EStG und lässt sich übersichtsartig wie folgt darstellen:

Gesamtbetrag der Einkünfte aus den im EStG aufgezählten Einkunftsarten
(nach Ausgleich mit Verlusten einzelner Einkunftsarten)
– Sonderausgaben (8 Abs 4 KStG)
– Freibetrag für begünstigte Zwecke (23 KStG)

= Einkommen lt KStG[74]

Bei unternehmensrechtlich buchführungspflichtigen Körperschaften, also insb bei Kapitalgesellschaften, und bei Betrieben gewerblicher Art gelten stets alle Einkünfte als Einkünfte aus Gewerbebetrieb.[75]

Wie das Einkommen, speziell die Einkünfte, zu ermitteln sind, ergibt sich in erster Linie aus den Vorschriften des EStG (§7 Abs 2 KStG). Für Körperschaften mit betrieblichen Einkünften ist daher insbesondere der dritte Abschnitt des EStG (§§ 4–14) anzuwenden. Der Verweis auf das Einkommensteuerrecht bewirkt allerdings nicht die pauschale Übernahme sämtlicher Regelungen. Es werden vielmehr jene übernommen, die zu steuerlich sinnvollen Ergebnissen führen und deren Anwendung nicht von vornherein auf natürliche Personen beschränkt ist.[76]

---

[71] Landarbeiterfreibetrag und Freibetrag für Inhaber von Amtsbescheinigungen und Opferausweisen.
[72] Eine wesentliche Beeinträchtigung liegt vor, wenn die Aufwendungen die in § 34 Abs 4 EStG festgesetzten Prozentsätze des Einkommens übersteigen (Selbstbehalt). Bestimmte im Gesetz ausdrücklich angeführte Belastungen (Katastrophenschäden etc) sind ohne Selbstbehalt abzugsfähig oder werden durch Freibeträge (Körperbehinderung) oder Pauschalbeträge (auswärtige Berufsausbildung eines Kindes) berücksichtigt.
[73] *Doralt/Ruppe,* Steuerrecht I[9] (2007) Rz 654.
[74] *Heinrich* in *Quantschnigg/Renner/Schellmann/Stöger*, KStG 1988, § 7 Rz 28.
[75] Von dieser Regelung sind lediglich bestimmte Privatstiftungen ausgenommen (§ 13 Abs 1 Z 1 KStG).
[76] Zur konkreten Anwendbarkeit der einkommensteuerlichen Vorschriften siehe Körperschaftsteuerrichtlinien 2001 Rz 294.

Die Art der Einkünfteermittlung bestimmt sich ebenfalls in erster Linie aus den Vorschriften des EStG iVm der BAO. Grundsätzlich können dabei sämtliche Arten der Einkünfteermittlung in Frage kommen.[77] Körperschaften, insbesondere also Kapitalgesellschaften, die aufgrund ihrer Rechtsform zur Rechnungslegung verpflichtet sind,[78] haben den Gewinn nach § 5 EStG zu ermitteln. Auch unternehmensrechtlich buchführungspflichtige Betriebe gewerblicher Art von Körperschaften des öffentlichen Rechts und rechnungslegungspflichtige Genossenschaften[79] haben die Gewinnermittlung zwingend nach § 5 EStG durchzuführen (§ 7 Abs 3 KStG).

3.4.2.2. Einlagen, Entnahmen und Einkommensverwendung

Bei der Ermittlung des Einkommens haben Einlagen außer Ansatz zu bleiben. Es kommt dadurch zu keiner Erhöhung des zu versteuernden Einkommens. Sie sind daher nicht steuerbar. Einlagen können Geld- oder Sachzuwendungen sein, ob diese bei Gründung oder zu einem späteren Zeitpunkt zugeführt werden oder ob sie offen oder verdeckt geleistet werden, ist gleichgültig.[80] Verdeckte Einlagen liegen dann vor, wenn ein Gesellschafter der Gesellschaft Vermögensvorteile zuwendet, die nach außen hin in eine gewöhnliche Rechtsbeziehung gekleidet sind, ihre Ursache aber im Gesellschaftsverhältnis haben.[81]

Für die Ermittlung des Einkommens ist weiters ohne Bedeutung, ob es zu einer offenen oder verdeckten Ausschüttung des Einkommens kommt, ob dieses entnommen oder in anderer Weise verwendet wird. Ebenso wie im Einkommensteuerrecht gilt damit das Prinzip der Unbeachtlichkeit der Einkommensverwendung.[82] Insbesondere kann bei Kapitalgesellschaften die Ausschüttung des Gewinns das zu versteuernde Einkommen nicht mindern. § 8 Abs 3 KStG sieht vor, dass auch Ausschüttungen auf Partizipationskapital und Genussrechte, Rückvergütungen von Genossenschaften und garantierte Dividenden bei zivilrechtlichen Organschaften[83] als Einkommensverwendung anzusehen sind.

Eine besondere Problematik der Körperschaften stellen die verdeckten Gewinnausschüttungen dar. Bei einer verdeckten Gewinnausschüttung fließen von der Körperschaft einem Beteiligten[84] Zuwendungen (Vorteile) in einer Art und Weise zu, dass die Einkommensverwendung nicht unmittelbar erkennbar ist. Die Zuwendung hat ihre Ursache im Gesellschaftsverhältnis und würde in dieser Form oder diesem Ausmaß einem Dritten, der der Körperschaft fremd gegenübersteht, nicht gewährt.[85] Verdeckte Gewinnaus-

---

[77] *Heinrich* in *Quantschnigg/Renner/Schellmann/Stöger*, KStG 1988, § 7 Rz 191.
[78] § 124 BAO.
[79] Weiterführend siehe *Heinrich* in *Quantschnigg/Renner/Schellmann/Stöger*, KStG 1988, § 7 Rz 164.
[80] SWK-Spezial KöSt 2010, 81f.
[81] KStR Rz 683 spricht von indirekt verdeckten Einlagen; Beispiele zu verdeckten Einlagen siehe SWK-Spezial KöSt 2010, 83f.
[82] *Doralt/Ruppe*, Steuerrecht I^9 (2007) Rz 975.
[83] Diese sind lt *Renner* in *Quantschnigg/Renner/Schellmann/Stöger*, KStG 1988, § 8 Rz 103 trotz Ersatz der Organschaftsbestimmungen durch die Gruppenbesteuerung zivilrechtlich weiterhin möglich.
[84] Die Beteiligung kann mittelbar oder unmittelbar sein; auch nahestehende Personen des Gesellschafters werden erfasst.
[85] *Nolz/Loukota*, Steuerpraxis 91/92, Einkommensteuer Rz 622.

schüttungen liegen dann vor, wenn die Gesellschaft dem Gesellschafter ein zu hohes Entgelt (für Miete oder Pacht, Gehälter) gewährt.[86] Die verdeckte Gewinnausschüttung besteht dabei in Höhe des unangemessenen Entgelts. Der fremdübliche Teil des Entgelts ist hingegen als Betriebsausgabe der Körperschaft zu behandeln.[87]

3.4.2.3. Befreiung für Beteiligungserträge

§ 10 KStG enthält eine sachliche Steuerbefreiung für bestimmte Beteiligungserträge. Die Beteiligungsertragsbefreiung verhindert, dass Erträge einer mehrfachen Belastung mit Körperschaftsteuer ausgesetzt sind.[88] Es gilt zwischen dem inländischen und dem internationalen Schachtelprivileg zu unterscheiden.

Laufende Beteiligungserträge von inländischen Kapitalgesellschaften sind von der Besteuerung ausgenommen.[89] Der häufigste Anwendungsfall des § 10 Abs 1 KStG sind Gewinnanteile[90] jeder Art aufgrund einer Beteiligung an inländischen Kapitalgesellschaften und Genossenschaften.[91]

Derartige und weitere Voraussetzungen sind dagegen für die Inanspruchnahme des internationalen Schachtelprivilegs vorgesehen. Das internationale Schachtelprivileg ist einerseits enger als die inländische Beteiligungsertragsbefreiung, anderseits ist es auch weiter ausgestaltet als das inländische, weil bei Erfüllung der Voraussetzungen neben den laufenden Gewinnanteilen jeder Art Veräußerungsgewinne von der Besteuerung ausgenommen sind.[92]

3.4.2.4. Abzugsfähige Aufwendungen

§ 11 KStG stellt klar, dass neben den nach EStG ohnehin abzugsfähigen Betriebsausgaben auch weitere Aufwendungen als Betriebsausgaben gelten. So stellen bei buchführungspflichtigen Körperschaften gem § 7 Abs 3 KStG die in unmittelbarem wirtschaftlichem Zusammenhang mit Einlagen und Beiträgen stehenden Aufwendungen (Emissionskosten) Betriebsausgaben dar.

3.4.2.5. Nicht abzugsfähige Aufwendungen

Unter das Abzugsverbot des § 12 KStG fallen insbesondere bestimmte Repräsentationsaufwendungen, Steuern vom Einkommen und sonstige Personensteuern, Schmier- und Bestechungsgelder, Spenden (ausgenommen an die nach § 4a EStG begünstigten Spen-

---

[86] Auch Darlehen mit außergewöhnlich niedrigen Zinsen werden eine verdeckte Gewinnausschüttung darstellen.
[87] Bewirkte verdeckte Gewinnausschüttungen können nicht mehr rückgängig gemacht werden.
[88] SWK-Spezial KöSt 2010, 108.
[89] Die Höhe der Beteiligung spielt hier keine Rolle.
[90] Die Formulierung „Gewinnanteile jeder Art" bedeutet, dass auch verdeckte Gewinnausschüttungen von der Steuerbefreiung erfasst sind. Die Steuerbefreiung ist sonst an keinerlei weitere Bedingungen geknüpft. Insbesondere sind kein Mindestbeteiligungsausmaß und keine Mindestbeteiligungsdauer gefordert.
[91] Weites besteht eine Befreiung für EU/EWR-Portfoliodividenden (§ 10 Abs 5 und 6 KStG).
[92] Daneben besteht für den Steuerpflichtigen auch die Option, Substanzgewinne und -verluste als steuerpflichtig zu behandeln. Unter bestimmten Voraussetzungen erfolgt ein Wechsel von der Befreiungs- zur Anrechnungsmethode (vgl VO BGBl II 2004/295).

denempfänger) sowie die Hälfte der Aufsichtsratsvergütungen. Wenn die Aufwendungen mit nicht steuerpflichtigen oder endbesteuerten (KESt) Erträgen in Zusammenhang stehen, sind sie ebenfalls nicht abzugsfähig.[93]

Abschreibungen von Beteiligungen iSd § 10 KStG auf den niedrigeren Teilwert dürfen dann nicht abgezogen werden, wenn der Grund für die Wertminderung in einer Ausschüttung der Beteiligungsgesellschaft gelegen ist (ausschüttungsbedingte Teilwertabschreibungen).[94] Darüber hinaus enthält das KStG auch für abzugsfähige Teilwertabschreibungen und Verluste eine besondere Regelung (§ 12 Abs 3 Z 2 KStG). Diese sind nicht zur Gänze im Jahr der Wertminderung oder Veräußerung zu berücksichtigen, sondern sind in dem betreffenden Wirtschaftsjahr und den darauf folgenden sechs Wirtschaftsjahren zu je einem Siebentel zu berücksichtigen.[95] Ausnahmen von dieser „Siebentelregelung" bestehen für Beteiligungen im Umlaufvermögen, bei Zuschreibungen sowie der gewinnrealisierenden Veräußerung einer anderen Beteiligung.[96] Mit dieser Vorschrift sollen die Möglichkeiten mehrfacher Verlustverwertungen eingeschränkt werden.

3.4.2.6. Sonderausgaben

Wie bei natürlichen Personen dürfen auch bei der Einkommensermittlung von Körperschaften Sonderausgaben von der Steuerbemessungsgrundlage abgezogen werden. Voraussetzung hiefür ist, dass eine Ausgabe nicht bereits als Betriebsausgabe oder Bestandteil der Werbungskosten geltend gemacht werden kann.

Der § 8 Abs 4 EStG führt jene Sonderausgabentatbestände des EStG an, die auf Körperschaften anwendbar sind (Renten und dauernde Lasten, Steuerberatungskosten, Spenden sowie der Verlustabzug). Hinsichtlich der Erläuterung dieser Sonderausgaben darf auf die entsprechenden Ausführungen im Abschnitt Einkommensteuer verwiesen werden.

Für den Verlustabzug sind im KStG zusätzliche Bestimmungen für den Mantelkauf vorgesehen. Ein Mantelkauf liegt dann vor, wenn im Zuge eines entgeltlichen Vorgangs eine wesentliche Änderung der organisatorischen, wirtschaftlichen sowie insbesondere der Gesellschafterstruktur erfolgt, sodass nach dem Gesamtbild der Verhältnisse die wirtschaftliche Identität der steuerpflichtigen Körperschaft nicht mehr gegeben ist.[97] Wenn ein Mantelkauf vorliegt, steht der Verlustabzug nicht mehr zu. Von diesem Prinzip bestehen allerdings Ausnahmen, etwa im Falle der Sanierung.

---

[93] Seit dem Steuerreformgesetz 2005 waren Fremdfinanzierungskosten einer Beteiligung, die in Zusammenhang mit steuerfreien Einnahmen stehen, ex lege abzugsfähig. Durch das Budgetbegleitgesetz 2011 wurde aber das Abzugsverbot für Fremdfinanzierungszinsen in Zusammenhang mit konzerninternen Beteiligungskäufen wieder eingeführt.
[94] *Doralt/Ruppe*, Steuerrecht I^9 (2007) Rz 1022.
[95] *Doralt/Ruppe*, Steuerrecht I^9 (2007) Rz 1024.
[96] SWK-Spezial KöSt 2010, 148f.
[97] *Nolz/Loukota*, Steuerpraxis 91/92, Einkommensteuer Tz 624 (6).

3.4.2.7. Zurechnung des Einkommens

Das Einkommen wird grundsätzlich der Körperschaft, die es erzielt, zugerechnet. Von diesem Prinzip wird lediglich bei Vorliegen einer Unternehmensgruppe (§ 9 KStG) abgewichen.[98]

3.5. Tarif

3.5.1. Einkommensteuer

Die Höhe der Einkommensteuer bemisst sich nach der gesetzlichen Berechnungsformel des § 33 Abs 1 EStG. Die Einkommensteuer beträgt jährlich bis zu einem Einkommen von 11.000 Euro 0 Euro. Für Einkommensteile über 60.000 Euro beträgt der Steuersatz 50%.

Die Durchschnittsbelastung des gesamten Einkommens lässt sich hingegen nicht direkt dem Gesetzestext entnehmen. Aufgrund der geringeren Steuerbelastung auf den Eingangsstufen liegt der Durchschnittssteuersatz unter dem Marginalsteuersatz. Die ESt lässt sich dabei nach folgender Formel errechnen:

Einkommen	Einkommensteuer in Euro
über 11.000 Euro bis 25.000 Euro	$\dfrac{(\text{Einkommen} - 11.000) \times 5.110}{14\,000}$
über 25.000 Euro bis 60.000 Euro	$\dfrac{(\text{Einkommen} - 25.000) \times 15.125 + 5.100}{35.000}$
über 60.000 Euro	$(\text{Einkommen} - 60.000) \times 0{,}5 + 20.235$

Die sich aus der Anwendung des Tarifs ergebende Einkommensteuer wird noch um bestimmte Absetzbeträge gem § 33 EStG verringert.

Besondere Tarifermäßigungen (halber Durchschnittssteuersatz) bestehen gem § 37 EStG für bestimmte Einkünfte. Damit sollen insb Einkünfte, die wirtschaftlich gesehen mehreren Steuerperioden zuzurechnen wären und nun geballt in einem Veranlagungsjahr anfallen, begünstigt werden.

Darstellung der Durchschnittsbelastung für ausgewählte Einkommensstufen:[99]

Gewinn	25.000	50.000	100.000	150.000	200.000
abzgl GFB[100]	21.100	46.100	96.100	146.100	196.100
Steuer	3.686,50	14.228,21	38.285	63.285	88.285
Steuersatz	14,75%	28,46%	38,29%	42,19%	44,14%

---

[98] Das Thema der Besteuerung von Unternehmensgruppen wird bei den Überlegungen im Zuge der Unternehmensgründung keine Rolle spielen, sodass in der Folge nicht näher darauf eingegangen wird.

[99] Inkl Grundfreibetrag, jedoch ohne Absetzbeträge.

[100] Ohne Berücksichtigung der Kürzung für die Jahre 2013–2016, da diese nur den investitionsabhängigen GFB betrifft.

3.5.2. Körperschaftsteuer

Der Tarif beträgt für unbeschränkt Steuerpflichtige und ausländische Körperschaften einheitlich 25%.

3.6. Erhebung der Steuer

3.6.1. Einkommensteuer

Bei unbeschränkt Steuerpflichtigen sind drei Erhebungsformen der Einkommensteuer zu unterscheiden:

- Veranlagung,
- Steuerabzug vom Arbeitslohn bei Einkünften aus nichtselbständiger Tätigkeit (Lohnsteuer),
- Steuerabzug vom Kapitalertrag bei bestimmten Kapitalerträgen (Kapitalertragsteuer).

Die prinzipielle Erhebungsart der ESt bei Unternehmern ist die Veranlagung aufgrund einer Steuererklärung. Die Verpflichtung zur Abgabe einer Steuererklärung regelt der § 42 EStG. Die Einkommensteuer wird auf Basis der Steuererklärung mittels Bescheid festgesetzt. Deren Bezahlung erfolgt durch vierteljährliche Vorauszahlungen und eine allfällige Nachzahlung aufgrund der Veranlagung.

3.6.2. Körperschaftsteuer

Bei steuerpflichtigen Körperschaften gibt es zwei Erhebungsformen für die Körperschaftsteuer, nämlich die Veranlagung und den Steuerabzug. Durch Steuerabzug wird die Körperschaftsteuer bei Kapitalerträgen iS der § 93ff EStG in Form der Kapitalertragsteuer erhoben. In bestimmten Fällen[101] ist jedoch keine Kapitalertragsteuer einzubehalten. Die einbehaltene Kapitalertragsteuer stellt eine Steuervorauszahlung dar, die mit der endgültigen Körperschaftsteuerschuld verrechnet wird. Im Gegensatz zur Einkommensteuer hat der Kapitalertragsteuerabzug damit grundsätzlich keine Endbesteuerungswirkung. Die Erträge, von denen Kapitalertragsteuer einbehalten worden ist, sind daher weiterhin Teil des zu versteuernden Einkommens und bei der Veranlagung zu erfassen.

Bei der Veranlagung sind die Vorschriften des EStG entsprechend anzuwenden. Daraus ergibt sich ebenfalls die Verpflichtung zur Abgabe einer Steuererklärung und der Leistung vierteljährlicher Vorauszahlungen auf die Körperschaftsteuerschuld.

Eine Besonderheit der Körperschaftsteuer stellt die Mindestbesteuerung dar, deren Wirkungsweise sich wie folgt zusammenfassen lässt:

- Betroffen sind nur unbeschränkt steuerpflichtige Kapitalgesellschaften, und zwar für jedes volle Kalendervierteljahr des Bestehens der unbeschränkten Steuerpflicht.
- Die Mindeststeuer beträgt für das Kalendervierteljahr 5% eines Viertels der gesetzlichen Mindesthöhe des Grund- bzw Stammkapitals.[102]

---

[101] So zB bei Abgabe einer Befreiungserklärung iSd § 94 Z 5 EStG.
[102] Bei GmbH: EUR 1.750. bei einer AG EUR 3.500; bei Unternehmensgründung beträgt die Mindeststeuer für die ersten vier Kalendervierteljahre ab Eintritt in die unbeschränkte Steuerpflicht für jedes volle Kalendervierteljahr 273 Euro.

- Maßgebend ist jeweils die zu Beginn eines Kalendervierteljahres bestehende Rechtsform.[103]

Die Mindestkörperschaftsteuer wird mit der tatsächlichen Steuerschuld verrechnet. Soweit sie die tatsächliche Steuerschuld übersteigt, ist die nicht verrechnete Mindeststeuer als Vorauszahlung anzusehen.[104] Diese kann dann mit der tatsächlichen Steuerschuld künftiger Veranlagungszeiträume, soweit diese die Mindeststeuer übersteigt, verrechnet werden. Diese Verrechnung ist unbefristet möglich.

4. Steuerliche Konsequenzen der Unternehmensgründung

4.1. Grundsätzliche Überlegungen

Wie bereits ausführlich erörtert, wird der Gewinn von Personengesellschaften auf die Gesellschafter verteilt und von diesen, soweit sie natürliche Personen sind, wie auch der Gewinn von Einzelunternehmern der Einkommensteuer unterworfen. Für Einzelunternehmer gelten per se die Regelungen der Einkommensteuer. Kapitalgesellschaften hingegen unterliegen der Körperschaftsteuer. Vorerst sollen Gestaltungsmaßnahmen bei der Ermittlung der Steuerbelastung der Rechtsformen außer Acht gelassen werden. Damit beschränkt sich der Belastungsvergleich auf einen Vergleich der auf die Gewinne anzuwendenden Tarife.

Bei der Einkommensbesteuerung von Einzelunternehmen und Personengesellschaftern ist allerdings zu berücksichtigen, dass die Bemessungsgrundlage nicht der Gewinn des Unternehmens, sondern das Einkommen des Unternehmers (der Mitunternehmer) ist.[105] Das Einkommen umfasst neben dem Gewinn des in Rede stehenden Unternehmens die Ergebnisse aus anderen Einkunftsquellen, wobei bestimmte Beträge (Sonderausgaben, außergewöhnliche Belastungen, bestimmte Freibeträge) abzuziehen sind.

Bei der Unternehmensgründung wird es wesentlich sein, wie hoch in Zukunft die ertragsteuerliche Gesamtbelastung des gegründeten Unternehmens sein wird. Der Einkommensteuertarif reicht – wie bereits erwähnt – von 0% bis 50%. Der lineare Körperschaftsteuersatz beträgt 25%.

Eine durchschnittliche Einkommensteuerbelastung von 25% ergibt sich bei einem Jahreseinkommen von rund € 35.200, wenn der Grundfreibetrag[106] von € 3.900 steuerfrei bleibt. Das ist die Grenze, ab der eine GmbH-Gründung aus rein rechnerischer Sicht sinnvoll erscheint. Berücksichtigt man jedoch auch noch andere Faktoren, wie zB die Verwaltungs- und sonstigen Kosten für die Rechtsform, liegt diese Grenze weit höher.

Die Gewinnbesteuerung der Kapitalgesellschaften hängt in der Durchgriffsbetrachtung davon ab, welcher Anteil des Gewinnes ausgeschüttet wird. Das Einkommen der Kapitalgesellschaft unterliegt der 25%igen Körperschaftsteuer. Vom ausgeschütteten Gewinn ist die 25%ige Kapitalertragsteuer einzubehalten. Damit gilt im Regelfall die

---

[103] Die Mindeststeuer gilt auch für inaktive Kapitalgesellschaften, Holdinggesellschaften mit ausschließlich steuerbefreiten Kapitalerträgen sowie für Kapitalgesellschaften in der Liquidation oder Insolvenz. Auch bei Unternehmensgruppen fällt die Mindeststeuer an.
[104] *Doralt/Ruppe*, Steuerrecht I^9 (2007) Rz 1044.
[105] SWK-Spezial KöSt 2010 beschreibt es als Durchgriffsprinzip.
[106] Gewinnfreibetrag gemäß § 10 EStG.

Einkommensteuer der Anteilseigner als abgegolten.[107] Daher ergibt sich für ausgeschüttete Gewinne eine Gesamtsteuerbelastung von 43,75%.

Zusammenfassend ist daher festzuhalten, dass für die ertragsteuerliche Betrachtung die Annahmen über die Anzahl der Entscheidungsträger, deren andere Einkünfte und Familienverhältnisse entscheidend sein werden. Beim Personenunternehmen bestimmt sich die Höhe der Einkommensteuer direkt, bei der Kapitalgesellschaft besteht die Möglichkeit, Gewinne zu thesaurieren. Mittel zur Deckung des Lebensunterhaltes können jedoch nicht thesauriert werden.

Zusammenfassung der Grenzsteuersätze:

Rechtsform	Max Grenzsteuersatz
Personenunternehmen	50%
Thesaurierende Kapitalgesellschaft	25%
Vollausschüttende Kapitalgesellschaft	43,75%

In der Grenzbetrachtung zeigt sich die thesaurierende und die voll ausschüttende Kapitalgesellschaft dem Personenunternehmen überlegen.

4.2. Gestaltungsmöglichkeiten bei Personenunternehmen

4.2.1. Allgemeines

Als Gestaltungsmöglichkeiten sollen hier Maßnahmen verstanden werden, durch die „Gewinnanteile" umgeschichtet werden können. Umschichtung soll hier die Erfassung in einer anderen Einkunftsart und/oder bei einer anderen Person bedeuten.

4.2.2. Grenze der vertraglichen Gestaltung

Vertraglichen Gestaltungsmöglichkeiten sind aber steuerrechtliche Grenzen gesetzt:[108]

- Die vertragliche Gestaltung muss den tatsächlichen Verhältnissen entsprechen.
- An Verträge zwischen nahen Angehörigen, die eine Änderung der Zurechnung von Einkünften bewirken sollen,[109] werden von Rechtsprechung und Finanzverwaltung besondere Ansprüche gestellt. Derartige Verträge werden steuerlich nur anerkannt, wenn sie nach außen ausreichend zum Ausdruck kommen, einen eindeutigen Inhalt haben und zwischen Fremden unter den gleichen Bedingungen abgeschlossen worden wären.[110] Entspricht ein Vertrag nicht diesen Erfordernissen, bewirkt er keine Änderung in der Zurechnung der Einkünfte.

---

[107] Endbesteuerungswirkung der Kapitalertragsteuer. Ist die Besteuerung mit dem halben Durchschnittssteuersatz für den Anteilseigner günstiger, kann er diese beantragen.

[108] Weiterführend siehe EStR Rz 1127 nach der Rechtsbeziehungen zwischen nahen Angehörigen darauf hin zu untersuchen sind, ob Steuerpflichtige durch eine Art „Splitting" ihre Steuerbemessungsgrundlage mittels Absetzung von Betriebsausgaben oder Werbungskosten dadurch zu vermindern versuchen, dass sie nahen Angehörigen Teile ihres steuerpflichtigen Einkommens in Form von in Leistungsbeziehungen gekleideten Zahlungen zukommen lassen, mit deren Zufluss diese jedoch idR entweder gar keiner Steuerpflicht oder bloß einer niedrigeren Progression unterliegen.

[109] Dies trifft auch auf Verträge zwischen Kapitalgesellschaften und ihren Gesellschaftern zu.

[110] EStR Rz 1130 unter Hinweis auf VwGH 3.9.1997, 93/14/0095; VwGH 26.1.1999, 98/14/0095 sowie VwGH 22.2.2000, 99/14/0082.

- Die gewählte Gestaltung ist auch unter dem Aspekt des Missbrauchs von Formen und Gestaltungsmöglichkeiten des bürgerlichen Rechts (§ 22 BAO) zu prüfen.
- Auch ist darauf hinzuweisen, dass sich derartige Gestaltungsmaßnahmen, wenn sie nicht ausreichend flexibel sind, bei geänderten wirtschaftlichen Rahmenbedingungen (zB unerwartete Verlustsituation) als nachteilig herausstellen können.

4.2.3. Entnahme- bzw Ausschüttungspolitik

Ab 2010 gibt es für Einzelunternehmen und Personengesellschaften den Gewinnfreibetrag in Höhe von 13%.[111]

Bei voller Ausschüttung der Gewinne an die Gesellschafter ist eine GmbH erst ab einer Gewinnschwelle (vor Freibetrag für investierte Gewinne) von über EUR 187.000 günstiger.[112]

Den Gesellschaftern von Kapitalgesellschaften steht der ausgeschüttete Betrag nach Abzug der KESt in voller Höhe zur Verfügung.

Einzelunternehmer und Gesellschafter von Personengesellschaften hingegen müssen die Einkommensteuer in der Regel aus Privatentnahmen decken.

Bei einer Vergleichsrechnung sollte daher sinnvollerweise von einem in beiden Rechtsformgruppen konstanten verfügbaren Einkommen nach Abzug der Steuern ausgegangen werden.

4.2.4. Aufteilung der Einkünfte im Familienverband

Die Höhe der Grenzsteuersätze dient als Vergleichsmaßstab für die Vorteilhaftigkeitsüberlegungen bei der Unternehmensgründung. Die steuerliche Situation kann (theoretisch) so lange verbessert werden, als Teile des Gewinnes in einer Form bezogen werden können, die zu einer niedrigeren Grenzbelastung führen als die entsprechenden Gewinne. Unterschiedliche Grenzbelastungen bestehen, weil es einkunftsartspezifische Steuervorteile (zB Freibeträge, begünstigte Besteuerung der sonstigen Bezüge) gibt, weil bestimmte Einkunftsarten nicht nach Tarif zu versteuern sind (endbesteuerte Einkünfte) und weil durch eine Aufteilung des Einkommens auf mehrere Personen eine Aufteilung der Progression möglich ist.[113]

Durch die Aufteilung der Einkünfte im Familienverband kann vor allem für Einzelunternehmer und Personengesellschaften ein Steuervorteil erzielt werden, weil die niedrigen Einkommensteuersätze der unteren Tarifstufen mehrfach ausgenutzt werden können. Im Einzelunternehmen kann dies zB durch Dienstverhältnisse mit den mittätigen Familienangehörigen, in Personengesellschaften durch die Beteiligung von Familienangehörigen erreicht werden.

Auch hier werden von der Finanzverwaltung nur fremdübliche und im Vorhinein getroffene schriftliche Vereinbarungen anerkannt.[114]

---

[111] Der Grundfreibetrag bis zu einem Gewinn von EUR 30.000 ist nicht durch Investitionen zu unterlegen.
[112] Durch die Änderungen des 1. StabG 2012 (BGBl I 2012/22) wird bei den Veranlagungen der Jahre 2013–2016 die Gewinnschwelle niedriger sein.
[113] Es werden genauere Berechnungen anzustellen sein, wenn die Veränderung der Bemessungsgrundlage, auf die die zu vergleichenden Grenzsteuersätze anzuwenden sind, nicht gleich ist (zB unterschiedliche Abschreibung im Betriebsvermögen bzw bei Vermietung).
[114] Näher dazu in Punkt 4.2.2.

4.2.5. Erzielung anderer Einkünfte

Wenn neben der betrieblichen Tätigkeit zB auch Einkünfte aus einem Dienstverhältnis, aus Vermietung und Verpachtung oder aus Land- und Forstwirtschaft erzielt werden, müssen diese Beträge bei der Rechtsformwahl berücksichtigt werden. Relevant ist jeweils das jährlich zu versteuernde Einkommen.

4.2.6. Sonstige Überlegungen

Die Verluste der GmbH können mit den Tätigkeitsvergütungen an die Gesellschafter nicht ausgeglichen werden. Die Gesellschafter müssen Einkommensteuer bezahlen, obwohl die GmbH Verluste macht. Zusätzlich muss die Mindestkörperschaftsteuer entrichtet werden.

Der Start mit einer GmbH für ein neu gegründetes Unternehmen ist daher steuerlich oftmals ungünstig. Sollte eine beschränkte Haftung erwünscht sein, kann eine GmbH & Co KG gewählt werden, bei welcher der Verlustausgleich möglich ist.

4.2.7. Besonderheiten bei Personengesellschaften

Schuldrechtliche Beziehungen zwischen Unternehmen und Unternehmer(n) werden steuerlich nicht anerkannt. Vergütungen, die die Gesellschafter von der Gesellschaft für ihre Tätigkeit im Dienste der Gesellschaft, für die Hingabe von Darlehen oder für die Überlassung von Wirtschaftsgütern bezogen haben, gelten als Gewinnvorab. Eine Verlagerung von Einkunftsteilen in andere Einkunftsarten ist nicht möglich. Der gesamte Gewinn wird nach dem ESt-Tarif versteuert.

Steht ein Wirtschaftsgut im Eigentum eines Gesellschafters, dient es aber zum gemeinsamen Betrieb, zählt es ebenfalls zum Betriebsvermögen der Gesellschaft.[115] Zum Sonderbetriebsvermögen gehören auch Wirtschaftsgüter, die der Beteiligung des jeweiligen Gesellschafters dienen.[116] Soll ein Wirtschaftsgut nicht zum (Sonder)Betriebsvermögen gehören, kann es dem Unternehmen von einem Familienmitglied, das nicht am Unternehmen beteiligt ist, vermietet werden.

4.3. Kapitalgesellschaft

4.3.1. Besteuerung der Geschäftsführung

Bei einer GmbH sind zwischen den Gesellschaftern bzw diesen nahe stehenden Personen und der Gesellschaft fremdübliche Vereinbarungen erforderlich. Das gilt für alle Rechtsgeschäfte (zB Dienstverhältnis, Mitarbeitsvergütung, Vermietung, Verkäufe, Darlehen), die zwischen Gesellschaft und Gesellschaftern bzw diesen nahe stehenden Personen abgeschlossen werden.

Durch die Gestaltung „Kapitalgesellschaft mit Tätigkeitsvergütungen an die Gesellschafter" wird der niedrige Körperschaftsteuersatz für nicht ausgeschüttete Gewinne mit den niedrigen Einkommensteuersätzen der unteren Tarifstufen für die Mittel, die der Gesellschafter für seinen Lebensunterhalt braucht, auf günstige Weise kombiniert.

---

[115] Sonderbetriebsvermögen I, das in einer Ergänzungsbilanz auszuweisen ist; *Doralt/Ruppe*, Steuerrecht I^9 (2007) Rz 542.

[116] *Doralt/Ruppe*, Steuerrecht I^9 (2007) Rz 542 führen als Beispiel für das Sonderbetriebsvermögen II die Schulden an, mit denen die Beteiligung finanziert wird.

4.3.1.1. Bei der Kapitalgesellschaft

Ein Geschäftsführerbezug eines Gesellschafters in fremdüblicher Höhe wird als Betriebsausgabe anerkannt. Bei der Beurteilung der Angemessenheit ist die „Gesamtausstattung" des Dienstverhältnisses (laufender Lohn, Sachbezüge, Pensionszusagen uÄ) entscheidend.[117] Unangemessen hohe Vorteile werden als verdeckte Gewinnausschüttung behandelt und sind bei der Kapitalgesellschaft nicht als Betriebsausgabe abzugsfähig.

Eine Pensionsrückstellung darf für schriftliche, rechtsverbindliche und unwiderrufliche Pensionszusagen und für direkte Leistungszusagen im Sinne des Betriebspensionsgesetzes an GmbH-Geschäftsführer gebildet werden und zwar unabhängig von der Einkunftsart des Geschäftsführers und vom Vorliegen eines arbeitsrechtlichen Dienstverhältnisses.[118] Unangemessen hohe Pensionszusagen können auch nicht anteilsmäßig anerkannt werden.[119] Die Beurteilung der Angemessenheit hat gemeinsam mit dem Aktivbezug zu erfolgen.[120]

Aufgrund der verschärften Judikatur des Verwaltungsgerichtshofes werden als Nebenkosten noch Kommunalsteuer, Dienstgeberbeitrag nach § 41 FLAG und gegebenenfalls Dienstgeberzuschlag anfallen.[121]

4.3.1.2. Beim Gesellschafter-Geschäftsführer

Geschäftsführerbezüge zählen zu den Einkünften aus nichtselbständiger Arbeit, wenn der Geschäftsführer an der Kapitalgesellschaft nicht wesentlich beteiligt ist (max 25%) und wenn die allgemeinen Merkmale eines Dienstverhältnisses (mit Ausnahme der Weisungsgebundenheit) erfüllt sind. Der durch Gesellschaftsvertrag weisungsfrei gestellte Arbeitnehmer mit einer Beteiligung bis 25% ist somit lohnsteuerpflichtiger Dienstnehmer.[122]

---

[117] Zu den Umständen, die als Maßstab für die Angemessenheit der Vergütung herangezogen werden können, weiterführend KöstR 2001 Rz 961 und zB VwGH 20. 9.1983, 82/14/0273.
[118] EStR Rz 3370.
[119] *Quantschnigg/Schuch*, ESt-HB, § 14 Tz 51.2 sowie weiterführend KöstR 2001 Rz 1059ff.
[120] KöstR 2001 Rz 1059 unter Hinweis auf VwGH 23.5.1978, 1630/77, 1805/77.
[121] Auf Grund der verschärften Rechtsprechung des VwGH vom 10.11.2004, 2003/13/0018 werden für den Bereich der Lohnnebenkosten wesentlich beteiligte Gesellschafter-Geschäftsführer (>25% Beteiligung) idR als Dienstnehmer qualifiziert. Bezüge von wesentlich beteiligten Gesellschafter-Geschäftsführern unterliegen der Lohnnebenkostenpflicht, obwohl diese Personen Einkünfte aus selbständiger Arbeit beziehen.
Dies bedeutet eine wesentliche Unterscheidung zu Dienstnehmern (zB nicht wesentlich beteiligte Gesellschafter-Geschäftsführer), bei denen Kostenersätze gem. § 26 EStG nicht zu den Einkünften aus nichtselbständiger Arbeit zählen und daher nicht der Lohnsteuerpflicht unterliegen.
Seit der Judikatur des Verwaltungsgerichtshofes aus dem Jahr 2004 reicht grundsätzlich die Eingliederung des Geschäftsführers in den Betrieb. Die Rechtsprechung versteht die Eingliederung funktionell, das heißt unabhängig von der Frage, ob jemand weisungsgebunden bzw untergeordnet ist. Die funktionelle Eingliederung liegt dann vor, wenn man die Geschäftsführung innehat oder sonst operativ für die Gesellschaft tätig ist.
[122] *Braunsteiner ua* in *Wiesner/Grabner/Wanke*, MSA EStG 10 GL, § 25 Anm 18; *Fritz*, SWK-Spezial Der GmbH-Geschäftsführer, Rz 1144ff. Die Vereinbarung einer Sperrminorität steht somit einem Dienstverhältnis nicht entgegen.

Beträgt hingegen die Beteiligung am Nennkapital mehr als 25%, zählen die Gehälter und Vergütungen zu den Einkünften aus selbständiger Arbeit, wenn sonst alle Merkmale eines Dienstverhältnisses vorliegen (§ 22 Z 2 Teilstrich 2 EStG).[123]

Fehlen die Merkmale eines Dienstverhältnisses, können je nach Inhalt der Tätigkeit Einkünfte aus sonstiger selbständiger Arbeit (§ 22 Z 2 Teilstrich 1 EStG) oder Einkünfte aus Gewerbebetrieb vorliegen.[124]

Die Einordnung als Einkünfte aus nichtselbständiger Arbeit bringt folgende Vorteile:
- begünstigte Besteuerung (Freibetrag, fix mit 6 %) der sonstigen Bezüge nach § 67 EStG (13., 14. Bezug, …);
- Steuerfreiheit für bestimmte Zuschläge und Zulagen (Sonntags-, Feiertags-, Nachtarbeitszuschläge, Schmutz-, Erschwernis-, Gefahrenzulage, begrenzte Überstundenzuschläge – § 68 EStG);
- auf Arbeitnehmer eingeschränkte Steuerbefreiungen und nicht steuerbare Beträge sind anwendbar (§ 3 Abs 1 Z 13, 15, 21, § 26 EStG);
- günstige Bewertung der Sachbezüge;
- Werbungskostenpauschale (§ 16 Abs 3 EStG);
- Arbeitnehmer- und Verkehrsabsetzbetrag (§ 33 Abs 5 EStG).

Die Besteuerung der sonstigen Bezüge mit 6% ohne Berücksichtigung der Progressionsstufe führt häufig dazu, dass sich Gesellschafter-Geschäftsführer nur mit 25% beteiligen.

Als Vorteile bei Einkünften aus selbständiger Arbeit oder aus Gewerbebetrieb werden genannt:[125]
- eventuell bessere Absetzmöglichkeiten, da der Betriebsausgabenbegriff weiter ist als der Werbungskostenbegriff, zB tatsächliche Fahrtkosten statt Pendlerpauschale;
- Betriebsausgabenpauschale iHv 6% neben Pflichtbeiträgen zur Sozialversicherung;
- Stundungseffekt durch lediglich quartalsmäßige Einkommensteuervorauszahlungen;
- steuerliche Gestaltungsmöglichkeiten durch Zu- und Abflussprinzip;
- Gewinnfreibetrag kann in Anspruch genommen werden.

4.3.1.3. Gesamtsteuerbelastung der Geschäftsführerbezüge

Bezieht der Geschäftsführer Einkünfte aus nichtselbständiger Arbeit, so profitiert er vor allem von der Begünstigung für sonstige Bezüge. Unter Berücksichtigung dieses Vorteils ergibt sich für Einkünfte aus nichtselbständiger Arbeit ein maximaler Grenzsteuersatz von 43,7%.

Aus Pensionsrückstellungen ergeben sich weitere, allgemein aber nicht zu quantifizierende Vorteile, aber auch Nachteile. Betriebswirtschaftlich ist nämlich zu berücksichtigen, dass die Rückstellungsbildung steuerlich dazu führt, dass 50% des Rückstellungsbetrages und nicht des dadurch bewirkten Steuerkredites in nicht endbesteuerten und da-

---

[123] Bei Pensionsbezügen ist zu beachten, dass sie Einkünfte aus sonstiger selbständiger Arbeit darstellen, wenn der Empfänger in den letzten 10 Jahren vor Beendigung der Tätigkeit durch mehr als die Hälfte des Tätigkeitszeitraumes wesentlich beteiligt war.
[124] *Zorn*, Geschäftsführung, 23ff.
[125] ZB *Zorn*, Geschäftsführung, 66f.

her netto relativ schlecht verzinslichen Wertpapieren gebunden sind (Wertpapierdeckung).

4.3.2. Vermietung von Liegenschaften

Eine weitere Gestaltungsmöglichkeit besteht darin, der Kapitalgesellschaft Wirtschaftsgüter, die im Privatvermögen eines Gesellschafters stehen, entgeltlich zur Nutzung zu überlassen. Diese Gestaltung wird – sowohl aus steuerlichen als auch aus haftungsrechtlichen Gründen – häufig bei Grundstücken angewendet.

Ein angemessenes Nutzungsentgelt stellt bei der Kapitalgesellschaft eine Betriebsausgabe dar. Der Gesellschafter erzielt Einnahmen aus Vermietung und Verpachtung. Bei der Entscheidung, ob Liegenschaften an die Kapitalgesellschaft vermietet oder dieser als Sacheinlage gewidmet werden sollen, ist nicht nur die Grenzsteuerbelastung allein maßgeblich. Folgende Überlegungen können hier angestellt werden:

- Ohne besonderen Nachweis beträgt die AfA bei Grundstücken, die unmittelbar der Betriebsausübung eines Gewerbetreibenden dienen, bis zu 3%.[126] Bei den Einkünften aus Vermietung und Verpachtung werden hingegen ohne besonderen Nachweis nur 1,5% anerkannt. Im außerbetrieblichen Bereich sind keine Teilwertabschreibungen möglich. Abschreibungen für außergewöhnliche technische oder wirtschaftliche Abnutzung können hingegen vorgenommen werden.
- Wertsteigerungen von Liegenschaften im Betriebsvermögen unterliegen bei Veräußerung oder Entnahme der Besteuerung nach dem Tarif. Eine Veräußerung aus dem Privatvermögen außerhalb der Spekulationsfrist war bis 31.3.2012 nicht steuerbar. Seit dem 1.4.2012[127] unterliegt auch die Veräußerung privater Immobilien der Ertragsbesteuerung mit einem Steuersatz von 25%.

4.3.3. Besteuerung von Darlehensverträgen

Grundsätzlich steht es dem Steuerpflichtigen frei, sein Unternehmen mit Eigen- oder Fremdkapital[128] zu finanzieren. Bei Kapitalgesellschaften könnten sich steuerliche Vor-

---

[126] Je nach Art der Nutzung des Gebäudes (§ 8 Abs 1 EStG).
[127] Aufgrund der Bestimmungen des 1. Stabilitätsgesetzes (§ 30–30b EStG) unterliegen Einkünfte aus der Veräußerung von Grundstücken ab 1. April 2012 einem besonderen Steuersatz von 25% und wirken nicht progressionserhöhend für das Resteinkommen.
Werden die anderen laufenden Einkünfte niedriger als durchschnittlich mit 25% besteuert, so kann auf Antrag der niedrigere Tarifsteuersatz angewendet werden (Regelbesteuerungsoption). Die Regelbesteuerungsoption kann nur für sämtliche (betriebliche und außerbetriebliche) Einkünfte aus Grundstücksveräußerungen ausgeübt werden, die dem besonderen Steuersatz von 25% unterliegen. Der Veräußerungsgewinn wird jedenfalls durch die Differenz zwischen Veräußerungserlös und Anschaffungskosten bestimmt.
Der Veräußerungserlös ist dabei immer in tatsächlicher Höhe anzusetzen. Für die davon abzuziehenden Anschaffungskosten ist zu unterscheiden zwischen
  - Neuvermögen (Grundstück am 31. März 2012 steuerverfangen): hier werden die tatsächlichen Anschaffungskosten – gegebenenfalls adaptiert – abgezogen und
  - Altvermögen (Anschaffung vor dem 1. April 2002): hier wird grundsätzlich ein großzügiger pauschaler Wert für die Anschaffungskosten angesetzt.
[128] Gesellschafterdarlehen.

teile ergeben, wenn der Gesellschafter der Gesellschaft benötigtes Kapital in Form eines Gesellschafterdarlehens anstatt als Eigenkapital zuführt. Die Grenze zieht die Rechtsprechung dort, wo verdecktes Eigenkapital oder eine verdeckte Gewinnausschüttung vorliegt. Folgende Fallkonstellationen sind denkbar:

Fremdübliche Gestaltungen werden als Leistungsbeziehung anerkannt. Angemessene Zinsen für ein Gesellschafterdarlehen sind bei der Kapitalgesellschaft Betriebsausgaben, beim Gesellschafter Einnahmen aus Kapitalvermögen und nach dem Einkommensteuertarif zu versteuern (Belastung somit maximal 50%).

Bei einer zu niedrigen Verzinsung in Kombination mit einer fremdüblichen Gewährung und fremdüblichen Rückzahlungsmodalitäten wird die Differenz auf den fremdüblichen Teil grundsätzlich eine unbeachtliche Nutzungseinlage darstellen.

Wenn hingegen die Darlehensgewährung nicht fremdüblich ist oder die Rückzahlung nicht beabsichtigt oder nicht fremdüblich geregelt ist bzw keine Zahlungen stattfinden, liegt verdecktes Eigenkapital vor. Die „Zinsenzahlungen" stellen dann eine Gewinnausschüttung dar.[129]

Eine zu hohe Verzinsung wird eine verdeckte Ausschüttung bewirken.

4.4. Kapitalgesellschaft & Co

Soll aus außersteuerlichen Gründen das Haftungsrisiko minimiert werden, kann dies nicht nur durch eine Kapitalgesellschaft, sondern auch durch eine Kapitalgesellschaft & Co KG erreicht werden.

Diese ist eine Kommanditgesellschaft (KG), deren einziger Komplementär eine Kapitalgesellschaft ist. Die Kapitalgesellschaft übernimmt als Komplementär die Geschäftsführung der KG und ist reiner Arbeitsgesellschafter. Die natürlichen Personen sind Kommanditisten und gleichzeitig Gesellschafter bzw Geschäftsführer der Kapitalgesellschaft. Die KG ersetzt der GmbH die Kosten für die Geschäftsführung (Tätigkeitsvergütungen der Gesellschafter-Geschäftsführer) und bezahlt eine Haftungsvergütung. Ertragsteuerlich unterliegen die Gewinnanteile der Kommanditisten – sofern es sich um natürliche Personen handelt – der Einkommensteuer. Die Tätigkeitsvergütungen der Kapitalgesellschaft werden im Rahmen der Körperschaftsbesteuerung besteuert.

5. Zusammenfassung der ertragsteuerlichen Überlegungen bei der Unternehmensgründung

Die Rechtsform Ihres Unternehmens hat Auswirkungen auf die steuerliche Belastung, weshalb Sie bei der Gründung diesen Aspekt bedenken sollten. Allerdings kann er nie alleine ausschlaggebend für die Wahl der Rechtsform sein. Entscheidend sind auch andere Punkte wie Haftung, Rechtsformaufwendungen, Publizitätspflichten und Kapital-

---

[129] SWK-Sonderheft KöSt 2010, 85.

beschaffungsmöglichkeiten. Folgende Tabelle soll einen Überblick über einige wichtige ertragsteuerliche Aspekte der Rechtsformwahl geben:

	Einzelunternehmen/ Personengesellschaft	Kapitalgesellschaft
Ertragsteuer	• Einkommensteuer (ESt) • progressiver Tarif • Freibetrag für investierte Gewinne • Übertragung stiller Reserven bzw Übertragungsrücklage möglich	• Körperschaftsteuer (KSt) • Steuersatz: 25% • Ausschüttungen: 25% KESt • Mindestbesteuerung
Dienstverhältnis	• Kein steuerliches Dienstverhältnis des Unternehmers bzw Gesellschafters möglich	• Unter bestimmten Voraussetzungen Dienstverhältnis möglich
Verlustverrechnung	• Mit anderen Einkunftsarten des Unternehmers möglich	• Kein Ausgleich mit Verlusten des Unternehmers
Zurechnung von Einkommen	• Durchgriffsprinzip bei Mitunternehmerschaften[130]	• Trennungsprinzip (fremdübliche Verträge zwischen Gesellschafter und Gesellschaft werden anerkannt)

Ein Vorteilhaftigkeitsvergleich zwischen den einzelnen Rechtsformen muss unter Berücksichtigung zahlreicher Umstände erfolgen. Dabei kann die Gewichtung von Betrieb zu Betrieb sehr unterschiedlich sein. Ein Patentrezept, das für alle gilt, gibt es nicht.

Aus rein steuerlicher Sicht kann gesagt werden, dass bei einem zu versteuernden Jahreseinkommen unter EUR 60.000 (= Grenze zu 50% ESt-Satz) eine GmbH nie lukrativ sein dürfte. Zwischen EUR 60.000 und etwa EUR 200.000 kommt es auf die Umstände (Höhe der Investitionen, Ausschüttungsverhalten, Höhe der Geschäftsführervergütung etc) im Einzelfall an. Hier könnte die Wahl einer GmbH & Co KG trotz der höheren laufenden Kosten zu überlegen sein. Bei regelmäßigem, laufendem Einkommen von über EUR 200.000 pro Jahr wird die GmbH fast immer vorteilhafter sein.

Literaturverzeichnis

Baldauf, A./Kanduth-Kristen, S./Laudacher, M./Lenneis, Ch./Marschner, E., Jakom EStG Einkommensteuergesetz – Kommentar EStG 2011[4], Wien 2011.
Doralt, W., Einkommensteuergesetz[15], Wien 2011.
Doralt, W./Ruppe, H.G., Steuerrecht I[9], Wien 2007.
Fritz, Ch., SWK-Spezial Der GmbH Geschäftsführer, Wien 2008.

---

[130] Rechtsbeziehungen zwischen Gesellschafter und Gesellschaft sind zivilrechtlich zulässig, werden aber ertragsteuerlich nicht als solche anerkannt (siehe auch 4.2.7.)

Kohler, G./Gebhart, S./Lenneis ,Ch., Einkommensteuergesetz mit den gesetzlichen Änderungen und Erläuterungen und Anmerkungen, Stand 1.1.2010, Wien 2010.
Mayr, G./Herzog, O./Blasina, H./Schwarzinger, M./Schlager Ch., Körperschaftsteuer 2010, Ein systematisches Praxishandbuch³ (SWK-Spezial), Wien 2010.
Nolz, W./Loukota, H., Einkommensteuer (Steuerpraxis 91/92), Wien 1992.
Perthold, J./ Plott, Ch., Stabilitätsgesetz 2012 (SWK-Spezial), Wien 2012.
Quantschnigg, P./ Schuch,W., Einkommensteuer-Handbuch EStG 1988, Wien 1993.
Quantschnigg, P./Renner, B./Schellmann, G./Stöger, R., Die Körperschaftsteuer KStG 1988, Wien 2011.
Stadler, R., Ausgewählte Fragen der Gewinnermittlung gem § 4 Abs 3 EStG, in *Renner, B./Schlager, J./Schwarz, R.* (Hrsg), Praxis der Gewinnermittlung (Gedenkschrift für Walter Köglberger).
Wiesner, W./Grabner, R./Wanke, R., Einkommensteuergesetz, Sonderausgabe, Wien 2011.
Zorn, N., Die Besteuerung der Geschäftsführung bei GmbH, GmbH & Co K(E)G, GmbH & Still, Wien 1992.
Einkommensteuerrichtlinien 2000, Stand 14.12.2011.
Körperschaftsteuerrichtlinien 2001, Stand 6.4.2010.

Steuerliche Gestaltung bei Unternehmensgründung einschließlich Aspekte der Rechtsformwahl

Sabine Kanduth-Kristen

1. **Vorbemerkung**
2. **Steuerliche Behandlung der Kapitalaufbringung**
    2.1. Eigenfinanzierung
        2.1.1. Ebene der Unternehmung/Gesellschaft
            2.1.1.1. Gesellschaftsteuer
            2.1.1.2. Ertragsteuern
            2.1.1.3. Umsatzsteuer
        2.1.2. Ebene des Unternehmers/Gesellschafters
            2.1.2.1. Geldeinlagen
            2.1.2.2. Sacheinlagen
    2.2. Fremdfinanzierung
    2.3. Einbringung von Grundstücken
        2.3.1. Gebühren und Verkehrsteuern
        2.3.2. Ertragsteuerliche Folgen
3. **Zusammenfassung**
Literaturverzeichnis

Steuerliche Gestaltung bei Unternehmensgründung einschließlich Aspekte der Rechtsformwahl

Meine erste „fachliche" Begegnung mit dem Jubilar fand im Rahmen eines Vortrags im Jahr 1997 zum Thema „Insolvenz und Steuern" statt. Ich stand zum damaligen Zeitpunkt am Beginn meiner wissenschaftlichen Karriere und möchte mich auf diesem Wege bei Hon. Prof. Mag. Dr. *Josef Schlager* dafür bedanken, dass er die Vortragseinladung damals ausgesprochen und damit meine weitere Auseinandersetzung mit dem Thema gefördert hat. Der nachfolgende Beitrag setzt zwar am anderen Ende des Lebenszyklus eines Unternehmens an und befasst sich mit der Unternehmensgründung, ich hoffe aber dennoch, dass er das Interesse des Jubilars *Josef Schlager*, dem er gewidmet ist, finden wird.

1. Vorbemerkung

Die steuerlichen Belastungen in der Phase der Unternehmensgründung bestehen primär aus Gebühren und Verkehrsteuern, die im Zuge der Gründung zu entrichten sind. Nachfolgend wird in knapper Form auf diese Gründungskosten, soweit diese aus Steuern und Gebühren nach dem GebG bestehen,[1] sowie auf Möglichkeiten zur Vermeidung oder Minimierung dieser Belastungen eingegangen. Dabei wird nach der Art der Kapitalaufbringung – Geld- oder Sacheinlagen – unterschieden und auch der Aspekt der Fremdfinanzierung angerissen.

Weiters werden die ertragsteuerlichen Folgen einer Unternehmensgründung auf Ebene der Unternehmung/Gesellschaft sowie auf Ebene des Unternehmers/Gesellschafters (natürliche Person) behandelt und die Bewertung von im Zuge der Gründung eingelegten Wirtschaftsgütern erörtert. Gesondert wird auf die steuerliche Behandlung von Liegenschaften nach dem 1. StabG 2012 sowie dem derzeit in Begutachtung befindlichen AbgÄG 2012 eingegangen.

2. Steuerliche Behandlung der Kapitalaufbringung

2.1. Eigenfinanzierung

2.1.1. Ebene der Unternehmung/Gesellschaft

2.1.1.1. Gesellschaftsteuer

Die steuerliche Belastung der Kapitalaufbringung im Zuge der Gründung eines Unternehmens hängt in erster Linie von der gewählten Rechtsform ab. Für die Gründung eines *Einzelunternehmens* und einer *Personengesellschaft* gibt es keine Mindestkapitalvorschriften. Geldeinlagen in Einzelunternehmen und Personengesellschaften unterliegen keiner abgabenrechtlichen Belastung. Bei Gründung einer *Kapitalgesellschaft* sind die gesellschaftsrechtlichen Mindestkapitalvorschriften zu beachten. Zudem unterliegt der Erwerb von Gesellschaftsrechten an inländischen Kapitalgesellschaften durch den ersten Erwerber gem § 2 Abs 1 KVG der Gesellschaftsteuer in Höhe von 1 % vom Wert der Gegenleistung (das ist das eingezahlte Kapital). Wird bei der Gründung einer GmbH le-

---

[1] Auf Gerichtsgebühren wird nicht im Detail eingegangen. Siehe dazu etwa *Fraberger/Rohner*, Steuerliche Konsequenzen der Unternehmensgründung, in *Bertl et al* (Hrsg), Handbuch der österreichischen Steuerlehre, Band III², 59ff.

diglich die Hälfte des Mindeststammkapitals, dh € 17.500,–, eingezahlt, beträgt die Gesellschaftsteuer € 175,–.[2] Wird die ausstehende Einlage später eingefordert, so unterliegt die Einzahlung in diesem Zeitpunkt der Gesellschaftsteuer. Steuerschuldner ist gem § 9 Abs 1 KVG die Kapitalgesellschaft. Die Gesellschaftsteuer stellt auf Gesellschaftsebene eine Betriebsausgabe dar.[3]

Das KVG weicht bei der Bestimmung der Begriffe „Kapitalgesellschaft", „Gesellschaftsrechte" und der steuerlich relevanten „Kapitalzufuhr" vom Zivilrecht ab und nimmt eigenständige, weitergehende Definitionen vor.[4] Als Kapitalgesellschaften iSd KVG gelten auch *Kommanditgesellschaften*, zu deren persönlich haftenden Gesellschaftern eine Kapitalgesellschaft gehört (GmbH & Co KG). In diesem Fall unterliegt die Aufbringung und Erhöhung der Pflichteinlage der beschränkt haftenden Gesellschafter (Kommanditisten) dem KVG.[5]

Bei *stillen Beteiligungen* an einer Kapitalgesellschaft oder einer GmbH & Co KG unterliegt die Einlage des Stillen der Gesellschaftsteuer in Höhe von 1 %.[6] Die Beteiligung als stiller Gesellschafter fällt als Forderung, die eine Beteiligung am Gewinn oder Liquidationserlös der Gesellschaft gewährt, unter § 5 Abs 1 Z 3 KVG. Dabei ist die Unterscheidung zwischen echter (typischer) und unechter (atypischer) stiller Gesellschaft im Kapitalverkehrsteuerrecht ohne Bedeutung.[7]

Nach dem KVG ist es grundsätzlich irrelevant, ob die Gegenleistung in Form von Geld oder in Form von Sachwerten (sofern es sich nicht um das gesamte Vermögen, einen Betrieb oder einen Teilbetrieb einer anderen Kapitalgesellschaft handelt) aufgebracht wird. Im Falle der Einbringung von Sachwerten ist die Gegenleistung mit dem gemeinen Wert der Sacheinlage zu bestimmen. Die Einbringung von Liegenschaften im Zuge der Gründung kann zu weiteren abgabenrechtlichen Belastungen (Grunderwerbsteuer, Eintragungsgebühr und Eingabegebühr für die Eintragung im Grundbuch) führen (siehe dazu Kapitel 2.3.).

---

[2] Vgl *Dorazil*, Kapitalverkehrsteuergesetz[2] § 2 II Tz 5; Arnold, Gebühren- und Verkehrsteuern nach Rechtsformen, in *Hübner-Schwarzinger/Kanduth-Kristen* (Hrsg), Rechtsformgestaltung für Klein- und Mittelbetriebe, 59.

[3] Siehe § 11 Abs 1 Z 1 KStG. Die Abzugsfähigkeit als Betriebsausgabe wird auch bei einer GmbH & Co KG zu bejahen sein (vgl *Althuber*, Die GmbH & Co KG im Kapitalverkehrsteuerrecht, in GS Arnold, GmbH & Co KG, 347).

[4] Vgl ua *Endfellner/Puchinger*, Eigenfinanzierung für Unternehmen, Kapitel 10,3.1 und 10,5.

[5] Vgl *Dorazil*, Kapitalverkehrsteuergesetz[2] § 5 III Tz 3; *Knörzer/Althuber*, Gesellschaftsteuer, § 5 Rz 14ff; *Arnold*, Gebühren- und Verkehrsteuern nach Rechtsformen, in *Hübner-Schwarzinger/Kanduth-Kristen* (Hrsg), Rechtsformgestaltung für Klein- und Mittelbetriebe, 59. Die Einlage der Komplementäre ist nicht gesellschaftsteuerpflichtig. Gesellschaftsteuerpflicht entsteht aber dann, wenn die Haftung eines Komplementärs einer bestehenden GmbH & Co KG beschränkt wird und dieser damit zu einem Kommanditisten wird (vgl ua *Althuber*, Die GmbH & Co KG im Kapitalverkehrsteuerrecht, in GS Arnold, GmbH & Co KG, 342). Gesellschaftsteuerpflichtig ist auch eine von den Gesellschaftern beschlossene Erhöhung der Kommanditeinlage aus stehen gelassenen Gewinnen bzw Rücklagen (vgl *Althuber*, Die GmbH & Co KG im Kapitalverkehrsteuerrecht, in GS Arnold, GmbH & Co KG, 340).

[6] Vgl *Dorazil*, Kapitalverkehrsteuergesetz[2], § 5 V Tz 4.4.

[7] Vgl *Rief/Linzner-Strasser*, SWK 1995, A 456; *Hochedlinger/Fuchs*, Stille Gesellschaft, VI Rz 2/535.

Das KVG folgt einer formalrechtlichen Betrachtungsweise. Die Gewährung eines Darlehens durch einen Gesellschafter an die Gesellschaft oder eines Zuschusses durch einen mittelbaren Gesellschafter (Großmutterzuschuss[8]) unterliegt daher grundsätzlich nicht der Gesellschaftsteuer.[9] Durch bestimmte Konstruktionen, zB auch durch Fremdanstelle von Eigenfinanzierung, mittelbare Zuschüsse uÄ, kann die Steuerpflicht daher vermieden werden. Infolge der Abschaffung der Darlehens- und Kreditvertragsgebühr durch das BudgetbegleitG 2011, BGBl I 2010/111, mit 1.1.2011 unterliegt die Fremdfinanzierung keiner Gebührenbelastung mehr. Damit wurde die Benachteiligung der Eigenfinanzierung gegenüber der Fremdfinanzierung durch einen Gesellschafter weiter verstärkt.[10]

Die *Abschaffung der Gesellschaftsteuer* wurde in Österreich mehrfach – ua von der Kammer der Wirtschaftstreuhänder[11] – gefordert und auch auf EU-Ebene aufgrund der als ungünstig beurteilten Wirkungen der Gesellschaftsteuer für den Zusammenschluss und die Entwicklung der Unternehmen als langfristiges Ziel definiert.[12] Mit der Abschaffung könnte neben einer Entlastung der Eigenfinanzierung eine wesentliche Vereinfachung erreicht und Rechtsunsicherheiten beseitigt werden, die derzeit bei Kapitalaufbringungsmaßnahmen von Kapitalgesellschaften iSd KVG bestehen. Zudem würden Konstruktionen entfallen, die nur aus Gründen der legalen Umgehung der Gesellschaftsteuer gewählt werden, und damit effizienzsteigernde Wirkungen erzielt werden.[13]

Außerhalb des KVG[14] bestehen *Befreiungen von der Gesellschaftsteuer* im NeuFöG und im UmgrStG.[15] Im Rahmen der Neugründungsförderung[16] wird die Gesellschaftsteuer für den Erwerb von Gesellschaftsrechten durch den ersten Erwerber unmittelbar in Zusammenhang mit der Neugründung einer Gesellschaft gem § 1 Z 5 NeuFöG nicht erhoben. Voraussetzung ist die unmittelbare Veranlassung der Gesellschaftsteuer durch die Neugründung. Die Begünstigung ist unabhängig davon, in welcher Form – als Bar- oder Sacheinlage – die Einlage geleistet wird.[17] Sollte im Zuge des Ersterwerbs nicht das gesamte Kapital sofort aufgebracht werden, entfällt die Gesellschaftsteuer auf Basis des NeuFöG (lediglich) für das anlässlich der Gründung tatsächlich aufgebrachte Kapital. Die spätere Einzahlung der ausstehenden Einlagen unterliegt der Gesellschaftsteuer.[18] Freiwillige Leistungen eines Gesellschafters im Zusammenhang mit der Gründung

---

[8] Zur Problematik und zur einschlägigen Rechtsprechung des EuGH und des VwGH siehe ua *Knörzer*, GeS 2006, 74; *Marschner/Leonhard*, FJ 2006, 138. Nach Ansicht des BMF sind Großmutterzuschüsse auch unter Würdigung der Judikatur des EuGH nicht gesellschaftsteuerpflichtig (vgl Erlass des BMF vom 28.3.2006, GZ BMF-010206/0048-VI/10/2006).
[9] Vgl *Endfellner/Puchinger*, Eigenfinanzierung für Unternehmen, Kapitel 10,3.2.
[10] Die Abwägung zwischen Eigen- und Fremdfinanzierung durch Gesellschafter kommt allerdings erst in Betracht, wenn die Mindestkapitalanforderungen erfüllt sind. Zur Abschaffung der Darlehens- und Kreditvertragsgebühr vgl *Wurm*, GeS 2011, 35.
[11] Vgl ua *Rief*, Der Wirtschaftstreuhänder, 2010, 51.
[12] Vgl RL 2008/7/EG des Rates v. 12.2.2008, Erwägungsgründe 4 und 5.
[13] Vgl *Bertl*, Die Besteuerung der Außenfinanzierung, in *Altenburger/Janschek/Müller* (Hrsg), Fortschritte im Rechnungswesen², 9; *Kanduth-Kristen*, Rechtsformneutrale Unternehmensbesteuerung, 41.
[14] Ausnahmen von der Besteuerung sind in § 6 KVG geregelt.
[15] Auf Umgründungen wird an dieser Stelle nicht näher eingegangen.
[16] Zum Begriff der Neugründung siehe § 2 NeuFöG sowie Rz 47ff NeuFöR 2008.
[17] Vgl Rz 35 NeuFöR 2008.
[18] Vgl Rz 37 NeuFöR 2008.

ebenso wie spätere Kapitalerhöhungen, auch wenn sie bei Gesellschaftsgründung bereits vereinbart waren, sowie die Leistung der Haft- oder Pflichteinlage nach Eintragung der Gesellschaft im Firmenbuch sind nicht begünstigt.[19] Die Begünstigungen des NeuFöG treten nur dann ein, wenn der Betriebsinhaber die Erklärung der Neugründung bereits im Vorhinein vorlegt. Die Abgaben und Gebühren werden dann nicht erhoben. Eine nachträgliche Erstattung bereits entrichteter Abgaben und Gebühren kommt nicht in Betracht. Die Vorlage der Erklärung beim Finanzamt gilt bei der Gesellschaftsteuer gem Rz 100 NeuFöR 2008 als rechtzeitig, wenn diese *vor* Entstehung der Steuerschuld (beim Ersterwerb von Gesellschaftsrechten an einer GmbH oder AG ist dies der Zeitpunkt der Eintragung der Gesellschaft ins Firmenbuch) erfolgt. Eine zuvor (wegen fehlendem amtlichen Vordruck) festgesetzte Sicherheitsleistung (oder selbst berechnete Gesellschaftsteuer) ist zu erstatten. Bei der Selbstberechnung der Gesellschaftsteuer (§ 10a KVG) durch einen befugten Parteienvertreter muss der amtliche Vordruck diesem spätestens zum Zeitpunkt der (rechtzeitigen) Selbstberechnung bereits vorliegen,[20] außer die Selbstberechnung erfolgt vor Entstehung der Steuerschuld.[21]

2.1.1.2. Ertragsteuern

Ertragsteuerlich ist die Zuführung von Eigenkapital auf Gesellschaftsebene ein steuerneutraler Vorgang, auch eine spätere Einlagenrückzahlung ist steuerneutral.[22] Sacheinlagen in Kapitalgesellschaften werden auf Gesellschaftsebene nach dem Tauschgrundsatz des § 6 Z 14 EStG mit dem gemeinen Wert der ausgegebenen Gesellschaftsrechte bewertet. Sacheinlagen in ein *Einzelunternehmen*, in eine *Personengesellschaft* oder in das *Sonderbetriebsvermögen* eines Mitunternehmers (Personengesellschafters) sind gem § 6 Z 5 EStG grundsätzlich mit dem Teilwert zu bewerten.[23] Wirtschaftsgüter und Derivate iSd § 27 Abs 3 und 4 EStG sind davon abweichend mit den Anschaffungskosten oder mit dem niedrigeren Teilwert im Zeitpunkt der Zuführung zu bewerten (zur Bewertung von eingelegten Grundstücken siehe Kapitel 2.3.2.).[24] Der investitionsbedingte Gewinnfreibetrag gem § 10 EStG kann bei Personenunternehmen (Einzelunternehmen und Personengesellschaften) für eingelegte Wirtschaftsgüter nicht in Anspruch genommen werden.

---

[19] Vgl Rz 37 NeuFöR 2008, ein bedungenes Aufgeld fällt allerdings unter die Befreiung.
[20] Vgl Rz 96 NeuFöR 2008.
[21] In diesem Fall gilt die Vorlage vor Entstehung der Steuerschuld auch noch als rechtzeitig (vgl Rz 100 NeuFöR 2008). Siehe dazu ua auch UFS 26.5.2009, RV/0414-G/07; 25.11.2011, RV/2204-W/08.
[22] Bei den Gesellschaftern führt die Einlagenrückzahlung zu einer Minderung der Anschaffungskosten der Beteiligung. Sollte die Einlagenrückzahlung die Anschaffungskosten übersteigen, liegen bei natürlichen Personen im Privatvermögen Einkünfte aus Kapitalvermögen gem § 27 Abs 3 EStG vor.
[23] Nach deutscher Rechtslage wird bei Einbringung von Sacheinlagen in Personengesellschaften gegen Gewährung von Gesellschaftsrechten dagegen ein tauschähnlicher Vorgang angenommen (vgl *Fischer*, Neugründung einer Personengesellschaft, in *Westermann/Wertenbruch* (Hrsg), Handbuch Personengesellschaften, Rz II 150).
[24] Damit werden die allenfalls im Privatvermögen entstandenen stillen Reserven in den betrieblichen Bereich transferiert und bleiben steuerhängig.

2.1.1.3. Umsatzsteuer

Aus *umsatzsteuerlicher* Sicht stellt die Gewährung von Gesellschaftsrechten durch Personen- oder Kapitalgesellschaften nach der Judikatur des EuGH (26.6.2003, C-442/01, *KapHag Renditefonds*, und 26.5.2005, C-465/03, *Kretztechnik*) keinen steuerbaren Vorgang dar.[25] Vorsteuern im Zusammenhang mit der Ausgabe von Gesellschaftsanteilen sind abzugsfähig.[26] Soweit es sich bei der Einlage um eine Sacheinlage aus dem unternehmerischen Bereich des Gesellschafters handelt, fällt für den eingelegten Gegenstand nach den allgemeinen Bestimmungen des UStG Umsatzsteuer an. Die neugegründete Gesellschaft ist bei Vorliegen der sonstigen Voraussetzungen zum Vorsteuerabzug berechtigt, so dass es per saldo zu keiner Belastung kommt. Sacheinlagen aus dem nicht unternehmerischen Bereich des Gesellschafters sind nicht steuerbar.

2.1.2. Ebene des Unternehmers/Gesellschafters

2.1.2.1. Geldeinlagen

Geldeinlagen in ein Einzelunternehmen oder in eine Gesellschaft führen auf Ebene des Unternehmers/Gesellschafters zu keinen steuerlichen Konsequenzen. Ist die Geldeinlage aus Eigenmitteln finanziert, so stellt sich auch die Frage der Abzugsfähigkeit von Fremdkapitalzinsen nicht. Im Falle der Fremdfinanzierung von Geldeinlagen ist nach Rechtsformen zu differenzieren. Bei einer „fremdfinanzierten Einlage"[27] in ein *Einzelunternehmen* ist die aufgenommene Kreditverbindlichkeit als betriebliche Verbindlichkeit auszuweisen. Die Zinsen stellen Betriebsausgaben dar, sofern die kreditfinanzierten Mittel für die betriebliche Tätigkeit eingesetzt werden. Maßgeblich ist die Mittelverwendung.[28] Ob der Steuerpflichtige sein Unternehmen mit Eigen- oder Fremdkapital ausstattet, steht ihm nach dem Grundsatz der Finanzierungsfreiheit frei.[29] Bei Fremdfinanzierung eines Anteils an einer *Personengesellschaft* (Mitunternehmerschaft[30]) ist die Kreditverbindlichkeit als Sonderbetriebsvermögen des Gesellschafters auszuweisen. Die Zinsen stellen Sonderbetriebsausgaben dar. Der kreditfinanzierte Erwerb eines Anteils an einer *Kapitalgesellschaft* durch eine *natürliche Person* führt aufgrund der Bestimmung des § 20 Abs 2 EStG zur Nichtabzugsfähigkeit und steuerlichen Unverwertbarkeit der Zinsen. Nach § 20 Abs 2 EStG dürfen bei der Ermittlung der Einkünfte Aufwendungen und Ausgaben nicht abgezogen werden, soweit diese mit Einkünften, auf die der besondere Steuersatz gem § 27a Abs 1 EStG anwendbar ist, in unmittelbarem wirtschaftlichem Zusammenhang stehen. Zinsen aus der Fremdfinanzierung des Anteilskaufs werden als in unmittelbarem wirtschaftlichem Zusammenhang mit den aus dem Kapitalanteil erfließenden Ausschüttungen und Erträgen aus der späteren Veräußerung des Kapi-

---

[25] Aufgrund der Rechtsformneutralität der Mehrwertsteuer besteht kein Unterschied zwischen dem Beitritt zu einer Personengesellschaft und dem zu einer Kapitalgesellschaft (vgl dazu ua *Endfellner/Puchinger*, Eigenkapitalfinanzierung für Unternehmen, Kapitel 11, 2.1); siehe auch Rz 8 UStR 2000.
[26] Vgl Rz 1992 UStR 2000.
[27] Das Einzelunternehmen wird diesfalls nicht mit Eigen-, sondern mit Fremdkapital ausgestattet.
[28] Vgl dazu Rz 1421ff EStR 2000.
[29] Vgl Rz 1421 EStR 2000.
[30] Als Mitunternehmerschaften gelten Personengesellschaften, die im Rahmen eines Betriebes unternehmerisch tätig sind; deren Gesellschafter erzielen betriebliche Einkünfte (vgl Rz 5802 EStR 2000).

talanteils gesehen, die dem besonderen Steuersatz von 25 % unterliegen.[31] Bei Erwerb von Kapitalanteilen durch eine andere *Körperschaft* steht der Zinsenabzug nach Maßgabe der Bestimmung des § 11 Abs 1 Z 4 KStG zu.

2.1.2.2. Sacheinlagen

Werden *Sacheinlagen* aus dem *Betriebsvermögen* eines bestehenden Betriebs gegen Gewährung von Gesellschaftsrechten in eine *Kapitalgesellschaft* einbracht, führt dies nach Tauschgrundsätzen außerhalb des Anwendungsbereichs des UmgrStG zur Gewinnrealisierung im Betriebsvermögen des bestehenden Betriebs und zu einer entsprechenden Ertragsteuerbelastung. Die erworbenen Gesellschaftsrechte gehören in weiterer Folge zum Betriebsvermögen des bestehenden Betriebes. Dies setzt voraus, dass die Beteiligung notwendiges Betriebsvermögen darstellt oder dass im Rahmen einer Gewinnermittlung gem § 5 EStG gewillkürtes Betriebsvermögen gebildet wird.[32] Sollte das eingelegte Wirtschaftsgut fremdfinanziert gewesen sein, bleibt die zur Finanzierung des Wirtschaftsgutes aufgenommene Schuld weiterhin eine betrieblich veranlasste Schuld.[33]

Sacheinlagen aus dem *Privatvermögen* führen bei Einlage außerhalb der Spekulationsfrist zu keiner Ertragsteuerbelastung, bei der Einbringung von Kapitalvermögen können nach der Rechtslage ab 1.4.2012 Einkünfte aus realisierten Wertsteigerungen und ggf aus Derivaten verwirklicht werden (zur Behandlung von Grundstücken siehe Kapitel 2.3.2.).

Bei *Einzelunternehmen* und *Personengesellschaften* sind Sacheinlagen aus dem Privatvermögen auf Ebene des Gesellschafters grundsätzlich steuerneutral (zur Behandlung von Grundstücken siehe Kapitel 2.3.2.).[34] Bei betrieblich tätigen Personengesellschaften (Mitunternehmerschaften) wird das Betriebsvermögen nicht der Mitunternehmerschaft, sondern den einzelnen Gesellschaftern nach Maßgabe ihrer Beteiligungen am Gesellschaftsvermögen bzw nach Maßgabe etwaiger abweichender Eigentumsverhältnisse zugerechnet.[35] Bei Übertragung von Wirtschaftsgütern aus dem *Betriebsvermögen* eines inländischen Betriebes in einen anderen inländischen Betrieb desselben Steuerpflichtigen liegt nach der (älteren) Judikatur des VwGH eine Entnahme mit einer darauf folgenden Einlage vor.[36] Der Einlagewert entspricht dabei dem Entnahmewert.[37] Ein Entnah-

---

[31] Seit 1.4.2012 fallen auch Einkünfte aus realisierten Wertsteigerungen von Kapitalvermögen unter den besonderen Steuersatz gem § 27a EStG. Auf die Übergangsregelungen iZm der Neuregelung der Besteuerung von Kapitalvermögen wird an dieser Stelle nicht gesondert eingegangen.

[32] Sollte die Beteiligung nicht zum notwendigen oder gewillkürten Betriebsvermögen des bestehenden Betriebes gehören, wäre hinsichtlich der Sacheinlage im Vorfeld eine zum Teilwert zu bewertende Entnahme des Wirtschaftsgutes aus dem bestehenden Betrieb zu unterstellen.

[33] Vgl Rz 1425 EStR 2000.

[34] Nach deutscher Rechtslage wird bei Einbringung von Sacheinlagen in Personengesellschaften gegen Gewährung von Gesellschaftsrechten ein tauschähnlicher Vorgang angenommen, der auf Ebene des einbringenden Gesellschafters zu einem Realisationstatbestand führen kann (vgl *Fischer*, Neugründung einer Personengesellschaft, in *Westermann/Wertenbruch* (Hrsg), Handbuch Personengesellschaften[49], Rz II 150). In Österreich wird hingegen bei der Einbringung von Wirtschaftsgütern in eine Personengesellschaft eine Einlage angenommen, die auf Ebene des einbringenden Gesellschafters grundsätzlich zu keiner ertragsteuerlichen Auswirkung führt.

[35] Vgl Rz 5907 EStR 2000 mit Hinweis auf VwGH 22.11.1995, 94/15/0147; VwGH 10.3.1982, 82/13/0008.

[36] Vgl Rz 436 und Rz 5926 EStR 2000 mit Hinweis auf VwGH 17.12.1980, 2429/77.

[37] Zu den in der Rechtsprechung entwickelten Teilwertvermutungen siehe Rz 2232 EStR 2000.

me- und Einlagevorgang ist auch bei der Übertragung von Wirtschaftsgütern eines inländischen Betriebs eines Gesellschafters in das Gesellschaftsvermögen einer Personengesellschaft oder in dessen Sonderbetriebsvermögen anzunehmen, sofern nicht der Mitunternehmeranteil zu demselben Betriebsvermögen gehört und sofern nicht Artikel IV UmgrStG anzuwenden ist.[38] Die Einbringung von Sacheinlagen aus dem Betriebsvermögen führt daher zu einer zum Teilwert zu bewertenden Entnahme und damit grundsätzlich zur Realisierung der in dem Wirtschaftsgut steckenden stillen Reserven. Nach Ansicht der Finanzverwaltung soll die Überführung von Wirtschaftsgütern *zwischen Betrieben desselben Steuerpflichtigen* hingegen ohne Realisierung erfolgen.[39] In Rz 5926 EStR 2000 ist daher vorgesehen, dass bei abnutzbaren Wirtschaftsgütern des Anlagevermögens grundsätzlich davon auszugehen ist, dass sich der Teilwert im Zeitpunkt der Entnahme mit den seinerzeitigen Anschaffungs- oder Herstellungskosten vermindert und die laufende Absetzung für Abnutzung deckt (vereinfachte Bewertung). Der Entnahme- bzw Einlagewert wird folglich bei abnutzbarem Anlagevermögen mit dem Buchwert gleichgesetzt, so dass es diesbezüglich im Ergebnis zu einer Buchwertfortführung ohne Realisierung kommt.[40] Bei Personengesellschaften ist die Übertragung eines Wirtschaftsgutes aus dem Betriebsvermögen in das Sonderbetriebs- oder Gesellschaftsvermögen nach Rz 5933 EStR 2000 steuerneutral, wenn der Mitunternehmeranteil zu demselben Betriebsvermögen gehört.[41] Gleiches gilt für die Überführung von Wirtschaftsgütern zwischen durch dieselben Gesellschafter verbundenen inländischen Schwester-Mitunternehmerschaften.

Zur Umsatzsteuer siehe oben Kapitel 2.1.1.3.

2.2. Fremdfinanzierung

Bei Personengesellschaften (OG, KG) und Kapitalgesellschaften sind Darlehensverträge zwischen Gesellschaft und Gesellschafter zivilrechtlich möglich.[42]

---

[38] Vgl Rz 5933 EStR 2000.
[39] Vgl dazu *Kauba*, Überführung von Wirtschaftsgütern bei Personengesellschaften, in *Beiser et al* (Hrsg), Ertragsteuern in Wissenschaft und Praxis, FS Doralt, 129. In der jüngeren Judikatur des VwGH (19.5.2005, 2000/15/0179) orten *Kauba* (RdW 2006, 249 sowie Überführung von Wirtschaftsgütern bei Personengesellschaften, in *Beiser et al* (Hrsg), Ertragsteuern in Wissenschaft und Praxis, FS Doralt, 137) und *Petritz* (Überführung von Wirtschaftsgütern im Inlands- und im cross-border-Fall, in *Fraberger et al* (Hrsg), Handbuch Konzernsteuerrecht, 590) eine Abkehr vom „engeren" Betriebsbegriff dahingehend, dass auch der VwGH eine steuerneutrale Überführung von Wirtschaftsgütern zwischen zwei Betrieben desselben Abgabepflichtigen zulassen könnte. Zu einer Realisierung der stillen Reserven soll es nur dann kommen, wenn eine Übertragung auf andere Steuersubjekte stattfindet.
[40] Vgl dazu *Kauba*, Überführung von Wirtschaftsgütern bei Personengesellschaften, in *Beiser et al* (Hrsg), Ertragsteuern in Wissenschaft und Praxis, FS Doralt, 129.
[41] Für die generelle Verankerung der Steuerneutralität bei Sicherstellung einer Nichtverschiebung stiller Reserven *Petritz*, Überführung von Wirtschaftsgütern im Inlands- und im cross-border-Fall, in *Fraberger et al* (Hrsg), Handbuch Konzernsteuerrecht, 595. Zur Buchwertfortführung bei zusätzlicher Evidenthaltung der stillen Reserven in Bezug auf ein bestimmtes Steuersubjekt siehe *Kauba*, Überführung von Wirtschaftsgütern bei Personengesellschaften, in *Beiser et al* (Hrsg), Ertragsteuern in Wissenschaft und Praxis, FS Doralt, 145ff.
[42] Nicht jedoch bei Einzelunternehmen und Gesellschaften bürgerlichen Rechts sowie bei stillen Gesellschaften.

Bei *Personengesellschaften* fallen Zinsen aus Gesellschafterdarlehen ertragsteuerlich unter die Bestimmung des § 23 Z 2 EStG und sind als Gewinnanteil des Gesellschafters (Sonderbetriebseinnahme) zu qualifizieren. Die Frage der Abzugsfähigkeit von Fremdkapitalzinsen für Gesellschafterdarlehen als Betriebsausgaben stellt sich daher auf Ebene der Gesellschaft aus steuerlicher Sicht nicht. Beim Gesellschafter sind die aus einem Gesellschafterdarlehen resultierenden Zinsen Teil des betrieblichen Gewinnanteils, den er aus der Gesellschaft bezieht. Im Ergebnis werden Vergütungen für durch den Gesellschafter zur Verfügung gestelltes Fremdkapital mit Gewinnanteilen des Mitunternehmers gleichgestellt. Die Ausstattung der Gesellschaft mit Eigen- oder Fremdkapital durch einen Gesellschafter wird ertragsteuerlich somit gleich behandelt.[43]

Bei *Kapitalgesellschaften* stellen Zinsen für ein Gesellschafterdarlehen bei fremdüblicher Gestaltung[44] der Darlehensvereinbarung auf Ebene der Gesellschaft Betriebsausgaben dar. Die fremdüblich ausgestaltete Fremdfinanzierung durch den Gesellschafter wird daher steuerlich anders behandelt als die Eigenfinanzierung, da Gewinnausschüttungen auf Ebene der Gesellschaft aus dem bereits versteuerten Gewinn vorzunehmen sind. Auf Ebene des Gesellschafters liegen Einkünfte aus Kapitalvermögen vor, wenn die Darlehensgewährung durch den Gesellschafter an die Gesellschaft aus dem Privatvermögen erfolgt. Der besondere Steuersatz gem § 27a EStG kommt gem § 27 Abs 2 Z 1 EStG nicht zur Anwendung, die Einkünfte unterliegen beim Gesellschafter vielmehr dem progressiven Einkommensteuertarif.[45] Zinsen aufgrund einer Darlehensgewährung an die Gesellschaft werden daher steuerlich anders behandelt als Ausschüttungen aufgrund einer Kapitalbeteiligung, die dem besonderen Steuersatz von 25 % unterliegen. Ein Vorteil gegenüber der Eigenfinanzierung liegt bei der Finanzierung durch Gesellschafterdarlehen darin, dass Refinanzierungskosten auf Gesellschafterebene mangels Anwendbarkeit des besonderen Steuersatzes abzugsfähig sind. Dies ist bei Zur-Verfügung-Stellung von Eigenkapital an die Gesellschaft nicht der Fall. Weiters kann ein Steuerstundungseffekt dadurch erreicht werden, dass die Zinszahlungen endfällig gestaltet werden. Die Zinsen sind auf Ebene der Gesellschaft periodengerecht als Aufwand zu verbuchen und als Verbindlichkeit auszuweisen, beim Gesellschafter sind sie im Privatvermögen nach dem Zuflussprinzip erst bei Zahlung zu erfassen.[46]

---

[43] Vgl *Kofler/Payerer*, Finanzierung durch Fremdmittel, in *Bertl et al* (Hrsg), Handbuch der österreichischen Steuerlehre, Band IV², 75.

[44] Hält die Vereinbarung dem Fremdvergleich der Höhe nach nicht stand, sind überhöhte Zinszahlungen insoweit als verdeckte Ausschüttung zu qualifizieren. Zu niedrige Zinsen stellen eine Nutzungseinlage dar, wobei jedoch der Nutzungsvorteil nach derzeitiger Rechtsprechung und Verwaltungspraxis nicht als einlagefähiges Wirtschaftsgut betrachtet wird (vgl Rz 679 KStR 2001). Ist die Vereinbarung dem Grund nach nicht anzuerkennen, liegt hinsichtlich des gesamten Darlehens verdecktes Eigenkapital vor, die Zinsen stellen zur Gänze eine verdeckte Ausschüttung dar (vgl Rz 909 KStR 2001).

[45] Vgl *Jakom/Marschner*, EStG⁵, § 27a Rz 12.

[46] Vgl *Lechner*, Steueroptimale Finanzierung von Kapitalgesellschaften, in *Bertl et al* (Hrsg), Steuerplanung 1997, 113.

2.3. Einbringung von Grundstücken

2.3.1. Gebühren und Verkehrsteuern

Die Einbringung von Grundstücken[47] im Zuge der Gründung auf gesellschaftsvertraglicher Basis gegen Gewährung von Gesellschaftsrechten in *Personen-* oder *Kapitalgesellschaften* unterliegt der Grunderwerbsteuer iHv 3,5 % vom Wert der Gegenleistung (Wert der Gesellschaftsrechte).[48] Weiters ist die Grundbuchseintragungsgebühr iHv 1,1 % vom Wert des Rechts gem § 32 TP 9 lit b GGG sowie die Eingabengebühr iHv € 40,– gem § 32 TP 9 lit a GGG zu entrichten. Steuerschuldner der Grunderwerbsteuer sind die am Erwerbsvorgang beteiligten Personen, wobei vertraglich idR die Kostentragung durch den Erwerber vereinbart wird. Für die Eintragungsgebühr ist derjenige zahlungspflichtig, der den Antrag auf Eintragung stellt bzw dem die Eintragung zum Vorteil gereicht. Grunderwerbsteuer und Grundbuchseintragungsgebühr stellen auf Ebene der Gesellschaft Anschaffungsnebenkosten dar.

Nach den Regelungen des NeuFöG werden im Falle einer *Neugründung* die Grunderwerbsteuer sowie die Gerichtsgebühren für die Eintragungen in das Grundbuch zum Erwerb des Eigentums gem § 32 TP 9 lit a und b GGG für die Einbringung von Grundstücken auf gesellschaftsvertraglicher Grundlage unmittelbar im Zusammenhang mit der Neugründung einer Gesellschaft nicht erhoben, soweit Gesellschaftsrechte oder Anteile am Vermögen der Gesellschaft als Gegenleistung gewährt werden. Die Begünstigung ist betraglich nicht beschränkt. Nicht vom NeuFöG erfasst sind Grundstückstransaktionen ohne Gewährung von Gesellschaftsrechten als Gegenleistung (zB Grundstückskäufe durch die neu gegründete Gesellschaft in zeitlicher Nähe zur Gründung) sowie nicht mehr in unmittelbarem Zusammenhang mit der Neugründung stattfindende, spätere Grundstückstransaktionen, auch wenn die Einbringung gegen Gewährung von Gesellschaftsrechten erfolgt. Grundstückserwerbe durch natürliche Personen im Zuge der Neugründung eines Einzelunternehmens sind von der Bestimmung ebenfalls nicht erfasst.

Keine Steuer- und Gebührenbelastung fällt mangels Wechsels in der Person des Grundstückseigentümers bei Einlage eines Grundstückes in ein *Einzelunternehmen* an. Bei *Personengesellschaften* kann die Steuer- und Gebührenbelastung vermieden werden, wenn das Grundstück nicht in das Gesellschaftsvermögen übergeht, sondern im zivilrechtlichen Eigentum des Gesellschafters verbleibt und der Gesellschaft zur Nutzung zur Verfügung gestellt wird. Auch in diesem Fall kommt es zu keinem Eigentümerwechsel und daher zu keiner Grundbuchseintragung und keiner Grunderwerbsteuerbelastung. Das Grundstück stellt Sonderbetriebsvermögen des Gesellschafters dar. Wird für die Benutzung der Liegenschaft ein Entgelt vereinbart, liegen auf Ebene des Gesellschafters Sonderbetriebseinnahmen vor, die Absetzung für Abnutzung und die vom Gesellschafter zu tragenden Kosten sind Sonderbetriebsausgaben.

---

[47] Der Begriff Grundstück umfasst aus steuerlicher Sicht Grund und Boden, Gebäude und Rechte, die den Vorschriften des bürgerlichen Rechts über Grundstücke unterliegen (siehe § 30 Abs 1 EStG idF des 1. StabG 2012, BGBl I 2012/22).

[48] Vgl VwGH 16.11.1995, 94/16/0068; 24.2.2005, 2004/16/0200. Der dreifache Einheitswert gilt nur dann als Bemessungsgrundlage, wenn eine Gegenleistung nicht vorhanden oder nicht zu ermitteln ist.

Die Einbringung von Grundstücken aus dem unternehmerischen Bereich ist umsatzsteuerbar. Umsätze von Grundstücken sind gem § 6 Abs 1 Z 9 lit a UStG von der Umsatzsteuer befreit. Gem § 12 Abs 10 UStG kommt es im Falle eines steuerfreien Umsatzes zu einer Korrektur der Vorsteuer aus (nachträglichen) Anschaffungs- oder Herstellungskosten, aktivierungspflichtigen Aufwendungen oder Großreparaturen in Höhe von einem Zehntel bzw einem Zwanzigstel für jedes noch offene Jahr des 9 bzw 19-jährigen Berichtigungszeitraums.[49] Der Steuerpflichtige hat alternativ gem § 6 Abs 2 UStG die Möglichkeit, den Umsatz als steuerpflichtig zu behandeln. Der Umsatz unterliegt diesfalls dem Normalsteuersatz, die neugegründete Gesellschaft ist bei Vorliegen der Voraussetzungen zum Abzug der Vorsteuer berechtigt.

2.3.2. Ertragsteuerliche Folgen

Im Zuge der Gründung in eine *Kapitalgesellschaft* eingelegte Liegenschaften sind auf Ebene der Gesellschaft mit den nach Tauschgrundsätzen (§ 6 Z 14 EStG) zu ermittelnden Anschaffungskosten zu bewerten und zu aktivieren. Auf Ebene des einbringenden Gesellschafters ist zu unterscheiden:

- Wird ein Grundstück des *Privatvermögens* gegen Gewährung von Gesellschaftsrechten in eine Kapitalgesellschaft einbracht, führt dies nach der Rechtslage ab 1.4.2012 nach Tauschgrundsätzen zu Einkünften aus einer privaten Grundstücksveräußerung iSd § 30 EStG. Die Differenz zwischen dem gemeinen Wert des Grundstückes und den Anschaffungs- oder Herstellungskosten iSd § 30 Abs 3 EStG unterliegt nach Maßgabe der §§ 30ff EStG dem besonderen Steuersatz von 25 %.[50]
- Wird ein Grundstück aus dem *Betriebsvermögen* eines bestehenden Betriebs einer natürlichen Person gegen Gewährung von Gesellschaftsrechten in eine Kapitalgesellschaft eingebracht, führt dies nach Tauschgrundsätzen außerhalb des Anwendungsbereichs des UmgrStG zur Gewinnrealisierung im Betriebsvermögen des bestehenden Betriebs. Auch in diesem Fall unterliegt die Differenz zwischen dem gemeinen Wert des Grundstückes (§ 6 Z 14 EStG) und dem Buchwert nach Maßgabe des § 30a Abs 3 EStG dem besonderen Steuersatz von 25 %.[51] Sofern die eingegangene Gesellschaftsbeteiligung nicht dem bestehenden Betrieb zuzurechnen ist, muss der Einlage in die Kapitalgesellschaft eine Entnahme aus dem Betriebsvermögen des Einzelunternehmens vorangehen. Die Entnahme eines Gebäudes ist gem § 6 Z 4 EStG idF des 1. StabG 2012 mit Teilwert zu bewerten, die Entnahme von Grund und Boden erfolgt

---

[49] Mit dem 1. StabG 2012 kam es zu einer Verlängerung des Vorsteuerberichtigungszeitraumes gem § 12 Abs 10 UStG bei Grundstücken auf 19 Jahre. § 12 Abs 10 UStG idF 1. StabG 2012 ist auf Berichtigungen von Vorsteuerbeträgen anzuwenden, die Grundstücke (einschließlich aktivierungspflichtiger Aufwendungen und Kosten von Großreparaturen) betreffen, die der Unternehmer nach dem 31.3.2012 erstmals in seinem Unternehmen als Anlagevermögen verwendet oder nutzt. Die Regelung ist gem § 12 Abs 12 UStG sinngemäß auf Grundstücke anzuwenden, die nicht zu einem Betriebsvermögen gehören. Bei der Vermietung (Nutzungsüberlassung) von Grundstücken zu Wohnzwecken muss (neben der erstmaligen Verwendung oder Nutzung als Anlagevermögen) zusätzlich der Mietvertrag nach dem 31.3.2012 abgeschlossen worden sein, damit § 12 Abs 10 UStG idnF zur Anwendung gelangt. Vgl *Kanduth-Kristen/Grün/Komarek*, SWK 2012, 629.

[50] Auf die Übergangsregelungen betreffend „Altvermögen" wird an dieser Stelle nicht im Detail eingegangen.

[51] Auf die Ausnahmen vom besonderen Steuersatz wird an dieser Stelle nicht im Detail eingegangen.

Steuerliche Gestaltung bei Unternehmensgründung einschließlich Aspekte der Rechtsformwahl

zum Buchwert im Zeitpunkt der Entnahme, sofern nicht eine Ausnahme vom besonderen Steuersatz gem § 30a Abs 3 EStG vorliegt. Die Entnahme eines Gebäudes führt zur Gewinnrealisierung, die Entnahme von Grund und Boden ist im Betriebsvermögen steuerneutral. Allerdings führt die nachfolgende Einbringung aus dem Privatvermögen in die Kapitalgesellschaft zu einem Tausch gem § 6 Z 14 EStG und damit zu Einkünften aus einer privaten Grundstücksveräußerung.

Erfolgt die Einlage eines Grundstückes des *Privatvermögens* in ein *Einzelunternehmen*, eine *Personengesellschaft* oder in das *Sonderbetriebsvermögen* eines Mitunternehmers, ist nach § 6 Z 5 EStG idF des 1. StabG 2012 ab 1.4.2012 eine Bewertung mit den Anschaffungs- oder Herstellungskosten vorzunehmen, es sei denn, der Teilwert im Einlagezeitpunkt ist niedriger. Die in der Privatsphäre entstandenen stillen Reserven werden daher in den betrieblichen Bereich transferiert. Wurde das Grundstück im Vorfeld unentgeltlich erworben, ist auf die Anschaffungs- oder Herstellungskosten des Rechtsvorgängers abzustellen. Mit dem AbgÄG 2012[52] soll die Einlagenbewertung neu konzipiert und dabei zwischen Altvermögen (Grundstücke, die zum 31.3.2012 nicht mehr steuerverfangen waren) und Neuvermögen (Grundstücke, die zum 31.3.2012 steuerverfangen waren oder nach dem 31.3.2012 angeschafft wurden) unterschieden werden:

- *Grundstücke des Neuvermögens* sind mit den Anschaffungs- oder Herstellungskosten anzusetzen. Wurden sie bereits zur Erzielung von Einkünften verwendet, sind die Anschaffungs- oder Herstellungskosten um Herstellungsaufwendungen zu erhöhen, soweit diese nicht bei der Ermittlung von Einkünften zu berücksichtigen waren, und um die in § 28 Abs 6 EStG genannten steuerfreien Beträge sowie um Absetzungen für Abnutzungen zu vermindern, soweit diese bei der Ermittlung außerbetrieblicher Einkünfte abgezogen worden sind. Ist der Teilwert im Zeitpunkt der Zuführung niedriger, ist dieser anzusetzen.

- Davon abweichend sind *Gebäude* und *grundstücksgleiche Rechte* iSd § 30 EStG, die zum 31.3.2012 nicht steuerverfangen waren (*Altvermögen*), stets mit dem Teilwert zum Zeitpunkt der Zuführung anzusetzen. Im Falle einer nachfolgenden Veräußerung ist die Differenz zwischen dem Teilwert im Zeitpunkt der Einlage und den Anschaffungs- oder Herstellungskosten gem § 4 Abs 3a Z 6 EStG als Einkünfte aus privaten Grundstücksveräußerungen zu erfassen. Mit dem in Begutachtung befindlichen AbgÄG 2012 soll weiters in § 4 Abs 3a Z 6 EStG ergänzt werden, dass diesfalls § 30 Abs 4 EStG anwendbar ist, wobei an die Stelle des Veräußerungserlöses der Teilwert im Einlagezeitpunkt tritt.

- Grund und Boden des *Altvermögens* ist mit den Anschaffungskosten oder dem niedrigeren Teilwert zu bewerten.

Bei Einlage eines Grundstückes des *Betriebsvermögens* durch eine natürliche Person in eine *Personengesellschaft* ist grundsätzlich von einer Entnahme und nachfolgenden Einlage auszugehen, außer der Mitunternehmeranteil gehört zu demselben Betriebsvermögen (siehe Kapitel 2.1.2.2.). Die Entnahme aus dem Betriebsvermögen ist gem § 6 Z 5 EStG mit dem Teilwert im Zeitpunkt der Entnahme zu bewerten. Davon abweichend ist Grund und Boden nach der Regelung des 1. StabG 2012 mit dem Buchwert im Zeitpunkt

---

[52] Zum Zeitpunkt der Drucklegung dieses Beitrags befand sich das AbgÄG 2012 in Begutachtung.

der Entnahme anzusetzen, sofern nicht eine Ausnahme vom besonderen Steuersatz gem § 30a Abs 3 EStG vorliegt. Mit dem AbgÄG 2012 soll klar gestellt werden, dass der Entnahmewert für nachfolgende steuerrelevante Sachverhalte an die Stelle der Anschaffungskosten tritt. Dies gilt auch für die nachfolgende Einlage des Grund und Bodens in ein Einzelunternehmen oder eine Personengesellschaft. Zusammenfassend zeigt sich folgendes Bild, wobei die Gesetzwerdung des AbgÄG 2012 abzuwarten bleibt:

Sacheinlage Grundstück	Grund und Boden	Gebäude Altvermögen	Gebäude Neuvermögen
aus Privatvermögen	AK oder niedrigerer Teilwert	Teilwert im Zeitpunkt der Zuführung	(ggf adaptierte) AK/HK oder niedrigerer Teilwert
aus Betriebsvermögen	Entnahmewert = Buchwert (sofern keine Ausnahme vom besonderen Steuersatz vorliegt)	Entnahmewert = Teilwert im Zeitpunkt der Entnahme	

Die Bewertung von Gebäudeeinlagen des Neuvermögens aus dem Privatvermögen in das Gesellschaftsvermögen einer betrieblich tätigen Personengesellschaft mit den (adaptierten) Anschaffungs- oder Herstellungskosten würde ohne flankierende Maßnahme zu einer Verschiebung stiller Reserven auf die übrigen Gesellschafter führen. Gleiches gilt aufgrund des Ansatzes der Anschaffungskosten bzw des Entnahmewertes (Buchwert) für die Einlage von Grund und Boden des Privat- und des Betriebsvermögens. Daher muss in diesen Fällen durch geeignete Maßnahmen (zB Ergänzungsbilanzen) sichergestellt werden, dass die vor der Einbringung entstandenen und aufgrund des Bewertungsmaßstabs der (ggf adaptierten) Anschaffungs- oder Herstellungskosten bzw Buchwertes (bei Grund und Boden) in das Gesellschaftsvermögen transferierten stillen Reserven in weiterer Folge nur dem einbringenden Gesellschafter zugerechnet werden.

Bei gemischt genutzten Grundstücken ist die 80/20-Regel anzuwenden:[53] Liegt die betriebliche Nutzung zwischen 20 % und 80 %, ist lediglich der betrieblich genutzte Teil zu aktivieren. Liegt die betriebliche Nutzung über 80 %, erfolgt eine 100 %-ige Zurechnung zum Betriebsvermögen, für die untergeordnete private Nutzung ist ein Privatanteil auszuscheiden. Liegt die betriebliche Nutzung unter 20 %, erfolgt keine Aktivierung, die auf den betrieblichen Anteil entfallenden Aufwendungen (AfA, Finanzierungskosten, etc) stellen Betriebsausgaben dar.

3. Zusammenfassung

Im Rahmen der Gründung liegt die steuerliche Belastung vorwiegend im Bereich der Gebühren und Verkehrsteuern. Die Gründung eines Einzelunternehmens ist dabei in der Regel kaum belastet, am stärksten ist die Belastung aufgrund der Gesellschaftsteuer bei Kapitalgesellschaften und verdeckten Kapitalgesellschaften (GmbH & Co KG).

---

[53] Siehe dazu ua Rz 558ff EStR 2000; *Petritz/Plott*, Gründung von Unternehmen, in *Fraberger et al* (Hrsg) Handbuch der Sonderbilanzen, Band I, 21.

Im ertragsteuerlichen Bereich zeigt sich bei Kapitalgesellschaften im Bereich der Refinanzierung aufgrund der Nichtabzugsfähigkeit von Fremdkapitalzinsen bei fremdfinanziertem Erwerb von Kapitalanteilen durch natürliche Personen ein steuerlicher Nachteil. Bei Einbringung von Sacheinlagen im Zuge der Gründung kann sich aufgrund der anzuwendenden Tauschgrundsätze bei Gesellschaftern von Kapitalgesellschaften ein Realisationstatbestand ergeben. Bei Sacheinlagen in Personengesellschaften aus dem Privatvermögen ist dies nach österreichischer Judikatur und Verwaltungspraxis – anders als in Deutschland – nicht der Fall.

Seit 1.4.2012 führt die Einbringung von Grundstücken des Privatvermögens in Kapitalgesellschaften zu Einkünften aus privaten Grundstücksveräußerungen iSd § 30 EStG.[54] Die Einlage von Grundstücken des Privatvermögens in Einzelunternehmen und Personengesellschaften führt im Zeitpunkt der Einlage zu keinen steuerpflichtigen Einkünften. Im Falle einer nachfolgenden Veräußerung kommt es allerdings zu einer steuerlichen Erfassung der stillen Reserven, die im Privatvermögen entstanden sind. Bei Einbringung von Gebäuden des Neuvermögens sowie von Grund und Boden in Mitunternehmerschaften ist mit Blick auf die im 1. StabG 2012 verankerten und mit dem AbgÄG 2012 geplanten Bewertungsregeln durch geeignete Maßnahmen sicherzustellen, dass es zu keiner Verschiebung stiller Reserven zwischen den Gesellschaftern kommt.

Literaturverzeichnis

Althuber, F., Die GmbH & Co KG im Kapitalverkehrsteuerrecht, in GS Arnold, GmbH & Co KG, Wien 2011, 333.

Arnold, N., Gebühren- und Verkehrsteuern nach Rechtsformen, in *Hübner-Schwarzinger, P./ Kanduth-Kristen, S.* (Hrsg), Rechtformgestaltung für Klein- und Mittelbetriebe, Wien 2011, 58.

Bertl, R., Die Besteuerung der Außenfinanzierung, in *Altenburger, O./Janschek, O./Müller, H.* (Hrsg), Fortschritte im Rechnungswesen[2], Wiesbaden 2000, 3.

Dorazil, W., Kapitalverkehrsteuergesetz[2], Wien 1997.

Endfellner, C./Puchinger, M., Eigenkapitalfinanzierung für Unternehmen, Wien 2008.

Fischer, M., Neugründung einer Personengesellschaft, in *Westermann, H. P./Wertenbruch, J.* (Hrsg), Handbuch Personengesellschaften, EL 49, Köln 2011, Teil II § 2.

Fraberger, F./Rohner, H., Steuerliche Konsequenzen der Unternehmensgründung, in *Bertl, R./Djanani, C./Eberhartinger, E./Hirschler, K./Kofler, H./Tumpel, M./Urnik, S.* (Hrsg), Handbuch der österreichischen Steuerlehre, Band III[2], Wien 2010, 59.

Hochedlinger, G./Fuchs, H. W., Stille Gesellschaft, Wien 2007.

Jakom/Baldauf, A./Kanduth-Kristen, S./Lenneis, C./Laudacher, M./Marschner, E., EStG – Einkommensteuergesetz[5], Wien 2012.

Kanduth-Kristen, S., Rechtsformneutrale Unternehmensbesteuerung, Wien 2007.

Kanduth-Kristen, S./Grün, T./Komarek, E., Umsatzsteuerliche Änderungen bei Grundstücken, SWK 2012, 624.

---

[54] Zu beachten ist auch, dass bei Kapitalgesellschaften der besondere Steuersatz für Grundstücksveräußerungen nicht zur Anwendung kommt. Die Veräußerung von Grundstücken durch Kapitalgesellschaften unterliegt der Körperschaftsteuer, eine allfällige nachfolgende Ausschüttung des erzielten Gewinnes unterliegt der Kapitalertragsteuer.

Kauba, A., VwGH: Abkehr vom engen Betriebsbegriff?, RdW 2006, 249.
Kauba, A., Überführung von Wirtschaftsgütern bei Personengesellschaften, in *Beiser, R., Kirchmayr, S./Mayr, G./Zorn, N.* (Hrsg), Ertragsteuern in Wissenschaft und Praxis, FS Doralt, Wien 2007, 127.
Knörzer, P., „Großmutterzuschüsse" wieder auf dem Prüfstand des EuGH: Generelle Gesellschaftsteuerpflicht?, GeS 2006, 74.
Knörzer, P./Althuber, F., Gesellschaftsteuer^2, Wien 2009.
Kofler, H./Payerer, A., Finanzierung durch Fremdmittel, in *Bertl, R. et al*, Handbuch der österreichischen Steuerlehre, Band IV^2, Wien 2010, 68.
Lechner, E., Steueroptimale Finanzierung von Kapitalgesellschaften, in *Bertl, R./Mandl, D./Mandl, G./Ruppe, H. G.*, Steuerplanung 1997, Wien 1997, 109.
Marschner, E./Leonhard, K., Gesellschaftsteuerpflicht für Großmutterzuschüsse nach dem österreichischen Kapitalverkehrsteuergesetz?, FJ 2006, 138.
Petritz, M., Überführung von Wirtschaftsgütern im Inlands- und im cross-border-Fall, in *Fraberger, F./Baumann, A./Plott, C./Waitz-Ramsauer, K.* (Hrsg), Handbuch Konzernsteuerrecht, 585.
Petritz, M./Plott, C., Gründung von Unternehmen, in *Fraberger, F./Hirschler, K./Kanduth-Kristen, S./Ludwig, C./Mayr, G.* (Hrsg), Handbuch der Sonderbilanzen, Band I, Wien 2011, 7.
Rief, R., Anliegen an die Steuerpolitik, Der Wirtschaftstreuhänder, 2010, 51.
Rief, R./Linzner-Strasser, M., Stille Gesellschaft – Stiefkind des Verkehrsteuerrechts?, SWK 1995, A 456.
Wurm, G., Abschaffung der Darlehens- und Kreditvertragsgebühr durch das Budgetbegleitgesetz 2011 und die daraus resultierenden Folgen, GeS 2011, 35.

Die Auswirkungen der Modernisierung des Bilanzrechts auf das Maßgeblichkeitsprinzip – aktuelle Entwicklungen in Deutschland, Österreich und der Schweiz

Carl-Friedrich Leuschner[1]

1. Einleitung
2. Entstehung und historische Entwicklung des Maßgeblichkeitsprinzips
   2.1. Die materielle Maßgeblichkeit
   2.2. Die Durchbrechung der Maßgeblichkeit
   2.3. Die Umkehrung der Maßgeblichkeit
3. Neujustierung des Maßgeblichkeitsprinzips in Deutschland
   3.1. Entwicklung des Maßgeblichkeitsprinzip durch BilMoG
   3.2. BMF-Schreiben vom 12.03.2010
   3.3. Praktische Beispiele aus der Neujustierung des Maßgeblichkeitsgrundsatzes
4. Das Maßgeblichkeitsprinzip in deutschsprachigen Ländern Europas
   4.1. Entwicklung des Maßgeblichkeitsprinzips in Österreich
   4.2. Entwicklung des Maßgeblichkeitsprinzips in der Schweiz
5. Zusammenfassung
Literaturverzeichnis

---

[1] Der Autor dankt Herrn Dipl.-Kfm. *Tobias Eisenbach* für seine Unterstützung bei der Literaturrecherche.

1. Einleitung

Die Maßgeblichkeit handelsrechtlicher Grundsätze ordnungsmäßiger Buchführung (GoB) für den steuerlichen Betriebsvermögensvergleich bei buchführungspflichtigen Unternehmen ist ein traditioneller Bestandteil des Steuerbilanzrechts in Deutschland, Österreich und der Schweiz. Durch die Einführung des Bilanzrechtsmodernisierungsgesetzes (BilMoG) im Jahre 2009 in Deutschland wurden Neujustierungen vorgenommen. Das BilMoG ist der Versuch des Gesetzgebers, traditionelle handelsrechtliche Grundsätze und Vorschriften hinsichtlich ihres Informationsgehaltes zu verbessern und trotzdem die Mehrfunktionalität des Einzelabschlusses im Sinne von Informationsfunktion, Ausschüttungsbemessung, und Gläubigerschutz beizubehalten. Diese umfassenden Veränderungen werden im folgenden Beitrag insbesondere unter dem Aspekt der Maßgeblichkeit der Handels- für die Steuerbilanz untersucht. Mit dem Maßgeblichkeitsgrundsatz hat sich Hon.-Prof. Dr. *Josef Schlager* in vielfältiger Weise sowohl praktisch als auch wissenschaftlich auseinandergesetzt.[2]

Das sog Maßgeblichkeitsprinzip der Handels- für die Steuerbilanz besteht aus der materiellen, der formellen und der umgekehrten Maßgeblichkeit.[3] Die materielle Maßgeblichkeit überträgt handelsrechtliche Vorschriften, denen der Jahresabschluss sowohl formal als auch inhaltlich entsprechen muss, in die Steuerbilanz. Diese materielle Maßgeblichkeit wurde im Rahmen der Anpassungen der Rechnungslegungsvorschriften an das BilMoG beibehalten. Die umgekehrte Maßgeblichkeit, welche die Ausrichtung der Handelsbilanz nach der Steuerbilanz beschreibt, ist hingegen im Rahmen der Gesetzesreform in Deutschland abgeschafft worden. Die deutsche Finanzverwaltung hat diese Veränderungen auf die Maßgeblichkeit zum Anlass genommen, über weitreichende eigenständige steuerbilanzielle Wahlrechte nachzudenken.[4]

Inwiefern sich das Maßgeblichkeitsprinzip der Handels- für die Steuerbilanz in Deutschland, Österreich und der Schweiz verändert hat bzw in Zukunft verändern wird, soll im Folgenden analysiert werden. Zunächst werden der Ursprung und die Entwicklung des Maßgeblichkeitsprinzips erläutert. Darauf aufbauend werden anhand von praktischen Beispielen die Veränderungen des Maßgeblichkeitsprinzips durch die Bilanzrechtsmodernisierung dargestellt. Ein Ländervergleich, wie sich der Maßgeblichkeitsgrundsatz im deutschsprachigen Raum entwickelt hat, sowie eine thesenförmige Zusammenfassung bilden den Abschluss dieses Beitrages.

---

[2] Hon.-Prof. Dr. *Josef Schlager* hat neben seiner täglichen praktischen Arbeit als Steuer- und Wirtschaftsexperte mit weit über 150 Publikationen die wissenschaftliche Diskussion in der betrieblichen Steuerlehre, im Treuhand- und Revisionswesen in Österreich über Jahre mitgestaltet. Vgl *Steinmaurer, W./Schlager, J.*, Wissensmanagement für Steuerberater, 195.
[3] Vgl *Leuschner, C.-F.*, Umweltschutzrückstellungen, 44f.
[4] Vgl *Prinz, U.*, Materielle Maßgeblichkeit handelsrechtlicher GoB – ein Konzept für die Zukunft im Steuerbilanzrecht?, in DB 2010, 2069–2076.

2. Entstehung und historische Entwicklung des Maßgeblichkeitsprinzips

2.1. Die materielle Maßgeblichkeit

Die materielle Maßgeblichkeit, welche im § 5 Abs 1 Satz 1 Hs 1 des deutschen und österreichischen EStG sowie im Art 58 Abs 1 lit A DBG des Schweizer Rechts geregelt wird, besagt, dass *„bei Gewerbetreibenden, die auf Grund gesetzlicher Vorschriften verpflichtet sind, Bücher zu führen und regelmäßig Abschlüsse zu machen, oder die ohne eine solche Verpflichtung Bücher führen und regelmäßig Abschlüsse machen, ist für den Schluss des Wirtschaftsjahres das Betriebsvermögen anzusetzen (§ 4 Abs 1 Satz 1), das nach den handelsrechtlichen Grundsätzen ordnungsmäßiger Buchführung auszuweisen ist."* Aus dieser Regelung ergibt sich zum einen die Maßgeblichkeit dem Grunde nach, welche angibt ob ein Vermögensgegenstand oder eine Verpflichtung aus der Handelsbilanz in die Steuerbilanz aufgenommen wird, und zum anderen die Maßgeblichkeit der Höhe nach, welche den Bewertungsmaßstab festlegt, der diesem Bilanzposten beizulegen ist.[5]

Diese integrierten handelsrechtlichen GoB in das Steuerbilanzrecht sind Bestandteil eines weiter gefassten „Rechnungslegungsrecht" mit seinen unternehmens-, gesellschafts- und kapitalmarktrechtlichen Bezügen[6]. Eine bilanziell angelegte, gläubigerschützende Kapitalerhaltung trifft mit den diversen Informationsaufgaben im handelsrechtlichen Jahresabschluss zusammen. Hierbei stoßen unterschiedliche Zwecksetzungen der Rechnungslegung aufeinander. Dies führt zu Unterschieden in der handels- und steuerlichen Bilanzierung zB bei Rückstellungen. So werden in der Steuerbilanz Rückstellungen stichtagsbezogen ohne Berücksichtigung künftiger Preis- und Kostensteigerungen bewertet.

2.2. Die Durchbrechung der Maßgeblichkeit

Bei handelsrechtlichen Bilanzierungswahlrechten wird das Maßgeblichkeitsprinzip durch die herrschende Rechtsprechung und Gesetzgebung im deutschsprachigen Raum an verschiedenen Stellen durchbrochen. Nach ständiger Rechtsprechung gilt der Grundsatz, dass bei Aktivierungswahlrechten eine steuerliche Aktivierungspflicht und bei handelsrechtlichen Passivierungswahlrechten ein steuerliches Passivierungsverbot anzunehmen ist, sofern im Steuerrecht nicht ausdrücklich anderes bestimmt ist. Für Zwecke der Besteuerung soll dadurch ein zu geringer Gewinnausweis vermieden werden.[7]

Hinsichtlich der Bewertung bereits bilanzierter Gegenstände gilt grundsätzlich auch das Maßgeblichkeitsprinzip, dh, der in der Handelsbilanz vorgeschriebene oder gewählte Wert ist auch in die Steuerbilanz zu übernehmen. Besteht für die Steuerbilanz ein Bewertungswahlrecht, so ist der in der Handelsbilanz angesetzte Wert zu übernehmen; das steuerliche Bewertungswahlrecht kommt dann für die Gewinnermittlung gemäß § 5

---

[5] Vgl Gabler Wirtschaftslexikon, Bewertungsmaßstab, verfügbar unter http://wirtschaftslexikon.gabler.de/Definition/bewertungsmassstab.html.
[6] Vgl *Großfeld, B./Luttermann, C.*, Bilanzrecht, 1.
[7] Vgl BFH v 3.2.1969, GrS 2/68, BStBl II S 251.

Abs 1 des deutschen und österreichischen EStG sowie im Art 58 Abs 1 lit A DBG des Schweizer Rechts nicht zum Tragen.

An verschiedenen Stellen wird das Maßgeblichkeitsprinzip jedoch bei der Bilanzierung der Höhe nach (Bewertung) durchbrochen. Vor allem ist hier § 5 Abs 6 des deutschen EStG (§§ 4–6 des österreichischen EStG) zu nennen, nach dem das Maßgeblichkeitsprinzip nur gilt, wenn dadurch nicht gegen die Bewertungsvorschriften zB des § 6 des deutschen EStG verstoßen wird.

Als Beispiel sei die Bilanzierung des derivativen Firmenwertes in Deutschland angeführt, der in der Handelsbilanz planmäßig abzuschreiben ist (§ 253 Abs 1 iVm § 246 Abs 1 S 4 HGB), während er in der Steuerbilanz auf 15 Jahre abgeschrieben werden muss (§ 7 Abs 1 EStG). Generell kann durch den § 7 des deutschen EStG das Maßgeblichkeitsprinzip durchbrochen werden; liegt beispielsweise in der Handelsbilanz die degressive Abschreibungsquote über den Grenzen des § 7 Abs 2 des deutschen EStG, so ist in der Steuerbilanz nur der steuerlich maximal zulässige Wert anzusetzen.

Weitere Fälle einer Durchbrechung des Maßgeblichkeitsprinzips beruhen darauf, dass in der Steuerbilanz bestimmte Aufwendungen nicht oder nur teilweise anerkannt werden. Zu den in der Steuerbilanz teilweise zulässigen Aufwendungen (Betriebsausgaben) zählen die in § 4 Abs 5 EStG aufgeführten Aufwendungen für Geschenke an Betriebsfremde, bestimmte Aufwendungen für Bewirtung, Aufwendungen für bestimmte Gästehäuser etc. Bei diesen Aufwendungen werden gemäß § 4 Abs 7 EStG besondere Anforderungen an die Buchführung gestellt. Darüber hinaus besteht für bestimmte Steuerarten ein steuerliches Abzugsverbot der Steuerzahlungen (Einkommensteuer, Körperschaftsteuer ua), dagegen werden diese Steuerarten in der handelsrechtlichen Gewinn- und Verlustrechnung als Aufwand abgezogen und mindern somit den Gewinn in der Handelsbilanz.

2.3. Die Umkehrung der Maßgeblichkeit

In der Vergangenheit konnte man in der Bilanzierungspraxis beobachten, dass die Handelsbilanz an die Steuerbilanz angelehnt wurde. Diese Tatsache wird als Umkehrung des Maßgeblichkeitsprinzips bezeichnet und beruht darauf, dass der Buchführungspflichtige den handelsrechtlichen Bilanzierungsvorschriften unterliegt, die weniger streng als die steuerrechtlichen Regeln sind. Es wird in diesem Fall häufig nur eine Bilanz entsprechend den strengeren steuerrechtlichen Normen (Steuerbilanz) erstellt, die dann zugleich auch Handelsbilanz gemäß § 242 HGB ist. Dies führt zu Arbeitsvereinfachungen, ohne dass in der Regel Nachteile entstehen. Externe Informationsempfänger bevorzugen oder verlangen ohnehin meistens Einblick in die Steuerbilanz, da eine eventuell vorhandene, getrennte Handelsbilanz ggf keiner Pflichtprüfung unterliegt und somit erheblich häufig nicht offen ausgewiesene Ermessensspielräume enthalten kann.

Allerdings ist diese Umkehrung der Maßgeblichkeit der Steuerbilanz für die Handelsbilanz auch in der Literatur nicht unumstritten.[8] Die Kritik beruht im Wesentlichen darauf, dass durch diese Umkehrung der Maßgeblichkeit Steuervergünstigungen Einzug in die Handelsbilanz finden, die bewusst gegen die handelsrechtlichen Grundsätze ord-

---

[8] Vgl beispielsweise *Schneider, D.*, Eine Reform der steuerlichen Gewinnermittlung? in: StuW 1971, 326.

nungsmäßiger Buchführung verstoßen. Die steht im direkten Widerspruch zu den gesetzlichen Regelungen. Als Beispiel ist die Bilanzierung von diversen steuerlich motivierten Sonderabschreibungen zu nennen.

Während in Österreich und der Schweiz die umgekehrte Maßgeblichkeit nur noch in wenigen Ausnahmefällen existent ist, war die umgekehrte Maßgeblichkeit in Deutschland bis zur Einführung des BilMoG in der Handelsbilanz stark verankert. Mit der Einführung des BilMoG ist die Umkehrung der Maßgeblichkeit der Steuerbilanz für die Handelsbilanz aufgehoben worden.[9] Steuerliche Wahlrechte dürfen in der Steuerbilanz unabhängig von einem Ansatz in der Handelsbilanz ausgeübt werden, wobei die Bilanzansätze dann gesondert zu erläutern sind.

Voraussetzung für die Ausübung dieser steuerlichen Wahlrechte ist, dass die Wirtschaftsgüter, die nicht mit dem handelsrechtlich maßgeblichen Wert in der steuerlichen Gewinnermittlung ausgewiesen werden, in besondere, laufend zu führende Verzeichnisse aufgenommen werden. In den Verzeichnissen sind

- der Tag der Anschaffung oder Herstellung,
- die Anschaffungs- und Herstellungskosten,
- die Vorschrift des ausgeübten steuerlichen Wahlrechts und
- die vorgenommenen Abschreibungen

nachzuweisen (§ 5 Abs 1 S 2 und 3 EStG).

In den folgenden Abschnitten werden zunächst die deutschen Besonderheiten erläutert; die österreichischen und schweizerischen Spezifika in der Gesetzgebung werden im 4. Kapitel untersucht.

3. Neujustierung des Maßgeblichkeitsprinzips in Deutschland

3.1. Entwicklung des Maßgeblichkeitsprinzip durch BilMoG

Die Aufhebung der umgekehrten Maßgeblichkeit der Steuerbilanz für die Handelsbilanz führt zu einer generellen Neujustierung des Maßgeblichkeitsprinzips. So kann man anhand der Gesetzesbegründung zum BilMoG erkennen, dass einerseits die materielle Maßgeblichkeit beibehalten werden soll und andererseits ein Wahlrecht zur Teilwertabschreibung bei dauernder Wertminderung verneint wird. Der Gesetzeswortlaut ist dagegen nicht so eindeutig, so dass eine weitergehende Aufhebung der Maßgeblichkeit nicht auszuschließen ist.[10] Für die Bilanzierungspraxis wird entscheidend sein, ob sich auch die Finanzverwaltung dieser weitergehenden Auslegung anschließen wird.

Der Gesetzgeber will, mit seiner vorwiegend handelsrechtlich ausgelegten Maßnahme, vor allem fiskalpolitisch möglichen steuerlichen Mindereinnahmen vorbeugen. Er weist explizit darauf hin, dass es durch die Modernisierung des Bilanzrechts nicht zu nennenswerten Steuermehr- oder Mindereinahmen kommen und somit die Steuerneutralität erhalten bleiben soll.

---

[9] Vgl Arbeitskreis „Steuern und Revision" im Bund der Wirtschaftsakademiker BWA eV: Maßgeblichkeit im Wandel der Rechnungslegung – Die Maßgeblichkeit im System internationaler Steuerbemessungsgrundlagen vor dem Hintergrund aktueller Herausforderungen.

[10] Vgl *Tanski, J. S.*, Jahresabschluss in der Praxis, 26/27.

So soll nach dem gesetzgeberischen Willen sichergestellt werden, dass die nicht GoB-konformen Steuervergünstigungswahlrechte, aufgrund ihrer informationsverzerrenden Wirkung, nicht mehr in der Handelsbilanz angesetzt werden und nur noch steuerlich berücksichtigt werden. Dies führt beispielsweise dazu, dass § 6b-Rücklagen, steuerliche Sonderabschreibungen (zB § 7g EStG) und anderweitige steuerfreie Rücklagen (etwa die Rücklage für Ersatzbeschaffung gemäß R 6.6 EStR oder die Rücklage für Zuschüsse R 6.5 Abs 4 EStR) nur noch bei der steuerlichen Gewinnermittlung angesetzt werden dürfen. Der handelsbilanzielle Gewinn ist insoweit, abgesehen von dadurch entstandenen passiven Steuerlatenzen, unbeeinflusst.[11]

Dies eröffnet dem Bilanzierenden die Möglichkeit, alle steuerlichen Wahlrechte unabhängig von der Bilanzierung in der Handelsbilanz auszuüben und entsprechend bilanzpolitisch zu nutzen. Diese Änderungen führen dazu, dass sich die Vorschriften von Handels- und Steuerbilanz immer weiter voneinander entfernen. Konsequenterweise nimmt die Bedeutung der latenten Steuern (§ 274 HGB) zu. Die Steuerbilanz entwickelt sich zunehmend eigenständig gegenüber den handelsbilanziellen Abbildungs- und Gestaltungsstrategien. Aufgrund dieser unabhängigen Ausübung von steuerrechtlichen Wahlrechten (§ 5 Abs 1 Satz 1 zweiter Halbsatz des EStG) wird eine Einheitsbilanz in Zukunft nicht mehr möglich sein.[12]

3.2. BMF-Schreiben vom 12.03.2010

Durch die bereits erläuterte Neujustierung der Maßgeblichkeit sind sehr viele Fragen aufgeworfen worden, die das BMF veranlasst haben, ein BMF-Schreiben am 12. März 2010 zu dieser Thematik zu veröffentlichen.

Im Schreiben wird erläutert, dass Wahlrechte, die nur steuerrechtlich bestehen, aber auch sowohl handels- wie steuerrechtliche Optionsmöglichkeiten beinhalten, nach Meinung des BMF ohne handelsrechtliche Vorprägung ausgeübt werden können. Das BMF legt diese grundsätzliche Regelung also viel weiter aus, als dies in der Gesetzesbegründung zum BilMoG beschrieben worden ist.

Für Pensionsverpflichtungen gemäß § 6a EStG sieht die Finanzverwaltung eine handelsbilanzielle Passivierungspflicht vor, die bei Erfüllung der Tatbestandsvoraussetzung des § 6a EStG auf die Steuerbilanz durchschlägt. In der steuerlichen Gewinnermittlung sind Pensionsrückstellungen nur anzusetzen, wenn die Voraussetzung des § 6a Abs 1 und 2 EStG erfüllt sind. Die Passivierung einer Pensionszusage unterliegt zudem dem Bewertungsvorbehalt des § 6a Abs 3 und 4 EStG. Die steuerliche Bewertung weicht damit stark von der handelsrechtlichen Bilanzierung ab. Die Höhe der Rückstellungen in der Handelsbilanz orientiert sich am erwarteten Erfüllungsbetrag, so dass zukünftige Gehalts- und Rentensteigerungen einzurechnen sind. Bei der betrieblichen Altersversorgung und vergleichbaren langfristig fälligen Verpflichtungen kann vereinfachend von einer 15-jährigen Laufzeit ausgegangen werden. Der Rechnungszins entspricht dem 7-Jahres-Durchschnitt des beobachteten Zinses. Der zu verwendende Zinssatz wird regelmäßig von der Deutschen Bundesbank verbindlich festgesetzt und in deren Internet-

---

[11] Vgl *Prinz, U.*, Materielle Maßgeblichkeit handelsrechtlicher GoB – ein Konzept für die Zukunft im Steuerbilanzrecht?, in DB 2010, 2069–2076.
[12] Vgl ebenda.

portal veröffentlicht; die Regelung in R 6a Abs 20 Satz 2 bis 4 EStR, wonach der handelsrechtliche Ansatz der Pensionsrückstellungen die Bewertungsobergrenze ist, ist nicht weiter anzuwenden.

Für laufende Pensionen und Anwartschaften auf Pensionen, die vor dem 1. Januar 1987 rechtsverbindlich zugesagt worden sind (sog. Altzusagen), gilt nach Artikel 28 des Einführungsgesetzes zum HGB in der durch Gesetz vom 19. Dezember 1985 (BGBl I S 2355, BStBl 1986 I S 94) geänderten Fassung weiterhin das handels- und steuerrechtliche Passivierungswahlrecht.[13]

Der Kern des BMF-Schreibens liegt in der Auslegung bzw der Bestimmung der Reichweite des neu entworfenen steuerlichen Wahlrechtsvorbehaltes. Das BMF ist der Meinung, dass der steuerliche Wahlrechtsvorbehalt in § 5 Abs 1 Satz 1 EStG weit auszulegen ist, dies bedeutet im konkreten Fall, dass die Ausübung sämtlicher steuerlicher Wahlrechte unabhängig von handelsrechtlichen Optionen erfolgen soll.

Es entspricht dem Gesetzeswortlaut und der Zielsetzung des Bilanzmodernisierungsgesetzes, wonach die Informationsfunktion des handelsrechtlichen Jahresabschlusses durch Vermeidung steuerlicher Rückwirkungen zu stärken ist. Ausdrücklich bestätigt wird das steuerliche Wahlrecht zur Vornahme einer Teilwertabschreibung bei voraussichtlich dauernder Wertminderung. Ebenfalls steuerlich eigenständig können Methodenwahlrechte im Rahmen der planmäßigen Abschreibung sowie die Nutzung des Lifo-Verfahrens ausgeübt werden.

3.3. Praktische Beispiele aus der Neujustierung des Maßgeblichkeitsgrundsatzes

Diese Neuregelung und Interpretation des Maßgeblichkeitsgrundsatzes führt zu erheblichen Veränderungen, die im Folgenden anhand einzelner praktischer Beispiele erläutert werden.

So fällt die Handels- und Steuerbilanz bei der Bilanzierung selbst geschaffener immaterieller Wirtschaftsgüter (§ 248 Abs 2 Satz 1 HGB/§ 5 Abs 2 EStG) möglicherweise auseinander. Nach § 248 Abs 2 Satz 1 HGB können selbst geschaffene immaterielle Vermögensgegenstände des Anlagevermögens als Aktivposten in der Bilanz aufgenommen werden, soweit es sich nicht um Marken, Drucktitel, Verlagsrechte, Kundenlisten oder vergleichbare immaterielle Vermögensgegenstände des Anlagevermögens handelt. Eine Aktivierung selbst geschaffener immaterieller Wirtschaftsgüter des Anlagevermögens ist nach § 5 Abs 2 EStG jedoch ausgeschlossen. Das Aktivierungswahlrecht in der Handelsbilanz führt bei diesem Beispiel nicht zu einem Aktivierungsgebot in der Steuerbilanz.

Handelsrechtliche Passivierungsgebote sind – vorbehaltlich steuerlicher Vorschriften – auch für die steuerliche Gewinnermittlung maßgeblich. So sind für Pensionsverpflichtungen nach den Grundsätzen ordnungsmäßiger Buchführung Rückstellungen für ungewisse Verbindlichkeiten zu bilden. Nach § 249 HGB müssen in der Handelsbilanz für unmittelbare Pensionszusagen Rückstellungen gebildet werden. Dieses Passivierungsgebot gilt auch für die steuerliche Gewinnermittlung. Die bilanzsteuerlichen Ansatz- und

---

[13] Vgl Bundesministerium der Finanzen, Schreiben zur Maßgeblichkeit der handelsrechtlichen Grundsätze ordnungsmäßiger Buchführung für die Steuerliche Gewinnermittlung; Änderung des § 5 Absatz 1 EStG durch das Gesetz zur Modernisierung des Bilanzrechts (BilMoG).

Bewertungsvorschriften des § 6a EStG schränken jedoch die Maßgeblichkeit des handelsrechtlichen Passivierungsgebotes, wie bereits zuvor dargestellt, massiv ein.

Zu enormen Veränderungen käme es, wenn man der Auffassung des BMF hinsichtlich handelsrechtlich kodifizierter Wahlrechte, die keine ausdrückliche steuergesetzliche Regelung gefunden haben, folgen würde. Danach soll das handelsrechtliche Einbeziehungswahlrecht für Kosten der allgemeinen Verwaltung und betriebliche Sozial- und Altersvorsorgeaufwendungen nach § 255 Abs 2 Satz 3 HGB bei der Bewertung der Vorräte steuerlich als Einbeziehungspflicht verstanden werden.[14] Die damit verbundene Anhebung der Untergrenze steuerlicher Herstellungskosten hätte zur Folge, dass unabhängig vom Vorgehen in der Handelsbilanz für Besteuerungszwecke die Kosten der allgemeinen Verwaltung und betriebliche Sozial- und Altersvorsorgeaufwendungen stets den hergestellten Produkten zugeordnet werden müssen.[15]

Diese neue Auslegung steht nach Ansicht des IdW im Widerspruch zu dem vom Gesetzgeber mit dem Bilanzmodernisierungsgesetz verfolgten Zweck der Annäherung von Handels- und Steuerbilanz und weicht von R 6 Abs 3 Satz 4 der deutschen Einkommensteuerrichtlinie (EStR) ab.[16] Der Gesetzgeber nähert mit der Änderung des § 255 Abs 2 HGB den handelsrechtlichen Herstellungskostenbegriff lediglich an die Definition des Steuerrechts an. Für Verwaltungsgemeinkosten bestand seit jeher sowohl steuer- als auch handelsrechtlich ein Aktivierungswahlrecht. Die Regelung in Tz 8 des BMF-Schreibens stehe deshalb im Widerspruch zu dieser gesetzlichen Absicht. Die Tz 8 des BMF-Scheibens führt dazu, dass Unternehmen die Herstellungskosten für ein Wirtschaftsgut weiterhin gesondert für handels- und steuerbilanzielle Zwecke ermitteln müssen. Der dabei entstehende Verwaltungsmehraufwand ist sachlich nicht gerechtfertigt und sollte durch Änderung der Tz. 8 in jedem Fall vermieden werden. Darüber hinaus entfaltet Tz. 8 bis zu einer Änderung der Regelung in den Richtlinien keine Wirkung, da die Richtlinien eine höherrangige Verbindlichkeit als BMF-Erlasse besitzen.

Aus der Neujustierung des Maßgeblichkeitsgrundsatzes ergeben sich weitere offene Fragestellungen hinsichtlich der formellen Maßgeblichkeit des konkreten Handelsbilanzansatzes bei den Fremdkapitalzinsen und den Bewertungsvereinfachungsverfahren. Da für diese speziellen Fälle keine ausdrücklichen steuergesetzlichen Regelungen formuliert worden sind, soll der handelsbilanzielle Wertansatz auf die Steuerbilanz durchschlagen, dh Vorschriften der Handelsbilanz werden in die Steuerbilanz eingearbeitet. Eine Grundlage für diese Schlussfolgerung ist nach der Neujustierung des Maßgeblichkeitsgrundsatzes jedoch nicht mehr zu erkennen.[17]

Zusammenfassend ist festzustellen, dass mit dem BMF Schreiben die Ablösung der Steuerbilanz von der Handelsbilanz festgeschrieben werden soll.[18]

---

[14] Vgl ebenda.
[15] Vgl *Herzig, N.*, Neujustierung der Maßgeblichkeit durch BilMoG und BMF-Schreiben, in Handelsblatt vom 9. April 2010.
[16] Vgl IdW, Stellungnahme zum BMF-Schreiben zur Maßgeblichkeit der handelsrechtlichen Grundsätze ordnungsmäßiger Buchführung für die steuerliche Gewinnermittlung IV C 6 – S 2133/09/10001 vom 12.03.2010.
[17] Vgl *Herzig, N.*, Neujustierung der Maßgeblichkeit durch BilMoG und BMF-Schreiben, in Handelsblatt vom 9. April 2010.
[18] Vgl ebenda.

4. Das Maßgeblichkeitsprinzip in deutschsprachigen Ländern Europas

4.1. Entwicklung des Maßgeblichkeitsprinzips in Österreich

Das RÄG 2010 betrifft Änderungen zur Angleichung der handelsrechtlichen Bilanz an die steuerliche Bilanz und soll zur Verbesserung der Aussagekraft des handelsrechtlichen Jahresabschlusses beitragen. Gleichzeitig soll mit den Reformen das Maßgeblichkeitsprinzip der Handelsbilanz für die Steuerbilanz gestärkt werden. Gerade aufgrund der Praktikabilität und des geringeren Verwaltungsaufwandes sind in Österreich Tendenzen zu einem einheitlichen Jahresabschluss für Handels- und Steuerbilanz zu erkennen.[19]

Das UGB entwickelte sich aus dem öHGB. Umbenannt wurde das öHGB aufgrund einer Gesetzestextänderung, bei der der Kaufmannsbegriff durch den Unternehmerbegriff ersetzt worden ist. Um die Aussagekraft des handelsrechtlichen Jahresabschlusses zu verbessern, sind verschiedene Bilanzierungswahlrechte gestrichen worden.

Zum ersten ist der § 198 Abs 3 UGB entfallen. Dadurch ist es nicht mehr möglich, für das Ingangsetzen und das Erweitern eines Betriebes einen Aktivposten in der Bilanz anzusetzen. Künftig sind Ingangsetzungs- und Erweiterungsaufwendungen im Jahr ihres Anfalls zur Gänze als Aufwand zu verbuchen. Somit ist der Aufwand auch steuerlich im Jahr des Anfalls voll abzugsfähig, was Handels- und Steuerbilanz näher zusammenrücken lässt.[20]

Eine weitere Maßnahme ist die Änderung des § 203 Abs 5 UGB. Während nach § 203 Abs 5 UGB aF ein Aktivierungswahlrecht für einen entgeltlich erworbenen Geschäfts-(Firmen-)wert vorsah, sieht § 203 Abs 5 UGB nF zwingend eine Aktivierung des entgeltlich erworbenen Geschäfts- oder Firmenwertes vor. Dies geschieht in Übereinstimmung mit den steuerrechtlichen Bestimmungen. Anders als im Steuerrecht soll jedoch für die handelsrechtliche Bilanz zwingend eine 5-jährige Abschreibungsdauer des aktivierten Geschäfts-(Firmen-)wertes zur Anwendung kommen, wohingegen im Steuerrecht eine 15-jährige Nutzungsdauer und Abschreibung vorgesehen ist.

Weiterhin entfällt das „erweiterte Niederstwertprinzip" gemäß § 207 Abs 2 UGB. Bislang bestand für Gegenstände des Umlaufvermögens ein Abschreibungswahlrecht, soweit nach vernünftiger unternehmerischer Beurteilung nach dem Bilanzstichtag weitere Wertminderungen zu erwarten waren. Mit dem RÄG 2010 wurde das erweiterte Niederstwertprinzip ersatzlos gestrichen. Da diese Abschreibung steuerlich nicht anerkannt war, ergeben sich daraus keine Auswirkungen auf die steuerliche Gewinnermittlung. Somit rücken auch durch diese Änderung des RÄG 2010 Handels- und Steuerbilanz weiter zusammen.[21]

Anders als in Deutschland stärken diese Änderungen das Maßgeblichkeitsprinzip und tragen zu mehr Transparenz bei. In Österreich sind zu Beginn und während des Gesetzgebungsverfahrens zum RÄG 2010 die Alternativen einer abgekoppelten Steuerbilanz oder einer verstärkten Maßgeblichkeit erörtert worden. Der österreichische Stan-

---

[19] Vgl allgemein *Schlager, J.*, Ausgestaltung eines zukunftsorientierten Rechnungswesens im Sinne der neuen Gesetzesvorschriften (§ 22 GmbHG), in Der Wirtschaftstreuhänder 6/1998.

[20] Vgl *Gröhs, B.*, Rechnungslegungsänderungsgesetz 2010 in Kraft getreten, erhältlich unter: http://www.be24.at/blog/entry/633597/rechnungslegungsaenderungsgesetz-2010-in-kraft-getreten.

[21] Vgl ebenda.

dardsetter AFRAC hat sich nicht zuletzt unter dem Aspekt der Praktikabilität für eine verstärkte Maßgeblichkeit ausgesprochen und den Gesetzgeber unterstützt, die zuvor beschriebenen Änderungen im RÄG 2010 umzusetzen.

4.2. Entwicklung des Maßgeblichkeitsprinzips in der Schweiz

In der Schweiz kam eine Diskussion um die Maßgeblichkeit der Handelsbilanz für die Steuerbilanz, Art 58 Abs 1 lit a DBG, bei der Erstellung eines neuen Rechnungslegungsrechts im Obligationenrecht (OR) (Inkrafttreten der letzten Änderung am 1. Januar 2008) auf. Hierbei richtete man den Blick auf das Zusammenwirken von Handels- und Steuerbilanz. Dabei hat sich schon frühzeitig die Erkenntnis durchgesetzt, dass ein enger Zusammenhang zwischen dem Festhalten an der traditionellen Maßgeblichkeit und der Möglichkeit einer grundlegenden Modernisierung der Rechnungslegung besteht. In der Schweiz hat man sich entschlossen, das Rechnungslegungsrecht nur soweit zu modernisieren, wie es auch steuerlich umgesetzt werden kann. Der Erhalt der Einheitsbilanz und das Festhalten am Dual Use der privatrechtlichen Rechnungslegung auch für die Bemessung der Gewinnsteuern von Bund und Kantonen sind dabei von zentraler Bedeutung gewesen. Auch die zwischenzeitlich diskutierte revolutionäre Idee einer standardunabhängigen Maßgeblichkeit (Art 962 Abs 1 OR-E) ist mit der Entscheidung des Ständerats vom 16. März 2011 endgültig beerdigt worden.

In der Schweiz ist das Maßgeblichkeitsprinzip der Handels- für die Steuerbilanz stark ausgeprägt. So wird grundsätzlich die schweizerische Gewinnsteuer auf Basis des handelsrechtlichen Reingewinns ermittelt, der auf den handelsrechtlichen Grundsätzen ordnungsmäßiger Rechnungslegung (GoR) beruht. Allerdings gilt diese Bindungswirkung zwischen handelsrechtlichem Jahresabschluss und steuerlicher Gewinnermittlung nur so weit, als das Steuerrecht keine eigenständigen, abweichenden Vorschriften aufweist. Steuerliche Sondervorschriften bestehen zB beim Anlagevermögen, Abschreibungen, Rückstellungen und Einlagen in Reserven.[22]

Im neuen Rechnungslegungsrecht der Schweiz, welches am 23. Dezember 2011 endgültig beschlossen wurde, wird die Möglichkeit geboten, auf eine Jahresrechnung nach den Bestimmungen des Obligationenrechts zu verzichten, wenn ein Abschluss nach einem anerkannten Standard (IFRS oder Swiss GAAP FER) zur Rechnungslegung erstellt wird. Bei einem solchen Verzicht erfolgt die steuerliche Bemessung ebenfalls nach diesem Standard. Damit geht die Schweiz einen ähnlichen Weg wie Österreich. Es führt in der Konsequenz zu einer einheitlichen Handels- und Steuerbilanz nach handelsrechtlichen Bilanzierungsvorschriften. Da in einem solchen Fall mit großer Wahrscheinlichkeit auch stille Reserven aufgelöst werden müssen, ist eine Übergangsfrist für eine gestaffelte Versteuerung dieser Reserven vorgesehen. Wann das neue Rechnungslegungsrecht in Kraft treten wird, steht noch nicht fest; einige Experten gehen davon aus, dass es aufgrund dieser wesentlichen Änderung nicht mehr im Jahre 2012 erfolgen wird.[23]

---

[22] Vgl Arbeitskreis „Steuern und Revision" im Bund der Wirtschaftsakademiker BWA eV: Maßgeblichkeit im Wandel der Rechnungslegung – Die Maßgeblichkeit im System internationaler Steuerbemessungsgrundlagen vor dem Hintergrund aktueller Herausforderungen.
[23] Vgl *Jeger, M.,* Neue Anforderung an Rechnungslegung und Revision, erhältlich unter: www.pwc.ch.

5. Zusammenfassung

Der durch das BilMoG eingeschlagene Weg zur Beibehaltung der materiellen Maßgeblichkeit bei gleichzeitiger Beseitigung der umgekehrten Maßgeblichkeit führt in Deutschland zu einem neuen eigenständigen steuerlichen Wahlrechtsvorbehalt. Steuerliche Wahlrechte können dabei nach dem Verständnis der Finanzverwaltung losgelöst von einer handelsbilanziellen Handhabung genutzt werden.

Eine Verselbständigung der Steuerbilanzpolitik ist die Folge. Handels- und Steuerbilanz werden sich dadurch weiter auseinanderentwickeln, zumal steuerliche Überleitungsrechnungen aufgrund mehrperiodiger Effekte allein häufig nicht mehr ausreichen werden. Einheitsbilanzen sind nur noch begrenzt möglich. Ob der Grundsatz der Maßgeblichkeit längerfristig zu halten sein wird, ist vor diesem Hintergrund zu bezweifeln. Er ist vielseitigen Zersetzungswirkungen ausgesetzt. Wissenschaft, Richterschaft und Praxis sollten deshalb bei der Schaffung eines prinzipiengeleiteten, eigenständigen und kodifizierten Steuerbilanzrechts mitwirken und sich nicht dagegen sperren.[24] Letztendlich darf auch bei einem nicht mehr maßgeblichen Bilanzsteuerrecht nur ein vorsichtig ermittelter Gewinn besteuert und ausgeschüttet werden. Schutz vor fiskalischer Willkür muss deshalb zwingend auch in einem eigenständigen Steuerbilanzrecht gewährleistet sein.

Es ist sehr interessant zu beobachten, dass Österreich und die Schweiz am Modell der Einheitsbilanz festhalten und die Entwicklung von Handels- und Steuerbilanz parallel vorantreiben, während sich in Deutschland die Steuerbilanz zunehmend von der Handelsbilanz abkoppelt.

Auffallend ist bei dem Vergleich der Länder, dass in Österreich und der Schweiz die handelsrechtlichen und steuerlichen Aspekte von Beginn an parallel diskutiert worden sind, während in Deutschland zunächst primär auf die Modernisierung des Handelsbilanzrechts abgestellt wurde. Triftige Gründe für das Vorgehen des deutschen Gesetzgebers sind nicht ersichtlich.

Deutschland betritt mit seinem Vorstoß, das Handelsrecht unabhängig vom Steuerrecht zu reformieren, neue Wege, die im deutschsprachigen Ausland sehr skeptisch gesehen werden. Zukünftig wird es in Deutschland zwei voneinander unabhängige Bilanzen für Handels- und Steuerzwecke geben. Ob dies zu einem Bürokratieabbau und einer besseren Einsicht in die Vermögens-, Finanz- und Ertragslage führen wird, wird vom Autor des Artikels bezweifelt.

Literaturverzeichnis

Abakus-Steuerkolleg GbR, Maßgeblichkeit der Handelsbilanz für die Steuerbilanz; erhältlich unter http://www.datenbank.steuerlehre.org/Stud-E/BilSt-07-01-Massgeb-HB.pdf.

Arbeitskreis „Steuern und Revision" im Bund der Wirtschaftsakademiker BWA eV, Maßgeblichkeit im Wandel der Rechnungslegung – Die Maßgeblichkeit im System internationaler Steuerbemessungsgrundlagen vor dem Hintergrund aktueller Herausforderungen.

---

[24] Vgl *Prinz U.*, Materielle Maßgeblichkeit handelsrechtlicher GoB – ein Konzept für die Zukunft im Steuerbilanzrecht? in DB 2010, 2069–2076.

Bundesministerium der Finanzen, Schreiben zur Maßgeblichkeit der handelsrechtlichen Grundsätze ordnungsmäßiger Buchführung für die Steuerliche Gewinnermittlung; Änderung des § 5 Absatz 1 EStG durch das Gesetz zur Modernisierung des Bilanzrechts.

Prinz, U., Materielle Maßgeblichkeit handelsrechtlicher GoB – ein Konzept für die Zukunft im Steuerbilanzrecht? in DB 2010, 2069–2076.

Gröhs, B., Rechnungslegungsänderungsgesetz 2010 in Kraft getreten, erhältlich unter: http://www.be24.at/blog/entry/633597/rechnungslegungsaenderungsgesetz-2010-inkraft-getreten.

Großfeld, B./Luttermann, C., Bilanzrecht, 4. Auflage, Heidelberg 2005.

Herzig, N., Neujustierung der Maßgeblichkeit durch BilMoG und BMF-Schreiben, in: Handelsblatt, Steuerboard 9. April 2010.

Herzig, N., Modernisierung des Bilanzrechts und Einheitsbilanz in Deutschland, Österreich und der Schweiz, in Handelsblatt, Steuerboard 2. Dezember 2011.

Institut der Wirtschaftsprüfer, Stellungnahme zum BMF-Schreiben zur Maßgeblichkeit der handelsrechtlichen Grundsätze ordnungsmäßiger Buchführung für die steuerliche Gewinnermittlung IV C 6 – S 2133/09/10001 vom 12.3.2010.

Jeger, M., Neue Anforderung an Rechnungslegung und Revision, erhältlich unter: www.pwc.ch.

Leitgeb, Ch., DSC Rechtsanwälte, Rechnungslegungsrecht-Änderungsgesetz 2010 – RÄG 2010.

Leuschner, C.-F., Umweltschutzrückstellungen, Wien 1994.

oV: Die Maßgeblichkeit der Handelsbilanz auf die Steuerbilanz unter: http://www.haufe.de/ShopData/productpdfs/01116-0001_ReadingSample.pdf.

Schlager, J., Ausgestaltung eines zukunftsorientierten Rechnungswesens im Sinne der neuen Gesetzesvorschriften (§ 22 GmbHG), in Der Wirtschaftstreuhänder 6/1998.

Schneider, D., Eine Reform der steuerlichen Gewinnermittlung, in StuW 1971, 326–341.

Steinmaurer, W./ Schlager, J., Wissensmanagement für Steuerberater am Beispiel Jahresabschlusserstellung, Wien 2006.

Tanski, J. S., Jahresabschluss in der Praxis, Freiburg 2011.

Abgrenzung latenter Steuern von laufenden Steuern

Herbert Grünberger

1. **Überblick**
2. **Im Detail**
   2.1. UGB
   2.2. IFRS
Literaturverzeichnis

1. Überblick

Für die Ertragsbesteuerung ist ein **Gewinn** die Voraussetzung, aber welcher Gewinn: Der Gewinn im **Einzelabschluss** oder der Gewinn im **Konzernabschluss**? Im Einzelabschluss gibt es zwei Arten von Gewinnen, nämlich den **UGB-Gewinn** und den **steuerrechtlichen Gewinn**. Der UGB-Gewinn ist jener Gewinn, der im Jahresabschluss veröffentlicht wird und die Basis für eine eventuelle **Gewinnausschüttung** bildet. Der steuerrechtliche Gewinn des Einzelabschlusses wird nicht veröffentlicht. In der Gewinn- und Verlustrechnung findet sich der **Steueraufwand**, die Ermittlung selbst in der **Körperschaftsteuererklärung**.

Mit dem Stichwort **Körperschaftsteuererklärung** erfolgt bereits eine Eingrenzung. Nur Kapitalgesellschaften und Genossenschaften verbuchen im Aufwand, alle anderen Gesellschaften verbuchen die Steuern auf den **Bestandskonten** (Eigenkapital).

Wenn nun Kapitalgesellschaften oder Genossenschaften in der **Körperschaftsteuererklärung** eine Überleitung vom UGB-Gewinn zum steuerpflichtigen Gewinn darstellen, dann sprechen wir von **Hinzurechnungen und Kürzungen**. In den meisten Fällen überwiegen die Hinzurechnungen, sodass wir in der Regel einen höheren steuerpflichtigen Gewinn vorfinden.

Bei den Hinzurechnungen und Kürzungen ist zwischen zwei Arten zu unterscheiden. Entweder sind diese Hinzurechnungen oder Kürzungen **temporär** oder **permanent**. Temporär bedeutet, dass die Hinzurechnung im ersten Jahr in den Folgejahren eine Kürzung oder eine Kürzung im ersten Jahr in den Folgejahren eine Hinzurechnung wird. Von der temporären Differenz, die Gegenstand der latenten Steuern ist, muss die **permanente** Differenz unterschieden werden. Permanente Differenzen gleichen sich im Zeitablauf nie wieder aus, daher werden keine latenten Steuern gebildet werden können. Unter die permanenten Differenzen fallen beispielsweise nicht **abzugsfähige Betriebsausgaben** oder teilweise abzugsfähige Betriebsausgaben (Bewirtungskosten, Aufsichtsratsvergütung) bzw **steuerfreie Erträge**.

Die Ermittlung der latenten Steuern, ausgehend von den temporären Differenzen in der **Körperschaftsteuererklärung**, ist relativ einfach. Jede **Hinzurechnung** bewirkt eine **aktiv latente Steuer**, jede **Kürzung** eine **passiv latente Steuer**. Wenn beispielsweise die Summe der Hinzurechnungen 100 beträgt, dann wird die latente Steuer wie folgt ermittelt:

100 × 25 % Körperschaftsteuer ergibt eine **aktiv latente Steuer** mit 25, die wie folgt gebucht wird: ARA/Steueraufwand

Diese eben dargestellte **Methode** wird als **G+V-Methode** bezeichnet.

In der Folge kommen wir vom Einzelabschluss zum **Konzernabschluss**. Während wir beim **Einzelabschluss** zwei Arten von Gewinnen haben, nämlich den UGB-Gewinn für die Dividende und den steuerrechtlichen Gewinn als Basis für die Besteuerung, finden wir im **Konzernabschluss** ebenfalls zwei Arten von Gewinnen, entweder ist es der **UGB-Gewinn** oder der **IFRS-Gewinn**.

Gemäß § 245a UGB kann anstelle des UGB-Konzernabschlusses ein IFRS-Abschluss erstellt werden.

Gemäß § 260 UGB darf bereits im Konzernabschluss **anders bewertet** werden als im Einzelabschluss. In der Regel werden alle Bewertungswahlrechte des UGB so ausgewählt, damit der bestmögliche Erfolg dargestellt wird. Nachdem der Konzernabschluss **nicht Basis für die Besteuerung** ist bzw auch **nicht Basis für eine Gewinnausschüttung**, wird immer versucht, das bestmögliche Ergebnis im Konzernabschluss darzustellen. Wenn der Konzernabschluss überhaupt nach **IFRS** erstellt wird, dann ergeben sich die Möglichkeiten der **Neubewertung**, nachdem IFRS nicht wie das UGB auf der Aktivseite die Anschaffungskosten als Obergrenze der Bewertung betrachten.

Wir können daher feststellen, dass ein **Ergebnis im Konzernabschluss** weit höher ist als die Summe der Ergebnisse aus den Einzelabschlüssen. Erstens, weil im Rahmen der Konzernabschlusserstellung eine neue Bewertung erfolgen kann, zweitens, weil **Gewinnrealisierungen** zwischen Mutter- und Tochtergesellschaften bzw auch zwischen Tochtergesellschaften (hier gewinnmindernd) **storniert werden** und drittens, weil mit IFRS ein ganz neues Bewertungssystem anzuwenden ist, das keinen Bezug mehr zum UGB-Einzelabschluss hat.

Wenn wir jetzt im Konzernabschluss neue Ergebnisse vorfinden, die in der Regel höher sind als die Summe der Einzelergebnisse, dann ergibt sich für IFRS noch die Besonderheit, dass die **Ergebnisverbesserungen** zum Teil **ergebnisneutral** und zum Teil **ergebniswirksam** darzustellen sind. **Ergebnisneutral** bedeutet, dass Aufwertungen nicht in der G+V als Ertrag dargestellt werden, sondern als eigene Bilanzposition mit dem Titel „**Neubewertungsrücklage**". Es wird also aufgewertet – entweder ergebnisneutral mit der Buchung **Anlagegut/Eigenkapital** oder ergebniswirksam mit der Buchung **Anlagegut/Ertrag**.

Hier finden wir ein weites Betätigungsfeld für die **latenten Steuern**, zumal sich der Steueraufwand eher an UGB-Bilanzansätzen orientiert, unter Berücksichtigung der eben besprochenen temporären Differenzen.

Für den Konzernabschluss finden wir jetzt eine **paradoxe Situation**, weil wir auf der einen Seite vom neuen UGB- oder IFRS-Gewinn eine Steuer ausrechnen werden. Diese Steuer ist aber, soweit sie betraglich über jener Steuer liegt, die aus der Körperschaftsteuererklärung resultiert, nicht zu zahlen. Mit anderen Worten: Jener **Steueraufwand** aus dem Einzelabschluss ist **geldwirksam**, der übersteigende Steueraufwand wird aus „hygienischen" Gründen berücksichtigt, damit nicht Gewinnanteile, sei es ergebnisneutral im Eigenkapital oder ergebniswirksam in der G+V, unversteuert bleiben.

Für Zwecke des Konzernabschlusses ist in der Bilanz der **IFRS-Ansatz** mit dem **steuerrechtlichen** Ansatz zu vergleichen und darzustellen. Damit kommen wir zurück zur sogenannten **Steuerbilanz**, die für den Einzelabschluss nur so heißt, aber in Wirklichkeit die Körperschaftsteuererklärung darstellt. Bei IFRS müssen wir zurückkommen zum echten Inhalt des Wortes Steuerbilanz, als die **steuerlichen Bilanzansätze den IFRS-Bilanzansätzen** gegenüberzustellen sind. Diese Methode wird nun als **Bilanzmethode** bezeichnet, im Gegensatz zur bereits erwähnten G+V-Methode (Köst-Erklärung).

Die Steuern werden in der **Gewinn- und Verlustrechnung** nach den Ergebnissen der gewöhnlichen Geschäftstätigkeit dargestellt. Daher ist das EGT der **Gewinn vor Steuern** und nach Abzug der Steuern wird der Jahresüberschuss ausgewiesen. Damit ist der **Jahresüberschuss** das Ergebnis nach Steuern. Im **Konzernabschluss** sind beide Steuern auszuweisen, nämlich die **laufenden Steuern** und **die latenten Steuern**. Es kann oft vorkommen, dass der Anteil latenter Steuern den Anteil der laufenden Steuern betragsmäßig übertrifft.

Der direkte Ausweis des **Steueraufwandes** in der G+V ist aber nicht unbedingt erforderlich (IFRS 5), denn wenn das **nachhaltige** und das **aufgegebene Ergebnis** in der G+V dargestellt werden, dann sind beide Ergebnisse immer nach Steuern ausgewiesen. Die Trennung des nachhaltigen Ergebnisses vom aufgegebenen Ergebnis ist dann sinnvoll, wenn ein **Geschäftsteil**, der negativ ist, **aufgegeben** wird. Wenn der Beschluss zur Aufgabe gefasst wird, ist innerhalb der G+V die Trennung vorzunehmen. Eine G+V betrifft das **nachhaltige** Ergebnis und eine zweite, stark verkürzte G+V, das **aufgegebene** Ergebnis.

Zum Verständnis: Das **nachhaltige** Ergebnis beträgt 200, das **aufgegebene** Ergebnis beträgt – 80. Ohne diese Trennung würde in der herkömmlichen G+V ein Jahresüberschuss mit 120 ausgewiesen. Aufgrund dieser Trennung wird dem Bilanzleser mitgeteilt, dass das nachhaltige Ergebnis 200 beträgt und der negative Ergebnisanteil sich nicht fortsetzen wird, nachdem das Unternehmen entschieden hat, diesen Geschäftsteil aufzugeben. Der langen Rede kurzer Sinn: Aufgrund dieser G+V-Gestaltung wird jedes **Zwischenergebnis nach Steuern** und der Steueraufwand nicht gesondert ausgewiesen (intra period tax allocation).

Der **Bilanzausweis** der latenten Steuern erfolgt im Einzelabschluss in der Position ARA oder PRA, also aktive Rechnungsabgrenzung oder passive Rechnungsabgrenzung. Diese Abkürzung hat für uns einen Lerneffekt insoweit, als die **aktiv latente** Steuer in der ARA zu finden ist und die **passive latente** Steuer in der passiven Rechnungsabgrenzung. Bei IFRS wird eher davon ausgegangen, dass eine **Forderung** oder eine **Verbindlichkeit** gegeben ist (davon abgesehen, dass die Bilanzpositionen ARA und PRA nicht IFRS-tauglich sind).

Die aktiv und passiv latenten Steuern können nur dann **saldiert** werden, wenn es sich um die selbe Steuerhoheit handelt, also nur eine österreichische Steuerschuld kann mit einer österreichischen Steuerforderung saldiert werden. Nach IFRS erfolgt der Ausweis jeweils im **Anlagevermögen** oder bei den **langfristigen Verbindlichkeiten**.

Zu den Unterschieden von UGB zu IFRS

Das **UGB** kennt noch ein „Zwischending" zwischen den temporären Differenzen und den permanenten Differenzen, die sogenannten **quasi permanenten** Differenzen. Diese Differenzen gleichen sich erst in einem sehr **späten Zeitpunkt** oder spätestens bei **Liquidation** des Unternehmens aus (Beispiel: bei Pensionsrückstellungen kann die Differenz bis zur Pensionierung andauern). In der Literatur findet sich manchmal ein Limit mit 20 Jahren, was bedeutet, dass alles, was **über 20 Jahre hinausgeht**, als quasi permanente Differenz bezeichnet wird – und diese quasi permanente Differenz wird bei den latenten Steuern **nicht berücksichtigt**. Diese Qualität, nämlich die quasi permanente Differenz, gibt es bei IFRS nicht.

Auf der anderen Seite hat IFRS die Möglichkeit der **Verlustrücktragung**, nachdem es in anderen Steuermodellen durchaus möglich ist, Verluste zurückzuverrechnen (in Deutschland ein Jahr, in den USA zwei Jahre).

Abgesehen vom **Verlustrücktrag**, den es in Österreich nicht gibt, wird nach UGB der **Verlustvortrag** nicht berücksichtigt, nach IFRS dagegen stellt er eine **fiktive Forderung** an das Finanzamt dar, nachdem in Zukunft ein Gewinn nicht zu versteuern ist.

Zum Steuersatz: Es ist jener Steuersatz zu verwenden, der im Zeitpunkt des Umdrehens gilt. Von „Umdrehen" spricht man, wenn eine Hinzurechnung wieder eine Kürzung wird oder umgekehrt.

Beispiel:
*Wenn die Hinzurechnung im Jahr 2010 100 beträgt und der Steuersatz 25 % und die Kürzung im Jahr 2012 ebenfalls 100 beträgt mit einem Steuersatz von 30 %, dann ist **bereits im Jahr 2010** der Steuersatz von 30 % zu berücksichtigen, wenn zu diesem Zeitpunkt bereits bekannt ist, dass der Steuersatz geändert wird.*

Rechtsgrundlagen

Für den **Einzelabschluss** gibt es die Regelung in § 198 (9) und (10) UGB. Im Absatz 9 finden sich **die passiv latenten Steuern** und im Absatz 10 die **aktiv latenten Steuern**. Für die passiv latenten Steuern (in Österreich sehr selten) gibt es eine **Mussvorschrift**, für die aktiv latenten Steuern eine **Kannvorschrift**, mit der Verpflichtung zu einer Anhangsangabe.

Für den **Konzernabschluss** gibt es im UGB in § 258 die Verpflichtung, latente Steuern zu bilden bzw in § 260 die Möglichkeit, im Konzernabschluss anders zu bewerten als im Einzelabschluss.

Die latenten Steuern sind im **Standard IAS 12** geregelt mit der Besonderheit, dass in bestimmten Fällen, latente Steuern **ergebnisneutral** gebildet, also an der G+V „vorbeigeschwindelt" werden.

2. Im Detail

2.1. UGB

Aktiv latente Steuern

Gemäß § 198 Abs 10 UGB **können** aktiv latente Steuern aktiviert werden. Zu einer Aktivierung (Wahlrecht) für aktiv latente Steuern wird es dann kommen, **wenn das steuerrechtliche Einkommen höher ist als das unternehmensrechtliche Ergebnis**. Es wird dann ein Steueraufwand ausgewiesen, der im Verhältnis zum unternehmensrechtlichen Ergebnis zu hoch ist. Dieser überhöhte Steueraufwand wird auf der anderen Seite in den Folgejahren teilweise zu einer Steuerminderung führen. In den Folgejahren ist dieser Aktivposten dann zu reduzieren. Durch die Aktivierung bzw durch den Abbau des Aktivpostens wird in der Gewinn- und Verlustrechnung jener Steueraufwand ausgewiesen, der dem unternehmensrechtlichen Ergebnis entspricht.

Folgende Umstände führen dazu, dass das **steuerliche Ergebnis über dem unternehmensrechtlichen Ergebnis liegt**:

- der Ansatz von steuerlich nicht anerkannten **Rückstellungen** (Rückstellung für Garantieverpflichtungen, Gewährleistungen, für die Produkthaftung, für interne Kosten anlässlich einer Betriebsprüfung, für Selbstversicherung, für Kulanzleistungen),
- der Ansatz von steuerlich nicht anerkannten **Pauschalwertberichtigungen**,
- der Ansatz einer **degressiven** Abschreibung (steuerlich gilt nur die lineare Abschreibung),
- **Firmenwertabschreibung** während eines kürzeren Zeitraumes als die steuerlichen 15 Jahre,

- Berücksichtigung einer kürzeren Nutzungsdauer für **Gebäude** als steuerlich möglich,
- Berücksichtigung einer kürzeren Nutzungsdauer für **PKW** als steuerlich möglich,
- Bewertung der Vorräte nach der HIFO-Methode (highest in – first out),
- Abzinsung bzw Gehaltsvalorisierung von Abfertigungs- und Pensionsrückstellungen in der Unternehmensbilanz mit einem Zinsfuß, der unter den steuerlich anzuwendenden Sätzen liegt (je niedriger der Zinsfuß ist, desto höher ist der Rückstellungsbetrag; bei einem höheren Rückstellungsbetrag ist auch die aufwandswirksame Zuweisung höher),
- Siebtelung der Teilwertabschreibung gemäß § 12 Abs 3 Z 2 KStG.

Passiv latente Steuern

Gemäß § 198 Abs 9 UGB **muss** ein Steueraufwand rückgestellt werden, **wenn das steuerrechtliche Einkommen niedriger ist als das unternehmensrechtliche Ergebnis**. In den Folgejahren ist die Rückstellung wieder aufzulösen, wenn ein höherer Steueraufwand vorliegt.

Passiv latente Steuern entstehen durch:
- eine AfA pro rata temporis im Zugangsjahr (zB 2/12 versus Halbjahres-AfA),
- Verlustübernahmen aufgrund von Beteiligungen aus Personengesellschaften,
- die Vornahme einer progressiven Abschreibung (bei der progressiven Abschreibung steigen die Abschreibungsbeträge jährlich, bei der linearen Abschreibung sind sie jährlich gleich hoch, in den ersten Jahren wird die lineare Abschreibung höher sein als die progressive Abschreibung),
- den Ansatz von Verwaltungs- und Vertriebsgemeinkosten als Teile der Herstellungskosten bei Fertigungsaufträgen, deren Ausführung sich über mehr als zwölf Monate erstreckt,
- die Nachholung der steuerlichen Dotierung der Jubiläumsgeldrückstellung für den Zeitraum 1994 bis 1998 verteilt auf 15 Jahre.

Wichtig: Zwei Sachverhalte dürfen nicht verwechselt werden. Wir haben erfahren, dass latente Steuern immer dann berücksichtigt werden, **wenn das unternehmensrechtliche vom steuerrechtlichen Ergebnis abweicht**.

In der Regel wird das steuerliche Ergebnis über dem unternehmensrechtlichen Ergebnis liegen, was zu aktiv latenten Steuern führt. **Zum Zweiten sind nur solche Differenzen zu berücksichtigen, die sich in den Folgejahren wieder „umdrehen". Aus einer Hinzurechnung wird später eine Kürzung. Wir sprechen dann von einer vorübergehenden Differenz, im Gegensatz von einer dauernden (permanenten) Differenz.** Ein Beispiel für eine dauernde Differenz ist die Hinzurechnung von 50 % der Bewirtungskosten. Diese Hinzurechnung dreht sich nie mehr um, ist also dauernd, während die Pauschalrückstellung bei Inanspruchnahme auch steuerlich wirksam wird – damit wird aus einer Hinzurechnung später einer Kürzung.

Abgrenzung für latente Steuern

Dieses Beispiel zeigt im Detail die Abweichung von Unternehmensrecht und Steuerrecht und demonstriert die latenten Steuern, die in **§ 198 Abs 10 UGB** wie folgt dargestellt sind:
„Ist der dem Geschäftsjahr zuzurechnende Steueraufwand zu hoch, weil der steuerliche Gewinn höher als das unternehmensrechtliche Ergebnis ist, so darf in Höhe der zukünftigen Steuerersparnis ein Abgrenzungsposten auf der Aktivseite gebildet werden."

Beispiel:
Der unternehmensrechtliche Gewinn vor Steuern beträgt 2.000.000, bei einem Steuersatz von 25% KöSt müsste ein Steueraufwand von 500.000 ausgewiesen sein. Tatsächlich beträgt der Steueraufwand 623.750 ausgehend von einem steuerpflichtigen Gewinn von 2,495.000.

(a) Ein PKW wurde im 1. Halbjahr um 40.000 erworben. Weil die Jahreskilometerleistung 50.000 beträgt, wird die unternehmensrechtliche Abschreibung mit vier Jahren festgelegt.

UGB-AfA	10.000
StR-AfA	5.000
Differenz	5.000

Durch die verschobene Abschreibung ist das unternehmensrechtliche Ergebnis geringer als das zu versteuernde Einkommen. Aus unternehmensrechtlicher Sicht wird der Steueraufwand zu hoch ausgewiesen. Der steuerliche Gewinn ist höher als der **unternehmensrechtliche** Gewinn.

(b) Vorräte werden unternehmensrechtlich nach der HIFO-Methode bewertet. Steuerlich wird mit dem gewogenen Durchschnittspreis bewertet.

UGB-Vorräte	950.000
StR- Vorräte	1.200.000
Differenz	250.000

Durch die niedrigere Bewertung wird der Wareneinsatz höher als bei der steuerlichen Bewertung. Der höhere Wareneinsatz bewirkt ein niedrigeres **unternehmensrechtliches** Ergebnis.

(c) Eine pauschale Produkthaftungsrückstellung wird mit 300.000 gebildet, steuerlich gemäß § 9 Abs 3 jedoch nicht anerkannt.

UGB-RSt	300.000
StR-RSt	0
Differenz	300.000

Durch die Dotierung der Rückstellung wird das **unternehmensrechtliche** Ergebnis niedriger als das steuerliche Ergebnis.

(d) Eine Maschine wurde um 1.000.000 angeschafft. Unternehmensrechtlich erfolgt eine progressive Abschreibung, was bedeutet, dass mit zunehmender Nutzung die AfA Beträge laufend höher werden. Die Maschine erzeugt neue Produkte und es ist zu erwarten, dass die Nachfrage nach diesen Produkten langsam, aber sicher steigen wird. Steuerlich wird gemäß § 7 Abs 1 EStG linear abgeschrieben.

UGB-AfA	40.000
StR-AfA	100.000
Differenz	60.000

Durch die geringere Abschreibung ist das **unternehmensrechtliche** Ergebnis höher als das steuerliche Ergebnis. Aus unternehmensrechtlicher Sicht wird zu wenig an Steuern bezahlt. Es werden passiv latente Steuern ausgewiesen (Buchung: Steueraufwand an Steuer-RSt).

Lösung:
Ermittlung der latenten Steuern

	aktiv	passiv		
(a) PKW	5.000			
(b) Vorräte	250.000			
(c) RSt	300.000			
(d) Maschine		60.000		
	555.000	60.000		
X 25 % = latente Steuer	138.750	15.000	123.750	290/ 850
		MWR = 123.750		

Durch die verschobene Abschreibung ist das unternehmensrechtliche Ergebnis geringer als das zu versteuernde Einkommen. Aus unternehmensrechtlicher Sicht wird der Steueraufwand zu hoch ausgewiesen. Der steuerliche Gewinn ist höher als der **unternehmensrechtliche** Gewinn.

Latente Steuern (lateinisch „latens" für verborgen) sind verborgene Steuerlasten oder Steuervorteile, die sich aus unterschiedlichen Bilanzansätzen oder Bewertungen ergeben. Voraussetzung ist aber, dass sich diese Unterschiede in der Zukunft wieder ausgleichen. Aus einem Vorteil wird später ein Nachteil oder umgekehrt. Die aktiv latente Steuer ist ein Vorteil, die passiv latente Steuer ein Nachteil.

§ 260 UGB, einheitliche Bewertung

„(1) Die in den Konzernabschluss übernommenen Vermögensgegenstände und Schulden der einbezogenen Unternehmen sind nach den auf den Jahresabschluss des Mutterunternehmens anwendbaren Bewertungsmethoden einheitlich zu bewerten; zulässige Bewertungswahlrechte können im Konzernabschluss unabhängig von ihrer Ausübung in den Jahresabschlüssen der in den Konzernabschluss einbezogenen Unternehmen ausgeübt werden. Abweichungen von den auf den Jahresabschluss des Mutterunternehmens angewandten Bewertungsmethoden sind im Konzernanhang anzugeben und zu begründen."

Diese Bestimmung verlangt, dass unabhängig von der Bewertung im Einzelabschluss eine **einheitliche Bewertung der im Konzernabschluss zusammengefassten Vermögensgegenstände und Schulden** zu erfolgen hat. Damit wird der Konzernabschluss zu einem eigenständigen Instrument der Rechnungslegung, das sich von den Einzelabschlüssen der einbezogenen Unternehmen weitgehend lösen kann. Der Grundsatz der einheitlichen Bewertung ist für die Konsolidierung von ausländischen Tochterunternehmen von Bedeutung. Die ausländischen Tochterunternehmen bilanzieren nach den jeweiligen Vorschriften des Landes (Unternehmensbilanz I). In der Unternehmensbilanz II erfolgt die Adaptierung auf die österreichischen Bewertungsvorschriften der §§ 201 bis 211 UGB. Abweichende ausländische Bewertungsmethoden sind für einen österreichischen Konzernabschluss nicht tauglich.

Die Bestimmungen des § 260 eröffnen die Möglichkeit zu einer eigenständigen Konzernpolitik. Dabei ist zu berücksichtigen, dass sich aus den konzernpolitischen Maßnahmen keine ertragsteuerlichen Konsequenzen ableiten.

§ 258 UGB, Steuerabgrenzung

„Ist das im Konzernabschluss ausgewiesene Jahresergebnis aufgrund von Maßnahmen, die nach den Vorschriften des dritten Abschnitts durchgeführt worden sind, niedriger oder höher als die Summe der Einzelergebnisse der in den Konzernabschluss einbezogenen Unternehmen, so ist der sich für das Geschäftsjahr und frühere Geschäftsjahr ergebende Steueraufwand, wenn er im Verhältnis zum Jahresergebnis zu hoch ist, durch Bildung eines Abgrenzungspostens auf der Aktivseite oder, wenn er im Verhältnis zum Jahresergebnis zu niedrig ist, durch Bildung einer Rückstellung anzupassen, soweit sich der zu hohe oder der zu niedrige Steueraufwand in späteren Geschäftsjahren voraussichtlich ausgleicht. Der Posten ist in der Konzernbilanz oder im Konzernanhang gesondert anzugeben. Die Steuerabgrenzung braucht nicht vorgenommen zu werden, wenn sie für die Vermittlung eines möglichst getreuen Bildes der Vermögens-, Finanz- und Ertragslage des Konzerns von nur untergeordneter Bedeutung ist."

Diese Bestimmung beschäftigt sich mit der Steuerabgrenzung, die wir auch unter dem Begriff „latente Steuern" kennen.

Die latenten Steuern haben wir im § 198 Abs 9 und 10 UGB kennengelernt. Hier besteht für den Einzelabschluss die Verpflichtung, passiv latente Steuern auszuweisen. Für aktiv latente Steuern gibt es ein Wahlrecht. Die Steuerabgrenzung im Einzelabschluss wird demgemäß auch auf den Konzernabschluss durchschlagen. In diesem Zusammenhang ist auf § 262 Abs 2 UGB hinzuweisen, wo festgehalten ist, dass eine Steuerabgrenzung nur für die Vollkonsolidierung und Quotenkonsolidierung vorgesehen ist.

Für die Steuerabgrenzung gibt es folgende Überlegungen: In Österreich gibt es abgesehen von der Gruppenbesteuerung (geregelt im § 9 KStG) kein Konzernsteuerrecht, steuerpflichtig sind die Einzelgesellschaften (Muttergesellschaft und Tochtergesellschaft). Eine Steuerabgrenzung im Konzernabschluss wird dann erforderlich sein, wenn das Konzernergebnis von der Summe der Einzelergebnisse abweicht. Man spricht in diesem Zusammenhang auch von einer Gesamtdifferenzbetrachtung. Wenn die Summe der Einzelergebnisse positiv ist, dann wird in der Konzern-G+V ein Steueraufwand ausgewiesen.

Wenn im Konzernabschluss aufgrund unterschiedlicher Bewertungsmethoden ein negatives Ergebnis ausgewiesen wird, dann ist der Steueraufwand mit der Buchung „aktive Rechnungsabgrenzung an Steueraufwand" abzugrenzen. Auf der anderen Seite ist eine Rückstellung auszuweisen, wenn das Konzernergebnis höher ist als die Summe der Einzelergebnisse.

Das Konzernergebnis wird dann von den Einzelergebnissen abweichen, wenn im Konzernabschluss Bewertungswahlrechte neu ausgeübt werden (vgl § 260 Abs 2 UGB), eine erfolgswirksame Schuldenkonsolidierung durchgeführt wird und Zwischenergebnisse erfolgswirksam ausscheiden.

Die latenten Steuern im Konzern führen zu einer paradoxen Situation. Nachdem das Konzernergebnis nicht steuerpflichtig ist, wird trotzdem auf das Mehrergebnis bezogen ein Steueraufwand ausgewiesen, der aber nicht zu zahlen ist.

Latente Steuern aus Konsolidierungsvorgängen

Kapitalkonsolidierung: Aufgrund der Neubewertung nach IFRS 3 beim Tochterunternehmen wird in der Regel das Eigenkapital höher ausgewiesen; angenommen vor Neubewertung 6.000, nach Neubewertung 8.000. Aus dieser Aufwertung resultieren latente Steuern, bei einem Steuersatz von 25 % 500, die mit der Buchung: Eigenkapital an passiv latente Steuerverbindlichkeit, die eben erfolgte Aufwertung reduzieren. Nach Abzug der latenten Steuern verbleibt ein Eigenkapital von 7.500.

Schuldenkonsolidierung: Bei Differenzen zwischen Forderungen und Verbindlichkeiten erfolgt eine ergebniswirksame Ausbuchung im Aufwand oder Ertrag, die jeweils um latente Steuern zu korrigieren sind.

Zwischenergebniseliminierung: Noch nicht realisierte Gewinne im Konzern (aufgrund von Lieferungen über den Anschaffungs- oder Herstellungskosten) sind ergebniswirksam zu stornieren und um latente Steuern zu korrigieren.

Währungsumrechnung: Bei Umrechnungen, die ergebniswirksam erfasst worden sind, sind latente Steuern zu berücksichtigen.

2.2. IFRS

Latente Steuern werden für **temporäre** (vorübergehende) Differenzen gebildet. IFRS verlangt verpflichtend den Ausweis nach der Liability-Methode (auch als **Bilanzmethode** bezeichnet). Die aktiven und passiven latenten Steuern resultieren aus Differenzen aktivseitig und passivseitig wie folgt:

Liability-Methode

Aktiva			Passiva		
	IFRS	StR	IFRS	StR	
aktiv	100	120	100	120	passiv
passiv	100	80	100	80	aktiv

Wenn auf der Aktivseite der steuerliche Buchwert höher ist als der IFRS-Wert, resultieren daraus aktiv latente Steuern, weil zukünftig zusätzlich der steuerliche Aufwand den Gewinn mindert (Forderung an das Finanzamt).

Mutter- und Tochterunternehmen werden im Konzernabschluss als Einheit dargestellt, steuerlich bleibt das Beteiligungsverhältnis bestehen. Im **Erwerbszeitpunkt** werden die einzelnen Vermögenswerte und Schulden des Tochterunternehmens zum fair value angesetzt. Erwerbszeitpunkt (acquisition date) ist jener Tag, an dem die Kontrolle über das Tochterunternehmen beim Mutterunternehmen gegeben ist. Im nächsten Schritt werden die Fair-value-Ansätze mit dem Steuerwert verglichen. Dies geschieht bereits in der UB III noch vor der Konsolidierung. Die Gegenbuchung erfolgt in der **Neubewertungsrücklage**. Auch die latenten Steuern erhöhen oder reduzieren die Neubewertungsrücklage. Im Rahmen der Kapitalkonsolidierung wird das Eigenkapital des Tochterunternehmens einschließlich der Neubewertungsrücklage mit dem Beteiligungsbuchwert beim Mutterunternehmen verrechnet und der Restwert, also die Differenz, gilt als **Firmenwert**. Der Firmenwert ist der Restbetrag nach Berücksichtigung der latenten Steuern. Für den Firmenwert selbst werden beim erstmaligen Ansatz keine latenten Steuern berechnet.

Latente Steuern entstehen immer dann, wenn der IFRS-Gewinn vom steuerlichen Gewinn abweicht. Angenommen der **steuerliche Gewinn beträgt 120** und der Gewinn vor Steuern nach **IFRS beträgt 100**, dann ergibt sich bei einem Steuersatz von 25 % ein Körpersteueraufwand mit 30, der an das Finanzamt zu zahlen ist. Ohne die Berücksichtigung latenter Steuern würde in der Gewinn- und Verlustrechnung ein **Gewinn vor Steuern** mit 100 ausgewiesen und ein **Steueraufwand** mit 30.

Hinweis: Im Jahresabschluss wird in der Bilanz und in der Gewinn- und Verlustrechnung immer das **IFRS-Ergebnis** ausgewiesen und nie das steuerliche Ergebnis. Die einzige Ausnahme ist der Steueraufwand, der sich vom steuerlichen Ergebnis ableitet.

Ein Bilanzleser ist nun insoweit in die Irre geführt, als ihm ein Gewinn vor Steuern mit 100 dargestellt wird, zusammen mit dem Steueraufwand von 30, wodurch der Eindruck entsteht, dass ein Steuersatz von 30 % bestehen würde. In Wirklichkeit liegt aber der Steuersatz wie eingangs dargestellt bei 25 %. Wenn man den Bilanzleser „richtig" informieren wollte, dann müsste ein Steueraufwand mit 25 dargestellt werden. Eine solche Darstellung lässt sich leicht mit einer Umbuchung wie folgt durchführen:

5 sonstige Forderung aus latenten Steuern/Steueraufwand

Mit dieser Buchung wird jener Aufwand, der mit 30 schließlich an das Finanzamt zu zahlen ist, auf 25 reduziert und eine fiktive Forderung an das Finanzamt mit 5 dargestellt. Eine solche Darstellung funktioniert nur dann, wenn die Abweichung vom steuerlichen Gewinn zum IFRS-Gewinn **vorübergehend** ist. Der steuerliche Gewinn mit 120 übersteigt um 20 den IFRS-Gewinn von 100. Wenn diese Differenz von 20 darin begründet ist, dass die **pauschale Gewährleistungsrückstellung** lediglich den IFRS-Gewinn geschmälert hat und nicht den steuerlichen Gewinn, dann kann man davon ausgehen, dass in späteren Jahren, wenn dann der **Gewährleistungsfall** eintritt (einem Unternehmen ein tatsächlicher Aufwand von 20 entstanden ist), sich diese Differenz wieder „umdreht".

Der ursprüngliche IFRS-Aufwand mit 20 wird dann ein tatsächlicher steuerlicher Aufwand, der in späteren Jahren den Gewinn mindert. In Summe also eine **Hinzurechnung im gegenständlichen** Jahr und eine **Kürzung** in späteren Perioden. Eine **zukünftig abzugsfähige Ausgabe** mindert in späteren Jahren den Gewinn und damit den Steueraufwand und stellt daher eine **fiktive Forderung** an das Finanzamt dar. Nachdem IFRS keine aktive Rechungsabgrenzung kennt, ist dieser fiktive Anspruch an das Finanzamt als **sonstige Forderung** darzustellen.

Diese **vorübergehenden Differenzen betreffen aber nicht nur Ausgaben, sondern auch Einnahmen.**

Es kann durchaus der Fall sein, dass eine Einnahme (Ertrag) auf Grund einer Teilgewinnrealisierung den IFRS-Gewinn erhöht, aber diese Teilgewinnrealisierung nicht sofort steuerpflichtig ist, sondern erst nach Fertigstellung. Es kann also dann der Fall sein, dass ein Ertrag in späteren Jahren steuerpflichtig wird. Wenn etwas in späteren Jahren steuerpflichtig wird, dann ist im betreffenden Jahr der Teilgewinnrealisierung eine **fiktive Steuerschuld** als sonstige Verbindlichkeit oder Rückstellung auszuweisen.

Es gibt also eine Reihe von **Aufwendungen** und eine Reihe von **Erträgen**, die nach IFRS eingebucht werden müssen, die aber erst später steuerlich wirksam werden, entweder **gewinnerhöhend** oder **gewinnmindernd**. Aus der Gewinnerhöhung resultiert eine zukünftige Steuerschuld, aus der Gewinnminderung eine zukünftige Steuergutschrift, die bereits beim Entstehen als Forderung bzw Verbindlichkeit/Rückstellung einzubuchen ist.

Unterschiedliche Ergebnisauswirkung:

Nachdem bei IFRS Gewinne ergebniswirksam (G+V), aber auch ergebnisneutral im Eigenkapital dargestellt werden können, sind auch die latenten Steuern, die daraus resultieren, unterschiedlich zu buchen, nämlich einmal ergebniswirksam und einmal ergebnisneutral.

Beispiel für ergebniswirksam:

Ein Wertpapier wird als „at fair value through profit and loss" (trading) qualifiziert, daher sind aufgrund dieser Qualifizierung Aufwertungen erfolgswirksam zu erfassen. Anschaffungskosten 100, fair value am Bilanstichtag 120, Steuersatz 25%.

Buchung:	Wertpapier	20	
	Ertrag		20
	Steuern	5	
	passiv latente Steuern		5

Beispiel für ergebnisneutral:

Anschaffungskosten für Grundstück 1.000, fair value am Bilanzstichtag 1.400, Steuersatz 25%.

Buchung:	Grundstück	300	
	Neubew RL		300
	Grundstück	100	
	passiv latente Stuern		100

Beispiel:

*Das Unternehmen hat einen Steuersatz von **30 %** und erzielt im Jahr 01 einen Gewinn von 300. In diesem Gewinn sind **Teilgewinnrealisierungen von 180** enthalten, die steuerlich nicht wirksam sind.*

Gewinn	01	02	03	04
IFRS	300	0	0	0
Differenz	-180	55	60	65
Steuerrecht	120	55	60	65
%	30	30	30	30
Steuer	36	16,5	18	19,5

Erläuterung: Passiv latente Steuer muss 01 mit 54.0 gebildet werden, nachdem ein IFRS Gewinn mit 300 ausgewiesen ist (30 % von 300 = 90).

Im Jahr 01 ist, ausgehend vom steuerpflichtigen Gewinn von 120, eine Steuer von 36 an das Finanzamt zu zahlen. In den Jahren 02, 03, 04 werden jene Projekte fertig gestellt, für die eine Teilgewinnrealisierung stattgefunden hat. Es dreht sich also die Differenz von 180 in den Folgejahren wieder um.

Lösung: 30 % von 300

Steuern	90	
FA		36
Verbindl latente Steuern		54
Verbindl latente Steuern	16,5	
Steuern		16,5
Verbindl latente Steuern	18	
Steuern		18
Verbindl latente Steuern	19,5	
Steuern		19,5

Eintrittswahrscheinlichkeit über 50 %

Die aktiv latente Steuer stellt eine fiktive Forderung an das Finanzamt dar. Dabei ist aber folgende Überlegung zu berücksichtigen: zukünftig wird es einen Aufwand geben, der gewinnmindernd berücksichtigt wird. Die Gewinnminderung wird dann die Steuerschuld reduzieren. Diese Annahmen setzen aber voraus, dass zukünftig Gewinne erzielt werden. Wenn aber bereits beim Ansatz einer aktiv latenten Steuer keine Gewinnerwartung vorliegt, weil das Unternehmen schlechte Ertragsaussichten hat, und **die Wahrscheinlichkeit einer Gewinnerzielung unter 50 %** liegt, dann darf **die aktiv latente Steuer nicht als Forderung angesetzt werden**, weil zukünftig der Aufwand zwar zu berücksichtigen ist, dieser aber zu keiner Steuerersparnis führt, nachdem kein Gewinn erwirtschaftet werden kann.

Beispiel

Bei Vermögenswerten führt ein höherer steuerlicher Bilanzansatz zu aktiv latenten Steuern, weil zukünftig steuerlich höhere Abschreibungen die ausgewiesenen IFRS-Gewinne reduzieren.

Am 31.12.00 kann das Unternehmen **aktiv latente Steuern** *in der Höhe von 300 ausweisen. Das Unternehmen schreibt die Gebäude in der Steuerbilanz auf 33 Jahre und in der IFRS-Bilanz auf 20 Jahre ab. Damit ist der steuerliche Bilanzansatz am 31.12. höher als der IFRS-Bilanzansatz.*

	01	02	03	04
voraussichtliche Gewinne mit Eintrittswahrscheinlichkeit von	90 %	60 %	40 %	? %
Steuersatz in %	25 %	20 %	20 %	20 %

Der Steuersatz beträgt im Berichtsjahr und im darauffolgenden Jahr 01 25 %, ab 02 ist bereits eine Steuerreduzierung auf 20 % beschlossen worden.

*Für die kommenden vier Jahre liegt eine Ertragsplanung vor, mit einem **erzielbaren Gewinn von jeweils 100**. Die Eintrittswahrscheinlichkeit der Planung verändert sich aber von Jahr zu Jahr. Die Eintrittswahrscheinlichkeit mit 90 % ist im Jahr 01 gegeben, im Jahr 02 mit 60 %, im Jahr 03 mit 40 % und im Jahr 04 nicht mehr gegeben.*

Lösung:

*Eine Bildung der aktiv latenten Steuern am 31.12.00 ist nur im Ausmaß der künftigen Verwertung möglich. Die **Verwertungschance nach IFRS muss größer als 50 % sein. Eine aktiv latente Steuer kann nur mit 45 gebildet werden** (25 % von 100 und 20 % von 100).*

Bildung latenter Steuerforderung 31.12.00:   45 sonstige Forderung/Steuern

Die Bewertung erfolgt mit dem aktuellen Steuersatz, jedoch sind erwartete Steueränderungen ab 02 zu berücksichtigen.

Verlustvorträge, Rücktrag

Steuerliche Verlustvorträge sind bei der Berechnung von latenten Steuern zu berücksichtigen, sie stellen einen steuerlichen Vorteil dar. Für die Verlustvorträge gibt es zwei Möglichkeiten der Berücksichtigung, nämlich den **Verlustvortrag** und den **Rücktrag**. In Österreich ist keine Möglichkeit für einen Rücktrag gegeben, in Deutschland ist der Rücktrag für ein Jahr, in den USA für zwei Jahre vorgesehen. Der Vortrag ist in Österreich unbegrenzt, in den USA mit 20 Jahren begrenzt.

Beispiel für den Rücktrag

	01	02	03	04
StR Gewinn	300	325	400	Verlust 450
%	35	30	30	**25**
Steuer	105	97,5	120	0

Die Gewinne haben in den Jahren 01, 02, 03 jeweils 300, 325 und 400 betragen. Der Verlust 04 beträgt 450. Angenommen der Verlustrücktrag ist für zwei Jahre (US) zulässig. Zudem kommt es noch zu einer **Reduzierung des Steuersatzes in 04 auf 25 %**.

Lösung:

US	01	02	03
StR Gewinn	300	0	(400-125) 275
%	35	30	30
Steuern	105	0	82,5
Steuerreduzierung		97,5	120,0 -82,5 37,5

Erläuterung:
01 bleibt unverändert, nachdem der Rücktrag nur für zwei Jahre (02, 03) möglich ist. Der Gewinn 02 mit 325 wird vollständig aufgebraucht, der Restverlust von 125 reduziert den Gewinn von 03 von 400 auf 275. Es reduziert sich im Jahr 03 die bisherige Steuer von 120 auf 82,5. **Die Reduktion beträgt damit 37,5, zuzüglich der Steuerreduktion für 02 mit insgesamt 97,5 ergibt sich eine Gesamtforderung an das Finanzamt von 135.**

Die Buchung lautet: 135 Forderung/Steueraufwand(/Ertrag)

Bilanzausweis

Nach IAS sind latente Steuern **saldiert darzustellen**, also jeweils der höhere Betrag von sonstigen Forderungen bzw sonstigen Verbindlichkeiten. Die latenten Steuern sind gesondert von anderen Vermögenswerten und Schulden in der Bilanz darzustellen. Saldierung aber nur, wenn dieselbe Finanzhoheit: Eine Forderung an das österreichische Finanzamt kann nicht mit der Verbindlichkeit an das argentinische Finanzamt saldiert werden.

Die latenten Steuern gelten als **langfristig**, daher erfolgt der Ausweis im Anlagevermögen bzw im langfristigen Fremdkapital. In der **GuV** sind die latenten Steuern als **Steueraufwand** darzustellen. **Von der GuV-Darstellung ist jener Steueraufwand ausgenommen, der mit der Neubewertungsrücklage** zusammenhängt.

Zum Verständnis: Sachanlagen dürfen im Rahmen der Neubewertung mit dem fair value angesetzt werden (revaluation nach IAS). Die Aufwertung wird **erfolgsneutral** in der Neubewertungsrücklage angesetzt. Die latenten Steuern werden mit folgender Buchung gebildet: NeubewertungsRL an Verbindlichkeit latente Steuern.

Feedback: aus dem Konzernabschluss der Lenzing AG, 2010:
„Steuerabgrenzung

Aktive und **passive latente Steuern** werden für die jeweiligen Aktiva und Passiva auf Basis des Unterschiedes zwischen den Werten im Konzernabschluss und den Werten, die der **Steuerberechnung** zugrunde liegen, ermittelt, wobei die jeweils gemäß Gesetzeslage zum Abschlussstichtag für das Jahr der erwarteten Auflösung der Unterschiedsbeträge geltenden Steuersätze angewendet werden. Wenn die Realisierbarkeit aktiver latenter Steuern, insbesondere auf Verlustvorträge, aber auch auf sonstige **temporäre Differenzen**, wahrscheinlich ist, werden die Werte beibehalten, andernfalls wird eine Wertberichtigung vorgenommen."

Literaturverzeichnis

Grünberger, H., Praxis der Bilanzierung, 12. Auflage, Wien 2011.
Grünberger, H., IFRS, Eine Einführung, 3. Auflage, Wien 2011.
Grünberger, D., IFRS 2012, 10. Auflage, Wien 2011.

Steuercontrolling in der Privatstiftung

Stephan Schlager

Vorwort
1. **Wesen des Steuercontrolling**
   1.1. Betreibt nicht jedes Unternehmen Steuercontrolling?
   1.2. Zeitlicher Wirkungsbereich des Steuercontrolling
      1.2.1. Kurzfristiges Steuercontrolling
      1.2.2. Mittelfristiges Steuercontrolling
      1.2.3. Langfristiges Steuercontrolling
   1.3. Welche Aufgaben verfolgt das Steuercontrolling
      1.3.1. Informationsbeschaffung
      1.3.2. Steuerplanung
      1.3.3. Analyse/Kontrolle
      1.3.4. Koordination
   1.4. Wie tiefgehend sollen kleinere Unternehmen Steuercontrolling implementieren?
2. **Analyse des Steuercontrolling bei der Privatstiftung**
   2.1. Verwaltung der Privatstiftung
      2.1.1 „Gesetzliche" Kostenkontrolle in der Privatstiftung
      2.1.2. Kontrollsysteme aufgrund gesetzlicher Bestimmungen
      2.1.3. Vorgaben in der Stiftungserklärung
   2.2. Ablaufplan eines Steuercontrolling in einer Privatstiftung
      2.2.1. Langfristiges Steuercontrolling
      2.2.2. Mittelfristiges Steuercontrolling
      2.2.3. Kurzfristiges Steuercontrolling
3. **Beispiele zum Steuercontrolling bei der Privatstiftung**
   3.1. Verdoppelung der Erbschaft- und Schenkungsteuer für Widmungen an Privatstiftungen
   3.2. Einführung der Zwischensteuer iHv 12,5 % und Erhöhung auf 25 %
   3.3. Verschärfung der Offenlegungsverpflichtung
   3.4. Grundstücksveräußerung
4. **Schlussbemerkung**
Literaturverzeichnis

Vorwort

Das Controlling hat schon lange in den größeren Unternehmen[1], vor allem wenn eine internationale Betätigung vorliegt, seinen festen Platz erobert. Kleinst- und Kleinunternehmen weisen hingegen eine geringe Wahrnehmung von Controllingaufgaben aus.[2, 3] Dem Bereich des Steuercontrolling, der selbst in den größeren Unternehmen noch immer „stiefmütterlich" behandelt wird oder als „Mitläufer" nur eine beschränkte Aufmerksamkeit erhält, wird bei den kleinen Unternehmen noch weniger Bedeutung geschenkt.[4] Als einer der Vorreiter bei der Überleitung der Steuerplanung in das Steuercontrolling wird *Josef Schlager* gesehen.[5] Mit seinen Beiträgen „Steuercontrolling von Personengesellschaften"[6] und „Aspekte des Steuercontrolling"[7] hat der Jubilar die Notwendigkeit eines Steuercontrolling treffend aufgezeigt. Im Vergleich zu *Josef Schlager* beschäftigen sich die meisten Autoren beim Steuercontrolling mit der Konzernbesteuerung.[8] Die steuerliche Planung als Teil des Steuercontrolling[9] ist jedoch zu jedem Zeitpunkt und in jeder Unternehmensform und -größe sinnvoll, meist auch notwendig und bedarf verstärkter Aufmerksamkeit vor allem in Zeiten häufiger Gesetzesnovellen.

Gerade die Unsicherheiten durch politisch motivierte Gesetzesänderungen[10] ohne Rücksicht auf eine gewisse Stetigkeit im Steuerrecht erfordern in einem Hochsteuerland wie Österreich einen überlegten Umgang mit Steuern und Abgaben und somit ein zumindest ansatzweises Steuercontrolling.

---

[1] In international tätigen Unternehmen ist Controlling nicht mehr wegzudenken, denn Controlling verhilft zu mehr Transparenz und Wirtschaftlichkeit. Je kleiner das Unternehmen. desto mehr fehlen idR klar definierte und durchdachte Planungs- und Kontrollstrukturen.

[2] *Mühlböck/Feldbauer-Durstmüller*, Controlling in Kleinst- und Kleinunternehmen, in *Seicht* (Hrsg), Jahrbuch für Controlling und Rechnungswesen 2011, 215f.

[3] Den quantitativen Abgrenzungsmerkmalen der Europäischen Kommission folgend, d.h. ein kleines Unternehmen hat weniger als 50 Mitarbeiter und einen Jahresumsatz bzw eine Bilanzsumme von unter EUR 10 Mio., wird eine Privatstiftung idR in diese Kategorie einzustufen sein.

[4] Durch die momentane wirtschaftliche Krise wird das Risikomanagement bei den Unternehmen sowohl gesetzlich als auch von Seiten der Berater forciert. Da das Steuerrecht eine Vielzahl von Risiken birgt und diese für kleine Unternehmen existenzbedrohend werden können, sollte auf eine Implementierung eines Steuercontrolling und dessen Teilbereich des Steuerrisikomanagements nicht vergessen werden.

[5] *Haeseler*, Steuer-Management und Steuer-Controlling, in *Haeseler/Hörmann* (Hrsg), Controlling & Tax Management, 395.

[6] *Schlager,* Steuercontrolling von Personengesellschaften, in *Kofler/Jacobs*, Rechnungswesen und Besteuerung der Personengesellschaft, FS Vodrazka, 123ff.

[7] *Schlager*, Aspekte des Steuercontrolling, in *Feldbauer-Durstmüller/Schwarz/Wimmer* (Hrsg), Handbuch Controlling und Consulting, FS Stiegler, 613ff.

[8] Siehe u.a. *Risse*, Steuercontrolling und Reporting – Konzernsteuerquote und deren Bedeutung für das Steuermanagement, 17ff oder *Kamp*, Steuercontrolling im internationalen Konzern – Aufbau eines Steuerinformationssystems, 1ff.

[9] *Schlager*, Steuercontrolling von Personengesellschaften, in *Kofler/Jacobs*, Rechnungswesen und Besteuerung der Personengesellschaft, FS Vodrazka, 123ff.

[10] In Zusammenhang mit Privatstiftungen haben bereits in 2000 *Gassner/Lang* die steuerpolitische Diskussion abgelehnt, „in denen Volkstribunen Steuerneid schüren, fiskalisch unergiebige Maßnahmen zum vermeintlichen Belastungsausgleich vorschlagen und diese mit Gerechtigkeitsgründen bemänteln." (*Gassner/Lang,* Die geplante Änderung in der Stiftungsbesteuerung, in *Gassner/Göth/Gröhs/Lang* [Hrsg], Privatstiftung – Gestaltungsmöglichkeiten in der Praxis, 362).

Die Verbindung zwischen Wissenschaft und Praxis ist sicherlich eines der größten Anliegen von *Josef Schlager*. Mit diesem Fachbeitrag wird das Steuercontrolling auf die besondere Rechtsform der Privatstiftung[11]umgesetzt.

1. Wesen des Steuercontrolling

Mit Steuercontrolling wurde im zweiten Drittel des 20. Jahrhunderts ein System begrifflich implementiert, welches – der Literatur folgend – der Koordination der Abläufe der Steuergestaltung[12] dienen soll. Grenzüberschreitende Konzerne sind stets bemüht, die unterschiedlichen Steuersysteme der einzelnen Länder zu ihren Gunsten auszunutzen und nicht selten ist auch die Konzernsteuerquote eine Messgröße für das Management. Auch vom mittleren Unternehmen bis hin zum Kleinstunternehmen sollte Steuercontrolling als System im Einsatz sein. Die Frage stellt sich, ob „Steuercontrolling" nicht bereits – wenn auch nicht mit der Bewusstheit, dass es sich um Steuercontrolling handelt – in zahlreichen Fällen umgesetzt wird.

1.1. Betreibt nicht jedes Unternehmen Steuercontrolling?

Steuern sowie Beiträge dürfen von Unternehmern nie unberücksichtigt gelassen werden, da sie unter anderem einen zeitweise existenziellen Einfluss durch etwaige Liquiditätsengpässe[13] bei hohen Steuernachzahlungen auf das Unternehmen haben können. Daher kommt unter dem Aspekt der unternehmerischen Steuergestaltung den Begriffen Information und Planung eine besondere Bedeutung zu.

Zur Planung von Steuerbelastungen – und sei es nur von den quartalsweisen Vorauszahlungen (zB stimmt die Höhe der Vorauszahlung mit der momentanen wirtschaftlichen Lage im Unternehmen zusammen?[14]) – werden Informationen über die zu erwartenden Entwicklungen und eventuell möglichen Veränderungen benötigt. Der sich ergebende SOLL-Zustand sollte dann laufend mit der IST-Situation abgestimmt werden, um Steuerungsmöglichkeiten zu eröffnen.

Bei Betrachtung der eben genannten Begriffe Information, Planung, Kontrolle (Abstimmung SOLL-IST) und Steuerung ist man bereits im Bereich des Controlling, auch wenn dies in der laufenden Praxis als solches nicht immer wahrgenommen wird.

Eine Analyse der Controllingliteratur bringt den vielleicht überraschenden Schluss, dass keine einheitliche Definition für Controlling vorhanden ist. Die Definitionen reichen von der Kontrollfunktion bis zur Steuerung des Unternehmens. Jedoch zieht sich ein Grundgedanke durch alle Controllingkonzepte, seien sie nun informationsversorgungs-

---

[11] Hier handelt es sich um eine Stiftung, die gemäß dem Privatstiftungsgesetz (PSG) errichtet wurde und für die steuerlich der § 13 KStG zur Anwendung kommt.

[12] *Schlager*, Die unternehmerische Steuergestaltung, Planung – Durchsetzbarkeit – Grenzen, 31ff.

[13] Auf die zukünftige Auswirkung einer Steuerbelastung im Hinblick auf das Liquiditätsziel verweist auch *Risse* (siehe *Risse*, Steuercontrolling und Reporting – Konzernsteuerquote un deren Bedeutung für das Steuermanagement, 17).

[14] Zu viel bezahlte Vorauszahlungen würde das Unternehmen mit der Jahreserklärung und -veranlagung zurückbekommen. Der unterjährige Liquiditätsbedarf sowie die fehlende Möglichkeit, mit diesen Beträgen wirtschaften zu können, dürfen nicht außer Acht gelassen werden.

orientiert[15], koordinationsorientiert[16] oder rationalitätsorientiert[17]: Es geht immer um die Verknüpfung der Planung mit der dann tatsächlich entstandenen Situation durch laufende Kontrollen. Durch eingreifende Steuerung ist die IST-Situation an die SOLL-Situation bzw die Planung an neue Gegebenheiten anzupassen.

Bei großen Unternehmen gibt es in der Regel eine eigene Controllingabteilung. In den meisten kleinen Unternehmen ist kein ausgeprägtes Planungssystem und kein Controlling vorhanden. Über die Steuerbelastung und die vorhandenen Möglichkeiten, diese möglichst gering zu halten, machen sich alle Unternehmer – in der Regel alle Steuerpflichtigen – Gedanken und betreiben somit in gewisser Weise Steuercontrolling.[18] Die Art der Ausgestaltung ist zu analysieren und in Hinblick auf Verbesserungsmöglichkeiten zu hinterfragen.[19]

1.2. Zeitlicher Wirkungsbereich des Steuercontrolling

Das primäre Ziel des Steuercontrolling ist sicherlich in jedem Zeitabschnitt, den effektiven Steueraufwand möglichst gering zu halten.[20] Dabei darf allerdings nicht nur die reine Steuerbelastung betrachtet werden, auch die Kosten für die Erreichung dieser „Minimierung" müssen berücksichtigt werden, gerade in einer Zeit, in der verstärkt Steuereinhebungskosten auf die Steuerpflichtigen übergewälzt werden.

Des Weiteren sollte ein kurzfristiger Steuervorteil nicht höhere zukünftige Steuernachteile mit sich bringen, daher hat eine Unterscheidung in den Planungsbereichen kurzfristig, mittelfristig und langfristig zu erfolgen, um auch langfristige Folgen einer aktuellen Handlung einschätzen zu können.[21]

---

[15] Mit der Informationsbeschaffung zielt das Controlling darauf ab, dass mit diesen Informationen die richtigen unternehmerischen Entscheidungen getroffen werden. Denn bestmöglich kann nur derjenige vorgehen, der die zur Planung der Ergebnisse erforderlichen Informationen besitzt.
[16] Die Koordination der Information mit der Planung und der nachfolgenden Kontrolle macht das Besondere des Controlling aus. Damit wird dem Controlling die Aufgabe übertragen, das gesamte Führungssystem zu koordinieren.
[17] Rationale Führungsentscheidungen sollen durch Informationsversorgung sowie Planungs-, Kontroll- und Koordinationsaktivitäten des Controlling sichergestellt werden.
[18] Vgl *Schlager*, Steuercontrolling im Steuerberatungsbetrieb, 32.
[19] Eine eigene Controllingabteilung wird aus organisatorischen und besonders aus Kostenüberlegungen bei einem kleinen Unternehmen keinen Sinn machen. Somit kommt das Selbstcontrolling der Unternehmensleitung oder eine Auslagerung an externe Berater in Betracht. Auf den bestehenden Controllingbedarf und das Fehlen von adäquaten Controlling-Konzepten für kleine Unternehmen weist auch *Mühlböck* hin. Vgl *Mühlböck*, Controlling für Kleinst- und Kleinunternehmen unter Mithilfe von Steuerberatungskanzleien, 23.
[20] Die Optimierung der Steuerbelastung dient dem Erfolgs- und Existenzsicherungsziel und verbessert die Unternehmensführung durch Aufzeigen von Handlungsalternativen aufgrund steuergesetzlicher Möglichkeiten. Vgl *Kern*, Qualitätssicherung in der Steuerberatungspraxis, 306f.
[21] Die Bedeutung der Zeit als Einflussgröße im Steuercontrolling zeigt auch *Zimmermann* auf (siehe *Zimmermann*, Steuercontrolling – Beziehungen zwischen Steuern und Controlling, 168). Ebenso *Schlager*, Steuererklärungspolitik und -Controlling aus der Sicht der Steuerberatung, in *Heidinger/Bruckner*, Steuern in Österreich, Gestern – heute – morgen, FS Fachsenat für Steuerrecht, 371ff.

1.2.1. Kurzfristiges Steuercontrolling

Kurzfristig sind von einem Unternehmen die laufenden, zum Teil monatlichen, Abgabenverpflichtungen zu beachten und zu planen,[22] ob es sich nun um die Lohnverrechnung mit der damit verbundenen Abführung der Lohnabgaben oder um die laufende Buchhaltung mit den dazugehörigen Umsatzsteuervoranmeldungen handelt. Zumindest die jährliche Steuererklärung trifft jeden Unternehmer. Durch die vorgegebenen Erklärungsfristen kann und sollte der in der Regel damit verbundene Liquiditätsabfluss geplant werden. In einer angespannten Liquiditätslage wird es sinnvoll sein, bei Erklärungen, aus denen ein Guthaben resultiert (zB Umsatzsteuervoranmeldung), nicht bis zur Abgabefrist zu warten. Resultiert aus einer Rechnung eine höhere Umsatzsteuerschuld, kann die Zahlung und das spätere Rückholen über die Umsatzsteuervoranmeldung durch einen Übertrag zwischen den Finanzamtskonten (mit Zustimmung des Verkäufers) erfolgen und somit ein Überschreiten des Kreditlimits vermieden werden. Dabei muss jedoch immer sorgfältig darauf geachtet werden, dass tatsächlich auch die Finanzverwaltung diese Anträge rechtzeitig verbucht, also auch alle notwendigen gesetzlichen Anforderungen erfüllt sind.

Nicht nur die Liquidität, sondern auch die Vermeidung etwaiger Verspätungszuschläge und Säumniszinsen sind in die Planung mit einzubeziehen. Fristen für Abgabenerklärungen, Meldungen bzw Zahlungen sind zu berücksichtigen und deren Einhaltung zu kontrollieren. Bei gewissen Zahlungsterminen, wie zB Umsatzsteuer oder die Einkommen-/Körperschaftsteuervorauszahlungen, führt eine verspätete Überweisung grundsätzlich zu Säumniszuschlägen. Anpassungen von Einkommensteuervorauszahlungen sind nur bis 30.9. möglich. Ein Teil des Steuercontrolling besteht auch darin, dass mit verfahrensgesetzlichen Möglichkeiten eine Gutbuchung von vorgeschriebenen Nebengebühren durch Kontaktaufnahme mit der Finanzverwaltung bzw durch Berufung erwirkt wird. Zu beachten ist, dass für diese Abwicklung idR nicht das Veranlagungsteam zuständig ist, sondern die Abgabensicherung.

1.2.2. Mittelfristiges Steuercontrolling

Steuern fallen nicht nur kurzfristig an, d.h. bei Betrachtung des Steuerjahres[23]. Es ist eine Planung der Unternehmensentwicklung mit Berücksichtigung des Steuereinflusses von Bedeutung. Wenn zB die vorgeschriebenen Einkommen-/Körperschaftsteuervorauszahlungen zu hoch für die erwartete Unternehmensentwicklung sind, besteht die Möglichkeit, zur Schaffung einer besseren Liquidität eine Herabsetzung auf die erwartete Steu-

---

[22] Mittels Steuercontrolling soll für alle Dispositionsentscheidungen deren steuerliche Konsequenz (Risiko) überprüft und überwacht werden. Siehe *Ludenia*, Analyse entscheidungsrelevanter Risiken im Besteuerungsprozess, 305f. Zum Steuerrisiko siehe *Rose*, Ein Grundgerüst planungsrelevanter Steuerrechtsrisiken, Erstveröffentlichung in FS Schneider, 479ff, in *Rose*, Steuerberatung und Wissenschaften – Aufsätze aus vier Jahrzehnten, 280 sowie *Schlager*, Einfluss der Steuerrechtsprognose auf die Risikopolitik der Unternehmung, in *Heigl/Uecker* (Hrsg), Betriebswirtschaftslehre und Recht, 331ff.

[23] Das Steuerjahr stimmt mit dem Kalenderjahr überein, aber die relevanten Daten können aus abweichenden Wirtschaftsjahren stammen. Bei einer Privatstiftung ist steuerlich kein abweichendes Wirtschaftsjahr möglich, ein unternehmensrechtliches abweichendes Geschäftsjahr hingegen schon. Siehe *Schlager/Schlager*, Abweichendes Geschäfts- und Wirtschaftsjahr, 39f.

erschuld zu beantragen. Dabei ist zu beachten, dass dies zeitlich nicht das ganze Steuerjahr möglich ist.

Gesetzesvorlagen bieten einen zeitlichen Spielraum bis zur tatsächlichen Gesetzwerdung, in dem etwaige Handlungen zur Anpassung der Planung gesetzt bzw vorbereitet werden können. Hierbei ist zu beachten, dass, je früher eine derartige Information vorliegt bzw beschafft wird und je sicherer deren Eintreten ist, die Umsetzung umso besser zeitgerecht erfolgen kann.

1.2.3. Langfristiges Steuercontrolling

Die Strategieausrichtung im steuerlichen Bereich ist sicherlich eine besonders schwierige Zielsetzung. Neben der fehlenden Planungssicherheit seitens des Gesetzgebers sind Änderungen langfristiger Entscheidungen meistens nur kostspielig durchführbar bzw ist bei manchen Entscheidungen keine Änderungsmöglichkeit[24] vorhanden.

Eine langfristige Entscheidung stellt idR die Rechtsformwahl dar. Diese sollte nicht nur aufgrund steuerlicher Gründe getroffen werden, dennoch dürfen die Steuern nicht außer Acht gelassen werden. Bei einem späteren Wechsel ist mit hohen Beratungs- und Umstellungskosten zu rechnen. Bei einer Privatstiftung, wenn auf das Widerrufsrecht verzichtet wurde, ist eine nachträgliche Änderung nicht mehr möglich und die Entscheidung wäre damit auf idR 100 Jahre gebunden.

1.3. Welche Aufgaben verfolgt das Steuercontrolling?

Die Grundlage des Controlling beginnt bei der Informationsbeschaffung, um dem Planungsprozess die notwendigen Fakten zu liefern. Ohne eine entsprechende Analyse der Planung im Vergleich mit der tatsächlichen Entwicklung können neue oder veränderte Informationen nicht mit der Planung abgestimmt werden.[25]

1.3.1. Informationsbeschaffung

Neben der internen Erhebung der steuerlich relevanten Daten und Fakten durch die Erfassung mittels Buchhaltung und der Aufbereitung der Jahresabschlüsse oder Einnahmen-/Ausgabenrechnungen sind besonders die externen Informationen für das Steuercontrolling von Bedeutung. Dabei kommt es auf die Beschaffung der Information und auf die Aufbereitung dieser an. Die neuen Medien erleichtern die Informationsbeschaffung, liefern gleichzeitig aber das Problem der Datenflut und der Genauigkeit sowie Si-

---

[24] Ein aktuelles Beispiel ist die Ausübung bzw Unterlassung der Option zur Steuerpflicht von ausländischen Beteiligungen gem § 10 KStG, denn die Entscheidung bindet – zumindest momentan – das Unternehmen für immer. Siehe *Schlager*, Anpassung der Einbahnoption des § 10 Abs 3 KStG als Hilfestellung für den Wirtschaftsaufschwung, 61ff und *Schlager*, Rechtsstaat in Gefahr? Die Bedeutung der Grundsätze des Abgabenverfahrens bei der elektronischen Steuerveranlagung. Beispiele aus der Praxis: die unwiderrufliche Option des § 10 Abs 3 KStG, T 33ff.

[25] Auch das Steuercontrolling versucht ein Informations-, Planungs-, Kontroll- und Koordinationssystem zur Unterstützung der Unternehmenszielerreichung bereit zu stellen. Vgl *Schlager*, Steuercontrolling von Personengesellschaften, in *Kofler/Jacobs* (Hrsg), Rechnungswesen und Besteuerung der Personengesellschaft, FS Vodrazka, 124. Hinsichtlich des Controlling-Aktivitäten-Vierecks siehe auch *Lück*, Risikomanagementsystem und Controlling, in *Seicht* (Hrsg), Jahrbuch für Controlling und Rechnungswesen 2001, 416.

cherheit der Daten. Durch die Online-Datenbanken besteht ein sofortiger Zugriff auf die neuesten Entwicklungen im steuerlichen Bereich. Bei einem konkreten Problem kann mit den Suchmaschinen eine gezielte Filterung vorgenommen werden. Da sich ein Steuercontrolling nicht nur mit der Lösung bekannter Problematiken auseinandersetzen soll, sondern besonders die neuen (unbekannten) Entwicklungen erkennen und für das Unternehmen auf Relevanz bewerten muss, liegt der wichtigste Teil der Informationsbeschaffung in der Filterung auf Wesentlichkeit und Relevanz.[26]

Problematisch ist bei der Informationsbeschaffung neben der Datenflut die Ungewissheit[27] der Informationen. Bei einem verabschiedeten Gesetz kann zwar der Zeitpunkt des Inkrafttretens festgestellt werden, dennoch ist – besonders bei den letzten Gesetzesänderungen – damit nicht immer eine eindeutige Information[28] verbunden bzw ist ein vorausschauendes Planen bei sofortigem Inkrafttreten mit Veröffentlichung im Bundesgesetzblatt oder sogar einer gewissen Rückwirkung nicht möglich. Die mit dem Steuercontrolling beschäftigten Personen haben daher laufend bereits die Gesetzesentwürfe inkl. der Stellungnahmen und Abänderungen zu verfolgen, um frühzeitig eine Anpassung der Steuerstrategie vornehmen zu können.[29]

1.3.2. Steuerplanung

Der Begriff Steuergestaltung[30] wird im Zusammenhang mit der Besteuerung genannt. Es handelt sich dabei um einen Teilbereich der Steuerplanung. Mit der Gestaltung legt das Unternehmen quasi die Strategie für die Erreichung der geplanten (Steuer-)Ziele fest. Die Steuerplanung umfasst auch die Überlegungen zu den notwendigen Schritten, um die Gestaltung umzusetzen.[31]

---

[26] *Mühlböck/Feldbauer-Durstmüller* zeigen auf, „dass die Deckung des Informationsbedarfs in KMU eine wesentliche Bedeutung für deren Erfolg hat und eine Vernachlässigung existenzgefährdend sein kann" (*Mühlböck/Feldbauer-Durstmüller*, Controlling in Kleinst- und Kleinunternehmen, in *Seicht* (Hrsg), Jahrbuch für Controlling und Rechnungswesen 2011, 220). Auf die Privatstiftung umgelegt, bedeutet dies, dass durch unzureichende Informationsbeschaffung sich ein Haftungsrisiko des Stiftungsvorstandes ergeben kann.

[27] Die aktuelle Krisenlandschaft in Europa mit den daraus resultierenden Diskussionen, ob diese Krise mit Sparen oder mit Förderung der Wirtschaft bewältigt werden soll, führt zu laufenden Überlegungen seitens der Politik, wie eine Stabilität in der Wirtschaft erreicht werden kann. Ein beliebtes Mittel bleibt hierbei der Abgabenbereich. Sowohl neue Steuerbelastungen als auch investitionsfördernde Maßnahmen beeinflussen die Wirtschaft. Schlagwörter wie Bankenabgabe, Erhöhung des Spitzensteuersatzes bzw Anhebung der Mehrwertsteuersätze verbunden mit einer fehlenden Kontinuität führen zu einer Verunsicherung der Unternehmer und Konsumenten.

[28] Durch den Zeitdruck seitens der Politik ergaben sich bei den letzen Gesetzesänderungen im steuerlichen Bereich Auslegungsschwierigkeiten und Nachbesserungsbedarf. Siehe Grundstücksveräußerung unter 2.2.2.

[29] In diesem Zusammenhang sei erwähnt, dass *Kaiser* dem Informationsmanagement die größte Bedeutung zur Risikominimierung zuweist, denn „die Qualität jeder ... zu treffenden Entscheidung verbessert sich mit zunehmendem Genauigkeitsgrad und Sicherheitsgrad der einzelnen Information." (*Kaiser*, Steuerberatung als Risiko-Management, 186ff).

[30] *Schlager*, Die unternehmerische Steuergestaltung, Planung – Durchsetzbarkeit – Grenzen, 31ff sowie *Schlager*, Steuergestaltung bei Änderung der Gewinnermittlung, in *Renner/Schlager/Schwarz*, Praxis der steuerlichen Gewinnermittlung, GS Kögelberger, 672ff.

[31] Zu beachten ist, dass nicht die Quantität, sondern die Qualität der Planung entscheidend ist.

Die Planung bricht die Gestaltungsüberlegung auf die mittelfristigen und kurzfristigen Bereiche herunter. Zu beachten sind bei einem Plan die Unsicherheiten der zukünftigen Begebenheiten und aus diesem Grund sollte immer eine Anpassungsmöglichkeit gegeben sein.[32]

1.3.3. Analyse/Kontrolle

Der Begriff Kontrolle ist am einfachsten mit dem Vergleich zwischen SOLL (geplanter Zustand) und IST (tatsächlicher Zustand) zu erklären. Die anschließende Ursachenanalyse zur Ermöglichung von Gegensteuerungsmaßnahmen hat aber mindestens dieselbe Bedeutung wie der Vergleich.

Als organisatorische Maßnahme zur Erkennung der Abweichung und damit zur Verbesserung der Planung bzw der Abläufe sollte ein internes Kontrollsystem[33] aufgebaut sein. In erster Linie geht es bei der Kontrolle um das Erkennen einer Abweichung, und dies am besten schon frühzeitig, sowie um das Lernen aus den Gründen („Fehlern") der Abweichung.[34]

Der SOLL/IST-Vergleich hat in allen Planungsbereichen zu erfolgen. Nicht nur die kurzfristigen Abweichungen wie zB das „Vergessen" der Zahlung einer Steuerschuld, sondern auch die langfristigen Steuerstrategien, zB ob die aktuelle Rechtsform auch in Zukunft noch die optimale Form ist, bedürfen einer Analyse und einer daraus resultierenden Reaktion. Anders als die Planung muss die Kontrolle permanent vorhanden sein.[35]

1.3.4. Koordination

Um eine bestmögliche Erreichung der gesetzten Ziele erlangen zu können, ist eine laufende Verknüpfung der Planung mit der tatsächlichen Umsetzung unter Beachtung der vorliegenden Informationen zu gewährleisten. Durch rechtzeitiges Erkennen von geänderten Rahmenbedingungen, zB neue Judikatur und Weitergabe in den Planungsprozess, können negative Zielabweichungen abgewendet oder positive Auswirkungen mitgenommen werden.[36]

---

[32] Vgl *Zimmermann,* Steuercontrolling – Beziehungen zwischen Steuern und Controlling, 163f.

[33] Eine Umlegung der Ziele des COSO-Systems für interne Kontrollen auf die Steuerebene hat *Risse* vorgenommen. Siehe *Risse,* Steuercontrolling und Reporting – Konzernsteuerquote und deren Bedeutung für das Steuermanagement, 94ff.

[34] Die Kontrollfunktion des Controlling ist die Schnittstelle zur internen Überwachung. Bei einer Privatstiftung ist zusätzlich, durch den Tatbestand der Verwaltung von „fremdem" Vermögen durch den Stiftungsvorstand bedingt, zu gewährleisten, dass ein Risiko (aber auch eine Chance) erkannt und darauf entsprechend reagiert wird. Die Informationen dazu liefert wiederum das Controlling. Vgl unter anderem *Lück,* Risikomanagementsystem und Controlling, in *Seicht* (Hrsg), Jahrbuch für Controlling und Rechnungswesen 2001, 419ff und *Klingler,* Unternehmensführung, in *Löffler/ Ahammer/Kerschbaumer/Nayer* (Hrsg), Handbuch zum Internen Kontrollsystem[2], 451.

[35] Siehe ua *Zimmermann,* Steuercontrolling – Beziehungen zwischen Steuern und Controlling, 164ff.

[36] „Steuerliche Koordination soll nicht nur die Steuern zum Gegenstand haben, sondern als Teil der Gesamtkoordination für jene Koordinationsaufgaben relevant sein, die sich aus Interpendenzen zwischen dem betrieblichen Steuerbelastungssystem und den anderen Controllingobjekten ergeben." (*Herzig/Zimmermann,* Steuercontrolling – Überflüssige Begriffsverbindung oder sinnvolle Innovation?, 1146).

Die Koordination dient ebenfalls dazu, für die Umsetzung von Maßnahmen zu sorgen. Wird beispielsweise die Abgabefrist einer neuen Erklärung[37] erkannt und geplant, muss auch deren Umsetzung (Einreichung) koordiniert werden. Ein Fehler in der Weitergabe der Information wird erst bei der Analyse der IST-Situation bewusst und eine Reaktion (Verbesserung) ist dann oft nur noch für die Zukunft möglich. Somit kommt der Koordination als Schnittstelle zwischen der Informationsbeschaffung, Planung, Kontrolle und Anpassung des Prozesses eine wesentliche Bedeutung zu. Sie kann nur funktionieren, wenn alle Verantwortlichen sich dessen bewusst sind.[38]

1.4. Wie tiefgehend sollen kleinere Unternehmen Steuercontrolling implementieren?

Die laufenden Abgaben bis hin zur Steuererklärung, wobei bei dieser oft bereits der Überblick bzgl einer zu erwartenden Nachzahlung oder Gutschrift fehlt, sind meistens bekannt, jedoch schon bei der Vorauszahlungsplanung fehlt bei vielen Kleinunternehmen ein Planungsgedanke. Große Unternehmen haben ausreichende Ressourcen (Strategiebereiche, Controlling- und Stabsstellen, Steuerabteilung etc) für diese Aufgaben, die kleinen Unternehmen sind auf sich alleine gestellt. Bestenfalls wird die Unterstützung eines externen Steuerberatungsunternehmens in Anspruch genommen.[39]

In einer guten Beratungspraxis ist der externe Berater laufend in die Entscheidungsprozesse im Unternehmen eingebunden. Als Spezialist auf seinem Gebiet, sei es nun als Unternehmensberater, Rechtsanwalt oder Wirtschaftstreuhänder, wird seine Meinung bzw der Rat des Beraters auch meist den Ausschlag für eine Entscheidungsrichtung geben.

Dieser Verantwortung und Vertrauensstellung muss sich ein Berater immer bewusst sein. Er sollte somit zukünftige Entwicklungen für jeden Klienten antizipieren. Zukünftiges vorwegzunehmen, um eine optimale Entscheidungsfindung zu gewährleisten, bedarf einer frühzeitigen Erkennung von positiven und negativen Veränderungen.

Für das Unternehmen muss – in Abstimmung mit dem Berater – eine Organisationsstruktur geschaffen werden, um die immer größer werdende Regelungsdichte bewältigen zu können. Dabei ist auf das Kosten-/Zeit-Nutzen-Verhältnis iVm einer leichten Durchführbarkeit zu achten.[40]

Eine Privatstiftung kann idR zu den kleinen Unternehmen gezählt werden, da aufgrund der Ausgestaltung für die Privatstiftung meistens nur drei Vorstände tätig sind.[41]

---

[37] Die Einführung der „Zusammenfassenden Meldung" ab dem 1.1.2010 hat mit der Abweichung der Abgabefrist von der Einreichungsfrist der Umsatzsteuervoranmeldung – statt dem 15. des dem Meldezeitraums zweitfolgenden Monats muss die ZM bis zum Ende des dem Meldezeitraums folgenden Monats abgegeben werden – zu Umstellungsschwierigkeiten in den Unternehmen gesorgt.
[38] Zur Aufgabe der Koordination gehört ebenfalls die Berücksichtigung der Steuern in allen Unternehmensbereichen und -entscheidungen. Siehe *Kamp*, Steuercontrolling im internationalen Konzern – Aufbau eines Steuerinformationssystems, 73ff.
[39] *Schlager*, Steuercontrolling von Personengesellschaften, in *Kofler/Jacobs*, Rechnungswesen und Besteuerung der Personengesellschaft, FS Vodrazka, 130ff.
[40] Siehe *Mühlböck/Feldbauer-Durstmüller*, Controlling in Kleinst- und Kleinunternehmen, in *Seicht* (Hrsg), Jahrbuch für Controlling und Rechnungswesen 2011, 230f.
[41] Vgl *Kraus*, Die Privatstiftung aus der Sicht der Vermögenssicherung und -verwaltung, in *Tinti/Umdasch/Marenzi* (Hrsg), Sorgfalt und Verantwortung – Beiträge zu Privatstiftung, Aufsichtsrat und Mergers & Acquisition, FS Jakobljevich, 9.

Umso mehr muss die Koordination zwischen den Vorständen (und eventuellen externen Beratern) abgestimmt sein, um den Stiftungszweck erfüllen zu können.

2. Analyse des Steuercontrolling bei der Privatstiftung

Die Österreichische Privatstiftung gemäß Privatstiftungsgesetz[42] weist im Vergleich zu den anderen Rechtsformen (Kapitalgesellschaften, Personengesellschaften, Einzelunternehmen) einige Besonderheiten auf, die auch bei der Betrachtung des Steuercontrolling zu berücksichtigen sind.

Die Privatstiftung ist ein eigentümerloses Rechtsgebilde, bei deren Errichtung der Stifter idR, außer er normiert sich selbst in den Stiftungsvorstand[43] – kann dann nicht Begünstigter sein – oder Beirat, den Einfluss auf das gewidmete Vermögen zu Gunsten des Stiftungszwecks aufgibt. Der Stiftungsvorstand hat durch Nutzung, Verwaltung bzw Verwertung des gewidmeten Vermögens für die Erfüllung des Stiftungszwecks zu sorgen.

Die Errichtung erfolgt mittels Stiftungserklärung[44], die sich aus der Stiftungsurkunde und meistens zusätzlich noch aus der Stiftungszusatzurkunde zusammensetzt. Nachstiftungsurkunden sind ebenso zulässig.

Neben der Eigentümerlosigkeit kommt dem Stiftungszweck eine wichtige Bedeutung zu, denn die Privatstiftung existiert[45] idR, solange der Stiftungszweck nicht erfüllt bzw noch erfüllbar ist. Die Entscheidung über die Auflösung der Privatstiftung hat der Stiftungsvorstand zu treffen. Eine Nicht-Erfüllung des Stiftungszwecks bzw ein Abweichen von diesem wird für den Stiftungsvorstand mit Haftungen[46] verbunden sein.

Die Nutznießer der Privatstiftung sind die Begünstigten. Mittels Zuwendungen sollen ihnen die Erträge bzw das Vermögen der Privatstiftung gemäß den Bestimmungen

---

[42] BGBl 1993/694; mit Stand 2011 gibt es in Österreich rund 3.300 Privatstiftungen, wobei 28 neue Stiftungen in 2011 hinzugekommen sind.

[43] Die Auswahl bzw die Festlegung der Auswahlmodalitäten der Stiftungsvorstandsmitglieder obliegt dem Stifter. Einzig der gewöhnliche Aufenthalt von zwei Vorstandsmitgliedern hat in der EU oder einem Vertragstaat des EWR zu sein. Andere Anforderungen an zB Berufserfahrung werden gesetzlich nicht vorgegeben. Eine fachliche Qualifikationsanforderung wird sachlich aus dem Umfang und der Struktur des Stiftungsvermögens ableitbar sein. Für eine Zusammenstellung von fachlichen Anforderungsprofilen siehe *Unterköfler*, Der Stiftungsvorstand als „Manager" – Manager als Stiftungsvorstände?, in *Eiselsberg,* Stiftungsrecht JB 2010, 322ff.

[44] In der Stiftungserklärung wird der Wille des Stifters festgelegt und der Handlungsrahmen und eventuell die Handlungsweise dem Stiftungsvorstand vorgegeben. Siehe ua *Marschner*, Die Optimierung der Familienstiftung, 26ff.

[45] Eine Privatstiftung wird normalerweise auf unbestimmte Zeit errichtet. D.h. sie besteht für 100 Jahre, dann kann der Letztbegünstigte entscheiden, ob die Stiftung für weitere 100 Jahre bestehen soll (§ 35 Abs 2 Z 3 PSG). Die Errichtung einer Privatstiftung auf begrenzte Zeit, zB nur auf 25 Jahre, wird selten vorgenommen. Vgl *Knirsch*, Auflösung der Privatstiftung nach Zeitablauf, in *Eiselsberg* (Hrsg), Stiftungsrecht JB 2008, 193ff.

[46] Durch den Entzug der Zugriffsmöglichkeit auf „ihr" Vermögen (Erbe) kommt es in der Praxis immer häufiger vor, dass Stiftungsvorstände von Stiftern oder Begünstigten für etwaige Verletzungen der Stiftungserklärung bzw für Vermögensverluste aus „falschen" Entscheidungen des Stiftungsvorstandes geklagt werden. Bei Verletzung der Sorgfaltspflicht haftet jedes Stiftungsvorstandsmitglied höchstpersönlich. Vgl *Steiner*, Vermögensveranlagung in Stiftungen, 71.

der Stiftungserklärung zukommen. Hierbei ist ebenfalls der Stiftungsvorstand gefordert, der die Abwicklung der Zuwendungen an die Begünstigten vornehmen muss.

Durch die Eigentümerlosigkeit werden vom Gesetz drei Stiftungsorgane verpflichtend vorgeschrieben. Neben dem Stiftungsvorstand, der aus mindestens drei Mitgliedern[47] bestehen muss und das Entscheidungsorgan der Privatstiftung ist, kommt dem Stiftungsprüfer durch seine Organstellung eine besondere Überwachungs- und Prüfungsaufgabe[48] zu. Als drittes Organ zählt ein gegebenenfalls einzurichtender Aufsichtsrat, den es in der Praxis jedoch fast nicht gibt.

Eine weitere Besonderheit der Privatstiftung ist die „Befreiung" von der unbeschränkten Körperschaftsteuerpflicht[49] gem § 5 Z 11 KStG iVm § 13 KStG. Die Inanspruchnahme der Sondervorschriften und Begünstigungen des § 13 KStG stehen gem § 13 Abs 6 KStG dann zu, wenn die Stiftungsurkunde und -zusatzurkunde in der jeweils gültigen Fassung[50] dem Finanzamt vorgelegt und eine etwaige verdeckte Treuhandschaft gegenüber dem Finanzamt offengelegt wird. Bis zum Abgabenänderungsgesetz 2010[51] war nur die Inanspruchnahme des § 13 KStG an die Offenlegung der Stiftungserklärung gebunden. Durch die Neuregelung hat vom Finanzamt bei „Verletzung" der Offenlegungsverpflichtung eine Meldung an die Geldwäschemeldestelle des Bundeskriminalamtes zu erfolgen.[52,53]

2.1. Verwaltung der Privatstiftung

Das „Wie" der Verwaltung einer Privatstiftung zeigt in der Praxis gewisse Schwierigkeiten. Folgende gesetzliche Bestimmungen bestehen bzw können seitens des Stifters als Vorgaben gegeben werden.[54]

---

[47] Die meisten Privatstiftungen haben die drei gesetzlich vorgeschriebenen Stiftungsvorstandsmitglieder.
[48] Der Stiftungsprüfer hat durch seine Organstellung die Verpflichtung bei etwaigen Verfehlungen des Stiftungsvorstandes, diesen vom Gericht abberufen zu lassen. Somit kommt ihm nicht nur die „reine" Jahresabschlussprüfung zu, auch die Einhaltung des Stiftungserklärung und die Erfüllung des Stiftungszwecks sind vom Stiftungsprüfer mitzuprüfen. Vgl *Schlager*, Prüfung der Privatstiftung – eine Gratwanderung für den Stiftungsprüfer?, 33.
[49] Eine ausdrückliche Ausnahme von der Besteuerung gem § 7 Abs 3 KStG ergibt sich aus der Erfüllung der Offenlegungserfordernisse. Eine Privatstiftung kann daher aus allen sieben Einkunftsarten gem § 2 Abs 3 EStG Einkünfte erzielen. Vgl *Metzler*, § 13 KStG, in *Lang/Schuch/Staringer* (Hrsg), KStG-Kommentar, 538.
[50] Eine Änderung der Stiftungserklärung – dies ist dann möglich, wenn sich Stifter dieses Recht vorbehalten haben – ist unverzüglich dem Finanzamt vorzulegen.
[51] AbgÄG 2010, BGBl I 2010/34.
[52] Eine die Offenlegungsverpflichtungen erfüllende Privatstiftung wird auch „gläserne" oder „weiße" Privatstiftung genannt. Siehe ua *Schuchter*, § 13 KStG, in *Achatz/Kirchmayr* (Hrsg), KStG-Kommentar, 1105 bzw *Engel-Kazemi/Kásznar/Primik*, Besteuerung von Finanzanlagen in Privatstiftungen, in *Cerha/Haunold/Huemer/Schuch/Wiedermann* (Hrsg), Stiftungsbesteuerung, 63f.
[53] Das Steuerrecht ist an sich schon komplex und bedarf einer Spezialisierung. Für Privatstiftungen ergibt sich durch deren steuerliche Besonderheiten ein zusätzlicher Bedarf an Know-how, das idR von einem nicht fachkundigen Stiftungsvorstand nicht abgedeckt werden kann. Vgl *Ludenia*, Analyse entscheidungsrelevanter Risiken im Besteuerungsprozess, 306ff.
[54] *Steiner* verlangt als eine der zentralen Aufgaben des Stiftungsvorstandes „die Errichtung einer Stiftungsorganisation, die der Größe der Stiftung, Art des Stiftungsgegenstandes und ihrem Stiftungszweck angepasst ist." Ein Unterlassung wird als Pflichtenverstoß gem PSG gesehen (*Steiner*, Vermögensverwaltung in Stiftungen, 71).

2.1.1. „Gesetzliche" Kostenkontrolle in der Privatstiftung

Die gesetzliche Vorgabe verlangt vom Stiftungsvorstand gem § 15 PSG die Einhaltung der Bestimmungen der Stiftungserklärung mit der Sorgfalt eines gewissenhaften Geschäftsleiters. Weiters hat der Stiftungsvorstand seine Aufgaben sparsam zu erfüllen.

Beim Vergleich des § 15 PSG mit dem § 25 GmbHG[55] fällt einerseits die Wortwahl zwischen gewissenhaft und ordentlich auf, wobei gewissenhaft nur ein Synonym für ordentlich ist, und andererseits die gesetzliche Normierung der Sparsamkeit[56] für den Stiftungsvorstand.

Die Definition von „sparsam" lautet, dass eine Ressource[57] möglichst lange reicht. Dadurch wird dem Stiftungsvorstand per Gesetz die Verpflichtung zur Kostenkontrolle vorgeschrieben, denn um sparsam zu sein, ist die bloße Verwaltung des Stiftungsvermögens nicht ausreichend. Der Stiftungsvorstand darf nicht zu einem reinen Verwaltungsorgan werden, denn zur Erfüllung der meisten Stiftungszwecke iZm einer langfristigen Ressourcennutzung wird eine strategische Ausrichtung erforderlich sein.[58]

Neben der Ertragssteigerung, deren Möglichkeit durch die Stiftungserklärung oft eingeschränkt ist,[59] sind die Kosten der Privatstiftung zu planen. Zur Minimierung der Aufwendungen sollte jeder Stiftungsvorstand ein Kostencontrolling[60] implementieren, mit dem die Informationsbeschaffung bzgl möglicher kommender Aufwendungen, deren Planung zwecks Minimierung und die laufende Kontrolle geregelt wird. Neben den Verwaltungskosten[61] vermindern bei einer Privatstiftung besonders die Steuern das Stif-

---

[55] Gemäß § 25 Abs 1 GmbHG sind die Geschäftsführer der Gesellschaft gegenüber verpflichtet, bei ihrer Geschäftsführung die Sorgfalt eines ordentlichen Geschäftsmannes anzuwenden.

[56] Nach hM kommt der explizit erwähnten Sparsamkeit keine über den Sorgfaltsmaßstab hinausgehende Bedeutung zu. Siehe u.a. *Arnold*, PSG-Kommentar², 294. *Karollus* misst der „gesetzlichen Hervorhebung der Sparsamkeit" jedoch mehr Bedeutung zu. „Die Stiftung hat – anders als eine Gesellschaft – keine Eigentümer, die eine Kontrolle über die Tätigkeit der Verwaltungsorgane ausüben und in diesem Rahmen uU auch auf mehr Sparsamkeit dringen und umgekehrt auch durch ihre Zustimmung erhöhte Aufwendungen legitimieren könnten." (*Karollus*, Gläubigerschutz bei der Privatstiftung, in *Gassner/Göth/Gröhs/Lang* [Hrsg], Privatstiftung – Gestaltungsmöglichkeiten in der Praxis, 50). Dieser Ansicht folgt auch *Unterköfler*, Der Stiftungsvorstand als „Manager" – Manager als Stiftungsvorstände?, in *Eiselsberg*, Stiftungsrecht JB 2010, 321.

[57] Unter Ressource ist bei der Privatstiftung das Stiftungsvermögen, mit dem der Stiftungszweck erfüllt werden soll, zu verstehen.

[58] Die Forderung eines Controlling für Privatstiftungen wird zB im Wirtschaftsblatt vom 25.10.2007 ausgesprochen.

[59] In rd 64 % der Stiftungen befinden sich Unternehmensbeteiligungen und die meisten Stiftungserklärungen normieren als einen Stiftungszweck die Unterstützung dieser Unternehmen. Der Stiftungsvorstand kann daher durch die Bindung an die Stiftungserklärung die Beteiligung nicht gewinnbringend veräußern und den Erlös ertragsreicher veranlagen. Vgl Facts & Figures des Verbandes Österreichischer Privatstiftungen (http://www.stiftungsverband.at/uploads/media/Privatstiftungen_Oesterreich_Factsheet_01.pdf).

[60] *Von Känel* folgend, stellt Kostencontrolling eine aktive Kostenbeeinflussung dar. „Gegenstand des Kostencontrolling ist somit nicht die ursächliche Erfassung von Kosten- und Leistungsdaten im Betriebsprozess eines Unternehmens, sondern deren systematische Aufbereitung und aktive Nutzung im Rahmen eines aktiven Kostenmanagements ... sowohl in strategischer wie in operativer Hinsicht". (*Von Känel*, Kostenrechnung und Controlling, 429).

[61] Wenn Funktionen in der Privatstiftung nicht ehrenamtlich ausgeübt werden, fallen zumindest Kosten für Buchhaltung/Bilanzierung/Steuererklärung, für die Stiftungsprüfung und für den Stiftungsvorstand an. Vgl *Limberg/Tschugguel*, Privatstiftung, 14.

tungsvermögen.⁶² Im Sinne der Kostenminimierung zeigt sich bereits der „gesetzlich vorgeschriebene" Bedarf an einem Steuercontrolling, um diesen wesentlichen Kostenfaktor⁶³ unter Kontrolle zu haben.

2.1.2. Kontrollsysteme aufgrund gesetzlicher Bestimmungen

Die externe Kontrolle des Stiftungsvorstandes kommt dem Stiftungsprüfer (und eventuell einem Aufsichtsrat) zu. Im Zusammenhang mit dem Steuercontrolling wird nicht die externe Kontrolle behandelt, sondern die internen Kontrollen in der Privatstiftung.

Trotz des „kleinen" Verwaltungsapparates einer Privatstiftung ist ein internes Kontrollsystem (IKS) notwendig.⁶⁴ Die Stiftungsvorstände haften für Entscheidungen der anderen Stiftungsvorstandsmitglieder mit, selbst wenn diese einzelzeichnungsberechtigt wären, da ihnen zumindest eine Kontrollfunktion zukommt. In der Praxis finden sich idR keine schriftlich festgelegten Vorschriften und Ablaufdokumentationen, diese sollten aber in Hinblick auf eine mögliche Haftung niedergeschrieben werden.

Gemäß § 17 PSG kann der Stiftungsvorstand einzelne Mitglieder des Stiftungsvorstandes zur Vornahme bestimmter Geschäfte oder bestimmter Arten von Geschäften ermächtigen. Die Planung, Strategieentwicklung und Kontrolle haben aber alle Stiftungsvorstände mitzubestimmen. Schwierig ist für Stiftungsvorstände, die nicht im steuerlichen Bereich tätig sind, sicherlich das Durchblicken der steuerlichen Sonderbestimmungen der Privatstiftung. Das Steuercontrolling hat daher für den Stiftungsvorstand die Aufgabe der Informationsbeschaffung und vor allem der Informationsaufbereitung.⁶⁵

2.1.3. Vorgaben in der Stiftungserklärung

Neben den gesetzlichen Bestimmungen werden in den meisten Stiftungserklärungen Vorgaben zwecks Verwaltung, Zuwendungspolitik u.a. an den Stiftungsvorstand festgelegt.⁶⁶ So gibt es Stiftungserklärungen, die das Erwirtschaften eines maximalen Ertrages vorschreiben oder die Förderung von Beteiligungen der Stiftung.

---

[62] *Lexa* leitet aus dem Ziel der Einkommens-, Vermögens- und Wohlstandsmaximierung eine primäre Minimierung der steuerpflichtigen Einkünfte ab. Vgl *Lexa*, Steuercontrolling, in *Bertl/Mandl*, Rechnungswesen und Controlling, FS Egger, 639.

[63] Vgl *Zöchling/Matzka*, Tax Planning: Ziele und Ablauf, in *Zöchling* (Hrsg), Tax Controlling in der Praxis, 27.

[64] Das Interne Kontrollsystem ist vom Stiftungsprüfer mitzuprüfen und auf die Ausgestaltung hin zu beurteilen. ME hat diese Überprüfung und Beurteilung vom Stiftungsprüfer nicht alleine rechnungslegungsbezogen zu erfolgen, sondern aufgrund der Organstellung auch hinsichtlich der Einhaltung der Bestimmungen der Stiftungsurkunde.

[65] Ein Auslagern von Funktionen an externe Berater oder Banken aufgrund mangelnden Spezialwissens entbindet den Stiftungsvorstand nicht von der Überwachung. Die Überwachung der beigezogenen Experten verlangen auch *Steiner/Wasserer* am Beispiel der Auslagerung an Vermögensverwalter. Siehe *Steiner/Wasserer*, Die Finanzmarktkrise und ihre Auswirkungen auf die Vermögensverwaltung der Privatstiftung, in *Eiselsberg*, Stiftungsrecht JB 2009, 133 und weiters *Fischer*, Die Organisationsstruktur der Privatstiftung, 41.

[66] Diese können direkt in der Stiftungserklärung oder mit einem Verweis auf ein anderes Dokument normiert sein.

Da Entscheidungen über das Stiftungsvermögen idR steuerliche Auswirkungen nach sich ziehen, sind diese vom Stiftungsvorstand zu berücksichtigen und im Sinne der Stiftung zu optimieren.[67]

2.2. Ablaufplan eines Steuercontrolling in einer Privatstiftung

Da eine Privatstiftung eine gewisse Langlebigkeit haben soll, ist auch im Bereich des Steuercontrolling einer Privatstiftung zuerst eine Steuerstrategie in Abstimmung mit dem Stiftungszweck und dem Kostencontrolling festzulegen und diese dann für die mittel- und kurzfristige Planung herunterzubrechen.

2.2.1. Langfristiges Steuercontrolling

Im Rahmen der Steuerstrategiefindung[68] muss der Stiftungsvorstand zuerst unter Beachtung des Stiftungszwecks (Ziel der Privatstiftung)[69] die steuerlichen Chancen und Risiken[70] erkennen und deren Relevanz beurteilen. Die notwendigen Informationen bieten in diesem Bereich durch das vielfach in der Öffentlichkeit vorhandene „Feindbild" der reichen Privatstiftungen einen hohen Unsicherheitsfaktor. Mit einer Veränderung der steuerlichen Vorschriften ist immer zu rechnen.[71] Die Forderung an den Gesetzgeber zur Schaffung einer konstanten und dauerhaften Rechtssicherheit[72] – sowohl im Bereich des Privatstiftungsgesetzes als auch im steuerlichen Bereich – wird aufgrund politischer Motivationen ein Wunschgedanke bleiben.[73]

Die Strategieüberlegungen beginnen bereits bei der Errichtung der Privatstiftung.[74] Durch den Wegfall der Erbschafts- und Schenkungssteuer und die Einführung der Stif-

---

[67] Die Besteuerung hat Einfluss auf alle Bereiche eines Unternehmens bzw einer Privatstiftung. Dabei sollte die Steuerbelastung immer optimiert und nicht nur minimiert werden, um die Balance mit den anderen nicht steuerlichen Zielen halten zu können. Vgl *Zimmermann*, Steuercontrolling – Beziehungen zwischen Steuern und Controlling, 154f.

[68] Eine Strategie, die nicht eindeutig festgelegt wurde, kann nicht sinnvoll überwacht werden.

[69] Das Unternehmensziel als systembildende Komponente des Steuercontrolling sieht auch *Ludenia*, Analyse entscheidungsrelevanter Risiken im Besteuerungsprozess, 309f.

[70] Auch *Zöchling/Matzka* sehen in der strategischen Standortbestimmung den Ausgangspunkt für das Tax Planning (vgl *Zöchling/Matzka*, Tax Planning: Ziele und Ablauf, in *Zöchling* [Hrsg], Tax Controlling in der Praxis, 27).

[71] Der § 13 KStG wurde seit seiner Einführung 1996 bereits über fünfzehnmal verändert. Auf Steuerrechtsänderungen kann sich die langfristige Steuerplanung nicht einrichten, da diese unvorhersehbar eintreten, aber in der Steuerstrategie sollte bereits die Reaktion darauf festgelegt sein. Zur Erlangung von Dispositionssicherheiten siehe auch *Rose*, Steuerrechtssprünge und Betriebswirtschaftliche Steuerplanung, Erstveröffentlichung in FS Wöhe, 291ff, in *Rose*, Steuerberatung und Wissenschaften – Aufsätze aus vier Jahrzehnten, Steuerberatung und Wissenschaft – Aufsätze aus vier Jahrzehnten, 262ff.

[72] Siehe besonders *Hey*, Steuerplanungssicherheit als Rechtsproblem.

[73] Zur Ungewissheit einer Veränderung in der Stiftungsbesteuerung meinte *König* in ihrem Fachbeitrag 2008, dass eine Voraussage unseriös wäre. Siehe *König*, Ausgewählte Themen zur Zwischenbesteuerung, in *Renner/Schlager/Schwarz* (Hrsg), Praxis der steuerlichen Gewinnermittlung, GS Köglberger, 375. Seit dem ist der § 13 KStG fünfmal geändert worden.

[74] Eine Mitinstitutionalisierung des Steuercontrolling ist bereits bei der Unternehmensgründung und somit im Fall der Privatstiftung beginnend mit den Errichtungsüberlegungen notwendig. Besonderheiten sind auch zu erkennen und zu beachten, wenn Stiftungen vom Stifter im Testament vorgesehen werden und dort die Stiftungsurkunden ausformuliert sind. Vgl *Schlager*, Aspekte des Steuercontrolling, in *Feldbauer-Durstmüller/Schwarz/Wimmer* (Hrsg), Handbuch Controlling und Consulting, FS Stiegler, 633.

tungseingangssteuer iHv 2,5 % des gesamten einzubringenden Vermögens (zuzüglich von 3,5 % für Zuwendungen von Immobilien) werden bei derzeitigen Errichtungsüberlegungen außersteuerliche Gründe, wie das Zusammenhalten des Vermögens, die Entscheidung des Stifters beeinflussen.[75] Dennoch haben sich der Stifter und dessen Berater Gedanken bezüglich des zukünftigen Einflusses der Steuern auf das gewidmete Vermögen zu machen.[76]

Ein Strategieprozess beinhaltet grundsätzlich fünf verschiedene Phasen, die je nach Größe und Komplexität[77] der Privatstiftung in unterschiedlichem Ausmaß und Detail durchlaufen werden.

1. Vorbereitungen

Wichtig ist die Festlegung von Zuständigkeiten und Verantwortung für den Ablauf und die Organisation des Strategieprozesses. Des Weiteren sollte geklärt werden, ob externe Berater oder ein vorhandener Beirat in den Prozess eingebunden werden sollen bzw sogar müssen. Die Strategiesetzung ist eine zentrale Führungsaufgabe des Stiftungsvorstandes. Da aber die Strategie nur erfolgreich sein kann, wenn sie in der Organisation gelebt wird, ist es wichtig, dass diese von allen Vorständen getragen und umgesetzt wird.[78]

2. Informationsbeschaffung und Analyse

Ohne Ziele ist kein vernünftiges Controlling möglich. Der Stiftungszweck nimmt dem Vorstand die Festlegung der Ziele ab, dennoch ist dieser ausgehend von einer umfassenden Informationsbeschaffung und einer sorgsamen Analyse der Daten festzustellen und die Verwirklichung in der Strategie festzulegen. Daran angepasst sind die gesetzlichen Steuervorschriften zu analysieren und zwecks Minimierung der Steuerbelastung in der Strategie zu berücksichtigen.

3. Entwicklung der Strategie

Auf Basis der Ergebnisse der Analysephase wird eine Strategie erarbeitet, um mit den zur Verfügung stehenden Ressourcen einen möglichst effizienten Einsatz zu erreichen. Bei der Steuerstrategie ist die Entscheidung zwischen einer konservativen oder einer aggressiven Steuerpolitik – beides jedoch im Rahmen der legalen Gesetzesanwendung – zu treffen und danach das steuerliche Risikomanagement auszurichten.[79] Damit verbunden

---

[75] Weitere außersteuerliche Entscheidungsgründe wären zB Vermeidung von Erbstreitigkeiten, den Begünstigten einen finanziellen Schutz zu verschaffen ua. Siehe auch *Moshammer,* Steueroptimale Kapitalveranlagung in der Privatstiftung, 19.

[76] Generell wird die Aufgabe nach dem Ableben des Stifters verantwortungsvoller, da keine Abstimmung mehr möglich ist. Vgl *Cerha,* 18 Jahre Privatstiftung: Erfahrungen und Ausblick, in *Cerha/Haunold/Huemer/Schuch/Wiedermann* (Hrsg), Stiftungsbesteuerung, 26.

[77] Eine reine Holdingfunktion bedarf einer anderen Planungsintensität wie zB einer Vermietungstätigkeit.

[78] Durch die kleine Organisationsstruktur – idR verfügt die Privatstiftung über keine Mitarbeiter – ist die Trägerschaft des Controlling von besonderer Bedeutung. Als Träger kann bei entsprechendem Fachwissen der Vorstand oder ein externer Berater (zB ein Steuerberater) fungieren, die Strategie ist aber jedenfalls vom Vorstand festzulegen.

[79] Das Tax Risk (steuerliches Risiko) definieren ua *Pratter/Eichenberger* als „Unsicherheit im Zusammenhang mit Steuern, welche zu negativen Effekten für das Steuersubjekt führen kann" (*Pratter/Eichenberger,* Tax Risk Management im Konzern – Von der Risikoidentifikation bis zum

ist die Festlegung der Aufgabenverteilung[80] durch die Aufstellung einer Ablauf- und Aufbauorganisation.[81]

4. Planung

Im Rahmen der Planung werden Steuerziele formuliert und messbar gemacht.[82] Wirkungen werden betrachtet und es erfolgt die Planung von konkreten Maßnahmen und Aktivitäten, die zum Erreichen dieser Ziele beitragen. Teil der Planung ist auch die Abstimmung und Abwägung der einzelnen Teilziele.[83] Notwendige organisatorische Veränderungen zur Umsetzung der Planung sind ebenfalls zu beachten.

5. Implementierung

Aspekte der Implementierung der Strategie sind deren ständige Kommunikation, die Verankerung in der Organisation und die Ausrichtung der begleitenden Prozesse. Die weitere Detaillierung und spätere Durchführung der geplanten Maßnahmen und Aktivitäten wird durch das mittelfristige und kurzfristige Steuercontrolling begleitet.[84]

Steuer-ERP-System, Der Schweizer Treuhänder, 376). Ähnlich definierte *Schlager* schon im Jahr 1979, in dem er ausführt, dass ein Steuerrechtsrisiko vorliegt, „wenn aufgrund unvollkommener Informationen die negativen Wirkungen des Steuerrechts auf unternehmerische Ziele entweder nicht erkannt werden oder ungewiß sind" (*Schlager*, Einfluss der Steuerrechtsprognose auf die Risikopolitik der Unternehmung, in *Heigl/Uecker* [Hrsg], Betriebswirtschaftslehre und Recht, 336). Die mögliche Risikobereitschaft ergibt sich einerseits aus der Risikofreudigkeit des Stiftungsvorstandes und andererseits aus den Vorgaben der Stiftungserklärung. Die Risikobereitschaft eines erfolgreichen, tüchtigen Unternehmers wird der Stiftungsvorstand durch die Einschränkungen der Stiftungserklärung und der gesetzlichen Bestimmungen nicht aufbringen können. Vgl *Cerha*, 18 Jahre Privatstiftung: Erfahrungen und Ausblick, in *Cerha/Haunold/Huemer/Schuch/Wiedermann* (Hrsg), Stiftungsbesteuerung, 24f.

[80] Um spätere Diskussionen, aber auch Haftungen zu vermeiden, sollte eine Niederschrift über die Strategie erfolgen, in der ebenfalls festgelegt wird, wer für die Informationsbeschaffung und die Adaptierung der Steuerplanung verantwortlich ist und wie die Koordination mit allen Vorstandsmitgliedern ablaufen soll.

[81] Bei der Aufbauorganisation geht es um die Festlegung des Informationsaustausches und -flusses zwischen den Einheiten (Stiftungsvorstände, externe Berater, ...). Die Regelung der Arbeitsabläufe kommt dann aus der Ablauforganisation. Siehe *Löffler/Pichler*, Theoretische Organisations- und Managementformen und deren Bedeutung für das Interne Kontrollsystem, in *Löffler/Ahammer/Kerschbaumer/Nayer*(Hrsg), Handbuch zum Internen Kontrollsystem², 435f.

[82] Die Messbarkeit von Steuerzahlungen ist hinsichtlich der fixen Steuersätze bei der Privatstiftung (keine Progression) unter Anwendung auf die Bemessungsgrundlage gegeben. Zu berücksichtigen sind bei der Planung die Veränderungsmöglichkeiten in der Bemessungsgrundlage und die unterschiedlichen Steuersätze auf die diversen Einkunftsquellen der Privatstiftung.

[83] Als Beispiel sei – wie in manchen Stiftungserklärungen normiert – der Stiftungszweck, der sowohl die Unterstützung der Begünstigten als auch die Förderung der Unternehmensbeteiligungen der Privatstiftung vorsieht, genannt. Abzuwägen ist in diesem Fall, ob die Mittel der Stiftung an die Begünstigten zugewendet werden oder vorerst zur längerfristigen Erhöhung des Stiftungsvermögens den Unternehmensbeteiligungen zur Verfügung gestellt werden sollen.

[84] Das Herunterbrechen auf den operativen Bereich hat in der Implementierung der Strategie zu erfolgen. Vgl *Pratter/Eichenberger*, Tax Risk Management im Konzern – Von der Risikoidentifikation bis zum Steuer-ERP-System, Der Schweizer Treuhänder, 377.

2.2.2. Mittelfristiges Steuercontrolling

Wie die letzten Gesetzesänderungen gezeigt haben, werden Gesetzesentwürfe teilweise nach einer „pro forma"[85] Begutachtungsachtungsphase (aus politischen Gründen) im Eiltempo durch den Gesetzwerdungsprozess gepeitscht. Mit den zum Teil kurzen Übergangsfristen hat der Informationsbeschaffungsprozess schon mit der Regierungsvorlage zu beginnen. Um auf die Übergangsfristen reagieren zu können, muss in der Steuerstrategie bereits der Ablauf definiert worden sein.

Als aktuelles Beispiel kann das 1. Stabilitätsgesetz 2012 angeführt werden, bei dem die Regierungsvorlage am 6.3.2012 im Nationalrat eingelangt und am 30.3.2012 die Beschlussfassung im Bundesrat erfolgt ist. Mit der Inkrafttretensbestimmung des § 26c Z 34 KStG sind Grundstücksveräußerungen in der Privatstiftung ab 1.4.2012 der Zwischenbesteuerung mit 25 % gem § 22 Abs 2 KStG zu unterwerfen. Da zwischen Regierungsvorlage und Inkrafttreten der Bestimmung nicht einmal ein Monat zum Analysieren lag, konnte nur mittels eines funktionierenden Steuercontrolling die Steuerplanung angepasst werden. Um dies zeitgerecht bewerkstelligen zu können, müssen die Bereiche Informationsbeschaffung/-analyse, Anpassung der Planung und die Koordination der notwendigen Schritte im Vorfeld festgelegt sein.[86, 87]

Neben den steuerlichen Änderungen sind die Zuwendungen als Stiftungszweckerfüllung mit den Einkünften und den daraus resultierenden Steuerbelastungen mittelfristig zu planen. Besteht kurzfristig kein Bedarf an Zuwendungen an die Begünstigten, dann sollte – soweit dies die Stiftungserklärung zulässt – in Einkunftsquellen investiert werden, die nicht der Zwischensteuer gem § 22 Abs 2 KStG unterliegen, da die Zwischensteuer erst mit der Kapitalertragsteuer aus der Zuwendung verrechnet werden kann.[88]

2.2.3. Kurzfristiges Steuercontrolling

Im Bereich des kurzfristigen Steuererklärungscontrolling[89] mit den verbundenen steuerlichen Aspekten der Vorauszahlungen[90] und der Anspruchszinsen können die Liquidi-

---

[85] Bei Betrachtung der letzten Regierungsvorlagen und den dazu abgegebenen Stellungnahmen der diversen Kammern iZm mit den fast zeitgleichen Gesetzesentwurfsvorlagen an das Parlament kann ein außenstehender Beobachter zu dem Schluss kommen, dass die abgegebenen Stellungnahmen eventuell nicht vollständig gewürdigt worden sind.
[86] Siehe Punkt 3.4. zu den Grundstücksveräußerungen.
[87] Wenn die Informationsbeschaffung/-analyse einem externen (Steuer-)Berater zugewiesen wurde, hat die Weiterleitung an den Vorstand koordiniert zu sein, damit dieser „fristwahrend" die notwendigen Entscheidungen treffen kann. Durch den Koordinationbedarf bei mindestens drei Stiftungsvorständen, die oft nicht am selben Ort tätig sind, wodurch wohl idR nicht beim Informationsaustausch, der heute oftmals durch Telefonkonferenz erfolgt, die Schwierigkeit liegt, sondern in der rechtzeitigen Erlangung von Originalunterschriften, muss eine ehestmögliche Informationsweitergabe angestrebt werden.
[88] Siehe Beispiel 3.2.
[89] Neben der Wahl des Abgabezeitpunktes einer Steuererklärung stellt diese einen wichtigen Teil der Steuercompliance dar. Mit der Abgabe einer Steuererklärung wird idR das Besteuerungsverfahren erst eingeleitet. Es werden die Bemessungsgrundlagen für die Steuern vorgelegt. Vgl *Kamp*, Steuercontrolling im internationalen Konzern – Aufbau eines Steuerinformationssystems, 22ff.
[90] Normalerweise ist der Ablauf des Steuervollzuges einem geringeren Wandel als die Steuerbemessung ausgesetzt. *Lexa* sieht bei Änderungen in diesem Bereich die Gefahr des Durcheinanderbringens der Steuerplanung, vgl *Lexa*, Steuercontrolling, in *Bertl/Mandl*, Rechnungswesen und Con-

tätsflüsse und damit die Verlängerung der Nutzungsmöglichkeit als Vermögen der Privatstiftung im mittelfristigen Bereich optimal gesteuert werden. Dabei darf die Planung aber nicht erst bei der Steuererklärung erfolgen, sondern muss spätestens vor dem Ende des jeweiligen Geschäftsjahres einsetzen, um Gestaltungsalternativen vom Sachverhalt her zu ermöglichen.[91]

Die Abwicklung der laufenden Steuerfristen, wie zB der Umsatzsteuervoranmeldungen bei einer umsatzsteuerpflichtigen Vermietungstätigkeit, sind ebenfalls terminlich zu koordinieren. Aber auch die aperiodischen Fristen, zB Kapitalertragsteuermeldung und -zahlung bei den Zuwendungen,[92] müssen gewahrt und daher einem Verantwortlichen zugeordnet werden.

3. Beispiele zum Steuercontrolling bei der Privatstiftung

Aufgrund ausgewählter Gesetzesänderungen im Bereich der Besteuerung einer Privatstiftung wird die Notwendigkeit laufender Informationsbeschaffung und deren Analyse in Verbindung mit deren Umsetzung dargestellt.[93] Diese Beispiele zeigen den Bedarf an einem Steuercontrollingkonzept in einer Privatstiftung auf.

3.1. Verdoppelung der Erbschaft- und Schenkungsteuer für Widmungen an Privatstiftungen

Mit dem Budgetbegleitgesetz 2001[94] wurde für Zuwendungen nach dem 31.12.2000 der Steuersatz von 2,5 % auf 5 % angehoben. Wenn bei der Überlegung zur Errichtung einer Privatstiftung kein Steuercontrolling mit der entsprechenden Informationsbeschaffung stattgefunden hat, wäre die Errichtung der Privatstiftung statt im Jahr 2000 im Jahr 2001 doppelt so teuer geworden.

Mit dieser damaligen Gesetzesänderung kann die Notwendigkeit der Einbindung eines Steuercontrollingkonzeptes bereits in die ersten Überlegungen anschaulich dargestellt werden. Die Überlegung der Errichtung einer Privatstiftung ist aufgrund der Lang-

---

trolling, FS Egger, 645. Im Zuge der Erhöhung der Zwischenbesteuerung von 12,5 % auf 25 % ist dies bei Privatstiftungen eingetreten, denn die Finanzämter wurden per Gesetz (§ 24 Abs 3 Z 3 KStG) verpflichtet, die Vorauszahlungen für Privatstiftungen für das Kalenderjahr 2011 aufgrund der Anhebung der Zwischensteuer bis zum 30.9.2011 anzupassen.

[91] In die Planung sind zB anstehende Zuwendungen einzubinden, da eine Zuwendung im Dezember die Zwischensteuer des aktuellen Geschäftsjahres vermindert und eine Zuwendung im Jänner des Folgejahres erst mit der Jahreserklärung des folgenden Geschäftsjahres bei der Zwischensteuer berücksichtigt werden kann.

[92] Die KESt-Anmeldung und -zahlung hat innerhalb von sieben Tagen nach der Zuwendung zu erfolgen.

[93] Hiermit wird auch aufgezeigt, dass sich eine laufende Informierung im Steuerrecht empfiehlt. Roses „Dummensteuer"-Theorem sei erwähnt, das *Tipke* wie folgt zusammenfasst: *„ ... unser Steuerrecht erwarte vom Bürger geistige Anstrengungen, um die günstigste Planung und Gestaltung herauszufinden. Andernfalls werde der Bürger mit der Zahlung einer zusätzlichen ‚Dummensteuer', mit ‚staatlichen Abgaben für Denkfaulheit' belegt"* (*Tipke*, Zu Gerd Roses Bemühen um mehr Steuerplanungssicherheit – Ein Beitrag aus juristischer Sicht, in *Herzig* [Hrsg], Betriebswirtschaftliche Steuerlehre und Steuerberatung, FS Rose, 95).

[94] BGBl I 2001/142.

fristigkeit und der idR eingeschränkten Änderungsmöglichkeit iVm der Aufgabe des persönlichen Zugriffs keine Entscheidung, die kurzfristig getroffen wird. Über den gesamten Planungsprozess der Gründung sollten mittels Steuercontrolling permanent entscheidungsrelevante Informationen gesammelt und für den Entscheidungsprozess aufbereitet werden. Die Informationsanalyse der damaligen Steuersatzverdoppelung betreffend den Zuwendungen hätten in den Planungszeitrahmen einfließen und diesen nach der vorgenommenen Adaptierung verkürzen müssen.[95] Der unverhältnismäßige Anstieg an neuerrichteten Privatstiftungen im Jahr 2000[96] legt den Schluss nahe, dass die Erhöhung des Zuwendungssteuersatzes mit 1.1.2001 die Entscheidung zur Errichtung beschleunigt hatte und dies dem Bereich des Steuercontrolling zugerechnet werden kann. Hinzuweisen ist, dass die Änderung des gesamten steuerlichen Entscheidungsfeldes, in dem der Steuerpflichtige steht, gesichtet werden muss.

3.2. Einführung der Zwischensteuer iHv 12,5 % und Erhöhung auf 25 %

Ein einschneidender Schnitt in der Besteuerung der Privatstiftungen war die Einführung der Zwischensteuer durch das Budgetbegleitgesetz 2001[97] in Höhe von 12,5 % ab der Veranlagung 2001.[98] Als „Quasi"-Vorauszahlung[99] waren ab diesem Zeitpunkt für die in § 13 Abs 3 und Abs 4 KStG genannten Einkünfte die 12,5 %-Zwischensteuer als Vorauszahlung für zukünftige Zuwendungen in Abzug zu bringen.[100] Eine zusätzliche Verschlechterung für die Privatstiftungen brachte das Budgetbegleitgesetz 2011,[101] mit welchem der Zwischensteuersatz ab der Veranlagung 2011 auf 25 % verdoppelt wurde. Die Privatstiftung ist gem § 24 Abs 5 Z 5 KStG zur Führung eines Evidenzkontos betreffend der Zwischensteuer verpflichtet.

Die Einführung der Zwischensteuer und der damit verbundene „Abfluss" von Kapital sind in der Anpassung der Steuerplanung der Privatstiftung zu berücksichtigen (gewesen). Der entstandene Unterschied zwischen Dividendenerträgen und den durch die zwei Budgetbegleitgesetze (2000 und 2010) „schlechtergestellten" Bankzinserträgen unter zusätzlicher Betrachtung von Zinserträgen aus Privatdarlehen[102] stellt sich wie folgt dar:

---

[95] In der Literatur wurden damals auch Überlegungen zu einem Vorziehen von Zuwendungen vor den 31.12.2000 vorgeschlagen. Siehe ua *Gassner/Lang,* Die geplante Änderung in der Stiftungsbesteuerung, in *Gassner/Göth/Gröhs/Lang* (Hrsg), Privatstiftung – Gestaltungsmöglichkeiten in der Praxis, 365.
[96] Während lt der Zusammenstellung des Verbandes Österreichischer Privatstiftungen die Stiftungserrichtung in den Jahren 1993 bis 1999 ihren Spitzenwert im Jahr 1999 mit 289 neuen Privatstiftungen hatte, stieg die Anzahl der Neuerrichtungen im Jahr 2000 auf 804 an und kam in den Folgejahren bis 2011 nicht mehr über 182 Neuerrichtungen in einem Jahr (im Jahr 2007) hinaus.
[97] BGBl I 12000/42.
[98] Das Budgetbegleitgesetz 2001 wurde am 29.12.2000 im Bundesgesetzblatt veröffentlicht.
[99] Durch diese Vorwegnahme der Zuwendungsbesteuerung wurde der Steuerstundungseffekt zuerst abgeschwächt und jetzt gänzlich aufgehoben. Vgl *Lechner,* Stiftungsbesteuerung nach dem BBG 2011 und dem AbgÄG 2011, in *Seicht* (Hrsg), Jahrbuch für Controlling und Rechnungswesen 2012, 405.
[100] Siehe auch *König,* Ausgewählte Themen zur Zwischenbesteuerung, in *Renner/Schlager/Schwarz* (Hrsg), Praxis der steuerlichen Gewinnermittlung, GS Köglberger, 364.
[101] BGBl I 2010/111.
[102] Zinserträge aus Privatdarlehen sind bei Zufluss bei der Privatstiftung mit dem Körperschaftsteuertarif von 25 % zu versteuern. Diese Körperschaftsteuer kann nicht wie die Zwischensteuer auf zukünftige Kapitalertragsteuern aus Zuwendungen angerechnet werden. Siehe *Marschner,* Die Optimierung der Familienstiftung, 229.

Steuercontrolling in der Privatstiftung

Privatstiftung – Besteuerung gem § 13 KStG

Zur Vereinfachung wird ein einmaliger Betrag von EUR 1.000.000,00 auf 3 Jahre unter einer angenommenen Verzinsung von 2 % (endfällig) angelegt und der Ertrag nach den 3 Jahren zugewendet. (Der Barwert wird außer Acht gelassen.)

		Aktien (Dividende)		
Jahr		Anlagefähiger Betrag (Beginn des Jahres)	Ertrag aus Anlage	Steuer auf Dividendenertrag (0 %)
	1	1.000.000,00	20.000,00	0,00
	2	1.020.000,00	20.400,00	0,00
	3	1.040.400,00	20.808,00	0,00
	4	1.061.208,00		

Zuwendungsfähiger Betrag	61.208,00
abzgl KESt von 25 %	–15.302,00
anrechenbare ZwSt	0,00
Zufluss bei Begünstigten	**45.906,00**

		Bankzinsen		
Jahr		Anlagefähiger Betrag (Beginn des Jahres)	Ertrag aus Anlage	Steuer auf Zinsertrag (ZwSt 25 %)
	1	1.000.000,00	20.000,00	5.000,00
	2	1.015.000,00	20.300,00	5.075,00
	3	1.030.225,00	20.604,50	5.151,13
	4	1.045.678,38		

Zuwendungsfähiger Betrag	45.678,38
abzgl KESt von 25 %	–11.419,59
anrechenbare ZwSt	11.419,59
Zufluss bei Begünstigten	**45.678,38**

Jahr	Privatdarlehen		
	Anlagefähiger Betrag (Beginn des Jahres)	Ertrag aus Anlage	Steuer auf Zinsertrag (KöSt 25 %)
1	1.000.000,00	20.000,00	5.000,00
2	1.015.000,00	20.300,00	5.075,00
3	1.030.225,00	20.604,50	5.151,13
4	1.045.678,38		

Zuwendungsfähiger Betrag	45.678,38
abzgl KESt von 25 %	−11.419,59
anrechenbare ZwSt	0,00
Zufluss bei Begünstigten	**34.258,78**

Trotz der kurzen Veranlagungsdauer ist das Auseinanderfallen der zuwendbaren Erträge bereits ersichtlich. Wird die Veranlagungsdauer von drei auf fünfzig Jahre erhöht, stehen ohne Berücksichtigung des Barwertes[103] rd TEUR 109 mehr Zuwendungsvermögen bei der Veranlagung in Aktien (Dividenden) als aus der Veranlagung aus Bankzinsen zur Verfügung. Die Hingabe eines Privatdarlehens ist aus steuerlicher Sicht nicht zu empfehlen.[104, 105]

Da ein vereinheitlichtes Lösungsschema im Bereich der Steuern idR nicht möglich ist und bei Privatstiftungen durch die unterschiedlichen Stiftungszwecke und Vorgaben in den Stiftungserklärungen zusätzlich erschwert wird, kommt dem Steuercontrolling die Aufgabe zu, in die Verwaltungs- und Zuwendungsstrategie der Stiftung die Steueroptimierung zu integrieren. Je später in der Zukunft Zuwendungen an die Begünstigten geplant sind,[106] umso verstärkter sollte in steuerfreie Ertragsquellen veranlagt werden. Da-

---

[103] Der Barwert würde eine zusätzliche Verschiebung zugunsten der Veranlagung in Aktien (Dividenden) bewirken.

[104] Ebenso kommt *Moshammer* zu dem Ergebnis, dass bei zwischensteuerpflichtigen Kapitalerträgen (bei gleichen Prämissen) sich kein betragsmäßig höherer Vorteil ergeben kann, als bei Dividendenerträgen, die „auf Ebene der Privatstiftung bis zur Zuwendung an den Begünstigten keiner Besteuerung unterliegen." Siehe *Moshammer*, Steueroptimale Kapitalveranlagung in der Privatstiftung, 86.

[105] Anstatt eines Privatdarlehens und der damit verbundenen höheren Steuerbelastung könnte das Vermögen bei einer Bank angelegt werden und mittels Bürgschaft durch die Privatstiftung von Seiten der Bank ein Kredit statt dem Privatdarlehen mit günstigeren Zinskonditionen – wie ohne die Bürgschaft – vergeben werden. Zu beachten wäre in diesem Fall, dass eine unentgeltliche Bürgschaft als Avalprovision angesehen werden könnte, besonders wenn die Kreditaufnahme erst durch die Besicherung durch die Privatstiftung möglich würde. Erfolgt in diesem Fall keine Abgeltung für die Absicherung, dann wäre die nicht zu bezahlende Avalprovision (idR 1 %) als Zuwendung anzusehen und in Folge mit 25 % Kapitalertragsteuer zu belasten. Zusätzlich müsste überprüft werden, ob der „Begünstigte" in der Begünstigtenmeldung erfasst wurde. Vgl *Marschner*, VwGH: Bürgschaft der Privatstiftung unterliegt der Zuwendungsbesteuerung, 82ff.

[106] Bei Privatstiftungen, bei denen die Stifter noch leben, kommt es idR zur Ansammlung des Vermögens in der Privatstiftung.

bei darf ein etwaiges höheres Risiko aus der Ertragsquelle nicht außer Acht gelassen werden.[107] Die steuerlichen Optimierungsmöglichkeiten sind mit dem Stiftungszweck genau abzustimmen.

3.3. Verschärfung der Offenlegungsverpflichtung

Aufgrund der gesetzlichen Spezialvorschriften für eine Privatstiftung gem PSG ist in die steuerliche Informationsbeschaffung und am besten in das komplette Steuercontrolling ein Steuerexperte einzubinden. In der Gesetzesentwicklung war früher die Offenlegung der Stiftungserklärung[108] an das Finanzamt – und zwar der Stiftungsurkunde und der -zusatzurkunde – „einzig" für die Inanspruchnahme der steuerlichen Begünstigungen des § 13 KStG erforderlich.[109]

Das Stiftungseingangssteuergesetz[110] verlangt im § 2 StiftEG für Zuwendungen an Privatstiftungen nach dem 31.7.2008 die Übermittlung sämtlicher Dokumente, die die innere Organisation, Vermögensverwaltung und -verwendung der Stiftung betreffen (wie insbesondere Stiftungsurkunde und -zusatzurkunde),[111] um in den Genuss der verminderten Stiftungseingangssteuer iHv 2,5 % zu kommen. Ansonsten würde die Steuer auf die Zuwendungen 25 % betragen.[112]

Mit dem Abgabenänderungsgesetz 2010[113] hat die Nicht-Vorlage der Stiftungserklärung an das Finanzamt neben dem Verlust der Vorschriften des § 13 KStG zusätzlich eine Meldung seitens des Finanzamtes an die Geldwäschemeldestelle des Bundeskriminalamtes zur Folge.[114]

Hinzu kommt noch die Begünstigtenmeldeverpflichtung gem § 5 PSG, die eine Meldung der Begünstigten an das für die Privatstiftung zuständige Finanzamt verlangt.[115]

---

[107] Keine steuerschonende Umschichtung sollte erfolgen, wenn Riskoabwägungen für eine andere Veranlagung sprechen. Siehe *Gassner/Lang,* Die geplante Änderung in der Stiftungsbesteuerung, in *Gassner/Göth/Gröhs/Lang* (Hrsg), Privatstiftung – Gestaltungsmöglichkeiten in der Praxis, 367.
[108] Die Offenlegung der jeweils gültigen Fassung der Stiftungserklärung ist notwendig.
[109] BGBl 1996/201.
[110] BGBl I 2008/85 (Schenkungsmeldegesetz 2008).
[111] Auf die Unbestimmtheit der Begriffe und die weite Fassung im Vergleich zum § 13 KStG weisen *Burgstaller/Huemer* hin. Siehe *Burgstaller/Huemer,* Das Stiftungseingangssteuergesetz (StiftEG), in *Cerha/Haunold/Huemer/Schuch/Wiedermann* (Hrsg), Stiftungsbesteuerung, 42ff.
[112] Die Stiftungseingangssteuerpflicht ist ebenfalls für spätere Nachstiftungen und Zustiftungen und somit nicht nur bei der Errichtung der Privatstiftung zu berücksichtigen. Siehe ua *Lechner,* Stiftungsbesteuerung nach dem BBG 2011 und dem AbgÄG 2011, in *Seicht* (Hrsg), Jahrbuch für Controlling und Rechnungswesen 2012, 400.
[113] BGBl I 2010/34 (ab 1.7.2010).
[114] Die Wahlmöglichkeit hin zur Besteuerung als Kapitalgesellschaft nach § 7 Abs 3 KStG ist dadurch weggefallen, außer die Geldwäschemeldung des Finanzamtes wird in Kauf genommen. Vgl *Marschner,* Die Optimierung der Familienstiftung, 208f.
[115] Die Unterlassung der Meldung gem § 5 PSG wird als Verwaltungsübertretung mit einer Geldstrafe von bis zu EUR 20.000,00 je verschwiegenem oder nicht vollständig mitgeteiltem Begünstigten geahndet. Die aktualisierte Information des BMF wurde erst kurz vor Ablauf der Frist veröffentlicht (GZ BMF-010216/0023-VI/6/2011 vom 21.06.2011). Begünstigte, die bis zum 31.3.2011 bereits vorhanden waren, mussten bis zum 30.6.2011 nachgenannt werden. Zur Problematik der Begünstigtenmeldung und der Stafbestimmung des § 42 PSG siehe auch *Puchinger/Marschner,* Altbegünstigte bis 30. Juni 2011 melden! – Die neue Meldeverpflichtung für Privatstiftungen, 3ff.

Im Steuercontrollingprozess ist eine Strategie zu entwickeln, um den Ablauf und die Verantwortlichkeit festzulegen. Bei Übernahme dieser Offenlegungsverpflichtungen in Form eines Selbstcontrolling[116] durch den Stiftungsvorstand hat eine Kontrollkomponente über das IKS, von dem ein Teilsegment die Kontrollfunktion des Steuercontrolling ist, implementiert zu werden. Zu beachten sind die unterschiedlichen Fristen. Während die Offenlegungsfrist gem Stiftungseingangssteuergesetz mit dem Zeitpunkt der Fälligkeit der Stiftungseingangssteuer besteht, kann hinsichtlich der Offenlegung gem § 13 Abs 6 KStG die Aufforderung durch das Finanzamt bezüglich der Geldwäschemeldung „abgewartet"[117] werden, wenn in Kauf genommen wird, die Anwendungsmöglichkeit des § 13 KStG zu verlieren.

Wenn ein externer Berater mit den Offenlegungsverpflichtungen beauftragt wird, ist dennoch eine Kontrollfunktion im IKS einzubauen. Weiters muss sichergestellt werden, dass die offenlegungspflichtige Information an den Verantwortlichen weitergegeben wird.[118] Der Koordinationsfunktion kommt im Fall der Offenlegung eine besondere Bedeutung zu.[119]

3.4. Grundstücksveräußerung

Bis zum Budgetbegleitgesetz 2011 waren Grundstücksveräußerungen dann mit der Körperschaftsteuer iHv 25 % belastet, wenn die Veräußerung ein Spekulationsgeschäft im Sinne des § 30 EStG war.[120] Durch das Budgetbegleitgesetz 2011 wurden Veräußerungen von Grundstücken ohne Spekulationstatbestand steuerpflichtig gestellt, wenn einer der Stifter oder Zustifter eine unter § 7 Abs 3 KStG fallende Körperschaft ist/war oder den Gewinn nach § 5 EStG ermittelt und unmittelbar oder mittelbar aus diesem Betriebsvermögen zuwendet. Die Inkrafttretensbestimmung sah die neue Rechtslage für nach dem 31.12.2010 zugewendete bzw für zum 31.12.2010 nach der alten Rechtslage noch steuerhängige Grundstücke der Privatstiftung vor.[121] Die Analyse und Anpassungsüberlegungen zu dieser strittigen Neuerung konnten also nur für einen kurzen Zeitraum im Einzelfall eine Steuerwirkung auslösen, da durch das 1. Stabilitätsgesetz 2012 diese Ge-

---

[116] Beim Selbstcontrolling muss bedacht werden, dass Spezialgesetze, zu denen sicherlich das PSG und der § 13 KStG zu zählen sind, ein Spezialwissen benötigen, um mit der Komplexität dieser Gesetze umgehen zu können. Vgl *Mayr*, Steuervereinfachung als Leitprinzip, in *Urnik/ Fritz-Schmied/Kanduth-Kristen* (Hrsg), Steuerwissenschaften und betriebliches Rechnungswesen, FS Kofler, 473 f. Ebenso erwähnt *Schlager* die Problemsicht des Fachmanns, die sich aus seiner laufenden Praxis mit der steuerlichen Materie ergibt. Siehe *Schlager*, Einfluss der Steuerrechtsprognose auf die Risikopolitik der Unternehmung, in *Heigl/Uecker* (Hrsg), Betriebswirtschaftslehre und Recht, 338.

[117] Die Meldung an die Geldwäschemeldestelle darf von Seiten des Finanzamtes erst nach vergeblicher Aufforderung – dann aber unverzüglich – durchgeführt werden.

[118] Eine Änderung in der Stiftungsurkunde/-zusatzurkunde muss den geplanten Meldeprozess auslösen, dh der Meldebeauftragte erhält die geänderte Stiftungserklärung zur Übermittlung an das Finanzamt, um der Verpflichtung der Offenlegung in der jeweils geltenden Fassung nachzukommen.

[119] Hier sei auf den Praxistipp von *Marschner* verwiesen: *„Die erfolgreiche Absendung der Meldung sollte durch Ausdruck des Übermittlungsnachweises dokumentiert werden. Im FinanzOnline sind in der Praxis schon Eingaben einfach ‚verschwunden'"* (Marschner, Die Optimierung der Familienstiftung, 215).

[120] Vgl *Sulz*, Immobilienveranlagungen durch Privatstiftungen, in *Eiselsberg*, Stiftungsrecht JB 2009, 357f.

[121] Siehe *Haider*, Neuerungen der Immobilienveräußerung durch Privatstiftungen, 251ff.

setzesstelle wieder gestrichen wurde und seit 1.4.2012 Grundstücksveräußerungen iVm § 30 EStG der Zwischenbesteuerung gem § 22 Abs 2 KStG unterliegen.

Wie unter Punkt 2.2.2. bereits ausgeführt, standen 2012 weniger als ein Monat zur Entscheidungsfindung zur Verfügung. Der Stiftungsvorstand hatte mit Unterstützung der Informationen aus dem Steuercontrolling zu entscheiden, ob angedachte Grundstücksveräußerungen nicht noch kurzfristig vor dem 1.4.2012 durchzuführen wären. Auch bei Gründstücken, deren „Anschaffung" vor dem 1.4.2002 lag, kommt es bei der Veräußerung nach dem 1.4.2012 zu einer Steuerbelastung von 3,5 %, die mit einer schnellen Reaktion hätte vermieden werden können. Der kurze Reaktionszeitraum verdeutlicht die Notwendigkeit der Beschaffung der aktuellsten Informationen und die permanente Koordination mit der Planungsstelle.

4. Schlussbemerkung

Durch Ermittlung der Stiftungstätigkeit und des Stiftungszwecks und regelmäßiger Analyse der aktuellen und erwarteten Rahmenbedingungen müssen Maßnahmen für eine effektive und effiziente Stiftungsarbeit eingeleitet, durchgeführt und natürlich permanent auf ihre Wirksamkeit hin überprüft werden. Die Maßnahmen dürfen sich jedoch nicht nur auf die Verwaltungstätigkeit beziehen, sondern müssen auch andere Bereiche, wie das Kostenmanagement oder die Steueroptimierung, umfassen.

Das Ziel des Stiftungsvorstandes muss immer die bestmögliche Erfüllung des Stiftungszweckes sein und, um dies zur eigenen Absicherung (vor Haftungsansprüchen) belegen zu können, die Festlegung von Strategien und damit verbunden die Planung und die Kontrolle der Planumsetzung. Die Umsetzung kann mittels Implementierung eines Controllingkonzeptes erfolgen, in dem das Steuercontrolling einen Teilbereich darstellt.

Wie die beispielhafte Aufzählung und Analyse der gesetzlichen Änderungen im Bereich der Privatstiftung zeigt, ist für die optimale Führung einer Privatstiftung die Beschäftigung der verantwortlichen Personen mit steuerlichen Thematiken notwendig. Das Steuercontrolling schafft bei einer Privatstiftung einerseits eine relative Planungssicherheit und eine Absicherung des Stiftungsvorstandes hinsichtlich der Erfüllung der Stiftungszwecke.

Literaturverzeichnis

Arnold, N., PSG-Kommentar[2], Wien 2007

Burgstaller, E./Huemer, E., Das Stiftungseingangssteuergesetz (StiftEG), in *Cerha, G./ Haunold, P./Huemer, E./Schuch, J./Wiedermann, K.* (Hrsg), Stiftungsbesteuerung, Wien 2011.

Cerha, G., 18 Jahre Privatstiftung: Erfahrung und Ausblick, in *Cerha, G./Haunold, P./ Huemer, E./Schuch, J./Wiedermann, K* .(Hrsg), Stiftungsbesteuerung, Wien 2011.

Engel-Kazemi, N./Kásznar, I./Primik, P., Besteuerung von Finanzanlagen in Privatstiftungen, in *Cerha, G./Haunold, P./Huemer, E./Schuch, J./Wiedermann, K.* (Hrsg), Stiftungsbesteuerung, Wien 2011.

Fischer, M., Die Organisationsstruktur der Privatstiftung, Wien 2004.

Gassner, W./Lang, M., Die geplante Änderung in der Stiftungsbesteuerung, in *Gassner, W./ Göth, P./Gröhs, B./Lang, M.* (Hrsg), Privatstiftung – Gestaltungsmöglichkeiten in der Praxis, Wien 2000.
Haeseler, H., Steuer-Management und Steuer-Controlling, in *Haeseler, H./Hörmann, F.* (Hrsg), Steuer-Management und Steuer-Controlling, in Controlling & Tax Management, Wien 2010.
Haider, J., Neuerungen der Immobilienveräußerung durch Privatstiftungen, taxlex 2011/ 251.
Herzig, N./Zimmermann, M., Steuercontrolling – Überflüssige Begriffsverbindung oder sinnvolle Innovation?, DB 23/1998.
Hey, J., Steuerplanungssicherheit als Rechtsproblem, Köln 2002.
Kaiser, K., Steuerberatung als Risiko-Management, Köln 1995.
Kamp, A., Steuercontrolling im internationalen Konzern – Aufbau eines Steuerinformationssystems, Köln 2011.
Karollus, M., Gläubigerschutz bei der Privatstiftung, in *Gassner, W./Göth, P./Gröhs, B./ Lang, M.* (Hrsg), Privatstiftung – Gestaltungsmöglichkeiten in der Praxis, Wien 2000.
Kern, P., Qualitätssicherung in der Steuerberatungspraxis, Wien 2008.
Klingler, B., Unternehmensführung, in *Löffler, H./Ahammer, M./Kerschbaumer, H./ Nayer, N.* (Hrsg), Handbuch zum Internen Kontrollsystem[2], Wien 2011.
Knirsch, P., Auflösung der Privatstiftung nach Zeitablauf, in *Eiselsberg, M.* (Hrsg), Stiftungsrecht JB 2008, Wien 2008.
König, E., Ausgewählte Themen zur Zwischenbesteuerung, in *Renner, B./Schlager, J./ Schwarz, R.* (Hrsg), Praxis der steuerlichen Gewinnermittlung, GS Köglberger, Wien 2008.
Kraus, Ch., Die Privatstiftung aus der Sicht der Vermögenssicherung und -verwaltung, in *Tinti, M./Umdasch, H./Marenzi, H.* (Hrsg), Sorgfalt und Verantwortung – Beiträge zu Privatstiftung, Aufsichtsrat und Mergers & Acquisition, FS Jakobljevich, Wien 1996.
Lechner, E., Stiftungsbesteuerung nach dem BBG 2011 und dem AbgÄG 2011, in *Seicht, G.* (Hrsg), Jahrbuch für Controlling und Rechnungswesen 2012, Wien 2012.
Lexa, H., Steuercontrolling, in *Bertl, R./ Mandl, G.* (Hrsg), Rechnungswesen und Controlling, FS Egger, Wien 1997.
Limberg, C./Tschugguel, A., Privatstiftung, Wien 2010.
Löffler, H./Pichler, M., Theoretische Organisations- und Managementformen und deren Bedeutung für das Interne Kontrollsystem, in *Löffler, H./Ahammer, M./Kerschbaumer, H./Nayer, N.* (Hrsg), Handbuch zum Internen Kontrollsystem[2], Wien 2011.
Lück, W., Risikomanagementsystem und Controlling, in *Seicht, G.* (Hrsg), Jahrbuch für Controlling und Rechnungswesen 2001, Wien 2001.
Ludenia, S., Analyse entscheidungsrelevanter Risiken im Besteuerungsprozess, Hamburg 2006.
Marschner, E., Die Optimierung der Familienstiftung aus Sicht des Begünstigten[2], Wien 2011.
Marschner, E., VwGH: Bürgschaft der Privatstiftung unterliegt der Zuwendungsbesteuerung, ZfS 2011/82.

Mayr, G., Steuervereinfachung als Leitprinzip, in*Urnik, S./ Fritz-Schmied, G./Kanduth-Kristen, S.* (Hrsg), Steuerwissenschaften und betriebliches Rechnungswesen, FS Kofler, Wien 2009.

Metzler, V., § 13 KStG, in *Lang, M./Schuch, J./Staringer, C.* (Hrsg), KStG-Kommentar, Wien 2009.

Moshammer, H., Steueroptimale Kapitalveranlagung in der Privatstiftung, Wien 2010.

Mühlböck, S., Controlling für Kleinst- und Kleinunternehmen unter Mithilfe von Steuerberatungskanzleien, Wien 2012.

Mühlböck, S./Feldbauer-Durstmüller, B., Controlling in Kleinst- und Kleinunternehmen, in *Seicht, G.* (Hrsg), Jahrbuch für Controlling und Rechnungswesen 2011, Wien 2011.

Puchinger, M./Marschner, E., Altbegünstigte bis 30. Juni 2011 melden! – Die neue Meldeverpflichtung für Privatstiftungen, ZfS 1/2011.

*Pratter, K./Eichenberger, O.,*Tax Risk Management im Konzern – Von der Risikoidentifikation bis zum Steuer-ERP-System, Der Schweizer Treuhänder 5/2012.

Risse, R., Steuercontrolling und Reporting – Konzernsteuerquote und deren Bedeutung für das Steuermanagement, Wiesbaden 2010.

Rose, G., Ein Grundgerüst planungsrelevanter Steuerrechtsrisiken, Erstveröffentlichung in FS Schneider, 1995, in Rose, G., Steuerberatung und Wissenschaften – Aufsätze aus vier Jahrzehnten, Berlin 2006.

Rose, G., Steuerrechtssprünge und Betriebswirtschaftliche Steuerplanung, Erstveröffentlichung in FS Wöhe, 1989, in *Rose, G.,* Steuerberatung und Wissenschaft – Aufsätze aus vier Jahrzehnten, Berlin 2006.

Schlager, J., Die unternehmerische Steuergestaltung, Planung – Durchsetzbarkeit – Grenzen, Wien 1978.

Schlager, J., Einfluß der Steuerrechtsprognose auf die Risikopolitik der Unternehmung, in Heigl, A./Uecker, P. (Hrsg), Betriebswirtschaftslehre und Recht, Wiesbaden 1979.

*Schlager, J.,*Steuererklärungspolitik und -Controlling aus der Sicht der Steuerberatung, in *Heidinger, G./Bruckner, K.* (Hrsg), Steuern in Österreich, Gestern – heute – morgen, FS Fachsenat für Steuerrecht, Wien 1998.

Schlager, J., Steuercontrolling von Personengesellschaften, in *Kofler, H./Jacobs, O.* (Hrsg), Rechnungswesen und Besteuerung der Personengesellschaft, FS Vodrazka, Wien 1991.

Schlager, J., Aspekte des Steuercontrolling, in *Feldbauer-Durstmüller, B./Schwarz, R./ Wimmer, B.* (Hrsg), Handbuch Controlling und Consulting, FS Stiegler, Wien 2005.

Schlager, J., Steuercontrolling im Steuerberatungsbetrieb, VWT 2005 H 3.

Schlager, J., Steuergestaltung bei Änderung der Gewinnermittlung, in *Renner, B./Schlager, J./Schwarz, R.,* Praxis der steuerlichen Gewinnermittlung, GS Kögelberger, Wien 2008.

Schlager, J., Anpassung der Einbahnoption des § 10 Abs 3 KStG als Hilfestellung für den Wirtschaftsaufschwung, VWT 2009/61.

Schlager, J., Rechtsstaat in Gefahr? Die Bedeutung der Grundsätze des Abgabenverfahrens bei der elektronischen Steuerveranlagung. Beispiele aus der Praxis: die unwiderrufliche Option des § 10 Abs 3 KStG, SWK 9/2010.

Schlager, J./Schlager, S., Abweichendes Geschäfts- und Wirtschaftsjahr, Wien 2012.

Schlager, S., Prüfung der Privatstiftung – eine Gratwanderung für den Stiftungsprüfer?, VWT 01/2011.

Schuchter, Y., § 13 KStG, in *Achatz, M./Kirchmayr, S.* (Hrsg), KStG-Kommentar, Wien 2011.

Steiner, M./Wasserer, S., Die Finanzmarktkrise und ihre Auswirkungen auf die Vermögensverwaltung der Privatstiftung, in *Eiselsberg, M.,* Stiftungsrecht JB 2009, Wien 2009.

Steiner, M., Vermögensveranlagung in Stiftungen, ZfS 2007/68.

Sulz, G., Immobilienveranlagungen durch Privatstiftungen, in *Eiselsberg, M.,* Stiftungsrecht JB 2009, Wien 2009.

Tipke, K., Zu Gerd Roses Bemühen um mehr Steuerplanungssicherheit – Ein Beitrag aus juristischer Sicht, in *Herzig, N.* (Hrsg), Betriebswirtschaftliche Steuerlehre und Steuerberatung, FS Rose, Wiesbaden 1991.

Unterköfler, H., Der Stiftungsvorstand als „Manager" – Manager als Stiftungsvorstände?, in *Eiselsberg, M.,* Stiftungsrecht JB 2010, Wien 2010.

Von *Känel, S.,* Kostenrechnung und Controlling, Bern 2008.

Zimmermann, M., Steuercontrolling – Beziehungen zwischen Steuern und Controlling, Wiesbaden 1997.

Zöchling, H./Matzka, B., Tax Planning: Ziele und Ablauf, in *Zöchling, H.* (Hrsg), Tax Controlling in der Praxis, Wien 2012.

Die (K)Einmalberücksichtigung von Verlusten im österreichischen Steuerrecht

Verena Trenkwalder

1. Einleitung
2. Sachverhalt und gesetzliche Grundlagen
    2.1. Sachverhalt
    2.2. Gesetzliche Grundlagen
3. Problemstellung
4. Lösungsansätze
5. Schlussfolgerung und Ausblick
Literaturverzeichnis

1. Einleitung

Da sich der Jubilar seit vielen Jahren bekanntermaßen – teils kritisch, teils humoristisch – mit den Grundsätzen, den Neuerungen und auch so manchen Widersprüchen im österreichischen Steuerrecht auseinandersetzt, möchte ich den mir hier eingeräumten Raum dazu nutzen, mich mit den Möglichkeiten der Verlustnutzung und der Teilwertabschreibung auseinanderzusetzen, die das Zusammenspiel von der Gruppenbesteuerung, der Teilwertabschreibung und der Behandlung von indirekten Einlagen mit sich bringt. Dabei dürfte der Gesetzgeber, beseelt vom Gedanken der Verhinderung von Doppelverlustverwertungen, über das Ziel hinausgeschossen haben.

2. Sachverhalt und gesetzliche Grundlagen

2.1. Sachverhalt

Der den folgenden Ausführungen zu Grunde gelegte Sachverhalt ist ein denkbar einfacher. Eine Muttergesellschaft (M) hält 100 % der Anteile an einer Tochtergesellschaft (T), diese wiederum 100 % der Anteile an einer Enkelgesellschaft (E). Diese Enkelgesellschaft befindet sich wahlweise im Inland oder im Ausland. Mutter und Tochter bilden gemeinsam eine Unternehmensgruppe gem § 9 KStG. Die Muttergesellschaft gewährt ihrer Enkelgesellschaft einen nicht rückzahlbaren Großmutterzuschuss zur Stärkung der Eigenkapitalbasis.

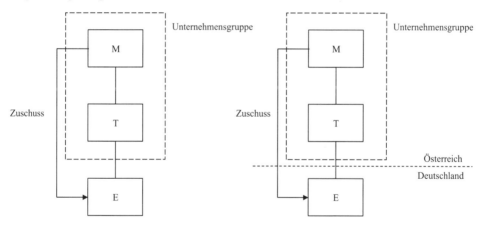

2.2. Gesetzliche Grundlagen

Laut § 12 Abs 3 Z 2 KStG sind abzugsfähige **Abschreibungen auf den niedrigeren Teilwert** (§ 6 Z 2 lit a EStG 1988) oder Verluste anlässlich der Veräußerung oder eines sonstigen Ausscheidens einer zum Anlagevermögen gehörenden Beteiligung im betreffenden Wirtschaftsjahr und den nachfolgenden sechs Wirtschaftsjahren zu je einem Siebentel zu berücksichtigen, soweit nicht eine Zuschreibung erfolgt oder stille Reserven anlässlich der Veräußerung oder eines sonstigen Ausscheidens der Beteiligung steuerwirksam aufgedeckt oder im Wirtschaftsjahr der Abschreibung oder des Verlustes stiller Reserven anlässlich der Veräußerung oder eines sonstigen Ausscheidens einer anderen zum Anlagevermögen gehörenden, von dieser Vorschrift nicht berührten, Beteiligung steuerwirksam aufgedeckt und auf Antrag des Steuerpflichtigen gegenverrechnet werden. Ziel dieser Regelung ist, Doppelverlustverwertungen in ihrer Wirkung einzuschränken,[1] indem ihre Wirkung auf längere Zeit verteilt wird.

Diese grundsätzliche Zulässigkeit der Teilwertabschreibung auf Beteiligungen wird allerdings durch diverse Sondervorschriften überlagert.

§ 9 Abs 7 KStG normiert, dass bei der Gewinnermittlung Abschreibungen auf den niedrigeren Teilwert (§ 6 Z 2 lit a EStG) und Veräußerungsverluste hinsichtlich von **Beteiligungen an Gruppenmitgliedern** nicht abzugsfähig sind. Die Erläuterungen zur Regierungsvorlage[2] führen dazu aus:

„Das Teilwertabschreibungsverbot gem § 9 Abs 7 KStG wird damit gerechtfertigt, dass durch die direkte Übernahme von Verlusten der Beteiligungskörperschaft durch die beteiligte Körperschaft die Verluste bereits zeitnah ihren Niederschlag gefunden haben und es ansonsten zu einer Mehrfachverlustverwertung in einer Besteuerungseinheit kommen würde".

Dementsprechend halten auch die Körperschaftsteuerrichtlinien fest:

„ Mit der Ergebniszurechnung in der Gruppe ist der Ausschluss steuerwirksamer Teilwertabschreibungen auf Beteiligungen an Gruppenmitgliedern verbunden, um mehrfache Verlustverwertung in der Gruppe zu vermeiden, weil die wertmindernden Verluste des Gruppenmitglieds weitergeleitet und damit in der Gruppe steuerlich verwertet werden. Teilwertabschreibungen auf Beteiligungen an Gruppenmitgliedern sind nach § 9 Abs 7 1. Satz KStG 1988 nicht abzugsfähig (steuerneutral); aufgrund dieser Spezialbestimmung kommt § 12 Abs 3 Z 2 KStG 1988 nicht zur Anwendung."[3]

Das angeführte Abzugsverbot von Teilwertabschreibungen und Veräußerungsverlusten dient somit dem Grundsatz der Einfachverwertung von Verlusten.[4]

Etwas anders ist die Rechtslage bei der **internationalen Schachtelbeteiligung**. § 10 Abs 3 KStG sieht vor, dass bei der Ermittlung der Einkünfte Veräußerungsgewinne, Veräußerungsverluste und sonstige Wertänderungen aus internationalen Schachtelbeteiligungen außer Ansatz bleiben. Dies gilt auch für den Untergang (Liquidation oder Insolvenz) der ausländischen Körperschaft, sofern nicht tatsächliche und endgültige Vermögensverluste vorliegen. Diese Verluste sind um steuerfreie Gewinnanteile jeder Art, die innerhalb der letzten fünf Wirtschaftsjahre vor dem Wirtschaftsjahr der Liquidationseröffnung oder des Eintrittes der Insolvenz anfallen, zu kürzen.

Die Steuerneutralität der Beteiligung gilt nach Maßgabe der folgenden Bestimmungen nicht:

- Der Steuerpflichtige erklärt bei Abgabe der Körperschaftsteuererklärung für das Jahr der Anschaffung einer internationalen Schachtelbeteiligung oder des Entstehens einer internationalen Schachtelbeteiligung durch die zusätzliche Anschaffung von An-

---

[1] Erl RV, 72 BlgNR XX. GP.
[2] Erl RV, 451 BlgNR XXII. GP, 21.
[3] Rz 444.
[4] *Wiesner/Kirchmayr/Mayr*, Gruppenbesteuerung: Praxiskommentar, 141.

teilen, dass Gewinne, Verluste und sonstige Wertänderungen für diese steuerwirksam sein sollen (Option zugunsten der Steuerwirksamkeit der Beteiligung).
- Die getroffene Option erstreckt sich auch auf die Erweiterung einer bestehenden internationalen Schachtelbeteiligung durch zusätzliche Anschaffungen.
- Die Option kann nicht widerrufen werden.
- Im Falle der Veräußerung oder der Übertragung einer bestehenden internationalen Schachtelbeteiligung im Rahmen einer Umgründung iSd Umgründungssteuergesetzes an eine unmittelbar oder mittelbar konzernzugehörige Köperschaft ist auch die erwerbende Körperschaft an die Option iSd Z 1 gebunden. Dies gilt auch für den Fall, dass die erwerbende Köperschaft eine internationale Schachtelbeteiligung an derselben ausländischen Körperschaft besitzt, für die keine Option ausgeübt worden ist.
- Entsteht eine internationale Schachtelbeteiligung durch die Sitzverlegung der Körperschaft, an der die Beteiligung besteht, in das Ausland, erstreckt sich die Steuerneutralität nicht auf den Unterschiedsbetrag zwischen dem Buchwert und dem höheren Teilwert im Zeitpunkt der Sitzverlegung. Geht eine internationale Schachtelbeteiligung, soweit für sie keine Option zugunsten der Steuerwirksamkeit erklärt worden ist, durch die Sitzverlegung der Körperschaft an der die Beteiligung besteht, in das Inland unter, gilt der höhere Teilwert im Zeitpunkt der Sitzverlegung als Buchwert.

Auch diese Option zugunsten der Steuerwirksamkeit wird im Falle der Einbeziehung von ausländischen Gesellschaften in eine Unternehmensgruppe als Gruppenmitglieder durch § 9 Abs 6 Z 6 KStG überlagert.

Das **einlagenbedingte Teilwertabschreibungsverbot** wurde ebenfalls durch das Steuerreformgesetz 2005 ab der Veranlagung 2005 in § 12 Abs 3 Z 3 KStG eingefügt. Für Beteiligungen iSd § 10 gilt demnach, dass im Falle von Einlagen in mittelbar verbundene Körperschaften bei den Zwischenkörperschaften insoweit der niedrigere Teilwert nicht angesetzt werden darf, es sei denn, ein wirtschaftlicher Zusammenhang zwischen Einlagen und Ansatz des niedrigeren Teilwertes ist nachweislich nicht gegeben. Dasselbe gilt auch für unmittelbare Einlagen in Zwischenkörperschaften mit nachfolgender mittelbarer oder unmittelbarer Durchleitung an die Zielkörperschaft. Verluste bei einer Zwischenkörperschaft anlässlich der Veräußerung oder des sonstigen Ausscheidens der Beteiligung sind im Ausmaß der nicht abschreibbaren Einlagen nicht abzugsfähig.

Laut den Erläuterungen zur Regierungsvorlage (Erl RV) zum Steuerreformgesetz 2005[5] soll „*mit der neuen Z 3 verhindert werden, dass die unerwünschte Kaskadenwirkung bei Durchbuchung von Einlagen an mittelbar verbundene Körperschaften bei den Zwischenkörperschaften zur steuerlichen Multiplikation der Wirkung von Wertminderungen dieser Beteiligungen im Wege von steuerwirksamen Teilwertabschreibungen führt, und zwar unabhängig davon, ob tatsächlich Geldflüsse stattfinden oder nicht.*" Ziel ist also auch hier die Vermeidung einer mehrfachen Verlustverwertung.

---

[5] Erl RV, 451 BlgNR XXII. GP, 30.

3. Problemstellung

Unabhängig davon, ob sich die Enkelgesellschaft (E) in Österreich oder im Ausland befindet, resultiert aus dem einlagenbedingten Teilwertabschreibungsverbot des § 12 Abs 3 Z 3 KStG, dass bei der Zwischenkörperschaft (T) im Fall eines Wertverlustes an E der niedrigere Teilwert nicht angesetzt werden kann. Daran ändert auch nichts, wenn T hinsichtlich der Beteiligung an E zur Steuerpflicht optiert hat. Die Muttergesellschaft (M) kann an T keine Teilwertabschreibung vornehmen, da innerhalb der Unternehmensgruppe das gruppenbedingte Teilwertabschreibungsverbot des § 9 Abs 7 KStG zur Anwendung kommt.

Eine Verlustübernahme im Wege der Gruppenbesteuerung ist aber ebenfalls nicht denkbar, da bei T in Folge des einlagenbedingten Teilwertabschreibungsverbotes gar kein steuerlicher Verlust anfällt, der in weiterer Folge dem Gruppenträger zugerechnet werden könnte.

Somit kommt man prima vista zu dem Schluss, dass sowohl das gruppenbedingte Teilwertabschreibungsverbot als auch das einlagenbedingte Teilwertabschreibungsverbot ausschließlich das Ziel verfolgen, eine mehrfach Verlustverwertung zu vermeiden, durch das Zusammenspiel im konkreten Fall aber dazu führen, dass es zu gar keiner Verlustverwertung kommt, da die beiden Regelungen nicht aufeinander abgestimmt sind.

Selbst die Einbeziehung der Enkelgesellschaft in die Unternehmensgruppe bringt nur teilweise Abhilfe. Handelt es sich bei der Enkelgesellschaft um eine inländische Gesellschaft, führt die Einbeziehung in die Unternehmensgruppe zu einer unmittelbaren Verlustübernahme, die mit Ablauf der Mindestbestandsdauer der Unternehmensgruppe von drei Jahren zu einer endgültigen Verlustverwertung führt. Handelt es sich bei der Enkelgesellschaft demgegenüber um eine ausländische Gesellschaft, ist einerseits ab der Veranlagung 2012[6] die Verlustzurechnung dadurch gedeckt, dass nur die nach österreichischem Steuerrecht ermittelten Verluste, höchstens jedoch die nach ausländischem Steuerrecht ermittelten Verluste des betreffenden Wirtschaftsjahres in der Gruppe zuzurechnen sind. Darüber hinaus ist im Jahr des Ausscheidens des nicht unbeschränkt steuerpflichtigen ausländischen Gruppenmitgliedes aus der Unternehmensgruppe ein Betrag im Ausmaß aller zugerechneten im Ausland nicht verrechneten Verluste beim Gruppenmitglied bzw beim Gruppenträger als Gewinn zuzurechnen. Im Fall des Untergangs (Liquidation oder Insolvenz) des ausländischen Gruppenmitgliedes ist der bei tatsächlichem und endgültigem Vermögensverlust zuzurechnende Betrag um die während der Gruppenzugehörigkeit nicht steuerwirksamen Teilwertabschreibungen zu kürzen.[7]

Die Nachversteuerung der geltend gemachten Verluste im Fall des Ausscheidens des ausländischen Gruppenmitgliedes aus der Gruppe führt dazu, dass die Verlustzurechnung eines ausländischen Gruppenmitgliedes in erster Linie einen Steuerstundungseffekt bewirkt.[8] Da § 9 Abs 6 Z 6 KStG die Nachversteuerung um „die während der Gruppenzugehörigkeit nicht steuerwirksamen Teilwertabschreibungen" reduziert, und zwar sowohl für steuerneutrale als auch für steuerhängige ausländische Beteiligungen,

---

[6] 1. Stabilitätsgesetz 2012, BGBl I 2012/22.
[7] § 9 Abs 6 Z 6 KStG 1988.
[8] *Wiesner/Kirchmayr/Mayr*, Gruppenbesteuerung, 116.

ist beim vorliegenden Sachverhalt davon auszugehen, dass eine Nachversteuerung in voller Höhe der während der Gruppenzugehörigkeit vorgenommenen Verluste erfolgt, da auf Ebene der Zwischengesellschaft T keine nicht steuerwirksamen Teilwertabschreibungen während der Gruppenzugehörigkeit, sondern einlagenbedingte nicht steuerwirksame Teilwertabschreibungen vorliegen.

4. Lösungsansätze

Das geltende Körperschaftsteuerrecht geht – zumindest für den Inlandsbereich – vom Grundsatz aus, dass Wertänderungen aus Beteiligungen an Tochterunternehmen (in der Rechtsform der Kapitalgesellschaft) bei der Mutter-Kapitalgesellschaft steuerwirksam sind. Somit sind die Gewinne aus der Veräußerung der Tochtergesellschaft bei der Mutter voll körperschaftsteuerpflichtig, während umgekehrt Teilwertabschreibungen auf die Beteiligung an der Tochtergesellschaft ebenso steuerlich abzugsfähig sind wie Veräußerungsverluste. Aufgrund des Fehlens der Beteiligungsneutralität wird die in der Tochtergesellschaft operativ erwirtschaftete Werterhöhung oder Wertminderung daher nicht nur bei dieser steuerwirksam, sondern auch bei der Muttergesellschaft.[9] Die doppelte (oder mehrfache) Verlustverwertung bei mehrstöckigen Strukturen ist der gegenwärtigen Besteuerung von Beteiligungen daher inhärent.[10] Dasselbe gilt für den Auslandsbereich, sofern der Steuerpflichtige zur Steuerwirksamkeit der Beteiligung optiert.

Die fehlende Beteiligungsneutralität wird vielfach als Systemwidrigkeit kritisiert, insbesondere da für Dividenden durch § 10 Abs 1 KStG das Prinzip der Einmalbesteuerung als tragendes Systemprinzip verankert ist. Spätestens mit Einführung der Gruppenbesteuerung wäre die Einführung der Steuerneutralität auf Beteiligungen wünschenswert gewesen. Während nämlich im System der Gruppenbesteuerung die Doppelverwertung von Verlusten als unerwünschte Gestaltung angesehen und durch § 9 Abs 7 KStG ausgeschlossen wird, werden Beteiligungsgewinne weiterhin (doppelt) steuerlich erfasst.

Erster und mE zu bevorzugender Lösungsansatz wäre somit, die Steuerneutralität von Beteiligungen im österreichischen Steuerrecht zu verankern.

Betrachtet man das einlagenbedingte Teilwertabschreibungsverbot (Kaskaden-Regelung), so stößt man auf dieselbe Problematik. Grundsätzlich führt das körperschaftsteuerliche Trennungsprinzip zu einer Vervielfachung des Gesamtabschreibungsvolumens in mehrstufigen Konzernen. Genauso sind Wertsteigerungen in mehrstufigen Konzernen auf sämtlichen Ebenen steuerhängig. Das einlagenbedingte Teilwertabschreibungsverbot versucht letztendlich jenes Ergebnis herzustellen, das sich bei einem flachen Konzernaufbau ohne Zwischenschaltung von Zwischenkörperschaften ergeben hätte.[11] § 12 Abs 3 Z 3 KStG ist daher als typisierte Missbrauchsvorschrift zu verstehen, die gezielt versucht, eine als unerwünscht empfundene Gestaltung einzudämmen. Problematisch ist jedoch daran, dass der Missbrauchsvorwurf ausschließlich dadurch entkräftet werden

---

[9] Vgl *Staringer*, Abschreibungsverbote für Beteiligungen im Konzern, in *Bertl* ua (Hrsg), Abschreibungen in der Handels- und Steuerbilanz, 191.

[10] Vgl *Staringer*, Abschreibungsverbote für Beteiligungen im Konzern, in *Bertl* ua (Hrsg), Abschreibungen in der Handels- und Steuerbilanz, 204.

[11] Vgl *Staringer*, Abschreibungsverbote für Beteiligungen im Konzern, in *Bertl* ua (Hrsg), Abschreibungen in der Handels- und Steuerbilanz, 199.

kann, dass ein wirtschaftlicher Zusammenhang zwischen Einlagen und Ansatz des niedrigeren Teilwertes nachweislich nicht gegeben ist.

Ein wesentlicher Unterschied zwischen dem Teilwertabschreibungsverbot in der Gruppe nach § 9 Abs 7 KStG und dem einlagenbedingten Teilwertabschreibungsverbot nach § 12 Abs 3 Z 2 KStG liegt darin, dass nach § 9 Abs 7 KStG der Betrag einer unternehmensrechtlichen Teilwertabschreibung in der Mehr-Weniger-Rechnung dem unternehmensrechtlichen Gewinn hinzuaddiert werden muss, die Minderung des unternehmensrechtlichen Buchwerts aber auch für den steuerlichen Buchwert aufrecht bleibt,[12] während § 12 Abs 3 Z 3 KStG den Ansatz des niedrigeren Teilwertes bei der Zwischengesellschaft per se untersagt, weshalb auch der Buchwert unverändert bleibt.[13] Daher ist es notwendig, einen Blick darauf zu werfen, welche der beiden Vorschriften vorgeht. Während die Vorschrift des § 9 Abs 7 KStG eindeutig den § 12 Abs 3 Z 1 und 2 KStG vorrangig ist[14], lässt sich nach normalen Auslegungskriterien kein Verhältnis zwischen den beiden Bestimmungen ausmachen. Ein Lex-specialis-Verhältnis scheitert schon daran, dass die beiden Vorschriften aufgrund des unterschiedlichen Regelungsgehaltes nicht in ein Unterordnungsverhältnis zu bringen sind, während eine Lex-posterior-Unterordnung aufgrund der gleichzeitigen Einführung der beiden Vorschriften ebenfalls nicht denkbar ist.[15] Im konkreten Fall tritt erschwerend hinzu, dass sich § 9 Abs 7 KStG rein auf die Unternehmensgruppe bezieht (Verhältnis M-T), während das einlagenbedingte Teilwertabschreibungsverbot des § 12 Abs 3 Z 3 auf der Ebene der Beteiligung von T an E die Teilwertabschreibung versagt.

Daraus wird abgeleitet, dass eine derart strenge Auslegung des Gesetzeswortlautes überschießend und daher abzulehnen sei und dass die reine Wortinterpretation ohne Hinterfragung des Normzwecks zu kurz griffe.[16] Daran ändert auch nichts, dass nach herrschender Lehre das Verbot der Teilwertabschreibung auf Ebene der Zwischengesellschaft unabhängig davon besteht, ob der zuschussgebende Gesellschafter selbst eine Teilwertabschreibung vornehmen kann.[17]

Meines Erachtens ist eine teleologische Auslegung des § 12 Abs 3 Z 3 KStG nötig, um widersprüchliche und gleichheitswidrige Ergebnisse zu vermeiden. Der zweckmäßigste Lösungsansatz bestünde darin, für Zwecke der Anwendung des § 12 Abs 3 Z 3 KStG die Gruppe quasi als eigenes Steuersubjekt zu betrachten und die Ebenen, durch die ein Zuschuss bzw eine Einlage durchgeleitet wird, zu ignorieren, die sich innerhalb einer Unternehmensgruppe befinden. Allerdings bezweifle ich, dass eine derart weitgehende Interpretation ohne legistische Anpassung möglich ist.

Ein Anhaltspunkt könnte sein, dass sich das einlagenbedingte Teilwertabschreibungsverbot auf Beteiligungen iSd § 10 KStG bezieht. § 10 KStG sieht die grundsätzliche Steuerwirksamkeit von Teilwertabschreibungen vor. Genau diese wird aber durch

---

[12] Vgl *Quantschnigg* ua, Körperschaftsteuergesetz 1988, Tz 665.
[13] Vgl *Quantschnigg* ua, Körperschaftsteuergesetz 1988, Tz 224 zu § 12 mwN.
[14] So auch KStR 2001, Rz 444.
[15] Vgl *Petritz/Puchner*, Teilwertabschreibungsverbote und die (K)Einfachverwertung von Verlusten, RdW 2008, 231ff, 233.
[16] Vgl *Petritz/Puchner*, Teilwertabschreibungsverbote und die (K)Einfachverwertung von Verlusten, RdW 2008, 231ff, 234.
[17] Vgl *Quantschnigg* ua, Körperschaftsteuergesetz 1988, Tz 230 zu § 12.

§ 9 Abs 7 KStG ausgeschlossen, weshalb man allenfalls annehmen könnte, dass es sich im Falle einer Unternehmensgruppe nicht mehr um eine vollwertige Beteiligung iSd § 10 KStG handelt und daher in der Gruppe das Teilwertabschreibungsverbot des § 12 Abs 3 Z 3 KStG nicht greift.

Dem Gleichheitsgedanken gerecht wird mit Sicherheit eine Lösung sein, die zu folgendem Ergebnis führt: Grundsätzlich ergibt sich aus dem Trennungsprinzip bei Kapitalgesellschaften, dass Verluste einerseits bei der Tochter vortragsfähig sind, andererseits bei der Mutter unter Umständen zu einer Teilwertabschreibung führen. Die zwingende Siebentelverteilung der Teilwertabschreibungen nach § 12 Abs 3 Z 2 führt dazu, dass einerseits die Teilwertabschreibung gestreckt wird und daher barwertmäßig zu keiner vollständigen Entlastung führt, während auf der anderen Seite auch der Verlust erst in zukünftigen Jahren mit der Einschränkung der 75 % Verrechnungsgrenze verbraucht werden kann. Dadurch wird die doppelte Verlustverwertung deutlich abgeschwächt. In allen anderen Fällen ist zumindest die einfache Verlustverwertung vom Gesetzgeber gewollt: Innerhalb einer Unternehmensgruppe kann der Verlust der Tochter bei der Mutter sofort verwertet werden. Selbst bei der internationalen Schachtelbeteiligung ist vorgesehen, dass im Falle der Nicht-Option zur Steuerwirksamkeit der Beteiligung ein endgültiger Vermögensverlust gem § 10 Abs 3 KStG jedenfalls berücksichtigt werden kann. Schon daraus ist abzuleiten, dass auch bei dem eingangs dargestellten Sachverhalt eine Einmalberücksichtigung von Verlusten stattfinden muss.

Auch wenn diskutiert wird, dass die Missbrauchsvermeidung grundsätzlich eine sachliche Rechtfertigung für die durch § 12 Abs 3 Z 3 KStG bewirkte Differenzierung darstellen könnte, ist problematisch, dass ein Gegenbeweis gegen das Vorliegen von Missbrauch nicht vorgesehen ist.[18] Die betriebswirtschaftliche Argumentation, dass die Zwischenkörperschaft den Abschreibungsaufwand eigentlich nicht selbst zu tragen hat, da sie durch die Kombination von mittelbarer Einlage und Teilwertabschreibung keine endgültige Vermögensminderung erleidet[19], hilft im vorliegenden Fall nicht weiter, da die Muttergesellschaft im Extremfall sehr wohl einen endgültigen Vermögensverlust erleidet, diesen aber weder durch eine Teilwertabschreibung (Gruppe) noch durch die Verlustübernahme geltend machen kann.

5. Schlussfolgerung und Ausblick

Im konkreten Sachverhalt, bei einem 3-stufigen Konzern mit einer steuerlichen Gruppe gem § 9 KStG zwischen der Großmuttergesellschaft und der Zwischengesellschaft, ist daher § 12 Abs 3 Z 3 KStG auf Ebene der Zwischengesellschaft meines Erachtens nicht anzuwenden. In einem mehrstufigen Konzern dürfen in jenen Fällen, in denen eine Gruppe gem § 9 KStG eine Teilwertabschreibung auf Ebene der zuschussgewährenden Gesellschaft verhindert, die Rechtsfolgen des § 12 Abs 3 Z 3 KStG bei jener Zwischen-

---

[18] Vgl *Rief*, Das Verbot der einlagenbedingten Teilwertabschreibung, in Gedenkschrift Quantschnigg, 311ff, 304.
[19] Vgl *Rief*, Das Verbot der einlagenbedingten Teilwertabschreibung, in Gedenkschrift Quantschnigg, 304.

gesellschaft nicht eintreten, die als erste Gesellschaft direkt an einer nicht zur Gruppe gehörenden Gesellschaft beteiligt ist.

Es bleibt zu hoffen, dass der Gesetzgeber in absehbarer Zeit dafür legistische Vorkehrungen trifft. Denn mit robusten Nachversteuerungsregelungen ist auch die „Verlustangst" unbegründet.[20] Letztendlich wäre es generell wünschenswert, dass der Gesetzgeber missbräuchliche Gestaltungen zwar unterbindet, den Gegenbeweis des Nicht-Vorliegens eines Missbrauchs aber zulässt und somit bei typisierten Missbrauchsvermutungen nicht über das Ziel hinausschießt.

Da das österreichische Körperschaftsteuergesetz 1988 bereits in die Jahre gekommen, durch die vielen Änderungen unübersichtlich und zum Teil auch inkonsistent geworden ist, wäre es wünschenswert, das Körperschaftsteuergesetz zu überarbeiten und dabei auch die Behandlung von Beteiligungen zu überdenken. Die generelle Steuerneutralität von Beteiligungen würde nicht nur die Gruppenbesteuerung systematisch gut ergänzen, sondern auch viele Zweifelsfragen lösen.

Literaturverzeichnis

Mayr, Moderne Gruppenbesteuerung für Deutschland? – Zehn Vorschläge aus den Praxiserfahrungen Österreichs, IStR 2010.

Staringer, Abschreibungsverbote für Beteiligungen im Konzern, in *Bertl* ua (Hrsg), Abschreibungen in der Handels- und Steuerbilanz (2005).

Petritz/Puchner, Teilwertabschreibungsverbote und die (K)Einfachverwertung von Verlusten, RdW 2008.

Quantschnigg ua, Körperschaftsteuergesetz 1988.

Rief, Das Verbot der einlagenbedingten Teilwertabschreibung in Gedenkschrift Quantschnigg.

Wiesner/Kirchmayr/Mayr, Gruppenbesteuerung: Praxiskommentar.

---

[20] Vgl *Mayr*, Moderne Gruppenbesteuerung für Deutschland? – Zehn Vorschläge aus den Praxiserfahrungen Österreichs, IStR 2010, 633.

Der steuerliche Spendenabzug – Gestaltung in der aktuellen Rechtslage und seine Entwicklungsmöglichkeiten

Gudrun Fritz-Schmied/Reinhard Schwarz

1. **Systematische Einordnung des Spendenabzugs in das Regime der Einkommensbesteuerung**
    1.1. Der Spendenabzug unter dem Titel der Betriebsausgaben
    1.2. Der Spendenabzug unter dem Titel der Sonderausgaben
2. **Änderungen des Spendenabzugs in historischer Betrachtung**
    2.1. Der Spendenabzug in qualitativer Betrachtung
    2.2. Der Spendenabzug in quantitativer Betrachtung
3. **Beurteilung des gesetzlichen Regelungstatbestandes und Möglichkeiten einer Neukonzeption**
    3.1. Die steuermindernde Berücksichtigung von Sachspenden
    3.2. Die betragsmäßige Beschränkung von Spendenleistungen
    3.3. Alternative Konzepte einer zielgerichteten Förderung
4. **Resümee**
Literaturverzeichnis

1. Systematische Einordnung des Spendenabzugs in das Regime der Einkommensbesteuerung

Als Bemessungsgrundlage für die Einkommensbesteuerung fungieren die von einem Steuersubjekt erzielten Einkünfte, die vor dem Hintergrund einer Besteuerung nach dem objektiven Nettoprinzip erfordern, dass die mit der Einnahmenerzielung verknüpften Ausgaben zum Abzug zugelassen werden.[1] Für den Bereich der betrieblichen Einkunftsarten normiert § 4 Abs 4 EStG die gewinnmindernde Berücksichtigung von Aufwendungen oder Ausgaben, die durch den Betrieb veranlasst sind. Analog dazu, wenngleich einem finalen Zusammenhang folgend, fließen die steuerrelevanten Einnahmen aus der außerbetrieblichen Einkünfteerzielung gekürzt um die Aufwendungen und Ausgaben, die ihrer Erwerbung, Sicherung oder Erhaltung dienen (§ 16 Abs 1 EStG), in die Steuerbemessungsgrundlage ein. Die existierenden Methoden der Einkünfteermittlung, welche für die betrieblichen Einkünfte verschiedene Arten der Gewinnermittlung umfassen bzw im außerbetrieblichen Bereich eine Überschussermittlung der Einnahmen über die Werbungskosten erfordern, variieren jedenfalls[2] in Bezug auf die Erfassungszeitpunkte von Einnahmen und Ausgaben.[3] Die inhaltliche Präzisierung der mit der Einnahmenerzielung in Zusammenhang stehenden Ausgaben basiert auf der gesetzlichen Beschreibung von Betriebsausgaben und Werbungskosten.

Obgleich der Gesetzgeber hierfür eine abweichende Definition gewählt hat, woraus ggf ein für die Werbungskosten restriktiver Begriffsinhalt ableitbar wäre,[4] ist nach hA[5] von einem identen Umfang genannter Abzugsposten auszugehen. Als gemeinsamer Nenner von Betriebsausgaben und Werbungskosten ist auf ihren veranlassungsbezogenen Zusammenhang zur Einkünfteerzielung zu verweisen, der in einem erwerbswirtschaftlichen Kontext auf eine hierdurch erlangte oder erwartete[6] Gegenleistung abstellt. Dabei ist unter Außerachtlassung von im Gesetz normierten Ausnahmebestimmungen, welche sich überwiegend an der Schnittstelle zur privaten Sphäre des Steuerpflichtigen befinden,[7] ohne Belang, ob der Ausgabengegenwert notwendig oder angemessen ist. Als

---

[1] Vgl hierzu grundlegend *Birk*, Steuerrecht[5], § 6 Rn 542ff; *Lang*, Die Bemessungsgrundlage der Einkommensteuer, 183.

[2] Hinsichtlich der inhaltlichen Reichweite von steuerrelevanten Einnahmen und Ausgaben werden im betrieblichen Bereich (prinzipiell) sowohl das Stammvermögen als auch die damit erwirtschafteten Früchte erfasst, während die außerbetriebliche Einkünfteerzielung – bislang zumindest weitgehend – dadurch charakterisiert ist, dass unter Außerachtlassung des Stammvermögens nur die Früchte steuerlich relevant sind; iZd BBG 2011 und StabG 2012 wurde diese Differenzierung infolge der neu eingeführten umfassenden Steuerpflicht von privatem Kapitalvermögen sowie privatem Grundstücksveräußerungen massiv aufgeweicht.

[3] Vgl dazu *Urnik/Fritz-Schmied* in *Bertl et al* (Hrsg), Handbuch der österreichischen Steuerlehre, Bd I, Teil 1, 2010, 86f.

[4] Dazu siehe *Wiesner*, SWK 1991, A I 139.

[5] So Rz 4031 EStR 2000; *Quantschnigg*, RdW 1992, 384; *Doralt*, EStG[11], § 4 Tz 229, § 16 Tz 3f.

[6] In diesem Sinne hält auch *Doralt* (EStG[13], § 4a Tz 1) fest, dass Spenden ohne Erwartung eines besonderen Vorteils geleistet werden müssen.

[7] So im Besonderen die in § 20 Abs 1 EStG normierten Abzugsverbote von gemischt veranlassten Aufwendungen, Aufwendungen für eine repräsentative Lebensführung, von unangemessenen Aufwendungen, etc (siehe dazu im Detail *Urnik/Fritz-Schmied/Payerer* in *Bertl et al* [Hrsg], Handbuch der österreichischen Steuerlehre, Bd I, Teil 1, 2010, 281ff).

abzugsbegründendes Merkmal fungiert einzig ein objektiv erkennbarer Zusammenhang der geleisteten Ausgaben mit einer zugehörigen Einkunftsquelle. An einem derartigen Zusammenhang mangelt es, wenn Ausgaben entgegen einer erwerbswirtschaftlichen Intention freiwillig geleistet werden.

Diese Ausschlussbestimmung findet in § 20 Abs 1 Z 4 EStG eine explizite Erwähnung, wonach freiwillige Zuwendungen (sowie Zuwendungen an gesetzlich unterhaltsberechtigte Personen) weder bei den betrieblichen noch außerbetrieblichen Einkunftsarten zum Abzug zugelassen sind. In den Anwendungsbereich der nicht abzugsfähigen Zuwendungen fallen prinzipiell auch Spendenleistungen, die von einem Steuerpflichtigen aus seiner betrieblichen oder außerbetrieblichen bzw privaten Sphäre geleistet werden.[8] Wohl vor dem Hintergrund einer außerfiskalisch intendierten Erhöhung der Spendenbereitschaft für begünstigungswürdige Zwecke[9] hat der Gesetzgeber in § 4a EStG für den betrieblichen sowie § 18 Abs 1 Z 7 und 8 EStG für den privaten Bereich Ausnahmebestimmungen installiert,[10] wonach Spendenleistungen an bestimmte Organisationen in einem betragsmäßig beschränkten Umfang zum Abzug zugelassen sind.

1.1. Der Spendenabzug unter dem Titel der Betriebsausgaben

Die gem § 4a EStG abzugsfähigen Spenden sind in Abgrenzung zu den als Betriebsausgaben absetzbaren Zuwendungen iSd § 4 Abs 4 Z 9 EStG zu thematisieren, deren Charakter als allgemeine Betriebsausgabe in der geforderten Werbewirksamkeit begründet ist.[11] Gemeinsam ist derartigen Spendenleistungen, dass diese aus dem Betriebsvermögen des Steuerpflichtigen geleistet werden.

Nach der iZd HWG 2002 neu eingefügten Z 9 zum § 4 Abs 4 EStG[12] dürfen Geld- und Sachaufwendungen iZm der Hilfestellung in Katastrophenfällen dann gewinnmindernd berücksichtigt werden, wenn diese der Werbung dienen.[13] Der Werbecharakter dient dabei der Dokumentation der für Betriebsausgaben charakteristischen „Entgeltlichkeit", welcher sich diesfalls in einer entsprechenden Bekanntmachung der Öffentlichkeit manifestieren muss.[14] Die Verwaltungspraxis[15] fordert in diesem Zusammenhang, dass die anlassbezogen geleisteten Aufwendungen

- medial (in Zeitschriften oder anderen Medien) oder
- durch Eigenwerbung des Unternehmers (in Kunden- bzw Klientenschreiben, durch Werbeplakate, auf der Homepage etc)

bekannt gemacht werden. Die von § 4 Abs 4 Z 9 EStG erfassten Aufwendungen umfassen sowohl Geld- als auch Sachaufwendungen, wobei Letztere nicht zwingend dem ge-

---

[8] Vgl dazu *Renner*, SWK 2002, S 790.
[9] Siehe bereits *Werndl*, SWK 1988, A I 101.
[10] Vgl *Doralt*, EStG[13], § 4a Tz 2; *Lindiger/Oberleitner*, taxlex 2009, 93.
[11] Siehe dazu die EB zu § 4 Abs 4 Z 9 EStG; *Doralt*, EStG[13], § 4a Tz 5. Abweichend noch VwGH 22.1.1965, 1450/64.
[12] Zur Abzugsfähigkeit von Spenden mit Werbecharakter vor Geltung des HWG 2002 siehe *Renner* (SWK 2002, S 790).
[13] Siehe dazu auch *Kirchmayr/Achatz*, taxlex 2006, 385.
[14] Zur steuerrechtlichen Behandlung von Sponsorleistungen, die ebenso einen Werbeeffekt aufweisen müssen, siehe *Steckel/Zatura-Rieser* (RWZ 1999, 33).
[15] Rz 4837 EStR 2000; siehe dazu auch *Hilber*, ecolex 2002, 792.

wöhnlichen Geschäftsumfeld des Betriebsinhabers entstammen müssen, so dass auch eigens für die Spendenleistung zugekaufte und in weiterer Folge gespendete Güter hiervon erfasst sind.[16] Neben der geforderten Werbewirksamkeit der anlassbezogen geleisteten Aufwendungen iSd § 4 Abs 4 Z 9 EStG ist eine Differenzierung zu Spendenleistungen iSd § 4a EStG insofern von Bedeutung, als erstgenannte in unbegrenzter Höhe zum Abzug zugelassen sind.[17] Die Frage der Angemessenheit einer werbewirksamen Spendenleistung anlässlich eines Katastrophenfalles stellt sich somit nicht.

Demgegenüber setzt die gewinnmindernde Berücksichtigung von nicht werbewirksamen, nicht mit einer Hilfestellung in Katastrophenfällen verbundenen Spendenleistungen voraus, dass diese von § 4a EStG erfasst sind, wobei neben einer detaillierten Beschreibung des begünstigten Empfängerkreises auf ihre betragsmäßige Limitierung verwiesen wird. Derartige Leistungen sind durch eine mangelnde Entgeltlichkeit definiert, so dass diese ohne explizite Nennung in § 4a EStG vom Abzugsverbot nach § 20 Abs 1 Z 4 EStG erfasst wären.[18] Der in § 4a EStG genannte Empfängerkreis begünstigter Spendenempfänger erstreckt sich im Weiteren auch auf Spendenleistungen, die aus der außerbetrieblichen Sphäre bzw dem Privatvermögen geleistet werden.

1.2. Der Spendenabzug unter dem Titel der Sonderausgaben

Der taxative Katalog abzugsfähiger Sonderausgaben umfasst gem § 18 Abs 1 Z 7 und 8 EStG auch Spendenleistungen an den in § 4a EStG genannten Empfängerkreis, wobei diesfalls die Spendenleistungen aus dem Privatvermögen stammen; kraft expliziter gesetzlicher Anordnung (§ 4a Abs 1 letzter Satz EStG) besteht für Spendenleistungen aus dem Betriebsvermögen die Möglichkeit ihrer Verwertung als Sonderausgabe, wenn diesen infolge der betragsmäßigen Limitierung ein Abzug als Betriebsausgabe verwehrt war. Der in qualitativer Betrachtung dem Inhalt des § 4a EStG angepasste Spendenabzug obliegt auch im Geltungsbereich der Sonderausgaben einer betragsmäßigen Beschränkung, wobei diesfalls – abweichend von Spendenleistungen aus dem betrieblichen Bereich – ein übersteigender Betrag verloren geht und keiner steuermindernden Berücksichtigung zugänglich ist. Dem Regime der Sonderausgaben folgend, wonach mit Ausnahme des Verlustvortrages Ausgaben der Einkommensverwendung infolge außerfiskalischer Zielsetzungen zum Abzug zugelassen sind, knüpft die steuermindernde Berücksichtigung von Spendenleistungen an ihre explizite gesetzliche Nennung.

2. Änderungen des Spendenabzugs in historischer Betrachtung

Die Abzugsfähigkeit von Spendenleistungen ist von einer regen Änderungsbereitschaft des Gesetzgebers geprägt, wobei im Besonderen das StRef 2009 sowie das AbgÄG 2011 umfassende Neuerungen mit sich gebracht haben. Der Spendenabzug findet seine Platzierung nunmehr im neu geschaffenen § 4a EStG, wodurch eine zutreffende Abgrenzung zu den allgemeinen bzw im Besonderen abzugsfähigen Betriebsausgaben geschaffen

---

[16] Vgl *Hilber*, ecolex 2002, 792.
[17] Vgl *Fritz-Schmied*, Die steuerliche Behandlung von Spenden anlässlich eines Katastrophenereignisses, in *Urnik/Fritz-Schmied* (Hrsg), Jahrbuch Bilanzsteuerrecht 2010, 15f.
[18] Siehe auch *Doralt* (EStG[13], § 4a Tz 3f), wonach § 4a EStG die Fiktion einer betrieblichen Veranlassung schafft.

wurde. Im Detail haben genannte Reformen zu einer steten Erweiterung des Spendenabzugs in qualitativer Hinsicht, dh Bezug nehmend auf den begünstigten Empfängerkreis, geführt, wobei jedoch durch das AbgÄG 2011 nicht vernachlässigbare quantitative Begrenzungen implementiert wurden.

2.1. Der Spendenabzug in qualitativer Betrachtung

Bis zur Geltung des StRefG 2009 war die Abzugsfähigkeit von Spendenleistungen

- einerseits an die zielgerichtete Verwendung der hierfür erlangten Mittel zur Durchführung von Forschungsaufgaben oder der Erwachsenenbildung dienenden Lehraufgaben geknüpft und
- andererseits wurden ausgewählte, im Gesetz erschöpfend genannte Institutionen dem begünstigten Empfängerkreis zugerechnet.

Mit der Durchführung von begünstigten Forschungs- und Lehraufgaben explizit betraut sind nach den Vorgaben des Gesetzgebers Universitäten, Kunsthochschulen, die Akademie der bildenden Künste sowie die Österreichische Akademie der Wissenschaften; weitere vergleichbare Einrichtungen bedürfen einer Aufnahme in eine Spendenliste, die auf der Homepage des BMF zur Veröffentlichung gelangt. Kraft des Gesetzes werden dem begünstigten Empfängerkreis zudem Einrichtungen, wie bspw die Österreichische Nationalbibliothek, die Diplomatische Akademie, Museen, das Bundesdenkmalamt zugerechnet.[19]

Im Zuge des StRefG 2009 wurde der Kreis der begünstigten Spendenempfänger erweitert und der gesamte Regelungstatbestand im neu geschaffenen § 4a EStG platziert.[20] Als Novum wurde eingeführt, dass zusätzlich zum bereits bislang begünstigten Empfängerkreis auch Spenden an Körperschaften, die

- mildtätige Zwecke iSd § 37 BAO verfolgen,
- Entwicklungshilfe oder
- Katastrophenhilfe ausüben bzw
- für genannte Zwecke Spenden sammeln (sog Spendensammelvereine),

einkünftemindernd berücksichtigt werden dürfen. Die Einhaltung der begünstigten Zwecke – unmittelbar tätige Körperschaften[21] dürfen ausschließlich Zwecken iSd §§ 34 ff BAO (und nicht eigennützigen Zwecken) dienen, die begünstigte Betätigung muss mindestens 75 % der Gesamtressourcen binden[22] bzw seit einem ununterbrochenen Zeitraum von 3 Jahren bestehen,[23] betriebliche Tätigkeiten dürfen nur in einem sehr eingeschränkten Umfang iSd §§ 45 Abs 1 und 2, 45a oder 47 BAO ausgeübt werden[24] und nur max 10 % des Spendenaufkommens darf zur Deckung der Verwaltungskosten verwen-

---

[19] Kritisch zur Rechtslage vor Geltung des StRefG 2009 *Renner* (SWK 2002, S 790).
[20] Vgl dazu *Lang/Wilplinger,* ecolex 2009, 352; *Heiss*, RFG 2009/18.
[21] Für Spendensammelvereine, die nicht unmittelbar den begünstigten Zwecken dienen, werden die Gemeinnützigkeitsvoraussetzungen explizit geregelt. Vgl hierzu *Lindiger/Oberleitner*, taxlex 2009, 93; *Doralt*, EStG[13], § 4a Tz 76.
[22] So die Rz 1338g EStR 2000.
[23] Die Verwaltungspraxis (Rz 1338h EStR 2000) hält hierzu fest, dass auch Zeiten einer allfälligen Vorgängerorganisation in den Zeitraum miteinzubeziehen sind.
[24] Auf die Möglichkeit einer Ausgliederung schädlicher Bereiche verweisen *Kirchmayr/Achatz* (taxlex 2006, 385).

det werden[25] – muss jährlich von einem Wirtschaftsprüfer bestätigt werden,[26] wobei die Aufnahme in den Kreis der spendenbegünstigten Organisationen in einer vom BMF veröffentlichten Spendenliste ersichtlich gemacht wird.

Durch das AbgÄG 2011 wurde der Kreis der begünstigten Spendenempfänger einer neuerlichen Erweiterung unterzogen, wobei iS einer verbesserten Übersichtlichkeit der gesamte § 4a EStG neu konzipiert wurde. Als wesentliche inhaltliche Neuerung zeigt sich eine Erweiterung der begünstigten Zwecke um

- Maßnahmen zum Umwelt-, Natur- und Artenschutz sowie
- die Betreuung von Tieren in einem behördlich genehmigten Tierheim und
- Aufgaben der Feuer- und örtlichen Gefahrenpolizei und des Katastrophenschutzes.

Letztgenannter Förderzweck findet durch die explizite Aufnahme von

- freiwilligen Feuerwehren sowie Landesfeuerwehrverbänden

in den Katalog der spendenbegünstigten Organisationen eine explizite Erwähnung.

Die Begünstigung für die sog Spendensammelvereine bleibt weiterhin Aufrecht, wobei durch das AbgÄG 2011 eine diesbezügliche Ausweitung der begünstigten Zwecke auf Umwelt-, Natur- und Artenschutz sowie Tierheime erfolgt ist. Weiterhin ist ohne Belang, ob sie die gesammelten Spenden an begünstigte Körperschaften weitergeben oder selbst bzw durch einen Erfüllungsgehilfen für eine entsprechende Verwendung der Spenden sorgen.[27]

Das bereits iZd StRefG 2009 implementierte Verfahren zur Erlangung des Begünstigtenstatus gilt gleichsam auch für Umwelt-, Natur- und Artenschutzorganisationen sowie Tierheime. Die begünstigten Feuerwehren müssen nicht in der Spendenliste erfasst sein, so dass auch eine Prüfung durch den Wirtschaftsprüfer entfällt.

Eine weitere Neuerung findet sich in § 4a Abs 3 Z 5 EStG, wonach auch ausgegliederte Rechtsträger von Gebietskörperschaften und ausgewählten Körperschaften dem Kreis der begünstigten Spendenempfänger zugehörig sind, sofern sie im Wesentlichen[28] mit Forschungs- und Lehraufgaben betraut sind. Genannte Bestimmung zielt im Besonderen auf selbständige Forschungseinrichtungen von Universitäten und der Akademie der Wissenschaften ab, die sich nicht ausschließlich den begünstigten Aktivitäten widmen.[29]

Künftig müssen auch Institutionen, deren begünstigter Zweck in der Durchführung von Forschungs- und Lehraufgaben liegt, analog den Organisationen auf humanitärem Gebiet, den Umwelt-, Natur- und Artenschutzorganisationen sowie Tierheimen das vorgegebene Procedere zur Erlangung des Begünstigtenstatus durchlaufen und die erforderlichen Voraussetzungen[30] mit einer jährlichen Bestätigung des Wirtschaftsprüfers nach-

---

[25] Dazu siehe Rz 1339 EStR 2000.
[26] Vgl *Mayr*, RdW 2009, 228.
[27] Rz 1331b EStR 2000.
[28] Nach der Verwaltungspraxis (Rz 1333c EStR 2000) setzt dies voraus, dass die betreffende Institution 75 % ihrer Gesamtressourcen für Forschungs- und Lehraufgaben verwendet.
[29] Eindeutig die EB zu § 4a EStG idF AbgÄG 2011.
[30] Für die im Wesentlichen mit Forschungs- und Lehraufgaben betrauten Einrichtungen wurden die Begünstigungsvorschriften in § 4a Abs 8 Z 2 EStG an deren Besonderheiten angepasst, wobei unter Entfall des Gemeinnützigkeitserfordernisses iSd §§ 34ff BAO ein – mit Ausnahme einer untergeordneten betrieblichen Tätigkeit – mangelndes Gewinnstreben in der Rechtsgrundlage verankert sein muss (so die EB zu § 4a EStG idF AbgÄG 2011).

weisen. Sämtliche begünstigte Einrichtungen werden künftig auf einer einheitlichen Liste, die auf der Homepage des BMF zur Veröffentlichung gelangt, geführt. Aus Sicht der spendengewährenden Partei trägt der Umstand einer umfassenden Verpflichtung zur Eintragung in die Spendenliste, aus welcher sowohl der Zeitpunkt der Erlangung als auch möglicherweise des Widerrufs der Begünstigung ersichtlich ist, zweifelsfrei zur Rechtssicherheit bei. Die nicht eintragungspflichtigen Organisationen, wie bspw Universitäten, Kunsthochschulen, die Österreichische Nationalbibliothek, weisen einen hinreichend klaren Begriffsinhalt auf, so dass eine Eintragung in die Spendenliste uE entbehrlich ist. Spenden, die weder an im Gesetz ausdrücklich genannte Organisationen noch an „gelistete" Einrichtungen geleistet werden, sind nicht abzugsfähig.[31] Hinsichtlich der durch das AbgÄG 2011 neu eingeführten Spendenorganisationen ist zu berücksichtigen, dass diesbezüglich geleistete Spenden frühestens ab 2012 abzugsfähig sind.

2.2. Der Spendenabzug in quantitativer Betrachtung

Die Erweiterung des begünstigten Empfängerkreises im Zuge des StRefG 2009 führte zu keiner Verminderung der bereits bislang abzugsfähigen Spendenleistungen, indem für den neu implementierten Empfängerkreis eine eigenständige Begrenzung gegolten hat, die neben (und nicht gemeinsam mit) den bereits bislang abzugsfähigen Spenden zur Anwendung gelangte. Aus dem Betriebsvermögen geleistete Spenden für mildtätige Zwecke, Entwicklungsarbeit und (nicht werbewirksame) Katastrophenhilfe konnten iHv 10 % des Vorjahresgewinnes als Betriebsausgabe verwertet werden, wobei hierfür keine Zusammenrechnung mit den bis einschließlich 2009 begünstigten Spendenleistungen für die Forschung erfolgte.[32] Demnach konnte aus ein und demselben Betriebsvermögen ein Betrag von max 20 % des Vorjahresgewinnes für begünstigte Zwecke gespendet werden.[33] Diese Differenzierung setzte sich bei den als Sonderausgabe abzugsfähigen Spenden fort: Wurden Spenden für begünstigte Zwecke iS der Forschung aus dem Privatvermögen bzw „nicht verwertetem" Betriebsvermögen geleistet, wurden diese mit 10 % vom Gesamtbetrag der Vorjahreseinkünfte limitiert, wobei die diesbezüglichen, bereits als Betriebsausgabe erfassten Spendenleistungen eingerechnet werden mussten.[34] Hinsichtlich des iZ des StRefG 2009 neu eingeführten begünstigten Empfängerkreises gewährte der Gesetzgeber die höhenmäßige Beschränkung in isolierter Form: Die wiederum mit 10 % des Gesamtbetrages der Einkünfte des Vorjahres limitierte Grenze für Sonderausgaben gelangte diesfalls jedoch zusätzlich zu den für derartige Zwecke bereits als Betriebsausgabe zum Abzug gebrachten Spendenleistungen zur Umsetzung;[35] insofern konnte die durch den Vorjahresgewinn bereit gestellte Basis doppelt zur Verwertung gelangen.

---

[31] Eindeutig Rz 1331 EStR 2000.
[32] Vgl *Zorn* in *Hofstätter/Reichel* (Hrsg), Die Einkommensteuer[43], § 4a Rz 79; *Jakom/Lenneis*, EStG[5], 2012, § 4a Tz 4.
[33] Vgl *Doralt*, EStG[13], § 4a Tz 10.
[34] Siehe dazu *Büsser* in *Hofstätter/Reichel* (Hrsg), Die Einkommensteuer[43], § 18 Abs 1 Z 7 und 8 Rz 2.6.
[35] Vgl *Zorn* in *Hofstätter/Reichel* (Hrsg), Die Einkommensteuer[43], § 4a Rz 80; *Jakom/Lenneis*, EStG[5], 2012, § 4a Tz 4.

Dies sei an nachgestelltem Beispiel verdeutlicht:

Beispiel 1:
Gewinn des Vorjahres: 100
Sonstige Einkünfte des Vorjahres: 200
Gesamtbetrag der Einkünfte des Vorjahres: 300

Betriebsausgaben	*Rechtslage vor StRefG 2009*	*Rechtslage nach StRefG 2009*
Spenden für begünstigte Zwecke in der Forschung	10	10 (ohne Einrechnung von Spenden für mildtätige Zwecke, Entwicklungsarbeit und Katastrophenfälle)
Spenden für mildtätige Zwecke, Entwicklungsarbeit und Katastrophenfälle	0	10 (ohne Einrechnung von Spenden für begünstigte Zwecke in der Forschung)
*Spenden für begünstigte Zwecke als **Betriebsausgabe***	*10*	*20*
Sonderausgaben		
Spenden für begünstigte Zwecke in der Forschung	*20 (30–10; unter Einrechnung von entsprechenden Zuwendungen aus dem BV)*	*20 (30–10; unter Einrechnung von entsprechenden Zuwendungen aus dem BV)*
Spenden für mildtätige Zwecke, Entwicklungsarbeit und Katastrophenfälle	0	30 (ohne Einrechnung von entsprechenden Zuwendungen aus dem BV)
*Spenden für begünstigte Zwecke als **Sonderausgabe***	*20*	*50*
Maximaler Spendenbetrag insgesamt	*30*	*70*

Es ist klar ersichtlich, dass der iZd StRefG 2009 neu aufgenommene begünstigte Empfängerkreis mit einer quantitativen Verbreiterung einhergeht. Dies zeigt sich einerseits darin, dass die an den erweiterten Adressatenkreis geleisteten Spenden zusätzlich zu den bereits bislang begünstigten Organisationen zum Abzug zugelassen waren und andererseits für den neu implementierten Adressatenkreis eine zusätzliche Erweiterung dahingehend geschaffen wurde, dass die als Betriebsausgabe erfassten Spenden zu keiner Kürzung des Sonderausgabenabzugs geführt haben.

Abweichendes gilt für das AbgÄG 2011, in dem die neuerliche Erweiterung des begünstigten Empfängerkreises von einer betragsmäßigen Reduktion abzugsfähiger Spendenleistungen begleitet wird. Dies wird einerseits auf betrieblicher Ebene ersichtlich, indem für sämtliche Spendenleistungen eine Begrenzung iHv 10 % des Vorjahresgewinnes zu berücksichtigen ist.[36] Somit wurde der je Betrieb maximal mögliche Spendenbetrag praktisch halbiert. Diese Verschärfung findet auf der Ebene des Sonderausgabenabzugs eine Fortsetzung, wobei der mit 10 % vom Gesamtbetrag der Vorjahreseinkünfte limitierte Abzug stets unter Einrechnung der als Betriebsausgabe in Abzug gebrachten Spendenleistungen erfolgt.[37] Die hierdurch vorliegende massive Einschränkung[38] sei an folgendem (weiterführenden) Beispiel illustriert:

Beispiel 2:
Gewinn des Vorjahres: 100
Sonstige Einkünfte des Vorjahres: 200
Gesamtbetrag der Einkünfte des Vorjahres: 300

Betriebsausgaben	Rechtslage nach StRefG 2009	Rechtslage nach AbgÄG 2011
Spenden für begünstigte Zwecke in der Forschung	*10 (ohne Einrechnung von Spenden für mildtätige Zwecke, Entwicklungsarbeit und Katastrophenfälle)*	
Spenden für mildtätige Zwecke, Entwicklungsarbeit und Katastrophenfälle	*10 (ohne Einrechnung von Spenden für begünstigte Zwecke in der Forschung)*	
Spenden für begünstigte Zwecke als **Betriebsausgabe**	*20*	*10*
Sonderausgaben		
Spenden für begünstigte Zwecke in der Forschung	*20 (30–10; unter Einrechnung von entsprechenden Zuwendungen aus dem BV)*	
Spenden für mildtätige Zwecke, Entwicklungsarbeit und Katastrophenfälle	*30 (ohne Einrechnung von entsprechenden Zuwendungen aus dem BV)*	
Spenden für begünstigte Zwecke als **Sonderausgabe**	*50*	*20 (30–10; unter Einrechnung von Zuwendungen aus dem BV)*
Maximaler Spendenbetrag insgesamt	*70*	*30*

---

[36] Vgl auch *Wolf*, SWK 2011, S 961.
[37] Siehe dazu Rz 1349 EStR 2000.
[38] In diesem Sinne auch *Schuh*, SWK 2011, S 913.

Das Beispiel zeigt deutlich, dass der Gesetzgeber in quantitativer Betrachtung durch das AbgÄG 2011 wieder zur Rechtslage vor Geltung des StRefG 2009 zurückgekehrt ist. Die Erweiterung der letzten Reformen entfaltet sich letztlich nur auf der qualitativen Ebene der begünstigten Spendenempfänger.

Einen weiteren quantitativen Anknüpfungspunkt zeigt die Abzugsfähigkeit von Spenden im Zuge der Bewertung von Sachspenden. Als Sonderausgabe sind Sachspenden nur unter der Voraussetzung, dass diese für begünstigte Zwecke iSd § 18 Abs 1 Z 7 EStG und somit für ausgewählte, im Gesetz explizit genannte Einrichtungen geleistet werden, zum Abzug zugelassen. Hinsichtlich der Abzugsfähigkeit von Sachspenden als Betriebsausgabe gelten (seit dem AbgÄG 2011)[39] keinerlei Beschränkungen auf ausgewählte begünstigte Zwecke.

Der für Sachspenden relevante Wertmaßstab wird in § 4a Abs 1 EStG mit dem gemeinen Wert definiert, der nach § 10 Abs 2 BewG jenen Wert abbildet, der im gewöhnlichen Geschäftsverkehr nach der Beschaffenheit des Gutes bei einer Veräußerung zu erzielen wäre. Ein etwaig vorhandener (Rest-)Buchwert darf infolge der expliziten Anordnung des Gesetzgebers nicht (zusätzlich)[40] in Abzug gebracht werden. Hinsichtlich der Bestimmung des gemeinen Wertes wird nach Maßgabe der gespendeten Güter differenziert vorgegangen:[41] Werden Güter eigens für die Spendenleistung (außerhalb des gewöhnlichen Geschäftsbetriebes des Steuerpflichtigen) zugekauft,[42] wird der gemeine Wert durch die für den unmittelbar vorangestellten Erwerbsvorgang geleisteten Anschaffungskosten determiniert. Lässt sich der gemeine Wert von gespendeten Gütern aus dem Anlagevermögen nicht aus Preisen auf vorhandenen Gebrauchtmärkten ableiten, muss dieser geschätzt werden, wofür die Buchwerte bzw nach Maßgabe einer zeitlichen Nähe zum Erwerbsvorgang die historischen Anschaffungs- oder Herstellungskosten[43] als Ausgangspunkt dienen. Werden Güter des Umlaufvermögens gespendet, gewährleistet ihre Bewertung zum gemeinen Wert einen Abzug der Sachspende mit ihrem gewöhnlichen Verkaufspreis, wodurch auch ein fiktiver Gewinnentgang abzugsmindernd zur Berücksichtigung gelangt. Dies gilt auch für gespendete Leistungen des Unternehmers, die mit ihrem Verkaufspreis in Abzug gebracht werden.[44]

---

[39] Vor Geltung des AbgÄG 2011 konnten an Spendensammelvereine nur Geldleistungen als Betriebsausgabe steuermindernd erfasst werden.
[40] Dazu siehe detailliert im Anschluss Punkt 3.1.
[41] Vgl dazu *Fritz-Schmied*, Die steuerliche Behandlung von Spenden anlässlich eines Katastrophenereignisses, in *Urnik/Fritz-Schmied* (Hrsg), Jahrbuch Bilanzsteuerrecht 2010, 16f.
[42] Werden Wirtschaftsgüter aus betrieblichen Mitteln angeschafft und unmittelbar danach gespendet, liegt eine Zuwendung aus dem Betriebsvermögen vor (VwGH 22.3.1993, 91/13/0060). Nach *Zorn* (in *Hofstätter/Reichel* [Hrsg], Die Einkommensteuer[43], § 4a Rz 6) können auch Spenden aus dem Privatvermögen unter dem Titel der Betriebsausgabe verwertet werden, wofür sodann eine Einlage unterstellt wird.
[43] So die Rz 1347 EStR 2000 bei einem gespendeten Kunstwerk.
[44] Vgl *Fritz-Schmied*, Die steuerliche Behandlung von Spenden anlässlich eines Katastrophenereignisses, in *Urnik/Fritz-Schmied* (Hrsg), Jahrbuch Bilanzsteuerrecht 2010, 16.

Die für Spendenleistungen charakteristische fehlende Entgeltlichkeit bedingt, dass derartigen Zuwendungen keine Gegenleistung gegenüberstehen darf.[45] Besteht jedoch eine solche und befindet sie sich erheblich unter dem Wert der Leistung, liegt in Höhe des den gemeinen Wert der Gegenleistung übersteigenden Betrages eine abzugsfähige Spendenleistung vor (§ 4a Abs 7 Z 4 iVm § 18 Abs 1 Z 8b EStG). Das erhebliche Übersteigen der Gegenleistung wird von der Verwaltungspraxis[46] dahingehend präzisiert, dass die Leistung den gemeinen Wert der Gegenleistung um mehr als die Hälfte übersteigen muss. Diese auf eine Kombination von entgeltlichen und freiwilligen Leistungen abzielenden Vorgänge, wie sie bspw bei karitativen Versteigerungen anzutreffen sind, erlauben einen anteiligen, auf den freiwillig geleisteten Teil der Zahlung beschränkten Spendenabzug, der für Betriebsausgaben und Sonderausgaben[47] gleichermaßen greift. Wurde auch der in weiterer Folge ersteigerte Vermögenswert der begünstigten Organisation gespendet und stammt dieser aus dem Betriebsvermögen des Spenders, kann dieser in Höhe seines gemeinen Wertes als Betriebsausgabe iSd § 4a EStG in Abzug gebracht werden.[48] Somit ist sichergestellt, dass der insgesamt als Spende abzugsfähige Betrag dem gemeinen Wert des gespendeten Vermögenswertes und der für seinen Erwerb geleisteten „Überzahlung" entspricht; dieser gelangt auf den betroffenen Spenderkreis im vorgegebenen Wertverhältnis zur Aufteilung.[49] Die (anteilige) Spendenleistung wird in die betragsmäßige Limitierung für Betriebsausgaben oder Sonderausgaben eingerechnet.

3. Beurteilung des gesetzlichen Regelungstatbestandes und Möglichkeiten einer Neukonzeption

3.1. Die steuermindernde Berücksichtigung von Sachspenden

Sachspenden aus dem Betriebsvermögen werden in Höhe ihres gemeinen Wertes gewinnmindernd erfasst. Dabei darf ein vorhandener (Rest-)Buchwert nicht zusätzlich als Be-

---

[45] Rz 1330a EStR 2000. Darüber hinaus normiert § 4a Abs 7 Z 2 EStG ein explizites Abzugsverbot für Mitgliedsbeiträge, welches sowohl echte als auch unechte Beitragszahlungen umfasst. Demgegenüber sind freiwillig oder aufgrund einer Einzelverpflichtung (dazu kritisch *Doralt*, EStG[13], § 4a Tz 40) geleistete Beträge unter dem Titel der Spendenzahlungen abzugsfähig (so die Rz 1330c EStR 2000; *Heiss*, RFG 2009/18).

[46] Rz 1330a EStR 2000. Diese führen weiters aus, dass, wenn die Gegenleistung einen völlig unerheblichen Wert aufweist (bspw in Gestalt von Weihnachtskarten), zur Gänze eine abzugsfähige Spendenleistung vorliegt.

[47] *Baldauf* (SWK 2011, S 888) weist zutreffend darauf hin, dass ungeachtet des Umstandes, dass diese Regelung infolge ihrer Platzierung in § 18 Abs 1 Z 8 EStG bei einem Sonderausgabenabzug nur für einen entsprechend beschränkten Empfängerkreis vorgesehen ist, von einem den Betriebsausgaben gleichgestellten Empfängerkreis auszugehen ist.

[48] Dies wird auch für den nach § 18 Abs 1 Z 7 EStG und damit eingeschränkt zulässigen Sonderausgabenabzug als Sachspende gelten (vgl *Baldauf*, SWK 2011, S 88).

[49] Das BMF (Information vom 2.11.2010, BMF-010203/0596-VI/6/2010) weist darauf hin, dass, wenn der gemeine Wert des gespendeten bzw erworbenen Vermögenswertes nicht ohne großen Aufwand ermittelt werden kann, die insgesamt seitens der Organisation lukrierte Spende – so der vom „Erwerber" geleistete Geldbetrag – im Verhältnis von 50:50 auf die beiden Spender aufgeteilt werden kann. Übereinstimmend auch Rz 1330a EStR 2000.

triebsausgabe erfasst werden. Sind im gespendeten Sachgut stille Reserven gespeichert, dh der gemeine Wert liegt über dem Buchwert, gewährleistet die genannte Bewertungssystematik, dass der Steuerpflichtige nicht nur die seinerseits geleisteten Ausgaben, sondern zudem einen fingierten Gewinnentgang steuermindernd berücksichtigen darf.[50] Insofern erweist sich für den Steuerpflichtigen das Leisten einer Sachspende vorteilhafter gegenüber einer Veräußerung des Sachgutes mit anschließender Barzuwendung des erhaltenen Veräußerungserlöses.[51] Dieser steht darüber hinaus nur in entsprechend reduzierter Form für eine Geldspende zur Verfügung, wenn zusätzlich die Besteuerung des Veräußerungsgewinnes berücksichtigt wird. Die Bewertung derartiger Sachspenden mit ihrem gemeinen Wert stellt eine Begünstigungsnorm dar, deren Rechtfertigung in einer außerfiskalisch intendierten erhöhten Spendenbereitschaft erblickt werden kann.

Problematisch erweist sich die Bewertungsvorgabe jedoch dann, wenn der gemeine Wert den Buchwert der Sachspende unterschreitet. Durch die gewinnmindernde Berücksichtigung des gemeinen Wertes wird der (Rest-)Buchwert des gespendeten Gutes nicht gänzlich zur Verrechnung gebracht, so dass die vom Steuerpflichtigen seinerseits geleisteten Ausgaben nicht in voller Höhe als Aufwand erfasst werden.[52] Dies gilt unter der einschränkenden Bedingung, dass einem entsprechend verminderten gemeinen Wert nicht durch eine vorangestellte Absetzung auf den niedrigeren Teilwert, dessen Verpflichtung bzw Zulässigkeit nach Maßgabe der angewandten Gewinnermittlungsart variiert,[53] begegnet werden konnte. Eine Ungleichbehandlung zeigt sich im Vergleich zur Alternative einer Veräußerung des Sachgutes mit anschließender Zuwendung des erhaltenen Barbetrages, wofür infolge der Realisierung des Veräußerungsverlustes gewährleistet ist, dass der Steuerpflichtige die gesamten geleisteten Ausgaben gewinnmindernd verrechnen darf. Überdies wäre eine um die durch den erzielten Verlust verringerte Steuerbelastung erhöhte Barzuwendung an den begünstigten Spendenempfänger denkbar.

Dass der gezeigten Ungleichbehandlung von Sachspenden gegenüber einer Veräußerung des Sachgutes mit anschließender Zuwendung des erhaltenen Geldbetrages mit ihrer Bewertung zum Buchwert begegnet werden soll,[54] steht der Umstand entgegen, dass die steuermindernde Erfassung eines fiktiven Gewinnentganges ein durchaus taugliches Instrumentarium zur Erhöhung der Spendenbereitschaft darstellt. Für jene Konstellationen, in denen der gemeine Wert den Buchwert der Sachspende unterschreitet, kann uE der gewinnmindernde Abzug des den gemeinen Wert der Sachspende übersteigenden Buchwertes nicht eindeutig in Abrede gestellt werden. Der Gesetzgeber hält in § 4a Abs 1 EStG lediglich fest, dass der Restbuchwert nicht zusätzlich (Hervorh der Verf) als Betriebsausgabe anzusetzen ist; demzufolge ist eine anteilige Berücksichtigung des Restbuchwertes insoweit denkbar, als dieser nicht im gemeinen Wert eine Deckung findet. In weiterer Folge ist somit auch in jenen Fällen eine gänzliche Verwertung der geleisteten Ausgaben garantiert, wenn der gemeine Wert den Buchwert unterschreitet.

---

[50] *Doralt* (EStG[13], § 4a Tz 13) spricht in diesem Kontext von einer Überbegünstigung.
[51] Siehe dazu die beispielhaften Darstellungen bei *Schuh* (SWK 2011, S 913).
[52] Siehe dazu die beispielhaften Darstellungen bei *Schuh* (SWK 2011, S 913).
[53] Während für die Gewinnermittlung gem § 5 Abs 1 EStG angesichts der verpflichtenden Maßgabe der unternehmensrechtlichen GoB die Absetzung auf den niedrigeren Teilwert in verpflichtender Form erfolgt, besteht für die Gewinnermittlung gem § 4 Abs 1 EStG ein diesbezügliches Wahlrecht.
[54] So von *Doralt*, EStG[13], § 4a Tz 14 und *Schuh*, SWK 2011, S 913.

Werden Sachspenden explizit für die Spendenleistung zugekauft und entspricht ihr gemeiner Wert den geleisteten Anschaffungskosten – dies wird im Besonderen dann der Fall sein, wenn die Sachspenden nicht dem üblichen Geschäftsumfeld zugehörig sind und diese somit von „gewöhnlichen" Bezugsquellen beschafft werden –, stimmt der in Abzug gebrachte Betrag mit einer entsprechend geleisteten Geldspende überein.

Nachstehend sind die Auswirkungen dieser Regelung auf Beispielfälle erläutert:

						Spender				Empfänger		Fiskus		
Szenario		Buchwert (BW)		Gemeiner Wert (GW)	Betriebsausgabe	Est 50%	Nettovermögen vor Spende	Nettovermögen nach Spende	Nettovermögensminderung	Nettovermögensminderung in %	Nutzen	Nutzen in %	Einnahme (+) Ausgabe (-)	Erhöhung (+) Minderung (-) latente Steuern	Mindersteuern	Mindersteuern in %
1 Sachspende BW 200	200	=	200	200	100	200	100	-100	-50%	200	100%	-100	0	-100	-50%
2 Sachspende BW 100	100	<	200	200	100	150	100	-50	-33%	200	133%	-100	-50	-150	-100%
3 Verkauf und Geldspende BW 100	100	<	200	200	50	150	50	-100	-67%	200	133%	-50	-50	-100	-67%
4 Sachspende BW 300	300	>	200	200	100	250	100	-150	-60%	200	80%	-100	50	-50	-20%
5 Sachspende mit vorh TWA BW 300	300	>	200	200	150	250	150	-100	-40%	200	80%	-150	50	-100	-40%
6 Verkauf und Geldspende BW 300	300	>	200	200	150	250	150	-100	-40%	200	80%	-150	50	-100	-40%

Es wird jeweils die Auswirkung auf das Nettovermögen der spendenden Person unter der Annahme einer 50 %igen Progression ermittelt, sowie der Vorteil für die empfangende Einrichtung und die Auswirkung auf das Steueraufkommen.

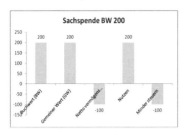

Entspricht der Buchwert des gespendeten Wirtschaftsgutes dem gemeinen Wert, dann ist die Sachspende in ihrer Auswirkung gleich der Geldspende.

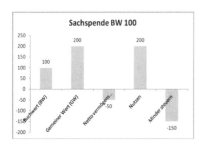

Liegt der Buchwert unter dem gemeinen Wert, so bewirkt die Spende gleichen gemeinen Wertes einen geringen Nettovermögensverlust beim Spender, die „Entsorgung" der latenten Steuern geht zu Lasten des Steueraufkommens.

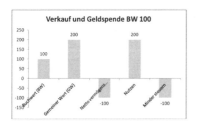

Verkauft der Spender das Wirtschaftsgut und spendet den Geldbetrag, dann verliert er den Vorteil aus dem letzten Beispiel.

Der steuerliche Spendenabzug

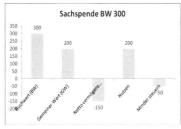

Liegt der Buchwert über dem gemeinen Wert, dann verliert der Spender durch die Sachspende den latenten Steuervorteil aus der Buchwertabschreibung, was eine Erhöhung seiner Nettovermögensminderung bewirkt.

Liegt der Teilwert des zu spendenden Wirtschaftsgutes in Höhe des gemeinen Wertes und kann daher eine Teilwertabschreibung auf den gemeinen Wert durchgeführt werden, dann gleicht sich der oben beschriebene Nachteil wieder aus.

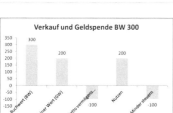

Ebenfalls ausgleichen lässt sich der Nachteil durch Verkauf des Wirtschaftsgutes und nachfolgende Geldspende, wenn sich ein Käufer findet.

Die Zusammenfassung verdeutlicht, dass nur die beiden Fälle, in denen der Buchwert vom gemeinen Wert abweicht und kein vorgelagerter Verkauf oder eine vorgelagerte Teilwertabschreibung die Wirkung egalisieren, zu abweichenden Ergebnissen führen. Diese sind durch entsprechende Gestaltung unter bestimmten Rahmenbedingungen (Möglichkeit bzw Vermeidbarkeit eines vorgelagerten Verkaufes, Möglichkeit zur Teilwertabschreibung) beeinflussbar.

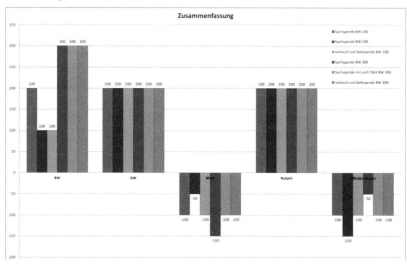

Der Nutzen für die empfangende Institution ist (abgesehen von in den nachfolgenden Ausführungen besprochenen Sachverhalten) stets gleich, die Nettovermögensminderung verhält sich unter Einbezug der latenten Steuern gegengleich zur Wirkung im Steueraufkommen.

Für einen begrenzten Empfängerkreis können Sachzuwendungen auch aus dem Privatvermögen erfolgen, wobei diesbezüglich ihre Bewertung zum gemeinen Wert (grundsätzlich) keine verzerrten Ergebnisse nach sich zieht. Unter der Annahme, dass die Veräußerung von Sachwerten aus dem Privatvermögen steuerlich nicht erfasst wird, garantiert die Bewertung der Sachspende mit ihrem gemeinen Wert ein zur Veräußerung mit anschließender Zuwendung des Barbetrages analoges Ergebnis. Die Substanzgewinnbesteuerungen der §§ 27 und 30f EStG greifen nämlich nicht, weil diese an Veräußerungstatbestände knüpfen.[55] Die Besteuerung gem § 27a erfolgt zwar gemäß § 27a Abs 3 Z 2 lit b bei Entnahme aus dem Depot iS des § 27 Abs 6 Z 1 lit a, kann aber durch den Nachweis der unentgeltlichen Übertragung ohne Verlust des österreichischen Besteuerungsrechtes abgewendet werden. Beachtlich ist dabei, dass im Falle unentgeltlicher Erwerbe bestehende Anschaffungskosten weitergelten und die Spekulationsfrist weiter läuft. Gerade bei Zuwendung von Kapitalvermögen kann es somit zum Übergang einer latenten Steuerlast kommen. Gemeinnützige Empfänger, die gem § 5 Z 6 KStG von der Steuerpflicht befreit sind, sind gem § 21 Abs 2 Z 3 TS 6 KStG iZm § 94 Z 6 lit c TS 5 EStG nur betreffend ihrer steuerfreien Betriebe von der KESt-Pflicht befreit, wenn es sich bspw um Einkünfte aus realisierten Wertsteigerungen iSd § 27 Abs 3 EStG handelt, nicht hingegen auf Ebene ihrer außerbetrieblichen Sphäre.

3.2. Die betragsmäßige Beschränkung von Spendenleistungen

In quantitativer Betrachtung unterliegen Spendenleistungen einer zweifachen Beschränkung, indem diese als

- Betriebsausgabe 10 % vom Vorjahresgewinn und als
- Sonderausgabe 10 % des Gesamtbetrages der Einkünfte aus dem Vorjahr

nicht überschreiten dürfen. Dabei zeigt sich, dass die als Betriebsausgabe erfassten Spendenleistungen des Vorjahres die Bemessungsgrundlage der maximal möglichen laufenden Spendenleistungen aus dem betrieblichen Bereich kürzen.[56] Die Implementierung einer Höchstgrenze wird damit begründet, dass die durch den Spendenabzug hervorgerufenen Steuerausfälle beschränkt werden sollen.[57] *Lang*[58] weist in diesem Zusammenhang darauf hin, dass auch alternative Begrenzungen, wie bspw der Abzug eines Bruchteils der Spenden oder die Einführung eines absoluten Höchstbetrages, interessante Alternativen darstellen würden, wobei hierdurch auch eine Differenzierung nach be-

---

[55] Vgl Rz 6620 EStR 2000, wonach Anschaffung und Veräußerung korrespondierende Vorgänge sind und nur bei entgeltlichen Erwerben auftreten.
[56] Dies gilt nur für den betrieblichen Bereich, zumal sich der für die privaten Spendenleistungen maßgebende Gesamtbetrag der Einkünfte des Vorjahres unter Außerachtlassung von Sonderausgaben (und somit der privaten Spendenleistungen des Vorjahres) definiert.
[57] So die ErlRV 621 BlgNR 17.GP, 65.
[58] SWK 2011, S 499.

günstigten Zwecken effektiver umgesetzt werden könnte als im Falle einer Bezugnahme auf den Gesamtbetrag der Einkünfte[59] (oder aber des Einkommens[60]) des Vorjahres.

Die nach derzeitiger Rechtslage im Gesetz verankerte Höchstgrenze auf Basis der Vorjahresgewinne bzw -einkünfte wird in einer Mehrperiodenbetrachtung bei einer schwankenden Bezugsbasis dazu führen, dass der Spendenabzug nicht mit 10 % begrenzt ist, sondern bei vorliegenden Verlustjahren ein höherer prozentueller Anteil als Spende in Abzug gebracht werden kann.[61] Dies resultiert daraus, dass erzielte Verluste die Gesamtbasis in vollem Umfang reduzieren, während sie Bezug nehmend auf den Spendenabzug nur zu einem (einmaligen) Versagen in der Folgeperiode führen. Demnach sind auch Konstellationen denkbar, wonach ungeachtet eines über mehrere Perioden erzielten Gesamtverlustes ein Spendenabzug zulässig ist. Dies sei an nachfolgendem Beispiel verdeutlicht:

Beispiel 3 (unter der Annahme, dass auch in Verlustjahren hinreichend andere positive Einkünfte zur Nutzung der Sonderausgaben anfallen):

Jahr	X0	X1	X2	X3	X4	gesamt
Bezugsbasis A	100	200	-200	100	300	**200 (X0-X3)**
Spendenabzug A		-10	-20	0	-10	**-40 (20 %; X1-X4)**
Bezugsbasis B	100	200	-400	-100	300	**-200 (X0-X3)**
Spendenabzug B		-10	-20	0	0	**-30 (X1-X4)**

Beispiel 4 (unter der Annahme, dass auch in Verlustjahren nicht ausreichend andere positive Einkünfte zur Nutzung der Sonderausgaben anfallen):

Jahr	X0	X1	X2	X3	X4	gesamt
Bezugsbasis A	200	200	-400	100	300	**100 (X0-X3)**
Spendenabzug A		-20	0 (-20)	0	-10	**-30 (30 %; X1-X4)**
Bezugsbasis B	200	200	-400	-100	300	**-100 (X0-X3)**
Spendenabzug B		-20	0 (-20)	0	0	**-20 (X1-X4)**

---

[59] Hierzu hält *Lang* fest, dass durch einen Abzug von weiteren Sonderausgaben, wozu insbesondere der Verlustvortrag zählt, im Jahr des Spendenabzugs eine Steuerleistung an den Fiskus keineswegs garantiert ist.

[60] Bei einer Bezugnahme auf das Einkommen des Vorjahres gibt *Lang* zu bedenken, dass die Bemessungsgrundlage für den künftigen Spendenabzug nicht nur durch die als Betriebsausgabe, sondern auch als Sonderausgabe in Abzug gebrachten Spenden eine Kürzung erfährt.

[61] Dazu siehe *Schuh*, SWK 2011, S 913.

Einem in einer Mehrperiodenbetrachtung möglichen Spendenabzug von über 10 % der Bezugsbasis bzw ungeachtet eines Gesamtverlustes soll uE[62] nicht mit Kritik begegnet werden, zumal die steuerliche Berücksichtigung von Spendenleistungen im Ausmaß von ggf mehr als 10 % der Intention einer Förderung der Spendenbereitschaft durchaus zugänglich ist. Die Einhaltung der 10 %-Grenze in einer Mehrperiodenbetrachtung würde demgegenüber nach Perioden mit einer negativen Bezugsbasis einen Spendenabzug erst dann wieder zulassen, wenn diese durch nachfolgende positive Bezugsbasen wieder aufgefüllt ist. An dieser Stelle darf angemerkt werden, dass im Entwurf zum AbgÄG 2012 vorgesehen ist, die prozentuelle Begrenzung des Spendenabzugs am laufenden Gewinn bzw Gesamtbetrag der Einkünfte zu orientieren.

Die stete Ausweitung des Kreises spendenbegünstigter Empfänger zeigt eine in diesem Bereich vorliegende Dynamik,[63] wobei nicht davon auszugehen ist, dass die begünstigten Spendenempfänger nunmehr eine abschließende Beschreibung gefunden haben. Die Definition begünstigungswürdiger Zwecke unterliegt dem Wandel der Zeit und es ist außer Streit gestellt, dass der Gesetzgeber hierfür auf Wertentscheidungen zurückgreifen muss,[64] denen mit Kritik[65] begegnet wird. Ungeachtet der mit den Neuregelungen intendierten Steigerung der Spendenbereitschaft ist zweifelhaft, ob eine permanente Ausweitung begünstigter Zwecke das Spendenaufkommen insgesamt bzw sich die Spendenbereitschaft nach Maßgabe des individuellen Grenzsteuersatzes[66] erhöht. Wird dies in Abrede gestellt[67] und überdies bedacht, dass – wie unter Punkt 2.2. gezeigt – der Maximalbetrag abzugsfähiger Spendenleistungen durch das AbgÄG 2011 eine massive Einschränkung gefunden hat und sich nunmehr wieder auf dem Niveau vor dem StRefG 2009 befindet, gelangt ein ggf sogar verminderter Spendenbetrag auf einen gewachsenen Kreis von Empfängern zur Aufteilung. Insofern ist davon auszugehen, dass sich der Wettbewerb zwischen spendenbegünstigten Einrichtungen deutlich verschärfen wird und einzelne Organisationen sogar Spendeneinnahmen verlieren können.[68]

Im Jahr 2008 wurde vom NPO-Institut eine Studie im Auftrag des österreichischen Instituts für Spendenwesen (ÖIS) zum Spendenverhalten in Österreich durchgeführt. Neben Themen wie der Entwicklung des Spendenwesens, der Spendenbeteiligung der Bevölkerung und der Höhe der gespendeten Beträge bildet die steuerliche Absetzbarkeit von Spenden einen weiteren Schwerpunkt dieser Studie.[69] Ausgehend von nachstehenden Fragen zum Spendenverhalten sollte die Auswirkung der Absetzbarkeit auf das Steueraufkommen geschätzt werden:

Bei der Frage, ob die Möglichkeit der steuerlichen Absetzbarkeit bei den Befragten selbst genutzt werden würde, geben rund 53 % der Befragten an, dass sie von dieser

---

[62] Siehe jedoch im Besonderen *Schuh* (SWK 2011, S 913), nach dem die Grenze iHv 10 % in einer Durchschnittsbetrachtung gelten soll und wofür auf die Möglichkeit eines Versagens des Spendenabzugs nach Verlustjahren bis zum Erreichen der 10 %-Grenze verwiesen wird; dies würde die Notwendigkeit der Abbildung der Bezugsbasis in der Art eines Evidenzkontos erfordern.
[63] Siehe dazu auch *Mayr*, ÖStZ 2011, 187.
[64] Vgl *Lang*, SWK 2011, S 499.
[65] Siehe bereits *Hörtnagl-Seidner*, ÖStZ 2011, 317; kritisch auch *Wolf*, SWK 2011, S 961.
[66] Dazu im Anschluss Punkt 3.3.
[67] So von *Mayr*, ÖStZ 2011, 187.
[68] Vgl *Lang*, SWK 2011, S 499; *Schuh*, SWK 2011, S 913; *Wolf*, SWK 2011, S 961.
[69] Vgl *Neumayr/Schober*, Spendenstudie 2008, 4.

Möglichkeit Gebrauch machen würden. Hinsichtlich des Erwerbsstatus zeigt die Studie, dass die Personengruppe der Nicht-Berufstätigen die Spendenabsetzbarkeit in geringerem Ausmaß nutzen würde, während mehr als die Hälfte der Berufstätigen (61 %) vom Spendenabzug Gebrauch machen würde. Eine genauere Betrachtung nach Altersgruppen zeigt, dass Personen zwischen 25 und 64 Jahren die Spendenabsetzbarkeit stärker in Anspruch nehmen, da diese Personengruppe im Berufsleben steht und zu hohen Anteilen über ein eigenes Einkommen verfügt. Die höchste beabsichtigte Nutzung des Spendenabzuges zeigt sich in der Altersgruppe der 30-34-jährigen (rd 62 %) Personen; diese Gruppe weist eine sehr hohe Spendenbeteiligung (rd 74 %) auf, die weit über dem Durchschnitt der Befragten (rd 66 %) liegt. Am geringsten ist die Spendenbeteiligung bei Personen, die von der Absetzbarkeit nicht Gebrauch machen möchten (rd 57 %). Zudem spenden Personen, die den Spendenabzug nutzen wollen, im Durchschnitt die höchsten Beträge (€ 53) im Vergleich zu jenen Personengruppen, die keine Steuern bezahlen (€ 29) und jenen, die die Absetzbarkeit nicht nutzen (€ 30).[70] Von den 53 % der Befragten, die einen Spendenabzug nutzen würden, geben rd 71 % an, dadurch höhere Beträge als bisher zu spenden. Die restlichen 29 % würden keinen höheren Betrag spenden und folglich den steuerlichen Vorteil für sich selbst beanspruchen und nicht an gemeinnützige Organisationen weiterleiten.[71]

Die Studie kommt zu dem Ergebnis, dass durch einen Spendenzuwachs von 32 MEUR ein Steuerausfall von 67 bis 71 MEUR erwartet werden kann. Im Extremfall wurde ein Steuerausfall zwischen 96 und 100 MEUR angeführt.[72] Eine Aktualisierung der Ergebnisse mittels der aktuellen Entwicklung abzugsfähiger Spenden wäre zweckmäßig.

Das Bundesministerium für Finanzen veröffentlicht auf seiner Homepage die Liste der begünstigten Spendenempfänger, die sämtliche Einrichtungen, die Inhaber von Spendenbegünstigungsbescheiden sind, aufzeigt.[73] Die Liste umfasst Einrichtungen, die die Forschung und Wissenschaft betreffen und Einrichtungen, die sich auf dem Gebiet der Mildtätigkeit, Entwicklungshilfe und/oder Katastrophenhilfe betätigen sowie Spendensammelvereine, die für diese Zwecke Spenden sammeln. Insgesamt enthält die Spendenliste im Dezember 2011 1.126 Einrichtungen, die die Voraussetzungen des § 4a Z 1 lit d und e und Z 3 bzw Z 4 EStG erfüllen bzw erfüllt haben. Zur Zeit der Erhebung am 16.12.2011 sind insgesamt 935 begünstigte Einrichtungen eingetragen, deren Eintragung noch nicht abgelaufen ist.

	Vor 2009	**2009**	**2010**	**2011**
Summe Neueintragung	428	403	179	116
Forschung & Wissenschaft (FW)	428	22	22	28
Spendenorganisation (SO)	0	369	153	88
Spendensammelverein (SV)	0	12	4	0

---

[70] Vgl *Neumayr/Schober,* Spendenstudie 2008, 69ff.
[71] Vgl *Neumayr/Schober,* Spendenstudie 2008, 74.
[72] Vgl *Neumayr/Schober*, Spendenstudie 2008, 82f. Zur Berechnung siehe ausführlich *Neumayr/Schober*, Spendenstudie 2008, 80ff.
[73] Vgl BMF, Liste der begünstigten Spendenempfänger.

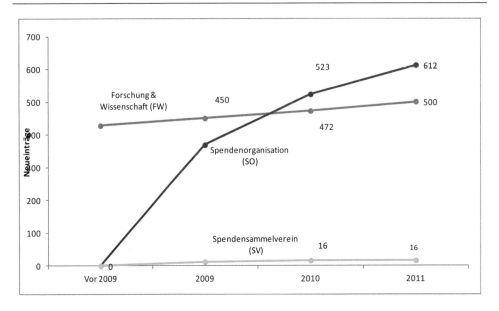

Der Kreis der begünstigter Empfänger hat sich wesentlich verändert. Vor 2009 waren Spenden im Forschungs- und Wissenschaftsbereich begünstigt, weshalb die 428 Eintragungen ausschließlich aus diesem Bereich stammen. Davon endete die Begünstigung für 70 Spendenempfänger noch vor 2009. Mildtätige Vereine und Spendensammelvereine sind seit 1.1.2009 durch das Steuerreformgesetz 2009 (BGBl I 2009/26) von der Begünstigung gem § 4a EStG erfasst worden. Diese Gesetzesneuerung ist besonders im Jahr 2009 wirksam geworden. Insgesamt wurden 403 Einrichtungen im Jahr 2009 in die Liste eingetragen. Darin enthalten sind 369 Organisationen für mildtätige Zwecke, Entwicklungshilfe und/oder Katastrophenhilfe (rd 92 %), 22 Spendenvereine der Forschung und Wissenschaft (rd 5 %) und 12 Spendensammelvereine (rd 3 %). Für 24 Vereine endet die Begünstigung im Jahr 2009.

Im Jahr 2010 ist eine ähnliche Entwicklung zu sehen. Insgesamt gibt es 179 Neueintragungen, wobei 153 neue mildtätige Vereine (rd 85 %), 22 Vereine der Forschung und Wissenschaft (rd 12 %) sowie 4 Spendensammelvereine (2 %) hinzugefügt wurden. Für 64 Spendenempfänger endet diese Begünstigung. 2011 wurden 116 neue Organisationen in die Liste eingetragen. Darin sind 88 mildtätige Vereine (rd 76 %), 28 Forschungs- und Wissenschaftsvereine (rd 24 %), jedoch keine Spendensammelvereine enthalten. 33 Einrichtungen sind seit 2011 nicht mehr von der Begünstigung erfasst. Die von dem Abgabenänderungsgesetz 2011 (BGBl I 2011/76) ab 1.1.2012 begünstigten Spendenempfänger sind in der Liste noch nicht eingetragen.

Im Hinblick auf die bewegten Volumina wäre eine Abschätzung des Lenkungseffektes durch Auswertung der in den Jahren ab 2009 erzielten Spenden und deren Auswirkung auf das Steueraufkommen angebracht.

3.3. Alternative Konzepte einer zielgerichteten Förderung

Die Abzugsfähigkeit von Spendenleistungen unter dem Titel der Betriebsausgaben oder Sonderausgaben stellt eine Möglichkeit zu einer Erhöhung der Spendenbereitschaft von Unternehmen und Privatpersonen dar. Unter Berücksichtigung der progressiven Einkommensbesteuerung von natürlichen Personen ist evident, dass die Steuerwirkung von Spenden mit steigendem Einkommen zunimmt bzw eine Steuerersparnis iHv 50 % jenen Einkommensbeziehern vorbehalten ist, die dem Spitzensteuersatz unterliegen. Dass somit höhere Einkünftebezieher stärker von der Abzugsfähigkeit von Spendenleistungen profitieren und daher auf die Verwendung von Steuermitteln Einfluss nehmen, wird zu Recht mit Kritik bedacht.[74] Als Alternative zur einkünftemindernden Berücksichtigung von Spendenleistungen sind ihre anteilige Berücksichtigung als Steuergutschrift[75] bzw Absetzbetrag zu überlegen, wobei diesfalls die Berücksichtigung einer außerfiskalischen Zielsetzung im EStG erhalten bliebe.

Zu überlegen sind im Weiteren auch alternative Förderungsmodelle für Institutionen, welche begünstigungswürdige Zwecke verfolgen. *Lang*[76] und *Mayr*[77] verweisen idZ auf Möglichkeiten einer Direktförderung, wobei dem mittelaufbringenden Personenkreis weiterhin eine Lenkungsmöglichkeit eingeräumt werden könnte; sei es in Gestalt einer anteiligen Widmung von Steuerleistungen oder einer positiven Korrelation zwischen den von einer begünstigten Organisation erhaltenen Spendenmitteln und den zusätzlich gewährten Direktförderungen.

Weiter entwickeln sollte man auch den Kreis der begünstigten Institutionen. Der Kreis der prüfungspflichtigen Organisationen hat durch das AbgÄG 2011 (neben den neu eingeführten begünstigten Zwecken auch) insofern eine Erweiterung gefunden, als nunmehr auch Forschungseinrichtungen mit Mehrheitsbeteiligungen von Gebietskörperschaften und anderen begünstigten Rechtsträgern davon erfasst sind. Gerade in Zeiten akuter Finanznot der öffentlichen Hand ist es wohl nicht auszuschließen, dass sich Personen bereit erklären, für ihre Heimatgemeinde Mittel zu spenden, die unmittelbar dem Gemeinwohl der ansässigen und sich aufhaltenden Personen zu Gute kommen.

Im Rahmen einer Konzeption alternativer Förderungsmöglichkeiten sollte uE auch das nunmehr implementierte Procedere zur Erlangung des Begünstigtenstatus eine Würdigung finden, welches für sämtliche, nicht im Gesetz genannten Organisationen unvermeidlich ist. Dieses jährlich zu durchlaufende Procedere endet mit einer entsprechenden Bestätigung eines Wirtschaftsprüfers. Die Prüferkosten zählen nach Ansicht der Finanzverwaltung[78] nicht zu den iSd § 4a Abs 8 Z 1d EStG nur in eingeschränktem Umfang zulässigen Verwaltungskosten.

Offen bleibt die Frage nach Anreizen für solche Personen, die beträchtliches Privatvermögen spenden und mangels Einkünften diese Spenden nicht absetzen können. Für solche Fälle wäre ein Antrag auf Verteilung auf mehrere Jahre zu überlegen, eventuell unter Erstattung abgezogener Kapitalertragsteuern.

---

[74] Vgl *Lang*, SWK 2011, S 499.
[75] So von *Kirchmayr/Achatz* (taxlex 2006, 385), die sich für eine nach der Gemeinwohlrelevanz des geförderten Zwecks abgestufte Steuergutschrift aussprechen.
[76] SWK 2011, S 499 mwN.
[77] ÖStZ 2011, 187.
[78] Rz 1339 EStR 2000.

4. Resümee

Die Bemühungen des Gesetzgebers, die steuerliche Behandlung österreichischer SpenderInnen auf ein zeitgemäßes Niveau zu bringen, sind zu würdigen. Gerade in Zeiten verringerter Sozialbeiträge der öffentlichen Hand ist die Einbeziehung sozialer Ziele notwendig. Auch kommunale Bereiche könnten verstärkt in den Genuss des Systems kommen. Differenzierter ist das eingesetzte Instrumentarium des im Verhältnis zum Gewinn/Gesamtbetrag der Einkünfte des Vorjahres begrenzten Betriebs- bzw Sonderausgabenabzuges zu bewerten. Hier kommt es durch die Referenz auf Einzeljahre, schwankende Bemessungsgrundlagen und die Regelung für Sachspenden zu kasuistischen Ergebnissen, die entsprechende Gestaltungen erfordern, aber durch diese nicht vollständig zu optimieren sind. Trotz der Anpassungen der letzten Zeit kann dem in Kraft befindlichen fiskalischen Instrumentarium noch keine hinreichende Allokationseffizienz bescheinigt werden und dies stellt eine Anregung zur weiteren Entwicklung dar. Die Bedarfe im Bereich Forschung und Entwicklung, Soziales, Tier- und Umweltschutz sind evident und die Lenkung freiwilliger Mittel in diese Bereiche ist wohl noch nicht ausgereizt.

Literaturverzeichnis

Baldauf, A., Die Abzugsfähigkeit von Spenden als Sonderausgaben, SWK 2011, S 888.
Bertl, R./Djanani, Ch./Eberhartinger, E./Hirschler, K./Kofler, H./Tumpel, M./Urnik S. (Hrsg), Handbuch der österreichischen Steuerlehre, Bd I, Teil 1, Wien 2010.
Birk, D., Steuerrecht^5, Heidelberg 2002.
Bundesministerium für Finanzen, Liste der begünstigten Spendenempfänger, http://www.bmf.gv.at/Service/allg/spenden/ (16.12.2011).
Doralt, W., EStG Kommentar, Wien.
Heiss, R., Spendenabsetzbarkeit durch das Steuerreformgesetz 2009, RFG 2009/18.
Hilber, K., Hochwasserhilfe im Steuerrecht durch das HWG 2002, ecolex 2002, 792.
Hofstätter, F./Reichel, K. (Hrsg), Die Einkommensteuer, Kommentar Wien.
Hörtnagl-Seidner, V., Spendenbegünstigung neu: Tierschutz weiterhin nicht förderungswürdig!, ÖStZ 2011, 317.
Jakom/Baldauf A./Kanduth-Kristen S./Laudacher M./Lenneis Ch./Marschner E., EStG Kommentar, Wien 2012.
Kirchmayr, S./Achatz, M., Reform des Spendenabzugs in Diskussion, taxlex 2006, 385.
Lang, J., Die Bemessungsgrundlage der Einkommensteuer, Köln 1988.
Lang, M., Spendenabzug und Spendenpolitik, SWK 2011, S 499.
Lang, A./Wilplinger, Ch., Highlights Steuerreform 2009 und Konjunkturpaket 2009, ecolex 2009, 352.
Lindiger, W./Oberleitner, S., StRefG 2009 – Abzugsfähigkeit von Spenden für mildtätige Zwecke, Entwicklungszusammenarbeit und Katastrophenhilfe, taxlex 2009, 93.
Mayr, G., StRefG 2009: Familienpaket und Spendenabzug, RdW 2009, 228.
Mayr, G., Spendenabzug für Umweltschutz und Tierheime, ÖStZ 2011, 187.
Neumayr, M./Schober, C., Spendenstudie 2008 – Ergebnisse einer repräsentativen Bevölkerungsbefragung zum Spendenverhalten in Österreich, npo-Institut, Wien 2009.
Quantschnigg, P., Zehn Grundsatzthesen zum Werbungskostenbegriff, RdW 1992, 384.

Renner, B., Abzugsfähige und nicht abzugsfähige Spenden aus Sicht der Gesetzes- und Verwaltungspraxis, SWK 2002, S 790.
Schuh, A., Die Neuregelung des Spendenabzugs in § 4a EStG, SWK 2011, S 913.
Steckel, R./Zatura-Rieser, A., Ertragsteuerliche Rahmen – Bedingungen des Sponsoring, RWZ 1999, 33.
Urnik, S./Fritz-Schmied, G. (Hrsg), Jahrbuch Bilanzsteuerrecht 2010, Wien 2010.
Werndl, J., Die steuerbegünstigten Zuwendungen an Wissenschaft und Forschung, SWK 1988, A I 101.
Wiesner, W., Die schwierige Abgrenzung betrieblicher und außerbetrieblicher Zahlungen, SWK 1991, A I 139.
Wolf, E., Herz für Tiere und Feuerwehren geöffnet, SWK 2011, S 961.

Internationale Geschäftstätigkeit steueroptimal gestaltet

Stefan Bendlinger

1. **Einführung**
2. **Investieren im Ausland aus steuerlicher Sicht**
3. **Relevante steuerrechtliche Grundlagen**
4. **Die Grundformen internationaler Geschäftstätigkeit**
5. **Direktgeschäfte und die ertragsteuerlichen Folgen**
    5.1. Lieferungen ins Ausland
    5.2. Dienstleistungen im Ausland
        5.2.1. Steuerliche Folgen im nationalen Steuerrecht
        5.2.2. Steuerliche Folgen im DBA-Recht
    5.3. Pesonengesellschafts-Betriebsstätten
    5.4. Hybride Gesellschaftsformen
6. **Kapitalgesellschaften im Ausland**
    6.1. Primärabschirmung und Sekundärabschirmung
    6.2. Ausländische Beteiligungserträge einer natürlichen Person
    6.3. Internationale Beteiligungserträge von Kapitalgesellschaften
        6.3.1. Dividendenbesteuerung im Ansässigkeitsstaat der Tochtergesellschaft
        6.3.2. Besteuerung von Beteiligungserträgen in Österreich
            6.3.2.1. Dividendenbesteuerung
            6.3.2.2. Umfang der Steuerfreistellung
            6.3.2.3. Substanzbesteuerung
        6.3.3. Missbrauchsabwehr
            6.3.3.1. „Switch over" zur Anrechnungsmethode
            6.3.3.2. Vermeidung von „Double Dip"
            6.3.3.3. Zinsaufwand bei Beteiligungserwerb im Konzern
    6.4. Gruppenbesteuerung
7. **Betriebsstätte, Personen- oder Kapitalgesellschaft**
8. **Schlusswort**
Literaturverzeichnis

1. Einführung

Als Absolvent der sozial- und wirtschaftswissenschaftlichen Fakultät der Johannes Kepler Universität Linz war Univ.-Doz. Mag. Dr. Josef Schlager am Institut für Revisions-, Treuhand- und Rechnungswesen einer meiner akademischen Lehrer im Bereich der betriebswirtschaftlichen Steuerlehre. Josef Schlager hat bereits 1977 die Berufsbefugnis zum Steuerberater und etwas später zum Wirtschaftsprüfer erworben und es war ihm stets ein besonderes Anliegen, uns Studenten den Blick auf die Praxis zu vermitteln. Heute bin ich Berufskollege meines ehemaligen akademischen Lehrers und habe daher die Möglichkeit, mit Josef Schlager den einen oder anderen Steuerfall einer fundierten steuerrechtlichen Analyse zu unterziehen und schließlich praktisch umzusetzen. Der Steuerwissenschaft ist Josef Schlager dennoch treu geblieben, dokumentiert durch mehr als 200 von ihm verfasste Publikationen. Angesichts der Komplexität des Steuerrechts und der Regelungswut des österreichischen Steuergesetzgebers gibt es nur wenige Menschen, denen es gelingt, alle Gebiete des Abgabenrechts in gleicher Qualität abzudecken. Josef Schlager ist einer davon. Er hat stets auch den Blick ins Ausland gerichtet und vor Landesgrenzen nicht Halt gemacht. Josef Schlager genießt sowohl als mein akademischer Lehrer und heutiger Berufskollege als auch als Mensch meine höchste Wertschätzung. Den vorliegenden Beitrag widme ich Univ.-Doz. Mag. Dr. Josef Schlager zu seinem 65. Geburtstag verbunden mit dem Wunsch, dass er noch viele Jahre der Lehre und Praxis des Steuerrechts verbunden bleibt.

2. Investieren im Ausland aus steuerlicher Sicht

Grenzüberschreitende Geschäftstätigkeit ist längst nicht mehr Konzernen vorbehalten. Auch mittelständische Unternehmen gehen den Schritt über die Grenze. Neben betriebswirtschaftlichen Aspekten, die der Unternehmer zu berücksichtigen hat, wenn er seine grenzüberschreitende Geschäftstätigkeit optimal gestalten will, sind rechtliche Fragen aus einer breiten Palette von Rechtsdisziplinen zu beantworten. Fragestellungen mit internationalem Bezug nehmen daher in der steuerlichen Beratung einen immer breiteren Raum ein. Denn jede grenzüberschreitende Tätigkeit hat in mindestens zwei Staaten steuerliche Konsequenzen, sodass sich der Unternehmer mit mindestens drei – innerhalb der Europäischen Union (EU) sogar mit vier – Rechtskreisen auseinanderzusetzen hat:

- mit dem **österreichischen Außensteuerrecht**, das sich aus allen Normen des innerstaatlichen Steuerrechts zusammensetzt, die sich mit grenzüberschreitenden Sachverhalten befassen. Bereits in § 1 Abs 2 des EStG und des KStG findet sich ein solcher Auslandsbezug, weil dort geregelt ist, unter welchen Voraussetzungen in Österreich unbeschränkte Steuerpflicht besteht und das Welteinkommen des Abgabepflichtigen besteuert werden darf.
- mit dem „**Steuervölkerrecht**",[1] wozu im Wesentlichen die von den Staaten auf bilateraler Basis abgeschlossenen Abkommen zur Vermeidung von Doppelbesteuerung

---

[1] *Bayer*, Steuervölkerrecht – Steuerlandesrecht – Internationales Steuerrecht, Zur Stellung des internationalen Steuerrechts in der Gesamtrechtsordnung, in *Cremer/Giegerich/Richer/Zimmermann* (Hrsg), Tradition und Weltoffenheit des Rechts (2002), 3ff.

(DBA)² zählen. Zum Steuervölkerrecht gehören aber auch Amts- und Rechtshilfeabkommen und Abkommen über den Auskunftsaustausch in Steuersachen, die von Österreich vorwiegend mit Steueroasen abgeschlossen werden,³ mit denen keine diesen Austausch ermöglichenden DBA bestehen.⁴ Mit zwischenstaatlichen Organisationen (Organisationen, deren Mitglieder souveräne Staaten sind, zB EU, IAEO, Interpol, EU, OECD, OPEC, OSZE, UNHCR, UNO, UNIDO, Weltbank)⁵ bestehen Privilegienabkommen.

- mit dem **supranationalen Recht**, das innerhalb der Europäischen Union durch die Grundfreiheiten des Vertrages über die Arbeitsweise der Europäischen Union (AEUV) und sekundärrechtliche Vorgaben des Rates geprägt ist und das die Mitgliedstaaten dazu zwingt, nationale Steuerrechtsnormen gemeinschaftskonform zu interpretieren.
- mit dem **ausländischen Steuerrecht** jenes Staates, in dem der Unternehmer seine Geschäftstätigkeit entfaltet.

Jeder Unternehmer, ob Klein-, Mittelbetrieb oder Konzern, hat sich daher mit der Frage zu beschäftigen, wie er sein Auslandsengagement optimal gestaltet, um einerseits doppelte Besteuerung zu vermeiden und andererseits seine Gesamtsteuerbelastung zu optimieren.

Selbst innerhalb der EU scheitert eine Harmonisierung der nationalen Ertragsteuerrechtsordnungen am fehlenden Harmonisierungsauftrag im EG- bzw EU-Vertrag (AEUV) und letzendlich am Willen der politischen Entscheidungsträger. Nur im Bereich grenzüberschreitender Gewinnausschüttungen,⁶ der Beseitigung von Doppelbesteuerung bei Zinsen und Lizenzgebühren zwischen verbundenen Unternehmen,⁷ bei grenzüberschreitenden Umgründungen,⁸ der Beilegung von Verrechnungspreiskonflikten⁹ und der Be-

---

² Der jeweils aktuelle Stand der von Österreich abgeschlossenen DBA ist unter www.bmf.gv.at, Rubrik: „Doppelbesteuerungsabkommen", abrufbar.

³ Zum Zeitpunkt der Drucklegung der Festschrift hatte Österreich mit den folgenden Staaten Abkommen über den Auskunftsaustausch in Steuersachen abgeschlossen: Andorra, Gibraltar, Monaco, St. Vincent & die Grenandinen.

⁴ Bei diesen „Tax Information Exchange Agreements" (TIEA's) handelt es sich um bilaterale Abkommen, die es den Vertragsstaaten ermöglichen, die für die Anwendung oder Durchsetzung des nationalen Steuerrechts voraussichtlich erheblichen Informationen auszutauschen, um Abgabenbetrug zu verhindern. Diese Abkommen sind dem von einer Arbeitsgruppe des „Global Forum on Transparency and Exchange of Information for Tax Purposes" der OECD entwickelten „Model Agreement on Exchange of Information in Tax Matters" aus 2002 nachgebildet.

⁵ Ein Überblick zu den mit internationalen Organisationen geschlossenen Vereinbarungen findet sich bei *Philipp/Loukota/Jirousek*, Internationales Steuerrecht (Loseblatt), IV/2.

⁶ Richtlinie 90/435/EWG des Rates vom 23. Juli 1990 über das gemeinsame Steuersystem für Mutter- und Tochtergesellschaften verschiedener Mitgliedstaaten, Amtsblatt L 225 vom 20.08.1990 idF der Richtlinie v. 23.11.2011, 2011/96/EU, ABl L 345/8, v. 29.12.2011, 8.

⁷ Richtlinie des Rates über eine gemeinsame Steuerregelung für Zahlungen von Zinsen und Lizenzgebühren zwischen verbundenen Unternehmen verschiedener Mitgliedstaaten vom 3. Juni 2003, 2003/49/EG, ABl 2003, L 157/49-54.

⁸ Richtlinie 90/434/EWG über das gemeinsame Steuersystem für Fusionen, Spaltungen, die Einbringung von Unternehmensteilen und den Austausch von Anteilen, die Gesellschaften verschiedener Mitgliedstaaten betreffen vom 23. Juli 1990, ABl L 225 v 20.8.1990 idF der Richtlinie v 17.2.2005, 2005/16/EG.

⁹ Übereinkommen vom 23.7.1990 über die Beseitigung der Doppelbesteuerung im Falle von Gewinnberichtigungen zwischen verbundenen Unternehmen, 90/436/EWG.

steuerung von Zinserträgen[10] hat die EU-Kommission ihre Richtlinienkompetenz wahrgenommen. Im Bereich des Informationsaustausches zwischen den Steuerbehörden sind die Amtshilfe-Richtlinie[11] und die EG-Beitreibungsrichtlinie[12] erlassen worden. Im Übrigen haben sich die innerhalb der EU tätige Unternehmer nach wie vor mit derzeit 27 nationalen Steuerrechtsordnungen auseinanderzusetzen. Auch der Vorschlag für eine EU-Richtlinie über eine gemeinsame konsolidierte Körperschaftsteuerbemessungsgrundlage (CCCTB)[13] wird wohl nur – wenn überhaupt – im Rahmen der im Lissabon-Vertrag verankerten „**vertieften Zusammenarbeit**" zwischen mindestens neun Mitgliedstaaten umzusetzen sein.[14]

Bei der Gestaltung seiner internationalen Geschäftstätigkeit hat der Unternehmer das Recht, Formen und Gestaltungsmöglichkeiten des bürgerlichen Rechts wahlweise zu gebrauchen, um damit bestimmte rechtliche, darunter auch steuerrechtliche, Folgen herbeizuführen. Er hat die Dispositionsfreiheit, seine wirtschaftlichen Beziehungen so zu gestalten und zu ordnen, dass der günstigste Effekt, nämlich der bestmögliche Erfolg bei geringstmöglicher Abgabenbelastung, erreicht wird.[15] Das gilt **selbst dann**, wenn der gewählte Weg **ausschließlich der Abgabenersparnis** dient, denn die Möglichkeit günstiger rechtlicher Gestaltungen entspricht einem von der Rechtsordnung anerkannten und berechtigten Interesse.[16] Werden zivilrechtliche Gestaltungen vom Fiskus nicht anerkannt, ist ein strenger Maßstab anzulegen.[17] Der Kreativität des Steuerpflichtigen werden vom Steuergesetzgeber jedoch **Grenzen** gesetzt.

Ziel dieses Beitrages ist es, die verschiedenen Konstellationen von Auslandsinvestitionen in ihrer steuerrechtlichen Bedeutung einer näheren Betrachtung zu unterziehen und steueroptimale Gestaltungsmöglichkeiten aufzuzeigen.

---

[10] Richtlinie 2003/48/EG des Rates v 3.6.2003 im Bereich der Besteuerung von Zinserträgen, ABl L 157, 38f (26.6.2003).

[11] Richtlinie 77/799/EWG des Rates vom 19.12.1977 über die gegenseitige Amtshilfe zwischen den zuständigen Behörden bei den direkten Steuern und den Steuern auf Versicherungsprämien, ABl 336 (27.12.1977). Mit Wirkung ab 1.1.2013 wird diese Amtshilferichtlinie durch die Richtlinie 2011/16/EU des Rates über die Zusammenarbeit der Verwaltungsbehörden im Bereich der Besteuerung und zur Aufhebung der Richtlinie 77/799/EWG, ABl L 64 (11.3.2011) ersetzt werden.

[12] Richtlinie 2001/44 des Rates v 15.6.2001 zur Änderung der Beitreibungsrichtlinie 76/308/EWG, Abl 175 v 28.6.2001, 17ff.

[13] Vorschlag für eine Richtlinie des Rates über eine gemeinsame konsolidierte Körperschaftsteuer-Bemessungsgrundlage (GKKB), KOM (2011), 121/4.

[14] *Petutschnig*, Neuer Anlauf zur Common Consolidated Corporate Tax Base, ÖStZ 2011, 333.

[15] VwGH 6.11.1991, 89/13/0093; *Ritz*, BAO³, § 22 Tz 1 und 2; *Kofler/Ehrke-Rabel*, Gratwanderung – Das Niemandsland zwischen aggressiver Steuerplanung, Missbrauch und Abgabenhinterziehung, 456.

[16] *Loukota*, Internationale Steuerplanung und „Treaty Shopping", ÖStZ 1990, 2; BFH 8.1.1958, BStBl 1958 III, 97; BFH 13.1.1959, BStBl III 1959, 197; BFH 21.12.1962, BStBl III 1963, 82; *Stoll*, Kommentar, § 22 BAO Bd 1, 151f.

[17] VwGH 4.3.1983, 81/17/102.

3. Relevante steuerrechtliche Grundlagen

Die völkerrechtliche Souveränität gestattet es den Staaten, nach international anerkannten Anknüpfungsmerkmalen Steuern zu erheben. Im österreichischen EStG und KStG finden sich zwei solcher Anknüpfungspunkte. Das **„Wohnsitzlandprinzip"** löst bei Vorliegen gewisser persönlicher Merkmale des Steuerpflichtigen die Besteuerung des Welteinkommens aus (unbeschränkte Steuerpflicht). Das **„Quellenlandprinzip"** hingegen knüpft die Ertragsbesteuerung an die territoriale Belegenheit der Einkunftsquelle an (beschränkte Steuerpflicht).

Treffen diese beiden Besteuerungsprinzipien aufeinander, kann es sein, dass zwei (oder auch mehr) Staaten gegenüber ein- und demselben Steuerpflichtigen für denselben Steuergegenstand und für denselben Besteuerungszeitraum einen legitimen Anspruch auf die Erhebung vergleichbarer Abgaben anmelden.

Beispiel 1:

Der AT-GmbH mit Sitz und Ort der Geschäftsleitung in Österreich betreibt in Deutschland eine Vertriebsniederlassung. Gemäß § 1 Abs 2 KStG ist die AT-GmbH in Österreich mit ihrem Welteinkommen, also auch mit den von der Vertriebsniederlassung erwirtschafteten Einkünften unbeschränkt steuerpflichtig. In Deutschland unterliegen Einkünfte aus Gewerbebetrieben, für die in Deutschland eine Betriebsstätte unterhalten wird (wozu § 12 Z 6 dAO auch Verkaufsstellen zählen,) gemäß § 2 dKStG iVm § 49 Abs 1 Z 2 lit a dEStG der beschränkten Steuerpflicht. Ohne Gegenmaßnahmen würden die Gewinne der AT-GmbH der 25 %igen österreichischen Körperschaftsteuer (KöSt) und in Deutschland (unter Berücksichtigung von Gewerbesteuer und Solidaritätszuschlag) der fast 30 %igen Ertragsbesteuerung unterliegen. Im Fall eines Einzelunternehmers würde angesichts eines in beiden Staaten bestehenden Spitzensteuersatzes von etwa 50 % nahezu der gesamte Gewinn wegbesteuert.

Diese **„juristische" Doppelbesteuerung**[18] wird dennoch weder als völkerrechtswidrig[19] noch als EG-widrig angesehen. Seit durch den Vertrag von Lissabon Art 293 EGV aufgehoben wurde, findet sich der Ausdruck „Doppelbesteuerung" im Text der EU-Verträge überhaupt nicht mehr.[20] Doppelbesteuerung ist jedoch ein unerwünschtes Hindernis für den Welthandel, sodass sich die Staaten bemühen, diese durch unilaterale Maßnahmen (in Österreich durch Verordnung auf Grundlage des § 48 BAO)[21] und durch den Abschluss von DBA zu vermeiden. Die Ausführungen in diesem Beitrag beziehen sich im Allgemeinen nur auf jene Abkommensrechtslage, wie sie durch DBA herbeigeführt wird, die auf dem Musterabkommen der OECD zur Vermeidung der Besteuerung

---

[18] Abs 1 der Einleitung zum OECD-MK.
[19] BFH v 14.2.1975, VI R 2010/72, BStBl II 1975, 497.
[20] *Heydt*, Juristische Doppelbesteuerung als ungelöstes Problem: Kann der EuGH Klarheit schaffen?, SWI 2011, 370ff.
[21] Verordnung des Bundesministers für Finanzen betreffend die Vermeidung von Doppelbesteuerung, BGBl II 2002/474.

von Einkommen und vom Vermögen (OECD-MA)[22] beruhen. Von spezifischen Besonderheiten abgesehen, die sich aus den Gegebenheiten des nationalen Rechts ergeben, orientiert sich das österreichische BMF bei DBA-Verhandlungen am OECD-MA.[23]

Die von Österreich abgeschlossenen DBA regeln, wie bei kollidierenden Besteuerungsansprüchen die Besteuerungsrechte zwischen den an einem grenzüberschreitenden Steuerfall beteiligten Staaten aufzuteilen sind. Die dem OECD-MA nachgebildeten Abkommen regeln nach Einkunftsarten gegliedert, wie eine solche Aufteilung erfolgen kann. Die folgende Tabelle zeigt, wie das OECD-MA die Besteuerungsrechte zwischen Ansässigkeits- und Quellenstaat aufteilt:[24]

Artikel	Einkunftsart	Steuerzuteilen an	
		Ansässigkeitsstaat	**Quellenstaat**
6	Unbewegliches Vermögen		Belegenheit
7	Unternehmensgewinne • Grundsätzlich • Künstler und Sportler		Betriebsstätte Tätigkeit (Durchgriff)
8	Schiffahrt und Luftfahrt	Ort der GL, Heimathafen, Ansässigkeit des Betreibers	
9	Verbundene Unternehmen	Ansässigkeit	Korrekturberechtigung
10	Dividenden	Ansässigkeit	Quellensteuer
11	Zinsen	Ansässigkeit	
12	Lizenzgebühren	Ansässigkeit	
13	Veräußerungsgewinne • Unbewegliches Vermögen • Betriebsvermögen • Schiffe, Luftfahrzeuge • Sonstiges Vermögen	 Ort der GL Ansässigkeit	Belegenheit Betriebsstätte
14	Selbständige Arbeit		Feste Einrichtung

---

[22] Verweise auf OECD-MA und den Kommentar dazu beziehen sich auf die von der OECD im Jahr 2010 veröffentlichte Fassung. *OECD*, Model Tax Convention on Income and on Capital, Condensed Version, 22 July 2010.
[23] *Lang*, Überlegungen zur österreichischen DBA-Politik, SWI 2012, 121f; *Jirousek*, Anmerkungen zur DBA-Politik Österreichs, eine Replik, SWI 2012, 157.
[24] Die einzelnen DBA können abweichende Regelungen enthalten. Die Lösung konkreter bilateraler Steuerfälle darf sich daher nicht auf den Wortlaut des OECD-MA stützen, sondern auf den Wortlaut des jeweils anzuwendenden DBA.

15 20 19/1 19/2	Unselbständige Arbeit • Aktivbezüge • Ruhegehälter privat • Ruhegehälter öffentlich • Grenzgänger • Studenten	Ansässigkeit Ansässigkeit Ansässigkeit Ansässigkeit Ansässigkeit	Tätigkeit Kasse
16	Aufsichts- und Verwaltungsräte		Ansässigkeit Gesellschaft
17	Künstler und Sportler		Tätigkeit (Durchgriff)
19	Öffentlicher Dienst		Kasse
21	Nicht besonders erwähnte Einkünfte	Ansässigkeit	

Tabelle 1: Aufteilung der Besteuerungsrechte

Gleichzeitig regeln die DBA, ob die doppelte Besteuerung der dem anderen DBA-Vertragsstaat zur Besteuerung überlassenen Einkünfte im Ansässigkeitsstaat durch **Steuerfreistellung** (Art 23 A OECD-MA) oder **Steueranrechnung** (Art 23 B OECD-MA) zu erfolgen hat. Anders als beispielsweise in Deutschland, wo dem Symmetrieprinzip entsprechend Verluste aus ausländischen Quellen nicht im Inland verwertet werden können,[25] wenn ein DBA für Gewinne die Steuerfreistellung vorsieht, können in Österreich als Folge der Rechtsprechung des VwGH[26] gemäß § 2 Abs 8 Z 3 EStG (bzw § 7 Abs 2 KStG) im Ausland nicht berücksichtigte Verluste bei der Ermittlung des Einkommens abgezogen werden, sind jedoch nachzuversteuern, wenn diese Verluste im Ausland ganz oder teilweise berücksichtigt werden oder berücksichtigt werden könnten.

Mit dem 1. Stabilitätsgesetz 2012 (1. StabG 2012)[27] wurde die Berücksichtigung ausländischer Verluste durch eine Ergänzung des § 2 Abs 8 Z 3 EStG jedoch insofern **gedeckelt**, als diese höchstens in Höhe der nach ausländischem Steuerrecht ermittelten Verluste des betreffenden Wirtschaftsjahres angesetzt werden dürfen. Damit wollte der Ge-

---

[25] Das auf ständiger BFH-Rechtsprechung beruhende Verbot der Geltendmachung ausländischer Verluste iVz Staaten, mit denen Deutschland die Befreiungsmethode vereinbart hat, wurde im Urteil des EuGH in der Rs „Lidl Belgium" vom 15.5.2008, C-414/06 als EU-konform bestätigt. Die Folgeentscheidung des BFH v 17.7.2008, I R 84/04, wonach zumindest **„finale Verluste"** im Ansässigkeitsstaat Deutschland berücksichtigt werden müssen, wurde vom BMF mit einem „Nichtanwendungserlass" belegt (BMF-Schreiben v 13.7.2009, IV B 5 – S 2118-a/07/10004, BStBl I 2009, 835). Allerdings haben in der Folge die BFH-Urteile vom 9.7.2010, I R 100/09 und I R 107/09 zur Frage der Finalität EU-ausländischer Betriebsstättenverluste einige Klarstellungen gebracht. So sind vom BFH explizit die Fälle der Umwandlung, des Verkaufs, der Übertragung oder der Aufgabe der Betriebsstätte genannt. Der BFH hat damit der Abwehrhaltung der deutschen Finanzverwaltung klare Grenzen gezogen.

[26] VwGH 25.9.2001, 99/14/0217; VwGH 25.10.2001, 99/15/0149.

[27] BGBl I 2012/22.

setzgeber vermeiden, dass dann, wenn der nach österreichischen Gewinnermittlungsvorschriften umgerechnete ausländische Verlust höher ist als der ursprüngliche (nicht umgerechnete) ausländische Verlust, eine Nachversteuerung sichergestellt ist. Die Bestimmung zur Deckelung des Auslandsverlustes wurde auch in die spiegelbildliche Norm im Bereich der Gruppenbesteuerung im Rahmen der Berücksichtigung von Verlusten bei nicht unbeschränkt steuerpflichtigen ausländischen Gruppenmitgliedern übernommen (§ 9 Abs 6 Z 6 KStG).[28]

Außerdem verbieten DBA die **Diskriminierung** von Staatsangehörigen, Staatenlosen, von Betriebsstätten, von Auslandszahlungen und von Gesellschaftern (Art 24 OECD-MA) und bieten die Möglichkeit, zur Vermeidung einer abkommenswidrigen Besteuerung **Verständigungsverfahren** durchzuführen (Art 25 Abs 1 bis 4 OECD-MA), ergänzt um ein obligatorisches **Schiedsverfahren** (Art 25 Abs 5 OECD-MA), das nach mindestens zweijähriger Dauer des erfolglosen Verständigungsverfahrens eingeleitet werden kann. DBA bieten den Vertragsstaaten auch die Möglichkeit zum **Austausch** der zur Durchführung des DBA oder zur Anwendung des innerstaatlichen Rechts voraussichtlich erheblichen **Informationen** (Art 26 OECD-MA) und ermöglichen die **Amtshilfe** bei der Erhebung bzw Vollstreckung von Steuern (Art 27 OECD-MA).

4. Die Grundformen internationaler Geschäftstätigkeit

Reiht man die Grundformen internationaler Geschäftstätigkeit nach dem Kriterium zunehmender Verselbständigung und Intensivierung geschäftlichen Engagements im Ausland, so bieten sich die folgenden Möglichkeiten, im Ausland tätig zu werden:

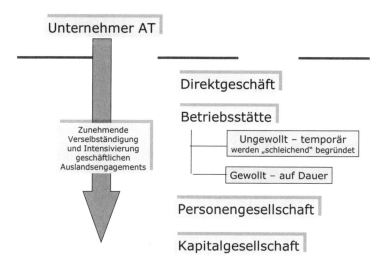

Abbildung 1: Gestaltungsmöglichkeiten internationaler Geschäftstätigkeit

---

[28] *Moshammer/Tumpel*, Ministerialentwurf zum Stabilitätsgesetz: der steuerliche Teil des Sparpakets, SWK 2012, 359.

5. Direktgeschäfte und die ertragsteuerlichen Folgen

5.1. Lieferungen ins Ausland

Die einfachste und wohl auch risikoärmste Form grenzüberschreitender Betätigung ist das Direktgeschäft, bei dem der Unternehmer von seinem Ansässigkeitsstaat aus durch Warenlieferungen, Dienstleistungen, die Hingabe von Darlehen oder durch die Überlassung von materiellen oder immateriellen Wirtschaftsgütern an den ausländischen Markt herantritt, ohne sich im Ansässigkeitsstaat des Liefer- oder Leistungsempfängers niederzulassen bzw dort domiziliert zu sein.[29] Grenzüberschreitende steuerliche Fragen ergeben sich bei Liefergeschäften primär im Bereich der Umsatz- und Verbrauchssteuern. Aus ertragsteuerlicher Sicht hat der Quellenstaat bei Liefergeschäften meistens weder nach innerstaatlichem Steuerrecht noch auf DBA-rechtlicher Grundlage die Möglichkeit, Einkünfte aus Direktgeschäften zu besteuern. Dem Welteinkommensprinzip entsprechend darf nur der Ansässigkeitsstaat besteuern.[30]

5.2. Dienstleistungen im Ausland

5.2.1. Steuerliche Folgen im nationalen Steuerrecht

Etwas anderes gilt bei Leistungsbeziehungen zu ausländischen Auftraggebern. Nach dem Steuerrecht vieler Staaten unterliegen bestimmte Einkünfte von Steuerausländern der beschränkten Steuerpflicht, wenn sie für Tätigkeiten bezogen werden, die in diesem Territorium ausgeübt oder dort verwertet werden. In Österreich umfasst die beschränkte Steuerpflicht bei Einkünften aus selbständiger und aus nichtselbständiger Arbeit (§ 98 Abs 1 Z 2 und Z 4 EStG) beispielsweise nicht nur einen „**Ausübungstatbestand**", sondern auch einen „**Verwertungstatbestand**". „Ausüben" erfordert einen physischen Aufenthalt des Steuerpflichtigen im Inland. Eine Mindestaufenthaltsdauer wird nicht gefordert, auch die nur **kurzfristige Präsenz** des selbständig Tätigen kann Steuerpflicht auslösen.[31]

Der Verwertungstatbestand ist dann erfüllt, wenn eine Arbeit zwar nicht in Österreich persönlich ausgeübt wird, aber ihr wirtschaftlicher Erfolg der inländischen Volkswirtschaft unmittelbar zu dienen bestimmt ist (§ 98 Z 2 TS 2 EStG). Die Vermutung spricht für eine Verwertung, wenn eine im Ausland durchgeführte Leistung für einen inländischen Auftraggeber erbracht wird,[32] wobei allerdings auch zu prüfen ist, inwieweit von einer „**unmittelbaren" Förderung der österreichischen Wirtschaft** ausgegangen werden kann.[33] Die österreichische Verwaltungspraxis legt den unbestimmten Gesetzesbegriff der „Verwertung" kasuistisch aus, fasst ihn sehr weit,[34] wenngleich die Auslegung nicht „überspitzt" werden soll.[35] Angesichts des Umstandes, dass im Verhältnis zu

---

[29] *Jacobs*, Internationale Unternehmensbesteuerung (1999), 279.
[30] *Bendlinger*, Steuerliche Aspekte unternehmerischer Tätigkeit in den Erweiterungsländern Mittel-/Osteuropas, in *Kailer/Pernsteiner* (Hrsg), Wachstumsmanagement für Mittel- und Kleinbetriebe (2006), 332.
[31] EStR 2000, Rz 7916.
[32] VwGH 20.10.1982, 81/13/0083; EAS 3021 v 24.11.2008.
[33] VwGH 15.4.1980, 2805/79.
[34] EStR 2000, Rz 7920.
[35] EAS 2888 v 8.10.2007.

DBA-Staaten der Verwertungstatbestand bedeutungslos ist, jedoch in Verbindung mit der DBA-Entlastunsverordnung[36] erhebliche Unsicherheiten in sich birgt, fordert die Wirtschaft schon seit langem, den Verwertungstatbestand ersatzlos zu streichen.[37]

Auch Einkünfte aus **Vermietung und Verpachtung** iSd § 28 EStG unterliegen der beschränkten Steuerpflicht, wenn das unbewegliche Vermögen, die Sachinbegriffe oder Rechte im Inland gelegen sind oder in ein inländisches öffentliches Buch oder Register eingetragen sind oder **in einer inländischen Betriebsstätte verwertet** werden, wobei § 98 Z 6 EStG nicht erfordert, dass der wirtschaftliche Erfolg der inländischen Volkswirtschaft unmittelbar zu dienen bestimmt ist.[38]

Verglichen mit den in § 98 EStG taxativ aufgezählten Tatbeständen findet sich in den Steuerrechtsordnungen der Welt ein **wesentlich weiter gefasster Kreis beschränkt steuerpflichtiger Einkünfte**. Zur Sicherung des Steueraufkommens von Steuerausländern wird der Vergütungsschuldner meist verpflichtet – so wie in Österreich in § 99 EStG vorgesehen –, Quellensteuern (Abzugssteuern, „withholding taxes") einzuheben und an das zuständige Finanzamt abzuführen. Von solchen Abzugssteuern „bedroht" sind vor allem die folgenden Einkunftsarten:

- Vergütungen für die Überlassung von Arbeitskräften;
- Miet-, Pacht- und Leasingentgelte;
- Entgelte für Montagen, Montageüberwachungen, Inbetriebnahmen, Personalschulungen;
- Einkünfte aus kaufmännischen und technischen Beratungs- und Assistenzleistungen;
- „Passiveinkünfte", wie zB Vergütungen für die Überlassung von Rechten (Lizenzgebühren, Überlassung von „Know how");
- Zinsen und sonstige Vergütungen für die Überlassung von Fremdkapital;
- Dividenden und sonstige Einkünfte für die Überlassung von Eigenmitteln;
- Vergütungen für das Zur-Verfügung-Stellen von Software.

In manchen Staaten ist der Tatbestand der beschränkten Steuerpflicht schon dann erfüllt, wenn der Schuldner einer Vergütung im Quellenstaat ansässig ist.[39]

5.2.2. Steuerliche Folgen im DBA-Recht

Das national bestehende Besteuerungsrecht kann begrenzt oder ausgeschlossen sein, wenn das anzuwendende DBA das Besteuerungsrecht an diesen Einkünften einem ande-

---

[36] BGBl III 2005/92 idF BGBl II 2006/44.
[37] Kammer der Wirtschaftstreuhänder, Memorandum 2008 der Kammer der Wirtschaftstreuhänder für die Steuerreform 2010, Pkt 10.2.
[38] EStR 2000, Rz 7977.
[39] So unterliegen nach indischem Steuerrecht Entgelte für technische Leistungen in Indien einer vom Bruttobetrag der Vergütung bemessenen Abzugssteuer, wenn der Schuldner der Vergütung in Indien ansässig ist. Dieser innerstaatliche Besteuerungsanspruch wird aufgrund einer Sonderregel in Art 12 des österreichisch-indischen DBA (DBA-Indien, BGBl III 2001/231) zum Teil aufrecht erhalten, indem der Staat, aus dem die Vergütungen für technische Dienstleistungen stammen, 10 % des Bruttobetrages der Vergütung einbehalten darf. Diese Vergütung gilt dann als aus einem Vertragsstaat stammend, wenn der Schuldner eine dort ansässige Person ist. Gemäß Art 23 Abs 2 lit b DBA-Indien ist eine auf solche Vergütungen erhobene indische Quellensteuer auf die österreichische Einkommen- bzw Körperschaftsteuer anrechenbar.

ren Staat zuweist. Ob dies der Fall ist, muss jeweils anhand des von Österreich mit dem Quellenstaat bestehenden DBA beurteilt werden.

Art 7 OECD-MA ordnet des Besteuerungsrecht an Unternehmensgewinne dem Ansässigkeitsstaat zu. Nur wenn das Unternehmen seine Geschäftätigkeit im anderen Vertragsstaat durch eine dort gelegene **Betriebsstätte** ausübt, dürfen die Gewinne des Unternehmens in diesem anderen Staat besteuert werden. Jedoch nur insoweit, als sie dieser Betriebsstätte zugerechnet werden können. Der Betriebsstättenbegriff ist in Art 5 OECD-MA (abkommensautonom) definiert. Nach dem Generaltatbestand (Art 5 Abs 1 OECD-MA) bedeutet der Ausdruck „Betriebsstätte" eine feste Geschäftseinrichtung, durch die die Geschäftätigkeit eines Unternehmens ganz oder teilweise ausgeübt wird. In Art 5 Abs 2 OECD-MA findet sich eine beispielhafte Aufzählung Betriebsstätten begründender Einrichtungen (zB Zweigniederlassungen, Geschäftsstellen, Fabrikationsstätten). Art 5 Abs 3 OECD-MA fingiert, dass Bauausführungen und Montagen ab einer Dauer von 12 Monaten Betriebsstätten begründen. Art 5 Abs 4 OECD-MA sieht für Geschäftseinrichtungen, die aus der Sicht der gesamten Unternehmenstätigkeit eine vorbereitende oder eine Hilfstätigkeit ausüben, Ausnahmen vor (Hilfsbetriebsstätte).

Ziel und Zweck des Betriebsstättenbegriffes ist es, die Besteuerungsmöglichkeit des Quellenstaates von einer bestimmten **Intensität der geschäftlichen Beziehungen** des Steuerpflichtigen zum jeweiligen Territorium abhängig zu machen.[40] Für den Bestand einer DBA-rechtlichen Betriebsstätte ist daher letztlich entscheidend, ob eine unternehmerische Tätigkeit in einer Geschäftseinrichtung oder Anlage mit fester örtlicher Bindung ausgeübt wird und sich in der territorialen Bindung eine gewisse „Verwurzelung" des Unternehmens mit dem Ort der Ausübung der unternehmerischen Tätigkeit ausdrückt.[41] Lediglich die in Art 5 Abs 5ff OECD-MA definierte subsidiäre „**Vertreterbetriebsstätte**" erfordert keine feste Geschäftseinrichtung, sondern ein qualifiziertes Tätigwerden eines abhängigen Vertreters.[42] Das bloße Verwerten einer Tätigkeit reicht aber keinesfalls aus, um im Quellenstaat besteuert werden zu dürfen.

Die Definition des Betriebsstättenbegriffs findet sich seit 50 Jahren nahezu unverändert in den nach Vorlage des OECD-MA abgefassten DBA und hat mit den sich entwickelnden Formen grenzüberschreitender Geschäftsaktivitäten nicht Schritt gehalten. Der für die Fortentwicklung des OECD-MA zuständige OECD-Fiskalausschuss reagiert darauf, indem – ohne den Wortlaut des Art 5 OECD-MA zu ändern – der Betriebsstättenbegriff im OECD-MA zu Art 5 OECD-MA neu ausgelegt wird. Darin werden die Anforderungen an den Bestand einer DBA-rechtlichen Betriebsstätte ständig nach unten geschraubt.[43] So wurde im Zuge der Revision des OECD-MK im Jahr 2008 ein von Art 5 Abs 3 lit b des UN-Musterabkommens abweichender Textvorschlag für Dienstleistungsbetriebsstätten als optionaler Ergänzungstatbestand in den OECD-MK aufgenommen.[44] In der österreichischen DBA-Politik hat das schon Spuren hinterlassen. So findet sich

---

[40] BFH v 21.4.1999, I R 99/97, BGBl II 1999, 694.
[41] BFH 4.6.2008, I R 30/07, BStBl II 2008, 922. *Korff*, Die Rechtsprechung zu § 12 AO, IStR 2009, 234.
[42] *Bendlinger*, Eine (weitere) Absage an die Kommissionärsbetriebsstätte: Norwegisches Höchstgericht entscheidet im Fall *Dell*, SWI 2012, 101ff.
[43] *Bendlinger*, Die Betriebsstätte im OECD-Musterabkommen 2010, SWI 2011, 66.
[44] Rz 42.23 OECD-MK zu Art 5 OECD-MA.

zum Beispiel in den DBA mit Albanien[45] (ab 2009), mit Tschechien (ab 2008),[46] Neuseeland (ab 2008)[47], Saudi Arabien (ab 2008)[48] und Hongkong (ab 2012)[49] der Tatbestand der Dienstleistungsbetriebsstätte, der dem Quellenstaat Besteuerungsrechte an Unternehmensgewinnen allein aufgrund einer mehr als sechsmonatigen unternehmerischen Präsenz überlässt, ohne dass eine feste Geschäftseinrichtung bestehen muss.

Beispiel 2:
Die in Österreich ansässige IT-GmbH wird von einem in Tschechien ansässigen Kreditinstitut mit der Implementierung eines elektronischen Datenarchivierungssystems beauftragt. Zu diesem Zweck ist es erforderlich, dass Arbeitnehmer der IT-GmbH regelmäßig nach Tschechien reisen, um die Programmierarbeiten vor Ort zu erledigen. Insgesamt halten sich die Mitarbeiter mehr als sechs Monate innerhalb eines Zeitraumes von 12 Monaten in Tschechien auf. Nach innerstaatlichem Steuerrecht der Republik Tschechien sind Steuerausländer mit Einkünften aus in Tschechien erbrachten Dienst- oder Beratungsleistungen beschränkt steuerpflichtig. Gemäß Art 7 des österreichisch-tschechischen DBA (DBA-CZ) darf die IT-GmbH nur dann in Tschechien besteuert werden, wenn diese ihre Geschäftstätigkeit durch eine dort gelegene Betriebsstätte ausübt. Gemäß Art 5 Abs 3 lit b DBA-CZ umfasst der Ausdruck auch Dienstleistungen, die von einem österreichischen Unternehmen oder Arbeitnehmern oder anderem von einem Unternehmen zu diesem Zweck eingestellten Personal erbracht werden, wenn diese Tätigkeiten in Tschechien mehr als sechs Monate innerhalb eines Zeitraumes von 12 Monaten dauern. Diese Einkünfte sind gemäß Art 22 Abs 1 lit a iVm Art 22 Abs 3 DBA-CZ unter Progressionsvorbehalt aus der österreichischen Besteuerung auszunehmen.

Betriebsstätten werden nicht immer kraft unternehmerischer Entscheidung gegründet. In vielen Fällen besteht gar kein unternehmerisches Interesse daran, eine Betriebsstätte („establishment") „permanent" zu etablieren.[50] Im Gegensatz zu den mit „Wissen und Wollen" gegründeten **Dauerbetriebsstätten** (Zweigniederlassungen von Banken und Versicherungen, Werkstätten, Verkaufsfilialen etc) werden iZm Dienst- und Beratungsleistungen, Bauausführungen und Montagen Betriebsstätten vielmehr steuerrechtlich „fingiert", weil der Unternehmer im Quellenstaat einen Sachverhalt realisiert, der einen Tatbestand erfüllt, an den nationales Steuerrecht die Steuerpflicht knüpft, die durch DBA-Recht völkerrechtlich bestätigt wird. Durch die in den letzten Jahren erkennbare Tendenz, den Betriebsstättenbegriff auszuweiten, können diese Aktivitäten als Betriebsstätten begründend qualifiziert werden, ohne dass der Unternehmer beabsichtigt, sich im Quellenstaat auf Dauer niederzulassen (**„temporäre Betriebsstätten"**).[51] In diesen Fällen ist der englische Begriff „permanent establishment" ein Widerspruch in sich. Der

---

[45] BGBl III 2008/107, Art 5 Abs 3 lit b DBA.
[46] BGBl III 2007/39, Art 5 Abs 3 lit b DBA.
[47] BGBl III 2007/127, Art 5 Abs 4 lit b DBA
[48] BGBl III 2007/62, Art 5 Abs 3 lit b DBA.
[49] Art 3 Abs 3 lit b DBA.
[50] *Bendlinger*, Gewinnermittlung und Gewinnabgrenzung bei Auslandsbetriebsstätten, in *Renner/Schlager/Schwarz*, Steuerliche Gewinnermittlung in der Praxis (2008), 520.
[51] *Bendlinger*, Paradigmenwechsel bei der Auslegung des Betriebsstättenbegriffs, SWI 2006, 358.

von der OECD im Oktober 2011 zwecks Konkretisierung von Zweifelsfragen zu Art 5 OECD-MA veröffentlichte Betriebsstättenbericht[52] zeigt deutlich auf, dass die Anforderungen an den Bestand einer Betriebsstätte ständig reduziert werden und selbst kurzfristigste Tätigkeiten im Quellenstaat den Bestand einer Betriebsstätte auslösen können.[53]

Grund für das Bemühen vieler Unternehmer, den Bestand von Betriebsstätten zu vermeiden, ist der mit der Betriebsstätten-Abwicklung verbundene hohe **administrative Aufwand** (Buchführung, Jahresabschluss, Steuererklärungen), die drohende **Doppelbesteuerung** durch pauschale Gewinnschätzungen, der in Österreich keine korrespondierende Steuerentlastung gegenübersteht, die Begrenzung des **Betriebsausgabenabzuges** im Betriebsstättenstaat, mangelnde Verlustvortragsmöglichkeiten für Betriebsstätten und nicht zuletzt die Unsicherheit ausländischer Finanzämter im Umgang mit Steuerausländern. Aber auch außensteuerliche Gründe, wie zB der haftungsrechtliche Durchgriff auf das Stammhaus können dafür sprechen, die Begründung von Betriebsstätten zu vermeiden.[54]

Der Bestand einer Betriebsstätte im Ausland hat aber nicht nur ertragsteuerliche Folgen. Werden **Arbeitnehmer** zu Betriebsstätten entsandt, entfällt gemäß Art 15 Abs 2 lit b OECD-MA die 183-tägige Schonfrist und der Arbeitgeber ist im Betriebsstättenstaat in aller Regel zum Lohnsteuereinbehalt verpflichtet. Im Umsatzsteuerrecht vieler Staaten schließt der Bestand einer (umsatzsteuerlichen) Betriebsstätte Vereinfachungsregeln, wie das „Reverse Charge-Verfahren" aus.[55] Ist die Betriebsstätte aus handelsrechtlicher Sicht als „**Zweigniederlassung**"[56] zu qualifizieren, erwartet den Unternehmer zusätzlicher administrativer Aufwand, wie zB Veröffentlichungspflichten mit der Notwendigkeit, die Jahresabschlüsse das Stammhauses in die Landessprache zu übersetzen oder Eintragungspflichten, wenn sich Änderungen im Gesellschaftsvertrag bzw im Managment des Stammhauses ergeben. Bei der Liquidation von Zweigniederlassungen sind meist die für Kapitalgesellschaften relevanten Bestimmungen sinngemäß anzuwenden.[57]

5.3. Pesonengesellschafts-Betriebsstätten

Betriebsstätten können unter ganz bestimmten Voraussetzungen dabei helfen, das internationale Steuergefälle zu nutzen. Vor allem dann, wenn die Betriebsstätten in einem niedrig oder gar nicht besteuernden DBA-Staat („Steueroase") gelegen sind und sich Österreich in dem jeweiligen DBA zur Steuerfreistellung von Betriebsstätteneinkünften (Art 23 A OECD-MA) verpflichtet hat, ohne eine „subject-to-tax-Klausel" zu vereinbaren (zB

---

[52] OECD, Interpretation and Application of Art. 5 (permanent establishment) of the OECD Model Tax Convention, 12 October 2011 to 10 Februar 2012, abrufbar unter: http://www.oecd.org./data-oecd/23/7/48835726.pdf.
[53] *Bendlinger*, Neuer OECD-Bericht zur Betriebsstättendefinition, SWI 2012, 531ff.
[54] *Bendlinger*, Die Betriebsstätte in der Praxis des internationalen Steuerrechts (2009), 26f.
[55] *Bendlinger*, Die Betriebsstätte, 19.
[56] Nach überwiegender Lehrmeinung in Österreich gilt als Zweigniederlassung „*eine räumlich, aber nicht rechtlich getrennte und wirtschaftlich selbständige Organisationseinheit, welche nach außen hin selbständiger Leitung bedarf und auf mehr als vorübergehender Dauer angelegt sein muss.*" *Nowotny*, in *Kodek/Nowotny/Umfahrer*, FBG, § 13 HGB, Rz 1.
[57] *Prodinger*, Praxisvergleich Zweigniederlassung – GmbH, SWK 2012, W 113ff; *Feuchtinger*, Die Gründung einer Zweigniederlassung, SWK 2011, W 55ff.

Schweiz,[58] die Vereinigten Arabischen Emirate[59]). Gerade für natürliche Personen als Steuersubjekt (oder Mitunternehmer einer Personengesellschaft) bieten Betriebsstättenmodelle erhebliches Steuerplanungspotential,[60] wie das folgende Beispiel zeigen soll.

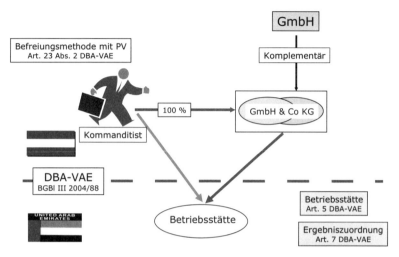

Abbildung 2: Die Betriebsstätte im Niedrigsteuerland

Beispiel 3:

Der in Österreich ansässige Architekt Herr AT-Arch mietet in Dubai ein Büro, beschäftigt dort drei Mitarbeiter, ernennt eine in Dubai ansässige Person zum „Service Agent", holt alle nötigen behördlichen Genehmigungen ein und registriert ein „Branch Office." Von diesem Büro aus sollen Planungsleistungen für in Dubai zu realisierende Bauvorhaben erbracht werden. AT-Arch hält sich zu diesem Zweck regelmäßig in Dubai auf, um Verträge zu verhandeln und die Mitarbeiter bei ihrer Arbeit zu überwachen und zu unterstützen. Das „Branch Office" gilt gemäß Art 5 Abs 1 und Abs 2 des zwischen Österreich und den Vereinigten Arabischen Emiraten abgeschlossenen DBA[61] (DBA-VAE) als Betriebsstätte mit der Folge, dass gemäß Art 7 DBA-VAE die der Betriebsstätte zurechenbaren Einkünfte gemäß Art 24 Abs 2 DBA-VAE von der österreichischen Besteuerung ausgenommen werden können. Da Dubai Einkünfte natürlicher Personen derzeit keiner Ertragsbesteuerung unterzieht, sind die dem Branch Office zurechenbaren Einkünfte in Österreich (unter Progressionsvorbehalt, Art 24 Abs 3 DBA-VAE) steuerfrei. Denn die gemäß Art 24 DBA-VAE vorgesehene Steuerfreistellungsverpflichtung besteht – mangels „subject-to-tax"-Klausel – unabhängig davon, ob der Quellenstaat (VAE) tatsächlich Steuern erhebt.

---

[58] EAS 2891 v 17.9.2007, restriktiv zur Freistellung von Einkünften einer schweizerischen Finanzierungsbetriebsstätte. Dazu *Rosenberger*, Schweizer Finanzierungsbetriebsstätte: Rechtfertigt der AOA eine Änderung der Verwaltungspraxis, SWI 2007, 550ff.
[59] Art 7 DBA-VAE iVm Art 24 Abs 2 und 3 DBA-VAE (BGBl III 2004/88).
[60] *Bendlinger*, Betriebsstätten und Personengesellschaften im internationalen Ertragsteuerrecht, WT 2005, 20ff.
[61] BGBl III 2004/88.

Das gleiche Ergebnis würde erreicht, wenn Herr AT-Arch das Branch Office in Dubai über eine österreichische Personengesellschaft (z. GmbH & Co KG) hielte. Die Personengesellschaft selbst ist kein Steuersubjekt, die Einkünfte der Personengesellschaft werden unmittelbar in den Händen ihrer Gesellschafter besteuert. Das Branch Office in Dubai wäre DBA-rechtlich als Betriebsstätte des Kommanditisten zu qualifizieren, deren Einkünfte auf Grundlage der oben genannten Abkommensbestimmungen in den Händen des Kommanditisten (unter Progressionsvorbehalt) steuerfrei wären.

5.4. Hybride Gesellschaftsformen

Die steuerliche Behandlung von Personengesellschaften ist im internationalen Umfeld höchst unterschiedlich geregelt. Während manche Staaten, wie Österreich und Deutschland, Personengesellschaften nach dem **Mitunternehmerkonzept** besteuern, wenden viele Staaten – darunter vor allem jene in Zentral- und Osteuropa – das **Kapitalgesellschaftskonzept** an. Manche Steuerrechtsordnungen unterscheiden dabei zwischen unbeschränkt und beschränkt haftenden Gesellschaftern.[62] Im Anhang des Partnership-Reports der OECD[63] findet sich eine Übersicht, nach welchem Konzept einzelne Gesellschaftsformen in den Steuerrechtsordnungen von 25 OECD-Mitgliedstaaten besteuert werden.

Aus österreichischer Sicht ist bei der Qualifikation ausländischer Gesellschaftsformen darauf abzustellen, ob das Rechtsgebilde – ungeachtet seiner steuerlichen Behandlung im Ausland – aus dem Blickwinkel des österreichischen Gesellschaftsrechts die Wesensmerkmale einer inländischen Kapitalgesellschaft aufweist (**„Typenvergleich"**).[64] Die Merkmale müssen in ihrer Gesamtheit unter Beachtung der wirtschaftlichen Stellung und des rechtlichen Aufbaus der inländischen Körperschaft vergleichbar sein.[65] Indizien für die Vergleichbarkeit sind unter anderem die ungehinderte Übertragbarkeit der Gesellschaftsanteile an Nichtgesellschafter, das Erfordernis der Aufbringung des Gesellschaftskapitals durch Einlagen der Gesellschafter und die Eintragung in ein öffentliches Buch.[66]

Diese Dichotomie nationaler Rechtsordnung bei der Besteuerung von Personengesellschaften kann in Verbindung mit DBA-Recht steueroptimierend genutzt werden. Das sei anhand der Beteiligung eines österreichischen Unternehmers an einer slowakischen „komanditná spolocnost" (K.S.) dargestellt.

***Beispiel:*[67]**

Eine slowakische K.S., an der als Kommanditist der in Österreich ansässige Herr AT beteiligt ist, hält ihrerseits eine Beteiligung an der Österreich-GmbH. Ein Typenver-

---

[62] Bendlinger, Die Betriebsstätte in der Praxis des internationalen Steuerrechts (2009), 201.
[63] OECD, The Application of the OECD Model Tax Convention to Partnerships, Issues in International Taxation N. 6 (1999), Annex III: List of Entities in Selected Countries, 69ff.
[64] EAS 2633 v 5.7.2005.
[65] KSR 2001, Rz 551.
[66] KStR 2001, Rz 110a.
[67] EAS 2783 v 23.10.2006; EAS 2724 v 16.5.2006; EAS 2762 v 24.8.2006. Bendlinger, Hybride Gesellschaften im internationalen Steuerrecht am Beispiel der slowakischen "komanditná spolocnost" (K.S.), AFS 2011, 194ff.

gleich ergibt, dass die K.S. eine der österreichischen Kommanditgesellschaft (KG) vergleichbare Gesellschaftsform ist.[68] *Die Gewinnausschüttungen der österreichischen GmbH an die K.S. sind grundsätzlich gemäß § 94 Z 2 EStG idF BBG 2011 (vormals § 94a EStG) von der österreichischen Kapitalertragsteuer befreit, da die slowakische K.S. als eine EU-Muttergesellschaft gilt, die in der Anlage 2 zum EStG in Abs 1 lit y genannt ist.*[69]

Nach slowakischem Steuerrecht werden die Kommanditisten der K.S. nach dem Kapitalgesellschaftskonzept besteuert.[70] *Nur die vollhaftenden Komplementäre werden dem Personengesellschaftskonzept entsprechend mit ihrer Gewinntangente besteuert. Nach slowakischem Steuerrecht sind deshalb die aus Österreich bezogenen Dividenden als Erträge aus einer internationalen Schachtelbeteiligung steuerfrei.*

Aus österreichischer Sicht ist die K.S. jedoch kein Steuersubjekt und auch keine gemäß Art 4 Abs 1 DBA-SK in der Slowakei „ansässige" Person. Die K.S. ist aus der Sicht des österreichischen Steuerrechts nach einem Typenvergleich eine einer österreichischen KG vergleichbare Gesellschaftsform.[71] *Steuersubjekt und „ansässig" ist daher nicht die K.S. sondern Herr AT als Gesellschafter der K.S. Der Betrieb der Betriebsstätte der Personengesellschaft gilt DBA-rechtlich als anteilige Betriebsstätte ihres Gesellschafters.*[72] *Werden diese in der K.S. angesammelten Gewinne von Herrn AT verwendet, unterliegen diese – von der Slowakei als Gewinnausschüttungen qualifizierten und bei der K.S. als steuerfreie Beteiligungserträge behandelten – Einkünfte nach slowakischem Steuerrecht keiner Quellensteuer und sind auf österreichischer Seite gemäß Art 23 Abs 1 lit a DBA-SK unter Progressionsvorbehalt steuerfrei. Denn Gewinnverteilungen einer im Ausland als Kapitalgesellschaft besteuerten KG stellen im Geltungsbereich des österreichischen Steuerrechts nicht steuerbare Entnahmen dar.*[73]

---

[68] EAS 2694 v 6.2.2006; Deutscher Betriebsstättenerlass, BStBl I 1999, 1067.
[69] In der Anlage 2 zum EStG sind die für eine KESt-Entlastung in Art 2 der Richtlinie Nr 90/435/EWG des Rates vom 23. Juli 1990, Abl EG Nr L 225, S 6 („Mutter-Tochter-Richtlinie) vorgesehenen Anforderungen an die Gesellschaftsform der Muttergesellschaft genannt. In Abs 1 lit y der Anlage 2 zum (ehemaligen) § 94a Abs 1 Z 3 EStG der (von der Erweiterung des begünstigten Personenkreises um mittelbare Beteiligungen abgesehen) materiell dem § 94 Z 2 EStG idF BBG 2011 (BGBl I 2010/111) entspricht sind Gesellschaften slowakischen Rechts mit der Bezeichnung „akciová spolocnost, „spolocnost's rucenim obmedzenym" und die „komanditná spolocnost" als Gesellschaften iSd Art 2 der Mutter-Tochter-Richtlinie genannt.
[70] *Feith*, Die Besteuerung slowakischer Personengesellschaften, WT 2010, 241.
[71] EAS 2694 v 6.2.2006; Deutscher Betriebsstättenerlass, BStBl I 1999, 1067.
[72] BFH 23.8.2000, I R 98/96, BStBl II 2002, 207.
[73] KStR 2001, Rz 551.

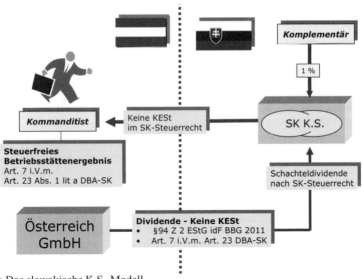

Abbildung 3: Das slowakische K.S.-Modell

Was die KESt-Freiheit von Gewinnausschüttungen an die slowakisch K.S. betrifft, vertritt das BMF unter Berufung auf die im Zuge des BBG 2011 vorgenommene Neuformulierung des § 94 Z 2 EStG jedoch die Ansicht, dass Gewinnausschüttungen an diese slowakische Rechtsform doch der KESt zu unterziehen sind. Denn in § 94 Z 2 EStG idF BBG 2011 wurde der Begriff „**Gesellschaft**" durch „**Körperschaft**" ersetzt. Hintergrund dieser Änderung dürfte sein, dass das BMF die Rechtsansicht vertritt, dass die ausländische EU-Gesellschaft iS eines Typenvergleichs **einer Körperschaft entsprechen muss**, also nicht einer Personengesellschaft vergleichbar sein darf, um die KESt-Entlastung in Anspruch nehmen zu können. Denn der Umstand, dass eine Gesellschaft im Anhang der Mutter-Tochter-Richtlinie genannt wird, könne keine Bindungswirkung auf die österreichische Rechtsbeurteilung entfalten und daher auch keine Konsequenzen auf die innerstaatliche österreichische Rechtsbeurteilung haben. Durch die Begrenzung der begünstigten EU-Gesellschafter auf „Körperschaft" soll offenbar verhindert werden, dass Gewinnausschüttungen an hybride osteuropäische Gesellschaften, die (wie zB die slowakische K.S.) von der KESt befreit werden können.[74]

Diese Auslegung findet jedoch im **Gesetzeswortlaut keine Deckung**. Denn § 94 Z 2 2. TS EStG idF BudBG 2011 (ehemals § 94 Abs 1 Z 3 EStG) verlangt nur, dass die in der Anlage 2 zum EStG vorgesehenen Voraussetzungen erfüllt sind. EU-Mitgliedstaaten kommt hinsichtlich der Anwendbarkeit der Richtlinie auf bestimmte Gesellschaftsformen **kein Wahlrecht** zu. Die Mitgliedstaaten sind verpflichtet, die Richtlinie auf alle Gesellschaftsformen anzuwenden, die im Anhang der Richtlinie taxativ aufgezählt bzw in der Anlag 2 zum EStG angeführt sind (Art 1 Abs 1 der Mutter-Tochter-RL[75]). Gesell-

---

[74] *Jerabek/Rittsteuer*, Entwicklungen bei Gewinnausschüttungen an ausländische EU-Gesellschaften, SWI 2012, 132f (131–136).

[75] Richtlinie 2011/96/EU des Rates vom 30.11.2011 über das gemeinsame Steuersystem der Mutter- und Tochtergesellschaften verschiedener Mitgliedstaaten (Neufassung), ABl L 345/8.

schaft eines Mitgliedstaates ist demnach jede Gesellschaft, die eine im Anhang I Teil A der Richtlinie angeführte Rechtsform aufweist (Art 2 lit a und b Mutter-Tochter-RL). Da die slowakische K.S. im Anhang der Mutter-Tochter-RL (und somit auch in Anlage 2 zum EStG) ausdrücklich genannt ist, ist die Richtlinie jedenfalls auch auf die slowakische Rechtsform der K.S. anzuwenden, unabhängig davon, ob nach innerstaatlichem Recht durch einen Typenvergleich die K.S. als Körperschaft oder Personengesellschaft angesehen wird. EG-Recht steht im Stufenbau der Rechtsordnung über nationalem Recht und eine Abweichung nationalen Rechts von einer abschließenden **Muss-Bestimmung der Richtlinie** ist nicht zulässig. Die innerstaatliche Eingrenzung der Anwendbarkeit der Richtlinie auf Körperschaften hat daher keine Bindungswirkung für die ausschüttende österreichische Gesellschaft. Dennoch ist zu befürchten, dass die Finanzverwaltung von ihrer Rechtsansicht nicht abweichen wird.[76]

Um das KESt-Risiko des Steueroptimierungsmodelles auszuschalten, wäre es möglich, die österreichische Kapitalgesellschaft mittels einer slowakischen S.r.o. (= GmbH) zu halten, deren Gesellschafter wiederum die K.S. wäre. Da in der Slowakei innerstaatlich keine KESt eingehalten wird, kann durch die Zwischenschaltung der slowakischen S.r.o. die gleiche Wirkung erzielt werden.

6. Kapitalgesellschaften im Ausland

6.1. Primärabschirmung und Sekundärabschirmung

Entscheidet sich der österreichische Unternehmer dazu, im Ausland eine Kapitalgesellschaft zu gründen, zu erwerben oder sich an einer solchen zu beteiligen, so unterliegt diese Gesellschaft im Ausland mit ihren Einkünften der **unbeschränkten Steuerpflicht**.

Außersteuerliche Motive für die Gründung einer Kapitalgesellschaft bestehen meist darin, das Durchschlagen von Risiken auf das inländische Stammhaus zu verhindern. Aber auch steuerliche Aspekte können eine wesentliche Rolle spielen. Die Belastung der laufenden Erträge, deren Rückführung an die Gesellschafter, die Akquisitionsstruktur, die steuerliche Abzugsfähigkeit von Finanzierungszinsen, die Möglichkeit, Verluste (auch grenzüberschreitend) zu verwerten, sind Fragen, die anhand des österreichischen, des zwischenstaatlichen, des ausländischen und allenfalls auch des europäischen Steuerrechts zu beantworten sind.

Entspricht das ausländische Rechtsgebilde nach dem auf österreichischer Seite anzuwendenden Typenvergleich einer Kapitalgesellschaft, sind Kapitalgesellschaft einerseits und Gesellschafter andererseits als selbständige Steuersubjekte anzuerkennen (**Trennungsprinzip**) und schirmen den inländischen Gesellschafter von der Besteuerung der durch die ausländische Kapitalgesellschaft erzielten Einkünfte ab („**Primärabschirmung**").

Gesellschafter und Gesellschaft können miteinander Leistungsbeziehungen auf schuldrechtlicher Basis eingehen und wie unabhängige Dritte miteinander Geschäfte tätigen. Allerdings müssen die Geschäfte für steuerliche Belange so gestaltet werden, dass es hierdurch nicht zu internationalen Gewinnverschiebungen kommt. Maßstab dafür ist der **Fremdverhaltensgrundsatz** („dealing at arm's length"), der gebietet, dass die kauf-

---

[76] *Jerabek/Ritsteuer*, Entwicklungen bei Gewinnausschüttungen an ausländische EU-Gesellschaften, SWI 2012, 133.

männischen und finanziellen Beziehungen zwischen verbundenen Unternehmen jenen entsprechen, die unabhängige Unternehmen miteinander vereinbart hätten. Das Erfordernis fremdverhaltenskonformen Verhaltens findet sich in der dem Art 9 OECD-MA nachgebildeten Norm der österreichischen DBA und im innerstaatlichen Recht in § 6 Z 6 EStG,[77] und in § 8 Abs 1 KStG (verdeckte Einlage) und § 8 Abs 2 KStG (verdeckte Gewinnausschüttung), flankiert durch die österreichischen Verrechnungspreisrichtlinien 2010, deren Ziel darauf ausgerichtet ist, ungerechtfertigten Gewinnverlagerungen ins Ausland entgegenzutreten.[78] Dem internationalen Trend folgend versucht damit auch die österreichische Finanzverwaltung ein immer engmaschiger werdendes Netz innerstaatlicher Verrechnungspreis- und Dokumentationsvorschriften zu knüpfen. Die Praxis zeigt, dass bei jedem grenzüberschreitend tätigen Unternehmen Verrechnungspreise heute Schwerpunktthema jeder Betriebsprüfung sind.

Die **Rückholung** der von der ausländischen Kapitalgesellschaft erwirtschafteten Gewinne kann durch Gewinnausschüttungen bzw bei Beendigung des Auslandsengagements durch die Repatriierung eines Veräußerungs- bzw Liquidationsgewinnes erfolgen. Zielsetzung muss es sein, diese im Ausland erwirtschafteten Gewinne möglichst steuergünstig zurückzuführen, also auch die **Sekundärabschirmung** zu bewahren. Diese Repatriierung kann, abhängig von der Art der Tätigkeit der Auslandsgesellschaft, ihrem Ansässigkeitsstaat, der Beteiligungshöhe und dem Rechtskleid des Gesellschafters unterschiedliche steuerliche Folgen haben.

6.2. Ausländische Beteiligungserträge einer natürlichen Person

Schüttet eine ausländische Gesellschaft **Dividenden** an ihren in Österreich ansässigen Gesellschafter aus, unterliegen diese Dividenden im Ausland der beschränkten Steuerpflicht, die meist durch die Erhebung einer Quellensteuer umgesetzt wird. Ist der Gesellschafter eine in Österreich ansässige natürliche Person oder eine von diesem gehaltene inländische Personengesellschaft, so kann diese Quellensteuer durch ein DBA vermieden bzw reduziert werden. Gemäß Art 10 Abs 1 OECD-MA dürfen Dividenden, die eine in einem DBA-Staat ansässige Person an eine im anderen DBA-Staat ansässige Person im Ansässigkeitsstaat des Gesellschafters zahlt, besteuert werden, allerdings darf der Quellenstaat auf Gewinnausschüttungen an natürliche Personen gemäß Art 10 Abs 2 lit b OECD-MA eine **15 %ige** Abzugssteuer erheben.

Die von in Österreich unbeschränkt steuerpflichtigen natürlichen Personen aus dem Ausland bezogenen **Dividenden** unterliegen gemäß § 27a EStG idF BBG 2011 einer 25 %igen Sondersteuer (mit Abgeltungswirkung), von der die ausländische Quellensteuer nach Maßgabe des Art 23 B OECD-MA in Abzug gebracht werden kann. Die optionale Veranlagung mit dem halben Durchschnittssteuersatz wurde durch das BBG 2011 mit Wirkung ab 1.1.2011 abgeschafft (§ 124b Z 184 EStG idF BBG 2011). Seither besteht neben der Besteuerung mit 25 % nur noch die Option auf Besteuerung zum progressiven Einkommensteuertarif. Ein Abzug von Betriebsausgaben und Werbungskosten ist jedoch auch im Rahmen der Veranlagung nicht möglich.[79] Besteht mit dem An-

---

[77] EStR 2000, Rz 2511.
[78] Verrechnungspreisrichtlinien 2010 (VPR 2010), AÖF 2010/221 Rz 370.
[79] *Schragl/Stefaner*, Hintergrund und historische Entwicklung, in *Stefaner/Schragl* (Hrsg), Grenzüberschreitende Beteiligungserträge (2011), 22.

sässigkeitsstaat der ausländischen Gesellschaft kein DBA, ergibt sich die Anrechnungsmöglichkeit ausländischer Steuern für unbeschränkt steuerpflichtige Personen aus § 1 Abs 2 der Doppelbesteuerungs-Verordnung.[80]

Der in Österreich ansässige Gesellschafter unterliegt meist auch mit **Gewinnen aus der Veräußerung von Anteilen an Kapitalgesellschaften** in seinem Ansässigkeitsstaat der beschränkten Steuerpflicht. Dem Quellenstaat wird dieses Besteuerungsrecht meistens durch die DBA entzogen, da Art 13 Abs 5 OECD-MA Gewinne aus der Veräußerung von Gesellschaftsanteilen dem Ansässigkeitsstaat zur Besteuerung überlässt. In Österreich unterliegen seit dem Wirksamwerden des BBG 2011 Einkünfte aus sämtlichen Beteiligungsveräußerungen unabhängig von Behaltedauer und Beteiligungsausmaß der 25 %igen Besteuerung, wenn der Beteiligungserwerb nach dem 1.1.2011 stattgefunden hat und die Veräußerung nach dem 31.3.2012 erfolgt ist. Im Verhältnis zu Nicht-DBA-Staaten kann eine auf den Veräußerungsgewinn erhobene ausländische Steuer wiederum auf Grundlage des § 1 Abs 2 der Doppelbesteuerungs-Verordnung auf die zum besonderen Steuersatz von 25 % erhobene Einkommensteuer angerechnet werden.

6.3. Internationale Beteiligungserträge von Kapitalgesellschaften

6.3.1. Dividendenbesteuerung im Ansässigkeitsstaat der Tochtergesellschaft

Dividenden unterliegen im Ansässigkeitsstaat der ausschüttenden Gesellschaft idR einer **Abzugssteuer**, die vom Bruttobetrag der Dividende erhoben wird. In den dem Art 10 OECD-MA nachgebildeten Regelungen der österreichischen DBA wird das Besteuerungsrecht an Dividenden grundsätzlich dem Ansässigkeitsstaat überlassen (Art 10 Abs 1 OECD-MA), wobei dem Quellenstaat je nach Höhe der Beteiligung ein begrenztes Quellenbesteuerungsrecht überlassen wird. Art 10 Abs 2 lit a OECD-MA überlässt dem Quellenstaat eine 5 %ige Abzugssteuer vom Bruttobetrag der Dividenden, wenn der Nutzungsberechtigte eine Gesellschaft (jedoch keine Personengesellschaft) ist, die unmittelbar über mindestens 25 % des Kapitals der die Dividenden zahlenden Gesellschaft verfügt. In allen anderen Fällen dürfen von den Dividenden 15 % Quellensteuer abgezogen werden. Für den Quellensteuerabzug gilt das Zuflussprinzip, es ist also unerheblich, in welchen Jahren die Gewinne erwirtschaftet worden sind.[81] Gleichzeitig ist der Ansässigkeitsstaat des Gesellschafters verpflichtet, die Quellensteuer auf die Steuerschuld des Empfängers anzurechnen. In Österreich geht diese Anrechnung jedoch dann ins Leere, wenn die Dividenden auf Ebene des Gesellschafters steuerfrei sind und somit keiner österreichischen KöSt unterliegen.

Ist die ausschüttende Gesellschaft in einem **EU-Mitgliedstaat** ansässig, verpflichtet die Mutter-Tochter-Richtlinie (MTR), die von den Mitgliedstaaten in nationales Steuerrecht umgesetzt werden musste, unter gewissen Voraussetzungen zu einer vollständiger Entlastung von der KESt. Die MTR setzt einen Mindeststandard an Quellensteuerbefreiung fest. Art 5 MTR sieht vor, dass die von der Tochter- an ihre Muttergesellschaft ausgeschütteten Gewinne vom Steuerabzug an der Quelle befreit werden müssen. Als „**Gesellschaft**" eines Mitgliedstaates gilt jede im Anhang der MTR genannte Rechtsform. Als „**Muttergesell-**

---

[80] Verordnung des Bundesministers für Finanzen betreffend die Vermeidung von Doppelbesteuerungen, BGBl II 2002/474.
[81] EAS 3221 v 11.5.2001.

schaft" gilt jede Gesellschaft eines Mitgliedstaates, die einen Anteil von wenigstens 10 % am Kapital einer Gesellschaft eines anderen Mitgliedstaates hält, die die gleichen Bedingungen erfüllt (Art 3 Abs 1 lit a MTR). „**Tochtergesellschaft**" ist eine Gesellschaft, an deren Kapital eine „Muttergesellschaft" einen mindestens 10 %igen Anteil hält.[82] Unter diesen Voraussetzungen sind nach Österreich fließende Dividenden zur Gänze von ausländischen Quellensteuern zu entlasten. Entsprechend der in Art 1 Abs 2 MTR vorgesehenen „Anti-Missbrauchs-Klausel" steht es den Mitgliedstaaten jedoch frei, eine KESt-Entlastung an der Quelle – so wie das in § 94 Z 2 EStG idF BBG 2011 vorgesehen ist[83] – nur unter besonderen, Rechtsmissbrauch ausschließenden, meist restriktiven Auflagen zuzulassen.[84]

Eine KESt-Entlastung kann auch über den Regelungsinhalt der MTR hinaus geboten sein. Und zwar dann, wenn grenzüberschreitende Dividendenflüsse im Unionsgebiet gegenüber dem Inlandsfall steuerlich schlechter gestellt werden und daher die Niederlassungsfreiheit (Art 49 AEUV) oder die Kapitalverkehrsfreiheit (Art 63 AEUV) verletzt wird.[85] Wenn also Inlandsdividenden von der KESt entlastet werden, muss das nach der Rechtsprechung des EuGH[86] auch für Dividenden gelten, die an EU-Körperschaften fließen, wenn die Anrechnung der KESt im Staat der Muttergesellschaft fehlschlägt, weil dort Auslandsdividenden steuerfrei sind oder aufgrund bestehender Verlustvorträge eine Steueranrechnung ins Leere geht.[87]

6.3.2. Besteuerung von Beteiligungserträgen in Österreich

6.3.2.1. Dividendenbesteuerung

Im Gefolge der Urteile in den Rechtssachen „Haribo" und „Österreichische Salinen AG"[88] hat der Gesetzgeber im Rahmen des BBG 2011 und des AbgÄG 2011[89] die Besteuerung ausländischer Beteiligungserträge EG-rechtlichen Vorgaben angepasst. Damit hat die steuerliche Behandlung von internationalen Beteiligungserträgen jedoch auch einen Grad an Komplexität erreicht, die es in manchen Fällen sehr schwierig, wenn nicht unmöglich macht, die aus EG-rechtlicher Sicht gebotene Einmalbesteuerung von Auslandsdividenden herbeizuführen.

---

[82] Die Beteiligungsschwelle wurde durch die Änderungsrichtlinie 2003/123/EG des Rates vom 22.12.2003 in drei Schritten abgesenkt: 20 % ab 1.1.2005, 15 % ab 1.1.2007 und 10 % ab 1.1.2009. *Kofler*, Mutter-Tochter-Richtlinie, Kommentar (2011), Artikel 3, Rz 16.
[83] Bei von Österreich ins Ausland fließenden Dividenden ist die österreichische KESt dann einzubehalten, wenn Gründe vorliegen, derentwegen der Bundesminister für Finanzen dies zur Verhinderung von Steuerverkürzung und Missbrauch (§ 22 BAO) sowie in den Fällen verdeckter Gewinnausschüttungen (§ 8 Abs 2 KStG) anordnet.
[84] *Bendlinger*, Die Entlastung von Quellensteuern, VWT 2011, 88.
[85] *Baldauf/Kanduth-Kristen/Laudacher/Lenneis/Marschner*, Jakom EStG (2011), Rz 3 zu § 94a EStG.
[86] EuGH 14.12.2006, C-170/05, *Denkavit II*; EuGH 8.11.2007, C-379/05, *Amurta*.
[87] Mit dem BBG 2011 wurde in Österreich mit § 21 Abs 1 Z 1a KStG die Rechtsgrundlage zur KESt-Erstattung an beschränkt steuerpflichtige Muttergesellschaften geschaffen.
[88] EuGH 10.2.2011, verb RS C-436/08 und C-437/08, *Haribo Lakritzen Hans Riegel Betriebsgesellschaft m.b.H. und Österreichische Salinen AG* auf Grundlage von Vorabentscheidungsersuchen des UFS-Linz v. 29.9.2008, RV/0611-L/05 und RV/0493-L/08; *Zorn*, Urteil des EuGH in den RS Haribo und Salinen AG zu § 10 KStG, RDW 2011, 171ff; *Laudacher*, EuGH-Urteil Haribo/Salinen AG bringt den Gesetzgeber in Zugzwang, SWK 2011, T 40.
[89] BGBl I 2011/176.

In den oben genannten, in Vorlageanträgen des UFS begründeten Vorabentscheidungen hat der EuGH ausgesprochen, dass sich die **Kapitalverkehrsfreiheit** auch auf Gewinnausschüttungen aus **Portfoliobeteiligungen an Gesellschaften in Drittstaaten** erstreckt. Daher wurde mit dem AbgÄG 2011 die Beteiligungsertragsbefreiung nach § 10 Abs 1 KStG für Veranlagungszeiträume ab 1.1.2011 räumlich vom EU-/EWR-Raum **auf Drittstaaten ausgedehnt**. Gleichzeitig wurde auf das Erfordernis einer umfassenden Vollstreckungshilfe verzichtet. Eine umfassende Amtshilfe muss jedoch möglich sein. Ist das nicht der Fall, sind Portfolio-Dividenden aus Drittstaaten steuerpflichtig. Die ausländische KöSt ist nicht anrechenbar.

Steuerfrei gemäß § 10 Abs 1 KStG sind damit neben den aus Inlandsbeteiligungen bezogenen Dividenden auch Gewinnanteile aus der Beteiligungen an **EU-Körperschaften**, welche die in der Anlage 2 zum EStG vorgesehenen Voraussetzungen erfüllen (§ 10 Abs 2 Z 5 KStG), aber auch solche aus Beteiligungen an anderen ausländischen Körperschaften (in Drittstaaten), die mit einer inländischen unter § 7 Abs 3 KStG fallenden Körperschaft vergleichbar sind und mit deren Ansässigkeitsstaat eine umfassende Amtshilfe[90] besteht, soweit nicht die Steuerbefreiung für internationale Schachtelbeteiligungen (§ 10 Abs 1 Z 7 EStG) anwendbar ist (§ 10 Abs 1 Z 6 KStG idF AbgÄG 2011). Anders als bei Beteiligungen an EU-Gesellschaften kommt bei Drittstaats-Gesellschaften dem **Typenvergleich** (Vergleich mit einer Körperschaft iSd § 7 Abs 3 KStG) besondere Bedeutung zu.[91]

So wie bei Inlandsbeteiligungen setzt die Steuerfreistellung ausländischer Dividenden nunmehr weder eine Mindestbeteiligungshöhe noch eine Mindestbehaltedauer voraus. Gemäß § 26c Z 26 KStG idF AbgÄG2011 soll die Neufassung des § 10 Abs 1 Z 6 KStG erstmals für das Kalenderjahr 2011 anwendbar sein. Vertreter der Finanzverwaltung gehen daher – anders als der UFS[92] – davon aus, dass in Vorjahren bezogene Portfoliodividenden aus Drittstaaten mit umfassender Amtshilfe nicht steuerfrei sind, sondern der österreichischen KöSt unterliegen, unter Anrechnung der ausländischen Steuer.[93] Das wurde inzwischen vom VwGH bestätigt.[94] Bei noch offenen Altfällen (bis 31.12.2010) sind Portfoliodividenden aus Drittstaaten damit weiterhin steuerpflichtig, allerdings kann die zugrunde liegende ausländische Körperschaftsteuer sowie eine allfällige DBA-konforme Quellensteuer auf die österreichische Steuerschuld angerechnet werden.

Nach wie vor Bestand hat die Steuerfreistellung für **internationale Schachtelbeteiligungen** (§ 10 Abs 1 Z 7 EStG). Eine internationale Schachtelbeteiligung liegt vor, wenn unter § 7 Abs 3 KStG[95] fallende Steuerpflichtige oder sonstige unbeschränkt steu-

---

[90] Durch das AbgÄG 2011 wurde das Erfordernis einer umfassenden Vollstreckungshilfe aus dem Wortlaut des § 10 Abs. 1 Z 6 KStG gestrichen. Denn nach der Rechtsprechung des EuGH erfordert eine ordnungsgemäße Besteuerung von Auslandsdividenden in Österreich keine Möglichkeit der Vollstreckung in einem EU- bzw EWR-Staat.
[91] *Mayr*, § 10 KStG: Portfoliodividenden aus Drittstaaten ebenfalls befreit, RdW 2011, 503.
[92] UFS 28.2.2011, RV/0610-L/05 und RV/0297-L/11.
[93] *Mayr*, § 10 KStG, 505.
[94] VwGH 25.2.2011, 2011/15/0070.
[95] Das sind solche, die auf Grund der Rechtsform nach unternehmensrechtlichen Vorschriften zur Rechnungslegung verpflichtet sind, rechnungslegungspflichtige Erwerbs- und Wirtschaftsgenossenschaften und vergleichbare unbeschränkt steuerpflichtige ausländische Körperschaften.

erpflichtige ausländische Körperschaften, die einem inländischen unter § 7 Abs 3 KStG fallenden Steuerpflichtigen vergleichbar sind, nachweislich in Form von Kapitalanteilen während eines ununterbrochenen Zeitraumes von mindestens einem Jahr zu mindestens einem Zehntel an einer ausländischen Körperschaft (auch mittelbar) beteiligt sind, die einer inländischen Kapitalgesellschaft vergleichbar ist, oder an einer in der Anlage 2 zum EStG genannten EU-Körperschaft.

Angesichts der Ausdehnung der Beteiligungsertragsbefreiung nach § 10 Abs 1 KStG auf alle ausländischen Körperschaften, die mit einer inländischen unter § 7 Abs 3 fallenden Körperschaft vergleichbar sind und mit deren Ansässigkeitsstaat eine umfassende Amtshilfe besteht, verliert § 10 Abs 2 KStG jedenfalls seine Bedeutung, wenn die ausschüttende Gesellschaft in einem EU-Mitgliedstaat[96] (EU-Amtshilferichtlinie) bzw in Norwegen[97] ansässig ist oder in einem Staat, mit dem Österreich ein DBA abgeschlossen hat, das eine dem Art 27 OECD-MA nachgebildete Amtshilfeklausel enthält oder in dem eine „große Auskunftsklausel" gemäß Art 26 Abs 1 OECD-MA vorgesehen ist, die einen ähnlich weit gehenden Informationsaustausch wie die Amtshilferichtlinie der EU ermöglicht.[98] Nach wie vor bedeutsam ist die Unterscheidung zwischen internationalen Schachtelbeteiligungen und Portfoliobeteiligungen jedoch im Hinblick auf die in § 10 Abs 4 und 5 KStG vorgesehene unterschiedlich ausgestaltete Missbrauchsabwehr. Sollte der Ansässigkeitsstaat der Tochtergesellschaft auf die in Österreich steuerfreie Dividende eine Quellensteuer erheben, ist diese nicht anrechenbar.

6.3.2.2. Umfang der Steuerfreistellung

Sind die Voraussetzungen für die Steuerfreistellung ausländischer Beteiligungserträge gegeben, gilt diese für die in § 10 Abs 1 Z 1 bis 4 KStG genannten Gewinnanteile. Das sind:

1. Gewinnanteile jeder Art auf Grund einer Beteiligung an (ausländischen) Kapitalgesellschaften und Erwerbs- und Wirtschaftsgenossenschaften in Form von Gesellschafts- und Genossenschaftsanteilen;
2. Rückvergütungen von inländischen Erwerbs- und Wirtschaftsgenossenschaften und Bezüge aus Anteilen an körperschaftlich organisierten Personengemeinschaften (zB Agrargemeinschaften);
3. Gewinnanteile jeder Art auf Grund einer Beteiligung in Form von Genussrechten;
4. Gewinnanteile jeder Art auf Grund von Partizipationskapital iSd Bankwesen- und Versicherungsaufsichtsgesetzes.

Erfolgt die Ausschüttung aus einer internationalen Schachtelbeteiligung in einer **Fremdwährung**, dann sind Wechselkursveränderungen bis zum Ausschüttungstag (Tag der Wertstellung der Ausschüttung beim Beteiligten) mit der Ausschüttung untrennbar verbunden und sind somit gemäß § 10 KStG bei Erfüllung der sonstigen Voraussetzungen

---

[96] Innerhalb der EU wurde durch die Amtshilferichtlinie eine gemeinsame Grundlage für den Informationsaustausch und die Steuervollstreckung geschaffen.
[97] Im Verhältnis zu den beiden EWR-Staaten Island (kein DBA) und Liechtenstein besteht derzeit keine „umfassende" Amtshilfemöglichkeit.
[98] *Simader*, Die Rs. Haribo und Österreichische Salinen: Neues zur Bedeutung der Amtshilfe mit Drittstaaten, SWI 2011, 248; *Mayr*, § 10 KStG, aaO, RdW 2011, 503.

steuerfrei. Wechselkursgewinne erhöhen den steuerfreien Beteiligungsertrag, Wechselkursverluste vermindern diesen. Wechselkursveränderungen nach dem Ausschüttungstag sind kein Teil der Ausschüttung und sind demnach ertragsteuerwirksam.[99]

6.3.2.3. Substanzbesteuerung

Anders als bei Inlandsbeteiligungen gilt für **internationale Schachtelbeteiligungen** der Grundsatz, dass bei der Ermittlung der Einkünfte Veräußerungsgewinne, Veräußerungsverluste und sonstige Wertänderungen aus internationalen Schachtelbeteiligungen iSd § 10 Abs 2 KStG (zB Teilwertabschreibungen) außer Ansatz bleiben (§ 10 Abs 3 KStG). Das gilt auch bei der Veräußerung von Beteiligungstranchen, sofern vor der Veräußerung die 10 %-Grenze erreicht wurde. Das gilt auch bei Liquidation oder Insolvenz der ausländischen Gesellschaft, außer es liegen endgültige Vermögensverluste vor, die um steuerfreie Gewinnanteile der letzten fünf Wirtschaftsjahre vor jenem des Untergangs der Beteiligung zu kürzen sind.[100]

Der österreichische Gesellschafter hat jedoch ein Wahlrecht, auf die **Steuerneutralität** zu verzichten und bei Abgabe der KöSt-Erklärung für das Jahr der Anschaffung für jede einzelne Beteiligung auf **Steuerwirksamkeit** zu optieren. Die allgemeinen Einschränkungen des § 12 Abs 3 KStG (Siebtelung von Teilwertabschreibungen und Veräußerungsverlusten) sind zu beachten. Der österreichische Gesellschafter muss also eine Prognose-Entscheidung treffen und abschätzen, ob die Auslandsbeteiligungen in Zukunft Wertsteigerungen erfährt oder nicht.[101] Diese Bindung bleibt selbst im Betriebsprüfungsverfahren bestehen. Eine einmal ausgeübte Option ist **unwiderruflich**. Der Gesellschafter bleibt für den Zeitraum seines Anteilsbesitzes (selbst im Betriebsprüfungsverfahren) daran gebunden, wobei die Optionsentscheidung auch für weitere Zusatzanschaffungen von Anteilen erhalten bleibt. Wird eine internationale Schachtelbeteiligung veräußert oder im Rahmen einer Umgründung iSd UmGrStG an eine unmittelbar oder mittelbar **konzernzugehörige Gesellschaft** übertragen, ist gemäß § 10 Abs 3 Z 4 KStG auch die erwerbende Gesellschaft an die Option gebunden. Dies gilt auch für den Fall, dass die erwerbende Konzernkörperschaft eine internationale Schachtelbeteiligung an derselben ausländischen Körperschaft besitzt, für die die Option ausgeübt worden ist. Wird die internationale Schachtelbeteiligung an einen unabhängigen dritten Erwerber übertragen, steht dem Erwerber der Beteiligung das Wahlrecht neuerlich zu.[102]

Einlagenrückzahlungen sind steuerneutral und führen zu einer Minderung des Beteiligungsansatzes. Ob eine solche vorliegt, ist nicht nach ausländischem Recht, sondern nach § 4 Abs 12 EStG zu beurteilen.[103]

Für die nicht als internationale Schachtelbeteiligungen iSd § 10 Abs 2 KStG zu qualifizierende **Portfoliobeteiligungen** gilt, dass – so wie bei Inlandsbeteiligungen – Ver-

---

[99] *Beiser*, Die internationale Schachtelbeteiligung bei Fremdwährungen, SWK 2012, 28f.
[100] KStR 2001, Rz 570.
[101] *Staringer*, Die „Qual der Wahl" – Neue Herausforderungen an die Vorstandspflicht zur Steuergestaltung im Konzern, ecolex 2006, 461.
[102] *Siller*, Behandlung von Wertänderungen bei Schachtelbeteiligungen, in *Stefaner/Schragl*, Behandlung von Wertänderungen bei Schachtelbeteiligungen (2011), 55.
[103] KStR 2001, Rz 571.

äußerungsgewinne, Veräußerungsverluste und sonstige Wertänderungen **steuerwirksam** bleiben.

6.3.3. Missbrauchsabwehr

6.3.3.1. „Switch over" zur Anrechnungsmethode

Während für Beteiligungserträge aus internationalen Schachtelbeteiligungen und Portfoliobeteiligungen unter den oben genannten Voraussetzungen in Österreich grundsätzlich die Befreiungsmethode vorgesehen ist, findet sich in § 10 Abs 4 und Abs 5 KStG ein **Methodenwechsel von der Befreiungs- zur Anrechnungsmethode**, der für Erträge aus internationalen Schachtelbeteiligungen (§ 10 Abs 1 Z 7 KStG) und ausländische Portfoliodividenden (§ 10 Abs 1 Z 5 und 6 KStG) jedoch unterschiedlich ausgeprägt ist. Beteiligungserträge aus **internationalen Schachtelbeteiligungen** werden dann nicht von der KöSt befreit, wenn **Gründe vorliegen**, derentwegen der Bundesminister für Finanzen dies zur Verhinderung von Steuerhinterziehungen und Missbräuchen (§ 22 BAO) anordnet. Solche Gründe können gemäß § 10 Abs 4 KStG dann angenommen werden, wenn die ausländische Körperschaft überwiegend „Passiveinkünfte" bezieht und das Einkommen der ausländischen Körperschaft hinsichtlich der Ermittlung der Bemessungsgrundlage bzw hinsichtlich der Steuersätze keiner der österreichischen KöSt vergleichbaren ausländischen Steuer (Durchschnittssteuerbelastung unter 15 %) unterliegt („Standardverdachtsfall"). In einer Verordnung des BMF sind die den Methodenwechsel auslösenden Missbrauchsfälle konkretisiert.[104]

Durch das BBG 2009[105] wurde im Zusammenhang mit der damals neu geschaffenen Befreiung für EU- und gewissen EWR-Portfoliobeteiligungen ein Besteuerungsvorbehalt geschaffen und mit abweichenden Tatbestandsmerkmalen in § 10 Abs 5 KStG übernommen. Bei Portfoliobeteiligungen iSd § 10 Abs 1 Z 5 und 6 KStG kommt der Methodenwechsel dann zur Anwendung,

- wenn die ausländische Körperschaft im Ausland tatsächlich **keiner der österreichischen KöSt vergleichbaren Steuer** unterliegt,
- die ausländische KöSt um mehr als 10 Prozentpunkte niedriger ist als die österreichische KöSt oder
- die ausländische Körperschaft im Ausland **Gegenstand einer umfassenden persönlichen oder sachlichen Steuerbefreiung** ist.

Anders als bei internationalen Schachtelbeteiligungen iSd § 10 Abs 2 KStG werden damit auch Portfolio-Dividenden an operativ tätigen Auslandsgesellschaften durch Steueranrechnung entlastet.[106] Dies wird damit begründet, dass dadurch gewährleistet sein soll, dass Gewinnausschüttungen aus Niedrigsteuerländern weiterhin der österreichischen KöSt unterliegen. Außerdem seien nach der Rechtsprechung von VwGH[107] und EuGH Anrechnungs- und Befreiungsmethode als grundsätzlich gleichwertig anzusehen sind.[108]

---

[104] Verordnung – Internationale Schachtelbeteiligungen, BGBl 1995/57 idF BGBl II 2004/295.
[105] BGBl I 2009/52.
[106] Zur Methodik der Anrechnung ausländischer KöSt siehe KStR 2001, Rz 592b.
[107] VwGH 17.4.2008, 2008/16/0064.
[108] EB zu § 10 Abs 1 Z 6 KStG idF AbgÄG 2011.

Sollte im Fall eines Methodenwechsels die anrechenbare ausländische KöSt mangels ausreichender inländischer Einkünfte im Wirtschaftsjahr nicht vollständig angerechnet werden können, kann gemäß § 10 Abs 6 KStG idF AbgÄG 2011 die **nicht anrechenbare ausländische Steuer**, vorrangig die ausländische KöSt, auf Antrag **vorgetragen** werden. Eine zeitliche Beschränkung des Anrechnungsvortrages ist nicht vorgesehen. Anrechenbar ist jene ausländische Steuer, die auf die KöSt entfällt, die den Betrag der Mindest-KöSt übersteigt. Nach der Verwaltungspraxis ist eine Anrechnung ausländischer KöSt auf die Mindest-KöSt nicht möglich. Der Anrechnungsvortrag ist zeitlich nicht begrenzt, sodass selbst bei nicht vollständiger Anrechnung im Jahr des Anfalls der Auslandssteuer diese nicht endgültig verloren geht. Über die Höhe des Übersteigungsbetrages ist im Abgabenbescheid abzusprechen.

Der in § 10 Abs 6 KStG vorgesehene Anrechnungsvortrag wurde nicht gesondert in Kraft gesetzt, was dafür spricht, dass die Bestimmung auch auf vergangene Jahre angewandt werden kann. Wenngleich für bereits rechtskräftig veranlagte (Verlust-)Jahre nicht mehr im jeweiligen Köst-Bescheid abgesprochen werden kann, steht dem Steuerpflichtigen dennoch ein Anrechnungsvortrag zu. Im Lichte des Unionsrechts entfällt für bereits rechtskräftig veranlagte Jahre das Bescheiderfordernis.[109]

6.3.3.2. Vermeidung von „Double Dip"

Durch die Einfügung des § 10 Abs 7 KStG durch das BBG 2011 für Wirtschaftsjahre, die nach dem 31.12.2010 beginnen, wurde die KöSt-Befreiung von ausländischen Beteiligungserträgen auf jenen Teil beschränkt, der bei der die Gewinnanteile auszahlenden ausländischen Körperschaft nicht als Betriebsausgabe abzugsfähig ist (§ 10 Abs 7 KStG). Denn es sei, so die Erläuternden Bemerkungen, beobachtet worden, dass bei **Hybridkapital**, wie zB bei Genussrechten, im Ausland die Zahlungen an die österreichische Muttergesellschaft als Zinszahlungen qualifiziert wurden, während nach österreichischem Verständnis diese Erträge als Dividenden qualifiziert wurden. Damit soll eine Nichtbesteuerung solcher Erträge aus hybriden Finanzierungen vermieden werden.

6.3.3.3. Zinsaufwand bei Beteiligungserwerb im Konzern

Mit dem StRefG 2005 wurde zunächst einer jahrelangen Diskussion ein Ende gesetzt, indem in § 11 Abs 1 Z 4 KStG Zinsen in Zusammenhang mit dem Erwerb von Kapitalanteilen iSd § 10 KStG als steuerlich abzugsfähiger Aufwand zugelassen worden sind. Damit wurde das Abzugsverbot gemäß § 12 Abs 2 KStG in Bezug auf „Zinsen" verdrängt. Mit dem BBG 2011 wurde die Möglichkeit, Zinsen als Betriebsausgabe geltend zu machen, durch § 11 Abs 1 Z 4 EStG wieder eingeschränkt und gilt in folgenden Fällen nicht:

- Die Zinsen gehören nicht zu einem Betriebsvermögen.
- Die Kapitalanteile sind unmittelbar oder mittelbar von einem konzernzugehörigen Unternehmen bzw unmittel- oder mittelbar von einem beherrschenden Einfluss ausübenden Gesellschafter erworben worden.
- Bei Kapitalerhöhungen oder Zuschüssen, die in Zusammenhang mit dem Erwerb von Kapitalanteilen iSd vorherigen Teilstriches stehen.

---
[109] *Mayr*, § 10 KStG, 505.

Nach der ErlRV sollten durch die neuerliche Einschränkung des Zinsabzuges für Wirtschaftsjahre, die nach dem 31.12.2010 beginnen, **unerwünschte Gestaltungen**, die sich in Kombination zwischen Betriebsausgabenabzug, Gruppenbestcuerung und Niedrigbesteuerung einer finanzierenden Konzerngesellschaft erzielen ließen, ausgeschlossen werden. Nach der Übergangsregelung des § 26c Z 23 lit b KStG soll das auch für jene Fremdkapitalzinsen gelten, die zwar erst zukünftig anfallen, aber aufgrund eines bereits in der Vergangenheit erfolgten konzerninternen Beteiligungserwerbes entstehen. Wegen dieses rückwirkenden, schlagartigen und intensiven Eingriffs in die Eigentums- und Vermögensverhältnisse eines Steuerpflichtigen wurden gegen die Konzernschranke verfasungsrechtliche Bedenken geäußert, die vom VfGH in seinem Erkenntnis vom 29.2.2012, B 945/11 jedoch nicht geteilt worden sind.[110]

6.4. Gruppenbesteuerung

Mit dem Steuerreformgesetz 2005 wurde das System der Organschaft durch eine Gruppenbesteuerung ersetzt, die es ermöglicht, im Jahr des Entstehens auf Antrag **Verluste ausländischer Gruppenmitglieder** beim österreichischen Gruppenträger in Abzug zu bringen. Voraussetzung für die Gruppenbildung ist eine mehr als 50 %ige Beteiligung am Grund-, Stamm- oder Genossenschaftskapital und der Stimmrechte des ausländischen Gruppenmitglieds (§ 9 Abs 4 KStG). Vorbild dafür war die Regelung des § 2 Abs 8 EStG, wonach im Ausland nicht berücksichtigte Verluste bei der Ermittlung des Einkommens anzusetzen sind, die jedoch im Falle einer späteren Verlustverwertung im Ausland nachversteuert werden müssen.

Mit dem 1. StabG 2012 wurde jedoch – korrespondierend zur Regelung in § 2 Abs 8 EStG – in § 9 Abs 1 Z 6 KStG eine Deckelung des abziehbaren Auslandsverlustes eingeführt. Die Höhe des durch Umrechnung eines nach österreichischen Gewinnermittlungsvorschriften ermittelten Verlustes eines ausländischen Gruppenmitglieds wurde mit dem Betrag **des nach ausländischen Regeln ermittelten Verlustes gedeckelt**, um eine Nachversteuerung der berücksichtigten Verluste zu gewährleisten.

Denn die nach österreichischen Gewinnermittlungsvorschriften umgerechneten (adaptierten) ausländischen Verluste können höher sein als die sich nach ausländischem Steuerrecht ergebenden (nicht umgerechneten) Verluste. Im Extremfall kann sich sogar aus einem ausländischen Gewinn umrechnungsbedingt ein Verlust ergeben. In solchen Fällen wäre eine Nachversteuerung der umrechnungsbedingt höheren ausländischen Verluste theoretisch erst bei Ausscheiden des ausländischen Gruppenmitglieds aus der Gruppe möglich. Daher wird ab der Veranlagung 2012 die Berücksichtigung von Verlusten ausländischer Gruppenmitglieder mit dem sich **nach ausländischem Steuerrecht ergebenden Verlust gedeckelt**. Eine Berücksichtigung von ausländischen Gewinnen, die erst umrechnungsbedingt zu einem Verlust führen, soll dadurch ausgeschlossen werden, weil nach ausländischem Steuerrecht dann kein Verlust vorliegt.

---

[110] *Wolf/Kauba*, Neues Zinsabzugsverbot verfassungswidrig?, SWK 2011, S 704; *Marchgraber*, Die Einschränkung des Fremdkapitalzinsabzugs bei konzerninternen Beteiligungserwerben auf dem Prüfstand, SWK 2011, S 620.

Der Antrag auf Einbeziehung in die Gruppe kann **für jede einzelne Beteiligung** gestellt werden. Für Gewinne ausländischer Kapitalgesellschaften ergibt sich weder aus dem allgemeinen Steuerrecht noch aus § 9 KStG eine Besteuerungsmöglichkeit.[111] Die in die Gruppe einbezogenen ausländischen Körperschaften müssen ihrem Typus nach mit einer inländischen Körperschaft vergleichbar sein, wobei EU-Gesellschaften im Sinne der Mutter-Tochter-Richtlinie stets als vergleichbare Körperschaften gelten. Einbezogen werden können jedoch nur beschränkt steuerpflichtige Körperschaften der ersten Ebene, also nicht die Tochtergesellschaften des ausländischen Gruppenmitglieds, selbst wenn diese nach ausländischem Recht Teil einer Organschafts- oder Gruppenbesteuerungsregelung sind.

Für Zwecke der Verlustberücksichtigung im Inland ist ausschließlich das nach österreichischen steuerlichen Gewinnermittlungsvorschriften berechnete Ergebnis maßgeblich (§ 9 Abs 6 Z 6 EStG)[112], das dem unmittelbar beteiligten Gruppenmitglied bzw Gruppenträger im Ausmaß der Beteiligungen aller beteiligten Gruppenmitglieder einschließlich eines beteiligten Gruppenträgers zuzurechnen ist.

Zur Vermeidung einer doppelten Verlustberücksichtigung ist dann, wenn die im Inland abgezogenen Verluste im Ausland verrechnet werden können, ein Betrag in diesem Ausmaß beim beteiligten inländischen Gruppenmitglied bzw Gruppenträger hinzuzurechnen (analog § 2 Abs 8 letzter Satz EStG). Gleiches gilt, wenn das ausländische Gruppenmitglied zB wegen Veräußerung der Beteiligung aus der Unternehmensgruppe ausscheidet.[113] Seit dem AbgÄG 2009 ist dem Ausscheiden ein „**wirtschaftliches Ausscheiden**" (Verlust der Vergleichbarkeit iSd § 4 Z 1 lit c UmGrStG) gleichzuhalten.[114] Geht das ausländische Gruppenmitglied unter (Liquidation, Insolvenz), sind die tatsächlichen und endgültigen Vermögensverluste um die während der Gruppenzugehörigkeit nicht wirksamen Teilwertabschreibungen zu kürzen.

Durch die mögliche Sofortberücksichtigung von Auslandsverlusten ist die österreichische Gruppenbesteuerung im internationalen Vergleich attraktiv und geht sogar über das hinaus, was durch die EG-Rechtsprechung geboten wäre.

7. Betriebsstätte, Personen- oder Kapitalgesellschaft

Die folgende Tabelle gibt (in alphabetischer Reihenfolge) einen Überblick zu den zwischen Kapitalgesellschaften einerseits und Einzelunternehmen, Betriebsstätten und Personengesellschaften andererseits bestehenden (wesentlichen) Unterschieden. Steuerliche Überlegungen alleine sollten aber niemals das alleinige Kriterium für die Rechtsformwahl im Ausland sein.[115]

---

[111] ErlRV zum StReformG 2005 zu § 9 Abs 6 KStG.
[112] *Mitterlehner*, Gewinn- bzw Verlustermittlung ausländischer Gruppenmitglieder, in *Renner/Schlager/Schwarz* (Hrsg), Praxis der steuerlichen Gewinnermittlung (2008), 591ff.
[113] *Zöchling*, Gruppenbesteuerung und Auslandsverluste: Achtung Steuerfallen!, SWK 2004, 1442ff.
[114] *Mayr*, Gruppenbesteuerung: wirtschaftliches Ausscheiden ausländischer Gruppenmitglieder, RdW 2009, 365.
[115] In Anlehnung an *Fuchs/Steiger*, ÖGWT-Leitfaden Steuern und Sozialversicherung 2012, 124ff.

	Kapitalgesellschaft	**Betriebsstätte/Personengesellschaft**
Abschirmwirkung	Trennung von Gesellschaft und Gesellschafter, Abschluss von Verträgen möglich	Keine Abschirmwirkung
Beschäftigung von Arbeitnehmern	Arbeitgeber ist die ausländische Gesellschaft	Arbeitgeber bleibt das Stammhaus
Betriebs- bzw Anteilsveräußerung	*Gesellschaft* wird durch Verkauf von Gesellschaftsanteilen nicht berührt. *Natürliche Person als Gesellschafter:* 25 %iger Sondersteuersatz mit Endbesteuerungswirkung oder Option auf Besteuerung nach Tarif (§ 27a Abs 5 EStG) unabhängig von Behaltedauer und Beteiligungshöhe	Aliquoter Freibetrag EURO 7.300 (§ 24 Abs 4 EStG) Verteilungsbegünstigung auf 3 Jahre (§ 37 Abs 2 Z 1 EStG) Hälftesteuersatz (§ 37 Abs 1 und 5 EStG)
Einkunftsart	Einkünfte aus Gewerbebetrieb kraft Rechtsform (§ 7 Abs 3 KStG iVm § 23 EStG)	• Land- und Forstwirtschaft • Selbständige Arbeit • Gewerbebetrieb
Einkünftezurechnung	Trennungsprinzip	Kausalitätsprinzip
Entnahmen	Nur durch Gewinnausschüttung oder fremdübliche Geschäfte (zB Geschäftsführerbezug) möglich, 25 % KESt mit Endbesteuerungswirkung	Entnahmen jederzeit möglich (Gewinnverwendung)

	Kapitalgesellschaft	**Betriebsstätte/Personengesellschaft**
Gewinnabgrenzung	Trennungsprinzip, Fremdverhaltensgrundsatz für Geschäfte zwischen Gesellschafter und Gesellschaft (Art 9 OECD-MA, § 6 Z 6 EStG)	*Personengesellschaft*: Teilrechtsfähigkeit, Sonderbetriebseinnahmen, -ausgaben. *Betriebsstätte*: Rechtlich unselbständiger Bestanteil des Unternehmens, (eingeschränkter) Fremdverhaltensgrundsatz, aber „separate entity approach" der OECD in Art 7 OECD-MA 2010
Gewinnausschüttung	*An inländische Körperschaft:* Beteiligungsertragsbefreiung *An inländische natürliche Person:* 25 % Sondersteuersatz	Keine Gewinnausschüttung, Einkommensverwendung, Steuerfreistellung unter Progressionsvorbehalt gemäß DBA bzw § 48 BAO (VO BGBl II 2002/474); niedrigeres ausländisches Steuerniveau bleibt bei DBA mit Freistellungsmethode der natürlichen Person erhalten
Gewinnfreibetrag	Kein Gewinnfreibetrag	*Ohne Investitionserfordernis* 13 % bis EURO 30.000 *Mit Investitionserfordernis* 13,0 % für die ersten EURO 175.000,00 7,0 % für die nächsten EURO 175.000,00 4,5 % für die nächsten EURO 230.000,00 Insgesamt *höchstens EURO 45.350,00* im Veranlagungsjahr (§ 10 EStG) bei natürlichen Personen und Personengesellschaften

	Kapitalgesellschaft	**Betriebsstätte/Personengesellschaft**
Gründungsaufwand	Strenge gesetzliche Vorgaben, idR Notariatspflicht 1 % Gesellschaftsteuer	Gering, idR keine Notariatspflicht Keine Gesellschaftsteuer
Haftungsbeschränkungen	Grundsätzlich auf das Grund- oder Stammkapital begrenzt	Unbegrenzte Haftung für Schulden der Betriebsstätte bzw Personengesellschaft
Kapitalausstattung	Gesetzlich vorgegeben	Keine gesetzlichen Vorgaben
Leistungen zwischen Gesellschaft und Gesellschafter	• Zivilrechtlich möglich • Steuerlich anzuerkennen bei Einhaltung des Fremdverhaltensgrundsatzes	• Zivilrechtlich möglich • Steuerlich bei Personengesellschaften nicht anerkannt („Gewinnvorab", Gewinnverwendung, Durchgriffs-, Transparenzprinzip)
Liquidation	Gesetzlich vorgegeben	Analoge Anwendung der Liquidationsbestimmungen für Inlandsgesellschaften
Liquidationsbesteuerung	*Gesellschaft:* Liquidationsbesteuerung (§ 19 KStG); keine Tarifbegünstigung *Gesellschafter (natürliche Person):* 25 % Sondersteuersatz (Endbesteuerung) oder Option auf Regelbesteuerung (§ 27a Abs 5 EStG), unabhängig von Behaltedauer und Beteiligungshöhe	• Aliquoter Freibetrag EURO 7.300,– (§ 24 Abs 4 EStG) • Hauptwohnsitzbefreiung hinsichtlich Gebäude (§ 24 Abs 6 EStG), auch für stille Reserven, die auf den Grund und Boden des Gebäudes entfallen • Verteilung auf drei Jahre (§ 37 Abs 2 Z 1 EStG) hinsichtlich „kapitalistischer" Beteiligungen • Hälftesteuersatz hinsichtlich einer „kapitalistischen" Beteiligung (§ 37 Abs 1 und 5 EStG)

Internationale Geschäftstätigkeit steueroptimal gestaltet

	Kapitalgesellschaft	**Betriebsstätte/Personengesellschaft**
Offenlegung	Gesetzlich vorgegeben	Gesetzliche Vorgaben bei Eintragung der Betriebsstätte als Zweigniederlassung, kann sehr aufwändig sein
Quellensteuer	Auf Dividenden, durch EG-Recht und DBA-Recht beseitigt bzw begrenzt	Keine Quellensteuern, in manchen Staaten „Branch Profits Tax"
Rechtsfähigkeit	Selbständig	Keine selbständige Rechtsfähigkeit
Steuerpflicht	Unbeschränkt	Im Quellenstaat: Beschränkt
Steuersatz	KöSt nach Steuerrecht des Ansässigkeitsstaates	KöSt bei Stammhaus-Kapitalgesellschaft oder bei Besteuerung von PersGes im Sitzstaat nach dem Kapitalgesellschaftskonzept; ESt bei natürlicher Person als Stammhaus bzw Besteuerung nach dem Transparenzprinzip im Sitzstaat der Personengesellschaft
Steuersubjekt	Trennungsprinzip (Individualbesteuerung); zwei Besteuerungsebenen: Gesellschaft und Gesellschafter	Steuersubjekt ist das Stammhaus bzw der Gesellschafter der Personengesellschaft (Durchgriffs- bzw Transparenzprinzip)
Thesaurierung	Für Kapitalgesellschaften möglich	Für natürliche Personen mit Anteilen an Betriebsstätten/Personengesellschaften nicht möglich

	Kapitalgesellschaft	**Betriebsstätte/Personengesellschaft**
Veräußerung/Ausscheiden Nachversteuerung	Besteuerung im Sitzstaat; bei DBA idR im Ansässigkeitsstaat. Bei Liquidation/Insolvenz ist bei tatsächlichem und endgültigem Vermögensverlust der nachzuversteuernde Betrag um die während der Gruppenmitgliedschaft vorgenommenen steuerneutralen Teilwertabschreibung am ausländischen GM zu kürzen. Bei Verlustverwertung im Ausland. Bei Ausscheiden des GM aus der Gruppe oder Wechsel des Gruppenträgers zeitlich unbeschränkt und unabhängig von einer Verlustverwertung im Ausland.	Besteuerung im Betriebsstättenstaat, auch bei DBA. Grundsätzlich keine Nachversteuerung, wenn Betriebsstätte aufgegeben/aufgelöst oder übertragen wird. Nachversteuerung nur dann, wenn durch das Ausscheiden im Ausland ein Gewinn erzielt wird, der im Ausland mit einem Verlustvortrag verrechnet werden kann. Keine Nachversteuerung, wenn im Ausland kein Veräußerungsgewinn entsteht oder dieser nicht mit einem Verlustvortrag verrechnet werden kann.
Verlustverwertung	*Gruppenbesteuerung* (§ 9 Abs 6 Z 6 EStG): Verlustverrechnung nach Maßgabe der unmittelbaren finanziellen Beteiligung(en) am ausländischen Gruppenmitglied mit der entsprechenden Quote	Betriebsstättenverluste (§ 2 Abs 8 Z 3 EStG iVm § 7 Abs 2 EStG): Verlustverrechnung im Ausmaß der Beteiligung an der Betriebsstätte/Personengesellschaft; Nachversteuerung bei Doppelverwertung
Nachversteuerung von Verlusten	• Bei Verwertung im Ausland • Bei Ausscheiden aus der Gruppe • Verlust wirtschaftlicher Vergleichbarkeit	• Bei Verwertung im Ausland

	Kapitalgesellschaft	**Betriebsstätte/Personengesellschaft**
Verlustvortrag	Verluste bleiben *in der Sphäre der Gesellschaft* (Ausnahme: Gruppenbesteuerung) und können nicht mit positiven Einkünften des Gesellschafters ausgeglichen werden („lock-in-Effekt") Vortragsfähig (§ 18 Abs 6 EStG) unter Berücksichtigung der 75 %igen Verrechnungsgrenze (§ 2 Abs 2b EStG)	Ausgleichsfähig nach Maßgabe des § 2 Abs 2a EStG mit anderen positiven Einkünften des Inhabers des Einzelunternehmens bzw Gesellschafters; vortragsfähig gem § 18 Abs 6 und 7 EStG unter Berücksichtigung der 75 %-igen Verrechnungsgrenze (§ 2 Abs 2b EStG)
Wertverlust	Teilwertabschreibung bei Muttergesellschaft grundsätzlich möglich bei Option auf Steuerwirksamkeit	Der Betriebsstätte zuzurechnen, bei fehlender Verwertungsmöglichkeit im Ausland dem Stammhaus
Zinsabzug beim Gesellschafter	Nicht möglich bei Kapitalanteilen in Privatvermögen bzw Erwerb von einem konzernzugehörigen Unternehmen („Konzernschranke", § 11 Abs 1 Z 4 KStG) Zinsen bei fremdfinanzierten Ausschüttungen (nicht bei Einlagenrückzahlungen) abzugsfähig	Grundsätzlich möglich, Festestellung des „Dotationskapitals", Zuordnung des Zinsaufwandes zur Betriebsstätte/Personengesellschaft (Sonderbetriebsausgaben)

Tabelle 2: Unterschiede Kapitalgesellschaft – Betriebsstätte/Personengesellschaft

8. Schlusswort

Der Unternehmer hat die Freiheit, seine geschäftlichen Aktivitäten so zu gestalten, dass für ihn der größtmögliche Erfolg erwirtschaftet wird. Wie er die rechtlichen Beziehungen zu seinen Geschäftspartnern gestaltet und welcher Rechtsform er sich dabei bedient, unterliegt seiner Dispositionsfreiheit. Ob sich der Unternehmer des Direktgeschäftes bedient, Betriebsstätten, Personen- oder Kapitalgesellschaften gründet, hängt von verschiedenen Faktoren ab. Primär von strategischen Überlegungen, marktpolitischen, gesellschafts- oder auch arbeitsrechtlichen Notwendigkeiten. Steuern sind dabei ein Faktor von vielen. Ziel des Beitrages sollte es sein, beschränkt auf das internationale Unternehmenssteuerrecht, die ertragsteuerlichen Konsequenzen der möglichen Gestaltungsformen internationaler Geschäftstätigkeit zusammenfassend darzustellen. Wenngleich aus betriebswirtschaftlicher Sicht Steuern Kosten sind, die es zu optimieren gilt, sollte im „Global Business" die Entscheidung über die Gestaltung internationaler unternehmerischer Aktivitäten allerdings nicht allein auf Grundlage steuerlicher Erwägungen erfolgen.

Literaturverzeichnis

Baldauf/Kanduth-Kristen/Laudacher/Lenneis/Marschner, Jakom EStG, 4. Auflage (2011).
Bayer, Steuervölkerrecht – Steuerlandesrecht – Internationales Steuerrecht, Zur Stellung des internationalen Steuerrechts in der Gesamtrechtsordnung, in *Cremer/Giegerich/Richer/Zimmermann* (Hrsg), Tradition und Weltoffenheit des Rechts (2002), 3.
Beiser, Die internationale Schachtelbeteiligung bei Fremdwährungen, SWK 2012, 28.
Bendlinger, Betriebsstätten und Personengesellschaften im internationalen Ertragsteuerrecht, WT 2005, 20.
Bendlinger, Steuerliche Aspekte unternehmerischer Tätigkeit in den Erweiterungsländern Mittel-/Osteuropas, in *Kailer/Pernsteiner* (Hrsg), Wachstumsmanagement für Mittel- und Kleinbetriebe (2006), 332.
Bendlinger, Gewinnermittlung und Gewinnabgrenzung bei Auslandsbetriebsstätten, in *Renner/Schlager/Schwarz*, Steuerliche Gewinnermittlung in der Praxis (2008), 520.
Bendlinger, Paradigmenwechsel bei der Auslegung des Betriebsstättenbegriffs, SWI 2006, 358.
Bendlinger, Die Betriebsstätte in der Praxis des internationalen Steuerrechts (2009), 201.
Bendlinger, Die Betriebsstätte im OECD-Musterabkommen 2010, SWI 2011, 66.
Bendlinger, Hybride Gesellschaften im internationalen Steuerrecht am Beispiel der slowakischen "komanditná spolocnost" (KS), AFS 2011, 194.
Bendlinger, Die Entlastung von Quellensteuern, VWT 2011, 88.
Bendlinger, Neuer OECD-Bericht zur Betriebsstättendefinition, SWI 2012, 531.
Bendlinger, Eine (weitere) Absage an die Kommissionärsbetriebsstätte: Norwegisches Höchstgericht entscheidet im Fall Dell, SWI 2012, 101.
Feith, Die Besteuerung slowakischer Personengesellschaften, WT 2010, 241.
Feuchtinger, Die Gründung einer Zweigniederlassung, SWK 2011, W 55.
Fuchs/Steiger, ÖGWT-Leitfaden Steuern und Sozialversicherung 2012, 124ff.
Heydt, Juristische Doppelbesteuerung als ungelöstes Problem: Kann der EuGH Klarheit schaffen?, SWI 2011, 370.
Jacobs, Internationale Unternehmensbesteuerung (1999), 279.
Jerabke/Rittsteuer, Entwicklungen bei Gewinnausschüttungen an ausländische EU-Gesellschaften, SWI 2012, 131.
Jirousek, Anmerkungen zur DBA-Politik Österreichs, eine Replik, SWI 2012, 157.
Kammer der Wirtschaftstreuhänder, Memorandum 2008 der Kammer der Wirtschaftstreuhänder für die Steuerreform 2010.
Kofler/Ehrke-Rabel, Gratwanderung – Das Niemandsland zwischen aggressiver Steuerplanung, Missbrauch und Abgabenhinterziehung, 456.
Kofler, Mutter-Tochter-Richtlinie, Kommentar (2011).
Korff, Die Rechtsprechung zu § 12 AO, IStR 2009, 234.
Lang, Überlegungen zur österreichischen DBA-Politik, SWI 2012, 121.
Laudacher, EuGH-Urteil Haribo/Salinen AG bringt den Gesetzgeber in Zugzwang, SWK 2011, T 40.

Loukota, Internationale Steuerplanung und „Treaty Shopping", ÖStZ 1990, 2.
Marchgraber, Die Einschränkung des Fremdkapitalzinsabzugs bei konzerninternen Beteiligungserwerben auf dem Prüfstand, SWK 2011, S 620.
Mayr, Gruppenbesteuerung: wirtschaftliches Ausscheiden ausländischer Gruppenmitglieder, RdW 2009, 365.
Mayr, § 10 KStG: Portfoliodividenden aus Drittstaaten sind ebenfalls steuerfrei, RdW 2011, 505.
Moshammer/Tumpel, Ministerialentwurf zum Stabilitätsgesetz: der steuerliche Teil des Sparpakets, SWK 2012, 359.
Nowotny in *Kodek/Nowotny/Umfahrer*, FBG, § 13 HGB.
Mitterlehner, Gewinn- bzw Verlustermittlung ausländischer Gruppenmitglieder, in *Renner/Schlager/Schwarz* (Hrsg), Praxis der steuerlichen Gewinnermittlung (2008), 591.
Philipp/Loukota/Jirousek, Internationales Steuerrecht (Loseblatt).
Petutschnig, Neuer Anlauf zur Common Consolidated Corporate Tax Base, ÖStZ 2011, 333.
Prodinger, Praxisvergleich Zweigniederlassung – GmbH, SWK 2012, W 113.
Rosenberger, Schweizer Finanzierungsbetriebsstätte: Rechtfertigt der AOA eine Änderung der Verwaltungspraxis, SWI 2007, 550.
Schragl/Stefaner, Hintergrund und historische Entwicklung, in *Stefaner/Schragl* (Hrsg), Grenzüberschreitende Beteiligungserträge (2011), 22.
Siller, Behandlung von Wertänderungen bei Schachtelbeteiligungen, in *Stefaner/Schragl*, Behandlung von Wertänderungen bei Schachtelbeteiligungen (2011), 55.
Simader, Die Rs. Haribo und Österreichische Salinen: Neues zur Bedeutung der Amtshilfe mit Drittstaaten, SWI 2011, 248.
Staringer, Die „Qual der Wahl" – Neue Herausforderungen an die Vorstandspflicht zur Steuergestaltung im Konzern, exolex 2006, 461.
Stoll, Kommentar, § 22 BAO Bd 1, 151.
Wolf/Kauba, Neues Zinsabzugsverbot verfassungswidrig?, SWK 2011, S 704.
Zöchling, Gruppenbesteuerung und Auslandsverluste: Achtung Steuerfallen!, SWK 2004, 1442.

Steuersystematische Rechtfertigung und Weiterentwicklung der Firmenwertabschreibung in der Unternehmensgruppe gem § 9 Abs 7 KStG

Karl Mitterlehner[1]

1. **Das Konzept der Firmenwertabschreibung**
   1.1. Der Zweck der Firmenwertabschreibung
   1.2. Voraussetzungen der Firmenwertabschreibung
   1.3. Die Berechnung des Firmenwertes
   1.4. Die Wirkung der Firmenwertabschreibung
   1.5. Gruppenzugehörigkeit und Firmenwertabschreibung
2. **Steuersystematische Rechtfertigung der Firmenwertabschreibung**
   2.1. Kritik in der Literatur
   2.2. Gleichbehandlung Asset-Deal und Share-Deal
   2.3. Firmenwertabschreibung als Teil der Gruppenbesteuerung
3. **Exkurs: Beteiligungsneutralität als Königsweg?**
4. **Zwischenergebnis zur Rechtfertigung der Firmenwertabschreibung**
5. **Weiterentwicklung der Firmenwertabschreibung**
   5.1. Firmenwertabschreibung nur bei Wertverlust
   5.2. Firmenwertabschreibung auch bei Auslandsbeteiligungen
   5.3. Firmenwertabschreibung auch beim Erwerb von Holdinggesellschaften
   5.4. Nachversteuerungsregeln und Firmenwertabschreibung
   5.5. Keine Deckelung der Firmenwertabschreibung
   5.6. Firmenwertermittlung auf Basis unternehmensrechtlicher Daten
   5.7. Keine Konzernschranke
6. **Zusammenfassung**
   Literaturverzeichnis

---

[1] Ich danke herzlich Frau Renate *Handl* für die Unterstützung bei der Erstellung des Anmerkungsapparates.

Steuersystematische Rechtfertigung und Weiterentwicklung der Firmenwertabschreibung

Vorbemerkung: Dem Jubilar ist die Verbindung von Praxis und Wissenschaft ein besonderes Anliegen. Dementsprechend hat er unzählige Beiträge verfasst und Anregungen zur betriebswirtschaftlichen Steuerlehre gegeben. Ganz in diesem Sinne versucht daher der folgende Beitrag betriebswirtschaftliche Überlegungen aus der Praxis in die steuerwissenschaftliche Diskussion einzubringen.

1. Das Konzept der Firmenwertabschreibung

Im Zuge der Steuerreform 2005 wurde die Firmenwertabschreibung für neu erworbene Beteiligungen eingeführt, deren Kern eine steuerwirksame Abschreibung des Firmenwerts über einen Zeitraum von (maximal) 15 Jahren ist.[2]

§ 9 Abs 7 KStG sieht eine rein steuerbilanzmäßige Zuschreibung bzw Abschreibung des Firmenwertes auf 15 Jahre vor, welche bei Vorliegen der gesetzlichen Voraussetzungen zwingend anzuwenden ist. Die Firmenwertabschreibung ist zeitlich auf die Anschaffung bezogen und auf die Gruppenzugehörigkeit der angeschafften Beteiligung beschränkt.

1.1. Der Zweck der Firmenwertabschreibung

Durch die Einführung der Firmenwertabschreibung 2005 wurde eine Gleichsetzung von Asset-Deal und Share-Deal durch den Gesetzgeber verfolgt: Laut den Beilagen zur Regierungsvorlage war eine Gleichsetzung von Beteiligungserwerben (Share-Deals) und Unternehmenserwerben (Asset-Deals) die grundsätzliche Intention des Gesetzgebers.[3]

1.2. Voraussetzungen der Firmenwertabschreibung

Um eine Firmenwertabschreibung vornehmen zu können, müssen alle sieben gesetzlich normierten Voraussetzungen erfüllt sein. Es muss zunächst eine Anschaffung einer Beteiligung stattgefunden haben. Die Beteiligung gilt ab dem Zeitpunkt als angeschafft, ab dem die Beteiligungsrechte auf den Eigentümer übergehen. Als „Anschaffung" gilt ertragssteuerlich auch der Tausch von Anteilen oder die Einlage.[4] Die Beteiligung muss an einer betriebsführenden unbeschränkt steuerpflichtigen Beteiligungsgesellschaft gehalten werden. Es wird somit eine operative Tätigkeit vorausgesetzt, wodurch bei Holdings eine Firmenwertabschreibung nicht geltend gemacht werden kann.[5]

Eine Firmenwertabschreibung ist nicht möglich, wenn die Beteiligung unmittelbar oder mittelbar von einem konzernzugehörigen Unternehmen bzw einen beherrschenden Einfluss ausübenden Gesellschafter erworben wird.[6] Zudem ist erst ab Zugehörigkeit der

---

[2] Zur Diskussion der Einführung der Gruppenbesteuerung mit dem Abgabenänderungsgesetz 2004 vgl zB *Schlager*, VWT 2004, H 5, 42.
[3] Vgl ErlRV 451 BlgNR XXII GP, 26.
[4] Rz 457 KStR 2001; vgl *Wiesner/Mayr*, RdW 2004, 497.
[5] Um einen Betrieb zu begründen, muss die Tätigkeit der Gesellschaft über eine bloße Vermögensverwaltung hinausgehen. Die Grenze der Vermögensverwaltung wird überschritten, wenn Maßnahmen gesetzt werden, um ein „Mehr" an Einkünften zu erzielen, als sich alleine aufgrund des bloßen Kapitaleinsatzes erzielen ließe (vgl Rz 5418 ff EStR 2000).
[6] Das Steuerrecht normiert keinen einheitlichen Konzernbegriff. In den Richtlinien wird der Konzernbegriff im Sinne des AktG normiert (vgl Rz 463 KStR 2001). Gem § 15 AktG bilden jene rechtlich

Beteiligung zur steuerlichen Unternehmensgruppe eine Firmenwertabschreibung möglich, womit sie nur dann möglich ist, wenn die angeschaffte Beteiligung bereits das gesamte Wirtschaftsjahr Teil der Unternehmensgruppe war. Die Firmenwertabschreibung selbst ist nur beim unmittelbar beteiligten Gruppenmitglied möglich und ist gem § 26c Z 3 KStG lediglich auf Beteiligungen anzuwenden, die nach dem 31. Dezember 2004 angeschafft worden sind.

1.3. Die Berechnung des Firmenwertes

Der Firmenwert ergibt sich gem § 9 Abs 7 1 TS KStG aus den steuerlich maßgeblichen Anschaffungskosten der Beteiligung abzüglich des anteiligen unternehmensrechtlichen Eigenkapitals und abzüglich der anteiligen unternehmensrechtlichen stillen Reserven im nicht abnutzbaren Anlagevermögen. Das unternehmensrechtliche Eigenkapital ergibt sich aus der Summe des aufgebrachten Grund- oder Stammkapitals, Kapital- und Gewinnrücklagen und dem Bilanzgewinn bzw Bilanzverlust.[7] Als Vermögenswerte des nicht abnutzbaren Anlagevermögens, in denen sich üblicherweise stille Reserven befinden, führt der Gesetzgeber im Wesentlichen Grund und Boden, Beteiligungen und selbst geschaffene unkörperliche Wirtschaftsgüter an.[8]

Der sich daraus ergebende abschreibbare Firmenwert ist mit 50 % der steuerlichen Anschaffungskosten begrenzt. Der rein rechnerische Firmenwert setzt sich somit sowohl aus unternehmensrechtlichen als auch steuerlichen Größen zusammen.

1.4. Die Wirkung der Firmenwertabschreibung

Durch die Firmenwertabschreibung kommt es zu einer Steuerstundung. Die Körperschaftsteuerbemessungsgrundlage wird verteilt über maximal 15 Jahre verringert. Im Gegenzug kommt es in gleicher Höhe zur Verringerung des steuerlichen Buchwerts der Beteiligung.

Die Firmenwertabschreibung ist zwingend auf fünfzehn Jahre gleichmäßig verteilt vorzunehmen, sofern die Voraussetzungen für diese erfüllt sind, und ist Teil des steuerlichen Jahresergebnisses.[9] Wird festgestellt, dass der Firmenwert zu hoch oder zu niedrig angesetzt wurde, sind jene Verfahren zu korrigieren, die noch offen sind oder bei denen eine Wiederaufnahme noch möglich ist. Bereits rechtskräftig veranlagte Fünfzehntel müssen daher nicht korrigiert werden, nicht geltend gemachte Firmenwertabschreibungen dürfen aber auch nicht nachgeholt werden.[10]

---

    selbständigen Unternehmen einen Konzern, die zu wirtschaftlichen Zwecken unter einer einheitlicher Leitung zusammengefasst sind oder unmittelbar oder mittelbar ein anderes Unternehmen beherrschen oder unter dem beherrschenden Einfluss eines anderen Unternehmens stehen. Der beherrschende Einfluss geht über den Konzernbegriff des AktG hinaus und erfasst alle Gesellschafter, die im Sinne des § 228 UGB wesentlich konzernartig beteiligt sind und einen beherrschenden Einfluss (auch faktisch) ausüben (vgl Rz 464 KStR 2001).

[7] Vgl ErlRV 451 BlgNR XXII GP, 26.
[8] Vgl ErlRV 451 BlgNR XXII GP, 26.
[9] Vgl ErlRV 451 BlgNR XXII GP, 26.
[10] Vgl ErlRV 451 BlgNR XXII GP, 26.

1.5. Gruppenzugehörigkeit und Firmenwertabschreibung

Die Firmenwertabschreibung ist nur im Jahr der Anschaffung der Beteiligung und in den 14 Folgejahren zu jeweils einem vollen Fünfzehntel möglich. Sie muss während der Gruppenzugehörigkeit der Beteiligung steuerwirksam geltend gemacht werden und kann durch Veränderungen des Beteiligungsausmaßes bzw der Gruppenzugehörigkeit beeinflusst werden.[11]

Im Wesentlichen lassen sich unterschiedliche Möglichkeiten bezüglich Firmenwertabschreibung und Gruppenzugehörigkeit unterscheiden, welche hier nur kurz genannt werden sollen: Ein späterer Gruppeneintritt, Austritt und Wiedereintritt in die Unternehmensgruppe,[12] eine unterjährige Anschaffung einer Gruppenbeteiligung, die ratenweise Beteiligungsanschaffung,[13] ein vorzeitiger Austritt der Gruppengesellschaft und der Verkauf einer Beteiligung.[14] Jene Fünfzehntel, die steuerlich keine Berücksichtigung finden, zB aufgrund einer unterjährigen Anschaffung, haben keinerlei Auswirkung auf den steuerlichen Buchwert der Beteiligung.

2. Steuersystematische Rechtfertigung der Firmenwertabschreibung

2.1. Kritik in der Literatur

Die Firmenwertabschreibung im Zusammenhang mit der Gruppenbesteuerung wurde von einem Teil des Fachschrifttums als wichtiger steuerlicher Fortschritt zur teilweisen Entdiskriminierung des Share-Deals gegenüber dem Asset-Deal ausdrücklich begrüßt,[15] wenngleich die zahlreichen Einschränkungen die Anwendbarkeit für die Praxis erheblich reduzieren.[16]

Dennoch war die Firmenwertabschreibung von Anfang an umstritten.[17] Durch die Firmenwertabschreibung wird zwar ein (temporärer) Steuervorteil ausgelöst, im Wiederveräußerungsfall kommt es aber durch die Absenkung des Buchwertes zu einer Nachversteuerung. Zwar ergibt sich durch die Firmenwertabschreibung ein kurzfristiger Steuervorteil, der jedoch den Nachteil einer hohen Steuerlatenz im Wiederveräußerungsfall

---

[11] Vgl ErlRV 451 BlgNR XXII GP, 26.
[12] Wird in der Zeit außerhalb der Unternehmensgruppe eine steuerwirksame Teilwertabschreibung vorgenommen, kürzt diese die Restfirmenwertabschreibung (vgl ErlRV 451 BlgNR XXII GP, 26).
[13] Vgl ErlRV 451 BlgNR XXII GP, 26; Da die Firmenwertabschreibung erst ab Gruppenzugehörigkeit zusteht, gehen durch die ratenweise Beteiligungsanschaffung jedenfalls Firmenwertfünfzehntel verloren. Wird zB 2007 und 2010 jeweils eine Beteiligung an einer inländischen Kapitalgesellschaft angeschafft und ist erst durch die Zweitanschaffung eine Gruppenbildung möglich, dann kann erst ab 2011 eine Firmenwertabschreibung geltend gemacht werden. Aus der Erstanschaffung gehen somit die drei Fünfzehntel (2007–2010) und aus der Zweitanschaffung ein Fünfzehntel (2010) verloren.
[14] Zur Veräußerung von Beteiligungen vgl zB *Haslehner*, taxlex 2010, 185ff; zur rückwirkenden Begründung einer Unternehmensgruppe im Zuge einer Umgründung siehe *Sulz/Oberkleiner*, SWK 2009, S 658.
[15] Vgl zB *Bachl*, SWK 2004, 989; *Bruckner*, ÖStZ 2005, 257.
[16] Vgl *Bruckner*, ÖStZ 2005, 259 f.
[17] Vgl *Doralt*, RdW 2004, 248; *derselbe*, RdW 2005, 50; *Urtz*, GeS 2004, 328; *Hofstätter/Weninger*, SWK 2005, S 351.

mit sich bringt.[18] Der eigentliche Fördereffekt der Firmenwertabschreibung liegt somit lediglich in einem, eventuell durchaus langfristigen, Zinsvorteil.[19]

Die sofortige Nachversteuerung auch bei Wegverschmelzung wurde durch das Abgabensicherungsgesetz 2007 nachgeschärft.[20] Durch die Nachversteuerung kommt es im Verschmelzungsfalle zu erheblichen finanziellen Belastungen, denen kein tatsächlicher Veräußerungserlös entgegensteht. Es kommt zu einer Vorverlegung der Realisation des Veräußerungsgewinns auf den Zeitpunkt der Umgründung. Wurde jedoch eine Firmenwertzuschreibung durchgeführt und geht diese umgründungsbedingt unter, kommt es zu keiner Nacherfassung.[21]

Die Firmenwertabschreibung ist bekannterweise auf Inlandserwerbe beschränkt, wodurch ein Erwerb einer ausländischen Gesellschaft generell von ihr ausgeschlossen ist. Einige Detailaussagen der gesetzlichen Regelungen der Firmenwertabschreibung sind im Hinblick auf den verfassungsrechtlichen Gleichheitssatz zweifelhaft – speziell die Deckelung des Abschreibungsbetrages mit 50 % der Anschaffungskosten und die Berechnungsformel des Firmenwertes. Zudem wird auch in der Durchbrechung des Grundsatzes der Nichtabnutzbarkeit von Beteiligungen eine Gleichheitswidrigkeit gesehen.[22] Bedenklich ist auch die Einschränkung auf den Anteilserwerb (Share-Deal) an unbeschränkt steuerpflichtigen Körperschaften bezüglich einer Verletzung der Niederlassungsfreiheit gem Art 49 AEU (ex Art 43 EG). Durch die vorliegende Differenzierung zwischen in- und ausländischen Beteiligungen können österreichische Gruppenträger bzw -mitglieder davon abgehalten werden, ausländische EU-Beteiligungen anzuschaffen.[23] Lt Ansicht der Finanzverwaltung steht die Firmenwertabschreibung für ausländische Beteiligungen deswegen nicht zu, weil diese auch im Falle eines Unternehmenserwerbs (Asset-Deals) nicht möglich wäre und gerade hier eine Gleichstellung gewährleistet werden soll.[24] Eine ausreichende Rechtfertigung für den Ausschluss von ausländischen Gruppenmitgliedern ist jedoch nach Auffassungen in der Literatur nicht gegeben.[25]

Größter Kritikpunkt in der Praxis ist der Ausschluss von Holding-Gesellschaften, deren hauptsächlicher Unternehmenswert im Beteiligungsbesitz besteht. Dadurch werden alle Fälle von der Firmenwertabschreibung ausgeschlossen, in denen die Holdinggesell-

---

[18] Vgl *Staringer*, RdW 2010, 371 ff.
[19] Vgl *Staringer*, Die Presse 6.6.2010.
[20] BGBl I 2007/99; vgl *Aigner/Prechtl/Tumpel*, SWK 2008, T 4; *Wiesner/Mayr*, RdW 2007, 759; *Staringer*, SWK 2007, S 787; Bauer/Petutschnig, taxlex 2007, 598; Kritik zu den Entwicklungen bzgl Steuerklima und Steuerkultur vgl *Schlager*, VWT 2008, H 1, 19.
[21] Vgl *Bauer/Petutschnig*, taxlex 2007, 600.
[22] Vgl *Stefaner/Weninger* in: *Lang/Schuch/Staringer* (Hrsg), § 9 Anm 126; *Hofstätter/Weniger*, SWK 2005, S 351.
[23] Vgl dazu Verlustverwertung von ausländischen Gruppenmitgliedern/Betriebsstätten und die Ungleichbehandlung im Falle des Vergleichpaares „Share-Deal" vs „Asset-Deal" in *Tumpel/Tissot* in *Quantschnigg/Achatz/Haidenthaler/Trenkwalder/Tumpel* (Hrsg), Gruppenbesteuerung und gemeinschaftsrechtliche Implikationen, Tz 37.
[24] Vgl *Tumpel/Tissot* in *Quantschnigg/Achatz/Haidenthaler/Trenkwalder/Tumpel* (Hrsg), Gruppenbesteuerung und gemeinschaftsrechtliche Implikationen, Tz 38; ErlRV 451 BlgNr XXII GP, 26.
[25] Vgl *Stefaner/Weninger* in *Lang/Schuch/Staringer* (Hrsg), § 9 Anm 127; *Tumpel/Tissot* in *Quantschnigg/Achatz/Haidenthaler/Trenkwalder/Tumpel* (Hrsg), Gruppenbesteuerung und gemeinschaftsrechtliche Implikationen, Tz 38.

schaft als organisierte Konzernspitze erworben wird – wodurch auch die darunter liegenden Beteiligungen von der Firmenabschreibung ausgeschlossen werden.[26]

Von der Steuerwissenschaft wird insbesondere auch die steuersystematische Rechtfertigung in Abrede gestellt. Der durch zahlreiche Einschränkungen verwässerte Fördergedanke der Firmenwertabschreibung wird zwar anerkannt. Dieser Fördergedanke habe jedoch im Kern nichts mit der Gruppenbesteuerung in der Sache zu tun. Ein zwingender innerer Zusammenhang zwischen Firmenwertabschreibung und Gruppenbesteuerung sei nicht gegeben.[27] Steuersystematisch stelle die Firmenwertabschreibung im Rahmen der Gruppenbesteuerung sogar einen gewissen „Fremdkörper" dar.[28] Sie stelle zwar einen besonderen Anreiz für die Option in die Gruppenbesteuerung dar, habe jedoch nichts mit der eigentlichen Gruppenbesteuerung zu tun.[29] Sie wurde nur deswegen in die Gruppenbesteuerung eingebettet, weil sie direkt am Erwerb eines Gruppenmitgliedes anknüpft. Systematischen Begründungsversuchen solle man keine besondere Bedeutung beimessen, denn im Kern sei die Firmenwertabschreibung lediglich eine steuerliche Fördermaßnahme für Unternehmensakquisitionen.[30]

2.2. Gleichbehandlung Asset-Deal und Share-Deal

Wie oben ausgeführt, wird die Firmenwertabschreibung in der Kommentierung nicht als notwendiger Bestandteil der Gruppenbesteuerung gesehen, sondern im Wesentlichen als eine Begünstigung für die Anschaffung von Beteiligungen. In der Folge soll der Versuch unternommen werden, eine steuersystematische Rechtfertigung für die Firmenwertabschreibung im Rahmen der Gruppenbesteuerung zu finden.

Den Ausgangspunkt für diese Rechtfertigung liefert der Gesetzgeber in den Erläuternden Bemerkungen der Regierungsvorlage mit dem Hinweis auf die Gleichstellung von Asset-Deal und Share-Deal. Dieser Gleichbehandlungsgedanke des Gesetzgebers ist für viele Autoren (zumindest teilweise) nachvollziehbar.[31] Dennoch wird auch hier Kritik laut: *Staringer*[32] zB interpretiert diesen Gedanken des Gesetzgebers dahingehend, dass ihm offenbar die Vorstellung einer Einheitsfiktion für die Gruppe zugrunde liege, was sich allerdings daran spieße, dass die Gruppenbesteuerung ansonsten gerade eben nicht einer solchen Einheitsfiktion folge, sondern die einzelnen Gruppenmitglieder als selbständige Steuersubjekte weiter bestehen lässt. Bezogen auf die Firmenwertabschreibung ließe sich der Einheitsgedanke auch deswegen nicht durchhalten, weil durch die Abschreibung ein planmäßiger Wertverzehr der erworbenen Beteiligung über 15 Jahre fingiert werde.

Hier ist mE einzuwenden, dass der Weiterbestand der Gruppenmitglieder als selbständige Steuersubjekte wohl vor allem aus pragmatischen Gründen der Handhabung der Gruppenbesteuerung im Rahmen der körperschaftsteuerlichen Veranlagung konzep-

---

[26] Vgl *Staringer*, RdW 2010, 372.
[27] Vgl *Staringer*, RdW 2010, 366.
[28] Vgl *Wiesner/Mayr,* RdW 2007, 759.
[29] Vgl zB *Staringer*, RdW 2010, 372.
[30] Vgl *Staringer*, RdW 2010, 372.
[31] Vgl *Bruckner et al*, Gruppenbesteuerung – Der Kommentar der Praktiker, 174 f; *Weninger*, Die Firmenwertabschreibung bei Share Deals, 21; *Bruckner*, ÖStZ 2005, 257 ff.
[32] Vgl *Staringer*, RdW 2010, 366.

tionell gewählt wurde. Wie die Praxis beweist, überwiegen hier wohl die Vorteile dieser Vorgehensweise deutlich. Der Weiterbestand der Gruppenmitglieder als selbständige Steuersubjekte allein ist somit mE kein ausreichendes Argument, der österreichischen Gruppenbesteuerung die Idee der Einheitsfiktion völlig abzusprechen. Im Gegenteil: Der idealtypische Gruppenaufbau mit mehrheitlicher Beteiligung des Gruppenträgers spricht deutlich für die Einheitsfiktion.

Hinsichtlich des Argumentes des Wertverzehrs ist mE Folgendes einzuwenden: Bezogen auf die Firmenwertabschreibung ist es zwar richtig, dass ein planmäßiger Wertverzehr eines Teiles (von max 50 %) des Beteiligungsansatzes erfolgt, einen Widerspruch zum Einheitsgedanken kann ich darin allerdings nicht erkennen. Vergleichsweise erfolgt im unternehmensrechtlichen Konzernabschluss ebenfalls eine planmäßige Abschreibung eines im Zuge eines Beteiligungserwerbes mit angeschafften Firmenwertes.[33] Der Einheitsgedanke scheint mir daher sehr wohl ein wesentliches Bauelement der Gruppenbesteuerung zu sein. Ist dies aber der Fall, so bringt er eine weitere Rechtfertigung für die steuerwirksame Firmenwertabschreibung: Auch die der Einheitsfiktion folgende unternehmensrechtliche Konzernrechnungslegung behandelt Unterschiedsbeträge aus der Kapitalkonsolidierung erfolgswirksam.

Wichtiger erscheint mir jedoch der weitere Hinweis, den uns der Gesetzgeber in den erläuternden Bemerkungen gibt. Er formuliert nämlich unmittelbar anschließend an das Argument der Gleichstellung von Asset-Deal und Share-Deal: *„Es macht also keinen Unterschied mehr, eine Betriebsstätte zu erwerben, wo bereits jetzt eine Firmenwertabschreibung möglich war oder eben eine Beteiligung anzuschaffen, die bislang von der Firmenwertabschreibung ausgeschlossen war."*[34]

Es soll offensichtlich für einen Investor steuerlich keinen Unterschied machen, in welchem Rechtskleid ein Unternehmen erworben wird. Seine Entscheidung soll davon unbeeinflusst sein. Investitionschancen und -risiken sollen in gleicher Weise von der Steuer begleitet werden. Ein Grundsatz, der einleuchtet und immer wieder auch von der Steuerwissenschaft propagiert wurde: Entscheidungsneutralität, Wettbewerbsneutralität oder Risikoneutralität des Steuerrechts.[35] Die Besteuerung an sich sollte also nach dem Neutralitätspostulat auf eine Entscheidung keinen Einfluss haben.[36] Dadurch wird der an natürliche Personen gerichtete Gleichheitsgrundsatz auch auf die Unternehmensbesteuerung transferiert.

Bedeutsam erscheinen mir in diesem Zusammenhang die Ergebnisse der eingehenden Untersuchung von *Weninger*:[37] Auf der Rechtfertigungsebene ist eine Gleichstellung des Share-Deals mit dem Asset-Deal hinsichtlich der Firmenwertabschreibung –

---

[33] Vgl § 261 Abs 1 UGB
[34] Vgl ErlRV 451 BlgNR XXII GP, 26.
[35] Vgl zB *Kraft/Kraft*, Grundlagen der Unternehmensbesteuerung³, 7.
[36] Ein Steuersystem gilt dann als neutral, wenn es bei vernünftigen Steuerpflichtigen keine Steuerausweichhandlungen verursacht und es durch die Besteuerung zu keiner Veränderung der Rangfolge der Handlungsalternativen kommt (vgl *Scheffler*, Besteuerung von Unternehmen III: Steuerplanung, Band 3, 74). Eine absolute Neutralität scheint jedoch schon aufgrund von übergeordneten sozialpolitischen, wirtschaftspolitischen und umweltschutzorientierten Zielsetzungen im Steuerrecht nicht realisierbar zu sein (vgl *Seibold*, Steuerliche Betriebswirtschaftslehre in nationaler und transnationaler Sicht, 142).
[37] Vgl *Weninger*, Die Firmenwertabschreibung bei Share Deals, 85f.

unter der Prämisse, dass im Fall des Erwerbs einer Mehrheitsbeteiligung an einer betriebsführenden Körperschaft wirtschaftlich ein Betriebserwerb unterstellt werden kann – seines Erachtens geglückt. Auch auf der Tatbestandsebene ist seines Erachtens über weite Strecken eine Gleichstellung erfolgt. Vor allem die Fiktion des Erwerbs einer Mehrheitsbeteiligung an einer betriebsführenden Körperschaft als wirtschaftlich äquivalent zum Erwerb eines Betriebes erscheint sachgerecht. Hinsichtlich der Rechtsfolgen kritisiert er (und mit ihm andere bedeutsame Vertreter des Schrifttums) die Anknüpfung an unternehmensrechtliche Größen und die Deckelung mit 50 %.[38]

2.3. Firmenwertabschreibung als Teil der Gruppenbesteuerung

Wie oben bereits ausgeführt, stimmen mehrere Autoren darin überein, dass eine steuersystematische Rechtfertigung für die Einbettung der Firmenwertabschreibung in die Gruppenbesteuerung nicht ersichtlich sei, sondern dies nur mit dem Förderzweck der Gruppenbildung begründbar sei.[39]

Nun verändert das Regime der Gruppenbesteuerung die steuerliche Behandlung von Beteiligungen insofern, als eine Abschreibung auf den niedrigeren Teilwert und Veräußerungsverluste hinsichtlich von Beteiligungen an Gruppenmitgliedern nicht abzugsfähig sind. Dies wird mit dem Umstand begründet, dass ohnehin eine unmittelbare Verlustberücksichtigung erfolgt.[40]

Wie sich zeigen lässt, ist jedoch damit das Investitionsrisiko nur iHd Buchwertes des Eigenkapitals der Beteiligungskörperschaft berücksichtigt.[41] Nun werden häufig höhere Werte als das buchmäßige Eigenkapital in Beteiligungen investiert. Dieser Mehrwert entspricht dem Firmenwert (bzw allfälliger stiller Reserven). Er entspricht gleichzeitig dem nach § 261 UGB zu behandelnden Unterschiedsbetrag.

Der unmittelbare Anlass für die Einbettung der Firmenwertabschreibung in die Gruppenbesteuerung ist damit gegeben: Ohne Einbeziehung einer erworbenen Beteiligung in die Gruppenbesteuerung ist das volle Investitionsrisiko durch steuerwirksame Teilwertabschreibungen oder Veräußerungsverluste für inländische Beteiligungen gem § 6 Z 2 lit a EStG steuerlich berücksichtigt.

Zu beachten ist freilich die unterschiedliche Ausgestaltung: Während die Teilwertabschreibung bei Beteiligungen außerhalb der Gruppenbesteuerung jeweils einen Nachweis verlangt, dass der Teilwert entsprechend abgesunken ist und in weiterer Folge idR auf 7 Jahre zu verteilen ist, wird die Firmenwertabschreibung zwingend auf 15 Jahre verteilt durchgeführt.

Die steuersystematische Rechtfertigung der Firmenwertabschreibung im Rahmen der Gruppenbesteuerung dem Grunde nach ist sohin mE sehr wohl gegeben. Die steuerliche Förderung liegt möglicherweise – je nach Einzelfall – in der planmäßigen, zwangsweisen Verteilung dieser Firmenwertabschreibung auf 15 Jahre – eine Vorgehensweise, die aller-

---

[38] Nicht unerwähnt lässt *Weninger* auch, dass *Hofstätter/Plansky* und andere die Gleichstellung als gescheitert beurteilen – *Weninger*, Die Firmenwertabschreibung bei Share Deals, 86 f unter Hinweis auf *Hofstätter/Plansky*, RWZ 2004, 363 und andere.
[39] Vgl *Weninger*, Die Firmenwertabschreibung bei Share Deals, 93f mit Hinweisen auf *Stefaner/Weninger*, ecolex 2004, 518 und *Hofstätter/Plansky*, RWZ 2004, 363.
[40] Vgl *Weniger*, Die Firmenwertabschreibung bei Share Deals, 64.
[41] Vgl *Mitterlehner*, SWK 2004, S 504.

dings wiederum in § 8 Abs 3 EStG (der Firmenwertabschreibung beim Asset-Deal) ihre Entsprechung hat und damit sachlich gerechtfertigt erscheint. Auch der Vergleich mit der unternehmensrechtlichen Vorgehensweise bestätigt diese sachliche Rechtfertigung: gemäß § 261 Abs 1 UGB ist ein Firmenwert planmäßig auf die Geschäftsjahre, in denen er voraussichtlich genutzt wird, zu verteilen. Diese planmäßige Nutzung ist für steuerliche Zwecke in typisierender Betrachtungsweise mit 15 Jahren vom Gesetzgeber festgeschrieben.

Wie im Schrifttum auch schon gezeigt wurde, kann die Gruppenbesteuerung mit Firmenwertabschreibung im Einzelfall ein Vor- oder ein Nachteil gegenüber der Realisierung einer steuerlich abzugsfähigen Teilwertabschreibung oder eines Veräußerungsverlustes außerhalb der Gruppenbesteuerung sein.[42]

3. Exkurs: Beteiligungsneutralität als Königsweg?

Die Wurzel der kritisierten Unzulänglichkeiten der Firmenwertabschreibung, die auch zur Einführung des verschärften Nachversteuerungsregimes geführt haben, wird zuweilen in der mangelnden Beteiligungsneutralität des österreichischen Ertragsteuerrechtes geortet.[43] Das bestehende Körperschaftsteuerrecht weist keine Beteiligungsneutralität auf. Es kommt damit zur steuerlichen Erfassung von Gewinnen und Verlusten auf mehreren Konzernebenen.[44] Nur hinsichtlich der Dividenden wird von § 10 KStG die Einmalbesteuerung umgesetzt. Während die Doppelbesteuerung von bereits versteuerten, jedoch thesaurierten Gewinnen bei der Veräußerung der Beteiligung in der Praxis oft dadurch hintangehalten wird, dass vor der Veräußerung noch eine steuerfreie Ausschüttung erfolgt, werden Verluste aus Teilwertabschreibungen und Veräußerungen vom Gesetzgeber nach fragwürdiger Differenzierung mit verschiedenen Verwertungsverboten belegt bzw auf 7 Jahre verteilt.

Die Einführung einer generellen Beteiligungsneutralität im Körperschaftsteuerrecht ist tatsächlich verlockend: Doppelbesteuerung und Mehrfachverlustentstehung entfallen. Die Regelungen zum Abzugsverbot für ausschüttungsbedingte Teilwertabschreibungen, für Großmutterzuschüsse und bei Umgründungen können ebenso entfallen wie die Siebentelverteilung für abzugsfähige Teilwertabschreibungen und Veräußerungsverluste. Zudem entfällt ein leidiges Thema bei vielen Betriebsprüfungen. Auch der Firmenwertabschreibung und deren Nachversteuerungsregime wäre die Rechtfertigung mE entzogen: Nur mehr im Rahmen der Gruppenbesteuerung eine steuerwirksame Abschreibung zu verlangen, allenfalls mit dem Hinweis auf Gleichstellung zum Asset-Deal, wäre dann wohl deutlich überzogen.

Wie alles im Leben hat auch die Beteiligungsneutralität eine Kehrseite: Stille Reserven und Firmenwerte, die geschaffen wurden und durch Beteiligungsveräußerung realisiert werden, bleiben körperschaftsteuerfrei. So gesehen, erfüllt auch die Neutralstellung der Beteiligungen das Ziel der Einmalbesteuerung nur hinsichtlich der Buchwerte, nicht hinsichtlich der stillen Reserven und der Firmenwerte.

---

[42] Vgl zB *Wiplinger*, Unternehmenskauf und -verkauf steueroptimal gestalten, 114ff.
[43] Vgl *Staringer*, SWK 2007, S 792; *Weninger*, Die Firmenwertabschreibung bei Share Deals, 13; *Wiesner/Mayr*, RdW 2007, 759.
[44] Vgl *Staringer*, Abschreibungsverbote für Beteiligungen im Konzern in *Bertl et al* (Hrsg), Abschreibungen in der Handels- und Steuerbilanz, 191f.

Was jedoch die Unternehmer viel mehr stören wird: Die vollständige Nichtabzugsfähigkeit von Teilwertabschreibungen und Veräußerungsverlusten auf Beteiligungen. Diese ist bereits verwirklicht – bei der Gruppenbesteuerung. Dort wird sie mit der unmittelbaren Verrechenbarkeit der Verluste der Gruppenmitglieder beim Gruppenträger begründet – ergänzt durch die Firmenwertabschreibung (siehe vorherige Ausführungen).

Und hier begegnen wir wieder dem gleichen Phänomen, das die Systemkonsistenz konterkariert und in der steuerwissenschaftlichen Diskussion mE bisher zu wenig Gewicht erhalten hat: Dem Investitionsrisiko! Das ist der Umstand, dass jede Kapitalgesellschaft in der Kaskade des Konzerns auch tatsächlich eine Beteiligung als Investment in den Büchern hat. Und die dafür verantwortlichen Geschäftsführer haben das Bedürfnis, dieses Investment auch steuerverhangen zu sehen: Sie sind bereit, für Gewinne Steuern zu zahlen (unter Beachtung der Einfachbesteuerung), sie wollen jedoch auch bei Verlusten von der Steuer begleitet werden.

Dies zeigen mir auch die Erfahrungen in der Praxis mit der Option zur Steuerwirksamkeit bei Auslandsbeteiligungen. Gerade in Konzernen wird weitaus überwiegend die Steuerwirksamkeit von Beteiligungen der Beteiligungsneutralität vorgezogen. Viele, die das nicht so gesehen haben, wurden in der letzten Wirtschaftskrise einer harten Prüfung unterzogen: Nicht steuerwirksame Teilwertabschreibungen im Inland und nicht verwertbare Verluste im Ausland. Es sei denn, die Gruppenbesteuerung hat geholfen. Allerdings: Bei Auslandsbeteiligungen gibt es auch im Rahmen der Gruppenbesteuerung keine Firmenwertabschreibungskomponente!

4. Zwischenergebnis zur Rechtfertigung der Firmenwertabschreibung

Es besteht weitgehende Einigkeit in der Literatur darüber, dass für die Einbettung der Firmenwertabschreibung in die Gruppenbesteuerung keine überzeugenden steuersystematischen Gründe sprechen würden, sondern lediglich ein Fördergedanke. Dabei wird mE jedoch den vom Gesetzgeber selbst gegebenen Hinweisen nicht ausreichend Rechnung getragen. Insbesondere die adäquate steuerliche Berücksichtigung des Investitionsrisikos im Vergleich zum Erwerb eines Betriebes (Asset-Deal) als auch im Vergleich zum Erwerb einer Beteiligung (Share-Deal) ohne Anwendung der Gruppenbesteuerung rechtfertigt die Einbettung der Firmenwertabschreibung in die Gruppenbesteuerung in einem hohen Maße. Vergleicht man den Betriebserwerb, so ist kein höheres Fördermaß beim Erwerb einer Beteiligung im Rahmen der Gruppenbesteuerung zu erkennen. Vergleicht man den Beteiligungserwerb ohne Anwendung der Gruppenbesteuerung, ergibt sich eine Besserstellung allenfalls durch den Umstand, dass die Firmenwertabschreibung im Gegensatz zur Beteiligungsabschreibung keiner weiteren Begründung bzw keiner Bewertung der Beteiligung bedarf. Allerdings findet diese zwangsweise Verteilung über 15 Jahre ihre Entsprechung in § 8 Abs 3 EStG und in § 261 Abs 1 UGB (planmäßige Verteilung auf voraussichtliche Nutzungsdauer).

Dem Investitionsrisiko und seiner steuerlichen Berücksichtigung kommt in der Praxis nach meiner Beobachtung durchaus große Bedeutung zu. Nicht anders ist es zu erklären, dass dem Angebot des Gesetzgebers auf Beteiligungsneutralität bei Auslandsbeteiligungen trotz der Chance auf Steuerfreiheit von Wertsteigerungen nur sehr zögerlich gefolgt wird. In meinen Beobachtungen überwiegt jedenfalls die Option zur Steuerpflicht deutlich. Es ist zu vermuten, dass auch die Ablehnung der von namhaften Vertretern der Steuerwissenschaft geforderten sowie bereits mehrmals vom Gesetzgeber konkret beabsichtigten[45] Einführung einer allgemeinen Beteiligungsneutralität darin ihren Grund findet: Dem Bedürfnis der Praxis zur ausreichenden Berücksichtigung des Investitionsrisikos auf der Ebene der jeweiligen investierenden Gesellschaft.

5. Weiterentwicklung der Firmenwertabschreibung

Ausgehend von der Feststellung, dass auch beim Beteiligungserwerb dem Investitionsrisiko angemessen Rechnung getragen werden muss, ergibt sich aus meiner Sicht folgende Weiterentwicklung der Firmenwertabschreibung:

5.1. Firmenwertabschreibung nur bei Wertverlust

Die gesetzlich geregelte zwangsweise Abschreibung (Zuschreibung) über 15 Jahre ist eine Gleichstellung mit dem Asset Deal, stellt jedoch tatsächlich gegenüber dem Beteiligungserwerb außerhalb der Gruppenbesteuerung eine Besserstellung[46] dar. Dem Investitionsrisiko wäre ausreichend Rechnung getragen, wenn eine steuerwirksame Abschreibung dann und insoweit möglich ist, als es nachweislich zu Wertverlusten kommt, die nicht bereits durch die unmittelbare Verlustberücksichtigung in der Gruppe erfasst werden. Dies entspricht im Übrigen auch der Vorgehensweise internationaler Rechnungslegungsvorschriften mit erworbenen Firmenwerten (sog. „impairment test"). So gesehen wären Teilwertabschreibungen und Veräußerungsverluste eben nur insoweit steuerwirksam, als sich diese nicht durch direkte Verlustübernahmen in der Steuerbemessungsgrundlage des Gruppenträgers bereits niedergeschlagen haben.

5.2. Firmenwertabschreibung auch bei Auslandsbeteiligungen

Im Schrifttum wird darauf hingewiesen, dass nach hA der derzeitig gesetzlich geregelte Ausschluss der Firmenwertabschreibung auf ausländische Gruppenmitglieder europarechtswidrig sei.[47] *Mayr*[48] hat argumentiert, dass der Ausschluss der Firmenwertabschreibung auf ausländische Gruppenmitglieder nicht europarechtlich bedenklich sei, weil die Rechtfertigung für die Firmenwertabschreibung im allgemeinen Steuerrecht in der „Vorversteuerung" von Ertragserwartungen durch den Veräußerer eines Unternehmens bestehe. Gerade diese Vorversteuerung sei bei Auslandsbeteiligungen eben nicht sichergestellt und das sei die Rechtfertigung für deren Ausschluss von der Firmenwertabschreibung. Da die Firmenwertabschreibung den Beteiligungsbuchwert senke, komme es zu einer Nachversteuerung bei der späteren Beteiligungsveräußerung, bei steuer-

---

[45] Vgl dazu *Wiesner/Mayr*, RdW 2007, 759, die darauf hinweisen, dass die Beteiligungsneutralität vom Gesetzgeber bereits dreimal angedacht, aber aufgrund von Widerständen der Interessenvertretungen nicht verwirklicht werden konnte.
[46] Bzw bei Zuschreibung eine Schlechterstellung.
[47] Vgl zB *Weninger*, Die Firmenwertabschreibung bei Share Deals, 145f mit Hinweisen auf weitere Autoren bzw 149f.
[48] Vgl *Mayr*, Die neue Gruppenbesteuerung – Anlass und Rechtfertigung der Reform der Konzernbesteuerung, in *Lang et al* (Hrsg), Grundfragen der Gruppenbesteuerung, 27.

freien Auslandsbeteiligungen sei dies hingegen nicht der Fall. Weder dem Kohärenzargument der „Vorversteuerung" noch dem der fehlenden „Nachversteuerung" kann jedoch mE gefolgt werden.[49] Das Kohärenzargument wird beim Beteiligungserwerb außerhalb der Gruppenbesteuerung ebenfalls in keiner Weise berücksichtigt. Wenn die Firmenwertabschreibung an die Steuerwirksamkeit von Veräußerungsergebnissen – auch bei Auslandsbeteiligungen – gebunden bleibt, ist auch die Nachversteuerung gesichert.

Gerade bei Auslandsbeteiligungen ist die Berücksichtigung des Investitionsrisikos ein Bedürfnis der Praxis, weil die Risiken mit der Entfernung eher zunehmen. Wird die Firmenwertabschreibung nur bei Wertverlust steuerlich wirksam, ist auch bei Auslandsbeteiligungen eine Gleichstellung sachgerecht – dies allerdings nur unter der Bedingung, dass die Beteiligung steuerhängig ist, also die Option zur Steuerpflicht der Beteiligung gem § 10 Abs 3 KStG[50] ausgeübt wird bzw wurde.

5.3. Firmenwertabschreibung auch beim Erwerb von Holdinggesellschaften

Im Schrifttum wird zu Recht beklagt, dass die Firmenwertabschreibung beim Erwerb von Holdinggesellschaften, selbst dann, wenn das Vermögen dieser aus Anteilen an operativen Gesellschaften besteht, nicht zusteht. Dies ist ein erhebliches Hindernis in der Praxis und ein Verstoß gegen das Postulat der Steuerneutralität des Konzernaufbaues.[51] Auch diese Einschränkung kann entfallen, wenn die Firmenwertabschreibung den Wertverzehr für die erworbene Holdinggesellschaft, die wiederum die Werte ihrer Beteiligungskaskade beinhaltet, voraussetzt.

5.4. Nachversteuerungsregeln und Firmenwertabschreibung

Ebenso wurden die Nachversteuerungstatbestände – insbesondere hinsichtlich ihrer Verschärfung im Zusammenhang mit Umgründungen – heftig in der Literatur kritisiert.[52] Insbesondere die Versteinerung von Konzernstrukturen wird diesen Regeln angelastet.[53]

Die Steuerhängigkeit der Firmenwertabschreibung ist mE jedoch systemkonform und daher in Kauf zu nehmen. Wird jedoch der Wertverzehr für die Geltendmachung einer Firmenwertabschreibung vorausgesetzt, ist die Nachversteuerungsproblematik ohnehin bereits verringert. Weiters kommt es eben nur dann zur Nachversteuerung, wenn tatsächlich eine Werterholung stattgefunden hat. Auch die zahlreichen Fälle der Nachversteuerung im Zusammenhang mit Umgründungen wären entbehrlich. Es könnte vermutlich auf die Systematik bei Teilwertabschreibungen im § 4 Z 1 lit d UmgrStG zurückgegriffen werden.

---

[49] Vgl *Weninger*, Die Firmenwertabschreibung bei Share Deals, 146f.
[50] Zur Einbahnoption des § 10 Abs 3 KStG vgl *Schlager*, VWT 2009, 61.
[51] Vgl *Weninger*, Die Firmenwertabschreibung bei Share Deals, 30; zum Neutralitätspostulat sei auch auf Scheffler, Besteuerung von Unternehmen III: Steuerplanung, Band 3, 74 und *Seibold*, Steuerliche Betriebswirtschaftslehre in nationaler und transnationaler Sicht, 142 verwiesen.
[52] Vgl zB *Staringer*, SWK 2007, S 787.
[53] Vgl *Weninger*, Die Firmenwertabschreibung bei Share Deals, 128f.

5.5. Keine Deckelung der Firmenwertabschreibung

Zu Recht wird auch die Deckelung der Firmenwertabschreibung mit 50 % der Anschaffungskosten der Beteiligung als willkürlich kritisiert. Auch diese „Missbrauchsbremse" ist entbehrlich, wenn die Firmenwertabschreibung an tatsächliche Werte anknüpft.

5.6. Firmenwertermittlung auf Basis unternehmensrechtlicher Daten

Auch die Firmenwertermittlung auf Basis unternehmensrechtlicher Daten wird zu Recht als systemwidrig und unzulänglich kritisiert. Für diese Vorgehensweise sprechen wohl ausschließlich praktische Gründe. Fehlt es an der Automatik der Abschreibbarkeit, ist auch dieser Kritikpunkt deutlich relativiert.

5.7. Keine Konzernschranke

Die Gestaltungsbremse einer Konzernschranke ist ebenfalls verzichtbar, wenn es ohnehin zur Vorversteuerung von Beteiligungsveräußerungen im Konzern kommt bzw im Hinblick auf die Bindung einer Nichtoption für Auslandsbeteiligungen eine steuerwirksame Firmenwertabschreibung ohnehin ausscheidet.

6. Zusammenfassung

Die Firmenwertabschreibung im Rahmen der Gruppenbesteuerung wird im Schrifttum als „Fremdkörper" ohne steuersystematische Rechtfertigung gesehen. Es ist in der Tat im Hinblick auf die zahlreichen Einschränkungen der Firmenwertabschreibung durch den Gesetzgeber schwer, die steuersystematische Rechtfertigung zu erkennen.

Die hier vorgelegte Untersuchung kommt jedoch zu dem eindeutigen Ergebnis, dass die Firmenwertabschreibung in der österreichischen Gruppenbesteuerung steuersystematisch gerechtfertigt ist. Lediglich das Element der zwangsweisen Abschreibung über 15 Jahre sowie die zahlreichen Einschränkungen verdecken diese steuerliche Rechtfertigung. Dies wird deutlich, wenn zur Geltendmachung einer Firmenwertabschreibung die Regelungen der Teilwertabschreibung gem § 6 EStG iVm § 12 KStG analog angewendet werden. Dann ergibt sich nämlich eine Gleichstellung mit dem Beteiligungsregime außerhalb der Gruppenbesteuerung.

Alleine durch diese Veränderung werden auch die wesentlichen, in der Literatur diskutierten bzw kritisierten Einschränkungen obsolet: Wird als Maßstab die Gleichstellung mit dem Beteiligungsregime außerhalb der Gruppenbesteuerung angelegt, ist damit auch eine Firmenwertabschreibung auf steuerhängige Auslandsbeteiligungen zu fordern. Ebenso muss die Firmenwertabschreibung nicht auf den Erwerb von betriebsführenden Gesellschaften beschränkt werden und kann auf das Nachversteuerungsregime bei Umgründungen (§ 4 Z 1 lit d UmgrStG) rückgeführt werden. Auch für die Gestaltungsbremsen einer Deckelung mit 50 % bzw der Konzernschranke besteht bei der Anwendung der Grundsätze der Teilwertabschreibung kein Anlass. Selbst die Kritik an einer Firmenwertermittlung auf der Grundlage von unternehmensrechtlichen Daten wird dadurch in ihrer praktischen Bedeutung stark relativiert.

Die Ergebnisse der vorliegenden Analyse sind sicherlich noch einer eingehenden steuerwissenschaftlichen Untersuchung zuzuführen. Es ist letztlich eine steuerpolitische

Entscheidung, wie die Firmenwertabschreibung ausgestaltet werden soll, zu treffen. Als Vorfrage dazu wird auch eine Entscheidung über den Weg der Beteiligungsbehandlung im Steuerrecht von Kapitalgesellschaften insgesamt zu treffen sein. Es ist sicherlich einfacher, mit der Einführung einer generellen Beteiligungsneutralität auch die Firmenwertabschreibung zu Grabe zu tragen. Ob dies jedoch die Kapitalgesellschaften auch hinsichtlich des Investitionsrisikos sachgerecht und angemessen behandelt, darf bezweifelt werden.

Literaturverzeichnis

Aigner, G./Prechtl, B./Tumpel, M., Das Abgabensicherungsgesetz 2007 im Überblick, SWK 2008, T 1.

Bachl, G., Negativer Firmenwert und andere Hindernisse, SWK 2004, S 989.

Bauer, A./Petutschnig, M., Abgabensicherungsgesetz 2007 – Neuerungen bei der Gruppenbesteuerung, taxlex 2007, 598.

Bertl, R./Eberhartinger, E./Egger, A./Kalss, S./Lang, M./Nowotny, C./Riegler, C./Schuch, J./Staringer (Hrsg) Abschreibungen in der Handels- und Steuerbilanz, Wien 2005.

Bruckner, K. E., Gruppenbesteuerung – Top oder Flop? Die neue Firmenwertabschreibung beim Share Deal, ÖStZ 2005, 257.

Bruckner, K./Bartos, P./Rabel, K./Seidl, J./Widinski, M., Gruppenbesteuerung – Der Kommentar der Praktiker, Wien 2005.

Doralt, W., Firmenwertabschreibung von Beteiligungen – eine verantwortungsvolle Steuerpolitik? RdW 2004, 428.

Doralt, W., Gruppenbesteuerung – Widersprüche sachlich gerechtfertigt?, RdW 2005, 50.

Haslehner, W. C., Veräußerung von Beteiligungen an Gruppenmitgliedern, taxlex 2010, 185.

Hofstätter, M./Plansky, P., Ein neuer „Firmenwert" im KStG, RWZ 2004, 359.

Hofstätter, M./Weninger, P., Die Firmenwertabschreibung gem § 9 Abs 7 KStG: Werden nicht abzugsfähige Aufwendungen abzugsfähig?, SWK 2005, S 351.

Kraft, C./Kraft, G., Grundlagen der Unternehmensbesteuerung: Die wichtigsten Steuerarten und ihr Zusammenwirken[3], Wiesbaden 2009.

Lang, M./Schuch, J./Staringer, C./Stefaner, M. (Hrsg), Grundfragen der Gruppenbesteuerung, Wien 2007.

Lang, M./Schuch, J./Staringer, C., Körperschaftsteuergesetz, Wien 2007 .

Mitterlehner, K., Firmenwertabschreibung und Gruppenbesteuerung, SWK 2004, S 503.

Quantschnig, P./Achatz, M./Haidenthaler, E./Trenkwalder, V./Tumpel, M. (Hrsg), Kommentar zur Gruppenbesteuerung, Wien 2005.

Scheffler, W., Besteuerung von Unternehmen III: Steuerplanung, Band 3, Heidelberg 2010.

Schlager, J., Anpassung der Einbahnoption des § 10 Abs 3 KStG als Hilfestellung für den Wirtschaftsaufschwung, VWT 2009, 61.

Schlager, J., Auswirkungen von Steuerreformen, Änderungen der Finanz-Organisaton und des Rechtsschutzes auf den steuerberatenden Beruf, VWT 2004, H 5, 42.

Schlager, J., Steuerklima und Steuerkultur zeigen nach unten – wie kann ein „Turnaround" geschafft werden? VWT 2008, H 1, 19.

Seibold, S., Steuerliche Betriebswirtschaftslehre in nationaler und transnationaler Sicht, Bielefeld 2002.

Staringer, C., Die Gruppenbesteuerung ist kein „Geschenk", Die Presse, 6.6.2010.
Staringer, C., Die Zukunft der Gruppenbesteuerung, RdW 2010, 366.
Staringer, C., Firmenwertabschreibung und Verschmelzung, SWK 2007, S 787.
Stefaner, M. C./Weninger, P., Die Gruppenbesteuerung im österreichischen Konzernsteuerrecht, ecolex 2004, 508.
Sulz, G. M./Oberkleiner, C., Rückwirkende Begründung der Unternehmensgruppe, SWK 2009, S 658.
Urtz, C., Probleme der Firmenwertabschreibung im Rahmen der Gruppenbesteuerung, GeS 2004, 328.
Weninger, P., Die Firmenwertabschreibung bei Share Deals, Wien 2008.
Wiesner, W./Mayr, G., Gruppenbesteuerung: Umgründungsbedingte Nacherfassung vorgenommener Firmenwertabschreibungen, RdW 2007, 759.
Wiesner, W./Mayr, G., Zweifelsfragen zur Gruppenbesteuerung, RdW 2004, 491.
Wilplinger, C., Unternehmenskauf und -verkauf steueroptimal gestalten, Wien 2007.

Post Merger Integration von Akquisitionen in Emerging Markets

Helmut Pernsteiner

1. **Einleitung**
2. **Post Merger Integration (PMI) im Akquisitionsprozess**
   2.1. Der Akquisitionsprozess im Überblick
      2.1.1. Strategische Analyse und Konzeptphase
      2.1.2. Transaktionsphase
      2.1.3. Post Merger Integration („Vernetzungsphase")
   2.2. Stellung der PMI als Erfolgsfaktor
3. **Emerging Markets**
4. **Erfolgsfaktoren der PMI in Emerging Markets**
   4.1. Ressourcenmanagement
      4.1.1. Personalmanagement
      4.1.2. Finanzmanagement
   4.2. Marken- und Kundenbindungsmanagement
      4.2.1. Markenmanagement
      4.2.2. Kundenbindungsmanagement
   4.3. Informationsmanagement
   4.4. Kulturmanagement
      4.4.1. Unternehmenskultur
      4.4.2. Landeskultur
   4.5. Transparenz
5. **Zusammenfassung**
Literaturverzeichnis

1. Einleitung

Im Rahmen der betriebswirtschaftlichen Gestaltung von Unternehmen soll sich der folgende Beitrag im Feld der *Expansion* und des *Wachstums* mit Unternehmensakquisitionen auseinandersetzen.[1] Dabei wiederum werden zwei „Spezialitäten" betrachtet: Erstens wird die letzte Phase des Akquisitionsprozesses – die genau genommen schon über diesen ieS hinausgeht –, nämlich die *Post Merger Integration (PMI)* oder Vernetzungsphase (siehe Kapitel 2) bearbeitet und zweitens soll sich der Fokus auf solche Unternehmen richten, die in *Emerging Markets* (siehe Kapitel 3) engagiert sind.[2] Dies erweckt auf den ersten Blick den Anschein eines höchst spezialisierten Themas. Dem ist aber nicht so.

Mergers & Acquisitions stellen in *Praxis und Literatur* ein bedeutendes Thema dar. Davon zeugen sowohl die ständige Berichterstattung von entsprechenden Aktivitäten in den Qualitätsmedien[3] – insbesondere dann, wenn börsenotierte Gesellschaften im M&A-Prozess beteiligt sind – als auch die Berührung etlicher Wissenschaften in der Auseinandersetzung mit diesem Themengebiet. So sind Akquisitionen und Fusionen in den Rechtswissenschaften in mehreren Disziplinen ein breites Feld, ferner in der Volkswirtschaftslehre, Soziologie, Wirtschaftsgeschichte uvm.[4] Selbst in der Betriebswirtschaftslehre tangieren Mergers & Acquisitions eine Fülle von Teildisziplinen wie Finanzwirtschaft, Strategie und Organisation.

In diesem enorm breiten Gebiet erfolgt nur eine *betriebswirtschaftliche Betrachtung* mit den angesprochenen Schwerpunktsetzungen. Allerdings muss aufgrund der nicht eindeutigen und damit unterschiedlichen Verwendung von Mergers & Acquisitions eine Präzisierung vorgenommen werden: Es wird hier der Bereich der Mergers (Fusionen) ausgeschlossen und es erfolgt eine Konzentration auf den Begriff der Unternehmensakquisition, konkret auf den *Erwerb von Unternehmen oder von Unternehmensteilen*.[5] Das dahinterstehende Modell ist das des *Share Deals*.[6] Die Betrachtung erfolgt aus Sicht des übernehmenden Unternehmens.

---

[1] *„M&A-Entscheidungen sind, sofern nicht nur kleinere Portfoliobereinigungen, aufgrund der Wichtigkeit für die Zukunft eines Unternehmens, des Risikos auf operativer und finanzieller Ebene sowie der strengen Kontrolle durch den Kapitalmarkt und der Komplexität immer eine strategische Aufgabe."* (*Schinhan*, Wachstum mittels Acquisitionen: Überblick, Chancen und Risiken aus der Praxis, in *Guserl/Pernsteiner* [Hrsg], Handbuch Finanzmanagement in der Praxis, 708).

[2] Hinsichtlich des Standes österreichischer Direktinvestitionen nach einzelnen Staaten (hier können Emerging-Markets-Länder herausgesucht werden) vgl http://stats.oecd.org/index.aspx?queyid=23060.

[3] Zu den angesprochenen Fragestellungen siehe *Pernsteiner*, Erfolgsfaktoren von Unternehmensakquisitionen in Emerging Markets, in *Pernsteiner/Sumer* (Hrsg), Finanzierung und Controlling in Emerging Markets, 73ff. Zu den schwierig beschaffbaren Daten für Österreich vgl *Moschner*, ÖBA 2010, 343ff.

[4] Zu volkswirtschaftlichen Aspekten vgl *Pöll*, Volkswirtschaftliche Bedeutung von Fusionen, in *Pernsteiner/Mittermair* (Hrsg), Handbuch Fusionen, 65ff, zu gesellschaftsrechtlichen *Karollus/Kaindl*, Verschmelzung – gesellschaftsrechtliche Grundlagen, in *Pernsteiner/Mittermair* (Hrsg), Handbuch Fusionen, 629ff, *Artmann*, Gesellschaftsrechtliche Fragen, in *Kailer/Pernsteiner* (Hrsg), Wachstumsmanagement für Mittel- und Kleinbetriebe, 303ff, sowie einige Beiträge in *Picot* (Hrsg), Handbuch Mergers & Acquisitions, ferner zu kapitalmarktrechtlichen *Schmidsberger*, Kapitalmarktrechtliche Aspekte bei Fusionen, in *Pernsteiner/Mittermair* (Hrsg), Handbuch Fusionen, 665ff, und zu steuerrechtlichen *Eilers/Ortmann*, Steuerliche Strukturierung der Transaktionen, in *Picot* (Hrsg), Handbuch Mergers & Acquisitions, 110ff.

[5] Zu Fusionen und deren Abgrenzung siehe *Pernsteiner*, Fusionen in der betriebswirtschaftlichen Literatur, in *Pernsteiner/Mittermair* (Hrsg), Handbuch Fusionen, 153ff.

[6] Zur Abgrenzung Share Deal/Asset Deal vgl *Manthey/Schipporeit*, Rechtliche Strukturierung, in *Schramm/Hansmeyer* (Hrsg), Transaktionen erfolgreich managen, 174ff.

2. Post Merger Integration (PMI) im Akquisitionsprozess

2.1. Der Akquisitionsprozess im Überblick

Jeder Prozess einer Unternehmensakquisition wird unterschiedlich verlaufen. Differierende Zeitdauern, unterschiedliche Probleme und andere Beteiligte sind einige der vielen Gründe für den mangelnden Gleichlauf der Prozesse. Nachfolgend wird in starker Anlehnung an *Jansen*[7] (aber damit kaum abweichend von der herrschenden Literatur) eine Gliederung in drei Phasen vorgenommen:

2.1.1. Strategische Analyse und Konzeptphase

Man könnte diese wichtige Phase auch als „Vorlauf" ansehen. Wesentlich wird eine *Gesamtanalyse des Unternehmens* sein, wo die strategischen Ziele und Potenziale erhoben werden sollen und geklärt werden soll, inwieweit strategische Lücken bestehen, die durch Akquisitionen abgedeckt werden können.[8] Bei der grundsätzlichen Analyse des Akquisitionsumfeldes wird sich uU ein erster Kontakt zu Emerging Markets ergeben. Für eine Präzisierung des Vorgehens ist bereits die Entwicklung von *Kriterien* wie etwa die Größenordnung der Akquisition, die Finanzierungsmöglichkeiten und die Integrationsintensität und -geschwindigkeit des akquirierenden Unternehmens notwendig und sinnvoll.[9]

2.1.2. Transaktionsphase

Es handelt sich um das Kernstück des Akquisitionsprozesses. Der Start wird in *Kontakten* zu geeigneten potenziellen Akquisitionskandidaten bestehen.[10] Nach einer Kontaktnahme erfolgt im positiven Fall der Eintritt in eine vorvertragliche *Verhandlungsphase*.[11] Dabei sollen über *Due-Diligence-Prüfungen* Informationslücken geschlossen und va eine bes-

---

[7] Vgl *Jansen*, Mergers & Acquisitions⁵, 249ff, siehe auch *Glaum/Hutzschenreuter*, Mergers & Acquisitions, 110ff.

[8] *Jansen*, Mergers & Acquisitions⁵, 249, spricht hier von einer Selbst-Evaluierung, die er als „self due diligence" bezeichnet.

[9] So formuliert *Schramm*, Unternehmenstransaktionen, in *Schramm/Hansmeyer* (Hrsg) Transaktionen erfolgreich managen, 6: *„Wesentliche Eckpunkte für eine M&A-Strategie sind die Formulierung von (Des-)Investitionskriterien, eine langfristige Finanzplanung zur Klärung der Frage, wie künftige Transaktionen finanziert werden können, eine langfristige Bilanzplanung, um die bilanziellen Auswirkungen einer Transaktion abbilden zu können, sowie eine Diskussion der Präferenzen bezüglich der Transaktionsform."* *Burger/Ulbrich/Ahlemeyer*, Beteiligungscontrolling², 132f, sprechen von „qualifying criteria", die auf jeden Fall erfüllt sein müssen, und von Soll-Kriterien, die der weiteren Selektion nach Akquisitionsobjekten dienen sollen.

[10] Dabei wird es zum Einsatz von Beratern, von Akquisitionsmaklern bis hin zu Datenbankspezialisten für die Auswertung von Unternehmensdatenbanken kommen (vgl *Pernsteiner*, Erfolgsfaktoren von Unternehmensakquisitionen in Emerging Markets, in *Pernsteiner/Sumer*, Finanzierung und Controlling in Emerging Markets, 78f).

[11] *Wirtz*, Mergers & Acquisitions Management, 183, weist darauf hin, dass die vorvertragliche Verhandlungsphase von unvollkommener Information zwischen den Vertragspartnern und von starkem Misstrauen geprägt ist. Zur schwierigen rechtlichen Beurteilung vgl *Picot*, Das vorvertragliche Verhandlungsstadium bei der Durchführung von Mergers & Acquisitions, in *Picot* (Hrsg) Handbuch Mergers & Acquisitions, 157–162.

sere Risikoeinschätzung möglich werden.[12] Mit den neu gewonnenen Daten kann anschließend eine *Unternehmensbewertung* gewagt werden.[13] Im Regelfall bedient man sich diesbezüglich der inzwischen dominanten Discounted-Cashflow-Methode. Der potenzielle Erwerber hat dabei zu überlegen wie weit und stark er mögliche Synergieeffekte hinsichtlich des Akquisitionsobjektes einrechnet. Hingewiesen sei nur darauf, dass der Kaufpreis vom Betrag der Unternehmensbewertung abweichen kann, besonders wenn es sich um eine objektive Bewertung handelt. Nach der Erstellung und Unterzeichnung des *Kaufvertrages*[14] erfolgt der *Übergang* des Objektes („closing").

2.1.3. Post Merger Integration („Vernetzungsphase")

Bei den nun kontrollierbaren akquirierten („übernommenen") Unternehmen stellt sich die Frage, wie weit und *wie rasch* dieses Unternehmen in den Einflussbereich des Käufers eingebunden wird.[15] Diese Fragen sollten grundsätzlich schon in der Konzeptphase, auf jeden Fall aber in der Transaktionsphase geklärt worden sein, da dies auch Einflüsse auf die Bewertung der Transaktion und letztlich auf den Kaufpreis haben wird.

Auf den ersten Blick handelt es sich um die im geringsten Ausmaß finanzwirtschaftlich geprägte Phase, da sie von einer Fülle von „weichen" Faktoren beeinflusst bzw dominiert wird wie etwa Unternehmens- und Landeskulturen, Kommunikation, Kundenbindung und Freiheitsgrade der einzelnen Partner. Dennoch wird dieser Prozess erhebliche Auswirkungen auf die Wertschaffung und auf die Performance der Akquisition haben und definiert damit den Erfolg der Akquisition wesentlich.

2.2. Stellung der PMI als Erfolgsfaktor

Soeben wurde dieser Einfluss auf den Erfolg angesprochen und damit wird die allgemeine Frage des Scheiterns oder Erfolges einer Akquisition geöffnet. Hinsichtlich des „Gelingens" oder „Scheiterns" von Akquisitionen gibt es eine Fülle von empirischen Untersuchungen.

---

[12] Es geht um die umfassende Analyse des Akquisitionskandidaten vor Ort, meist in einem sog. data room (vgl *Burger/Ulbrich/Ahlemeyer*, Beteiligungscontrolling[2], 141f). Hinsichtlich der vielfältigen Ausprägungen siehe bspw *Gintenreiter/Khinast-Sittenthaler*, Due Diligence und Bewertung im Fusionsprozess, in *Pernsteiner/Mittermair* (Hrsg), Handbuch Fusionen, 342ff.

[13] Siehe hinsichtlich der Unternehmensbewertungsproblematik beispielsweise *Guserl/Pernsteiner*, Finanzmanagement, 161ff.

[14] Im Kaufvertrag werden die Vereinbarungen der Parteien bindend festgelegt; er wird auch nach der Transkation herangezogen, um Streitfragen zu klären. Ein zeitlicher Unterschied zwischen dem Abschluss und dem Vollzug hat sich als praktikabel erwiesen, um notwendige Vorbereitungshandlungen (zB Mittelbeschaffung) vornehmen zu können. Siehe dazu *van Kann*, Der Kaufvertrag, in *van Kann* (Hrsg), Praxishandbuch Unternehmenskauf, 34 und 37, siehe auch *Balda*, Unternehmenskaufvertrag, in *Schramm/Hansmeyer* (Hrsg), Transaktionen erfolgreich managen, 305ff.

[15] *„The postclosing integration activity is widely viewed as among the most important phase of the acquisition process."* (*DePamphilis*, Mergers & Acquisitions and Other Restructuring Activities[6], 191) Wesentlich sind auch Fragen des Integrationsgrads (zB Finanz-Holding, integrierter Konzern oder Management-Holding) und der Integrationsgeschwindigkeit (vgl *Burger/Ulbrich/Ahlemeyer*, Beteiligungscontrolling[2], 234f, *Jansen*, Mergers & Acquisitions[5], 325ff).

Ohne diese Frage intensiv zu erörtern, kann festgestellt werden, dass sowohl die Untersuchungsmethodiken als auch die Ergebnisse unterschiedlich und damit nicht eindeutig sind. Die Studien werden va kapitalmarktorientiert mit Kursdaten als Ereignisstudien, jahresabschlussorientiert mit der Berechnung von Kennzahlen, weiters über Befragungen, Wiederverkaufsanalysen oder durch reine Erklärungsansätze durchgeführt.[16] Bezogen auf internationale Akquisitionen – allerdings nur hinsichtlich Ereignisstudien und damit kapitalmarktorientiert – ist ein Erfolg für die Verkäuferunternehmen zwar festzustellen, bei den Käuferunternehmen hingegen weisen die Studien nicht in eine eindeutige Richtung.[17]

3. Emerging Markets

Ein wesentlicher Aspekt der Untersuchung liegt in der Fokussierung auf Emerging Markets, dh, dass vor allem das akquirierte Unternehmen oder (in geringerem Ausmaß) das Käuferunternehmen aus einem Emerging-Markets-Gebiet stammt und damit auf der Frage ob sich dadurch Veränungen in der PMI gegenüber einer Situation ergeben, in der beide Unternehmen aus Industriestaaten mitteleuropäischer Prägung stammen.

Der *Begriff* Emerging Markets ist relativ jung und hat in der ebenso unklaren deutschsprachigen Bezeichnung „Schwellenländer" eine Entsprechung.[18] In der M&A-Literatur finden kaum Auseinandersetzungen mit Emerging Markets statt, wenn überhaupt nur in den Fragen einer Unternehmensbewertung.[19] Dies ist deshalb überraschend, da sich viele Unternehmen west- und mitteleuropäischer Industriestaaten in erheblichen Ausmaß in den Emerging Markets Ost- und Südosteuropas, der Türkei, im Nahen und Fernen Osten engagieren und die Befassung mit diesen Ländern (insb jene Asiens und Südamerikas) in den Kapitalmärkten ein intensiv diskutiertes Thema darstellt; ebenso rücken die „big" Emerging-Markets[20] wie China, Indien und Brasilien in der Berichterstattung der qualifizierten Wirtschafts-Tagespresse ganz gewaltig in den Vordergrund.

---

[16] Siehe dazu bspw *Jansen*, Mergers & Acquisitions[5], 336, ferner *Glaum/Hutzschenreuter*, Mergers & Acquisitions, 94–100.

[17] Vgl *Glaum/Hutzscheneuter*, Mergers & Acquisitions, 327f.

[18] In wissenschaftlichen Untersuchungen werden zwar Emerging Markets genannt oder darauf sogar fokussiert, eine Begriffsklärung erfolgt kaum, sondern lediglich eine Aufzählung von Ländern, die dazugerechnet und in die Untersuchung einbezogen werden (vgl *Pernsteiner/Sumer*, M&A in Emerging Markets [Beispiel Türkei] – Eine grundsätzliche und einführende Betrachtung, in *Pernsteiner/Sumer* [Hrsg], Mergers & Acquisitions in Emerging Markets, 3f, ferner *Hofbauer*, Kapitalkosten bei der Unternehmensbewertung in den Emerging Markets Europas, 7f. Zum Stellenwert des Finanzmanagements in der Emerging-Markets-Literatur vgl *Pernsteiner*, Finanzmanagement in Emerging Markets, in *Pernsteiner* (Hrsg), Finanzmanagement aktuell, 238ff.

[19] Siehe *Hofbauer*, Kapitalkosten bei der Unternehmensbewertung in den Emerging Markets Europas, sowie hinsichtlich einzelner Modelle zur Berechnung der in der Unternehmensbewertung besonders relevanten Eigenkapitalkosten in Emerging Markets, *Hofbauer*, Kapitalkosten in Emerging Markets, in *Pernsteiner/Sumer* (Hrsg), Rechnungswesen und Finanzierung in Emerging Markets, 142ff.

[20] *Bilgin/Sriram/Wührer*, A General Look at Emerging Markets, in *Bilgin/Sriram/Wührer* (Hrsg), Drivers of Global Business Success, 28f, teilen in "big emerging markets" und "starting emerging markets" ein, es fehlt interessanterweise eine Klassfizierung von "small emerging markets". Das mag auch mit einer immer stärker werdenden Orientierung va in der Praxis an China und Indien, uU auch Brasilien zusammenhängen, die schon alleine hinsichtlich der ökonomischen Bedeutung die Diskussion wesentlich beeinflusst.

Aufgrund der mangelnden Abgrenzbarkeit von Emerging-Markets-Ländern mit quantitativen Kriterien gegenüber Entwicklungsländern einerseits und Industriestaaten andererseits ist eine solche über Eigenschaften möglicherweise auch unscharf, aber dennoch zielführend.[21] Gegenüber den *Entwicklungsländern* grenzen sich die Schwellenländer durch eine höhere politische Stabilität, ein akzeptiertes Rechtssystem und durch einen auch für Ausländer offenen Kapitalmarkt ab. Höhere Wachstumsraten, ein rascher Aufbau bzw eine Verbesserung der Infrastruktur, ein Rückzug des Staates aus der Wirtschaft, eine tendenziell junge Bevölkerung, aber auch ein nicht so effizient funktionierender Kapitalmarkt und eine höhere Bedeutung der Schattenwirtschaft und Korruption sind Abgrenzungskriterien gegenüber *Industriestaaten*. Hingewiesen sei noch darauf, dass sich beachtliche Unterschiede in einzelnen Staaten ergeben können, dh dass gewisse Gebiete in einem Emerging-Markets-Land diesen Status schon verlassen haben können und dass dies auch für bestimmte Branchen in einem Emerging-Markets-Staat gelten kann, die einfach hohe Standards und Kompetitivität aufweisen.

4. Erfolgsfaktoren der PMI in Emerging Markets

Für die nachfolgende Analyse werden fünf Themenkreise identifiziert.[22] Erstens spielen *Ressourcen* eine Rolle, genauer Personal und Kapital. Weiters stellt sich die Frage nach den *Kunden* für unsere Produkte und Dienstleistungen und wie sie an das bzw die Unternehmen weiterhin gebunden werden können; zusammenhängend damit ist die weitere Behandlung der Marken. Als dritter Themenkreis wird die *Information*, also die Verarbeitung und die Abgabe von Information, über das bzw die Unternehmen festgelegt. Die *Organisation* mit den Stichworten Unternehmens- und Landeskulturen, Organisationsveränderung und Strategiedurchsetzung sind ein weiterer Kreis. Der letzte Punkt soll mit „*Transparenz*" übertitelt werden; darunter zu subsumieren sind vor allem Korruption und Schattenwirtschaft.

4.1. Ressourcenmanagement

4.1.1. Personalmanagement

Bezüglich der *Führungskräfte* stellt sich die zentrale Frage, ob die Führungspositionen des übernommenen Unternehmens aus diesem Unternehmen heraus – entweder durch Belassung jener Personen und/oder Neubesetzung aus dem übernommenen Unternehmen – oder durch externe Besetzung erfolgen soll.[23] Für die Belassung spricht das vor-

---

[21] Zur Definition von Emerging Markets siehe ausführlich *Pernsteiner/Sumer*, M&A in Emerging Markets (Beispiel Türkei) – Eine grundsätzliche und einführende Betrachtung, in *Pernsteiner/Sumer* (Hrsg), Mergers & Acquisitions in Emerging Markets, 3–5, und *Pernsteiner*, Finanzmanagement in Emerging Markets, in *Pernsteiner* (Hrsg), Finanzmanagement aktuell, 236.

[22] Auf eine Diskussion der Integration des Einkaufs, der Produktion, des Vertriebs und der Verwaltung wird hier verzichtet (siehe *Glaum/Hutzschenreuter*, Mergers & Acquisitions, 204ff).

[23] *„Die Theorie der Unternehmenskontrolle geht davon aus, dass insbesondere schlecht geführte und damit wenig erfolgreiche Unternehmen akquiriert werden und dass der Austausch des Managements eine positive Wirkung auf den Akquisitionserfolg hat. Eine gegensätzliche These vertritt die Humankapitaltheorie. Sie argumentiert, dass gerade Top Manager eine wichtige Ressource eines Unternehmens bilden und dass ihr Abgang einen bedeutenden Humankapitalverlust darstellt, der*

handene Know-how und ein geglückter Wissenstransfer, dagegen uU mangelnde Loyalität und zögerlicher „Einbau" in den neuen Konzern; hier könnten sowohl differierende Unternehmens- als auch Landeskulturen hemmend wirken.

Entscheidet man sich für den Tausch, so kann *entsendet* werden; dies kann ggf. die Akzeptanz dieser neuen Kräfte im akquirierten Unternehmen erschweren und damit den Informationsfluss von und zur Führungskraft negativ beeinflussen. Wird am *lokalen* Personalmarkt akquiriert, so ist sicherzustellen, dass diese Maßnahmen konform mit den kulturellen Gegebenheiten gehen und man in der Lage ist, die Aus- und Weiterbildungsqualität im betreffenden Emerging Market zu beurteilen.[24]

Probleme können sich auch bei der allgemeinen Akquisition von neuen oder bei vorhandenen *Mitarbeitenden* ergeben. M&A-Aktivitäten bringen eine Fülle von erwarteten Veränderungen, die allesamt schwer einschätzbar sind, wie die Schließung, Fusionierung, Spaltung oder Gründung von Abteilungen, die Veränderungen von gewachsenen Zusammenarbeitsstrukturen und natürlich eine massive Verschiebung der Aufstiegschancen mit sich. Die Reaktionen darauf hängen va von der Unternehmens- und Landeskultur ab. So kann sich beispielsweise die Fluktuation erhöhen, was eine gleichzeitige Herausforderung hinsichtlich der Beschaffung von Ersatzkräften in neuen geografischen Gebieten bedeuten kann.[25] Der Arbeitsmarkt in Emerging Markets wird tendenziell weniger transparent, weniger strukturiert und wahrscheinlich in einem geringeren Ausmaß marktlich orientiert sein. Unterschiedliche Qualifikationsanforderungen werden oftmals in einem gegenüber Industriestaaten differierenden Ausmaß für das Unternehmen realisierbar sein.

4.1.2. Finanzmanagement

Zweifellos wird ein organisatorischer Einbau in den Konzern nach dessen Orientierung in ein zentral oder dezentral organisiertes Finanzmanagement erfolgen.[26] Dies wird va hinsichtlich der Beschaffung von *Fremdkapital* Bedeutung besitzen: Im ersten Fall erfolgt die überwiegende Organisation aus der Zentrale, während im zweiten Fall für die

---

sich negativ auf den Akquisitionserfolg auswirkt." (*Hungenberg/Wulf*, Austausch der Führung im akquirierten Unternehmen – Problem oder Chance?, in *Borowicz/Mittermair* [Hrsg], 213f).

[24] Die Beurteilung von in Emerging Markets ausgebildeten Managerpersönlichkeiten ist aufgrund anderer Lebensläufe und Ausbildungsstrukturen in diesen Ländern schwieriger als bei Persönlichkeiten, die westlich-europäische Karrierewege vorweisen können. Erstere Personengruppe wird damit eine schwierigere Aktzeptanz aufweisen. Vgl *Pernsteiner*, Erfolgsfaktoren von Unternehmensakquisitionen in Emerging Markets, in *Pernsteiner/Sumer* (Hrsg), Finanzierung und Controlling in Emerging Markets, 21.

[25] Selbst für die kollektivistisch geprägte Türkei sind Karrieremöglichkeiten für die weitere Mitarbeit sehr wesentlich (siehe dazu die Untersuchung von *Jöns/Müller/Zamantılı Nayır*, Affektives Commitment, Karriereentwicklungsmöglichkeiten und Fluktuationsneigungen: Die Geschichte einer belgisch-türkischen Bankenfusion, in *Pernsteiner/Sumer* (Hrsg), Management in Emerging Markets, 119). Die „alten" Mitarbeiter und die vergangene Organisation soll mit Respekt behandelt werden, um Widerstände zu reduzieren (vgl *Sinangil Kepir/Küçükaslan*, M&A: Critical Success Factors in Turkey, in *Pernsteiner/Sumer* [Hrsg], Mergers & Acquisitions in Emerging Markets , 84).

[26] Zur Organisation des Finanzmanagements siehe ausführlich *Guserl/Pernsteiner*, Finanzmanagement, 536ff. Tendenziell für eine zentrale Lösung ist *DePamphilis*, Mergers & Acquisitions, and Other Restructuring Activities[6], 219.

Aufnahme von Fremdkapital im Emerging-Market-Staat die Kenntnis der rechtlichen (zB Bedeutung von Sicherheiten) und institutionellen (zB Gepflogenheiten in der Kreditwürdigkeitsprüfung) Gegebenheiten und deren Umgang notwendig ist.[27]

Im *Eigenkapitalbereich* ist vor allem der Umgang mit verbleibenden Eigentümern aus Emerging Markets ein Thema.[28] Zwischen einem traditionell geführten – und damit der Landeskultur hinsichtlich Transparenz, Entscheidungsfähigkeit und Kooperationsfähigkeit sehr ähnelnden – familienorientierten Unternehmen und einem an westlichen Vorbildern orientierten Unternehmen werden sich in vielen Aspekten Unterschiede ergeben. Dies wird auch die Problematik der Offenheit gegenüber neuen (Eigen-)Kapitalgebern betreffen.

Schließlich wird noch der Umgang mit *Risiken* im Finanzmanagement bedeutsam sein.[29] Bereits bei der Due-Diligence-Prüfung in der Transaktionsphase wird die schwierigere Einschätzbarkeit von Risiken und der Umgang damit bewusst geworden sein.[30] In der PMI wird es ua darum gehen, anders geartete Risiken zu erkennen, damit umzugehen und sie zu bewerten und schließlich ggf konzerngemäß risikoreduzierende Maßnahmen zu ergreifen. Dies wird wiederum von der schon angesprochenen organisatorischen Gliederung und der Struktur des (Konzern-)Finanzmanagements abhängig sein. Ferner wird zu überlegen sein wieweit risikoreduzierende Angebote in Emerging Markets überhaupt in Anspruch genommen werden sollen.

4.2. Marken- und Kundenbindungsmanagement

4.2.1. Markenmanagement

In Zusammenhang mit M&A-Aktivitäten stellt sich sowohl für Produktions- als auch für Handelsunternehmen die Frage, wieweit die im übernommenen Unternehmen positionierten Marken bestehen bleiben, verschwinden, ergänzt oder reduziert werden sollen.[31] Konkrete Aussagen sind aufgrund unterschiedlicher Branchen, Zielgruppen, Verkaufsaktivitäten etc nur sehr schwer zu treffen; allerdings wird nun eine Konzernbetrachtung

---

[27] Beispielhaft ist der stark hierarchische Prozess bei der Vergabe von Unternehmenskrediten in der Türkei bei *Günay Özkan/Günay*, Lending in the Turkish Banking Sector, in *Pernsteiner/Sumer* (Hrsg), Mergers & Acquisitions in Emerging Markets, 128f, beschrieben.

[28] Siehe dazu auch die Untersuchung türkischer Unternehmen und Familienunternehmen im Raum Istanbul und der Marmara Region, wo wenig überraschend ein geringer Einfluss familienfremder bzw gar ausländischer Eigentümer festgestellt wird (siehe *Sumer/Kutlan/Erer*, Finanzierung und Rechnungslegung von Familienunternehmen in der Marmara-Region der Türkei, in *Pernsteiner/Sumer* [Hrsg], Rechnungswesen und Finanzierung in Emerging Markets, 46).

[29] Hinsichtlich des Risikomanagements in Emerging Markets vgl *Pernsteiner*, Finanzmanagement in Emerging Markets, in *Pernsteiner*, Finanzmanagement aktuell, 240–242. Den Aspekt der Wirtschaftskriminalität sehr hervorhebend *Goworek*, Risikomanagement: Mit Risiken umzugehen, anstatt sie zu umgehen, in *Kailer/Pernsteiner* (Hrsg), Wachstumsmanagement für Klein- und Mittelbetriebe, 189ff.

[30] Zur Beurteilung von Risiken in Emerging Markets mit den Mitteln der Planung von Szenarien vgl *DePamphilis*, Mergers, Acquisitions, and Other Restructuring Activities[6], 669.

[31] Zur Markenintegration mit Beispielen siehe *Brockdorff/Feige*, Markenführung bei M&A – zwei Praxisbeispiele zur Integration von Unternehmens- und Produktmarken, in *Menz/Ebersbach/Menges* (Hrsg), Mergers & Acquisitions, 147ff. Für einen behutsamen Umgang mit Änderungen bei Marken plädiert *DePamphilis*, Mergers, Acquisitions and Other Restructuring Activities[6], 219.

erfolgen, nämlich wie weit die neu aufgenommenen Marken in die Gesamtstrategie und *Sortiments- bzw Angebotspolitik* passen. Als Zielorientierung gilt dabei die Verbesserung der Wettbewerbsposition bzw eine den wertschaffenden Zielvorgaben entsprechende Erhöhung der Free Cashflows. Ferner ist zu bedenken, wie ggf neue Marken in die Markenarchitektur[32] des Konzerns passen, also inwieweit eine verstärkte vertikale oder horizontale Integration der Marken erfolgt oder erfolgen kann und wieweit ein konzerninterner Wettbewerb erzeugt wird oder erzeugt werden soll.

Diese und ähnliche Fragen sind aufgrund der Auswirkungen auf Rentabilitäten, Risiko und Zahlungsflüsse einer *finanzwirtschaftlichen Analyse* zu unterziehen. Dabei unterscheiden sich Emerging Markets von Industriestaaten in Konsumneigungen, Werthaltungen, Qualitätsbewusstsein, Statuserwartungen etc, sodass bekannte Überlegungen nicht einfach übertragbar sind. UU wird diese Analyse und Beurteilung nicht auf einer gewohnten Datenbasis erfolgen können und die Beantwortung der offenen Fragen wird einer lokalen Beratungsunterstützung bedürfen. Bei der Auswahl der Beratenden ist entsprechend behutsam vorzugehen.

4.2.2. Kundenbindungsmanagement

Implizit ist das Thema, wieweit Kunden des übernommenen Unternehmens unter der neuen Eigentümerschaft und bei uU verändertem Angebot der Waren bzw Dienstleistungen und gewechselten Ansprechpersonen und Informationsstrukturen als solche erhalten bleiben, bereits angesprochen worden und zweifellos wesentlich.[33] Neben *faktenorientierten Entscheidfaktoren* wie Angebot, Preis und (Service-)Qualität spielen auch *weiche Faktoren* wie das Image des übernehmenden Unternehmens (auch ihre Herkunft), die Größe (zB geht der Charakter eines Familienunternehmens verloren) und die Betreuung (s das schon gemachte Stichwort von sich stark ändernden Betreuungspersonen) eine wesentliche Rolle. Es besteht eine Tendenz, diese Einflussfaktoren in westlich orientierten Konzernzentralen zu unterschätzen, wozu noch eine ggf nicht so klar einzuschätzende Medienwelt und ihr Einfluss auf die Bevölkerung kommt. Freilich macht es einen Unterschied, ob Kunden aus dem Querschnitt der gesamten Bevölkerung oder aus gut ausgebildeten in Unternehmen in Emerging Markets tätigen Personen bestehen.[34] Aufgrund

---

[32] „Unter dem Begriff Markenarchitektur versteht man die Anordnung oder Koordination aller Marken eines Unternehmens. Dabei werden die Rollen der einzelnen Marken, ihre Beziehungen zueinander sowie die Marken-Produkt-Beziehungen aus strategischer Sicht festgelegt." (*Kelemcı Schneider/Cerıtolgu*, Handelsmarkenmanagement in der Türkei – Eine Analyse führender Einzelhandelsunternehmen in der Lebensmittelbranche, in *Pernsteiner/Sumer* [Hrsg], Management in Emerging Markets, 278).

[33] Unter Kundenbindungsmanagement sind jene auf den aktuellen Kundenstamm gerichtete Maßnahmen zu verstehen, dass die Kunden weiterhin als Kunden erhalten bleiben. Das Post-Merger-Kundenbindungsmanagement lässt sich in zeitlicher Hinsicht in die Implementierung eines Kundenbindungsprogramms (hier ist besonders auf die Motivation und Information der Mitarbeitenden Bedacht zu nehmen und auf das Beschwerdemanagement ein hohes Augenmerk zu richten) in die laufende Kontrolle des Kundenbindungsprogramms und in ein laufendes Kundenbindungsmanagement gliedern. Siehe dazu mwN *Steinlechner/Wührer*, Marketing und Kundenbindung bei Fusionen, in *Pernsteiner/Mittermair* (Hrsg), Handbuch Fusionen, 416f und 443ff.

[34] Angesprochen ist damit, dass der gesamte Bevölkerungsquerschnitt mehr traditionelle und kulturelle Elemente enthält als die wahrscheinlich höher ausgebildete, vielleicht internationaler ausgerichtete und professioneller agierende Schicht der Entscheider in den Unternehmen.

schwer beurteilbarer Einflussfaktoren und auch zeitlich unterschiedlicher Variablen handelt es sich hier um unterschätzte Themen.

Folglich sollte Aktivitäten hinsichtlich der Kundenbindung ein wesentliches Augenmerk zukommen.

4.3. Informationsmanagement

Das Informationsmanagement in Zusammenhang mit Akquisitionen zerfällt mE in die Problemkreise der Informationsabgabe und der Informationsverarbeitung.

Das *Informationsabgabeproblem* hat die Fragestellung zum Inhalt, wer welche Informationen bekommt. Als externe Informationsempfänger sind die klassischen Gruppen wie Kunden, Lieferanten, Umwelt, Region und natürlich Eigentümer/Aktionäre sowohl des übernehmenden als auch des übernommenen Unternehmens gemeint.[35] Dabei werden die gesetzlich notwendigen oder darüber hinaus die de facto (meist aufgrund einer Börsenotierung) verpflichtenden Informationen – etwa aus einem Corporate Governance Codex[36] – vorausgesetzt. Es stellt sich die Frage nach weiterführenden *freiwilligen Informationen*, die oftmals auch nicht quantitativen Charakter aufweisen können.[37] Inhaltlich ist dabei die Information über die Akquisition/Übernahme selbst, vielmehr aber eine Information über die beabsichtigte zukünftige Strategie bzw Ausrichtung gemeint. Interessant dabei ist neben dem Zeitpunkt auch die Art der Informationsabgabe (nicht nur hinsichtlich der Medien, sondern wie stark welche Personen involviert sind). Bei diesen freiwilligen Informationen und ihrer Abgabe können Besonderheiten von Emerging Markets neben den rechtlichen Voraussetzungen ins Spiel kommen, vor allem um wertvolle Stakeholder mit „an Bord zu halten"; eine kulturelle Perspektive (zB hierarchische Stellung des Informationsabgebers und Art der Informationsvermittlung) kann eine beachtliche Rolle spielen.[38]

Neben einer externen Informationsabgabe wird auch eine *interne*, va gegenüber den Mitarbeitenden des übernommenen Unternehmens, bedeutsam sein. Dieses Problem verquickt sich mit den unter Kapitel 4.1.1. bereits diskutierten Fragestellungen, wobei

---

[35] *Fochler*, Strategische Kommunikation bei Fusionen, in *Pernsteiner/Mittermair* (Hrsg), Handbuch Fusionen, 233f, strukturiert in eine innerbetriebliche Teilöffentlichkeit, die vor allem die Mitarbeitenden und die Belegschaftsvertreter umfasst, und in eine externe Öffentlichkeit, wobei er explizit auf die Medien hinweist und die Eigentümer (Aktionäre) zwischen den beiden Bereichen sieht. *Förster*, Integrierte Unternehmenskommunikation bei M&A, in *Borowicz/Mittermair* (Hrsg), Strategisches Management von Mergers & Acquisitions, 302, sieht den Schwerpunkt in der PMI-Phase in der internen Kommunikation mit dem Ziel der Schaffung einer „Wir"-Kultur. Siehe auch *Unger*, Post-Merger-Integration, in *Polster-Grüll* et al (Hrsg), Handbuch Mergers & Acquisitions, 893f.

[36] *Veljic*, Corporate Governance in Emerging Markets, in *Pernsteiner/Sumer* (Hrsg) Management in Emerging Markets, 247, weist darauf hin, dass die Informationsasymmetrie in Emerging Markets tendenziell höher ist und „ ... *die Managementdisziplin tendenziell niedriger als in Developed Markets.*"

[37] *Pernsteiner*, Freiwillige Unternehmensinformationen – ihre grundsätzliche Problematik, in *Mittermair/Pernsteiner* (Hrsg), Freiwillige Unternehmensinformationen, 29, weist auf den Bedeutungsgewinn verbaler Informationen aufgrund eines verbreiternden Adressatenkreises gegenüber früher hin.

[38] *Fochler*, Strategische Kommunikation bei Fusionen, in *Pernsteiner/Mittermair* (Hrsg), Handbuch Fusionen, 237f, gibt dazu das interessante Fallbeispiel der Fusion des österreichischen Edelstahlerzeugers Böhler mit dem schwedischen Edelstahlproduzenten Uddeholm.

eine hohe Arbeitsproduktivität und eine hohe Motivation der Mitarbeitenden des übernommenen Unternehmens das Ziel ist.

Ein weiterer Themenkreis umschließt das manchmal unterschätzte *Informationsverarbeitungsproblem*. Dahinter steht bei einer unterstellten stärkeren Integration des „neuen" Unternehmens die Frage der Vereinheitlichung der Informationsverarbeitung. Dies wiederum kann *inhaltliche* Fragen betreffen wie beispielsweise die Einführung von Kennzahlen des Value Managements und die Steuerung nach diesen Werten.[39]

Es können aber auch formale und *organisatorische* Fragen damit verknüpft sein, nämlich zB welche Abteilung welche Daten verantwortet und welche Maßnahmen gesetzt werden müssen, um Informationen zu den vereinbarten konzerneinheitlichen Zeitpunkten zur Verfügung zu stellen. Es können aber auch *technische* Fragen aufgrund einer Vereinheitlichung von Systemen bedeutsam sein;[40] in der *Vereinheitlichung* wird mancherorts ein Synergiepotenzial gesehen. Gerade in dieser Systemvereinheitlichung ergibt sich eine mehrschichtige Problematik: Einerseits bedarf es aus Innensicht einer Akzeptanz von Mitarbeitenden und wahrscheinlich des „Einbaus" von neuen Spezialistinnen und Spezialisten mit Auswirkung auf die Hierarchien und auf den Einfluss. In bestimmten Branchen wie zB Banken und Versicherungen kann die „Außensicht" – also die Beziehung va zu den Kunden – sehr bedeutsam sein. Änderungen von Kontonummern, Kommunikationsschienen und Formaten sowie die Beeinflussung des persönlichen Kontaktes zB durch verstärkte elektronische Kommunikation können zu Verschiebungen in der Kundenstruktur und Problemen in deren Akzeptanz führen. Hier kommt der entsprechenden Analyse des Kundenverhaltens im entsprechenden Emerging Market ein hoher Stellenwert zu.[41] Nicht zuletzt sind es die von der Realisierung von Synergiepotenzialen getriebenen Harmonisierungsbestrebungen in der Informationsverarbeitung selbst, die dieses Ziel beeinträchtigen, ihre Realisierung verschieben oder die Effekte durch hervorkommende unvorhergesehene technische Schwierigkeiten (die in diesen Fällen praktisch immer vorkommen) und Pannen, zusätzliche Überprüfungen und damit (zumindest kurzfristig) höheren statt niedrigeren Personalständen sogar ins Gegenteil verkehren. In den soeben angesprochenen Branchen kann durch die hohe Bedeutung der Informationsverarbeitung die erwähnte Problematik den Akquisitionserfolg wesentlich beeinträchtigen.[42]

---

[39] „*Ziel der integrationsspezifischen Berichterstattung ist es, für das „Projekt Integration" den Integrationserfolg laufend und zeitnah zu dokumentieren; man will damit einen möglichst schnellen und umfassenden Überblick über die Integration erhalten.*" (*Burger/Ulbrich/Ahlemeyer*, Beteiligungscontrolling², 275)

[40] Tendenziell führt die Übernahme eines Emerging Market-Unternehmens durch ein international orientiertes (westliches) Unternehmen zur verstärkten Realisierung von technologischen Innovationen (vgl zum Fall HSBC-Demirbank *Gökbel Altınırmak*, Cross Border Bank Mergers and Acquisitions in Turkey, in *Pernsteiner/Sumer* [Hrsg], Mergers & Acquisitions in Emerging Markets, 174f). Allgemein besteht laut *DePamphilis*, Mergers, Acquisitions and Other Restructuring Activities⁶, 217, die Gefahr, dass der technische Fokus bei diesbezüglichen Entscheiden zu stark ausgeprägt ist.

[41] Dies wird besonders aufgrund kultureller Aspekte vom bekannten mitteleuropäischen System bzw von Überlegungen abweichen.

[42] *Oppl*, Fusionen im Versicherungsbereich, in *Pernsteiner/Mittermair* (Hrsg), Handbuch Fusionen, 798ff, widmet ein Unterkapitel der Informatik als Problemkreis und weist besonders darauf hin, „*... dass Kostensynergien im EDV-Bereich oft überschätzt, Integrationskosten hingegen unterschätzt*

In Emerging Markets ist dieser Harmonisierungsprozess aufgrund unterschiedlicher Systeme, technischer Betreuungsmöglichkeiten, Probleme in der kurzfristigen Akquisition von Fachpersonal meist noch schwieriger[43]; es bedarf deshalb der frühzeitigen Planung dieser Thematik (auch mit Überlegungen von worst-case-Szenarien), um möglichst bald diesbezügliche Aktivitäten setzen zu können.

4.4. Kulturmanagement

Unter diesem auf den ersten Blick vielleicht seltsam erscheinenden Begriff sollen die Fragen der unterschiedlichen Unternehmens- und Landeskulturen verstanden werden. Diese haben für die Durchsetzung einer neuen *Strategie* im übernommenen Unternehmen eine hohe Bedeutung. Abhängig vom Integrationsgrad des übernommenen Unternehmens soll die „neue" Strategie, die oftmals auch massive Änderungen im Leistungserstellungsprogramm zum Gegenstand hat, implementiert werden. Die Kulturen haben entsprechenden Einfluss auf die Gestaltung, Geschwindigkeit, Widerstände und Realisierungsausmaße der Strategieumsetzung. Ebenso beeinflusst von den beiden Kulturen wird eine geänderte *Aufbauorganisation* im übernommenen Unternehmen sein;[44] die hierarchische Intensität – viele Emerging Markets neigen zu stärkeren hierarchischen Strukturen[45] als nüchtern-westliche Kulturen – kann unterschiedlich sein und die Geschwindigkeit der Durchsetzung spielt hier eine große Rolle. Beide Aspekte beeinflussen zweifellos auch die finanzwirtschaftliche Beurteilung der Akquisition durch zu hohe Personalkosten, langsamere Änderungen („Verbesserungen") in der Leistungserstellung und langsameren Abbau von „Doppelgleisigkeiten". Auf die angesprochenen Kulturen soll kurz eingegangen werden.

4.4.1. Unternehmenskultur

Trotz aller Definitionsschwierigkeiten soll Unternehmenskultur im Sinne von *Glaum/ Hutschenreuter*[46] als die von den Mitarbeitenden eines Unternehmens (Konzerns) „ *... gemeinsam gelebten und geteilten Werte, Normen und Denkweisen, durch die sie sich von Mitgliedern anderer sozialer Systeme unterscheiden ...* " verstanden werden. Dadurch wird evident, dass der Begriff sehr „weich" und damit auch aus finanzwirtschaftlicher Sicht schwer fass- und aufnehmbar ist, jedoch schon vielfach oben ge-

---

werden." (ebenda, 798). Er empfiehlt – wenn nicht ein taugliches neues System unmittelbar einführungsfähig ist – die Migration der alten Systeme, weil neue Systeme meist viel später als geplant zum Einsatz kommen. Bei der Auswahl von einem der mindestens zwei Altsysteme sollte auf die Aspekte der Wartungsfreundlichkeit, Mitarbeitervertrautheit, Schulungsaufwand, Aussagefähigkeit für das Management und Produktivität besonders Rücksicht genommen werden (ebenda, 799).

[43] Auf die notwendigen Aspekte einer fristgerechten, adäquaten Berichterstattung für konzerninterne Zwecke und auf die Prüfung der Kompatibilität mit dem lokalen Rechnungslegungsrecht weisen *Dix/Zwiener*, Transaktionen in den Schwellenländern China und Russland, in *Schramm/Hansmeyer* (Hrsg), Transaktionen erfolgreich managen, 502, besonders hin.

[44] Zu den Kriterien der Organisationsgestaltung siehe *Borowicz*, M&A-Aufbauorganisation, in *Borowicz/Mittermair* (Hrsg), Strategisches Management von Mergers & Acquisitions, 172f.

[45] Vgl zum Begriff der Machtdistanz *zu Knyphausen-Aufseß/Schweizer*, Bedeutung der Unternehmenskultur im M&A-Prozess, in *Borowicz/Mittermair* (Hrsg), Strategisches Management von Mergers & Acquisitions, 273.

[46] *Glaum/Hutzschenreuter*, Mergers & Acquistions, 201.

streift wurde. Zentral ist ohne Zweifel die Orientierung der Mitarbeitenden, wie sie sich letztlich in der geänderten Umwelt verhalten. Eine frühe Analyse der Verhältnisse schon des möglichen und später *des* Zielunternehmens – auch Mithilfe einer *Cultural Due Diligence* – liegt nahe, um den Integrationsprozess besser planen und überlegen zu können.[47]

Dieser Integrationsprozess ist jedoch auch mit Beteiligung von Unternehmen aus Emerging-Markets-Ländern schwieriger, weil sie von Haus aus grundsätzlich entweder international und damit westlich orientiert geführt werden können oder „traditionell", also mit stärkerem Einfluss des jeweiligen Kulturkreises. Im zweiten Fall spielt damit noch stärker die Landeskultur herein.

4.4.2. Landeskultur

Die Entscheider im Unternehmen werden – wahrscheinlich bei Familienunternehmen stärker als bei börsenotierten Aktiengesellschaften – *Einflüsse ihrer kulturellen Region* einbringen, wie zB mehr individualistischen oder kollektivistischen Grundgeist, Religion und religiöse Toleranz, Arbeitsethos, das Verhältnis zur Bürokratie und zur (schriftlichen) Dokumentation im Allgemeinen und zur Akzeptanz von Normen.[48] Tendenziell wird ein stark von der Landeskultur geprägtes Unternehmen bei einer Akquisition „internationalisiert" werden müssen, während umgekehrt der Einfluss eines akquirierenden Emerging-Market-Unternehmens aufgrund der in diesem Fall grundsätzlich vorhandenen internationalen Ausrichtung auf ein heimisches Unternehmen nicht sehr prägend sein dürfte.[49] Hier wird wahrscheinlich ein stärkerer Internationalisierungscharakter zutreffend sein.

Wieweit eine „Rentabilitätsbremse" durch Minderleistung der Mitarbeitenden etc eintritt, ist nur schwer einschätz- und messbar.[50] Folglich wird eine klare und aufrichtige Kommunikation über die geplanten (Integrations-)Schritte zumindest in hohem Ausmaß Unsicherheit wegnehmen.

4.5. Transparenz

Entsprechend der Themeneinleitung sollen dabei vor allem die Problemfelder Korruption[51] und Schattenwirtschaft verstanden werden, deren Bedeutung oft weitrei-

---

[47] Nach *Glaum/Hutzschenreuter*, Mergers & Acquisitions, 204, besteht ihre Aufgabe darin, die Unternehmenskulturen der beiden Transaktionspartner systematisch darzustellen, um eine Zielkultur entwickeln zu können. Es kann sich auch eine neue Unternehmenskultur aus gegenseitigen Einflüssen entwickeln (vgl *DePamphilis*, Merger, Acquisitions, and Orther Restructuring Activities[6], 221). Für eine frühzeitige Auseinandersetzung mit kulturellen Aspekten – mit Beispielen – plädieren *Bartels/Cosack*, Integrationsmanagement, in *Picot* (Hrsg), Handbuch Mergers & Acquisitions[4], 461f.

[48] Für Russland und russische Unternehmen siehe beispielsweise *Dix/Zwiener*, Transaktionen in den Schwellenländern China und Russland, in *Schramm/Hansmeyer* (Hrsg), Transaktionen erfolgreich managen, 494f.

[49] Neben der Landeskultur kann auch die Branche ein wesentlicher kultureller Einflussfaktor sein; dies ist besonders bei konglomeraten Akquisitionen zu beachten (vgl *Glaum/Hutzschenreuter*, Mergers & Acquisitions, 202).

[50] Untersuchungen kommen nicht immer zum Ergebnis, dass Kulturdifferenzen negative Effekte auslösen, vielleicht auch deshalb, weil bei internationalen M&A-Projekten von Haus aus mehr Augenmerk auf die Kulturunterschiede gelegt wurde und es damit zu verstärkten Integrationsbemühungen kam (vgl *zu Knyphausen-Aufseß/Schweizer*, Bedeutung der Unternehmenskultur im M&A-Prozess, in *Borowicz/Mittermair* [Hrsg], 274f und *Glaum/Hutzschenreuter*, Mergers & Acquisitions, 317).

[51] Oftmals fand eine – heute verpönte und abzulehnende – Differenzierung statt: Im aquirierenden Emerging-Market-Unternehmen wurde Korruption akzeptiert, während das Mutterunternehmen

chend ist. *Korruption* wird tendenziell in Emerging Markets bedeutsamer sein als in Mitteleuropa und wird den gesamten M&A-Prozess durchziehen. Zweifellos wird auch die Trennlinie, wo Korruption beginnt und wo sie aufhört, in starkem Ausmaß kulturell geprägt sein.[52] Eine wesentliche Ausprägung von Korruption in der PMI-Phase wird eine unklare, verzögerte oder gar verfälschte Information sein. Die pekuniären Auswirkungen können durchaus immens sein, folglich wird ein behutsames, aber bestimmtes Vorgehen von Anfang an wesentlich sein.

Damit verbunden sein kann auch die *Schattenwirtschaft*. Sie wird ebenfalls zu einer den realen Verhältnissen nicht entsprechenden Dokumentation führen – mit folgenschweren Fehlermöglichkeiten etwa in der Führung. Auch hier können nur neue Standards und die Vorgabe und das Vorleben eines neuen ethischen Bewusstseins helfen.

Zentral wird die *Vorgangsweise* gegenüber Korruption, Schattenwirtschaft und Wirtschaftskriminalität sein: Hier soll besonders auf die Art der Bekämpfung ein besonderes Augenmerk gelegt werden. So wird wahrscheinlich Whistleblowing in kollektivistischen Kulturen ebenso wenig erfolgreich sein, wie öffentliche, die Privatsphäre verletzende Informationen, die zB in skandinavischen Gesellschaften problemlos durchgesetzt werden könnten.

5. Zusammenfassung

Diese Analyse hatte primär die Schlüsselfaktoren für eine geglückte PMI einer Akquisition eines Unternehmens aus dem Emerging-Markets-Raum zum Gegenstand.

Zusammenfassend kann festgelegt werden:

- *Ressourcenmanagement*
  Im *Personalbereich* ist auf die Bewahrung, Rekrutierung bzw Entsendung der Führungskräfte besonderes Augenmerk zu legen, bei den Mitarbeitenden sind Fluktuation und Motivation unter dem Kontext des Emerging-Market-Landes zu betrachten.
  Im *Finanzbereich* wird bei dezentralem Konzernfinanzmanagement die Fremdkapitalaufbringung unter dem legistischen, formalen und informalen Umfeld des Landes nicht zu vernachlässigen sein. Die (restlichen) Eigentümer aus Emerging Markets sind hinsichtlich Kommunikation und Zusammenarbeit besonders gut zu analysieren. Die Besonderheiten des Risikomanagements sind va im Hinblick auf die Möglichkeiten der Bekämpfung bzw Reduzierung der Risiken zu betrachten.
- *Marken- und Kundenbindungsmanagement*
  Vorhandene *Marken* und ihr Weiterbestand sollen in finanzwirtschaftlicher Art mit der Gesamtstrategie der Produkt- und Sortimentspolitik überprüft werden.
  Im *Kundenbindungsmanagement* soll neben faktenorientierten Entscheidfaktoren auch auf „weiche" Faktoren (zB Familienunternehmenscharakter geht verloren) und ihre Bedeutung in Emerging Markets Rücksicht genommen werden.

(das vielleicht auch noch börsenotiert war) „clean" sein musste (vgl *Pernsteiner*, Ethik bei M&A-Transaktionen, in *Borowicz/Mittermair* [Hrsg], 343f. Zum Begriff und zu den Ausprägungsformen von Korruption siehe *Hasch*, Rechtssicherheit und Korruption, in *Kailer/Pernsteiner* (Hrsg), Wachstumsmanagement für Mittel- und Kleinbetriebe, 282.

[52] Vgl *Dalyan*, The Ethical Values of Turkish Management, in *Pernsteiner/Sumer* (Hrsg), Mergers & Acquisitions in Emerging Markets, 65.

- *Informationsmanagement*
  Bezüglich der *Informationsabgabe* ist bei der Frage, wer welche Informationen bekommt, va die Problematik freiwilliger Informationen zu betrachten.
  Bei der *Informationsverarbeitungsproblematik* ist neben inhaltlichen, formalen und organisatorischen Fragen vor allem die technische Problematik (Harmonisierung der Systeme) relevant. Diese hat gerade in Emerging Markets eine starke personelle Perspektive (zB Gewinnung des Fachpersonals, Veränderungsakzeptanz im Unternehmen).
- *Kulturmanagement*
  Bei der Anpassung von Unternehmen in Emerging Markets mit „traditioneller" Führung bzw Organisation an das übernehmende Unternehmen ist vorsichtig vorzugehen, um die festen *Unternehmenskulturen* zu ändern. Besonders bei den soeben angesprochenen Unternehmen sind die Einflüsse der *Landeskultur* in Betracht zu ziehen.
- *Transparenz*
  Ein bestimmtes, aber behutsames Vorgehen gegen Korruption (in der Definition des Konzerns) und gegen die Schattenwirtschaft soll mit einem neuen ethischen Bewusstsein verbunden werden.

Literaturverzeichnis

Artmann, E., Gesellschaftsrechtliche Fragen, in *Kailer, N./Pernsteiner, H.* (Hrsg), Wachstumsmanagement für Mittel- und Kleinbetriebe, Berlin 2006, 303.

Balda, V., Unternehmenskaufvertrag, in *Schramm, M./Hansmeyer, E.* (Hrsg), Transaktionen erfolgreich managen, München 2010, 300.

Bartels, E./Cosack, S., Integrationsmanagement, in *Picot, G.* (Hrsg), Handbuch Mergers & Acquisitions[4], Stuttgart 2008, 450.

Bilgin, Z./Sriram, V./Wührer, G., A General look at Emerging Markets, in *Bilgin, Z./Sriram, V./Wührer, G.* (Hrsg), Drivers of Global Business Success, Houndmills 2004, 26.

Borowicz, F., M&A-Aufbauorganisation, in *Borowicz, F./Mittermair, K.* (Hrsg), Strategisches Management von Mergers & Acquisitions, Wiesbaden 2006, 163.

Brockdorff, B./Feige, S., Markenführung bei M&A – zwei Praxisbeispiele zu Integration von Unternehmens- und Produktmarken, in *Menz, M./Ebersbach, L./Menges, J.* (Hrsg), Mergers & Acquisitions, Bern-Stuttgart-Wien 2007, 145.

Burger, A./Ulbrich, P./Ahlemeyer, N., Beteiligungscontrolling[2], München 2010.

Dalyan, F., The Ethical Values of Turkish Management, in *Pernsteiner, H./Sumer, H* (Hrsg), Mergers & Acquisitions in Emerging Markets, Linz 2006, 57.

DePamphilis, D. M., Mergers, Acquisitions, and Other Restructuring Activities[6], Amsterdam et al 2012.

Dix, T./Zwiener, T., Transaktionen in den Schwellenländern China und Russland, in *Schramm, M./Hansmeyer, E.* (Hrsg), Transaktionen erfolgreich managen, München 2010, 466.

Eilers, S./Ortmann, A., Steuerliche Strukturierung der Transaktionen, in: *Picot, G.* (Hrsg), Handbuch Mergers & Acquisitions[4], Stuttgart 2008, 110.

Fochler, R., Strategische Kommunikation bei Fusionen, in *Pernsteiner, H./Mittermair, K.* (Hrsg), Handbuch Fusionen, Wien 2002, 225.

Förster, K., Integrierte Unternehmenskommunikation bei M&A, in *Borowicz, F./Mittermair, K.* (Hrsg), Strategisches Management von Mergers & Acquisitions, Wiesbaden 2006, 297.

Gintenreiter, P./Khinast-Sittenthaler, C., Due Diligence und Bewertung im Fusionsprozess, in *Pernsteiner, H./Mittermair, K.* (Hrsg), Wien 2002, 315.

Glaum, M./Hutzschenreuter, T., Mergers & Acquisitions, Stuttgart 2010.

Gökbel Altınırmak, S., Cross-Border Bank Mergers and Acquisitions in Turkey, in *Pernsteiner, H./Sumer, H.* (Hrsg), Mergers & Acquisitions in Emerging Markets, Linz 2006, 159.

Goworek, M., Risikomanagement: Mit Risiken umgehen, anstatt sie zu umgehen, in *Kailer, N./Pernsteiner, H.* (Hrsg), Wachstumsmanagement für Mittel- und Kleinbetriebe, Berlin 2006, 173.

Günay Özkan, N. E./Günay, G., Lending in the Turkish Banking Sector, in *Pernsteiner, H./Sumer, H.* (Hrsg), Mergers & Acquisitions in Emerging Markets, Linz 2006, 115.

Guserl, R./Pernsteiner, H., Finanzmanagement, Wiesbaden 2011.

Hasch, A., Rechtssicherheit und Korruption, in *Kailer, N./Pernsteiner, H.* (Hrsg), Wachstumsmanagement für Mittel- und Kleinbetriebe, Berlin 2006, 279.

Hofbauer, E., Eigenkapitalkosten in Emerging Markets, in *Pernsteiner, H./Sumer, H.* (Hrsg), Rechnungswesen und Finanzierung in Emerging Markets, Wien 2008, 131.

Hofbauer, E., Kapitalkosten bei der Unternehmensbewertung in den Emerging Markets Europas, Wiesbaden 2011.

Hungenberg, H./Wulf, T., Austausch der Führung in akquirierten Unternehmen – Problem oder Chance?, in *Borowicz, F./Mittermair, K.* (Hrsg), Strategisches Management von Mergers & Acquisitions, Wiesbaden 2006, 211.

Jansen, S. A., Mergers & Acquisitions[5], Wiesbaden 2010.

Jöns, I./Müller, K./Zamantılı Nayır, D., Affektives Commitment, Karriereentwicklungsmöglichkeiten und Fluktuationsneigungen: Die Geschichte einer belgisch-türkischen Bankenfusion, in *Pernsteiner, H./Sumer, H.* (Hrsg), Management in Emerging Markets, Wien 2010, 103.

van Kann, J., Der Kaufvertrag, in *van Kann, J.* (Hrsg), Praxishandbuch Unternehmenskauf, Stuttgart 2009, 33.

Karollus, M./Kaindl, C., Verschmelzung – gesellschaftsrechtliche Grundlagen, in *Pernsteiner, H./Mittermair, K.* (Hrsg), Handbuch Fusionen, Wien 2002, 629.

Kelemcı Schneider, G./Cerıtoglu, A. B., Handelsmarkenmanagement in der Türkei – Eine Analyse führender Einzelhandelsunternehmen in der Lebensmittelbranche, in *Pernsteiner, H./Sumer, H.* (Hrsg), Management in Emerging Markets, Wien 2010, 261.

zu Knyphausen-Aufseß, D./Schweizer, L., Bedeutung der Unternehmenskultur im M&A-Prozess, in *Borowicz, F./Mittermair, K.* (Hrsg), Strategisches Management von Mergers & Acquisitions, Wiesbaden 2006, 259.

Manthey, N. V./Schipporeit, C., Rechtliche Strukturierung, in *Schramm, M./Hansmeyer, E.* (Hrsg), Transaktionen erfolgreich managen, München 2010, 174.

Moschner, M., Österreichs M&A-Markt 2009, ÖBA 2010, 342.

Pernsteiner, H., Erfolgsfaktoren von Unternehmensakquisitionen in Emerging Markets, in *Pernsteiner, H./Sumer, H.* (Hrsg), Finanzierung und Controlling in Emerging Markets, Wien 2011, 71.
Pernsteiner, H., Ethik bei M&A-Transaktionen, in *Borowicz, F./Mittermair, K.* (Hrsg), Strategisches Management von Mergers & Acquisitions, Wiesbaden 2006, 327.
Pernsteiner, H., Finanzmanagement in Emerging Markets, in *Pernsteiner, H.* (Hrsg), Finanzmanagement aktuell, Wien 2008, 233.
Pernsteiner, H., Freiwillige Unternehmensinformationen – ihre grundsätzliche Problematik, in *Mittermair, K./Pernsteiner, H.* (Hrsg), Freiwillige Unternehmensinformationen, Wien 1997, 9.
Pernsteiner, H., Fusionen in der betriebswirtschaftlichen Literatur, in *Pernsteiner, H./Mittermair, K.* (Hrsg), Handbuch Fusionen, Wien 2002, 153.
Pernsteiner, H./Sumer, H., M&A in Emerging Markets (Beispiel Türkei) – Eine grundsätzliche und einführende Betrachtung, in *Pernsteiner, H./Sumer, H.* (Hrsg), Mergers & Acquisitions in Emerging Markets, Linz 2006, 1.
Picot, G. (Hrsg), Handbuch Mergers & Acquisitions[4], Stuttgart 2008.
Picot, G., Das vorvertragliche Verhandlungsstadium bei der Durchführung von Mergers & Acquisitions, in *Picot, G.* (Hrsg), Handbuch Mergers & Acquisitions[4], Stuttgart 2008, 156.
Pöll, G., Volkswirtschaftliche Bedeutung von Fusionen, in *Pernsteiner, H./Mittermair, K.*, Handbuch Fusionen, Wien 2002, 65.
Schinhan, W., Wachstum mittels Akquisitionen: Überblick, Chancen und Risiken aus der Praxis, in *Guserl, R./Pernsteiner, H.* (Hrsg), Handbuch Finanzmanagement in der Praxis, Wiesbaden 2004, 707.
Schmidsberger, G., Kapitalmarktrechtliche Aspekte bei Fusionen, in *Pernsteiner, H./Mittermair, K.* (Hrsg), Handbuch Fusionen, Wien 2002, 665.
Schramm, M., Unternehmenstransaktionen, in *Schramm, M./Hansmeyer, E.* (Hrsg), Transaktionen erfolgreich managen, München 2010, 3.
Sinangil Kepir, H./Küçükaslan, A., M & A: Critical Success Factors in Turkey, in *Pernsteiner, H./Sumer, H.* (Hrsg), Mergers & Acquisitions in Emerging Markets, Linz 2006, 73.
Steinlechner, C./Wührer, G., Marketing und Kundenbindung bei Fusionen, in *Pernsteiner, H./Mittermair, K.* (Hrsg), Handbuch Fusionen, Wien 2002, 413.
Sumer, H./Kutlan, S./Erer, M., Finanzierung und Rechnungslegung von Familienunternehmen in der Marmara-Region der Türkei, in *Pernsteiner, H./Sumer, H.* (Hrsg), Rechnungswesen und Finanzierung in Emerging Markets, Wien 2008, 37.
Unger, M., Post-Merger-Integration, in *Polster-Grüll, B. et al* (Hrsg), Handbuch Mergers & Acquisitions, Wien 2007, 871.
Veljic, J., Corporate Governance in Emerging Markets, in *Pernsteiner, H./Sumer, H.* (Hrsg), Management in Emerging Markets, Wien 2010, 245.
Wirtz, B., Mergers & Acquisitions Management, Wiesbaden 2003.

Häufige oft unbedachte Probleme bei Errichtung von Substiftungen

Eduard Lechner

1. **Einleitung**
2. **Motive für die Errichtung von Substiftungen**
3. **Widmung von Vermögen durch eine Privatstiftung an eine Substiftung**
   3.1. Ausdrückliche Regelung von Substiftungen im Schenkungsmeldegesetz 2008
   3.2. Widmung von „Alt-Vermögen" an eine Substiftung
      3.2.1. Gesetzliche Regelung
      3.2.2. Konsequenzen des Verbots der Neubewertung in der gemäß § 27 Abs 1 Z 8 lit g EStG aufzustellenden „unternehmensrechtlichen Vermögensaufstellung zum 31.7.2008"
   3.3. Probleme bei der Widmung von „Neu-Vermögen" an eine Substiftung
4. **Zurechnung einer Stiftungszuwendung an eine Substiftung als Voraussetzung für die Steuerbefreiung von Zuwendungen einer Mutterstiftung an eine Substiftung**
5. **Probleme bei der Mitübertragung einer Verbindlichkeit im Rahmen einer Vermögenswidmung an eine Substiftung**

1. Einleitung

Mit den neuen Regelungen betreffend Substiftungen im Schenkungsmeldegesetz 2008[1] wurden diverse bis dahin bei der Errichtung von Substiftungen bestehende Rechtsunsicherheiten beseitigt. Dennoch ergeben sich immer wieder oft nicht bedachte steuerliche Hürden, die die Errichtung von Substiftungen in bestimmten Konstellationen erschweren. Nachstehend sollen drei bei der Errichtung von Substiftungen praktisch häufig auftretende Probleme aufgezeigt werden. In Abschnitt 3 wird das Dilemma thematisiert, in das ein Stiftungsvorstand kommen kann, wenn mehrere Begünstigte einer Privatstiftung (idF vereinfachend, wenn auch unpräzise, kurz: „Mutterstiftung") die Errichtung von Substiftungen wünschen, aber das Potential an steuerneutral auf Substiftungen übertragbarem Vermögen nicht ausreichend groß ist. In Abschnitt 4 wird der Frage nachgegangen, ob der Wunsch eines Begünstigten nach Errichtung einer Substiftung „für ihn" möglicherweise dazu führt, dass die Steuerbefreiung für Zuwendungen der Mutterstiftung an eine Substiftung verloren geht, weil die Zuwendung in wirtschaftlicher Betrachtung dem Begünstigten zuzurechnen ist (womit die Steuerbefreiung für Zuwendungen an Substiftungen nicht anwendbar wäre). In Abschnitt 5 wird aufgezeigt, dass, auch wenn alle Voraussetzungen des § 27 Abs 1 Z 8 lit g oder f EStG für eine ertragsteuerneutrale Substanzzuwendung an eine Substiftung erfüllt sind, eine Vermögenswidmung an eine Substiftung eine Ertragsteuerpflicht auslösen kann, wenn im Zuge der Vermögenswidmung auch Verbindlichkeiten mit übertragen werden. Gänzlich ausgeklammert bleibt in den nachstehenden Ausführungen die stiftungseingangssteuerliche Behandlung von Vermögenswidmungen an Substiftungen.[2] Vorweg soll kurz auf die Motive für die Errichtung von Substiftungen eingegangen werden (Abschnitt 2).

2. Motive für die Errichtung von Substiftungen

Substiftungen sind meist ein Ersatz für die nicht bestehende Möglichkeit einer Stiftungsspaltung. Der Bedarf nach einer Substiftung ergibt sich meist dann, wenn eine Privatstiftung mehrere Begünstigte hat (für die oft eigene „Rechnungskreise" eingerichtet sind), von denen ein Begünstigter oder mehrere Begünstigte lieber seine (ihre) „eigene" Stiftung hätte(n). Meist wird eine Substiftung von einer „Mutterstiftung" gemeinsam mit einem Begünstigten der Mutterstiftung errichtet, wobei der Substiftung das wesentliche Vermögen von der Mutterstiftung zugewendet wird, während die stiftungsrechtlich ausbedingbare „Stifterrechte"[3] in der Substiftung meist primär für die natürliche Person vorgesehen werden, in deren Interesse die Substiftung errichtet wird.

---

[1] BGBl I 2008/85.
[2] Auch Vermögenswidmungen an Substiftungen unterliegen grundsätzlich der Stiftungseingangssteuer nach dem Stiftungseingangssteuergesetz (BGBl I 2008/85). Stiftungseingangssteuer und eine allfällige von einer Vermögenswidmung an eine Substiftung ausgelöste Ertragsteuer schließen einander nicht aus.
[3] Als praktisch wichtige „Stifterrechte" sei hier insbesondere an das statutarisch ausbedingbare Recht auf Bestellung von Stiftungsvorstandmitgliedern, an das (gemäß § 33 PSG bei Errichtung der Privatstiftung vorbehaltbare) Recht auf Änderung der Stiftungserklärung und an das (gemäß § 34 PSG nur natürlichen Personen als Stifter vorbehaltbare) Recht auf Widerruf der Stiftung gedacht. Über-

3. Widmung von Vermögen durch eine Privatstiftung an eine Substiftung

3.1. Ausdrückliche Regelung von Substiftungen im Schenkungsmeldegesetz 2008

Bis zum 31.7.2008 wurden Vermögensübertragungen einer Privatstiftung an eine von ihr errichtete (oder miterrichtete) Stiftung („Substiftung") im Falle der stiftungsurkundlichen Deckung nicht als kapitalertragsteuerpflichtige Zuwendung an einen Begünstigten angesehen.[4] Auch in der Literatur wurde die Auffassung vertreten, dass Zuwendungen einer Privatstiftung an eine von ihr miterrichtete Substiftung unter bestimmten Voraussetzungen nicht steuerpflichtig waren.[5] Gleichzeitig gab es aber immer wieder (zB in Fachvorträgen) geäußerte Bedenken seitens einzelner Vertreter der Finanzverwaltung, die die Auffassung vertraten, dass Zuwendungen von Privatstiftungen an Substiftungen zusätzlich zur (bis 31.7.2008 zu erhebenden) Schenkungssteuer auch Kapitalertragsteuerpflicht auslösen könnten. Diese Rechtsunsicherheit wurde mit der ausdrücklichen Regelung der Zuwendungen an Substiftungen im Schenkungsmeldegesetz 2008 beseitigt und es besteht nun seit 1.8.2008 mit § 27 Abs 5 Z 8 lit f und g EStG eine relativ klare gesetzliche Regelung über die ertragsteuerliche Behandlung von Vermögenswidmungen einer Privatstiftung (Mutterstiftung) an eine Substiftung. Die seit 1.8.2008 geltende Rechtslage unterscheidet dabei unter anderem zwischen Zuwendungen von „Neu-Vermögen" (das ist Vermögen, welches einer Privatstiftung nach dem 31.7.2008 gestiftet wurde sowie nach dem 31.7.2008 von einer Privatstiftung erwirtschaftetes Vermögen) einerseits und „Alt-Vermögen" (das ist Vermögen, das am 31.7.2008 bei der zuwendenden Stiftung bereits vorhanden war) andererseits.[6] Da sich Alt- und Neu-Vermögen sukzessive vermischen können, ist eine eindeutige Abgrenzung zwischen „Alt-" und „Neu-Vermögen" meist nicht exakt möglich. Dementsprechend enthalten die Bestimmungen des § 27 Abs 1 Z 8 lit f EStG (welche die Regeln über die steuerneutrale Übertragung von „Neu-Vermögen" einer Substiftung enthalten) und die Bestimmungen des § 27 Abs 1 Z 8 lit g EStG (wo sich die Regeln für die steuerneutrale Zuwendung von Vermögen an Substiftungen aus „Alt-Vermögen" finden) keine Vorrangregelung, woraus geschlossen werden kann, dass eine Stiftung, die sowohl Potential für eine Zuwendung aus „Alt-Vermögen" als auch Potential für eine Zuwendung aus „Neu-Vermögen" hat, frei

---

haupt wird die Stiftungserklärung der Substiftung meist die „Handschrift" des Begünstigten der Mutterstiftung tragen, der die Errichtung der Substiftung für sich wünscht. Dieser Begünstigte wird in aller Regel (wenn auch oft nur mit einer „symbolischen" Vermögenswidmung) als Mitstifter der Substiftung auftreten.

[4] Vgl bereits BMF 6.1.1998, SWK 1998, 231.

[5] Vgl zB *Helbich/Widinski*, Umgründungen von Privatstiftungen, FS Werilly (2000), 141 (147); *Cerha/Ludwig*, Umgründungen von Privatstiftungen, ÖStZ 2004, 364 (367); *Fries/Lechner*, Umstrukturierung von Stiftungen – Spaltungen, Substiftungen, interne Rechnungskreise, ZfS 2006, 13 (16).

[6] Siehe auch *Widhalm*, Die ertragsteuerliche Behandlung von Zuwendungen an Substiftungen nach dem SchenkMG 2008, in GS Quantschnigg (2010), 535 (538) (543); Rz 278 StiftR 2009.

entscheiden kann, ob sie Zuwendungen an Substiftungen aus „Alt-Vermögen" oder aus „Neu-Vermögen" tätigt.[7]

3.2. Widmung von „Alt-Vermögen" an eine Substiftung

3.2.1. Gesetzliche Regelung

Gemäß § 27 Abs 5 Z 8 lit g EStG gilt – bei Erfüllung der Voraussetzung, dass die Vermögensübertragung auf eine Substiftung im Stiftungszweck der übertragenden Stiftung gedeckt ist – eine Übertragung von „Alt-Vermögen" auf eine Substiftung als keine eine Ertragsteuerpflicht auslösende „Substanzauszahlung", wenn das einer Substiftung zugewendete Vermögen wertmäßig in einer „unternehmensrechtlichen Vermögensaufstellung zum 31.7.2008" der zuwendenden Privatstiftung gedeckt ist.[8]

Wenn nicht zufällig der 31.7.2008 ein regulärer Bilanzstichtag ist, ist zur Erfüllung der Voraussetzung des Vorliegens einer „unternehmensrechtlichen Vermögensaufstellung zum 31.7.2008" eine Zwischenbilanz der (mit-)stiftenden oder nachstiftenden Privatstiftung zum 31.7.2008 zu erstellen. Das in dieser Zwischenbilanz ausgewiesene Nettovermögen (somit das Eigenkapital) gibt das Potenzial für ertragsteuerfreie Zuwendungen von „Alt-Vermögen" an Substiftungen vor. Unter steuerneutral zuwendbarem „Alt-Vermögen" sind nicht nur die am 31.7.2008 konkret vorhandenen Vermögensgegenstände, sondern auch an deren Stelle getretenes Surrogatvermögen zu verstehen.[9] Zur Bestimmung des Ausmaßes, in welchem steuerneutrale Zuwendungen von „Alt-Vermögen" vorgenommen werden können, ist der zum 31.7.2008 ermittelte Wert des Nettovermögens der Privatstiftung in Evidenz zu nehmen. Wenn steuerneutrale Zuwendungen von „Alt-Vermögen" von einer Privatstiftung auf eine Substiftung erfolgen, ist das in Evidenz genommene Nettovermögen zum 31.7.2008 um den Wert der steuerneutralen Zuwendungen abzustocken.[10] Sobald der Evidenzwert Null erreicht, sind weitere Zuwendungen dieser Privatstiftung an Substiftungen aus „Alt-Vermögen" nicht mehr steuerfrei möglich.[11]

Für die Vermögensaufstellung zum 31.7.2008 sieht das Gesetz keine Frist vor. Die Aufstellung muss daher nicht zeitnah zum 31.7.2008 erfolgt sein, sondern kann auch erst dann erfolgen, wenn sich ein Bedarf danach ergibt.[12]

---

[7] Die StiftR 2009 (Rz 278) lassen sogar die Zuwendung von nachweislich nach dem 31.7.2008 gestiftetem Vermögen als eine unter § 27 Abs 1 Z 8 lit g EStG fallende Zuwendung von „Alt-Vermögen" zu, wenn in der gemäß § 27 Abs 1 Z 8 lit g EStG aufgestellten unternehmensrechtlichen Vermögensaufstellung zum 31.7.2008 eine entsprechende Abstockung des dort ausgewiesenen Eigenkapitals erfolgt.

[8] Als Substanzauszahlung geltende Zuwendungen (auch solche an Substiftungen iSd § 27 Abs 1 Z 8 lit g EStG) sind gemäß § 27 Abs 1 Z 8 lit h EStG ungeachtet der Steuerneutralität in eine Kapitalertragsteuer-Anmeldung aufzunehmen.

[9] So auch Rz 278 StiftR 2009.

[10] Rz 278 StiftR 2009.

[11] Die Körperschaftsteuerpflicht von nicht die Voraussetzungen von Substanzzuwendungen erfüllenden Zuwendungen auf Ebene einer (die Offenlegungsverpflichtungen des § 13 Abs 6 KStG erfüllenden) Privatstiftung ergibt sich aus § 7 Abs 1 und 2 KStG iVm § 27 Abs 5 Z 7 EStG.

[12] Vgl *Mayr*, Stiftungen nach dem SchenkMG 2008, RdW 2008, 487 (491) sowie Rz 278 StiftR 2009.

Bei der Frage, ob die Bewertung in der (das Potenzial für kapitalertragsteuerfreie Zuwendungen an eine Substiftung vorgebenden) Zwischenbilanz zum 31.7.2008 entsprechend dem Grundsatz der Bilanzkontinuität[13] erfolgen muss oder ob auch eine Neubewertung (unter Aufdeckung stiller Reserven) erfolgen kann, vertritt das BMF die Meinung, dass eine Neubewertung des Vermögens zum 31.7.2008 nicht zulässig ist.[14, 15, 16] Stille Reserven können bei Privatstiftungen insbesondere bei Beteiligungen, Wertpapieren und Liegenschaften vorliegen.

3.2.2. Konsequenzen des Verbots der Neubewertung in der gemäß § 27 Abs 1 Z 8 lit g EStG aufzustellenden „unternehmensrechtlichen Vermögensaufstellung zum 31.7.2008"

Das Verbot der Neubewertung in der gemäß § 27 Abs 1 Z 8 lit g EStG aufzustellenden „unternehmensrechtlichen Vermögensaufstellung zum 31.7.2008" führt dazu, dass die Übertragung von Vermögen an eine Substiftung zwar bis zur Höhe des Eigenkapitals der stiftenden Privatstiftung zum 31.7.2008 (zu Buchwerten) steuerneutral möglich ist, dass aber weitere Vermögensübertragungen an Substiftungen, die die Höhe des in der unternehmensrechtlichen Vermögensaufstellung zum 31.7.2008 ausgewiesenen Eigenkapitals der stiftenden Privatstiftung zu Buchwerten übersteigen, nicht mehr kapitalertragsteuerfrei möglich sind.[17] Dies bedeutet im Ergebnis, dass nur Vermögen im Wert des am 31.7.2008 zu Buchwerten vorhandenen Vermögens steuerfrei an Substiftungen übertragen werden kann, dass jedoch darüber hinaus gehendes Vermögen (im Wert der zum 31.7.2008 vorhandenen stillen Reserven) nur unter Inkaufnahme einer Besteuerung an eine Substiftung zugewendet werden kann.[18] Dies bedeutet weiters, dass im Falle, dass

---

[13] Im Verhältnis zum letzten regulären vorangehenden Bilanzstichtag.
[14] Rz 278 letzter Satz StiftR 2009.
[15] In der Literatur wird diese Auffassung kritisiert und die Auffassung vertreten, dass eine Neubewertung sachgerechter erschiene [*Widhalm*, in GS *Quantschnigg*, 535 (542)].
[16] Eine „Abschwächung" des „Verbots" der Neubewertung lassen aber (zumindest im Ergebnis) auch die Stiftungsrichtlinien zu. Werden nämlich Vermögensgegenstände, die in der Vermögensaufstellung zum 31.7.2008 enthalten sind, einer Substiftung zugewendet, dann ist im Falle, dass die Vermögensgegenstände stille Reserven aufweisen, eine Abstockung des Eigenkapitals bloß um den Buchwert des nämlichen zugewendeten Vermögensgegenstandes vorzunehmen (vgl das zweite Beispiel in Rz 278 StiftR 2009). Dh also, dass „nämliche" Vermögensgegenstände immer steuerfrei einer Substiftung zugewendet werden können, auch wenn sie stille Reserven aufweisen, und zwar ohne dass diese stillen Reserven das Potenzial an anderem steuerfrei an Substiftungen zuwendbarem Vermögen kürzen. Es wird meist von Zufällen abhängen, ob im Rahmen des „Alt-Vermögens" „nämliches" Vermögen oder Surrogatvermögen an eine Substiftung zugewendet wird (je nachdem, ob der Stiftung gewidmete Vermögensgegenstände noch vorhanden sind und für eine konkrete Zuwendung an eine Substiftung noch zur Verfügung stehen oder ob konkrete Vermögensgegenstände mittlerweile veräußert wurden und daher nur noch Surrogatvermögen zugewendet werden kann). Die in der Folge beschriebene Problematik trifft somit immer nur für die Zuwendung von Surrogatvermögen zu (unter der weiteren Prämisse, dass in der unternehmensrechtlichen Vermögensaufstellung zum 31.7.2008 keine Neubewertung unter Aufdeckung stiller Reserven zulässig ist).
[17] Diese Aussage betrifft nur Zuwendungen aus „Alt-Vermögen"; daneben können Zuwendungen an Substiftungen aus „Neu-Vermögen" nach den dafür geltenden Regeln ggf steuerfrei möglich sein; siehe auch nochmals oben Abschnitt 3.1.
[18] Davon ausgenommen nur der Fall, dass nicht Surrogatvermögen, sondern konkret ein in der Vermögensaufstellung zum 31.7.2008 enthaltener Vermögensgegenstand mit stillen Reserven einer Substiftung zugewendet wird; vgl nochmals das zweite Beispiel in Rz 278 StiftR 2009. Diese Ausnahme wird, wie schon in FN 16 ausgeführt, für die weiteren Überlegungen ausgeklammert.

mehrere Begünstigte einer Privatstiftung die Errichtung einer Substiftung wünschen, meist jene Begünstigte „bevorzugt" wären, die als erste die Vermögensübertragung auf eine Substiftung wünschen, weil diese zuerst das Potential an steuerneutralen Vermögenszuwendungen an Substiftungen ausschöpfen würden, während für die zeitlich „späteren" Begünstigten, die die Errichtung einer Substiftung wünschen, dann möglicherweise kein weiteres Potential für steuerneutrale Vermögensübertragungen auf Substiftungen mehr verfügbar wäre.

Dabei ist weiters von Bedeutung, dass eine Zuwendung von Alt-Vermögen an eine Substiftung bei vorhandenem steuerfrei zuwendbarem Potential nicht nach Gutdünken des Stiftungsvorstandes in einen steuerfreien und einen steuerpflichtigen Teil gesplittet werden kann. Dies wird deswegen nicht möglich sein, weil der Gesetzeswortlaut des § 27 Abs 5 Z 8 lit g EStG vorsieht, dass Zuwendungen einer Stiftung an eine Substiftung als – steuerfreie – Substanzauszahlung gelten, soweit sie Vermögen betreffen, das in einer unternehmensrechtlichen Vermögensaufstellung zum 31.7.2008 erfasst ist. Daraus folgt, dass im Falle des Vorliegens einer unternehmensrechtlichen Vermögensaufstellung zum 31.7.2008 jede Zuwendung zunächst eine steuerfreie Substanzauszahlung ist. Dies bedeutet weiters, dass im Falle von mehreren Zuwendungen an Substiftungen die zeitlich vorgelagerten Zuwendungen an Substiftungen bis zur Höhe des steuerfrei zuwendbaren Potentials zwingend steuerfrei sind und dass erst die darüber hinausgehenden Zuwendungen steuerpflichtig sind (man könnte im übertragenen Sinn von einer zwingend anwendbaren „FIFO"-Methode sprechen). Die Problematik sei durch folgendes Beispiel illustriert.

Beispiel

Beispiel: In der Vermögensaufstellung einer Privatstiftung zum 31.7.2008 ist ein Nettovermögen (zu Buchwerten) von 100 ausgewiesen; es bestehen stille Reserven von 200, das Nettovermögen zu Verkehrswerten beträgt also 300. Von dem Nettovermögen im Verkehrswert von 300 kann gemäß § 27 Abs 5 Z 8 lit g EStG nur ein Teil – nämlich Vermögen im Verkehrswert von 100 – steuerfrei an eine Substiftung übertragen werden. Die Zuwendung weiteren Vermögens im Verkehrswert von 200 an Substiftungen führt zum Anfall von 25 % KESt. Die Privatstiftung hat drei Begünstigte (A, B und C), von denen jeder eine Begünstigtenquote von 1/3 hat.[19]

Szenario 1: Alle drei Begünstigten wünschen die Errichtung je einer Substiftung und Übertragung von 1/3 des Vermögens der Privatstiftung an die jeweilige Substiftung. Der Stiftungsvorstand kommt diesem Wunsch der Begünstigten nach und die Privatstiftung errichtet mit jedem Begünstigten je eine Substiftung (Substiftung A für Begünstigten A; Substiftung B für Begünstigten B; Substiftung C für Begünstigten C). Die Privatstiftung wendet zeitgleich jeder der drei Substiftungen Vermögen im Verkehrswert von je 100 zu. Dabei hat der Vorstand der Privatstiftung die Möglichkeit, die Zuwendung an eine der drei Substiftungen (zB jene an Substiftung A) gänzlich steuerfrei zu stellen, muss diesfalls jedoch die Zuwendungen an die beiden anderen Substiftungen (B und C) als steuerpflichtig behandeln (Verpflichtung zum Abzug von KESt, sodass die

---

[19] Weiters sei angenommen, dass seit dem 31.7.2008 keine Vermögensänderung erfolgt ist und nur „Alt-Vermögen" besteht, sodass nicht auf das Verhältnis von Zuwendungen aus „Alt-Vermögen" und „Neu-Vermögen" einzugehen ist.

Substiftungen B und C nach Abzug der KESt nur Nettozuwendungen von je 75 erhalten). Damit würde der Stiftungsvorstand die Substiftungen unterschiedlich behandeln, was zumindest dem Geiste nach der Begünstigtenquote von je 1/3 widerspräche. Der Stiftungsvorstand wird daher von dem steuerfrei zuwendbaren Zuwendungspotential von 100 jeweils 1/3 an jede der drei Substiftungen zuwenden und damit die Steuerbegünstigung entsprechend der Begünstigtenquote von je 1/3 „verteilen" (und dann in einem logisch nachgeordneten Schritt auch die steuerpflichtigen Zuwendungen im Wert von insgesamt 200 je zu 1/3 allen drei Substiftungen zukommen lassen). Diese Lösung setzt aber voraus, dass die drei Begünstigten zeitgleich die Errichtung einer Substiftung für sich wünschen. Sollte der Wunsch nach Errichtung von Substiftungen zeitverschoben erfolgen, ergeben sich die in Szenario 2 beschriebenen Probleme.

Szenario 2: Nur einer der drei Begünstigten (Begünstigter A) wünscht die Errichtung einer Substiftung. Die beiden anderen Begünstigten (Begünstigter B und Begünstigter C) äußern keinen Wunsch nach Errichtung einer Substiftung. Der Stiftungsvorstand der Privatstiftung könnte dem Wunsch des Begünstigten A folgen und der für ihn zu errichtenden Substiftung Vermögen im Wert von 100 steuerfrei zuwenden. Diesfalls wäre das Potential des an eine Substiftung steuerfrei zuwendbaren Vermögens ausgeschöpft. Sollten die Begünstigten B und C zu einem späteren Zeitpunkt (nach erfolgter steuerfreier Zuwendung von 100 an Substiftung A) auf die Idee kommen, ebenso wie Begünstigter A eine Zuwendung an eine für sie zu errichtende Substiftung zu wünschen, wären solche Zuwendungen nur noch steuerpflichtig möglich. Für den Stiftungsvorstand stellt sich bei Behandlung des Wunsches des Begünstigten A nach Errichtung einer Substiftung für sich die Frage, ob er dem Wunsch des Begünstigten A nach Errichtung einer Substiftung und steuerfreier Zuwendung von 100 an diese Substiftung folgen darf. Es besteht nämlich die „Gefahr", dass die Begünstigten B und C möglicherweise doch nachträglich ebenfalls die Errichtung einer Substiftung für sich wünschen und hinsichtlich der Ausschöpfung des Potentials an steuerfreien Zuwendungen eine Gleichbehandlung mit Begünstigtem A wünschen. Der Stiftungsvorstand wird dem Wunsch des Begünstigten A nach Errichtung einer Substiftung für ihn (Substiftung A) unter steuerfreier Zuwendung von 100 an Substiftung A nur dann nachkommen können, wenn er mit zumindest großer Wahrscheinlichkeit damit rechnen kann, dass er damit nicht möglicherweise die Interessen der Begünstigten B und C verletzt. Der Stiftungsvorstand wird daher die Begünstigten B und C zumindest fragen müssen, ob auch sie die Errichtung einer Substiftung wünschen. Selbst wenn die Begünstigten B und C nicht den Wunsch nach Errichtung von Substiftungen äußern, bleibt für den Stiftungsvorstand noch immer das Problem, dass die Begünstigten B und C möglicherweise zu einem späteren Zeitpunkt doch die Errichtung einer Substiftung für sich wünschen, womit sie (bzw die Substiftungen B und C) dann aber steuerlich schlechter gestellt wären als der Begünstigte A (bzw Substiftung A). Der Stiftungsvorstand wird daher aus Gründen der Vorsicht möglicherweise bestrebt sein, künftige Benachteiligungen der Begünstigten B und C zu vermeiden und daher dem Wunsch des Begünstigten A nach steuerfreier Zuwendung des gesamten steuerfreien zuwendbaren Potentials von 100 nicht nachkommen wollen. Eine „salomonische" Lösung würde darin bestehen, wenn der Stiftungsvorstand bei Widmung von Vermögen an die Substiftung A bloß 1/3 des steuerfrei zuwendbaren Potentials der Substiftung A zuwenden würde (also steuerfreie Zuwendung von 33,33) und den restlichen Teil der Zuwendung an Substiftung A (66,66) als steuerpflichtig behandeln würde. In diesem Fall wäre bei einem späteren Wunsch der Begünstigten B und C nach Errichtung einer Substiftung eine „Gleichbehandlung" der Begünstigten B und C mit Begünstigtem A möglich. Dies scheitert aber nicht nur daran, dass kein Wahlrecht besteht, nur einen Teil einer Zuwendung an eine Substiftung als steuerfrei zu behandeln, sondern würde auch zu dem unbefriedigenden Ergebnis führen, dass, wenn sich im Nachhinein zeigen sollte, dass die Begünstigten B und C nie die Errichtung einer Substiftung für sich wünschen, das steuerfrei zuwendbare Potential zu 2/3 „ungenützt" verbleibe. Damit wäre weder den Begünstigten B und C noch dem Begünstigten A gedient. Daher ist die „salomonische" Lösung, bloß 1/3 der an Substiftung A zu tätigenden Zuwendung als steuerfrei zu behandeln, gar nicht möglich. Dies vergrößert das Dilemma des Stiftungsvorstands noch weiter, weil er, wenn er eine Gleichbehandlung aller Begünstigten sicherstellen will, dem Wunsch des Begünstigten A nach Errichtung einer Substiftung (mit einem möglichst großen Teil an steuerfreien Zuwendungen an diese Substiftung) solange nicht nachkommen kann, bis definitiv feststeht, dass die Begünstigten B und C ihrerseits keine Errichtung einer Substiftung für sich wünschen. Da aber nicht auszuschließen ist, dass die Begünstigten B und C zu einem späteren Zeitpunkt doch noch die Errichtung einer Substiftung für sich wünschen können, muss der Stiftungsvorstand abwägen, ob er den Wunsch des Begünstigten A erfüllen kann, ohne mögliche künftige Interessen der Begünstigten B und C zu verletzen.

3.3. Probleme bei der Widmung von „Neu-Vermögen" an eine Substiftung

Die für die Zuwendung von „Alt-Vermögen" beschriebene Problematik kann sich sinngemäß auch für die Zuwendung von „Neu-Vermögen" ergeben. Steuerneutrale Zuwendungen an eine Substiftung aus „Neu-Vermögen" einer Mutterstiftung sind gemäß § 27 Abs 5 Z 8 lit f EStG steuerneutral möglich, soweit sie im Evidenzkonto gemäß § 27 Abs 5 Z 8 lit c EStG Deckung finden.[20] So gesehen ist das Evidenzkonto für „Neu-Vermögen" das Pendant zum sich aus der unternehmensrechtlichen Vermögensaufstellung zum 31.7.2008 ergebenden Eigenkapital für „Alt-Vermögen". Ebenso wie das sich aus der unternehmensrechtlichen Vermögensaufstellung zum 31.7.2008 ergebende Eigenkapital stille Reserven aufweisen kann (wofür oben gezeigt wurde, dass dies zu praktisch oft schwer lösbaren Konflikten führt, wenn mehrere Begünstigte die Errichtung einer Substiftung für sich wüschen), kann auch das für die Zuwendung aus „Neu-Vermögen" maßgebende Evidenzkonto niedriger sein als der Verkehrswert des aus „Neu-Vermögen" zuwendbaren Vermögens.[21]

---

[20] In diesem Evidenzkonto sind sämtliche sich aus nach dem 31.7.2008 an die Mutterstiftung erfolgten Vermögenswidmungen ergebenden Stiftungseingangswerte (vermindert um erfolgte Substanzauszahlungen) zu erfassen.

[21] Dies kann einerseits auf stille Reserven zurückzuführen sein, die sich daraus ergeben, dass in das Evidenzkonto nur die steuerlich maßgeblichen Stiftungseingangswerte einzustellen waren, welche häufig stille Reserven nicht berücksichtigen, sodass das Evidenzkonto von Haus aus stille Reserven enthalten kann; ein weiterer Grund kann darin bestehen, dass spätere Wertsteigerungen eingetreten sind; als dritte Ursache kann schließlich der Fall gesehen werden, dass sich das Vermögen der Stiftung um Gewinne erhöht, die naturgemäß keinen Eingang in das Evidenzkonto finden können.

Folglich können sich bei der Zuwendung von „Neu-Vermögen" an Substiftungen nahezu dieselben Probleme ergeben, wie oben für die Zuwendung aus „Alt-Vermögen" dargestellt, jedoch mit dem Unterschied, dass nicht jede Zuwendung an eine Substiftung zwingend das Evidenzkonto vermindern muss (allerdings um den Preis der Steuerpflicht einer solchen Zuwendung an eine Substiftung) und dass daher bei mehreren Begünstigten eine „Gleichbehandlung" von Zuwendungen an die für solche Begünstigte errichteten Substiftungen möglich ist. Das Potential an steuerfrei an die Substiftungen zuwendbarem „Neu-Vermögen" kann daher gleichmäßig auf mehrere Begünstigte aufgeteilt werden. Das in Abschnitt 3.2.2. angeführte Beispiel ist daher für die Zuwendung von Vermögen an Substiftungen aus „Neu-Vermögen" wie folgt zu adaptieren:

Beispiel:

Beispiel: Das Evidenzkonto einer Privatstiftung weist einen Stand von 100 aus. Das Nettovermögen der Privatstiftung zu Verkehrswerten beträgt 300. Die Privatstiftung hat drei Begünstigte (A, B und C), von denen jeder eine Begünstigtenquote von 1/3 hat. Weiters sei angenommen, dass die Stiftung nur über „Neu-Vermögen" verfügt.

Szenario 1: Alle drei Begünstigten wünschen die Errichtung je einer Substiftung und Übertragung von 1/3 des Vermögens der Privatstiftung an die jeweilige Substiftung. Auch in diesem Fall könnte eine Zuwendung an eine Substiftung im Wert von 100 steuerfrei erfolgen; diesfalls wären aber die beiden anderen Zuwendungen an die anderen Substiftungen steuerpflichtig, womit eine Ungleichbehandlung der Begünstigten vorläge. Der Stiftungsvorstand wird daher bei der gleichzeitigen Zuwendung von Vermögen an verschiedene Substiftungen das steuerfrei zuwendbare Potential von 100 zu je 1/3 für die Zuwendung an jede der drei Substiftungen verwenden und die restlichen (nur noch steuerpflichtig möglichen) Zuwendungen ebenfalls im gleichen Verhältnis vornehmen. Insoweit ergibt sich kein Unterschied gegenüber der in Abschnitt 3.2. für „Alt-Vermögen" geschilderten Situation.

Szenario 2: Nur einer der drei Begünstigten (Begünstigter A) wünscht die Errichtung einer Substiftung. Die beiden anderen Begünstigten (B und C) äußern keinen Wunsch nach Errichtung einer Substiftung. Der Stiftungsvorstand der Privatstiftung könnte dem Wunsch des Begünstigten A folgen und der für ihn zu errichtenden Substiftung Vermögen im Wert von 100 steuerfrei zuwenden. Diesfalls wäre das Potential des an eine Substiftung steuerfrei zuwendbaren Vermögens ausgeschöpft. Sollten die Begünstigten B und C zu einem späteren Zeitpunkt auf die Idee kommen, ebenso wie Begünstigter A eine Zuwendung an eine für sie zu errichtende Substiftung zu wünschen, wären solche Zuwendungen nur noch steuerpflichtig möglich. Wenn der Stiftungsvorstand damit rechnet, dass auch die Begünstigten B und C zu einem späteren Zeitpunkt dennoch die Errichtung einer Substiftung für sich wünschen und künftige Benachteiligungen der Begünstigten B und C vermeiden will, könnte er entscheiden, für die Zuwendung an Substiftung A nicht das gesamte Evidenzkonto (100) um den Wert der Zuwendung (100) abzustocken, sondern nur einen Teil des Evidenzkontos abzustocken, um solcher Art noch ein Potential für künftige steuerneutrale Zuwendungen an andere Substiftungen „zurückzubehalten". Ganz befriedigend ist auch dies nicht, weil im Falle, dass die Begünstigten B und C zu einem späteren Zeitpunkt doch keine Substiftung wünschen, das zunächst nicht für steuerfreie Zuwendungen an Substiftung A genützte Potential de facto „verloren" gehen kann (beispielsweise dann, wenn Begünstigter A und die Substif-

tung A nach Errichtung der Substiftung A als Begünstigte der Mutterstiftung ausgeschieden sind, wie dies praktisch häufig der Fall sein wird).

Ein wesentlicher Unterschied zwischen Zuwendung von „Alt-Vermögen" und „Neu-Vermögen" ist abschließend noch hervorzuheben:

Während es für die Steuerneutralität der Zuwendung von „Alt-Vermögen" einer Privatstiftung an eine Substiftung gemäß § 27 Abs 5 Z 8 lit g letzter Satz EStG zwingend erforderlich ist, dass die Zuwendung im Stiftungszweck der zuwendenden Stiftung Deckung finden muss, besteht diese formale Voraussetzung für die Steuerbefreiung von Zuwendungen von „Neu-Vermögen" nicht.

4. Zurechnung einer Stiftungszuwendung an eine Substiftung als Voraussetzung für die Steuerbefreiung von Zuwendungen einer Mutterstiftung an eine Substiftung

Die Steuerneutralität der Zuwendung einer Privatstiftung an eine Substiftung aus „Alt-Vermögen" hat, wie schon mehrfach ausgeführt, zur Voraussetzung, dass die Zuwendung im Stiftungszweck der zuwendenden Stiftung Deckung finden muss. Bei der Zuwendung von Neuvermögen ist dies zwar keine formale Voraussetzung für die Steuerbegünstigung, jedoch wird für solche Zuwendungen an Substiftungen schon aus stiftungsrechtlicher Sicht eine statutarische Deckung erforderlich sein. Der Stiftungszweck der „Mutterstiftung" muss daher in jedem Fall die Errichtung von und die Vermögensübertragung auf Substiftungen zulassen. Bis vor wenigen Jahren sahen die Stammfassungen der meisten Stiftungsurkunden von Privatstiftungen im Stiftungszweck die Errichtung von Substiftungen nicht vor. Meist bedarf es daher erst einer entsprechenden Änderung der Stiftungsurkunde, bevor eine Substiftung errichtet werden kann.

Liegt bei einer Privatstiftung die Beschlussfassung über Zuwendungen an Begünstigte in der Diskretion des Stiftungsvorstands und beschließt der Stiftungsvorstand eine Zuwendung an eine Substiftung als Begünstigte der „Mutterstiftung", wird die Zuwendung unmittelbar der Substiftung als Zurechnungssubjekt der Zuwendung zuzurechnen sein und es werden die steuerlichen Begünstigungen des § 27 Abs 5 Z 8 lit f und g EStG für Zuwendungen an Substiftungen zur Anwendung gelangen. Wenn jedoch ein Begünstigter, „für den" die Substiftung errichtet wird, eine natürliche Person ist und dieser Begünstigte beantragen kann, dass anstelle einer Zuwendung an ihn eine Zuwendung an „seine" Substiftung erfolgen soll, könnte darin unter dem Gesichtspunkt der persönlichen Einkünftezurechnung eine Verfügung des Begünstigten über einen ihm zustehenden Anspruch zu erblicken sein, die zur Annahme eines Zuflusses der Zuwendung an diesen Begünstigten führen könnte (der seinerseits eine Zuwendung an die Stiftung tätigt). Wäre die Zuwendung der natürlichen Person zuzurechnen, hätte die Mutterstiftung Kapitalertragsteuer für eine Zuwendung an die natürliche Person einzubehalten, weil die Steuerbegünstigungen des § 27 Abs 5 Z 8 lit f bzw lit g EStG diesfalls nicht anwendbar wären.[22] Diese Problematik bestünde hinge-

---

[22] Die Zuwendung an die Substiftung gälte dann nicht durch die Privatstiftung, sondern als durch die natürliche Person bewirkt, die über ihren Anspruch auf Zuwendung zugunsten eines Dritten – der Stiftung – verfügt hat.

gen nicht, wenn in der Stiftungserklärung der Mutterstiftung kein Antragsrecht von Begünstigten (natürliche Person) auf Zuwendung an eine Substiftung vorgesehen wäre, sondern wenn es in der Diskretion des Stiftungsvorstands stünde, Zuwendungen entweder an den ursprünglichen Begünstigten oder an eine Substiftung vorzunehmen bzw wenn das Recht, Anträge auf eine Stiftungszuwendung zu stellen, direkt der Substiftung zustünde.

Meist sehen die Stammfassungen der Stiftungserklärungen die Zulässigkeit der Errichtung von Substiftungen nicht vor und es wird oft erst lange nach Gründung einer Privatstiftung der Wunsch nach Errichtung von Substiftungen aufkommen (diesfalls äußern natürliche Personen, die Begünstigte einer Privatstiftung sind, den Wunsch, dass die Stiftung, deren bisheriger Begünstigter sie sind, gemeinsam mit ihnen eine Substiftung errichtet, auf die die Mutterstiftung dann Vermögen überträgt, das ursprünglich für Zuwendungen an den Begünstigten vorgesehen gewesen wäre). Wenn – wie dies entsprechend der soeben beschriebenen Konstellation gelegentlich der Fall ist – die Stiftungserklärung einer Privatstiftung um die Zulässigkeit der Errichtung von Substiftungen und die Aufnahme einer solchen Substiftung als weiterer Begünstigter (oder als anstelle des bisherigen Begünstigten tretender neuer Begünstigter) dieser Stiftung erweitert werden soll, sollte unter dem Blickwinkel der Sicherstellung der direkten Zurechnung von Zuwendungen an eine Substiftung (mit dem Ziel der Möglichkeit der Inanspruchnahme der Steuerbegünstigungen für Zuwendungen an Substiftungen) vorgesehen werden, dass Zuwendungen an Substiftungen jedenfalls nicht auf Antrag des bisherigen Begünstigten erfolgen können. Dieselbe Überlegung gilt natürlich auch für den Fall, dass es nicht erst einer Änderung einer Stiftungserklärung bedarf, sondern dass bei Gründung einer Privatstiftung sogleich auch die Möglichkeit der Errichtung von Substiftungen vorgesehen wird.

5. Probleme bei der Mitübertragung einer Verbindlichkeit im Rahmen einer Vermögenswidmung an eine Substiftung

Wird anlässlich der Übertragung von Vermögen an eine Substiftung eine Verbindlichkeit mitübertragen, können sich aus der Zuwendungsfiktion des § 27 Abs 5 Z 7 vorletzter Satz EStG (*„Als Zuwendungen gelten auch Einnahmen einschließlich sonstiger Vorteile, die anlässlich der unentgeltlichen Übertragung eines Wirtschaftsgutes an die Privatstiftung ... vom Empfänger der Zuwendung erzielt werden."*) unangenehme Überraschungen ergeben. Wird nämlich im Zuge der Vermögenswidmung an eine Substiftung (sei es durch die Mutterstiftung oder durch einen anderen Stifter) eine Verbindlichkeit mitübertragen, so wird der Zuwendende von dieser Verbindlichkeit entlastet, mit der Folge, dass die Entlastung von der Verbindlichkeit für den Zuwendenden einen „sonstigen Vorteil" darstellt, der als Zuwendung der Substiftung an den Zuwendenden (also zB an die Mutterstiftung) gilt.[23] Die für Zuwendungen einer Mutterstiftung an eine Substiftung vorgesehenen Steuerbefreiungen für Substanzzuwendungen an Substiftungen (§ 27

---

[23] Zur Zuwendungsfiktion für die Übernahme einer Verbindlichkeit durch eine Privatstiftung anlässlich der unentgeltlichen Übertragung von Vermögenswerten an die Stiftung siehe auch Rz 217 StiftR 2009.

Abs 1 Z 8 lit f und lit g EStG) können hier nicht zur Anwendung kommen, weil die Zuwendungsfiktion des § 27 Abs 5 Z 7 vorletzter Satz EStG eine Zuwendung der Substiftung an den Stifter fingiert (die Steuerbefreiungen für Substanzzuwendungen an Substiftungen beziehen sich aber naturgemäß nur auf die Zuwendungen der Mutterstiftung an die Substiftung und nicht auf eine in die „Gegenrichtung" gehende Zuwendung).

Für derartige Zuwendungen einer Substiftung an ihre Mutterstiftung besteht – wie auch für jede andere Zuwendung einer Substiftung an ihre Mutterstiftung – die Verpflichtung der Substiftung zum Einbehalt und der Abfuhr von Kapitalertragsteuer (§ 93 Abs 2 Z 1 EStG). Die Befreiung des § 94 Z 12 EStG von der Kapitalertragsteuerabzugspflicht greift für diesen Fall ebensowenig wie § 10 Abs 1 KStG. Die Körperschaftsteuerpflicht der (fiktiven) Zuwendung auf Ebene einer (die Offenlegungsverpflichtungen des § 13 Abs 6 KStG erfüllenden) Mutterstiftung ergibt sich aus § 7 Abs 1 und 2 KStG iVm § 27 Abs 5 Z 7 EStG. Die KESt ist im Wege der Veranlagung der Mutterstiftung auf die Körperschaftsteuer anzurechnen bzw gutzuschreiben.[24]

Die im letzten Satz des § 27 Abs 5 Z 7 EStG normierte Ausnahme von der Zuwendungsfiktion des § 27 Abs 5 Z 7 vorletzter Satz EStG für Verbindlichkeiten, die in unmittelbarem Zusammenhang mit einem übertragenen Grundstück stehen, ist dem klaren Wortlaut nach nur für in unmittelbarem Zusammenhang mit einem übertragenen Grundstück stehende Verbindlichkeiten anwendbar. Auch die weitere von den Stiftungsrichtlinien getroffene Ausnahme für Betriebsschulden, die im Rahmen der unentgeltlichen Übertragung betrieblicher Einheiten von einer Privatstiftung übernommen werden,[25] greift nicht, wenn von der Mutterstiftung kein Betrieb, sondern außerbetriebliches Vermögen auf die Substiftung übertragen wird.[26]

Um zu vermeiden, dass die Übernahme einer Verbindlichkeit durch eine Substiftung ein anlässlich der unentgeltlichen Vermögensübertragung erzielter Vorteil der Mutterstiftung ist (mit der Folge der Zuwendungsfiktion und der daraus resultierenden Steuerpflicht), könnte die Mutterstiftung Vermögenswerte im Wert der zu übertragenden Verbindlichkeit entgeltlich an die Substiftung veräußern, wobei als Gegenleistung an Zahlungs statt die Übernahme der zu übertragenden Verbindlichkeit vereinbart werden könnte. Wenn nämlich in einem ersten Schritt eine entgeltliche Übertragung von Vermögenswerten erfolgt und der „Kaufpreis" in der Übernahme einer wertgleichen Verbindlichkeit besteht, kann in einem zweiten Schritt die Übertragung weiteren Vermögens von der Mutterstiftung ohne Mitübertragung einer Verbindlichkeit erfolgen. Auf diese Weise kommt es nicht zu einer Entlastung der Mutterstiftung von einer solchen Verbindlichkeit (welche dann ein Vorteil iSd § 27 Abs 5 Z 7 vorletzter Satz EStG wäre), womit die Mutterstiftung auch keinen Vorteil erzielt und daher auch keine Steuerpflicht ausgelöst wird.

---

[24] Vgl *Stangl* in *Arnold/Stangl/Tanzer*, Stiftungssteuerrecht² (2010), II/537.
[25] Rz 220 StiftR 2009.
[26] Eine Steuerneutralität kann sich aber ergeben, wenn die Voraussetzungen einer steuerneutralen Substanzauszahlung gemäß § 27 Abs 5 Z 8 EStG lit a bis e EStG vorliegen (wobei in der hier behandelten Konstellation die besonderen Befreiungen des § 27 Abs 1 Z 8 lit f und g EStG für Substanzzuwendungen an Substiftungen nicht zur Anwendung kommen können, weil eine Substiftung in Relation zu ihrer Mutterstiftung nicht gleichzeitig Mutterstiftung sein kann). Meist wird eine Substiftung auch gar kein Potential für steuerneutrale Substanzauszahlungen haben.

Kriterien für die Anerkennung von Mietverhältnissen zwischen Privatstiftung, Stifter und Begünstigten

Dietmar Aigner/Georg Kofler/Herbert Kofler/Michael Tumpel

1. Ausgangslage und Problemstellung
2. Die Privatstiftung als Unternehmer im umsatzsteuerlichen Sinn
    2.1. Rechtsgrundlagen im österreichischen Recht und im Unionsrecht
    2.2. Vermietung und Verpachtung von Immobilien als gewerbliche oder berufliche Tätigkeit
    2.3. Erfordernis der Nachhaltigkeit einer Immobilienvermietung
    2.4. Erfordernis der Erzielung von Einnahmen durch die Vermietungstätigkeit
3. Leistungsaustausch im Rahmen des Unternehmens der Privatstiftung – Abgrenzung der unternehmerischer von der nichtunternehmerischer Sphäre
    3.1. Mietverhältnisse zwischen Privatstiftung und Stifter oder anderen Begünstigten
    3.2. Immobilienvermietung einer Privatstiftung und außerbetrieblicher Bereich von Körperschaften?
    3.3. Keine unternehmerische Tätigkeit bei Vorliegen einer Liebhabereitätigkeit?
    3.4. Kein wirtschaftliches Eigentum des Mieters am Bestandsobjekt
4. Missbrauch durch Vermietung einer Immobilie an den Stifter oder an Begünstigte?
5. Kein Vorsteuerausschluss aus § 12 Abs 2 Z 2 lit a bzw § 12 Abs 2 Z 1 UStG
6. Zusammenfassung

1. Ausgangslage und Problemstellung

Die Vermietung von (luxuriösen) Immobilien durch eine Privatstiftung an den Stifter oder an Begünstigte für deren privaten Wohnbedarf wird nach der Verwaltungspraxis[1] und der bisherigen Rechtsprechung des UFS[2] als nicht zum Unternehmensbereich einer Privatstiftung zählend angesehen. Der UFS verweigerte unter Verweis auf § 12 Abs 2 Z 2 lit a UStG den Vorsteuerabzug aus den Errichtungskosten und wertete die Überlassung der Immobilien an den Stifter oder Begünstigten zu privaten Wohnzwecken als nicht unternehmerische Tätigkeit. In der Begründung wurde unter Bezugnahme auf die Rechtsprechung des VwGH[3] im Wesentlichen darauf verwiesen, dass die Vermietungstätigkeit an den Stifter nicht zur unternehmerischen Sphäre der Privatstiftung zähle. Dient ein Wirtschaftsgut nach Auffassung des UFS objektiv erkennbar privaten (bzw gesellschaftsrechtlichen) Zwecken oder ist es objektiv erkennbar für solche Zwecke bestimmt, gehört es auch bei einer Privatstiftung nicht zu ihrem Betriebsvermögen, sondern zu ihrem steuerneutralen Vermögen.[4] Die jüngste Rechtsprechung scheint dieser Auffassung allerdings nicht länger zu folgen; sowohl der Verwaltungsgerichtshof[5] als auch der UFS[6] haben klargestellt, dass bei der aufgrund eines Mietvertrags zwischen Privatstiftung und Stifter, der gewöhnlich auch mit unabhängigen Dritten abgeschlossen werden könnte, erfolgenden Nutzungsüberlassung einer Immobilie an den Stifter, Begünstigte oder Letztbegünstigte, der die Rechtsgrundlage für die Nutzungsüberlassung (den Leistungstausch) bildet, von einer nachhaltigen wirtschaftlichen Tätigkeit ausgegangen werden kann. In der Folge sollen daher die Voraussetzungen für die Anerkennung solcher Mietverhältnisse näher untersucht werden.

2. Die Privatstiftung als Unternehmer im umsatzsteuerlichen Sinn

2.1. Rechtsgrundlagen im österreichischen Recht und im Unionsrecht

Gemäß § 2 Abs 1 UStG ist Unternehmer, wer eine gewerbliche oder berufliche Tätigkeit selbständig ausübt. Die MwSt-SystRL verwendet in Art 9 MwSt-SystRL an Stelle des Begriffs Unternehmer den Begriff des Steuerpflichtigen und umschreibt diesen nicht durch eine Generalklausel, sondern durch eine Beschreibung bestimmter Leistungsbilder. Nach Art 9 Abs 1 MwSt-SystRL gilt als Steuerpflichtiger, wer eine wirtschaftliche Tätigkeiten selbstständig und unabhängig von ihrem Ort ausübt, gleichgültig, zu welchem Zweck und mit welchem Ergebnis. In Art 9 Abs 1 und 2 der MwSt-SystRL wird die Tätigkeit eines Steuerpflichtigen demnach mit anderen als in § 2 Abs 1 UStG verwendeten Tatbestandsmerkmalen beschrieben. Inhaltlich besteht jedoch eine weitgehende Übereinstimmung be-

---

[1] Dazu BMF-010216/0155-VI/6/2008 vom 5.12.2008.
[2] Dazu UFS 24.08.2007, RV/0540-L/04; 18.01.2008 RV/0743-W/07.
[3] Vgl insbesondere VwGH 26.3.2007, 2005/14/0091.
[4] Vgl dazu u.a. *Pröll*, Luxusvilla und Privatstiftung: „Schatten im Paradies", SWK 2008, S 494ff; *Moser/Rattinger*, Umsatzsteuer: Vermietung von Liegenschaften durch eine Privatstiftung an den begünstigten Stifter, ZfS 2008, 59ff; *Ungericht*, Vermietung einer Villa durch eine Privatstiftung an den Stifter (Begünstigten) – umsatzsteuerliche Behandlung, ÖStZ 2007, 202f.
[5] VwGH 7.7.2011, 2007/15/0255.
[6] UFS 31.10.2011, RV/2378-W/07.

züglich der beiden Begriffe.[7] Unstrittig ist, dass auch Privatstiftungen als Unternehmer iSd § 2 UStG bzw als Steuerpflichtige iSd Art 9 MwSt-SystRL in Betracht kommen.[8] Allerdings wird die Unternehmereigenschaft nicht kraft Rechtsform erlangt; entscheidend ist vielmehr, dass Privatstiftungen im eigenen Namen durch selbständig ausgeübte wirtschaftliche Tätigkeiten durch Leistungen an Dritte im Wirtschaftsleben in Erscheinung treten.[9] In Bezug auf die Vermietung einer Liegenschaft ist daher entscheidend, inwiefern diese Vermietungstätigkeit als gewerbliche oder berufliche Tätigkeit iSd § 2 Abs 1 UStG bzw als wirtschaftliche Tätigkeit iSd Art 9 der MwSt-SystRL der Privatstiftung, die nachhaltig zur Erzielung von Einnahmen betrieben wird, angesehen werden kann.[10]

2.2. Vermietung und Verpachtung von Immobilien als gewerbliche oder berufliche Tätigkeit

Nach § 2 Abs 1 UStG liegt eine gewerbliche oder berufliche Tätigkeit vor, wenn die Tätigkeit sich als nachhaltige Tätigkeit (im wirtschaftlichen Sinn) zur Erzielung von Einnahmen darstellt, auch wenn die Absicht, Gewinn zu erzielen, fehlt. Eine solche Tätigkeit kann sowohl in einem aktiven Tun wie auch in einem Dulden oder Unterlassen bestehen, sofern diese selbständig, nachhaltig und gegen Entgelt ausgeführt wird.[11] Die Unternehmereigenschaft wird allerdings nur durch solche Leistungen begründet, die gegenüber Dritten erbracht werden; die Leistung muss gegenüber einem umsatzsteuerrechtlich selbstständigen Leistungsempfänger (einem „anderen") ausgeführt werden. Tätigkeiten, die lediglich auf die Erhaltung der eigenen Person und der Familie als Konsumenten gerichtet sind, also nur der Eigenproduktion dienen, gehen nicht über die Sphäre des Eigen-/Privatlebens hinaus und stellen deshalb für sich allein kein unternehmerisches Handeln dar.[12] Anzumerken ist, dass die MwSt-SystRL den Begriff der gewerblichen oder beruflichen Tätigkeit nicht kennt. Sie verwendet stattdessen in Art 9 den Begriff der wirtschaftlichen Tätigkeiten, die unabhängig von der Erzielung eines Gesamtüberschusses als unternehmerische Tätigkeit anzusehen sind. Als wirtschaftlich sind solche nachhaltigen Tätigkeiten zu qualifizieren, die auf die Erzielung von Einnahmen gerichtet sind.[13]

Auch die Vermietung und Verpachtung von Immobilien erfüllt nach völlig hA als Duldungsleistungen die Voraussetzungen, um als gewerbliche oder berufliche Tätigkeit iSd § 2 Abs 1 UStG und auch als wirtschaftliche Tätigkeit iSd Art 9 der MwSt-SystRL in Betracht zu kommen.[14] Die Vermietung einer Immobilie zu Wohnzwecken kommt als fortlaufende Duldungsleistung auch bei einer Privatstiftung somit als unternehmerische

---

[7] Dazu *Scheiner/Kolacny/Caganek*, UStG 1994, § 2 Rz 8ff.
[8] Dazu u.a. *Ruppe*, UStG³, § 2 Tz 20; *Wiedermann*, Die Überlassung von Wohnimmobilien durch eine Privatstiftung an Begünstigte – eine umsatzsteuerliche Analyse, ZfS 2007, 97f, *Arnold* in *Arnold/Stangl/Tanzer*, Privatstiftungs-Steuerrecht, Rz III/1 mwN; VwGH 11.11.2008, 2004/13/0053.
[9] Vgl dazu ferner VwGH 17.3.1976, 999/75; 13.12.1977, 1550/77; 3.7.2003, 99/15/0190; 11.12.1985, 84/13/0110.
[10] *D. Aigner/Tumpel*, SWK 2011, 394ff.
[11] Dazu auch *Ruppe*, UStG³, § 2 Tz 46; *Scheiner/Kolacny/Caganek*, UStG 1994, § 2 Rz 90ff; *Bürgler* in *Berger/Bürgler/Kanduth-Kristen/Wakounig* (Hrsg), UStG, § 2 Rz 64.
[12] Dazu *Geordy* in *Plückebaum/Malitzky/Widmann* (Hrsg), UStG10 § 2 Abs 1 Rz 191.
[13] *D. Aigner/Tumpel*, SWK 2011, 394ff.
[14] Dazu zB *Scheiner/Kolacny/Caganek*, UStG 1994, § 2 Rz 90ff; *Bürgler* in *Berger/Bürgler/Kanduth-Kristen/Wakounig* (Hrsg), UStG, § 2 Rz 64.

Tätigkeit iSd § 2 Abs 1 UStG bzw als wirtschaftliche Tätigkeit iSd Art 9 der MwSt-SystRL in Betracht.[15] Dabei ist es nicht entscheidend, ob eine Privatstiftung oder ein anderes Rechtsgebilde als Vermieter oder Verpächter auftritt. Anzumerken ist, dass eine Vermietungstätigkeit allerdings von der bloßen Gebrauchsüberlassung zu unterscheiden ist. Die bloße Gebrauchsüberlassung einer Liegenschaft durch eine Privatstiftung an den Stifter oder an andere Begünstigte im Rahmen der Erfüllung ihrer satzungsmäßigen Zwecke ist nicht als nachhaltige Tätigkeit einzustufen[16] und ist daher auch nicht als unternehmerische Tätigkeit anzusehen. Erfolgt nämlich die Überlassung der Nutzung eines Wohnhauses an den Stifter/Begünstigten nicht deshalb, um Einnahmen zu erzielen, sondern um ihm einen Vorteil zuzuwenden (Zuwendung aus der Stiftung), fehlt es an einer wirtschaftlichen Tätigkeit.[17] Der VwGH führt dazu aus, dass im Falle der Befriedigung der eigenen Wohnbedürfnisse der Miteigentümer im Regelfall kein Mietvertrag, sondern bloß eine Vereinbarung über die Gebrauchsüberlassung anzunehmen ist und diese keine Unternehmerstellung im Sinne des § 2 UStG zu begründen vermag.[18]

Die Vermietung und Verpachtung von Immobilien durch eine Privatstiftung an den Stifter oder an Begünstigte, steht dieser Beurteilung grundsätzlich nicht entgegen, da sowohl der Stifter als auch andere Begünstigte aus dem Blickwinkel einer Privatstiftung als eigentümerlose Rechtsträger, als Dritte anzusehen sind. Die Vermietungsleistung der Privatstiftung wird insofern gegenüber Dritten, von der Privatstiftung verschiedenen, Personen erbracht. Die Vereinbarung zwischen Privatstiftung und Stifter oder Begünstigten muss dabei über eine bloße Vereinbarung über die (unentgeltliche oder gegen bloßen Kostenersatz erfolgende) Gebrauchsüberlassung hinausgehen. Entscheidend für die Beurteilung der Unternehmereigenschaft einer Privatstiftung ist somit die geforderte Nachhaltigkeit der Vermietungstätigkeit zur Erzielung von Einnahmen.[19]

2.3. Erfordernis der Nachhaltigkeit einer Immobilienvermietung

Eine Immobilienvermietung ist als nachhaltige Tätigkeit anzusehen, sofern sie eine auf Dauer angelegte gewerbliche oder berufliche Tätigkeit zur Erzielung von Einnahmen darstellt.[20] Die Nachhaltigkeit einer Tätigkeit ist nach hA ua auch dann anzunehmen, wenn der Steuerpflichtige durch ein Rechtsgeschäft einen Dauerzustand schafft und deswegen über längere Zeit Eingriffe in seinen Rechtskreis duldet. Das ist auch dann der Fall, wenn sich ein Rechtsgeschäft und das Dulden nur auf einen Gegenstand (zB Vermietung einer Wohnimmobilie) bezieht.[21] Auch nach der Rsp des VwGH wird Nachhaltigkeit auf Grund eines einmaligen Vertragsabschlusses, mit dem ein Dauerzustand, wie etwa ein Mietverhältnis, zur Erzielung von laufenden Einnahmen geschaffen wird, angenommen.[22]

---

[15] So UFS 31.10.2011, RV/2378-W/07.
[16] *D. Aigner/Tumpel*, SWK 2011, S 396.
[17] Dazu VwGH 24.6.1999, 1996/15/0098; 16.5. 2007, 2005/14/0083; 7.7.2011, 2007/15/0255.
[18] Dazu auch *Wiedermann*, ZfS 2007, 98f.
[19] *D. Aigner/Tumpel*, SWK 2011, 394ff.
[20] Vgl *Geordy* in *Plückebaum/Malitzky/Widmann* (Hrsg), UStG[10] § 2 Abs 1 Rz 280. Dazu auch BFH 10.5.1961, V 50/59.
[21] Dazu auch *Scheiner/Kolacny/Caganek*, UStG 1994, § 2 Rz 112f.
[22] Dazu VwGH 28.11.1969, 374/68; 25.11.1970, 1538/69; 13.10.1983, 82/15/0066; 17.12.1998, 97/15/0060. Dazu *D. Aigner/Tumpel*, SWK 2011, 394ff.

Auch der EuGH bejaht eine wirtschaftliche Tätigkeit in Bezug auf die Vermietung und Verpachtung körperlicher Sachen, wenn sie zur nachhaltigen Erzielung von Einnahmen dient.[23] Nach Auffassung des EuGH ist dabei die Gesamtheit der Gegebenheiten des Einzelfalls zu beurteilen; kann ein Gegenstand sowohl zu wirtschaftlichen als auch zu privaten Zwecken verwendet werden, so sind alle Umstände seiner Nutzung zu prüfen, um festzustellen, ob er tatsächlich zur nachhaltigen Erzielung von Einnahmen verwendet wird. Dies kann durch den Vergleich zwischen den Umständen, unter denen der Betreffende den Gegenstand tatsächlich nutzt, und den Umständen, unter denen die entsprechende wirtschaftliche Tätigkeit gewöhnlich ausgeübt wird, geprüft werden.[24] Ob diese Voraussetzungen erfüllt sind, ist im Einzelfall aufgrund des Gesamtbildes der Verhältnisse zu entscheiden.[25]

Entscheidet sich eine Privatstiftung dafür, ihr Vermögen in den Erwerb eines Grundstücks zu investieren, darauf ein Einfamilienhaus zu errichten oder dieses zu adaptieren und es anschließend dauerhaft gegen Entgelt zu vermieten, so liegt grundsätzlich eine nachhaltige Tätigkeit vor. Einer Privatstiftung bleibt es unbenommen, Vermögen zu veranlagen und zu nutzen, wie es ihr beliebt. Durch den Abschluss eines Mietvertrages zwischen einer Privatstiftung und ihrem Stifter oder anderen Begünstigten wird der von der Rechtsprechung für die Nachhaltigkeit einer Tätigkeit geforderte Dauerzustand geschaffen, durch den die Privatstiftung über längere Zeit die Nutzung der Liegenschaft durch den Stifter oder andere Begünstigte duldet. Eine Nutzung einer Liegenschaft zu „privaten Zwecken" kommt bei einer eigentümerlosen, als juristische Person des privaten Rechts errichteten Privatstiftung anders als in der oben dargelegten Rechtsprechung des EuGH in der Rs *Enkler*[26], die sich mit der Vermietung eines Wohnmobils durch eine natürliche Person befasste, nicht in Betracht.[27]

Die Überlassung einer Liegenschaft durch eine Privatstiftung an den Stifter oder an Begünstigte im Rahmen der Erfüllung ihrer satzungsmäßigen Zwecke wäre hingegen nicht als nachhaltige Tätigkeit einzustufen (unentgeltliche oder gegen Kostenersatz erfolgende Gebrauchsüberlassung).[28]

Anhaltspunkte für die erforderliche Abgrenzung zwischen Tätigkeiten, die letztlich nur der Erfüllung des Stiftungszweckes dienen, und solchen, die über die bloße Erfüllung des Stiftungszweckes hinaus als wirtschaftliche Tätigkeiten einzustufen sind, können aus dem Urteil des EuGH in der Rs *Enkler* gewonnen werden. Erfolgt die Nutzungsüberlassung aufgrund eines umsatzsteuerlich anzuerkennenden Mietvertrages zwischen Privatstiftung und Stifter, der gewöhnlich auch mit unabhängigen Dritten abgeschlossen werden könnte, und bildet dieser Mietvertrag die Rechtsgrundlage für die Nutzungsüberlassung (den Leistungsaustausch), so liegt uE grundsätzlich eine nachhaltige wirtschaftliche Tätigkeit vor. Nach der Rechtsprechung des VwGH ist bei Leistungsbeziehungen

---

[23] Vgl EuGH 26.9.1996, Rs C-230/94, *Enkler*, Slg 1996, I-4517.
[24] EuGH 26.9.1996, Rs C-230/94, *Enkler*, Slg 1996, I-4517 Rn 27ff.
[25] Dazu auch BFH 12.12.1996, V R 23/93, BStBl 1997 II S 368; *Wiedermann*, ZfS 2007, 98ff. Dazu *D. Aigner/Tumpel*, SWK 2011, 394ff.
[26] Vgl EuGH 26.9.1996, Rs C-230/94, *Enkler*, Slg 1996, I-4517.
[27] *D. Aigner/Tumpel*, SWK 2011, 394ff.
[28] Zum unternehmerischen und nichtunternehmerischen Bereich einer Stiftung vgl EuGH 6.11.2008 Rs C-291/07 *Kollektivavtalsstiftelsen TRR Trygghetsrådet*.

zwischen einer Privatstiftung und ihren Stiftern das Vorliegen eines Leistungsaustausches danach zu beurteilen, ob die zugewendete Leistung (gegenständlich die Nutzungsüberlassung) ihre Ursache in einem Verhältnis zwischen Stiftung und Stifter/Begünstigtem hat und bezweckt, diesem einen Vorteil zuzuwenden oder ob es sich um Leistungen handle, die auf einer schuldrechtlichen Vertragsbeziehung beruhten.[29]

Die Tatsache, dass es allenfalls bloß zu einem einmaligen Abschluss eines Mietvertrages zwischen Privatstiftung und Stifter oder Begünstigten kommt, schadet der Nachhaltigkeit nicht. Entscheidend für das Vorliegen einer unternehmerischen Tätigkeit der Privatstiftung bleibt allerdings, dass das grundsätzlich als nachhaltig zu beurteilende Mietverhältnis zwischen Privatstiftung und Stifter oder anderen Begünstigten letztlich der Erzielung von Einnahmen dient.[30]

2.4. Erfordernis der Erzielung von Einnahmen durch die Vermietungstätigkeit

Eine Tätigkeit kann nach § 2 Abs 1 UStG als auch nach Art 9 der MwSt-SystRL nur dann als wirtschaftliche Tätigkeit in Betracht kommen, wenn sie auf die Erzielung von Einnahmen ausgerichtet ist. Die Absicht, Gewinn zu erzielen, ist dabei nicht erforderlich; die Höhe der Einnahmen ist, ausgenommen bei typischen Liebhabereitätigkeiten (§ 1 Abs 2 LVO), für die Entscheidung, ob Unternehmereigenschaft vorliegt, nicht relevant. Fehlt die Einnahmenerzielungsabsicht und wird die Tätigkeit ohne wirtschaftliches Interesse ausgeübt, begründet die Tätigkeit jedoch keine Unternehmereigenschaft.[31] Die Einnahmenerzielungsabsicht ist bei einer auf die Erzielung von Entgelt gerichteten Tätigkeit regelmäßig vorhanden, wobei die Höhe des Entgeltes grundsätzlich unerheblich ist. Sonstige Umstände, die eine Leistung auslösen (persönliche Motive oder vertragliche Verpflichtungen), sind für die Beurteilung der Unternehmereigenschaft grundsätzlich unerheblich. Eine Tätigkeit gegen Entgelt liegt allerdings nicht vor, wenn die Voraussetzungen für einen Leistungsaustausch fehlen. Nach der Rechtsprechung des EuGH in den Rs *Enkler*[32] und *Tolsma*[33] wird eine Dienstleistung nur „*gegen Entgelt*" erbracht, wenn zwischen dem Leistenden und dem Leistungsempfänger ein Rechtsverhältnis besteht, in dessen Rahmen gegenseitige Leistungen ausgetauscht werden, wobei die vom Leistenden empfangene Vergütung den tatsächlichen Gegenwert für die dem Leistungsempfänger erbrachte Dienstleistung bildet.[34] Das auf einen Leistungsaustausch gerichtete Rechtsverhältnis muss demnach die Grundlage für die Überlassung einer Liegenschaft sein. Dies wäre etwa dann nicht der Fall, wenn die Einnahmenerzielungsabsicht aus der Vermietungstätigkeit fehlt und die Immobilie de facto ohne wirtschaftliches Interesse unentgeltlich oder gegen bloßen Kostenersatz nur in Erfüllung des Stiftungszweckes überlassen wird (zB bloße unentgeltliche Gebrauchsüberlassung).[35]

Die längerfristige Vermietung einer Liegenschaft durch eine Privatstiftung an ihren Stifter oder an Begünstigte auf Grundlage eines zivilrechtlichen Bestandstitels, der die

---

[29] Dazu VwGH 7.7.2011, 2007/15/0255; 16.5.2007, 2005/14/0083.
[30] Dazu auch *Wiedermann*, ZfS 2007, 98ff; *D. Aigner/Tumpel*, SWK 2011, 394ff.
[31] Vgl etwa VwGH 16.5.2007, 2005/14/0083.
[32] Vgl EuGH 26.9.1996, Rs C-230/94, *Enkler*.
[33] Dazu EuGH 3.3.1994, Rs C-16/93, *Tolsma*.
[34] Dazu EuGH 3.3.1994, Rs C-16/93, *Tolsma*.
[35] *D. Aigner/Tumpel*, SWK 2011, 394ff.

Grundlage für den Leistungsaustausch bildet, wird nach obigen Grundsätzen idR die Voraussetzungen für eine Einstufung als nachhaltige Tätigkeit zur Erzielung von Einnahmen erfüllen. Entscheidend für die Unternehmereigenschaft der Privatstiftung ist demnach, dass dem Leistungsaustausch ein Rechtsverhältnis zwischen Privatstiftung und Stifter oder Begünstigten über die Vermietung der Liegenschaft gegen Entgelt zugrunde liegt, welches umsatzsteuerlich anzuerkennen ist. Es ist daher in weiterer Folge zu klären, welche Voraussetzungen für die steuerliche Anerkennung des für den Leistungsaustausch im Rahmen des Unternehmens maßgeblichen Rechtsverhältnisses zwischen Privatstiftung und Stifter oder Begünstigten identifiziert werden können.[36]

3. Leistungsaustausch im Rahmen des Unternehmens der Privatstiftung – Abgrenzung der unternehmerischen von der nichtunternehmerischen Sphäre

3.1. Mietverhältnisse zwischen Privatstiftung und Stifter oder anderen Begünstigten

Nach der Rechtsprechung des UFS[37] besteht zwischen Privatstiftung, Stifter und Begünstigten eine besondere Nahebeziehung. Vereinbarungen zwischen Privatstiftung und Stifter oder Begünstigten müssen nach Ansicht des UFS für ihre steuerliche Anerkennung daher die Kriterien für die Anerkennung von Familienverträgen erfüllen. An einem Leistungsaustausch fehlt es danach, wenn Leistungen zwischen Angehörigen aus familiären Motiven erbracht werden, und zwar auch dann, wenn dafür (symbolische) Gegenleistungen gewährt werden. Derartige Leistungen würden demnach nicht der Einnahmenerzielung dienen.

Geht man von der unterstellten Nahebeziehung zwischen Privatstiftung und Stifter oder sonstigen Begünstigten aus, so sind nach der Rechtsprechung des VwGH Verträge zwischen Angehörigen, auch wenn sie den Gültigkeitserfordernissen des Zivilrechts entsprechen, tatsächlich nur dann steuerlich anzuerkennen, wenn sie nach außen ausreichend zum Ausdruck kommen, einen eindeutigen und klaren Inhalt haben und zwischen Fremden unter den gleichen Bedingungen abgeschlossen worden wären.[38] Dieser Fremdvergleich wird nach Auffassung der Finanzverwaltung gleichsam als zusätzliches Tatbestandsmerkmal für den Leistungsaustausch zwischen Angehörigen gesehen.

Der deutsche BFH ist jedoch von der Fremdvergleichs-Rechtsprechung abgegangen.[39] Leistungen zwischen Angehörigen sind danach umsatzsteuerrechtlich nach den allgemeinen Voraussetzungen zu beurteilen. Wenn feststeht, dass der Leistende eine Leistung als Unternehmer in Erwartung einer Gegenleistung erbracht hat und die Leistung zum Zweck der Entgeltserzielung ausgeführt wird, ist ein Leistungsaustausch auch bei Leistungen zwischen Angehörigen gegeben.[40]

---

[36] *D. Aigner/Tumpel*, SWK 2011, 394ff.
[37] UFS 18.1.2008, RV/0743-W/07.
[38] ZB VwGH vom 18.5.1977, 346/77.
[39] Vgl *Bunjes*, Ehegattenrechtsprechung im Umsatzsteuerrecht?, UStR 1989, 207f.
[40] Dazu BFH 22.6.1989, BStBl II 1989, 913.

Auch im Unionsrecht hat die Fremdüblichkeit der Vereinbarung für die Erfüllung der objektiven Kriterien des Vorliegens einer wirtschaftlichen Tätigkeit grundsätzlich keine Bedeutung. Allerdings ist bei Gegenständen, die sowohl zu wirtschaftlichen als auch zu privaten Zwecken verwendet werden, anhand eines Vergleichs zwischen den Umständen, unter denen der Betreffende den Gegenstand tatsächlich nutzt, und den Umständen, unter denen die entsprechende wirtschaftliche Tätigkeit gewöhnlich ausgeübt wird, zu beurteilen, ob insgesamt eine wirtschaftliche Tätigkeit vorliegt.[41] Die Motive für den Leistungsaustausch sind dabei unbeachtlich. Selbst wenn man ein besonderes Naheverhältnis zwischen Privatstiftung und Stifter oder Begünstigten unterstellt, ist sowohl nach der Rechtsprechung des deutschen BFH als auch auf Grundlage der unionsrechtlichen Vorgaben und der Judikatur des EuGH eine Vermietungstätigkeit nach den allgemeinen Voraussetzungen für einen Leistungsaustausch zu beurteilen. Wenn eine Privatstiftung eine Leistung als Unternehmer in Erwartung einer Gegenleistung in Form der Miete erbringt und die Vermietung zum Zweck der nachhaltigen Einnahmenerzielung erfolgt, wird ein Leistungsaustausch bei der Vermietung einer Immobilie durch eine Privatstiftung an den Stifter oder an Begünstigte anzuerkennen sein, selbst wenn der Vertragsabschluss als nicht fremdüblich einzustufen ist. Umso mehr sind Vertragsbeziehungen zwischen Privatstiftung und Stifter oder Begünstigten anzuerkennen, die zu fremdüblichen Konditionen abgeschlossen wurden.[42]

Der UFS[43] hat allerdings in einer Entscheidung festgehalten, dass rechtliche Gestaltungen, die darauf abzielen, Aufwendungen für den Haushalt des Steuerpflichtigen oder für den Unterhalt seiner Familienangehörigen in das äußere Erscheinungsbild einer wirtschaftlichen Tätigkeit zu kleiden, grundsätzlich steuerlich unbeachtlich sind. Dies gelte selbst dann, wenn die Vereinbarungen einem Fremdvergleich standhalten. Schließlich seien Vereinbarungen zwischen Privatstiftung und Stifter oder Begünstigten auch dann nicht anzuerkennen, wenn mangelnde Ernsthaftigkeit des Mietverhältnisses anzunehmen ist.

Dazu ist anzumerken, dass auf vertraglicher Basis erbrachte Leistungen zwischen Angehörigen umsatzsteuerrechtlich nach den allgemeinen Voraussetzungen zu beurteilen sind. Bei der Immobilienvermietung durch eine Privatstiftung an den Stifter oder an Begünstigte ist aber zu berücksichtigen, dass als Steuerpflichtiger im umsatzsteuerlichen Sinn lediglich die Privatstiftung in Betracht kommt. Diese kann als eigentümerlose juristische Person – anders als eine natürliche Person – lediglich einen unternehmerischen und einen nichtunternehmerischen Bereich haben, nicht aber über einen Privatbereich verfügen.[44] Insofern können bei einer Privatstiftung aber zunächst keine (eigenen) Aufwendungen für den Privatbereich (für den Haushalt oder für den Unterhalt von Familienangehörigen) der Privatstiftung anfallen, die in das äußere Erscheinungsbild einer wirtschaftlichen Tätigkeit gekleidet werden könnten. Die Stiftung hat keine Gesellschafter oder Mitglieder; die Geschicke der Stiftung liegen letztlich in den Händen des Stiftungsvorstands, der lediglich an den in der Stiftungserklärung niedergelegten Stifterwil-

---

[41] EuGH 26.9.1996, Rs C-230/94, *Enkler*, Slg 1996, I-4517 Rn 27ff.
[42] D. Aigner/Tumpel, SWK 2011, 394ff.
[43] UFS 18.1.2008, RV/0743-W/07.
[44] Dazu auch EuGH 6.11.2008, C-291/07, *Kollektivavtalsstiftelsen TRR Trygghetsrådet*.

len gebunden ist. Eine Privatstiftung kann somit nur über den Stiftungsvorstand als Organ rechtsgeschäftlich handeln oder Zuwendungen an die Begünstigten beschließen. Den Stiftungsvorstand trifft dabei letztlich die Verantwortung für das rechtsgeschäftliche Handeln der Stiftung, sodass dieser schon im eigenen Interesse darauf bedacht sein wird, grundsätzlich fremdübliche Vereinbarungen zu treffen. Einem Mietvertrag zwischen Privatstiftung und Stifter oder Begünstigten kann daher uE weder mit dem Argument der beabsichtigten Verlagerung von privaten Aufwendungen oder von Unterhaltsaufwendungen in den unternehmerischen Bereich noch jenem der mangelnden Ernsthaftigkeit des Mietvertrages – abgesehen von später noch zu erläuternden Missbrauchsfällen – die steuerliche Anerkennung versagt werden.[45]

Schließlich hat der VwGH in einem kürzlich ergangenen Erkenntnis deutlich gemacht, dass Vertragsbeziehungen zwischen Privatstiftung, Stifter und Begünstigten bei fremdüblicher Vermietung grundsätzlich anzuerkennen sind. Nach Ansicht des VwGH sei unter Verweis auf die Rechtsprechung des EuGH festzustellen, ob ein „fremdüblicher" (am Markt orientierter) Mietpreis erhoben wurde.[46] Der Vergleich mit Richtwertmietzinsen, die für so genannte mietrechtliche „Normwohnungen" gelten, geht fehl, sofern es sich bei der gegenständlichen Immobilie um eine solche für gehobene Wohnansprüche handelt. Der UFS ist der zitierten Rechtsprechung des VwGH gefolgt und hat festgehalten, dass in jenen Fällen, in denen ein Bestandvertrag sowohl hinsichtlich des Mietobjektes als auch der Preisgestaltung sowie der sonstigen Vertragsgestaltung als marktüblich angesehen werden, von einem fremdüblichen Mietverhältnis und damit verbunden Unternehmereigenschaft der Privatstiftung auszugehen ist. Daran vermag auch eine ungewöhnliche Betriebskostenverrechnung nichts zu ändern; diese ist auch drei Jahre im Nachhinein bei geringen Jahresbeträgen als vernachlässigbare Abweichung vom Standardvorgang anzusehen und ändert nichts im Gesamtbild der Verhältnisse.[47] Die oben zitierte Entscheidung des UFS[48] sollte aufgrund der Rechtsprechung von VwGH[49] und der jüngeren Entscheidung des UFS[50] damit aber überholt sein.

3.2. Immobilienvermietung einer Privatstiftung und außerbetrieblicher Bereich von Körperschaften?

In § 2 Abs 1 UStG werden (positive) Voraussetzungen und Umfang der unternehmerischen Tätigkeit beschrieben. Danach gehören alle selbständig, nachhaltig und mit Einnahmenerzielungsabsicht durchgeführten Tätigkeiten zum Unternehmen. Jeder Unternehmer kann neben seinem unternehmerischen auch einen nichtunternehmerischen Bereich haben. Leistungsbezüge, die der Unternehmer nicht dem Unternehmen zuordnet und Einlagen von Gegenständen aus dem nichtunternehmerischen Bereich in das Unternehmen, berechtigen nicht zum Vorsteuerabzug.

---

[45] *D. Aigner/Tumpel*, SWK 2011, 394ff.
[46] VwGH 7.7.2011, 2007/15/0255. Zur Ermittlung der angemessenen Miete auch VwGH 23.2.2010, 2007/15/0003.
[47] UFS 31.10.2011, RV/2378-W/07.
[48] UFS 18.1.2008, RV/0743-W/07.
[49] VwGH 7.7.2011, 2007/15/0255.
[50] UFS 31.10.2011, RV/2378-W/07.

Der UFS[51] vertritt zur Vermietung eines (luxuriösen) Einfamilienhauses durch eine Privatstiftung an den Stifter oder an Begünstigte (für deren privaten Wohnbedarf) die Auffassung, dass diese Vermietungstätigkeit mit Verweis auf die ertragsteuerliche Rechtsprechung des VwGH zum außerbetrieblichen Bereich von Kapitalgesellschaften und den daraus für Kapitalgesellschaften (und nicht für Stiftungen) gezogenen umsatzsteuerlichen Konsequenzen nicht zum Unternehmensbereich einer Privatstiftung zählt.[52] Es stellt sich die Frage, ob die Rechtsprechung des VwGH tatsächlich gegen die Anerkennung eines Mietverhältnisses zwischen Privatstiftung und Stifter über ein zu Wohnzwecken genutztes Einfamilienhaus spricht und als Folge daraus die Zuordnung der Vermietungstätigkeit zum nichtunternehmerischen Bereich der Privatstiftung zu begründen vermag. Der VwGH hat sich im zitierten Erkenntnis u.a. mit der Frage beschäftigt, unter welchen Voraussetzungen die Überlassung der Nutzung eines Wohnhauses durch eine Kapitalgesellschaft an ihren Gesellschafter-Geschäftsführer aus umsatzsteuerlicher Sicht dem Unternehmensbereich der Kapitalgesellschaft zuzuordnen ist. Der VwGH kam zum Ergebnis, dass in jenen Fällen, in denen die Überlassung der Nutzung des Wohnhauses an einen Gesellschafter-Geschäftsführer nicht deshalb erfolgt, um Einnahmen zu erzielen, sondern nur um dem Gesellschafter einen Vorteil zuzuwenden, es an einer nachhaltigen, wirtschaftlichen Tätigkeit fehlt. In Bezug auf die Zugehörigkeit eines Gebäudes zum Betriebsvermögen ist nach Auffassung des VwGH zu berücksichtigen, ob es sich um ein jederzeit im betrieblichen Geschehen (zB durch Vermietung) einsetzbares Gebäude handelt (Zugehörigkeit gegeben) oder ob ein Gebäude vorliegt, das schon seiner Erscheinung nach (etwa besonders repräsentatives Gebäude oder speziell auf die Wohnbedürfnisse eines Gesellschafters abgestelltes Gebäude) für die private Nutzung durch einen Gesellschafter bestimmt ist (Zugehörigkeit nicht gegeben). Dieser Auffassung wurde vom UFS ohne nähere Begründung auch in Bezug auf Vermietungstätigkeiten einer Privatstiftung an ihren Stifter gefolgt.[53] Seitens des UFS wurde der Vorsteuerabzug der Privatstiftung aus den Errichtungs- bzw Sanierungskosten einer Immobilie im Zusammenhang mit der Vermietung der Immobilie an die Stifter unter Verweis auf § 12 Abs 2 Z 2 lit a UStG versagt und die Überlassung von Immobilien an den Stifter/Begünstigten zu privaten Wohnzwecken als nicht unternehmerische Tätigkeit gewertet.[54]

Dazu ist anzumerken, dass die Judikatur des VwGH zur außerbetrieblichen Sphäre von Kapitalgesellschaften nicht ohne weiteres auf eine Privatstiftung übertragen werden kann. Eine Privatstiftung ist – anders als eine Kapitalgesellschaft – eine eigentümerlose Körperschaft, die unter den Voraussetzungen des § 13 Abs 1 KStG grundsätzlich alle Einkunftsarten (betriebliche und außerbetriebliche) haben kann. Ein zu Wohnzwecken des Stifters vermietetes Einfamilienhaus kann somit zweifelsfrei ertragsteuerlich zum außerbetrieblichen Bereich einer Privatstiftung zählen, die Privatstiftung kann aber im außerbetrieblichen Bereich dennoch ertragsteuerlich relevante Einkünfte aus Vermietung und Verpachtung erzielen, die – abgesehen von den noch zu erläuternden Missbrauchsfällen – umsatzsteuerlich idR zweifelsfrei dem Unternehmensbereich der Privat-

---

[51] UFS 24.8.2007, RV/0540-L/04; 18.1.2008 RV/0743-W/07.
[52] Dazu insbesondere VwGH 26.3.2007, 2005/14/0091.
[53] Dazu insbesondere die Entscheidungen 24.8.2007, RV/0540-L/04; 18.1.2008 RV/0743-W/07.
[54] Siehe dazu auch den Erlass des BMF, GZ BMF-010216/0155-VI/6/2008 vom 5.12.2008. *D. Aigner/ Tumpel*, SWK 2011, 394ff.

stiftung gem § 2 UStG zuzuordnen sind. Anders als bei einer Kapitalgesellschaft kann bei einer Privatstiftung auch keine Nahebeziehung in Form einer Personenidentität zwischen Eigentümer und Entscheidungsträger der Gesellschaft wie beim einzigen Gesellschafter und Geschäftsführer einer GmbH bestehen. Diese Konstellation ist bei einer eigentümerlosen, letztlich nur über den Stiftungsvorstand rechtsgeschäftlich tätigen, Privatstiftung schon nach dem PSG ausgeschlossen.[55]

Selbst wenn man die Anwendbarkeit der Rsp des VwGH[56] bejaht, bedarf die Sachverhaltsgrundlage für eine rechtliche Einstufung eines Wohngebäudes als Teil des außerbetrieblichen Vermögens einer die konkreten Umstände des Einzelfalles würdigenden Begründung auf der Tatsachenebene. Im Rahmen der Einkünfte aus Vermietung und Verpachtung existiert selbst für so genannte Luxusimmobilien ein Markt; diese Immobilien sind insofern durch die Privatstiftung im Rahmen ihrer Vermietungstätigkeit jederzeit einsetzbar und verwertbar.[57] Die Tatsache, dass die vermietete Immobilie letztlich vom Stifter für private Wohnzwecke eingesetzt wird, kann lediglich als Indiz für die Frage nach der Fremdüblichkeit des Mietvertrages gewertet werden, kann aber bei einer Vermietungstätigkeit durch eine Privatstiftung nicht die Prüfung der Frage ersetzen, ob eine wirtschaftliche Tätigkeit, die nachhaltig auf die Einnahmenerzielung gerichtet ist, vorliegt. Die Ausstattung einer Immobilie ist für die Beantwortung dieser Fragestellung ebenso wenig entscheidend wie die Tatsache, dass die Immobilie nach den Wünschen des künftigen Mieters adaptiert wird. Dies ist bei der Vermietung von Wohnimmobilien zwischen fremden Dritten durchaus üblich. Entscheidend ist vielmehr lediglich, dass ein auf einen Leistungstausch gerichtetes Rechtsverhältnis zwischen Privatstiftung und Stifter oder Begünstigten vorliegt unabhängig davon, ob die Vereinbarung fremdüblich ist und eine Gewinnerzielungsabsicht mit der Vermietungstätigkeit verfolgt wird.[58]

3.3. Keine unternehmerische Tätigkeit bei Vorliegen einer Liebhabereitätigkeit?

Tätigkeiten, die selbständig und nachhaltig zur Erzielung von Einnahmen durchgeführt werden, führen grundsätzlich zur Unternehmereigenschaft eines Rechtsträgers, auch wenn die Absicht, Gewinn zu erzielen, fehlt. Eine Tätigkeit wird jedoch nach § 2 Abs 5 UStG dann nicht als beruflich oder gewerblich eingestuft, wenn sie auf Dauer gesehen Gewinne oder Einnahmenüberschüsse nicht erwarten lässt (Liebhaberei). Die Unternehmereigenschaft wird insofern an das wirtschaftliche Ergebnis der Tätigkeit, nämlich an das Erfordernis der Gewinnerzielung, geknüpft. Das Kriterium der Gewinnerzielung soll dazu dienen, eine umsatzsteuerlich relevante wirtschaftliche Tätigkeit vom steuerlich unbeachtlichen Konsum zu trennen.[59] Das Erfordernis der Erwirtschaftung eines Gewin-

---

[55] *D. Aigner/Tumpel*, SWK 2011, 394ff.
[56] VwGH 16.5.2007, 2005/14/0083. *D. Aigner/Tumpel*, SWK 2011, 394ff.
[57] Vgl zum Markt für Luxusimmobilien zB *Fischer*, Europäischer Markt für Luxusimmobilien bleibt stabil, International Business Times, Onlineausgabe 15.1.2009; *Die Presse*, Wirtschaftskrise? Russen investieren Geld in Wien, Printausgabe 28.11.2008.
[58] *D. Aigner/Tumpel*, SWK 2011, 394ff. Zur Fremdüblichkeit *Beiser*, Fremdübliche Vermietung oder verdeckte Ausschüttung/Zuwendung?, SWK 2009, S 903. Kritisch zur Fremdüblichkeit *M. Mayr*, Wohnraumvermietung zwischen GmbHs und ihren Gesellschaftern, SWK 2012, S 718.
[59] Dazu zB *Kolacny/Caganek*, UStG[3], § 2 Tz 45ff.

nes nach § 2 Abs 5 Z 2 UStG steht allerdings in offensichtlichem Gegensatz zu § 2 Abs 1 UStG, in dem (richtlinienkonform) lediglich die Erzielung von Einnahmen, nicht aber Gewinnerzielungsabsicht als Kriterium für die Unternehmereigenschaft gefordert wird.[60] Das Erfordernis der Gewinnerzielung ist der MwSt-SystRL fremd. Auch der EuGH geht davon aus, dass die nachhaltige Erzielung von Einnahmen für die Unternehmereigenschaft ausreicht und Gewinnerzielung nicht erforderlich ist.[61]

Darüber hinaus wird für die Anerkennung der Unternehmereigenschaft auch im nationalen Recht nicht in jedem Falle die Erzielung eines Totalgewinnes gefordert. Kostengemeinschaften oder Errichtergemeinschaften zur Errichtung von Eigentumswohnungen, die lediglich die Errichtungskosten an die Wohnungseigentümer verrechnen, werden als umsatzsteuerliche Unternehmer anerkannt, auch wenn ein Totalgewinn nicht erzielt wird. Gleiches gilt für Wohnungseigentumsgemeinschaften, die lediglich die Kosten aus der Erhaltung, Verwaltung und Betrieb des Gebäudes an die Wohnungseigentümer überwälzen.[62]

Bei der Vermietung einer zu Wohnzwecken dienenden Immobilie durch eine Privatstiftung an den Stifter oder an Begünstigte ist unabhängig davon als wirtschaftliche Tätigkeit zu qualifizieren, ob aus der Vermietungstätigkeit ein Gesamtüberschuss erzielt wird. Der Bestimmung des § 2 Abs 5 Z 2 UStG und des § 1 Abs 2 LVO dürfte es an der erforderlichen gemeinschaftsrechtlichen Grundlage fehlen. Vor diesem Hintergrund hat der VwGH bereits mit Beschluss vom 26.5.2004 dem EuGH Fragen zur Vereinbarkeit des § 2 Abs 5 Z 2 UStG iVm § 1 Abs 2 LVO bei der kleinen Wohnungsvermietung mit dem Gemeinschaftsrecht vorgelegt und um Vorabentscheidung ersucht. Im Vorlagebeschluss hat der VwGH in einer richtlinienkonformen Interpretation die österreichische Regelung der verlustbringenden kleinen Wohnungsvermietung als Steuerbefreiung mit Vorsteuerausschluss nach Art 13 Teil B Buchstabe b der 6. MwSt-RL angesehen. Dies offenbar vor dem Hintergrund, dass der EuGH eine unechte Steuerbefreiung für die verlustträchtige Wohnraumvermietung als richtlinienkonform anerkennt.[63] Daraus wird offenbar auch die Übereinstimmung der österreichischen Liebhabereigrundsätze bei der kleinen Vermietung mit der MwSt-SystRL abgeleitet.[64] Diese Auffassung, dass § 2 Abs 5 Z 2 UStG in richtlinienkonformer Auslegung der MwSt-SystRL als unechte Steuerbefreiung anzusehen wäre, ist jedoch uE nicht haltbar. Die Formulierung des § 2 Abs 5 Z 2 UStG ist insoweit eindeutig, als sie eine Liebhabereitätigkeit nicht als gewerblich oder beruflich qualifiziert und damit die Unternehmereigenschaft aufgrund solcher Tätigkeiten versagt. Einer nach Wortlaut und Sinn eindeutigen nationalen Bestimmung kann im Wege der richtlinienkonformen Auslegung kein entgegengesetzter Sinn verliehen werden. Seitens der Finanzverwaltung wurde die Beschwerdeführerin mittels Wiederaufnahme des Verfahrens allerdings klaglos gestellt. Der VwGH hat daraufhin das beim EuGH anhängige Vorabentscheidungsersuchen zurückgezogen.[65] Eine höchstge-

---

[60] Dazu *Bürgler* in *Berger/Bürgler/Kanduth-Kristen/Wakounig* (Hrsg), UStG, § 2 Rz 286.
[61] So auch EuGH 26.9.1996, C-230/94, *Enkler* zur verlustträchtigen Vermietung eines Wohnwagens. Dazu *D. Aigner/Tumpel*, SWK 2011, 394ff.
[62] Vgl *Kolacny/Caganek*, UStG³ § 1 Anm 48. Dazu *D. Aigner/Tumpel*, SWK 2011, 394ff.
[63] EuGH 29.4.2004, C-487/01, *Gemeente Leusden*.
[64] Vgl *Sarnthein*, Liebhaberei bei kleiner Vermietung EG-konform, SWK 2005, 681.
[65] Dazu VwGH 16.3.2005, EU 2004/0002 und 0003-6.

richtliche Entscheidung, ob die Liebhabereibestimmungen im Einklang mit der MwSt-SystRL stehen, bleibt somit vorerst aus.[66]

Unterstellt man die Vereinbarkeit des § 2 Abs 5 UStG mit dem Gemeinschaftsrecht, so kann gem § 6 LVO (BGBl 1993/33) Liebhaberei im umsatzsteuerlichen Sinn nur bei Betätigungen iSd § 1 Abs 2 LVO vorliegen. Umsatzsteuerliche Liebhaberei ist nur für die typische Liebhabereitätigkeit, nicht hingegen für sonstige verlustbringende oder gewinnlose Tätigkeiten möglich.[67] Als typische Liebhabereitätigkeit, die auch für die Umsatzsteuer relevant ist, gilt u.a. die Bewirtschaftung eines Schlosses (zB durch Vermietung). Ob sich Wirtschaftsgüter in besonderem Maße für eine Nutzung iRd Lebensführung eignen und typischerweise einer besonderen in der Lebensführung begründeten Neigung entsprechen, ist nach der Verkehrsauffassung anhand objektiver Kriterien und nicht nach subjektiven Verhältnissen zu beurteilen. Bei Vermietungstätigkeiten kann grundsätzlich nur die so genannte kleine Vermietung von Eigentumswohnungen, Eigenheimen und Mietwohngrundstücken mit qualifizierten Nutzungsrechten als typische Liebhabereitätigkeit angesehen werden und umsatzsteuerlich zu Liebhaberei führen. Die Liebhabereivermutung ist widerlegbar, wenn aus der Art der Bewirtschaftung oder der Tätigkeit in einem absehbaren Zeitraum ein Gesamtgewinn erwartet werden kann. Ist kein Gesamtgewinn zu erwarten, ist Liebhaberei ab Beginn der Tätigkeit anzunehmen, solange nicht die Art der Bewirtschaftung oder der Tätigkeit geändert wird. Die Frage, ob Liebhaberei vorliegt, ist für Zwecke der Umsatzsteuer sofort zu entscheiden. Es gibt dafür keinen Beobachtungszeitraum, weil insbesondere in jenen Fällen, wo am Leistungsaustausch Unternehmer beteiligt sind, die Entscheidung, ob Liebhaberei vorliegt oder nicht, sofort getroffen werden muss.[68] Eine Tätigkeit, die bei der Sofortbeurteilung Zweifel offen lässt, ob die Ertragsfähigkeit gegeben ist, ist umsatzsteuerlich keine Liebhaberei.[69] Eine Tätigkeit iSd § 2 Abs 5 Z 2 UStG ist dann anzunehmen, wenn aus der Betätigung im konkreten Fall Gewinne bzw Einnahmenüberschüsse überhaupt nicht erwirtschaftet werden können.[70] Das Erfordernis der „Sofortbeurteilung" verlegt den Zeitpunkt, auf welchen eine Prognose zu erstellen ist, zum Leistungszeitpunkt hin, das Erfordernis einer objektiv erstellten – vom subjektiven Eindruck des Steuerpflichtigen unabhängigen – Prognose nach der Möglichkeit eines Gesamtgewinnes innerhalb eines überschaubaren Zeitraumes ist aber trotzdem gegeben.[71] Die Vermietung einer Wohnimmobilie durch eine Privatstiftung müsste im Fall der so genannten kleinen Vermietung innerhalb eines Zeitraumes von 20 Jahren, längstens innerhalb von 23 Jahren ab dem erstmaligen Anfall von Aufwendungen, einen Totalgewinn erwarten lassen, damit keine Liebhabereitätigkeit vorliegt.[72]

---

[66] Dazu *Bürgler* in *Berger/Bürgler/Kanduth-Kristen/Wakounig* (Hrsg), UStG, § 2 Rz 290; *D. Aigner/Tumpel*, SWK 2011, 394ff.
[67] Vgl *Philip*, Unternehmerische und nichtunternehmerische Sphäre im Umsatzsteuerrecht (2004), 25.
[68] VwGH 9.5.1995, 95/14/0001; 3.11.1986, 86/15/0025, 0056.
[69] VwGH 16.12.1991, 90/15/0067.
[70] VwGH 16.12.1991, 90/15/0067; 3.11.1986, 86/15/0025, 0056.
[71] VwGH 9.5.1995, 95/14/0001.
[72] *D. Aigner/Tumpel*, SWK 2011, 394ff.

3.4. Kein wirtschaftliches Eigentum des Mieters am Bestandsobjekt

Bei der Vermietung einer Immobilie durch eine Privatstiftung ist diese regelmäßig zivilrechtliche und damit auch wirtschaftliche Eigentümerin des Bestandsobjektes. Eine Zurechnung des wirtschaftlichen Eigentums an einer vermieteten Liegenschaft zum Mieter auf Grundlage eines Bestandsvertrages kommt uE nicht in Betracht. Die Tatsache, dass der Mieter auch der Stifter oder Begünstigter ist, vermag per se eine Zurechnung der Liegenschaft zu selbigem nicht zu rechtfertigen, wenn die Privatstiftung zivilrechtliche Eigentümerin des Bestandsobjektes ist.[73]

4. Missbrauch durch Vermietung einer Immobilie an den Stifter oder an Begünstigte?

Nach der Rsp des EuGH[74] können missbräuchliche Praktiken von Wirtschaftsteilnehmern dann festgestellt werden, wenn die formale Anwendung der Bedingungen der einschlägigen Bestimmungen einer Richtlinie und des zu ihrer Umsetzung erlassenen nationalen Rechts einen Steuervorteil zum Ergebnis haben, dessen Gewährung dem mit diesen Bestimmungen verfolgten Ziel zuwiderliefe. Darüber hinaus muss aus einer Reihe objektiver Anhaltspunkte ersichtlich sein, dass mit den fraglichen Umsätzen im Wesentlichen ein Steuervorteil bezweckt wird. Der Generalanwalt hat in seinen Schlussanträgen in der Rs *Halifax* ausgeführt, dass das Missbrauchsverbot dann nicht relevant ist, wenn die fraglichen Umsätze eine andere Erklärung haben können als die Erlangung von wesentlichen Steuervorteilen.[75]

Eine solche Erklärung ist bei der Vermietung einer Liegenschaft durch eine Privatstiftung an den Stifter oder andere Begünstigte uE ersichtlich, sodass darin auch keine missbräuchliche Praxis zu erblicken sein sollte. Wie bereits erwähnt, steht es Privatstiftungen grundsätzlich frei und ist es als durchaus üblich einzustufen, dass diese ihr Vermögen in den Erwerb von Grundstücken zum Zwecke der Vermietung investieren. Auch die Tatsache, dass auf erworbenen Grundstücken ein Einfamilienhaus errichtet, saniert oder adaptiert wird, um es anschließend dauerhaft gegen Entgelt zu vermieten, stellt uE per se keine künstliche Gestaltung dar. Eine solche Vorgangsweise ist häufig und Geschäftsgegenstand vieler Unternehmen. Wird eine Liegenschaft einer Privatstiftung an ihren Stifter oder andere Begünstigte vermietet, so ist dieses Rechtsverhältnis uE ebenfalls nicht missbrauchsverdächtig, wenn der dem Leistungsaustausch zugrunde liegende Mietvertrag gewöhnlich auch mit unabhängigen Dritten geschlossen werden könnte. Die Vermietung einer Liegenschaft durch ein Privatstiftung an den Stifter oder an Begünstigte ist unter den obigen Prämissen uE grundsätzlich nicht als künstliche Gestaltung mit dem Zweck der Erlangung eines wesentlichen Steuervorteils zu qualifizieren, sondern stellt eine durchaus übliche Form der Verwertung von Immobilien bei Privatstiftungen dar. Lediglich in jenen Fällen, in denen die Gebrauchsüberlassung der Immobilie etwa den Stiftungszweck darstellt und dafür formal ein Mietvertrag errichtet wird, der aber der Nutzungsüberlassung tatsächlich nicht zu Grunde gelegt wird, da etwa eine Verrech-

---

[73] *D. Aigner/Tumpel*, SWK 2011, 394ff.
[74] EuGH 21.2.2006, C-255/02, *Halifax*.
[75] *D. Aigner/Tumpel*, SWK 2011, 394ff.

nung von Mietzahlungen und Betriebskosten unterbleibt oder aber langfristig gestundet wird, ist uE eine künstliche Gestaltung zu unterstellen.[76]

5. Kein Vorsteuerausschluss aus § 12 Abs 2 Z 2 lit a bzw § 12 Abs 2 Z 1 UStG

Die Vermietung einer zu Wohnzwecken genutzten Immobilie durch eine Privatstiftung an den Stifter oder an Begünstigte kann – wie gezeigt – als nachhaltige, auf die Einnahmenerzielung gerichtete Tätigkeit anzusehen sein, die umsatzsteuerrechtlich zur Begründung der Unternehmereigenschaft einer Privatstiftung iSd § 2 UStG führt.

Gemäß § 12 Abs 1 Z 1 UStG kann der Unternehmer die von anderen Unternehmern in einer Rechnung iSd § 11 UStG an ihn gesondert ausgewiesene Steuer für Lieferungen oder sonstige Leistungen, die im Inland für sein Unternehmen ausgeführt worden sind, als Vorsteuer abziehen. Nicht als für das Unternehmen ausgeführt gelten nach § 12 Abs 2 Z 2 lit a UStG Lieferungen, sonstige Leistungen oder Einfuhren, deren Entgelte überwiegend keine abzugsfähigen Ausgaben (Aufwendungen) im Sinne des § 20 Abs 1 Z 1 bis 5 EStG oder der §§ 8 Abs 2 und 12 Abs 1 Z 1 bis 5 KStG darstellen. Nach § 20 Abs 1 Z 1 und 2 lit a EStG dürfen bei den einzelnen Einkünften die für den Haushalt des Steuerpflichtigen und für den Unterhalt seiner Familienangehörigen aufgewendeten Beträge sowie Aufwendungen oder Ausgaben für die Lebensführung, selbst wenn sie die wirtschaftliche und gesellschaftliche Stellung des Steuerpflichtigen mit sich bringt und sie zur Förderung des Berufes oder der Tätigkeit des Steuerpflichtigen erfolgen, nicht abgezogen werden. § 12 Abs 1 Z 1 KStG bestimmt, dass bei den einzelnen Einkünften die Aufwendungen für die Erfüllung von Zwecken des Steuerpflichtigen, die durch Stiftung, Satzung oder sonstige Verfassung vorgeschrieben sind, nicht abgezogen werden dürfen.[77]

Wie bereits gezeigt, führt die auf die Einnahmenerzielung gerichtete Vermietung einer Immobilie durch die Privatstiftung an den Stifter oder an Begünstigte zu einem umsatzsteuerlich grundsätzlich anzuerkennenden Leistungstausch, sodass die damit in Zusammenhang stehenden bezogenen Leistungen dem unternehmerischen Bereich der Privatstiftung zuzuordnen sein sollten. Insofern liegen uE keine Aufwendungen für die Erfüllung von Zwecken des Steuerpflichtigen, die durch Stiftung, Satzung oder sonstige Verfassung vorgeschrieben sind, vor. Zu beachten ist allerdings, dass nach der Rechtsprechung des EuGH in jenen Fällen, in denen Leistungen ausschließlich zur Erfüllung des Stiftungszweckes bezogen werden, diese dem nichtunternehmerischen Bereich einer Stiftung zuzurechnen sind.[78] Bei einer Nutzungsüberlassung einer Liegenschaft durch die Privatstiftung, die ausschließlich in Folge der Erfüllung des Stiftungszweckes erfolgt, ohne dass ein auf den Leistungstausch gerichtetes Rechtsverhältnis zwischen Privatstiftung und Stifter oder Begünstigten vorliegt, können § 12 Abs 1 Z 1 und 2 KStG zur Anwendung kommen und sich über § 12 Abs 2 Z 2 lit a UStG bzw aus § 12 Abs 2 Z 1 UStG ein Vorsteuerausschluss ergeben. Nach der Rsp des EuGH[79] in der Rs *Puffer*

---

[76] *D. Aigner/Tumpel*, SWK 2011, 394ff.
[77] Dazu auch *Wiedermann*, ZfS 2007, 100.
[78] Dazu zB EuGH 6.11.2008, C-291/07, *Kollektivavtalsstiftelsen TRR Trygghetsrådet*.
[79] Dazu EuGH 23.3.2009, C-460/07, *Puffer*.

sind § 12 Abs 2 Z 2 lit a UStG und § 12 Abs 2 Z 1 UStG offenbar unabhängig anwendbar, da eine Abhängigkeit der beiden Bestimmungen zur Folge hätte, dass sich eine Unzulässigkeit von Z 1 auch auf Z 2 lit a auswirken würde. Es handelt sich dagegen nach Auffassung des EuGH wohl um autonom anwendbare Bestimmungen. Die Tatsache, dass eine Privatstiftung auch in Erfüllung ihres Stiftungszweckes einen auf einen Leistungsaustausch gerichteten Mietvertrag mit dem Stifter oder Begünstigten schließt und damit grundsätzlich die Voraussetzungen für einen Vorsteuerabzug für bezogene Leistungen nach den allgemeinen Bestimmungen des § 12 UStG erfüllt, vermag uE die Vorsteuerabzugsberechtigung auch nicht über eine unterstellte Wechselwirkung zwischen § 12 Abs 2 Z 2 lit a UStG und § 12 Abs 2 Z 1 UStG zu begründen.[80]

6. Zusammenfassung

Nach der jüngeren Rechtsprechung von VwGH[81] und UFS[82] kann die längerfristige Vermietung einer zu Wohnzwecken genutzten Immobilie durch eine Privatstiftung an den Stifter oder an andere Begünstigte als nachhaltige, auf die Einnahmenerzielung gerichtete Tätigkeit angesehen werden, die umsatzsteuerrechtlich zur Begründung der Unternehmereigenschaft einer Privatstiftung iSd § 2 UStG mit der Berechtigung zum Vorsteuerabzug führt. Voraussetzung ist, dass der Mietvertrag zwischen Privatstiftung und Stifter oder anderen Begünstigten zu einem umsatzsteuerlichen Leistungsaustausch führt. Entsprechend der unionsrechtlichen Vorgaben stellt die Vermietung von Eigentumswohnungen, Eigenheimen und Mietwohngrundstücken mit qualifizierten Nutzungsrechten auch eine wirtschaftliche Tätigkeit iSd Art 9 der MwSt-SystRL dar, die auch im Falle von Verlusten (Liebhaberei) zur Unternehmereigenschaft führt. § 2 Abs 5 UStG iVm § 1 Abs 2 LVO dürfte daher nicht im Einklang mit der MwSt-SystRL stehen.

Nach der Rechtsprechung des VwGH sind Vertragsbeziehungen zwischen Privatstiftung, Stifter und Begünstigten bei fremdüblicher Vermietung grundsätzlich anzuerkennen. Unter Verweis auf die Rechtsprechung des EuGH ist nach Ansicht des VwGH festzustellen, ob ein „fremdüblicher" (am Markt orientierter) Mietpreis erhoben wurde.[83] Auch der UFS ist der Rechtsprechung des VwGH gefolgt und hat festgehalten, dass in jenen Fällen, in denen ein Bestandvertrag sowohl hinsichtlich des Mietobjektes als auch der Preisgestaltung sowie der sonstigen Vertragsgestaltung als marktüblich angesehen werden kann, von einem fremdüblichen Mietverhältnis und – damit verbunden – von einer Unternehmereigenschaft der Privatstiftung auszugehen ist. Daran vermag etwa auch eine ungewöhnliche Betriebskostenverrechnung nichts zu ändern.[84]

Dieser Unternehmereigenschaft einer Privatstiftung durch eine Immobilienvermietung an den Stifter oder an Begünstigte steht auch die Rechtsprechung des VwGH zum außerbetrieblichen Bereich von Kapitalgesellschaften nicht entgegen. Die vom VwGH zum außerbetrieblichen Bereich von Kapitalgesellschaften getroffenen Aussagen, samt

---

[80] *D. Aigner/Tumpel*, SWK 2011, 394ff.
[81] VwGH 7.7.2011, 2007/15/0255.
[82] UFS 31.10.2011, RV/2378-W/07.
[83] VwGH 7.7.2011, 2007/15/0255. Zur Ermittlung der angemessenen Miete auch VwGH 23.2.2010, 2007/15/0003
[84] UFS 31.10.2011, RV/2378-W/07.

der daraus gezogenen umsatzsteuerlichen Konsequenzen, sind uE auf Privatstiftungen nicht übertragbar.

Des Weiteren vermag weder eine allenfalls behauptete mangelnde Ernstlichkeit des Mietverhältnisses noch eine behauptete wirtschaftliche Zurechnung des Bestandsobjektes zum Bestandsnehmer das Fehlen einer unternehmerischen Tätigkeit der Privatstiftung zu begründen. Mietverhältnisse zwischen Privatstiftung und Stifter können auch nicht per se als missbräuchlich iSd Rsp des EuGH eingestuft werden.

Sanierung von Unternehmen

Sanierung abseits von Zahlen und Paragraphen

Alois Markschläger

1. **Abgrenzungen, Sichtweisen und Begriffe**
2. **Sanierungsursachen**
   2.1. Fehlerkumulation
   2.2. Von außen herangetragene Ursachen
      2.2.1. Übernommene Paradigmen: Die Getäuschten
         2.2.1.1. Nur der Erfolg zählt
         2.2.1.2. Die falsche Fehlerkultur
         2.2.1.3. Die „alte" Sicht des Marktes
      2.2.2. Die Beschenkten und die stillen Botschaften der „Alten"
      2.2.3. Die Verführten
      2.2.4. Branchensterben
   2.3. Ursachen in der Person des Unternehmers
      2.3.1. Emotionale Grundbedürfnisse
         2.3.1.1. Allgemeines
         2.3.1.2. Selbstwert und Kommunikation
         2.3.1.3. Macht und Freiheit
      2.3.2. Die Persönlichkeitsstruktur: Das limbische Profil
      2.3.3. Die Überforderung
      2.3.4. Fehlender fachlicher Hintergrund
      2.3.5. Fehlende Veränderungsenergie
      2.3.6. Emotionen und Charaktereigenschaften
         2.3.6.1. Ängste
         2.3.6.2. Eitelkeit und Hochmut
         2.3.6.3. Kriminalität
      2.3.7. Die Erfolgsplattform
      2.3.8. Die Kurzsichtigen
   2.4. Der Erfolg als Gefahr
      2.4.1. Davongewachsen
      2.4.2. Unternehmer des Jahres – ein erster Schritt zur Sanierung?
      2.4.3. Erfolg als Hemmschuh
   2.5. Wirtschaftliche Sanierungsursachen
3. **Sonstige Beteiligte an der Sanierung**
   3.1. Der Wandel in der Sanierungskultur
   3.2. Der Sanierungstrupp
   3.3. Die Banken
      3.3.1. Die richtige Bank
      3.3.2. Die Bank als Partner

3.3.3. Die Beurteilung durch die Banken
3.4. Die Geschädigten
4. Ausblick
5. Literaturverzeichnis

1. Abgrenzungen, Sichtweisen und Begriffe[1]

Bei Sanierungen stehen Zahlen und Fakten im Vordergrund. Mit der Analyse der Zahlen versuchen wir, Ursachen und Folgen der Sanierung zu interpretieren und vorauszuberechnen. Dabei übersehen wir oft die eigentlichen Ursachen für die wirtschaftlichen Schwächen. Zahlen sind das Ergebnis menschlichen Handelns. Dieses Handeln ist auch im Zahlenbereich nur selten rational gelenkt.[2] Emotionen, unterschiedliche Persönlichkeitsstrukturen und die Charaktereigenschaften vieler Beteiligter steuern die Entscheidungen.

Das Ergebnis ist, was sich ergibt. Um die **eigentlichen Ursachen** des Erfolgs oder des Misserfolgs zu finden, muss man penetrant wie ein Kind mehrmals nach dem „Warum" fragen. Mit der letzten Antwort ist man in der Nähe der eigentlichen Ursache.

Ich versuche hier die menschlichen Hintergründe der Sanierung aufgrund meiner Erfahrungen und Eindrücke aus meiner Beratungstätigkeit darzulegen. Meine Sichtweise ist nur eine von vielen. Daneben gibt es noch unzählige Sichtweisen.[3]

Der **Begriff des Unternehmers**[4] wird folgendermaßen verwendet: Der Unternehmer ist die Person, die im Unternehmen die Entscheidungen trifft und dazu aufgrund ihrer Position (Eigentümer und/oder Manager) auch berechtigt ist.

2. Sanierungsursachen

2.1. Fehlerkumulation

Mit wenigen Ausnahmen kenne ich keinen Sanierungsfall, der nur aufgrund eines Fehlers entstanden ist. Die Sanierung ist die Folge eines **Bündels von Ursachen**. Fehler häufen sich aufgrund der Unternehmenskultur, die durch das Führungsverhalten des Chefs geprägt ist. Diese wirkt in allen Abteilungen.[5] Zusätzlich ist die gegenseitige Beeinflussung aller betrieblichen Bereiche derart stark, dass aus Einzelfehlern eine Fehlerkette entsteht: Ein Unternehmen ist wie ein Mikadospiel, bei dem man ein Stäbchen angreift und sich viele andere bewegen.

---

[1] Zu Beginn möchte ich mich bei den Herausgebern dieser Festschrift bedanken. Festschriften haben einen wissenschaftlichen Hintergrund. Mein Artikel ist ein unwissenschaftlicher: Meine Erfahrungen, Eindrücke und Emotionen aus drei Jahrzehnten Beratungstätigkeit – und einen wesentlichen Teil davon als Sanierungsberater – will ich hier darlegen.

[2] Vgl *Haumer*, Emotionales Kapital, Entscheiden zwischen Vernunft und Gefühl, 1998, 13.

[3] Auf einem Tisch steht ein Weinkrug auf der einen und ein Weinglas auf der anderen Seite. Dies kommentieren die Vier, die um den Tisch sitzen, folgendermaßen: Der Erste: „Rechts steht ein Krug, links ein Glas." Der Zweite: „Du irrst: Links steht der Krug, rechts das Glas." Der Dritte: „Vor mir steht der Krug, dahinter ein Glas." Verzweifelt der Vierte: „Vor mir steht ein Krug. Wo seht Ihr ein Glas?" Meist hat der Tisch nicht nur vier Seiten, sondern ist rund.

[4] Die Begriffe Unternehmer, Mitarbeiter etc werden aus Vereinfachungsgründen in der männlichen Form geführt. Gemeint sind jeweils beide Geschlechter.

[5] Wie es am Hof aussieht, so sieht es in der Bilanz aus.

2.2. Von außen herangetragene Ursachen

2.2.1. Übernommene Paradigmen: Die Getäuschten

2.2.1.1. Nur der Erfolg zählt

Die zweite Hälfte des letzten Jahrhunderts war in weiten Teilen Europas über Jahrzehnte durch hohes Wirtschaftswachstum, durch neue Technologien und durch erfolgreiche Unternehmen geprägt. Die Frage nach dem Gewinn beschränkte sich vielfach auf dessen Höhe. Finanzierungsfragen wurden in den Hintergrund gedrängt, da mit den Gewinnen trotz hoher Steuerbelastungen auch ein hohes Fremdkapital finanzierbar war. Aus diesem „Hoch" entwickelte sich ein Hochmut, der in allen Bereichen (private Haushalte, Unternehmen, öffentliche Hand) zu teilweise enormen Schulden verführte und führte. Es entstanden entgegen betriebswirtschaftlichen Regeln eine eigene Wirtschaftskultur (eigentlich „Unkultur") und die Grundeinstellung der Unverletzlichkeit aufgrund guter Ertragssituationen. Bereits bei geringfügigen Verschlechterungen des wirtschaftlichen Umfeldes wurde das überhöhte Fremdkapital existenzbedrohend. Viele Sanierungsfälle sind daraus entstanden.

2.2.1.2. Die falsche Fehlerkultur

Entspricht das Verhalten eines Kindes nicht den Erwartungen der Erwachsenen, gibt es Korrekturen in Form von liebevollen Erklärungen über Liebesentzug hin bis zu handfesten Ermahnungen. Die Korrekturen begleiten uns ein Leben lang, woraus ein Schuldgefühl entsteht: Wenn wir etwas falsch machen, sind wir schuldig.

Die Folgen dieser Fehlerkultur sind:
- Die Angst vor Fehlern führt zu Stress, der unsere Leistungsfähigkeit einschränkt. Ich habe Unternehmer erlebt, die keine Entscheidungen getroffen haben, um keinen Fehler zu begehen.[6]
- Fehler werden so lange wie möglich unter den Teppich gekehrt. Der daraus entstandene Schaden ist oft höher als der ursprüngliche.
- Ein Fehler darf nur von oben nach unten aufgezeigt werden.[7]

Gott sei Dank beginnt sich die Fehlerkultur in unseren Betrieben zu ändern. Die Grundhaltung sitzt allerdings immer noch tief[8] und die Folgen sind noch immer immens.

2.2.1.3. Die „alte" Sicht des Marktes

Die Marktsituation war bis in die Nachkriegszeit des vorigen Jahrhunderts vor allem im gewerblichen Bereich durch folgende Faktoren gekennzeichnet:
- Das Nachfragepotenzial am Markt war hoch, was sich in einer guten Auslastung und in langen Lieferzeiten zeigte.

---

[6] Hier spreche ich von „Unterlassern" und nicht mehr von Unternehmern.
[7] Samurais mussten Selbstmord begehen, wenn ihnen ein Gleichrangiger oder ein Untergeordneter einen Fehler nachwies.
[8] Eine Befragung von ca 250 Mitarbeitern in einem oberösterreichischen Unternehmen ergab: Ca 90 % der Befragten gaben an, dass ein Fehler zu keinen Konsequenzen für den Mitarbeiter führt. Fast 85 % der Befragten haben allerdings negative Emotionen (Ärger, Angst, Schuld etc), wenn sie einen Fehler begehen.

- Der Zugang zum Markt war noch durch gesetzliche oder gelebte Regeln gehemmt bzw beschränkt.
- Die Entwicklung neuer Produkte hielt sich in Grenzen.
- Die Verkaufspreise waren durch die Nachkalkulation bestimmt.[9]

Unter diesen Voraussetzungen hatten eine fachlich einwandfreie Leistung, Kostenbewusstsein und Fleiß für den Erfolg gereicht.[10] Nachdem sich der Markt gewandelt hatte, war es zu wenig, am Abend müde zu sein. Neben der Erfolglosigkeit durch das „Vorbeiarbeiten" am Markt hatten sich andere zu Tode gespart. (Gespart wird, koste es, was es wolle.) Das alte Marktbild wurde stark zurückgedrängt, ist aber in Klein- und Mittelbetrieben einiger Branchen noch immer spürbar.

2.2.2. Die Beschenkten und die stillen Botschaften der „Alten"

Nicht jede Betriebsübergabe von den Eltern ist betriebswirtschaftlich wirklich ein Geschenk. Da ein Zurückweisen oft nicht gewagt wird,[11] gibt es nicht immer glückliche oder erfolgreiche Nachfolger.[12] Folgende Beispiele sollen dies verdeutlichen:
- Ein junger Unternehmer erklärte mir nach der Übernahme des Unternehmens von seinem Vater: „Ich habe es ohnehin gerne übernommen, aber zumindest fragen hätte er mich können."
- Ein Sohn musste – in den Augen der Eltern durfte er – den väterlichen Betrieb mit dreißig übernehmen. Richtig glücklich und zum ersten Mal innerlich frei war er erst nach fünfundzwanzig Jahren, als wir das letzte seiner drei Geschäfte verkauft hatten. Bis dahin war das Unternehmertum für ihn eine Belastung.
- Ein Sohn erbte ein erfolgreiches Unternehmen. Er war hauptberuflich in einer anderen Branche tätig, führte aber den Betrieb weiter, da dies sein Vater erwartet hatte. Das Unternehmen kam nach zwanzig Jahren in Turbulenzen und hätte noch ohne persönlichen Schaden liquidiert werden können. Die Botschaft des Vaters war aber noch immer stärker als die Vernunft. Der Sohn führte das Unternehmen fort und verlor im Konkurs sein gesamtes Privatvermögen.

2.2.3. Die Verführten

Ein zu **großzügiges Finanzierungs- und Förderungsverhalten** der öffentlichen Stellen oder von Banken bergen ein Insolvenzrisiko: Das Kapital und die Finanzierung bekommen nicht den Stellenwert, der ihnen zukommt. Der fehlende Druck, mit dem Kapital vorsichtig umzugehen und Gewinne zur Finanzierbarkeit zu erzielen, führt manchmal zu

---

[9] Die Teilnehmer an meinem ersten Kostenrechnungsseminar kamen mit der Vorstellung, von mir die Verkaufspreise zu erfahren. Dass Verkaufspreise durch die Wettbewerbssituation am Markt entstehen, war nicht bewusst. Für die Preisgestaltung waren die „richtigen" Kalkulationssätze ausschlaggebend.

[10] Nicht selten habe ich von erfolglosen Unternehmern gehört: „Was soll ich denn noch machen? Ich arbeite ohnehin Tag und Nacht."

[11] Wir bekommen von unseren Eltern das Leben geschenkt. Das wird als Grund dafür angeführt, dass wir Geschenke von ihnen nicht zurückweisen dürfen. Ob das übergebene Unternehmen wirklich ein Geschenk ist, sehen Eltern und Kinder oft mit ganz anderen Augen.

[12] Manche Unternehmen sind bei der Übergabe bereits Sanierungsfälle, was der Übergeber aufgrund seiner subjektiven Einschätzung nicht bemerkt oder bemerken will.

falschen Entscheidungen. Reagiert wird erst bei Liquiditätsengpässen, welche schon eine hohe Alarmstufe in der Sanierung sind.

2.2.4. Branchensterben

Das Sterben ganzer Branchen erfolgt oft sehr langsam.[13] Wenn die Antennen für das Erkennen von Veränderungen zu wenig ausgefahren sind, bemerkt das Unternehmen die Veränderungen zu spät. Da ein Großteil der Branche nicht reagiert, macht der Einzelne nichts falsch. Lernende Organisationen schützen sich vor diesen Gefahren sehr gut.[14]

2.3. Ursachen in der Person des Unternehmers

2.3.1. Emotionale Grundbedürfnisse

2.3.1.1. Allgemeines

Neben physischen Bedürfnissen haben wir auch emotionelle Bedürfnisse. Diese lassen sich auf **vier Grundbedürfnisse** reduzieren: Liebe und Nähe, Anerkennung, Lob und Beachtung, Sicherheit und Harmonie sowie Freiheit. Welches Bedürfnis dominiert, bestimmen viele Faktoren (Persönlichkeit, Erziehung, Erfahrung etc). Das Verlangen, die Bedürfnisse von außen zu befriedigen, hängt mit dem Selbstwert eines Menschen zusammen. Bei hohem Selbstwert ist die Persönlichkeit so stark, dass eine Bedürfnisbefriedigung durch Dritte nicht notwendig ist.

Im Wirtschaftsgeschehen wirken die emotionellen Grundbedürfnisse als Triebfedern. Dies ist positiv, da es ohne diese Triebfedern möglicherweise gar keine Unternehmer gäbe. Ist der Selbstwert aber zu schwach, müssen die Bedürfnisse ausschließlich über Dritte oder über das Unternehmen befriedigt werden. Fehlentwicklungen sind vorprogrammiert.

Dazu einige Beispiele (Immer mit niedrigem Selbstwert):
- Der Wunsch nach Liebe führt dazu, nicht konfliktfähig zu sein, den Mitarbeitern und Geschäftspartnern nach dem Mund zu reden und keine Grenzen zu setzen, um auf jeden Fall geliebt zu werden.
- Fehlinvestitionen,[15] reines Streben nach Umsatzwachstum, zu teure Statussymbole etc sind oft durch das Verlangen nach Anerkennung verursacht.
- Der Freiheitsdrang kann zu einer geringen Anpassungsfähigkeit, zu einem zu dominanten Auftreten oder überhaupt zu der Fehlentscheidung, ein Unternehmen zu gründen, führen.[16]
- Ein hohes Sicherheitsbedürfnis führt zu: Der Unternehmer arbeitet Tag und Nacht. Es wird nicht delegiert. Der Unternehmer sucht sich Einsager.

---

[13] Das Verhalten der Unternehmer gleicht dabei dem eines Frosches: Gibt man einen Frosch in einen Topf mit kaltem Wasser und erwärmt man dieses ganz langsam, fühlt sich der Frosch wohl und will den Topf nicht verlassen. Wird das Wasser zu heiß, hat der Frosch nicht mehr die Kraft, sich aus dem Topf zu befreien.
[14] Vgl dazu *Senge*, Die fünfte Disziplin, Kunst und Praxis der lernenden Organisation, Freiburg 1996.
[15] Der Bauer mit dem größten Mähdrescher ist der am meisten anerkannte im Dorf.
[16] Ein Unternehmer erklärte mir nach seinem dritten Konkurs, dass er sich immer wieder selbstständig machen werde, da er sich eine Unterordnung nicht vorstellen könne.

- Aufgrund persönlicher Unsicherheit werden viele Seminare besucht und viele Bücher gelesen, wobei das Gelernte nur selten umgesetzt wird.
- Entscheidungsschwache Unternehmer sind vielfach unsichere Unternehmer.[17]

Der Selbstwert wird in der Kindheit und in der Jugend geformt, kann aber verändert und entwickelt werden. Auch unter diesem Aspekt sollten wir unser Bildungssystem überdenken.

2.3.1.2. Selbstwert und Kommunikation[18]

Der Selbstwert bestimmt die Kommunikation. Bei hohem Selbstwert sind wir in der Lage, unsere eigenen Interessen zu vertreten, ohne den anderen zu verletzen. Kann der Unternehmer mit seinen Kunden, Lieferanten, Banken, Mitarbeitern nicht sinnvoll kommunizieren, sind viele Bereiche eines Unternehmens gefährdet.[19]

2.3.1.3. Macht und Freiheit

Macht ist die Fähigkeit, seinen Willen gegenüber anderen Personen durchzusetzen. In jeder Organisation ist die Machtausübung – streng zu unterscheiden vom Machtmissbrauch – erforderlich und grundsätzlich positiv. Wird die Macht nicht durch den Unternehmer ausgeübt, kommt es zu teilweise ruinösen Machtkämpfen. Das Machtstreben hängt mit dem Drang nach Anerkennung und nach Freiheit zusammen und ist mit dem limbischen Persönlichkeitsprofil (siehe unten) verbunden.

Ein **Mittel, zu Macht** zu kommen, ist das Kapital. Den Spruch: „Wer zahlt, schafft an", habe ich bei Sanierungen wiederholt erlebt. Hohe Fremdfinanzierungen, die vor und bei Sanierungen die Regel sind, hemmen den Machtspielraum und schränken die Freiheit des Unternehmers ein. Damit kommen Kräfte an die Macht, die in erster Linie nicht am Erfolg des Unternehmens, sondern an der Sicherung ihres Kapitals interessiert sind. Die beiden Ziele decken sich selten. Das Unternehmen wird so zum Opfer.

2.3.2. Die Persönlichkeitsstruktur: Das limbische Profil

Die Persönlichkeit des Menschen ist durch sein limbisches Profil geprägt,[20] welches ihm angeboren ist und nicht verändert werden kann. Es werden drei Antriebskräfte, die meist in einer Mischform auftreten, unterschieden:
- Die **Dominanz** bewirkt ein Streben nach Macht und „nach oben" (Der Zweite ist der erste Verlierer). Die Selbständigkeit zu erhalten, den Wettbewerb zu verdrängen und besser zu sein als die anderen, sind Folgen einer starken Dominanz. Selbständige sollten ein ausgeprägtes Dominanzprofil haben. Bei überhöhter Dominanz besteht die Gefahr des „blinden" Ehrgeizes und mangelnder Kommunikation.

---

[17] Ich spreche dann eher von Unterlassern als von Unternehmern.
[18] Grundlegende Arbeiten zu diesem Themen finden wir bei *V. Satir*. Vgl *Satir*, Kommunikation-Selbstwert-Kongruenz, Konzepte und Perspektiven familientherapeutischer Praxis, Paderborn 1999.
[19] Ich vertrete die Auffassung, dass wir mit unserem rationalen Potenzial alle Aufgaben im Unternehmen lösen können. Oft können die Beteiligten nicht vernünftig kommunizieren. Das Problem ist meist ein Kommunikations- und nicht ein Organisationsproblem.
[20] Vgl dazu die Arbeit von *Häusel*, Think Limbic, Die Macht des Unbewussten verstehen und nutzen für die Motivation, Marketing, Management, München 2003.

- Die **Stimulanz** regt zur Suche nach Unbekanntem, zur Abwechslung, zum Forschen und Entwickeln und zum Ausbrechen aus dem Gewohnten an. Viele erfolgreiche Unternehmer haben ein ausgeprägtes Stimulanzprofil. Bei einer Überausprägung besteht die Gefahr des Chaoten, mit dem jedes Unternehmen gefährdet werden kann.
- Die **Balance** sucht Sicherheit, Harmonie und Stabilität. Veränderungen, Störungen und Gefahren werden nach Möglichkeit vermieden. Eine Grundportion von Balance ist für jeden Unternehmer notwendig. Bei zu starker Ausprägung entsteht ein Stillstand, der existenzgefährdend sein kann.

Das **Fehlen einzelner Persönlichkeitsausprägungen** birgt auch Gefahren:
- Ohne Dominanz wird die Macht nicht mehr vom Unternehmer, sondern von anderen Personen ausgeübt. Erforderliche Regeln werden nicht aufgestellt und es fehlt an der letzten Organisationskonsequenz. Dies ist eine der häufigsten Sanierungsursachen und auch der Grund für das Brachliegen von Ressourcen.
- Fehlt dem Unternehmer jeder Antrieb zu Neuerungen und Veränderung (zu geringe Stimulanz), gibt es keine Weiterentwicklung und der Markt überholt das Unternehmen. Notwendige Veränderungen werden gemieden.
- Die Gefahr der fehlenden Balance liegt in fehlenden Sicherheiten. Dies zeigt sich in riskanten Finanzierungen, zu raschen „Bauchentscheidungen" und fehlenden Informationssystemen. Eine Untersuchung besagt, dass Unternehmen mit einer starken Controllingabteilung weniger sanierungsgefährdet sind.[21] Dies erscheint mir plausibel, da das hohe Sicherheitsbedürfnis des Unternehmers auch in allen anderen Bereichen des Unternehmens spürbar ist. Controlling ist nur eine Ausprägung der Balance.

2.3.3. Die Überforderung

Die eigene Person zu kennen, ist für einen Unternehmer wichtig. Daraus kann er seine Stärken ableiten und er weiß, was ihm fehlt. Er kann sich mit qualifizierten Mitarbeitern umgeben und deren Stärken nutzen. Die **Schwächen des Unternehmers** werden durch Dritte ausgeglichen.

Sind die Schwächen des Unternehmers hoch und sollen sie nicht offenkundig werden, werden Mitarbeiter, die dort Stärken zeigen, wo der Chef seine Schwächen hat, abgebaut oder in die Schranken gewiesen. Dieses Verhalten ist vor allem in Kombination mit einem niedrigen Selbstwert zu beobachten. Die Ablehnung der Unterstützung durch einen Unternehmensberater ist teilweise auch auf die Scheu und auf die Angst, Schwächen einzugestehen, zurückzuführen.[22]

2.3.4. Fehlender fachlicher Hintergrund

Mein erster Eindruck als Berater war eine erschreckende fachliche Schwäche vieler Unternehmer. Fehlende betriebswirtschaftliche Grundkenntnisse, keine oder mangelhafte

---

[21] Vgl Euler Hermes Kreditversicherung/Zentrum für Insolvenz und Sanierung Universität Mannhein, Studie Ursachen von Insolvenzen, Mannheim 2011.
[22] Er geht zum Arzt, zum Architekten, zum Rechtsanwalt und zum Steuerberater. Deren Leistungen werden von ihm nicht erwartet. Er kann aber nicht zum Unternehmensberater gehen. Dies verbindet er mit einem Eingestehen einer Unfähigkeit als Unternehmer.

Marktkenntnisse und fehlende Kommunikationsfähigkeit waren und sind keine seltenen Mangelerscheinungen.

Meine Forderung lautet: Ein Unternehmer sollte in allen betrieblichen Bereichen solche Grundkenntnisse haben, dass er die Spezialisten richtig fragen, ihnen im Gespräch folgen und beurteilen kann, wann er von den Spezialisten angelogen wird.

2.3.5. Fehlende Veränderungsenergie

Auf die Frage an einen Reisenden, der in einem Zug in die falsche Richtung sitzt, warum er bei der letzten Station nicht ausgestiegen sei, antwortet dieser: „Weil es hier so schön ist." Es gibt Unternehmer, die genau wissen, dass sie mit ihrem Unternehmen auf der falschen Strecke unterwegs sind und dass sie die Richtung wechseln sollten, es aber aus mehreren Gründen (oft gleichzeitig) nicht schaffen: Man müsste sich von Produkten, Kunden, Lieferanten, Mitarbeitern trennen, die einem seit Jahren lieb und vertraut sind. Energie wäre notwendig, um viele davon zu überzeugen, dass es einen besseren Weg gibt. Diese Energie fehlt.

2.3.6. Emotionen und Charaktereigenschaften

2.3.6.1. Ängste

Ängste beeinflussen unsere Handlungen und gelten als Zeichen von Schwäche, da sie uns lähmen. Da das Unternehmertum noch immer als männliche Domäne angesehen wird, sind Schwächen und damit Ängste Tabuthemen.

Von den **drei Urängsten** –Todesangst, Versagensangst und Existenzangst – finden wir in der Wirtschaft die Versagensangst und die Existenzangst am häufigsten. Beide wirken als Antriebskräfte und sorgen für großartige Erfolge, bei zu starker Ausprägung hemmen sie viele Entscheidungen und verzerren das Wirklichkeitsbild. Bei Sanierungsfällen können sie auch blockieren. Fast regelmäßig werden Insolvenzen aufgrund dieser Ängste verschleppt. Es ist die Angst, im Ort, im Bekanntenkreis, bei Kunden, bei Lieferanten und sich selbst gegenüber sein Versagen eingestehen zu müssen. In Verbindung mit dem Wunsch nach Anerkennung und nach Macht kann diese Angst tödlich wirken.[23]

Wie sehr die Ängste den Unternehmer niedergedrückt haben, ist oft am Tag nach der Anmeldung des Insolvenzverfahrens spürbar. In einer entspannten Atmosphäre ist erstmals nach Wochen ein gelöstes Lächeln oder sogar Lachen bemerkbar.

Aus Ängsten entstehen **Gier und Geiz**. Direkte Auswirkungen der beiden zeigen sich einerseits in einem rational nicht begründbaren Sparverhalten anstelle eines angebrachten Nutzendenkens. Andererseits führt die Gier zu einer ungerechten Verteilung der Erträge im Unternehmen; vor allem wenn der Gierige weitgehend die Macht hat, die Erträge zu verteilen. Demotivation, innere Kündigung etc sind mögliche Folgen.

2.3.6.2. Eitelkeit und Hochmut

Eitelkeit als übertriebene Sorge um die Vollkommenheit ist vor allem dann gefährlich, wenn diese Vollkommenheit vollkommen fehlt. Neben übertriebenen persönlichen Status-

---

[23] Unvergesslich bleibt mir der Unternehmer, der, als er seinen wirtschaftlichen Ruin bemerkte, sich mit seiner Gattin und dem Hund im Auto eingeschlossen und Abgase in das Wageninnere geleitet hat.

symbolen gibt es genügend Symbole der Eitelkeit im betrieblichen Bereich (Verwaltungspaläste, betriebliche Events etc), die die Existenz des Unternehmens bedrohen. Die Eitelkeit gepaart mit der falschen Fehlerkultur lassen ein Eingestehen eines Fehlers nicht mehr zu. Dabei ist die Grenze zwischen gesundem Selbstbewusstsein und Eitelkeit fließend.

Hochmut als Gegensatz zur Demut birgt die Gefahr, sich selbst als das Maß aller Dinge zu sehen. Möglicherweise ergeben sich daraus Fehlentscheidungen, die die Existenz gefährden.

2.3.6.3. Kriminalität

Nicht so oft wie vielfach vermutet gibt es auch den Sanierungsfall, der nur zum Schaden der Gläubiger und zum wirtschaftlichen Vorteil eines Unternehmers konstruiert wird. Hier werden mit kriminellen Handlungen andere zum eigenen Vorteil geschädigt.

2.3.7. Die Erfolgsplattform

Der Gesamterfolg eines Menschen besteht nicht nur aus seinem wirtschaftlichen Erfolg. Gesundheit, der Erfolg in der Familie und der soziale Erfolg sind ebenso wichtige Teile des Erfolgs.

Ist einer der vier Erfolgsfaktoren gestört, wirkt dies auch auf die anderen Bereiche. Vor allem Störungen im Gesundheitsbereich und in der Familie hemmen die Agilität des Unternehmers. Oft führen Scheidungen zu einem Verfall im Unternehmen. Nicht immer ist das soziale Umfeld, in dem sich der Unternehmer bewegt, freundlich. Von der Familie, dem Bekanntenkreis wird oft ein gehöriger Erfolgsdruck ausgeübt. Dieser kann in der weiteren Folge die Gesundheit und die Leistungsfähigkeit des Unternehmers beeinträchtigen (burn out).

2.3.8. Die Kurzsichtigen

Wir sehen heute oft die **Gegenwart kurzlebiger** als die Vergangenheit; Veränderungen erfolgen rascher. Der kurzfristige Erfolg, an dem die Eigentümer interessiert sind und der teilweise das Einkommen der Manager bestimmt, ist wichtiger geworden als langfristige Erfolgsstrategien. So werden aus Lösungen von heute Probleme von morgen.

Dazu ein häufiges Beispiel: Um den kurzfristigen Erfolg zu sichern, werden bei Beschäftigungsschwankungen Mitarbeiter abgebaut. Beim Rest entsteht aus Angst um den Arbeitsplatz eine gesteigerte Leistung (kurzfristig). Wenn das Unternehmen nach zwei Jahren zusätzliche Mitarbeiter benötigt, findet es keine geeigneten Kräfte am Arbeitsmarkt. Mit der Kündigungswelle wurde das Image am Personalmarkt zerstört. Der Ausweg, die Lücke im überhöhten Ausmaß mit Leasingmitarbeiter zu schließen, führt zu einer sinkenden Arbeitsmoral und zu sinkenden Leistungen beim Stammpersonal, während die Kosten steigen. Die daraus resultierenden wirtschaftlichen Verluste können zur Insolvenz führen. Die Kurzsichtigkeit ist eine Ursache für den mittelfristigen Misserfolg.

2.4. Der Erfolg als Gefahr

2.4.1. Davongewachsen

Das Lenken eines Pkws erfordert andere Fähigkeiten als das Lenken eines Lkws. Es ist nicht leichter oder schwerer, es ist anders. Das Führen eines großen Unternehmens erfordert andere Unternehmereigenschaften als eines kleinen: Ein Unternehmer gründet eine Firma und ist damit erfolgreich. Das Unternehmen wächst und agiert plötzlich in einer anderen Größenklasse: Aus dem Pkw ist ein Lkw geworden. Nicht alle Unternehmer wachsen mit. Holt sich dieser Unternehmer keine Hilfe oder verkleinert wieder das Unternehmen oder verkauft es, besteht ein hohes Risiko für einen Misserfolg.

2.4.2. Unternehmer des Jahres – ein erster Schritt zur Sanierung?

Es gibt Unternehmen, die als äußerst erfolgreich galten (Unternehmer des Jahres) und nach wenigen Jahren Sanierungsfälle wurden. Dafür gibt es meines Erachtens eine betriebswirtschaftliche und eine menschliche Ursache. Der Erfolg eines Unternehmens wird am Umsatz bzw an hohen Umsatzsteigerungen für die Umwelt sichtbar. Hohe Wachstumsraten führen oft zu folgendem Prozess: Das Unternehmen läuft ununterbrochen einer neuen Organisation nach. Das für das Wachstum erforderliche Personal gibt es nicht ausreichend. Mit der Personalausbildung kommt das Unternehmen nicht nach. Reklamationen und Qualitätsverlust – Qualität war die Basis für den Erfolg – sind die Folgen und führen zu Umsatzverlusten. Im nächsten Schritt wird versucht, diese mit Preiszugeständnissen auszugleichen. Der Mindestumsatz, der im Wachstum durch zusätzliche Fixkosten, schlechtere Preise und eine geringe Leistung gestiegen ist, wird nicht mehr erreicht. Entstehende Verluste gefährden die Liquidität.

Der Hintergrund für das unkontrollierbare Wachstum ist das Streben nach Anerkennung, das mit überdimensionalen Erfolgen am Markt am ehesten zu befriedigen ist. Unternehmer mit niedrigem Selbstwert brauchen dies.

2.4.3. Erfolg als Hemmschuh

Nicht nur einmal musste ich erleben, wie **bisher erfolgreiche** Unternehmer kurz vor dem Ruhestand **in die Insolvenz** schlitterten. Die Wurzeln der Sanierungsnotwendigkeit lagen im Erfolg der Vergangenheit:

- Der Erfolg beschäftigte den Unternehmer so stark, dass er im Tagesgeschäft voll aufging. Für strategische Überlegungen blieb neben den Kundenterminen, Mitarbeiteranweisungen, Feuerwehraktionen etc kaum Zeit.[24, 25]
- Der jahrzehntelange Erfolg lässt ein Gefühl von Unverletzlichkeit bzw Unsterblichkeit aufkommen. Ein langfristiger Misserfolg wurde unvorstellbar.
- Der Erfolg hat in der Umgebung zu einer Anerkennung und zu einem Stolz geführt, die jetzt ein Eingeständnis des Schwächelns unmöglich machen.[26]
- Aufgrund der Zuversicht, immer erfolgreich zu sein, werden das gesamte Privatvermögen und Haftungen Dritter zur Sanierung eingebracht.

---

[24] Diese Unternehmer lassen in mir das Bild eines Bauern aufkommen, der fleißig, immer den Blick auf den Boden gerichtet, mit seiner Haue den Acker bearbeitet. Dabei übersieht er das aufziehende Gewitter, bis ihn der Blitz erschlägt.

[25] Ein Unternehmer, der diese Problematik erkannte, sich veränderte und sich mit langfristigen Strategien beschäftigte, hat den Ausspruch gepflegt: „Seit ich weniger arbeite, verdiene ich mehr."

[26] Berater werden zu spät gerufen. Sie kommen nicht mehr als Ärzte, sondern bestenfalls als Pfarrer, meist aber nur noch als Bestatter.

- Die persönliche Energie des Unternehmers ist durch die hektischen Erfolgsjahre verbraucht. Für die Sanierung ist keine Kraft mehr vorhanden.

Meist bleiben nur eine Insolvenz, der Verlust des gesamten Vermögens und eine gebrochene Familie.

2.5. Wirtschaftliche Sanierungsursachen

Die Sanierungsursachen, die in Sanierungsberichten angeführt werden, beschränken sich meist auf volkswirtschaftliche oder betriebswirtschaftliche Faktoren. Um die wirklichen Gründe zu finden, sollte man mindestens dreimal die Frage „Warum?" stellen.

In folgenden Beispielen habe ich versucht, von den wirtschaftlichen Sanierungsursachen auf die persönlichen und damit eigentlichen Ursachen zu schließen. Nach jeder Stufe ist ein „Warum" zu denken.

Ursache Konjunktureinbruch: (1) Probleme durch Verluste (2) mangelndes Eigenkapital (3) zu hohe Privatentnahmen (4) Streben nach Anerkennung (5) Eitelkeit.

Ursache Branchensterben: (1) sinkender Umsatz (2) Verluste durch schlechte Auslastung (3) mangelnde Marktinformation (4) Kurzsichtigkeit (5) geringe Veränderungsbereitschaft (6) Balance stärker als Stimulanz.

Ursache fehlende Information: (1) Reaktion kommt oft zu spät (2) Sicherheitsdenken wenig ausgeprägt (3) zu viel Stimulanz und zu wenig Balance.

Fehlende Information – .... – Angst vor der Wahrheit

Fehlende Information – .... – Hochmut und Eitelkeit

Ursache Führungsfehler: (1) fehlende Motivation und Begeisterung (2) Kommunikationsschwächen (3) zu niedriger Selbstwert.

Ursache Marketingfehler: (1) erfolglos am Markt und Verluste durch schlechte Preise (2) fehlende Anpassung der Produkte (3) zu geringe Veränderungsbereitschaft (4) zu wenig Stimulanz oder zu hohe Eitelkeit.

Ursache zu rasches Wachstum: (1) Organisations- und Finanzierungsprobleme (2) Verluste durch Chaos (3) schwache Machtstrukturen (4) zu geringe Dominanz.

Ursache zu rasches Wachstum: ………….. zu starkes Macht- und Anerkennungsstreben – zu schwacher Selbstwert

Diese Liste lässt sich beliebig fortführen. Sie zeigt, dass die eigentlichen Ursachen für Sanierungsverfahren oft abseits der ersten Augenscheinlichkeiten liegen. Immer sind es menschliche Schwächen – um es neutral auszudrücken –, menschliche Eigenschaften, die zu wirtschaftlichen Problemen führen.

3. Sonstige Beteiligte an der Sanierung

3.1. Der Wandel in der Sanierungskultur

Sanierungen und Insolvenzen sind schwierige Situationen, die die Interessen vieler Beteiligter berühren. **Gesetzliche Rahmenbedingungen** sind dafür notwendig.

Mein persönlicher Eindruck ist, dass das gesetzliche Korsett enger geschnallt wurde, um Missbräuchen vorzubeugen. Die Rechtslage ist komplizierter geworden. Viele früher erfolgreich abgewickelten Sanierungen, bei denen kein Beteiligter einen Schaden erlitt und bei denen die sanierten Unternehmen danach erfolgreich wirtschafteten, würde ich heute aus Haftungsgründen nicht mehr wagen. Sanierungen und vor allem Insolvenzen benötigen sowohl einen Betriebswirt als auch einen Juristen. Jeder der beiden hat seine Aufgaben. Die Entwicklung der letzten Jahrzehnte drängt den Betriebswirt in den Hintergrund.

Bei Sanierungsfällen zu Beginn der 80-iger Jahre des letzten Jahrhunderts hatte ich große Bedenken, das Wort „Konkurs" auszusprechen. Zuviel **Schmach und Ängste** wurden damit verbunden. Gott sei Dank ist heute das wirtschaftliche Versagen nicht mehr mit der Brandmarkung des letzten Jahrhunderts verbunden. Vielfach wird meines Erachtens mit Sanierungsverfahren etwas zu sorglos umgegangen. Es ist einfach geworden: Jemand gerät in wirtschaftliche Schwierigkeiten. Er zeigt auf. Es kommen ein Jurist, ein Wirtschaftsberater und der Banker. Diese realisieren kurzfristig die Entschuldung. Am „nächsten Tag" geht es schon wieder flott weiter – das Unternehmen ist saniert.

Meine entscheidende Frage an den Unternehmer bei einer Sanierungsberatung ist die nach den Ursachen für das Versagen. Die Antworten beschränken sich oft auf schwierige Marktsituationen, ruinösen Wettbewerb, schlechte Arbeitsmoral, gesetzliche Vorschriften, das Finanzamt, Banken etc. Selten werden eigene Fehlleistungen, Schwächen oder Mängel genannt.[27] Mit meiner Feststellung, dass jeder Unternehmer die Kunden, die Mitarbeiter, die Produkte, die Banken usw hat, die er verdient, versuche ich, das Bewusstsein auf die eigentliche Ursache des Misserfolgs, auf den Unternehmer, zu lenken. Selten mit dem Erfolg, dass sich eine hohe Lern- oder Veränderungsbereitschaft stark macht, ohne die eine Veränderung im Unternehmen und damit eine erfolgreiche Sanierung mittelfristig nicht denkbar sind. Auch wenn die **Sanierungsfähigkeit** gegeben ist, fehlt die Sanierungswürdigkeit.

Zur Veränderung der Unternehmenskultur ist auch eine Veränderung der beteiligten Mitarbeiter notwendig. Dazu folgende Extrembeispiele:

- Ein Mittelbetrieb musste innerhalb weniger Jahre viermal Insolvenz anmelden. Nach jeder Insolvenz gab es neue Eigentümer, alle Mitarbeiter in Schlüsselpositionen blieben. An der Unternehmenskultur (Kundeneinstellung, Qualität, Kommunikation, Führungsstil usw) hatte sich nichts geändert. Nach der vierten Insolvenz wurde das Unternehmen liquidiert.
- Nach der Insolvenz eines Mittelbetriebes wurden alle Angestellten durch neue ersetzt. Die Argumentation für diese Entscheidung war: Die bisherigen Einstellungen sind in den Köpfen dieser Mitarbeiter so verwurzelt, dass sie nur durch einen kompletten Personalwechsel beseitigt werden können. Das Unternehmen ist heute erfolgreich und börsenotiert.

3.2. Der Sanierungstrupp

In den letzten Jahren haben sich für ein Sanierungsverfahren verschiedene Spezialisten lose zusammengefunden, die eine Insolvenz „professionell" abwickeln.[28] Die komplizierter gewordene rechtliche Situation (Insolvenzrecht, Arbeitsrecht, Privatrecht etc) er-

---

[27] Dahinter steht die Auffassung: Die ganze Welt soll sich ändern, nur ich muss gleich bleiben.
[28] Manchmal sogar als „Konkursmafia" bezeichnet.

fordert diese Spezialisierung. Ein Masseverwalter, ein Jurist, ein Banker, ein Steuerberater und ein Unternehmensberater, die nach Möglichkeit bereits gemeinsame Erfahrungen haben, wickeln ein Verfahren in kürzester Zeit mit optimalen Ergebnissen ab.

Nachteile dieser „Sanierungsindustrie" sind:
- Der Lerneffekt für den Unternehmer ist gering. Nach der Bereinigung der Finanzierungssituation zieht rasch der betriebliche Alltag ein. Die „alten" Fehler werden rasch wieder begangen.
- In den Jahren nach der Sanierung werden Sanierungsgewinne realisiert (Gewinne durch stille Reserven in den Vorräten und in den Halbfabrikaten), die von manchen als Leistungsgewinne gedeutet werden.
- Der Unternehmer hat gelernt, dass er bei Schwierigkeiten nur aufzeigen muss. Dann kommen einige Spezialisten, die wieder alles richten.
- Die Notsituation eines Unternehmers wird von manchen Spezialisten in Form horrender Honorare ausgenützt. Teilweise könnte man bereits von Nötigung sprechen.
- Bei einer Liquidation des Unternehmens werden oft aus Zeitgründen oder durch zu geringes Engagement wirtschaftliche Vermögenswerte verschleudert.
- Oft sind der Weg und die Methoden des Sanierungsverfahrens von den Spezialisten bereits vor der Verfahrenseröffnung vorgezeichnet. Das Verfahren selbst hat nur noch formalen Charakter, bei dem die restlichen Beteiligten kaum mehr eingreifen können.

3.3. Die Banken

3.3.1. Die richtige Bank

Meine Antworten auf die Wahl der richtigen Bank sind aufgrund meiner Sanierungserfahrungen:
- Bei einem Arbeiten mit mehreren Banken ist deren Risiko geteilt. Gerade in kritischen Unternehmenssituationen, in der zusätzliches Kapital erforderlich ist, findet man bei einer Mehrbankenpolitik kaum ein Institut, das ein zusätzliches, meist schlecht besichertes Risiko eingeht. Bei einer **Hausbank** gibt es oft enge persönlichen Bindungen und für die Bank besteht das Risiko, vom bisherigen Volumen bei Nichtfinanzierung des Zusatzkapitals erhebliche Teile zu verlieren.
- Bei der Auswahl der Bank empfehle ich, die zu wählen, bei der es möglich ist, mit dem, der über die Finanzierung entscheidet, **persönlich** zu verhandeln. Kritische Situationen ergeben sich, wenn zu große Banken zu kleine Unternehmen finanzieren. Hier gibt es zu wenig persönliche Kontakte, womit die Bankentscheidung nicht mehr optimal ist.[29] Oft kennt der Entscheidende den Unternehmer oder den Betrieb nicht einmal persönlich.

3.3.2. Die Bank als Partner

In Sanierungssituationen müssen Banker über die weitere Finanzierung Entscheidungen treffen. Die Informationen über die aktuelle Situation kommen überwiegend vom Unternehmen. Wie die Informationen eingeschätzt werden, hängt auch vom **bisherigen Ver-**

---

[29] Vgl *Scharinger*, Nach meiner Trompete, Visionen ohne Taten bleiben Träume, 2010, 70ff.

halten des Unternehmers zur Bank ab. Ein aufgebautes Vertrauensverhältnis nützt. Störungen im Vertrauensverhältnis wirken für das Unternehmen oft existenzgefährdend.[30]

Mindestens zwei Insolvenzen, in die ich als Berater Einblicke hatte, wären ausgeblieben, hätten sich die Unternehmer in „guten" Zeiten nicht präpotent und überheblich gegeben. Ihr Verhalten war auch bei Krisenentscheidungen der Banker gespeichert und hat die Entscheidungen wesentlich beeinflusst.[31] Es waren Insolvenzen, bei denen kein Finanzierungsinstitut irgendeinen Schaden erlitten hat.

3.3.3. Die Beurteilung durch die Banken
Angeblich gibt es Vorteile durch Basel II. Ich kann sie nicht beurteilen. In der Kreditbeurteilung haben sich mit Basel II meines Erachtens zwei Dinge verändert:
- Wurden vor Basel II auch persönliche Aspekte bei der Kreditvergabe berücksichtigt, werden heute die Entscheidungen von Zahlen und Checklisten (manche sprechen von Checklisten-Bankern) dominiert. Die handelnden Personen treten in den Hintergrund, was die Beurteilung problematisch gestaltet.[32]
- Vor Basel II wurden eine Kreditablehnung oder höhere Zinsen von den Banken sachlich oder persönlich begründet. Heute ist Basel II für einige Banken ein Schutzschild, hinter dem man sich bequem verstecken kann.

3.4. Die Geschädigten
Die Folgen einer Insolvenz für die **Gläubiger** reichen von nicht nennenswert bis zu existenzgefährdend. Trotz der teilweise extremen Schäden, die manche Lieferanten erleiden, sind persönliche Rachefeldzüge oder sonstige extreme Animositäten gegenüber dem Schuldner eher selten. Das Verständnis, das sich oft auch in einem Mitgefühl äußerst, ist normalerweise hoch. Weitere Belieferungen, natürlich mit verstärkten Sicherheitsvorkehrungen, sind die Regel.

Auch aus dem **sonstigen Umfeld** der Schuldner gibt es eher eine aufmunternde Unterstützung als eine Verurteilung. Mitleid und Empathie stehen im Vordergrund.

Massive Angriffe gibt es nur, wenn hinter dem Sanierungsverfahren ein betrügerischer Akt vermutet wird, was allerdings, wie bereits erwähnt, selten ist.

Das Verhalten der **Mitarbeiter** ist unterschiedlich: Bei einigen Sanierungen habe ich Belegschaften erlebt, die bereits wochen- oder monatelang, ohne ein Geld zu sehen, weitergearbeitet haben. Aber auch ein rasches Verlassen des sinkenden Schiffes ist mir untergekommen. Das Verhältnis und das Verhalten des Unternehmers vor der schwierigen Situation bestimmen das Verhalten der Mitarbeiter in der Sanierung.

4. Ausblick
Aufgrund meiner Ausführungen sollte der „ideale Unternehmer" so aussehen:
- Ein ausgeglichenes limbisches Profil, bei dem Dominanz und Stimulanz stärker ausgeprägt sind als die Balance.

---

[30] Teilweise ist das Vertrauensverhältnis derart gestört, dass Bankgespräche in der Sanierungphase ohne Unternehmer stattfinden.
[31] Auch Banker sind von Emotionen gesteuert, die oft lange nachwirken.
[32] Vgl *Scharinger*, aaO, 25.

- Ein hoher Selbstwert, mit dem die emotionalen Grundbedürfnisse nicht nur von Dritten befriedigt werden müssen und der eine optimale Kommunikation gewährleistet.
- Eine profunde fachliche Ausbildung, um als Generalist kompetenter Gesprächspartner für die Spezialisten zu sein.

Mit solchen Unternehmern wären perfekte Unternehmen und damit eine perfekte Volkswirtschaft denkbar. Diese Perfektion ist nicht erreichbar. Die oben aufgezeigten Erfordernisse für gute Unternehmer sollten aber die Richtung unsere Erziehung und unserer Ausbildung bestimmen.

5. Literaturverzeichnis

Euler Hermes Kreditversicherung/Zentrum für Insolvenz und Sanierung Universität Mannhein, Studie Ursachen von Insolvenzen, Mannheim 2011.

Haumer, H., Emotionales Kapital, Entscheiden zwischen Vernunft und Gefühl, Wien 1998.

Häusel, H.-G., Think Limbic, Die Macht des Unbewussten verstehen und nutzen für die Motivation, Marketing, Management, München 2003.

Satir, V., Kommunikation-Selbstwert-Kongruenz, Konzepte und Perspektiven familientherapeutischer Praxis, Paderborn 1999.

Scharinger, L., Nach meiner Trompete, Visionen ohne Taten bleiben Träume, Salzburg 2010.

Senge, P. M., Die fünfte Disziplin, Kunst und Praxis der lernenden Organisation, Freiburg 1996.

Betriebliche Sanierung – Ertragsteuerliche Aspekte

Herbert Helml

1. **Grundlagen einer unternehmensrechtlichen Sanierung**
2. **Klassische Sanierungsmaßnahmen und deren ertragsteuerliche Aspekte und Begünstigungsmöglichkeiten**
   2.1. Sanierungsinstrumente
      2.1.1. Großmutterzuschuss/Eigenkapitalzuschuss
      2.1.2. Verlustabdeckungszuschuss
      2.1.3. Forderungsverzicht
      2.1.4. Besserungsvereinbarung/Besserungskapital
      2.1.5. Nachrangigkeits-/-Rangrücktrittserklärung
      2.1.6. Patronatserklärung
      2.1.7. Genussrecht
      2.1.8. Gesellschafterdarlehen/verdecktes Eigenkapital
   2.2. Sanierungsgewinn
      2.2.1. Vorbemerkungen
      2.2.2. Die Begünstigungen nach § 36 EStG und § 23a KStG im Detail
      2.2.3. Steuerberechnung
   2.3. Ertragsteuerliche Sonderfälle der Sanierung
      2.3.1. Außergerichtliche Sanierung
      2.3.2. Sanierungsgewinne bei Einnahmen-/Ausgabenrechnung
      2.3.3. Steuerliche Aspekte beim sanierungsbedingten Mantelkauf
3. **Sonstige ertragsteuerliche Aspekte in der Insolvenz**
4. **Zusammenfassung/Schlusswort**
Literaturverzeichnis

1. Grundlagen einer unternehmensrechtlichen Sanierung

Nicht wenige Unternehmen entwickeln sich nach ihrer Gründung und der „Sturm-und-Drang-Zeit" zur Reife und Blüte, um danach in eine Zeit zu kommen, in welcher gerne das Formale in den Vordergrund gerückt wird.

Sie beginnen sich damit mehr mit sich selbst als mit dem Markt zu beschäftigen. Auf diese Weise erstarren Unternehmen zunehmend und sterben schließlich. Dies ist ein Bild, das sich erfahrungsgemäß in der Praxis bei nicht wenigen Unternehmensentwicklungen zeigt. Vor dem „Sterben", sprich Liquidation in der Insolvenz, kommt zumeist die „Krise".

Damit ist zumeist eine substanzielle Gefährdung des Unternehmensfortbestands mit unbestimmtem Ausgang verbunden.

Wenngleich eine solche Gefährdung durch nicht vorhersehbare Ereignisse plötzlich, dh ohne erkennbare Warnsignale, eintreten kann, durchlaufen Unternehmen in der Krise typischerweise nacheinander verschiedene Eskalationsstufen.[1]

Sehr häufig fehlt dem Unternehmen ausreichendes Eigenkapital.

So definiert § 2 Abs 1 EKEG das Vorliegen einer Krise einer Gesellschaft unter Bezug auf §§ 66, 67 Insolvenzordnung mit dem Vorliegen einer Zahlungsunfähigkeit oder Überschuldung und unter Bezug auf §§ 23, 24 URG mit einer Eigenmittelquote unter 8 % und einer fiktiven Schuldentilgungsdauer von mehr als 15 Jahre.

Wird die akute Krise als beherrschbar angesehen, kann eine Sanierung eingeleitet werden. Insgesamt reicht die Krisenbewältigung als Teil eines umfassenden Krisenmanagements von der Weiterführung/Sanierung bis zur zwangsweisen Liquidation.[2]

Aus der Sicht des Ertragssteuerrechts ergeben sich im Rahmen der Krisenbewältigung vor allem zwei große Problemkreise:

Zum einen ist nach den steuerlichen Folgen einer – zumindest versuchten – Sanierung des Unternehmens zu fragen, zum anderen nach Eröffnung und Durchführung eines gerichtlichen Insolvenzverfahren auf die Konsequenzen und Forderungen des Fiskus zu achten.[3]

Aus steuerrechtlicher Sicht ist dabei zunächst wesentlich zu betonen, dass es für Unternehmen im Rahmen einer Sanierung kein gesondertes „Sanierungssteuerrecht" im Sinne eines Sondersteuerrechtes gibt. Wohl aber gibt es eine Reihe von Sanierungsbegünstigungen.

Im Folgenden wird hier zunächst auf klassische Sanierungsmaßnahmen und deren steuerliche Aspekte und Begünstigungsmöglichkeiten eingegangen.

Besonderer Raum wird dabei der Erörterung des Sanierungsgewinns aus ertragsteuerlichen Gesichtspunkten und der Steuerberechnung im Rahmen einer Kapitalgesellschaft eingeräumt. Dabei wird auch auf Sonderfälle der Sanierung eingegangen. In der Folge werden verschiedene ertragsteuerliche Besonderheiten in der Insolvenz näher beleuchtet.

---

[1] Gutachten KWT KFS BW 5 vom 24.3.2010: Leitfaden zum Erkennen von Unternehmenskrisen, 2.

[2] *Feldbauer-Durstmüller*, Sanierungsfähigkeitsprüfung, in *Feldbauer-Durstmüller/Schlager* (Hrsg), Krisenmanagement–Sanierung–Insolvenz, 448 mit weiterem Literaturverweis.

[3] *Helml*, Private Equity als innovatives Finanzierungsinstrument einer Unternehmenssanierung durch Auffanggesellschaften unter besonderer Berücksichtigung von Steuerplanung und Steuercontrolling, Diss., 159.

2. Klassische Sanierungsmaßnahmen und deren ertragsteuerliche Aspekte und Begünstigungsmöglichkeiten

2.1. Sanierungsinstrumente

Sieht man von möglichen unternehmensinternen Maßnahmen wie der Veräußerung von Beteiligungen oder nicht betriebsnotwendigem Vermögen, einer „Vorrats-Bereinigung" durch Abverkauf des Lagers, einem Forderungsabbau durch Factoring oder sale-and-lease-back-Transaktionen und dergleichen ab, bedarf es zur Sanierung meist einer Liquiditätszufuhr von außen.[4]

Liquiditätsverbesserungen durch Zuzahlungen (Kapitalmaßnahmen) gehören zu den klassischen Sanierungsinstrumenten ebenso wie in der Regel auch die Entlastung von bestehenden Verbindlichkeiten durch gänzlichen oder teilweisen Verzicht auf Forderungen (Schulderlass) seitens der Gläubiger und/oder der Gesellschafter des sanierungsbedürftigen Unternehmens.[5]

Folgende klassische Sanierungsinstrumente[6] sollen in der Folge näher beleuchtet werden:

- Großmutterzuschuss/Eigenkapitalzuschuss
- Verlustabdeckungszuschuss
- Forderungsverzicht
- Besserungsvereinbarung/Besserungskapital
- Nachrangigkeits-/Rangrücktrittserklärung
- Patronatserklärung
- Genussrecht
- Gesellschafterdarlehen/ Verdecktes Eigenkapital

Die ertragsteuerlichen Aspekte und Folgen obiger Instrumente sind in Literatur und Judikatur schon intensiv behandelt.[7]

Nachstehend erfolgt daher dazu im Wesentlichen der Versuch einer Zusammenfassung.

2.1.1. Großmutterzuschuss/Eigenkapitalzuschuss

Durch den Zuschuss kommt es zu einer doppelten Anschaffung von Gesellschaftsanteilen, deren Ansatz auf jeder Stufe steuerlich mit dem gemeinen Wert nach § 6 Z 14 lit b EStG zu erfolgen hat. Der Zuschuss ist bei der Enkelgesellschaft steuerneutral (§ 8 Abs 1 KStG iVm § 6 Z 14 lit b EStG).[8]

---

[4] Werden Mitunternehmeranteile, Betriebe oder Teilbetriebe veräußert, ist für natürliche Personen auf die Begünstigung des § 24 EStG hinzuweisen. Beim Factoring ist zwischen echtem und unechtem Factoring, bei dem das Bonitätsrisiko beim Schuldnerunternehmen bleibt, zu unterscheiden.

[5] *Ruppe* in *Ruppe* (Hrsg), Rechtsprobleme der Unternehmenssanierung, 266.

[6] Siehe dazu auch *Petritz*, Klassische Sanierungsinstrumente aus gesellschaftsrechtlicher Sicht: Eine Analyse unter Berücksichtigung der jüngsten Rechtsprechung, ZUS 1/2011, 24, mit den dort angeführten Literatur- und Judikaturhinweisen.

[7] Vgl hiezu auch das Literaturverzeichnis im Anhang.

[8] Ein Gesellschafterzuschuss ist als Einlage des Gesellschafters einkommensneutral – KStR 2001, Rz 667ff.

Die Beteiligungserhöhungen sind je nach wirtschaftlicher Situation der Mutter- und Enkelgesellschaft auch einer Teilwertabschreibung nach § 12 Abs 3 KStG zugänglich. In dem Ausmaß, in dem der gewährte Zuschuss zur Abwendung einer drohenden Konkursanmeldung erfolgt, ist diese Teilwertabschreibung schon im laufenden Jahr zulässig. Gleiches dürfte nach dem Schrifttum bei einem „gemischten Zuschuss" für jenen Teil des Zuschusses gelten, der der Verlustabdeckung dient (eine gesicherte Rechtsprechung zu dieser Frage fehlt jedoch, womit ein gewisses Risiko verbleibt, dass der gesamte Zuschuss als Sanierungszuschuss beurteilt wird).[9]

Dabei ist weiters darauf zu achten, dass es nicht zu einem sog „Kaskaden-Effekt" nach § 12 Abs 3 Z 3 KStG kommt. Wird nämlich der Großmutterzuschuss an die notleidende Enkelgesellschaft durch eine gewinnträchtige Mutter als Zwischengesellschaft durchgeleitet, so ist bei der „Großmutter" kein Ansatz einer Teilwertabschreibung möglich.[10]

Die Rückzahlung des Zuschusses/der Einlage ist gemäß § 4 Abs 12 EStG befreit.

Übersteigt der Rückzahlungsbetrag den Buchwert der Anschaffungskosten/Beteiligung, liegt aber ein gewinnrealisierendes Veräußerungsgeschäft vor.

Der klassische Großmutterzuschuss erfordert Unwiderrufbarkeit und das Fehlen einer Rückzahlungspflicht seitens der Enkelgesellschaft.

Empfehlenswert ist jedenfalls eine strikte Weisung an die Muttergesellschaft zur Weiterleitung des Zuschusses an die Enkelgesellschaft. Weiters sollte dokumentiert werden, dass das ausschließliche Interesse an der Zuschussgewährung bei der Großmutter liegt.[11]

Gemäß § 12 Abs 3 Z 2 KStG sind Teilwertabschreibungen für eine zum Anlagevermögen gehörende Beteiligung auf sieben Jahre zu verteilen.[12]

Bei erfolgter Teilwertabschreibung und Wertaufholung in späteren Jahren ist sowohl unternehmensrechtlich als auch steuerlich eine Zuschreibung bis zum Betrag der Anschaffungskosten gewinnerhöhend vorzunehmen.[13]

---

[9] *Schindler/Kauba* in *Achatz/Aigner/Kofler/Tumpl* (Hrsg), Praxisfragen der Unternehmensbesteuerung, 182. Als Sanierungszuschuss wäre die diesem Teil des Zuschusses entsprechende Erhöhung des Beteiligungsansatzes einer Teilwertberichtigung erst nach Ablauf eines Beobachtungszeitraums von zwei bis fünf Jahren zugänglich.

[10] Beachte: Bei Durchleitung von Zuschüssen durch eine gewinnträchtige Gesellschaft ergibt sich für die den Zuschuss leistende Großmuttergesellschaft keine Teilwertabschreibung der Beteiligungserhöhung bei der Mutter und wegen § 12 Abs 3 Z 3 KStG eine Stufe darunter keine Beteiligungsabschreibung. § 12 Abs 3 Z 3 KStG ist auch über die Grenze anwendbar.

[11] Die Frage, ob der Zuschuss auch ohne Gewährung einer Gegenleistung vorgenommen werden muss, um KVG-frei zu sein, ist derzeit beim VwGH anhängig; dazu weiterführend *Petritz*, Klassische Sanierungsinstrumente aus gesellschaftsrechtlicher Sicht, ebenda, 25, 26. Gemäß VwGH ist bei „durchgeleiteten Großmutterzuschüssen" zu beachten, dass eine verbindliche gesellschaftsrechtliche oder vertragliche Verpflichtung der Zwischengesellschaft bestehen muss, den Zuschuss weiterzuleiten, um Gesellschaftsteuer zu vermeiden.

[12] Vgl auch *Plansky* in *Lang/Schuch/Staringer* (Hrsg) KStG Kommentar, 2009, § 12 Rz 132ff.

[13] Vgl *Hofstätter/Reichel*, EStG 1988 § 6 Z 13 Rz 3.1 (in der aktuellen Kommentierung von *Zorn/Petritz*)

2.1.2. Verlustabdeckungszuschuss

Erfolgt der Sanierungszuschuss nachweislich nicht zum Zwecke der Fortführung der Gesellschaft und damit gesteigerter Rentabilität, sondern etwa nur zur Verlustabdeckung, zur insolvenzfreien Einstellung von Teilbetrieben, zur insolvenzfreien Liquidation der Gesellschaft oder zur Abwendung eines Konkurses, ergibt sich aus der Rechtsprechung des VwGH die Zulässigkeit einer sofortigen aufwandswirksamen Abschreibung des Zuschusses im Jahr der Zuführung.[14]

Eine „freiwillige" Verlustübernahme löst nach § 2 Z 4 KVG jedenfalls Gesellschaftsteuer aus.[15]

2.1.3. Forderungsverzicht

Der Forderungsverzicht verfolgt idR das Ziel, eine bilanzielle Überschuldung zu vermeiden oder Fremd- in Eigenkapital umzuwandeln.

Bei einem *betrieblich veranlassten* Forderungsverzicht kommt es auf Seiten der Gläubiger/Gesellschafter zu einer erfolgswirksamen Ausbuchung der Forderung.[16]

Bei der Schuldnergesellschaft kommt es zu einem Wegfall der Verbindlichkeit und damit zu einer Betriebsvermögensvermehrung (Eigenkapitalerhöhung), die uU einer Sanierungsbegünstigung nach § 23a KStG zugänglich ist.[17]

Liegt eine *gesellschaftsrechtliche Veranlassung* vor, kommt es im Einlagenfall auf Seiten des Gesellschafters bei gleichzeitigem Abgang der Forderung um den werthaltigen Teil der Forderung zu einer Erhöhung der Anschaffungskosten der Beteiligung. Nur in Höhe des werthaltigen Teils liegt eine Einlage iSd § 8 Abs 1 KStG vor.

Dazu gibt es jedoch auch davon abweichende Rechtsauffassungen, wonach der Forderungsverzicht einen einheitlichen Vorgang darstellt. Demnach wäre der Gesamtbetrag eine Einlage bzw liegt in unternehmensrechtlicher Hinsicht eine Erhöhung des Eigenkapitals vor.

Auf Seiten des Gesellschafters ist eine Teilwertberichtigung hinsichtlich des nicht werthaltigen Teiles dabei jedenfalls möglich (keine 7-Jahres-Verteilung).

Für die Schuldnergesellschaft kommt es in Höhe des werthaltigen Teiles zu einer ergebnisneutralen Erhöhung des Eigenkapitals während der nicht werthaltige Teil ertragswirksam aufzulösen ist. Gem § 8 Abs 1 KStG gibt es für diesen Ertrag aus dem nicht werthaltigen Teil keine volle Verlustvortragsverrechnung.

Daraus resultiert auch das Problem der sog „Scheingewinnbesteuerung" im Zusammenhang mit der 75 %-Grenze einer möglichen Verlustverwertung.[18]

---

[14] *Achatz/Kofler*, Ertragsteuern in Sanierung und Insolvenz von Körperschaften, in *Feldbauer-Durstmüller/Schlager* (Hrsg), Krisenmanagement–Sanierung–Insolvenz, 863 mit weiterem Judikatur- und Literaturverweis ua auf *Riegler*, der hier plastisch von einer „Feuerwehraktion" spricht.

[15] Zur Frage der Vermeidung einer Gesellschaftsteuer-Pflicht nach § 2 Z 2 KVG wäre allenfalls zu prüfen, ob der Gesellschafter aufgrund einer bestehenden vertraglichen Verpflichtung Verluste der Tochtergesellschaft abdeckt.

[16] Zugleich fällt bei einem direkten Gesellschafterverhältnis Gesellschaftsteuer von 1 % an. Gem § 2 Z 4 lit b KVG muss der Forderungsverzicht dabei jedoch objektiv geeignet sein, den Wert der Gesellschaftsrechte zu erhöhen; vgl VwGH 17.2.2000, 99/16/0195.

[17] Vgl hiezu unten Pkt 2.2.

[18] § 2 Abs 2b EStG.

Um dieses Problem zu umgehen, kommt es in der Praxis nicht selten zur Bildung einer Unternehmensgruppe durch Aufnahme als Gruppenmitglied, weil hier die 75 %-Grenze nicht gilt.[19]

Weiters wird eine Beteiligungsbegründung gerne mit einem Gesellschafter-Darlehen (siehe unten) kombiniert. Der Grund liegt ebenfalls in der Abschreibungsmöglichkeit ohne 7-Jahresverteilung.

2.1.4. Besserungsvereinbarung/Besserungskapital

Eine Besserung kann durch Geldhingabe oder einen Forderungsverzicht realisiert werden. Letzteres besteht in einer Abmachung, wonach (Teile) eine(r) Forderung nur für den Fall einer Besserung zurückgezahlt werden muss. Die Schwelle zur Erreichung einer Verbesserung ist vertraglich zu vereinbaren (zB Erreichen best. betriebswirtschaftlicher Werte, Gewinnzone).

Beim Forderungsverzicht lassen sich zwei Gestaltungsformen einer Besserungsabrede unterscheiden: Zum einen der Forderungsverzicht unter der aufschiebenden Bedingung der Besserung und zum anderen der auflösend bedingte Forderungsverzicht.[20]

Solange der Verpflichtungsgrund noch aufrecht ist, bedeutet das für die Schuldnergesellschaft, die Verbindlichkeit unverändert weiter in den Büchern zu halten.

Bei einem echten *betrieblich veranlassten* Forderungsverzicht hingegen kommt es in der Schuldnergesellschaft zu einer (echten) Betriebsvermögensvermehrung und damit zum Wegfall der Verbindlichkeit; dies führt zu einer Betriebseinnahme.

Ist die Besserungsvereinbarung gesellschaftsrechtlich veranlasst, liegt beim Gesellschafter eine Einlage vor (§ 8 Abs 1 KStG). Es kommt zu einer Aktivierung des Besserungskapitals auf Seiten des Gesellschafters/Gläubigers.[21]

Diese Aktivierung/Beteiligungserhöhung ist einer Teilwertberichtigung zugänglich (siehe auch oben Pkt 2.1.1). Dabei ist zu beachten, dass bei Sanierungsmaßnahmen der Wert einer damit verbundenen Beteiligungserhöhung erst dann zu berichtigen ist, wenn die weitere Entwicklung erkennen lässt, dass den Belebungsmaßnahmen der Erfolg versagt geblieben ist.[22]

Ergibt sich in weiterer Folge ein Totalausfall, liegt auf Seiten des (unternehmerischen) Gesellschafters/Gläubigers jedenfalls eine Betriebsausgabe vor.

2.1.5. Nachrangigkeits-/-Rangrücktrittserklärung

Gemäß § 225 UGB ist in der Bilanz zu erläutern, warum bei Vorliegen einer buchmäßigen Überschuldung keine Überschuldung im Sinne des Insolvenzrechtes besteht.

Nicht selten findet man in diesem Zusammenhang den Hinweis auf eine Erklärung des Gesellschafters oder eines Gläubigers, mit den eigenen Forderungen hinter die Forderungen der übrigen Gläubiger zurückzustehen.

---

[19] § 9 KStG.
[20] *Achatz/Kofler*, Ertragsteuern in Sanierung und Insolvenz von Körperschaften, in *Feldbauer-Durstmüller/Schlager* (Hrsg), Krisenmanagement–Sanierung–Insolvenz, 847.
[21] VwGH 31.1.2001, 95/13/0281.
[22] VwGH 24.2.1999, 96/13/0206; VwGH 28.11.2001, 99/13/0254.

Eine solche Nachrangigkeitserklärung dient damit der kurzfristigen Beseitigung einer insolvenzrechtlichen negativen Fortführungsprognose, ohne dass ein endgültiger Forderungsverzicht ausgesprochen wird.

Es kommt dabei zumeist auch zu einer Stundung oder Prolongation.

Das Instrument der Nachrangigkeitserklärung führt zu folgenden ertragsteuerlichen Konsequenzen:

In der Bilanz der Gesellschaft ist die Verbindlichkeit weiter mit ihrem Rückzahlungsbetrag auszuweisen. Verrechnete Stundungszinsen stellen Betriebsausgaben dar. Eine Gesellschaftsteuerpflicht besteht nicht. Beim Gesellschafter/Gläubiger hat eine gesonderte Bewertung entsprechend der nachrangigen Befriedigung zu erfolgen.

Demgegenüber kommt es bei der sog Rangrücktrittsvereinbarung typischerweise zu einer Leistungspflicht der Schuldnergesellschaft erst nach Beseitigung des negativen Eigenkapitals.

In einem Überschuldungsstatus ist diese Verbindlichkeit nicht mehr aufzunehmen.

Dabei ist anzumerken, dass der bloße Rangrücktritt noch zu keinen ertragssteuerlichen Konsequenzen führt.[23]

2.1.6. Patronatserklärung

Eng verwandt mit dem Rangrücktritt ist die sog. Patronatserklärung. Hierunter ist eine Erklärung typischerweise durch die Konzernmutter zu verstehen, die sicher stellen soll, dass die Tochtergesellschaft ihre finanziellen Verpflichtungen jederzeit erfüllen kann.[24]

Dieses Instrument dient daher häufig so wie der Rangrücktritt der Beseitigung einer insolvenzrechtlichen Überschuldung und diese Instrumente kommen in der Praxis nicht selten gemeinsam zum Tragen.

Mit anderen Worten steht hier die Muttergesellschaft für die Konzerngesellschaft ein.

In der Bilanz der Muttergesellschaft ergibt sich daraus bei einer „harten" Erklärung das Erfordernis, eine Eventualverbindlichkeit oder bei stark gefährdeter Tochtergesellschaft auch eine ertragsteuerwirksame Rückstellung im Ausmaß der Garantie einzustellen.

2.1.7. Genussrecht

Beim sozietären Genussrecht kommt es anders als beim obligationenartigen typischerweise zu einer Beteiligung am Firmenwert und/oder Liquidationsgewinn. Es liegt daher gemäß § 8 Abs 3 Z 1 KStG bei Ausschüttungen eine gewinnneutrale Einkommensverwendung bei der Gesellschaft vor.

Sofern ein Eigenkapitalcharakter vorliegt (Beachte: Partizipationskapital weist immer einen Eigenkapitalcharakter auf), ist das Genussrecht ertragsteuerlich den Gesellschaftsanteilen gleichgestellt.

Häufig wird durch ein Genussrecht jedoch kein Mitgliedschaftsrecht sondern auf schuldrechtlicher Basis ein Anspruch auf Gewinn begründet. Je nach Ausgestaltung stel-

---

[23] *Achatz/Kofler*, Ertragsteuern in Sanierung und Insolvenz von Körperschaften, in *Feldbauer-Durstmüller/Schlager* (Hrsg), Krisenmanagement–Sanierung–Insolvenz, 827ff mit weiterem Judikatur- und Literaturverweis.

[24] KFS/RL 13.

len demnach die Zahlungen Gewinnausschüttungen iSd § 8 Abs 2 KStG oder beim Verpflichteten ertragsteuerliche Betriebsausgaben dar.[25]

2.1.8. Gesellschafterdarlehen/verdecktes Eigenkapital

Grundsätzlich ist die Zufuhr eines Gesellschafterdarlehens, wie im Übrigen auch die Rückzahlung, bei der Gesellschaft wie beim Gesellschafter steuerlich neutral. Das Entgelt für die Verbindlichkeit (Zinsen) stellt bei der Gesellschaft eine Betriebsausgabe und beim Gesellschafter eine Einnahme dar. Im steuerlichen Sinne liegt daher hier in der Regel kein Eigenkapital vor. Anders als in anderen EU-Ländern[26] gibt es aktuell in Österreich keine formellen Unterkapitalisierungsvorschriften. Folgt man der neueren Rechtsprechung des VwGH, können Gesellschafterdarlehen uU, soweit sie in der Gesamtsicht der Verhältnisse für die Gesellschaft objektiv Eigenkapital ersetzen, wofür eine Kapitalzuführung(-erhöhung) wirtschaftlich gebotener gewesen wäre, als verdecktes Eigenkapital angesehen werden.[27]

Wesentlich ist dabei auch die Frage des Zeitpunktes der Darlehenszuzählung. Fragen wie „Kann der Geschäftszweck mit dem vorhandenen Fremdkapital erfüllt werden oder hätte ein dritter Darlehensnehmer ebenfalls ein solches Darlehen erhalten?" sind wesentliche Ordnungskriterien hiefür.

Liegt im steuerlichen Sinne verdecktes Eigenkapital vor, greift zwischen zwei juristischen Personen die österreichische Regelung zur Schachtelbeteiligung mit der Folge, dass der Zinsertrag steuerfrei, die Forderung selbst steuerwirksam auf 7 Jahre wertberichtigungsfähig ist.[28]

Anders geht die österreichische Finanzverwaltung bei Vorliegen int Schachtelbeteiligungen vor. Gemäß Rz 553 KStR 2001 ist eine Schachtelertragsbefreiung auf verdeckte Einlagen nicht anwendbar und sind diese daher in Österreich steuerpflichtig.[29] Demgegenüber gab es ab 2009 eine Gleichstellung von sog Portfolio-Dividenden mit österreichischen Beteiligungserträgen.[30]

Gemäß BudgBG 2011 gilt für int Schachtelbeteiligungen neuerdings, dass Zinsen auf verdecktes Eigenkapital aus EU-Körperschaften wie bei natürlichen Beteiligungen steuerfrei sind, jedoch nur dann, wenn die Zinsen im Ausland nicht abzugsfähig sind. Dies müsste bei Steuerpflicht umgekehrt dazu führen, dass im Wertberichtigungsfall die Forderungsabschreibungen auf Ebene der Gläubiger nicht bloß mit einer 7-Jahresverteilung steuerwirksam, sondern bei Anwendung des § 10 Abs 7 KStG sofort steuerwirksam wären.

Soweit daher verdeckte Eigenkapital-Zinsen steuerwirksam sind, sollten auch Teilwertabschreibungen steuerlich voll abschreibungsfähig sein, wenngleich dem im KStG derzeit aber nicht gefolgt wird.

---

[25] *Konezny/Tumpl*, Genussrechte im Konzernsteuerrecht, in *Achatz/Aigner/Kofler/Tumpl* (Hrsg), Praxisfragen der Unternehmensbesteuerung, 25ff.
[26] Vgl etwa Frankreich oder Polen (hier zB ein 4:1-Verhältnis).
[27] VwGH 26.7.2004, 2004/14/0151; der VwGH stellt dabei auf die Judikatur zu Angehörigen ab.
[28] § 12 Abs 3 KStG.
[29] In einzelnen DBA gibt es die Bestimmung, dass int Beteiligungsertragsbefreiungen gleich wie nationale gelten.
[30] BudgBG 2009 (NR: GP XXIV RV 113).

2.2. Sanierungsgewinn

2.2.1. Vorbemerkungen

Der Sanierungsgewinn erlebte im Laufe der Jahre steuerlich einige Anpassungen.[31]

Stand in der alten Fassung des § 36 EStG (bis Veranlagung 2005) noch die Vermehrungen des Betriebsvermögens infolge eines gänzlichen oder teilweisen Erlasses von Schulden zum Zwecke der Sanierung im Vordergrund, die bei der Einkommensteuerermittlung auszuscheiden waren, so findet sich seit 2006 in § 36 Abs 1 EStG 1988 eine gänzlich neue Formulierung.

Galten bisher als Voraussetzungen für die Steuerbegünstigung allgemeine Sanierungsmaßnahmen, eine Sanierungsbedürftigkeit, Sanierungsabsicht und Sanierungseignung, bringt eine aktuelle Gegenüberstellung der Tatbestandsvoraussetzungen und des Geltungsbereiches von § 36 EStG und § 23a KStG folgendes Ergebnis:

Gemäß § 36 Abs 2 EStG sind begünstigte Gewinne aus einem Schulderlass solche, die durch Erfüllung eines Sanierungsplanes gemäß §§ 140 bis 156 IO, durch Erfüllung eines Zahlungsplanes gem §§ 193 bis 198 IO oder durch Einteilung einer Restschuldbefreiung nach Durchführung eines Abschöpfungsverfahrens gemäß §§ 199 bis 216 IO entstehen. Beim Sanierungsplan können nach Aufhebung des Insolvenzverfahrens nur Gläubiger, deren Forderung aus Verschulden des Schuldners unberücksichtigt geblieben sind, die Bezahlung ihrer Forderungen im vollen Umfang fordern (§ 156 Abs 4 IO). § 23a Abs 2 KStG erfasst Sanierungsgewinne, die durch Erfüllung der Sanierungsplanquote nach Abschluss eines Sanierungsplans gemäß §§ 140 bis 156 IO entstanden sind.[32]

Während allgemeine Sanierungsmaßnahmen, geeignete Insolvenzverfahren wie Ausgleich/Zwangsausgleich[33] somit uneingeschränkt sowohl für die Anwendung des § 36 EStG wie auch des § 23a KStG gelten, so ist demgegenüber die Voraussetzung einer Betriebsvermögensvermehrung, des Sanierungszweckes, der Sanierungsbedürftigkeit und der Sanierungsabsicht als Voraussetzung zwar für § 23a KStG unzweifelhaft, nicht so aber für § 36 EStG.[34]

Demzufolge sind Sanierungsgewinne gemäß § 23a Abs 1 KStG Gewinne, die durch Vermehrungen des Betriebsvermögens infolge des gänzlichen oder teilweisen Erlasses von Schulden zum Zwecke der Sanierung entstanden sind.

Der dabei geforderte Tatbestand der *Sanierungseignung* gilt nur für das KStG.[35]

Anderseits enthält § 36 EStG in Verbindung mit den §§ 193ff IO Bestimmungen zum Zahlungsplan bzw in Verbindung mit den §§ 199ff IO Bestimmungen zum Abschöpfungsverfahren.

---

[31] Vgl bis 1998 § 36 (alt) EStG; Erlass BMF, Z 14 0206/1-IV/14/99 seit 16.7.1999; EStR 2000, RZ 1005-1023 (alt); § 36 EStG NEU seit 21.8.2003, EStR 2000, RZ 7250-7267.

[32] *Kanduth-Kristen/Stefaner*, „Verlustrettung" und Unternehmenssanierung, in *Achatz/Aigner/Kofler/Tumpl* (Hrsg), Praxisfragen der Unternehmensbesteuerung, 302.

[33] Vgl §§ 140ff IO.

[34] Da nur im betrieblichen Bereich eine ertragswirksame Auflösung durch Schulderlass möglich ist, ist die Voraussetzung der Betriebsvermögensvermehrung aber anzunehmen, wenngleich auch nicht wortwörtlich im § 36 EStG enthalten.

[35] Für die KöSt gilt 23a KStG 1988, womit ein gerichtlicher Ausgleich oder Zwangsausgleich und „Sanierungsgewinn" (insb Unternehmensfortführung) einbezogen gilt (Erlassregelung mit dem BudgBG 2003).

Grundsätzlich gilt, dass jede (Sanierungs-)Planung in die Zukunft eine entsprechende „Risikopolitik" erfordert.[36]

Ob die Ungleichbehandlung zwischen dem KStG und dem EStG gerechtfertigt ist, wird in der Literatur unterschiedlich beurteilt. Während manche Autoren für das KStG keinen dem EStG vergleichbaren Regelungsbedarf sehen, wäre es für andere „wünschenswert", die Gewinne aus einer Sanierungsmaßnahme sowohl im KStG als auch im EStG (abgesehen vom Privatkonkurs) gleichermaßen zu behandeln.[37]

2.2.2. Die Begünstigungen nach § 36 EStG und § 23a KStG im Detail

Gemäß § 23a Abs 1 KStG 1988 sind Sanierungsgewinne solche Gewinne, die durch Vermehrungen des Betriebsvermögens infolge eines gänzlichen oder teilweisen Erlasses von Schulden zum Zwecke der Sanierung entstanden sind.[38]

Gemäß § 36 Abs 1 EStG 1988 hat, sofern im Einkommen eines Steuerpflichtigen aus einem Schulderlass resultierende Gewinne enthalten sind, *„die Steuerfestsetzung in den Fällen des Abs. 2 nach Maßgabe des Abs. 3 zu erfolgen."* § 36 EStG idFd AbgÄG 2005 regelt ab der Veranlagung 2006 die Steuerfestsetzung bei Schulderlass im Rahmen eines Insolvenzverfahrens unter folgenden Voraussetzungen:[39]

- Abschluss gerichtlicher Ausgleich und Erfüllung der Ausgleichsquote
- Erfüllung eines Zwangsausgleiches
- Erfüllung eines Zahlungsplanes/Erteilung einer Restschuldbefreiung im Abschöpfungsverfahren
- quotenmäßige Festsetzung der Steuer

Zur Berechnung der Steuer auf diese „Sanierungsgewinne neu" wird auf die nachstehenden Erläuterungen unter Pkt 2.2.3 verwiesen.

Vorraussetzung ist eine Betriebsvermögensvermehrung durch Schulderlass. Darunter sind Maßnahmen zu verstehen, die zu einem Wegfall von (zukünftigen) Verbindlichkeiten führen (Forderungsverzicht).

Demgegenüber wären etwa eine bloße Schuldübernahme, ein Erlass des negativen Kapitalkontos eines ausscheidenden Personengesellschafters oder ein Verzicht auf Abgeltung eines zukünftigen Aufwandes keine begünstigten Maßnahmen.

Auch ein Erlass einer außerbetrieblichen (privaten) Verbindlichkeit, ein Rücktritt unter Verzicht auf Schadenersatz oder ein Forderungsverzicht unter Gesellschaftern (causa societatis) wären ebenso wie eine außergerichtliche Sanierung iSd § 1380 ABGB keine Anwendungsfälle für „Sanierungsgewinne" im Sinne des EStG (siehe hiezu unten Pkt 2.3).

§ 36 EStG verweist wie § 23a KStG auf die in den §§ 140ff IO erfassten Insolvenzverfahren.[40]

---

[36] *Schlager*, Einfluss der Steuerrechtsprognose auf die Risikopolitik der Unternehmung, in *Heigl/Uecker*, Betriebswirtschaftslehre und Recht, 337.
[37] Vgl *Fröhlich/Unger*, Steuerfestsetzung im Rahmen von Insolvenzverfahren, SWK, 2005, 1247.
[38] Vgl BudBG 2003.
[39] Die Betriebsfortführung gilt (anders als im Anwendungsbereich des § 23a KStG) nicht mehr als Voraussetzung.
[40] § 36 EStG verweist darüber hinaus auf §§ 193ff IO, §§ 199ff IO.

Unter einer allgemeinen Sanierungsmaßnahme ist dabei zu verstehen, dass alle oder zumindest die Mehrheit der Gläubiger auf ihre Forderung verzichten. Die Sanierungsbedürftigkeit steht mit einem wirtschaftlichen Zusammenbruch aus Überschuldung, Illiquidität oder Unrentabilität in Zusammenhang.

Sanierungseignung/Sanierungsfähigkeit haben als Ziel, das Unternehmen vor dem Zusammenbruch zu bewahren und durch geeignete Maßnahmen (wieder) ertragsfähig zu machen.[41] Damit verwandt ist die Sanierungsfähigkeit. Darunter wird die Möglichkeit verstanden, den zu sanierenden Betrieb in absehbarer Zeit wieder zu stabilisieren. Voraussetzung ist generell eine positive Fortbestandsprognose.

Gemäß § 36 EStG sind somit allg Sanierungsmaßnahmen gefordert. Innerbetriebliche Sanierungsmaßnahmen wie bei Familienunternehmen mittels persönlichem Einsatz aller Familienmitglieder sind außerhalb eines Insolvenzverfahrens kaum realisierbar. Sehr häufig kann eine innerbetriebliche Reorganisation daher nur durch Hinzutreten eines neuen Unternehmers, der auch die (wirtschaftliche) Verantwortung für die nötigen Veränderungen im Unternehmen trägt, erreicht werden.[42]

Da der Betrieb bei der Sanierung im Vordergrund steht, spricht auch die Fortführung des Unternehmens in einer Auffanggesellschaft nicht gegen die Anwendung des § 36 EStG.[43]

Die Sanierungsbegünstigung ist als Tarifbegünstigung zu verstehen. Damit kommt es unter den oben genannten Voraussetzungen (gerichtlicher Ausgleich, Zwangsausgleich oder Privatkonkurs ohne Erfordernis eines „Sanierungsgewinnes") im Geltungsbereich der ESt ab der Veranlagung 2006 zu einer Nichtfestsetzung der Steuer nach Maßgabe der jeweiligen Quotenerfüllung.[44]

Dies hat zur Folge, dass eine Festsetzung der Ertragsteuern auf den Sanierungsgewinn nur in Höhe der Quote erfolgt.[45] Eine Definition des Sanierungsgewinnes gibt § 2 Abs 2b Z 3 TS 4 EStG wie folgt:

„*Sanierungsgewinne sind Gewinne, die durch die Vermehrung des Betriebsvermögens infolge eines gänzlichen oder teilweisen Erlasses von Schulden zum Zweck der Sanierung entstanden sind.*"[46]

---

[41] Die Sanierungseignung geht zumeist mit der Sanierungsabsicht der Gläubiger einher, durch die Sanierung die Fortführung des Unternehmens zu ermöglichen. Dabei kann je nach Konstellation auch schon ein 16 %-iger Schuldnachlass als Sanierungsmaßnahme ausreichen. Es gibt dazu allerdings unterschiedliche Rechtsprechungen.
[42] *Jaufer*, GmbH-Insolvenz: Unternehmensnachfolge als Sanierungsinstrument, ZUS 2011/5, 10.
[43] *Helml*, Diss, 248.
[44] Von einem Wegfall der Schulden kann man entsprechend dem Grundsatz der kaufmännischer Vorsicht dann sprechen, wenn der Schuldner mit Sicherheit rechnen kann, dass die Schuld nicht mehr zur Gänze zu entrichten ist.
[45] Voraussetzung hiefür ist aber der Abschluss eines Ausgleiches oder Zwangsausgleiches und die Voraussetzungen der § 36 EStG/§ 23 Z 1 KStG aF nämlich insbesondere Sanierungsbedürftigkeit, Sanierungsabsicht und Sanierungsmöglichkeit.
[46] Beachte: Steuerlich entsteht gemäß EStR, RZ 7251 der Sanierungsgewinn nicht sofort nach Vergleichsabschluss, sondern anteilig entsprechend der Erfüllung der Ausgleichsquote (relatives oder absolutes Wiederaufleben).

Die Nichtfestsetzung von Einkommens- oder Körperschaftsteuer gem § 206 lit b BAO bei Sanierungsfällen außerhalb eines Zwangsausgleiches gilt nunmehr auch im gerichtlichen Ausgleich.[47]

Vorab ist der Sanierungsgewinn jedenfalls mit Verlusten auszugleichen. Daraus folgt: Verlustvorträge sind wie bisher vor der Ermittlung des Sanierungsgewinnes zu berücksichtigen.[48]

Verlustvorträge und Wartetastenverluste iSd § 2 Abs 2a EStG bleiben ja durch die Eröffnung eines Sanierungsverfahrens grundsätzlich unberührt und sind weiterhin ausgleichs- und vortragsfähig. Zwar sieht § 2 Abs 2b EStG eine Begrenzung der Verlustverwertung vor, die Verlustvorträge aus Vorjahren (Vortragsgrenze) und Wartetastenverluste (Verrechnungsgrenze) betrifft, die jedoch hier nicht zum Tragen kommt. Der Sanierungsgewinn ist vielmehr zu 100% ausgleichsfähig.[49] Die Verlustverrechnungsgrenze von 75 % ist demnach nicht anzuwenden.[50] Der Verlustabzug ist jedoch generell auf Verluste aus betrieblichen Einkunftsarten beschränkt, die aufgrund ordnungsgemäßer Buchführung ermittelt worden sind.[51]

Der Sanierungsgewinn ist wie folgt in die Steuererklärung aufzunehmen:

E1: Kennzahl 386 (Quote)
Kennzahl 496 (Schuldwegfall)

K1: Kennzahl 669 (Quote)
Kennzahl 668 (Sanierungsgewinn)

Die Nichtfestsetzung der Steuer ist nach § 206 lit b BAO bescheidmäßig gesondert darzustellen.[52]

Fazit: Der Fiskus verzichtet im Ausmaß wie alle anderen Gläubiger auf seine Forderung.

2.2.3. Steuerberechnung

Die Berechnung hat in einem 3-stufigen Verfahren zu erfolgen:

Zuerst erfolgt eine Steuerberechnung mit Einbezug des Sanierungsgewinnes, dann erfolgt die Steuerberechnung ohne den Sanierungsgewinn. Die Differenz aus beiden Steuerbeträgen ist mit der Ausfallsquote zu multiplizieren. Das solcherart ermittelte „einschließliche" Steuerergebnis ist um diesen Betrag zu kürzen.

---

[47] Erlass BMF v 28.12.2001.
[48] Vgl RZ 7266 EStR 2000: Verlustabzüge (offene Verlustvorträge) sind wie bisher vor der Ermittlung des Sanierungsgewinnes zu berücksichtigen.
[49] IRÄG – BG 2010; ab 1.7.2010.
[50] Dies gilt bei Gewinnen aus einem Schulderlass gem § 36 Abs 2 EStG, Sanierungsgewinnen und Gewinnen, die in Veranlagungszeiträumen anfallen, die von einem Insolvenzverfahren betroffen sind, bei Veräußerungs- und Aufgabegewinnen.
[51] RZ 4508 EStR 2000; die Versagung des Verlustabzuges für Bilanzierende, die den Gewinn nicht aufgrund ordnungsgemäßer Buchführung ermittelt haben, ist grundsätzlich verfassungsrechtlich unbedenklich (RZ 4509 EStR 2000).
[52] RZ 7267 EStR 2000.

Facit: Nach Berechnung der Steuer mit und ohne Sanierungsgewinn wird der Unterschiedsbetrag mit dem Betrag, der sich aus dem Forderungsnachlass ergibt, (100 % abzüglich Quote) von der Steuer abgesetzt.

Beispiel für Steuerberechnung – Kapitalgesellschaft[53]
Das Einkommen der NN-GmbH beträgt TEUR 69.000,00, davon stammen TEUR 46.000,00 aus einem Sanierungsgewinn durch Erfüllung eines Zwangsausgleiches mit einer Quote von 20 % (rechtskräftig bestätigt). Die Ausgleichsquote wird damit voll erfüllt.
Die Gläubiger haben auf 80 % ihrer Forderungen verzichtet.

in TEUR	Einkommen	Steuer	Steuer
mit Sanierungsgewinn	69.000,00	17.250,00	17.250,00
ohne Sanierungsgewinn	23.000,00		5.750,00
Differenz			11.500,00
Ermäßigung der KSt	80 % v 11.500,00		(9.200,00)
Körperschaftsteuer			8.050,00[54]

Besonderheiten gibt es in Bezug auf die Wirkungsweise der Sanierungsbegünstigung innerhalb der Gruppenbesteuerung.

Beispiel:
Die A-GmbH (Gruppenmitglied) und die B-Holding (Gruppenträger) bilden eine Gruppe. Die B-Holding hält eine Tochtergesellschaft C-KG, aus deren Sanierung ein Sanierungsgewinn zu 100 % der B-Holding zuzurechnen ist.

Fraglich ist, bei welcher Gesellschaft hier die Sanierungsbegünstigung zum Tragen kommt.

Bei Vorliegen einer Unternehmensgruppe iSd § 9 KStG sind die Ergebnisse (Gewinne/Verluste) der Gruppenmitglieder steuerlich dem Gruppenträger zuzurechnen. Der Gruppenträger ist damit Fiscalschuldner für die sich ergebende Gesamtsteuerlast.[55]

Der Gruppenvertrag wird durch eine Insolvenzeröffnung über ein Gruppenmitglied grundsätzlich nicht berührt. Körperschaftsteuerpflichtig gegenüber dem Finanzamt ist aufgrund der Bildung einer Unternehmensgruppe ausschließlich der Gruppenträger.[56]

---

[53] Wie bereits oben ausgeführt, hat zunächst eine Steuerermittlung mit und ohne Sanierungsgewinn zu erfolgen. Der daraus resultierende Unterschiedsbetrag ist mit der Ausfallsquote zu multiplizieren und der solcherart ermittelte Saldo ist von der einschließlich berechneten Steuer abzuziehen; vgl auch Beispiele für die Steuerberechnung in EStR, RZ 7265ff.

[54] Von der Differenz von € 11.500 sind gem § 23a KStG 1988 80 %, das sind € 9.200,00 nicht festzusetzen. Insgesamt beträgt die Körperschaftsteuer somit € 8.050,00 (17.250,00 abzüglich 9.200,00).

[55] Hinsichtlich der steuerlichen Ergebnisse des Gruppenträgers und der Gruppenmitglieder im Hinblick auf eine entstandene Körperschaftsteuerschuld oder -gutschrift ist eine isolierte Betrachtung grundsätzlich nicht vorgesehen.

[56] Körperschaftsteuerzahlungen und -gutschriften sind in der Abwicklung zwischen Finanzamt und dem Gruppenträger als Insolvenz-/Masseforderungen bzw als mit Insolvenz-/Masseforderungen verrechenbar anzusehen.

Im Rahmen des Gruppenbesteuerungssystems sollte es dabei keine isolierte Betrachtung geben (hier: keine isolierte Berücksichtigung nur bei der B-Holding). Grundsätzlich wird man die Begünstigungsvorschrift des § 23a KStG nämlich eher als Tarifbegünstigung als eine bloße Ermittlungsvorschrift sehen müssen, daher ist der Sanierungsgewinn hier primär in B-Holding zu berücksichtigen. Verbleibt in der B-Holding noch ein restlicher Sanierungsgewinn, findet der (im Gruppenergebnis) Berücksichtigung auf der Ebene des Gruppenmitgliedes A-GmbH.

Eine etwas andere Ansicht vertritt der UFS, für den § 23a KStG nur eine Maßnahme der Einkommensermittlung darstellt und damit eine isolierte Betrachtung auf Ebene des Gruppenmitgliedes zulässt.[57]

2.3. Ertragsteuerliche Sonderfälle der Sanierung

2.3.1. Außergerichtliche Sanierung

Wie schon ausgeführt, fordert § 36 EStG keine besondere Sanierungseignung. Ebenso ist auch eine Unternehmensfortführung nicht mehr notwendig.[58]

Grundsätzlich ist aber, wie ebenfalls schon ausgeführt, für die Frage einer steuerlichen Sanierungsbegünstigung wesentlich, dass eine allg Sanierungsmaßnahme gesetzt wird. Dem entspricht auch die Forderung nach einem Sanierungsplan für Ausgleich/ Zwangsausgleich bzw Zahlungsplan im Abschöpfungsverfahren. Dazu bedarf es einer zustimmenden Kapitalmehrheit plus Kopfmehrheit.

Liegen die Kriterien eines Sanierungsgewinnes vor, ist die gemäß § 2 Abs 2b EStG für Verluste vorgesehene Vortrags- und Verrechnungsgrenze auf den Sanierungsgewinn, wie bereits oben ausgeführt, auch im Rahmen einer außergerichtlichen Sanierung nicht anzuwenden. Der Sanierungsgewinn ist zu 100 % mit Verlusten auszugleichen.[59] Beide Begünstigungen (§ 36 EStG und § 23a KStG) wirken hier steuerlich gleich.

Wie aber sind Sanierungsfälle außerhalb eines gerichtlichen Insolvenzverfahrens zu behandeln?

Die materiellen Tatbestandsvoraussetzungen der §§ 23a KStG und 36 EStG sind hier nicht oder nur bedingt erfüllt. Ein Insolvenzverfahren liegt hier eben nicht vor.

§ 23a KStG kann daher (anders als § 36 EStG) für außergerichtliche Sanierungsmaßnahmen nicht in Anspruch genommen werden, da hier das Vorliegen eines Insolvenzverfahrens Voraussetzung ist.

Verfahrensrechtlich kennt das außergerichtliche Sanierungsverfahren keine Mindestquoten, gesetzliche Fristen oder den Grundsatz der Gläubigergleichbehandlung. Vielmehr liegt ein Vergleich nach §§ 1380ff ABGB vor und dieser bedarf der Einstimmigkeit der teilnehmenden Gläubiger. Nichtteilnehmende Gläubiger sind bei Fälligkeit voll zu befriedigen.

---

[57] UFS 22.10.2007, RV/0059-I/07; gemäß UFS ist § 23a KStG nur eine Ermittlungsvorschrift. Eine abschließende höchstrichterliche Klärung dazu wird erwartet.
[58] Zweifellos werden in der Praxis die betroffenen Gläubiger natürlich die Sanierungsaussichten prüfen.
[59] Das gilt grundsätzlich auch für außergerichtliche Ausgleichsgewinne (Ausnahme in § 2 Abs 2b Z 3 EStG bezügl Sanierungsgewinne nach § 36 EStG und § 23a KStG).

Im außergerichtlichen Ausgleich erfolgt ein möglicher steuerlicher Schuldnachlass folglich allein aufgrund der Bestimmungen der BAO und nicht der IO.[60] Demnach ist auch die Bestimmung des § 151 IO hier nicht anwendbar mit der Folge, dass bei Abschluss eines außergerichtlichen Ausgleiches (anders als bei einer Zustimmung zu einem Zwangsausgleich) die die Ausgleichsquote übersteigenden Abgabenschuldigkeiten nicht bei allfälligen Mitschuldnern geltend gemacht werden können.[61]

In diesem Zusammenhang sei auch auf die Rechtsansicht des UFS hingewiesen, wonach erlassmäßige Erledigungen keine beachtliche Rechtsquelle darstellen, auf die sich der Abgabepflichtige berufen könnte.[62]

Es greifen hier aber folgende verfahrensrechtliche Begünstigungen:

Nichtfestsetzung der Abgaben nach § 206 lit b BAO[63]

Die Abgabenbehörden sind gem § 206 BAO befugt, in Einzelfällen von der Abgabenfestsetzung bei Vorliegen folgender zusätzlicher Voraussetzungen Abstand zu nehmen:

- keine unangemessen hohen Entnahmen
- steuerliche Verwertung der Verluste

Es besteht jedoch kein Rechtsanspruch auf diese Begünstigung; die Anwendung liegt vielmehr im Ermessen des Finanzamts und ist im Rechtsmittelwege nicht durchsetzbar.

Antrag auf Nachsicht wegen Unbilligkeit gemäß § 236 BAO[64]

Der Antrag nach 236 BAO zielt auf Unbilligkeit ab, sei es durch Gefährdung der Existenz des Betriebes oder durch Bezug auf die EStR, die auch inhaltliche Unbilligkeit berücksichtigen. Dabei ist zu beachten, dass das Finanzamt ohne gesetzliche Ermächtigung nicht auf die Erhebung von Abgaben verzichten kann.[65] Der Ausgleichsvorschlag ist daher als Nachsichtsansuchen gemäß § 236 BAO oder als Anregung auf Vornahme einer Löschung nach § 235 BAO zu werten.

Kommt es zu einer Nichtfestsetzung nach § 206 lit b BAO, bestehen weitgehend die gleichen Hürden, aber der Spielraum ist größer. Der allg Sanierungskatalog muss hier nicht erfüllt werden. Dennoch bleibt die Frage des Vorliegens einer Unbilligkeit immer eine Ermessensentscheidung.

2.3.2. *Sanierungsgewinne bei Einnahmen-/Ausgabenrechnung*

Eine Gewinnermittlung durch Einnahmen-/Ausgabenrechnung muss zum gleichen Totalgewinn führen wie ein Betriebsvermögensvergleich. Es ist daher auch hier von einem Be-

---

[60] Vgl RZ 7272 EStR 2000 (ab 2006).
[61] UFS 6.4.2009, RV/2841-W/07 (Keine Haftung nach einem außergerichtlichen Ausgleich für die die Ausgleichsquote übersteigenden Abgabenschuldigkeiten).
[62] UFS 16.9.2009, RV/0735-W/08 (Schuldnachlässe aufgrund eines außergerichtlichen Ausgleiches führen nicht zu einer Abstandnahme von der Festsetzung).
[63] Vgl RZ 7268 EStR 2000: Im Ergebnis ebenso anteilige Nichtfestsetzung der Steuerschuld wie bei Vorliegen eines Sanierungsgewinns.
[64] IVm VO BGBl II 2005/435.
[65] UFS 28.03.2008, RV/0596-I/06 (Es gibt demnach keine gesetzliche Regelung, die das Finanzamt zum Abschluss außergerichtlicher Vergleiche im Sinne des § 1380 ABGB mit einem Steuerpflichtigen ermächtigt).

triebseinnahmentatbestand auszugehen, der den oben dargestellten steuerlichen Begünstigungen des § 36 EStG zugänglich ist.[66]

2.3.3. Steuerliche Aspekte beim sanierungsbedingten Mantelkauf

In der Praxis stellt sich hier die Frage, wie im Rahmen der Sanierung negative Rechtsfolgen eines Mantelkaufes, wie den Untergang des Verlustvortrages, vermieden werden können. Um vom Vorliegen eines sog Mantelkaufs sprechen zu können, muss sich die wirtschaftliche Struktur (der Unternehmensgegenstand) in wesentlichem Umfang ändern.[67] Ein Mantelkauftatbestand kann jedoch auch vorliegen, wenn die ursprünglichen Gesellschafter vor der Anteilsübertragung in Willensübereinstimmung mit den „neuen" Gesellschaftern die wirtschaftlichen Strukturen verändern und erst anschließend eine Änderung der Gesellschafterstrukturen vorgenommen wird.[68] Der Mantelkauftatbestand greift jedoch nicht, wenn die Änderungen zum Zwecke der Sanierung des Betriebes mit dem Ziel der Erhaltung von Arbeitsplätzen erfolgen (Sanierungstatbestand).

Bei einem Mantelkauf geht daher der Verlustvortrag unter, außer wenn diese Maßnahme mit der Erhaltung eines (wesentlichen) Teiles betrieblicher Arbeitsplätze verbunden ist.[69] Gemäß BMF bedeutet das den Erhalt von mindestens 25 % der Arbeitsplätze; eine kurzfristige Weiterbeschäftigung ist nicht ausreichend.[70] Die 25 % der Anzahl der Arbeitsplätze bezieht sich dabei nicht auf konkret Beschäftigte (es müssen nicht die konkreten Arbeitsplätze sein). Bei Erhalt von mind 25 % der Arbeitsplätze an sich ist auch eine Änderung der Geschäftstätigkeit als unschädlich denkbar.

Eine beschränkte Verlustverwertung besteht beim Mantelkauf auch nach § 4 Z 2 UmgrStG.

Hier gilt eine „Synergie-Klausel" als Ausnahme: *„Änderungen zum Zwecke der Verbesserung oder Rationalisierung der betrieblichen Struktur im Unternehmenskonzept der übernehmenden Körperschaft stehen Sanierungen im Sinne des § 8 Abs 4 Z 2 dritter Satz des Körperschaftsteuergesetzes 1988 gleich."*

Gemäß BMF dienen Rationalisierungsmaßnahmen vorwiegend der Verbesserung der Ergebnissituation durch Kosteneinsparung und zur Optimierung von Unternehmensabläufen; Synergieeffekte sind durch erhebliche organisatorische Maßnahmen zu verwirklichen.[71] Hier stellt sich in Anknüpfung an die obigen Ausführungen die Frage, inwieweit auch eine außergerichtliche Sanierung als Rationalisierungsmaßnahme anzusehen ist. Dies wird zu bejahen sein, wenn damit eine zukünftige Verbesserung der Ergebnissituation durch Kosteneinsparung und/oder Optimierung von Unternehmensabläufen einher gehen.

Die zweite Voraussetzung ist der „Sanierungszweck". Gemäß BMF sind darunter Sanierungsmaßnahmen zu verstehen, die dem Tatbestand des seinerzeitigen § 36 EStG 1988 entsprechen.[72] Dabei könnte fraglich sein, ob die Finanzverwaltung ausschließlich

---

[66] RZ 7269a EStR 2000.
[67] VwGH 26.7.2006, 2004/14/0151.
[68] VwGH 26.7.2005, 2001/14/0135.
[69] Vgl § 8 Abs 4 Z 2 KStG (beschränkte Verlustverwertung beim Mantelkauf).
[70] RZ 1188 KStR 2011.
[71] RZ 1188 KStR 2011.
[72] RZ 1188 KStR 2011.

auf gerichtliche Sanierungsverfahren abstellt, weil der damalige § 36 auf gerichtliche Sanierungsverfahren abgestellt hat.

Eine weitere offene Frage ist, ob als Voraussetzung für den Erhalt des Verlustvortrages anzusehen ist, dass ein durch die Sanierungsmaßnahmen tatsächlich bewirkter Schulderlass zum Erhalt der Arbeitsplätze geführt hat.

Dazu ist anzumerken, dass eher auf Sanierungsmaßnahmen struktureller und organisatorischer Art abzustellen sein wird. In der Praxis erforderlich ist aber eine wirtschaftliche Vergleichbarkeit wesentlicher betriebswirtschaftlicher Faktoren wie zB Umsatz- und Auftragsvolumen zwischen dem Zeitpunkt der Verlustentstehung und dem Zeitpunkt der Strukturänderung.

Beispiel:
Eine Handels-GmbH mit beträchtlichen Verlusten überlegt den Verkauf einzelner Filialen.
Wird durch den Verkauf von Filialen auch die organisatorische Struktur wesentlich verändert, so ist die wirtschaftliche Einheit nicht mehr gegeben.
Fazit: Es kommt zur steuerwirksamen Aufdeckung stiller Reserven. Das führt wiederum zum Problem der 75 %-Grenze bei der Verrechnung bestehender Verlustvorträge (siehe dazu weiter oben).[73] *Grundsätzlich gilt die 25 %-/75 %-Regel bzgl der Vermögensveränderungen und damit gemäß den Richtlinien 25 % als maßgebliche Restgröße, außer beim Schrumpfen. Ein bloßes Schrumpfen (Gesundschrumpfen) wäre nach herrschender Auffassung noch keine Änderung der Organisationsstruktur (Intention ist hier idR auch nicht die Verlustnutzung). Dabei muss dennoch zumindest eine Vergleichbarkeit des Betriebes gegeben bleiben.*

Der Mantelkauftatbestand hat, wie schon ausgeführt, einen begrenzten Anwendungsbereich und bezieht sich grundsätzlich nicht auf ein sanierungsbedürftiges Unternehmen an sich, sondern nur auf eine sanierungsbedürftige Betriebsstruktur. Steigt ein neuer Investor ein, ist daher in der Praxis zu prüfen, inwieweit damit Gesellschafterstruktur und organisatorische Struktur geändert wurden, um das Vorliegen und die Folgen eines Mantelkauftatbestandes zu vermeiden. Dabei wird eine Verwertung der Verluste des Krisenunternehmens durch eine Auffanggesellschaft in der Praxis nur durch einen „*betriebsbezogenen Verlustübergang nach dem Umgründungssteuerrecht*" in Betracht kommen.[74]

Zu beachten ist, dass Umgründungen nicht nur die Verlustvorträge der übertragenden Gesellschaft gefährden. Auch bei der übernehmenden Gesellschaft muss überprüft werden, ob das verlustverursachende Vermögen im Zeitpunkt der Umgründung noch vor-

---

[73] Durch Herstellung einer Doppelstockstruktur und Aufnahme der operativen Gesellschaft in eine Gruppe als Gruppenmitglied ließe sich für Verlustvorträge des Gruppenmitglieds vor Gruppenbildung die 75%-Grenze eliminieren.

[74] *Achatz/Kofler*, Ertragsteuern in Sanierung und Insolvenz von Körperschaften, in *Feldbauer-Durstmüller/Schlager* (Hrsg), Krisenmanagement–Sanierung–Insolvenz, 868, 869, vgl auch *Helml*, Diss, 248. Überträgt der Steuerpflichtige, dem das Krisenunternehmen zuzurechnen ist, die verlusterzeugenden Vermögensgegenstände an die Auffanggesellschaft (asset deal), ist der Verlust weiterhin dem übertragenden Steuerpflichtigen zuzurechnen. Dies gilt auch, wenn Unternehmensanteile am Krisenunternehmen übertragen werden.

handen ist. Insoweit dies nicht der Fall ist, gehen die Verlustvorträge auch der übernehmenden Gesellschaft unter.[75]

Beziehen die Sanierungsmaßnahmen auch ausländische Tätigkeiten des Steuerpflichtigen mit ein, ist zu beachten, dass Gewinne aus der Sanierung ausländischer Betriebsstätten bei Anwendung der Anrechnungsmethode in Österreich zu besteuern sind. Nachversteuerungstatbestände bei in Österreich genutzten Verlustvorträgen können sich im Rahmen der Sanierung aber auch bei Anwendung der Befreiungsmethode dann ergeben, wenn im Rahmen der Sanierung Verlustvorträge im Ausland verrechnet werden können.[76]

3. Sonstige ertragsteuerliche Aspekte in der Insolvenz

Die Insolvenz führt grundsätzlich zu keiner Änderung oder Unterbrechung des Gewinnermittlungs- und Veranlagungszeitraumes.[77] Ebenso kommt es grundsätzlich hiedurch zu keiner Änderung der Gewinnermittlungsart.[78]

Die Einkommensteuer ist dem Wesen nach auf das Kalenderjahr orientiert (Jahressteuer). § 4 BAO verweist auf eine Tatbestandsverwirklichung mit Ablauf des Kalenderjahres, für das die Veranlagung vorgenommen wird.[79]

In der Praxis ergibt sich das Problem, wie die Ertragsteuer des Insolvenzeröffnungs- bzw -beendigungsjahres in Insolvenz- und Masseforderung bzw Masse- und Neuforderung aufzuteilen ist. Dies folgt aus der Judikatur des OGH, der eine Aufteilung und das Abstellen auf die Realisierung der stillen Reserven nahelegt. Der VwGH knüpft andererseits an die Entstehung der Steuerschuld mit Ablauf des Veranlagungszeitraumes an.[80] Derzeit gibt es dazu keine gesicherte Verwaltungspraxis. Seit Jahren wird dazu eine Erlassregelung in Aussicht gestellt.

Insbesondere ist die Methode für die Aufteilung der Ertragsteuern strittig.

In der Praxis kommt eine Trennung der Steuerlast auf Konkurs- und Masseforderung in Form einer zeitproportionalen Aufteilung der Jahressteuer ebenso vor wie durch eine bemessungsgrundlagenproportionale Aufteilung.[81] Es wird daher solcherart das Ergebnis vor Konkurseröffnung vom Ergebnis nach Konkurseröffnung unterschieden.

Eine mögliche weitere Problemstellung ergibt sich bei Verwertung eines Absonderungsgutes unter Realisierung stiller Reserven. Gemäß OGH ist die Einkommensteuer

---

[75] *Kanduth-Kristen/Stefaner*, „Verlustrettung" und Unternehmenssanierung, in *Achatz/Aigner/Kofler/Tumpl* (Hrsg), Praxisfragen der Unternehmensbesteuerung, 314.
[76] *Kanduth-Kristen/Stefaner*, „Verlustrettung" und Unternehmenssanierung, in *Achatz/Aigner/Kofler/Tumpl* (Hrsg), Praxisfragen der Unternehmensbesteuerung, 314, mit den dort angeführten Literaturhinweisen.
[77] Mit Ausnahme der Liquidationsbesteuerung gem § 19 KStG; vgl auch RZ 2402 UStR 2000.
[78] Anders jedoch bei Betriebsaufgabe gemäß § 24 (2) EStG: *„ ... Gewinn ist für den Zeitpunkt der Aufgaben nach § 4 Abs 1 oder § 5 zu ermitteln."* EStR 2000, RZ 5640: *„Die Einstellung der betrieblichen Tätigkeit durch Konkurs führt zu einer Betriebsaufgabe".*
[79] Die Steuerschuld entsteht mit Ablauf des Kalenderjahres, soweit der Abgabenanspruch nicht schon früher entstanden ist (Vorauszahlungen) – vgl § 4 Abs 2 lit a Z 2 BAO.
[80] Demnach wäre die Jahressteuerschuld immer eine Masseforderung.
[81] Voraussetzung für eine bemessungsgrundlagenproportionale Aufteilung ist die Erstellung einer Konkurseröffnungsbilanz (Zwischenabschluss).

hieraus eine Masseforderung.[82] Die Einkommensteuer schmälert damit die allgemeine Masse, da aus der Veräußerung kein Liquiditätszufluss in die Masse erfolgt. Auch die Einordnung der Ertragssteuer bei Masseverwertung innerhalb der Spekulationsfrist – Spekulationssteuer (§ 30 EStG) aus Veräußerung (Aufdeckung stiller Reserven) als Masseforderung ist derzeit sehr fraglich. Für den OLG stellt die Ertragsteuer hieraus jedenfalls keine (Sonder-)Masseforderung dar.[83]

In diesem Zusammenhang ist anzumerken, dass Masseforderungen, also erst nach Konkurseröffnung entstehende Forderungen gegen die Masse, die voll zu befriedigen sind und für die weder Prozess- noch Exekutionssperre gilt, im Gesetz gemäß § 46 IO taxativ aufgezählt sind.

Besonderheiten gibt es auch bzgl der KESt-Belastung bei einer GmbH.

Obwohl die KESt bei juristischen Personen durch die Abgabe einer Befreiungserklärung gem § 94 Z 5 lit a EStG gänzlich vermieden werden kann, wodurch sich auch keine Zuordnungsfragen ergäben, kommt der OGH zum Schluss, dass die KESt den Erträgnissen des Sondermassevermögens zuzuordnen ist und allein durch die Einkünfte aus der Sondermasse verursacht wird.[84] Damit ist die KESt-Belastung mangels Endbesteuerungswirkung keine endgültige, sondern abhängig vom ertragsteuerlichen Gesamtergebnis einer Gesellschaft.[85]

Gesetzliche Regelungen zur Entrichtung der Einkommensteuer (KÖSt):

- *„für die Vorauszahlungen mit Beginn des Kalendervierteljahres, für das die Vorauszahlungen zu entrichten sind ..."* § 4 Abs 2 lit a Z 1 BAO.
- *„für die zu veranlagende Abgabe mit Ablauf des Kalenderjahres, für das die Veranlagung vorgenommen wird ..."* § 4 Abs 2 lit a Z 2 BAO.

Beachte: Die gesetzlichen Vorschriften zur Entrichtung der Mindestkörperschaftsteuer[86] gelten auch im Insolvenzfall.[87]

4. Zusammenfassung/Schlusswort

Wie oben gezeigt werden konnte, bedürfen gerade die klassischen Sanierungsmaßnahmen aus Sicht der Ertragsbesteuerung einer sachkundigen Planung und Begleitung durch

---

[82] OGH 17.12.1993, 8 Ob 14/93.
[83] OLG Wien 25.4.1997, 28 R 204/96t; OLG Linz 17.5.2000, 2 R 83/00i. Gemäß BFH ist die ESt nur insoweit Masseforderung, als der Erlös auf die (allgemeine) Masse entfällt. In diesem Sinne auch OGH vom 11.6.2001, 8 Ob 228/00p: Die Steuerschuld aus dem Veräußerungsgewinn anlässlich der Verwertung eines Absonderungsgutes (Betriebsliegenschaft) ist keine Sondermasseforderung, weil die ESt eine direkte Personensteuer darstellt, die von der allgemeinen Konkursmasse zu tragen ist.
[84] Die Entscheidung des OGH legt für Massewalter nahe, im Konkurs juristischer Personen, bei denen Sondermasseverwertungen und daraus resultierende Zinsen zu erwarten sind, keine Befreiungserklärung abzugeben.
[85] OGH 2.4.2009, 8 Ob 66/08a.
[86] § 24 (4) KStG: Mindeststeuer bei unbeschränkt steuerpflichtiger Kapitalgesellschaft (EUR 1.750,00 jährlich / EUR 437,00 bzw EUR 439,00 vierteljährlich).
[87] Die Mindestkörperschaftsteuer trifft die Kapitalgesellschaften auch im Konkurs bis zu ihrer Vollbeendigung, das heißt, spätestens wenn Abwicklungsbedarf nicht mehr gegeben ist (UFS 19.2.2009, RV/0587-G/07). Die Mindestkörperschaftsteuerpflicht im Konkurs ist erst nach Verteilung der Masse beendet (UFS 22.7.08, RV/0941-G/07; UFS 19.2.2009, RV/0587-G/07).

Berufsvertreter aus dem Fachbereich des Steuerrechtes. Die Möglichkeiten, im Sanierungsfalle Steuern (zu sparen) zu vermeiden, sind vielschichtig, auf mögliche Fallstricke ist jedoch zu achten. Der Gewinn aus einem Schulderlass im Rahmen eines gerichtlichen Insolvenzverfahrens im Sinne des § 36 EStG bzw der sog Sanierungsgewinn gemäß § 23 a KStG unterliegt sowohl von seinen Voraussetzungen als auch der Besonderheit seiner Berechnung unter Rettung und Einbeziehung möglicher Verlustvorträge her einem ganz speziellen Regelungsgeflecht im Ertragsteuerrecht.

Dies gilt auch für Ermittlungs- und Abwicklungsfragen in einem laufenden Insolvenzverfahren. Wie eingangs erwähnt, bezweckt der vorliegende Beitrag keine schwerpunktmäßige Auseinandersetzung mit einzelnen darin aufgeworfenen Themen und Problemstellungen. Dazu darf auf umfangreiche Abhandlungen zu diversen Detailfragen, denen sich gerade auch Prof. Dr. Josef Schlager immer wieder profund wissenschaftlich und praxisbezogen zugewandt hat, verwiesen werden. Ein auszugsweiser Hinweis darauf stellt auch das Verzeichnis weiterführender Literatur im Anhang dar. Sollte der geneigte Leser mit der vorliegenden Abhandlung somit einen gewissen Ein- und Überblick zum Thema ertragsteuerlicher Aspekte im Zusammenhang mit einer betrieblichen Sanierung gewinnen, wäre das mit der Arbeit gesteckte Ziel erreicht.

Literaturverzeichnis

Feldbauer-Durstmüller, B., Sanierungsfähigkeitsprüfung, in *Feldbauer-Durstmüller, B./Schlager, J.* (Hrsg.), Krisenmanagement–Sanierung–Insolvenz, Wien 2002.

Helml, H., Private Equity als innovatives Finanzierungsinstrument einer Unternehmenssanierung durch Auffanggesellschaften unter besonderer Berücksichtigung von Steuerplanung und Steuercontrolling, Diss an der JKU, Linz 2004.

Ruppe, H.G. in *Ruppe, H.G.* (Hrsg), Rechtsprobleme der Unternehmenssanierung, Wien 1993.

Petritz, M., Klassische Sanierungsinstrumente aus gesellschaftsrechtlicher Sicht. Eine Analyse unter Berücksichtigung der jüngsten Rechtsprechung, ZUS 1/2011.

Schindler, P./Kauba, A. in *Achatz, M./Aigner, D./Kofler, G./Tumpl, M.* (Hrsg), Praxisfragen der Unternehmensbesteuerung, Wien 2011.

Plansky in *Lang/Schuch/Staringer* (Hrsg), KStG Kommentar, 2009.

Hofstätter/Reichel, EStG 1988.

Achatz, M./Kofler, G., Ertragsteuern in Sanierung und Insolvenz von Körperschaften, in *Feldbauer-Durstmüller, B./Schlager, J.* (Hrsg.), Krisenmanagement–Sanierung–Insolvenz, Wien 2002.

Konezny, G./Tumpl, M., Genussrechte im Konzernsteuerrecht, in *Achatz, M./Aigner, D./Kofler, G./Tumpl, M.* (Hrsg), Praxisfragen der Unternehmensbesteuerung, Wien 2011.

Kanduth-Kristen, S./Stefaner, M., „Verlustrettung" und Unternehmenssanierung, in *Achatz, M./Aigner, D./Kofler, G./Tumpl, M.* (Hrsg), Praxisfragen der Unternehmensbesteuerung, Wien 2011.

Schlager, J., Einfluss der Steuerrechtsprognose auf die Risikopolitik der Unternehmung, in *Heigl/Uecker*, Betriebswirtschaftslehre und Recht, Wiesbaden 1978.

Jaufer, C., GmbH-Insolvenz: Unternehmensnachfolge als Sanierungsinstrument, ZUS 2011/5, 10.

Verzeichnis weiterführender Literatur:

Feldbauer-Durstmüller, B./Schlager, J. (Hrsg), Krisenmanagement–Sanierung–Insolvenz, Wien, 2002.

Kanduth-Kristen, S./Treer, H., Insolvenz und Steuern, SWK, Wien 2006.

Sigmund-Akhavan Aghdam, J., Insolvenzrecht in der Praxis, Graz–Wien 2010.

Achatz, M./Aigner, D./Kofler, G./Tumpl, M. (Hrsg), Praxisfragen der Unternehmensbesteuerung, Wien 2011.

Ertragsteuerliche Begünstigungen in EStG und KStG im Zusammenhang mit betrieblichen Schuldnachlässen

Marco Laudacher

1. **Begriff der Sanierung**
2. **Historische Entwicklung bis zum Budgetbegleitgesetz 2003**
   2.1. Einkommensteuer
      2.1.1. Rechtslage vor dem EStG 1972
      2.1.2. Rechtslage nach dem EStG 1972 (Tarifbegünstigung)
      2.1.3. Rechtslage nach dem EStG 1988 (Bestimmung der Einkommensermittlung)
      2.1.4. Rechtslage nach dem StruktAnpG 1996 (Wegfall der gesetzlichen Regelung)
      2.1.5. Rechtslage ab der Veranlagung 1998 (Abstandnahme von der Festsetzung durch eine Erlassregelung)
      2.1.6. Rechtslage ab Budgetbegleitgesetz 2003 (gesetzlich geregelte Abstandnahme von der Festsetzung)
   2.2. Körperschaftsteuer:
      2.2.1. Rechtslage vor und nach dem KStG 1966
      2.2.2. Rechtslage nach dem KStG 1988
      2.2.3. Rechtslage nach dem StruktAnpG 1996
      2.2.4. Rechtslage nach dem BudgBG 2003
3. **Die Steuerfestsetzung nach dem AbgÄG 2005**
   3.1. Einkommensteuer
      3.1.1. Neufassung des § 36 EStG (Tarifbestimmung)
         3.1.1.1. Allgemeines
         3.1.1.2. Betrieblich bedingter Schulderlass
         3.1.1.3. Begünstigte
         3.1.1.4. Anwendungsbereich gerichtliches (Insolvenz)Verfahren
         3.1.1.5. Entstehungszeitpunkt und Ausmaß des begünstigten Gewinnes
         3.1.1.6. Berechnung der (ermäßigten) Einkünfte und der Steuerermäßigung
      3.1.2. Außergerichtlicher Ausgleich
         3.1.2.1. Abstandnahme von der Festsetzung
         3.1.2.2. Exkurs – Verfahrensrecht und außergerichtlicher Ausgleich
   3.2. Körperschaftsteuer
      3.2.1. Gerichtliches Verfahren
      3.2.2. Außergerichtliches Verfahren

4. Rechtslage nach dem Insolvenzrechtsänderungsgesetz (IRÄG) ab 1.7.2010
    4.1. Einkommensteuer
        4.1.1. Regelung in § 36 EStG
        4.1.2. Außergerichtliches Verfahren
    4.2. Körperschaftsteuer
        4.2.1. Gerichtliches Verfahren
        4.2.2. Außergerichtliches Verfahren
5. Zusammenfassung
Literaturverzeichnis

1. Begriff der Sanierung

Die Sanierung eines Unternehmens beinhaltet nach der Betriebswirtschaftslehre sämtliche Maßnahmen zur Beseitigung von Schwächen, die dessen Existenz gefährden[1] bzw zur Wiederherstellung der leistungswirtschaftlichen und finanziellen Basis.[2] Schuldnachlässe sind Bestandteil dieser Sanierungsmaßnahmen. Die (ertrag)steuerlichen Begünstigungen in den §§ 2 Abs 2b und 36 EStG sowie 23 Abs 1 bzw 23a KStG erfassen vom weiten Anwendungsbereich der Sanierung nur ganz bestimmte Schuldnachlässe, dazu gehören die auf das gerichtliche Verfahren nach der Insolvenzordnung[3] entfallenden Vermögensvermehrungen und im Erlasswege weitere Einzelfälle im außergerichtlichen Verfahren.[4] Ergänzend finden sich singuläre Regelungen in den materiellen Abgabengesetzen.[5]

2. Historische Entwicklung bis zum Budgetbegleitgesetz 2003

2.1. Einkommensteuer

2.1.1. Rechtslage vor dem EStG 1972

Die Problematik der Besteuerung von Erträgen, die im Rahmen einer Sanierung des Unternehmens erzielt werden, wurde schon in den 30er Jahren des vorigen Jahrhunderts erkannt. Die steuerliche Begünstigung des Sanierungsgewinnes war vor seiner gesetzlichen Regelung im Bereich der Einkommensteuer Bestandteil der richterlichen Rechtsfortbildung. Der Vermögenszuwachs galt dabei zunächst als außerbetrieblicher Vorgang, der steuerlich nicht zu erfassen war (RFH 30.6.1927, VI A 297/27, RStBl 1927, 197).[6] Voraussetzung für eine begünstigte steuerliche Behandlung waren schon zu diesem Zeitpunkt nach der Rspr des VwGH **allgemeine Sanierungsmaßnahmen** zugunsten notleidender Unternehmen (VwGH 16.5.1956, 2370/55 zu § 4 Abs 1 EStG 1953), wobei ein teilweiser Verzicht auf die Forderung durch einen Gläubiger idR nicht ausreichte (VwGH 12.10.1962, 0098/60), ebenso **Sanierungswille** (VwGH 20.11.1964, 1657/63) und die **Sanierungsbedürftigkeit** (VwGH 17.9.1965, 0359/64). Bei der Berechnung waren Sanierungskosten, laufende Verluste und Verlustvorträge (VwGH 9.10.1973, 1216/72) miteinzubeziehen.

---

[1] *Aigner et al*, Krisen- und Sanierungsmanagement, 89 zur vollständigen Beseitigung der Gefährdungstatbestände und zu den damit verbundenen betriebswirtschaftlichen Maßnahmen.

[2] *Kanduth-Kristen* in *Fraberger et al* (Hrsg), Handbuch Sonderbilanzen, Band I, Gründung-Umgründung etc, 193. Leistungswirtschaftliche Sanierung betrifft Produktion, Investition, Absatz und Organisation; finanzielle Sanierung betrifft Zahlungsfähigkeit und Eigenkapitalstruktur.

[3] Zu den Änderungen durch die Insolvenzrechtsnovelle 2010 siehe *Lesigang*, RWZ 2011, 66; zu den diversen Krisenstadien und den maßgeblichen Begriffen der Insolvenzordnung (Sanierungskonzept, Sanierungsplan, Fortbestehensprognose und Restrukturierungskonzept) *Fattinger*, RWZ 2011, 85 und *Feuchtinger/Lesigang* (Hrsg), Praxisleitfaden Insolvenzrecht.

[4] Die außergerichtliche Sanierung ist eine Einigung mit den Gläubigern (ohne Gericht und nicht öffentlich) über einen Nachlass von Forderungen (*Aigner et al*, Krisen- und Sanierungsmanagement, 291: Bedingungen idR Quotenzahlung binnen bestimmter Frist und Sanierungskonzept).

[5] So in § 8 Abs 1 letzter Satz KStG, § 8 Abs 4 Z 2 KStG oder § 4 Abs 2 UmgrStG.

[6] *Beiser et al*, FS Doralt, Ertragsteuern in Wissenschaft und Praxis, 48ff: Rspr und Verwaltungspraxis gingen davon aus, dass der Schuldnachlass den Betriebsinhaber betrifft und nicht den Betrieb; *Zorn* in *Hofstädter/Reichel*, EStG-Kommentar, § 36, Tz 1.

2.1.2. Rechtslage nach dem EStG 1972 (Tarifbegünstigung)

In § 36 EStG 1972 wurde erstmalig für den Bereich der Einkommensteuer geregelt, dass jene Einkommensteile vom Einkommen auszuscheiden sind, die durch Vermehrungen des Betriebsvermögens nach einem teilweisen oder gänzlichen Schulderlass zum Zweck der Sanierung entstanden sind. Für eine **allgemeine Sanierungsmaßnahme** bedurfte es der Sanierung eines Betriebes und des Verzichtes sämtlicher oder zumindest der Mehrheit der Gläubiger. Einzelnen Entscheidungen des VwGH war zu entnehmen, dass auch der Forderungsverzicht eines Gläubigers ausreichte, wenn der Schulderlass einer allgemeinen Sanierungsmaßnahme gleichkam und objektiv geeignet war, eine Sanierung herbeizuführen.[7] Kein Sanierungsgewinn entstand aus einem bedingten Verzicht[8] und Nachlässen aus rein kaufmännischen Erwägungen. Weiters war **Sanierungsabsicht** notwendig, wobei ein gerichtliches Ausgleichsverfahren bzw der Übergang des Unternehmens nach Durchführung des Ausgleiches in andere Hände noch kein Indiz für deren Fehlen waren.[9] **Sanierungsbedürftigkeit** lag vor, wenn ein wirtschaftlicher Zusammenbruch drohte. Zuletzt mussten die Maßnahmen sowohl geeignet sein den Betrieb zu sanieren, als auch der Betrieb selbst einer Sanierung zugänglich sein (**Sanierungseignung bzw Sanierungsfähigkeit**).[10] Die durch Nachlässe verursachten Betriebsvermögenserhöhungen bewirkten eine Verminderung von Verlustausgleich (§ 2 Abs 2 EStG) und Verlustabzug (§ 18 Abs 1 Z 4 EStG),[11] da Sanierungsgewinne erst nach Abzug von Sonderausgaben und außergewöhnlichen Belastungen aus dem Einkommen ausschieden.[12] Der Schuldnachlass war erst dann zu berücksichtigen, wenn die Forderungen der Gläubiger mit Sicherheit nicht wieder aufleben konnten, bei ratenweiser Abstattung entsprechend der Ratenzahlungen[13] oder wenn die Ausgleichsquoten erfüllt wurden.

2.1.3. Rechtslage nach dem EStG 1988 (Bestimmung der Einkommensermittlung)

Mit BGBl 1988/400 wurde die Textierung von § 36 EStG geringfügig neu gefasst (Verweis auf die Einkommensermittlung, den Abzug von Sonderausgaben und auf außergewöhnliche Belastungen), blieb aber inhaltlich in Bezug auf die Voraussetzungen (**allgemeine Sanierungsmaßnahme, Sanierungsabsicht, Sanierungsbedürftigkeit**[14] und **Sanierungseignung**[15] bzw

---

[7] VwGH 30.5.1978, 1396, 2345/75 und 3.10.1990, 90/13/0018.
[8] *Schögl/Wiesner/Nolz*, EStG 1972, § 36, 856.
[9] So schon VwGH 27.4.1971, 1420/69.
[10] BMF-Erlass 3.1.1984, St 642/1/1-IV/6/83.
[11] Eine vorrangige Kürzung begünstigter Teile fand aber nicht statt (VwGH 18.1.1983, 82/14/0113). Der Sanierungsgewinn wurde weder mit ausgleichsfähigen Verlusten, mit Wartetastenverlusten noch mit Verlustabzügen nach § 18 Abs 6 EStG vorrangig verrechnet (*Quantschnigg/Schuch*, ESt-Handbuch, § 36, Tz 11ff und VwGH 3.10.1984, 83/13/0064).
[12] *Schögl/Wiesner/Nolz/Kohler*, EStG-Kommentar 1972, 5. Auflage, § 36, 166; *Quantschnigg/Schuch*, ESt-Handbuch, § 36, Tz 12-Beispiele.
[13] So schon VwGH 21.4.1970, 1527/69.
[14] VwGH 14.4.1993, 90/13/0288.
[15] VwGH 20.4.1999, 98/14/0120 (ESt 1993): Sanierungseignung fehlt, wenn Selbstbemessungsabgaben nicht entrichtet werden können; VwGH 28.4.2004, 98/14/0196 (ESt 1993): Nachweis ist nicht erfolgt, dass trotz Betriebseinstellung nach fünf Monaten und Verlusterzielung die Voraussetzung gegeben war.

Sanierungsfähigkeit)[16, 17] weitgehend gleich. Ausgedehnt wurde die Begünstigung auf beschränkt steuerpflichtige Personen.[18]

2.1.4. Rechtslage nach dem StruktAnpG 1996 (Wegfall der gesetzlichen Regelung)

§ 36 EStG wurde durch Art 39 Z 43 StruktAnpG 1996, BGBl 1996/201 aufgehoben. Dies wurde damit begründet, dass die Steuerfreiheit des Sanierungsgewinnes an den zeitlich begrenzten Verlustvortrag gekoppelt war. Durch die „Verewigung" des Verlustvortrages hätte sich eine nicht begründbare Doppelwirkung ergeben. Die Steuerfreiheit des Sanierungsgewinnes war daher – wegen des für 1996 und 1997 entfallenden Verlustvortragsrechtes – ab 1998 zu streichen.[19]

Durch die Aufhebung von § 36 EStG entstanden Folgeprobleme aus der Verlustsistierung 1996 und 1997. Mit Verfassungsbestimmung des § 117 Abs 7 Z 1 EStG (BGBl 1996/201) wurde in den Jahren 1996 und 1997 ein Verlustabzug grundsätzlich für unzulässig erklärt, sodass steuerfreie Einkünfte ungekürzt geblieben wären. Nach § 117a Abs 1 EStG (BGBl 1996/797) war aus diesem Grund im Ergebnis eine (fiktive) Verrechnung von Verlustvorträgen der Vorjahre mit steuerfreien Sanierungsgewinnen vorzunehmen, um doppelte Begünstigungen zu vermeiden, die Fünftelung der Verluste 1989 und 1990 durfte erst nach der Verrechnung durchgeführt werden.[20]

Um zu verhindern, dass 1996 und 1997 bestimmte atypische Gewinne aufgrund des Verlustabzugsverbots besteuert werden mussten, während allenfalls eine spätere Verlustverrechnung nicht möglich war, wurden die Auswirkungen der Regelung abgemildert: Nach § 117 Abs 7 Z 2 EStG konnten Veräußerungs-, Aufgabe- oder Liquidationsgewinne aus diesen Jahren auf 1998 verschoben werden, durch § 117a Abs 2 EStG wurde diese Möglichkeit auf weitere Fälle von Sondergewinnen ausgedehnt.

„Verunglückte Sanierungsgewinne" waren von dieser Sonderregelung nicht erfasst und somit steuerpflichtig, weil keine Möglichkeit vorgesehen war, Verlustvorträge abzuziehen. Vom Höchstgericht[21] wurde daher die Verschiebung der Besteuerung eines durch Betriebsaufgabe nach der Sanierung entstandenen (und damit nicht steuerfreien) Sanierungsgewinnes aus 1996 auf das Veranlagungsjahr 1998 analog § 117 Abs 7 Z 2 EStG zugelassen, da im Jahr des Anfalls des Gewinnes ein Verlustabzug nicht möglich war. Auch die Berufungsbehörde der FLD für OÖ stellte in verfassungskonformer Auslegung der Norm fest, dass dieselbe Verschiebungsmöglichkeit einem (atypischen) Gewinn aus 1996 zuzuerkennen war, dessen Steuerfreistellung als Sanierungsgewinn an

---

[16] Nach VwGH 31.3.1998, 95/13/0265 (Feststellung 1990) ist Sanierungsfähigkeit die Eignung des Schulderlasses, den Betrieb vor dem Zusammenbruch zu bewahren und wieder ertragsfähig zu machen. Diese Voraussetzung liegt nicht vor, wenn das Unternehmen aufgelöst wird, sich im Stadium der Abwicklung befindet oder nur der Unternehmer saniert wird; dagegen besteht bei einer entgeltlichen Übertragung nach der Sanierung kein Zweifel an der Sanierungsfähigkeit.
[17] Der VwGH verwendet beide Begriffe gelegentlich synonym, siehe zB VwGH 31.3.1998, 95/13/0265, wo die belangte Behörde von fehlender Sanierungseignung spricht, während der VwGH in der rechtlichen Würdigung auf die Sanierungsfähigkeit Bezug nimmt (dazu auch Rz 7258 EStR 2000 „Sanierungseignung oder Sanierungsfähigkeit").
[18] *Zorn* in *Hofstädter/Reichel*, § 36, Tz 1.
[19] *Weiler,* Das EStG nach dem StruktAnpG 1996, § 36, 162, ErlRV.
[20] BMF 20.5.1998, GZ 14 0602/1-IV/14/98.
[21] VfGH 29.6.2000, B 294/00.

der Überschuldung (daher fehlende Sanierungsfähigkeit) scheiterte, weil es andernfalls zum sinnwidrigen Auseinanderfallen von atypischem Ertrag und Verlustverrechnung gekommen wäre.[22]

2.1.5. Rechtslage ab der Veranlagung 1998 (Abstandnahme von der Festsetzung durch eine Erlassregelung)

Gerichtliches Verfahren: Da ab 1998 ein gesetzlicher Anspruch auf Steuerfreiheit nicht mehr gegeben war, aber weiterhin ein Bedürfnis nach begünstigter Behandlung von Gewinnen aus Schulderlässen bestand, wurde eine **Erlassregelung**[23] **iVm § 206 lit b BAO** zur Freistellung von der Festsetzung der aus der Sanierung resultierenden Steuer geschaffen. Begründet wurde die Freistellung damit, dass die volle Durchsetzbarkeit des auf den Sanierungsgewinn entfallenden Abgabenanspruches aufgrund der Unterlagen und Erhebungen in bestimmten Fällen (vor allem beim Zwangsausgleich) nicht gegeben war. Die Finanzämter sollten insoweit von der Festsetzung der Einkommensteuer Abstand nehmen, als die Abgabenansprüche durch Erfüllung der Ausgleichsquote nach Abschluss des Zwangsausgleiches entstanden waren und den der Ausgleichsquote entsprechenden Betrag überstiegen. Voraussetzung dieser Abstandnahme waren das Vorliegen eines Zwangsausgleiches (§§ 140 ff KO) und „abstrakt" die **Voraussetzungen eines Sanierungsgewinnes iSd § 36 idF vor dem BGBl 1996/201, insbesondere Sanierungsbedürftigkeit, Sanierungsabsicht und Sanierungseignung**.[24] Damit sollte das Fortbestehen des Unternehmens gesichert werden. Bei der Prüfung der Sanierungsbedürftigkeit war das Sonderbetriebs- und Privatvermögen der Gesellschafter mitzuberücksichtigen, soweit sie unbeschränkt damit hafteten, Privatvermögen der Kommanditisten blieb außer Betracht.[25] Dabei war die Steuerbelastung mit und ohne Sanierungsgewinn zu vergleichen. Von der Festsetzung der Steuer wurde in jenem Ausmaß Abstand genommen, als sich das durch den dem Nachlass entsprechenden Prozentsatz ergab (zB Zwangsausgleich 20 %, daher 80 % Nachlass).

Außergerichtliches Verfahren: Außerhalb eines Zwangsausgleichs war in Sanierungsfällen in vergleichbarer Weise vorzugehen. Dabei war zusätzlich zu prüfen, ob die Sanierungsbedürftigkeit auf unangemessen hohe Entnahmen zurückzuführen war und ob sich die zur Sanierungsbedürftigkeit führenden Verluste bereits steuerlich ausgewirkt hatten.

Die Erlassregelung wurde in die **EStR 2000** aufgenommen.[26] **Mit Änderungserlass 2001**[27] wurden Fälle eines gerichtlichen Ausgleiches (iSd AO) in die Nichtfestsetzung miteinbezogen.

Mit **BudBG 2001, BGBl I 2000/142**, erfolgte eine Regelung in § 2 Abs 2b Z 3 EStG, wonach Verrechnungsgrenze und Vortragsgrenze von 75 % bei Vorliegen von Sanie-

---

[22] Siehe dazu *Laudacher*, SWK 2002, S 593.
[23] BMF 16.7.1999, GZ Z 14 0206/1-IV/14/99, AÖFV 1999/180; siehe auch BMF, ÖStZ 1999, 455.
[24] BMF, ÖStZ 1999, 455: Hier als Sanierungsmöglichkeit bezeichnet; erstmals ab der Veranlagung 1998 anwendbar.
[25] *Kanduth-Kristen*, taxlex 2005, 113, Pkt 4 und 5 zur gesonderten Prüfung jedes Gesellschafters.
[26] Rz 7268 EStR 2000, nunmehr in Rz 7272 geregelt; ist mangels Kundmachung im BGBl keine für den VwGH beachtliche Rechtsquelle (VwGH 28.1.2003, 2002/14/0139).
[27] BMF 28.12.2001, GZ 06 0104/11-IV/6/01.

rungsgewinnen nicht anzuwenden sind, sodass Verluste voll verrechnet werden konnten. Zudem enthielt diese Bestimmung neuerlich eine Legaldefinition des Begriffes Sanierungsgewinn.

Die FLD für OÖ ließ mit Bescheid vom 2. Oktober 2002[28] eine Abstandnahme von der Festsetzung aufgrund der Auswirkung der zur Sanierungsbedürftigkeit führenden Verluste in Vorjahren nicht zu. Die gegen diese Entscheidung erhobene Beschwerde[29] blieb erfolglos, weil Erlässe der Finanzverwaltung keine Rechte und Pflichten begründen können und die EStR keine beachtliche Rechtsquelle darstellen.[30]

2.1.6. Rechtslage ab Budgetbegleitgesetz 2003 (gesetzlich geregelte Abstandnahme von der Festsetzung)

Mit **Budgetbegleitgesetz 2003, BGBl I 2003/71**,[31] wurde § 36 EStG neu erlassen, wobei der gerichtliche Ausgleich und der Zwangsausgleich begünstigt waren. Andere gerichtliche Vereinbarungen (Zahlungsplan oder Abschöpfungsverfahren) wurden von der Bestimmung nicht erfasst. Inhaltlich entsprach die Bestimmung der vorherigen Erlassregelung, den Begriff des Sanierungsgewinnes nahm man in § 36 neu auf.[32] Der Begünstigung unterlag dabei der Teil des Sanierungsgewinnes, der in einem positiven Einkommen enthalten war. Ergab der Saldo aus dem zweistufigen Verlustausgleichsverfahren (vertikal, horizontal) einen negativen Betrag, blieb für die Anwendung des § 36 Abs 2 EStG kein Raum.[33]

Als Voraussetzung waren allgemeine Sanierungsmaßnahme,[34] Sanierungsbedürftigkeit, Sanierungsabsicht[35] und Sanierungsfähigkeit bzw Sanierungseignung gefordert.[36]

Die Sanierungseignung wurde gelegentlich auch als Sanierungsmöglichkeit bezeichnet.[37] Erfolgten nach der Sanierung weiterhin Versteigerungen, Steuerhinterziehungen und Konkursdrohungen von Gläubigern und wurden Tilgungspläne nicht eingehalten, galt der Betrieb nicht als saniert (VwGH 20.4.1999, 98/14/0120). Betraglich und zeitlich kurze Verlustsituationen nach Gewährung des Schuldnachlasses schlossen die Sanierungseignung noch nicht aus (VwGH 23.10.1997, 96/15/0186), im Gegensatz zu weiteren Verlusten über mehrere Jahre (zB VwGH 3.10.1990, 90/13/0018). Grundvorausset-

---

[28] GZ RV 1477/1-6/2002.
[29] Siehe dazu VwGH 28.1.2003, 2002/14/0139.
[30] Siehe auch VwGH 30.6.2010, 2005/13/0034 zur Zurückweisung einer Beschwerde betreffend Abstandnahme von der Festsetzung für das Jahr 2000.
[31] Inkrafttretensdatum 21.8.2003.
[32] Sprachlich ergaben sich „Stilblüten" (siehe *Doralt,* RdW 2003/344); inhaltlich entsprach die Regelung dem bisher auf § 206 lit b BAO gestützten Erlass.
[33] VwGH 30.3.2011, 2008/13/0010: Im zweistufigen Verlustausgleichsverfahren ist der Sanierungsgewinn mit negativen Einkünften zu verrechnen.
[34] UFS 11.6.2010, RV/3410-W/07: Stillhalten des Hauptgläubigers genügt, weil die Sanierungsmaßnahme dadurch mitgetragen wird; der Verzicht auf Pensionsansprüche der Gesellschafter reicht nicht aus, um einen Sanierungsgewinn anzunehmen, wenn kein sanierungsbedürftiger Betrieb nachgewiesen wird (VwGH 31.3.2004, 99/13/0198).
[35] Diese liegt nicht vor, wenn der Gläubiger nur einen Teil des Kredites eintreiben und nicht den Betrieb sanieren will (UFS 1.2.2010, RV/2229-W/07 zum Nachlass der Kredite durch eine Bank).
[36] Beachte: Der Wegfall der Sanierungseignung und der Betriebsfortführung in § 36 EStG idF AbgÄG 2005 wirkt nicht auf vorangehende Jahre zurück (UFS 17.6.2008, RV/1060-W/06).
[37] ÖStZ 1999, 455; SWK 2006, S 100.

zung der Sanierungsfähigkeit[38] war die Eignung des Schulderlasses, den Betrieb vor dem Zusammenbruch zu bewahren und wieder ertragsfähig zu machen (VwGH 31.3.1998, 95/13/0265).[39] Das Unternehmen musste erhalten bleiben. Keine geeignete Sanierungsmaßnahme wurde idR angenommen bei Betriebseinstellung vor dem Insolvenzverfahren (VwGH 28.3.2000, 96/14/0104), vor Zahlung der ersten Quote,[40] nach der Sanierung oder wenn wesentliche Betriebsgrundlagen zum Zweck der Sanierung verkauft werden mussten (VwGH 16.9.2003, 2000/14/0193). Die Übertragung des Betriebsvermögens an eine Auffanggesellschaft (VwGH 16.9.2003, 2000/14/0193; VwGH 25.2.2003, 98/14/0151) war nicht hinderlich, wohl aber der Verkauf der wesentlichen Wirtschaftsgüter an verschiedene Abnehmer (VwGH 24.7.2007, 2002/14/0087).

Bei Einzelunternehmen oder Personengesellschaften war zusätzlich zu untersuchen, ob sie den Betrieb durch Einsatz privater Mittel sanieren konnten.[41] Die Aufhebung der Beschränkungen in § 2 Abs 2b Z 3 EStG galt weiterhin.

Die Begünstigung war von der Berechnung her so gestaltet, dass der Prozentsatz des Forderungsnachlasses auf die Differenz zwischen Steuer mit und ohne Sanierungsgewinn anzuwenden war und das Ergebnis von der Steuer (inklusive Sanierungsgewinn) abgezogen wurde.

Mit 20. Dezember 2003 trat eine Neufassung von § 206 lit b BAO in Kraft: Von der Abgabenfestsetzung konnte die Behörde ganz oder teilweise Abstand nehmen, „soweit"[42] im Einzelfall aufgrund der Unterlagen und durchgeführten Erhebungen mit Bestimmtheit anzunehmen war, dass der Abgabenanspruch nicht durchsetzbar sein würde.[43] Einen Rechtsanspruch auf Abstandnahme von der Festsetzung hatte der Steuerpflichtige nicht.[44]

2.2. Körperschaftsteuer

2.2.1. Rechtslage vor und nach dem KStG 1966

Im Rahmen der Körperschaftsteuer erfolgte die Zuordnung der Sanierungserträge ursprünglich nach der Rspr des RFH zur Privatsphäre,[45] später zum betrieblichen Bereich (RStBl 1929, 228). Erste gesetzliche Basis der Steuerfreiheit von Schuldnachlässen waren zunächst § 11 Abs 4 dKStG 1934 und § 12 Z 3 KStG 1966.[46] Schon sehr früh kam

---

[38] *Kanduth-Kristen/Treer,* Insolvenz und Steuern, SWK-Spezial 2006, 62–63; *Fröhlich/Unger,* SWK 2005, S 853; zum Begriff der Sanierungsfähigkeit im Rahmen der Unternehmensplanung siehe *Zöchling/Klingler/Kranebitter,* „Entschlossen handeln in Krisenzeiten – Stichwortverzeichnis": Die Eignung eines Unternehmens, mit Hilfe gezielter Sanierungsmaßnahmen wieder seine wirtschaftliche Sanierungsfähigkeit zu erlangen und diese aus eigener Kraft dauerhaft erhalten zu können.

[39] Kriterien dafür: Zukünftige Betriebsergebnisse, Entwicklung des Kapitalkontos, Grad der Überschuldung und Höhe der stillen Reserven (Rz 7258 EStR 2000).

[40] Rz 7263 EStR 2000

[41] *Bareis/Kaiser,* ÖStZ 2005, 14, Pkt 3.1.

[42] Bis dahin nur dann, „wenn" das mit Bestimmtheit anzunehmen war.

[43] VwGH 25.10.2006, 2005/15/0012 zu BGBl I 2003/124.

[44] UFS 1.2.2010, RV/RV2229-W/07 zur ESt 2004 und UFS 16.9.2009, RV/0735-W/08 zur ESt 2005: Rz 7268 EStR 2000 ist keine beachtliche Rechtsquelle.

[45] *Lang/Schuch/Staringer* (Hrsg), KStG-Kommentar, § 23a, Tz 1.

[46] Siehe *Quantschnigg/Renner/Schellmann/Stöger,* KStG-Kommentar, § 23a, Tz 4 zur Rechtsentwicklung ab 1927; *Heinrich* in *Doralt/Heinrich/Ludwig* (Hrsg), EStG-Kommentar, § 36, Tz 6.

die Rspr des BFH zum dem Schluss, dass der Forderungsverzicht eines einzigen oder bloß einiger Gläubiger zum Sanierungsgewinn führen kann.[47]

Mit BGBl 1972/441 wurde § 12 Z 3 KStG ab 1.1.1973 durch § 22 Abs 5 KStG ersetzt, der das Ausscheiden jener Einkommensteile vor Anwendung der Steuersätze normierte, die durch Schulderlass zum Zweck der Sanierung entstanden.

2.2.2. Rechtslage nach dem KStG 1988

Nach § 23 Abs 1 KStG 1988[48] waren bei der Ermittlung des Einkommens nach Abzug der Sonderausgaben jene Einkommensteile auszuscheiden, die durch Vermehrung des Betriebsvermögens infolge gänzlichen oder teilweisen Erlasses von Schulden zum Zweck der Sanierung entstanden sind.

2.2.3. Rechtslage nach dem StruktAnpG 1996

Mit StruktAnpG 1996, BGBl 1996/201, wurde § 23 Abs 1 KStG mit Wirkung ab der Veranlagung 1998 ersatzlos aufgehoben. Damit unterlagen Sanierungsgewinne bis zur Neueinführung 2003 nicht mehr der begünstigten Besteuerung.

Der Erlass vom 16.7.1999 (AÖFV 1999/180)[49] hatte aber auch Geltung im Bereich der Körperschaftsteuer (Voraussetzung allgemeine Sanierungsmaßnahme, Sanierungsbedürftigkeit, Sanierungsabsicht und Sanierungseignung[50] bzw Sanierungsfähigkeit).[51] Dem Gesetz lag zu diesem Zeitpunkt ein Verständnis zugrunde, wonach der Begriff des „Liquidationsgewinnes" nicht zwingend iSd Regelung des § 19 KStG verstanden werden musste, sodass die Begünstigung auch dann zustand, wenn der Gewinn keinem Liquidationsgewinn gleichzuhalten war.[52]

2.2.4. Rechtslage nach dem BudgBG 2003

Gerichtliches Verfahren: Mit Budgetbegleitgesetz 2003, BGBl I 2003/71, wurde die Erlassregelung in § 23a KStG gesetzlich verankert und der Begriff des Sanierungsgewinnes neu aufgenommen.[53] Sanierungsgewinne entstanden durch gänzlichen oder teilweisen Erlass von betrieblichen Schulden[54] im Rahmen eines gerichtlichen Ausgleiches nach der

---

[47] BFH 15.10.1963, I 359/60 S, BStBl 1964 III, 122 und BFH 26.11.1980, I R 52/77, BStBl 1981 II, 181.
[48] IdF AbgÄG 1989, BGBl 660, siehe VwGH 17.4.2008, 2006/15/0083.
[49] BMF GZ Z 14 0206/1-IV/14/99.
[50] Nach dem Schulderlass auftretende (dreijährige) Verluste weisen auf eine fehlende Sanierungseignung hin (VwGH 3.10.1990, 90/13/0080); ebenso der kontinuierliche Rückgang der Umsätze mit anschließendem Verkauf der Gesellschaft (UFS 4.6.2009, RV/1732-W/05 zur KSt 2001 und 2002). Erfolgt der Schuldnachlass erst nach der Betriebsübertragung, sind aber Übertragung und Nachlass Teile eines einheitlichen Konzeptes, kann ein Indiz dafür vorliegen, dass der Schuldnachlass eine geeignete Sanierungsmaßnahme war (UFS 29.4.2009, RV/0237-K/07 zur KSt 2002).
[51] UFS 4.6.2009, RV/1732-W/05 zur fehlenden Sanierungsabsicht und Sanierungseignung (KSt 2001 und 2002).
[52] VwGH 15.12.2010, 2005/13/0122 zur Körperschaftsteuer 2001. Erst mit AbgÄG 2005 wurde bei den Liquidationsgewinnen ein Verweis auf § 19 KStG eingefügt.
[53] Da das Budgetbegleitgesetz 2003 keine ausdrückliche Inkrafttretensbestimmung enthält, ist die Norm am 21.8.2003 gemäß Art 49 Abs 1 B-VG in Kraft getreten. Eine Rückwirkung dieser Norm ergibt sich auch nicht aus einer verfassungskonformen Interpretation (VwGH 25.10.2006, 2005/15/0012).
[54] Ein Forderungsverzicht muss betrieblich und nicht gesellschaftsrechtlich bedingt sein.

Ausgleichsordnung oder infolge eines Zwangsausgleiches. Vorausgesetzt waren Sanierungsbedürftigkeit, Sanierungsabsicht[55] und Sanierungseignung bzw Sanierungsfähigkeit, Ziel blieb die Aufrechterhaltung des Unternehmens.[56]

Die Berechnung der Steuer nach § 23a KStG orientierte sich an der Regelung des § 36 EStG, die Steuer wurde in Höhe der Ausgleichsquote erhoben. Verrechnungsgrenze und Vortragsgrenze waren nicht anzuwenden (§ 2 Abs 2b Z 3 EStG).[57] Mindestkörperschaftsteuer aus Vorjahren beeinflusste den nicht festzusetzenden Betrag nicht,[58] sie wurde nach Rz 1487a KStR 2001 auf den festgesetzten Betrag angerechnet.

Begünstigt waren auch juristische Personen als Mitunternehmer an einer Personengesellschaft.

Außergerichtliches Verfahren: Die Behandlung von Sanierungsgewinnen aus einem außergerichtlichen Ausgleich wurde in Rz 1487a KStR 2001 verankert und dabei auf Rz 7268 EStR 2000 verwiesen. Auch hier bestand kein Rechtsanspruch auf eine Abstandnahme von der Festsetzung.[59]

3. Die Steuerfestsetzung nach dem AbgÄG 2005

3.1. Einkommensteuer

3.1.1. Neufassung des § 36 EStG (Tarifbestimmung)

3.1.1.1. Allgemeines

Nach der vor dem AbgÄG 2005 geltenden Rechtslage waren nur Sanierungsgewinne begünstigt. Die Konzeption der Regelung war unternehmensbezogen und bedurfte einer Maßnahme, die den Betrieb vor dem Zusammenbruch bewahrte und wieder ertragsfähig machte,[60] bei einer Betriebseinstellung war die Begünstigung nicht anwendbar.[61] Die Neuregelung stellt allgemein auf Schuldnachlässe in gerichtlichen Insolvenzverfahren und eine unternehmerbezogene Sanierung ab.[62] Die Voraussetzung der allgemeinen Sanierungsmaßnahme, der Sanierungsbedürftigkeit und der Sanierungsabsicht (nähere Ausführungen siehe außergerichtlicher Ausgleich) sind beim gerichtlichen Sanierungs-

---

[55] Kommt es den nachlassenden Geldinstituten nur auf die Sicherung ihrer Forderungen an, liegt keine Sanierungsabsicht vor (UFS 24.11.2008, RV/1615-W/06 zur KSt 2003).
[56] Nimmt die Gesellschaft am wirtschaftlichen Geschehen nach Konkurseröffnung oder Erfüllung des Zwangsausgleiches nicht teil, ist keine Sanierungsfähigkeit mehr gegeben (UFS 30.11.2009, RV/0976-W/08).
[57] Siehe UFS 4.11.2008, RV/1545-W/05 zur KSt 2003; VwGH 25.1.2012, 2008/13/0077.
[58] Nach UFS 17.7.2007, RV/0260-G/05 (KSt 2003) ist die zu entrichtende Mindest-KöSt zwar für die Berechnung des Unterschiedsbetrages dergestalt heranzuziehen, dass die rechnerische „Steuer ausschließlich Sanierungsgewinn" in einer Verlustsituation mindestens in Höhe der Mindest-KöSt anzusetzen ist; für die Berechnung der nicht festzusetzenden Steuer sind aber allfällig anrechenbare Mindest-KöSt-Beträge aus Vorjahren irrelevant, weil sie keinen Einfluss auf die rechnerische Steuer haben.
[59] UFS 16.9.2009, RV/0773-W/08 zur KSt für 2005; ebenso UFS 25.1.2011, RV/2643-W/10.
[60] VwGH 23.1.1997, 93/15/0043.
[61] *Beiser et al*, FS Doralt, Ertragsteuern in Wissenschaft und Praxis, 52: Fehlende Sanierungseignung sollte die Begünstigung nicht hindern.
[62] *Kanduth-Kristen/Treer*, Insolvenz und Steuern, SWK-Spezial 2006, 64–65.

verfahren gewöhnlich als gegeben anzunehmen.[63] Die Fortführung des Unternehmens bzw die tatsächliche Sanierung (Sanierungseignung) ist nicht mehr Voraussetzung.[64] Die Norm erfasst nicht Fälle des außergerichtlichen Ausgleiches (Sanierungsgewinne) oder die Schulderlässe in gesetzlichen Sanierungsfällen nach ausländischen Rechtsordnungen.[65] Die Regelung hat für alle Schulderlässe Gültigkeit, die ab der Veranlagung 2006 erfasst werden. Die Steuer wird in Höhe der geleisteten Quote festgesetzt und damit eine Gleichstellung mit allen anderen Gläubigern hergestellt. Die Ausnahme von der Verrechnungs- und Vortragsgrenze wird ab 2006 erweitert,[66] sie ist im Abgabenverfahren zwingend zu beachten, uU auch im Einkommensteuerbescheid, wenn der Feststellungsbescheid darüber nicht abspricht.[67]

3.1.1.2. Betrieblich bedingter Schulderlass

Während idF vor StruktAnpG 1996 ein „gänzlicher oder teilweiser Erlass von Schulden" begünstigt war, erfasst § 36 Abs 1 EStG idF AbgÄG 2005 für die gesonderte Steuerfestsetzung „aus einem Schulderlass resultierende Gewinne". Begünstigt ist nach diesem Terminus der betrieblich bedingte[68] Erlass von Schulden. „Schulden" sind bestehende oder zukünftige[69] (aber bereits wirtschaftlich verursachte) betriebliche Verbindlichkeiten[70], „Erlass" ist der gänzliche und endgültige Wegfall.[71] Ein aus privaten Gründen gewährter Schuldnachlass[72] oder sonstige Vermehrungen des Betriebsvermögens[73] stellen keinen Schulderlass im Sinne dieser Gesetzesstelle dar.[74]

---

[63] *Zorn* in *Hofstädter/Reichel* (Hrsg), § 36, Rz 12; bzw „hinfällig" nach *Kanduth-Kristen* in *Baldauf et al*, Jakom, EStG-Kommentar 2011, § 36, Tz 7 oder „überholt" nach *Fröhlich/Unger*, SWK 2005, S 853.

[64] Siehe zB *Beiser et al*, FS Doralt, Ertragsteuern in Wissenschaft und Praxis, 56; *Knörzer*, SWK 2005, S 967; *Zorn* in *Hofstädter/Reichel* (Hrsg), § 36, Tz 12 (… auf die Sanierungsfähigkeit in Form der Fortführungseignung stellt die Neuregelung des § 36 nicht ab).

[65] EU-widrig nach *Zorn* in *Hofstädter/Reichel* (Hrsg), § 36, Tz 13.

[66] Auf Gewinne nach § 36 Abs 2 EStG, Gewinne in Veranlagungszeiträumen, die von Konkursverfahren oder gerichtlichen Ausgleichsverfahren betroffen sind und Sanierungsgewinne im außergerichtlichen Verfahren; *Knörzer*, SWK 2005, S 967 zu § 124b Z 127 EStG.

[67] UFS 10.1.2011, RV/1904-W/08: Abzustellen ist nur auf den aufrechten Bestand des Konkurs- oder Ausgleichsverfahrens.

[68] VwGH 31.3.2003, 98/14/0128 noch zur alten Rechtslage: Nur ein betrieblich bedingter Schulderlass erhöht den laufenden Gewinn, nicht aber der Erlass privater Verbindlichkeiten. Zur Unterscheidung betriebliche/private Verbindlichkeiten s *Kanduth-Kristen* in *Baldauf et al*, Jakom, § 36, Rz 11 und 12; VwGH 29.11.2000, 95/13/0004 (entscheidend ist der Schuldgrund); VwGH 10.9.1998, 93/15/0051 (die Fremdmittel müssen tatsächlich dem Betrieb dienen); VwGH 16.11.1993, 89/14/0163 (die Beurteilung erfolgt nach der Zweckbestimmung und tatsächlichen Nutzung).

[69] Durch Rückstellungen gedeckte.

[70] Eine Betriebsschuld liegt nur vor, soweit damit betriebliche Aufwendungen oder die Anschaffungskosten eines zum Betriebsvermögen gehörenden Wirtschaftsgutes abgedeckt werden (VwGH 24.2.2005, 2000/15/0057). Bei Kontokorrentkrediten ist uU eine Aufteilung in eine betriebliche und private Sphäre im Schätzungswege vorzunehmen (VwGH 28.3.2000, 96/14/0104).

[71] ZB der Wegfall von Verbindlichkeiten nach § 1444 ABGB; der Ausfall führt zu nachträglichen betrieblichen Einkünften nach § 32 EStG.

[72] VwGH 21.4.2005, 2001/15/0188: Dieser gilt als Einlage.

[73] ZB ein Nachlass der auf Repräsentationskomponenten entfallenden betrieblichen Verbindlichkeiten oder von ESt und KSt (*Kofler/Kanduth-Kristen* in *Bertl et al* [Hrsg], Handbuch der österreichischen Steuerlehre, Band IV, Investition, Finanzierung und Steuern², 143).

[74] Nicht begünstigt sind zB Schuldübernahmen nach § 1404 ABGB (*Heinrich* in *Doralt/Heinrich/Ludwig* [Hrsg], EStG-Kommentar, § 36, Tz 72), der Verzicht auf künftige Zinsen, Zuschüsse des Gläu-

3.1.1.3. Begünstigte

Begünstigt werden nicht nur **§ 4-Abs 1-Ermittler**, sondern auch **Einnahmen-Ausgabenrechner**. Der Erlass von Schulden fällt bei § 4-Abs 3-Ermittlern unter die Regelung des § 36 EStG, wenn Verbindlichkeiten betroffen sind, die sich nicht als Betriebsausgabe bei Bezahlung auswirken, also Schulden für Anlagevermögen oder Darlehensschulden.[75] Schulderlässe, deren Bezahlung zu Betriebsausgaben führt, stellten bisher keinen betrieblichen Gewinn dar,[76] anders nunmehr für Warenschulden.[77] Schulderlässe im Zusammenhang mit Umlaufvermögen führen nicht zu einer Vermehrung des Betriebsvermögens.[78] Bei Pauschalierungen ist nach Ansicht der Finanzverwaltung die Begünstigung nicht anwendbar, wenn die Pauschalierung auch den Gewinn aus dem Schuldnachlass erfasst.[79] Wird von einer Teilpauschalierung oder Vollpauschalierung der Gewinn aus dem Schuldnachlass nicht umfasst, kommt die Anwendung von § 36 in Betracht.[80] Begünstigt sind **Personengesellschaften**, wenn es sich um eine Mitunternehmerschaft handelt.[81] Die Feststellung, ob ein Sanierungsgewinn vorliegt, ist im Rahmen der einheitlichen und gesonderten Gewinnfeststellung zu treffen,[82] die begünstigte Steuerfestsetzung wird beim Gesellschafter vorgenommen. Sowohl dem Komplementär als auch dem Kommanditisten[83] kann ein aus dem Schulderlass resultierender Gewinn zugeteilt werden. Bei der Prü-

---

bigers oder Dritter, der Erlass eines negativen Kapitalkontos ausscheidender Gesellschafter (Rz 7254 EStR 2000), Anlagenverkäufe (Notverkäufe), Auflösungen von Rücklagen (*Fröhlich/Unger*, SWK 2005, S 853), Stillhaltevereinbarungen oder der Rücktritt von Verträgen unter Verzicht auf Schadenersatz. Weiters vertraglich fixierte höhere Gewinne oder Absatzmargen, Klagverzichtsvereinbarungen, Vergleiche iSd § 1380 ABGB oder Forderungsverzichte mit Besserungsabrede (*Lehner,* Außergerichtliche Sanierung und Verlustverwertung, Vortrag JKU am 22.4.2009).

[75] Rz 7250 EStR 2000, zum Sanierungsgewinn; *Heinrich* in *Doralt/Heinrich/Ludwig* (Hrsg), EStG-Kommentar § 36, Rz 49; *Kanduth-Kristen* in *Baldauf et al*, Jakom, § 36, Rz 13.

[76] *Kanduth-Kristen* in *Baldauf et al*, Jakom, EStG-Kommentar, § 36, Rz 13.

[77] Nach dem Salzburger Steuerdialog 2011 führt auch der Erlass einer Warenschuld zur Anwendung des § 36 EStG, soweit der Betrag im Betriebsgewinn gedeckt ist (BMF-010203/0464-VI/6/2011 vom 6.10.2011).

[78] *Heinrich* in *Doralt/Heinrich/Ludwig* (Hrsg), EStG-Kommentar, § 36, Tz 51.

[79] Rz 7253 EStR 2000: ZB Gaststättenpauschalierung bis 2007 und Pauschalierung für Lebensmitteleinzel- und Gemischtwarenhandel; von *Heinrich* in *Doralt/Heinrich/Ludwig* (Hrsg), EStG-Kommentar, § 36, Tz 52, wird diese Auslegung der EStR abgelehnt.

[80] Rz 7253 EStR 2000: ZB land- und forstwirtschaftliche Vollpauschalierung und Gaststättenpauschalierung ab 2008. Nach UFS 20.5.2009, RV/3674-W/08 war für den Zeitraum 2006 ein Schuldnachlass für einen pauschalierten Land- und Forstwirt nicht in der pauschalen Gewinnermittlung zu erfassen, sondern gesondert als Betriebseinnahme in die Einkünfteermittlung aufzunehmen.

[81] Siehe zB VwGH 24.7.2007, 2002/14/0087 zu einer KG; GesbR und stille Gesellschaft gelten nicht als konkursfähig (dazu *Kanduth-Kristen*, taxlex 2005, 113), beachte aber VwGH 24.6.2010, 2007/15/0063 zur atypischen stillen Gesellschaft an einer AG.

[82] Zur Bindung an den Feststellungsbescheid siehe VwGH 24.6.2010, 2007/15/0063 betreffend Feststellung 1997 mit Verweis auf VwGH 28.11.2001, 97/13/0204 und UFS 25.11.2009, RV/0750-I/08 zur ESt 2000. An gelöschte und vollbeendigte Personengesellschaften kann kein Feststellungsbescheid mehr ergehen, dieser ist an die zuletzt beteiligten Gesellschafter zu richten. Der Massenverwalter ist im Konkurs verpflichtet, eine einheitliche und gesonderte Gewinnfeststellung einzureichen (*Kanduth-Kristen,* taxlex 2005, 113, Pkt B 1).

[83] *Beiser et al*, FS Doralt, Ertragsteuern in Wissenschaft und Praxis, 56, zum ungerechtfertigten Vorteil gegenüber Vollhaftern; siehe auch *Käferböck*, ecolex 2001, 186, Pkt 2 c mit Verweis auf *Quantschnigg/Schuch*, ESt-Kommentar, § 36, Rz 8 und 10. Der Kommanditist haftet bis zur Höhe der im Firmenbuch eingetragenen Haftsumme, er haftet aber nicht, soweit die Einlage geleistet ist (§ 171 Abs 1 UGB).

fung der Sanierungsbedürftigkeit wurden vor dem AbgÄG 2005 das Privatvermögen und das Sonderbetriebsvermögen der Gesellschafter mitberücksichtigt, wenn Gläubiger darauf greifen konnten (Sonderbetriebsvermögen ist Gegenstand der Einkünftefeststellung).[84] Ein Teil der Lehre spricht sich dafür aus, dass die Sanierungsbedürftigkeit auch hinsichtlich einzelner Gesellschafter verneint werden kann.[85] Da ab 2006 die Merkmale des Sanierungsgewinnes nicht mehr geprüft werden, entfällt diese Prüfung auch bei den Gesellschaftern einer Personengesellschaft.[86]

3.1.1.4. Anwendungsbereich gerichtliches (Insolvenz)Verfahren

Die vor dem StruktAnpG 1996 bestehenden Voraussetzungen für einen Sanierungsgewinn sind für das gerichtliche Verfahren nicht mehr zu prüfen.[87]

„Gewinne aus einem Schulderlass" nach § 36 EStG 1988 sind nach der Legaldefinition des AbgÄG 2005[88] nunmehr Gewinne aus

- der Erfüllung der Ausgleichsquote nach Abschluss eines gerichtlichen Ausgleiches gemäß § 53 Abs 1 AO,
- der Erfüllung eines Zwangsausgleiches[89] gemäß §§ 140 ff KO,
- der Erfüllung eines Zahlungsplanes nach § 193 ff KO oder der Erfüllung einer Restschuldbefreiung nach Durchführung eines Abschöpfungsverfahrens gemäß §§ 199 ff KO (Privatkonkurs[90]).

Der **gerichtliche Ausgleich** wird vom Schuldner beantragt, wenn die Voraussetzungen für die Konkurseröffnung oder drohende Zahlungsunfähigkeit vorliegen (§ 1 AO Abs 1). Dabei muss im Ausgleichsvorschlag angeboten werden, binnen zwei Jahren vom Tag des Ausgleichsvorschlages mindestens 40 % der Forderungen zu bezahlen (§ 3 Abs 1 Z 3 AO). Die Konkurseröffnung wird nach der Entscheidung über den Ausgleich ausgesetzt (§ 7 AO Abs 2). Die Annahme des Ausgleichsantrages erfordert die Zustimmung der Mehrheit der stimmberechtigten Gläubiger und die Forderung der stimmberechtigten Gläubiger muss mindestens drei Viertel der Gesamtsumme der Forderungen der anwesenden Gläubiger betragen (§ 42 AO Abs 1). Der rechtskräftig bestätigte Ausgleich befreit den Schuldner von seiner Verbindlichkeit, bei Verzug wird der Nachlass hinfällig (§ 53 AO Abs 1 und 4), Konkursanträge gelten ab diesem Zeitpunkt als nicht gestellt (§ 55 AO). Im Fall eines Fehlverhaltens wird das Verfahren durch das Ausgleichsgericht eingestellt

---

[84] *Kanduth-Kristen,* taxlex 2005, 113; ebenso *Heinrich* in *Doralt/Heinrich/Ludwig* (Hrsg), EStG-Kommentar § 36, Tz 99 mit Verweis auf VwGH 28.11.2001, 97/13/0204 (dafür plädierend, dass auch Kommanditisten mit ihrem Vermögen wie Komplementäre einstehen sollten).
[85] *Heinrich* in *Doralt/Heinrich/Ludwig* (Hrsg), EStG-Kommentar, § 36, Tz 103 mwN.
[86] *Kanduth-Kristen* in *Fraberger et al*, Handbuch Sonderbilanzen, Band I, Gründung-Umgründung etc, 311.
[87] *Kofler/Kanduth-Kristen* in *Bertl et al*, Handbuch der österreichischen Steuerlehre, Band IV, 142. Dazu gehören die allgemeine Sanierungsmaßnahme, die Sanierungsabsicht, die Sanierungsfähigkeit und die Sanierungseignung.
[88] BGBl I 2005/161 vom 30.12.2005.
[89] Beachte: Verbindlichkeiten aus vereinnahmten, aber nicht abgeführten Umsatzsteuern, die aufgrund eines Zwangsausgleiches (zu 80 %) endgültig erlöschen, zählen auch bei Verwendung der Nettomethode durch einen § 4-Abs 3-Ermittler zum Sanierungsgewinn (UFS 14.10.2010, RV/1361-L/09).
[90] Zur Entwicklung des Privatkonkurses und dessen Anwendung auch auf Unternehmer s *Feldbauer-Durstmüller/Loizenbauer*, SWK 1996, B 33.

(§ 67 AO Abs 1 und 2), bei betrügerischer Handlung oder unzulässiger Einräumung von Vorteilen an Gläubiger kann auf Bezahlung des Ausfalles oder auf Unwirksamerklärung geklagt werden (§ 71 AO Abs 1).

Der **Zwangsausgleich (§§ 140–165 KO)** kann im Konkursverfahren vom Gemeinschuldner beantragt werden (§ 140 KO Abs 1). Den Konkursgläubigern muss ein Angebot zur Zahlung von 20 % der Forderungen vorliegen, binnen zwei Jahren vom Tag der Annahme oder von 30 % bei natürlichen Personen, die kein Unternehmen betreiben; das Angebot darf nicht missbräuchlich sein oder Verschleppungszwecken dienen (§ 141 Z 3 KO). Zur Annahme des Ausgleichsvorschlages muss die Mehrheit der anwesenden Gläubiger zustimmen und die Gesamtsumme der Forderungen der zustimmenden Konkursgläubiger muss drei Viertel der Gesamtsumme der Forderungen der bei der Tagsatzung anwesenden Konkursgläubiger betragen (§ 147 Abs 1 KO). Wird der Ausgleich vom Gericht bestätigt, ist der Konkurs mit Rechtskraft der Bestätigung aufgehoben (§ 152b KO), gleichzeitig wird der Gemeinschuldner von seiner Verbindlichkeit befreit, auch wenn die Gläubiger an der Abstimmung nicht teilgenommen oder gegen den Ausgleich gestimmt haben (§ 156 Abs 1 KO). Im Fall eines Verzuges lebt die Forderung wieder auf, nicht voll befriedigte Forderungen sind mit dem Bruchteil als getilgt anzusehen, der dem Verhältnis des bezahlten Betrages zu dem nach dem Ausgleich zu zahlenden Betrag entspricht (§ 156 Abs 5 KO).

Ein Antrag auf **Annahme eines Zahlungsplanes** kann im Konkursverfahren gestellt werden, die Tagsatzung zur Verhandlung und Beschlussfassung über den Zahlungsplan darf nicht vor der Verwertung des Vermögens des Schuldners stattfinden (§ 193 Abs 1 und 2 KO). Es bedarf einer qualifizierten Mehrheit der Gläubiger, analog dem Zwangsausgleich. Den Gläubigern muss eine Quote angeboten werden, die der Einkommenslage in den folgenden fünf Jahren entspricht, die Zahlungsfrist darf sieben Jahre nicht übersteigen (§ 194 Abs 1 KO). Mit Eintritt der Rechtskraft des Zahlungsplanes ist der Konkurs aufgehoben. Der Zahlungsplan ist nichtig, wenn die Masseforderungen nicht binnen einer gerichtlichen Frist (von höchstens drei Jahren) beglichen werden (§ 196 Abs 1 und 2 KO). Für die bei der Abstimmung über den Zahlungsplan nicht angemeldeten Forderungen besteht nur soweit Anspruch auf die zu zahlende Quote, als diese der Einkommens- und Vermögenslage des Schuldners entspricht (§ 197 Abs 1 KO). Ändert sich die Einkommens- und Vermögenslage des Schuldners ohne Verschulden, kann binnen 14 Tagen nach Mahnung durch die Gläubiger die Abstimmung über einen Zahlungsplan und die Einleitung eines Abschöpfungsverfahrens beantragt werden. Die Forderungen leben erst bei Versagung der Bestätigung des Zahlungsplanes und Abweisung des Antrages auf Einleitung des Abschöpfungsverfahrens auf (§ 198 Abs 1 und 2 KO).

Ein **Abschöpfungsverfahren mit Restschuldbefreiung** kann im Laufe des Konkursverfahrens, spätestens mit dem Antrag auf Annahme eines Zahlungsplanes beantragt werden (§ 199 Abs 1 KO), der pfändbare Teil von Forderungen auf Einkünfte aus Arbeitsverhältnissen oder wiederkehrende Leistungen ist für sieben Jahre an einen Treuhänder abzutreten (§ 199 Abs 2 KO). Das Gericht entscheidet erst über das Abschöpfungsverfahren, wenn dem Zahlungsplan die Bestätigung versagt wurde (§ 200 Abs 1 KO). Eine Zustimmung der Konkursgläubiger ist nicht erforderlich. Dem Schuldner obliegt es, eine angemessene Erwerbstätigkeit auszuüben oder sich darum zu bemühen und keine Bezüge oder Vermögen zu verheimlichen (§ 210 KO). Das Verfahren wird für beendet erklärt, wenn drei Jahre seit der Abtretungserklärung verstrichen sind und die Konkursgläubiger zumindest 50 % (§ 213 Abs 1 Z 1 KO) oder nach Ablauf der Laufzeit der Abtretungserklärung mindestens 10 % der Forderungen erhalten haben (§ 213 Abs 1 Z 2 KO) bzw ist bei geringfügig geringerer Quote nach Billigkeit über die Beendigung des Verfahrens zu entscheiden (§ 213 Abs 2 KO).

3.1.1.5. Entstehungszeitpunkt und Ausmaß des begünstigten Gewinnes

In den Fällen eines Sanierungsplanes (Ausgleich bzw Zwangsausgleich) entsteht der Gewinn mit Erfüllung der (Zwangs)Ausgleichsquote[91] bzw der Bezahlung von Teilquoten,[92] in den Fällen des Zahlungsplanes mit Erfüllung der Quotenzahlung. Eine Sicherstellung durch Bankgarantie genügt nicht.[93] Ratenweise Abstattung führt zum sukzessiven Nachlass der Schulden nach Maßgabe der Zahlungen.[94] Dagegen ist beim Abschöpfungsverfahren die Erteilung der Restschuldbefreiung maßgeblich.[95] Auch bei Einnahmen-Ausgabenrechnern setzt ein begünstigter Gewinn einen Schuldnachlass voraus.[96]

Fraglich ist, ob und inwieweit Kosten des Insolvenzverfahrens bei der Berechnung des begünstigten Gewinnes ebenso wie beim Sanierungsgewinn[97] zu berücksichtigen sind. Zwar werden nach dem Gesetz als „aus dem Schulderlass resultierende Gewinne" solche angesehen, die durch Erfüllung der Quoten bzw Erteilung der Restschuldbefreiung entstehen. Das bedeutet aber nach hM nicht, dass der Gewinnbegriff nur auf die Quotenerfüllung als solche bezogen wird, vielmehr stellt er eine Nettogröße dar und ermittelt sich als Differenz aus wegfallender Verbindlichkeit und wirtschaftlich damit in Zusammenhang stehenden Sanierungskosten.[98]

---

[91] VwGH 24.5.1993, 92/15/0041 noch zur Rechtslage vor 2005: Die Zahlung der Ausgleichsquote ist ein „wertbeeinflussender Umstand"; solange die Schuld nicht ganz oder teilweise erloschen ist, muss sie mindestens mit dem Betrag, den der Steuerpflichtige beim Eingehen schuldig geworden ist, bewertet werden.

[92] UFS 18.6.2007, RV/0443-L/05.

[93] Rz 7251 EStR 2000 zu § 36 EStG in der bis 2005 geltenden Fassung.

[94] VwGH 21.4.1970, 1527/69; VwGH 24.5.1993, 92/15/0041; beträgt die Schuld 250.000 €, so sind bei einer Quote von 40 % gesamt 100.000 € zu zahlen, in fünf Raten sind das je 20.000 €, bei Zahlung jeder Rate tritt eine Schuldbefreiung iHv 50.000 € ein; aA UFS 26.1.2009, RV/0443-W/05, wonach gemäß § 156 Abs 1 Satz 1 KO eine Schuldbefreiung bereits durch die rechtskräftige Bestätigung des Zwangsausgleiches eintritt (anhängig unter VwGH 2009/13/0041).

[95] Siehe § 213 Abs 1 KO; dazu auch VwGH 24.1.2007, 2006/04/0134 und Rz 7270 EStR 2000 zu § 36 idF ab 2006.

[96] UFS 13.1.2006, RV/2042-W/05.

[97] VwGH 26.1.1999, 97/14/0143; *Kanduth-Kristen/Treer*, SWK-Spezial Insolvenz und Steuern, mit Verweis auf VwGH 21.4.1970, 1527/69; UFS 28.5.2010, RV/1291-W/02; Rz 7250 EStR 2000.

[98] So *Zorn* in *Hofstädter/Reichel* (Hrsg), § 36, Tz 14 und *Kanduth-Kristen* in *Baldauf et al*, Jakom, § 36, Tz 16 (aus der gesetzlichen Textierung lässt sich eine Vernachlässigung der Kosten nicht ableiten, wäre aber aufgrund der Schwierigkeit der Kostenzuordnung zu begrüßen); zu erfassen sind nur die mit der Sanierung zusammenhängenden Kosten, deren Anteil zu schätzen ist; aA *Heinrich* in *Doralt/Heinrich/Ludwig* (Hrsg), EStG-Kommentar, EStG, § 36, Tz 36, wonach Sanierungskosten aufgrund einer teleologischen Reduktion nicht zu berücksichtigen sind. Im Vorjahr oder nachträglich anfallende Kosten sind im Veranlagungsjahr des Sanierungsgewinnes zu erfassen (UFS 28.5.2010, RV/1291-W/02).

3.1.1.6. Berechnung der (ermäßigten) Einkünfte und der Steuerermäßigung

Begünstigt sind nur Teile eines Sanierungsgewinnes, die in einem positiven Einkommen enthalten sind.[99] Zuerst erfolgt ein innerbetrieblicher Ausgleich, sodann sind beim horizontalen Verlustausgleich tarifbegünstigte Einkünfte innerhalb derselben Einkunftsart zu verrechnen.[100] Beim vertikalen Verlustausgleich werden Verluste zuerst mit nicht begünstigten Einkünften ausgeglichen.[101] Ebenso wie nach dem EStG 1972 mindern Verlustausgleich und Verlustabzug die begünstigten Einkünfte: Der Verlustabzug wird im Rahmen der Sonderausgaben berücksichtigt. Die Verrechnungsgrenze nach § 2 Abs 2b Z 1 und die 75 %-Vortragsgrenze des § 2 Abs 2b Z 2 EStG sind bei Gewinnen aus einem Schulderlass nach § 36 Abs 2 EStG nicht anzuwenden (§ 2 Abs 2b Z 3 EStG idF AbgÄG 2005), auch nicht für Gewinne aus Zeiträumen, die von einem Konkursverfahren oder gerichtlichen Ausgleichsverfahren betroffen sind; die Verfahren gelten als anhängig mit Eintritt der Rechtswirkungen der Konkurs-und Ausgleichsordnung[102] und können vor und nach Eröffnung oder Beendigung des Verfahrens entstanden sein.[103] Die Verrechnungsgrenze für Wartetastenverluste nach § 2 Abs 2a EStG wird ebenfalls nicht angewandt.[104] Bei allen anderen Einkünften sind die Grenzen weiterhin beachtlich. Absetzbeträge werden bei der Ermittlung des Durchschnittssteuersatzes miteinbezogen.[105] Das Einkommen wird durch den Abzug außergewöhnlicher Belastungen und der Freibeträge nach §§ 104, 105 und 106a EStG ermittelt.[106]

Die Ermäßigung orientiert sich an der Höhe der auf die nachgelassenen Schulden entfallenden Einkommensteuer, um eine Gleichstellung mit den anderen Gläubigern zu bewerkstelligen. Die Berechnung wird durch das Gesetz (§ 36 Abs 3 EStG) selbst vorgegeben. Ermittelt wird zunächst der Unterschiedsbetrag zwischen der Steuer vom Einkommen einschließlich des Gewinnes aus dem Schulderlass und ohne diesen Gewinn. Dann wird der dem Schulderlass entsprechende Prozentsatz (100 % abzüglich der Quote) auf diesen Unterschiedsbetrag angewandt. Der ermittelte (Ermäßigungs)Betrag wird vom Einkommen (inklusive des Gewinnes aus dem Schulderlass) abgezogen.

Beispiel 1 *(Stufentarif nach StRefG 2009):*

(1) Schulderlass 40.000,00 € im Jahr 2010, Einkünfte ohne Schulderlass 63.000,00 €, Sonderausgaben 3.000,00 €, Quote 40 % im Jahr 2010 erfüllt.

---

[99] UFS 21.9.2011, RV/0884-W/11 zu VwGH 30.3.2011, 2008/13/0010: Die Finanzonline-Berechnung ist keine bindende Rechtsgrundlage für die Berechnung des Nichtfestsetzungsbetrages.
[100] VwGH 22.2.1993, 93/15/0020; VwGH 22.3.1995, 95/15/0005; zur Problematik der zwingenden Verrechnung begünstigter Einkünfte siehe auch *Laudacher* in Baldauf et al, Jakom, § 2, Rz 124 (aA *Heinrich* in Doralt/Heinrich/Ludwig [Hrsg], EStG-Kommentar § 36, Tz 39).
[101] Rz 153 EStR 2000; UFS 3.6.2009, RV/2502-W/08: Ein Abstellen auf den bloßen Wortsinn ist nicht vielmehr ergibt sich die Verrechnung mit anderen positiven Einkünften aus systematischen und teleologischen Aspekten.
[102] *Kanduth-Kristen/Treer*, Insolvenz und Steuern, SWK Spezial 2006: Wirkungseintritt nach § 2 Abs 1 KO und § 7 Abs 1 AO mit dem der öffentlichen Bekanntmachung des Ediktsinhaltes folgenden Tages.
[103] Rz 157b EStR 2000.
[104] Rz 157b EStR 2000
[105] *Heinrich* in Doralt/Heinrich/Ludwig (Hrsg), EStG-Kommentar, § 36, Tz 44.
[106] *Laudacher* in Baldauf et al, Jakom, § 2, Tz 1.

(2) Diverse Einkünfte	63.000,00 €	Steuer 40.235,00 €
Schulderlass	40.000,00 €	Steuer 20.235,00 €
Sonderausgaben	**–3.000,00 €**	
Einkommen inkl Schulderlass	100.000,00 €	
Einkommen exkl Schulderlass	60.000,00 €	
Differenz		20.000,00 €
Bei der Berechnung der Steuer abziehbare Differenz	20.000,00 € × 60 % (100 % – 40 %)	**12.000,00 €**
(3) Steuer vom Einkommen mit *Schulderlass*		40.235,00 €
Differenz		–12.000,00 €
Festzusetzende Steuer		28.235,00 €

Beispiel 2:

Im Fall von Gewinnen aus einem Schulderlass nach § 36 Abs 2 EStG und bei Gewinnen, die in Veranlagungszeiträumen anfallen, die von einem Insolvenzverfahren betroffen sind, kommt gemäß § 2 Abs 2b Z 3 EStG die Verlustverrechnungs- und Verlustvortragsgrenze (75 %) nicht zur Anwendung.

Beträge wie in Beispiel 1 und Verlustvortrag 80.000 €:

Die Vortragsgrenze nach § 2 Abs 2b beträgt 85.000,00 € (75 % von 60.000,00 € und 40.000,00 €), der Verlust von 80.000,00 € ist zur Gänze gedeckt und voll abzugsfähig. Das Einkommen inkl Schulderlass abzügl Verlustvortrag beträgt 20.000,00 € (ds 100.000,00 € abzüglich 80.000,00 €). Das Einkommen ohne Schulderlass abzügl Verlustvortrag beträgt 15.000,00 € (ds 60.000,00 € abzüglich 75 % = 45.000,00 €).

Steuer vom Einkommen inkl Schulderlass (20.000 €)	3.285,00 €
Steuer vom Einkommen exkl Schulderlass (15.000 €)	1.460,00 €
Differenz	1.825,00 €

Von der Steuer vom Einkommen inkl Schulderlass im Ausmaß von 3.285,00 € werden 1.095,00 € abgezogen (60 % von 1.825,00 €), es ergibt sich eine Steuer in Höhe von 2.190,00 €.

Beispiel 3:

Beträge wie in Beispiel 1 und Verlustvortrag 90.000,00 €.

Die Vortragsgrenze nach § 2 Abs 2b beträgt 85.000,00 €, der Verlustvortrag ist nur in dieser Höhe abzugsfähig. Das Einkommen inkl Schulderlass abzügl Verlustvortrag beträgt 15.000,00 € (ds 100.000,00 € abzüglich 85.000,00 €). Das Einkommen ohne Schulderlass beträgt ebenfalls 15.000,00 € (ds 60.000,00 € abzüglich 45.000,00 €). Da sich (bei gleichem Einkommen) keine Differenz ergibt, kommt es zu keiner Steuerbegünstigung.

3.1.2. Außergerichtlicher Ausgleich

3.1.2.1. Abstandnahme von der Festsetzung

Nach AbgÄG 2005 sind nur die im Gesetz angeführten Schulderlässe, nicht aber solche außerhalb eines gerichtlichen Ausgleiches (zB durch Forderungsverzicht aus anderen Gründen) von § 36 EStG erfasst.

Bei Schulderlässen im Rahmen eines außergerichtlichen Ausgleiches[107] ist für Veranlagungen ab 2006 Rz 7272 EStR 2000 anwendbar (für vorangehende Zeiträume Rz 7268[108]). **Die Finanzämter können in einer dem § 36 EStG vergleichbaren Weise gemäß § 206 lit b BAO von der Abgabenfestsetzung Abstand nehmen.**[109] Dem Abgabepflichtigen obliegt es selbst, jene Umstände darzulegen, auf die die abgabenrechtliche Begünstigung gestützt werden kann (VwGH 17.4.2008, 2006/15/0083). Die Abstandnahme von der Festsetzung steht im Ermessen der Behörde, ein Rechtsanspruch des Schuldners besteht nicht,[110] eine Anregung ist kein der Entscheidungspflicht nach § 311 Abs 1 BAO unterliegendes Anbringen.[111] Auch eine Berufung auf den Grundsatz von Treu und Glauben ist nicht möglich (UFS 19.5.2008, RV/0656-L/07). Im Fall einer Vorlage der Berufung an den UFS oder einer Beschwerde bei den Höchstgerichten wird sich der Abgabepflichtige nicht auf die EStR stützen können. § 36 EStG ist nicht analog anwendbar.[112]

Voraussetzungen für die begünstigende Festsetzung sind
- die **Darlegung der Umstände** durch den Steuerpflichtigen, auf die die abgabenrechtliche Begünstigung gestützt wird (VwGH 25.6.2007, 2006/14/0050),
- die Entrichtung der vereinbarten Quote,
- das Vorliegen der **Merkmale eines Sanierungsgewinnes** (Rz 7254 EStR 2000 ff: Allgemeine Sanierungsmaßnahme, Sanierungsbedürftigkeit, Sanierungsabsicht), dagegen ist die Fortführung des Betriebes analog zum Schulderlass nach § 36 EStG nicht vorausgesetzt[113] und
- die **Miteinbeziehung zweier zusätzlicher Umstände**: Ob die dem Schuldnachlass zugrunde liegende wirtschaftliche Situation durch **unangemessen hohe Entnahmen** hervorgerufen wird und inwieweit sich die **Verluste steuerlich ausgewirkt** haben, die den Anlass für den Schuldnachlass gebildet haben.[114]

Fraglich ist, ob auch die **Sanierungseignung** geprüft werden muss.[115] Die Abstandnahme von der Abgabenfestsetzung ist im außergerichtlichen Ausgleich in einer dem § 36 EStG

---

[107] Dieser bietet eine Reihe von Vorteilen: Er kann ohne Zahlungsunfähigkeit und Überschuldung durchgeführt werden, wird formlos abgewickelt, hat keine Publizitätswirkung, es besteht keine Bindung an Mindestquoten, Erfüllungs- und Zahlungsfristen werden frei gewählt und über das Vermögen kann weiter voll verfügt werden (*Aigner et al*, Krisen- und Sanierungsmanagement, 292 mwN).
[108] AÖFV 2004/167.
[109] Siehe zB zum Forderungsverzicht durch Drittgläubiger, *Fraberger et al*, 3.1b Interne Sanierungsmaßnahmen, Pkt 3.1.2.4.3.1
[110] Siehe zB VwGH 30.6.2010, 2005/13/0034 betreffend ESt 2000; UFS 19.5.2008, RV/0656-L/07 zur Einkünftefeststellung 2005.
[111] UFS 16.9.2009, RV/0735-W/08 zur ESt 2005 (anhängig zu VwGH 2009/13/0225).
[112] UFS 1.3.2011, RV/1445-L/10; UFS 22.9.2011, RV/3182-W/09.
[113] Rz 7272 EStR 2000.
[114] Rz 7272 EStR 2000.
[115] Rz 7272 EStR 2000 verweist (missverständlich) auf Rz 7254 EStR 2000, in der auch die Sanierungseignung enthalten ist.

vergleichbaren Weise vorzunehmen. Der überwiegende Teil der Lehre stellt daher diesbezüglich auf die neueste Fassung dieser Bestimmung ab, in der die Sanierungseignung nicht mehr relevant ist.[116]

Begünstigt ist nur ein **Schulderlass**[117] und damit der Erlass betrieblicher Verbindlichkeiten. Bei einer Rangrücktrittsvereinbarung tritt ein Gläubiger hinter die Forderungen anderer Gläubiger zurück, wobei die Tilgung der Forderung gehemmt und vom Eintritt vertraglich vereinbarter Ereignisse abhängig gemacht wird.[118] Diese Vereinbarung führt idR nicht zu einer Minderung der Verbindlichkeit, daher liegt kein Sanierungsgewinn vor.[119] Anderes gilt nur, wenn die Tilgung ausschließlich an zukünftige Gewinne anknüpft und diese mit an Sicherheit grenzender Wahrscheinlichkeit nicht eintreten werden.[120]

Eine **allgemeine Sanierungsmaßnahme** lag nach der früheren Rspr des VwGH dann vor, wenn alle Gläubiger oder zumindest die überwiegende Mehrheit Verbindlichkeiten erlassen haben. In der Folge wurden diese Voraussetzungen relativiert: Selbst bei Forderungsverzicht nur eines Gläubigers[121] und auch wenn im Einzelfall weniger als 50 % der Gesamtschulden nachgelassen werden,[122] kann dann ein Sanierungsgewinn vorliegen, wenn dieser in der Wirkung einer allgemeinen Sanierungsmaßnahme gleichkommt. Fehlt ein einheitliches Sanierungskonzept[123] und vereinbart der Schuldner über Jahre hinweg immer nur mit jenen Gläubigern Forderungsnachlässe, die ihm mit Ausgleich oder Konkurs drohen, ist jedoch von einer allgemeinen Sanierungsmaßnahme nicht zu sprechen (VwGH 20.4.1999, 98/14/0120). Zu vergleichen sind die nachgelassenen Schulden im Verhältnis zu den Gesamtverbindlichkeiten. Werden nur 11,91 %,[124] 13 %[125] oder 18 %[126] der gesamten Verbindlichkeiten nachgelassen, reicht dies nicht aus. Ein bloß 20 %iger Nachlass kann reichen, wenn er der Sanierung dient.[127] Werden die wesentlichen Wirtschaftsgüter des Betriebes an verschiedene Erwerber verkauft und damit die Bankverbindlichkeiten abgedeckt, liegt kein Schuldnachlass zur Erhaltung des Unternehmens vor (VwGH 24.7.2007, 2002/14/0087).

---

[116] So *Kanduth-Kristen* in *Baldauf et al*, Jakom, § 36, Rz 31; *Heinrich* in *Doralt/Heinrich/Ludwig* (Hrsg), EStG-Kommentar, § 36, Tz 65 verlangt nur mehr einen akkordierten Forderungsverzicht und Befreiung von den Schulden. Dagegen wird von *Fischerlehner* in *Feldbauer-Durstmüller/Mayr*, Unternehmenssanierung in der Praxis, 366, die Sanierungseignung und Sanierungsfähigkeit weiterhin als Voraussetzung genannt.
[117] Siehe Pkt 3.1.1.2. zum betrieblich bedingten Schulderlass.
[118] *Bertl/Hirschler*, RWZ 1998, 11.
[119] BFH 16.5.2007, I R 36/06 allgemein zu den Auswirkungen einer Rangrücktrittsvereinbarung;
[120] *Bertl/Hirschler*, RWZ 1998, 11.
[121] VwGH 3.10.1990, 90/13/0018 mit Verweis auf VwGH 30.5.1978, 1396, 2345/75; oder einer Minderheit von Gläubigern bei mehreren Gläubigern.
[122] VwGH 15.5.1997, 95/15/0152
[123] ZB wenn nur von einem „eventuellen Nachlass bei verschiedenen Gläubigern" die Rede ist.
[124] VwGH 15.4.1997, 93/14/0075.
[125] VwGH 31.3.2003, 98/14/0128.
[126] VwGH 23.2.1994, 92/13/0289; Einlagen der Schuldner stellen keine zu einem Sanierungsgewinn führende Schuldnachlässe dar.
[127] VwGH 3.10.1990, 90/13/0018.

Sanierungsbedürftigkeit wird idR dann angenommen, wenn der Betrieb wegen Zahlungsunfähigkeit[128] oder Überschuldung vor dem wirtschaftlichen Zusammenbruch steht (VwGH 15.5.1997, 95/15/0152). Bei Erörterung der Sanierungsbedürftigkeit sind aber nicht nur die Begriffe Gewinn und Umsatz maßgebend, vielmehr dürfen auch betriebswirtschaftliche Aspekte nicht außer Acht gelassen werden,[129] weil ein wirtschaftlicher Zusammenbruch sogar dann drohen kann, wenn nicht einmal eine Überschuldung gegeben ist (VwGH 19.5.1993, 89/13/0252 zu Liquiditätsproblemen). Für die Frage, ob ein Betrieb akut sanierungsbedürftig ist, kann ein Vergleich der Bankguthaben mit den Verbindlichkeiten sowie den Entnahmen geboten sein.[130]

Ergibt sich aber die Ertragsfähigkeit des Betriebes laufend aus steigenden Gewinnen und ist die Tilgung der Verbindlichkeiten gesichert, kann die Sanierungsbedürftigkeit verneint werden, ebenso wenn diese aus Betriebsmitteln anderer Betriebe beseitigt werden könnte.[131] Leisten nur Gesellschafter einen Pensionsverzicht, ohne dass die anderen Gläubiger auf offene Forderungen verzichten, ist Sanierungsbedürftigkeit damit noch nicht dargetan (VwGH 31.3.2004, 99/13/1098). Diese ist auch dann nicht gegeben, wenn es in der Hand des Unternehmers liegt, einen Betrieb aus eigenen Mitteln vor dem Zusammenbruch zu bewahren (VwGH 28.11.2001, 97/13/0204).[132] Privates Vermögen von Gesellschaftern ist in die Beurteilung miteinzubeziehen.[133]

Sanierungsabsicht liegt vor, wenn der Schuldnachlass zum Zweck der Sanierung erfolgt, um das Unternehmen vor dem Zusammenbruch zu bewahren (VwGH 7.6.2001, 98/15/0037). Ist dagegen der über den Nachlass abgeschlossenen Vereinbarung der Beweggrund nicht zu entnehmen und geht daraus hervor, dass der Gläubiger die Geschäftsbeziehung beenden und den eigenen Vertrieb aufbauen will, kann daraus keine Sanierungsabsicht abgeleitet werden (VwGH 17.4.2008, 2006/15/0083). Steht die Einbringlichkeit der übrigen Forderungen des Gläubigers im Vordergrund und nicht eine Sanierung, ist Sanierungsabsicht nicht gegeben (VwGH 25.6.2007, 2006/14/0050).[134] Das gilt auch, wenn kein Sanierungskonzept vorliegt und der Gläubiger mit dem Schuldner nichts mehr zu tun haben will (VwGH 28.4.2004, 98/14/0196) oder der Nachlass erst nach Auflösung der geschäftlichen Verbindung vereinbart wird (VwGH 20.4.1999, 98/14/0120). Es reicht aber für die Verneinung der Sanierungsabsicht nicht aus, dass die Be-

---

[128] Diese liegt vor, wenn der Schuldner objektiv mangels bereiter Mittel nicht nur vorübergehend außerstande ist, fällige Geldschulden regelmäßig zu erfüllen (VwGH 19.5.1993, 89/13/0252).

[129] Betriebswirtschaftlich gesehen sind anhaltende Ertraglosigkeit und Liquiditätsengpässe Anzeichen für die Sanierungsbedürftigkeit, diese Umstände können zur Zahlungsunfähigkeit führen (*Herbst* in *Fraberger et al*, Handbuch Sonderbilanzen, Band I, Gründung-Umgründung etc, 195).

[130] VwGH 14.4.1993, 90/13/0288: Für 1983 mit 30,2 Mio S Guthaben zu 22,9 Mio S Verbindlichkeiten, für 1984 mit 29,3 Mio S Guthaben zu 19,6 Mio Verbindlichkeiten und Entnahmen im Streitjahr 1985 von 4,6 Mio S.

[131] VwGH 15.5.1997, 95/15/0152.

[132] Das gilt für Einzelunternehmer und ebenso (aber eingeschränkt) für Mitunternehmer.

[133] Das Vermögen muss aber nicht eingebracht oder veräußert werden, seine Belehnbarkeit genügt (VwGH 19.5.1993, 89/13/0252).

[134] Ebenso VwGH 21.4.2005, 2001/15/0213 zur Sicherung der Einbringung eines Teiles der Forderung im Wege der Umschuldung; VwGH 7.6.2001, 98/15/0037 zur Sicherung von Forderungsteilen und dem Abbruch der Geschäftsbeziehungen nach dem Schulderlass.

hörde unbewiesene Annahmen über die Motive des Gläubigers trifft (VwGH 21.4.2005, 2001/15/0188)[135] oder sich mit der Argumentation, wonach der Wille der Parteien auf Umschuldung und Sanierung gleichzeitig gerichtet war, nicht auseinandersetzt (VwGH 23.10.1997, 96/15/0186). Keine Sanierungsabsicht besteht, wenn der Gläubiger nur seinen „guten Ruf" und sein Renommee als kundenfreundliches Unternehmen retten will (VwGH 31.3.2003, 98/14/0178) oder wenn von der Finanzverwaltung nur mit der Begründung der Uneinbringlichkeit eine Löschung von Abgabenrückständen nach § 235 BAO (nach Abweisung eines Nachsichtsantrages) vorgenommen wird (VwGH 15.9.1999, 94/13/0044) bzw wenn Abgabenschulden erlassen und sowohl vor als auch nach dem Schulderlass relativ hohe Gewinne erzielt werden (VwGH 15.4.1997, 93/14/0075). Eine vereinbarte „vergleichsweise Bereinigung" von Ansprüchen ist kein Schulderlass nach § 1444 ABGB, sondern ein Vergleich nach § 1380 ABGB (VwGH 14.4.1993, 90/13/0288).

Bei der Prüfung **unangemessen hoher Entnahmen** wird auf die jeweilige wirtschaftliche Situation des Unternehmens abgestellt. Nach der Rechtsansicht von Teilen der Lehre handelt es sich im Ausmaß der Privatentnahmen nicht um betriebliche Schulden, sodass deren Erlass nicht steuerbar wäre.[136] In dieser Allgemeinheit gilt das aber wohl nicht, zumal auch anfallende Zinsen solange betrieblich veranlasst sind, als nur angemessene regelmäßige persönliche Aufwendungen fremdfinanziert werden, ausgenommen es ist eine direkte Zuordnung zu Kosten der privaten Lebensführung möglich.[137] Die Unangemessenheit ist in jedem Einzelfall zu prüfen. Auf die Gründe für die Entnahme kommt es nicht an.[138]

Zu prüfen ist, inwieweit sich **steuerliche Verluste bereits ausgewirkt** haben. Das ist der Fall, wenn in Jahren vor der Erzielung des Sanierungsgewinnes der steuerliche Gewinn durch Verlustabzüge gemindert[139] wird bzw in Vorjahren erzielte Verluste mit anderen Einkünften ausgeglichen werden konnten.[140]

Sanierungsgewinne können bei Komplementären und Kommanditisten[141] anfallen. Da einerseits das Vermögen des Beteiligten einer atypischen stillen Gesellschaft im Innenverhältnis wie Gesellschaftsvermögen behandelt wird und § 23 Z 2 EStG es andererseits möglich macht, dem Gesellschafter Gewinnanteile zuzurechnen, sind auch Vermehrungen des Betriebsvermögens aus dem Wegfall von Schulden des Betriebsvermö-

---

[135] Die Annahme privater Motive ist widersprüchlich, weil dann die Vermehrung des Betriebsvermögens nicht gewinnerhöhend erfolgen würde.
[136] *Beiser et al*, FS Doralt, Ertragsteuern in Wissenschaft und Praxis, 57.
[137] Siehe *Marschner* in Baldauf et al, Jakom, § 4, Rz 113.
[138] UFS 25.9.2008, RV/0445-L/07.
[139] UFS 19.5.2008, RV/0656-L/07 zu Anfangsverlusten, die mit Gewinnen aus den 90iger Jahren verrechnet wurden; siehe auch VwGH 28.1.2003, 2002/14/0139, hier ist allerdings die Verlustauswirkung ohne weitere Bedeutung, weil die Richtlinienregelung schon per se für den VwGH nicht beachtlich ist.
[140] UFS 16.9.2009, RV/0770-W/08 zum Ausgleich mit Verlusten aus selbständiger und nichtselbständiger Arbeit; Abweisung allerdings deswegen, weil die EStR keine beachtliche Rechtsquelle sind (ebenso in UFS 19.5.2008, RV/0656-L/07).
[141] Hinsichtlich der Prüfung der Sanierungsbedürftigkeit ist sein Privatvermögen ohne Bedeutung (*Kanduth-Kristen,* taxlex 2005, 113, Pkt 5 c).

gens der beendeten Gesellschaft dem (atypisch) stillen Gesellschafter zurechenbare Sanierungsgewinne.[142]

Erfolgt der Schuldnachlass anteilig in mehreren Perioden, ist der Sanierungsgewinn auf die einzelnen Zeiträume zu verteilen.[143] Die Berechnung der abweichenden Abgabenfestsetzung orientiert sich an der Regelung des § 36 EStG, die Quote ergibt sich aus dem Verhältnis des Schuldverzichts zur offenen Forderung.[144] Die Nichtanwendung der Verrechnungs- und Vortragsgrenze nach § 2 Abs 2b Z 3 EStG gilt auch für (außergerichtliche) Sanierungsgewinne, die Wartetastenverluste nach § 2 Abs 2a EStG sind ebenfalls voll verrechenbar.

3.1.2.2. Exkurs – Verfahrensrecht und außergerichtlicher Ausgleich

Ein außergerichtlicher Ausgleich kann von der Finanzverwaltung sowohl durch Löschung der Abgabenschuld nach § 235 BAO als auch durch Nachsicht gemäß § 236 BAO herbeigeführt werden.[145] Eine bloße amtswegige Löschung führt aber mangels Sanierungsabsicht für sich alleine noch nicht zu einer Tarifbegünstigung,[146] ebenso, wenn die Abgabenbehörde als Hauptgläubiger eine teilweise Schuldnachsicht gewährt, um einen Teil des Abgabenrückstandes zu retten.[147]

Festgesetzte und fällige Abgabenschuldigkeiten **können nach § 235 BAO gelöscht** werden,[148] insoweit die Abgabe voraussichtlich auf Dauer[149] uneinbringlich ist.[150] Die Löschung bereits getilgter Abgabenschuldigkeiten ist nicht möglich, ein Guthaben kann daraus nicht entstehen.[151] Im außergerichtlichen Ausgleich sind die wirtschaftliche Situ-

---

[142] VwGH 24.6.2010, 2007/15/0063: Der atypisch stille Gesellschafter wird so gestellt, als wäre er Kommanditist. Der Wegfall von Verbindlichkeiten des Betriebsvermögens der Gesellschaft erhöht den Gewinnanteil des atypisch stillen Gesellschafters, auch wenn es nicht Schulden des atypisch stillen Gesellschafters sind (so schon *Fraberger*, ZIK 1996, 42; dagegen hat der typische stille Gesellschafter keinen Anteil am Sanierungsgewinn). Die Einbringung der Mitunternehmeranteile nach Art III UmgrStG in eine AG schränkt die Fortführung des bisherigen Betriebes der Mitunternehmerschaft nicht ein und steht der Annahme eines Sanierungsgewinnes nicht entgegen (fortgesetztes Verfahren UFS 21.9.2010, RV/0486-G/10).
[143] UFS 25.4.2006, RV/1841-W/04 mit Verweis auf Rz 7251 EStR 2000.
[144] Siehe *Kanduth-Kristen* in *Baldauf et al*, Jakom, § 36, Rz 32.
[145] Zur Problematik vgl *Fischerlehner*, ÖStZ 2003, 95 und in *Feldbauer-Durstmüller/Mayr* (Hrsg), Unternehmenssanierung in der Praxis, 352ff: Da die Löschung dauernde Uneinbringlichkeit der Abgabe voraussetzt, die Sanierung aber die Einbringlichkeit befördert, besteht ein Widerspruch.
[146] UFS 3.4.2006, RV/1379-W/05.
[147] UFS 28.12.2004, RV/0143-K/02.
[148] Zu den Voraussetzungen siehe *Fischerlehner* in *Feldbauer-Durstmüller/Mayr* (Hrsg), Unternehmenssanierung in der Praxis, 352f. Inwieweit erlassene Abgabenschuldigkeiten ihrerseits einen Sanierungsgewinn iSd § 23a KStG darstellen, war in UFS 3.1.2011, RV/1140-L/08 (KSt) zunächst im Berufungsverfahren strittig, musste aber nicht entschieden werden, weil im berufungsgegenständlichen Jahr 2004 keine Abgabenansprüche erloschen, sondern erst 2005 und 2006.
[149] *Ritz*, BAO-Kommentar, § 235, Tz 1.
[150] Im Falle einer geglückten Sanierung des Unternehmens wird das idR nicht der Fall sein, sodass eine Nachsicht in Sanierungsfällen idR die geeignetere Methode darstellt.
[151] *Fischerlehner* in *Feldbauer-Durstmüller/Mayr* (Hrsg), Unternehmenssanierung in der Praxis, 352.

ation, der Vermögensstatus und ein Sanierungskonzept darzulegen.[152] Zu beachten ist, dass der Widerruf einer Löschung vorbehalten werden kann.[153]

Fällige Abgabenschulden können **nach § 236 BAO nachgesehen** werden, wenn deren Einhebung nach der Lage des Falles unbillig wäre (Abs 1),[154] das gilt auch für bereits entrichtete Abgabenschuldigkeiten (Abs 2). Die Unbilligkeit resultiert aus persönlichen oder sachlichen Gründen. Wird die Unbilligkeit verneint, ist der Antrag abzuweisen, andernfalls ist nach Billigkeit und Zweckmäßigkeit zu entscheiden.

Persönliche Unbilligkeit liegt vor, wenn die Existenzgrundlage des Abgabepflichtigen oder unterhaltsberechtigter Angehöriger gefährdet wird. Es reicht aber bereits aus, dass die Abstattung der Abgaben mit außergewöhnlichen wirtschaftlichen Schwierigkeiten (zB einer Vermögensverschleuderung) verbunden ist.[155] Dagegen liegt keine Unbilligkeit vor, wenn die Nachsicht keinen Sanierungseffekt hat.[156] Sachliche Unbilligkeit ist ein vom Gesetzgeber bei der Anwendung nicht beabsichtigtes Ergebnis, das zu einer anormalen Belastungswirkung führt,[157] beispielsweise wenn die vollen Abgabenschuldigkeiten eingehoben werden, obwohl im Rahmen eines allgemeinen quotenmäßigen Forderungsverzichtes ein gleichzeitiger Verzicht auf die Abgabenforderung zur Sanierung des Unternehmens beitragen könnte.[158]

3.2. Körperschaftsteuer

3.2.1. Gerichtliches Verfahren

Im Bereich der Körperschaftsteuer wurde durch AbgÄG 2005 keine Änderung der gesetzlichen Bestimmungen vorgenommen, § 23a KStG blieb unverändert[159] für den gerichtlichen Ausgleich und den Zwangsausgleich aufrecht. Für die Begünstigung müssen auch ab 2006 sämtliche Voraussetzungen eines Sanierungsgewinnes (allgemeine Sanierungsmaßnahme, Sanierungsbedürftigkeit,[160] Sanierungsabsicht und Sanierungseignung bzw Sanierungsfähigkeit) vorliegen.[161] Privatvermögen der Gesellschafter ist nicht bei

---

[152] *Fischerlehner* in *Feldbauer-Durstmüller/Mayr* (Hrsg), Unternehmenssanierung in der Praxis, 353, 354.
[153] Nach UFS 14.4.2011, RV/0383-L/10 zB zur Verrechnung von vor einem bestimmten Stichtag entstandenen Abgabengutschriften (Einkommensteuer, außergerichtlicher Schulderlass) mit vor dem Stichtag entstandenen Abgabenverbindlichkeiten.
[154] Siehe *Fischerlehner,* Der außergerichtliche Ausgleich im Einklang mit der BAO, ÖStZ 2003, 95, Pkt 2.2.
[155] Zu den Voraussetzungen siehe *Fischerlehner* in *Feldbauer-Durstmüller/Mayr* (Hrsg), Unternehmenssanierung in der Praxis, 359.
[156] So UFS 13.4.2011, RV/0351-F/08, zur Nachsicht einer Abgabenschuld (ESt, außergerichtlicher Schulderlass) von 8.396,29 € aus einem Sanierungsgewinn, wenn die Abgabenbehörde bereits auf 40 % der festzusetzenden Steuer verzichtet, weitere 34,25 % nachgesehen und auch die Bank nur auf 40 % verzichtet hat. Einer darüber hinausgehenden Nachsicht stünde die Gleichbehandlung aller Gläubiger entgegen. Die Nachsicht hätte auch den Gesamtschuldenstand nicht wesentlich geändert.
[157] *Fischerlehner* in *Feldbauer-Durstmüller/Mayr* (Hrsg), Unternehmenssanierung in der Praxis, 361.
[158] VwGH 24.9.1999, 99/14/0118.
[159] *Knörzer*, SWK 2005, S 967.
[160] Die Voraussetzung der Bedachtnahme auf unangemessene Entnahmen ist hier nicht relevant, wohl aber die steuerliche Auswirkung bisheriger Verluste.
[161] *Aigner et al*, Krisen- und Sanierungsmanagement, 534; *Quantschnigg/Renner/Schellmann/Stöger*, KStG-Kommentar, § 23a, Tz 1; RWP 2010/1: Betriebsfortführung wird verlangt; siehe auch *Herbst* in *Fraberger et al*, Handbuch Sonderbilanzen, Band I, 265 mit Verweis auf Rz 1487a KStR 2001.

der Sanierungsbedürftigkeit miteinzubeziehen, wohl aber außerbetriebliches Vermögen der Gesellschaft selbst.[162]

Sanierungskosten sind zu berücksichtigen.[163] Die 75 %-Grenze nach § 2 Abs 2b Z 1 und 2 EStG entfällt analog, wenn ein Sanierungsgewinn vorliegt. Die Berechnung der Begünstigung ergibt sich aus § 23a Abs 2 KStG: Der auf den Schuldnachlass entfallende Prozentsatz (zB Quote von 30 % = 70 %) wird auf die Steuerdifferenz der Körperschaftsteuer mit und ohne Sanierungsgewinn angewandt. Dieser Betrag wird von der Körperschaftsteuer mit Sanierungsgewinn abgezogen.[164] Liegt die Steuer aus dem Einkommen ohne Sanierungsgewinn unter der Mindestkörperschaftsteuer, ist Letztere für die Berechnung der Differenz anzusetzen.

(1) Schulderlass 35.000,00 € im Jahr 2010, Einkünfte ohne Schulderlass 40.000,00 €, Quote 30 % im Jahr 2010 erfüllt. Mindeststeuer 1.750,00 €.		
(2) Diverse Einkünfte Schulderlass Einkommen inkl Schulderlass Einkommen exkl Schulderlass	5.000,00 € 35.000,00 € 40.000,00 € 5.000,00 €	 Steuer 10.000,00 € Steuer 1.750,00 € (nicht 1.000,00 €)
Differenz		8.250,00 €
Bei der Berechnung der Steuer abziehbare Differenz	8.250,00 € x 70 % (100 % − 30 %)	**5.775,00 €**
(3) Steuer vom Einkommen mit Schulderlass		10.000,00 €
Differenz		−5.775,00 €
Festzusetzende Steuer		4.225,00 €

In der allgemeinen Auswirkung einer generellen Norm (Sanierungsgewinn durch Schuldnachlass) liegt keine sachliche Unbilligkeit, ein Nachsichtsverfahren kann daher den Rahmen des § 23a KStG nicht erweitern.[165]

3.2.2. Außergerichtliches Verfahren

§ 23a KStG ist auf außergerichtliche Forderungsnachlässe nicht anwendbar, auf die Abstandnahme nach § 206 lit b BAO[166] besteht weiterhin kein Rechtsanspruch.[167]

---

[162] *Quantschnigg/Renner/Schellmann/Stöger*, KStG-Kommentar, § 23a, Tz 12.
[163] Siehe Pkt 3.1.1.5.; zur Gegenmeinung *Quantschnigg/Renner/Schellmann/Stöger*, KStG-Kommentar, § 23a, Tz 32.
[164] Beispiel: Als Differenz zwischen Körperschaftsteuer mit Sanierungsgewinn (10.000,00 €) und ohne (6.000,00 €) ergibt sich ein Betrag von 4.000,00 €, mit 70 % multipliziert verbleiben 2.800,00 €. Die Körperschaftsteuer beträgt 7.200,00 € (10.000,00 € − 2.800,00 €).
[165] UFS 4.10.2010, RV/0143-I/10: Dass ein betrieblich bedingter Schulderlass (hier KSt) zu einer Vermehrung des Betriebsvermögens und zu einem Sanierungsgewinn führt, ist eine Auswirkung der allgemeinen Rechtslage, daraus ergibt sich keine Unbilligkeit der Abgabeneinhebung.
[166] Regelung in Rz 7268, EStR 2000, die auch für Veranlagungszeiträume nach 2005 gilt.
[167] *Herbst* in *Fraberger et al*, Handbuch Sonderbilanzen, Band I, 265, 266: Das gilt beispielsweise für gesellschaftsrechtlich begründete Forderungsverzichte, die nicht unter § 23a KStG fallen; UFS 25.1.2011, RV/2643-W/10 zur Abstandnahme von der Festsetzung, wenn die Tatbestandsvoraussetzungen nach § 23a KStG nicht vorliegen.

4. Rechtslage nach dem Insolvenzrechtsänderungsgesetz (IRÄG) ab 1.7.2010

4.1. Einkommensteuer

4.1.1. Regelung in § 36 EStG

Grundgedanke der gesetzlichen Neuregelung im IRÄG war die gezieltere Unterstützung betrieblicher Sanierungen mittels Installierung eines einheitlichen Insolvenzrechtes und das Eindämmen der Konkursabweisungen mangels Masse. Mit dem Inkrafttreten des IRÄG 2010 wurde die Ausgleichsordnung aufgehoben und eine neue Insolvenzordnung (IO) eingeführt. Die Eröffnung des Insolvenzverfahrens setzt (drohende) Zahlungsunfähigkeit oder Überschuldung[168] voraus. Bei rechtzeitiger Vorlage eines Sanierungsplanes liegt ein Sanierungsverfahren, andernfalls ein Konkursverfahren vor. Im Fall qualifizierter Unterlagen und einer Quote von 30 % wird zudem die Eigenverwaltung im Sanierungsverfahren belassen. Das IRÄG 2010 führt zu keiner materiellen Änderung in der steuerlichen Behandlung der Schuldnachlässe. Die Rspr zur Regelung nach dem AbgÄG 2005 kann weiter herangezogen werden. Die Fortführung des Unternehmens ist auch nach der Neukonzeption als Insolvenzverfahren nicht notwendig. Gemäß § 36 Abs 2 EStG sind aus dem Schulderlass resultierende Gewinne solche, die entstanden sind durch

§ 36 idF vor BGBl I 2010/58 Konkurs- und Ausgleichsverfahren	§ 36 ab 1.7.2010 Insolvenzverfahren
(1) Erfüllung der Ausgleichsquote nach Abschluss eines **gerichtlichen Ausgleichs** iSd § 53 Abs 1 AO – Quote 40 %	(1) Erfüllung der Quote bei einem **Sanierungsverfahren mit Eigenverwa**ltung (§§ 169–179 IO) – Quote 30 %
(2) Erfüllung eines **Zwangsausgleichs** (§§ 140–165 KO) – Quote 20 %	(2) Erfüllung der Quote bei Sanierungsverfahren ohne Eigenverwaltung (§§ 140–156 IO) – Quote 20 % (**Sanierungsplan**)
(3) Erfüllung eines Zahlungsplanes (§§ 193–198 KO)	(3) Erfüllung eines Zahlungsplanes (§§ 193–198 IO)
(4) Erteilung einer Restschuldbefreiung nach Durchführung eines Abschöpfungsverfahrens (§§ 199 ff KO)	(4) Erteilung einer Restschuldbefreiung nach Durchführung eines Abschöpfungsverfahrens (§§ 199–216 IO)

Die Verfahren stellen sich im Einzelnen wie folgt dar:

- Die Konkursabweisung mangels Masse wurde zur **Nichteröffnung des Insolvenzverfahrens mangels kostendeckenden Vermögens**.

---

[168] Bei eingetragenen Personengesellschaften ohne natürliche Personen als Komplementär, juristischen Personen und Verlassenschaften (*Kanduth-Kristen* in *Fraberger et al*, Handbuch Sonderbilanzen, Band I, 294).

- Das **Sanierungsverfahren ohne Eigenverwaltung (Sanierungsplan)** wird in den §§ 140 ff IO geregelt. Mit Eröffnung des Insolvenzverfahrens oder bis zu dessen Aufhebung kann der Abschluss eines Sanierungsplanes vom Schuldner beantragt werden. Anzubieten ist eine Quote von 20 %, zahlbar binnen zwei Jahren vom Tag der Annahme des Sanierungsplanes (§ 141 Abs 1 IO). Das Insolvenzgericht kann den Antrag bei Vorliegen bestimmter Umstände zurückweisen (§ 142 IO). Die (einfache) Mehrheit der bei der Tagsatzung anwesenden Insolvenzgläubiger muss zustimmen, die Forderungen der zustimmenden Gläubiger müssen mehr als die Hälfte der Forderungen (bisher 75 %) der anwesenden Gläubiger betragen (§ 147 IO). Der Sanierungsplan muss vom Insolvenzgericht bestätigt werden (§ 152 Abs 1 IO). Durch den rechtskräftig bestätigten Sanierungsplan wird der Schuldner von der Verbindlichkeit befreit, den Ausfall der Gläubiger nachträglich zu ersetzen (§ 156 Abs 1 IO). Geregelt ist auch das (relative) Wiederaufleben der Forderung bei qualifiziertem Verzug: Voll befriedigte Forderungen leben nicht wieder auf, bei allen anderen ist der Bruchteil getilgt, der dem Verhältnis des gezahlten Betrags zum Sanierungsplanbetrag entspricht (§ 156a IO). Ist der Schuldner eine eingetragene Personengesellschaft oder Verlassenschaft, kann der Sanierungsplan nur mit Zustimmung aller vollhaftenden Gesellschafter oder aller Erben geschlossen werden (§ 164 Abs 1 IO).
- **Sanierungsverfahren mit Eigenverwaltung** sind in §§ 169 ff IO normiert. Der Schuldner kann selbst unter Aufsicht eines Sanierungsverwalters die Verwaltung der Insolvenzmasse übernehmen, wenn er bei Eröffnung des Insolvenzverfahrens folgende Urkunden vorlegt: Einen Sanierungsplan (wobei vom Tag der Annahme binnen zwei Jahren 30 % der Forderungen zu zahlen sind), ein Verzeichnis des Vermögens, eine Übersicht über Vermögens- und Schuldenstand, eine Aufstellung von Einnahmen und Ausgaben für 90 Tage (Finanzplan) und ein Verzeichnis derjenigen Personen und Institutionen, die zu verständigen sind (§ 169 Abs 1 lit e IO). Anzugeben ist im Antrag, wie die nötigen Mittel aufgebracht werden, weiters die Anzahl der Beschäftigten und die nötigen Reorganisationsmaßnahmen. Der Schuldner kann alle Rechtshandlungen vornehmen (§ 171 Abs 1 IO), ausgenommen die in § 172 Abs 1 IO aufgezählten Handlungen, die dem Sanierungsverwalter vorbehalten sind. Das Gericht kann bestimmte Rechtshandlungen verbieten (§ 172 Abs 2 IO).

Sind beide Verfahren nicht möglich, kommt es zum Konkursverfahren.

- Die **Annahme eines Zahlungsplanes** nach den §§ 193 ff IO erfolgt nach denselben Kriterien, wie sie schon in § 36 idF vor BGBl I 2010/58 geregelt waren (antragsberechtigt sind natürliche Personen). Der Schulderlass entsteht mit Erfüllung des Zahlungsplanes. Auch das **Abschöpfungsverfahren** nach den §§ 199 ff IO erfährt keine gravierenden Veränderungen, maßgeblich für die Gewinnentstehung ist die Restschuldbefreiung.

Die Begleitmaßnahmen zum IRÄG im Steuerrecht wurden im IRÄ-BG geregelt (Inkrafttreten mit 1.7.2010).[169] § 36 Abs 2 EStG idF BGBl I 2010/58 wird auf Gewinne ange-

---

[169] In der Regierungsvorlage war das Inkrafttreten noch mit dem 1.8.2010 normiert.

wendet, die in Insolvenzverfahren entstanden sind, welche nach dem 30.6.2010 eröffnet oder wiederaufgenommen wurden (§ 124b Z 172 EStG).

Aus dem Schulderlass resultierende Gewinne nach § 36 EStG, idF BGBl I 2010/58, sind solche, die

- aus der Erfüllung eines Sanierungsplanes gemäß §§ 140 bis 156 IO,
- aus der Erfüllung eines Zahlungsplanes gemäß §§ 193 bis 198 IO oder
- aus der Erteilung einer Restschuldbefreiung nach Durchführung eines Abschöpfungsverfahrens gemäß §§ 199 bis 216 IO resultieren.

Aus den EB zu § 36 Abs 2 EStG ergibt sich, dass mit der Neuformulierung materielle Änderungen in der steuerlichen Behandlung der aus dem Schulderlass resultierenden Gewinne nicht verbunden sein sollen. Mit dem Terminus „aus der Erfüllung eines Sanierungsplanes" wird demgemäß auch das Sanierungsverfahren mit Eigenverwaltung erfasst.[170] Die Verlustvortrags- und Verrechnungsgrenze nach § 2 Abs 2b EStG ist auf Gewinne aus einem Schulderlass nach § 36 Abs 2 nicht anzuwenden.[171] Der begünstigte Gewinn entsteht weiterhin mit Erfüllung der Quote, mit der Ratenzahlung oder mit Erteilung der Restschuldbefreiung. Ein Schulderlass kommt auch hinsichtlich jener betrieblichen Verbindlichkeiten zustande, die nicht im gerichtlichen Insolvenzverfahren angemeldet wurden und auf die keine Quote entfällt.[172] Die Berechnung der auf den Schulderlass entfallenden Einkommensteuer erfährt keine Veränderung im Verhältnis zur vorangehenden Rechtslage.[173]

4.1.2. Außergerichtliches Verfahren

Schuldnachlässe in außergerichtlichen Verfahren und in Sanierungsverfahren nach ausländischen Rechtsordnungen sind weiterhin nicht begünstigt. Die Abstandnahme von der Abgabenfestsetzung ist nach denselben Regeln wie bisher möglich (Rz 7272 EStR 2000).[174] Die Vortrags- und Verrechnungsgrenze ist nach § 2 Abs 2b EStG auf Sanierungsgewinne gem § 2 Abs 2b Z 3 vierter Teilstrich EStG nicht anwendbar.

---

[170] Der Verweis auf die Erfüllung eines Sanierungsplanes gemäß §§ 140 bis 156 IO ist irreführend, weil dort nur das Sanierungsverfahren ohne Eigenverwaltung geregelt wird, das Verfahren mit Eigenverwaltung dagegen in §§ 169 bis 179 IO; angeboten hätte sich die Weiterverwendung der früheren Formulierung „gemäß §§ 140 ff".
[171] *Laudacher* in *Baldauf et al*, Jakom, § 2, Rz 175 zu § 2 Abs 2b Z 3, Teilstrich eins; *Achatz et al*, Praxisfragen der Unternehmensbesteuerung, 304: Die volle Verrechnung ist zwingend und kann nicht im Hinblick auf die Begünstigung erlassen werden.
[172] *Kanduth-Kristen* in *Fraberger et al*, Handbuch Sonderbilanzen, Band I, Gründung-Umgründung etc, 309, 310.
[173] Auf den Differenzbetrag zwischen Steuer mit und ohne Sanierungsgewinn ist der Prozentsatz des Forderungsnachlasses anzuwenden.
[174] Nach VwGH 31.3.2011, 2010/15/0150 ist in Bezug auf § 206 lit b BAO zu beachten, dass eine solche Maßnahme nicht unabhängig davon ausgesprochen werden kann, ob der Abgabenanspruch im Wege der Geltendmachung einer Haftung einbringlich ist.

4.2. Körperschaftsteuer

4.2.1. Gerichtliches Verfahren

Im Bereich der Körperschaftsteuer werden nach § 23a KStG Sanierungsgewinne begünstigt, die durch Erfüllung der Sanierungsplanquote nach Abschluss des Sanierungsplanes gemäß §§ 140 bis 156 IO entstanden sind. Allgemeine Sanierungsmaßnahmen, Sanierungsbedürftigkeit, Sanierungsabsicht und Sanierungseignung bzw Sanierungsfähigkeit sind weiterhin notwendige Voraussetzung. Anders als nach § 36 EStG kommt es ohne Betriebsfortführung bzw bei Einstellung des Betriebes nicht zur Begünstigung. Die Berechnung nach § 23a Abs 2 KStG bewirkt, dass die Steuer in Höhe der Quote festgesetzt wird. Die Vortrags- und Verrechnungsgrenze (§ 2 Abs 2b EStG) ist für „Sanierungsgewinne", die alle Merkmale aufweisen, nicht anwendbar, wohl aber dann, wenn dieser die Kriterien für den Sanierungsgewinn nicht erfüllt.[175] Für Liquidationsgewinne ist die Verlust- und Verrechnungsgrenze nicht anzuwenden (§ 2 Abs 2b Z 3 Teilstrich 5).

4.2.2. Außergerichtliches Verfahren

Für den außergerichtlichen Sanierungsgewinn und die Abstandnahme von der Festsetzung gemäß § 206 lit b BAO ergeben sich keine Änderungen zur vorangehenden Rechtslage.

5. Zusammenfassung

Seit AbgÄG 2005 ist die den Sanierungsgewinn regelnde Norm des EStG wesentlich unternehmerfreundlicher als die vorangehende Regelung, das KStG bleibt unternehmensbezogen.

Das durch das IRÄG geschaffene neue Insolvenzrecht bringt zivilrechtlich zusätzliche Erleichterungen und wird im Steuerrecht durch § 36 Abs 2 EStG idF BGBl I 2010/58 ergänzt. Die Voraussetzungen der steuerlichen Begünstigung haben sich gegenüber der durch AbgÄG 2005 geschaffenen Rechtslage nicht wesentlich geändert. Nur Körperschaften sind nach wie vor im Vergleich mit natürlichen Personen und Personengesellschaften benachteiligt, weil die Voraussetzungen des Sanierungsgewinnes weiterhin zu prüfen sind und auch eine Betriebsfortführung – anders als nach dem EStG – notwendig ist.

Äußerst unbefriedigend ist die erlassmäßige Regelung des außergerichtlichen Ausgleiches, der dringend einer gesetzlichen Normierung bedürfte.[176] Solange die Finanzverwaltung von der Erfüllung der erlassmäßigen Voraussetzungen ausgeht, bleibt die Begünstigung erhalten, anerkennt die Behörde den Sanierungsgewinn im Einzelfall nicht und wird die Berufung dem UFS vorgelegt, endet das Verfahren regelmäßig mit der Abweisung der Berufung. Diese Abweisung wird vom VwGH auch bestätigt, weil der Erlass keine Bindungswirkung erzeugen kann. Zu dieser Frage gibt es bereits eine Reihe von VwGH-Entscheidungen.[177] Damit werden aber im Erlassweg permanent Ungleichheiten geschaffen, weil die Steuerpflichtigen gänzlich der „wohlwollenden Interpretation" des jeweiligen Referenten der Finanzbehörde ausgeliefert sind.

---

[175] *Achatz et al*, Praxisfragen der Unternehmensbesteuerung, 305.
[176] Siehe auch *Farmer/Walder*, FS Doralt, Ertragsteuern in Wissenschaft und Praxis, 58.
[177] ZB VwGH 28.1.2003, 2002/14/0139 (ESt 1998 bis 2000); VwGH 22.2.2007, 2002/14/0140 (KSt 1998 bis 2000); VwGH 30.6.2010, 2005/13/0034 (ESt 2000).

Literaturverzeichnis

Achatz, M./Aigner, D./Kofler, G./Tumpel, M. (Hrsg), Praxisfragen der Unternehmensbesteuerung, Wien 2011.

Aigner, D./Aigner, H.-J./Aigner, J./Aigner, B./Spitzbart, S., Krisen- und Sanierungsmanagement, Wien 2008.

Baldauf, A./Kanduth-Kristen, S./Laudacher, M./Lenneis, C./Marschner, E., Jakom, EStG-Kommentar, Wien 2011.

Bareis, P./Kaiser, A., ÖStZ 2005, 14.

Beiser, R./Kirchmayr, S./Mayr, G./Zorn, N. (Hrsg), Ertragsteuern in Wissenschaft und Praxis – Festschrift für Werner Doralt, Wien 2007.

Bertl, R./Djanani, C./Eberhartinger, E./Hirschler, K./Kofler, H./Tumpel, M./Urnik, S., (Hrsg) Handbuch der österreichischen Steuerlehre, Band IV, Investition, Finanzierung und Steuern, 2. Auflage, Wien 2010.

Bertl, R./Hirschler, K., RWZ 1998, 11.

Doralt, W., RdW 2003/344.

Doralt, W./Heinrich, J./Ludwig, C. (Hrsg), EStG-Kommentar, Wien 2011.

Fattinger, S., RWZ 2011, 85.

Feldbauer-Durstmüller, B./Loizenbauer, F., SWK 1996, B 33.

Feldbauer-Durstmüller, B./Mayr, S. (Hrsg), Unternehmenssanierung in der Praxis, Wien 2009.

Feuchtinger, G./Lesigang, M. (Hrsg), Praxisleitfaden Insolvenzrecht, 3. Auflage, Wien 2010.

Fischerlehner, H., ÖStZ 2003, 95.

Fraberger, F., ZIK 1996, 42.

Fraberger, F./Hirschler, K./Kanduth-Kristen, S./Ludwig, C./Mayr, G. (Hrsg), Handbuch Sonderbilanzen, Band I, Wien 2011.

Fröhlich, S./Unger, P., SWK 2005, S 853.

Hofstädter, F./Reichel K. (Hrsg), EStG-Kommentar, Wien 2011.

Kanduth-Kristen, S., taxlex 2005, 113.

Kanduth-Kristen, S./Treer, H., Insolvenz und Steuern, SWK-Spezial 2006.

Käferböck, H., ecolex 2001, 186.

Knörzer, P., SWK 2005, S 967.

Lang, M./Schuch, J./Staringer, C. (Hrsg), KStG-Kommentar, Wien, 2009.

Laudacher, M., SWK 2002, S 593.

Lehner, M., Außergerichtliche Sanierung und Verlustverwertung, Vortrag JKU, 22.4.2009.

Lesigang, M., RWZ 2011, 66.

Quantschnigg, P./Renner, B./Schellmann, G./Stöger, R., KStG-Kommentar, Wien 2008.

Quantschnigg, P./Schuch, W., Einkommensteuerhandbuch, Wien 1993.

Ritz, C., BAO-Kommentar, 3. Auflage, Wien 2005.

Schögl, W./Wiesner, W./Nolz, W., EStG-Kommentar 1972, Wien 1976.

Schögl, W./Wiesner, W./Nolz, W./Kohler, G., EStG-Kommentar 1972, Wien 1982.

Schwarzinger, P., ecolex 1997, 529.

Weiler, F., Das EStG nach dem Strukturanpassungsgesetz 1996, Wien 1996.

Zöchling, H./Klingler, B./Kranebitter, G. (Hrsg), Entschlossen Handeln in Krisenzeiten, Wien 2009.

Spezialfragen zu Umgründungen im Rahmen von Sanierungsmaßnahmen

Andreas Kauba und Rudolf Krickl

1. **Einleitung**
2. **Verschmelzungen und Umwandlungen**
   2.1. Allgemeines
   2.2. Positiver Verkehrswert bei Verschmelzungen
   2.3. Unternehmensbewertung
   2.4. Verlustbeseitigung – Zeitliche Abfolge
   2.5. Auswirkungen von Zuschüssen und Forderungsnachlässen auf Ebene des Gesellschafters der untergehenden Gesellschaft
   2.6. Kapitalerhaltungsgrundsätze
   2.7. Steuerlicher Verlustabzug
   2.8. Umwandlungen
3. **Einbringungen und Spaltungen**
   3.1. Allgemeines und positives Einbringungsvermögen
   3.2. Sanierung durch Hinzutritt eines neuen Gesellschafters mittels Einbringung
   3.3. Sanierung durch bestehende Gesellschafter
   3.4. Einlagen bei Einbringungen
   3.5. Verlustabzug
   3.6. Spaltung
4. **Zusammenschluss**
   4.1. Allgemeines und positives Zusammenschlussvermögen
   4.2. Sanierung durch Hinzutritt eines neuen Gesellschafters durch Zusammenschluss
   4.3. Sanierung bei bestehender Mitunternehmerschaft
   4.4. Beseitigung der Überschuldung
   4.5. Negatives Buchvermögen und Kapitalkontenzusammenschluss
   4.6. Kapitalkontenzusammenschluss und Gewinnvorab
5. **Realteilung**
   5.1. Allgemeines und positiver Verkehrswert
   5.2. Positiver Verkehrswert, Begrenzungen bei Ausgleichzahlungen und verdeckter Spitzenausgleich
6. **Zusammenfassung**
   6.1. Positiver Verkehrswert
   6.2. Kapitalerhaltung
   6.3. Verlustabzug
   6.4. Gestaltung des Einbringungsvermögens

6.5. Symmetrische und asymmetrische Einlagen
6.6. Negatives Buchvermögen beim Kapitalkontenzusammenschluss
6.7. Gewinnvorab/Verlustvorab
6.8. Begrenzung der Ausgleichszahlungen und verdeckter Spitzenausgleich

1. Einleitung

Ziel dieses Beitrages ist es, wesentliche Problemfelder von Umgründungen im Rahmen von Sanierungen zu beleuchten und Lösungen anzubieten. Im Überblick sollen die verschiedenen Umgründungsarten durchgegangen werden, wobei kein Anspruch auf Vollständigkeit erhoben wird. Ungeachtet der unterschiedlichen Umgründungsarten wird sich zeigen, dass ein wesentliches Thema bei Umgründungen im Rahmen von Sanierungen das Bestehen eines positiven Verkehrswertes ist. Diesen herzustellen ist aber gerade bei Sanierungen schwierig, da Umgründungen oftmals der Sanierung vorgeschaltet werden sollen, um diese zu ermöglichen. Die Ergebnisse der Sanierung treten in der Regel erst nach der Umgründung ein, sodass im Umgründungszeitpunkt regelmäßig noch kein positiver Verkehrswert vorliegt. Weitere Probleme – so wird es sich zeigen – bestehen in den unterschiedlichen Ansprüchen aufgrund des Unternehmens- und des Steuerrechts.

2. Verschmelzungen und Umwandlungen

2.1. Allgemeines

Kapitalgesellschaften können unter Ausschluss der Abwicklung verschmolzen werden, wobei die Verschmelzung entweder durch die Übertragung des Vermögens einer Gesellschaft im Wege der Gesamtrechtsnachfolge auf eine andere bestehende Gesellschaft gegen Gewährung von Anteilen an dieser Gesellschaft (**Verschmelzung durch Aufnahme**) oder durch Übertragung der Vermögen zweier oder mehrerer Gesellschaften im Wege der Gesamtrechtsnachfolge auf eine von ihnen dadurch gegründete neue Gesellschaft gegen Gewährung von Anteilen an dieser Gesellschaft (**Verschmelzung durch Neugründung**) erfolgen[1] kann. Maßgeblich sind bei Sanierungen regelmäßig Verschmelzungen zur Aufnahme in der Variante der **Konzernverschmelzung**[2] (im Gegensatz zur Konzentrations-verschmelzung[3]).

Verschmelzungen fallen unter Artikel I UmgrStG, wobei maßgeblich ist, dass die Besteuerung der stillen Reserven einschließlich eines allfälligen Firmenwertes bei der übernehmenden Körperschaft nicht eingeschränkt ist (vgl § 1 Abs 2 UmgrStG).[4]

Die Übertragung von Betrieben, Teilbetrieben oder Mitunternehmeranteilen ist bei Verschmelzungen nicht erforderlich, bei der übernehmenden Körperschaft kommt es zur Buchwertfortführung hinsichtlich des übertragenen Vermögens.[5] Verschmelzungen können neun Monate rückwirkend auf einen Verschmelzungsstichtag durchgeführt werden.[6] Ertragsteuerrechtlich ist diesfalls das Ergebnis der untergehenden Gesellschaft mit Ablauf des Verschmelzungsstichtages der aufnehmenden Körperschaft zuzurechnen.[7]

---

[1] Vgl § 219 AktG und § 96 GmbHG.
[2] Vgl UmgrStR Rz 12ff.
[3] Vgl UmgrStR Rz 11.
[4] Vgl UmgrStR Rz 54ff.
[5] Vgl UmgrStR Rz 686.
[6] Vgl UmgrStR Rz 48, Rz 80ff.
[7] Vgl § 2 Abs 3 UmgrStG.

2.2. Positiver Verkehrswert bei Verschmelzungen

Bei Verschmelzungen ist in Zusammenhang mit Sanierungen von grundlegender Bedeutung, dass alle an der Verschmelzung beteiligten Körperschaften einen positiven Verkehrswert aufweisen müssen.[8] Soweit am Verschmelzungsstichtag kein positiver Verkehrswert gegeben ist, ist dies steuerlich insofern sanierbar, als gemäß § 2 Abs 4 UmgrStG Einlagen im Sinne des § 8 Abs 1 KStG im Rückwirkungszeitraum (daher bis zum Zeitpunkt des Abschlusses des Verschmelzungsvertrages) geleistet werden können.[9] Darüber hinaus wird – obwohl in Artikel I UmgrStG nicht explizit angeführt – § 12 Abs 1 UmgrStG entsprechend anzuwenden sein, wonach im Zweifel die Höhe eines positiven Verkehrswertes durch ein begründetes Gutachten eines Sachverständigen nachzuweisen ist.

Der positive Verkehrswert muss jedenfalls am Tag des Abschlusses des Verschmelzungsvertrages gegeben sein.[10]

2.3. Unternehmensbewertung

Grundsätzlich ist zum Nachweis des Vorliegens eines positiven Verkehrswertes ein Gutachten nicht erforderlich. Ist nach Maßgabe der Verhältnisse am Vorliegen eines positiven Verkehrswertes zu zweifeln, so ist dieser mittels Vorlage eines Gutachtens zu belegen. Laut UmgrStR[11] sind Umstände, die die Vorlage eines Gutachtens bedingen, insbesondere:

- *„(Buchmäßige) Überschuldung.*
- *Negative Erfolgszahlen in der Vergangenheit.*
- *In der Vergangenheit vorgenommene (Teilwert-)Abschreibungen von noch im Betrieb befindlichen Wirtschaftsgütern des Anlagevermögens mit dem Argument eines geringen oder gar negativen Ertragswertes, sofern den betroffenen Wirtschaftsgütern im Einbringungsvermögen eine gewisse Bedeutung zukommt.*
- *Wenn das Vorhandensein des positiven Verkehrswertes dadurch erklärt wird, dass stille Reserven in Wirtschaftsgütern des abnutzbaren Anlagevermögens vorhanden sind und diese durch Neubewertungen dargestellt werden, die auf einer Nutzungsdauer basieren, die von der bisherigen betriebsgewöhnlichen Nutzungsdauer erheblich abweicht."*

In diesem Fall ist ein Gutachten zum Nachweis des positiven Verkehrswertes durch einen Sachverständigen zu erstellen. Die Finanzverwaltung vertritt die Auffassung, dass Gutachten zum Nachweis des positiven Verkehrswertes Mindesterfordernisse erfüllen müssen. Das Fachgutachten KFS/BW1[12] der Kammer der Wirtschaftstreuhänder kann jedenfalls angewendet werden.[13] Allerdings müssen echte Synergieeffekte außer Acht gelassen werden (Stand-Alone-Betrachtung), unechte Synergieeffekte sind hingegen bei der Er-

---

[8] Dazu grundlegend OGH 11.11.1999, 6 Ob 4/99b; UmgrStR Rz 14.
[9] Vgl UmgrStR Rz 110ff.
[10] Vgl UmgrStR Rz 684.
[11] Vgl UmgrStR Rz 676.
[12] Fachgutachten der Kammer der Wirtschaftstreuhänder vom 27.2.2006.
[13] Vgl UmgrStR Rz 682ff.

mittlung des (positiven) Verkehrswertes zu berücksichtigen. Als Sachverständiger kommt auch der steuerliche Vertreter der untergehenden Gesellschaft in Betracht, wobei dieser aber die Position eines neutralen Gutachters im Sinne des Punktes 4 des Fachgutachtens einnehmen muss.[14]

Bei der Unternehmensbewertung können grundsätzlich unterschiedliche Methoden zur Anwendung kommen. Während in der Vergangenheit vor allem Substanzwertverfahren (bzw Mittelwertverfahren[15]) Bedeutung hatten, setzen sich in neuerer Zeit Ertragswertverfahren sowie DCF-Verfahren durch. Auch die im KFS/BW1 vorgesehenen Unternehmensbewertungsmethoden orientieren sich an diesen,[16] da in diesem Ertragswertmethoden und die DCF-Methode vorgesehen sind.[17]

Der Stichtag, zu dem der positive Verkehrswert vorliegen muss, ist der Tag des Abschlusses des Verschmelzungsvertrages, nicht der Verschmelzungsstichtag. Der Nachweis eines positiven Verkehrswertes zum Tag des Abschlusses des Verschmelzungsvertrages wird im Rahmen einer Unternehmensbewertung nach KFS/BW1 jedenfalls dann gelingen, wenn die untergehende Gesellschaft zwar bisher Verluste, in der Zukunft aber Gewinne erwirtschaften kann.

Ist neben laufenden Verlusten auch zukünftig mit Verlusten zu rechnen, wird der Nachweis eines positiven Verkehrswertes mittels ertragsorientierter Verfahren schwierig bis unmöglich sein.

Wie bereits dargestellt, ist gemäß KFS/BW1 als Bewertungsmethode ein Ertragswert- oder DCF-Verfahren – unter Anwendung des Fortführungsgrundsatzes – heranzuziehen. Wenn aber der ermittelte Wert niedriger ist als der Liquidationswert, so ist der Liquidationswert als Untergrenze des Unternehmenswertes heranzuziehen. Der Liquidationswert kann in derartigen Fällen auch für die Argumentation des positiven Verkehrswertes herangezogen werden, da das Umgründungssteuerrecht nicht die Fortführung zB des übertragenen Betriebes voraussetzt.[18]

Der positive Verkehrswert kann auch erst nach dem Verschmelzungsstichtag, jedoch vor Abschluss des Verschmelzungsvertrages hergestellt werden. In solchen Verlustsituationen der übertragenden Körperschaft werden daher regelmäßig Zuschüsse oder Forderungsnachlässe zur Herstellung eines positiven Verkehrswertes der untergehenden Gesellschaft durch den Gesellschafter vorgenommen werden müssen.

2.4. Verlustbeseitigung – Zeitliche Abfolge

Wie bereits oben erwähnt, kann **ertragsteuerlich** eine Umgründung bis zu neun Monaten rückwirkend erfolgen.[19] Ungeachtet dessen, dass die übernehmende Körperschaft die Buchwerte der untergehenden Körperschaft mit Ablauf des Verschmelzungsstichtages zu übernehmen hat, kann im Rückwirkungszeitraum der positive Verkehrswert auch (noch) durch Einlagen hergestellt werden (**§ 2 Abs 4 UmgrStG**).

---

[14] Vgl UmgrStG Rz 685.
[15] Kombinationen aus Substanz und Ertragswertverfahren (vgl dazu auch das im FG 74 [Vorgänger von KFS/BW1] vorgesehenen Übergewinnverfahren).
[16] Zur Anerkennung des KFS/BW1 als Bewertungsmethode vgl UmgrStR Rz 683.
[17] Vgl KFS/BW1 Kapitel 6.
[18] Vgl Kommentar *Rabel* (2002).
[19] UmgrStR Rz 80.

Unternehmensrechtlich (gesellschaftsrechtlich) ist zwar ebenfalls ein rückwirkender Verschmelzungsstichtag von bis zu neun Monaten möglich,[20] rechtlich tritt die Wirksamkeit der Verschmelzung allerdings erst mit Eintragung dieser in das Firmenbuch ein. Die Verschmelzung wirkt daher (grundsätzlich) unternehmensrechtlich nicht auf den Ablauf des Verschmelzungsstichtages zurück. Unternehmensrechtlich kann daher bis zu diesem Zeitpunkt eine Beseitigung der Überschuldung durch Einlagen (zB durch Zuschüsse, Forderungsnachlässe) erfolgen.[21] Die Überschuldungsbeseitigung muss allerdings nach dem UmgrStG bis zum Zeitpunkt des Verschmelzungsbeschlusses erfolgen.[22]

Der Tag **der Eintragung der Verschmelzung in das Firmenbuch ist ein Zufallsstichtag**. Praktisch kann der Firmenbuchrichter den positiven Verkehrswert (**amtswegige Prüfungspflicht** des positiven Verkehrswertes) nur bis zum Tag seiner Prüfung nachvollziehen bzw allenfalls einen Stichtag, zu dem ein positiver Verkehrswert bestehen muss, festlegen (zB Verschmelzungsstichtag ist der 31.12.10; der Firmenbuchrichter legt den Stichtag 30.6.11, an dem ein positiver Verkehrswert bestehen muss, fest).

Besonders in jenem Fall, in dem zum Verschmelzungsstichtag sowohl ein negativer Buchwert als auch ein negativer Verkehrswert besteht und die Gesellschaft im Rückwirkungszeitraum (weiterhin) Verluste realisiert, muss die Prüfung des Firmenbuchrichters darauf gerichtet sein, dass jedenfalls am Tag der Eintragung der Verschmelzung im Firmenbuch ein positiver Verkehrswert des Vermögens der übertragenden Körperschaft besteht.

Wie bereits oben erwähnt, müssen alle an der Verschmelzung beteiligten Körperschaften einen positiven Verkehrswert aufweisen. Das Firmenbuchgericht prüft allerdings (grundsätzlich) nur den positiven Verkehrswert der untergehenden, nicht aber der aufnehmenden Körperschaft.

2.5. Auswirkungen von Zuschüssen und Forderungsnachlässen auf Ebene des Gesellschafters der untergehenden Gesellschaft

Die Zuführung von Mitteln an die Gesellschaft durch den Gesellschafter ist grundsätzlich als Einlage anzusehen, die beim Gesellschafter als eine Form der Verwendung seines Einkommens zunächst steuerneutral ist und im Falle der Zugehörigkeit der Gesellschafterbeteiligung zu einem Betriebsvermögen im Wert dieser Beteiligung aktiviert ausgewiesen werden muss.[23]

Die Leistungen des Gesellschafters an die Kapitalgesellschaft sind daher grundsätzlich als zusätzliche Anschaffungskosten der Beteiligung zu behandeln. Im Falle der Leistung des Zuschusses durch den Gesellschafter einer Kapitalgesellschaft zur Verlustabdeckung kann es für den Fall, dass die Voraussetzungen für eine Teilwertabschreibung vorliegen, nach Aktivierung der Verlustabdeckungszuschüsse auf den Beteiligungsansatz zu einem abzugsfähigen Aufwand schon bei der Bilanzierung des Zuwendungsjahres kommen. Dabei setzt der Ansatz des niedrigeren Teilwertes voraus, dass die

---

[20] Vgl 220 Abs 2 und Abs 3 AktG; § 202 Abs 2 UGB; UmgrStR Rz 80.
[21] Vgl § 2 Abs 4 UmgrStG; UmgrStR Rz 110ff.
[22] Vgl UmgrStR Rz 113.
[23] VwGH 29.4.1992, 90/13/0228, 0229.

Anschaffung der Beteiligung oder die Aufwendung weiterer Zuschüsse (Anschaffungskosten) eine Fehlmaßnahme darstellen, welche etwa dann vorliegt, wenn nach der Anschaffung Umstände objektiver Natur hervortreten, die den vereinbarten Anschaffungspreis als überhöht erscheinen lassen, was für den Fall von Anlaufverlusten regelmäßig zu verneinen ist.[24] Auch bei Sanierungsmaßnahmen ist der Wert der Beteiligung erst dann als gemindert anzusehen, wenn die weitere Entwicklung erkennen lässt, dass den Belebungsmaßnahmen der Erfolg versagt geblieben ist.[25] Eine Teilwertabschreibung hat dabei allgemein eine erhebliche und dauernde Wertminderung zur Voraussetzung.[26]

Wie bereits oben erwähnt, müssen alle an der Verschmelzung beteiligten Körperschaften einen positiven Verkehrswert aufweisen. Insbesondere bei Konzernverschmelzungen (Up-stream-/Down-stream-Verschmelzungen) sind die Auswirkungen von Gesellschaftereinlagen (Zuschüsse, Forderungsnachlässe) auf den positiven Verkehrswert nicht nur auf der Ebene der Tochter-, sondern auch auf der Ebene der Muttergesellschaft zu prüfen. In den genannten Fallkonstellationen ist die Muttergesellschaft (der Gesellschafter) nicht nur in die Beseitigung der Überschuldung bei der Tochtergesellschaft, sondern auch in den Verschmelzungsprozess eingebunden.

Wenn beispielsweise die Tochtergesellschaft B auf die Muttergesellschaft A im Wege eines Up-stream-Mergers verschmolzen werden soll, die Tochter einen negativen Verkehrswert hat und die Mutter einen Zuschuss in der Höhe des negativen Verkehrswertes leistet, hat dies zur Folge, dass zwar die Tochtergesellschaft entschuldet wird, die Muttergesellschaft aber den Zuschuss oder Forderungsnachlass als „verlorenen" Zuschuss sofort abschreiben muss. In dem Ausmaß – indem der negative Verkehrswert der Tochtergesellschaft beseitigt wird – vermindert sich der positive Verkehrswert der Muttergesellschaft (allerdings nur im Rahmen einer Substanzwertbetrachtung). In dieser Fallkonstellation ist daher darauf zu achten, dass die negative Ergebniswirksamkeit der verlorenen Einlage den Verkehrswert der Muttergesellschaft nicht negativ werden lässt.

2.6. Kapitalerhaltungsgrundsätze

Neben dem Vorliegen eines positiven Verkehrswertes ist auch fraglich, inwieweit die vom OGH judizierten Grundsätze der Kapitalerhaltung bei Sanierungen problematisch sein können. Der OGH geht bei Verschmelzungen davon aus, dass sich das gebundene Kapital der untergehenden Gesellschaft (Nennkapital, gebundene Rücklagen) bei der aufnehmenden Gesellschaft in unverminderter Form wieder finden muss und keine Reduktion durch den Verschmelzungsvorgang herbeigeführt werden darf. Diese Kapitalerhaltungsgrundsätze sind bei Sanierungen im Zusammenhang mit Umgründungen grundsätzlich nicht problematisch. Bereits vor der Verschmelzung können bei der untergehenden Gesellschaft gebundene Kapital- und Gewinnrücklagen zum Ausgleich von Verlusten aufgelöst und verrechnet werden. Dadurch kann bereits vor der Verschmelzung das gebundene Kapital – zur Verlustbeseitigung – reduziert werden und kommt es nicht erst durch die Verschmelzung zu einem unzulässigen Kapitalherabsetzungseffekt.

---

[24] VwGH 28.11.2001, 99/13/0254.
[25] VwGH 25.6.2007, 2002/14/0085.
[26] VwGH 24.2.1999, 96/13/0206; *Doralt*, EStG-Kommentar, § 6 Rz 148.

Ist das gebundene Kapital (Grund-/Stammkapital + gebundene Rücklagen) der übernehmenden Gesellschaft kleiner als jenes der übertragenden Gesellschaft, so ist laut OGH[27] im Interesse der Gläubiger eine der folgenden Maßnahmen zu treffen:

- Vorweggenommene Kapitalherabsetzung;
- Bildung von gebundenen Rücklagen;
- sonstige Sicherstellung der Gläubiger.

Die gebundenen Kapitalien der an der Verschmelzung beteiligten Gesellschaften sind nicht zu addieren.[28]

2.7. Steuerlicher Verlustabzug

Problematisch bei Sanierungen und Umgründungen kann auch die Abzugsfähigkeit von Verlusten **der untergehenden Gesellschaft** nach der Umgründung sein. Nach § 4 UmgrStG besteht nämlich eine sogenannte **Verlustbremse**[29] insoweit, als die Verluste der untergehenden Gesellschaft bei der aufnehmenden Gesellschaft nur insoweit geltend gemacht werden können, als das verlustverursachende Vermögen in Form von Betrieben (Teilbetrieben, Mitunternehmeranteilen) noch vorhanden ist[30] und sich im Umfang nicht wesentlich reduziert hat.[31] Soweit Verluste nicht durch Betriebe entstanden sind, ist zu untersuchen, ob das verlustverursachende Vermögen noch vorhanden und umfangmäßig vergleichbar ist (75 %-Grenze).[32] Darüber hinaus ist bei der Verschmelzung verbundener Körperschaften zu berücksichtigen, dass vortragsfähige Verluste der Körperschaft, an der die Beteiligung besteht, um steuerlich abzugsfähige Teilwertabschreibungen zu kürzen, sind, die von der (unmittelbar oder mittelbar) beteiligten Körperschaft vorgenommen wurden und noch keine entsprechende Zuschreibung vorgenommen wurde.

Auch auf der Ebene der **aufnehmenden Körperschaft** kann es verschmelzungsbedingt ebenfalls zum Wegfall von Verlusten kommen. Auch wenn die aufnehmende Gesellschaft „nur unbewegte" Körperschaft ist, können eigene Verluste nach der Verschmelzung nur dann weiterhin geltend gemacht werden, wenn eigene verlusterzeugende Betriebe (Teilbetriebe, Mitunternehmeranteile) vorhanden[33] und größenmäßig vergleichbar sind.[34] Dass die Verlustbremsen-Regelung auch die aufnehmende Körperschaft umfasst, dient dazu, den Verlustausschluss nicht abhängig von der Verschmelzungsrichtung beeinflussen zu können. Bei Sanierungen kann dies aber zu überschießenden Ergebnissen führen.

Auch der Manteltatbestand[35] kann einen Verlustübergang verhindern, wenn im Rahmen der Umgründung die Voraussetzungen des Manteltatbestandes (teilweise bei der

---

[27] OGH 11.11.1999, 6Ob 4/99b, EU-VerschG, *Kalss*, Kommentar zur Verschmelzung – Spaltung – Umwandlung, 2. Aufl § 220 AktG Rz 45f, § 224 AktG Rz 40f, § 3 SpaltG Rz 8.
[28] OGH 11.11.1999, 6Ob 4/99b, *Kalss*, aaO, § 224 AktG Rz 42.
[29] Vgl UmgrStR Rz 187ff.
[30] § 4 Z 1 lit a UmgrStG.
[31] § 4 Z 1 lit c UmgrStG; UmgrStR Rz 218ff.
[32] § 4 Z 1 lit a UmgrStG; § 4 Z 1 lit c UmgrStG; UmgrStR Rz 218ff; vgl auch *Walter*, Umgründungssteuerrecht[7] Rz 112ff.
[33] § 4 Z 1 lit b UmgrStG; UmgrStR Rz 216.
[34] § 4 Z 1 lit c UmgrStG; UmgrStR Rz 218ff; vgl auch *Walter*, aaO, Rz 124f.
[35] Vgl § 8 Abs 4 Z 2 KStG.

übertragenden und übernehmenden Gesellschaft) verwirklicht werden.[36] Bei Sanierungen sind aber regelmäßig die Ausnahmen des Verbesserungs- und Rationalisierungstatbestandes[37] anwendbar, womit die Verluste übergehen.

2.8. Umwandlungen

Nach § 2 Abs 1 UmwG kann die Hauptversammlung einer AG bzw die Generalversammlung einer GmbH eine Umwandlung durch Übertragung des Unternehmens auf den Hauptgesellschafter beschließen, wenn diesem Anteilsrechte von mindestens 9 Zehnteln des Nennkapitals zukommen. Minderheitsgesellschafter bis zu einem Ausmaß von 10 % werden nicht Mitglieder des übernehmenden Rechtsträgers (Hauptgesellschafter), sondern verlieren im Zuge der Umwandlung ihre Beteiligung am Unternehmen und scheiden zwangsweise – gegen angemessene Barabfindung – aus der Kapitalgesellschaft aus (**verschmelzende Umwandlung**).

Das Umwandlungsvermögen kann auch auf eine neu zu errichtende Gesellschaft übertragen werden (**errichtende Umwandlung**).

Die **Begünstigungen des UmgrStG** sind allerdings nur dann anzuwenden, soweit am Umwandlungsstichtag und am Tag des Umwandlungsbeschlusses ein **Betrieb** vorhanden ist[38]. Ausnahmen bestehen bei der verschmelzenden Umwandlung. Darüber hinaus darf es nicht zu einer Einschränkung der Besteuerung der stillen Reserven einschließlich eines Firmenwertes bei der übernehmenden Gesellschaft kommen.[39]

Anders als bei der Verschmelzung ist bei Umwandlungen ein positiver Verkehrswert des umzuwandelnden Rechtsträgers nicht erforderlich.[40]

Im Rahmen der errichtenden Umwandlung kann es zu einem **kapitalentsperrenden Effekt** kommen. Wird im Rahmen der errichtenden Umwandlung eine Kommanditgesellschaft gegründet, so tritt der kapitalentsperrende Effekt dann ein, wenn das Haftkapital der Kommanditisten deren seinerzeitige (Stamm-) Einlagenverpflichtung unterschreitet.[41] Demnach muss bei der errichtenden Umwandlung einer Kapitalgesellschaft in eine Kommanditgesellschaft die Haftsumme des jeweiligen Kommanditisten der Höhe nach dem Teil seiner Stammeinlagenverpflichtung[42] entsprechen.[43] Komplementäre und OG-Gesellschafter sind von dieser Regelung nicht betroffen.[44]

Für Umwandlungen gemäß Art II UmgStG gelten die Ausführungen zu Verschmelzungen sinngemäß.

---

[36] Vgl § 4 Z 2 UmgrStG; UmgrStR Rz 241ff.
[37] Vgl § 4 Z 2 2. Satz UmgrStG; UmgrStR Rz 251f.
[38] Vgl UmgrStG § 7 Abs 1 Z 1 und Z 2 UmgrStG; UmgrStR Rz 449ff: vgl auch *Walter*, aaO, Rz 209ff.
[39] Vgl § 7 Abs 2 UmgrStG.
[40] OGH 7.11.2007, 6 Ob 235/07p GesRZ 2008, 100, gleichlautend OGH 7.11.2007, 6 Ob 236/07k; OLG Wien 18.2.2004, 28 R 409/03b GesRZ 2004, 201; *Nowotny* in Wiener Bilanzrechtstage 2008, 80; *Kalss*, aaO, § 5 UmwG Rz 108.
[41] *Kalss*, aaO, § 5 UmwG Rz 109f.
[42] OLG 16.3.2009, 28 R 44/09k NZ 2009, U 13.
[43] OGH 7.11.2007, 6 Ob 235/07p; OGH 7.11.2007, 6 Ob 236/07k; OGH 17.12.2008, 6 Ob 267/08w.
[44] *Kalss* in Wiener Bilanzrechtstage 2008, 91, 109f.

3. Einbringungen und Spaltungen

3.1. Allgemeines und positives Einbringungsvermögen

Gem § 12 Abs 1 UmgrStG liegt eine Einbringung vor, wenn Betriebe, Teilbetriebe, Mitunternehmeranteile oder qualifizierte Beteiligungen im Sinne des § 12 Abs 2 UmgrStG auf Grundlage eines schriftlichen Einbringungsvertrages (Sacheinlagevertrages) und einer Einbringungsbilanz nach Maßgabe des § 15 UmgrStG einer übernehmenden Körperschaft tatsächlich übertragen werden.

Auch hier ist ausdrücklich Voraussetzung, dass das zu übertragende Vermögen am Einbringungsstichtag, jedenfalls aber am Tag des Abschlusses des Einbringungsvertrages, für sich allein einen positiven Verkehrswert besitzt. Der Übertragende hat im Zweifel die Höhe des positiven Verkehrswertes durch ein begründetes Gutachten eines Sachverständigen nachzuweisen.

3.2. Sanierung durch Hinzutritt eines neuen Gesellschafters mittels Einbringung

Eine typische Konstellation ist: A möchte seinen Betrieb sanieren und braucht dafür frisches Kapital. B ist bereit, dieses in der Form zu leisten, dass A seinen Betrieb in eine Kapitalgesellschaft einbringt und B seine Einlage in diese Kapitalgesellschaft gegen Gewährung von Anteilsrechten leistet.

Das Problem besteht darin, dass A seinen Betrieb in die Kapitalgesellschaft nur dann übertragen kann, wenn dieser über einen positiven Verkehrswert verfügt. Die bloß buchmäßige Überschuldung schadet nicht.

Eine weitere Konstellation des Hinzutritts neuer Gesellschafter kann darin bestehen, dass der Betrieb bereits in einer Kapitalgesellschaft des A geführt wird und B die Einlage in die Kapitalgesellschaft zur Sanierung leistet. Hier ergeben sich ebenfalls Fragestellungen. Soweit B eine Geldeinlage leistet, kann er nach Maßgabe des Verkehrswertverhältnisses Anteile an der Kapitalgesellschaft erwerben. Da der Betrieb/die GmbH sanierungsbedürftig ist, wird der Verkehrswert gegen Null tendieren. Kommt es nun zur Zufuhr von Kapital gegen die Ausgabe neuer Anteile (oder die Abtretung von Anteilen des Altgesellschafters), wird sich das Beteiligungsverhältnis stark zu Gunsten des neuen Gesellschafters verschieben.

Soweit allerdings der zukünftige Gesellschafter der Kapitalgesellschaft eine Forderung gegen die Kapitalgesellschaft hatte und diese als Sanierungsmaßnahme einlegt (verzichtet), liegt eine Sacheinlage vor, die problematisch ist. Auf Grund der Überschuldung der Kapitalgesellschaft ist diese Forderung wertgemindert bzw wertlos. Die Einlage einer wertlosen Forderung (Sache) gegen Anteilsausgabe führt zu einer Unter-pari-Emission, die gegen das grundlegende Verbot der Einlagenrückgewähr verstoßen würde.

3.3. Sanierung durch bestehende Gesellschafter

Gesellschafter einer Kapitalgesellschaft können diese auf zwei Arten sanieren: entweder leisten alle Gesellschafter eine Einlage oder nur einer von ihnen.

Im ersten Fall kann diese durch Anteilsausgabe auf Grund einer Nennkapitalerhöhung oder ohne Nennkapitalerhöhung als nicht rückzahlbarer Gesellschafterzuschuss erfolgen. Im zweiten Fall leistet nur ein Gesellschafter eine Einlage und erlangt dadurch Anteile auf Grund einer Nennkapitalerhöhung oder leistet die Einlage als nicht rückzahlbaren Gesellschafterzuschuss.

Der erste Fall ist unproblematisch, da keine Unter-pari-Emission vorliegt.

Beim zweiten Fall darf ebenfalls keine Unter-pari-Emission durch Nennkapitalerhöhung und Anteilsausgabe gegeben sein. Im Fall des nicht rückzahlbaren Gesellschafterzuschusses liegt eine alineare Einlage vor, die Ausgleichsmaßnahmen erfordern würde. Soweit keine Ausgleichsmaßnahmen gesetzt werden, können unentgeltliche Zuwendungen bzw verdeckte Ausschüttungen und/oder verdeckte Einlagen mit steuerlichen Konsequenzen vorliegen.

3.4. Einlagen bei Einbringungen

Wie bei Verschmelzungen und Umwandlungen kann das Einbringungsvermögen zwischen dem Einbringungsstichtag und dem Tag des Abschlusses des Einbringungsvertrages gestaltet werden. Nach § 16 Abs 5 Z 1 UmgrStG kommen hier insbesondere Geld oder Sacheinlagen in Betracht. Bloße Einlageversprechen genügen nicht.

Entnahmen gemäß § 16 Abs 5 Z 1 UmgrStG bzw vorbehaltene Entnahmen gemäß § 16 Abs 5 Z 2 UmgrStG sind für Sanierungen nicht von Bedeutung.

Körperschaften können die Z 1 und 3 nur dann nutzen, wenn sie neben der betrieblichen auch eine außerbetriebliche Sphäre besitzen (zB ein Verein), die Z 4 steht auch ihnen bei Teileinbringungen zur Verfügung. Bei den unter § 7 Abs 3 KStG fallenden Körperschaften beschränkt sich der Anwendungsbereich des § 16 Abs 5 UmgrStG auf die Z 4 und Z 5.[45]

Zurückbehalten nach § 16 Abs 5 Z 3 UmgrStG

In Folge der Anpassungen des § 16 Abs 5 Z 4 UmgrStG im Rahmen des Abgabenänderungsgesetzes 2005[46] auf die EuGH-Rechtsprechung[47] wurde auch die Regelung des § 16 Abs 5 Z 3 UmgrStG entsprechend geändert. Demgemäß ist die Sachentnahme aus dem Betrieb grundsätzlich auch auf das mit dem Aktivum zusammenhängende Passivum zu beziehen. Daher ist die Zurückbehaltung von Aktiva nur mehr gemeinsam mit dem unmittelbar verbundenen Fremdkapital möglich. Der Zusammenhang ist nur dann unbeachtlich, wenn vom Einbringungsstichtag zurück bereits mehr als sieben Wirtschaftsjahre vergangen sind.[48] Das Zurückbehalten von Verbindlichkeiten und der damit verbundene Übergang in das Privatvermögen oder in das außerbetriebliche Vermögen des Einbringenden erhöht als Einlage den Verkehrswert bzw kann zum Vorliegen eines positiven Verkehrswertes führen. Da sich das verknüpfte Zurückbehalten auf kreditfinanzierte Anlagegüter beschränkt, können Verbindlichkeiten oder Rückstellungen (zB Pensionsrück-

---

[45] Vgl UmgrStR Rz 882, Rz 926ff, Rz 1441ff; *Mayr* 2009, RdW 3a, 15; *Mayr* 2005, RdW 779.
[46] BGBl I 2005/161, Abgabenänderungsgesetz 2005.
[47] EuGH 15.1.2002, Rs C-43/00, *Andersen og Jensen ApS*.
[48] Vgl UmgrStR Rz 1445a.

stellungen) auch dann zurückbehalten werden, wenn sie im unmittelbaren Zusammenhang mit einzubringenden Aktiva stehen.[49]

Die Zurückbehaltung von Verbindlichkeiten zur Herstellung eines positiven Verkehrswertes ist daher – auch bei unmittelbarem Zusammenhang mit einem übertragenen Aktivum – möglich. Aus der Struktur der Z 3 als Sondertatbestand von Entnahmen und Einlagen ergibt sich jedoch, dass diese Regelung für einbringende Körperschaften im Sinne des § 7 Abs 3 KStG begrifflich keine Bedeutung haben kann.[50]

Verschiebetechnik nach § 16 Abs 5 Z 4 UmgrStG

Unter Verschiebetechnik wird die Möglichkeit verstanden Aktiva/Passiva im Rahmen der Einbringung zwischen dem einzubringenden Teilbetrieb und dem verbleibenden Restbetrieb/Vermögen rückwirkend zu verschieben.

Im Lichte der EuGH-Rechtsprechung[51] wurde vom Gesetzgeber normiert,[52] dass ein aktives Wirtschaftsgut nicht mehr von der der Finanzierung unmittelbar dienenden Fremdkapitalposition getrennt werden darf.[53]

Die unter Z 4 geregelte Verschiebetechnik erwähnt Verbindlichkeiten nicht gesondert, sodass davon auszugehen ist, dass im Gegensatz zur unter Z 3 geregelten Zurückbehaltetechnik Verbindlichkeiten im Verknüpfungszusammenhang nicht zurückbehalten werden können.[54]

Eine Verkehrswerterhöhung durch Nichtübertragen einer dem einzubringenden Teilbetrieb objektiv zuzurechnenden Verbindlichkeit soll gemäß Verwaltungsmeinung aufgrund der nunmehrigen Verknüpfungsregelung nicht möglich sein.[55] Der unmittelbare Zusammenhang zwischen Aktivum und Passivum ist gemäß der Verwaltungsmeinung[56] allerdings nicht zu streng auszulegen und nur auf eindeutige Sachverhalte zu beziehen. So soll die Einschränkung jedenfalls dann zur Anwendung kommen, wenn ein eindeutiger Veranlassungszusammenhang gegeben ist.[57] Dies soll bei fremdfinanzierten Wirtschaftsgütern dann für die Anschaffungsverbindlichkeit gelten, wenn diese eindeutig diesen Wirtschaftsgütern zugeordnet werden kann. Dies soll für einen Kontokorrentkredit grundsätzlich nicht zutreffen.[58] Für einen kurz vor dem Einbringungsstichtag aufgenommenen Kredit soll die Zuordnung zu den jeweiligen Aktiva, laut Aussagen der UmgrStR, jedenfalls eindeutig sein.[59]

Die Nichtbeachtung des Verknüpfungszusammenhanges der Z 3 und 4 führt nicht zur Nichtanwendbarkeit des Art III (keine Anwendungsvoraussetzung), sondern zu verdeck-

---

[49] Vgl *Mayr*, EuGH-Rsp zur Fusionsrichtlinie und die Auswirkungen auf das österreichische UmgrStG, RdW 2009/ 137, 155; UmgrStR Rz 924.
[50] Vgl UmgrStR Rz 917.
[51] EuGH 15.1.2002, Rs C-43/00, *Andersen og Jensen ApS*.
[52] BGBl I 2005/161, Abgabenänderungsgesetz 2005.
[53] Vgl UmgrStR Rz 926.
[54] Vgl UmgrStR Rz 926b.
[55] Vgl UmgrStR Rz 926b.
[56] Vgl UmgrStR Rz 926a.
[57] Vgl *Mayr*, aaO, 155; UmgrStR Rz 926a.
[58] UmgrStR Rz 926a.
[59] UmgrStR Rz 926a.

ten Ausschüttungen bzw bei Zurückbehaltung der Verbindlichkeit zur steuerlichen Miteinbringung dieser.

Maßnahmen nach § 16 Abs 5 Z 5 UmgrStG sind für die Sanierung ohne Bedeutung.

3.5. Verlustabzug

Auch hier können Verlustabzüge gem § 21 UmgrStG ausgeschlossen werden. Auf die Ausführungen zum Verlustabzug bei Verschmelzungen wird verwiesen.

3.6. Spaltung

Kapitalgesellschaften können unter Beendigung ohne Abwicklung der übertragenden Gesellschaft durch gleichzeitige Übertragung aller Vermögensanteile (Vermögensgegenstände, Schulden, Rechtsverhältnisse) im Wege der Gesamtrechtsnachfolge auf andere dadurch gegründete neue Kapitalgesellschaften (Aufspaltung zur Neugründung) oder auf übernehmende Kapitalgesellschaften (Aufspaltung zur Aufnahme) oder unter Fortbestand der übertragenden Gesellschaft durch Übertragung eines oder mehrerer Vermögensteile dieser Gesellschaft im Weg der Gesamtrechtsnachfolge auf eine oder mehrere dadurch gegründete neue Kapitalgesellschaften (Abspaltung zur Neugründung) oder auf übernehmende Kapitalgesellschaften (Abspaltung zur Aufnahme) gegen Gewährung von Anteilen (Aktien oder Geschäftsanteilen) der neuen oder übernehmenden Kapitalgesellschaften an die Anteilsinhaber der übertragenden Gesellschaft gespalten werden.

Nach § 32 UmgrStG fallen **Auf- und Abspaltungen zur Neugründung oder zur Aufnahme** nach dem Spaltungsgesetz, wenn Betriebe, Teilbetriebe, Mitunternehmeranteile oder qualifizierte Kapitalanteile auf eine neue übernehmende Körperschaft gemäß § 34 UmgrStG übertragen werden, unter Artikel VI Umgründungssteuergesetz.[60]

Für die Kapitalerhaltung ist bei Spaltungen zur Neugründung der **Summengrundsatz** maßgeblich:[61] Die Summe der Nennkapitalien sowie die Summe der gebundenen Rücklagen der an der Spaltung beteiligten Gesellschaften muss mindestens die Höhe des Nennkapitals bzw der gebundenen Rücklagen der übertragenden Gesellschaft vor der Spaltung erreichen. Damit kann auf Kapitalherabsetzungen verzichtet werden. Darüber hinaus ist auch die **Restvermögensprüfung** von Bedeutung.[62]

Für Spaltungen[63] sind bei Aufspaltungen die dargelegten Grundsätze von Verschmelzungen, für Abspaltungen die dargelegten Grundsätze von Einbringungen wesentlich.

Bei nicht verhältniswahrenden Spaltungen dürfen Zuzahlungen von Anteilsinhabern nicht wesentlich sein (ein Drittel des gemeinen Wertes der in Anteilen empfangenen Gegenleistung des Zahlungsempfängers), andernfalls liegt auf der Anteilsinhaberebene insgesamt ein Veräußerungsvorgang (Tausch) vor.[64] Diese Einschränkung ist – wie bei Art V dargelegt – für Sanierungsvorgänge problematisch.

---

[60] Zu den steuerlichen Anwendungsvoraussetzungen vgl UmgrStR Rz 1655.
[61] § 3 Abs 1 SpaltG.
[62] § 3 Abs 4 SpaltG.
[63] Vgl UmgrStR Rz 1644.
[64] Vgl § 37 Abs 4 UmgrStG; UmgrStR Rz 1737f.

4. Zusammenschluss

4.1. Allgemeines und positives Zusammenschlussvermögen

Gem § 23 Abs 1 UmgrStG liegt ein Zusammenschluss vor, wenn ein Betrieb, Teilbetrieb oder Mitunternehmeranteil im Sinne § 12 Abs 2 UmgrStG ausschließlich gegen Gewährung von Gesellschafterrechten auf Grundlage eines schriftlichen Zusammenschlussvertrages (Gesellschaftervertrages)[65] und einer Zusammenschlussbilanz einer Personengesellschaft tatsächlich übertragen wird.[66]

Auch hier ist ausdrückliche Voraussetzung, dass das übertragene Vermögen am Zusammenschlussstichtag, jedenfalls aber am Tag des Abschlusses des Zusammenschlussvertrages, für sich allein einen positiven Verkehrswert besitzt.[67] Der Übertragende hat im Zweifel die Höhe des positiven Verkehrswertes durch ein begründetes Gutachten eines Sachverständigen nachzuweisen.[68]

Maßgeblich ist daher auch hier, dass nur ein buchmäßig überschuldetes Vermögen, nicht aber ein verkehrswertmäßig überschuldetes Vermögen übertragen werden kann.[69]

4.2. Sanierung durch Hinzutritt eines neuen Gesellschafters durch Zusammenschluss

Dies widerspricht der regelmäßig vorliegenden Situation: Der Betriebsinhaber, der den überschuldeten Betrieb im Rahmen des Zusammenschlusses auf eine Mitunternehmerschaft übertragen möchte, braucht frisches Kapital. Der zukünftige Geschäftspartner soll dieses Kapital zur Sanierung im Rahmen des Zusammenschlusses aufbringen. Auch hier besteht wieder das Problem, dass der negative Verkehrswert durch den Betriebsinhaber vor Übertragung des Betriebes im Rahmen des Zusammenschlusses (selbst) beseitigt werden muss[70], da sonst der Zusammenschluss scheitert und diesbezügliche Konsequenzen ausgelöst werden.[71]

4.3. Sanierung bei bestehender Mitunternehmerschaft

Problematisch kann aber auch die Sanierung bei bestehender Mitunternehmerschaft sein, wobei hier zwei Varianten denkbar sind: einerseits können alle Mitunternehmer Einlagen zur Sanierung der Mitunternehmerschaft leisten oder nur einer der Mitunternehmer leistet eine solche Sanierungseinlage.[72]

Nach Auffassung der Finanzverwaltung liegt im ersten Fall (alle Mitunternehmer leisten eine Sanierungseinlage) dem Grunde nach ein Zusammenschluss vor.[73] Nur so-

---

[65] Zum Zusammenschluss nach Unternehmens- und Zivilrecht vgl UmgrStR Rz 1286f.
[66] Vgl UmgrStR Rz 1288ff; vgl auch *Walter*, aaO, Rz 563.
[67] Vgl UmgrStR Rz 1347ff, vgl auch *Walter*, aaO, Rz 575ff.
[68] Zu den Grundsätzen der Unternehmensbewertung vgl UmgrStR Rz 1354; zum Sachverständigenbeweis *Walter*, aaO, Rz 577.
[69] Vgl UmgrStR Rz 1349 und Rz 1352.
[70] Vgl UmgrStR Rz 1435f und Rz 1488; *Walter*, aaO, Rz 576.
[71] Vgl UmgrStR Rz 1353; *Walter*, aaO, Rz 552 und Rz 560.
[72] Vgl UmgrStR Rz 1298 Fall 5 und Fall 6.
[73] Vgl UmgrStR Rz 1298 Fall 5.

weit nicht das fixe sondern das variable Kapitalkonto erhöht wird, liegt kein Zusammenschluss vor. Selbst wenn daher alle Gesellschafter eine Sanierungseinlage leisten, muss darauf geachtet werden, dass diese Einlagen nur in das variable und nicht in das fixe Kapitalkonto eingezahlt werden. Andernfalls würde ein missglückter Zusammenschluss vorliegen, da kein positiver Verkehrswert zum Zeitpunkt des Zusammenschlusses vorliegt. Zu einer Steuerlastverschiebung kann es in dieser Konstellation nach Auffassung der Finanzverwaltung nicht kommen.[74]

Im zweiten Fall (ein Mitunternehmer leistet eine Sanierungseinlage) liegt nach Auffassung der Finanzverwaltung ebenfalls ein Zusammenschluss vor. Auch hier können die Folgen des missglückten Zusammenschlusses (mangels positiven Verkehrswertes und Verschiebung von stillen Reserven) nur dadurch abgewehrt werden, indem die Sanierungseinlage des Gesellschafters nicht in das fixe, sondern in das variable Kapitalkonto eingestellt wird.[75]

4.4. Beseitigung der Überschuldung

Die reale Überschuldung (negativer Verkehrswert) am Zusammenschlussstichtag kann – wie bei Einbringungen – bis zum Abschluss des Zusammenschlussvertrages durch tatsächlich getätigte Einlagen oder durch das Zurückbehalten von Verbindlichkeiten beseitigt werden.[76] Bloße Zusagen des Übertragenden, die reale Überschuldung durch die Einlage von Aktiven zu einem späteren Zeitpunkt zu beseitigen (Einlageversprechen), können einen positiven Verkehrswert nicht herstellen. Es gelten die Ausführungen zu Art III UmgrStG.[77]

Betreffend die Zweifelsfälle und die anzuwendenden Grundsätze der Unternehmensbewertung wird auf die Ausführungen zu Artikel III des UmgrStG verwiesen.[78]

4.5. Negatives Buchvermögen und Kapitalkontenzusammenschluss

Ein besonderes Problem stellt der Zusammenschluss bei negativem buchmäßigem Vermögen und einer Kapitaleinlage auf Seiten des beitretenden Mitunternehmers dar. Das grundsätzliche Problem besteht darin, dass beim Kapitalkontenzusammenschluss[79] zwischen den Buchwerten der beiden Beteiligten ein Verhältnis gebildet werden muss.[80] Im Sanierungsfall überträgt aber regelmäßig der Betriebsübertragende ein buchmäßig negatives Vermögen, der Beitretende mit seiner Kapitaleinlage hingegen ein buchmäßig positives Vermögen. Zwischen den buchmäßig positiven und negativen Vermögen kann aber kein Verhältnis gebildet werden. Erschwerend kommt hinzu, dass steuerlich das fixe und das variable Kapitalkonto grundsätzlich als Einheit zu werten sind. Deswegen vertritt die Finanzverwaltung die Auffassung, dass in diesen Fällen auf Seiten des Betriebsübertragenden (nur) das fixe Kapitalkonto als Verhältnismaßstab herangezogen

---

[74] Vgl UmgrStR Rz 1298 Fall 5.
[75] Vgl UmgrStR Rz 1298 Fall 6.
[76] § 24 Abs 1 Z 1 UmgrStG; UmgrStR Rz 1333.
[77] Vgl UmgrStR Rz 875 und Rz 878.
[78] Vgl auch Rz 672ff UmgrStR und Rz 682ff UmgrStR.
[79] Vgl UmgrStR Rz 1316ff.
[80] Vgl UmgrStR 1309ff; UmgrStR Rz 1316; *Walter*, aaO, Rz 661a.

werden kann. Auf Seiten des Kapitaleinlegenden kann grundsätzlich die gesamte Kapitaleinlage als Wertmaßstab herangezogen werden. Um aber das Verhältnis noch besser zu gestalten, kann gewählt werden, inwieweit die Kapitaleinlage in das fixe oder variable Kapitalkonto des Kapitaleinlegenden eingestellt wird.[81]

Beispiel

A bringt einen Betrieb im Rahmen des Zusammenschlusses ein, B soll eine Kapitaleinlage leisten. Das starre Kapitalkonto des Betriebseinbringenden beträgt 100, das variable Kapitalkonto beträgt -500. Der Verkehrswert des Betriebes beträgt 200. B soll im Rahmen des Zusammenschlusses zu 50 % beteiligt werden. Aus diesem Grund leistet B eine Einlage von 200. Die Einlage von 200 kann nicht einem negativen buchmäßigen Vermögen von 400 gegenübergestellt werden. Um das Verhältnis 50 zu 50 herzustellen, wird dem starren Kapitalkonto des A in Höhe von 100 ein starres Kapitalkonto von B in Höhe von 100 gegenübergestellt. Die Differenz von 100 auf 200 (100) wird in das variable Kapitalkonto des B eingestellt.

4.6. Kapitalkontenzusammenschluss und Gewinnvorab

Als weiteres Problem bei Zusammenschlüssen kann in Sanierungsfällen die Abgeltung der stillen Reserven in Form des Gewinnvorabs (bzw eines Verlustvorabs) auftreten.[82] Die stillen Reserven des Betriebsinhabers können grundsätzlich durch einen Gewinn- und/oder Liquidationsvorab[83] ausgeglichen werden.[84] Stille Reserven bestehen aber naturgemäß nur bei dem, der den Betrieb auf die Mitunternehmerschaft überträgt. Beim Kapitaleinleger bestehen hingegen keine stillen Reserven.[85]

Wenn der Betrieb – nach Zusammenschluss – im Rahmen der Mitunternehmerschaft in der Folge Gewinne erwirtschaftet, können die stillen Reserven des Betriebsübertragenden problemlos durch einen Gewinnanteil (Gewinnvorab) abgegolten werden. Schwieriger ist es hingegen, sobald Verluste erwirtschaftet werden. Hier könnten alternativ dem Betriebsübertragenden (statt höherer Gewinnzuweisungen) niedrigere Verluste (und dem Kapitaleinbringenden höhere Verluste) zugewiesen werden. Diese Vorgangsweise erscheint zulässig, da sowohl im EStG als auch im UmgrStG der Begriff Gewinn als Überbegriff verwendet wird, der sowohl Gewinn im engeren Sinn als auch Verlust umfasst (vgl zB § 4, § 5 EStG oder § 24 EStG). Die Finanzverwaltung erkennt diese Auslegung nicht an, da sie es als nicht wünschenswert ansieht, dass durch diese Form des Gewinnvorabs den Kapitaleinlegenden höhere Verluste zugewiesen werden können.[86]

---

[81] Vgl UmgrStR Rz 1310; ausführlich dazu *Walter*, aaO, Rz 661bff.
[82] Vgl UmgrStR Rz 1319ff.
[83] Vgl UmgrStR Rz 1324f.
[84] Vgl UmgrStR Rz 1326; vgl *Walter*, aaO, Rz 653ff.
[85] Vgl zB UmgrStR Rz 1319.
[86] § 27 Abs 1 UmgrStG; vgl dazu UmgrStR Rz 1320ff.

5. Realteilung

5.1. Allgemeines und positiver Verkehrswert

Eine Realteilung gemäß § 27 Abs 1 UmgrStG liegt vor, wenn Betriebe, Teilbetriebe oder Mitunternehmeranteile im Sinne des § 12 Abs 2 UmgrStG von Personengesellschaften auf Grundlage eines schriftlichen Teilungsvertrages (Gesellschaftsvertrages) und einer Teilungsbilanz zum Ausgleich untergehender Gesellschafterrechte ohne oder ohne wesentliche Ausgleichszahlungen (§ 29 Abs 2 UmgrStG) tatsächlich auf Nachfolgeunternehmer übertragen werden, denen das Vermögen zur Gänze oder teilweise zuzurechnen war[87]. Besteht die Personengesellschaft weiter, muss ihr aus der Realteilung Vermögen im Sinne des § 27 Abs 2 oder Abs 3 verbleiben.

Auch hier ist wiederum Voraussetzung, dass das zu übertragende Vermögen am Teilungsstichtag, jedenfalls aber am Tag des Abschlusses des Teilungsvertrages, für sich allein einen positiven Verkehrswert besitzt.[88] Die Personengesellschaft hat im Zweifel die Höhe des positiven Verkehrswertes[89] durch ein begründetes Gutachten eines Sachverständigen nachzuweisen.[90]

Auch hier kann wieder auf die Ausführungen zu Artikel III und Artikel IV verwiesen werden[91]. Der positive Verkehrswert kann (wiederum) bis zum Tag des Abschlusses des Teilungsvertrages hergestellt werden.[92]

5.2. Positiver Verkehrswert, Begrenzungen bei Ausgleichzahlungen und verdeckter Spitzenausgleich

Bei der Herstellung eines positiven Verkehrswertes durch Sanierungsmaßnahmen bereitet die **Drittelbegrenzung von Ausgleichszahlungen** und der sogenannte verdeckte Spitzenausgleich erhebliche Probleme.

Typischerweise kann ein Betrieb von zwei Betrieben einer Mitunternehmerschaft, die geteilt werden soll (jeweils ein Betrieb soll nach der Realteilung einem Mitunternehmer zukommen), sanierungsbedürftig sein.[93] Aufgrund der (unterschiedlichen) Wertverhältnisse (sanierungsbedürftiger vs gesunder Betrieb) kann es regelmäßig zu Ausgleichszahlungen zwischen den am Teilungsvorgang beteiligten Steuerpflichtigen (Mitunternehmern) kommen.

Nach § 29 Abs 2 UmgrStG dürfen die **Ausgleichszahlungen** jedoch ein Drittel des Verkehrswertes des empfangenen Vermögens nicht übersteigen, allenfalls liegt ein entgeltlicher Vorgang und damit eine verunglückte Realteilung vor.[94] Der gesetzlichen Beschränkung durch diese Grenze ist grundsätzlich zuzustimmen, soll dadurch doch die Abgrenzung zum entgeltlichen Veräußerungsvorgang gezogen werden. Bei der Realtei-

---

[87] Vgl dazu UmgrStR Rz 1509ff; *Walter*, aaO, Rz 696.
[88] Vgl UmgrStR Rz 1546f; *Walter*, aaO, Rz 714ff.
[89] Zu den Grundsätzen der Unternehmensbewertung vgl UmgrStR Rz 1548ff.
[90] § 27 Abs 1 UmgrStG; UmgrStR Rz 1547; *Walter*, aaO, Rz 721.
[91] Vgl UmgrStR Rz 672ff.
[92] § 27 Abs 1 UmgrStG; UmgrStR Rz 1605.
[93] Vgl UmgrStR Rz 1522f.
[94] Vgl Rz 1530 UmgrStR; *Walter*, aaO, Rz 730.

lung von sanierungsbedürftigen und nicht sanierungsbedürftigen Betrieben kann diese Regelung aber ein KO-Kriterium darstellen, das der Gesetzgeber sicherlich nicht gewollt hat. Aufgrund unterschiedlicher Wertverhältnisse zwischen den zu teilenden Betrieben (einer ist sanierungsbedürftig, der andere nicht) kann die Drittelbegrenzung der Ausgleichzahlungen leicht überschritten werden, womit wiederum die Folgen einer missglückten Realteilung verbunden wären.[95]

Um dieses Problem nicht aufkommen zu lassen, könnte man nun die Auffassung vertreten, dass der Mitunternehmer, dem der sanierungsbedürftige Betrieb nach der Realteilung zukommen soll, im Vorfeld der Realteilung (noch) Einlagen in den sanierungsbedürftigen Betrieb leisten soll, um die Ausgleichszahlungen zu vermindern und so nicht gegen die Drittel-Regelung zu verstoßen.

Diese Strategie hat aber keinen Erfolg. Einlagen vor der Realteilung sieht die Finanzverwaltung ebenfalls als Ausgleichszahlungen an (**verdeckter Spitzenausgleich**),[96] wobei insbesondere Einlagen innerhalb einer Sechs-Monatsfrist vor dem Teilungsstichtag kritisch betrachtet werden.[97] Die Auffassung der Finanzverwaltung, dass Einlagen in die Drittelgrenze von Ausgleichszahlungen einbezogen werden, kann daher dazu führen, dass Sanierungen im Zusammenhang mit Realteilungen missglücken.

6. Zusammenfassung

Im Rahmen der Sanierung von Unternehmen in der Krise ist oftmals die Zufuhr neuen Kapitals unabdingbar. Um die gesellschaftsrechtlichen Voraussetzungen für derartige Sanierungsmaßnahmen zu schaffen, ist in vielen Fällen die Vornahme einer Umgründung notwendig. Aufgrund der gesellschaftsrechtlichen sowie steuerlichen Voraussetzungen für Umgründungen ergeben sich jedoch zahlreiche Fragestellungen.

6.1. Positiver Verkehrswert

Zentrale Bedeutung für die Durchführbarkeit von Umgründungen hat der positive Verkehrswert des zu übertragenden Vermögens. Dieser ist nicht per se nachzuweisen, sondern lediglich in jenen Fällen, in denen aufgrund des Gesamtbildes der Verhältnisse daran zu zweifeln ist, dass das zu übertragende Vermögen über einen positiven Verkehrswert verfügt. Ist dies der Fall, so ist der positive Verkehrswert mittels eines Gutachtens eines Sachverständigen nachzuweisen. Dies kann auf Basis der modernen Methoden der Unternehmensbewertung erfolgen, insbesondere kann die Bewertung auf Grundlage des Fachgutachtens KFS/BW1 der KWT vorgenommen werden. Diese ertragswert- oder zahlungsstromorientierten Verfahren führen aber dann nicht zu einem befriedigenden Ergebnis, wenn sich das Unternehmen in einer andauernden Verlustsituation befindet. In diesen Fällen kann auf den Liquidationswert als Unternehmenswert zum Nachweis eines positiven Verkehrswertes zurückgegriffen werden. Dies insbesondere, da das Umgründungssteuergesetz nicht die Fortführung des übernommenen Betriebes als Voraussetzung für dessen Anwendbarkeit definiert.

---

[95] *Walter*, aaO, Rz 677 und Rz 687ff.
[96] Vgl UmgrStR Rz 1531.
[97] Vgl UmgrStR Rz 1531; *Walter*, aaO, Rz 730a.

Das Vorliegen des positiven Verkehrswertes ist im Zweifel bei Firmenbuchzuständigkeit dem Firmenbuchrichter, bei Finanzamtszuständigkeit dem Finanzamt nachzuweisen. Der positive Verkehrswert muss dabei nicht bereits zum Zeitpunkt des Umgründungsstichtages vorliegen, sondern spätestens bei Unterzeichnung des Umgründungsvertrages. Demnach kann der positive Verkehrswert auch im Rückwirkungszeitraum hergestellt werden.

Auch für Unternehmen in einer andauernden Verlustsituation (vor dem Turn-around) kann ein positiver Verkehrswert dann unterstellt werden, wenn der Liquidationswert positiv ist. Somit kann durch Zuschüsse oder Forderungsverzichte im Rückwirkungszeitraum auch ein Unternehmen vor erfolgter Sanierung umgründungsfähig gemacht werden. Diese Maßnahmen sind jedoch auf Ebene der gewährenden Gesellschaft sowohl auf ihre gesellschaftsrechtliche Zulässigkeit als auch auf ihre Wirkung auf die geplante Umgründung zu prüfen.

6.2. Kapitalerhaltung

Die gesellschaftsrechtlichen Kapitalerhaltungsgrundsätze sind bei Umgründungen im Rahmen von Sanierungen ebenfalls zu beachten. Allerdings können im Vorfeld der Umgründung gebundene Rücklagen der sanierungsbedürftigen Gesellschaft zur Verlustabdeckung aufgelöst werden, sodass das gebundene Kapital bereits vor der Umgründung einfach reduziert werden kann. Problematisch kann die Einhaltung des Gläubigerschutzes auf Ebene der zuschuss-/forderungsnachlassgewährenden Obergesellschaft dann sein, wenn es sich dabei um eine reine verlustausgleichende Maßnahme handelt, die bei der Obergesellschaft sofort aufwandswirksam zu berücksichtigen ist. Dadurch kann es zu einer Verminderung des positiven Verkehrswertes der Obergesellschaft kommen.

6.3. Verlustabzug

Damit die Verluste bei Umgründungen (auch im Zusammenhang mit Sanierungen) übergehen, muss das verlustverursachende Vermögen (Betriebe, Teilbetriebe, Mitunternehmeranteile oder einzelne Vermögensgegenstände) nicht nur vorhanden, sondern auch größenmäßig vergleichbar sein.[98] Dies gilt sowohl für die untergehende als auch für die aufnehmende Gesellschaft. Eine doppelte Verlustverwertung aufgrund von vorher erfolgten Teilwertabschreibungen auf Beteiligungen durch Umgründungen ist nicht möglich. Der den Verlustübergang verhindernde Manteltatbestand liegt bei Sanierungen aufgrund des Verbesserungs- und Rationalisierungstatbestandes regelmäßig nicht vor.

6.4. Gestaltung des Einbringungsvermögens

Die Zurückbehalte- sowie die Verschiebetechnik des § 16 Abs 5 UmgrStG stellen wesentliche Möglichkeiten der rückwirkenden Gestaltung des zu übertragenden Vermögens dar. Aufgrund der EuGH-Rechtsprechung und insbesondere der danach ergangenen Novellen zum Umgründungssteuergesetz stehen diese Techniken nur mehr eingeschränkt zur Verfügung. Demnach können Aktiva nur mehr gemeinsam mit den – eindeutig zuordenbaren – Passiva zurückbehalten oder verschoben werden. Zurückbehalten werden

---

[98] § 4 Z 1 lit c UmgrStG; UmgrStR Rz 218ff.

können – ohne Berücksichtigung eines Zusammenhanges zwischen Aktiva und Passiva – Verbindlichkeiten unter § 16 Abs 5 Z 3 UmgrStG in jedem Fall. Diese Bestimmung ist allerdings aufgrund ihrer Eigenschaft als Sondertatbestand zu Entnahmen/Einlagen für einbringende Körperschaften im Sinne des § 7 Abs 3 KStG nicht anwendbar. Diese können sich nur der Verschiebetechnik bedienen. Hier soll laut Verwaltungsmeinung der Verursachungszusammenhang nicht zu streng ausgelegt werden und nur für eindeutige Sachverhalte oder eine unmittelbar vor der Einbringung erfolgte Kreditaufnahme gelten. Somit kann beispielsweise durch die Verschiebung eines Kontokorrentkredites vom zu übertragenden Vermögen in das bei der übertragenden Körperschaft verbleibende Vermögen ein positiver Verkehrswert hergestellt werden.

6.5. Symmetrische und asymmetrische Einlagen

Kapitalgesellschaft

Bei Sanierungen von Kapitalgesellschaften durch neu hinzutretende Gesellschafter besteht entweder der Betrieb bereits in der Kapitalgesellschaft oder wird vor dem Neugesellschafterhinzutritt in die Kapitalgesellschaft eingebracht. Neben der Notwendigkeit des positiven Verkehrswertes des Betriebes erfolgt die Anteilsbildung – nach Maßgabe der Verkehrswertverhältnisse der (übertragenen) Vermögen – aufgrund der Erhöhung des Nennkapitals (oder der Einstellung in Kapitalrücklagen). Bei Nennkapitalerhöhungen ist die Unter-pari-Emission (Verbot der Einlagenrückgewähr) zu vermeiden. Bei alinearen nicht rückzahlbaren Gesellschafterzuschüssen (Kapitalrücklagen) ohne Ausgleichsmaßnahmen können unentgeltliche Zuwendungen oder verdeckte Ausschüttungen/Einlagen vorliegen.

Bei Sanierungen von Kapitalgesellschaften durch bestehende Gesellschafter können alle oder nur einzelne Anteilsinhaber Einlagen zur Sanierung (Kapitalerhöhungen, Kapitalrücklagen) leisten. In beiden Fällen darf ebenfalls keine Unter-pari-Emission vorliegen. Bei alinearen nicht rückzahlbaren Gesellschafterzuschüssen ohne Ausgleichsmaßnahmen können unentgeltliche Zuwendungen oder verdeckte Ausschüttungen/Einlagen vorliegen.

Personengesellschaft

Bei Sanierungen von Mitunternehmerschaften können alle oder nur einzelne Mitunternehmer Einlagen zur Sanierung leisten. In beiden Fällen liegt nach Auffassung der Finanzverwaltung ein Zusammenschluss vor, soweit das fixe und nicht (nur) das variable Kapitalkonto erhöht wird. Bei alinearen Einlagen kann es (nach Auffassung der Finanzverwaltung) zu Steuerlastverschiebungen kommen.

6.6. Negatives Buchvermögen beim Kapitalkontenzusammenschluss

Neben dem (verkehrsmäßig) positiven Vermögen beim (Kapitalkonten-) Zusammenschluss besteht bei Sanierungen ein Problem in der Verhältnisbildung bei der Übertragung von Zusammenschlussvermögen (der Betriebseinlegende überträgt ein buchmäßig negatives, der Kapitalgeber ein buchmäßig positives Vermögen). Die Finanzverwaltung vertritt zutreffend die Auffassung, dass hierbei das Verhältnis durch fixe Kapitalkonten gebildet werden kann (und weitere Beträge in variable Kapitalkonten eingestellt werden können).

6.7. Gewinnvorab/Verlustvorab

Grundsätzlich werden die stillen Reserven des übertragenen Vermögens bei (Kapitalkonten-)Zusammenschlüssen durch Gewinnvorabs (und/oder Liquidationsvorabs) abgegolten. Zur Erleichterung von Sanierungen wird (entgegen der Auffassung der Finanzverwaltung) ein Gewinnvorab (der Überbegriff „Gewinn" wird gesetzlich auch für Verluste verwendet) auch dann vorliegen, wenn dem (keine oder) weniger stille Reserven Übertragenden (höhere) Verluste zugewiesen werden.

6.8. Begrenzung der Ausgleichszahlungen und verdeckter Spitzenausgleich

Bei Realteilungen muss neben dem positiven Verkehrswert darauf geachtet werden, dass Ausgleichszahlungen ein Drittel des Verkehrswertes des empfangenen Vermögens nicht übersteigen, wobei Einlagen (bei Sanierungen zur Herstellung eines positiven Verkehrswertes) innerhalb einer Sechs-Monatsfrist vor dem Teilungsstichtag (sog verdeckter Spitzenausgleich) ebenfalls in die Drittelgrenze eingerechnet werden.

Erkennbarkeit der Strategiekrise – Möglichkeiten und Grenzen für den Wirtschaftsprüfer

Ulrich Kraßnig

1. Einführung
2. Identifizierung von Strategieschwächen aus dem Verstehen des Unternehmens und seines Umfelds
3. Prüffelder für prozessorientierte Prüfungshandlungen zur Identifizierung von Strategieschwächen
4. Maßnahmen des Wirtschaftsprüfers zur Identifizierung von Strategieschwächen
5. Identifizierung von Strategieschwächen durch Prüfung des Lageberichts
6. Berichterstattung des Wirtschaftsprüfers bei Feststellungen im Zusammenhang mit Strategieschwächen
7. Schlussfolgerungen

Literaturverzeichnis

1. Einführung

Bis hin zur Insolvenz durchläuft ein Unternehmen regelmäßig – entweder chronologisch, parallel, singulär oder überlappend – folgende Krisenstadien:[1]
- Stakeholderkrise
- Strategiekrise
- Produkt- und Absatzkrise
- Erfolgskrise
- Liquiditätskrise

Zu den Stakeholdern eines Unternehmens zählen vorwiegend die Mitglieder der Geschäftsführung bzw des Vorstands, die Mitglieder des Aufsichtsrats, Gesellschafter bzw Aktionäre, Arbeitnehmer, Banken und sonstige Gläubiger. Kommt es zwischen diesen Gruppierungen zu Konflikten, spricht man allgemeinhin von einer Stakeholderkrise. Im Lichte des vorliegenden Themas sind in diesem Zusammenhang insbesondere Konflikte der *corporate governance* hervorzuheben. Ein Konflikt der *corporate governance* liegt bei Unstimmigkeiten und Auffassungsunterschieden zwischen den einzelnen Mitgliedern der Unternehmensleitung, zwischen der Unternehmensleitung und dem Aufsichtsrat oder auch zwischen den Aufsichtsratsmitgliedern untereinander vor. Dadurch werden im Unternehmen regelmäßig Reibungsverluste begünstigt, was dazu führt, dass notwendige Entscheidungen nicht getroffen werden. Daraus kann sich in weiterer Folge eine veritable Strategiekrise ergeben. Die Strategiekrise führt weiterhin zu einer Produkt- und Absatzkrise, die dann vorliegt, wenn die Umsätze nicht nur vorübergehend stark zurückgehen. Wenn in den Stadien der Stakeholder-, Strategie- bzw Produkt- und Absatzkrise nicht entsprechende Gegenmaßnahmen eingeleitet werden, führt dies unweigerlich zur Erfolgskrise, die im Zeichen einer negativen Ertragslage, eines negativen Cashflows und eines sinkenden Eigenkapitals steht. Im Falle einer weiteren Verschärfung der Unternehmenslage folgt auf die Erfolgskrise die Liquiditätskrise, die den Fortbestand des Unternehmens bereits massiv gefährdet und zum Insolvenzgrund der Zahlungsunfähigkeit führen kann.

Abhängig vom gewählten Prüfungsansatz wird ein Wirtschaftsprüfer eine Unternehmenskrise unterschiedlich früh erkennen. De lege lata besteht das Ziel der Wirtschaftsprüfung zunächst darin, ein hinreichend sicheres Urteil darüber abzugeben, ob

- der Abschluss des Unternehmens unter Beachtung der Grundsätze ordnungsmäßiger Buchführung in allen wesentlichen Punkten den gesetzlichen Vorschriften und den diese Vorschriften in zulässiger Weise ergänzenden Bestimmungen des Gesellschaftsvertrags (der Satzung) entspricht und auf der Grundlage der anzuwendenden Rechnungslegungsgrundsätze ein möglichst getreues Bild der Vermögens-, Finanz- und Ertragslage vermittelt (§ 274 Abs 2 UGB), und
- der Lagebericht in Einklang mit dem Abschluss steht und gegebenenfalls die Angaben nach § 243a UGB zutreffen (§ 274 Abs 5 UGB).

---

[1] Vgl *IDW*, Anforderungen an die Erstellung von Sanierungskonzepten (IDW ES 6 nF) 14.

Diesem traditionellen Konzept der Wirtschaftsprüfung entsprechend hat der Wirtschaftsprüfer konkret Folgendes zu bestätigen:[2]

- Ordnungsmäßigkeit der Buchführung und Einhaltung der gesetzlichen Vorschriften und allfälliger ergänzender satzungsmäßiger Regelungen für die Rechnungslegung
- Richtigkeit der Aussagen der Unternehmensleitung über die Geschäftsvorfälle und Ereignisse im Prüfungszeitraum
- Richtigkeit der Aussagen der Unternehmensleitung über die Kontensalden am Ende des geprüften Geschäftsjahres
- Richtigkeit der Gliederung und des Ausweises
- Gesetzmäßigkeit des Lageberichts
- Aufstellung des Corporate-Governance-Berichts

Die erforderlichen Prüfungsfeststellungen im Rahmen des traditionellen Konzepts der Wirtschaftsprüfung sind konsequenterweise stark vergangenheitsorientiert und basieren oft auf reinen Postenprüfungshandlungen. Daraus resultiert aber auch das Dilemma des traditionellen Konzepts der Wirtschaftsprüfung im Zusammenhang mit der Erkennbarkeit der Strategiekrise. Vor dem Hintergrund, dass in der Strategiekrise lediglich die Erfolgspotenziale eines Unternehmens beeinträchtigt sind, jedoch noch keine Gefährdung der Ertrags- und Liquiditätsziele vorliegt, ist diese im Jahresabschluss kaum erkennbar. Beschränkt sich daher der Wirtschaftsprüfer aufgrund des gewählten Prüfungsansatzes auf eine reine Postenprüfung, wird er zwar eine etwaige Erfolgs- bzw Liquiditätskrise erkennen, nicht jedoch eine Strategiekrise.

Bedingt durch etliche Unternehmensschieflagen und Bilanzskandale in der Vergangenheit sind im Laufe der Zeit auch die inhaltlichen Anforderungen an die Wirtschaftsprüfung gestiegen. Die gestiegenen Anforderungen an die Wirtschaftsprüfung machten unter anderem auch eine Weiterentwicklung der Prüfungsmethoden erforderlich. Diese Weiterentwicklung ist dabei insbesondere von einer Abkehr von der vergangenheitsorientierten reinen Postenprüfung hin zur prozessorientierten Prüfung gekennzeichnet. Dieser Trend hin zur prozessorientierten Prüfung, der vor allem auch durch die Übernahme der internationalen Prüfungsstandards (ISA) in die nationalen berufsständischen Vorschriften bzw durch die verpflichtende (bei Unternehmen, die dem Österreichischen Corporate Governance Kodex unterliegen) oder freiwillige Anwendung der internationalen Prüfungsstandards (ISA) verstärkt wurde, ist jedenfalls auch ein geeigneter Ansatzpunkt zur Erkennbarkeit von Strategieschwächen durch den Wirtschaftsprüfer.

Mit Blick auf das gegenständliche Thema ist nunmehr festzuhalten, dass es im Lichte der erörterten Weiterentwicklung der Wirtschaftsprüfung Ziel einer jeden *lege artis* durchgeführten Abschlussprüfung sein muss, potenziell vorhandene Strategieschwächen zu erkennen. Aufbauend auf seinen Feststellungen hat der Wirtschaftsprüfer in weiterer Folge Empfehlungen für einzuleitende Gegenmaßnahmen, insbesondere zur Optimierung von Geschäftsabläufen, Prozessen, internen Kontrollsystemen sowie Managementinformationssystemen, abzugeben und auf diese Weise für einen Prüfungsmehrwert für den Prüfungsmandanten zu sorgen. Damit ist auch klar, dass eine Einengung der Wirtschaftsprüfung auf die bloße Bilanzlage mittlerweile jedenfalls zu kurz greift.

---

[2] Vgl *IWP*, Durchführung von Abschlussprüfungen (KFS/PG 1) 20ff.

Gegenstand der weiteren Ausführungen sind nun die Möglichkeiten für den Wirtschaftsprüfer, Strategieschwächen zu erkennen, die Berichterstattung bei Feststellungen im Zusammenhang mit Strategieschwächen und die maßgeblichen Einflussfaktoren sowie die erforderlichen Rahmenbedingungen hinsichtlich der Erkennbarkeit von Strategieschwächen, welche abschließend im Rahmen von Schlussfolgerungen erörtert werden.

2. Identifizierung von Strategieschwächen aus dem Verstehen des Unternehmens und seines Umfelds

Um seine Prüfung sachgerecht und professionell planen und eine professionelle Risikobeurteilung hinsichtlich wesentlicher falscher Darstellungen im Abschluss durchführen zu können, benötigt der Wirtschaftsprüfer gemäß dem internationalen Prüfungsstandard ISA 315 ausreichende Kenntnisse über die Geschäftstätigkeit und das wirtschaftliche und rechtliche Umfeld des zu prüfenden Unternehmens.[3] Im Zuge dessen hat er sich zunächst mit relevanten branchenbezogenen, rechtlichen und anderen internen und externen Faktoren, einschließlich dem anwendbaren Rechnungslegungssystem, sowie den Grunddaten des Unternehmens (Unternehmensgegenstand, Leistungsprogramm, Eigentumsverhältnisse, Corporate-Governance-Struktur etc) zu befassen. Der Wirtschaftsprüfer muss dabei beurteilen, ob die Unternehmensleitung bzw der Aufsichtsrat über Ziele als allgemeine Pläne hinsichtlich der branchenbezogenen, rechtlichen und anderen internen und externen Faktoren verfügt, um auf diese Faktoren angemessen reagieren zu können. Ferner hat sich der Wirtschaftsprüfer von den vorhandenen Strategien der Unternehmensleitung zu überzeugen, um diese Ziele zu erreichen (ISA 315 A29). Bei seiner Beurteilung hinsichtlich des Vorliegens etwaiger Strategieschwächen muss sich der Wirtschaftsprüfer bewusst sein, dass Strategieschwächen zu Geschäftsrisiken und letzten Endes auch zu falschen Darstellungen im Jahresabschluss führen können. Strategieschwächen können etwa dazu führen, dass (ISA 315 A30)

- erfolglose Produkte und Dienstleistungen entwickelt werden,
- Produkte und Dienstleistungen erfolglos am Markt positioniert werden oder
- fehlerhafte Produkte und Dienstleistungen entwickelt werden, was zu haftungsrechtlichen Konsequenzen und Reputationsverlust führen kann.

Je höher das Verständnis des Wirtschaftsprüfers für das Unternehmen und sein Umfeld ist, desto höher ist auch die Wahrscheinlichkeit, allfällige Strategieschwächen zu erkennen. Wenn auch der diesbezügliche Wissensstand nicht gleich hoch sein muss wie jener der gesetzlichen Vertreter, so muss der Wirtschaftsprüfer unter anderem dennoch in der Lage sein, die Unternehmensziele, die Unternehmensstrategien und die damit zusammenhängenden Geschäftsrisiken sowie die Reaktion des Unternehmens auf diese Risiken zu verstehen und zu beurteilen.[4] Es liegt aber wiederum auch nicht in der Verantwortlichkeit des Wirtschaftsprüfers, sämtliche Strategieschwächen zu identifizieren. Dies gilt insbesondere vor dem Hintergrund, dass nicht alle daraus resultierenden Ge-

---
[3] Siehe auch *IWP*, Durchführung von Abschlussprüfungen (KFS/PG 1), 39f.
[4] Vgl *IWP*, Durchführung von Abschlussprüfungen (KFS/PG 1), 40.

schäftsrisiken auch zu Risiken wesentlicher falscher Darstellungen im Jahresabschluss führen.

Folgende Sachverhalte kann der Wirtschaftsprüfer beispielsweise bei der Identifizierung und Beurteilung strategischer Schwächen aus dem Verstehen des Unternehmens und seines Umfelds berücksichtigen (ISA 315 A32):

- Entwicklungen innerhalb der Branche: Eine Strategieschwäche in diesem Zusammenhang wäre, wenn die Mitarbeiter quantitativ oder qualitativ nicht in der Lage wären, den Veränderungen innerhalb der Branche Rechnung zu tragen.
- Neue Produkte und Dienstleistungen: Eine Strategieschwäche wäre, wenn sich das Unternehmen in diesem Zusammenhang nicht mit einer erhöhten Produkthaftung auseinandersetzte.
- Ausweitung der Geschäftstätigkeit: Eine unzutreffende Einschätzung der Nachfrage stellt eine Strategieschwäche dar.
- Regulatorische Anforderungen: Strategieschwäche in diesem Zusammenhang wäre, wenn auf rechtliche Änderungen nicht entsprechend reagiert würde.
- Gegenwärtige und zukünftige Finanzierungsanforderungen: Eine Strategieschwäche wäre, wenn der Verlust von Finanzierungsmitteln drohte und darauf vom Unternehmen nicht entsprechend reagiert würde.
- Einsatz von Informationstechnik: Strategieschwäche in diesem Zusammenhang wäre, wenn die Strategie der Informationstechnik nicht nach der Geschäftsstrategie und den Prozessanforderungen des Unternehmens ausgerichtet wäre.[5]
- Auswirkungen der Umsetzung einer Strategie: Strategieschwäche in diesem Zusammenhang wäre, wenn Strategien unvollständig oder fehlerhaft umgesetzt würden.

Mit Hilfe des Risikobeurteilungsprozesses, welcher Teil des vom Wirtschaftsprüfer zu erhebenden internen Kontrollsystems ist, hat die Unternehmensleitung Strategieschwächen zu identifizieren und Gegenmaßnahmen einzuleiten. Der Wirtschaftsprüfer muss demnach feststellen, ob das Unternehmen über einen Prozess verfügt, zur (ISA 315.15)

- Identifizierung von Geschäftsrisiken, die sich aus Strategieschwächen ergeben;
- Einschätzung der Bedeutsamkeit dieser Risiken;
- Beurteilung der Eintrittswahrscheinlichkeit;
- Entscheidung über Strategien, um diesen Risiken zu begegnen.

Wenn der Risikobeurteilungsprozess im Unternehmen in angemessener Weise implementiert ist und funktioniert, kann dies den Wirtschaftsprüfer bei der Identifizierung von Strategieschwächen unterstützen. Bei kleineren Unternehmen wird der Risikobeurteilungsprozess weniger stark ausgeprägt bzw wird ein solcher unter Umständen überhaupt nicht vorhanden sein. Vielmehr werden in diesen Fällen durch die direkte persönliche Einbindung der Gesellschafter in die Geschäftsführung (Gesellschafter-Geschäftsführer) und somit in das operative, aber auch in das strategische Geschäft selbst, Strategieschwächen identifiziert. Der Wirtschaftsprüfer hat in solchen Fällen die Aufgabe, den relevanten Personenkreis hinsichtlich strategischer Schwächen zu befragen.

---

[5] Siehe dazu auch *IWP*, Abschlussprüfung bei Einsatz von Informationstechnik (KFS/DV 2), 8.

3. Prüffelder für prozessorientierte Prüfungshandlungen zur Identifizierung von Strategieschwächen

Die Qualität der Wirtschaftsprüfung hängt in hohem Maße von der Zusammenarbeit des Wirtschaftsprüfers mit dem Aufsichtsrat ab. Eine fruchtbringende Zusammenarbeit zwischen Wirtschaftsprüfer und Aufsichtsrat zeigt sich insbesondere in der gemeinsamen Kooperation bei der Vereinbarung von Prüfungsschwerpunkten, die primär durch prozessorientierte Prüfungshandlungen zu adressieren sind. Statt vieler seien an dieser Stelle etwa das Risikomanagement und das Management Reporting als Prüfungsschwerpunkte für prozessorientierte Prüfungshandlungen zur Identifizierung von Strategieschwächen erwähnt.

Im Rahmen der Prüfung des Risikomanagements hat sich der Wirtschaftsprüfer davon zu überzeugen, dass im Unternehmen ein Risikomanagementsystem eingerichtet ist, das bestandsgefährdende Entwicklungen frühzeitig (dh die Rentabilität bzw Liquidität sind noch nicht in Gefahr) erkennt. Ein funktionierendes Risikomanagementsystem muss bereits erste Anzeichen einer strategischen Krise wahrnehmen. Die identifizierten Risiken sind zu analysieren und zu bewerten. Ferner sind Strategien zu entwickeln, damit diese Risiken nicht schlagend werden bzw die Unternehmensziele nicht gefährden. In diesem Zusammenhang ist ausdrücklich auf die erforderliche Kooperation bei der Prüfung mit dem Prüfungsausschuss des Aufsichtsrats hinzuweisen, der gemäß § 92 Abs 4a Z 2 AktG bzw § 30g Abs 4a Z 2 GmbHG für die Überwachung des Risikomanagements verantwortlich ist.

Ein weiterer wesentlicher Prozess, dessen Prüfung geeignet ist, Strategieschwächen zu entdecken, ist, wie erwähnt, das Management Reporting. Der Vorstand bzw die Geschäftsführer haben dem Aufsichtsrat jährlich (Jahresbericht) bzw vierteljährlich (Quartalsbericht) Bericht zu erstatten (§ 81 Abs 1 AktG bzw § 28a Abs 1 GmbHG). Im Rahmen des Jahresberichts ist über die grundsätzlichen Fragen der künftigen Geschäftspolitik des Unternehmens zu berichten sowie die künftige Entwicklung der Vermögens-, Finanz- und Ertragslage anhand einer Vorschaurechnung darzustellen. Der Fokus des Wirtschaftsprüfers wird sich im Hinblick auf die Identifizierung von Strategieschwächen auf die Darstellung der künftigen Geschäftspolitik richten. Im Zuge der Analyse des Jahresberichts hat sich der Wirtschaftsprüfer insbesondere ein Bild davon zu machen, ob Unternehmensziele hinreichend konkretisiert sind und durch welche Strategien diese erreicht werden sollen. Er hat darüber hinaus wesentliche Entwicklungen der geplanten künftigen Geschäftspolitik zu beurteilen und daraus strategische Ziele des Unternehmens abzuleiten und zu bewerten. Durch das Heranziehen von Jahresberichten der Vorjahre kann ex post die Erreichung strategischer Ziele überprüft werden. Im Rahmen der Quartalsberichte haben der Vorstand bzw die Geschäftsführer dem Aufsichtsrat über den Gang der Geschäfte und die Lage des Unternehmens im Vergleich zur Vorschaurechnung unter Berücksichtigung der künftigen Entwicklung zu berichten. Im Zuge der Analyse dieser Berichte lassen sich für den Wirtschaftsprüfer durch die Beurteilung des Gangs der Geschäfte und der Lage des Unternehmens insbesondere Rückschlüsse auf die Planungsgüte hinsichtlich der künftigen Geschäftspolitik laut letztem Jahresbericht ziehen.

Zur Identifizierung von Strategieschwächen bieten sich weiterhin nachfolgende vorwiegend im Zusammenhang mit dem Steuerungs- und Überwachungsprozess stehende Prüfungsschwerpunkte an:
- Strategische Planung (zB Berücksichtigung und Einschätzung der Wettbewerbssituation, Auswirkungen von Investitionen und Innovationen auf das Produktprogramm)
- Operative Planung (Budgetierung)
- Handel bzw Vertrieb (zB Analyse der Kundenorientierung, Analyse des Marketing- und Vertriebskonzepts, Analyse des Anreizsystems im Vertrieb, Analyse der Preispolitik)
- Beteiligungs- und Investitionscontrolling
- Compliance

4. Maßnahmen des Wirtschaftsprüfers zur Identifizierung von Strategieschwächen

Bereits einleitend wurde erwähnt, dass im Lichte des vorliegenden Themas insbesondere Konflikte der corporate governance hervorzuheben sind. Dazu zählen Unstimmigkeiten und Auffassungsunterschiede zwischen den einzelnen Mitgliedern der Unternehmensleitung, zwischen der Unternehmensleitung und dem Aufsichtsrat oder auch zwischen den Aufsichtsratsmitgliedern untereinander. Dies begünstigt im Unternehmen regelmäßig Reibungsverluste und führt dazu, dass notwendige Entscheidungen nicht getroffen werden, woraus sich eine veritable Strategiekrise ergeben kann. Zur Identifizierung solcher Konflikte der corporate governance leisten insbesondere folgende prüferische Aktivitäten Abhilfe:

- Erkundigungen bei der Geschäftsleitung (Vorstand und Geschäftsführung), Aufsichtsorganen (insbesondere Aufsichtsratsvorsitzender) und anderen im Unternehmen tätigen Personen gemäß ISA 240
- Kommunikation mit den für die Überwachung Verantwortlichen gemäß ISA 260

Auch wenn die obligatorischen Gespräche mit dem Vorstand bzw den Geschäftsführern sowie dem Aufsichtsratsvorsitzenden und anderen im Unternehmen tätigen Personen gemäß ISA 240 vordringlich dazu dienen, dolose Handlungen im Unternehmen aufzudecken, lassen sich durch dieses Instrumentarium auch Konflikte der corporate governance gut identifizieren. Immerhin strahlen Konflikte der corporate governance auf das Unternehmen, vor allem auf das Führungsverhalten, aus, was dazu führt, dass innerhalb der Leitungs- und Überwachungsebene bis hin zur Belegschaft Blockaden und Polarisierungen auftreten können. Dies kann dazu führen, dass die Unternehmenskultur und Leistungsbereitschaft deformiert wird und sich Nachlässigkeit ausbreitet, wodurch nicht zuletzt auch Täuschungen und vorsätzliche Vermögensschädigungen begünstigt werden.[6] Die Kommunikation gemäß ISA 240 hat mit sämtlichen Mitgliedern des Vorstands bzw der Geschäftsführung sowie mit dem Aufsichtsratsvorsitzenden einzeln zu erfolgen. Denn Unstimmigkeiten und Auffassungsunterschiede zwischen den einzelnen Mitgliedern des Vorstands bzw der Geschäftsführung oder zwischen einzelnen Mitgliedern des

---

[6] Vgl *IDW*, Anforderungen an die Erstellung von Sanierungskonzepten (IDW ES 6 nF), 15.

Vorstands bzw der Geschäftsführung und einzelnen Mitgliedern des Aufsichtsrat werden wohl nur dann umfassend angesprochen werden, wenn die einzelnen Organe getrennt und unabhängig voneinander befragt werden.

Ebenso wichtig ist das Erfordernis einer laufenden Kommunikation des Wirtschaftsprüfers mit den für die Überwachung Verantwortlichen (Aufsichtsrat bzw Prüfungsausschuss) als Kontinuum gemäß ISA 260,[7] welches weiterhin zur Identifizierung von Konflikten der *corporate governance* maßgeblich beitragen kann. Eine wirksame laufende Kommunikation ist aufgrund der Erlangung relevanter Informationen nicht zuletzt auch ein wichtiger Beitrag zur Unterstützung beim Verstehen des Unternehmens und seiner Strategien. Ferner wird durch dieses Instrumentarium eine laufende wechselseitige Information hinsichtlich der gemeinsam festgelegten Prüfungsschwerpunkte sichergestellt.

Weitere potenzielle Maßnahmen des Wirtschaftsprüfers zur Identifizierung von Strategieschwächen können sein:

- Einschau in Berichte[8] und Dokumente: Neben der Einschau in Vorstandsberichte bzw Berichte der Geschäftsführung an den Aufsichtsrat kann auch in Vorstands- bzw Geschäftsführungs- und Aufsichtsratsprotokolle Einsicht genommen werden.
- Durchführung von analytischen Prüfungshandlungen: Wenn der Wirtschaftsprüfer im Zuge solcher Prüfungshandlungen zB einen Anstieg der Gewährleistungsrückstellungen aufgrund erhöhter Reklamationen feststellt, deutet dies auf eine Strategieschwäche hin. Das Gleiche gilt, wenn sich bei der Analyse des Vorrätebestands erhöhte Lagerbestände zeigen.
- Beobachtungen: Im Zuge von Beobachtungen kann der Wirtschaftsprüfer etwa feststellen, dass Liefertermine nicht eingehalten werden, die Fluktuation in der Belegschaft steigt oder die Auftragslage zurückgeht. Auch solche Feststellungen lassen auf eine Strategieschwäche des Unternehmens schließen.

Bei der Planung und Durchführung der Abschlussprüfung hat der Wirtschaftsprüfer auch eine Beurteilung der Going-Concern-Prämisse (Fortbestehensprognose) des Unternehmens vorzunehmen. Im Zuge dessen können Umstände zu Tage treten, die in den meisten Fällen für sich alleine betrachtet zwar den Fortbestand des Unternehmens nicht gefährden, jedoch entweder Auslöser oder bereits Indiz für Strategieschwächen sein können. Beispiele für solche Umstände sind:[9]

- Ausscheiden von Führungskräften ohne geeigneten Ersatz
- Verlust eines wichtigen Kunden, eines wichtigen Absatzmarktes oder eines wichtigen Lieferanten
- Auflösung von wichtigen Franchise- und Lizenzverträgen
- Wesentliche Auseinandersetzungen mit der Belegschaft

---

[7] Siehe dazu ausführlich *Kraßnig*, Grundlagen der Zusammenarbeit zwischen Aufsichtsrat und Abschlussprüfer, 78ff; *Kraßnig*, Aufsichtsrat meets Abschlussprüfer – kommunikativer Kontakt und laufender Informationsaustausch, in Aufsichtsrat aktuell 5/2009, 14ff; *Kraßnig*, Das Zusammenwirken von Aufsichtsrat und Abschlussprüfer im Prüfungsausschuss – eine empirische Analyse, in RWZ 2011/60, 228ff.

[8] Siehe dazu die Ausführungen zum Management Reporting unter Abschnitt 3.

[9] Vgl *IWP*, Durchführung von Abschlussprüfungen (KFS/PG 1), 64.

- Engpässe bei der Beschaffung wichtiger Rohstoffe
- Änderungen rechtlicher und politischer Rahmenbedingungen

Der Wirtschaftsprüfer muss die Strategien des Unternehmens hinsichtlich dieser Umstände kritisch hinterfragen.

5. Identifizierung von Strategieschwächen durch Prüfung des Lageberichts

Gemäß § 269 Abs 1 UGB hat der Wirtschaftsprüfer nicht nur den Jahresabschluss, sondern auch den Lagebericht zu prüfen. Neben vergangenheitsorientierten Informationen (zB Bericht über den Geschäftsverlauf und die wirtschaftliche Lage) hat der Lagebericht auch in die Zukunft gerichtete Aussagen zu enthalten, wobei sich diese insbesondere mit der voraussichtlichen Entwicklung und den Risiken des Unternehmens befassen. Im Rahmen der voraussichtlichen Entwicklung des Unternehmens sind die für das Unternehmen relevante Entwicklung der gesamtwirtschaftlichen und sonstigen Rahmenbedingungen, die Entwicklung der Branchensituation sowie deren Auswirkungen auf die Vermögens-, Finanz- und Ertragslage des Unternehmens darzustellen. Außerdem sind die wesentlichen geschäftspolitischen Vorhaben (Strategien) und deren Auswirkung auf die Lage des Unternehmens anzugeben.[10]

Gemäß § 243 Abs 1 UGB sind im Lagebericht ferner die wesentlichen Risiken und Ungewissheiten, denen das Unternehmen ausgesetzt ist, zu beschreiben. Darunter sind geschäftstypische bzw geschäftsuntypische Unsicherheiten zu verstehen, auf die das Unternehmen durch Einsatz der richtigen Absicherungsstrategie entsprechend zu reagieren hat. Diese Absicherungsstrategie hat sich vor allem auf folgende Risiken zu beziehen:[11]

- Personalrisiken (betriebliche Altersvorsorge, Fluktuation, Krankheit, ...)
- Operative Risiken (Technologie, EDV, Umwelt, Management, Reputation, ...)
- Geschäftsrisiken (Beschaffung Vertrieb, Kundenbindung, Produkte, ...)
- Rechtliche Risiken

Im Rahmen der erforderlichen Angaben über die Forschungs- und Entwicklungsaktivitäten des Unternehmens sind gemäß § 243 Abs 3 Z 3 UGB unter anderem auch Aussagen über zukünftige Vorhaben in diesem Bereich zu treffen. Diese Aussagen umfassen etwa den Umfang laufender und geplanter Forschungsprogramme und Ziele in diesem Zusammenhang.

Im Zusammenhang mit der Verwendung von Finanzinstrumenten ist im Lagebericht auch auf die Risikomanagementziele und -methoden einzugehen, einschließlich der Methoden zur Absicherung aller wichtigen Arten geplanter Transaktionen, die im Rahmen der Bilanzierung von Sicherungsgeschäften angewandt werden (§ 243 Abs 3 Z 5a UGB).

Börsennotierte Unternehmen müssen darüber hinaus im Lagebericht gemäß § 243a Abs 2 UGB auch die wesentlichen Merkmale des internen Kontroll- und des Risikomanagementsystems beschreiben.[12]

---

[10] Vgl *AFRAC*, Lageberichterstattung gemäß §§ 243 und 267 UGB, 15.
[11] Vgl *AFRAC*, Lageberichterstattung gemäß §§ 243 und 267 UGB, 17.
[12] Siehe dazu auch Abschnitt 2 und 3.

Jene zukunftsorientierten Informationen im Lagebericht, die unter anderem Rückschlüsse auf die Strategien des Unternehmens zulassen, können von Seiten des Wirtschaftsprüfers naturgemäß primär lediglich einer Plausibilitätsbeurteilung unterzogen werden. Der Wirtschaftsprüfer hat sich aber nicht zuletzt auch davon zu überzeugen, dass die Angaben im Lagebericht nicht von (dokumentierten) internen Erwartungen abweichen.

6. Berichterstattung des Wirtschaftsprüfers bei Feststellungen im Zusammenhang mit Strategieschwächen

Dem Wirtschaftsprüfer steht *delagelata* eine Vielzahl von Kommunikationsmethoden zur Verfügung, um über seine Feststellungen von Strategieschwächen zu berichten.

Das in der Wirtschaftsprüfungspraxis wichtigste Medium zur Berichterstattung über festgestellte Strategieschwächen ist der Management Letter. Dieser stellt für die Berichtsadressaten einen wertvollen Nutzen dar, weil es sich um ein rein internes Dokument handelt, in dem auch kritische Sachverhalte, insbesondere im Zusammenhang mit Strategieschwächen, direkt und ohne die Gefahr negativer Auswirkungen angesprochen werden können. In den Management Letter werden in diesem Sinne regelmäßig organisatorische, wirtschaftliche und rechtliche Schwachstellen aufgenommen, die zwar keine Gefahr für den Bestand des Unternehmens darstellen, von denen jedoch die gesetzlichen Vertreter und der Aufsichtsrat zum Zweck der rechtzeitigen Einleitung erforderlicher und adäquater Gegenmaßnahmen dennoch Kenntnis erlangen sollten. Neben strategischen Schwächen und Risiken sowie ablauf- und aufbauorganisatorischen Schwächen werden im Management Letter am häufigsten Schwachstellen des internen Kontroll- und des Risikomanagementsystems angesprochen. Wichtig ist, dass der Wirtschaftsprüfer Strategieschwächen im Management Letter nicht nur formal anspricht, sondern auch konkrete Vorschläge für Gegenmaßnahmen unterbreitet.

Bei Unternehmen, die dem Österreichischen Corporate Governance Kodex (ÖCGK)[13] unterliegen, hat der Wirtschaftsprüfer für den Vorstand einen Bericht über die Funktionsfähigkeit des Risikomanagementsystems zu erstellen (Regel 83 ÖCGK).[14] Dieser Bericht ist auch dem Aufsichtsratsvorsitzenden zur Kenntnis zu bringen, der dafür zu sorgen hat, dass dieser im Aufsichtsrat bzw Prüfungsausschuss entsprechend behandelt wird.

Entdeckt der Wirtschaftsprüfer bei seiner Prüfung wesentliche Schwächen bei der internen Kontrolle des Rechnungslegungsprozesses, hat er darüber unverzüglich im Rahmen seiner Redepflicht zu berichten (§ 273 Abs 2 UGB). Wenn der Wirtschaftsprüfer die Redepflicht ausgeübt hat, ist dieser Umstand auch im Prüfungsbericht ausdrücklich festzuhalten (§ 273 Abs 1 UGB).

Nach jeder Abschlussprüfung hat der Wirtschaftsprüfer im Aufsichtsrat bzw Prüfungsausschuss über seine Prüfung mündlich Bericht zur erstatten (§ 92 Abs 4a AktG bzw § 30g Abs 4a GmbHG). Im Zuge dessen ist im Rahmen der Berichterstattung über Prüfungsschwerpunkte, Darstellungen im Lagebericht sowie das interne Kontroll- und

---
[13] Dieser richtet sich an börsennotierte österreichische Aktiengesellschaften.
[14] Siehe dazu auch die Ausführungen zum Risikomanagement unter Abschnitt 3.

Risikomanagementsystem auch hinsichtlich festgestellter Strategieschwächen zu berichten.

Nicht zuletzt sei auch nochmals auf das Erfordernis einer laufenden Kommunikation des Wirtschaftsprüfers mit dem Aufsichtsrat hingewiesen, wodurch permanent die Möglichkeit besteht, festgestellte Strategieschwächen zeitnah zu kommunizieren.

7. Schlussfolgerungen

Umfang und Grenzen der Erkennbarkeit von Strategieschwächen durch die Wirtschaftsprüfung hängen in hohem Maße vom gewählten Prüfungsansatz des Wirtschaftsprüfers ab. Hat sich der Wirtschaftsprüfer für einen prozessorientierten Prüfungsansatz entschieden, was dem „state of the art" in der Wirtschaftsprüfungspraxis entspricht, besteht eine Vielzahl an Möglichkeiten, Strategieschwächen zu entdecken, wie der vorliegende Buchbeitrag gezeigt hat. Neben dem gewählten Prüfungsansatz hängt auch viel von der „Prüfungskultur" im Unternehmen bzw von der Einstellung des Aufsichtsrats zum Wirtschaftsprüfer ab. Wenn das Unternehmen die Wirtschaftsprüfung nicht nur als „lästige Pflichtübung" sieht, sondern den Wirtschaftsprüfer als Partner wahrnimmt, mit dem intensiv kooperiert wird (insbesondere durch die gemeinsame gezielte Festlegung von Prüfungsschwerpunkten), steigert dies die Wahrscheinlichkeit, Strategieschwächen des Unternehmens in dessen Interesse zu entdecken, beträchtlich. Abschließend ist explizit festzuhalten, dass keine Verpflichtung des Wirtschaftsprüfers besteht, aktiv nach Strategieschwächen zu suchen. Die Identifizierung von Strategieschwächen und damit verbunden das Aufzeigen von Optimierungspotenzialen durch den Wirtschaftsprüfer stellt weitgehend einen Prüfungsmehrwert dar, wofür ein angemessenes Prüfungshonorar *conditio sine qua non* ist. Dagegen bergen Wirtschaftsprüfungen zu unangemessen niedrigen Prüfungshonoraren die Gefahr, dass nicht alle erforderlichen Prüfungsschritte oder diese nicht im erforderlichen Ausmaß gesetzt werden, sodass jedenfalls auch die Möglichkeiten der Erkennbarkeit von Strategieschwächen durch den Wirtschaftsprüfer eingeschränkt sind.

Literaturverzeichnis

AFRAC, Lageberichterstattung gemäß §§ 243 und 267 UGB.
IDW, Anforderungen an die Erstellung von Sanierungskonzepten (IDW ES 6 nF).
IWP, Durchführung von Abschlussprüfungen (KFS/PG 1).
IWP, Abschlussprüfung bei Einsatz von Informationstechnik (KFS/DV 2).
Kraßnig, U., Grundlagen der Zusammenarbeit zwischen Aufsichtsrat und Abschlussprüfer, Wien 2010.
Kraßnig, U., Aufsichtsrat meets Abschlussprüfer – kommunikativer Kontakt und laufender Informationsaustausch, in Aufsichtsrat aktuell 5/2009, 14ff.
Kraßnig, U., Das Zusammenwirken von Aufsichtsrat und Abschlussprüfer im Prüfungsausschuss – eine empirische Analyse, in RWZ 2011/60, 228ff.

Ansatzpunkte für Sanierungen aus betriebswirtschaftlicher Sicht unter Berücksichtigung des ESUG

Paul Peter Kern

1. **Die Bedeutung des ESUG für die Sanierungsberatung**
2. **Die wesentlichen Insolvenzursachen im Spiegel des ESUG**
   2.1. Insolvenzursachen aus statistischer und betriebswirtschaftlicher Sicht
      2.1.1. Insolvenzen aus statistischer Sicht
         2.1.1.1. Insolvenzen in Abhängigkeit von Rechtsform, Alter und Zahl der Beschäftigten
         2.1.1.2. Statistische Insolvenzgründe in Abhängigkeit von der Rechtsform
      2.1.2. Insolvenzursachen aus betriebswirtschaftlicher Sicht
   2.2. Die Reformansätze des ESUG und ihr Einfluss auf den Zeitpunkt der Antragsstellung
      2.2.1. Das Verfahren der Eigenverwaltung nach dem ESUG
      2.2.2. Betriebswirtschaftliche Maßnahmen zur Ergänzung der verfahrensrechtlichen Maßnahmen im Rahmen des ESUG49
3. **Betriebswirtschaftliche Sanierungsansätze**
4. **Schlussbemerkung und Ausblick**
Literaturverzeichnis

1. Die Bedeutung des ESUG für die Sanierungsberatung

Das Ziel des Insolvenzverfahrens in Deutschland wird in § 1 InsO bestimmt. Danach dient das Insolvenzverfahren in erster Linie dazu, die Gläubiger eines Schuldners gemeinschaftlich zu befriedigen (§ 1 Satz 1 InsO).

Für die Befriedigung der Gläubiger durch Verwertung des Schuldnervermögens stehen gleichrangig drei Wege zur Verfügung. Diese sind

- eine Liquidation des Vermögens und Verteilung des Erlöses oder
- die Sanierung des Unternehmens mit Erwirtschaftung von Gewinnen, die an die Gläubiger verteilt werden können (investive Verwertung), oder
- die übertragende Sanierung, bei der das Unternehmen im Ganzen oder selbständige Teile hiervon an Dritte übertragen und der Kaufpreis an die Gläubiger verteilt wird (übertragende Sanierung).[1]

Die bis zum 28.2.2012 in Deutschland geltende Insolvenzordnung (InsO) legte einer frühzeitigen Sanierung insolvenzbedrohter Unternehmen jedoch eine Vielzahl von Hindernissen in den Weg.[2] Genannt werden insbesondere

- die Unberechenbarkeit des Ablaufs eines deutschen Insolvenzverfahrens für Schuldner und Gläubiger,
- der nur geringe Einfluss auf die Auswahl des Insolvenzverwalters,
- die fehlende Möglichkeit einer Umwandlung von Forderungen in Anteilsrechte,
- die geringe Kalkulierbarkeit des Verfahrens mit dem Ziel einer Sanierung des Unternehmens aufgrund der Verzögerungsmöglichkeiten unwilliger Gläubiger durch Rechtsmittel und
- die nur geringe praktische Bedeutung der Eigenverwaltung, welche die Möglichkeit eröffnet, dem Schuldner seine Verwaltungs- und Verfügungsbefugnis nach Verfahrensöffnung zu belassen.[3]

Dass Sanierungsgewinne mangels eindeutiger Gesetzeslage besteuert werden und die Tendenz beim Gesetzgeber sowie der Rechtsprechung besteht, den Grundsatz der gemeinschaftlichen Gläubigerbefriedigung durch die Einführung von Bevorrechtigungen der Sozialversicherungen und der Finanzbehörden auszuhöhlen, bleibt jedoch als „Hindernis" unerwähnt.[4]

„Diese Schwächen des geltenden Rechts und die bestehenden Unsicherheiten bezüglich der Handhabung durch die Gerichte im Einzelfall führen dazu, dass ein frühzeitig gestellter Insolvenzantrag mit dem Ziel der Sanierung des Unternehmens nach wie vor die große Ausnahme bildet. In der Regel wird der Insolvenzantrag erst gestellt, wenn das Vermögen des Schuldners restlos aufgezehrt ist und keine Sanierungschancen mehr bestehen."[5]

---

[1] Vgl *Fahlbusch*, Insolvenzrecht und Anfechtungsrecht, 2.
[2] Vgl Bundesregierung (Hrsg) (2011), Entwurf eines Gesetzes zur weiteren Erleichterung der Sanierung von Unternehmen (ESUG) 2011, 1.
[3] Vgl Bundesregierung (Hrsg) aaO, 1.
[4] *Kern*, Vertrauen bekommt man geschenkt, man kann es nicht kaufen, 8.
[5] Bundesregierung (Hrsg), Entwurf eines Gesetzes zur weiteren Erleichterung der Sanierung von Unternehmen (ESUG), 2011, 1.

Bestätigt wird diese Auffassung anhand der Zahlen der Insolvenzstatistik.[6]

	2010	2009	2008
Unternehmensinsolvenzen	31.998	32.687	29.291
mangels Masse abgewiesen	8.467	8.372	7.932
Abweisungsquote	**26,46 %**	**25,61 %**	**27,08 %**
eröffnete Regelverfahren	23.531	24.315	21.359
Eröffnungsquote	**73,54 %**	**74,39 %**	**72,92 %**
Eigenverwaltungen	214	157	160
in % aller eröffneten Regelverfahren	**0,91 %**	**0,65 %**	**0,75 %**
Regelanträge mit Insolvenzplan	kA	362	283
in % aller eröffneten Regelverfahren	**kA**	**1,49 %**	**1,32 %**
weitgehend bestätigte Planverfahren	kA	302	257
in % der beantragten Planverfahren	**kA**	**83,23 %**	**90,81 %**

Ziel der Reform des deutschen Insolvenzrechts ist es, ua eine Erleichterung der Sanierung von Unternehmen zu erreichen, die Fortführung von sanierungsfähigen Unternehmen zu erleichtern, den Erhalt von Arbeitsplätzen zu ermöglichen, den Beteiligten eine größere Planungssicherheit hinsichtlich des Ablaufs des Verfahrens zu geben, die Möglichkeiten der Sanierung durch einen Insolvenzplan zu erweitern und Blockadepotential abzubauen.[7]

Wesentlicher Zweck dieses Beitrages ist hingegen die Würdigung des umfangreichen wissenschaftlichen Schaffens von Herrn Prof. Dr. Josef Schlager, der in diesem Jahr seinen 65. Geburtstag feiert. Deshalb sei ihm dieser Beitrag – verbunden mit den besten Wünschen und als Danksagung einer seiner zahlreichen Dissertanten – gewidmet. Die Wahl des Themas erfolgte insbesondere vor dem Hintergrund der Vielzahl von veröffentlichten Beiträgen, die sich mit Themen zur Sanierung von Unternehmen auch durch Wirtschaftstreuhänder beschäftigten.[8]

Dieser Beitrag soll ferner die Anforderungen an Sanierungen von KMU aus betriebswirtschaftlicher Sicht unter Berücksichtigung des ab 1. März 2012 geltenden ESUG untersuchen. Zu diesem Zweck werden im zweiten Abschnitt die wesentlichen Insolvenz-

---

[6] Vgl Institut für Mittelstandsforschung (Hrsg), Gründungen, Liquidationen, Insolvenzen 2010 in Deutschland, 127.

[7] Vgl Bundesregierung (Hrsg), Entwurf eines Gesetzes zur weiteren Erleichterung der Sanierung von Unternehmen (ESUG), 2011, 1.

[8] Siehe zB *Schlager*, Insolvenzprophylaxe bei mittelständischen Unternehmen als Aufgabe von StB und WP, 1993, 21–23; Schlager, Krisenbewältigung und Insolvenzverfahren, 1993; *Schlager*, Die Bedeutung des Unternehmensreorganisationsgesetzes (URG) für die Unternehmenspraxis, in *Feldbauer-Durstmüller/Schlager*, 529–556; *Schlager*, Fortführungsprognosen und Fortbestehensprognosen im Rahmen von Prüfungen und Begutachtungen, in *Kern*, Brennpunkte der Wirtschaftsprüfung und des Steuerrechts – Orientierungshilfen für die Praxis, 121–148; *Schlager*, Das betriebswirtschaftliche Gutachten und die (Buch-)sachverständigentätigkeit in Krise, Sanierung und Insolvenz, in *Feldbauer-Durstmüller/Schlager*, 779 ff.

ursachen in Deutschland aus statistischer und betriebswirtschaftlicher Sicht dargestellt. Ferner wird untersucht, inwieweit die Rechtsänderungen geeignet sind, die Sanierung von Unternehmen im Vorverfahren als auch im Insolvenzverfahren zu erleichtern. Im dritten Abschnitt wird auf die betriebswirtschaftlichen Gestaltungsmöglichkeiten im Sanierungsfall eingegangen. Der letzte Abschnitt fasst das Ergebnis der Untersuchung kritisch zusammen und versucht die Frage zu beantworten, ob das ESUG geeignet sein wird, Unternehmen bzw Unternehmer zu einem frühzeitigeren und damit rechtzeitigeren Insolvenzantrag zu motivieren und Sanierungen zukünftig zu erleichtern.

2. Die wesentlichen Insolvenzursachen im Spiegel des ESUG

2.1. Insolvenzursachen aus statistischer und betriebswirtschaftlicher Sicht

Die Bedeutung der kleinen und mittelständischen Unternehmen (KMU) für die deutsche Volkswirtschaft ist unbestritten. So sind in 2009 von 3,597 Mio. Unternehmen zwischen 99,5 % nach EU-Abgrenzung und 99,7 % nach IFM- Abgrenzung KMU.[9] Diese erwirtschaften zwischen 37,8 % (EU) und 39,1 % (IfM) aller Umsätze und beschäftigen zwischen 55,1 % und 60,8 % aller sozialversicherungspflichtigen Arbeitnehmer.[10]

Anhand der Insolvenzstatistik lässt sich nachweisen, dass KMU besonders häufig von einer Insolvenz betroffen sind. Dies ist wohl einerseits auch ihrem Anteil an der Gesamtzahl der Unternehmen in Deutschland geschuldet. Andererseits dürften die Ursachen in den KMU selbst, nämlich in ihren qualitativen Ausprägungen bestehen. Im Fortgang dieses Beitrags wird daher zunächst auf die quantitativen und dann auf die qualitativen Merkmale von KMU eingegangen. Die statistisch abgeleiteten Insolvenzursachen dienen sodann als Ausgangspunkt der Gestaltungsmöglichkeiten zur Sanierung eines Unternehmens. Zu berücksichtigen ist dabei, dass KMU auch die typische Klientel der Wirtschaftstreuhänder[11] darstellen. Deshalb wird sich auch der Wirtschaftstreuhänder, der ansonsten mit seinen traditionellen Aufgaben (Rechnungswesen, Steuerberatung, Prüfung) beschäftigt ist, in schlechten Konjunkturlagen, die vermehrt zu Insolvenzen führen, mit den betriebswirtschaftlichen Fragestellungen der Insolvenzprophylaxe, Sanierungsprüfung und Sanierungshilfe befassen müssen.[12]

2.1.1. Insolvenzen aus statistischer Sicht

Bevor auf die rechtsformabhängige Verteilung des Insolvenzrisikos eingegangen werden kann, ist zunächst die Frage zu klären, was quantitativ unter einem KMU zu verstehen ist. Die Beantwortung dieser Frage ist einerseits Voraussetzung für eine sachgerechte Interpretation der Insolvenzstatistik und andererseits zur Beurteilung der Bedeutung der In-

---

[9] Institut für Mittelstandsforschung (IfM), Ergebnisse aus dem Unternehmensregister 2009.
[10] Institut für Mittelstandsforschung (IFM), Ergebnisse aus dem Unternehmensregister 2009.
[11] Anmerkung: Der Begriff Wirtschaftstreuhänder wird als Sammelbegriff für Steuerberater und Wirtschaftsprüfer verwendet.
[12] Vgl *Schlager*, Insolvenzprophylaxe bei mittelständischen Unternehmen als Aufgabe von StB und WP, 21.

solvenzantragsgründe der Zahlungsunfähigkeit, drohender Zahlungsunfähigkeit und Überschuldung in Abhängigkeit von der Rechtsform.

Die von der EU-Kommission seit 1.1.2005 geltende Empfehlung zur Definition der Kleinstunternehmen sowie der kleinen und mittleren Unternehmen stellt sich im Vergleich zur deutschen handelsrechtlichen Einordnung nach § 267 HGB[13] für Kapitalgesellschaften, die insbesondere hinsichtlich der Pflicht zur Prüfung des Jahresabschlusses nach § 316 HGB bedeutsam ist, wie folgt dar:

Regelwerk	Bezeichnung	Umsatz	Bilanzsumme	Ø Anzahl Arbeitnehmer
EU-Kommission[14]	KMU	≤ 50,00 Mio. €	≤ 43,00 Mio. €	≤ 250
Kleines Unternehmen	KMU	≤ 10,00 Mio. €	≤ 10,00 Mio. €	≤ 50
Kleinstunternehmen	KMU	≤ 2,00 Mio. €	≤ 2,00 Mio. €	≤ 10
Deutschland § 267 HGB	Kleine Kapitalgesellschaft	≤ 9,68 Mio. €	≤ 4,84 Mio. €	≤ 50
	Mittelgroße Kapitalgesellschaft	≤ 38,5 Mio. €	≤ 19,25 Mio. €	≤ 250

Nimmt man die Regelung des § 241a HGB bezüglich der Befreiung von der Pflicht zur Buchführung und Erstellung eines Inventars von Einzelunternehmen als einen quantitativen Maßstab zur Beurteilung eines KMU, so ist zu konstatieren, dass danach ein Kleinstunternehmen ein Einzelunternehmen wäre, dessen Jahresüberschuss 50.000,00 EURO und dessen Umsatzerlöse 500.000,00 EURO nicht überschreiten würde. Auf eine Bilanzsumme oder durchschnittliche Zahl der Arbeitnehmer käme es dann nicht an.[15]

---

[13] Wenn in diesem Beitrag vom HGB gesprochen wird, so gilt stets das Handelsgesetzbuch vom 10. Mai 1897 in der Fassung des Gesetzes vom 8. Dezember 2010 (BGBl I S 1768).

[14] Vgl Empfehlung der Kommission der Europäischen Gemeinschaft betreffend die Definition der Kleinstunternehmen sowie der kleinen und mittleren Unternehmen 2003.

[15] Anmerkung: Das ESUG sah in § 22 a InsO-E in dem Gesetzentwurf vom 23.02.2011 schon im Eröffnungsverfahren die Einsetzung eines vorläufigen Gläubigerausschusses dann vor, wenn die Unternehmen eine bestimmte Größe aufweisen. Diese Größenmerkmale orientierten sich an der Empfehlung der EU-Kommission vom 6.5.2003 *„betreffend die Definition der Kleinstunternehmen sowie der kleinen und mittleren Unternehmen"* (Amtsblatt L 124/26 vom 20.5.2003). In der Beschlussempfehlung zum Entwurf eines Gesetzes zur weiteren Erleichterung der Sanierung von Unternehmen (Bundesdrucksache 17/7511 vom 26.10.2011) wurden diese Größenmerkmale an jene des § 267 Abs 1 HGB angepasst. Für kleine Unternehmen wird danach die Einsetzung eines vorläufigen Gläubigerausschusses nicht vorgeschrieben.

2.1.1.1. Insolvenzen in Abhängigkeit von Rechtsform, Alter und Zahl der Beschäftigten

Betrachtet man die Insolvenzstatistik der Jahre 2008 bis 2010, so bestätigt sich die im vorherigen Abschnitt getätigte Aussage, dass KMU überproportional von einem Insolvenzrisiko betroffen sind. Dies zeigt die auszugsweise Gegenüberstellung von wesentlichen Rechtsformen, Alter und Zahl der Beschäftigten der insgesamt beantragten Verfahren:[16]

	2010	2009	2008
Beantragte Verfahren insgesamt	31.998	32.687	29.291
1. Rechtsform			
Einzelunternehmen	15.750	15.614	15.163
Personengesellschaften (OHG, KG, GbR)	721	806	731
GmbH & Co KG	1.530	1.625	1.256
Gesellschaften mbH	12.567	13.105	10.929
Sonstige Rechtsformen	1.430	1.537	1.212
2. Alter der Unternehmen			
unter 8 Jahre alt	16.344	16.993	15.079
bis 3 Jahre alt	7.120	7.766	6.742
Sonstiges Alter	8.534	7.928	7.470
3. Zahl der Beschäftigten			
kein Beschäftigter	13.533	14.221	13.314
1 bis 10 Beschäftigte	10.503	10.093	8.903
Sonstige	7.962	8.373	7.074

Nach dieser Statistik zeigt sich, dass im Jahr 2010 an allen beantragten Insolvenzverfahren Einzelunternehmen mit 49,23 % und Gesellschaften mit beschränkter Haftung mit 39,27 % beteiligt waren. Damit stellen diese Rechtsformen 88,50 % aller Anträge auf ein Insolvenzverfahren. Berücksichtigt man ferner den Anteil der Unternehmen, die entweder keinen oder max bis zu zehn Beschäftigte haben, so sind diese Unternehmen mit 75,12 % in den beantragten Verfahren vertreten. Darüber hinaus ist festzustellen, dass Unternehmen mit einem Alter bis zu acht Jahren in 73,33 % der beantragten Verfahren einen Insolvenzantrag stellten. Nur in 7,93 % der eröffneten Verfahren werden gegenüber dem Schuldner Forderungen von 1 Mio. EURO und mehr geltend gemacht.[17]

Dies bedeutet, dass das typische Unternehmen, welches in 2010 oder den Vorjahren einen Insolvenzantrag stellte, mit einer Wahrscheinlichkeit von mehr als 75,00 % nicht mehr als zehn Beschäftigte hatte, maximal acht Jahre alt war, in der Rechtsform des Einzelunternehmens oder der Gesellschaft mit beschränkter Haftung betrieben wurde und weniger als 1 Mio EURO seinen Gläubigern schuldet. Damit zeigt sich, dass diese als Kleinst- oder Kleinunternehmen zu klassifizierenden Unternehmen überproportional häufig von einer Insolvenz betroffen sind.

---

[16] Vgl Statistisches Bundesamt, Unternehmen und Arbeitsstätten der Jahre 2010, 2009 und 2008.
[17] Vgl Statistisches Bundesamt, Unternehmen und Arbeitsstätten 2010.

Unter Würdigung des Vorgenannten lässt sich die Behauptung aufstellen, dass in Abhängigkeit von der Unternehmensgröße der statistisch häufigste Insolvenzgrund für einen typisierenden Sanierungsansatz von erheblicher Bedeutung sein wird. Dabei ist aber zu beachten, dass der Insolvenzgrund allerdings nicht gleichbedeutend ist mit jenem der Insolvenzursache. Vielmehr ist der rechtliche Insolvenzgrund das Ergebnis einer betriebswirtschaftlichen Insolvenzursache. Mithin bedeutet dies, dass abgeleitet aus dem statistischen Insolvenzgrund, Sanierungsansätze im Vorverfahren als auch im Verfahren in einem ersten Schritt an der dazugehörigen Insolvenzursache anknüpfen müssten. Erfahrungsgemäß wird dies meist der Aspekt „Liquidität" sein, selbst dann, wenn der Insolvenzgrund der Überschuldung vorliegt, wie sich im folgenden Abschnitt zeigen wird.

2.1.1.1.2. Statistische Insolvenzgründe in Abhängigkeit von der Rechtsform

Gemäß § 16 InsO setzt die Eröffnung eines Insolvenzverfahrens das Vorliegen eines Insolvenzgrundes voraus. Insolvenzgründe sind nach derzeit geltendem Recht die Zahlungsunfähigkeit (§ 17 InsO), die drohende Zahlungsunfähigkeit (§ 18 InsO) sowie die Überschuldung (§ 19 InsO). Eine sachgerechte Begriffsbestimmung der Insolvenzgründe ist dabei in rechtlicher als auch wirtschaftlicher Hinsicht von herausragender Bedeutung.[18]

Rechtlich betrachtet stellt der Zeitpunkt des Vorliegens eines Insolvenzgrundes einen erheblichen Eingriff in die Rechtsposition von Gläubiger und Schuldner dar, da dem Schuldner einerseits – mit Eröffnung des Verfahrens – die Verfügungsmöglichkeit über sein Vermögen entzogen (§ 80 InsO) und andererseits den Gläubigern die Möglichkeit der Individualvollstreckung genommen und durch die Gesamtvollstreckung nach der InsO ersetzt wird.[19]

Mit Antrag auf Eröffnung des Verfahrens, Vorverfahren genannt, wird erfahrungsgemäß ein sog schwacher vorläufiger Insolvenzverwalter gem § 22 Abs 2 InsO vom Insolvenzgericht eingesetzt. Dieser vorläufige Insolvenzverwalter ist lediglich „Berater" des Schuldners ohne eigene Verfügungsmacht über dessen Vermögen und mit nur denjenigen Pflichten ausgestattet, die das Insolvenzgericht ausdrücklich angeordnet hat.[20]

Es wird als fraglich angesehen, ob der vorläufige Insolvenzverwalter berechtigt ist, Sanierungs- und Übernahmeverhandlungen mit den Gläubigern zu führen.[21] Allerdings gehört es zur allgemein verstandenen Grundaufgabe des vorläufigen Verwalters, ohne Verwaltungs- und Verfügungsbefugnis das Schuldnervermögen zu sichern und zu erhalten, das schuldnerische Unternehmen fortzuführen sowie die Massekostendeckung und die Sanierungsaussichten zu prüfen.[22] Hingegen ist er allerdings nicht befugt, Prozesse zu führen oder Arbeitsverhältnisse zu kündigen. Eine entsprechende Änderung des § 22 InsO sieht das ESUG nicht vor. Auch eine Klarstellung, ob der vorläufige Insolvenzver-

---

[18] Vgl *Schmid*, Insolvenzgründe, in *Rattunde*, Fachberater für Sanierung und Insolvenzverwaltung (DStV eV), 119.
[19] Vgl *Schmid*, Insolvenzgründe, in *Rattunde*, Fachberater für Sanierung und Insolvenzverwaltung (DStV eV), 119.
[20] Vgl *Hermanns/Wagener*, Das Amt des vorläufigen Insolvenzverwalters, in *Rattunde*, Fachberater für Sanierung und Insolvenzverwaltung (DStV eV), 172.
[21] Vgl *Hermanns/Wagener*, aaO, 172.
[22] Vgl *Hermans/Wagener*, Das Amt des vorläufigen Insolvenzverwalters, aaO, 172 zit nach *Uhlenbruck*, in Kölner Schrift zur InsO, Kap 6, Rn 10.

walter berechtigt ist, – ohne einen Gläubigerausschuss – Sanierungs- und Übernahmeverhandlungen zu führen, ist dem Gesetzentwurf nicht zu entnehmen.

Wirtschaftlich betrachtet bedeutet das Vorliegen eines Insolvenzgrundes jenen Zeitpunkt, von dem an ein Unternehmen von der freien selbstbestimmten Marktteilnahme ausgenommen wird und erst nach Ordnung seiner wirtschaftlichen Verhältnisse in den Markt zurückkehren kann.[23] Als Maßnahmen zur Ordnung der wirtschaftlichen Verhältnisse wird die Sanierung im Rahmen eines Insolvenzplanverfahrens, dh im eröffneten Verfahren, oder eine übertragende Sanierung – im Vorverfahren oder im eröffneten Verfahren – gesehen.[24]

Im Unterschied zum Insolvenzgrund der Überschuldung, der als weiterer Insolvenzgrund für juristische Personen und diesen gleichgestellten Rechtsformen (zB GmbH & Co KG) gilt, stellt die Zahlungsunfähigkeit den allgemeinen Insolvenzgrund gemäß § 17 Abs 1 InsO für alle Unternehmen unabhängig von der Rechtsform dar.

Der Insolvenzgrund der drohenden Zahlungsunfähigkeit (§ 18 InsO) berechtigt ausschließlich den Schuldner, einen Insolvenzantrag zu stellen. Ansonsten sind sowohl der Schuldner als auch der Gläubiger antragsberechtigt (§ 13 I Satz 2 InsO). Eine Pflicht zur Stellung eines Insolvenzantrages besteht bei juristischen Personen nach § 15a InsO bei Vorliegen des Insolvenzgrundes der Zahlungsunfähigkeit und /oder Überschuldung.

Betrachtet man die Insolvenzstatistik der Jahre 2010 und 2009, so stellen sich die Insolvenzgründe, die bei Stellung des Insolvenzantrages von den Schuldnern oder Gläubigern genannt werden, ausgehend von den beantragten Verfahren für ausgesuchte Rechtsformen wie folgt dar:

2010 (2009)	Einzelunternehmen	Personengesellschaften	Gesellschaften mit beschränkter Haftung
§ 17 InsO	15.689 (15.569)	1.603 (1.748)	7.093 (7.504)
§ 18 InsO	62 (45)	12 (14)	115 (97)
§ 19 InsO		95 (90)	669 (772)
§ 17 und § 19 InsO		541 (573)	4.649 (4.692)
§ 18 und § 19 InsO			41 (40)

Für das Jahr 2010 zeigt sich, dass ausgehend von 31.998 beantragten Verfahren und der ausgewählten Rechtsformen 76,21 % nur den Insolvenzgrund der Zahlungsunfähigkeit (§ 17 InsO) aufweisen. Dies ist auch in 56,44 % der für eine GmbH häufigste Insolvenzgrund aller von GmbHs beantragten Verfahren, bei Einzelunternehmen sogar in 99,61 % der beantragten Verfahren. Der alleinige Insolvenzgrund der Überschuldung wird nur in 2,39 % aller beantragten Verfahren und nur zu 5,32 % der von GmbHs beantragten Verfahren aufgeführt. Der Insolvenzgrund der Überschuldung zusammen mit der Zahlungsunfähigkeit hat hingegen bei 36,99 % der von GmbHs beantragten Verfahren eine Bedeutung. Dies könnte darauf hinweisen, dass der Insolvenzgrund der Überschuldung stets auch Ergebnis einer Zahlungsunfähigkeit ist. Deshalb kann die Aussage getroffen werden, dass der Insolvenzgrund der

---

[23] Vgl *Schmid*, Insolvenzgründe, in *Rattunde*, Fachberater für Sanierung und Insolvenzverwaltung (DStV eV), 119
[24] Vgl *Schmid*, Insolvenzgründe, aaO, 119.

Überschuldung nichts anderes ist als der rechtliche Ausfluss einer dauerhaften Zahlungsunfähigkeit, der durch nachhaltige Fremdmittelaufnahmen versucht wird zu verhindern, ohne die Ursachen, zB Kostennachteile oder nicht wettbewerbsfähige Produkte, zu beseitigen. Darauf weist auch der Prüfungsmechanismus zur Beurteilung einer rechtlichen Überschuldung, der vom 18.10.2008 bis zum 31.12.2013 gilt, hin.[25]

Insoweit ist festzustellen, dass der Insolvenzgrund der Zahlungsunfähigkeit empirisch der meist bedeutende Insolvenzgrund ist. Betriebswirtschaftlich spielt der Insolvenzgrund der Überschuldung ohnehin eher eine zweifelhafte Rolle, weshalb *Schneider* auch meint, dass der Insolvenzgrund der Überschuldung als Warnschild vor einer drohenden Zahlungsunfähigkeit aus dem betriebswirtschaftlichen Begriff des Insolvenzrisikos ausgeschlossen bleiben sollte.[26] Auch *Vodrazka* stimmt diesem zu, wenn er ausführt:

"(...) der Überschuldung kommt wirtschaftlich keine eigene Bedeutung neben der Zahlungsunfähigkeit zu, sie beschreibt nur einen Zustand, in dem die Gefahr der Zahlungsunfähigkeit als sehr hoch unterstellt oder diese bereits als unabwendbar angesehen wird".[27]

Aus alledem ergibt sich, dass, zumindest bis zum 31.12.2013, betriebswirtschaftliche Sanierungsmaßnahmen in erster Linie an den Erhalt vorhandener und der Beschaffung neuer Liquidität anknüpfen müssten, um eine Insolvenz mit dem Grund „Zahlungsunfähigkeit" zu vermeiden. Im folgenden Abschnitt werden daher die betriebswirtschaftlichen Ursachen – mit dem Schwerpunkt auf Aspekte der Liquidität – untersucht, die zu einer Insolvenz führen.

2.1.2. Insolvenzursachen aus betriebswirtschaftlicher Sicht

„Die Kenntnis der Ursachen einer Unternehmenskrise ist die Voraussetzung für deren Bekämpfung."[28] Üblicherweise wird dabei zwischen unternehmensinternen und unternehmensexternen Krisenursachen unterschieden.[29] Dabei ist nie nur eine Ursache für die

---

[25] Anmerkung: Bei der vom 18.10.2008 bis zum 31.12.2013 geltenden Fassung der InsO wird zur Feststellung einer rechtlichen Überschuldung nach § 19 InsO die sog neue zweistufige Methode angewendet. Ursache hierfür waren die erwarteten Auswirkungen der Wirtschafts- und Finanzkrise bei der man befürchtete, dass unter Liquiditätsgesichtspunkten überlebensfähige Unternehmen beim Festhalten am gesetzlich bestimmten Begriff der InsO, wie er seit dem 1.1.1999 gültig war, gezwungen sein könnten, Insolvenz anzumelden. „Zweistufigkeit" bedeutet, dass in einem ersten Prüfungsschritt untersucht wird, ob die Fortführung des Unternehmens nach den Umständen überwiegend wahrscheinlich ist (§ 19 Abs 2 Satz 1, 2. HS InsO). Ist danach von einer Fortführung auszugehen, erübrigen sich weitere Prüfungsschritte; es ist danach keine Gegenüberstellung von Vermögen und Schulden in einem zweiten Schritt mehr nötig. Es wird in diesem ersten Schritt dabei allein auf die Tatsache abgestellt, dass die Liquidität ausreichend sein wird, um das Unternehmen fortzuführen; aus den Planungsrechnungen ergibt sich, dass die Liquidität für die Unternehmensfortführung ausreichend sein wird. Liegt ein solches Ergebnis vor, kann eine Überschuldung danach nicht mehr vorliegen. Vgl *Schmid*, Insolvenzgründe, in *Rattunde*, Fachberater für Sanierung und Insolvenzverwaltung (DStV eV), 139.

[26] *Schneider*, Eigenmittelquote und Fortbestehensprognose – Zweifel an zwei Grundannahmen des Unternehmensreorganisationsgesetzes, 2007, 10.

[27] *Vodrazka*, Anmerkungen zum Beitrag von Dieter Schneider „Eigenmittelquote und Fortbestehensprognose – Zweifel an zwei Grundannahmen des Unternehmensreorganisationsgesetzes, 2007, 15.

[28] *Reinhardt*, Unternehmenskrise, 30.

[29] *Crone*, Die Unternehmenskrise, 2007, 7.

Krise relevant, sondern meist mehrere, die zudem in unterschiedlicher Kombination auftreten können.[30] Exogene Ursachen wirken im Regelfall nur als die Krise auslösender äußerer Impuls, der die Krise manifestiert.[31]

Es gibt mittlerweile eine Vielzahl von Studien zum kausalen Zusammenhang zwischen Krisenursachen und Unternehmensinsolvenzen.[32]

„Diesen Studien ist gemein, dass Ursachen, die in der Person des unternehmerischen Entscheidungsträgers bzw. dem Management begründet sind, einen hohen Stellenwert einnehmen. Somit werden Unternehmenskrisen überwiegend endogenen Krisenursachen zugeschrieben."[33]

Es besteht ebenfalls ein Konsens darüber, dass eine Unternehmenskrise regelmäßig verschiedene Stadien (Stakeholder-, Startegie-, Produkt- und Absatz-, Erfolgs- und Liquiditätskrise) durchläuft.[34] Die Darstellung dieses Verlaufs erfolgt aus der finanz- und erfolgswirtschaftlichen und damit objektiven Perspektive, während die der Wahrnehmung durch den Entscheidungsträger aus der subjektiven Perspektive erfolgt und daher die exogenen Ursachen überbewertet.[35]

Aufgrund des Umstandes, dass der Insolvenzgrund der Zahlungsunfähigkeit herausragend ist, wird bei der Ursachenanalyse auf den Phasenabschnitt der Liquiditätskrise abgestellt. Diese Krisenart ist Bestandteil des so genannten operativen Krisenstadiums. Bei der Analyse wird unterstellt, dass dieser Insolvenzgrund – als endogene Ursache – durch die Besonderheiten der KMU begünstigt ist. Deshalb sind Anknüpfungspunkt der Insolvenzursachen aus betriebswirtschaftlicher Sicht bei KMU deren qualitativen Merkmale, die sie von großen Unternehmen unterscheiden. Der IDW PH 9.100.1 weist neben dem Umstand, dass das Eigentum nur bei einer kleinen Anzahl von Personen liegt und die Eigentümer gleichzeitig in geschäftsführender Funktion tätig sind, insbesondere darauf hin, dass KMU idR geprägt sind durch

- wenige Geschäftsbereiche,
- ein einfaches Rechnungswesen und
- einfache interne Kontrollen.[36]

Darüber hinaus werden als typische Unternehmensrisiken von KMU genannt:
- die Abhängigkeit von nur wenigen Produkten, Dienstleistungen oder Kunden und daher starker Einfluss von Nachfrageänderungen und Konkurrenzentwicklungen,
- die Auswirkungen ungünstiger Entwicklungen in der Branche,

---

[30] Vgl *Reinhardt*, Unternehmenskrise, 34.
[31] Vgl *Reinhardt*, aaO, 34.
[32] Anmerkung: In diesem Beitrag wird sich im Wesentlichen auf zwei empirische Studien gestützt, nämlich auf die Studie von *Hauschildt*, Krisenursachen bei mittelständischen Unternehmen aus 2000, als auch auf die Studie der Euler Hermes Kreditversicherungs AG, Ursachen von Insolvenzen, aus 2006. Dies deshalb, da die Studie von *Hauschildt* unverändert Relevanz besitzt. Vgl *Crone*, Die Unternehmenskrise, 13.
[33] *Reinhardt*, Unternehmenskrise, 34.
[34] Vgl *Reinhardt*, aaO, 24.
[35] Vgl *Crone*, Die Unternehmenskrise, 2ff. Anmerkung: In diesem Umstand wird auch einer der Gründe dafür zu sehen sein, weshalb Insolvenzanträge meist zu spät gestellt werden. Deshalb müsste das ESUG wohl auch an dieser Problematik ansetzen.
[36] Vgl Institut der Wirtschaftsprüfer eV (Hrsg), Prüfungshinweis 9.100.1 Besonderheiten der Abschlussprüfung kleiner und mittelgroßer Unternehmen, 2.

- eine fehlende bzw nicht dokumentierte Unternehmensplanung,
- eine ungenügende Eigenkapitalausstattung und
- nur eingeschränkte Finanzierungsmöglichkeiten.[37]

Zielt man auf diese Faktoren ab, so können tendenziell folgende Krisenursachen nach *Hauschildt* identifiziert werden:

- Mangel an Eigenkapital (68 %),
- mangelnde Managementqualifikation (60 %),
- starke Abhängigkeit von Abnehmern oder Lieferanten (36 %),
- Rechnungswesen (28 %),
- zu hohe Entnahmen (21 %),
- Mängel in der Kalkulation (21 %),
- mangelnde Kapazitätsauslastung (21 %) und
- unzureichende Materialwirtschaft (11 %).[38]

Die Studie von *Euler Hermes* betrachtet die wichtigsten Insolvenzursachen aus Sicht der Insolvenzverwalter. Diese stellen sich im Wesentlichen wie folgt dar:

- fehlendes Controlling (79 %),
- Finanzierungslücken (76 %),
- unzureichendes Forderungsmanagement (64 %),
- autoritäre Führung (57 %),
- ungenügende Transparenz und Kommunikation (44 %),
- Investitionsfehler (42 %),
- falsche Produktionsplanung (41 %),
- Dominanz persönlicher über sachlicher Motivation (33 %),
- Egozentrik, fehlende Außenorientierung (28 %) und
- unkontrollierte Investition und Expansion (21 %).[39]

Im Ergebnis lässt sich feststellen, dass sich in der Tendenz der Bewertung der Krisenursachen keine Widersprüche zwischen den Ergebnissen der Studie von *Hauschildt* und *Euler Hermes* zeigen. Vielmehr verdeutlichen beide Studien, dass die Krisenursachen das Ergebnis unbewältigter Unternehmensrisiken von KMU sind. Offensichtlich verfügen KMU nicht über ein Risikomanagementsystem bzw. haben kein System zur Insolvenzprophylaxe eingerichtet, welches in der Lage wäre, bestandsgefährdenden Entwicklungen, beginnend mit strategischen Risiken (latente Risiken) und endend mit der Liquiditätskrise (akute Krise), zu identifizieren und zu vermeiden. Ein solches System wäre aber wohl die Voraussetzung dafür, frühzeitig eine manifeste Krise zu erkennen, um rechtzeitig einen Insolvenzantrag stellen zu können. Dies insbesondere deshalb, da mit Fortschreiten des Krisenverlaufs der Handlungsspielraum immer kleiner wird und bei eingetretener Liquiditätskrise am geringsten ist. Diesen Zusammenhang verdeutlicht zusammenfassend die nachfolgende Graphik.[40]

---

[37] Vgl Institut der Wirtschaftsprüfer eV (Hrsg), Prüfungshinweis 9.100.1 Besonderheiten der Abschlussprüfung kleiner und mittelgroßer Unternehmen, 2.
[38] Vgl *Hauschildt*, Unternehmenskrisen – Herausforderungen für die Bilanzanalyse, 13.
[39] Euler Hermes Kreditversicherung, Ursachen von Insolvenzen, 2006, 20.
[40] Vgl *Werdan et al*: Das Steuerberatungsmandat in der Krise, Sanierung und Insolvenz, 2006, 44.

Ansatzpunkte für Sanierungen aus betriebswirtschaftlicher Sicht

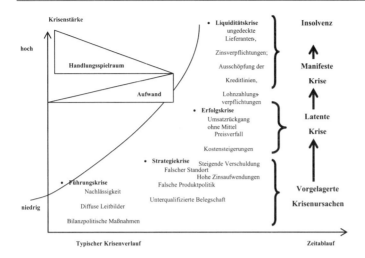

Typischer Krisenverlauf   Zeitablauf

Hinsichtlich der Frage des Erhalts bzw Aufbaus von Liquidität zur Vermeidung oder Beseitigung einer Liquiditätskrise müssten – aufgrund des nur geringen Handlungsspielraums – Sanierungsmaßnahmen daher zB bei folgenden Aspekten ansetzen:

- Zuführung von Liquidität und damit Beseitigung des Mangels an Eigenkapital durch Aufnahme weiterer Gesellschafter oder Einlagen von flüssigen Mitteln durch den Unternehmer,
- Aufnahme von Sanierungsdarlehen,[41, 42]
- Umwandlung von Fremdkapital in Eigenkapital (Dept-to-Equity-Swaps),

---

[41] Anmerkung: Voraussetzung für den Erhalt eines Sanierungskredits ist ein schlüssiges Sanierungskonzept, in dem die Sanierungsfähigkeit im Sinne einer Einschätzung der Erfolgsaussichten einer Sanierung des Krisenunternehmens dargelegt wird. Nach IDW S 6 (Anforderungen an die Stellung eines Sanierungskonzepts) hat es in der ersten Stufe Maßnahmen zur Sicherung der Fortführungsfähigkeit im Sinne einer positiven Fortführungsprognose vorzusehen, mit denen sich die Bestandsgefährdung des Unternehmens, also insbesondere die Gefahr des Eintritts von Zahlungsunfähigkeit und Überschuldung, mindestens für das laufende und das folgende Jahr abwenden oder beheben lässt. Vgl Institut der Wirtschaftsprüfer eV (Hrsg), Standard 6, Anforderungen an ein Sanierungskonzept, 2010.

[42] Anmerkung: Der IDW S 6 zur Erstellung von Sanierungskonzepten hat sich auch außerhalb des Berufsstandes der Wirtschaftstreuhänder insofern durchgesetzt, als seine Anforderungen allgemeingültigen Vernunfterwägungen entsprechen, die bei jeder Sanierung zu beachten sind. Einzelne Anwender forderten jedoch eine klarstellende Überarbeitung einzelner Passagen, weshalb im Entwurf der Neufassung ein deutlicherer Bezug zwischen den Anforderungen des Standards und der BGH-Rechtsprechung hergestellt wird. Darüber hinaus wird in Übereinstimmung mit der BGH-Rechtsprechung ausgeführt, dass bei kleineren Unternehmen das Ausmaß der Untersuchungen und die Berichterstattung an die geringere Komplexität des Unternehmens anzupassen sind. *„Klarstellend wird auch darauf hingewiesen, dass ein umfängliches Sanierungskonzept eine Aussage zur Sanierungsfähigkeit enthalten muss, wobei ein Unternehmen dann sanierungsfähig ist, wenn auf Basis des Sanierungskonzepts bei objektiver Beurteilung ernsthafte und begründete Aussichten auf eine erfolgreiche Sanierung in einem überschaubaren Zeitraum bestehen."* Vgl Institut der Wirtschaftsprüfer eV (Hrsg), Entwurf einer Neufassung IDW Standard: Anforderungen an die Erstellung von Sanierungskonzepten (IDW ES 6 nF) vom 7.9.2011; *Groß,* IDW S 6: Hintergründe der neuen Entwurfsfassung vom 7.9.2011, in KSI, 241.

- Straffung des Forderungsmanagements,
- Verlängerung der Zahlungsfristen von Lieferantenverbindlichkeiten,
- Verminderung von Entnahmen,
- Verkauf nichtbetriebsnotwendigen Vermögens.

Die betriebswirtschaftlichen Insolvenzursachen werden durch die Organisation und die Struktur von KMU beeinflusst. Daraus erklärt sich der sehr hohe Anteil des Kleinstunternehmens an den beantragten Insolvenzverfahren mit dem Insolvenzgrund der „Zahlungsunfähigkeit". Da diese Krisenart das vorläufige Ende des Krisenverlaufs markiert, in dem nur ein sehr geringer Handlungsspielraum zur Beseitigung besteht, ist es nachvollziehbar, dass häufig keine, eine das Verfahren kostendeckende Masse mehr vorhanden ist – mithin der Antrag zu spät gestellt wurde. Das ESUG soll dazu beitragen, dass Insolvenzverfahren frühzeitiger gestellt werden. Folglich müssten die gesetzlichen Maßnahmen an betriebswirtschaftlichen Ursachen anknüpfen. Ob dies der Fall ist, wird im nächsten Abschnitt dargestellt.

2.2. Die Reformansätze des ESUG und ihr Einfluss auf den Zeitpunkt der Antragsstellung

Erklärtes Ziel des ESUG ist frühzeitigere Stellung eines Insolvenzantrages mit dem Ziel der Sanierung des Unternehmens. Zu diesem Zweck sollen die Sanierungschancen verbessert werden.

Die Erleichterung der Sanierung von Unternehmen soll durch einen stärkeren Einfluss der Gläubiger auf die Auswahl des Insolvenzverwalters, durch Ausbau und Straffung des Insolvenzplanverfahrens, durch die Vereinfachung des Zugangs zur Eigenverwaltung und durch eine größere Konzentration der Zuständigkeit der Insolvenzgerichte erreicht werden.[43]

Insbesondere das neue Verfahren zur Eigenverwaltung scheint geeignet zu sein, den Zeitpunkt einer Antragsstellung soweit vorzuverlegen, zu dem eine Wiederherstellung der Zahlungs- und Ertragsfähigkeit noch möglich und die hierfür notwendige Substanz des Unternehmens (z.B. wichtige Kunden und Lieferanten, qualifizierte Besetzung von Schlüsselpositionen, Vertrauen usw.) noch nicht vollständig aufgezehrt ist. Deshalb wird nachfolgend auf das neue Verfahren der Eigenverwaltung näher – aber nicht erschöpfend – eingegangen.

2.2.1. Das Verfahren der Eigenverwaltung nach dem ESUG

In der bis zum 28.2.2012 geltenden Insolvenzordnung ist die Eigenverwaltung in den §§ 270 bis 285 InsO geregelt. Das ESUG ändert und ergänzt diesen gesetzlichen Rahmen.[44] Bereits die Voraussetzungen, unter denen eine Eigenverwaltung beantragt werden kann, sieht in § 270 Abs 2 InsO vor, dass die Anordnung vom Schuldner zu beantragen ist und dass keine Umstände bekannt sind, die erwarten lassen, dass die Anordnung der Eigenverwaltung zu Nachteilen für die Gläubiger führen wird.

---

[43] Vgl Bundesregierung (Hrsg), Entwurf eines Gesetzes zur weiteren Erleichterung der Sanierung von Unternehmen (ESUG), 2011, 24.
[44] Bundesdrucksache 17/7511 vom 26.10.2011, 26ff.

In dem neu eingeführten § 270 Abs 3 InsO wird zwar vor der Entscheidung des Insolvenzgerichts über den Eigenverwaltungsantrag gefordert, dass ein vorläufiger Gläubigerausschuss Gelegenheit zur Äußerung haben soll. Da jedoch die Bestellung eines vorläufigen Gläubigerausschusses an die Größe des antragstellenden Unternehmens gebunden ist (§ 22a InsO),[45] besitzt diese Hürde für KMU und damit für ca. 75 % aller einen Insolvenzantrag stellenden Unternehmen keine Relevanz, da sie diese Größenmerkmale nicht überschreiten.

Mit dem neuen § 270b InsO wird die Vorbereitung einer Sanierung insbesondere durch Einführung eines so genannten „Schutzschirmverfahrens" (§ 270b Abs 1 Satz 2 InsO) geregelt.[46] Eine der Voraussetzungen für die Vorbereitung der Sanierung im dann eröffneten Verfahren mittels Insolvenzplan ist, dass bei Antragstellung lediglich eine drohende Zahlungsunfähigkeit (§ 18 InsO) oder Überschuldung (§ 19 InsO) vorliegt, nicht jedoch eine bereits eingetretene Zahlungsunfähigkeit (§ 17 InsO), und dass ein Antrag auf Eigenverwaltung gestellt wurde. Der Schuldner hat zusammen mit dem Antrag auf Eigenverwaltung den Nachweis, dass keine Zahlungsunfähigkeit vorliegt, durch eine mit Gründen versehene Bescheinigung eines in Insolvenzsachen erfahrenen Wirtschaftstreuhänders, Rechtsanwalts oder einer Person mit vergleichbarer Qualifikation vorzulegen. Aus dieser Bescheinigung hat auch hervorzugehen, dass die angestrebte Sanierung nicht offensichtlich aussichtslos ist (§ 270b Abs 1 InsO).[47]

Ein solcher Nachweis wird wohl nur durch ein umfassendes Sanierungskonzept gelingen, da nur dann eine belastbare Aussage zur Sanierungsfähigkeit möglich ist. Nach IDW ES 6 gilt ein Unternehmen nämlich dann als sanierungsfähig, wenn auf der Grundlage des Sanierungskonzepts bei objektiver Beurteilung ernsthafte und begründete Aussichten auf eine erfolgreiche Sanierung in einem überschaubaren Zeitraum bestehen.[48]

---

[45] Anmerkung: Nach § 22a InsO hat das Insolvenzgericht einen vorläufigen Gläubigerausschuss zu bestellen, wenn der Schuldner im vorangegangenen Geschäftsjahr mindesten zwei der drei nachstehenden Merkmale erfüllt hat: Bilanzsumme von mindestens 4,84 Mio EURO nach Abzug eines auf der Aktivseite ausgewiesenen Fehlbetrages im Sinne des § 268 Abs 3 HGB, Umsatzerlöse von mindestens 9,68 Mio EURO und im Jahresdurchschnitt mindestens 50 Arbeitnehmer.

[46] Anmerkung: Nach § 270 Abs. 1 Satz 2 InsO bestimmt das Insolvenzgericht auf Antrag des Schuldners eine Frist zur Vorlage des Insolvenzplans (Schutzschirm). Diese Frist darf höchstens drei Monate betragen. Nach § 270b Abs 3 InsO kann der Schuldner ferner die Anordnung des Gerichts beantragen, dass der Schuldner während dieser Zeit aufgrund eigener Verwaltungs- und Verfügungsbefugnis Masseverbindlichkeiten in entsprechender Anwendung des § 55 Abs 2 InsO begründen kann. Für so begründete Verbindlichkeiten haftet im eröffneten Verfahren die Masse. Diese Forderungen Dritter sind insoweit privilegiert.

[47] Anmerkung: § 270b Abs 1 InsO lautet: „Hat der Schuldner den Eröffnungsantrag bei drohender Zahlungsunfähigkeit oder Überschuldung gestellt und die Eigenverwaltung beantragt und ist die angestrebte Sanierung nicht offensichtlich aussichtslos, so bestimmt das Insolvenzgericht auf Antrag des Schuldners eine Frist zur Vorlage eines Insolvenzplans. Die Frist darf höchstens drei Monate betragen. Der Schuldner hat mit dem Antrag eine mit Gründen versehene Bescheinigung eines in Insolvenzsachen erfahrenen Steuerberaters, Wirtschaftsprüfers oder Rechtsanwalts oder einer Person mit vergleichbarer Qualifikation vorzulegen, aus der sich ergibt, dass drohende Zahlungsunfähigkeit oder Überschuldung, aber keine Zahlungsunfähigkeit vorliegt und die angestrebte Sanierung nicht offensichtlich aussichtslos ist."

[48] Vgl Institut der Wirtschaftsprüfer eV (Hrsg), Entwurf einer Neufassung IDW Standard: Anforderungen an die Erstellung von Sanierungskonzepten (IDW ES 6 nF) vom 7.9.2011, 1.

Es ist also festzustellen, dass bereits mit dem Antrag auf Eigenverwaltung ein Sanierungskonzept sowie eine Bescheinigung vorzulegen ist. Das Gericht bestellt dann einen Sachwalter, der personenverschieden vom Aussteller der erwähnten Bescheinigung sein muss. Mithin wird dies regelmäßig der Ersteller des Sanierungskonzeptes sein, wenn dieser nicht offensichtlich für die Übernahme des Amtes nicht geeignet ist (§ 270b Abs 2 InsO). Insoweit soll die Unabhängigkeit des Sachwalters gesichert werden, der den Schuldner bereits im Rahmen eines Dauermandats beraten haben könnte.

Die Erstellung eines Sanierungskonzeptes setzt voraus, dass sich das Schuldnerunternehmen frühzeitig mit seiner Krisensituation beschäftigt hat und nach Lösungen aus der Krise sucht. Insoweit könnte anzunehmen sein, dass mit der Stärkung der „Eigenverwaltung" tatsächlich frühzeitigere Insolvenzanträge gestellt werden. Dies auch deshalb, da ein solches Verfahren es dem Schuldner ermöglichen wird, noch einigermaßen frei von Beschränkungen zu agieren. Schließlich sieht das Eröffnungsverfahren (§ 270a Abs 1 InsO) vor, dass, wenn der Antrag auf Eigenverwaltung nicht offensichtlich aussichtslos ist, dann das Gericht davon absehen soll, dem Schuldner ein allgemeines Verfügungsverbot aufzuerlegen oder anzuordnen, dass alle Verfügungen des Schuldners nur mit Zustimmung eines vorläufigen Insolvenzverwalters wirksam sind.

Kritisch zu sehen ist bei diesem Verfahren zur Stärkung der Eigenverwaltung, dass die Akzentuierung der Anreize weniger aus Sicht des Unternehmens erfolgt. So ist auch dieses Verfahren zwingend davon abhängig, dass der Schuldner bzw das krisenbehaftete Unternehmen frühzeitige Maßnahmen zur Bewältigung der Krise ergreift. Eine flankierende Maßnahme, die einen frühzeitigen Anstoß zur Ergreifung von Maßnahmen zur Sanierung des Unternehmens unterstützen würde, fehlt. Deshalb bleibt zu befürchten, dass auch nach dem ESUG die Zahl der frühzeitig gestellten Insolvenzanträge sich nur unwesentlich erhöhen wird. Als flankierende Maßnahme könnte sich ein Verfahren analog dem österreichischen Unternehmensreorganisationsgesetz anbieten, das im folgenden Abschnitt in Grundzügen vorgestellt wird.

2.2.2. Betriebswirtschaftliche Maßnahmen zur Ergänzung der verfahrensrechtlichen Maßnahmen im Rahmen des ESUG[49]

Im Unterschied zu Österreich gibt es in Deutschland kein gesetzliches Insolvenzverhütungsverfahren wie das Unternehmensreorganisationsgesetz (URG), weil der deutsche Gesetzgeber ua der Auffassung ist, dass die Funktion des Verfahrens, den Schuldner vor einer grundlosen Verfahrenseröffnung und die Gläubiger vor Missbrauch zu schützen, nicht erfüllt werden könnte.[50] Gleichwohl könnte sich ein entsprechend adaptiertes Verfahren dazu eignen, das Ziel des ESUG, nämlich die Unternehmen bzw Unternehmer zur Stellung eines frühzeitigeren Insolvenzantrages zu bewegen, zu unterstützen.

---

[49] Anmerkung: Dieser Abschnitt wurde im Wesentlichen übernommen aus: *Kern/Schlager*, Unternehmenssanierung aus Sicht des Wirtschaftstreuhänders, in *Feldbauer-Durstmüller/Mayr*, Unternehmenssanierung in der Praxis, 184f.

[50] Vgl *Schlager*, Die Bedeutung des Unternehmensreorganisationsgesetzes (URG) für die Unternehmenspraxis, in *Feldbauer-Durstmüller/Schlager*, Krisenmanagement – Sanierung – Insolvenz, 2002, 536f.

Mit dem URG existiert in Österreich formal ein gesetzliches Instrument der Insolvenzprophylaxe, das auf alle Unternehmen (§ 2 URG) anzuwenden ist. Das in diesem Gesetz geregelte Reorganisationsverfahren kann vom Unternehmer nur beantragt werden, wenn sein Unternehmen nicht insolvent (§ 4 URG) – im Sinne von noch nicht überschuldet oder (drohend) zahlungsunfähig – ist, aber gleichwohl ein Reorganisationsbedarf besteht.[51] Ein solcher Reorganisationsbedarf wird angenommen, wenn der Bestand des Unternehmens gefährdet ist (§ 1 Abs 2 URG), wobei Bestandsgefährdung bedeutet, dass ein Zustand erreicht ist, bei dem in einer Zukunftsbetrachtung, wenn keine Maßnahmen getroffen werden, das Unternehmen überschuldet oder zahlungsunfähig wird.[52]

Nach § 1 Abs 3 URG wird ein Reorganisationsbedarf bei einer vorausschauend feststellbaren wesentlichen und nachhaltigen Verschlechterung der Eigenmittelquote vermutet, wobei unter einer Reorganisation nach § 1 Abs 2 URG eine nach betriebswirtschaftlichen Grundsätzen durchgeführte Maßnahme zur Verbesserung der Vermögens-, Finanz- und Ertragslage eines in seinem Bestand gefährdeten Unternehmens verstanden wird, die dessen nachhaltige Weiterführung ermöglicht. Dieses Ziel ist identisch mit jenem des ESUG, dessen Absicht es ist, die Sanierung von Unternehmen zu erleichtern.

Bei prüfungspflichtigen juristischen Personen wird danach ein Reorganisationsbedarf dann widerlegbar vermutet, wenn die Eigenmittelquote weniger als 8 % und die fiktive Schuldentilgungsdauer mehr als fünfzehn Jahre beträgt.[53] Diese Kriterien als Merkmale einer aufziehenden Unternehmenskrise zu bestimmen, werden allerdings – wie bereits erwähnt – kritisch betrachtet, da sie ein zukünftiges Wissen über die Angemessenheit einer Eigenkapitalausstattung voraussetzen.[54] Ebenso ist fraglich, ob die Eigenmittelquote und die fiktive Schuldentilgungsdauer überhaupt kritische Werte sind, ab welchen die Insolvenzgefahr entscheidend steigt.[55] Auch wenn das URG in der Praxis eher unbedeutend ist,[56] so hat es in seinem Frühwarnbereich mit den beiden Kennziffern doch eine Signal- und „Spielregelfunktion" im Hinblick auf die möglichen Reaktionen Dritter erlangt und dazu geführt, dass man durch bilanzpolitische Maßnahmen oder durch echte Mittelzuführung von außen im vorgesehenen Rahmen der Kennziffern zu bleiben versucht.[57]

Die Buchführung und die Erstellung der Jahresabschlüsse sind typische Leistungen des Wirtschaftstreuhänders, die dieser für seinen meistens aus unterschiedlichen Branchen stammenden kleinen und mittelständischen Klienten im Rahmen eines Dauermandats er-

---

[51] Vgl *Fink*, Insolvenzrecht, 2007, 97.
[52] Vgl *Schlager*, Die Bedeutung des Unternehmensreorganisationsgesetzes (URG) für die Unternehmenspraxis, in *Feldbauer-Durstmüller/Schlager*, Krisenmanagement – Sanierung – Insolvenz, 2002, 539.
[53] Vgl *Kern/Schlager*, Unternehmenssanierung aus Sicht des Wirtschaftstreuhänders, in *Feldbauer-Durstmüller/Mayr*, Unternehmenssanierung in der Praxis, 184.
[54] Vgl *Schneider*, Eigenmittelquote und Fortbestehensprognose – Zweifel an zwei Grundannahmen des Unternehmensreorganisationsgesetzes, 2007, 10ff.
[55] Vgl *Vodrazka*, Anmerkungen zum Beitrag von Dieter Schneider „Eigenmittelquote und Fortbestehensprognose – Zweifel an zwei Grundannahmen des Unternehmensreorganisationsgesetzes, in Der Wirtschaftstreuhänder 4/2007, 15.
[56] Vgl *Fink*, Insolvenzrecht, 2007, 97.
[57] Vgl *Schlager*, aaO, 553.

bringt. Deshalb wird er als einer der ersten erkennen können, wenn das Unternehmen des Mandanten in eine wirtschaftliche und insolvenzgefährdende Situation gerät bzw sich ein Reorganisationsbedarf zeigt. Als vertrauensbildende Maßnahme und unter Gesichtspunkten der Beraterhaftung wird der Wirtschaftstreuhänder auf die Kennzahlen der fiktiven Schuldentilgungsdauer und der Eigenmittelquote besonders achten und dies entsprechend dokumentieren, bzw wenn er eine entsprechende Entwicklung des Unternehmens erkennt, durch seine Beratung versuchen, einen Reorganisationsbedarf bereits im Ansatz zu verhindern. Grundlage zur Ermittlung der fiktiven Schuldentilgungsdauer und der Eigenmittelquote ist das betriebliche Rechnungswesen, aus welchem der Wirtschaftstreuhänder die zur Beurteilung eines Reorganisationsbedarfes notwendigen Informationen ableiten kann.

Als eine begleitende Maßnahme des ESUG wäre es eine betriebswirtschaftliche Ergänzung eines verfahrensrechtlichen Weges zur Regelung einer Sanierung in und vor der Insolvenz, wenn jeder Unternehmer im Rahmen seiner Jahresabschlusserstellung eine begründete Bestätigung erteilen müsste, dass er für die kommenden zwölf Monate nicht mit dem Eintritt eines Insolvenzgrundes rechnet. Grundlage wäre eine Finanz- und Liquiditätsplanung, aus der eine „drohende Zahlungsunfähigkeit" eher erkennbar wäre als aus einer Vergangenheitsbetrachtung mittels Kennzahlen oder Diskriminanzanalysen zur Beurteilung des Insolvenzrisikos. Schließlich sollten Unternehmer rechtsformunabhängig in Angelegenheiten ihres Unternehmens die Sorgfalt eines ordentlichen Geschäftsmannes anwenden.[58]

3. Betriebswirtschaftliche Sanierungsansätze

Betriebswirtschaftliche Sanierungsansätze lassen sich in vier Bereiche unterscheiden:

- leistungswirtschaftliche Maßnahmen,
- finanzwirtschaftliche Maßnahmen,
- strategische Maßnahmen und
- übertragende Maßnahmen.[59]

Während leistungswirtschaftliche Maßnahmen zB das Management, Kosten, Arbeitnehmer, das Produkt, die Kunden und den Umsatz betreffen, erfassen die finanzwirtschaftlichen Maßnahmen die Analyse der Finanzsituation, Sanierungsbeiträge einzelner Beteiligter und Fragen der Finanzierung in der Krise.[60]

Da die Zielrichtung die Beseitigung eines Insolvenzgrundes und damit die kurzfristige Sicherstellung der Existenz des Krisenunternehmens ist, sind Ansätze deren Wirkungen sich nicht kurzfristig bemerkbar machen, wie bei strategischen Maßnahmen, nicht zielführend. Auch die Übertragung des laufenden Geschäftsbetriebs eines Krisenunterneh-

---

[58] Vgl *Kern*, „Vertrauen bekommt man geschenkt, man kann es nicht kaufen", in Niederbayrische Wirtschaft, Oktober 2011, 8.

[59] Vgl *Lambrecht*, Krisenbewältigung – Ansatzpunkte betriebswirtschaftlicher Sanierung, in *Rattunde*, Fachberater für Sanierung und Insolvenzverwaltung (DStV eV), Deutsches Steuerberaterinstitut eV (Hrsg), 2011, 73–110.

[60] Vgl *Lambrecht*, aaO, 73–110.

mens auf eine Auffanggesellschaft ist nur aus der Insolvenz heraus als sogenannte übertragende Sanierung gefahrlos möglich.

In Anbetracht des meist bedeutenden Insolvenzgrundes der „Zahlungsunfähigkeit" ist auf die neue finanzwirtschaftliche Maßnahme des im § 225a Abs 1 InsO des ESUG vorgesehene Möglichkeit des „Dept-to-Equity-Swap" hinzuweisen.

Bei einem „Dept-to-Equity-Swap" wird Fremdkapital in Eigenkapital umgewandelt. Dies erfolgt im Rahmen einer Kapitalerhöhung, bei welcher der Gläubiger seine Forderung als Sacheinlage einbringt. Problematisch ist regelmäßig der Wert der Forderung des Gläubigers, wobei der wirtschaftliche Wert jedoch mindestens der Sacheinlageforderung entsprechen muss.[61] Mit einem „Dept-to-Equity-Swap" lässt sich nur die Eigenkapitalbasis stärken und eine etwaige Überschuldung verringern oder beseitigen. Ein unmittelbarer Liquiditätszufluss ist damit jedoch nicht verbunden.[62] Durch die Verringerung der Verbindlichkeiten können jedoch auf diese Art und Weise auch bereits fällige Verbindlichkeiten beseitigt werden, deren fristgerechte Begleichung zur Vermeidung des Insolvenzgrundes der Zahlungsunfähigkeit nicht möglich ist. Insoweit könnte sich auch ohne Zuführung liquider Mittel auch eine Zahlungsunfähigkeit im rechtlichen Sinne beseitigen lassen.

Ob dieses Instrument, nachdem es nunmehr auch in der InsO als Sanierungsinstrument rechtlich anerkannt ist, eine entsprechende Nutzung erfahren wird, muss sich zeigen. Allerdings dürfte fraglich sein, ob Gläubiger sich tatsächlich auf diese Art und Weise an krisenbehafteten kleinen Unternehmen beteiligen möchten. Immerhin stellen diese Kleinunternehmen mehr als 75 % der Insolvenzfälle.

4. Schlussbemerkung und Ausblick

Mit dem ESUG soll in Zukunft die Sanierung von Krisenunternehmen erleichtert werden. Neben den neuen verfahrensrechtlichen Vorschriften insbesondere zur Eigenverwaltung sollen dem Unternehmer auch Anreize dafür geboten werden, möglichst frühzeitig einen Insolvenzantrag zu stellen. Betrachtet man die Zusammensetzung der Insolvenzstatistik hinsichtlich der Häufigkeit von beantragten Verfahren zu tatsächlich eröffneten Verfahren, dem Alter, der Größe der betroffenen Unternehmen und der Höhe der geltend gemachten Forderungen, deren Rechtsform sowie der Häufigkeit der Beantragung der Eigenverwaltung, so scheint die zukünftige Insolvenzordnung zielführende Möglichkeiten zur Sanierung eines Krisenunternehmens zu bieten. In der wohl notgedrungen verfahrensrechtlichen Reform der Insolvenzordnung ist fraglich, ob diese Anreize allerdings ausreichen werden, den Unternehmer bzw das Unternehmen zu einem frühzeitigeren Insolvenzantrag zu bewegen. Unverändert ist es die Aufgabe des Unternehmers bzw Unternehmens, zu entscheiden, wann ein Reorganisationsbedarf bzw Sanierungsbedarf besteht, um einen Antrag auf Eigenverwaltung vorzubereiten. Entscheidende Bedeutung wird da-

---

[61] Vgl *Lambrecht*, Krisenbewältigung – Ansatzpunkte betriebswirtschaftlicher Sanierung, in *Rattunde*, Fachberater für Sanierung und Insolvenzverwaltung (DStV eV), Deutsches Steuerberaterinstitut eV (Hrsg), 2011, 105.
[62] Vgl *Lambrecht*, aaO, 105.

bei wohl der Entwicklung der Liquidität des Unternehmens zukommen. Denn solange noch keine Liquiditätskrise eingetreten ist, die aufgrund der Fühlbarkeit der Krise einen Handlungsdruck erzeugt, ist fraglich, ob das Unternehmen bereits vor Eintritt der Krise einen Sanierungs- bzw Restrukturierungsbedarf erkennen wird. Deshalb wird bezweifelt, ob die verfahrensrechtlichen Anreize ausreichend sein werden, das Ziel des ESUG zu erreichen, die Unternehmen zu frühzeitigeren Insolvenzanträgen zu motivieren. Dies wird wohl nur durch flankierende – auch gesetzliche Maßnahmen – möglich sein.

Insoweit ist es empfehlenswert, wenn Unternehmen und Unternehmer mindestens jährlich im Zusammenhang mit den Abschlussarbeiten, besser noch monatlich oder vierteljährlich bei Erstellung der Finanzbuchhaltung, Prognosen über ihre Liquiditätsentwicklung der nächsten Monate anstellen und dokumentieren.

Literaturverzeichnis

Bundesdrucksache 17/7511 vom 26.10.2011.
Bundesregierung (Hrsg) (2011), Entwurf eines Gesetzes zur weiteren Erleichterung der Sanierung von Unternehmen (ESUG) 2011, http://www.bmj.de/SharedDocs/Downloads/DE/pdfs/RegE_ESUG_23022011.pdf?__blob=publicationFile (23.02.2011).
Euler Hermes Kreditversicherung (Hrsg), Ursachen von Insolvenzen, Wirtschaft konkret Nr 414, 2006.
Fahlbusch, W., Insolvenzrecht, Münster 2011.
Fink, Insolvenzrecht, 5. Aufl, Wien 2007.
Groß, P., IDW S 6, Hintergründe der neuen Entwurfsfassung vom 7.9.2011, in Krisen-, Sanierungs- und Insolvenzberatung (KSI), Nr 6, 2011, 241.
Handelsgesetzbuch (HGB) in der Fassung des Gesetzes vom 8. 12.2010 (BGBl I S 1768).
Hauschildt, J., Unternehmenskrisen – Herausforderungen an die Bilanzanalyse, in *Hauschildt/Leker* (Hrsg) 2. Aufl, Köln 2000, 1–18.
Hermanns, A./Wagener, K., Das Amt des vorläufigen Insolvenzverwalters, in *Rattunde, R.*, Fachberater für Sanierung und Insolvenzverwaltung (DStV eV), Deutsches Steuerberaterinstitut eV (Hrsg), Berlin 2011, 167–175.
Insolvenzordnung (InsO), vom 5.10.1994 (BGBl I S 2866).
Institut der Wirtschaftsprüfer eV (Hrsg), Entwurf einer Neufassung IDW Standard: Anforderungen an die Erstellung von Sanierungskonzepten (IDW ES 6 nF) vom 7.9.2011.
Institut der Wirtschaftsprüfer eV (Hrsg), IDW S 6, Anforderungen an ein Sanierungskonzept, 2010.
Institut der Wirtschaftsprüfer eV (Hrsg), Prüfungshinweis 9.100.1, Besonderheiten der Abschlussprüfung kleiner und mittelgroßer Unternehmen, 2007.
Institut für Mittelstandsforschung (Hrsg), Gründungen, Liquidationen, Insolvenzen 2010 in Deutschland, Bonn 2011.
Institut für Mittelstandsforschung, Ergebnisse aus dem Unternehmensregister 2009, http://www.ifm-bonn.org/index.php?utid=580&id=101.
Kern, P., Vertrauen bekommt man Geschenkt, man kann es nicht kaufen, in Niederbayrische Wirtschaft 10/2011, 7f.

Kern, P./Schlager, J., Unternehmenssanierung aus Sicht des Wirtschaftstreuhänders, in *Feldbauer-Durstmüller, B./Mayr, S.* (Hrsg), Unternehmenssanierung in der Praxis, Wien 2009, 169–201.

Kommission der Europäischen Gemeinschaft, Empfehlung der Kommission vom 6. Mai 2003 betreffend die Definition der Kleinstunternehmen sowie der kleinen und mittleren Unternehmen, veröffentlicht am 20. Mai 2003 im Amtsblatt der Europäischen Union, L 124/36.

Lambrecht, M., Krisenbewältigung – Ansatzpunkte betriebswirtschaftlicher Sanierung, in *Rattunde, R.*, Fachberater für Sanierung und Insolvenzverwaltung (DStV eV), Deutsches Steuerberaterinstitut eV (Hrsg), 2011, 73–110.

Reinhardt, F., Unternehmenskrise, in *Rattunde, R.*, Fachberater für Sanierung und Insolvenzverwaltung (DStV eV), Deutsches Steuerberaterinstitut eV (Hrsg), Berlin 2011, 11–47.

Schlager, J., Insolvenzprophylaxe bei mittelständischen Unternehmen als Aufgabe von StB und WP, in Der Wirtschaftstreuhänder 5/93, 21–23.

Schlager, J., Die Bedeutung des Unternehmensreorganisationsgesetzes (URG) für die Unternehmenspraxis, in *Feldbauer-Durstmüller, B. Schlager, J.* (Hrsg), Krisenmanagement – Sanierung – Insolvenz, 2002, 529–556.

Schlager, J., Krisenbewältigung und Insolvenzverfahren, in Der Wirtschaftstreuhänder 6/93, 14–15.

Schlager, J., Fortführungsprognosen und Fortbestehensprognosen im Rahmen von Prüfungen und Begutachtungen, in *Kern*, Brennpunkte der Wirtschaftsprüfung und des Steuerrechts – Orientierungshilfen für die Praxis, 2008, 121–147.

Schlager, J. (Hrsg), Das betriebswirtschaftliche Gutachten und die (Buch-) sachverständigentätigkeit in Krise, Sanierung und Insolvenz, in (Hrsg) *Feldbauer-Durstmüller, B.* und *Schlager, J.*, Krisenmanagement – Sanierung – Insolvenz, 2002, 779–805.

Schmid, V., Insolvenzgründe, in *Rattunde, R.*, Fachberater für Sanierung und Insolvenzverwaltung (DStV eV), Deutsches Steuerberaterinstitut eV (Hrsg), Berlin 2011, 119–166

Schneider, D., Eigenmittelquote und Fortbestehensprognose – Zweifel an zwei Grundannahmen des Unternehmensreorganisationsgesetzes, in Der Wirtschaftstreuhänder, Heft 4/2007, 10–14.

Statistisches Bundesamt (Hrsg), Unternehmen und Arbeitsstätten, Dezember und Jahr 2008, Wiesbaden 2009.

Statistisches Bundesamt (Hrsg), Unternehmen und Arbeitsstätten, Dezember und Jahr 2009, Wiesbaden 2010.

Statistisches Bundesamt (Hrsg), Unternehmen und Arbeitsstätten, Dezember und Jahr 2010, Wiesbaden 2011.

Vodrazka, K., Anmerkungen zum Beitrag von Dieter Schneider „Eigenmittelquote und Fortbestehensprognose – Zweifel an zwei Grundannahmen des Unternehmensreorganisationsgesetzes, in Der Wirtschaftstreuhänder, Heft 4/2007, 15–17.

Werdan, I. et al, Das Steuerberatungsmandat in der Krise, Sanierung und Insolvenz, Stuttgart 2006.

Sanierung des Unternehmens – Umsatzsteuerliche Konsequenzen

Udo Schwarz/Anita Witzler

1. Grundsätzliches zur Unternehmereigenschaft im Sanierungs- bzw Insolvenzfall
2. Sanierungsmaßnahmen von Gläubigern durch (außergerichtlichen) Forderungsverzicht
3. Einordnung der Umsatzsteuer als Insolvenz- oder Masseforderung
   3.1. Grundsätzliches
   3.2. Anzahlungen
4. Gemeinschuldner ist Empfänger von Leistungen
   4.1. Berichtigung des Vorsteuerabzuges gem § 16 USt 1994 wegen Uneinbringlichkeit
   4.2. Berichtigung des Vorsteuerabzuges gem § 16 UStG 1994 wegen Geltendmachung eines Eigentumsvorbehalts
5. Berichtigung eines vorgenommenen Vorsteuerabzuges gem § 12 Abs 10 ff UStG 1994 wegen Liegenschaftsveräußerung im Zuge des Insolvenzverfahrens
6. Umsatzsteuerliche Beurteilung bei abgetretenem Eigentumsvorbehalt
7. Umsatzsteuerliche Beurteilung bei Verwertung von Sicherungsgut aus der Masse
8. Leistungen des Gemeinschuldners und Berichtigung der Umsatzsteuer gem § 16 UStG 1994 wegen Uneinbringlichkeit
9. Halbfertige Bauten und Insolvenz des Bauunternehmers bzw Werklieferanten

Literaturverzeichnis

1. Grundsätzliches zur Unternehmereigenschaft im Sanierungs- bzw Insolvenzfall

Grundsätzlich bleibt auch im Sanierungs- bzw Insolvenzfall die Eigenschaft als **Unternehmer** erhalten. Selbst wenn ein Insolvenzverwalter als Vertreter des Unternehmers ab Insolvenzeröffnung dessen umsatzsteuerliche Aufgaben wahrnimmt, bleibt der Gemeinschuldner der Unternehmer und somit Steuerschuldner der Umsatzsteuer (Verpflichtung zur Erstellung und Abgabe von Umsatzsteuervoranmeldungen bzw **Umsatzsteuerjahreserklärungen und Zusammenfassenden Meldungen**). Erst bei endgültiger Beendigung der unternehmerischen Tätigkeit fällt auch die Unternehmereigenschaft weg. Dies ist in der Regel erst nach vollendeter Abwicklung der Fall, was aber nicht bedeutet, dass nachträgliche Vermögensvermehrungen bzw -verminderungen (Einnahmen, Ausgaben im Zusammenhang mit der Abwicklung), die sich auf die Zeit als Unternehmer beziehen, nicht mehr zur Unternehmenssphäre zählen.[1] Derartige Vorgänge können sehr wohl noch das Unternehmen betreffen und zum Vorsteuerabzug führen, genauso wie etwaige Änderungen der Bemessungsgrundlage gem § 16 UStG zu berücksichtigen sind.[2] Der Konkursfall unterscheidet sich diesbezüglich nicht von der Liquidation eines Unternehmens. Beraterhonorare, im Konkursfall insbesondere die Fakturen des Insolvenzverwalters, vermitteln somit bei Vorliegen der allgemeinen gesetzlichen Voraussetzungen, die für den Vorsteuerabzug notwendig sind, das Recht auf Vorsteuerabzug, selbst nach Abschluss des Konkurses bzw der Abwicklung.

2. Sanierungsmaßnahmen von Gläubigern durch (außergerichtlichen) Forderungsverzicht

Eine Unternehmenssanierung ist in der Regel auch mit Forderungsverzichten verbunden. Der Gläubiger verzichtet dabei im Einvernehmen mit dem Schuldner (teilweise) auf seine Forderung(en) – und dies in der Praxis oft noch vor Einleitung eines offiziellen Sanierungsverfahrens.[3] Damit kann die drohende Insolvenz des Schuldners hinausgeschoben oder verhindert werden. Ein solcher Forderungsverzicht führt aber im Falle von steuerpflichtigen Lieferungen oder Leistungen stets zu einer Minderung der Bemessungsgrundlage gemäß § 16 Abs 1 UStG 1994 und somit zu einer Berichtigung der Umsatzsteuer. Der Berichtigungspflicht des leistenden Unternehmers steht gleichzeitig die Verpflichtung des Leistungsempfängers bzw Schuldners gegenüber, die „abgezogenen" Vorsteuern zu korrigieren (natürlich nur bei Berechtigung zum Vorsteuerabzug). Gemäß § 16 Abs 1 Z 2 UStG 1994 ist die Berichtigung in jenem Voranmeldungszeitraum durchzuführen, in dem die Minderung der Bemessungsgrundlage eingetreten ist.[4]

Eine Berichtigung von Steuer und Vorsteuer ist auch im Falle der Uneinbringlichkeit des Entgelts für eine steuerpflichtige Lieferung oder Leistung vorzunehmen (siehe Punkt 4.1 und 7). Ob und wann eine Forderung als uneinbringlich angesehen werden kann, ist individuell zu beurteilen und hängt jedenfalls von den Umständen des Einzel-

---

[1] Vgl *Ruppe*, UStG³, § 2 Tz 142.
[2] Vgl *Kanduth-Kristen/Treer*, Insolvenz und Steuern, 89.
[3] Vgl *Oberhuber/Kanduth-Kristen* (Hrsg), Finanzielle Sanierung einer GmbH, 144.
[4] Vgl Rz 2381ff UStR 2000.

falles ab. Ist die Einbringlichkeit einer Forderung aber lediglich zweifelhaft, so erlaubt die Bildung eines Delkrederepostens jedenfalls keine Berichtigung. Uneinbringlichkeit liegt nämlich erst bei Zahlungsunfähigkeit des Schuldners bzw Minderung des Entgelts aufgrund eines Gerichtsurteils oder Vergleiches vor. Das Finanzamt ist berechtigt, einen Nachweis für die Uneinbringlichkeit zu verlangen.[5]

3. Einordnung der Umsatzsteuer als Insolvenz- oder Masseforderung

3.1. Grundsätzliches

Die Umsatzsteuer selbst kann im Insolvenzverfahren eine **Insolvenz- oder Masseforderung** darstellen. Für die Unterscheidung kommt es auf den Zeitpunkt der Erbringung der umsatzsteuerlichen Lieferung bzw Leistungserbringung an, egal ob beim Gemeinschuldner **Soll- oder Istbesteuerung** anzuwenden ist. Eine Lieferung bzw Leistungserbringung vor Insolvenzeröffnung bewirkt, dass die Umsatzsteuer jedenfalls zu den Insolvenzforderungen zählt.[6] Die Lieferung oder Leistungserbringung nach Insolvenzeröffnung führt zu einer **Umsatzsteuer-Masseforderung**.[7] Typisches Beispiel für Umsatzsteuer-Masseforderungen sind steuerpflichtige Umsätze des Insolvenzverwalters in Zusammenhang mit der Versilberung der Konkursmasse. Dabei spielt es keine Rolle, ob einzelne Wirtschaftsgüter aus der Masse durch freihändigen Verkauf, gerichtliche Versteigerung auf Antrag des Insolvenzverwalters veräußert werden oder ob das gesamte Vermögen des Gesamtschuldners veräußert wird. Die aus den Umsätzen resultierende Steuerschuld ist insolvenzrechtlich eine Masseforderung.[8]

Ob Vorsteuern des Gemeinschuldners mit einer Umsatzsteuer-Masse- oder Insolvenzforderung aufrechenbar sind, richtet sich ebenfalls nach dem Zeitpunkt der Lieferung bzw Leistungserbringung.[9]

3.2. Anzahlungen

Vom Grundsatz der oben beschriebenen Leistungserbringung weicht aber die umsatzsteuerrechtliche Regelung der **Anzahlungsbesteuerung** gem § 19 Abs 2 Z 1 lit a letzter Satz UStG 1994 ab und kann im Insolvenzverfahren zu Problemen führen. Denn bei Anzahlungen ist unabhängig von der Lieferung bzw Leistungserbringung mit Ablauf des Voranmeldungszeitraumes der Entgeltsvereinnahmung eine Mindest-Istbesteuerung (auch bei sonstiger Sollbesteuerung) durchzuführen.

Wurden vor Insolvenzeröffnung Anzahlungen geleistet oder vereinnahmt, so hat der Insolvenzverwalter nach Insolvenzeröffnung die Wahl, in den schwebenden Vertrag einzutreten oder die Erfüllung abzulehnen. Gemäß Umsatzsteuerlichtlinien 2000 gibt es folgende mögliche Fälle:[10]

---

[5] Vgl Rz 2388 UStR 2000.
[6] Vgl *Mohr*, Sanierungsplan und Sanierungsverfahren, 562f und 855ff.
[7] Vgl *Ruppe*, UStG³, Einf Tz 116f.
[8] Vgl Rz 2412 UStR 2000.
[9] Vgl *Ruppe*, UStG³, Einf Tz 141.
[10] Vgl Rz 2416ff UStR 2000.

- **Zahlt** der Gemeinschuldner **vor** Insolvenzeröffnung eine **Anzahlung und tritt der Insolvenzverwalter in der Folge vom Vertrag zurück** (die Leistung wird nicht erbracht), dann ist die bereits geltend gemachte Anzahlungs-Vorsteuer an das Finanzamt zurückzuzahlen. Der Fiskus hat in diesem Fall eine Insolvenzforderung.[11]
- Tritt jedoch der Insolvenzverwalter **vom Vertrag nicht zurück** (dh die Leistung wird an den Gemeinschuldner ausgeführt) und hat der Gemeinschuldner keinen Vorsteuerabzug vor Insolvenzeröffnung geltend gemacht, so ist die Vorsteuer mit Insolvenzforderungen aufrechenbar. Die Vorsteuer aus der Schlussrechnung (oder weiteren geleisteten Anzahlungen nach Insolvenzeröffnung) ist nur mit Masseforderungen des Finanzamtes verrechenbar.[12]
- **Erhält** der Gemeinschuldner **vor** Insolvenzeröffnung eine **Anzahlung und tritt der Insolvenzverwalter vom Vertrag zurück** (die Leistung wird nicht erbracht), fällt die Steuerschuld weg. Eine etwaige Versteuerung ist rückgängig zu machen (zu berichtigen) im Voranmeldungszeitraum der Änderung. Eine Aufrechnung der rückforderbaren Umsatzsteuer kann nur gegen Insolvenzforderungen des Finanzamtes geltend gemacht werden.[13] Diesen Fall hat auch bereits der UFS in seiner Entscheidung vom 28.4.2004, RV/0921-L/04) bestätigt.
- Im Falle, dass der Gemeinschuldner noch nach Insolvenzeröffnung die Leistung erbringt (weil der Insolvenzverwalter den **Vertrag erfüllt**), stellt eine noch nicht abgeführte Umsatzsteuer eine Masseforderung dar.[14] In der Praxis wird hier wohl der Insolvenzverwalter von einer Vertragserfüllung eher absehen, da die Masse zusätzlich belastet werden könnte, wenn die Schlussrechnung nicht ausreicht, die Kosten der Leistungserbringung, die damit verbundene Umsatzsteuerschuld und sonstige noch nicht abgeführte Umsatzsteuern aus vor Insolvenzeröffnung erhaltenen Anzahlungen abzudecken. Diese Problematik ist auch im Falle von halbfertigen Bauten nicht zu unterschätzen.[15]

4. Gemeinschuldner ist Empfänger von Leistungen

4.1. Berichtigung des Vorsteuerabzuges gem § 16 USt 1994 wegen Uneinbringlichkeit

Die Forderungen der Gläubiger sind in der Regel aufgrund der Insolvenzeröffnung des Gemeinschuldners teilweise uneinbringlich. Hat der Gemeinschuldner vice versa im Rahmen seiner Verbindlichkeiten den Vorsteuerabzug in Anspruch genommen, so ist er verpflichtet, diesen gemäß §§ 16 Abs 1 und 16 Abs 3 Z 1 UStG zu berichtigen. Das Finanzamt ist Gläubiger im Insolvenzverfahren und hat einen Rückforderungsanspruch. Doch wann entsteht die Verpflichtung zur Berichtigung? Ist dabei der **Zeitpunkt** der ursprünglichen Lieferung maßgeblich oder doch eher der Zeitpunkt der Uneinbringlichkeit der Forderung? Die österreichische (und auch deutsche) Finanzverwaltung geht davon aus, dass die Uneinbringlichkeit in der Regel vor der Insolvenzeröffnung eintritt, was zur

---
[11] Vgl Rz 2419 UStR 2000.
[12] Vgl Rz 2418 UStR 2000.
[13] Vgl Rz 2417 UStR 2000.
[14] Vgl Rz 2416 UStR 2000.
[15] Vgl *Kanduth-Kristen/Treer*, Insolvenz und Steuern, 92.

Folge hat, dass der Rückforderungsanspruch der Finanz eine Konkursforderung darstellt.[16]

Auch der VwGH ist in seiner Entscheidung vom 19.11.1998, 97/15/0095 dieser Meinung. Der Zeitpunkt der Änderung des Entgelts (der Bemessungsgrundlage) wegen der Uneinbringlichkeit wird zum eigenen Steuertatbestand erhoben und damit zum Zeitpunkt der maßgeblichen Berichtigung. Denn Uneinbringlichkeit bedeutet immer das Vorliegen einer Überschuldung bzw Zahlungsunfähigkeit und diese tritt jedenfalls vor Insolvenzeröffnung ein (vgl dazu auch § 67 IO). Demgemäß ist die Vorsteuer im letzten Voranmeldungszeitraum vor Insolvenzeröffnung zu berichtigen und stellt in aller Regel eine Insolvenzforderung der Finanz dar. Der in der Praxis äußerst seltene Fall einer Masseforderung wäre nur dann denkbar, wenn es während des Insolvenzverfahrens zu weiteren „Schmälerungen der Gläubigerbefriedigung" kommt.[17]

Die **Höhe** der Vorsteuerberichtigung richtet sich nach dem an den Gläubiger nicht entrichteten Betrag, sodass im Endergebnis dem Gemeinschuldner der Vorsteuerabzug letztendlich nur in Höhe der Quote zusteht. Die Praxis zeigt allerdings, dass der Fiskus den erwarteten Vorsteuerausfall zunächst in voller Höhe anmeldet. Es muss aber zumindest vor der Schlussverteilung eine Forderungseinschränkung auf den tatsächlichen Steuerausfall erfolgen, welche mit den Insolvenzforderungen des Finanzamtes aufrechenbar ist.[18] Dies leitet sich schon aus § 16 Abs 3 Z 1 UStG 1994 ab (neuerliche Berichtigung der Umsatz- und Vorsteuer bei nachträglicher Vereinnahmung).

Die **Vorsteuerberichtigung hat zu unterbleiben**, wenn ein Dritter für die Verbindlichkeiten des Gemeinschuldners haftet und das Entgelt beim Haftenden (Bürgen, Mitschuldner, Rückgriffsverpflichteten) einbringlich ist. Entsprechend resultiert ein Verbot der Umsatzsteuerberichtigung beim Leistenden. Erst die Zahlungsunfähigkeit des letzten Haftenden führt zur Uneinbringlichkeit und somit zum Recht auf Berichtigung der Vor- und Umsatzsteuer, was insbesondere bei Personengesellschaften Bedeutung findet.[19]

4.2. Berichtigung des Vorsteuerabzuges gem § 16 UStG 1994 wegen Geltendmachung eines Eigentumsvorbehalts

Hat der Gemeinschuldner vor Insolvenzeröffnung Ware unter Vereinbarung eines Eigentumsvorbehaltes erworben, so gehört mangels Übertragung des Eigentums diese Ware nicht zur Masse. Der Lieferant hat ein **Aussonderungsrecht** an dieser Ware, obwohl zuvor eine steuerbare Lieferung ausgeführt wurde.

Es liegt am Insolvenzverwalter, den Vertrag zu erfüllen und die Ware vollständig zu bezahlen (dann Eigentumsübertragung) oder den Vertrag nicht zu erfüllen und die Ware an den Lieferanten zu retournieren.

Tritt der Insolvenzverwalter nicht in den Vertrag ein und gibt die Ware an den Lieferanten zurück, so wird damit die ursprüngliche Lieferung rückgängig gemacht. Es liegt gem § 16 Abs 3 Z3 UStG 1994 iVm § 16 Abs 1 UStG 1994 für die Vertragspartner eine Änderung der Bemessungsgrundlage vor. Der Gemeinschuldner hat die (bereits gel-

---

[16] Vgl Rz 2405 UStR 2000.
[17] Vgl *Kanduth-Kristen/Treer*, Insolvenz und Steuern, 96.
[18] Vgl *Kanduth-Kristen/Treer*, Insolvenz und Steuern, 97.
[19] Vgl *Kanduth-Kristen/Treer*, Insolvenz und Steuern, 97.

tend gemachte) Vorsteuer, der Lieferant die (bereits abgeführte) Umsatzsteuer zu korrigieren. Gemäß Umsatzsteuerrichtlinien ist der Vorsteuerrückforderungsanspruch eine **Insolvenzforderung**, gleichgültig ob der Vorbehaltseigentümer vom Rücktritt Gebrauch macht oder der Rücktritt durch den Vorbehaltskäufer bzw seinen Insolvenzverwalter erfolgt.[20]

Bezahlt der Insolvenzverwalter die offene Schuld und **erfüllt somit den Vertrag**, so ändert sich am ursprünglichen Geschäft nichts. Für den Fall, dass der Gemeinschuldner den Vorsteuerabzug noch nicht geltend gemacht hat, ist diese ein mit **Insolvenzforderungen** des Fiskus verrechenbarer Posten.[21]

5. Berichtigung eines vorgenommenen Vorsteuerabzuges gem § 12 Abs 10 ff UStG 1994 wegen Liegenschaftsveräußerung im Zuge des Insolvenzverfahrens

Wird im Zuge eines Insolvenzverfahrens ein **Grundstück steuerfrei veräußert** und somit Masse verwertet, so wird dadurch keine Umsatzsteuer ausgelöst, jedoch kann es zu einer Berichtigung eines allfällig vorgenommenen Vorsteuerabzuges gem § 12 Abs 10 ff UStG 1994 kommen. Gemäß Umsatzsteuerrichtlinien kommt es bei Berichtigung im Insolvenzverfahren (OGH 25.2.2000, 8 Ob 144/99f) zu einer **Insolvenzforderung**.[22] Die Judikatur des OGH und VwGH (VwGH 19.10.1998, 97/14/0143) klaffen in diesem Bereich aber auseinander, sodass Raum für Rechtsunsicherheit geschaffen wird. Der VwGH sieht eine Masseforderung mit der Folge, dass der Fiskus aus der Masse bedient werden könnte. Eine gesetzliche Klarstellung bleibt abzuwarten, ist jedoch aufgrund der unterschiedlichen Interessen nicht absehbar.[23]

Optiert[24] der Insolvenzverwalter beim Verkauf der Liegenschaft im Zuge der Insolvenz jedoch zur Steuerpflicht (Normalsteuersatz 20 %), um so eine Vorsteuerberichtigung zu vermeiden, so liegt ein steuerbarer und steuerpflichtiger Umsatz vor. Die Umsatzsteuer ist diesfalls aber eine Masseforderung. Im Falle der Verwertung von belasteten Liegenschaften (Sondermasse) ist sie eine Sondermasseforderung.[25]

Kommt es bei Option zur Steuerpflicht zu einer **Zwangsversteigerung** von Grundstücken, Gebäuden auf fremdem Boden und Baurechten (ds Grundstücke im zivilrechtlichen Sinn, also inklusive Maschinen und sonstiger Vorrichtungen aller Art, die zu einer Betriebsanlage gehören), so geht seit 1.1.2005 gemäß § 19 Abs 1b lit c UStG 1994 die

---

[20] Vgl Rz 2409 und Rz 2410 UStR 2000.
[21] Vgl *Kanduth-Kristen/Treer*, Insolvenz und Steuern, 95.
[22] Vgl Rz 2406 UStR 2000.
[23] Vgl *Kanduth-Kristen/Treer*, Insolvenz und Steuern, 101.
[24] Vgl 1. Stabilitätsgesetz 2012, § 6 Abs 2: Durch das 1. Stabilitätsgesetz 2012 wird es ab 1.9.2012 zu Einschränkungen der Option auf die Umsatzsteuerpflicht gem § 6 Abs 1 Z 16 UStG (Miet- und Pachtverhältnisse, die nach dem 31.8.2012 beginnen, sofern mit der Errichtung des Gebäudes durch den Unternehmer nicht bereits vor 1.9.2012 begonnen wurde) und Z 17 UStG (Wohnungseigentum, das nach dem 31.8.2012 erworben wird) kommen. Der Verzicht auf die Steuerbefreiung gem § 6 Abs 1 Z 16 und Z 17 UStG ist demnach nur mehr zulässig, soweit der Leistungsempfänger das Grundstück oder einen baulich abgeschlossenen, selbständigen Teil davon nahezu ausschließlich für Umsätze verwendet, die den Vorsteuerabzug nicht ausschließen.
[25] Vgl *Kanduth-Kristen/Treer*, Insolvenz und Steuern, 101.

Steuerschuld auf den Leistungsempfänger über (kein gesonderter Ausweis der Umsatzsteuer), wenn der Empfänger bzw Erwerber Unternehmer oder eine juristische Person des öffentlichen Rechts ist (**Reverse-Charge-Systematik**). Grundlegende Voraussetzung zum Übergang der Steuerschuld im Zwangsversteigerungsverfahren ist aber der Verzicht auf die Steuerbefreiung. Ein solcher Verzicht ist nur zulässig, wenn hierüber spätestens 14 Tage nach Bekanntgabe des Schätzwertes eine Mitteilung an das Exekutionsgericht erfolgt.[26] Durch Anwendung des Reverse-Charge-Systems wird die Masse von der Umsatzsteuer entlastet. Der leistende Unternehmer haftet aber, wie immer in solchen Fällen, für die Abfuhr der Umsatzsteuer (nur im Haftungsfall läge eine Umsatzsteuer-Masseforderung vor!). Der Insolvenzverwalter hat eine ordnungsgemäße Rechnung mit allen Rechnungsmerkmalen, insbesondere den Hinweis auf den Übergang der Steuerschuld, UID-Nummern usw auszustellen.

Vom Übergang der Steuerschuld erfasst ist nur die Umsatzsteuer, die wegen der Option gem § 6 Abs 2 UStG 1994 anfällt. Allfällige Vorsteuerberichtigungen gem § 12 Abs 10 ff UStG 1994 sind aber nicht vom Übergang der Steuerschuld erfasst.[27] Das Meistbot ist beim Zuschlag an Unternehmer daher immer als Nettobetrag zu behandeln.[28]

Erhält jedoch im Falle einer Option zur Steuerpflicht ein **Privater** den Zuschlag im Zwangsversteigerungsverfahren, so ist die Rechnung mit Umsatzsteuer auszustellen. Diese ist **Masseforderung** im Insolvenzverfahren. Das Meistbot im Versteigerungsverfahren ist hier als Bruttobetrag zu werten, da es zu keinem Übergang der Steuerschuld gekommen ist. Die Umsatzsteuer ist Masseforderung und aus dem Meistbot heraus zurechnen und schmälert natürlich auch den Befriedigungsfonds der Gläubiger.[29]

6. Umsatzsteuerliche Beurteilung bei abgetretenem Eigentumsvorbehalt

Der Fall des abgetretenen Eigentumsvorbehaltes kommt im Wesentlichen dem „drittfinanzierten Kauf" gleich. Dabei tritt ein Lieferant einer unter Eigentumsvorbehalt gelieferten Ware sein vorbehaltenes Eigentum an einen Dritten (in der Regel ein finanzierendes Kreditinstitut) zur Besicherung seiner Forderung ab.[30] Der Lieferant erhält sein Entgelt und tritt der Bank im Gegenzug seine Kaufpreisforderung samt Eigentum an der Ware ab. Im Falle dieses **abgetretenen** Eigentumsvorbehaltes sehen die Umsatzsteuerrichtlinien[31] eine Lieferung des Gemeinschuldners (Abnehmers oder Vorbehaltskäufers) an den Vorbehaltseigentümer (Kreditinstitut) und somit eine zweite bzw Doppellieferung vor. Dabei erlangt aber auch das finanzierende Kreditinstitut bloß ein Aussonderungs- und kein Absonderungsrecht im Insolvenzverfahren des Vorbehaltskäufers, was dazu führt, dass die bei der Verwertung anfallende Umsatzsteuer als **Masseforderung** zu qualifizieren ist.[32] Zur Entlastung der Masse wesentlich beigetragen hat daher die mit

---

[26] Vgl Rz 2603 UStR 2000.
[27] Vgl *Kanduth-Kristen/Treer*, Insolvenz und Steuern, 102.
[28] Vgl *Kanduth-Kristen/Treer*, Insolvenz und Steuern, 103.
[29] Vgl *Kanduth-Kristen/Treer*, Insolvenz und Steuern, 103.
[30] Vgl *Kanduth-Kristen/Treer*, Insolvenz und Steuern, 106.
[31] Vgl Rz 2411 und Rz 2603 UStR 2000.
[32] Vgl *Kanduth-Kristen/Treer*, Insolvenz und Steuern, 106.

1.1.2005 eingeführte Bestimmung des Übergangs der Steuerschuld gem § 19 Abs 1b lit b UStG 1994 bei vorangegangener Abtretung des vorbehaltenen Eigentums. Wird also der Eigentumsvorbehalt zuvor abgetreten und liefert in der Folge der Vorbehaltskäufer (Gemeinschuldner oder Abnehmer) an den Vorbehaltseigentümer (zweite Lieferung), so ist der „abgetretene" Vorbehaltseigentümer Schuldner der Umsatzsteuer (Reverse-Charge-Systematik).

7. Umsatzsteuerliche Beurteilung bei Verwertung von Sicherungsgut aus der Masse

Sicherungsgut kann in Form von Sicherungseigentum, Pfandrechten oder Zurückbehaltungsrechten vorliegen. Dieses wird im Geschäftsverkehr einem Gläubiger zur Sicherung seiner Forderung eingeräumt. Der Gläubiger behält dabei das Sicherungsgut so lange in seinem Eigentum, bis der Schuldner die Rechnung beglichen hat. Es handelt sich daher um eine eingeräumte dingliche Sicherheit bei Kreditkäufen von beweglichen Sachen und weder die Gewährung noch die Rückgängigmachung führt zu umsatzsteuerlichen Folgen.

Ist nun das Sicherungsgut im Insolvenzverfahren Teil der Masse, so steht dem Gläubiger ein Absonderungsrecht zu.[33] Betreffend Verwertung sind zwei Fälle zu unterscheiden:

- **Bei Veräußerung des Sicherungsgutes durch den Insolvenzverwalter** (als Vertreter des Sicherungsgebers) liegt eine Lieferung an den Erwerber vor. Die Umsatzsteuer ist als **Sondermasseforderung** an die Finanzbehörde abzuführen und vor Befriedigung der Absonderungsgläubiger zu entrichten.[34]
- **Bei Veräußerung durch den Gläubiger (Sicherungsnehmer)** kommt es zu zwei steuerpflichtigen Lieferungen: Der Gemeinschuldner oder Sicherungsgeber liefert an den Absonderungsgläubiger (Sicherungsnehmer) und dieser weiter an den Dritten (Erwerber). Die Doppellieferung wird im Zeitpunkt des Verkaufes an den Dritten (Erwerber) ausgeführt.[35] Die Umsatzsteuer aus der Veräußerung an den Absonderungsgläubiger stellt dabei beim Sicherungsgeber (Gemeinschuldner) bzw seinem Insolvenzverwalter eine Masseforderung dar.[36] Beim Sicherungsnehmer (Absonderungsgläubiger) fällt aufgrund der zweiten Lieferung ebenfalls Umsatzsteuer an, er hat jedoch auch (im Falle aller steuerlichen sonstigen Voraussetzungen) den Vorsteuerabzug aus der ersten Lieferung. Bis Ende 2004 war der Insolvenzverwalter häufig mit dem Problem konfrontiert, den Betrag der Umsatzsteuer vom Absonderungsgläubiger nicht bezahlt zu bekommen.[37]

Seit 1.1.2005 kommt es aber bei der Verwertung von Sicherungsgut zum Übergang der Steuerschuld gem § 19 Abs 1b lit a UStG 1994 (Reverse-Charge-Systematik), sofern der Empfänger ein Unternehmer oder eine juristische Person des öffentlichen Rechts ist. Da-

---

[33] Vgl Rz 2413 UStR 2000.
[34] Vgl Rz 2414 UStR 2000.
[35] Vgl Rz 2603 UStR 2000.
[36] Vgl Rz 2415 UStR 2000.
[37] Vgl *Kanduth-Kristen/Treer*, Insolvenz und Steuern, 105.

durch geht die Umsatzsteuerschuld aus der ersten Lieferung auf den Sicherungsnehmer (Absonderungsgläubiger) über bei gleichzeitigem Vorsteuerabzug durch den Sicherungsnehmer (natürlich nur bei Vorliegen aller umsatzsteuerrechtlichen Voraussetzungen). Die Masse wird dadurch entlastet. Der Sicherungsgeber (vertreten durch den Insolvenzverwalter) muss eine ordnungsgemäße Rechnung (insbesondere Hinweis auf Übergang der Steuerschuld, Angabe der UID-Nummern, keinen gesonderten Steuerausweis usw) ausstellen und haftet natürlich für die Umsatzsteuer.

8. Leistungen des Gemeinschuldners und Berichtigung der Umsatzsteuer gem § 16 UStG 1994 wegen Uneinbringlichkeit

Auch bei der Berichtigung der Umsatzsteuer wegen der Uneinbringlichkeit von Forderungen des Gemeinschuldners findet § 16 Abs 3 Z 1 UStG 1994 Anwendung. Wie oben beschrieben ist bei der Vorsteuerberichtigung der Zeitpunkt des Eintrittes der Uneinbringlichkeit der Forderung maßgeblich. Fraglich ist nun, ob dieser Zeitpunkt auch als maßgebender Zeitpunkt für die Berichtigung der Umsatzsteuer verwendet werden kann. Der Spiegelbildtheorie folgend ist der Umsatzsteuerrückforderungsanspruch dann eine **Masseforderung**, da die Uneinbringlichkeit des Entgeltes erst nach Insolvenzeröffnung eintritt. Dies ist auch in den Umsatzsteuerrichtlinien verankert.[38]

Gemäß diverser Entscheidungen des UFS soll es aber bei der Umsatzsteuerberichtigung auf den **Zeitpunkt der Ausführung der ursprünglichen Lieferung oder Leistung** ankommen (vgl zB UFS 15.7.2004, RV/0174-G/04; UFS 25.1.2005, RV/0359-W/04; UFS 25.1.2005, RV/0359-W/04; UFS 15.7.2004, RV/0174-G/04), was eine Abkehr von der Spiegelbildtheorie darstellt. Der Umsatzsteuerrückforderungsanspruch wäre somit eine **Insolvenzforderung**.

Folgt man der spiegelbildlichen Betrachtung (Maßgeblichkeit des Zeitpunktes der Uneinbringlichkeit), der auch gemäß Fachliteratur gundsätzlich zuzustimmen ist, so hätte dies zur Konsequenz, dass in den Fällen, wo **Umsatzsteuer** für die Leistung des späteren Gemeinschuldners nicht abgeführt wurde und somit eine Insolvenzforderung des Finanzamtes ist, es zu einer ungerechtfertigten Bereicherung der Masse kommt.[39] Dies sieht mittlerweile auch die Finanzverwaltung so.[40] Gemäß Umsatzsteuerrichtlinien muss daher nur in diesem Fall der Umsatzsteuerrückforderungsanspruch mit **Insolvenzforderungen** des Finanzamtes aufrechenbar sein.[41]

Hat der Gemeinschuldner **mangelhaft** geliefert oder geleistet und zahlt der Abnehmer nicht oder nicht in vollem Umfang, so ergibt sich ebenfalls eine Berichtigungspflicht gem § 16 UStG 1994. Die mangelhafte Lieferung oder Leistung durch den Gemeinschuldner vor Insolvenzeröffnung liefert den Grund zur Korrektur der Bemessungsgrundlage. Der Umsatzsteuerrückforderungsanspruch ist daher ebenfalls keine Masseforderung, sondern gegen **Insolvenzforderungen** des Fiskus aufrechenbar.[42]

---

[38] Vgl Rz 2420 UStR 2000.
[39] Vgl *Kanduth-Kristen/Treer*, Insolvenz und Steuern, 99.
[40] Vgl Rz 2420 UStR 2000.
[41] Vgl *Kanduth-Kristen/Treer*, Insolvenz und Steuern, 99.
[42] Vgl Kanduth-Kristen/Treer, Insolvenz und Steuern, 100.

9. Halbfertige Bauten und Insolvenz des Bauunternehmers bzw Werklieferanten

Bauunternehmer erbringen mit der Errichtung von Bauten auf fremdem Grund und Boden eine umsatzsteuerliche Werklieferung an den Abnehmer. Werklieferungen und damit verbundene Werkleistungen sind in der Regel als einheitliche Leistung zu qualifizieren. Die Lieferung wird erst mit Verschaffung der Verfügungsmacht ausgeführt, was in der Praxis erst dann der Fall ist, wenn der Abnehmer aufgrund vorheriger „Schlüsselübergabe" über das fertige Bauwerk verfügen kann.[43] Für die Umsatzsteuer bedeutet dies, dass diese erst mit Übergabe und Abnahme des Bauwerkes entsteht, sofern nicht Anzahlungen (Mindest-Ist-Besteuerung) oder abgrenzbare Teilleistungen vorliegen.

Hat der Bauunternehmer oder Werkunternehmer als Gemeinschuldner zur Zeit der Insolvenzeröffnung einzelne Verträge noch nicht oder nicht zur Gänze erfüllt, so kann der Insolvenzverwalter nun in den Vertrag eintreten und das halbfertige Bauwerk fertigstellen oder vom Vertrag zurücktreten.

Im Falle des **Vertragsrücktritts** lehnt der Insolvenzverwalter die Fertigstellung des halbfertigen Bauwerks ab. Das halbfertige Projekt ist abzurechnen und der Insolvenzverwalter wird eine Schlussrechnung mit Umsatzsteuer legen.[44] Die Umsatzsteuerrichtlinien sehen vor, dass in diesem Fall die Verfügungsmacht am tatsächlich erbrachten Teil der Werklieferung bereits mit Insolvenzeröffnung verschafft worden ist.[45] Die Umsatzsteuer aus der Abrechnung des halbfertigen Bauwerkes ist daher als **Insolvenzforderung** einzustufen.

Sollte nach einem Vertragsrücktritt neu vereinbart werden, den Bau doch noch fertigzustellen, so kann in der Fertigstellung eine eigene Lieferung bzw Leistung erblickt werden. Die Umsatzsteuer auf diese Zusatz- bzw Fertigstellungsarbeiten wäre dann als Masseforderung zu werten.[46]

Erfüllt der Insolvenzverwalter den Vertrag und stellt den halbfertigen Bau fertig, so liefert er gemäß den allgemeinen Vorschriften mit Verschaffung der Verfügungsmacht (zB Schlüsselübergabe) an den Abnehmer. Wie oben angeführt handelt es sich um eine einheitliche Lieferung bzw Leistung, sofern keine Anzahlungen geleistet oder Teilleistungen vereinbart wurden, und die Umsatzsteuer stellt zur Gänze eine **Masseforderung** dar.[47]

Literaturverzeichnis

Kanduth-Kristen, S./Treer, H., (Hrsg), Insolvenz und Steuern, SWK-Spezial, Wien 2006.
Mohr, F., Sanierungsplan und Sanierungsverfahren nach dem Insolvenzrechtsänderungsgesetz 2010, Wien 2010.
Oberhuber, S./Kanduth-Kristen, S. (Hrsg), Finanzielle Sanierung einer GmbH, Wien 2008.

---

[43] Vgl *Ruppe*, UStG³, § 3 Tz 153.
[44] Vgl *Kanduth-Kristen/Treer*, Insolvenz und Steuern, 93.
[45] Vgl Rz 2407 UStR 2000.
[46] Vgl *Kanduth-Kristen/Treer*, Insolvenz und Steuern, 94.
[47] Vgl Rz 2408 UStR 2000.

Ruppe, H.G., Umsatzsteuergesetz Kommentar, 3. Auflage, Wien 2005.
Umsatzsteuerrichtlinien (UStR) 2000, Stand 18. November 2010.
Stabilitätsgesetz 2012.

Umwelthaftung in der Insolvenz – Ein Zwischenbericht

Ferdinand Kerschner/Erika Wagner

1. **Schnittpunkt zwischen öffentlich- bzw privatrechtlicher Umwelthaftung und Insolvenzrecht**
   1.1. Die maßgeblichen Fragen
   1.2. Ergebnisse der Studie 2002
2. **Neue Entwicklungen seit 2002**
   2.1. Neues B-UHG und Landesumwelthaftungsgesetze
3. **Neues Insolvenzrecht**
4. **Neue Entwicklungen der Judikatur und Lehre in Österreich und Deutschland**
   4.1. Judikatur seit 2002
      4.1.1. Österreichische Rechtsprechung
         4.1.1.1. Judikatur des OGH
         4.1.1.2. Judikatur des VwGH
      4.1.2. Deutsche Rechtsprechung
         4.1.2.1. Trendwende in der Judikatur des BVerwG?
         4.1.2.2. Judikatur des BGH
   4.2. Lehre seit 2002 – Positionen
      4.2.1. Österreichische Lehre
         4.2.1.1. „Massefreundliche Lösung"
         4.2.1.2. Gegenansicht der Autoren
      4.2.2. Deutsche Lehre
         4.2.2.1. Karsten Schmidt
         4.2.2.2. Gegenansicht
   4.3. Freigabe von kontaminierten Liegenschaften
      4.3.1. Österreich
         4.3.1.1. Rechtsprechung
         4.3.1.2. Lehre
            4.3.1.2.1. Positionen in der Lehre – massefreundliche Lösung
            4.3.1.2.2. Gegenmeinung – Unzulässigkeit der Freigabe
      4.3.2. Deutschland
         4.3.2.1. Rechtsprechung
         4.3.2.2. Lehre
            4.3.2.2.1. Karsten Schmidt
            4.3.2.2.2. Zulässigkeit der Freigabe
5. **Alte und neue Thesen**

1. Schnittpunkt zwischen öffentlich- bzw privatrechtlicher Umwelthaftung und Insolvenzrecht[1]

Unser Jubilar *Josef Schlager* ist jemand, der ständig anderen in ihren Krisensituationen hilft und zur Seite steht. Von Wirtschafts-, Budget- und auch Umweltkrisen sind alle betroffen. Im Jahr 2002 durften wir in dem großen, von *Josef Schlager* und *Birgit Feldbauer-Durstmüller* herausgegebenen Handbuch „Krisenmanagement – Sanierung – Insolvenz", nunmehr bereits in 2. Auflage, einen rechtlichen Beitrag zum Spannungsfeld zwischen Umweltkrise und Unternehmenssanierung liefern.[2] Als bescheidenen Dank an *Josef Schlager*, der auch uns in manchen Krisen als Steuerberater, wissenschaftlicher Partner oder universitärer Lehrer und Mitveranstalter gemeinsamer Lehrveranstaltungen höchst erfolgreich beigestanden ist, wollen wir den im Handbuch begonnenen wissenschaftlichen Diskurs, der jedenfalls in Österreich noch lange nicht abgeschlossen ist, fortsetzen. Wir hoffen auf Interesse, vielleicht aber auch auf Zustimmung unseres Jubilars.

1.1. Die maßgeblichen Fragen

Unsere allgemeine Frage lautet: Wie sind öffentlich-rechtliche Verhaltenspflichten bzw Forderungen (Ersatzvornahmekosten) bzw privatrechtliche Ansprüche, die allesamt der Sanierung der Umwelt dienen, in der Insolvenz des Verursachers eines Umweltschadens zu behandeln? Als normale Insolvenzforderungen oder als Masseforderungen? Insolvenzgläubiger versus Steuerzahler, Verursacherprinzip versus Gemeinlastprinzip?[3]

1.2. Ergebnisse der Studie 2002

Auf den Punkt gebracht lauteten unsere Ergebnisse im Jahr 2002 folgendermaßen:

- Öffentlich-rechtliche Verhaltensanforderungen gelten auch nach und während der Eröffnung des Insolvenzverfahrens uneingeschränkt. Eine Umwandlung öffentlich-rechtlicher Sanierungspflichten in Geldforderungen widerspräche klar dem Normzweck einschlägiger Umweltgesetze. Das gilt auch für allgemein deliktische, aus der Anerkennung absolut geschützter privater Rechtsgüter (Leben, Gesundheit, Eigentum) abgeleitete Abwehrrechte.
- Die Kosten einer nach Eröffnung des Insolvenzverfahrens durchgeführten Ersatzvornahme begründen auch dann eine Masseforderung, wenn der Gefahrentatbestand vor Insolvenzeröffnung verwirklicht worden ist. Nur die Kosten einer vor Insolvenzeröffnung durchgeführten Ersatzvornahme begründen bloße Insolvenzforderungen.
- Zivilrechtliche Unterlassungsansprüche sind ähnlich wie Aussonderungsansprüche uneingeschränkt zu erfüllen, da sie in dinglichen Rechtspositionen wurzeln. Dies gilt ebenso für die auf fortdauernden Eingriffen beruhenden zivilrechtlichen Beseitigungsansprüche.

---

[1] Unserem wissenschaftlichen Mitarbeiter Herrn Mag. *Filip Grubelnik* danken wir für wichtige Vorarbeiten ganz herzlich.
[2] *Kerschner/Wagner*, Umwelthaftung nach privatem und öffentlichem Recht bei Unternehmenskrisen, insbesondere in der Insolvenz in *Feldbauer-Durstmüller/Schlager* (Hrsg), Krisenmanagement – Sanierung – Insolvenz, 1175ff.
[3] Vgl näher zur Fragestellung *Kerschner/Wagner*, aaO 1177ff.

● Eine Freigabe (§ 119/5 IO) kontaminierter Liegenschaften zur Umgehung von Sanierungspflichten ist sittenwidrig (§ 879 ABGB). Eine solche Betrachtung gebietet vor allem das BVG umfassender Umweltschutz. Eine Freigabe ist nur dann zulässig, wenn dadurch nicht gegen öffentlich-rechtliche Umweltpflichten (zB Stilllegungspflichten) verstoßen wird und der Schuldner, in dessen Vermögen die kontaminierte Liegenschaft zurückfällt, auch tatsächlich seinen Sanierungspflichten nachkommen kann.

2. Neue Entwicklungen seit 2002

2.1. Neues B-UHG und Landesumwelthaftungsgesetze

In Umsetzung der EU-Umwelthaftungsrichtlinie besteht seit 20.6.2009 auch in Österreich ein Bundesumwelthaftungsgesetz (B-UHG), das eine öffentlich-rechtliche Gefährdungshaftung für Gewässer- und Bodenschäden vorsieht.[4] Daneben bestehen Landesumwelthaftungsgesetze, die Vermeidungs- bzw Sanierungspflichten bei Biodiversitätsschäden anordnen.[5] Der Anwendungsbereich der neuen Umwelt(gefährdungs)haftung erstreckt sich va auf umweltgefährliche Tätigkeiten (Betrieb von IPPC-Anlagen, Abfallbehandlungsanlagen, Einleitungen in Gewässer etc).

Trotz fast dreijähriger Geltung in Österreich sind bisher – soweit ersichtlich – keine entsprechenden Vermeidungs- bzw Sanierungsverfahren durchgeführt worden. Eine wohlwollende Sichtweise führt dies auf den „Mangel" an Umweltschäden zurück. Es könnten nämlich auch Umweltschutzverbände und betroffene Private eine „Untätigkeitsklage" einbringen. §§ 11-13 B-UHG sehen eben entsprechende Umweltbeschwerden vor. Dennoch hat sich die uE gelungene Kombination zwischen der treuhänderischen Aufgabe des Staates und dem Eigennutz des Individualgeschädigten noch nicht bewähren müssen. Daher ist die hier interessierende insolvenzrechtliche Einordnung in der Praxis noch offen.[6] Nach dem neuen Umwelthaftungsregime können seitens der Behörde Aufträge an den Verursacher sowohl bei unmittelbar bevorstehendem Umweltschaden als auch bei einem bereits verursachten Umweltschaden ergehen (§§ 5 und 6 B-UHG). Nach den §§ 5 Abs 4 und 6 Abs 3 B-UHG hat die Behörde bei Gefahr im Verzug „nötigenfalls" zur Ersatzvornahme zu schreiten.

Ist eine solche Ersatzvornahme vor Eröffnung des Insolvenzverfahrens durchgeführt worden, sodass auch eine Kostenvorschreibung bereits erfolgt ist, wobei die Kosten aber seitens des Schuldners noch nicht getilgt worden sind, so wird – soweit ersichtlich einheitlich – vertreten, dass dann die öffentliche Hand Insolvenzgläubigerin ist und auch mit ihrer Forderung nur auf die Quote verwiesen ist.

Lässt der Schuldner jedoch eine unsanierte Liegenschaft zurück und ist entweder bereits ein Sanierungsauftrag an ihn ergangen oder ergeht ein solcher an den Insolvenzverwalter, so fragt sich, in welcher Höhe die Ersatzvornahmekosten anzulasten sind: Bloß anteilig mit der Quote (als Insolvenzforderung) oder als Masseforderung. Die Verfasser

---

[4] Vgl dazu umfassend *Hinteregger/Kerschner* (Hrsg), Kommentar zum B-UHG (2011).
[5] Siehe näher wieder *Hinteregger/Kerschner* in *Hinteregger/Kerschner* (Hrsg), B-UHG Einführung, Rz 21.
[6] Vgl aber etwa *Kerschner* in *Hinteregger/Kerschner*, B-UHG § 8 Rz 104.

haben diesen Aspekt in dem schon eingangs erwähnten Handbuch des Jubilars unter vielfältigen dogmatischen Aspekten in Auseinandersetzung mit der bis dahin einschlägigen Literatur und Lehre[7] beleuchtet und sind zum Ergebnis gelangt, dass nachkonkursliche Ersatzvornahmekosten als Masseforderungen in voller Höhe zu befriedigen sind. Vereinfacht dargestellt geht es bei der auch in der dt Rsp[8] und Lehre[9] höchst umstrittenen Diskussion um die zentrale Fragestellung, wen die Sanierungskosten belasten: Ist die Forderung eine bloße Insolvenzforderung, so treffen die Sanierungskosten die Allgemeinheit *(„massefreundliche Sichtweise"*[10]); ist die Forderung dagegen eine Masseforderung, so belastet diese die Masse in voller Höhe. Die Gläubiger werden dadurch in ihrer Quote geschmälert, wobei allerdings – das sei schon hier angemerkt – in der Regel durch die Sanierung eine Werterhöhung der Masse eingetreten sein wird.

Die EU-Umwelthaftungsrichtlinie (UHRL) bedenkt die Situation der Insolvenz ebenso, allerdings in einem abgeschwächten Regelungskonzept: Die Mitgliedstaaten ergreifen Maßnahmen, mit denen wirtschaftlichen und finanziellen Akteuren **Anreize zur Schaffung finanzieller Mechanismen im Falle der Insolvenz** geboten werden, *„damit die Betreiber Finanzsicherheiten in Anspruch nehmen können, um ihre Haftung im Rahmen dieser Richtlinie zu decken."*

Besteht Deckung eines Sanierungsfalls durch die nach der UHRL (bloß) empfohlene Umweltsanierungskostenversicherung, so ist zwar für diesen Fall – jedenfalls im Normalbetrieb – vorgesorgt. In der Insolvenz könnte aber sogar fraglich sein, ob nicht die erfolgte Ersatzvornahme eine Versicherungsleistung auslöst, die als Aktivposten in die Masse einfließt und zugunsten aller Gläubiger aufgeteilt werden kann. So absurd diese Sichtweise erscheinen mag, so wäre dies nur logische Folge der uE abzulehnenden „massefreundlichen" Sichtweise. Darf nämlich der Staat nur quotenmäßig befriedigt werden, so ließe sich jedenfalls vor dem theoretischen Hintergrund dieser Sichtweise nicht erklären (arg Gleichbehandlung aller Gläubiger), warum der Staat in diesem Fall gänzlich zu befriedigen wäre. Schon daran erweist sich, dass das Insolvenzrecht nur ein Teil der gesamten Rechtsordnung ist und dass die Geltung öffentlich-rechtlicher Ordnungsanforderungen (deren Risiko diese Umweltsanierungskostenversicherung deckt) durch die Insolvenzeröffnung nicht außer Kraft gesetzt werden kann.

Im Rahmen der neuen UHRL ergibt sich noch ein weiterer Aspekt: Gem Art 8 Abs 2 UHRL bzw § 8 Abs 2 B-UHG kann die Behörde in jedem Vermeidungs- oder Sanierungsfall vom Gläubiger **dingliche Sicherheiten** verlangen. Damit ist sie dann als Absonderungsgläubigerin gem § 48 IO anzusehen und verfügt diesbezüglich jedenfalls über eine Sondermasse, die ihr zur Befriedigung zur Verfügung steht. Das macht die Diskussion um die Frage der Insolvenz- bzw Masseforderung aber nicht obsolet, schon gar nicht spricht dies bei ungesicherten Ersatzvornahmekosten für die massefreundliche Sichtweise. Der e-contrario-Schluss wäre nämlich diesfalls – wie so oft – verfehlt, vielmehr ist diese Bestimmung als Bestärkung der normativen Wertung zu sehen, dass die öffentliche Hand gerade nicht auf Sanierungskosten sitzen bleiben soll (contra Gemeinlastprinzip).

---

[7] Literaturnachweise vgl *Kerschner/Wagner* in *Feldbauer-Durstmüller/Schlager*, 1173.
[8] Vgl dazu unten 4.1.2.
[9] Vgl dazu unten 4.2.2.
[10] Diese Terminologie stammt von *K. Schmidt*, ZIP 2000, 1915.

3. Neues Insolvenzrecht

Das neue Insolvenzrecht (IRÄG 2010 BGBl I 2010/29)[11] hat für unsere Fragen keine Änderungen ergeben. Die zentralen Bestimmungen sind in ihrem hier relevanten Umfang gleich geblieben: § 14 IO (vormals 14 KO) und § 46 Abs 1 Z 2 IO (vormals § 46 Abs 1 Z 2 KO).

4. Neue Entwicklungen der Judikatur und Lehre in Österreich und Deutschland

Zum Thema selbst haben sich neue Entwicklungen in Literatur und Judikatur sowohl in Österreich als auch in Deutschland ergeben, die es quasi als „update" unseres Beitrags im vorliegenden Festschriftbeitrag zu referieren und zu diskutieren gilt.

4.1. Judikatur seit 2002

4.1.1. Österreichische Rechtsprechung

4.1.1.1. Judikatur des OGH

Die Fragestellung, wie Sanierungskosten (in casu Müllbeseitigungskosten) in Bezug auf eine Liegenschaft einer insolventen Betreibergesellschaft in der Insolvenz zu befriedigen sind, wurde in Österreich anhand der Entscheidung des **OGH 8 Ob 155/03g v 26.2.2004** diskutiert:[12] Die Schuldnerin, ein Recyclingunternehmen, war Mieterin einer Lagerfläche, auf der vor der Insolvenz Müll und Abfall abgelagert wurden. Zirka ein Monat vor Eröffnung des Insolvenzverfahrens hatte die Bezirksverwaltungsbehörde gegenüber der Schuldnerin einen Abfallbeseitigungsauftrag erlassen.

Der OGH hat sich in dieser Entscheidung gegen die Einordnung der Ersatzvornahmekosten als Masseforderung ausgesprochen. Die Allgemeinheit sei, wenn auch sie Gläubigerin sei, in die Schicksalsgemeinschaft der Gläubiger eingereiht. Ob ihre Position im öffentlichen Recht oder im Privatrecht wurzelt, sei gerade kein Kriterium für die Bewältigung des Verteilungskampfs. Es bestehe keine Privilegierung öffentlich-rechtlicher Pflichten, vielmehr seien diese den privatrechtlichen Pflichten gleichartig.

Der OGH beruft sich in dieser Hinsicht vorwiegend auf die Untersuchung von *Nunner*,[13] während er die von den Verfassern im bereits erwähnen Handbuch dargelegten diametral gegenteiligen Argumente und Positionen außer Acht lässt.

Auch die gegenteilige Position des VwGH[14] lehnt der OGH ausdrücklich ab: Die Ansicht, wonach die Kosten der Beseitigung einer Gefahrenlage damit der Allgemeinheit aufgebürdet und die Gläubiger entlastet würden, erachtet der OGH nämlich als *„zu eng"*. Auch das Vorliegen einer Masseforderung aus ungerechtfertigter Bereicherung (§ 46 Abs 1 Z 6 IO) lehnt der OGH ab.

---

[11] Vgl dazu nur *Buchegger*, Insolvenzrecht (2010).
[12] RdU 2004/92.
[13] Die Freigabe von Konkursvermögen (1998); vgl dazu noch näher unten 4.2.1.1.
[14] S zu dieser unten 4.1.1.2.

Diese E des OGH wurde in Österreich von den Verfassern[15] des gegenständlichen Beitrags inhaltlich kritisiert (nicht wegen „übergangener Zitierung"): Die Hauptkritikpunkte an der Entscheidung lassen sich wie folgt zusammenfassen und decken sich weitgehend mit den Ergebnissen unserer Untersuchung im Handbuch *Feldbauer-Durstmüller/Schlager* aus dem Jahr 2001/2002:

Die Bestimmung des § 14 IO, auf die der OGH rekurriert, ist nicht geeignet, den Problemlagen bei ordnungsrechtlichen Verhaltensanforderungen ausreichend Rechnung zu tragen. Es kann uE nicht bezweifelt werden, dass ordnungsrechtliche Verhaltensanforderungen, die Gefahren von der Umwelt abwenden bzw beseitigen wollen, auch in der Insolvenz grundsätzlich volle Geltung beanspruchen. Eine Umwandlung nach § 14 IO würde die öffentlich-rechtliche Verhaltenspflicht gegenüber dem Schuldner obsolet machen, ohne dass die Gefahr tatsächlich behoben wird. Schon der Zweck einer solchen umweltrechtlichen Norm steht dieser Deutung entgegen. Hat sich ein umweltrelevanter Sachverhalt vor Insolvenzeröffnung ereignet und fallen die Ersatzvornahmekosten erst danach an, so sind diese Kosten als Masseforderungen iSd § 46 Abs 1 Z 2 IO zu befriedigen. Die öffentlich-rechtliche Pflicht beansprucht auch nach Insolvenzeröffnung volle Geltung. Der Regressanspruch der sanierenden Behörde gründet sich auf die Ermächtigung zur Kosteneinhebung gemäß den öffentlich-rechtlichen Normen. Diese gelten auch nach Eröffnung des Insolvenzverfahrens weiter und bestehen in voller Höhe. Hinsichtlich der Kosten einer **vor Insolvenzeröffnung durchgeführten Ersatzvornahme** kann der IO die Wertung entnommen werden, dass die Behörde als Insolvenzgläubigerin auf die Quote zu verweisen ist (§ 51 IO).

Ansonsten ist die Resonanz aus der österreichischen Lehre,[16] insb seitens der Vertreter des Insolvenzrechts, eher spärlich ausgefallen, es sei denn, deren Schweigen könnte als Zustimmung gedeutet werden (was aber natürlich nicht der Fall ist).

Allerdings ist die Entscheidung renommierten Anhängern der sog „massefreundlichen Lösung" der dt Lehre nicht entgangen: So kommentiert *Tetzlaff* – vor dem Hintergrund der Entscheidung des BGH vom 22.7.2004 (dazu näher unten) – die Entscheidung des OGH dahingehend, dass diese Ansicht nun auch in Deutschland vertreten werde.[17] In diesem Zusammenhang streicht *Tetzlaff* auch die seiner Ansicht nach verfehlte Auffassung deutscher Verwaltungsgerichte heraus, wonach bei Bestehen einer ordnungsrechtlichen Verantwortlichkeit der Masse die von der Behörde durchgeführten Ersatzvornahmekosten wie eine Masseverbindlichkeit zu befriedigen seien.

4.1.1.2. Judikatur des VwGH

Im Ergebnis gelangt der VwGH in seinen neueren Entscheidungen zur Position, dass Ersatzvornahmekosten als Masseforderungen voll zu befriedigen seien:

So hatte der VwGH in seinem Erk vom 22.2.2001 einen Auftrag nach § 17 AlSAG in Verbindung mit § 30 und § 31 WRG insolvenzrechtlich einzuordnen:[18]

---

[15] RdU 2004/92.
[16] Vgl etwa *G. Nagele*, ZIK 2003, 155, der keine deutliche Präferenz für die eine oder andere Position zu haben scheint.
[17] EWiR 2004, 1039.
[18] RdU 2001/71 = ZfVB 2002/1005.

UE völlig zu Recht legt der VwGH dar, dass ein Beseitigungsauftrag keine Forderung iSd § 14 KO (nunmehr IO) sei. Ein solcher Beseitigungsauftrag sei auch während des Insolvenzverfahrens zulässig. Im Stadium der Vollstreckung durch Ersatzvornahme könne das Argument der Umwandlung nach § 14 IO nicht mehr geltend gemacht werden. Die rechtliche Beurteilung, ob Insolvenzforderung oder Masseforderung, richte sich – so auch in allen Vorentscheidungen[19] – nach dem tatsächlichen Entstehen der vorgeschriebenen Kosten. Anzuknüpfen sei an ein tatsächliches, nicht an ein fiktives Behördenhandeln.

Ebenso auf dieser Linie liegen die Erk des VwGH v 18.9.2002[20] und v 26.3.2009[21] (wasserpolizeilicher Behandlungsauftrag nach § 138 WRG): Der Insolvenzverwalter sei Vertreter des Schuldners und vertrete diesen vor der Verwaltungsbehörde.[22] Ein wasserpolizeilicher Auftrag sei keine Forderung iSd § 14 IO. Die Eröffnung des Insolvenzverfahrens mache ein Verwaltungsverfahren nicht unzulässig. Ein wasserpolizeilicher Auftrag sei eine Vollziehungsverfügung, die der Behörde die Möglichkeit zur Herstellung des gesetzmäßigen Zustandes gäbe.

Eine VwGH-Beschwerde gegen einen wasserpolizeilichen Auftrag, die bereits vor Insolvenzeröffnung eingebracht wurde, wird durch die Eröffnung des Insolvenzverfahrens nicht unterbrochen.[23]

Im Erk des VwGH vom 2.7.1998 erwarb ein Anlagenbetreiber aus der Insolvenzmasse und wurde daraufhin Adressat eines wasserpolizeilichen Sanierungsauftrags nach § 31 Abs 3 WRG.[24] Dass der Betreiber die Anlage im Wege der Insolvenz erworben hat, änderte an der Verpflichtungsstellung nach § 31 Abs 3 WRG nichts. Der Haftungsausschluss nach § 1409 ABGB beziehe sich nur auf Geldverpflichtungen, die Verpflichtungen nach § 31 WRG seien nicht dem § 1409a ABGB zu unterstellen.

4.1.2. Deutsche Rechtsprechung

4.1.2.1. Trendwende in der Judikatur des BVerwG?

Bemerkenswert erscheint, dass das BVerwG teilweise (nämlich im Zusammenhang mit der sogenannten Verhaltensstörerhaftung) zur „massefreundlichen" Auffassung übergegangen sein dürfte. So meint der 7. Senat in einem Urteil vom 22.7.2004[25] relativ lapidar, dass in Fällen der sogenannten Verhaltensverantwortlichkeit eine vor Insolvenzeröffnung entstandene Verbindlichkeit und damit eine Insolvenzforderung vorliege. Sieht man sich aber den Sachverhalt näher an, so relativiert sich uE die Bedeutung der Entscheidung in Hinblick auf eine mögliche Trendwende:

Der Kläger war angehalten worden, Abfälle, die auf dem Betriebsgelände der A-GmbH lagerten, als Insolvenzverwalter zu beseitigen. Er zeigte die Masseunzulänglichkeit an und verkaufte in der Folge das gesamte Anlagevermögen. Dennoch wurde er vom Verwaltungsträger zur Entsorgung verhalten. Der Kläger bestritt seine diesbezügliche Verantwortlichkeit.

---

[19] Dazu bereits *Kerschner/Wagner* in *Feldbauer-Durstmüller/Schlager*, 1194f.
[20] 99/07/0104, ecolex 2003, 213 (*Huber*).
[21] 2007/07/0127, ZfVB 2009/1952.
[22] Zur sog Vertretertheorie vgl bereits *Kerschner/Wagner* in *Feldbauer-Durstmüller/Schlager*, 1188.
[23] 2007/07/0127, ZfVB 2009/1952.
[24] 98/07/0076, RdU 1998, 193 = ZfVB 1999/1961.
[25] BVerwG 7 C 17.03 = ZIP 2004, 1766 (*Pape*) = EWiR 2004, 1025 (*Uhlenbruck*).

Das BVerwG hob den Bescheid zugunsten des Klägers auf und stützte dies im Wesentlichen darauf, dass der Insolvenzverwalter nach Verkauf einer nicht genehmigungsbedürftigen Anlage für vor der Insolvenzeröffnung entstandenen Abfälle weder Beseitigungs- noch Sicherungspflichten habe.

Va die Vertreter der insolvenzrechtlichen Sichtweise haben darin eine Trendwende der verwaltungsgerichtlichen Behandlung von Altlastenfällen in der Insolvenz bejubelt.[26]

Pape zieht aus dem Urteil des BVerwG vom 22.7.2004 den Schluss, dass bei einer Veräußerung durch den Insolvenzverwalter die Ordnungspflicht mit Überlassung der Anlage an den Erwerber ende und eine Inanspruchnahme der Masse nicht mehr in Betracht komme.

Uhlenbruck[27] betont, dass die Auffassung des BVerwG, dass der Insolvenzverwalter mit Übernahme der nicht genehmigungsbedürftigen Anlagen Abfallbesitzer geworden sei, überzeugend sei. Die tatsächliche Sachherrschaft habe der Insolvenzverwalter jedoch mit der Veräußerung des Anlagevermögens des Gemeinschuldners und der Übernahme des Betriebs durch die Erwerberin aufgegeben. *Uhlenbruck* konstatiert daher vorsichtig, dass noch nicht endgültig gesagt werden könne, ob das Urteil eine Trendwende darstelle. Der Insolvenzverwalter sei nicht Erzeuger von Abfällen. Ob die Einordnung der Beseitigung verhaltensbedingter Störungen der öffentlichen Ordnung in das insolvenzrechtliche Anspruchsystem auch für Fälle der Zustandsverantwortung gelte, lasse sich daher dieser E nicht entnehmen. Sicher sei nur, dass die Veräußerung des Betriebs durch den Verwalter zur Enthaftung desselben führe.

In der Tat ist derselbe Senat im Rahmen der **Zustandsverantwortlichkeit** in der Folge bei der früheren Judikaturlinie geblieben[28] und nimmt eine Masseforderung an, da eine persönliche Verpflichtung des Insolvenzverwalters vorliege und der Zeitpunkt der Gefahrenentstehung für die Einordnung daher unerheblich sei.[29] Die Kritik des BGH (dazu noch unten b) hat das BVerwG dabei ausdrücklich zurückgewiesen[30] und die Störereigenschaft allein nach ordnungsrechtlichen Gesichtspunkten beurteilt: Das Insolvenzrecht beschränke nicht das Ordnungsrecht, das gelte umgekehrt aber ebenso wenig.[31] Die Judikatur zur Verhaltensverantwortlichkeit hat das BVerwG in dieser Entscheidung indes bestätigt.[32]

4.1.2.2. Judikatur des BGH

Seit 2001 unverändert erscheint dagegen die Judikatur des BGH:

Der BGH unterscheidet in Hinblick auf die Beseitigungspflicht bezüglich Altlasten je nach Verursachungszeitpunkt. Danach komme eine zivilrechtliche Haftung für Altlas-

---

[26] S. *Smid*, DZWIR 2005, 100; *Pape*, Anm zu ZIP 2004, 1768.
[27] *Uhlenbruck*, Anm zum Erk des BVerwG v 22.7.2004, EWiR 2004, 1025.
[28] Dies schon befürchtend und vorweg ablehnend *Pape*, ZIP 2004, 1769.
[29] BVerwG 23.9.2004, BVerwG 7 C 22.03 = ZIP 2004, 2145.
[30] ZIP 2004, 2146.
[31] ZIP 2004, 2147; im Ergebnis ebenso jüngst auch das OGV Magdeburg Beschluss vom 9.5.2012 NuR 2012, 505: bei schädlichen Bodenveränderungen, die vor einer Insolvenz entstanden sind, kann gegen die Ersatzvornahme nicht mit Erfolg eingewendet werden, die Insolvenzmasse stehe allein den Insolvenzgläubigern zu.
[32] ZIP 2004, 2147.

ten, welche vor Eröffnung des Insolvenzverfahrens verursacht wurden, nicht in Betracht. Ansprüche, die aus der Zeit vor der Eröffnung des Insolvenzverfahrens resultieren, seien Insolvenzforderungen.[33]

4.2. Lehre seit 2002 – Positionen

4.2.1. Österreichische Lehre

4.2.1.1. „Massefreundliche Lösung"

In der Literatur vertritt va *Nunner*,[34] dass Ersatzvornahmekosten, die nach Insolvenzeröffnung vorgeschrieben werden bzw tatsächlich anfallen, bloße Insolvenzforderungen seien, die der Bestimmung des § 14 Abs 1 IO unterlägen. Im Einzelnen argumentiert *Nunner* wie folgt:

Die Autorin zieht eine Parallele zu privatrechtlichen Beseitigungspflichten und konstatiert, dass Beseitigungsansprüche vermögensrechtliche Ansprüche iSd Insolvenzrechts seien, da sie regelmäßig auf eine vertretbare Handlung des Schuldners (§ 353 EO) abzielten und daher in Geldansprüche umgewandelt werden könnten.[35]

Eine Einordnung als Aussonderungsansprüche lehnt sie dezidiert ab: Mit dem Beseitigungsanspruch werde gerade nicht geltend gemacht, dass ein Gegenstand nicht zur haftenden Masse gehört; es gehe vielmehr um eine Beschränkung der Handlungsfreiheit des Insolvenzverwalters.[36]

Auch eine Gleichsetzung mit Unterlassungsansprüchen verwirft sie, da diese nur durch indirekten Zwang gegen den Verpflichteten (§ 355 EO) durchsetzbar seien. Unterlassungsansprüche könnten daher weiter als Naturalansprüche gegen den Insolvenzverwalter durchgesetzt werden (sie seien „konkursfest").[37]

Beseitigungsansprüche seien dagegen nach allgemeinen insolvenzrechtlichen Grundsätzen einzuordnen.[38] Es komme daher darauf an, ob die Forderung vor oder nach Eröffnung des Insolvenzverfahrens *begründet* wurde. Wenn vor Eröffnung bereits eine Beseitigungs*pflicht* begründet worden ist, korrespondiere mit dieser auch ein Beseitigungs*anspruch*, der eine (schon vor Eröffnung begründete) Forderung iSd IO sei. Auf den Rechtsgrund dieser Forderung komme es nicht an.[39] Beseitigungsansprüche seien daher Insolvenzforderungen, würden nach § 14 IO umgewandelt und es könnte nicht mehr die Beseitigung als Naturalleistung verlangt werden.[40]

Auch den öffentlich-rechtlichen Beseitigungsanspruch sieht *Nunner* als vermögensrechtlichen an, da er durch Ersatzvornahme (vertretbare Handlung) durchgesetzt werden könne. Auch hier liege daher eine Insolvenzforderung vor. Die Behörde müsse ohnedies qua Ersatzvornahme einschreiten, sodass die Gefahrenabwehr nicht beeinträchtigt wäre; der Insolvenzverwalter müsse eine solche Ersatzvornahme allenfalls dulden.[41]

---

[33] BGHZ 148, 252ff = DZWIR 2002, 199; vgl dazu *Seidel/Flitsch*, DZWIR 2005, 278.
[34] Die Freigabe von Konkursvermögen (1998), 70ff.
[35] *Nunner*, Freigabe, 81.
[36] *Nunner*, Freigabe, 81f.
[37] *Nunner*, Freigabe, 82.
[38] *Nunner*, Freigabe, 83.
[39] *Nunner*, Freigabe, 84.
[40] *Nunner*, Freigabe, 84f.
[41] *Nunner*, Freigabe, 86.

Auf den Zeitpunkt der Erlassung des Leistungsbescheides kommt es nach dieser Ansicht nicht an: Der Rechtsgrund für den Beseitigungsanspruch sei bereits mit der Verwirklichung des Eingriffstatbestandes gelegt, damit werde ein „Rechtsverhältnis" zwischen Störer und Staat begründet.[42] Der Bescheid konkretisiere nur eine Pflicht, die bereits im Gesetz begründet sei.[43] Es sei zudem nicht sachgerecht, dass die Behörde ansonsten durch Zuwarten ihre Position verbessern könnte.[44]

Das Vorliegen einer Masseforderung verneint sie: Insbesondere reiche die Nichterfüllung einer Pflicht durch den Insolvenzverwalter, die bereits den Schuldner getroffen hat, nicht nach § 46 Abs 1 Z 5 IO aus, ebenso wenig die Unternehmensfortführung.[45]

Eine Masseforderung liege nur dann vor, wenn der umweltwidrige Zustand nach Eröffnung des Insolvenzverfahrens vergrößert wird oder eine anders geartete Gefahr entsteht.[46]

Zusätzlich führt *Nunner* als Argument für ihre Lösung den Grundsatz der Gläubigergleichbehandlung in der Insolvenz und damit zusammenhängend sogar den Gleichheitsgrundsatz ins Treffen.[47]

Diese Ansicht vertritt die Autorin uneingeschränkt für den Fall, dass die Gefahrenlage vor der Insolvenzeröffnung verwirklicht worden ist und der umweltwidrige Zustand nach Insolvenzeröffnung weder vergrößert worden ist noch durch eine andere neue Gefahr nach Insolvenzeröffnung entstanden ist.

4.2.1.2. Gegenansicht der Autoren

Jedenfalls für den Fall, dass die Gefahr erst nach Eröffnung des Insolvenzverfahrens entstanden ist, vertritt auch *Nunner*, dass die öffentlich-rechtliche Beseitigungspflicht als Naturalanspruch einzuordnen ist, der gegen den Insolvenzverwalter als Handlungsstörer durchsetzbar sei. Ersatzvornahmekosten seien dann Masseforderungen iSd § 46 Abs 1 Z IO. Dem können die Verfasser im Ergebnis zustimmen. Den Prämissen *Nunners* gilt es aber va unter Hinweis auf die schon im Handbuch *Feldbauer-Durstmüller/Schlager* dargelegten dogmatischen Argumente zu widersprechen. Die Parallele zu privatrechtlichen Beseitigungsansprüchen „hinkt" nämlich schon im Ansatz, weshalb hier nochmals auf die zentralen Argumente einzugehen ist (dazu noch näher unten (3)). Diese verfehlte Sichtweise wirkt sich nämlich im Falle der nach der Eröffnung des Insolvenzverfahrens erfolgten Ersatzvornahme (aufgrund davor entstandener Gefahrenverwirklichung) entscheidend aus:

(1) Keine Umwandlung von öffentlich-rechtlichen Vermeidungs- und Sanierungspflichten durch Eröffnung des Insolvenzverfahrens

Die Ansicht, dass eine öffentliche Pflicht zur Gefahrenabwehr in der Insolvenz ähnlich einer privatrechtlichen Beseitigungspflicht (nämlich der Pflicht, die gefährdende und störende Lage zu beseitigen) anzusehen sei (mit der Folge, dass sich diese nach § 14 IO

---

[42] *Nunner*, Freigabe, 87f.
[43] *Nunner*, Freigabe, 89.
[44] *Nunner*, Freigabe, 88.
[45] *Nunner*, Freigabe, 90.
[46] *Nunner*, Freigabe, 91.
[47] *Nunner*, Freigabe, 86ff.

in eine Geldschuld umwandle), ist – wie die Verfasser schon in ihrem Beitrag im Handbuch *Feldbauer-Durstmüller/Schlager* dargelegt haben – verfehlt.

Beseitigungsaufträge beruhen auf öffentlich-rechtlichen Verhaltensanforderungen, die vor und nach Insolvenzeröffnung volle Geltung beanspruchen. Ein von der Behörde erlassener Bescheid konkretisiert eine bestehende öffentlich-rechtliche Pflicht. In dieser Hinsicht konzediert auch *Nunner*, dass die öffentlich–rechtliche Pflicht unabhängig vom Leistungsbescheid bestehe. Die konstitutive Wirkung eines solchen Bescheides liegt nicht in der Pflichtenbegründung, sondern darin, dass damit die exekutive Durchsetzung in Hinblick auf den Rechtsunterworfenen möglich wird.

(2) Vermeintliche Zäsur: Eröffnung des Insolvenzverfahrens

Nunner erklärt nun die Situation des vorkonkursrechtlichen Tatbestands damit, dass das Rechtsverhältnis zwischen Staat und Störer bereits mit Verwirklichung des gesetzlichen Gefahrentatbestands erfüllt sei. Ab der Verwirklichung des Eingriffstatbestands bestehe eine potentielle Haftung des Schuldnervermögens. Damit liege die für die Entstehung als Insolvenzforderung maßgebliche Tatbestandsverwirklichung nicht erst im Zeitpunkt der Bescheiderlassung vor. Ist vor der Insolvenzeröffnung eine Gefahrenlage entstanden, so seien die Forderungen Insolvenzforderungen. Der öffentlich-rechtliche Beseitigungsanspruch unterliege dem Regime des § 14 IO. Damit werden der Zweck der umweltrechtlichen Verhaltensanforderung (Gefahrenbeseitigung) sowie Fragen des Adressatenkreises umweltrechtlicher Normen (Anknüpfung an [Abfall-]Besitz, Ingerenz als Zustandsverantwortlicher etc) völlig undifferenziert über „einen Kamm geschoren" und dem Regime eines Zeitpunkts unterworfen.

Die Inkonsequenz dieser Sichtweise zeigt sich weiters in der schließlich auch von *Nunner* getroffenen Differenzierung: Anders sei nämlich – so *Nunner* – die Situation zu behandeln, wenn ein umweltwidriger Zustand zwar vor Eröffnung des Insolvenzverfahrens entstanden ist, sich aber die Gefahr nach Insolvenzeröffnung ständig vergrößert oder nach Insolvenzeröffnung eine anders geartete Gefahr entsteht. Zwar bestehe die Gefahrenlage – so *Nunner* – auch schon vor Insolvenzeröffnung, jedoch liege in diesem Zeitpunkt kein abgeschlossener Tatbestand vor, der eine Annahme eines begründeten Anspruchs rechtfertigen würde. Dann sei eine Masseforderung iSd § 46 Abs 1 Z 2 bzw Z 5 IO gegeben. Diese Sichtweise ist nicht nur höchst inkonsequent, willkürlich und unpraktikabel: Nur der nach Eröffnung des Insolvenzverfahrens entstehende Umweltschaden bräuchte von der Masse saniert zu werden.

De facto böte das neue Umwelthaftungsregime bei einer solchen Betrachtung nun wohl ohnedies „Auswege" aus der „massefreundlichen Lösung": Denn jeder Vermeidungsanspruch (§ 5 B-UHG) lässt sich als Sanierungsanspruch (§ 6 B-UHG) oder zumindest als Anspruch auf Vorkehrungen (§ 6 Abs 2 B-UHG) fortsetzen[48] bzw kann ein eingetretener Sanierungsanspruch uU auch auf ein anderes Rechtsgut bezogen werden. In vielen Fällen wird sich solcherart uU auch zwischen Wasser- und Bodenschäden „jonglieren" lassen. Auch die Biodiversität kann noch gegebenenfalls ins Treffen geführt werden. Das alles wird aber keine Lösung sein, denn Fehlwege soll man nicht weiterverfolgen!

---

[48] Vgl zum Abgrenzungsproblem *Wagner* in *Hinteregger/Kerschner*, § 6 B-UHG Rz 9ff.

(3) Verfehlte Differenzierung zwischen Unterlassungs- und Beseitigungsansprüchen

Ist schon die Gleichsetzung von öffentlich-rechtlichen Beseitigungspflichten mit privaten Beseitigungsansprüchen verfehlt, so beruht auch die Erklärung der zivilrechtlichen Beseitigungspflicht als solcher auf uE dogmatisch unzutreffenden Annahmen:

Nunner differenziert nämlich zwischen Beseitigungsansprüchen und Unterlassungsansprüchen und lehnt es ab, erstere mit dem Schicksal von Unterlassungsansprüchen in der Insolvenz gleichzusetzen. Unterlassungsansprüche seien, so *Nunner* – uE (nur) im Ergebnis zu Recht – insolvenzfeste Ansprüche, die eine persönlich auszuübende Pflicht des Insolvenzverwalters begründete. *Nunner* versucht ihre Differenzierung damit zu begründen, dass der Unterlassungsanspruch mit Zwang gegen die Person des Verpflichteten durchgesetzt werde, während der Beseitigungsanspruch nach § 353 EO durchgesetzt werden könne.

Abgesehen davon, dass sich die Rechtsnatur von Ansprüchen nicht über deren Exequierung erklären lässt,[49] gehen die Autoren *Kerschner*[50] und *Wagner*[51] auch davon aus, dass Unterlassungs- und Beseitigungsansprüche eine strukturell gleiche Rechtsnatur aufweisen. Beide Anspruchstypen sind auf die Wiederherstellung der Grenzen des Rechts in der Zukunft gerichtet. Es geht bei diesen Ansprüchen nicht um „Vergangenheitsbewältigung" in dem Sinn, dass zum Zeitpunkt der Eröffnung des Insolvenzverfahrens ein abgeschlossener Tatbestand vorliegt, sondern der Anspruch besteht auch nach Eröffnung des Insolvenzverfahrens unverändert fort. Das gilt jedenfalls dann, wenn es sich um dingliche Ansprüche handelt.

(4) Gemeinlastprinzip

Nunner[52] betont, dass die Auffassung, die die öffentliche Hand auf die Insolvenzquote verweist, „billig" sei. Auch die Allgemeinheit sei, wenn sie Gläubigerin ist, in die Schicksalsgemeinschaft der Gläubiger eingereiht. Ob sie ihre Position dem Privatrecht oder dem öffentlichen Recht verdanke, sei irrelevant. Damit werden – wie schon im Handbuch *Feldbauer-Durstmüller/Schlager* dargelegt – nur die noch vorhandenen Werte privatisiert, Umweltkosten aber sozialisiert. Abgesehen davon, dass es für die von *Nunner* ins Treffen geführte „Billigkeit" keinerlei normative Anhaltspunkte im Insolvenzrecht selbst gibt. Im Gegenteil: § 46 Abs 2 IO enthält die Kategorie der „anderen öffentlichen Abgaben"[53] und knüpft daran deren volle Befriedigung als Masseforderung. Es wäre eine „Billigkeit" in verfassungskonformer Weise in der gegenteiligen Richtung anzunehmen: Das Verursacherprinzip kann immerhin mit uE überzeugenden Gründen als Teilaspekt des BVG umfassender Umweltschutz angesehen werden.[54]

---

[49] Es kann etwa auch Beseitigungsansprüche geben, die nicht nach § 353 EO exequierbar (zB Widerrufsansprüche nach § 1330 ABGB) und nicht nach § 14 IO umwandelbar sind.
[50] Umwelthaftungssysteme des geltenden österreichischen Rechts – Nachbarrecht, in *Hanreich/Schwarzer* (Hrsg), Umwelthaftung, 52; idS auch *Lepeska*, Der negatorische Beseitigungsanspruch – im System des privatrechtlichen Eigentumsschutzes (2000), 75.
[51] Gesetzliche Unterlassungsansprüche im Zivilrecht (2006), 276f.
[52] Freigabe, 85.
[53] Vgl zur Auslegung dieses Begriffs *Kerschner/Wagner* in *Feldbauer-Durstmüller/Schlager*, 1207.
[54] Vgl dazu *Funk*, Verursacherprinzip als Verfassungsprinzip?, in *Kerschner/Funk/Priewasser* (Hrsg), Neue Umwelthaftung, RdU 31 (2010), 14.

4.2.2. Deutsche Lehre

4.2.2.1. Karsten Schmidt

Wie die Autoren des vorliegenden Beitrags vertritt in der deutschen Lehre *Karsten Schmidt* konstant[55] in einer Vielzahl von Publikationen zu diesem Thema die Ansicht, dass Umweltverbindlichkeiten in der Insolvenz in voller Höhe zu befriedigen seien: Da die Ordnungspflicht eine objektiv-rechtliche Pflicht und keine umrechenbare Verbindlichkeit darstelle, könne man nur bei der Erstattung von Ersatzvornahmekosten von einem Geldanspruch und somit von einer Insolvenzforderung sprechen. In einer jüngsten Publikation[56] geht er sogar so weit, die aktuelle Rechtsprechung mancher Verwaltungsgerichte[57] als staatliche Insolvenzbeihilfe für Umweltkosten zu betrachten: *Karsten Schmidt* weist darauf hin, dass mit dieser Rechtsprechung die Kostentragung alleine durch den Fiskus gegeben sei. Insolvenzgläubiger, Banken, Finanziers würden davon profitieren, dass die Insolvenzmasse von Beseitigungs- und Sanierungskosten frei bleibe. Karsten Schmidt betont ferner, dass die Frage, ob die Pflicht der Gesellschaft eine Insolvenzverbindlichkeit oder eine Masseforderung sei, verfehlt sei. Es läge nämlich überhaupt keine direkt in Geld umrechenbare Verbindlichkeit vor, sondern eine objektiv-rechtliche Pflicht. Ebenso verfehlt sei nach *Karsten Schmidt* die Frage, ob der Insolvenzverwalter mit Insolvenzeröffnung ordnungspflichtig werde. Es komme nicht auf eine Störereigenschaft des Insolvenzverwalters an; vielmehr bestehe eine kontinuierliche Störereigenschaft der insolventen Gesellschaft.[58] Adressat umweltrechtlicher Normen und damit auch von Verfügungen könne nach Verfahrenseröffnung nur der Insolvenzverwalter sein, jedoch nicht als Privatperson, sondern als Amtsverwalter.

4.2.2.2. Gegenansicht

Nach wie vor überwiegen in der deutschen Lehre jene Ansichten, die sich für eine Einordnung als Insolvenzforderung aussprechen:

So argumentiert *Smid*[59], dass die Verantwortlichkeit des Insolvenzverwalters auf einem vorkonkurslichen Handeln des Schuldners beruhe, weshalb eine Einordnung als Insolvenzforderung vorzunehmen sei. Eine Ausnahme will er hingegen dann annehmen, wenn der Insolvenzverwalter den Betrieb fortführt.[60]

Tetzlaff[61] legt als maßgeblichen Zeitpunkt für die Einordnung das Entstehen der Umweltschäden fest und gelangt auf diesem Wege ebenfalls zur Annahme von Insolvenzforderungen. Der Zeitpunkt des behördlichen Einschreitens sei unerheblich. Die Behörde müsse in der Insolvenz wie alle Gläubiger Verluste hinnehmen. Eine Verpflichtung des Insolvenzverwalters zur Heranziehung der Masse zur Beseitigung von Umweltschä-

---

[55] Vgl die Literaturnachweise bei *Kerschner/Wagner* in *Feldbauer-Durstmüller/Schlager*, 1229.
[56] K. Schmidt, Keine Ordnungspflicht des Insolvenzverwalters, NJW 2010, 1489.
[57] Vgl etwa VGH Kassel, Urteil vom 11.9.2009, NJW 2010, 1545: Der Masseverwalter hatte das Tanklager aus der Masse freigegeben, weshalb die Gerichte die Betreiberstellung des Insolvenzverwalters der Tanklagergesellschaft verneinten; ähnlich OVG Lüneburg v 3.12.2009, NJW 2010, 1546.
[58] K. Schmidt, NJW 2010, 1491f, auch gegen die in der BRD vorherrschende „Amtstheorie", vgl auch aaO 1493: Der Insolvenzverwalter sei nur Organ des Schuldners.
[59] Kommentar zur Insolvenzordnung (2000) § 55 InsO Rz 14.
[60] Vgl *Smid*, DZWIR 2005, 100.
[61] ZIP 2001, 11.

den sei nirgends normiert.⁶² Der Sanierungsaufwand übersteige zudem die Wertsteigerung der sanierten Liegenschaft häufig erheblich.⁶³

Auch in der übrigen deutschen Literatur wird überwiegend auf den Zeitpunkt der Verwirklichung des Gefahrentatbestandes bzw der Pflichtverletzung abgestellt und der Zeitpunkt des Einschreitens der Behörde für unerheblich erachtet.⁶⁴ Eine Privilegierung der öffentlichen Hand bedürfe einer ausdrücklichen gesetzlichen Regelung;⁶⁵ außerdem habe der Gesetzgeber der dt InsO Privilegierungen der öffentlichen Hand weitgehend abgeschafft.⁶⁶

Etwas unklar ist die Position von *Uhlenbruck*: Während er zunächst für die Einordnung der Ersatzvornahmekosten auf den Zeitpunkt des Erlasses der Beseitigungsverfügung abstellt⁶⁷, lehnt er diese Auffassung später entschieden ab, da die Behörde ansonsten gezwungen sei, mit der Bescheiderlassung zuzuwarten.⁶⁸ Maßgeblich sei doch der Zeitpunkt der „Begründung" der Forderung.⁶⁹ Es gehe bei der Einordnung um eine angemessene Verteilung der Haftungsverantwortung auf die Gläubigergemeinschaft und die Allgemeinheit.⁷⁰

Weitgehend differenzierter als bei den Ersatzvornahmekosten wird dagegen die Einordnung des umweltrechtlichen Beseitigungsanspruchs vorgenommen: Zum Teil wird auch dieser als Vermögensanspruch angesehen, zu dessen Entstehen es nicht auf eine behördliche Verfügung ankomme.⁷¹

Zahlreiche Stimmen sprechen sich allerdings gegen eine solche Klassifikation des Beseitigungsanspruchs aus: So sieht *Uhlenbruck* öffentlich-rechtliche Handlungs- und Unterlassungspflichten generell nicht als Insolvenzforderungen an, auch wenn sie eine vertretbare Handlung zum Gegenstand haben.⁷²

---

[62] *Tetzlaff*, ZIP 2001, 12; ebenso *Lwowski/Tetzlaff*, WM 2005, 928 (bemerkenswert die zustimmende Besprechung des OGH-Erkenntnisses in WM 2005, 926f; dort auch schon die zustimmende Anmerkung von *Tetzlaff*, EWiR 2004, 1039).
[63] *Tetzlaff*, ZIP 2001, 17.
[64] Vgl *Schumacher* in *Wimmer* (Hrsg), Frankfurter Kommentar zur Insolvenzordnung³ (2002), § 38 Rz 20; *Pape*, ZIP 2004, 1769; *Uhlenbruck/Berscheid* in *Uhlenbruck*¹² (2003), § 55 InsO Rz 30, 33. Vorsichtiger noch *Pape* in *Kübler/Prütting* (Hrsg), Kommentar zur Insolvenzordnung (2001), § 55 Rz 38, 40, der eine Einfügbarkeit von Altlastenverbindlichkeiten in das insolvenzrechtliche Anspruchssystem noch verneint und eine höchstgerichtliche (uU verfassungsgerichtliche) Abklärung erhofft.
[65] *Schumacher* in Frankfurter Kommentar³, § 55 Rz 18.
[66] *Pape* in *Kübler/Prütting*, § 55 InsO Rz 38; *Uhlenbruck/Berscheid* in *Uhlenbruck*¹², § 55 InsO Rz 34f; *Vossenkämper*, Grenzen der Gesamtrechtsnachfolge bei der Sanierung von Altlasten (2009), 186. Im Hinblick auf § 46 Z 2 IO lässt sich diese Argumentation auf Österreich allerdings nicht übertragen.
[67] *Uhlenbruck* in *Uhlenbruck*¹², § 38 InsO Rz 22.
[68] *Uhlenbruck*, KTS 2004, 290.
[69] *Uhlenbruck*, KTS 2004, 288; wenige Sätze zuvor meint er allerdings noch, dass erst durch die Konkretisierung per Verwaltungsakt ein Anspruch entstehe.
[70] *Uhlenbruck*, KTS 2004, 289.
[71] *Hefermehl* in *Kirchhof/Lwowski/Stürner* (Hrsg), Münchener Kommentar zur Insolvenzordnung² (2007), § 55 Rz 92; allerdings lässt auch *Hefermehl* eine Ersatzvornahme und eine entsprechende Duldungspflicht des Masseverwalters gelten.
[72] *Uhlenbruck* in *Uhlenbruck*¹², § 38 InsO Rz 22; vgl auch *Uhlenbruck*, KTS 2004, 288, wo der Ansicht von *Karsten Schmidt* beigepflichtet wird, dass Ordnungspflichten überhaupt nicht als „Schuld" anzusehen seien; abweichend allerdings *Uhlenbruck*, EWiR 2004, 1026.

Kley argumentiert in Verteidigung der Judikatur der BVerwG, dass ein Abstellen auf die Vollendung des anspruchsbegründenden Tatbestands eine **unzulässige Aufweichung des Ordnungsrechts durch das Insolvenzrecht bewirke**. Es gehe bei dieser Frage nicht um eine Privilegierung des Staates, sondern um einen Vorrang der Störungsbeseitigung. Solange eine Gefahr noch andauert, sei es problematisch, von einem „vollendeten oder abgeschlossenen" Gefahrentatbestand zu sprechen. Die Zustandsverantwortlichkeit des Insolvenzverwalters hänge nicht mit einer früheren Verantwortlichkeit des Schuldners zusammen.[73]

Ehricke[74] verneint eine Einordnung als Insolvenzforderung ebenfalls: Ordnungspflichten würden sich gar nicht zur Anmeldung eignen,[75] sie seien gar kein Vermögensanspruch. Zudem werde Ordnungsrecht nicht durch Insolvenzrecht verdrängt. Die Beseitigungspflicht sei vom Insolvenzverwalter aus der Masse zu erfüllen.

Vossenkämper[76] und *Karsten Schmidt*[77] argumentieren ebenfalls, dass der Beseitigungsanspruch gar kein vermögensrechtlicher Anspruch sei, da er nicht umgerechnet werden könne. Eine Ersatzvornahme sei keine Zwangsvollstreckung im insolvenzrechtlichen Sinne und daher zulässig.[78] Die Kosten einer solchen Ersatzvornahme ordnet *Vossenkämper* allerdings wieder als Insolvenzforderung ein, da die Tatbestandsmerkmale (der „Rechtsgrund" der Forderung), also die Voraussetzungen für die Bescheiderlassung, schon erfüllt seien und es sich bis zur Durchführung der Sanierung um eine „aufschiebend bedingte Forderung" handle.[79] Allerdings könne die Behörde die Forderung erst nach Androhung der Ersatzvornahme anmelden, da erst dann die Kosten hinreichend bestimmt seien.[80]

Vereinzelt werden in der Literatur aber auch andere Meinungen hinsichtlich der Einordnung der Ersatzvornahmekosten vertreten. So stellt *Hefermehl*[81] ausschließlich auf die Eigenschaft des Insolvenzverwalters als Störer ab: Ist er selbst als Störer verantwortlich, so handle es sich um Masseforderungen, gleichgültig ob die Gefahrenlage schon vor Insolvenzeröffnung bestanden habe. Die Störereigenschaft sei ausschließlich nach dem Ordnungsrecht zu beurteilen. Eine Verantwortung des Masseverwalters nach öffentlichem Recht begründe eine originäre persönliche Ordnungspflicht und daher eine Masseverbindlichkeit. Der Insolvenzverwalter übernehme die Masse in dem rechtlichen und vermögensmäßigen Zustand, wie sie sich bei Insolvenzeröffnung befindet. Die übrigen Gläubiger hätten keinen Anspruch auf Beseitigung von Altlasten im Interesse ihrer Befriedigungsmöglichkeiten mit Mitteln der Allgemeinheit.

---

[73] *Kley*, DVBl 2005, 732.
[74] *Ehricke* in MünchKomm², § 38 InsO Rz 39f; pragmatisch dagegen in Rz 40, wo er für den Fall, dass man dennoch einen Vermögensanspruch annehme, eine Einordnung nach dem Entstehen der Beseitigungspflicht vornimmt.
[75] Vgl *Ehricke* aaO Rz 45 explizit für Beseitigungspflichten: Eine Anmeldung wäre sinnlos.
[76] Grenzen der Gesamtrechtsnachfolge, 181; vgl aaO 184: Auch nach Erlass einer Sanierungsverfügung sei eine Umrechnung noch nicht möglich, daher auch keine Anmeldung.
[77] NJW 2010, 1491: Objektivrechtliche Pflicht.
[78] *Vossenkämper*, Grenzen der Gesamtrechtsnachfolge, 184f; andere Zwangsmittel seien dagegen unverhältnismäßig.
[79] *Vossenkämper*, Grenzen der Gesamtrechtsnachfolge, 187.
[80] *Vossenkämper*, Grenzen der Gesamtrechtsnachfolge, 188.
[81] *Hefermehl* in MünchKomm², § 55 InsO Rz 97.

4.3. Freigabe von kontaminierten Liegenschaften
4.3.1. Österreich
4.3.1.1. Rechtsprechung

Der OGH hat zur Freigabe von Umweltlasten (gem § 119 Abs 5 IO) bereits ausgesprochen,[82] dass der Verwalter durch die Überlassung einzelner Teile der Masse an den Schuldner nicht gegen gesetzliche Vorschriften verstoßen darf. Da der Abfallbesitzer, also auch der Insolvenzverwalter, gefährliche Abfälle im Sinn des AWG nur an einen zur Sammlung und Behandlung solcher Abfälle Befugten übergeben dürfe, dem Schuldner diese Befugnis jedoch nach Eröffnung des Insolvenzverfahrens nicht mehr zustehe, würde die Überlassung der Abfälle an den Schuldner ein verwaltungsrechtliches Delikt erfüllen. Sie sei daher als unzulässig anzusehen.

In einer jüngeren Entscheidung 8 Ob 91/05y[83] hat der OGH diese Rsp zur Freigabe belasteter Liegenschaften/Anlagen nochmals bestätigt: Eine Überlassung einzelner Masseteile an den Schuldner sei unzulässig, wenn dadurch gegen gesetzliche Vorschriften verstoßen werde. Dies sei der Fall, wenn der Schuldner nicht mehr die verwaltungsrechtlich vorgeschriebenen Qualifikationen (hier etwa nach dem Tierschutzgesetz) erfülle.

Auf die kritischen Stimmen der Lehre weist der OGH in dieser Entscheidung hin, setzt sich aber nicht näher mit ihnen auseinander.

4.3.1.2. Lehre
4.3.1.2.1. Positionen in der Lehre – massefreundliche Lösung

Ein Teil der Lehre differenziert danach, ob die Ausscheidung gem § 119 Abs 5 IO zulässig sei. Davon getrennt behandelt wird dann die Frage, welche Folgen eine solche Ausscheidung für die Belastung der Masse mit Umweltverbindlichkeiten hat.

So vertritt etwa *Nunner*[84] folgende Position: Eine Freigabe begründe keinen Verstoß gegen das Umweltrecht, deshalb bestehe auch kein Verbot der Freigabe.[85]

Wurde eine Gefahr bereits vor Insolvenzeröffnung vollständig verwirklicht, so sei die Verpflichtung der Masse, die Aufwendungen für die Sanierung anteilig zu tragen, durch Freigabe der gefährdeten Sache nicht aufgehoben bzw verändert. Die Freigabe einer umweltstörenden Sache bewirke keine Enthaftung der Masse.

Entsprechendes gälte auch – so *Nunner*[86] –, wenn eine Masseforderung vorliegt. Auch hier könne eine Freigabe kein Abschütteln der Massehaftung begründen. Der öffentlichen Hand, die bereits eine Insolvenzforderung habe, hafte immerhin das gesamte insolvenzunterworfene Vermögen. Die Freigabe vermöge nur die Aktivmasse, nicht jedoch die Passivmasse zu verändern. Nach der Freigabe bestehe der Vermögensanspruch der öffentlichen Hand als Insolvenzforderung fort. Entsprechendes gelte, wenn eine Masseforderung vorliegt.

---

[82] SZ 67/98.
[83] ZIK 2005, 214.
[84] Freigabe, 91f.
[85] Vgl dazu bereits *Kerschner/Wagner* in *Feldbauer-Durstmüller/Schlager*, 1220 mwN.
[86] Freigabe, 93.

Daher geht *Nunner*[87] davon aus, dass die Freigabe umweltstörender Sachen grundsätzlich zulässig sei.

Riel[88] kritisiert die oben dargelegte Rsp generell. Die Ausscheidung iSd § 119 Abs 5 IO sei als eine Teilaufhebung des Insolvenzverfahrens zu sehen. Das konkursverstrickte Vermögen falle wieder in die Verfügungsbefugnis des Schuldners zurück. Das könne nicht durch verwaltungsrechtliche Bestimmungen verboten sein.

G. Nagele[89] lässt im Ergebnis die Frage, ob sich der Insolvenzverwalter durch Ausscheiden der Liegenschaft nach § 119 Abs 5 IO seiner öffentlich-rechtlichen Verpflichtungen entledigen kann, offen. Er geht jedenfalls grundsätzlich davon aus, dass der Insolvenzverwalter die Einhaltung öffentlich-rechtlicher Verpflichtungen, sohin auch umweltrechtlicher Pflichten, zu erfüllen habe.

4.3.1.2.2. Gegenmeinung – Unzulässigkeit der Freigabe

Dass es in keiner Weise mit der ratio der öffentlich-rechtlichen Sanierungspflichten und dem normativ verankerten BVG umfassender Umweltschutz in Einklang zu bringen ist, dass vorhandene Aktiva unter den Gläubigern aufgeteilt werden, Passiva (kontaminierte Liegenschaft und öffentlich-rechtliche Ersatzvornahmekosten) auf den vermögenslosen Schuldner ausgelagert werden, erscheint uns überzeugender:[90] Immerhin verhindert man ja de facto eine Sanierung durch den Verursacher, den die öffentlich-rechtlichen Vorschriften als primären Sanierungsadressaten nennen. Solche Rechtshandlungen widersprechen daher direkt der ratio von umweltrechtlichen Normen, sind daher gesetz- bzw sittenwidrig im Lichte des § 879 ABGB. Jedenfalls können sie als Umgehungshandlungen derselben angesehen werden, sodass dann die Rechtsordnung die Wirksamkeit nicht anerkennen kann.

Dass ihre Sichtweise mit dem Zweck öffentlich-rechtlicher Normen in Konflikt gerät, scheint *Nunner*[91] schließlich sogar selbst zu erkennen: Sie schränkt in der Folge daher ihre Position ein: Die Freigabe sei nur dann unzulässig, wenn sie selbst eine andere oder größere Gefahr auslösen würde; man denke an die Freigabe von Stoffen, die einer speziellen Lagerung bedürfen, zu der der Schuldner nicht imstande ist. Gegen diese Differenzierung gelten die oben bereits vorgebrachten Bedenken mutatis mutandis: Letztlich führt diese Lösung dazu, dass in der Insolvenz umweltrechtliche Erhebungen (andere oder größere Gefahr?) von Insolvenzgerichten zu tätigen wären, von deren Ergebnissen dann die insolvenzrechtliche Einordnung abhängen soll. Dass das zu weit führt, ist wohl leicht erkennbar.

4.3.2. Deutschland

4.3.2.1. Rechtsprechung

In seinem Urteil vom 23.9.2004[92] setzt sich das BVerwG mit der Frage der Zulässigkeit der Freigabe auseinander: Im Ergebnis verneint das Gericht die bodenschutzrechtliche Inanspruchnahme des Insolvenzverwalters nach Freigabe kontaminierter Grundstücke.

---

[87] Freigabe, 94.
[88] In *Konecny/Schubert* (Hrsg), Kommentar zu den Insolvenzgesetzen (2001) § 119 Rz 39.
[89] Die Verwaltung kontaminierter Liegenschaften im Konkurs, ZIK 2003, 155.
[90] So bereits *Kerschner/Wagner* in *Feldbauer-Durstmüller/Schlager*, 1225.
[91] Freigabe, 94.
[92] BVerwG 7 C 22.03 = ZIP 2004, 2145.

Die Möglichkeit der Freigabe von Gegenständen sei anerkannt und bewirke, dass diese aus der Masse ausscheiden und in die Verwaltungs- und Verfügungsbefugnis des Schuldners zurückkehren. Der Zweck der Freigabe bestehe darin, die Masse zu entlasten. Es sei Pflicht des Insolvenzverwalters, die Masse mit dem Ziel einer möglichst hohen Quote zu schonen, daher könne die Freigabe sogar eine Pflicht des Insolvenzverwalters sein.

Eingehend setzt sich das BVerwG auch mit der Frage der Sittenwidrigkeit und damit der Nichtigkeit der Freigabe auseinander (da durch diese der Allgemeinheit die Kosten aufgebürdet werden). Da es gerade der Sinn einer Freigabe ist, die Masse zu entlasten, würde die Sittenwidrigkeit das gesamte Institut der Freigabe treffen. Eine Differenzierung danach, ob die Freigabe Interessen privater Dritter oder der Allgemeinheit zuwiderläuft, lasse sich ohne explizite gesetzliche Regelung mit einer freiheitlichen Rechtsordnung nur schwer vereinbaren.[93] Das Ordnungsrecht müsse die insolvenzrechtlichen Handlungsmöglichkeiten des Insolvenzverwalters respektieren. Auch aus Verhältnismäßigkeitserwägungen wäre eine Inanspruchnahme des Pflichtigen über den Verkehrswert hinaus nach der Judikatur des BVerfG nur unter engen Voraussetzungen zulässig. Außerdem könne die Freigabe dazu dienen, den Erhalt des Unternehmens zu sichern. Insgesamt liegt es aus Sicht des BVerwG daher „eher fern", eine generelle Sittenwidrigkeit der Freigabe anzunehmen.[94]

Das BVerwG weist allerdings darauf hin, dass bei der Freigabe die Vorschriften über die Zustandsverantwortlichkeit im Zusammenhang mit Eigentumsinhaltsbeschränkungen des Grundrechts auf Eigentum von Bedeutung seien. Behörden und Gerichte hätten bei Anwendung dieser Vorschriften der Sozialpflichtigkeit des Eigentums Rechnung zu tragen und den Grundsatz der Verhältnismäßigkeit zu wahren. Eine Inanspruchnahme des Pflichtigen über den als Orientierungsgrenze zu geltenden Verkehrswert hinaus sei nur unter engen Voraussetzungen möglich. Die Zulässigkeit der Freigabe begründet das BVerwG dahingehend, dass der Eigentümer, der in der Vergangenheit Nutzen aus dem Eigentum gezogen hat, die mit dem Eigentum einhergehenden Belastungen nicht auf die Allgemeinheit verlagern soll.[95]

Das BVerwG lehnt auch ausdrücklich die Auffassung von *Karsten Schmidt* ab: Unter Berücksichtigung des Gesetzgebungsprozesses sei auch bei juristischen Personen die Möglichkeit einer insolvenzfreien Masse zwingend vorgegeben.[96]

4.3.2.2. Lehre

4.3.2.2.1. Karsten Schmidt

Wie die Autoren des vorliegenden Beitrags vertritt in Deutschland *Karsten Schmidt* die Unzulässigkeit einer Freigabe kontaminierter Liegenschaften – jedenfalls seitens juristi-

---

[93] ZIP 2004, 2148; diese Aussage begrüßt *Smid*, DZWIR 2005, 102, sie ist uE aber völlig verfehlt: Es liegen doch gerade normativ verankerte Wertungen im Umweltrecht vor, die keinen Zweifel an der Sanierungspflicht durch den Verursacher lassen.
[94] ZIP 2004, 2149.
[95] Diese Ansicht übersieht, dass wohl oft auch die Gläubiger aus der Kontamination Nutzen getragen haben.
[96] AaO; zur Position von *K. Schmidt* s sogleich unten.

scher Personen: Die Kosten blieben beim Fiskus regresslos hängen, der Steuerzahler finanziere die Quoten der Gläubiger und uU sogar die Sanierung des Schuldners mit.[97] Der Insolvenzverwalter würde die gefährliche Anlage gar nicht mehr anrühren, sondern sofort freigeben, da er alles faktisch und rechtlich Mögliche für die Gläubiger herausholen müsse.[98] Gesellschaften würden sich bei hohen Umweltlasten in die Insolvenz flüchten, wo die Entsorgung „umsonst", nämlich aus Steuermitteln erfolgt.[99]

Außerdem lässt *Karsten Schmidt* die Freigabe nur bei Insolvenzen natürlicher Personen zu, bei denen es ein Leben außerhalb der Insolvenz gebe.[100] Bei juristischen Personen dagegen ziele das Insolvenzverfahren entweder auf Sanierung oder auf Vollabwicklung. Die Insolvenzmasse sei ungeteilt, es gebe daher gar kein insolvenzfreies Vermögen. Folglich könne auch durch eine Freigabe kein solches hergestellt werden. Durch eine Freigabe könne man einer Ordnungspflicht nicht entkommen, dies sei rechtlich nicht möglich.[101]

4.3.2.2.2. Zulässigkeit der Freigabe

Die überwiegende Lehre in Deutschland geht von der **Zulässigkeit** der Freigabe kontaminierter Liegenschaften bzw Anlagen aus.

Tetzlaff führt vor allem praktische Argumente an: Ein Verbot der Freigabe würde die Insolvenzabwicklung enorm behindern, da damit ein Mittel zur Haftungsentlastung der Masse verloren ginge. Eine Pflicht zur Vollabwicklung der Gesellschaft (wie sie *Karsten Schmidt* annimmt) bestehe nicht, was der Gesetzgebungsprozess bei Entstehung der InsO nahelege.[102] Die Freigabe sei daher jedenfalls zulässig.[103]

Lwowski/Tetzlaff argumentieren ähnlich: Interessen der Kreditwirtschaft würden beeinträchtigt.[104] Die Freigabe sei ein insolvenzrechtlich anerkanntes Institut und nicht mit einer Dereliktion vergleichbar.[105]

Uhlenbruck/Berscheid empfehlen sogar die Freigabe.[106] Durch die Freigabe werde die Sache nicht herrenlos, sondern es lebe das Verwaltungs- und Verfügungsrecht des Schuldners wieder auf. Eine Zustandsverantwortlichkeit des Insolvenzverwalters werde mit der Freigabe beseitigt. Allerdings könne er sich der Beseitigungspflicht nur durch Freigabe der gesamten Anlage bzw Liegenschaft entledigen; eine Freigabe bloß der Reststoffe enthafte ihn nicht. Allerdings erwarten die Autoren eine verfassungsrechtliche Klärung des Problemkreises.

Uhlenbruck spricht der Freigabe, die er für zulässig ansieht, eine haftungsbefreiende Wirkung für die Zukunft zu.[107] Auf bereits begründete Ansprüche wirke sie sich nicht aus, wobei er aber (wie oben ausgeführt) davon ausgeht, dass die Ordnungspflicht noch

---

[97] *Karsten Schmidt*, NJW 2010, 1490; dort auch zynisch: „Schließlich leben wir in einem Sozialstaat!"
[98] *Karsten Schmidt*, NJW 2010, 1491.
[99] *Karsten Schmidt*, aaO.
[100] *Karsten Schmidt*, NJW 2010, 1492.
[101] *Karsten Schmidt*, NJW 2010, 1493.
[102] *Tetzlaff*, ZIP 2001, 19.
[103] *Tetzlaff*, ZIP 2001, 20.
[104] *Lwowski/Tetzlaff*, WM 2005, 923.
[105] *Lwowski/Tetzlaff*, WM 2005, 927.
[106] *Uhlenbruck/Berscheid* in *Uhlenbruck*[12], § 55 InsO Rz 36.
[107] *Uhlenbruck*, KTS 2004, 288.

gar keine „Schuld" darstellt. *Uhlenbruck* hält die Freigabe selbst dann für zulässig, wenn ihr besondere gesetzliche Regelungen entgegenstehen: Ohne die Insolvenzeröffnung hätte sich die Behörde ja auch ausschließlich an den Schuldner halten müssen.[108]

Seidel/Flitsch sehen ebenfalls einen Unterschied zur Dereliktion, da mit der Freigabe nur der Insolvenzbeschlag aufgehoben werde und die ursprüngliche Handlungsbefugnis des Schuldners wieder auflebe.[109] Das Gesetz (§ 32 InsO) setze die Freigabemöglichkeit voraus. Zwar führe diese Lösung zu einer Kostenbelastung der Allgemeinheit, doch sei dies eine Konsequenz dessen, dass nach der InsO keine Vorrechte des Staates (etwa auch im Steuerrecht, wo Steuerausfälle nun weitgehend von der Allgemeinheit zu tragen seien) mehr bestünden.[110] Der Insolvenzverwalter könne sich also einer Zustandsstörerhaftung jedenfalls durch Freigabe entledigen.[111]

Schließlich sieht auch *Hefermehl* die Freigabe für zulässig an.[112] Da das Insolvenzverfahren der bestmöglichen Befriedigung der Gläubiger diene, müsse sich der Insolvenzverwalter eines Gegenstandes, der die Masse schmälert, entledigen können, uU ist er sogar dazu verpflichtet. Das Ziel einer Vollbeendigung habe hinter den vorrangigen Befriedigungsinteressen der Insolvenzgläubiger zurückzutreten. Das Ordnungsrecht habe die insolvenzrechtlichen Handlungsmöglichkeiten des Insolvenzverwalters zu respektieren.

Die Freigabe sei auch keine Dereliktion, da nicht das Eigentum aufgegeben werde, sondern nur die Verwaltungs- und Verfügungsbefugnis auf den Schuldner rückübertragen werde. Allein die haftungsrechtliche Zuweisung, nicht die Eigentümerstellung werde durch die Freigabe berührt.

Die Freigabe sei nach dieser Ansicht erst dann unzulässig, wenn der Ordnungsbescheid rechtskräftig geworden ist (also auch noch nach dessen Erlassung zulässig, womit dieser zurückgenommen werden müsse). Eine eigene, neu begründete Verhaltensverantwortlichkeit des Insolvenzverwalters (Neulasten) bleibe dagegen von einer Freigabe unberührt; in diesen Fällen könne sich der Insolvenzverwalter nicht der Ordnungspflicht entledigen.

5. Alte und neue Thesen

Die Entwicklungen in Lehre und Judikatur seit 2002 haben keine neuen sachlichen bzw überzeugenden Argumente gebracht: Unsere „alten" Thesen sind unverändert unsere „neuen" Thesen. Diese sind vor allem auch durch das Verursacherprinzip, das das europäische und österreichische Umweltrecht beherrscht,[113] getragen und maßgeblich abgesichert. Es geht nicht an, ständig und überall Gewinne zu privatisieren, die Schäden/Nachteile aber sozialisieren zu wollen. Gerade dieses Gemeinlastprinzip, das für das Umweltrecht, aber auch sonst nirgends allgemein angeordnet ist, hat maßgeblich mit zur überbordenden Staatsverschuldung geführt. Es ist höchst an der Zeit, ein richtig verstandenes Verursacherprinzip umzusetzen.

---

[108] *Uhlenbruck*, KTS 2004, 289.
[109] *Seidel/Flitsch*, DZWIR 2005, 281.
[110] *Seidel/Flitsch*, DZWIR 2005, 282.
[111] *Seidel/Flitsch*, aaO.
[112] *Hefermehl* in MünchKomm², § 55 InsO Rz 100ff.
[113] Vgl dazu etwa *Funk* in *Hinteregger/Kerschner* (Hrsg), Kommentar zum Bundes-Umwelthaftungsgesetz (2011) § 1 B-UHG Rz 3ff und *Kerschner* in *Hinteregger/Kerschner*, aaO § 1 B-UHG Rz 1 und 17ff.

Unternehmensnachfolge

Einzelfragen zur Betriebsaufgabe und Betriebsveräußerung

Bernhard Renner

1. **Allgemeines**
    1.1. Rechtsentwicklung, Tatbestand und Hintergrund
    1.2. Die Bezeichnung der Norm
    1.3. Einzelprobleme allgemeiner Natur
        1.3.1. Betriebsbezogene Betrachtung
        1.3.2. Veräußerungsverlust
        1.3.3. Umgründungen
2. **Überblick über Normen und Begünstigungen**
    2.1. Allgemeine relevante Normen
    2.2. Begünstigungen
3. **Begriff der Betriebsveräußerung bzw Betriebsaufgabe**
    3.1. Betriebsveräußerung
        3.1.1. Begriff der Veräußerung
        3.1.2. Abgrenzung zur unentgeltlichen Übertragung
        3.1.3. Abgrenzung zu anderen Formen der Betriebsbeendigung
        3.1.4. Einstellung der bisherigen Tätigkeit
    3.2. Betriebsaufgabe
        3.2.1. Tatbestand
        3.2.2. Dauer des Aufgabevorgangs
        3.2.3. Beginn und Ende der Aufgabehandlungen
        3.2.4. Abgrenzungsfragen
4. **Besondere Tatbestandsmerkmale**
    4.1. Wesentliche Betriebsgrundlagen
        4.1.1. Allgemeines
        4.1.2. Betriebsmittelbezogene Betrachtung
        4.1.3. Spezialbetrachtung: Kundenstock
        4.1.4. Branchentypische Betrachtung
    4.2. Betrieb
    4.3. Teilbetrieb
        4.3.1. Definition
        4.3.2. Voraussetzungen
5. **Veräußerungsgewinn bei Mitunternehmerschaften**
    5.1. Umfang des Mitunternehmeranteils
    5.2. Veräußerungstatbestände
        5.2.1. Ausscheiden eines Gesellschafters
        5.2.2. Veräußerungsvorgang
        5.2.3. Abgrenzungsfragen
        5.2.4. Ermittlung des Veräußerungsgewinnes

5.3. Aufgabe eines Mitunternehmeranteils
5.4. Vorhandendsein eines negativen Kapitalkontos
6. Conclusio
Literaturverzeichnis

Prolog: Aller Anfang ist schwer

Mein erster beruflicher Kontakt mit dem Jubilar war wahrhaft nicht harmonisch. Ich war damals noch junger, beamtenuntypisch *"heißsporniger"*, Rechtsmittelbearbeiter in der – mittlerweile längst liquidierten – Finanzlandesdirektion[1] und stets akribisch auf der Suche, in Steuerakten nach möglichem *"Verböserungspotential"*[2] zu stöbern. Prof. *Schlager* hatte dazumals schon als Steuerberater und Wissenschafter großen Ruf mit universitärem Hintergrund. Ich hatte einen von ihm betreuten Fall zu entscheiden, dem eigentlich nur das simple – wenn auch verfassungsrechtlich nicht unumstrittene – Problem zugrunde lag, dass (betrieblich veranlasste) *"Reisen"* und *"Dienstreisen"* (von Arbeitnehmern) eine unterschiedliche steuerliche Behandlung erfahren (§ 4 Abs 5 vs § 26 Z 4 EStG 1988), obwohl – so Prof. Schlager wörtlich – der Firmenchef (ein Orgelbauer) und seine Angestellten unter der Orgel *"gleichermaßen im Schmutz liegen"*. Der Fall endete tatsächlich mit einer *"Verböserung"*, nämlich der vom Finanzamt gar nicht in Frage gezogenen Nichtberücksichtigung des Gehaltes der Ehegattin mangels Standhalten des *"Fremdvergleichs"*. Der für seinen Mandanten kämpfende Jubilar ist dabei – wie er bedauerte – in seinem Eifer *"emotionell"* geworden.

1. Allgemeines

1.1. Rechtsentwicklung, Tatbestand und Hintergrund

Gewinne aus der Veräußerung oder Aufgabe von (Teil-)Betrieben sind prinzipiell schon durch die allgemeine Gewinndefinition des § 4 Abs 1 EStG 1988 erfasst. Da jeder Veräußerungsgewinnermittlung gem § 4 Abs 10 EStG ein Übergang der Gewinnermittlungsart voranzugehen hat, erübrigt sich eine Bezugnahme auf die Einnahmen-Ausgaben-Rechnung. Dennoch sind Veräußerungsvorgänge als besonderer Steuertatbestand aus dem grundsätzlichen Besteuerungsregime iZm den betrieblichen Einkunftsarten explizit herausgelöst.

Der aktuell in § 24 EStG 1988 geregelte Tatbestand hat in Österreich bereits Tradition; auch die Vorgängergesetze sahen durchwegs eigene Regelungen mit besonderen steuerlichen Folgen hiefür vor.[3] Auch im deutschen EStG findet sich ein entsprechendes – grundsätzlich gleichlautendes – Pendant.[4]

Der Tatbestand des § 24 EStG 1988 umfasst die Veräußerung bzw Aufgabe des ganzen Betriebes, eines Teilbetriebes oder eines Mitunternehmeranteiles.[5] Mit der Erfassung werden alle bis zur Veräußerung bzw Aufgabe unversteuert gebliebenen – betrieblich veranlassten – Vermögensvermehrungen erfasst und besteuert.[6] Die dogmatische

---

[1] Während ich diesen Beitrag verfasse, hat auch die Nachfolgeorganisation bereits ihr Ablaufdatum aufgeprägt bekommen: mit 1. Jänner 2014 wird der Unabhängige Finanzsenat in das *"Finanzgericht des Bundes"* umgewandelt.
[2] Gemäß § 289 Abs 2 BAO kann die Rechtsmittelbehörde einen angefochtenen Bescheid nach jeder Richtung hin – also auch zum Nachteil des Berufungswerbers – abändern.
[3] Vgl etwa § 34 EStG 1953, §§ 14, 16, 18 Abs 3 EStG 1967, § 24 EStG 1972.
[4] Aktuell in § 16 dEStG; historisch etwa in §§ 30 bis 32 dEStG 1925; zur diesbezüglichen Rechtsentwicklung vgl ausführlich *Geissler* in *Hermann/Heuer/Raupach*, EStG, Kommentar, § 16, Tz 2.
[5] In der Tat ist die *"Aufgabe"* (dh gleichsam *"Stillegung"*) eines Mitunternehmeranteiles wohl praktisch zwar nicht denkbar, die EStR 2000, Rz 5505, nehmen aber auch auf diesen Fall Bezug.
[6] VwGH 14.4.1993, 91/13/0239.

Rechtfertigung des § 24 EStG 1988 liegt somit in der Sicherstellung der finalen Besteuerung bei Beendigung der (vormaligen) Zurechnung eines im Abs 1 leg cit angeführten Besteuerungsobjektes an eine bestimmte Person durch Erfassung der während des betrieblichen Geschehens entstandenen und angestauten stillen Reserven.[7] Er ist somit auch Ausdruck des Leistungsfähigkeitsprinzips und der Gleichmäßigkeit der Besteuerung iSd § 114 BAO.

Der Tatbestand des § 24 EStG 1988 besteht aus einer synallagmatischen Verknüpfung der bereits erwähnten Besteuerungstatbestände einerseits und damit – aus verschiedenerlei, teils wohl auch sozialen, Gründen – einhergehenden Begünstigungen andererseits.[8]

1.2. Die Bezeichnung der Norm

Die in der Überschrift des § 24 EStG 1988 einheitlich verwendete Bezeichnung derartiger Vorgänge als „Veräußerungsgewinne" ist insofern unpräzis bzw begrifflich zu eng gefasst, als hierunter nicht nur entgeltliche Rechtsgeschäfte mit Weiterbestehen der betrieblichen Strukturen (Abs 1 Z 1), sondern auch fiktive Veräußerung in Form der Aufgabe eines Betriebs iSd Zerschlagung – somit ohne dessen Weiterbestehen – (Abs 1 Z 2) fallen. Eine präzise – jedoch nicht immer auf den ersten Blick durchführbare – Unterscheidung zwischen „Veräußerung" und „Aufgabe" ist allerdings nicht nur eine rein akademische Frage, sondern es knüpfen sich an die jeweiligen Tatbestände durchaus unterschiedliche Rechtsfolgen, wie zB:[9]

- **Unterschiedliche Steuerbemessungsgrundlagen:**
    - Beim **Veräußerungsgewinn** ist Ausgangspunkt der Berechnung der *tatsächliche Veräußerungserlös* (mag er auch nicht dem regulären Marktpreis entsprechen; vgl § 24 Abs 2 erster Satz EStG 1988).
    - Beim **Aufgabegewinn** ist hingegen der gemeine Wert iSd § 10 Abs 2 BewG 1955, also der im gewöhnlichen Geschäftsverkehr erzielbare Preis, der dem Marktpreis entsprechen kann, von Relevanz (vgl § 24 Abs 3 zweiter Satz EStG 1988). Bei diesem Wert sind alle preisbeeinflussenden Umstände zu berücksichtigen, ungewöhnliche oder persönliche Verhältnisse bleiben außer Betracht.[10]
- Die sog *„Gebäudebegünstigung"* gem § 24 Abs 6 EStG 1988 kann nur bei Aufgaben, nicht jedoch bei Veräußerungen in Anspruch genommen werden.[11]
- Der Regelungsbereich des § 4 Abs 7 UStG 1994 *(„Geschäftsveräußerung im Ganzen")* kommt nur bei Veräußerungsvorgängen zum Tragen; eine Aufgabe löst allgemeine umsatzsteuerliche Folgen betr Lieferungen und Eigenverbrauch aus.[12]

---

[7] Vgl *Jakom/Kanduth-Kristen*, EStG 2011, § 24, Rz 1 mit Verweis auf VwGH 25.9.2001, 97/14/0025; ebenso BFH 19.7.1993, GrS 2/92, BStBl 1993 II 897.
[8] Vgl *Doralt/Ruppe*, Steuerrecht I[10], Rz 567.
[9] Vgl auch Jakom/*Kanduth-Kristen* EStG, 2011, § 24 Rz 2 sowie *Kofler/Kofler/Urnik*, 32.
[10] UFS 21.1.2010, RV/0070-F/09.
[11] So etwa zuletzt UFS 15.7.2011, RV/0120-S/09.
[12] Vgl *Kofler/Kofler/Urnik*, 74ff.

1.3. Einzelprobleme allgemeiner Natur

1.3.1. Betriebsbezogene Betrachtung

Da § 24 EStG 1988 jeweils den einzelnen (Teil-)Betrieb bzw Mitunternehmeranteil erfasst, ist er auch dann isoliert anzuwenden, wenn mehrere betriebliche Einheiten eines Stpfl zugleich veräußert werden. Begünstigungen, wie etwa der Freibetrag gem § 24 Abs 4 EStG 1988, können daher dem einzelnen Stpfl bei Vorhandensein mehrerer Betriebe mehrfach zustehen.

Veräußert ein Einzelunternehmer seinen Betrieb und einen (im Betriebsvermögen befindlichen) Mitunternehmeranteil, kann einerseits für die Betriebsveräußerung ein Freibetrag zustehen und andererseits anteilig für den damit veräußerten Mitunternehmeranteil zusätzlich ein weiterer. Werden mehrere Teilbetriebe zeitlich getrennt veräußert, steht der Freibetrag gegebenenfalls für jeden veräußerten Teilbetrieb zu.[13]

1.3.2. Veräußerungsverlust

Ein Verlust aus einem Veräußerungsgeschäft ist bei der Gewinnermittlung des ihn betreffenden Betriebes (dh mit der laufenden Gewinnermittlung und ggf mit der Übergangsgewinnermittlung = innerbetrieblicher Verlustausgleich) sodann innerhalb der jeweiligen Einkunftsart (= horizontaler Verlustausgleich) und im Anschluss daran bei Ermittlung des Gesamtbetrages der Einkünfte (= vertikaler Verlustausgleich) **auszugleichen**.[14] Ein dann noch verbleibender Verlust ist gem § 18 Abs 6 EStG 1988 unbeschränkt vortragsfähig und zwar auch dann, wenn der laufende Gewinn des aufgegebenen Betriebes gem § 4 Abs 3 EStG 1988 ermittelt wurde, weil vor Ermittlung des Ergebnisses aus dem Veräußerungsgeschäft ein Übergang zur Gewinnermittlung nach § 4 Abs 1 leg cit, also ein durch ordnungsgemäße Buchführung ermittelter, vorzunehmen war.

1.3.3. Umgründungen

Ein Veräußerungsgewinn ist nicht zu ermitteln, soweit das UmgrStG eine **Buchwertfortführung** vorsieht. Ein Veräußerungsgewinn entsteht anlässlich einer Umgründung nur dann, wenn Buchwertfortführung entweder auf Grund der Bestimmungen des UmgrStG nicht möglich ist oder das UmgrStG ein Wahlrecht einräumt, im Rahmen dessen auf die Buchwertfortführung verzichtet wird.[15]

2. Überblick über Normen und Begünstigungen

2.1. Allgemeine relevante Normen

Bestimmungen über Veräußerungs- oder Aufgabevorgänge von Einzelunternehmen oder Personengesellschaften, welche auch zT Auswirkungen auf den Erwerber haben können, finden sich **insb in folgenden Bestimmungen**:

---

[13] EStR 2000, Rz 5694.
[14] EStR 2000, Rz 5503 mit Verweis auf VwGH 21.3.1995, 95/14/0011.
[15] VwGH 29.1.1998, 97/15/0197.

Bestimmung	Tatbestand
§ 10 Abs 5 TS 3 EStG 1988 (idF vor BGBl 101/2006)[16]	Kein Investitionsfreibetrag bei Erwerb eines Betriebs, Teilbetriebs oder Anteils eines Gesellschafters, der als (Mit-)Unternehmer anzusehen ist[17]
§ 21 Abs 2 Z 3, § 22 Z 5, § 23 Z 3 EStG 1988	Zuordnung von „Veräußerungsgewinnen" zur jeweiligen betriebl Einkunftsart
§ 24 Abs 1 EStG 1988	Grundsätzliche Besteuerungstatbestände
§ 24 Abs 2, Abs 3 EStG 1988	Ermittlung des Veräußerungsgewinns
§ 24 Abs 4 EStG 1988	Begünstigung *I*: Freibetrag
§ 24 Abs 5 EStG 1988	Begünstigung *II*: Steueranrechnung
§ 24 Abs 6 EStG 1988	Begünstigung *III*: Gebäude
§ 24 Abs 7 EStG 1988	Umgründungen
§ 32 Z 2 TS 1 EStG 1988	Behandlung nachträglich erzielter Einkünfte iZm Veräußerungen
§ 37 Abs 2 Z 1 EStG 1988	Begünstigung *IV*: Einkunftsverteilung auf drei Jahre
§ 37 Abs 1 TS 2 EStG 1988/ § 37 Abs 5 EStG 1988	Begünstigung *V*: Progressionsermäßigung *(„Hälftesteuersatz")*
§ 117 Abs 7 EStG 1988	Möglichkeit der Verschiebung der Versteuerung eines 1997 entstandenen Veräußerungsgewinns
§ 4 Abs 7 UStG 1994	USt-rechtliche Folgen einer Unternehmensveräußerung im Ganzen[18]
§ 14 BAO	Haftung des Erwerbers eines Unternehmens[19]

---

[16] Mit dieser Novelle wurde der Freibetrag für investierte Gewinne (nunmehr Gewinnfreibetrag) eingeführt.

[17] § 10 EStG 1988 idF ab dem KMU-Förderungsgesetz 2006 sieht keinen ausdrücklichen Ausschluss von im Zuge eines Betriebserwerbes zugegangenen Wirtschaftsgütern mehr vor. Da aber lediglich ungebrauchte Wirtschaftsgüter begünstigt sind, ist der Betriebserwerb auch insoweit de facto ausgeschlossen (*Krafft* in *Wiesner/Grabner/Wanke*, EStG, § 24, Anm 6).

[18] Vgl dazu *Pointner/Pintscher*, Unternehmensnachfolge in diesem Werk.

[19] Vgl dazu *Fischerlehner*, Abgabenrechtliche Erwerberhaftung in diesem Werk.

2.2. Begünstigungen

Die Begünstigungen basieren auf mehreren – teils kumulativ anwendbaren, teils einander ausschließenden – Tatbeständen, die auf verschiedenen Parametern bzw Beweggründen beruhen:

- **Gewinnfreibetrag**, womit de facto eine **Verringerung der Bemessungsgrundlage** fingiert wird;
- **Anrechnung** bestimmter Abgaben, die iZm einem zeitnahen unentgeltlichen Erwerb des Betriebs angefallen sind, de facto also eine Vermeidung einer Doppelbesteuerung;
- **Ausnehmen** bestimmter aufgedeckter stiller Reserven bei der Betriebsaufgabe, also einem Vorgang, welchem insoweit kein Entgelt gegenübersteht;
- **Steuerstundung** bzw **Progressionsermäßigung** infolge des Umstandes, dass durch die Veräußerung/Aufgabe ein atypisches „*Zusammenballen*" von Einkünften und damit der durchschnittlichen Steuerbelastung entstanden ist.[20]

Im Einzelnen kommt es zu folgenden Begünstigungen:[21]

Art der Begünstigung	§ im EStG	Voraussetzungen/ Anmerkungen

Freibetrag	§ 24 Abs 4	• Veräußerung/Aufgabe
		• Höhe:
		  – ganzer Betrieb: 7.300 Euro;
		  – Teilbetrieb: Anteil von 7.300 Euro, der Anteil des Teilbetriebes am gesamten Betriebsvermögen entspricht;
		  – Mitunternehmeranteil: Verhältnis der vertraglichen Kapitalbeteiligung;
		• nicht anwendbar:
		  – Inanspruchnahme von Progressionsermäßigungen;
		  – Inanspruchnahme des Hälftesteuersatzes;
		  – Anfallen in mehreren Veranlagungszeiträumen;
		  – unter § 7 Abs 3 KStG 1988 fallende Körperschaften.

Anrechnung von Verkehrssteuern	§ 24 Abs 5	• Veräußerung /Aufgabe • antragsgebunden • betrifft Erbsch- und SchSt, GrESt, StESt; • betriebliche Einheit innerhalb der letzten drei Jahre vor Veräußerung/Aufgabe erworben; • Ermäßigung/Erlassung der ESt vom Veräußerungsgewinn im Ausmaß der sonst entstehenden Doppelbelastung der stillen Reserven (Rechtsanspruch).[22]

---

[20] Zu Recht kritisch *Doralt*, RdW 1987, 354, für Fälle in denen sich die Gewinne bereits in den vergangenen Perioden in den höchsten Progressionsstufen bewegt haben und die zusammengeballte Auflösung der stillen Reserven zu keiner höheren Besteuerung mehr führt.
[21] Zum Verhältnis der Begünstigungsvorschriften untereinander vgl *Kofler/Kofler/Urnik*, 73f.
[22] VwGH 8.4.1987, 84/13/0282; VwGH 3.5.1987, 86/13/0020.

Gebäudebe-günstigung[23]	§ 24 Abs 6	• nur bei Aufgabe des gesamten Betriebes[24]
		• antragsgebunden
		• Unterbleiben der Erfassung der stillen Reserven des zum Betriebsvermögen gehörenden Teiles des dem Betriebsinhaber als Hauptwohnsitz dienenden Gebäudes
		• Persönliche Voraussetzungen des Stpfl:
		  – Tod ➔ dadurch Veranlassung der Betriebsaufgabe;
		  – Erwerbsunfähigkeit wegen körperlicher und geistiger Behinderung in einem Ausmaß, dass Stpfl nicht in der Lage, Betrieb fortzuführen oder mit Stellung als Mitunternehmer verbundene Aufgaben zu erfüllen;[25]
		  – Vollendung des 60. Lebensjahrs und Einstellung der Erwerbstätigkeit, dh hins weiter ausgeübter Tätigkeiten:
		    – Gesamtumsatz ≤ 22.000 Euro und
		    – gesamte Einkünfte ≤ 730 Euro/Kalenderjahr
		• Nachversteuerung: Gebäudeveräußerung innerhalb von fünf Jahren (60 Monaten) nach Betriebsaufgabe durch Stpfl/unentgeltlichen Rechtsnachfolger

Einkunftsverteilung auf drei Jahre	§ 37 Abs 2 Z 1	• Veräußerung/Aufgabe des gesamten Betriebes • nicht für Übergangsgewinne • antragsgebunden • Verstreichen von sieben Jahren (84 Monaten) seit Eröffnung/letztem entgeltlichen Erwerb
Progressionsermäßigung (Halbsatz)	§ 37 Abs 5	• Veräußerungs-/Aufgabe- und Übergangsgewinne • antragsgebunden • Anfallen der Einkünfte in einem Veranlagungszeitraum • Sieben-Jahre-Frist wie bei Einkunftsverteilung • persönliche Voraussetzungen wie bei § 24 Abs 6

---

[23] Durch diesen Tatbestand soll verhindert werden, dass stille Reserven des Gebäudes versteuert werden müssen, die nicht realisiert werden können, ohne dass gleichzeitig der bisherige Hauptwohnsitz aufgegeben werden müsste (EStR 2000, Rz 5698).

[24] Dazu auch VwGH 24.6.2003, 2000/14/0178; vgl auch UFS 15.7.2011, RV/0120-S/09, wonach ein allfälliger Einwand, dass auch bei Betriebsveräußerungen soziale Härtefälle möglich sind, die die Anwendung des § 24 Abs 6 EStG 1988 rechtfertigen würden, jedenfalls dann nicht zutrifft, wenn nicht realisierte stille Reserven im zurückbehaltenen Vermögen (Betriebsgebäude) wesentlich niedriger als realisierte stille Reserven im veräußerten Betrieb sind.

[25] Dies liegt jedenfalls dann vor, wenn der StPfl keine Erwerbstätigkeit mehr ausüben kann (VwGH 4.11.1998, 98/13/0104) oder eine Erwerbsunfähigkeitspension zuerkannt wird.

3. Begriff der Betriebsveräußerung bzw Betriebsaufgabe

3.1. Betriebsveräußerung

3.1.1. Begriff der Veräußerung

Veräußerung ist jede entgeltliche Übertragung des – zivilrechtlichen oder wirtschaftlichen – Eigentums am Betriebsvermögen auf eine andere Person.[26] Der Veräußerer muss somit eine Gegenleistung erhalten, die zu einer tatsächlichen Vermögensvermehrung führt.[27] Darunter fallen etwa Verkauf, Tausch, Zwangsversteigerung, Enteignung oder Übernahme der Betriebsschulden ohne andere Gegenleistung. Auch die Übernahme von Betriebsschulden ohne effektiven Mittelfluss kann den Tatbestand erfüllen.[28]

Für den Zeitpunkt der Veräußerung ist das Erfüllungsgeschäft (tatsächliche Eigentumsübertragung) und nicht das Verpflichtungsgeschäft (Vertragsabschluss) entscheidend.[29]

Bei der unter § 24 EStG 1988 fallenden Veräußerung des (ganzen) Betriebes werden **übertragen**

- alle für eine im Wesentlichen unveränderte Fortführung des Betriebs notwendigen Wirtschaftsgüter
- in einem einzigen einheitlichen Vorgang
- an einen einzigen Erwerber
- auf entgeltlicher Basis.[30]

Dabei ist nicht entscheidend, ob der Erwerber den Betrieb tatsächlich – in der bisher betriebenen oder in veränderter Form – fortführt (oder seinerseits dann einstellt), sondern vielmehr, ob ihm die erworbenen Wirtschaftsgüter objektiv (bloß abstrakt) die Fortführung des Betriebes ermöglichen.[31]

3.1.2. Abgrenzung zur unentgeltlichen Übertragung

Keine Veräußerungen sind somit etwa Übertragungen im Wege der Erbschaft und zwar auch dann, wenn diese mit (entgeltlichen) Verpflichtungen, wie etwa Legaten, Pflichtteilsansprüchen oder Auflagen belastet ist oder Verbindlichkeiten mitübernommen werden. Das Gleiche gilt für die Schenkung eines Betriebes. In beiden Fällen kommt es zu einer zwingenden Buchwertfortführung gem § 6 Z 9 lit a EStG 1988.

Unentgeltlich ist auch eine gemischte Schenkung, wenn der Kaufpreis aus privaten Gründen unter oder über dem tatsächlichen Wert liegt. Diesfalls ist zu untersuchen, ob der Schenkungs- oder der Entgeltlichkeitscharakter überwiegt. Für die Frage des Miss-

---

[26] VwGH 24.9.1996, 95/13/0290; ähnlich BFH 22.9.1992, VIII R 7/90, BStBl 1993 II 228.
[27] BFH 26.6.1990, VIII R 221/85, BStBl 1990 II 978.
[28] Einschränkend Jakom/*Kanduth-Kristen*, EStG 2011, § 24, Rz 12: demnach kommt es in derartigen Fällen auf den Willen der Beteiligten an. Nach *Geissler* in *Hermann/Heuer/Raupach*, EStG, Kommentar, § 16, Tz 62, fällt darunter auch die Übernahme privater Verbindlichkeiten.
[29] BFH 19.7.1993, GrS 2/92, BStBl 1992 II 897.
[30] VwGH 24.4.1996, 94/15/0025; EStR 2000, Rz 5573; zur „*Wesentlichkeit*" der Grundlagen vgl Pkt 4.1. in diesem Beitrag.
[31] VwGH 23.4.1998, 96/15/0211.

verhältnisses ist der Unternehmenswert dem gemeinen Wert der Gegenleistung gegenüberzustellen: beträgt die Gegenleistung nicht mehr als 50 % des Unternehmenswertes, liegt ein solches vor.[32]

3.1.3. Abgrenzung zu anderen Formen der Betriebsbeendigung

Behält der Veräußerer hingegen auch nur geringe Teile der wesentlichen Betriebsgrundlagen zurück und führt mit diesen den Betrieb (auch in vermindertem Umfang) weiter, liegt lediglich eine nicht begünstigte Einschränkung des Betriebsumfanges vor,[33] es sei denn, es liegen jeweils abgrenzbare Teilbetriebe vor, von denen einer veräußert bzw aufgegeben wird.

Die Veräußerung der (wesentlichen) Betriebsgrundlagen an verschiedene Erwerber ist mangels Übertragung eines lebenden Betriebs eine – gleichfalls begünstigte – Betriebsaufgabe. Gewinne aus der Veräußerung einzelner Wirtschaftsgüter vor der Betriebsveräußerung sind kein Teil des Veräußerungsgewinnes, selbst wenn die Betriebsveräußerung den Einzelveräußerungen in kurzer Zeit folgt.[34]

3.1.4. Einstellung der bisherigen Tätigkeit

a) Regelfall

Ein Veräußerungsvorgang ist prinzipiell nicht nur objektbezogen (dh auf den Betrieb gerichtet), sondern auch tätigkeitsbezogen zu verstehen: der Veräußerer muss also seine bisherige betriebliche Tätigkeit beenden.[35]

b) Ausnahmen

In der Tat sind jedoch Konstellationen möglich, bei denen der bisherige Betriebsinhaber weiter – sogar in der selben Branche – „tätig" ist, dies allerdings unter anderen Voraussetzungen bzw rechtlichen Rahmenbedingungen.

aa) Fall 1: Veräußerung eines „Freiberufler-Betriebes"

Diesbezüglich liegt etwa eine (begünstigte) Veräußerung auch vor, wenn der Veräußerer einer Arztpraxis – selbständig oder unselbständig – im bisherigen örtlichen Wirkungsbereich, aber im Auftrag und für Rechnung des Erwerbers tätig wird.[36] Entscheidend ist zwar grds, ob die bisherige Praxis mit ihren immateriellen Wirtschaftsgütern definitiv auf einen Erwerber übertragen wurde. Das Erfordernis einer zeitweiligen Einstellung der Tätigkeit beruht auf der Überlegung, dass bei fortdauernder Tätigkeit des Freiberuflers im bisherigen örtlichen Wirkungskreis eine weitere Nutzung persönlicher Beziehungen zu den bisherigen Patienten für Rechnung des „Veräußerers" naheliegt.

Diese Überlegung greift jedoch dann nicht, wenn der Veräußerer in weiterer Folge seine Tätigkeit nur noch für Rechnung des Erwerbers ausübt. Zwar kann seine Mitarbeit

---

[32] EStR 2000, Rz 5572.
[33] VwGH 9.9.2004, 2001/15/0215.
[34] VwGH 15.12.1971, 0545/69.
[35] BFH 12.6.1996, XI R 56, 57/96, BStBl 1996 II 527; *Geissler* in *Hermann/Heuer/Raupach*, EStG, Kommentar, § 16, Tz 66 und 135.
[36] BFH 29.6.1994, I R 105/93, BFH/NV 1995, 109.

Umfang und Art der Beziehungen des Erwerbers zum übertragenen Patientenstamm beeinflussen. Daraus folgt jedoch nicht, dass keine „Veräußerung" stattgefunden hat. Entscheidend ist allein, ob der Veräußerer die wesentlichen Grundlagen seiner Praxis definitiv auf den Erwerber übertragen hat, dh, ob dieser zivilrechtlich und wirtschaftlich nunmehr in der Lage ist, diese Beziehungen zu verwerten. Beschäftigt er den bisherigen Praxisinhaber als Arbeitnehmer oder freien Mitarbeiter weiter, bestehen zwischen Veräußerer und Patienten keine selbständigen Rechtsbeziehungen mehr, sondern die Patienten unterhalten nur mehr Rechtsbeziehungen zum Erwerber. Er allein ist Inhaber des Honoraranspruchs gegen den Patienten und verfügt über die Vorteile aus dem Patientenstamm.[37]

Der gegenständliche Fall ist gleichermaßen auf andere freiberufliche Betriebe anzuwenden.

bb) Fall 2: Veräußerung eines Gewerbebetriebes[38]
Der BFH hat diesbezüglich zwei mögliche Sachverhaltsvarianten behandelt:
- **Unterfall 1: Nachfolgend Tätigwerden als Angestellter**: Wird der Veräußerer vom Erwerber als Angestellter beschäftigt, erzielt er keine Gewinneinkünfte mehr, sondern Einkünfte aus nichtselbständiger Arbeit. Bereits daraus folgt, dass der Veräußerer seine bisherige berufliche Tätigkeit (endgültig) aufgegeben hat. Angesichts der normativen Wertungen des Gesetzgebers, der die rechtliche Behandlung von Gewinn- und Überschusseinkunftsarten unterscheidet, rechtfertigt bereits die Veränderung der Einkunftsart die Annahme, die vorher und nachher ausgeübten Tätigkeiten seien nicht ident. Der ehemalige Betriebsinhaber bietet seine Dienste oder Produkte nicht mehr selbständig am Markt an, sondern erbringt seine Arbeitsleistungen gegenüber seinem Arbeitgeber, dem Erwerber.
- **Unterfall 2: Nachfolgend Tätigwerden als Unternehmer**
Eine Betriebsveräußerung liegt auch vor, wenn der Übertragende als selbständiger Unternehmer nach der Veräußerung für den Erwerber tätig wird. Als seinerzeitiger Betriebsinhaber hat er sich an den allgemeinen Markt, seine bisherigen Kunden, gewendet; als freier Mitarbeiter des Erwerbers verwertet er hingegen seine unternehmerischen Leistungen nur noch gegenüber diesem. Nur der Erwerber geht Rechtsbeziehungen zu den bisherigen Kunden des Übertragenden ein. Der Veräußerer hat nur noch den Erwerber als Kunden. Ausschließlich zu ihm steht er in Rechtsbeziehungen, und nur ihm gegenüber verwertet er seine Leistungen. Gewerbliche Produktionsbetriebe sind zudem idR auf den Einsatz ihres Betriebsvermögens angewiesen. Beruhte vor der Betriebsübertragung die Wertschöpfung in erheblichem Umfang auf der Nutzung dieses Produktivvermögens, wird dieses nach der Übertragung hingegen nicht mehr im Rahmen des Gewerbebetriebs des Veräußerers eingesetzt. Er verwertet nur seine eigene Arbeitskraft ohne Kapitaleinsatz. Die beiden Arten der Wertschöpfung sind wirtschaftlich nicht ident.

---
[37] BFH 17.7.2008, X R 40/07, BStBl 2009 II 43; dazu *Renner*, SWK 2008, S 956.
[38] Ebenfalls BFH 17.7.2008, X R 40/07, BStBl 2009 II 43 bzw *Renner*, SWK 2008, S 956.

3.2. Betriebsaufgabe

3.2.1. Tatbestand

- Die *„tatsächliche"* Betriebsaufgabe[39] bewirkt das Ende des Bestehens des einheitlichen Organismus des Betriebes. Dabei werden
- die wesentlichen Betriebsgrundlagen
- in einem einheitlichen Vorgang
- in einem Zuge mit der Aufgabe der betrieblichen Tätigkeit
- an verschiedene Erwerber entgeltlich oder unentgeltlich übertragen
- und/oder in das Privatvermögen des bisherigen Betriebsinhabers überführt
- oder in einem teilweise übertragen und teilweise in das Privatvermögen übernommen.

Eine Überführung von Wirtschaftsgütern in das Privatvermögen ist nur dann möglich, wenn diese für eine **Privatnutzung geeignet** sind (zB ein PKW), nicht jedoch dann, wenn dies nicht der Fall ist (zB Umlaufvermögen) oder wegen Wertlosigkeit eine Privatnutzung auszuschließen ist.[40]

Für die Annahme einer Betriebsaufgabe ist das Schicksal der Wirtschaftsgüter des beendeten Betriebes gleichfalls unmaßgeblich.[41]

Zur Annahme der Aufgabe eines Betriebes bedarf es keiner ausdrücklichen Handlung des Betriebsinhabers – ein *„Zusperren"* von einem Tag auf den anderen ist also grundsätzlich ausreichend.

Unter den Tatbestand fällt auch die „fiktive" Betriebsaufgabe,[42] bei welcher der Betrieb nicht *„zerschlagen"* wird, sondern grds weiter besteht, er jedoch zB verpachtet oder ins Ausland verlegt wird[43] oder – unter bestimmten Konstellationen auf Grund von Dauerverlusten keine Einkunftsquelle mehr, sondern Liebhaberei darstellt.[44]

3.2.2. Dauer des Aufgabevorgangs

Um von einem „einheitlichen wirtschaftlichen Vorgang" sprechen zu können, muss ein Zusammenballen der Aufgabehandlungen während eines angemessen kurzen Zeitraumes vorliegen.[45] Es hat daher ein durchgängiges planmäßiges und zügiges Betreiben der Betriebsaufgabe vorzuliegen.

Aus zeitlicher Sicht liegt idR ein einheitlicher Vorgang noch vor:
- **Umlaufvermögen:** Zeitraum von etwa drei Monaten;[46]
- **Anlagevermögen:** auch bei längeren Zeiträumen, zB Veräußerung des
  - Betriebsgrundstückes acht Monate nach Betriebsveräußerung;[47]
  - Anlagevermögens fünf Monate nach Veräußerung des Warenlagers;[48]

---

[39] Vgl zur Begriffsdefinition *Kofler/Kofler/Urnik*, 20.
[40] EStR 2000, Rz 5634.
[41] VwGH 28.2.1978, 2666/77; VwGH 19.9.1995, 91/14/0222; EStR 2000, Rz 5630 f.
[42] Vgl zur Begriffsdefinition und zu Beispielen *Kofler/Kofler/Urnik*, 20.
[43] EStR 2000, Rz 5639, kritisch dazu *Doralt*, EStG[10], § 24 Tz 19.
[44] Vgl zu letzterem Fall UFS 6.4.2004, RV/0247-F/03 sowie LRL 2012, Rz 33.
[45] VwGH 17.1.1989, 88/14/0190; VwGH 27.8.1991, 90/14/0230.
[46] EStR 2000, Rz 5632.
[47] VwGH 30.1.1973, 2007/71; VwGH 23.3.1988, 87/13/0065.
[48] VwGH 19.9.1995, 91/14/0222.

- **Umlauf- und Anlagevermögen:** Veräußerung innerhalb von elf Monaten idR – nicht begünstigte – Liquidation.[49]

Ein – innerhalb angemessener Frist liegender – Aufgabezeitraum kann sich auch über zwei Veranlagungszeiträume erstrecken, etwa von November bis Jänner des Folgejahres bei Bilanzstichtag 31.12.[50]

3.2.3. Beginn und Ende der Aufgabehandlungen

Beginn der Betriebsaufgabe ist das Setzen objektiv erkennbarer, unmittelbar der Betriebsaufgabe dienender Handlungen, wie zB[51]

- Beginn des Warenabverkaufes zu reduzierten Preisen,
- Einstellen des Warenverkaufes,
- Aufgabe der Mietrechte,
- Veräußerung oder Überführung wesentlicher Anlagegüter ins Privatvermögen,
- Einstellung der werbenden Tätigkeit.

Folgende Handlungen lösen hingegen noch nicht den Aufgabezeitraum aus:[52]
- Fassen des Aufgabeentschlusses,
- Verkaufsverhandlungen über die Betriebsliegenschaft,
- Veräußerung von überaltetem, unbrauchbarem Anlagevermögen,
- Auftragserteilung bzw Erstattung eines Bewertungsgutachtens,
- Unterlassen von Ersatzbeschaffungen bzw Warenbestellungen mit längerer Lieferzeit.

Das **Ende** der Betriebsaufgabe ist mit Abschluss der Veräußerung bzw Überführung der wesentlichen Betriebsgrundlagen ins Privatvermögen anzunehmen.

Eine Überführung von Wirtschaftsgütern in das Privatvermögen ist insoweit nur bei deren Eignung zur privaten Nutzung möglich (zB Personenkraftwagen; nicht hingegen Umlaufvermögen) oder wenn wegen Wertlosigkeit eine anderweitige (betriebliche) Weiterverwendung auszuschließen ist.

Keine Beendigung liegt daher vor, wenn wesentliche Betriebsgrundlagen bloß formell ins Privatvermögen überführt werden, um den Aufgabezeitraum nicht für die Erlangung von Begünstigungen zu lange werden zu lassen, aber weiterhin die Absicht einer Weiterveräußerung bei nächster Gelegenheit besteht. In diesem Fall endet der Aufgabezeitraum erst mit der tatsächlichen Veräußerung dieser formell in das Privatvermögen überführten Wirtschaftsgüter.[53]

Das **Zurückbehalten unwesentlicher Wirtschaftsgüter** steht dem Aufgabevorgang weder dem Grunde nach entgegen noch wird dadurch die Beendigung der Betriebsaufgabe verzögert.[54]

---

[49] VwGH 27.8.1991, 90/14/0230.
[50] *Kofler/Kofler/Urnik*, 25.
[51] Vgl EStR 2000, Rz 5633.
[52] ZB VwGH 17.1.1989, 88/14/0190; VwGH 23.5.1990, 89/13/0193; EStR 2000, Rz 5633.
[53] VwGH 19.12.2006, 2006/15/0353; EStR 2000, Rz 5634.
[54] EStR 2000, Rz 5635.

3.2.4. Abgrenzungsfragen

a) Einschränkung der bisherigen Tätigkeit

Keine Aufgabe ist die bloße Einschränkung der bisherigen Tätigkeit.[55] Eine Aufgabe liegt aber dann vor, wenn die weitergeführte Tätigkeit mit der bisherigen in keiner Weise mehr vergleichbar ist.[56]

b) Betriebsaufspaltung

Verpachtet ein Einzelunternehmer seinen Betrieb an eine Kapitalgesellschaft, wodurch die bisherige unternehmerische Tätigkeit in ein Besitzunternehmen und eine Betriebsgesellschaft aufgespaltet wird, übt das Besitzunternehmen allein keine gewerbliche Tätigkeit aus.[57] Bei einer Betriebsaufspaltung ist daher idR eine Betriebsaufgabe zu unterstellen.

c) Betriebsunterbrechung

Bei einer Betriebsunterbrechung als **Ruhen des Betriebs** liegt keine Betriebsaufgabe vor. Dies ist dann der Fall, wenn ein Betrieb vorübergehend in der objektiv erkennbaren Absicht eingestellt wird, ihn wieder aufzunehmen, wie zB bei Saisonbetrieben. Es muss nach außen erkennbaren Umständen wahrscheinlich sein, dass der Betrieb in ähnlicher Weise und in einem relativ kurzen Zeitraum wieder aufgenommen wird, sodass der stillgelegte mit dem wieder aufgenommenen Betrieb (weitgehend) ident ist.[58]

Das Ruhen des Betriebes **endet**, wenn

- die betriebliche Tätigkeit wieder aufgenommen wird oder
- (durch – endgültige – Aufgabe) die wesentlichen Grundlagen veräußert oder in das Privatvermögen überführt werden.

d) Betriebsverpachtung

Die Verpachtung eines Betriebes ist für sich allein idR noch nicht als Betriebsaufgabe iSd § 24 EStG 1988 anzusehen.

Ob eine solche im Falle der Verpachtung dennoch anzunehmen ist oder nicht, hängt von den konkreten Umständen des Einzelfalles ab; sie wird dann bejaht, wenn die Umstände objektiv darauf schließen lassen, dass der Verpächter nach einer allfälligen Beendigung des Pachtverhältnisses mit dem vorhandenen Betriebsvermögen nicht mehr in der Lage ist, seinen Betrieb fortzuführen, oder sonst das Gesamtbild der Verhältnisse für die Absicht des Verpächters spricht, den Betrieb nach Auflösung des Pachtvertrages nicht mehr weiterzuführen.[59]

Maßgeblich sind objektiv erkennbare, äußere Verhältnisse; einer (subjektiven) Absichtserklärung des Betriebsinhabers kommt keine entscheidende Bedeutung zu; eine Betriebsaufgabe(absichts)erklärung ist für sich allein unmaßgeblich.[60]

---

[55] VwGH 4.4.1989, 88/14/0083; VwGH 11.4.1991, 90/13/0258: Zurückbehalten eines Teiles des Patientenstocks.
[56] VwGH 30.4.1985, 82/14/0312: Einstellung einer Arztpraxis und bloße weitere Tätigkeit als Urlaubsvertreter bzw unentgeltlicher Altenheimbetreuer.
[57] VwGH 12.3.1980, 0073/78; VwGH 9.3.1982, 81/14/0131.
[58] EStR 2000, Rz 5638 mit Verweis auf VwGH 18.12.1997, 96/15/0140.
[59] UFS 18.5.2010, RV/0755-G/07.
[60] UFS 30.4.2007, RV/0202-F/05.

e) Betriebsverlegung ins Ausland

Eine Betriebsverlegung ins Ausland ist keine Betriebsaufgabe. Gemäß § 6 Z 6 EStG 1988 sind bei einem derartigen Vorgang fremdübliche Verrechnungspreise („Dealing-at-Arm's-Length-Prinzip") anzusetzen. Die daraus entstehende Gewinnrealisierung kann bei Wegzug in den EU-Raum/EWR-Raum aufgeschoben werden.[61]

f) Einstellen der Behandlung von Sonderklassepatienten

Die Behandlung von Sonderklassepatienten ist der Krankenanstalt und nicht dem behandelnden Arzt zuzurechnen. Eine Verbindung ergibt sich nur aus der (dem Dienstrecht entspringenden) Arzttätigkeit. Bei der Behandlung der Sonderklassepatienten liegt ein für einen Betrieb typisches Gemenge von Produktions- und Leistungsfaktoren nicht vor. Die „Produktionsmittel" (insb medizinische Apparaturen und Infrastruktur) werden vom Krankenhaus zur Verfügung gestellt. Ein Kundenstock des Behandlers der Sonderklassepatienten (als wesentliche Betriebsgrundlage) existiert nicht, weil die Patienten aufgrund des Aufnahmevertrages mit dem Krankenhaus behandelt werden und nicht dem Arzt zuzurechnen sind, sodass dieser „Kundenstock" weder veräußert noch ins Privatvermögen überführt werden kann.

Es besteht kein „Betrieb", weil es weder einen betrieblichen Produktions – und Organisationskomplex gibt, noch ein Betriebsvermögen. Merkmale einer Betriebsaufgabe sind somit nicht gegeben.[62]

g) Übergang zur Liebhaberei

Hat sich eine betriebliche Betätigung – aus dem laufenden Geschäftsbetrieb – zur Liebhaberei gewandelt, liegt eine Betriebsaufgabe vor.[63] Für die Liebhabereibetrachtung in Bezug auf die Ermittlung des Totalgewinns ist der diesbezügliche Aufgabegewinn jedoch nur dann relevant, wenn der Stpfl konkrete Maßnahmen zu deren Realisierung oder zur Veräußerung bzw Aufgabe des Betriebes gesetzt hat.[64] Wurden in der Tat derartige Maßnahmen gesetzt und ist somit der Aufgabegewinn bei der Liebhabereibetrachtung totalgewinnerhöhend anzusetzen, kann die einigermaßen kuriose Situation eintreten, dass die Betätigung insgesamt dennoch nicht zum Voluptuar wird.

Stille Reserven sind bei der Ermittlung eines rechnerischen Gesamtgewinnes dann einzubeziehen, wenn es in der besonderen Eigenart der Betätigung liegt, dass der die Betätigung kennzeichnende Ertrag durch die Aufdeckung stiller Reserven erwirtschaftet wird.[65] So ist etwa die Bewirtschaftung eines Forstgutes typischerweise auf den Aufbau und die Realisierung stiller Reserven (Produktion von Holz) gerichtet. Ein Forstbetrieb, aus dessen laufender Bewirtschaftung (auch hinsichtlich eines Teilbetriebes) Verluste resultieren, stellt daher keine Liebhaberei dar, wenn sich unter Einbeziehung der stillen Reserven im (stehenden) Holz oder eines (theoretischen) Veräußerungs- oder Aufgabe-

---

[61] Basierend auf EuGH 11.3.2004, Rs C-9/02, *Hughes de Lasteyrie du Saillant*; vgl hiezu EStR 2000, Rz 2517a ff.
[62] UFS 9.1.2004, RV/0578-L/03.
[63] VwGH 16.2.1983, 81/13/0044; VwGH 25.2.1997, 92/14/0167; *Kofler/Kofler/Urnik*, 20.
[64] VwGH 28.4.2009, 2006/13/0140; VwGH 17.12.2002, 99/14/0230; VwGH 15.6.1993, 93/14/0032; VwGH 17.11.1992, 89/14/0128; VwGH 28.1.1992, 88/14/0042.
[65] UFS 28.4.2005, RV/0226-G/05; UFS 29.6.2009, RV/1722-W/06.

gewinnes ein Gesamtgewinn in einem (für einen Forstbetrieb maßgeblichen) absehbaren Zeitraum erzielen lässt.[66]

4. Besondere Tatbestandsmerkmale

4.1. Wesentliche Betriebsgrundlagen

4.1.1. Allgemeines

In beiden Fällen des Tatbestandes des § 24 EStG 1988 ist die „Wesentlichkeit" der hievon tangierten Betriebsgrundlagen insbesondere in jenen Fällen von Relevanz, in denen zB nicht sämtliche Betriebsbestandteile bzw Wirtschaftsgüter an einen einzigen Erwerber veräußert oder ins Privatvermögen übernommen werden, sondern „Mischformen" auftreten:

- **Veräußerung:** übertragene Wirtschaftsgüter müssen die **wesentlichen Betriebsgrundlagen** gebildet haben und objektiv geeignet sein, dem Erwerber abstrakt die Betriebsfortführung zu ermöglichen, dh ein lebender Betrieb, ein in seinen wesentlichen Betriebsgrundlagen vollständiger Organismus des Wirtschaftslebens muss übertragen werden.[67] Werden vom Veräußerer wesentliche Betriebsteile zurückbehalten, dem Erwerber jedoch zur Nutzung überlassen, liegt dennoch eine Betriebsveräußerung vor.[68]
- **Aufgabe:** wesentliche Betriebsgrundlagen müssen in einem **einheitlichen Vorgang** an verschiedene Erwerber veräußert bzw in das Privatvermögen des bisherigen Betriebsinhabers überführt werden.

Welche Betriebsmittel bzw Wirtschaftsgüter insoweit „wesentlich" sind, richtet sich – gleichsam nach einem für zahlreiche abgabenrechtliche Tatbestände gültigen „*Stehsatz*" im Abgabenrecht – nach den „*Umständen des Einzelfalls*" bzw dem „*Gesamtbild der Verhältnisse*" des Betriebes.[69] Die Qualifikation eines Wirtschaftsgutes als für den Betrieb wesentlich ergibt sich einerseits aus der Art des Betriebes und andererseits nach ihrer Funktion innerhalb des konkreten Betriebes.[70] Abzustellen ist somit auf die Besonderheiten des jeweiligen Betriebstypus.[71]

4.1.2. Betriebsmittelbezogene Betrachtung

Nachfolgend seien überblicksartig einige typische Betriebsgrundlagen und deren Qualifikation dargestellt:[72]

---

[66] UFS 29.6.2009, RV/1722-W/06.
[67] ZB VwGH 21.12.1993, 89/14/0268.
[68] VwGH 12.1.1979, 2600/78: längerfristige Vermietung des Betriebsgebäudes an den Erwerber.
[69] VwGH 21.11.1990, 90/13/0145; VwGH 24.6.2010, 2006/15/0270.
[70] VwGH 20.11.1990, 90/14/0122.
[71] ZB VwGH 25.1.1995, 93/15/0100; VwGH 24.4.1996, 94/15/0025.
[72] Vgl auch EStR 2000, Rz 5509 ff, *Doralt*, Jakom.

Betriebs-mittel/Wirtschaftsgut	Betriebsgrdl		Anmerkung	Quelle
	wesentl	unwesentl		
Arbeitskräfte		X	übliches Personal	VwGH 20.11.1990, 90/14/0122
		X	Qualifizierte, Leitungspersonal	VwGH 24.4.1996, 94/15/0025
Berechtigung, Konzession	X		bei kundengebundenen Tätigkeiten	EStR 2000, Rz 5510
Fuhrpark		X	Bus- bzw Transportunternehmen	VwGH 27.11.1978, 0059/78; EStR 2000, Rz 5518
Geschäftsbeziehung	X		bei kundengebundenen Tätigkeiten	VwGH 20.11.1990. 90/14/0122; EStR 2000, Rz 5511
Imbisswagen	X		bzgl eines Imbissstandes	UFS 21.1.2010, RV/0070-F/09
Know-how		X	Übertragung durch einen selbständigen – unheilbar kranken – Ingenieur	BFH 26.4.1995, XI R 86/94, BStBl 1996 II 4
Kundenstock	X		insb bei freien Berufen	VwGH 25.6.1998, 94/15/0129
Liegenschaften	X		ortsgebunden	VwGH 20.11.1990, 90/14/0122
		X	ortsungebunden	VwGH 23.4.1974, 1982/73
Maschinen	X		bei ausstattungsgebundenen Betrieben	VwGH 29.1.1998, 95/15/0037
Marktstand	X		Warenlager selbst unmaßgeblich (rasche Verderblichkeit)	VwGH 5.9.1993, 91/1370022
Schulden		X	auch dann, wenn mit Wirtschaftsgütern im Zusammenhang	VwGH 22.4.1986, 85/14/0165
Warenlager	X		besonders wichtiges Sortiment	VwGH 13.3.1991, 87/13/0190
		X	rasch umgesetzt, verderblich	VwGH 24.4.1996, 94/15/0025

Zusammenfassend kommt es also darauf an, welcher faktische Typus einer Betätigung vorliegt, wobei grds ortsgebundene, produktionsgebundene und kundengebundene Tätigkeiten zu unterscheiden sind.[73]

4.1.3. Spezialbetrachtung: Kundenstock

Einer besonderen Betrachtung bedarf der Kunden-, Klienten- bzw Patientenstock, der – abgesehen von bloßer Laufkundschaft[74] – regelmäßig zu den wesentlichen Betriebsgrundlagen, insb bei freien Berufen, zählt,[75] weil hier der Geschäftserfolg idR vom Vertrauen des Kunden (Klienten, Patienten) in die Fähigkeiten des Freiberuflers (sowie seiner qualifizierten Mitarbeiter) und wohl weniger von der Ausstattung seines Betriebes abhängt.[76] Ausnahmen sind auch hier, insb bei Fachärzten, die – wie zB Röntgenologen mit aufwendigen Geräten – ständig wechselnde Patienten untersuchen, denkbar.[77] In derartigen Fällen treten gegenüber dem Patientenstock andere Merkmale in den Vordergrund, zB die Geräteausstattung und die Geschäftsbeziehungen zu den zuweisenden Ärzten.[78] Auch bei einem Notar, welcher ja auch als „Urkundsperson" tätig wird, ist der Kundenstock nur bei gefestigten Kundenbeziehungen eine wesentliche Betriebsgrundlage.

Wesentliche Betriebsgrundlagen in Form des Kundenstockes eines Freiberuflers können weiters nur dann übertragen werden, wenn sich die Kundenbeziehungen in einem soliden Ausmaß gefestigt haben, somit als feste Geschäftsbeziehung anzusehen und ausreichend gesichert sind. Dies ist dann nicht der Fall, wenn mangels entsprechender Organisation und Infrastruktur die Abhängigkeit von einem einzigen Leistungsträger gegeben ist, dessen Ausscheiden zur sofortigen Abwanderung der von ihm betreuten Kunden führen würde.[79]

Für einen begünstigten Besteuerungstatbestand ist es nicht erforderlich, dass nach erfolgter Übertragung auf eine weitere Betreuung der Kunden, Klienten oder Patienten gänzlich verzichtet wird. Daher steht die Weiterbearbeitung des veräußerten Klientenstocks eines Wirtschaftstreuhänders im Werkvertrag der Annahme einer Betriebsveräußerung nicht entgegen.[80] Eine Betriebsveräußerung liegt auch dann vor, wenn mit der Veräußerung eines Kundenstocks die Tätigkeit eines Freiberuflers nicht endet, sondern – sogar am selben Ort – mit neuem Kundenstock weiter betrieben wird.

---

[73] *Jakom/Kanduth-Kristen*, EStG 2011, § 24, Rz 17.
[74] VwGH 19.5.1993, 91/13/0022.
[75] ZB VwGH 25.1.1995, 93/15/0100; VwGH 25.6.1998, 94/15/0129.
[76] UFS 2.4.2004, RV/0363-W/02; VwGH 24.6.2010, 2006/15/0270.
[77] IdR kommt es bei derartigen Untersuchungen überdies auch zu keinem persönlichen Kontakt zwischen Patienten und dem Leiter des Instituts.
[78] VwGH 17.8.1994, 94/15/0022; VwGH 24.6.2010, 2006/15/0270.
[79] UFS 9.11.2010, RV/0476-S/09.
[80] VwGH 16.6.1987, 86/14/0181; BFH 29.6.1994, I R 105/93, BFH/NV 1995, 109.

4.1.4. Branchentypische Betrachtung

Je nach Branche bzw Beruf sind somit zB folgende Betriebsgrundlagen wesentlich:

Branche/Beruf	Wesentliche Betriebsgrundlage	Quelle
Apotheke	standortgebundene Konzession	*Jakom/Kanduth-Kristen* EStG, 2011, § 24 Rz 19, Stichwort „Apotheke"
Arzt mit Fachrichtung	Kundenstock	S Pkt 4.1.3. in diesem Beitrag
Arzt mit aufwendigen Geräten	Geräteausstattung, Geschäftsbeziehungen zu zuweisenden Ärzten	VwGH 17.8.1994, 94/15/0022
Bäckerei	Betriebsgebäude, Maschinen, Anlagen, Einrichtungen	VwGH 20.11.1990, 90/14/0122
Busunternehmen	Konzession, Betriebsliegenschaft, Geschäftsräumlichkeiten, Fuhrpark	VwGH 27.11.1978, 171/78, UFS 11.10.2007, RV/2138-W/07
Café-Konditorei	Geschäftsräumlichkeiten, Inventar, Kundenstock	VwGH 14.10.1981, 81/13/0081
Campingplatz	Grundstück, Nutzungsrechte	VwGH 23.2.1994, 99/13/0017
Einzelhandelsunternehmen	Eigentums- oder Mietrecht am Geschäftslokal, Warenlager	VwGH 19.5.1993, 91/13/0022
	Standort bei Deckung des örtlichen Bedarfs	VwGH 25.2.2003, 98/14/0151
	Warenbestand	BFH 18.1.2012, XI R 27/08
Forstwirtschaft	Waldbesitz	VwGH 3.2.1967, 1736/65
Freiberufler	Klientenstock, EDV-Hard- und Software	UFS 2.2.2004, RV/0363-W/02
Generalvertretung	Kundenstock, Vertretungsbefugnis, Firmenname	VwGH 20.11.1990, 90/14/0122
Gerüstbauunternehmen	Gerüstmaterial, wenn übertragener Betrieb nicht mit gemietetem, sondern eigenem Gerüstmaterial geführt	VwGH 24.6.2010, 2006/15/0270; EStR 2000, Rz 5529a
Hotel	Grundstück, Gebäude, Einrichtung (auch bei hohen Standardverbesserungsmaßnahmen durch Erwerber)	VwGH 15.2.1994, 91/14/0248: Erwerb eines Hotelbetriebes aus Konkursmasse

Industriebetrieb	Betriebsgrundstück inkl Werkstatt, Lagerräumlichkeit	VwGH 21.5.1975, 1461/74, EStR 2000, Rz 5532
Kfz-Werkstätte	unbewegliche und bewegliche Anlagegüter, die zur Reparatur von Kfz benötigt werden	VwGH 3.11.1992, 89/14/0271
Kunstmaler	persönliche und daher unveräußerbare Eigenschaften	VwGH 23.4.1998, 96/15/0211
Landwirtschaft	Betriebsgebäude, Maschinen, ausreichende landwirtschaftlich nutzbare Fläche; unwesentlich hingegen Wohn- und Wirtschaftsgebäude auf einer Fläche von nur ca 1.000 m2	VwGH 21.11.1961, 1109/61
Lieferbetonproduktion	Grund und Boden, dazugehörige Gebäude (Büro, Garagen, Mischanlagen, Kiesboxen, Waschgruben), Maschinen samt Zubehör (Büro-, Laboreinrichtung, Mischer, Warmwasseraufbereitung); unwesentlich: Transportfahrzeuge	VwGH 25.5.1988, 87/13/0066
Paketsevicedienst	Fuhrpark, die Geschäftseinrichtung, Kundendatei	UFS 25.1.2012, RV/1247-L/10
Parfümerie	Geschäftslokal, Ausstattung, Warenlager	VwGH 3.12.1986, 86/13/0079
Produktionsgebundene Unternehmen	Betriebsgebäude, Maschinen, Anlagen und, Einrichtungen, nicht: Personal, Warenlager, Kundenstock	VwGH 20.11.1990, 90/14/0122
Sägewerk	Sägegatter, Kraftanlagen	VwGH 9.9.1971, 0268/70
Süßwarengeschäft	Warenlager, Ausstattung, günstiger Standort	VwGH 19.4.1968, 1832/66
Textilhandel	Geschäftsräumlichkeiten, Einrichtung, Warenlager, Kundenstock, Firmenzeichen	VwGH 18.5.1971, 1582/69
Zahntechnisches Labor	entsprechend adaptierte Betriebsräumlichkeiten, installierte Geräte, Werkzeuge, Kundenstock	VwGH 27.8.1991, 91/14/0083

4.2. Betrieb

Ein Betrieb ist die allgemeine Zusammenfassung menschlicher Arbeitskraft und sachlicher Produktionsmittel in einer organisatorischen Einheit. Hinsichtlich des Gewerbebetriebes ergibt sich die Definition aus § 28 BAO. Aus ertragsteuerlicher Sicht liegt ein Betrieb nur vor, wenn er der Erzielung von Einkünften iSd § 2 Abs 3 Z 1 bis 3 EStG 1988 dient.[81] Somit ist etwa eine Betätigung, die infolge Qualifikation als Liebhaberei keine Einkunftsquelle darstellt,[82] kein Betrieb und kann auch keinen Veräußerungstatbestand bewirken.

Unterhält ein Stpfl mehrere Betriebe, die nicht als einheitlicher Betrieb anzusehen sind, ist der Gewinn (Verlust) für jeden Betrieb gesondert zu ermitteln. Ob Tätigkeiten mehrere Betriebe oder einen einheitlichen Betrieb darstellen, ist nach objektiven Grundsätzen iSd Verkehrsauffassung zu beurteilen.[83] Dabei ist auf das Ausmaß der organisatorischen, wirtschaftlichen und finanziellen Verflechtung zwischen einzelnen Betriebsbereichen abzustellen.

4.3. Teilbetrieb

4.3.1. Definition

Ein Teilbetrieb iSd § 24 EStG 1988 ist ein organisch in sich geschlossener Teil eines Betriebs, der es ermöglicht, die gleiche Erwerbstätigkeit ohne weiteres fortzusetzen.[84] Die Abgrenzbarkeit zum übrigen Betrieb ist aus der Sicht des Veräußerers zu beurteilen;[85] dieser muss schon vor der Übertragung selbständig geführt worden sein.[86] Eine völlige Selbständigkeit ist jedoch nicht erforderlich.[87]

4.3.2. Voraussetzungen

Für einen Teilbetrieb müssen insb folgende Voraussetzungen vorliegen:[88]

- Teil eines Gesamtbetriebes,
- organische Geschlossenheit innerhalb des Gesamtbetriebes,[89]
- gewisse Selbständigkeit gegenüber dem Gesamtbetrieb,
- eigenständige Lebensfähigkeit.

Diese Voraussetzungen sind in erster Linie aus der Sicht des Veräußerers zu beurteilen.[90]

---

[81] EStR 2000, Rz 409.
[82] Vgl auch LRL 2012, Rz 3.
[83] VwGH 22.11.1995, 94/15/0154.
[84] VwGH 7.8.1992, 88/14/0063.
[85] VwGH 18.12.1997, 96/15/0140.
[86] VwGH 17.2.1999, 97/14/0165.
[87] VwGH 3.11.1992, 89/14/0098.
[88] VwGH 16.12.1999, 96/15/0109; EStR 2000, Rz 5579.
[89] BFH 4.11.2004, IV R 17/03, BStBl 2005 II 208.
[90] VwGH 14.9.1993, 93/15/0012.

Folgende Beispiele sollen beispielhaft darstellen, welche Wirtschaftsgüter einen Teilbetrieb repräsentieren können:

Zu untersuchendes Wirtschaftsgut etc	Teilbetrieb ja	Teilbetrieb nein	Anmerkung	Quelle
Abfindung		X	laufender Gewinn	BFH 26.6.1975, VIII R 39/74, BStBl 1975 II 832
Appartmenthaus	X		einzelne Wohnung ≠ Teilbetrieb	VwGH 18.1.1983, 81/14/0330; BFH 23.11.1988, X R 1/86, BStBl 1989 II 376
Arbeitnehmerwohngebäude		X		VwGH 2.2.1968, 1299/67
Außenstelle eines Wirtschaftstreuhänders	X			VwGH 11.4.1991, 90/13/0258
Automat	X		wenn von übrigen Vertriebswegen getrennt	BFH 14.3.1989, IX R 75/85, BFH/NV 1991, 291; EStR 2000, Rz 5588
Betonmischanlage	X		auch bei Entfernung von 45 km zum Bauunternehmen	VwGH 25.5.1988, 87/13/0066
Blumenladen	X		bzgl einer Gärtnerei	EStR 2000, Rz 5596
Braugasthof	X			BFH 3.8.1966, IV 380/62, BStBl 1967 III 47
Druckerei	X		in Bezug auf einen Verlag bei eigenem Kundenkreis	EStR 2000, Rz 5591
Fertigungsstraße		X	bei kunststoffverarbeitenden Unternehmen	UFS 24.10.2011, RV/0478-W/07
Grundstück		X	selbst dann kein Teilbetrieb, wenn damit Gewerbeberechtigung verbunden	VwGH 30.1.1973, 2007/71

„halbfertiger" Teilbetrieb		X	noch nicht begünstigungsfähig; Fehlen der „gewissen Selbständigkeit"	VwGH 25.1.1980, 2020/76, EStR 2000, Rz 5602
Handelssparten		X	einheitlicher Betrieb im selben Gebäude (Schuhe, Mode)	VwGH 23.11.1962, 1260/61
Hausapotheke		X	hins eines „Landarztes"	VwGH 22.5.1953, 3026/52
Filiale		X	Charakter einer unselbständigen Verkaufseinrichtung	EStR 2000, Rz 5593
	X		bei Fahrschule, an unterschiedlichen Orten	BFH BStBl 1990 II 55
Inventar		X		BFH 19.2.1976, IV R 179/72, BStBl 1976 II 415
Kieswerk	X		bzgl Bauunternehmen	FG Nürnberg, 3.10.1969, StBp 1971, 86
Kino	X		räumliche Trennung	FG Saarland, 9.3.1973, EFG 1973, 378
Kosmetiksalon		X	hins eines Facharztes für Neurologie	VwGH 23.5.2000, 99/14/0311
Lagerplatz		X		VwGH 17.11.1967, 461/67
Milchlieferungsrecht		X	bei landwirtschaftlichem Betrieb	BFH 17.4.2007, IV B 91/06, BFH/NV 2007, 1853
Milchverarbeitung		X	neben Milchhandel	RFH 14.9.1938, RStBl 1939, 87
Obstplantage		X	ohne zugehöriges Wirtschaftsgebäude etc	BFH 20.8.1970, IV 143/64, BStBl 1970 II 807
Praxisteil	X		Allgemein-/Arbeitsmedizin jeweils einzelne Betriebsteile	BFH 4.11.2004, IV R 17/03, BStBl 2005 II 208
Schlepplift		X	ohne Grundstück	VwGH 5.11.1991, 91/14/0135
Weinfässer		X	hins eines Weinbaubetriebes	VwGH 10.7.1959, 1273/56

5. Veräußerungsgewinn bei Mitunternehmerschaften

5.1. Umfang des Mitunternehmeranteils

Der Mitunternehmeranteil umfasst neben dem quotenmäßigen Anteil am gemeinschaftlichen Vermögen allenfalls auch das Sonderbetriebsvermögen des Mitunternehmers.[91] Ertragsteuerliche Konsequenzen bei Veräußerungen und Aufgabe von Mitunternehmeranteilen beziehen sich daher auch auf das Sonderbetriebsvermögen, was zu folgenden Konsequenzen führen kann:[92]

- Wird der **gesamte Mitunternehmeranteil übertragen** und das **Sonderbetriebsvermögen zurückbehalten**, liegt hinsichtlich des Sonderbetriebsvermögens eine Entnahme ins Privatvermögen vor,[93] die wie die Veräußerung den §§ 24 bzw 37 EStG unterliegt.[94]
- Wird nur ein **Teil des Gesellschaftsanteiles nicht aber das dazugehörige Sonderbetriebsvermögen** übertragen, liegt eine Entnahme des Sonderbetriebsvermögens beim übertragenden Gesellschafter nicht vor; die Aufdeckung der stillen Reserven kann auf diese Weise vermieden werden.[95]

5.2. Veräußerungstatbestände

5.2.1. Ausscheiden eines Gesellschafters

Das Ausscheiden eines Gesellschafters aus einer Mitunternehmerschaft stellt bei Entgeltlichkeit einen Veräußerungstatbestand dar. Dabei ist unerheblich, ob der Anteil an einen Neu- oder Altgesellschafter veräußert wird.[96]

5.2.2. Veräußerungsvorgang

Veräußerung eines Mitunternehmeranteils ist – wie auch bei sonstigen Veräußerungsvorgängen in Bezug auf einen Betrieb oder Teilbetrieb –

- die Verschaffung des – zivilrechtlichen oder wirtschaftlichen – Eigentums
- an der gesamten Mitunternehmerstellung, dh an allen wesentlichen Betriebsgrundlagen des entsprechenden Betriebsvermögens
- gegen Entgelt.

Die Art des Vorganges an sich ist irrelevant: die Eigentumsübertragung kann daher etwa auf einer Übertragung, Abtretung, Anwachsung, Umwandlung oder Begründung einer Innengesellschaft bzw einem Tausch basieren.[97]

---

[91] BFH 2.10.1997, IV R 84/96, BStBl 1998 II 144; BFH 12.4.2000, XI R 35/99, BStBl 2001 II 26; BFH 24.8.2000, IV R 51/98, BStBl 2005 II 173; BFH 1.4.2005, VIII B 157/03, BFH/NV 2005, 1540.
[92] *Doralt/Kauba*, § 24, Tz 265/2f.
[93] EStR 2000 Rz 5984.
[94] BMF, ecolex 1991, 128.
[95] BMF, SWK 1991, A I 108; *Reiner/Reiner*, RdW 1995, 359.
[96] EStR 2000, Rz 5964.
[97] *Patt* in *Hermann/Heuer/Raupach*, EStG, Kommentar, § 16, Tz 223.

Eine Veräußerung eines Mitunternehmeranteils liegt auch dann vor, wenn lediglich ein Teil der Beteiligung veräußert wird[98] oder wenn die Beteiligungsverhältnisse zwischen den Gesellschaftern auf entgeltlicher Grundlage geändert werden.[99]

5.2.3. Abgrenzungsfragen

Eine bloß formwechselnde Umwandlung einer Mitunternehmerschaft (zB einer OG in eine KG) löst keine der in § 24 EStG 1988 genannten Konsequenzen aus. Es sind die Buchwerte fortzuführen und sämtliche Fristen (zB Behaltefrist bei der Investitionszuwachsprämie) laufen weiter.

Scheidet ein bloßer Arbeitsgesellschafter aus einer Mitunternehmerschaft aus, erzielt er insoweit keinen Veräußerungsgewinn, weil er am Gesellschaftsvermögen nicht beteiligt ist. Er hat keinen Kapitalanteil, sondern lediglich Gewinnansprüche.[100] Eine allenfalls gezahlte Abfindung ist nachträgliches Arbeitsentgelt und somit Bestandteil seines laufenden Gewinnes.[101]

5.2.4. Ermittlung des Veräußerungsgewinnes

Veräußerungsgewinn ist wie bei Einzelunternehmen jener Betrag, um den der Veräußerungserlös nach Abzug der Veräußerungskosten den Wert des Anteiles am Betriebsvermögen übersteigt.

Selbst wenn alle Mitunternehmer ihre Anteile veräußern, ist der Veräußerungsgewinn getrennt für jeden Gesellschafter zu ermitteln. Er ist zwar zusammen mit den gemeinschaftlich erzielten Einkünften im Feststellungsverfahren gem § 188 BAO steuerlich zu erfassen, unterliegt aber selbst keiner Verteilung auf die Teilhaber.[102] Die Ermittlung des Veräußerungsgewinnes erfolgt durchwegs über das Kapitalkonto nach der Nettomethode.[103]

5.3. Aufgabe eines Mitunternehmeranteils[104]

Hins dieses Tatbestandes sind grds folgende Fälle denkbar:

- Gänzliche Aufgabe des Betriebs bzw Teilbetriebs;[105]
- Veräußerung oder unentgeltliche Übertragung des gesamten Anteils unter Zurückbehaltung von Wirtschaftsgütern des Sonderbetriebsvermögens, die wesentlichen Betriebsgrundlagen darstellen, mit Übernahme in das Privatvermögen des Gesellschafters übernommen werden;[106]
- Zerschlagung oder sonstiges Enden einer Mitunternehmerschaft ohne ausdrückliche Handlungen der Mitunternehmer, zB bei Pfändung oder Konkurs;[107]
- Beendigung einer (atypischen) stillen Gesellschaft.[108]

---

[98] VwGH 8.3.1994, 91/14/0173.
[99] EStR 2000, Rz 5965.
[100] VwGH 19.10.1988, 86/13/0169.
[101] EStR 2000, Rz 5969.
[102] VwGH 22.3.1991, 87/13/0201.
[103] EStR 2000, Rz 5973.
[104] Dazu *Doralt*, EStG, § 24, Tz 140.
[105] EStR 2000 Rz 6006.
[106] BFH 31.8.1995, VIII B 21/93 BStBl 1995 II 890.
[107] VwGH 21.2.1996, 94/14/0160.
[108] EStR 2000 Rz 6006.

5.4. Vorhandendsein eines negativen Kapitalkontos[109]

Ein **persönlich unbeschränkt haftender Gesellschafter** (Gesellschafter einer OG oder GesbR, Komplementäre einer KG) hat grds ein negatives Kapitalkonto bei Ausscheiden aus der Gesellschaft auszugleichen, etwa durch:

- Ausgleichszahlungen an Mitgesellschafter,
- Verrechnung mit den auf seinem Gesellschaftsanteil ruhenden stillen Reserven und Firmenwert,
- Beteiligung an der Tilgung von Gesellschaftsschulden.

Übersteigen stille Reserven und Firmenwert insgesamt den Betrag des negativen Kapitalkontos, ergibt sich ein positiver Verkaufspreis. Der Veräußerungsgewinn besteht aus der Summe des negativen Kapitals und des Kaufpreises für den Gesellschaftsanteil abzüglich deren Veräußerungskosten.

Nach § 24 Abs 2 EStG 1988 ist im Falle des Ausscheidens eines Mitunternehmers als Veräußerungsgewinn jedenfalls der Betrag seines **negativen Kapitalkontos** (= steuerlicher Kapitalanteil aus der Gesellschaftsbilanz inkl Ergänzungs- und Sonderbilanzen) zu erfassen, den er nicht auffüllen muss und zwar unabhängig von allfälligen zivilrechtlichen Haftungsbeschränkungen.[110] Bei **unentgeltlichen Übertragungen** eines Mitunternehmeranteiles sind die Buchwerte fortzuführen, ohne dass es beim übertragenden Gesellschafter zu einer Besteuerung kommt.[111]

Für den Eintritt der Rechtsfolge des § 24 Abs 2 letzter Satz EStG 1988 kommt es nicht darauf an, ob das negative Kapitalkonto auf Verluste früherer Perioden oder auf Entnahmen oder auf beides zurückzuführen ist.[112]

Bei Ausscheiden des Mitunternehmers aus einer **real überschuldeten Gesellschaft** ist der Gesamtbetrag des negativen Kapitalkontos als Veräußerungs- bzw Aufgabegewinn zu erfassen.[113] Übersteigt das negative Kapitalkonto bei realer Überschuldung die anteiligen stillen Reserven und muss es auch nicht aufgefüllt werden, liegen bei den verbleibenden Gesellschaftern Betriebsausgaben vor.[114] Erfolgt der Verzicht aus privaten Gründen, liegt beim ausscheidenden Gesellschafter kein Veräußerungsgewinn und bei den verbleibenden Gesellschaftern keine Betriebsausgabe vor.[115]

Nach § 185 Abs 2 UGB führt die Eröffnung eines Konkursverfahrens über einen Gesellschafter zwingend zur Auflösung einer (atypisch) stillen Gesellschaft. Durch frühere Verlustzuweisungen entstandene negative Kapitalkonten stellen daher – sofern keine Nachschüsse erfolgen – zum Zeitpunkt der Konkurseröffnung über die Geschäftsherrin steuerpflichtige Veräußerungsgewinne der zwingend ausscheidenden stillen Gesellschafter dar.[116]

---

[109] Dazu ausführlich *Jakom/Kanduth-Kristen*, § 24 Rz 90, Pkt e).
[110] EStR 2000, Rz 5987.
[111] VwGH 25.2.1998, 97/14/0141.
[112] VwGH 21.2.1996, 94/14/0160; VwGH 27.5.1998, 94/13/0084.
[113] VwGH 28.10.2009, 2006/15/0126.
[114] VwGH 19.5.1987, 86/14/0104; UFS 28.12.2005, RV/0184-K/02.
[115] VwGH 27.5.1998, 94/13/0084.
[116] UFS 3.2.2011, RV/3852-W/10.

6. Conclusio

Das Ende des aktiven Berufslebens ist in jeglicher Hinsicht ein tiefer Einschnitt. Der Vorgang löst unterschiedlichste Folgen, sowohl im **privaten** (*„Pensionsschock"* oder aber endlich Zeit, seinen Leidenschaften zu frönen) wie auch im rechtlichen Bereich, hinsichtlich Letzterem auch **abgabenrechtliche** Konsequenzen, aus.

Diese wesentlichen **steuerlichen Folgen** sind
- einerseits das Bestehen der **sachlichen Steuerpflicht** von Veräußerungsgewinnen an sich als Sicherstellung der Finalbesteuerung betrieblicher Betätigungen[117] sowie
- andererseits ein mannigfaltiges Regime von **Begünstigungstatbeständen**, basierend auf verschiedenen Parametern, welche bis zum Tod als notwendige Voraussetzung reichen, bestehend aus einem Gewinnfreibetrag, Hintanhaltung einer Doppelbesteuerung, Nichterfassung stiller Reserven bzw Tarifermäßigungen.

Wird der gesamte Betrieb in seiner Gesamtheit veräußert, sind die daraus resultierenden steuerlichen Folgen idR überschaubar; wesentlich größere Schwierigkeiten bereiten Konstellationen, bei welchen einzelne Wirtschaftsgüter zurückbehalten (Frage nach deren Wesentlichkeit) werden oder lediglich ein Teil des Betriebes (Vorliegen eines Teilbetriebes) veräußert wird.

Epilog: Ende gut, alles gut

Das eingangs erwähnte erste (mittlerweile fast 20 Jahre zurückliegende), vor allem für Prof. *Schlager* eher unerfreuliche erste persönliche Aufeinandertreffen hat in der Folge unserem weiteren Verhältnis nicht geschadet. Aus der Skepsis sind längst gegenseitige kollegiale Hochachtung und intensiver fachlicher Gedankenaustausch, aber auch private Plaudereien, geworden, die ua in der gemeinsamen Herausgeberschaft eines Buchprojekts[118] ihren Niederschlag fand.

Insofern ist es mir Ehre und Freude Ko-Herausgeber einer Festschrift anlässlich des 65. Geburtstages Prof. *Schlagers* zu sein und auch einen persönlichen Fachbeitrag beisteuern zu dürfen.[119] Ad multos annos, amice![120]

Literaturverzeichnis

Doralt, W., Vorschläge zur Einkommensteuer-Reform, RdW 1987, 349.
Doralt, W., Einkommensteuergesetz[10], Stand 1.1.2006 (Kommentierung des § 24 EStG 1988).

---

[117] Strittig, ob die Bestimmung deklaratorischer oder konstitutiver Natur ist (vgl *Geissler* in *Hermann/Heuer/Raupach*, EStG, Kommentar, § 16, Tz 3).
[118] Praxis der steuerlichen Gewinnermittlung, Gedenkschrift für Walter *Köglberger*, Wien 2008.
[119] Auch wenn er vom Thema „Betriebsaufgabe", welche idR mit Erreichen eines höheren Lebensalters einhergeht, handelt: Er soll kein dezenter Hinweis an den Jubilar sein, sich aus dem aktiven Berufsleben zurückzuziehen oder sein literarisches Schaffen einzustellen! Dass er zur Wahrung seiner Gesundheit ein wenig kürzer treten sollte, weiß er wohl ohnehin.
[120] Für die „Nicht-Lateiner" unter der geneigten Leserschaft: *„Auf viele Jahre!"* (als Ausdruck des Glückwunsches) bzw etwas freier übersetzt: *„Hoch soll er leben!".* Dem ist nichts mehr hinzuzufügen.

Doralt, W./Kauba, A., Einkommensteuergesetz[10], Stand 1.1.2006 (Kommentierung des § 23 Z 2 EStG 1988).
Doralt, W./Ruppe, H. G., Steuerrecht I[10], Wien 2012.
Jakom/Kanduth-Kristen, EStG, 2011 (Kommentierung des § 24 EStG 1988).
Kofler, H./Kofler, G./Urnik, S., Handbuch Betriebsaufgabe und Wechsel der Gewinnermittlung, Wien 2003.
Reiner B./Reiner J., Schenkung von Sonderbetriebsvermögen und Gesellschaftsanteilen in unterschiedlichem Ausmaß, RdW 1995, 359.
Renner B., Begünstigter Veräußerungsgewinn bei anschließender Tätigkeit für den Betriebserwerber, SWK 2008, S 956.

Unternehmensnachfolge-Umsatzsteuer

Johann Pointner/Margot Pintscher

1. **Unternehmensnachfolge in Österreich**
2. **Allgemeines zur Umsatzsteuer iZm Betriebsübergaben**
3. **Unternehmenserwerbe von Todes wegen**
    - 3.1. Erbrechtliche Gestaltungen
        - 3.1.1. Testament
        - 3.1.2. Gesetzliche Erbfolge
    - 3.2. Umsatzsteuer
4. **Unternehmensschenkung**
    - 4.1. Schenkungsmeldepflicht
        - 4.1.1. Meldepflichtige Personen
        - 4.1.2. Meldepflichtige Schenkungen
    - 4.2. Umsatzsteuer
        - 4.2.1. Schenkung eines Einzelunternehmens
        - 4.2.2. Umsatzsteuerliche Besonderheiten bei Grundstücken
5. **Unternehmensübergabe durch Gesellschaftsgründung**
    - 5.1. Mögliche Vorgehensweise bei schrittweiser Übergabe
    - 5.2. Umsatzsteuer
6. **Unternehmensverkauf**
    - 6.1. Allgemeines
    - 6.2. Umsatzsteuer
        - 6.2.1. Bemessungsgrundlage
        - 6.2.2. Verkauf eines Einzelunternehmens
        - 6.2.3. Kleinunternehmer
        - 6.2.4. Entstehen der Steuerschuld
        - 6.2.5. Grundstücke
7. **Betriebsaufgabe**
    - 7.1. Allgemeines
    - 7.2. Umsatzsteuer
        - 7.2.1. Eigenverbrauch
        - 7.2.2. Grundstücke
8. **Unternehmensverpachtung**
    - 8.1. Allgemeines
    - 8.2. Umsatzsteuer
9. **Unternehmensübergabe gegen Rente**
    - 9.1. Unternehmensverkauf gegen Kaufpreisrente
        - 9.1.1. Allgemeines
        - 9.1.2. Umsatzsteuer

9.2. Unternehmensschenkung gegen Versorgungsrente
    9.2.1. Allgemeines
    9.2.2. Umsatzsteuer
10. **Umsatzsteuerliche Änderungen bei Grundstücken durch das Stabilitätsgesetz 2012**
    10.1. Option zur Steuerpflicht für Umsätze gem § 6 Abs 1 Z16 u Z17 UStG
        10.1.1. Änderung durch das 1. StabG 2012
        10.1.2. Inkrafttreten
    10.2. Verlängerung des Vorsteuerberichtigungszeitraumes gem § 12 Abs 10 UStG
        10.2.1. Änderung durch das 1. StabG 2012
        10.2.2. Inkrafttreten

Literaturverzeichnis

1. Unternehmensnachfolge in Österreich

In der Dekade 2009 bis 2018 stehen rund 57.500 österreichische Klein- und Mittelbetriebe mit rund 502.000 Beschäftigten vor der Herausforderung, die Unternehmensnachfolge zu meistern. Dies sind rund ein Fünftel der österreichischen Unternehmen beziehungsweise rund 17 % der Arbeitsplätze der KMU (Klein- und Mittelstandsunternehmen) innerhalb der Gewerblichen Wirtschaft.[1]

Ein Zehntel der zur Übergabe anstehenden Betriebe sind Ein-Personen-Unternehmen. Darüber hinaus haben weitere rund 70 % der Unternehmen weniger als zehn unselbständige Beschäftigte, woraus geschlossen werden kann, dass der Anteil der kleinen Unternehmen deutlich überwiegt.[2]

Jährlich wird für rund 5.000 bis 6.000 Betriebe ein Nachfolger gefunden. Trotz Wirtschaftskrise ist die Nachfolgestatistik stabil. Beispielsweise wurden 2008 mit 6.623 Betrieben so viele Betriebe übergeben wie noch nie zuvor.[3] Motive für die Übernahme von Krisenunternehmen sind neben der Sanierung und dem eventuellen späteren Verkauf des Zielunternehmens vor allem der Zukauf von Know-how, die Ergänzung oder Erweiterung der Produktpalette, die Nutzung von Synergien sowie der Eintritt in neue Märkte.[4]

96 % der Unternehmen, bei denen in den letzten fünf Jahren die Unternehmensnachfolge vonstatten ging, sind weiterhin am Markt tätig. Die daraus abzuleitende drop-out-Rate stellt sich deutlich geringer dar als bei Unternehmensneugründungen, wo sie bei 25 % liegt.[5]

2. Allgemeines zur Umsatzsteuer iZm Betriebsübergaben

Wird die Betriebsübergabe in Form eines entgeltlichen Rechtsgeschäfts abgewickelt, so hat der Übertragende dem Erwerber Umsatzsteuer in Rechnung zu stellen. Handelt es sich hingegen um eine unentgeltliche Betriebsübertragung, so löst der Vorgang den Eigenverbrauchstatbestand des § 3 Abs 2 UStG aus. In diesem Zusammenhang kann es gegebenenfalls zur Anwendung des § 12 Abs 10 UStG, also zu einer Korrektur von in der Vergangenheit geltend gemachten Vorsteuern, kommen.[6]

---

[1] *Huber/Leitner*, Unternehmensnachfolge, 14; Studie der KMU Forschung Austria im Auftrag des Bundesministeriums für Wirtschaft und Arbeit sowie der Wirtschaftskammer Österreich 2008; siehe diesbezüglich auch *Binder/Haberhofer*, Leitfaden zur Betriebsübergabe, 3; vgl dazu weiters *Augustin et al* (Hrsg), Betriebsnachfolge perfekt geregelt, 3f.
[2] *Huber/Leitner*, Unternehmensnachfolge, 14.
[3] *Huber/Leitner*, Unternehmensnachfolge, 14; Gründerservice der Wirtschaftskammer Österreich: http://www.gruenderservice.at/format_detail.wk?StlD=496964&DstlD=0&titel=Leitl:„Heimische Nachfolgestatistik,trotz,Krise,stabil (21.01.2010).
[4] *Leidel*, Entgeltliche Unternehmensnachfolge im Recht der Mehrwertsteuersystemrichtlinie und deren Handhabung in Österreich und Deutschland, 2010, 2; vgl auch *Aigner, J/Aigner D*, Beteiligungspartner in *Feldbauer-Durstmüller/Mayr* (Hrsg), Unternehmenssanierung, 203.
[5] *Huber/Leitner*, Unternehmensnachfolge, 14.
[6] *Binder*, Betriebsübergabe, 90; *Binder/Haberhofer*, Leitfaden zur Betriebsübergabe, 57.

3. Unternehmenserwerbe von Todes wegen

Im Regelfall erfolgen Unternehmensübergaben nicht erst zum Zeitpunkt des Todes des Unternehmers, sondern bereits zu dessen Lebzeiten. Bei unerwartetem Ableben wird die steuerliche Behandlung des Unternehmensüberganges von Todes wegen jedoch plötzlich aktuell.[7]

3.1. Erbrechtliche Gestaltungen

3.1.1. Testament

Da ein Erbvertrag, als stärkster erbrechtlicher Berufungsgrund, nur zwischen Ehegatten und Brautleuten (unter der Bedingung der nachfolgenden Heirat) abgeschlossen werden kann, kommt vor allem dem Testament eine zentrale Bedeutung bei der Gestaltung von Unternehmensnachfolgen zu.[8]

Durch das Testament wird vom Erblasser festgelegt, auf wen sein im Zeitpunkt des Todes vorhandenes aktives und passives Vermögen im Wege der Gesamtrechtsnachfolge übergehen soll.[9] Grundsätzlich steht es dem Erblasser frei zu entscheiden, wem er was hinterlässt.[10] Gerade auch bei der Unternehmensnachfolge sind jedoch dem erbrechtlichen Gestaltungsspielraum durch das gesetzlich verankerte Pflichtteilsrecht, welches den Angehörigen des Erblassers einen Mindestanteil am Vermögen sichert, Grenzen gesetzt.[11]

Pflichtteilsberechtigte Personen sind gemäß § 762 ABGB der Ehegatte sowie die Nachkommen des Erblassers. Hatte der Erblasser keine Nachkommen, so steht auch den Vorfahren ein Pflichtteil zu.[12]

3.1.2. Gesetzliche Erbfolge

Die gesetzliche Erbfolge kommt zur Anwendung, wenn der Erblasser nicht, nicht gültig oder nicht über den gesamten Nachlass letztwillig verfügt hat (§ 727 ABGB).[13] Darüber hinaus, wenn die von ihm eingesetzten Erben nicht zur Erbschaft gelangen.[14]

Die erste Linie der gesetzlichen Erbfolge bilden die Nachkommen des Erblassers, also seine Kinder und Kindeskinder. Die zweite Linie besteht aus den Eltern des Erblassers und deren Nachkommen (also den Geschwistern, Nichten und Neffen). Die dritte Linie wird durch die Großeltern und ihre Nachkommen gebildet, in der vierten Linie erben nur noch die Urgroßeltern. Deren Nachfahren haben kein Erbrecht mehr, man spricht von der so genannten Erbrechtsgrenze (§ 741 ABGB).[15]

---

[7] *Huber/Leitner*, Unternehmensnachfolge, 87.
[8] *Perner/Spitzer*, Bürgerliches Recht, 546; *Meinhard*, JEV 2009, 4.
[9] *Meinhard*, JEV 2009, 4.
[10] *Perner/Spitzer*, Bürgerliches Recht, 551.
[11] *Meinhard*, JEV 2009, 4.
[12] *Perner/Spitzer*, Bürgerliches Recht, 551; *Koziol/Welser*, Bürgerliches Recht, 546.
[13] *Perner/Spitzer*, Bürgerliches Recht, 505; *Augustin et al* (Hrsg), Betriebsnachfolge perfekt geregelt, 13.
[14] *Perner/Spitzer*, Bürgerliches Recht, 505; *Koziol/Welser*, Bürgerliches Recht, 465.
[15] *Augustin et al* (Hrsg), Betriebsnachfolge perfekt geregelt, 13; *Perner/Spitzer*, Bürgerliches Recht, 507; im Detail hiezu auch *Koziol/Welser*, Bürgerliches Recht, 466f.

3.2. Umsatzsteuer

Die Vererbung eines Unternehmens stellt umsatzsteuerlich weder eine Veräußerung noch eine Aufgabe des Unternehmens dar. Im Gegensatz zur einkommensteuerlichen Beurteilung gilt dies auch dann, wenn bei der Erbteilung überwiegend Ausgleichszahlungen aus dem Privatvermögen einzelner Erben geleistet werden.[16]

Die Unternehmereigenschaft ist nicht vererblich, sie endet mit dem Ableben des Unternehmers. Gemäß § 19 BAO gehen vom Erblasser nicht entrichtete Umsatzsteuerschulden bzw -guthaben im Wege der abgabenrechtlichen Gesamtrechtsnachfolge auf den Erben über. Die Umsätze werden dem Erben bzw der Erbengemeinschaft ab dem Todestag zugerechnet, dies unabhängig von der gerichtlichen Einantwortung. Die Fortführung des Unternehmens durch die Erben an sich, stellt keinen umsatzsteuerbaren Vorgang dar.[17] Erst wenn die Erben über das Unternehmen verfügen, beispielsweise durch Verkauf oder Unternehmensaufgabe, kommt es zu umsatzsteuerpflichtigen Vorgängen.[18]

Wird allerdings ein fortführungsfähiges Unternehmen durch Verfügung des Erblassers zerschlagen, so kommt es beim Erblasser zur Eigenverbrauchsbesteuerung gemäß § 3 Abs 2 UStG.[19] Die Begründung liegt darin, dass noch der Erblasser selbst über Gegenstände des Unternehmens für Zwecke außerhalb des Unternehmens verfügt hat. Dass die nichtunternehmerische Verwendung erst beim Rechtsnachfolger realisiert wird, ist nicht maßgebend.[20]

Handelt es sich bei dem Nachlassunternehmen um ein nicht fortführungsfähiges, so wird hinsichtlich jener Unternehmensgegenstände, für die letztwillige Verfügungen im Hinblick auf eine nichtunternehmerische Verwendung getroffen wurden, Eigenverbrauchsbesteuerung gemäß § 3 Abs 2 UStG noch beim Erblasser angenommen.[21] Gleiches gilt für ein Unternehmensvermögen, welches Gegenstand gesetzlicher Erbfolge ist, jedoch für nichtunternehmerische Nutzung (durch den Erben) in Betracht kommt. Auch in diesem Fall wird der Entnahmeeigenverbrauch noch durch den Erblasser verwirklicht.[22] Aufgrund der umsatzsteuerlichen Gesamtrechtsnachfolge belastet die abzuführende Umsatzsteuer aber natürlich die Erben.[23]

Wäre schließlich das Unternehmen des Erblassers fortführungsfähig und wird es aber von den Erben nicht fortgeführt, sondern stattdessen verwertet, so kann aufgrund der traditionellen Auffassung, dass die Unternehmereigenschaft als solche nicht vererblich ist und der Erbe die Unternehmereigenschaft auch nicht originär erwirbt, durch die Unternehmensverwertung vorsteuerbelastetes Unternehmensvermögen durch Veräußerung oder private Verwendung unbelastet in die Sphäre des Letztverbrauchers gelangen.[24]

---

[16] Huber/Leitner, Unternehmensnachfolge, 104.
[17] *Binder*, Betriebsübergabe, 92; *Binder/Haberhofer*, Leitfaden zur Betriebsübergabe, 58f; *Ruppe/Achatz*, Umsatzsteuergesetz Kommentar, § 2 Tz 151.
[18] Huber/Leitner, Unternehmensnachfolge, 104
[19] *Binder*, Betriebsübergabe, 92; vgl auch *Wolf/Feuchtinger* (Hrsg), SWK-Spezial Betriebsübertragungen kompakt 261;
[20] *Ruppe/Achatz*, Umsatzsteuergesetz Kommentar, § 2 Tz 152.
[21] *Ruppe/Achatz*, Umsatzsteuergesetz Kommentar, § 2 Tz 155; *Binder*, Betriebsübergabe, 92.
[22] *Ruppe/Achatz*, Umsatzsteuergesetz Kommentar, § 2 Tz 155.
[23] *Binder*, Betriebsübergabe, 92.
[24] *Ruppe/Achatz*, Umsatzsteuergesetz Kommentar, § 2 Tz 153.

4. Unternehmensschenkung

Bei der unentgeltlichen Übertragung eines Unternehmens erhält der Übergeber überhaupt keine oder eine wesentlich unter dem tatsächlichen Wert des übergebenen Betriebs liegende Gegenleistung (Gegenleistung weniger als die Hälfte des Wertes des Betriebes).[25]

4.1. Schenkungsmeldepflicht

Mit dem Auslaufen der Erbschafts- und Schenkungssteuer per 01.08.2008 wurde in § 121a BAO eine Schenkungsmeldepflicht verankert, welche auf Schenkungsvorgänge ab 01.08.2008 anzuwenden ist.[26] Zweck dieser Bestimmung ist es, die Verschiebung von Einkünften in Form von Schenkungen zu verhindern sowie das Deklarieren von Schwarzgeld als Schenkung eines Dritten zu erschweren.[27]

4.1.1. Meldepflichtige Personen

Meldepflichtige Personen sind neben dem Erwerber und dem Geschenkgeber auch Rechtsanwälte oder Notare, die bei Errichtung der Urkunde oder beim Erwerb mitgewirkt haben. Als Mitwirken ist dabei jede aktive Beteiligung, wie etwa das Erstellen von Vertragsentwürfen oder die Anwesenheit des Parteienvertreters bei Unterzeichnung, zu verstehen. Dagegen lösen das bloße Erstellen eines Vertragsentwurfes ohne Abschluss oder die bloße Beglaubigung noch keine Meldepflicht aus. Sobald einer der Meldepflichtigen seiner Pflicht nachkommt, entfällt die Meldepflicht für die anderen.[28]

4.1.2. Meldepflichtige Schenkungen

Meldepflichtige Schenkungen sind Schenkungen unter Lebenden iSd § 3 ErbStG sowie Zweckzuwendungen unter Lebenden iSd § 4 ErbStG, sofern entweder der Geschenkgeber oder der Erwerber Wohnsitz, Sitz oder gewöhnlichen Aufenthalt im Inland hat. Gegenstände der Schenkung, welche eine Meldepflicht nach sich ziehen, können dabei sein:

- Bargeld,
- Kapitalforderungen,
- Gesellschaftsanteile,
- Betriebe,
- bewegliches körperliches Vermögen oder
- immaterielle Vermögensgegenstände.[29]

Darüber hinaus unterliegen auch gemischte Schenkungen, bei welchen ein gewolltes Missverhältnis zwischen Leistung und Gegenleistung besteht, der Meldepflicht.[30]

---

[25] *Augustin et al* (Hrsg), Betriebsnachfolge perfekt geregelt, 8.
[26] *Huber/Leitner*, Unternehmensnachfolge, 107; siehe dazu auch *Hübner-Schwarzinger/Kanduth-Kristen* (Hrsg), Rechtsformgestaltung für Klein- und Mittelbetriebe, 230f; *Doralt*, Steuerrecht 2011/12, 218.
[27] *Huber/Leitner*, Unternehmensnachfolge, 108; vgl auch *Doralt*, Steuerrecht 2011/12, 219.
[28] *Huber/Leitner*, Unternehmensnachfolge, 108; *Doralt*, Steuerrecht 2011/12, 219.
[29] *Huber/Leitner*, Unternehmensnachfolge, 108; *Doralt*, Steuerrecht 2011/12, 219.
[30] *Huber/Leitner*, Unternehmensnachfolge, 108.

Die Anzeige ist innerhalb von drei Monaten ab dem Erwerb bei einem Finanzamt mit allgemeinem Aufgabenkreis zu erstatten. Bei vorsätzlicher Verletzung der Anzeigepflicht liegt eine Finanzordnungswidrigkeit vor, welche mit einer Geldstrafe von bis zu 10 % des gemeinen Wertes des nicht angezeigten Vermögensüberganges geahndet wird. Straffrei ist hingegen die fahrlässige Verletzung der Anzeigepflicht.[31]

Nicht meldepflichtig sind Schenkungen, welche unter die Befreiung des § 121a Abs 2 BAO fallen, darüber hinaus,

- Schenkungen von unbeweglichem Vermögen (Grundstücke),
- unentgeltliche Leistungen (zB unverzinsliches Darlehen),
- Zuwendungen von Privatstiftungen sowie
- die ohne Schenkungsabsicht eingeräumte Zeichnungsberechtigung auf Konten.[32]

4.2. Umsatzsteuer

4.2.1. Schenkung eines Einzelunternehmens

Bei unentgeltlicher Betriebsübergabe unter Lebenden liegt gemäß § 3 Abs 2 UStG ein steuerpflichtiger Entnahme- bzw Verwendungseigenverbrauch vor.[33]

Entnahmeeigenverbrauch ist gegeben, wenn ein Unternehmer Gegenstände aus seinem Unternehmen für unternehmensfremde Zwecke entnimmt. Darunter fällt auch die Entnahme aller dem Unternehmen dienenden Gegenstände.[34] Die Auffassung, die unentgeltliche Übertragung eines Unternehmens im Ganzen wäre keine Entnahme von Gegenständen aus dem Unternehmen, lässt unberücksichtigt, dass die Umsatzsteuer im Rahmen einer Geschäftsveräußerung die Übertragung einzelner Gegenstände und nicht die Übertragung des Unternehmens als Ganzes erfasst.[35]

Es wird unterstellt, dass der Unternehmer die einzelnen Vermögensgegenstände des Unternehmens zuerst in seine Privatsphäre entnommen hat, um sie im Anschluss daran unentgeltlich zu übertragen.[36]

Gemäß § 4 Abs 8 UStG ist Bemessungsgrundlage für die Eigenverbrauchsbesteuerung der Einkaufspreis (= Wiederbeschaffungspreis) zuzüglich der allfälligen mit dem Einkauf verbundenen Nebenkosten. In Ermangelung eines Einkaufspreises bilden die Selbstkosten die Bemessungsgrundlage. Die Kosten sind jeweils zum Zeitpunkt des Eigenverbrauches anzusetzen.[37]

Dies bedeutet also, dass vom aktuellen Wiederbeschaffungswert sämtlicher Wirtschaftsgüter des Unternehmens, für die beim Erwerb ein Vorsteuerabzug zustand, 10 % bzw 20 % USt abzuführen ist, soweit nicht eine Steuerbefreiung in Anspruch genommen werden kann (beispielsweise für Wertpapiere, Beteiligungen oder PKW, wahlweise auch für Grundstücke).[38]

---

[31] *Doralt*, Steuerrecht, 2011/12, 219.
[32] *Huber/Leitner*, Unternehmensnachfolge, 108.
[33] *Binder/Haberhofer*, Leitfaden zur Betriebsübergabe, 59; siehe auch *Binder*, Betriebsübergabe, 93.
[34] BFH, RdW 1988, 25; vgl auch *Ruppe/Achatz*, Umsatzsteuergesetz Kommentar, § 3 Tz 291.
[35] BFH, RdW 1988, 25; vgl auch BFH, BStBl II 1987, 512.
[36] *Binder/Haberhofer*, Leitfaden zur Betriebsübergabe, 59; siehe auch *Binder*, Betriebsübergabe, 93.
[37] *Binder/Haberhofer*, Leitfaden zur Betriebsübergabe, 59; siehe auch *Binder*, Betriebsübergabe, 93.
[38] *Huber/Leitner*, Unternehmensnachfolge, 115.

Gemäß § 12 Abs 15 UStG kann die vom Eigenverbrauch entrichtete Umsatzsteuer dem Unternehmenserwerber in Rechnung gestellt werden. Dieser erhält dann die verrechnete Umsatzsteuer wiederum als Vorsteuer rückerstattet, wodurch kein Kostenfaktor entsteht und die Vorsteuer beim Erwerber damit einen Durchlaufposten darstellt.[39]

Voraussetzung für diese Weiterleitung der Steuer ist allerdings ein gesonderter Ausweis unter Berücksichtigung der durch § 11 UStG für die Ausstellung von Rechnungen festgelegten Vorschriften.[40]

Da in diesen Fällen der Vorsteuerabzug durch eine etwaige Umsatzsteuer-Sonderprüfung des Finanzamtes hinausgeschoben werden könnte, ist es in diesem Zusammenhang empfehlenswert, von der Möglichkeit der unbaren Verrechnung nach § 215 Abs 4 BAO Gebrauch zu machen. Dabei werden die Steuerkonten auf Antrag des Unternehmenserwerbers umgebucht. Eine entsprechende Formulierung im Vertrag, vor allem hinsichtlich der Kostentragung bei eventuell auftretender Säumnis, ist von Vorteil.[41]

4.3. Umsatzsteuerliche Besonderheiten bei Grundstücken

Grundsätzlich sind Grundstücksumsätze gemäß § 6 Abs 1 Z 9 lit a UStG unecht umsatzsteuerbefreit, worunter auch die Entnahme von Grundstücken fällt.[42]

Wahlweise können Grundstücke entweder umsatzsteuerfrei oder umsatzsteuerpflichtig geschenkt werden. Entscheidet sich der Unternehmer für die umsatzsteuerfreie Übertragung, so ist für die in den letzten zehn Jahren getätigten Investitionen (etwa abgezogene Vorsteuern anlässlich der Anschaffung oder Herstellung der Liegenschaft) eine anteilige Vorsteuerberichtigung vorzunehmen (§ 12 Abs 10 UStG).[43]

Bei Gebäuden bezieht sich diese Vorsteuerkorrektur auf jeden Herstellungsaufwand sowie auf Großreparaturen, nicht jedoch auf Instandsetzungsaufwendungen (auf zehn Jahre verteilungspflichtig).[44]

Gemäß § 6 Abs 2 UStG besteht allerdings die Möglichkeit, einen grundsätzlich steuerfreien Grundstücksumsatz als steuerpflichtig zu behandeln. In diesem Fall liegt aufgrund der optierten Steuerpflicht der Lieferung bzw Entnahme des Grundstückes keine Änderung der Verhältnisse, die zum Vorsteuerabzug berechtigt haben, vor, weshalb auch keine Vorsteuerkorrektur vorzunehmen ist. Der Betriebsübergeber stellt dann die für den Eigenverbrauch geschuldete Umsatzsteuer in Rechnung, der Leistungsempfänger zieht sich diese als Vorsteuer ab (§ 12 Abs 15 UStG).[45]

---

[39] *Binder*, Betriebsübergabe, 93; *Binder/Haberhofer*, Leitfaden zur Betriebsübergabe, 59; *Huber/Leitner*, Unternehmensnachfolge, 115; vgl auch *Ruppe/Achatz*, Umsatzsteuergesetz Kommentar, § 3 Tz 294.
[40] *Binder/Haberhofer*, Leitfaden zur Betriebsübergabe, 59; siehe auch *Binder*, Betriebsübergabe, 93.
[41] *Binder/Haberhofer*, Leitfaden zur Betriebsübergabe, 59f; siehe auch *Binder*, Betriebsübergabe, 93f.
[42] *Binder/Haberhofer*, Leitfaden zur Betriebsübergabe, 60; siehe auch *Binder*, Betriebsübergabe, 94; *Doralt*, Steuererlässe Band I, § 6 Tz 773.
[43] *Huber/Leitner*, Unternehmensnachfolge, 115; siehe dazu näher *Ruppe/Achatz*, Umsatzsteuergesetz Kommentar, § 6 Tz 249/11.
[44] *Binder/Haberhofer*, Leitfaden zur Betriebsübergabe, 60; siehe auch *Binder*, Betriebsübergabe, 94.
[45] *Binder/Haberhofer*, Leitfaden zur Betriebsübergabe, 60; siehe auch *Binder*, Betriebsübergabe, 94; *Doralt*, Steuererlässe Band I, § 12 Tz 2151.

5. Unternehmensübergabe durch Gesellschaftsgründung

5.1. Mögliche Vorgehensweise bei schrittweiser Übergabe

Bei Übergabe eines Einzelunternehmens an einen Unternehmensnachfolger (etwa vom Vater auf den Sohn) wäre beispielsweise nachfolgender Ablauf denkbar:

- Bewährungsphase durch Einstellen des Sohnes im Unternehmen des Vaters
- Gründung einer Kommanditgesellschaft zwischen Vater und Sohn
- Übertragung der Betriebsliegenschaft sowie der restlichen Anteile auf den Sohn (spätestens zum Ablebenszeitpunkt des Vaters)

Folglich entsteht durch die Vereinigung sämtlicher Gesellschaftsanteile beim Sohn das frühere Einzelunternehmen, steuerneutral, in der Hand des Sohnes.[46]

5.2. Umsatzsteuer

Bei Umgründungen iSd UmgrStG handelt es sich ex lege um nicht steuerbare Umsätze.[47] Der im Zuge der Umgründung erfolgende Leistungsaustausch wird als nicht umsatzsteuerbar fingiert.[48]

Bei dieser Vorgehensweise kommt es zu einer umsatzsteuerlichen Gesamtrechtsnachfolge, da die übernehmende Körperschaft unmittelbar in die Rechtsstellung der übertragenden Körperschaft eintritt.[49]

Es ist jedoch darauf Bedacht zu nehmen, dass eine bei der Gesellschaftsgründung zurückbehaltene Liegenschaft aus dem bisherigen Unternehmen entnommen wird und es damit zur Vorsteuerberichtigung für Investitionen in den letzten zehn Jahren und in der Folge zum Verlust des künftigen Vorsteuerabzuges kommen kann. Dies lässt sich vermeiden, indem die Liegenschaft künftig gegen ein fixes Entgelt, umsatzsteuerpflichtig, an die Gesellschaft vermietet wird.[50]

Erst zum Zeitpunkt der Eintragung der Umgründung im Firmenbuch, geht die Unternehmereigenschaft des Rechtsvorgängers unter. Bis dahin ist die Umsatzsteuer auf die alte Steuernummer einzuzahlen, demnach sind auch zwei Jahressteuererklärungen abzugeben.[51]

6. Unternehmensverkauf

6.1. Allgemeines

Von einer Geschäftsveräußerung im Ganzen spricht man, wenn ein Unternehmer sein gesamtes Unternehmen oder einen gesondert geführten Teilbetrieb gegen Entgelt veräußert.[52]

---

[46] *Huber/Leitner*, Unternehmensnachfolge, 2011, 140f; vgl hiezu auch *Augustin et al* (Hrsg), Betriebsnachfolge perfekt geregelt, 8.
[47] *Wolf/Feuchtinger*, SWK-Spezial Betriebsübertragungen kompakt, 261.
[48] *Binder*, Betriebsübergabe, 95; *Huber/Leitner*, Unternehmensnachfolge, 143.
[49] *Binder*, Betriebsübergabe, 95.
[50] *Huber/Leitner*, Unternehmensnachfolge, 143f.
[51] *Binder*, Betriebsübergabe, 95f; *Binder/Haberhofer*, Leitfaden zur Betriebsübergabe, 61.
[52] *Binder*, Betriebsübergabe, 90f; *Binder/Haberhofer*, Leitfaden zur Betriebsübergabe, 57; vgl auch *Ruppe/Achatz*, Umsatzsteuergesetz Kommentar, § 4 Tz 147.

Besondere Schwierigkeiten ergeben sich dadurch, dass das Unternehmen nicht uno actu auf den Erwerber übergeht, sondern, nach österreichischem Zivilrecht, im Einzelnen übertragen werden muss. Für die Übertragung des Unternehmens im Wege der Einzelrechtsnachfolge sind daher folgende rechtliche Schritte erforderlich:

- Dingliche Rechte müssen nach sachenrechtlichen Vorschriften übertragen werden (dingliche Rechte an Liegenschaften bedürfen darüber hinaus der grundbücherlichen Intabulation)
- Immaterialgüterrechte sind nach den einschlägigen Vorschriften des Immaterialgüterrechts zu übertragen
- Forderungen werden zediert
- Verbindlichkeiten sind durch Schuldübernahme, Parteistellungen durch Vertragsübernahme zu übernehmen.[53]

6.2. Umsatzsteuer

6.2.1. Bemessungsgrundlage

Gemäß § 4 Abs 7 UStG ist Bemessungsgrundlage für die Umsatzsteuer grundsätzlich das Entgelt (Wert der Gegenleistung). Dabei ist zu berücksichtigen, dass die übernommenen Schulden nicht von der umsatzsteuerlichen Bemessungsgrundlage abgezogen werden dürfen.[54] Der umsatzsteuerliche Entgeltsbegriff umfasst demnach alle Beträge, die der Leistungsempfänger aufbringen muss, um die Gegenleistung zu erhalten (Bruttomethode).[55]

Die Berechnung der Bemessungsgrundlage nach der Bruttomethode stellt sich wie folgt dar:[56]

	Kaufpreis (Barerlös bzw Forderung)
+	vom Erwerber übernommene Verbindlichkeiten
+	aufzulösende Rücklagen aus IFB
=	Veräußerungserlös insgesamt (= Bemessungsgrundlage für die USt)[56]

Für die Geschäftsveräußerung im Ganzen besteht kein eigener umsatzsteuerbarer Tatbestand des Umsatzsteuerrechts. Der Vorgang ist umsatzsteuerlich so zu behandeln wie die Lieferung der einzelnen Unternehmensgegenstände.[57]

6.2.2. Verkauf eines Einzelunternehmens

Wie bereits oben ausgeführt, stellt der Verkauf eines Einzelunternehmens eine umsatzsteuerbare Lieferung der zum Unternehmen gehörenden Wirtschaftsgüter gegen ein Ge-

---

[53] *Krejci*, Unternehmensrecht, 137; *Leidel*, taxlex 2008, 186.
[54] *Wolf/Feuchtinger*, SWK-Spezial Betriebsübertragungen kompakt, 255; *Binder*, Betriebsübergabe, 91; *Binder/Haberhofer*, Leitfaden zur Betriebsübergabe, 57; siehe hiezu ausführlich *Doralt*, Steuererlässe Band III, § 4 Tz 676.
[55] *Wolf/Feuchtinger*, SWK-Spezial Betriebsübertragungen kompakt, 256.
[56] *Ruppe/Achatz*, Umsatzsteuergesetz Kommentar, § 4 Tz 154–156; *Doralt*, Steuererlässe Band I, § 24 Tz 5690; *Binder*, Betriebsübergabe, 59f.
[57] *Wolf/Feuchtinger*, SWK-Spezial Betriebsübertragung kompakt, 255; siehe hiezu auch *Huber/Leitner*, Unternehmensnachfolge, 164.

samtentgelt dar.[58] Dieses Entgelt ist auf die Wirtschaftsgüter des Unternehmens, entsprechend der Teilwerte der einzelnen veräußerten Wirtschaftsgüter (iSd § 12 BewG), sachgerecht aufzuteilen (Aufteilung in Einzelentgelte). Je nach umsatzsteuerlicher Behandlung des einzelnen Wirtschaftsgutes sind demnach entweder 0 % (im Falle einer Steuerbefreiung), 10 % oder 20 % Umsatzsteuer abzuführen.[59]

Ein Firmenwert, als positive Restgröße, gilt in umsatzsteuerlicher Hinsicht als Besitzposten und ist mangels gesonderter Bestimmung mit dem Normalsteuersatz zu besteuern.[60]

Die Veräußerung eines Unternehmens im Ganzen setzt voraus, dass die wesentlichen Grundlagen des Unternehmens in einem einheitlichen Akt auf den Erwerber übertragen werden.[61]

6.2.3. Kleinunternehmer

Für Kleinunternehmer normiert § 6 Abs 1 Z 27 UStG, dass Umsätze aus einer Geschäftsveräußerung bei Ermittlung der Kleinunternehmer-Umsatzgrenze (EUR 30.000) außer Ansatz bleiben. Demnach können Kleinunternehmer im Jahr der Geschäftsveräußerung auch dann unecht umsatzsteuerbefreit bleiben, wenn der Gesamtumsatz infolge der Geschäftsveräußerung über der Umsatzgrenze von EUR 30.000 liegt.[62]

6.2.4. Entstehen der Steuerschuld

Die Umsatzbesteuerung der Geschäftsveräußerung erfolgt gemäß § 17 Abs 7 UStG immer nach dem Sollprinzip. Eine Besteuerung nach vereinnahmten Entgelten ist, außer im Falle einer Anzahlung, ausgeschlossen.[63]

Die Umsatzsteuer ist daher vom Unternehmensverkäufer unabhängig vom Zeitpunkt des Zahlungsflusses für den Monat abzuführen, in welchem die Unternehmensübergabe stattgefunden hat.[64] Demgemäß erhält der Unternehmenskäufer, nach Unternehmensübergabe, die Vorsteuer bereits für den Monat der Rechnungslegung zurück.[65]

6.2.5. Grundstücke

Wie bereits im Kapitel über Unternehmensschenkungen unter Punkt 4.2.2. ausgeführt, gilt auch im Hinblick auf eine Unternehmensveräußerung, dass Grundstücke je nach

---

[58] *Huber/Leitner*, Unternehmensnachfolge, 164;
[59] *Huber/Leitner*, Unternehmensnachfolge, 2011, 164; *Binder*, Betriebsübergabe, 91; vgl auch *Doralt*, Steuererlässe, § 4 Tz 676; vgl weiters *Leidel*, taxlex 2008, 186.
[60] *Wolf/Feuchtinger*, SWK-Spezial Betriebsübertragungen kompakt, 256; *Ruppe/Achatz*, UmsatzsteuerG Kommentar, § 4 Tz 158; *Binder/Haberhofer*, Leitfaden zur Betriebsübergabe, 58.
[61] *Binder*, Betriebsübergabe, 90; *Ruppe/Achatz*, Umsatzsteuergesetz Kommentar, § 4 Tz 148.
[62] *Wolf/Feuchtinger*, SWK-Spezial Betriebsübertragungen kompakt, 256; *Binder*, Betriebsübergabe, 91f.
[63] *Ruppe/Achatz*, Umsatzsteuergesetz Kommentar, § 17 Tz 62; Binder, Betriebsübergabe, 92; *Binder/Haberhofer*, Leitfaden zur Betriebsübergabe, 58; *Wolf/Feuchtinger*, SWK-Spezial Betriebsübertragungen kompakt, 256; vgl auch *Doralt*, Steuererlässe Band III, § 17 Tz 2506.
[64] *Huber/Leitner*, Unternehmensnachfolge, 166; *Binder*, Betriebsübergabe, 92; *Binder/Haberhofer*, Leitfaden zur Betriebsübergabe, 58; *Wolf/Feuchtinger*, SWK-Spezial Betriebsübertragungen kompakt, 256.
[65] *Huber/Leitner*, Unternehmensnachfolge, 166.

Wahl des Unternehmers entweder umsatzsteuerpflichtig (20 % USt) oder umsatzsteuerfrei behandelt werden können.[66]

Die umsatzsteuerfreie Behandlung zieht die Pflicht zur anteiligen Vorsteuerberichtigung für Investitionen in den letzten 10 Jahren nach sich. Wird der Verkauf allerdings als umsatzsteuerpflichtig behandelt, so entfällt das Erfordernis der Vorsteuerberichtigung. Die Umsatzsteuer wird dem Erwerber in Rechnung gestellt und von diesem als Vorsteuer abgezogen.[67]

7. Betriebsaufgabe

7.1. Allgemeines

Die Betriebsaufgabe sollte in Erwägung gezogen werden, wenn die Vermögenswerte eines Unternehmens den Ertragswert oder den potentiellen Synergiewert deutlich übersteigen.[68]

Von Betriebsaufgabe wird gesprochen, wenn alle wesentlichen Betriebsgrundlagen in einem einheitlichen Vorgang an verschiedene Erwerber veräußert werden und/oder bei Überführung derselben in das Privatvermögen des bisherigen Betriebsinhabers. Was mit den Wirtschaftsgütern des beendeten Betriebes in der Folge geschieht, ist nicht maßgeblich.[69]

In Anlehnung an die Rspr des deutschen BFH, wonach der Aufgabevorgang zügig vollzogen werden muss, setzt der österreichische Verwaltungsgerichtshof eine Zusammenballung der Aufgabehandlungen innerhalb eines verhältnismäßig kurzen Zeitraumes voraus.[70] In jedem Fall muss ein durchgängiges, zügiges sowie ein planmäßiges Betreiben der Betriebsaufgabe vorliegen. Bei Umlaufvermögen geht man idR von einem Zeitraum von etwa drei Monaten aus, bei Anlagevermögen kann auch noch nach längeren Zeiträumen von einem einheitlichen Vorgang auszugehen sein.[71]

Mit Abschluss der Veräußerung bzw Überführung der wesentlichen Betriebsgrundlagen ins Privatvermögen des ehemaligen Betriebsinhabers gilt die Betriebsaufgabe als beendet. Durch das Zurückbehalten unwesentlicher Wirtschaftsgüter wird weder die Beendigung der Betriebsaufgabe verzögert noch stellt dies ein Hindernis für den Aufgabevorgang an sich dar.[72]

---

[66] *Huber/Leitner*, Unternehmensnachfolge, 165.
[67] *Huber/Leitner*, Unternehmensnachfolge, 165; siehe hiezu im Detail *Doralt*, Steuererlässe, § 6 Tz 793–800.
[68] *Benneck*, Unternehmensverkauf – richtig gemacht, 50f.
[69] *Doralt*, Steuererlässe Band I, § 24 Tz 5629–5631; *Wolf/Feuchtinger* (Hrsg), SWK-Spezial Betriebsübertragungen kompakt, 145.
[70] *Wolf/Feuchtinger*(Hrsg), SWK-Spezial Betriebsübertragungen kompakt, 145; *Doralt*, Steuererlässe Band I, § 24 Tz 5632; vgl BFH, BStBl 1970, II 719; vgl VwGH 17.1.1989, 88/14/0190; vgl VwGH 27.8.1991, 90/14/0230.
[71] *Doralt*, Steuererlässe Band I, § 24 Tz 5632; vgl auch VwGH 30.1.1973, 2007/71 sowie VwGH 23.3.1988, 87/13/0065.
[72] *Doralt*, Steuererlässe Band I, § 24 Tz 5634–5635.

7.2. Umsatzsteuer

7.2.1. Eigenverbrauch

Zur Umsatzsteuerpflicht kommt es bei einer Betriebsaufgabe dann, wenn Wirtschaftsgüter des Unternehmens entweder verkauft oder in die Privatsphäre des Übergebers überführt werden. Im letzteren Fall liegt Eigenverbrauch vor.[73]

Der Eigenverbrauch hat zur Folge, dass vom aktuellen Wiederbeschaffungswert sämtlicher Wirtschaftsgüter des Unternehmens, für welche beim Erwerb ein Vorsteuerabzug zustand, 10 % bzw 20 % USt abzuführen ist. Der Wert von Restbeständen, welche weder privat nutzbar noch verwertbar sind, wird in der Praxis mit Null angesetzt.[74]

Mit dem 15. Tag des zweitfolgenden Monats nach Ablauf des Veranlagungszeitraumes wird die Umsatzsteuer fällig, sie ist daher in die letzte Umsatzsteuervoranmeldung des Veranlagungszeitraumes aufzunehmen.[75]

7.3. Grundstücke

Auch im Falle einer Betriebsaufgabe besteht für den Unternehmer die Wahlmöglichkeit, unternehmenszugehörige Grundstücke entweder umsatzsteuerpflichtig oder umsatzsteuerfrei zu behandeln.[76]

Am günstigsten stellt sich hier die Behandlung als umsatzsteuerfreier Eigenverbrauch dar, da selbst die Verpflichtung zur Vornahme einer anteiligen Vorsteuerberichtigung, für Investitionen iZm dem Grundstück in den letzten zehn Jahren, in den meisten Fällen eine deutlich niedrigere Belastung zur Folge hat.[77]

8. Unternehmensverpachtung

8.1. Allgemeines

Die Verpachtung ist mit der Vermietung vergleichbar und fällt generell unter die Bestandsverträge gem §§ 1090ff ABGB.[78]

Beim Pachtvertrag handelt es sich konkret um einen Gebrauchsüberlassungsvertrag, in welchem der Eigentümer einem Dritten das Recht zum Gebrauch einer Sache einräumt, ohne diesem das Eigentum an der Sache zu übertragen.[79]

Der Verpächter erhält einen monatlichen Pachtzins, die Gewinne des Unternehmens gehören aber für den Zeitraum der Pacht dem Pächter.[80]

---

[73] *Binder*, Betriebsübergabe, 96; *Huber/Leitner*, Unternehmensnachfolge, 175; vgl auch *Ruppe/Achatz*, Umsatzsteuergesetz Kommentar, § 3 Tz 227.
[74] *Huber/Leitner*, Unternehmensnachfolge, 175.
[75] *Huber/Leitner*, Unternehmensnachfolge, 175.
[76] *Huber/Leitner*, Unternehmensnachfolge, 175; vgl auch *Ruppe/Achatz*, Umsatzsteuergesetz Kommentar, § 3 Tz 294.
[77] *Huber/Leitner*, Unternehmensnachfolge, 175.
[78] *Benneck*, Unternehmensverkauf – richtig gemacht, 48; *Scheiber*, Die Unternehmensverpachtung als alternative Nachfolgeregelung unter Berücksichtigung der Verpachtung innerhalb der Familie, Diss 2005, 45.
[79] *Scheiber*, Die Unternehmensverpachtung als alternative Nachfolgeregelung, Diss 2005, 45.
[80] *Benneck*, Unternehmensverkauf – richtig gemacht, 48.

In der Regel stellt die Verpachtung keine Betriebsaufgabe, sondern ein Ruhen des Betriebes dar. Ergibt sich hingegen aus den Umständen des Einzelfalles, dass der Verpächter mit hoher Wahrscheinlichkeit das Unternehmen nie wieder auf eigene Rechnung betreiben wird, so ist ausnahmsweise von einer Betriebsaufgabe auszugehen.[81]

8.2. Umsatzsteuer

Da die Verpachtung eine unternehmerische Tätigkeit ist, führt die Betriebseinstellung mit anschließender Betriebsverpachtung auch aus umsatzsteuerlicher Sicht nicht zur Beendigung der Unternehmertätigkeit. Es handelt sich lediglich um eine Änderung des Inhaltes der unternehmerischen Tätigkeit. Eigenverbrauch ist auch dann nicht gegeben, wenn die Wiederaufnahme der betrieblichen Tätigkeit nicht beabsichtigt ist.[82]

9. Unternehmensübergabe gegen Rente

9.1. Unternehmensverkauf gegen Kaufpreisrente

9.1.1. Allgemeines

Besteht die vereinbarte Rente in einer angemessenen Vergütung für das übertragene Unternehmen, so handelt es sich steuerlich um einen Unternehmensverkauf gegen Kaufpreisrente.[83]

Eine Kaufpreisrente liegt vor, wenn der nach versicherungsmathematischen Grundsätzen ermittelte Rentenwert zwischen 75 % und 125 % des übertragenen Vermögens beträgt.[84] Diese Vorgehensweise ist eine besonders geeignete Möglichkeit, dem Käufer die Finanzierung des Unternehmenserwerbes zu erleichtern.[85]

9.1.2. Umsatzsteuer

Umsatzsteuerlich wird die Veräußerung nach dem Sollprinzip durchgeführt. Zum Entgelt gehören sowohl eine allfällige Einmalzahlung als auch die noch nicht zugeflossenen Renten. Es ist davon auszugehen, dass das Entgelt im Erwerb eines Rentenstammrechtes liegt, welches bereits mit dem Wirksamwerden des Vertrages erworben bzw vereinnahmt wird. Auf das tatsächliche Zufließen der einzelnen Rentenbeträge kommt es daher nicht an. Bemessungsgrundlage ist der Kapitalwert gem § 16 BewG.[86]

---

[81] SWK-Spezial Betriebsübertragung kompakt, 178.
[82] *Ruppe/Achatz*, Umsatzsteuergesetz Kommentar, § 2 Tz 146; *Huber/Leitner*, Unternehmensnachfolge, 178.
[83] *Huber/Leitner*, Unternehmensnachfolge, 136;
[84] *Huber/Leitner*, Unternehmensnachfolge, 136; vgl auch *Hübner-Schwarzinger/Kanduth-Kristen* (Hrsg), Rechtsformgestaltung für Klein- und Mittelbetriebe, 217.
[85] *Huber/Leitner*, Unternehmensnachfolge, 131.
[86] *Ruppe/Achatz*, Umsatzsteuergesetz Kommentar, § 4 Tz 45–46 sowie § 17 Tz 45.

9.2. Unternehmensschenkung gegen Versorgungsrente

9.2.1. Allgemeines

Von einer Versorgungsrente spricht man, wenn die Summe aus dem kapitalisierten Wert der Rente und anderer übernommener Belastungen weniger als 75 % oder mehr als 125 % (bis max 200 %) des tatsächlichen Wertes des übertragenen Betriebes beträgt.[87]

Diese Form der Rente ist am Versorgungsbedarf des Rentenempfängers orientiert und wird in der Regel zwischen nahen Verwandten vorkommen. Im Zweifel wird eine Versorgungsrente dann angenommen, wenn der Wert der Rente vom Verkehrswert des Unternehmens um mehr als 25 % nach oben oder unten abweicht.[88]

9.2.2. Umsatzsteuer

Da es sich im Falle der Übertragung eines Unternehmens gegen Versorgungsrente um eine Unternehmensschenkung handelt, kommt es wie bereits oben unter Punkt 4.2.1. (Schenkung eines Einzelunternehmens) ausgeführt, zu einem steuerpflichtigen Entnahme- bzw Verwendungseigenverbrauch gemäß § 3 Abs 2 UStG.[89] Es darf daher auf dieses Kapitel verwiesen werden.

10. Umsatzsteuerliche Änderungen bei Grundstücken durch das Stabilitätsgesetz 2012

10.1. Option zur Steuerpflicht für Umsätze gem § 6 Abs 1 Z 16 und Z 17 UStG

10.1.1. Änderung durch das 1. StabG 2012

Laut den Bestimmungen des 1. StabG 2012 wird in § 6 Abs 2 UStG verankert, dass ein Verzicht auf die Steuerbefreiung gem § 6 Abs 1 Z 16 und 17 UStG nur zulässig ist, sofern das Grundstück vom Leistungsempfänger nahezu ausschließlich für Umsätze verwendet wird, welche den Vorsteuerabzug nicht ausschließen.[90]

Durch diese Neuregelung wird die umsatzsteuerliche Stellung des Leistungsempfängers folglich dafür ausschlaggebend sein, ob der leistende Unternehmer für den Umsatz zur Steuerpflicht optieren kann und ob er einen mit der Vermietung und Verpachtung in Zusammenhang stehenden Vorsteuerabzug in Anspruch nehmen kann.[91]

Die neu eingeführte Bestimmung soll zu einer größeren Steuergerechtigkeit und zur Gleichstellung aller Unternehmer, welche aufgrund der Erzielung unecht steuerfreier Umsätze vom Vorsteuerabzug ausgeschlossen sind, führen.[92]

---

[87] *Hübner-Schwarzinger/Kanduth-Kristen* (Hrsg), Rechtsformgestaltung für Klein- und Mittelbetriebe, 217.
[88] *Huber/Leitner*, Unternehmensnachfolge, 131; vgl auch *Hübner-Schwarzinger/Kanduth-Kristen* (Hrsg), Rechtsformgestaltung für Klein- und Mittelbetriebe, 217f.
[89] *Binder/Haberhofer*, Leitfaden zur Betriebsübergabe, 2003, 59; siehe auch *Binder*, Betriebsübergabe, 93.
[90] SWK 2012, 624f; vgl hiezu auch SWK 2012, 476.
[91] SWK 2012, 625.
[92] SWK 2012, 476.

10.1.2. Inkrafttreten

Gemäß § 28 Abs 38 UStG ist die Änderung auf jene Miet- und Pachtverhältnisse anzuwenden, die nach dem 31.8.2012 beginnen, sofern mit der Errichtung des Gebäudes durch den Unternehmer nicht bereits vor dem 1.9.2012 begonnen wurde.[93]

10.2. Verlängerung des Vorsteuerberichtigungszeitraumes gem § 12 Abs 10 UStG

10.2.1. Änderung durch das 1. StabG 2012

Mit dem 1. Stabilitätsgesetz 2012 wird die Verlängerung des Vorsteuerberichtigungszeitraumes bei Grundstücken gem § 12 Abs 10 UStG auf 19 Jahre verankert. Folglich kommt es hinsichtlich nachträglicher Änderungen der Verhältnisse, welche für den Vorsteuerabzug maßgeblich sind, zu einer Vorsteuerberichtigung in der Höhe von einem Zwanzigstel für jedes Jahr der Änderung. Darüber hinaus kommt es in Anlehnung an die Verlängerung des Berichtigungszeitraumes, auch zu einer Verlängerung der Aufbewahrungspflicht von Aufzeichnungen und Unterlagen im Zusammenhang mit Grundstücken, auf 22 Jahre (§ 18 Abs 10 UStG). Folglich entfällt, aufgrund der generellen Ausweitung des Berichtigungszeitraumes auf 19 Jahre, auch die Sonderbestimmung des § 12 Abs 10a UStG.[94]

10.2.2. Inkrafttreten

Um Härtefälle zu vermeiden, sieht § 28 Abs 38 Z 2 UStG vor, dass die Bestimmung des § 12 Abs 10 UStG in der Fassung des 1. StabG 2012 auf Berichtigungen von Vorsteuerbeträgen anzuwenden ist, die Grundstücke betreffen, welche der Unternehmer nach dem 31.3.2012 erstmals als Anlagevermögen in seinem Unternehmen verwendet beziehungsweise nutzt. Gemäß § 12 Abs 2 UStG ist die Regelung analog auf Grundstücke anzuwenden, die nicht zu einem Betriebsvermögen gehören. Bezüglich der Vermietung von Grundstücken zu Wohnzwecken muss der Mietvertrag darüber hinaus nach dem 31.3.2012 abgeschlossen worden sein, damit die neue Bestimmung zur Anwendung gelangt.[95]

Literaturverzeichnis

Aigner, J./Aigner, D., Beteiligungspartner, in *Feldbauer-Durstmüller, B./Mayr, S.* (Hrsg), Unternehmenssanierung, Wien 2009.
Augustin, K./Gumpetsberger, A./Haltrich, W./Herzog, B./Janeba-Hirtl, E./Lachmair, S./ Payer, A./Schützinger, H./Traunsteiner, J., Betriebsnachfolge perfekt geregelt, Graz-Wien 2005.
BFH, RdW 1988.
BFH, BStBl II 1987.
Benneck, G., Unternehmensverkauf – richtig gemacht, Langenfeld (D) 2005.
Binder, M., Betriebsübergabe, Graz-Wien 2010.

---

[93] SWK 2012, 628.
[94] SWK 2012, 629; SWK 2012, 477f.
[95] SWK 2012, 629.

Binder, M./Haberhofer, H., Leitfaden zur Betriebsübergabe, Graz-Wien 2003.
Doralt, W., Steuererlässe Band I, Wien 2010.
Doralt, W., Steuererlässe Band III, Wien 2010.
Doralt, W., Steuerrecht 2011/12, Wien 2011.
Gründerservice der Wirtschaftskammer Österreich:
http://www.gruenderservice.at/format_detail.wk?StlD=496964&DstlD=0&titel=Leitl:,Heimische,Nachfolgestatistik,trotz,Krise,stabil.
Huber, C./Leitner, R., Unternehmensnachfolge, Wien 2011.
Hübner-Schwarzinger, P./Kanduth-Kristen, S. (Hrsg), Rechtsformgestaltung für Klein- und Mittelbetriebe, Wien 2011.
Koziol, H./Welser, R., Bürgerliches Recht Band II, Wien 2007.
Krejci, H., Unternehmensrecht, Wien 2008.
Leidel, P., Entgeltliche Unternehmensnachfolge im Recht der Mehrwertsteuersystemrichtlinie und deren Handhabung in Österreich und Deutschland, Diss Regensburg 2010.
Meinhard, L., JEV 2009.
Perner, S./Spitzer, M., Bürgerliches Recht, Wien 2007.
Ruppe, H. G./Achatz, M., Umsatzsteuergesetz Kommentar, Wien 2011.
Scheiber, A., Die Unternehmensverpachtung als alternative Nachfolgeregelung unter Berücksichtigung der Verpachtung innerhalb der Familie, Diss Ansfelden 2005.
SWK, Heft Nr 9/2012, März 2012.
SWK, Heft Nr 12/2012, April 2012.
Studie der KMU Forschung Austria im Auftrag des Bundesministeriums für Wirtschaft und Arbeit sowie der Wirtschaftskammer Österreich, 2008.
VwGH 30.1.1973, 2007/71.
VwGH 23.3.1988, 87/13/0065.
Wolf, E./Feuchtinger, G. (Hrsg), SWK-Spezial Betriebsübertragung kompakt, Wien 2007.

Umsatzsteuerfragen bei der Unternehmensnachfolge

Michael Tumpel

1. Formen der Unternehmensnachfolge bei Familienunternehmen
2. Unentgeltliche Übertragung innerhalb der Familie
3. Entgeltliche Übertragung innerhalb und außerhalb der Familie
4. Einbringung in eine Personen- oder Kapitalgesellschaft
5. Verpachtung innerhalb der Familie
6. Unternehmensaufgabe

Hon.-Prof. Dr. *Josef Schlager* hat mich in den letzten 20 Jahren mit zahlreichen Praxisfragen im Bereich der Umsatzersteuer konfrontiert, die mich herausgefordert und inspiriert haben. Die einzigartige Verbindung von Praxis und Wissenschaft, welche er in seiner Persönlichkeit verkörpert, macht ihn zum großen Brückenbauer zwischen Universität und Steuerberatungspraxis. Wie ich aus der Zusammenarbeit mit Prof. *Schlager* weiß, bilden steuerliche Fragen von Familienunternehmen und damit verbundene Nachfolgefragen einen Schwerpunkt seiner Arbeit und seines Interesses. Aus diesem Grund bin ich zuversichtlich, dass auch Umsatzsteuerfragen bei der Unternehmensnachfolge bei Familienunternehmen sein Interesse finden, sodass ich ihm mit diesem Beitrag eine Freude machen kann und damit herzlich zum Geburtstag gratuliere.

1. Formen der Unternehmensnachfolge bei Familienunternehmen

Die Unternehmensnachfolge in Familienunternehmen sollte geplant werden, denn selbst der erfolgreichste Unternehmensgründer und Patriarch kann (unerwartet) ableben oder auch aus anderen Gründen nicht mehr in der Lage sein, das Unternehmen (erfolgreich) selbst weiterzuführen. Mangelnde Planung der Übergabe von Familienunternehmen kann zur Zersplitterung des Unternehmens, langen Erbteilungsprozessen und hohen Steuerbelastungen führen.

Für Zwecke der Beurteilung der umsatzsteuerlichen Konsequenzen sollten folgende Nachfolgevarianten unterschieden werden:

- **Unentgeltliche Übertragung innerhalb der Familie**
  Die Betrieb kann bei Erwerb von Todes wegen durch den Erben oder Legatar übernommen werden. Im Hinblick auf die Übergabe des Unternehmens schon zu Lebzeiten des Erblassers sollen die umsatzsteuerlichen Konsequenzen der unentgeltlichen Übertragung unter Lebenden durch Schenkung untersucht werden.
- **Entgeltliche Übertragung innerhalb und außerhalb der Familie**
  In vielen Fällen soll die Unternehmensübertragung auch innerhalb der Familie nicht völlig unentgeltlich erfolgen. Der bisherige Unternehmensinhaber überträgt sein Unternehmen gegen ein nicht den Wert des Unternehmens erreichendes Entgelt, gegen Ratenzahlung, Rentenzahlung oder in einer anderen Variante entgeltlich an Familienmitglieder oder an fremde Dritte.
- **Einbringung in eine Personen- oder Kapitalgesellschaft**
  Um den unmittelbaren Einfluss unwilliger oder unfähiger Familienmitglieder auf das Unternehmen zu vermeiden, könnte das Unternehmen in einem ersten Schritt in eine Kapitalgesellschaft eingebracht und in einem zweiten Schritt bloß eine Kapitalanteilsbeteiligung an die Erben übertragen werden, während die laufenden Geschäfte von gesellschafterfremden Personen fortgeführt werden. Auch die Beteiligung mehrerer Familienmitglieder kann durch Einbringung in eine Kapitalgesellschaft oder durch den Zusammenschluss zu einer Personengesellschaft bewerkstelligt werden. Kombiniert mit der Übertragung der Anteile an eine Privatstiftung lässt sich der Einfluss von Familienmitgliedern weiter verringern und gleichzeitig deren Versorgung durch die Zuwendungen der Privatstiftung sicherstellen.

- **Verpachtung innerhalb der Familie**
  Um die Fähigkeit der Nachfolgerin oder des potentiellen Nachfolgers im Vorfeld zu überprüfen, könnte dieser zunächst ohne Vermögensbeteiligung in das Betriebsgeschehen zB durch Beteiligung an der Geschäftsführung oder durch Verpachtung des Betriebes eingebunden werden. Die Beteiligung an der Geschäftsführung hat keine umsatzsteuerlichen Konsequenzen, wenn der Geschäftsführer in einem Dienstverhältnis steht. Die umsatzsteuerlichen Konsequenzen der Verpachtung werden im Folgenden untersucht.
- **Unternehmensaufgabe**
  Kann kein geeigneter Nachfolger innerhalb der Familie gefunden werden und kann oder soll das Unternehmen auch nicht an Dritte veräußert werden, bleibt nur die Unternehmensaufgabe, deren umsatzsteuerliche Konsequenzen abschließend beurteilt werden.

2. Unentgeltliche Übertragung innerhalb der Familie

Die Übertragung eines Unternehmens von Todes wegen durch Erbschaft (im Wege der Gesamtrechtsnachfolge) oder Vermächtnis (im Wege der Einzelrechtsnachfolge) stellt keinen steuerbaren Vorgang dar.[1] Mangels Entnahme durch den (verstorbenen) Unternehmer liegt auch keine Lieferung iSd § 3 Abs 2 UStG vor. Wird das Unternehmen eingeantwortet vom Erben bzw Vermächtnisnehmer weitergeführt, sind diesem dem Zeitpunkt des Todes des Erblassers nachfolgende Umsätze zuzurechnen. Falls das Unternehmen nach dem Erbanfall nicht fortgeführt und eingestellt wird, wird eine Betriebsaufgabe und eine damit einhergehende Entnahmebesteuerung iSd § 3 Abs 2 UStG bzw § 3a Abs 1a UStG die Folge sein.[2] Die Entnahme durch den Rechtsnachfolger wird dabei aus systematischen Gründen dem Rechtsvorgänger zuzurechnen sein.[3] Zur Zurechnung der Nachlassumsätze zur Verlassenschaft kommt es, wenn keine Einantwortung erfolgt.[4]

Die unentgeltliche Übertragung eines Unternehmens unter Lebenden (durch Schenkung) wird für Zwecke der Umsatzsteuer als Lieferung iSd § 3 Abs 2 UStG durch Entnahme, soweit ein Vorsteuerabzug möglich war, (bzw als sonstige Leistung iSd § 3a Abs 1a UStG)[5] gegen Entgelt fingiert und ist daher gem § 1 Abs 1 Z 1 UStG umsatzsteuerbar.[6] Für die Ermittlung der Bemessungsgrundlage gilt § 4 Abs 8 UStG, wonach der Einkaufspreis bzw die Selbstkosten im Zeitpunkt der Entnahme anzusetzen sind. ME muss auch § 4 Abs 7 UStG analog angewendet werden, sodass die Befreiungsvorschrif-

---

[1] *Ruppe/Achatz*, UStG⁴ § 3 Rz 228.
[2] *Bürgler* in *Berger/Bürgler/Kanduth-Kristen/Wakounig* (Hrsg), UStG-ON 2.00 § 3 Rz 102; siehe auch Rz 204 UStR mit Hinweis auf BFH 13.1.2010, V R 24/07.
[3] *Ruppe/Achatz*, UStG⁴ § 3 Rz 228 meinen, dass eine Entnahme nicht in Frage zu kommen scheint, „weil diese eine vom Willen des Unternehmers getragene Entnahmehandlung voraussetzt", argumentieren aber dann, dass für die Besteuerung spricht, dass der Rechtsnachfolger über die Gegenstände im nichtunternehmerischen Bereich disponieren kann und es problematisch erscheint, diesen Fall anders zu behandeln als die Betriebsaufgabe.
[4] UFS 25.6.2003, RV/3418-W/02.
[5] Wenn die Übertragung des Unternehmens nach dem Wesen als sonstige Leistung anzusehen sein sollte, weil zB Gegenstände eine untergeordnete Bedeutung haben, aber die Übertragung des Kundenstockes wesentlich ist (vgl Rs EuGH 22.10.2009, C-242/08, *Swiss Re Germany Holding*).
[6] Rz 361 UStR.

ten auch bei einer unentgeltlichen Geschäftsübertragung im Ganzen unberührt bleiben und übernommene Schulden nicht abgezogen werden. Werden allerdings Schulden übernommen, wird regelmäßig eine entgeltliche Übertragung anzunehmen sein.[7]

Die dabei anfallende Umsatzsteuer kann nach § 12 Abs 15 UStG in Österreich an den Erwerber weitergeleitet werden und berechtigt diesen gem § 12 UStG zum Vorsteuerabzug. Die unentgeltliche Übertragung eines Unternehmens, für welches kein Recht auf Vorsteuerabzug bestand, ist (außer in den Fällen des § 3a Abs 1a UStG) nicht steuerbar, da § 3 Abs 2 UStG den vorangegangenen Vorsteuerabzug voraussetzt.

Wenn im Zusammenhang mit der unentgeltlichen Unternehmensübertragung unter Lebenden Gegenstände des Unternehmensvermögens zurückbehalten und für private Zwecke verwendet werden, kommt es ebenfalls zur Entnahmebesteuerung gem § 3 Abs 2 UStG, wenn diese unter Inanspruchnahme des Vorsteuerabzugs erworben wurden. Wird ein Grundstück zurückbehalten, ist die Entnahme gem § 3 Abs 2 UStG gem § 6 Abs 1 Z 9 lit a UStG steuerbefreit, wenn nicht gem § 6 Abs 2 UStG für die Steuerpflicht optiert wird. Allenfalls kann dabei eine Vorsteuerberichtigung gem § 12 Abs 10 UStG notwendig werden, falls ein Vorsteuerabzug in Anspruch genommen wurde.

3. Entgeltliche Übertragung innerhalb und außerhalb der Familie

Die entgeltliche Unternehmensübertragung innerhalb der Familie wird in der Regel als Geschäftsveräußerung im Ganzen angesehen, wenn die Voraussetzungen des § 4 Abs 7 UStG erfüllt sind. Die Geschäftsveräußerung stellt nach traditioneller österreichischer Auffassung einen Sonderfall einer steuerbaren Lieferung dar.[8] Demgegenüber können die Mitgliedstaaten der Europäischen Union die Geschäftsveräußerung im Ganzen entweder nach Art 19 MwStSyst-RL als steuerbare Lieferung bzw nach Art 29 MwStSyst-RL als Dienstleistung oder als nicht steuerbaren Vorgang ansehen. Österreich hat sich entschieden, abgesehen von Umgründungsfällen iSd UmgrStG, Geschäftsveräußerungen im Ganzen als steuerbare Vorgänge zu betrachten. Ob eine selektive Ausübung des Mitgliedstaatenwahlrechts unionsrechtlich zulässig ist, wird in der Literatur unterschiedlich beurteilt.[9] Jedenfalls lässt sich aus den Bestimmungen der Art 29 MwStSyst-RL ableiten, dass die Geschäftsveräußerung im Ganzen auch eine Dienstleistung sein kann. Es wird auch in diesem Fall auf das Wesen des Umsatzes ankommen, ob insgesamt einen Dienstleistung oder eine Lieferung des Unternehmens vorliegt.

Der Unternehmenserwerb kann insbesondere im Familienverband unterschiedlich finanziert werden. Der Kaufpreis kann beispielsweise in Form von Raten oder Renten gezahlt werden. Dies ändert allerdings nichts daran, dass mit der Übertragung des Unternehmens eine Geschäftsveräußerung im Ganzen stattgefunden hat. Wird eine Ratenzahlung vereinbart, ist der Kaufpreis einschließlich allfällig vereinbarter Zinsen die Bemes-

---

[7] Siehe unten.
[8] *Ruppe/Achatz*, UStG4 § 4 Tz 145.
[9] *Tumpel*, Unternehmensnachfolge und Umsatzsteuer, in *Ludwig/Widinski*, Generationswechsel – Festschrift für Karl Bruckner (2008), 273 (281); *Leidel*, Entgeltliche Unternehmensnachfolge im Recht der Mehrwertsteuersystemrichtlinie und deren Handhabung in Österreich und Deutschland, Diss Univ Linz (2010), 5.

sungsgrundlage für die Umsatzsteuer,[10] außer die Kreditvereinbarung wird ausdrücklich gesondert abgeschlossen.[11] Werden keine Zinsen vereinbart, ist dennoch der Gesamtbetrag der Raten das Entgelt für die Geschäftsveräußerung, den der Erwerber aufwenden muss, um den Gegenstand zu erwerben.[12]

Bei Rentenvereinbarungen stellt der Rentenwert als Summe der zukünftigen Rentenzahlungen (entsprechend der versicherungsmathematisch ermittelten Lebenserwartung des Rentenberechtigten) das Entgelt für die Geschäftsveräußerung dar, denn die darin enthaltenen Zinsen gehören wie bei der Ratenzahlung grundsätzlich zum Entgelt, außer diese sind gesondert ausgewiesen. Auf den Kapitalwert gem § 16 Abs 1 BewG kann deshalb grundsätzlich nicht abgestellt werden[13], denn dieser stellt den Barwert zukünftiger Rentenzahlungen abzüglich Zwischenzinsen dar.[14] Auf die Höhe der zufließenden Renten kommt es jedoch nicht an, gleichgültig ob das Soll- oder Ist-Prinzip zur Anwendung kommt.[15] Der Rentenwert wird aber bereits mit Wirksamwerden des Vertrages vereinnahmt, sodass es keine Bedeutung hat, ob einzelne Rentenbeträge tatsächlich zufließen[16], weshalb es bei Mehr- oder Minderzahlungen zu keiner Berichtigung gem § 16 UStG kommt.[17]

Zur Bemessungsgrundlage für die Umsatzsteuer zählen neben dem Kaufpreis auch die Verbindlichkeiten, die mit dem übertragenen Unternehmensvermögen übernommen werden.[18] Dies wird durch § 4 Abs 7 UStG bestätigt, wonach allfällig mitübernommene Schulden nicht von der Bemessungsgrundlage abgezogen werden dürfen.

Vorbehaltene Nutzungen seitens des übertragenden Unternehmers wie zB Fruchtgenuss zählen nicht zum Entgelt, sondern mindern den Umfang der erbrachten Leistung.[19] Wird allerdings das Unternehmen weiterhin vom Fruchtgenussberechtigten geführt, wird keine Unternehmensübertragung im Ganzen anzunehmen sein; vielmehr wird der Übernehmer bloß Eigentümer von Gegenständen des Unternehmens.[20]

Erfolgt die Übertragung teilentgeltlich, weil die Gegenleistung für die Übertragung unter dem Verkehrswert des Unternehmens liegt, ist nach der Rechtsprechung des EuGH grundsätzlich dennoch von einem steuerbaren Umsatz auszugehen[21], sofern es sich beim Umsatz um eine wirtschaftliche Tätigkeit handelt. Das Entgelt richtet sich – ohne weitere Überprüfung grundsätzlich – nach der Vereinbarung der Parteien. Auch wird keine Ent-

---

[10] *Stoll*, Rentenbesteuerung⁴ Rz 490.
[11] Rz 754 UStR mit Hinweis auf EuGH 27.10.1993, C-281/91, *Muys'en de Winter's Bouw*.
[12] *Kanduth-Kristen* in *Berger/Bürgler/Kanduth-Kristen/Wakounig* (Hrsg), UStG-ON 2.00 § 4 Rz 66 mwN; *Stoll*, Rentenbesteuerung⁴ Rz 490.
[13] So aber *Kanduth-Kristen* in *Berger/Bürgler/Kanduth-Kristen/Wakounig* (Hrsg), UStG-ON 2.00 § 4 Rz 81; *Ruppe/Achatz*, UStG § 4 Tz 46; *Scheiner/Kolacny/Caganek*, Kommentar zur Mehrwertsteuer § 4 Tz 177; UFS 28.10.2004, RV/0275-G/04.
[14] *Kanduth-Kristen* in *Berger/Bürgler/Kanduth-Kristen/Wakounig* (Hrsg), UStG-ON 2.00 § 4 Rz 66.
[15] *Ruppe/Achatz*, UStG § 4 Tz 46; UFS 28.10.2004, RV/0275-G/04.
[16] UFS 28.10.2004, RV/0275-G/04.
[17] *Kanduth-Kristen* in *Berger/Bürgler/Kanduth-Kristen/Wakounig* (Hrsg), UStG-ON 2.00 § 4 Rz 80ff; *Ruppe/Achatz*, UStG § 4 Tz 46; UFS 28.10.2004, RV/0275-G/04; 24.5.2011, RV/3598-W/07 im Anschluss an die herrschende Auffassung; aA *Stoll*, Rentenbesteuerung⁴ Rz 557ff.
[18] *Ruppe/Achatz*, UStG⁴ § 4 Tz 145 und 155.
[19] *Ruppe/Achatz*, UStG⁴ § 4 Tz 13; UFS 27. 3. 2009, RV/0461-W/03.
[20] *Ruppe/Achatz*, UStG⁴ § 3 Tz 131; vgl auch Rz 424 UStR.
[21] EuGH 20.1.2005, C-412/03, *Scandic Hotel Gåsabaek*; EuGH 9.6.2011, C-285/10, *Campsa*.

nahmebesteuerung iSd § 3 Abs 2 bzw § 3a Abs 1a UStG ausgelöst.[22] Allerdings kann von den Mitgliedstaaten gem Art 80 MwStSyst-RL – vorausgesetzt[23], dass sie den Mehrwertsteuerausschuss von der Maßnahme in Kenntnis gesetzt haben – ein Normalwert angesetzt werden, falls der Erwerber nicht zum vollen Vorsteuerabzug berechtigt ist. Kann der Erwerber allerdings den Vorsteuerabzug in voller Höhe geltend machen, wird ein Normalwert nicht anzunehmen sein. Auch die Unternehmensübertragung ohne explizite Gegenleistung wird idR zur Übertragung von Verbindlichkeiten führen, die als (vereinbartes, wenn auch vielleicht unangemessen niedriges) Entgelt angesehen werden kann. Zur Anwendung der Besteuerung gem § 3 Abs 2 und § 3a Abs 1a UStG käme es demnach nur in jenen Fällen, in denen keine Verbindlichkeiten übernommen werden. Sofern der Erwerber das Recht auf Vorsteuerabzug hat, wird in diesen Fällen auch kein Normalwert angesetzt werden können. Nur dann, wenn der Erwerber kein Recht auf vollständigen Vorsteuerabzug hat, wird der Normalwert als Bemessungsgrundlage bei Unternehmensübertragungen anzusetzen sein, bei denen die Gegenleistung den Normalwert nicht erreicht.

4. Einbringung in eine Personen- oder Kapitalgesellschaft

Die Einbringung von Unternehmen in eine Personen- oder Kapitalgesellschaft gegen Gewährung von Anteilen ist grundsätzlich ein Tausch bzw tauschähnlicher Umsatz. Sofern nicht die Regelungen des UmgrStG anwendbar sind, liegt eine entgeltliche Geschäftsveräußerung im Ganzen vor, für welche die oben erwähnten Rechtsfolgen zur Anwendung kommen.

Kein steuerbarer Vorgang liegt gem § 22 Abs 3 UmgrStG bei einer Einbringung iSd § 12 UmgrStG vor, wenn Betriebe, Teilbetriebe oder Mitunternehmeranteile auf Grundlage eines schriftlichen Einbringungsvertrages (Sacheinlagevertrages) und einer Einbringungsbilanz nach Maßgabe des § 19 UmgrStG einer übernehmenden Körperschaft tatsächlich übertragen werden. Die übernehmende Körperschaft tritt für den Bereich der Umsatzsteuer unmittelbar in die Rechtsstellung des Einbringenden ein. Anders als für Zwecke der Ertragsteuern gilt für die Umsatzsteuer keine Rückwirkungsfiktion. Aus diesem Grund kommt es zum Übergang der umsatzsteuerlichen Zurechnung erst nach der tatsächlichen Unternehmensübertragung. Vereinfachend kann dies entsprechend Rz 1221 UStR mit dem der Anmeldung zur Eintragung im Firmenbuch bzw mit dem der Meldung beim zuständigen Finanzamt folgenden Monatsersten angenommen werden, sofern der zuständigen Abgabenbehörde kein anderer Stichtag des tatsächlichen Wechsels der Unternehmereigenschaft dargetan wird. Auf Grund der Einbringung kommt es nicht zu einer Vorsteuerberichtung nach § 12 Abs 10 oder 11 UStG.[24] Gleiches gilt gem § 26 Abs 1 Z 2 UmgrStG grundsätzlich auch für den Zusammenschluss unter den Voraussetzungen des Art IV UmgrStG.

Die Übertragung von Anteilen, welche nach der Einbringung des Unternehmens in die Körperschaft oder durch den Zusammenschluss zu einer Personengesellschaft erworben wurden, ist gem § 6 Abs 1 Z 8 lit f oder g UStG steuerfrei.

---

[22] EuGH 20.1.2005, C-412/03, *Scandic Hotel Gåsabaek*; EuGH 9.6.2011, C-285/10, *Campsa*.
[23] In Österreich durch das AbgÄG 2012 in § 4 Abs 9 UStG eingeführt.
[24] Rz 1222 UmgrStR.

Bei Verlagerung des Unternehmens in eine Privatstiftung ist Folgendes zu beachten: Eine gewerbsmäßige Betätigung oder die Übernahme unbeschränkter Haftung einer eingetragenen Personengesellschaft verbietet § 1 Abs 2 Z 1 bzw 3 PSG. Dementsprechend können entweder Anteile an Körperschaften oder Kommanditgesellschaften direkt zugewendet werden oder es erfolgt im Zuge der Zuwendung an eine Privatstiftung eine Einbringung des Unternehmens in eine Kapitalgesellschaft. Für die der Übertragung des Unternehmens auf die Privatstiftung vorgelagerten Einbringungsvorgänge ergeben sich die oben beschriebenen Konsequenzen. Die Zuwendung der Anteile aus dem Privatvermögen an die Privatstiftung ist ein nicht umsatzsteuerbarer Vorgang. Werden die Anteile aus dem Unternehmensvermögen übertragen, liegt ein gem § 6 Abs 1 Z 8 lit f oder g UStG steuerfreier Vorgang vor.

5. Verpachtung innerhalb der Familie

Bei der Verpachtung des Unternehmens liegt keine Geschäftsveräußerung vor.[25] Die Verpachtung eines Unternehmens oder eines Unternehmensteils führt auch nicht zu einer Entnahme und somit zur Besteuerung des Eigenverbrauchs, denn die Verpachtung ist ebenfalls eine unternehmerische Tätigkeit, sodass keine Verwendung außerhalb des Unternehmens stattfindet.[26] Dies gilt selbst dann, wenn der Verpächter ertragsteuerlich den Betrieb aufgegeben hat und der Pachtzins zu Einkünften aus Vermietung und Verpachtung führt.

Wird ein (wenn auch unter Umständen geringer) Pachtzins verrechnet, stellt die Verpachtung einen steuerpflichtigen Umsatz dar, für welchen der Pächter das Recht auf Vorsteuerabzug hat. Der Pächter ist seinerseits Unternehmer, der Leistungen im Rahmen des (gepachteten) Unternehmens nach außen erbringt.

Im Falle der Auflösung des Pachtverhältnisses fällt das verpachtete Unternehmensvermögen in einem nicht umsatzsteuerbaren Vorgang an den Verpächter zurück. Wird jedoch das Pachtverhältnis dadurch beendet, dass das verpachtete Unternehmen an den Pächter (im Rahmen der Familie) übertragen wird, kommt es zu den Rechtsfolgen des entgeltlichen oder unentgeltlichen Unternehmenserwerbs, wie diese oben beschrieben wurden.

6. Unternehmensaufgabe

In jenen Fällen, in denen das bisherige Unternehmen eingestellt oder liquidiert wird und Gegenstände des Unternehmens für Zwecke außerhalb des Unternehmens verwendet werden, indem diese entweder in die Privatsphäre überführt oder verschenkt werden, wird der Tatbestand des § 3 Abs 2 UStG verwirklicht, welcher zur Besteuerung jener entnommenen Gegenstände führt, für welche das Recht auf Vorsteuerabzug bestand.[27]

---

[25] VwGH 30.4.1965, 712/64.
[26] *Bürgler* in *Berger/Bürgler/Kanduth-Kristen/Wakounig* (Hrsg), UStG-ON 2.00 § 3 Rz 99.
[27] *Bürgler* in *Berger/Bürgler/Kanduth-Kristen/Wakounig* (Hrsg), UStG-ON 2.00 § 3 Rz 100.

Abgabenrechtliche Erwerberhaftung (§ 14 BAO)

Johann Fischerlehner

1. **Grundsätzliches**
   1.1. Zweck der Erwerberhaftung
   1.2. Unionsrechtskonformität
   1.3. Verfassungsrechtliche Bedenken
2. **Haftungsvoraussetzungen**
   2.1. Lebensfähiges Unternehmen (Betrieb)
       2.1.1. Gesondert geführter Betrieb
   2.2. Übereignung im Ganzen
3. **Umfang der Haftung**
   3.1. Betriebssteuern (§ 14 Abs 1 lit a BAO)
   3.2. Zeitliche Begrenzung
   3.3. Abfuhrabgaben (§ 14 Abs 1 lit b BAO)
   3.4. Zeitliche Begrenzung
4. **Einschränkung der Haftung**
   4.1. Kennen oder Kennenmüssen
   4.2. Begrenzung durch den Wert der Aktiva
5. **Ausnahmen von der Haftung**
6. **Ermessen**
7. **Ausblick**
Literaturverzeichnis

1. Grundsätzliches

1.1. Zweck der Erwerberhaftung

Diese Haftung dient der Sicherung der auf dem Betrieb lastenden Abgaben beim Übergang eines Unternehmens oder eines gesonderten Betriebes eines Unternehmens an einen Erwerber. Ein lebendes Unternehmen enthält ein wirtschaftliches Potential, aus dem die Abgaben entrichtet werden können und auch weiterhin (wenn auch zeitlich und sachlich beschränkt) der ursprünglichen Intentionen des Gesetzgebers zufolge entrichtet werden sollen.[1]

1.2. Unionsrechtskonformität

Die Literatur[2] sieht die Geltendmachung der Haftung für die Umsatzsteuer aus dem Unternehmensverkauf in Hinblick auf die systemwidrige Kumulation der Umsatzsteuer auf Ebene des Käufers kritisch. Die Vorschrift besteht in ihrer aktuellen Fassung seit 31.7.1992. Eine entsprechende Genehmigung für die Ausdehnung der gesamtschuldnerischen Umsatzsteuerhaftung sei daher nicht einzuholen gewesen; deren Fehlen sei nicht zu beanstanden. Die Gesetzesbestimmung müsse jedoch den Prinzipien der Rechtssicherheit und Verhältnismäßigkeit entsprechen. Der EuGH[3] erachte ein faktisches System einer unbedingten Haftung (ohne Verschulden oder wirksame Möglichkeit eines haftungsbegrenzenden Verhaltens) für unverhältnismäßig. Der Unternehmenskäufer könne unabhängig von schuldhaftem Vorgehen trotz sorgfältiger und umfassender Information zur unbedingten Haftung herangezogen werden. Einziger Garant zur Haftungsbegrenzung sei, vom Unternehmenskauf abzusehen.

Der UFS[4] sieht dies differenzierter und verweist auf Artikel 205 der Richtlinie 2006/112/EG des Rates vom 28. November 2006 über das gemeinsame Mehrwertsteuersystem, das die Mitgliedstaaten ermächtigt, Maßnahmen zu erlassen, nach denen eine andere Person als der Steuerschuldner die Mehrwertsteuer gesamtschuldnerisch zu entrichten hat. Diese Vorschrift sei dahin auszulegen, dass sie einen Mitgliedstaat ermächtigt, eine Regelung zu erlassen, wonach ein Steuerpflichtiger, an den eine Lieferung von Gegenständen oder eine Dienstleistung bewirkt worden ist und der wusste oder für den hinreichende Verdachtsgründe dafür bestanden, dass die aufgrund dieser oder einer früheren oder späteren Lieferung oder Dienstleistung fällige Mehrwertsteuer ganz oder teilweise unbezahlt bleiben würde, gesamtschuldnerisch mit dem Steuerschuldner auf Zahlung der Steuer in Anspruch genommen werden kann. Eine solche Regelung müsse den Grundsätzen der Rechtssicherheit und der Verhältnismäßigkeit genügen.[5]

Die Haftungsinanspruchnahme nach § 14 BAO liege im Ermessen der Abgabenbehörde, die ihre Entscheidung im Sinne des § 20 BAO innerhalb der vom Gesetz gezogenen Grenzen nach Billigkeit und Zweckmäßigkeit zu treffen hat. Dem Gesetzesbegriff „Billigkeit" ist dabei die Bedeutung „berechtigte Interessen der Partei", dem Gesetzes-

---

[1] Vgl *Stoll*, BAO, 159; VwGH 15.11.2005, 2004/14/0046.
[2] *Hörtnagl-Seidner*, SWK 2007, S 890.
[3] Vgl EuGH 11.5.2006, Rs C-384/04, *Federation of Technological Industries*, ua.
[4] UFS 18.12.2009, RV/0128-I/08.
[5] EuGH 11.5.2006, C-384/04, *Federation of Technological Industries*, ua.

begriff „Zweckmäßigkeit" die Bedeutung „öffentliches Anliegen an der Einbringung der Abgaben" beizumessen.[6]

Damit erweise sich Haftung gemäß § 14 BAO nicht als unionsrechtswidrig. Es liege nämlich kein faktisches System einer unbedingten Haftung vor. Die allgemeinen Rechtsgrundsätze der Unionsrechtsordnung wie die Grundsätze der Rechtssicherheit und der Verhältnismäßigkeit seien im Rahmen der Billigkeitsprüfung entsprechend zu berücksichtigen.[7] Unbeantwortet bleibt jedoch die Frage, ob es aus unionsrechtlicher Sicht ausreicht, die Grundsätze der Rechtssicherheit und der Verhältnismäßigkeit bloß im Rahmen der Ermessensübung zu berücksichtigen oder ob nicht eine zwingende Norm notwendig wäre. Der UFS[8] bejaht dies, was auf den ersten Blick durchaus plausibel erscheint, hat doch die Ermessensübung in den Grenzen zu halten, die das Gesetz (und damit auch das Unionsrecht) dem Ermessen zieht.

1.3. Verfassungsrechtliche Bedenken

Neben der abgabenrechtlichen Haftung gemäß § 14 BAO für im Zeitpunkt der Übereignung eines Unternehmens oder Betriebes aushaftende betriebsbezogene Abgaben und für nicht abgeführte Steuerabzugsbeträge kann das Finanzamt diese Haftung auch gerichtlich nach § 38 UGB oder § 1409 ABGB geltend machen. Gegen die Konkurrenz von § 38 UGB und § 1409 ABGB bestehen verfassungsrechtliche Bedenken wegen der divergierenden Regelungen der Haftungsbegrenzung.[9] Die Abgabenbehörde brauche sich im Gegensatz zum zivilrechtlichen Gläubiger nicht anrechnen lassen, was der Erwerber bereits an andere Gläubiger entrichtet hat. Nur bereits vom Erwerber abgeführte Abgabenschuldigkeiten reduzierten die Haftungsbasis. Im Ergebnis komme es für die Finanzbehörde zu einer breiteren Haftungsbasis als für die Gläubiger nach § 1409 ABGB. Diese Privilegierung von Abgabenforderungen sei verfassungsrechtlich im Sinne der Gleichbehandlung und der Pflicht zur Sachlichkeit (Art 7 B-VG) bedenklich.[10]

Novacek[11] sieht zudem eine Diskriminierung von Einzelunternehmern gegenüber Gesellschaftsunternehmen wegen der Beweislastumkehr bei der Übernahme durch Angehörige bezüglich des Kennenmüssens von Verbindlichkeiten und wegen denkunmöglicher Gesetzesauslegung.

2. Haftungsvoraussetzungen

Voraussetzung für die Haftung ist die Übereignung eines lebenden bzw lebensfähigen Unternehmens oder eines im Rahmen eines Unternehmens lebenden bzw lebensfähigen gesondert geführten Betriebes.

---

[6] Vgl VwGH 16.10.2002, 99/13/0060.
[7] UFS 18.12.2009, RV/0128-I/08.
[8] UFS 18.12.2009, RV/0128-I/08.
[9] Vgl *Novacek*, Haftungen bei Unternehmensübertragungen im Zivil- und Steuerrecht, RdW 2011/201.
[10] *Hörtnagl-Seidner*, SWK 2007, S 890 unter Hinweis auf *Beiser*, SWK 1992, A V 22.
[11] Vgl *Novacek*, Haftungen bei Unternehmensübertragungen im Zivil- und Steuerrecht, RdW 2011/201

2.1. Lebensfähiges Unternehmen (Betrieb)

Die Erwerberhaftung knüpft an die Übereignung an den Übergang eines lebenden Unternehmens oder Betriebes im Sinn einer in sich geschlossenen Einheit persönlicher und sachlicher Mittel an. An dieser Voraussetzung mangelt es, wenn der Erwerber einen Teil dieser Grundlagen erwirbt, selbst wenn dies zur Vereinigung der wesentlichen Grundlagen eines Betriebes in einer Person führt.

Beispiel
Ein Vermieter eines Geschäftslokales erwirbt die Einrichtung des Geschäftslokales. Mangels Übereignung der im Eigentum des Vermieters stehenden Betriebsräumlichkeiten liegt kein Betriebserwerb vor, auch wenn der Vermieter den von der Mieterin geführten Betrieb nach Beendigung des Mietverhältnisses selbst führen hätte können. Der Sinn des § 14 BAO liegt darin, eine bestehende Sicherung für Abgabenansprüche gegenüber dem Veräußerer fortzuführen, nicht aber darin, eine Sicherung, die bisher nicht bestand, erst zu begründen.[12]

Übereignet müssen nur jene Wirtschaftsgüter werden, die die wesentliche Grundlage des Unternehmens bilden und den Erwerber in die Lage versetzen, das Unternehmen fortzuführen. Der Erwerb einzelner, nicht die wesentliche Grundlage des Betriebes darstellender Betriebsmittel von einem Dritten schließt die Betriebsnachfolge nicht aus. Die Frage, welche Wirtschaftsgüter die wesentliche Grundlage des Unternehmens bilden, ist in funktionaler Betrachtungsweise nach dem jeweiligen Betriebstypus (zB ortsgebundene Tätigkeit, kundengebundene Tätigkeit, Produktionsunternehmen) zu beantworten.[13] Nach der Judikatur[14] ist nicht entscheidend, ob der Veräußerer auf Grund seiner angespannten finanziellen Situation in der Lage gewesen wäre, den Betrieb fortzuführen. Unmaßgeblich ist auch, ob der Betrieb tatsächlich fortgeführt wird und ob im Fall der Fortführung der Betriebsgegenstand und die Betriebsart gleich bleiben. Ebenso wenig kommt es darauf an, ob der Erwerber bereit ist, den erworbenen Betrieb unverändert fortzuführen, wenn die insgesamt erworbenen Wirtschaftsgüter objektiv die Fortführung des Betriebes ermöglichten.

---

[12] UFS 11.9.2009, RV/0702-I/07 unter Hinweis auf VwGH 24.10.2000, 2000/14/0091.
[13] Vgl VwGH 28.10.2009, 2007/15/0100; 26.3.2007, 2002/14/0114; 24.4.1996, 94/15/0025.
[14] VwGH 28.10.2009, 2007/15/0100.

Beispiele aus der Judikatur:

Betriebsgegenstand	wesentliche Grundlage
Auslagengestaltung	kundengebundene Tätigkeit; Kundenstock (dass es sich bei dem „Kundenstock" nur um einen Kunden handelt, ist nicht von Belang)[15]
Campingplatz	wirtschaftliches Eigentum an den betreffenden Grundstücken oder zumindest der entsprechenden Benützungsrechte[16]
freie Berufe	Kundenstock bzw Klientenstock oder Patientenstock (ausgenommen sind Fachärzte, die, wie oft Röntgenologen, mit aufwändigen Geräten einen ständig wechselnden Patientenkreis untersuchen. In derartigen Fällen treten gegenüber dem Patientenstock andere Merkmale in den Vordergrund, zB die Geräteausstattung und die Geschäftsbeziehungen zu zuweisenden Ärzten).[17]
Gastronomieunternehmen, wie Kaffeehäuser und Konditoreien	Grundstück, das Gebäude und die Einrichtung (demgegenüber sind der Kundenstock, Lieferverträge und das Personal nicht den wesentlichen Unternehmensgrundlagen zuzurechnen)[18]
Handelsbetrieb	Warenlager[19] (gilt jedoch nicht für rasch verderbliche Waren[20] oder die Zurückbehaltung von Ladenhütern oder schwer verkäuflicher Ware)[21]
Hotel	Grundstück, das Gebäude und die Einrichtung[22]
Kfz-Handel und Kfz-Werkstätte	die Grundstücke samt den darauf befindlichen Baulichkeiten, das Anlagevermögen wie Maschinen, Werktische, Hebebühnen etc[23]
kundengebundene Tätigkeiten (zB Generalvertretungen, Handelsvertretungen)	Kundenstock[24]

---

[15] UFS 25.3.2003, RV/0596-G/02.
[16] VwGH 23.2.1994, 90/13/0017, zu § 10 Abs 2 Z 5 EStG 1972.
[17] ZB VwGH 31.1.2001, 95/13/0284; VwGH 28.1.2005, 2000/15/0214.
[18] VwGH 26.3.2007, 2002/14/0114.
[19] VwGH 11.5.2005, 2002/13/0142; VwGH 25.2.2004, 99/13/0147.
[20] ZB VwGH 19.5.1993, 91/13/0022.
[21] VwGH 21.11.1990, 90/13/0145.
[22] ZB VwGH 29.1.2004, 2000/15/0144; VwGH 23.9.2005, 2002/15/0198.
[23] VwGH 28.10.2009, 2007/15/0100.
[24] VwGH 20.11.1990, 90/14/0122.

Mietobjekt im Privatvermögen	Liegenschaft samt dem Inventar (samt der auf der Liegenschaft betriebenen Gastwirtschaft und den in demselben Gebäude befindlichen Mietwohnungen[25])
produktionsgebundene Unternehmen	Betriebsgebäude sowie die Maschinen, Anlagen und Einrichtungen (nicht jedoch der Kundenstock[26])
Paketservicedienst	Fuhrpark, die Geschäftseinrichtung und etwa auch die „Kundendatei"[27]
Transportunternehmen	Fuhrpark[28]

§ 14 BAO erfasst gewinn- oder überschussorientierte Unternehmen (Land- und Forstwirtschaft, Gewerbebetrieb, selbständige Arbeit oder Vermietung und Verpachtung). Die auf Grund des § 2 Abs 5 Z 2 UStG 1994 als Liebhaberei zu qualifizierenden Betätigungen sind nach der Literatur nicht Gegenstand einer Erwerberhaftung.[29]

Laut VwGH[30] kann dahin gestellt bleiben, ob der im § 14 BAO verwendete Begriff des Unternehmens mit dem Begriff des Unternehmens im Sinne des § 2 Abs 1 UStG 1994 gleichzusetzen ist. Es liegt näher, sich für die Frage der Haftung für die Umsatzsteuer an dem aus dem Umsatzsteuerrecht entstammenden Begriff des Unternehmens zu orientieren,[31] als auf einen Betrieb im Sinne der betrieblichen Einkünfte nach § 2 Abs 3 EStG 1988 abzustellen, zumal die Einkommensteuer ohnehin nicht zu einer der Abgaben zählt, für die nach § 14 BAO gehaftet wird.[32] Daher kann eine Haftung für den Erwerb eines Unternehmens bestehen, das nicht ein Betrieb im einkommensteuerrechtlichen Sinn ist (zB Miethaus im Privatvermögen). Der Zweck der Haftungsbestimmung führt dazu, den Begriff des Unternehmens im Sinne des § 14 BAO nach der Verkehrsauffassung zu bestimmen. Damit sind die Grundlagen für eine Vermietung und Verpachtung, soweit insgesamt eine unternehmerische Organisation vorliegt, als Unternehmen iSd § 14 BAO anzusehen, obwohl diese ertragsteuerlich als Vermögensverwaltung zu qualifizieren sind.[33]

Entscheidend ist daher nicht die ertragsteuerliche oder umsatzsteuerliche Beurteilung, ob ein Unternehmen oder Betrieb vorliegt, sondern die Verkehrsauffassung. Somit ist nicht nur bei Vermietungen und Verpachtungen, sondern auch bei ertragsteuerlicher Liebhaberei eine Erwerberhaftung denkbar.

---

[25] VwGH 2.6.2004, 2003/13/0161.
[26] ZB VwGH 29.1.1998, 95/15/0037, betreffend Produktion und Abfüllung chemisch-technischer Produkte.
[27] UFS 25.1.2012, RV/1247-L/10.
[28] ZB VwGH 31.5.1983, 81/14/0058; VwGH 30.9.1999, 97/15/0016; VwGH 24.10.2000, 2000/14/0091.
[29] *Ellinger ua*, BAO³ § 14 Anm 2.
[30] VwGH 2.6.2004, 2003/13/0161.
[31] Vgl *Stoll*, BAO, 160.
[32] Vgl VwGH 2.6.2004, 2003/13/0161 unter Hinweis auf VwGH 22.2.1994, 93/14/0232 und *Stoll*, BAO, 166.
[33] Vgl VwGH 2.6.2004, 2003/13/0161.

2.1.1. Gesondert geführter Betrieb

Ein gesondert geführter Betrieb ist eine organisatorisch-technische, im Wesentlichen selbständige geschlossene Einheit sachlicher und persönlicher Mittel.[34] Auch die ohne Gewinnabsicht unterhaltenen wirtschaftlichen Geschäftsbetriebe (§ 31 BAO) sind von § 14 BAO umfasst,[35] wobei auch hier die allgemeine Verkehrsauffassung maßgeblich sein wird. Ein Teilbetrieb iSd § 24 Abs 1 EStG 1988 wird auch ein gesondert geführter Betrieb iSd § 14 BAO sein. Maßgeblich ist, wenn das, was übereignet wird, für sich gesehen einen lebensfähigen Betrieb ausmacht.[36] Aus dem Wesen der Haftung müsste es ausreichen, wenn aus dem bisherigen Unternehmen im Zuge der Übereignung ein Betrieb herausgelöst wird, der für sich einen lebensfähigen Betrieb ausmacht.

Beispiele:

Bei einem Autohaus mit Kfz-Handel und Kfz-Werkstätte wären sowohl der Kfz-Handel als auch die Kfz-Werkstätte grundsätzlich für sich lebensfähige Betriebe.

Wird von mehreren im Privatvermögen befindlichen Mietshäusern ein Mietshaus veräußert, kann auch dies einen haftungsrelevanten Sachverhalt darstellen.

2.2. Übereignung im Ganzen

Als mögliche Rechtstitel für die Übereignung kommen Kauf, Tausch und Schenkung in Betracht. Die Verpachtung, der Erwerb des Sicherungseigentümers und der Erwerb des Treuhänders sind keine Übereignung iSd § 14 BAO.[37]

Bei der Frage, ob eine Übereignung im Ganzen vorliegt, kommt es nicht auf die zivilrechtliche Gestaltung an. Maßgebend ist der Übergang der wirtschaftlichen Verfügungsmacht vom Vorgänger auf den Erwerber. Daher kann die „Übereignung" auch im Zuge mehrerer aufeinander folgender Rechtsgeschäfte erfolgen. Maßgebend ist somit der Übergang der wirtschaftlichen Verfügungsmacht vom Vorgänger auf den Erwerber.[38]

Beispiel

Eine „Übereignung" liegt auch dann vor, wenn der Erwerber des Unternehmens des Vormieters einen neuen Mietvertrag mit dem Bestandgeber der Geschäftsräumlichkeiten abschließt. Wurde die wirtschaftliche Verfügungsmacht über das Lokal verschafft und kann der Erwerber den Betrieb des Vormieters in diesen Geschäftsräumen und mit dem gekauften Inventar fortführen, dann kann von einer Übereignung des Unternehmens ausgegangen werden.[39]

---

[34] *Stoll*, BAO, 161.
[35] *Ellinger ua*, BAO³ § 14 Anm 2.
[36] *Stoll*, BAO, 162.
[37] *Ritz*, BAO4, § 14 Tz 8; BMF 12.6.2006, GZ BMF-010103/0050-VI/2006.
[38] Vgl VwGH 28.10.2009, 2007/15/0100; VwGH 16.11.2006, 2006/14/0008; VwGH 15.11.2005, 2004/14/0046.
[39] VwGH 26.3.2007, 2002/14/0114 unter Hinweis auf VwGH 25.5.2000, 2000/16/0238, das zum vergleichbaren Haftungstatbestand nach § 12 Wr LAO ergangen ist.

Die Übereignung der die wesentliche Grundlage des Unternehmens bildenden Wirtschaftsgüter muss zwar nicht unter einem, aber doch in einem engen zeitlichen und sachlichen Zusammenhang erfolgen. § 14 BAO erfasst Abgaben, die auf die Zeit seit dem Beginn des letzten vor der Übereignung liegenden Kalenderjahres entfallen, bzw Abgaben, die seit Beginn des letzten vor der Übereignung liegenden Kalenderjahres abzuführen waren. Als Zeitpunkt der Unternehmensübereignung wird dabei jener anzunehmen sein, in welchem so viel an Unternehmensgrundlagen auf den Nachfolger übertragen worden ist, dass diesem die Unternehmensfortführung ermöglicht ist.[40]

3. Umfang der Haftung

3.1. Betriebssteuern (§ 14 Abs 1 lit a BAO)

Nach § 14 Abs 1 lit a BAO besteht eine Haftung für Abgaben, bei denen die Abgabepflicht sich auf den Betrieb des Unternehmens gründet. Daher umfasst die Haftung jene Abgaben, bei denen materiell-rechtlich die Führung eines Betriebes Tatbestandsmerkmal ist. Ein Kausalzusammenhang zwischen Betrieb (Führung des Unternehmens) und Abgabe reicht nicht aus, vielmehr kommen nur jene Abgaben in Betracht, die nur dadurch entstehen können, dass der Inhaber durch seine betriebliche Tätigkeit den materiell-rechtlichen, die Abgabepflicht begründenden Tatbestand verwirklicht.[41] Gehört die Führung des Unternehmens nicht zum materiell-rechtlichen Tatbestand, so kann für die Abgabe nicht die Haftung des § 14 BAO in Anspruch genommen werden.[42]

Die Haftung umfasst bei der Umsatzsteuer auch die auf die Geschäftsveräußerung im Sinn des § 4 Abs 7 UStG 1994 entfallende Steuer[43] und die durch die Veräußerung ausgelöste Vorsteuerberichtigung,[44] nicht jedoch die Einfuhrumsatzsteuer, Umsatzsteuerschulden „kraft Rechnung" des Nichtunternehmers gem § 11 Abs 14 UStG 1994[45] und für Umsatzsteuerschulden für innergemeinschaftliche Erwerbe, wenn der Erwerber eine juristische Person ist, die nicht Unternehmer ist oder die den Gegenstand nicht für ihr Unternehmen erwirbt (Art 1 Abs 2 Z 2 lit b UStG 1994).[46] Auch die Normverbrauchsabgabe gemäß § 1 Z 1 und 2 NoVAG kann Gegenstand der Haftung sein,[47] nicht aber jene nach § 1 Z 3 NoVAG.[48] Als Landes- und Gemeindeabgaben kommen die Kommunalsteuern und Vergnügungssteuern in Betracht.[49]

Keine Haftung gemäß § 14 BAO besteht für den Altlastenbeitrag,[50] den Dienstgeberbeitrag,[51] die Einkommensteuer und die Körperschaftsteuer,[52] die Grunderwerbsteu-

---

[40] VwGH 19.5.2005, 2003/15/0117.
[41] Vgl *Stoll*, BAO, 165.
[42] Vgl VwGH 9.6.1989, 86/17/0194 zum Wr VergnügungssteuerG.
[43] Vgl zB VwGH 5.3.1990, 89/15/0141; VwGH 2.6.2004, 2003/13/0161.
[44] ZB VwGH 2.7.2002, 96/14/0023; VwGH 24.2.2004, 99/14/0242.
[45] *Ritz*, BAO⁴, § 14 Tz 10.
[46] Vgl *Ritz*, ÖStZ 1995, 424.
[47] *Ritz*, BAO⁴, § 14 Tz 10.
[48] *Langheinrich/Ryda*, FJ 2010, 179.
[49] *Ritz/Rathgeber/Koran*, Abgabenordnung, 32–33.
[50] *Langheinrich/Ryda*, FJ 2010, 179.
[51] UFS 5.3.2003, RV/0234-W/03.
[52] VwGH 24.2.1994, 93/14/0232.

er,[53] die motorbezogene Versicherungssteuer,[54] die Kraftfahrzeugsteuer,[55] etc. Der Betriebserwerber haftet auch nicht für einen Säumniszuschlag, der wegen nicht fristgerechter Entrichtung der Umsatzsteuer aus der Betriebsveräußerung durch die Primärschuldnerin festgesetzt wurde.[56]

3.2. Zeitliche Begrenzung

Die Haftung des § 14 Abs 1 lit a BAO ist auf solche Abgaben beschränkt, die auf die Zeit seit dem Beginn des letzten vor der Übereignung liegenden Kalenderjahres entfallen. Dabei kommt es nach hA[57] auf den Zeitpunkt der Entstehung des Abgabenanspruches (§ 4 BAO) an.

Die zweite zeitliche Schranke stellt der Zeitpunkt der Übereignung dar. Demnach besteht keine Haftung des Erwerbers für Abgabenansprüche, hinsichtlich deren der Abgabentatbestand nach der Übereignung verwirklicht wurde.[58] Erfolgt die Lieferung oder sonstige Leistung jedoch vor der Übereignung, so besteht die Erwerberhaftung auch dann, wenn der Abgabenanspruch nach Übereignung entsteht.[59]

Beispiel:[60]
Bei einer Übereignung am 31. März 2012 kann die Haftung für die Umsatzsteuer 2011 und für Umsatzsteuervorauszahlungen für Jänner bis März 2012 geltend gemacht werden.

Erfolgt eine Lieferung oder sonstige Leistung vor Übereignung, so besteht die Erwerberhaftung auch dann, wenn der Abgabenanspruch nach Übereignung entsteht.[61]

3.3. Abfuhrabgaben (§ 14 Abs 1 lit b BAO)

In Betracht kommende Abfuhrabgaben sind die Lohnsteuer, die Kapitalertragsteuer, die Abzugsteuer nach § 99 EStG 1988, die Beträge nach § 27 Abs 4 UStG 1994 und vom Unterkunftgeber einzubehaltende und abzuführende Fremdenverkehrsabgaben.[62]

Die Geltendmachung der Haftung ist nur insoweit zulässig, als die betreffenden Abgaben (im Zeitpunkt der Erlassung des Haftungsbescheides) noch nicht entrichtet sind. Dabei ist es unmaßgeblich, wer die Abgaben entrichtet hat. Somit besteht keine Haftung für Abgaben, die der Abgabepflichtige anstatt des Abfuhrverpflichteten entrichtet hat.[63]

---

[53] ZB *Stoll*, BAO, 166; BMF, AÖF 2006/186, Abschn 7.2.1.
[54] *Stoll*, BAO, 166; BMF, AÖF 2006/186, Abschn 7.2.1; *Tanzer/Unger*, BAO 2010, 15.
[55] *Ritz*, BAO⁴, § 14 Tz 11.
[56] UFS 29.9.2009, RV/0587-L/08.
[57] ZB *Stoll*, BAO, 167; UFS 17.2.2005, RV/0025-L/04; BMF, AÖF 2006/186, Abschn 7.2.1.
[58] UFS 17.2.2005, RV/0025-L/04.
[59] Vgl zB *Ritz*, ÖStZ 1995, 424.
[60] Vgl BMF 12.6.2006, BMF-010103/0050-VI/2006.
[61] Vgl UFS 17.2.2005, RV/0025-L/04.
[62] *Ritz*, BAO⁴, § 14 Tz 13.
[63] ZB VwGH 10.4.1985, 84/13/0004 betreffend Lohnsteuerbeträge, die der Arbeitnehmer als Folge eines Einkommensteuerbescheides bereits entrichtet hat.

3.4. Zeitliche Begrenzung

Bei Steuerabzugsbeträgen umfasst die Haftung nur die Abgabenschuldigkeiten, die seit dem Beginn des letzten, vor der Übereignung liegenden Kalenderjahres abzuführen waren.

Im Gegensatz zu den von § 14 Abs 1 lit a BAO umfassten Abgaben ist für den Beginn des Haftungszeitraumes der Fälligkeitstag der betreffenden Abzugsteuer maßgeblich. Das Ende des Haftungszeitraumes regelt § 14 Abs 1 lit b BAO nicht, so dass zur Vermeidung einer Haftungslücke auf die Tatbestandsverwirklichung abgestellt wird.[64]

Beispiel:[65]
Die Haftung bei einer am 30. März 2012 erfolgenden Übereignung besteht zB für die Lohnsteuerbeträge, die nach dem 1. Jänner 2011 fällig werden (somit auch für die am 17. Jänner 2011 fälligen, auf den Lohnzahlungszeitraum Dezember 2010 entfallenden Lohnsteuerbeträge).

4. Einschränkung der Haftung

Nach dem VfGH[66] verstößt eine Haftung, die nur eine zeitliche Schranke beinhaltet, gegen den verfassungsrechtlichen Gleichheitssatz. Die grundlegende – zivilrechtliche – Vorschrift über die Haftung des Erwerbers eines Vermögens oder Unternehmens (§ 1409 ABGB) bringt die Beschränkung der Haftung auf jene Schulden, die der Erwerber „*bei der Übergabe kannte oder kennen musste*", deutlich zum Ausdruck. In § 67 Abs 4 ASVG ist die Haftung des Erwerbers für den Fall einer Anfrage beim Versicherungsträger ausdrücklich auf den Betrag beschränkt, der ihm als Rückstand ausgewiesen worden ist. Das Fehlen eines Anhaltspunktes für eine gleichartige Einschränkung in § 14 BAO in der vor dem 31.7.1992 gültigen Fassung führte zur Aufhebung der Norm durch den VfGH. Ein allfälliger Wille des Gesetzgebers, die für die Haftung ausschlaggebende Gefahr gegen unvorhergesehene oder auch nur unvorhersehbare Belastungen des Erwerbers abzuwägen, muss als Beschränkung dieses Zweckes an irgendeiner Stelle des Gesetzes zum Ausdruck kommen. Ohne eine geeignete Einschränkung ist aber eine als Erwerberhaftung ausgesprochene Haftung unsachlich.

Die Neufassung erfolgte durch Art III, BGBl 1992/448 mit Wirkung ab 31.7.1992. Die Haftung wurde nach dem Vorbild des § 1409 ABGB[67] geregelt. Sie besteht nun für Abgaben, die der Erwerber im Zeitpunkt der Übereignung kannte oder kennen musste.

4.1. Kennen oder Kennenmüssen

Die Haftung besteht für die in § 14 Abs 1 lit a und b BAO genannten Abgaben nur dann, wenn der Erwerber diese im Zeitpunkt der Übereignung kannte oder kennen musste (§ 14 Abs 1 zweiter Satz BAO). Dabei wird auf die Judikatur zu § 1409 ABGB zurückgegriffen.

---

[64] *Ritz*, ÖStZ 1995, 425.
[65] Vgl BMF 12.6.2006, BMF-010103/0050-VI/2006.
[66] VfGH 20.6.1991, G3, 127, 173/91.
[67] 574 BlgNR 18. GP, 4.

Die Unkenntnis der Abgabenschuldigkeiten steht einer Haftungsinanspruchnahme dann nicht entgegen, wenn der Erwerber bei gehöriger, allgemein üblicher Sorgfaltsanwendung von der Schuld Kenntnis hätte erlangen müssen. Hiebei ist jene Sorgfalt zugrunde zu legen, die (nach § 1297 ABGB) bei gewöhnlichen Fähigkeiten angewendet werden kann, und darüber hinaus (nach § 1299 ABGB) jene besondere Sorgfalt, die gerade ein Unternehmensübergang erfordert. Nach der Judikatur[68] erfordert die so verstandene Sorgfalt die Einsichtnahme in die Geschäftsbücher, die Befragung des Veräußerers über den Stand der Passiven, über die er dem Erwerber nach der Übung des redlichen Verkehrs ein lückenloses Verzeichnis auszuhändigen hat, und die genaue Prüfung der auf diese Weise hervorgekommenen oder sonst bekannten Schulden. Die Auskunft des Veräußerers allein befreit den Erwerber nicht von der Pflicht, in die Geschäftsbücher Einsicht zu nehmen. Abgabennachforderungen aus einer nicht vorhersehbar gewesenen, von der Rechtsmeinung des Übereigners abweichenden Rechtsauffassung der Abgabenbehörde oder aus nicht vorhersehbar gewesenen Änderungen der Rechtsansichten (Judikaturänderungen) führen zu keiner Haftung. Zudem sind die Verhältnisse im Zeitpunkt der tatsächlichen Übergabe maßgebend. Nach der Übergabe eingetretene Erkenntnisse über den tatsächlichen Umfang der Abgabenschulden – etwa infolge einer Betriebsprüfung – können nur bei fahrlässiger Unkenntnis des Erwerbers, die jedoch in der Praxis schwer nachweisbar sein wird, Gegenstand der Erwerberhaftung sein.

Beispiel:[69]
Der Kaufvertrag über die Übereignung wurde am 15. Juli 2009 abgeschlossen. Werden die haftungsgegenständlichen Abgaben am 28. Februar 2011 auf Grund einer am 1. Februar 2011 begonnenen Betriebsprüfung festgesetzt, ist es glaubwürdig, dass der Erwerber keine Kenntnis von den Abgaben haben konnte.

Die mangelnde Vorsicht des Erwerbers muss kausal sein. Für Schulden, die auch bei verschärfter Sorgfalt (§ 1299 ABGB) nicht zu entdecken sind, darf der Erwerber nicht zur Haftung herangezogen werden. Der Erwerber haftet nur für ihm bekannte Schulden, für Schulden also, die er im Zeitpunkt der (tatsächlichen) Übertragung kannte oder kennen musste, nicht aber auch für Schulden, die ihm trotz Ausschöpfens aller ihm zugänglichen Erkenntnisquellen, trotz ernsthaften Bemühens und sachkundiger (sachverständiger) Ausforschung unbekannt geblieben sind.[70]

Beispiel:[71]
Aus dem Kaufvertrag vom 27.2.2012 ergibt sich, dass die Primärschuldnerin Verbindlichkeiten einschließlich Finanzamtsschulden in beträchtlicher Höhe angehäuft hat, welche der Erwerber zur Abdeckung übernommen hat. Die Primärschuldnerin kam ihren abgabenrechtlichen Verpflichtungen gegenüber dem Finanzamt nicht entsprechend den Abgabenvorschriften nach und hat seit Juni 2011 weder Umsatzsteuervoranmeldungen eingereicht noch entsprechende Zahlungen geleistet, sodass das

---

[68] Vgl OGH 20.6.1974, 7 Ob 118/74; UFS 23.8.2006, RV/0175-K/05; UFS 25.3.2004, RV/0102-W/04 unter Hinweis auf *Ritz*, Bundesabgabenordnung², § 14, Tz 16.
[69] Vgl UFS 25.3.2004, RV/0102-W/04.
[70] *Stoll*, BAO, 170.
[71] Vgl UFS 23.8.2006, RV/0175-K/05.

Finanzamt gezwungen war, diese Abgabenschuldigkeiten im Wege einer Umsatzsteuersonderprüfung im April 2012 festzusetzen.

In einem derartigen Fall erscheint schlüssig nachvollziehbar, dass auch der Erwerber nicht über noch zu erwartende Umsatzsteuerzahllasten vollständig informiert wurde. Eine schuldhafte Unkenntnis im Sinne des § 14 BAO ist hinsichtlich der Zahllasten des Jahres 2011 nicht zu erblicken, da dem Erwerber nicht die Verpflichtung zur Überwachung der finanziellen Gebarung der Primärschuldnerin oblag, sodass ihm auch an der Unkenntnis der bewirkten Abgabenverkürzungen kein Vorwurf gemacht werden kann. Der Erwerber kann infolge der Tatsache, dass Abgabenschulden im Kaufvertrag angeführt waren und beim Finanzamt keine höheren Verbindlichkeiten ausgewiesen waren, vorerst davon ausgehen, dass der Abgabenrückstand korrekt ermittelt wurde.

Bereits leichte Fahrlässigkeit hinsichtlich des Nichtwissens genügt zur Begründung der Haftung.[72] Dabei gehört es zur gebotenen Sorgfalt des Erwerbers, sich über offene, aus Buchungsmitteilungen (Lastschriftanzeigen) oder sonstigen das Abgabenkonto betreffenden Unterlagen ersichtliche Abgabenschuldigkeiten zu informieren. Der Erwerber hat auch die Möglichkeit, diese Beträge von der zuständigen Abgabenbehörde zu erfahren, wenn der potentielle Übereigner im Sinn des § 48a Abs 4 lit c BAO zustimmt. Bei Vorliegen der Zustimmung besteht Auskunftspflicht der Abgabenbehörde gemäß § 1 Auskunftspflichtgesetz.[73]

Beispiel:
Bei Aufwendung der gehörigen und bei einer Unternehmensübertragung erforderlichen Sorgfalt ist der Erwerber bei Abschluss des Kauf- und Übertragungsvertrages angehalten, sich über die konkrete Höhe der aus der Geschäftsveräußerung im Ganzen resultierenden Umsatzsteuer zu informieren. Aufgrund des Umfanges der übernommenen Besitzposten ist es in diesem Zusammenhang auch naheliegend, sich mit dieser Frage an den eigenen steuerlichen Vertreter zu wenden, damit dieser anhand des Vertrages prüft, für welche Leistungen Umsatzsteuer anfällt bzw inwieweit Befreiungsbestimmungen zur Anwendung gelangen. Der Umstand, dass die Umsatzsteuer aus der Geschäftsveräußerung der Berufungswerberin erst nach Abschluss des Kauf- und Übertragungsvertrages in Rechnung gestellt wird, schließt daher eine Haftung für diese Abgabe nicht aus. Andernfalls hätte es ein Betriebserwerber in der Hand, einen Haftungsausschluss allein dadurch zu erwirken, dass die Umsatzsteuer im Kaufvertrag eben nicht ziffernmäßig präzisiert wird, sondern diese Abgabe erst in weiterer Folge ermittelt und dem Finanzamt bekanntgegeben wird.[74]

Die Feststellungs- und Beweislast für das Kennen oder Kennenmüssen trifft die Abgabenbehörde.[75] Die Abgabenbehörde trägt zwar die Feststellungslast für alle Tatsachen, die vorliegen müssen, um einen Haftungsanspruch geltend machen zu können, doch befreit dies den potentiell Haftungspflichtigen nicht von seiner Offenlegungs- und Mitwir-

---

[72] Vgl zB OGH 29.6.1982, 5 Ob 647/82.
[73] Vgl BMF 12.6.2006, BMF-010103/0050-VI/2006.
[74] UFS 29.9.2009, RV/0587-L/08.
[75] *Ritz*, BAO⁴, § 14 Tz 17.

kungspflicht.[76] Die amtswegige Ermittlungspflicht besteht auch dann, wenn die Partei ihre Verpflichtungen (Offenlegungs- und Mitwirkungspflicht) verletzt[77], doch wird ihr Umfang durch solche Pflichtverletzungen beeinflusst.[78] In dem Ausmaß, in dem die Partei zur Mitwirkung an der Wahrheitsfindung ungeachtet ihrer Verpflichtung hiezu nicht bereit ist bzw eine solche unterlässt, tritt die Verpflichtung der Behörde, den Sachverhalt nach allen Richtungen über das von ihr als erwiesen erkannte Maß hinaus zu prüfen, zurück.[79] Die Pflicht zur amtswegigen Ermittlung des entscheidungswesentlichen Sachverhaltes findet dort ihre Grenze, wo nach Lage des Falles nur die Partei Angaben zum Sachverhalt machen kann.[80] Ermittlungen bezüglich der Kenntniserlangung von den aushaftenden Abgabenschuldigkeiten im Zeitpunkt der Übereignung können beim Erwerber und beim Veräußerer zweckmäßig sein. Die Ermittlungsergebnisse sind dem potentiell Haftungspflichtigen vorzuhalten. Die Behörde hat den maßgebenden Sachverhalt im Rahmen der freien Beweiswürdigung (§ 167 BAO) festzustellen.

4.2. Begrenzung durch den Wert der Aktiva

Die Haftung besteht nur insoweit, als der Erwerber an Abgabenschuldigkeiten nicht schon so viel entrichtet hat, wie der Wert der übertragenen Gegenstände und Rechte (Aktiva) ohne Abzug eventuell übernommener Schulden beträgt. Die Wertermittlung erfolgt auf Grund des § 1 Abs 1 BewG nach §§ 2 bis 17 BewG.[81] Begrenzt wird daher die Haftung mit dem Teilwert (§ 12 BewG 1955) bzw den nach §§ 13 bis 17 BewG 1955 ermittelten Werten im Zeitpunkt der Übereignung. So ist etwa für die Haftungsbegrenzung der durch den Kaufpreis zum Ausdruck gebrachte Teilwert der übernommenen Besitzposten maßgebend.[82] Als Abgabenschuldigkeiten sind nur solche maßgeblich, die von § 14 Abs 1 lit a und b BAO sachlich und zeitlich umfasst sind. Daher ist die Entrichtung anderer Schuldigkeiten (zB etwa bei Haftungsinanspruchnahme gemäß § 1409 ABGB, Sozialversicherungsbeiträge gemäß § 67 Abs 4 ASVG) nicht maßgeblich.

Nach der Erweiterung des Geltungsbereiches des § 14 BAO auf Landes- und Gemeindeabgaben[83] sind auch diese bei der Berechnung der Haftungsbegrenzung mit einzubeziehen, handelt es sich doch um Abgabenschuldigkeiten im Sinne des § 14 Abs 1 lit a und b BAO.[84]

Die Ausgestaltung der Haftungsbegrenzung wird in der Literatur[85] als verfassungsrechtlich bedenklich bezeichnet. Die Bevorzugung von Abgabenforderungen wird als dem Sachlichkeitsgebot (Art 7 B-VG) widersprechend angesehen. Die Ausgestaltung der Haftungsbegrenzung zwinge den Unternehmenskäufer, Abgabenforderungen vor-

---

[76] *Ritz*, BAO⁴, § 115 Tz 8.
[77] Vgl zB bei Nichtbeantwortung eines Vorhaltes, VwGH 5.11.1986, 85/13/0012.
[78] Vgl VwGH 3.11.1986, 84/15/0197; 27.9.1990, 89/16/0225; VwGH 3.11.1986, 84/15/0197; 27.9.1990, 89/16/0225.
[79] ZB VwGH 30.5.2001, 99/13/0024; 27.11.2001, 97/14/0011; 22.4.2009, 2004/15/0144.
[80] VwGH 25.10.1995, 94/15/0131, 94/15/0181; 15.12.2009, 2006/13/0136.
[81] *Ellinger ua*, BAO³ § 14 Anm 16.
[82] UFS 4.1.2007, RV/2431-W/06.
[83] Vgl BGBl I 2009/20 ab 1. Jänner 2010.
[84] In diesem Punkt wohl überholt Pkt 7.4 von BMF 12.6.2006, BMF-010103/0050-VI/2006.
[85] *Beiser*, SWK 1992, A V 19.

rangig zu bedienen. Er möchte nicht Gefahr laufen, aufgrund der Haftung für die Steuerschulden mehr als den tatsächlichen Wert des Unternehmens zahlen zu müssen. Zudem verhelfe die Norm dem Abgabengläubiger zu einem höheren Haftungssubstrat, weil der Unternehmenskäufer dem Fiskus ohne Rücksicht auf die Forderungen anderer Gläubiger verpflichtet ist.[86]

5. Ausnahmen von der Haftung

Die im § 14 Abs 2 BAO idF BGBl I 2010/58 normierten Ausnahmen von der Erwerberhaftung stimmen mit jenen im § 1409a ABGB überein. Somit kommt eine Erwerberhaftung bei einem Erwerb im Zuge eines Vollstreckungsverfahrens, bei einem Erwerb aus einer Insolvenzmasse im Sinne des § 2 Abs 2 der Insolvenzordnung (IO) oder bei einem Erwerb während der Überwachung durch eine im Sanierungsplan bezeichnete Person als Treuhänder der Gläubiger (§§ 157 bis 157f IO) nicht in Betracht.

Mit dem IRÄ-BG wurden auf Grund des IRÄG 2010 – insbesondere der Aufhebung der AO – die notwendigen Anpassungen vorgenommen. Nun wird zwischen den verschiedenen Subkategorien des Insolvenzverfahrens nicht mehr differenziert. Von § 14 Abs 2 BAO nicht erfasst sind Veräußerungen im Rahmen eines Reorganisationsverfahrens iSd URG oder eines Geschäftsaufsichtsverfahrens.[87]

Zweck der Norm ist, dass den Gläubigern der Haftungsfonds des Veräußerers in Fällen des § 14 Abs 2 BAO nicht verloren geht. Einerseits ist der Veräußerungserlös grundsätzlich als angemessene Gegenleistung zu qualifizieren und andererseits kann dieser auf Grund der staatlichen Aufsicht nicht dem Gläubigerzugriff entzogen werden. Zudem lässt sich eine Unternehmenssanierung meist nur verwirklichen, wenn der Übernehmer nicht für die Altschulden haftet.[88]

6. Ermessen

Die Geltendmachung der Erwerberhaftung erfolgt mit dem Haftungsbescheid (§ 224 BAO). Die Erlassung dieses Bescheides liegt im Ermessen (§ 20 BAO) der Abgabenbehörde.[89] Die Übung des Ermessens orientiert sich vor allem am Zweck der Haftungsnorm. Da § 14 BAO dem Zweck dient, die im Unternehmen (Betrieb) als solchem liegende Sicherung für die auf den Betrieb sich gründenden Abgabenschulden durch den Übergang des Unternehmens (Betriebes) in andere Hände nicht verloren gehen zu lassen,[90] ist dies der Haftungsmaßstab. Zudem ist zu beachten, dass Haftungen als Besicherungsinstitute vom Grundsatz der Nachrangigkeit (Subsidiarität) geprägt sind. Die Geltendmachung der Haftung wird in der Regel dann rechtswidrig sein, wenn die Abgabenschuld vom Veräußerer des Unternehmens oder Betriebes ohne Gefährdung und ohne Schwierigkeiten eingebracht werden könnte.[91] Kommt der Abgabenbehörde die Position

---

[86] Vgl Beiser, SWK 1992, A V 22.
[87] Vgl Lukas in Kletečka/Schauer, ABGB-ON 1.00 § 1409 a [Rz 1].
[88] Vgl Lukas in Kletečka/Schauer, ABGB-ON 1.00 § 1409 a [Rz 2].
[89] ZB VwGH 16.2.1988, 87/14/0059; VwGH 12.12.1988, 88/15/0017; VwGH 30.11.1990, 89/17/0029.
[90] VwGH 21.5.2001, 2001/17/0074; VwGH 25.4.2002, 99/15/0007; VwGH 2.6.2004, 2003/13/0161.
[91] Vgl zB VwGH 30.11.1990, 89/17/0029.

eines Pfandgläubigers im Vollstreckungsverfahren des Primärschuldners zu, sind vor Geltendmachung der Erwerberhaftung die Befriedigungsaussichten der haftungsgegenständlichen Abgabenforderungen im Vollstreckungsverfahren festzustellen.[92] Als Maßstab für die Beurteilung der Gefährdung der Einbringlichkeit von Abgabenschuldigkeiten kann auch die Judikatur zu § 232 BAO (Sicherstellungsauftrag) herangezogen werden.[93] So wird von einer Gefährdungssituation[94] insbesondere bei drohendem Insolvenzverfahren, bei Exekutionsführung von dritter Seite, bei Auswanderungsabsicht, bei Vermögensverschleppung und bei Vermögensverschiebung ins Ausland oder an Verwandte ausgegangen. Auch allfällige Unbilligkeiten im Sinn des § 237 BAO sind zu berücksichtigen. Dabei ist die wirtschaftliche Lage des Erwerbers von Bedeutung. Eine Unbilligkeit könnte sich aus der Entrichtung von Schuldigkeiten in beträchtlicher Höhe, für die der Erwerber etwa gemäß § 1409 ABGB oder gemäß § 67 Abs 4 ASVG als Haftender in Anspruch genommen worden war, ergeben.[95] Damit soll wohl die verfassungskonforme[96] Anwendung der Norm erreicht werden.

Die für die Ermessensübung maßgebenden Überlegungen hat die Begründung (§ 93 Abs 3 lit a BAO) des Haftungsbescheides zu enthalten.[97] Fehlende Feststellungen der Behörde können zur Aufhebung des Bescheides unter Zurückverweisung der Sache an die Abgabenbehörde erster Instanz führen.[98]

7. Ausblick

Die verfassungsrechtlichen Bedenken[99] gegen die Ausgestaltung der Haftungsbegrenzung in § 14 Abs 1 BAO stehen bereits seit 1992, dem Jahr des Inkrafttretens der reparierten Fassung des § 14 BAO nach einem aufhebenden VfGH-Erkenntnis,[100] im Raum. In den letzten zwanzig Jahren wurden diese Bedenken vom VfGH nicht aufgegriffen, was für eine Beständigkeit der Norm spricht.

Beim Unternehmenserwerb stellt die Erwerberhaftung nach § 14 BAO ein nicht zu unterschätzendes Kostenrisiko dar. So kommt es doch immer wieder vor, dass der Käufer die Umsatzsteuer aus dem Veräußerungserlös zweifach aufbringen muss, während der Vorsteuerabzug ihm nur einmal zusteht. Bezahlt der Erwerber den Bruttokaufpreis und wird er zusätzlich gem § 14 Abs 1 BAO in Anspruch genommen, wird in der Literatur[101] darin eine systemwidrige Kumulation der Umsatzsteuer der Unternehmerkette gesehen. Die Unionsrechtskonformität der Haftungsnorm wird in Zweifel gezogen.

---

[92] UFS 18.6.2007, RV/0536-L/06.
[93] *Ritz*, BAO⁴, § 14 Tz 24.
[94] ZB VwGH 24.2.2000, 96/15/0217; 26.11.2002, 99/15/0076; 3.7.2003, 2000/15/0042; 29.3.2006, 2006/14/0045.
[95] *Ritz*, BAO⁴, § 14 Tz 25.
[96] Vgl Bedenken von *Beiser*, SWK 1992, A V 19.
[97] Vgl zB VwGH 12.12.1988, 88/15/0017.
[98] Vgl UFS 18.6.2007, RV/0536-L/06.
[99] Vgl *Novacek*, Haftungen bei Unternehmensübertragungen im Zivil- und Steuerrecht, RdW 2011/201; *Hörtnagl-Seidner*, SWK 2007, S 890; *Beiser*, SWK 1992, A V 22.
[100] VfGH 20.6.1991, G3, 127, 173/91.
[101] Vgl *Hörtnagl-Seidner*, SWK 2007, S 890.

Der UFS[102] ist dieser Ansicht nicht gefolgt und sieht in der Ausgestaltung der Haftungsnorm als Ermessensbestimmung ein ausreichendes Korrektiv. Eine höchstgerichtliche Klärung dieser Frage steht noch aus. Allenfalls könnte diese Frage auch Gegenstand eines Vorabentscheidungsverfahrens beim EuGH werden.

Dem Erwerber eines Unternehmens oder Betriebes ist zu raten, alles Zumutbare zu unternehmen, um Kenntnis von den offenen Betriebssteuern zu erlangen. Nur so kann er sein Haftungsrisiko einschätzen und etwa die Angemessenheit eines Kaufpreises beurteilen. Andernfalls wird er in eine Kostenfalle tappen, die ihm teuer zu stehen kommen kann.

Literaturverzeichnis

Beiser, Ist die Neuregelung der abgabenrechtlichen Haftung beim Unternehmenserwerb verfassungskonform?, SWK 1992, A V 20.
Ellinger/Iro/Kramer/Sutter/Urtz, Bundesabgabenordnung^3 (Loseblatt); zitiert: *Ellinger ua*, BAO^3.
Hörtnagl-Seidner, Umsatzsteuer aus der Unternehmensveräußerung, SWK 2007, S 890.
Langheinrich/Ryda, Haftung des Erwerbers eines Unternehmens, FJ 2010, 176.
Lukas in *Kletečka/Schauer*, ABGB-ON 1.00.
Novacek, Haftungen bei Unternehmensübertragungen im Zivil- und Steuerrecht, RdW 2011/201.
Ritz, Erwerberhaftung (§ 14 BAO) für Umsatzsteuer, ÖStZ 1995, 422.
Ritz, Bundesabgabenordnung 2011: zitiert Ritz, BAO^4.
Ritz/Rathgeber/Koran, Abgabenordnung neu, Wien 2009; zitiert: *Ritz/Rathgeber/Koran*, Abgabenordnung.
Stoll, BAO, Kommentar, Wien 1994; zitiert: *Stoll*, BAO.
Tanzer/Unger, BAO 2010 – Einführung und Kurzkommentar zur Bundesabgabenordnung, Wien 2010; zitiert: *Tanzer/Unger*, BAO 2010.

---

[102] UFS 18.12.2009, RV/0128-I/08.

Weitere öffentlich-rechtliche Geldleistungen bei Unternehmensnachfolge

Karl-Werner Fellner

1. **Stempelgebühren und Bundesverwaltungsabgaben**
    1.1. Stempelgebühren bei einer Betriebsübertragung
    1.2. Bundesverwaltungsabgaben
    1.3. Befreiung nach § 5a NeuFöG
2. **Rechtsgebühren**
    2.1. Parteiwechsel
        2.1.1. Allgemeines
        2.1.2. Vertragsübernahme
        2.1.3. Gesamtrechtsnachfolge
    2.2. Mietrechtsübergang
    2.3. Glücksverträge
        2.3.1. Hoffnungskauf
        2.3.2. Leibrentenvertrag
    2.4. Hypothekarverschreibungen
    2.5. Zessionen
        2.5.1. Abgrenzung zur Vertragsübernahme
        2.5.2. Unternehmenskaufvertrag
        2.5.3. Befreiungen
3. **Grunderwerbsteuer**
    3.1. Betriebsnachfolge auf Grund eines entgeltlichen Rechtsgeschäftes
        3.1.1. Maßgebliche Tatbestände
        3.1.2. Grundstücke
        3.1.3. Wert der Gegenleistung
    3.2. Umgründungen
    3.3. Anwachsung nach § 142 UGB
    3.4. (Teilweise) Unentgeltliche Rechtsgeschäfte
    3.5. Bäuerlicher Übergabevertrag
        3.5.1. Allgemeines
        3.5.2. Gegenstand der Übergabe
        3.5.3. Sicherung des Lebensunterhaltes
        3.5.4. Besteuerung nach dem Einheitswert
    3.6. Todeswegige Erwerbe von Betrieben
    3.7. Freibetrag für unentgeltliche Betriebsübertragungen (§ 3 Abs 1 Z 2 GrEStG)
        3.7.1. Unentgeltliche Betriebsübertragungen (§ 3 Abs 1 Z 2 GrEStG)
        3.7.2. Persönliche Voraussetzungen
        3.7.3. (Teil-)Betrieb

3.7.4. Freibetrag
3.7.5. Nacherhebung
3.7.6. Ausschluss der Nacherhebung
3.8. Steuerbefreiung nach dem NeuFöG
3.8.1. Begriff der Betriebsübertragung
3.8.2. (Teil)Betrieb
3.8.3. Wechsel des Betriebsinhabers
3.8.4. Freibetrag
3.8.5. Nachversteuerung
4. Abgaben iZm Grundbesitz
4.1. Dingliche Wirkung der Abgabenbescheide
4.2. Grundsteuer
4.3. Wiener Abfallwirtschaftsgesetz
4.4. Raumordnungsgesetz
4.5. NÖ Abfallwirtschafts- und Kanalgesetz
5. Gerichtsgebühren
6. Rechtsnachfolge von Verbänden
Literaturverzeichnis

1. Stempelgebühren und Bundesverwaltungsabgaben

1.1. Stempelgebühren bei einer Betriebsübertragung

Der II. Abschnitt des Gebührengesetzes 1957 (GebG) regelt in den §§ 10–14a die festen Gebühren für Schriften und Amtshandlungen. Im Falle einer Unternehmensnachfolge bzw der damit verbundenen Betriebsübertragung werden insbesondere folgende gebührenpflichtige Schriften anfallen:

Nach § 14 TP 2 Abs 1 Z 1 GebG unterliegt die Erteilung einer Befugnis oder Anerkennung einer Befähigung oder sonstigen gesetzlichen Voraussetzung zur Ausübung einer Erwerbstätigkeit einer festen Gebühr von derzeit 83,60 € vom ersten Bogen. Nach § 6 GebG unterliegt der zweite und jeder weitere Bogen einer Gebühr von 13 €.

Auszüge aus amtlichen Büchern unterliegen nach § 14 TP 4 Z 2 GebG einer festen Gebühr für jeden Bogen in Höhe von 7,20 €.

Nach § 14 TP 6 Abs 2 Z 1 GebG unterliegen Ansuchen um Erteilung einer Befugnis oder die Anerkennung einer Befähigung oder sonstigen gesetzlichen Voraussetzung zur Ausübung einer Erwerbstätigkeit der erhöhten Eingabengebühr von 47,30 €.

Beilagen zu derartigen Ansuchen unterliegen nach § 14 TP 5 Abs 1 GebG für jeden Bogen einer festen Gebühr von 3,90 €, jedoch nicht mehr als 21,80 €.

Amtliche Zeugnisse, das sind Schriften, die von Organen der Gebietskörperschaften oder von ausländischen Behörden oder Gerichten ausgestellt werden und durch die persönliche Eigenschaften oder Fähigkeiten oder tatsächliche Umstände bekundet werden, unterliegen gemäß § 14 TP 14 GebG für jeden Bogen einer festen Gebühr von 14,30 €.

Gemäß § 14 TP 15 GebG unterliegen unter anderem von einer privaten Zulassungsstelle (§ 40a KFG 1967) aus Anlass der Zulassung von Kraftfahrzeugen zum Verkehr ausgestellte Bescheinigungen über die erfolgte Zulassung (Zulassungsschein) einer Pauschalgebühr von derzeit 119,80 €.

Werden Zulassungsscheine von Behörden des Bundes oder der Länder ausgestellt, sind die Gebühren nach dem GebG für die jeweiligen Schriften (Eingaben, Beilagen, Zeugnisse) zu entrichten.[1]

Durch eine Betriebsübertragung unmittelbar veranlasst sind zB folgende Schriften:
- bei Umgründungen (zB Einbringung in eine GmbH) die Anzeige gemäß § 11 Abs 5 GewO 1994 des Unternehmensübergangs unter Anschluss entsprechender Belege innerhalb von sechs Monaten nach Eintragung im Firmenbuch
- die Zurkenntnisnahme und Bewilligung von Geschäftsführerbestellungen bei Ausscheiden des bisherigen gewerberechtlichen Geschäftsführers
- die Entgegennahme etwaiger weiterer Gewerbeberechtigungen oder Erweiterung einer vorhandenen Gewerbeberechtigung, Eintragung in das Gewerberegister, Übermittlung eines Auszugs aus dem Gewerberegister
- die Genehmigung allfälliger genehmigungspflichtiger Änderungen der Betriebsanlage
- das Feststellungsverfahren nach § 19 GewO 1994 zur Feststellung der individuellen Befähigung des Nachfolgeunternehmers

---

[1] Rz 372 GebR.

- die Anerkennung durch das zuständige Bundesministerium gemäß § 373c GewO 1994 von Tätigkeiten in einem anderen EU/EWR- Mitgliedstaat als Befähigungsnachweis
- die Erteilung von entsprechenden Aufenthaltsbewilligungen iSv § 14 GewO 1994 durch die Fremdenbehörde zur Ausübung einer Erwerbstätigkeit
- die Beilagen iZm obigen Verfahren
- die Ausstellung von Zulassungsscheinen bei der durch die Betriebsübertragung erforderlichen Anmeldung (Ummeldung) von Kraftfahrzeugen.[2]

1.2. Bundesverwaltungsabgaben

Nach § 1 Abs 1 der auf Grund des § 78 AVG ergangenen Bundesverwaltungsabgabenverordnung 1983, BGBl 24/1983, idgF haben die Parteien für jede Verleihung einer Berechtigung oder für sonstige wesentlich in ihrem Privatinteresse liegende Amtshandlungen, die von Behörden iS des Art VI Abs 1 EGVG oder infolge Säumnis einer solchen Behörde vom VwGH vorgenommen wurden, in den Angelegenheiten der Bundesverwaltung die gemäß Abschnitt II bzw dem Tarif der Verordnung festgesetzten Verwaltungsabgaben zu entrichten.

1.3. Befreiung nach § 5a NeuFöG

Nach § 1 Z 1 Neugründungs-Förderungsgesetz (NeuFöG), BGBl I 1999/106 idgF, werden Stempelgebühren und Bundesverwaltungsabgaben für die durch die Neugründung unmittelbar veranlassten Schriften und Amtshandlungen nicht erhoben. Die Bestimmung ist nach § 5a Abs 2 Z 1 NeuFöG sinngemäß auf Betriebsübertragungen anzuwenden. Unmittelbar durch eine Übertragung veranlasst sind Schriften und Amtshandlungen nach § 1 Abs 1 VO BGBl II 482/2002 nur dann, wenn sie in einem konkreten Zusammenhang mit der Übertragung eines Betriebes stehen.[3]

Eine „Unmittelbarkeit" ist in Bezug auf die Zulassungsgebühr iS des § 14 TP 15 GebG nur dann gegeben, wenn die Übertragung von Kraftfahrzeugen selbst notwendig ist, um den Tatbestand einer begünstigten Betriebsübertragung dem Grunde nach überhaupt zu erfüllen. Folglich liegt der geforderte unmittelbare Zusammenhang nur dann vor, wenn ein Kraftfahrzeug zu den wesentlichen Betriebsgrundlagen zählt. Die ausschließliche oder überwiegende Verwendung im Betrieb ist für sich allein nicht ausreichend.[4]

In ähnlicher Weise hat der VwGH zu § 3 Abs 3 des Bundesgesetzes über Maßnahmen der Ausgliederung der Wiener Stadtwerke, BGBl I 68/1999, ausgesprochen, dass die Ausstellung bzw Änderung der Zulassungsscheine weder ein Einbringungsvorgang selbst sei, noch handle es sich bei der Zeugnisgebühr um eine Gebühr, welche mit einer Gründung oder Vermögensübertragung verbunden sei.[5]

---

[2] Rz 148 NeuFöR.
[3] *Arnold*, Die gebühren- und verkehrsteuerrechtlichen Begünstigungen im Neugründungs-Förderungsgesetz, SWK 2003, S 599.
[4] Rz 149 NeuFöR.
[5] VwGH 25.3.2004, 2002/16/0267.

2. Rechtsgebühren

2.1. Parteiwechsel

2.1.1. Allgemeines

Den Rechtsgebühren unterliegen die im Tarif des § 33 GebG aufgezählten Rechtsgeschäfte. Nach § 15 Abs 1 GebG sind diese Rechtsgeschäfte nur dann gebührenpflichtig, wenn über sie eine Urkunde errichtet wird, es sei denn, dass im GebG etwas Abweichendes bestimmt ist.

Wer ein unter Lebenden erworbenes Unternehmen fortführt, übernimmt gemäß § 38 Abs 1 UGB, sofern nichts anderes vereinbart ist, zum Zeitpunkt des Unternehmensübergangs die unternehmensbezogenen, nicht höchstpersönlichen Rechtsverhältnisse des Veräußerers mit den bis dahin entstandenen Rechten und Verbindlichkeiten. Für unternehmensbezogene Verbindlichkeiten des Veräußerers bestellte Sicherheiten bleiben für diese Verbindlichkeiten aufrecht.

Abgesehen davon, dass es sich bei § 38 Abs 1 UGB um dispositives Recht handelt, sind Parteienvereinbarungen auch dann Gegenstand einer Gebühr, wenn der vereinbarte Erfolg auch ohne Vorliegen der Vereinbarung kraft Gesetzes eintritt.[6] Die Erfüllung der Tatbestände des § 33 GebG wird nicht dadurch ausgeschlossen, dass die Parteien auf Basis ihrer vertraglichen Gestaltungsfreiheit zusätzlich zu rechtlich bereits bestehenden Anspruchsgrundlagen weitere schaffen, die einen der Tatbestände des Rechtsgebührenrechts erfüllen.[7]

Im Falle eine Unternehmensnachfolge stellt sich die Frage, inwieweit der Nachfolger in die Position des Vorgängers insbesondere hinsichtlich bestehender Dauerschuldverhältnisse eintritt. Bei der – im bürgerlichen Recht nicht näher geregelten – Vertragsübernahme tritt an die Stelle einer aus dem Schuldverhältnis ausscheidenden Partei ein Dritter. Sie ist – im Gegensatz zur Novation – nicht auf eine Änderung des Schuldinhalts, sondern nur auf einen Wechsel der Parteien gerichtet.[8]

2.1.2. Vertragsübernahme

Die Vertragsübernahme ist ein eigenes Rechtsinstitut und bewirkt, dass durch einen einheitlichen Akt nicht nur die Gesamtheit aller wechselseitigen Rechte und Pflichten übertragen wird, sondern dass der Vertragsübernehmer an die Stelle einer aus dem Schuldverhältnis ausscheidenden Partei tritt und deren gesamte vertragliche Rechtsstellung übernimmt, ohne dass dadurch der Inhalt oder die rechtliche Identität des bisherigen Schuldverhältnisses berührt wird. Dabei wird also die gesamte Vertragsstellung mit allen Rechten und Pflichten von einem Vertragspartner auf einen neuen Partner übertragen, ohne dass sich an der Identität des betreffenden Vertrages etwas ändert.[9]

---

[6] VwGH 11.6.1981, 15/3182/80; 17.3.1986, 84/15/0158.
[7] VwGH 17.5.2001, 2001/16/0249.
[8] *Krejci*, Ist zur Vertragsübernahme bei Unternehmensveräußerung Dreiparteieneinigung erforderlich?, ÖJZ 1975, 449.
[9] Vgl zB OGH 26.4.2001, 6 Ob 55/01h, EvBl 2001/173; 3.4.2008, 8 Ob 34/08w; VwGH 29.3.2007, 2004/16/0185; 20.12.2007, 2004/16/0165.

Gebührenrechtlich ist die Vertragsübernahme dem Abschluss eines neuen Rechtsgeschäftes gleichzustellen.[10] Andrerseits kann eine Vertragsübernahme auch – wie auch sonst die Übertragung komplexer Rechtsbeziehungen – als Fall des Gebührentatbestandes gemäß § 33 TP 21 GebG behandelt werden.[11]

Im Gegensatz zur Vertragsübernahme liegt eine privative Schuldübernahme iS des § 1405 ABGB vor, wenn ein neuer Schuldner an die Stelle des alten tritt. Wer einem Schuldner erklärt, seine Schuld zu übernehmen, tritt gemäß § 1405 ABGB erst dann als Schuldner an dessen Stelle, wenn der Gläubiger einwilligt.[12] Die privative Schuldübernahme bedarf also der Einwilligung des Gläubigers.[13] Ein solcher Vorgang unterliegt keiner Gebühr.[14]

Nach § 42 UmgrStG sind Rechtsgeschäfte, mit denen anlässlich eines gebührenbegünstigten Vorganges nach Art III bis VI UmgrStG – das sind Einbringungen, Zusammenschlüsse, Realteilungen und Spaltungen – eine Vertragsstellung übertragen wird (Vertragsübernahme), von den Stempel- und Rechtsgebühren befreit.

2.1.3. Gesamtrechtsnachfolge

Ein Parteiwechsel tritt auch im Falle einer Gesamtrechtsnachfolge ein. Bei einer Gesamtrechtsnachfolge gehen alle Rechtspositionen eines Rechtssubjekts auf den Rechtsnachfolger über. Der Gesamtrechtsnachfolger tritt somit in materiell-rechtlicher und in verfahrensrechtlicher Hinsicht voll an die Stelle des Rechtsvorgängers.[15]

Die Gesamtrechtsnachfolge wird idR keine gebührenrechtlichen Folgerungen nach sich ziehen. Wird ein bestehendes – nach § 33 GebG zu beurteilendes – Rechtsverhältnis zwischen Gesamtrechtsnachfolger und dem Vertragspartner neuerlich beurkundet, so wird aus der Urkunde ersichtlich sein müssen, dass bloß ein der Gebührenpflicht bereits unterlegenes Rechtsgeschäft neuerlich beurkundet wird. Im Hinblick auf die Aufhebung des § 25 GebG[16] wird in einem solchen Fall keine Gebührenschuld entstehen. Geht aus der Urkunde allerdings nicht hervor, dass es sich dabei um eine weitere Urkunde über das bestehende Rechtsverhältnis handelt, so wird vom Abschluss eines neuen Rechtsgeschäftes zwischen Rechtsnachfolger und Vertragspartner auszugehen sein, das für sich der Gebührenpflicht unterliegt.

2.2. Mietrechtsübergang

Nach § 33 TP 5 Z 1 GebG unterliegen Bestandverträge und sonstige Verträge, wodurch jemand den Gebrauch einer unverbrauchbaren Sache auf eine gewisse Zeit und gegen einen bestimmten Preis erhält, einer Rechtsgebühr in Höhe von 1 vH des Wertes.

Veräußert der Hauptmieter einer Geschäftsräumlichkeit das von ihm im Mietgegenstand betriebene Unternehmen zur Fortführung in diesen Räumen, so tritt der Erwerber des Unternehmens gemäß § 12a Abs 1 MRG an Stelle des bisherigen Hauptmieters in

---

[10] Vgl zB VwGH 29.7.2004, 2004/16/0075.
[11] Vgl VwGH 14.1.1991, 90/15/0125.
[12] VwGH 25.6.1981, 16/1637/80.
[13] VwGH 21.11.1985, 84/16/0079.
[14] VwGH 17.2.1983, 82/15/0075; 21.11.1985, 84/16/0079; Rz 768 GebR.
[15] Vgl zB VwGH 9.11.2000, 2000/16/0376; 17.10.2003, 99/17/0463.
[16] Vgl VfGH 26.2.2009, G 158/08.

das Hauptmietverhältnis ein.[17] Im Falle eines solchen Mietrechtsübergangs ist ein rechtsgeschäftlicher Vorgang nicht gegeben.

Die Beurkundung des Überganges der Hauptmietrechte gemäß § 12a Abs 1 MRG ist nicht gebührenpflichtig. Wird aber nach dem Inhalt der von den Parteien errichteten Urkunde nicht bloß ein ex lege eingetretener Rechtsübergang, sondern die Willensübereinstimmung aller Vertragspartner über die Übernahme des Bestandvertrages festgehalten, dann wird die Gebührenpflicht begründet, weil Parteienvereinbarungen auch dann gebührenpflichtig sind, wenn der vereinbarte Erfolg auch ohne Vorliegen der Vereinbarung kraft Gesetzes einträte.[18]

Durch eine Vereinbarung, in der ausdrücklich ein allseitiger Konsens über einen Mieterwechsel formuliert wird, wird eine Vertragsübernahme (konstitutiv) begründet. Durch diese Vereinbarung wird zwischen dem Bestandgeber und dem neuen Mieter mit Zustimmung des ausscheidenden Vormieters ein neues Bestandverhältnis begründet. Orientiert sich die Vereinbarung inhaltlich am ursprünglichen Mietvertrag, indem dessen Bestimmungen ausdrücklich in den neuen Vertrag übernommen werden, so unterliegt diese Art der Vertragsübernahme § 33 TP 5 Abs 1 GebG.[19]

Umfasst eine Vereinbarung nicht nur die Abtretung aller Rechte an und die Übernahme sämtlicher Verpflichtungen aus dem Bestandverhältnis durch den neuen Mieter, sondern auch den Beitritt des Vermieters zu dieser Vereinbarung und dessen Einverständnis zur Abtretung der Rechte und zu der – damit privativen – Übernahme aller Pflichten, so wird mit der Unterfertigung der Urkunde eine Vertragsübernahme perfekt. Die Vereinbarung ist daher als Neubegründung eines Bestandverhältnisses zu behandeln und dem § 33 TP 5 Abs 1 GebG zu unterstellen.[20]

2.3. Glücksverträge

2.3.1. Hoffnungskauf

Nach § 33 TP 17 Z 2 GebG idgF unterliegen Hoffnungskäufe beweglicher Sachen einer Rechtsgebühr von 2 vH des Kaufpreises. Nach § 1276 ABGB errichtet einen Glücksvertrag, wer die künftigen Nutzungen einer Sache in Pausch und Bogen oder wer die Hoffnung derselben in einem bestimmten Preis kauft. Bei einem Hoffnungskauf ist von dem einen Vertragspartner stets eine bestimmte, das heißt im Grunde abgegrenzte Leistung zu erbringen.[21]

Hoffnungskäufe unterliegen nur dann einer Gebühr, wenn sie bewegliche Sachen betreffen. Ein Unternehmen ist eine Gesamtsache und als solche beweglich.

Beim Erbschaftskauf iS der §§ 1278ff ABGB wird nicht die Verlassenschaft oder ein Teil davon, sondern das subjektive Erbrecht des Verkäufers, also sein Recht zum Erwerb der Erbschaft zwischen Erbanfall und Einantwortung übertragen.[22] Ein Erbschaftskauf,

---

[17] Vgl *Zingher*, Mietrechtsübergang bei Unternehmensveräußerung, ÖJZ 1982, 113; *Schauer*, Die Unternehmensübertragung nach § 12 Abs 3 MRG, JBl 1985, 257.
[18] Vgl VwGH 16.10.1989, 88/15/0086; Rz 668 GebR.
[19] Vgl VwGH 16.10.1989, 88/15/0086.
[20] Vgl VwGH 17.3.2005, 2004/16/0254.
[21] VwGH 23.6.1971, 99/71.
[22] OGH 20.12.2000, 7 Ob 142/00h.

der ohne Errichtung eines Inventars erfolgt, stellt einen Hoffnungskauf und damit ein Glücksgeschäft dar.[23]

Der Erbschaftskauf unterliegt einer Gebühr in Höhe von 2 vH des Kaufpreises. Dazu gehören auch die übernommenen Verbindlichkeiten.[24] Der Wert der erworbenen Gegenstände ist für die Höhe der Gebühr nicht maßgebend.

2.3.2. Leibrentenvertrag

Ein Leibrentenvertrag liegt nach § 1284 ABGB vor, wenn jemandem für Geld oder gegen eine für Geld geschätzte Sache auf die Lebensdauer einer gewissen Person eine bestimmte jährliche Entrichtung versprochen wird.[25] Dass dabei der Preis von vornherein nicht feststeht, macht diesen Vertrag zum Glücksvertrag.[26]

Leibrentenverträge, die nicht von Versicherungsanstalten abgeschlossen werden, unterliegen nach § 33 TP 17 Abs 1 Z 3 GebG, wenn gegen die Leibrente bewegliche Sachen überlassen werden, einer Gebühr von 2 vH vom Wert der Leibrente, mindestens aber vom Wert der überlassenen Sachen.

Ein Unternehmen ist eine Gesamtsache iS des § 302 ABGB und als solche beweglich. Die Überlassung eines Unternehmens gegen Leibrente unterliegt damit einer Rechtsgebühr.[27]

Bei einem landwirtschaftlichen Übergabsvertrag handelt es sich nicht um einen Leibrentenvertrag iS § 33 TP 17 Abs 1 Z 3 GebG, und zwar deswegen, weil es sich bei den Ausgedingsleistungen nicht um festbestimmte, sondern um mit den Bedürfnissen wechselnde Leistungen handelt[28] und weil ein landwirtschaftlicher Betrieb eine unbewegliche Sache ist.[29]

Von einer Unternehmensveräußerung im wirtschaftlichen Sinn kann man auch sprechen, wenn Anteile an einer Kapitalgesellschaft in einem solchen Umfang veräußert werden, dass dem Anteilserwerber ein wesentlicher Einfluss auf das Unternehmen der Kapitalgesellschaft gesichert ist.[30]

Für die Beurteilung, ob ein gebührenpflichtiger Leibrentenvertrag oder ein gebührenfreier Kaufvertrag vorliegt, kommt es darauf an, ob die durch die Übernahme betroffenen betragsmäßig feststehenden Schulden, die (allein) als festbetragsvereinbartes Entgelt in Betracht kommen, oder der nach versicherungsmathematischen Grundsätzen ermittelte Kapitalwert der Leibrente überwiegen.[31]

Der Betrag übernommener Schulden ist gebührenrechtlich als Teil des Entgeltes anzusehen und bei der Bemessung der Gebühr dem festbetragsbestimmten Entgelt hinzuzurechnen, wenn die Vertragsteile die Übernahme bzw Befreiung von Verbindlichkei-

---

[23] VwGH 19.3.1990, 89/15/0085.
[24] Vgl VwGH 19.3.1990, 89/15/0085.
[25] VwGH 7.10.1985, 84/15/0071; 17.3.1986, 84/15/0124.
[26] OGH 31.8.2005, 7 Ob 162/05g; VwGH 9.11.1982, 82/14/0109.
[27] Vgl VwGH 20.1.1972, 1837/70.
[28] Vgl *Dringel*, Steuerliche Probleme beim landwirtschaftlichen Übergabsvertrag, NZ 1989, 321, unter Berufung auf *Stoll*, Rentenbesteuerung³, 598.
[29] Vgl VwGH 27.2.1952, 2212/51.
[30] *Beiser*, Rechtsgeschäftsgebühr bei der Unternehmensveräußerung gegen Leibrente, RdW 1986, 285.
[31] VwGH 16.10.1989, 88/15/0156.

ten, die eine Entlastung (= Vermehrung) des Vermögens des Verkäufers (Übergebers) bewirkt, durch den Käufer (Übernehmer) ohne Anrechnung auf das festbetragsbestimmte Entgelt vereinbart haben.[32]

Wird ein organisch in sich geschlossener Teil des Betriebes an den Übernehmer übertragen, der auf Grund des ausgeübten Wirtschaftszweiges und auf Grund seiner Geschlossenheit die Fortsetzung der gleichen Erwerbstätigkeit ermöglicht, ergibt sich aus dieser Übertragung eines Teilbetriebes die Gebührenpflicht des zu Grunde liegenden Leibrentenvertrages.[33]

Eine Rentenzahlung ist dann anzunehmen, wenn die Verpflichtung zur Zahlung mit einem ungewissen Ereignis endet, wobei auch so genannte Zeitrenten, bei denen die Lebensdauer einer Person in irgendeiner Form eine für das Ausmaß der Rentenleistungen bestimmende Rolle spielt, abgabenrechtlich als Renten behandelt werden. Hingegen liegen Raten vor, wenn ein von vornherein feststehender Betrag abzustatten ist.[34]

Die Gebühr vom Leibrentenvertrag ist primär vom Wert der Leibrente, mindestens aber vom Wert der überlassenen Sachen zu bemessen. Da jeder Leibrentenvertrag gegen Überlassung einer beweglichen Sache der Gebühr unterliegt, unabhängig davon, wie hoch der Wert dieser Sache ist, kann es zur Unverhältnismäßigkeit zwischen dem Rentenwert und dem Wert der Sache kommen. Die Bemessung der Gebühr vom Sachwert dient demgegenüber der Erfassung der Gebühr in solchen Fällen, in denen der Wert der Sache hoch ist.

In diesem Zusammenhang ist darauf zu verweisen, dass insbesondere durch § 15 Abs 3 GebG nicht ausgeschlossen ist, dass ein Rechtsgeschäft, das einem umsatzsteuerbaren Vorgang zu Grunde liegt, auch gebührenpflichtig ist.[35]

Nach § 16 Abs 1 BewG 1955 ergibt sich der Wert von Renten, wiederkehrenden Nutzungen oder Leistungen, die vom Ableben einer oder mehrerer Personen abhängen, aus der Summe der von der Erlebenswahrscheinlichkeit abgeleiteten Werte sämtlicher Rentenzahlungen, der einzelnen wiederkehrenden Nutzungen oder Leistungen sowie dauernden Lasten abzüglich der Zwischenzinsen unter Berücksichtigung von Zinseszinsen (versicherungsmathematische Berechnung). Mit den Verordnungen des BMF BGBl II 627/2003 bzw BGBl II 20/2009 werden die Erlebenswahrscheinlichkeiten auf Grund der jeweiligen demographischen Ergebnisse zum Zwecke der Bewertung von Renten und dauernden Lasten verbindlich festgelegt.

Wird ein Unternehmen im Ganzen überlassen, ist die nach dem BewG 1955 ermittelte Summe der Teilwerte der beweglichen Wirtschaftsgüter abzüglich der nach denselben Grundsätzen ermittelten Passiva dem nach § 16 BewG 1955 kapitalisierten Wert der Leibrente gegenüberzustellen. Die mit unbeweglichem Betriebsvermögen in Zusammenhang stehenden Lasten sind nicht auszuscheiden.[36]

---

[32] ZB VwGH 16.11.1995, 95/16/0111, 0112, 0113; 19.6.2000, 2000/16/0340-0346.
[33] VwGH 17.3.1986, 84/15/0124.
[34] VwGH 9.11.1982, 82/14/0109; 23.6.1983, 16/2749/80.
[35] VwGH 21.10.1971, 524/71.
[36] Rz 871 GebR.

2.4. Hypothekarverschreibungen

Nach § 33 TP 18 GebG unterliegen Hypothekarverschreibungen, wodurch zur Sicherstellung einer Verbindlichkeit eine Hypothek bestellt wird, einer Gebühr nach dem Wert der Verbindlichkeit, für welche die Hypothek eingeräumt wird.

Bei Hypothekarverschreibungen erfordert der Personenwechsel gemäß § 1369 ABGB einen neuen Hypothekarvertrag und auch eine neue Einverleibung im Grundbuch.[37]

2.5. Zessionen

2.5.1. Abgrenzung zur Vertragsübernahme

Gemäß § 33 TP 21 GebG unterliegen Zessionen bzw Abtretungen von Schuldforderungen oder anderen Rechten einer Rechtsgebühr in Höhe von 0,8 vH des Entgelts. Der gebührenpflichtige Tatbestand wird nur durch eine entgeltliche Zession verwirklicht.[38]

Wird zwischen dem verbleibenden Vertragspartner und dem neuen Vertragspartner mit Zustimmung des ausscheidenden Vertragspartners ein neues Vertragsverhältnis begründet (Vertragsübernahme)[39], so liegt keine Abtretung iS des § 33 TP 21 GebG vor, sondern es ist die Vergebührung nach der dem Vertragsverhältnis entsprechenden Tarifpost vorzunehmen.[40] Die Vertragsübernahme ist also gebührenrechtlich dem Abschluss eines neuen Rechtsgeschäftes gleichzustellen.[41]

Vertragsübernahmen, die die Übertragung von Rechten gegen die Übernahme von Pflichten enthalten, unterliegen der Zessionsgebühr.[42] Der Betrag übernommener Schulden ist gebührenrechtlich als Teil des Entgelts anzusehen und bei der Bemessung der Gebühr dem festbetragsbestimmten Entgelt hinzuzurechnen, wenn die Vertragsteile die Übernahme bzw Befreiung von Verbindlichkeiten, die eine Entlastung (= Vermehrung) des Vermögens des Verkäufers (Übergebers) bewirkt, durch den Käufer (Übernehmer) ohne Anrechnung auf das festbetragsbestimmte Entgelt vereinbart haben.[43]

Die Vertragsübernahme kann also auch nach § 33 TP 21 Abs 1 GebG gebührenpflichtig sein.[44] So stellt die Abtretung der Bestandrechte mit der Übernahme der Verpflichtungen aus dem Bestandverhältnis durch den hinzutretenden Bestandnehmer einen Fall der Vertragsübernahme dar und erfüllt den Tatbestand des § 33 TP 21 GebG.[45]

---

[37] *Peloschek*, Gebühren und Verkehrsteuern beim Unternehmensverkauf, ecolex 1990, 178.
[38] VwGH 5.11.2009, 2008/16/0071.
[39] Siehe oben unter A. 2.
[40] Rz 555 GebR.
[41] Vgl *Peloschek*, aaO; *Fellner*, Nochmals: Gebührenpflicht von Vertragsübernahmen, RdW 2003, 605.
[42] UFS 13.11.2008, RV/0034-L/06, zum Erwerb eines Teilbetriebes im Rahmen eines Asset-Deals, GeS 2009, 74, mit Anmerkung *Vondrak*.
[43] VwGH 19.3.1990, 89/15/0085; 18. 11.1991, 90/15/0097.
[44] VwGH 14.1.1991, 90/15/0125.
[45] VwGH 26.11.1982, 80/15/3243; 16.10.1989, 88/15/0086.

2.5.2. Unternehmenskaufvertrag

Kaufverträge über Unternehmen unterliegen als solche keiner Gebühr.[46] Bei einem Unternehmenskaufvertrag wird im Allgemeinen eine Regelung über die Forderungen des Unternehmens enthalten sein. Werden die Forderungen gleichzeitig mit dem Unternehmenskauf abgetreten, fällt eine Gebühr nach § 33 TP 21 GebG an, die vom Entgelt zu berechnen ist, das auf die Forderungen entfällt.[47]

Werden die zurückbehaltenen Forderungen vom Übergeber an einen Factor abgetreten, so wird eine solche Abtretung idR gebührenpflichtig sein. Nach § 33 TP 21 Abs 2 Z 7 GebG sind jedoch Zessionen an Verbriefungsgesellschaften gebührenfrei. Bei einer solchen Securitisation werden insbesondere Forderungen zusammengefasst an eine Zweckgesellschaft (Verbriefungsgesellschaft) verkauft und von dieser über den Kapitalmarkt durch die Begebung von Anleihen refinanziert.[48]

Ist im Unternehmenskaufvertrag eine Regelung enthalten, dass die zum Unternehmensvermögen gehörigen Forderungen abgetreten werden, so ist die Gebührenpflicht nach § 33 TP 21 Abs 1 GebG erfüllt.

2.5.3. Befreiungen

Nach § 33 TP 21 Abs 2 Z 6 GebG sind Abtretungen von GmbH-Anteilen, Übertragungen von Geschäftsanteilen an einer Erwerbs- und Wirtschaftsgenossenschaft und Übertragungen der mit der Stellung eines Gesellschafters einer Personengesellschaft verbundenen Rechte und Pflichten gebührenfrei.

Nach § 22 Abs 4 UmgrStG sind Einbringungen nach § 12 UmgrStG von den Gebühren nach § 33 TP 21 GebG befreit, wenn das zu übernehmende Vermögen am Tag des Abschlusses des Einbringungsvertrages länger als zwei Jahre als Vermögen des Einbringenden besteht.

Zusammenschlüsse nach § 23 UmgrStG sind hinsichtlich des übertragenen Vermögens (§ 23 Abs 2 iVm § 12 Abs 2 UmgrStG) von den Gebühren nach § 33 TP 21 GebG befreit, wenn das zu übertragende Vermögen am Tag des Abschlusses des Zusammenschlussvertrages länger als zwei Jahre als Vermögen des Übertragenden besteht (§ 26 Abs 3 UmgrStG).

Realteilungen nach § 27 UmgrStG sind von den Gebühren nach § 33 TP 21 GebG befreit, wenn das zu teilende Vermögen am Tag des Abschlusses des Teilungsvertrages länger als zwei Jahre als Vermögen der zu teilenden Personengesellschaft besteht (§ 31 Abs 2 UmgrStG).

Ist der Anteilsinhaber am Tage des Abschlusses eines Spaltungsvertrages an der spaltenden Körperschaft länger als zwei Jahre beteiligt, so ist nach der Steuerspaltungen betreffenden Bestimmung des § 38f Abs 3 UmgrStG eine Vermögensübertragung im Rahmen der Liquidation der spaltenden Körperschaft oder der Abspaltung oder ein Anteilstausch von den Gebühren nach § 33 TP 21 GebG befreit. Die Bestimmungen sind

---

[46] Vgl zB *Peloschek*, aaO.
[47] *Frotz/Hügel*, Zivil- und gebührenrechtliche Probleme bei der Mietvertragsübernahme gem § 12 Abs 3 MRG bei der Unternehmensübertragung, ÖStZ 1982, 142.
[48] RV zum AbgÄG 2004, 686 BlgNR 22. GP.

auf Steuerspaltungen anzuwenden, denen ein Stichtag vor dem 1.1.2012 zugrunde gelegt wird.

Bei Umgründungsvorgängen, die die Voraussetzungen des UmgrStG nicht erfüllen, sind die angeführten Befreiungsbestimmungen nicht anzuwenden. Insbesondere ist die beurkundete Übertragung von Schuldforderungen und Rechten gebührenpflichtig.[49]

3. Grunderwerbsteuer

3.1. Betriebsnachfolge auf Grund eines entgeltlichen Rechtsgeschäftes

3.1.1. Maßgebliche Tatbestände

Der Grunderwerbsteuer unterliegen zunächst Kaufverträge und andere Rechtsgeschäfte, die den Anspruch auf Übereignung eines inländischen Grundstücks begründen. Weiters unterliegt der Erwerb des Eigentums an einem solchen Grundstück der Grunderwerbsteuer, wenn kein den Anspruch auf Übereignung begründendes Rechtsgeschäft vorausgegangen ist (§ 1 Abs 1 Z 1 und 2 GrEStG 1987).

Bei den Tatbeständen nach § 1 Abs 3 GrEStG – Vereinigung aller Anteile einer Gesellschaft und Übertragung aller Anteile – ändert sich am Bestand des Unternehmens nichts; sie bleiben daher hier außer Betracht.

3.1.2. Grundstücke

Der Unternehmenskaufvertrag unterliegt der Grunderwerbsteuer, soweit er sich auf inländische Grundstücke bezieht.[50] Eine entgeltliche Betriebsübertragung ist also insoweit grunderwerbsteuerpflichtig, als im Betriebsvermögen inländische Grundstücke iS des § 2 GrEStG enthalten sind. Darunter sind Grundstücke iS des bürgerlichen Rechtes zu verstehen, wobei aber insbesondere Maschinen und sonstigen Vorrichtungen aller Art, die zu einer Betriebsanlage gehören, nicht zum Grundstück gerechnet werden. Den Grundstücken stehen Baurechte und Gebäude auf fremdem Boden gleich.

Unter einer Maschine ist jedes Gerät mit beweglichen Teilen zu verstehen, das Arbeitsgänge selbständig verrichtet und damit menschliche oder tierische Arbeitskraft einspart.[51]

Unter sonstigen Vorrichtungen sind alle Vorrichtungen zu verstehen, die von Menschenhand geschaffen sind und, ohne Gebäude zu sein, dem Betrieb eines Gewerbes dienen.[52] Unter sonstigen Vorrichtungen sind also solche Gegenstände zu verstehen, die typischerweise einem bestimmten Betrieb dienen und eigengesetzlichen Zwecken unterworfen sind.[53]

Beim Verkauf eines land- und forstwirtschaftlichen Unternehmens, bei dem unmittelbarer Wirtschaftsteil der Grund und Boden selbst ist, ist die Anwendung des § 2 Abs 1 Z 1 GrEStG jedoch fast ausgeschlossen. So ist das gesamte Inventar, auch sofern es aus Maschinen besteht, stets Zugehör und damit grunderwerbsteuerpflichtig.[54]

---

[49] Vgl *Petritz*, Rechtsgeschäftsgebührenfallen bei M & A, ÖStZ 2009, 21.
[50] Vgl *Peloschek*, Gebühren und Verkehrsteuern beim Unternehmensverkauf, ecolex 1990, 178.
[51] OGH 20.4.1966, 3 Ob 42/66, EvBl 1966/512.
[52] Vgl zB VwGH 21.2.1996, 94/16/0269; 31.8.2000, 97/16/0225, zu § 51 BewG.
[53] VwGH 23.2.1984, 83/16/0051.
[54] *Peloschek*, aaO.

3.1.3. Wert der Gegenleistung

Die Grunderwerbsteuer ist gemäß § 4 Abs 1 GrEStG grundsätzlich vom Wert der Gegenleistung zu berechnen. Die Berechnung vom Wert der Gegenleistung ist also zum Besteuerungsgrundsatz erhoben.[55] Lediglich in den Fällen des § 4 Abs 2 GrEStG ist die Steuer vom Wert des Grundstückes – das ist der Einheitswert – zu ermitteln.

Eine Gesamtgegenleistung für die Betriebsübertragung einschließlich der übernommenen Passiven ist im Verhältnis der gemeinen Werte von Grundstücken und den übrigen Aktiva aufzuteilen.[56]

Ergeben sich bei einer vereinbarten Gesamtgegenleistung Schwierigkeiten bei der Ermittlung der auf den Grundstückserwerb allein entfallenden Bemessungsgrundlage, so ist diese nach § 184 Abs 1 BAO zu schätzen. Erst wenn die Schätzung durch die Vielschichtigkeit des Rechtsgeschäftes oder eine Trennung oder Aufschlüsselung der auf die einzelnen Leistungen entfallenden Gegenleistungen unmöglich ist, kann die Steuer – iS des § 4 Abs 2 Z 1 GrEStG – vom (dreifachen) Einheitswert des Grundstückes erhoben werden.[57]

3.2. Umgründungen

Bei einem Umgründungsvorgang handelt es sich um ein „anderes Rechtsgeschäft" iS des § 1 Abs 1 Z 1 GrEStG, das den Anspruch auf Übereignung der einen Bestandteil des Vermögens der übertragenden Gesellschaft bildenden Grundstücke begründet.[58]

Ist das Grundstück zwischen dem Verschmelzungsstichtag und dem Abschluss des Verschmelzungsvertrages verkauft worden, ist der Ausweis des Grundstücks in der Verschmelzungsbilanz unmaßgeblich. Der Grunderwerbsteuer unterliegen daher mangels Rückwirkung nur jene Grundstücke, die sich im Zeitpunkt des Abschlusses des Verschmelzungsvertrages im Eigentum der übertragenden Gesellschaft befinden.[59]

Bei Umgründungsvorgängen handelt es sich idR um entgeltliche Rechtsgeschäfte. Bemessungsgrundlage ist der Wert der grundsätzlich ermittelbaren Gegenleistung.[60] So bildet etwa beim Übergang von Grundstückseigentum iZm der Verschmelzung von Aktiengesellschaften grundsätzlich die Gegenleistung die Besteuerungsgrundlage.[61]

Bei einer Umwandlung ist eine Gegenleistung vorhanden. Sie besteht in den von der übernehmenden Gesellschaft bzw von der umgewandelten Gesellschaft gewährten Ge-

---

[55] Vgl zB VwGH 18.11.1993, 92/16/0179-0185; 19.1.1994, 93/16/0139.
[56] Vgl *Kucher*, Der Kauf eines Unternehmens in grunderwerbsteuerlicher Sicht, ÖStZ 1965, 66; VwGH 18.1.1990, 89/16/0062; 17.5.1990, 89/16/0071, 0072, zur Übergabe land- und forstwirtschaftlicher Grundstücke; BFH 29.1.1992, II R 36/89, BStBl II 1992, 418; 7.7.2004, II R 3/02.
[57] VwGH 9.5.1968, 1310/67.
[58] Vgl VwGH 4.11.1994, 94/16/0177, zu einer Verschmelzung von Aktiengesellschaften durch Aufnahme.
[59] Rz 332 UmgrStR 2002.
[60] *Lang*, Die Bemessungsgrundlage der Grunderwerbsteuer bei Umwandlungen und Verschmelzungen von Kapitalgesellschaften, ÖStZ 1988, 214; *derselbe*, Jüngste Rechtsprechung zur Bemessungsgrundlage der Grunderwerbsteuer bei Umwandlungen und Verschmelzungen von Kapitalgesellschaften, ÖStZ 1989, 159; *Lederer*, GrESt als Hemmnis für Umstrukturierungen im Bereich von Kapitalgesellschaften? SWK 1991, A VI 1; *Aman*, Umgründungen und Grunderwerbsteuerpflicht nach dem neuen Umgründungssteuergesetz, ÖStZ 1992, 100.
[61] Vgl BFH 18.7.1979, II R 59/73, BStBl 1979 II 683; VwGH 4.11.1994, 94/16/0177.

sellschaftsrechten und ferner in etwaigen sonstigen Leistungen, zB der Übernahme von Schulden, die auf das Grundstück entfallen.[62] Bei der Umwandlung einer GmbH auf den Alleingesellschafter bemisst sich der Wert der Gegenleistung nach dem Wert der auf den Alleingesellschafter übergehenden Gesellschaftsschulden und dem Wert des untergehenden Gesellschaftsanteils des bisherigen Alleingesellschafters.[63]

Entsprechen die einzelnen Umgründungsvorgänge den Voraussetzungen des Umgründungssteuergesetzes, BGBl 1991/699, ist die Grunderwerbsteuer nicht von der Gegenleistung, sondern vom Zweifachen des Einheitswertes zu berechnen.[64] Hiezu wird in den Gesetzesmaterialien ausdrücklich davon ausgegangen, dass damit Umgründungsvorgänge „entlastet" werden sollen.[65] Dagegen wird vom VwGH die Auffassung vertreten, dass es sich bei den in Rede stehenden Bestimmungen nicht um Vorschriften über eine Steuerbegünstigung handelt.[66]

3.3. Anwachsung nach § 142 UGB

Scheidet der vorletzte Gesellschafter einer OG oder KG aus, so erlischt die Gesellschaft und das Gesellschaftsvermögen geht im Wege der Gesamtrechtsnachfolge auf den übernehmenden Gesellschafter über. Das bisherige Gesamthandeigentum an der Gesellschaft wird dadurch Eigentum in der Hand des Übernehmers. Dies führt zu einer Gesamtrechtsnachfolge des Übernehmers im Wege der Anwachsung.[67]

Gehört zum Gesellschaftsvermögen ein Grundstück, so liegt ein Liegenschaftserwerb des Übernehmenden vor.[68] Der Übergang des Gesellschaftsvermögens erfüllt den Tatbestand des § 1 Abs 1 Z 2 GrEStG.[69]

Wird eine grundstücksbesitzende KG mit zwei Gesellschaftern (Komplementär-GmbH und Kommanditisten-GmbH) infolge Verschmelzung der Komplementär-GmbH auf die Kommanditisten-GmbH nach Art I UmgrStG aufgelöst, wächst das Vermögen gemäß § 142 UGB im Wege der Gesamtrechtsnachfolge der übernehmenden Gesellschaft an. Dabei wird zwar der Tatbestand nach § 1 Abs 3 GrEStG nicht verwirklicht. Der Übergang des Vermögens bildet aber einen Erwerbsvorgang nach § 1 Abs 1 Z 2 GrEStG.[70]

Die Auffassung, es handle sich bei dem Vorgang um einen unmittelbaren Erwerb des übernehmenden vom ausscheidenden Gesellschafter,[71] ist überholt. Die Gesellschaft darf vielmehr nicht mit ihren Gesellschaftern gleichgesetzt werden; das Gesellschaftsvermögen und das Vermögen der Gesellschafter sind also streng voneinander zu trennen.[72]

---

[62] VwGH 26.2.1958, 3096/55.
[63] BFH 25.1.1989, II R 28/86, BFHE 156, 57.
[64] Vgl § 6 Abs 6, § 11 Abs 5, § 22 Abs 5, § 26 Abs 4, § 31 Abs 3, § 38 Abs 6 UmgrStG sowie § 41 Abs 3 ImmoInvFG.
[65] AB, 354 18. GP.
[66] VwGH 28.9.1998, 98/16/0200, 0201; 24.1.2002, 2001/16/0566 zu § 26 Abs 1 GGG.
[67] OGH 16.3.2000, 2 Ob 54/00f.
[68] Vgl VwGH 19. 3. 1981, 16/0981/80.
[69] Vgl VwGH 19.1.1994, 93/16/0139.
[70] BMF 23.2.2005, ecolex 2005, 332, mit Glosse *Schrottmeyer*.
[71] Vgl *Arnold/Arnold*, Grunderwerbsteuergesetz 1987, § 5 GrEStG Rz 306a; *Moser*, Die steuerlichen und bilanziellen Folgen der Anwachsung nach § 142 UGB, SWK 2006, S 545.
[72] Vgl OGH 29.8.1995, 5 Ob 59/95; VwGH 3.10.1996, 96/16/0136; 21.12.2000, 2000/16/0563.

Da die Gesamtrechtsnachfolge gemäß § 142 UGB bewirkt, dass der verbleibende Gesellschafter in alle Rechtspositionen der früheren Gesellschaft eintritt und das bisher im Gesamthandeigentum stehende Vermögen der Gesellschaft in das Alleineigentum des verbliebenen Gesellschafters übergeht, erfolgt der Erwerb von der Gesellschaft und es ist der Steuersatz nach § 7 Z 3 GrEStG anzuwenden.[73]

Bemessungsgrundlage im Falle einer nach § 1 Abs 1 Z 2 GrEStG steuerpflichtigen Anwachsung iS des § 142 UGB ist grundsätzlich die Gegenleistung. Die Gegenleistung besteht in der Übernahme der Betriebsschulden, im Auseinandersetzungsanspruch bzw Abfindungsanspruch des ausscheidenden Gesellschafters und im Wert des untergehenden Kapitalanteils des übernehmenden Gesellschafters; Grundstücke sind hierbei nicht mit dem gemeinen Wert, sondern mit dem Teilwert anzusetzen.[74]

Tritt aber etwa durch eine unter Art III UmgrStG fallende Einbringung eines Mitunternehmeranteils die Vereinigung aller Anteile der Personengesellschaft in einer Hand ein („Umwandlung" einer GmbH & Co KG in eine GmbH) und kommt es dadurch zum Anwachsen des Vermögens nach § 142 UGB, ist der mit dem Anwachsen nach § 142 UGB verwirklichte Erwerbsvorgang nach § 22 Abs 5 UmgrStG begünstigt.[75] Bemessungsgrundlage ist also nicht die Gegenleistung, sondern der zweifache Einheitswert.[76]

3.4. (Teilweise) Unentgeltliche Rechtsgeschäfte

Die Vorschriften des Grunderwerbsteuergesetzes sind nicht auf entgeltliche Erwerbsvorgänge beschränkt.[77]

Die Schenkung iS des bürgerlichen Rechts ist ein Vertrag, durch den jemand verpflichtet wird, einem anderen eine Sache unentgeltlich zu überlassen.[78] Zum Wesen der Schenkung gehört also die Unentgeltlichkeit.[79] Entgeltlichkeit verlangt aber nicht Gleichwertigkeit der Leistungen.[80]

Bei der gemischten Schenkung wird eine Sache teils entgeltlich, teils unentgeltlich übertragen. Eine gemischte Schenkung liegt vor, wenn aus den Verhältnissen der beteiligten Personen zu vermuten ist, dass sie einen aus einem entgeltlichen und einem unentgeltlichen vermischten Vertrag schließen wollen.[81] Ergibt sich aus der Urkunde selbst, dass die Vertragsteile Leistung und Gegenleistung als subjektiv inäquivalent angesehen haben, so folgt daraus, dass auf das Vorliegen einer gemischten Schenkung zu schließen ist.[82]

---

[73] BMF 14.5.2009, 010206/0167-VI/5/2009.
[74] *Czurda*, Die Übernahme nach § 142 HGB im Grunderwerbsteuerrecht, ÖStZ 1966, 97; *derselbe*, Zur Frage der Grunderwerbsteuer bei Übernahme des Unternehmens einer zweigliedrigen Personengesellschaft durch einen der Gesellschafter, ÖStZ 1979, 235.
[75] Vgl *Aman*, Einbringung durch Anwachsung UmgrStG, KVG und GrEStG, ÖStZ 1995, 255.
[76] Rz 1241 UmgrStR 2002.
[77] Vgl zB VwGH 4.11.1994, 94/16/0177.
[78] Vgl zB VwGH 14.10.1991, 90/15/0084; 27.5.1999, 96/16/0038.
[79] Vgl VwGH 15.11.1990, 90/16/0192, 0193.
[80] Vgl VwGH 30.5.1994, 93/16/0093.
[81] VwGH 23.10.1990, 90/14/0102; 17.2.1994, 93/16/0126.
[82] OGH 13.12.1994, 5 Ob 141/94.

Nach § 4 Abs 2 Z 1 GrEStG ist die Steuer vom Wert des Grundstückes zu berechnen, wenn eine Gegenleistung nicht vorhanden oder nicht zu ermitteln ist oder die Gegenleistung geringer ist als der Wert des Grundstückes. Als Wert eines Grundstückes ist unter anderem in den Fällen des § 4 Abs 2 Z 1 GrEStG das Dreifache des Einheitswertes anzusetzen (vgl § 6 Abs 1 lit b GrEStG).

Eine Gegenleistung ist zB nicht vorhanden bei einer reinen Schenkung.[83]

Nach der letzten Alternative des § 4 Abs 2 Z 1 GrEStG ist die Steuer vom dreifachen Einheitswert zu ermitteln, wenn die Gegenleistung geringer ist als der dreifache Einheitswert. Diese Bestimmung ist somit anzuwenden bei teils entgeltlichen, teils unentgeltlichen Erwerben wie etwa bei Schenkungen unter einer Auflage oder bei gemischten Schenkungen. Ist die Gegenleistung jedoch höher als das Dreifache des Einheitswertes ist die Steuer gemäß § 4 Abs 1 GrEStG vom Wert der Gegenleistung zu berechnen.[84]

3.5. Bäuerlicher Übergabevertrag

3.5.1. Allgemeines

Bei bäuerlichen Übergabeverträgen handelt es sich um Verträge eigener Art mit erb- und familienrechtlichen Elementen, wodurch der Übergeber in Absicht einer verfrühten Erbfolge und lebzeitigen Vermögensabhandlung seine bäuerliche Wirtschaft, sein Unternehmen oder sein Vermögen abtritt.[85]

Der landwirtschaftliche Übergabevertrag unterliegt als Rechtsgeschäft, das den Anspruch auf Übereignung inländischer Grundstücke begründet, gemäß § 1 Abs 1 Z 1 GrEStG der Grunderwerbsteuer.[86]

Auch ein bäuerlicher Übergabevertrag kann entgeltliche und unentgeltliche Elemente enthalten. Als Entgelt kommt auch ein Ausgedinge in Betracht. Ausgedingsleistungen sind zur Ermittlung des Geldwerts nicht nach der Dauer der Erbringung, sondern nach versicherungsmathematischen Grundsätzen der statistischen Lebenserwartung zu berechnen. Die Schenkungsabsicht kann aus einem krassen Missverhältnis der beiderseitigen Leistungen erschlossen werden.[87]

Der Erwerb land- und forstwirtschaftlicher Grundstücke durch Ehegatten, eingetragene Partner, Eltern, Kinder, Enkelkinder, Stiefkinder, Wahlkinder oder Schwiegerkinder ist in § 4 Abs 2 Z 2 GrEStG überproportional begünstigt. Nach dieser Bestimmung wird bei der Übergabe von land- und forstwirtschaftlichen Grundstücken die Steuer vom Wert des Grundstücks berechnet. Dabei ist der Erwerb von der Verdreifachung des Einheitswertes durch das BBG 2001, BGBl I 2000/142, ausgenommen. Vielmehr ist bei der Übergabe land- und forstwirtschaftlicher Grundstücke die Steuer (nur) vom einfachen Einheitswert zu berechnen.[88]

---

[83] RV, 549 BlgNR 23. GP.
[84] RV, 549 BlgNR 23. GP.
[85] ZB VwGH 21.4.1983, 82/16/0172; 19.5.1983, 82/15/0110.
[86] Vgl *Dringel*, aaO.
[87] OGH 14.9.2006, 6 Ob 154/06z.
[88] § 6 Abs 1 lit a GrEStG.

3.5.2. Gegenstand der Übergabe

Gegenstand der Übergabe muss iS des § 4 Abs 2 Z 2 GrEStG ein land- und forstwirtschaftliches Grundstück sein. Dabei ist das Finanzamt für Gebühren, Verkehrsteuern und Glücksspiel an die Feststellung des Lagefinanzamtes gebunden.[89] Das Gesetz nimmt keine Einschränkung der Begünstigung nach der Größe vor. Sofern die übrigen Voraussetzungen vorliegen, ist die Begünstigung auch bei „kleinen" land- und forstwirtschaftlichen Grundstücken zu gewähren.[90]

Bei landwirtschaftlichen Übergaben ist die Grunderwerbsteuer vom übersteigenden Wohnungswert iS des § 30 BewG von der Gegenleistung zu erheben.[91] Bei einer gleichzeitigen Übertragung von land- und forstwirtschaftlichen Grundstücken ist die Gesamtgegenleistung im Verhältnis der jeweiligen Verkehrswerte aufzuteilen.

3.5.3. Sicherung des Lebensunterhaltes

Wesentliche Voraussetzung für die Anwendung des § 4 Abs 2 Z 2 GrEStG ist weiters, dass durch den Übergabevertrag der Lebensunterhalt des Übergebers gesichert wird. Sicherung des Lebensunterhalts kann nur angenommen werden, wenn der Übergeber nicht schon auf Grund seines Vermögens oder seiner Einkünfte seinen vollen Lebensunterhalt bestreiten kann. Ist also der Unterhalt durch eine Rente oder Pension verbürgt, so erfolgt die Übergabe nicht zur Sicherung des Lebensunterhalts.[92]

Jedwede Gegenleistungen der Übernehmer eines land- und forstwirtschaftlichen Grundstückes führen (bei Erfüllung der sonstigen Voraussetzungen), sofern sie sich auch nur als ein Beitrag zur Sicherstellung des – der Höhe nach weder nach unten noch nach oben weiter abgegrenzten – Unterhaltes darstellen, zur Besteuerung des Erwerbsvorganges nach dem Wert des Grundstückes.[93]

3.5.4. Besteuerung nach dem Einheitswert

Dass zum Tatbestand der Ausnahmebestimmung des § 4 Abs 2 Z 2 GrEStG u.a. gehört, dass das land- und forstwirtschaftliche Grundstück gegen Sicherung des Lebensunterhalts des Übergebers überlassen wird, bedeutet, dass in diesen Fällen auch eine Gegenleistung vorhanden ist. Obgleich bei solchen Übergabsverträgen immer auch eine Gegenleistung vorhanden und zu ermitteln ist, ist die Grunderwerbsteuer als Ausnahme vom Grundsatz des § 4 Abs 1 GrEStG nicht nach dem Wert der Gegenleistung, sondern nach dem Wert des Grundstücks zu ermitteln. Eine weitere Differenzierung – etwa nach dem Umfang der Gegenleistung bzw ihrem Verhältnis zum Wert des Grundstücks – ist im Gesetz nicht enthalten: Die Steuer ist bei Übergabe von land- und forstwirtschaftlichen Grundstücken ohne jede Beschränkung vom Wert des Grundstücks zu berechnen.[94]

Der VwGH hielt dabei ausdrücklich fest, dass er nicht zu prüfen hatte, ob die Ungleichbehandlung des Erwerbes land- und forstwirtschaftlicher Grundstücke einerseits

---

[89] Vgl VwGH 18.3.1971, 1599, 1600/70.
[90] BMF 14.5.2009, 010206/0167-VI/5/2009.
[91] UFS 11.1.2005, RV/0645-W/04; 9.1.2006, RV/0645-W/04.
[92] *Czurda*, Die Übergabe eines landwirtschaftlichen Betriebes im Grunderwerbsteuerrecht, SWK 1965, A VI 61; aA offenbar VwGH 20.4.1977, 1309, 1310/76.
[93] VwGH 20.4.1977, 1309, 1310/76.
[94] VwGH 4.12.2003, 2002/16/0246.

und aller übrigen Grundstücke andrerseits sachlich gerechtfertigt ist.[95] Eine sachliche Rechtfertigung der Begünstigung ist aber weder in historischer Sicht noch aus dem Vergleich der Regelung mit gleichartigen Sachverhalten zu erkennen, sodass § 4 Abs 2 Z 2 GrEStG zweifellos verfassungswidrig ist.[96]

Die Anwendung des § 4 Abs 2 Z 2 GrEStG setzt schließlich voraus, dass das Grundstück weiterhin land- und forstwirtschaftlich genutzt wird. Der Übernehmer muss aber nicht selbst Landwirt sein, er kann das Grundstück auch Dritten zur Bewirtschaftung überlassen.[97]

3.6. Todeswegige Erwerbe von Betrieben

Der Erwerb einer Erbschaft durch Erbanfall, der sich auf inländische Grundstücke bezieht, unterliegt der Grunderwerbsteuer nach § 1 Abs 1 Z 2 GrEStG. Ein Erwerb durch Erbanfall ist verwirklicht, wenn der Erwerb auf einem Erbrecht, sohin auf einem der Berufungsgründe des § 533 ABGB beruht.[98] Erbrecht ist das ausschließliche Recht, die ganze Verlassenschaft oder einen Bruchteil der Verlassenschaft in Besitz zu nehmen. Es ist ein dingliches, gegen jedermann wirkendes Recht.[99]

Beim Erwerb durch Vermächtnis wird der Tatbestand des § 1 Abs 1 Z 2 GrEStG durch die Bestätigung nach § 183 Abs 3 Außerstreitgesetz verwirklicht.[100]

Bei Vereinbarung der Abgeltung des geltend gemachten Pflichtteilsanspruchs mit einem Grundstück vor Beendigung des Abhandlungsverfahrens schlägt der erbrechtliche Titel nach Auffassung des BMF durch. Beim Pflichtteilsberechtigten liegt ein Erwerb gemäß § 1 Abs 1 Z 2 GrEStG vor.[101]

Die Schenkung auf den Todesfall ist ein Rechtsgeschäft, das den Anspruch auf Übereignung des inländischen Grundstücks begründet (§ 1 Abs 1 Z 1 GrEStG).

3.7. Freibetrag für unentgeltliche Betriebsübertragungen (§ 3 Abs 1 Z 2 GrEStG)

3.7.1. Unentgeltliche Betriebsübertragungen (§ 3 Abs 1 Z 2 GrEStG)

In § 3 Abs 1 Z 2 GrEStG ist ein Freibetrag für unentgeltliche Betriebsübertragungen in Höhe von 365.000 € vorgesehen. Begünstigt ist nach dieser Bestimmung einerseits der Erwerb durch Erbanfall, andererseits die Schenkung durch die ältere bzw nicht mehr erwerbsfähige Generation an die nächste Generation, also typischerweise die Betriebsfortführung in der Familie.[102]

Die Befreiung nach § 3 Abs 1 Z 2 GrEStG setzt zunächst voraus, dass die Steuer nach § 4 Abs 2 Z 1 oder Z 4 GrEStG zu berechnen ist. Nach § 4 Abs 2 Z 1 GrEStG ist die Steuer vom Wert des Grundstücks, das ist nach Maßgabe des § 6 GrEStG der dreifache

---

[95] VwGH 4.12.2003, 2002/16/0246.
[96] Vgl insbesondere ausführlich *Fellner*, Neue Aspekte zur Verfassungswidrigkeit einheitswertabhängiger Geldleistungen, ÖStZ 2011, 271.
[97] *Dringel*, aaO.
[98] Vgl zB VwGH 19.5.1988, 87/16/0080 und 86/16/0265.
[99] VwGH 2.7.1992, 90/16/0167.
[100] BMF 18.2.2009, 010206/0040-VI/5/2009.
[101] BMF 22.1.2010, 010206/0007-VI/5/2010.
[102] VfGH 29.9.2006, B 3551/05.

Einheitswert, zu berechnen, wenn eine Gegenleistung nicht vorhanden oder nicht zu ermitteln ist oder die Gegenleistung geringer als der Wert des Grundstückes ist. § 4 Abs 2 Z 4 GrEStG betrifft Erwerbe durch Erbanfall, durch Vermächtnis oder in Erfüllung eines Pflichtteilsanspruches, wenn die Leistung an Erfüllungs statt vor Beendigung des Abhandlungsverfahrens vereinbart wird.

Bei der Übernahme eines Einzelunternehmens mit negativem Kapitalanteil handelt es sich um den entgeltlichen Erwerb eines Betriebes.[103] Es ist daher eine Gegenleistung vorhanden.

Für den Fall der Anwachsung iS des § 142 UGB steht der Freibetrag nicht zu.[104]

3.7.2. Persönliche Voraussetzungen

Der Freibetrag von 365.000 € steht nur zu, wenn der Empfänger eine natürliche Person ist.

Bei todeswegigen Erwerben sind seitens des Erblassers keine persönlichen Voraussetzungen erforderlich. Bei Schenkungen unter Lebenden muss der Geschenkgeber aber entweder das 55. Lebensjahr vollendet haben oder wegen körperlicher oder geistiger Gebrechen in einem Ausmaß erwerbsunfähig sein, dass er nicht in der Lage ist, seinen Betrieb fortzuführen oder die mit seiner Stellung als Gesellschafter verbundenen Aufgaben oder Verpflichtungen zu erfüllen. Die Erwerbsunfähigkeit des Übergebers ist durch ein Sachverständigengutachten nachzuweisen.

Unter einer körperlichen oder geistigen „Behinderung" ist nur eine längerfristige Einschränkung zu verstehen.[105]

3.7.3. (Teil-)Betrieb

Zu dem nach § 3 Abs 1 Z 2 GrEStG begünstigungsfähigen Vermögen zählen zunächst inländische Betriebe und Teilbetriebe, bei denen nach den einkommensteuerrechtlichen Bestimmungen Einkünfte aus Land- und Forstwirtschaft, aus selbständiger Arbeit oder aus einem Gewerbebetrieb bezogen werden. Die unter den Voraussetzungen des § 4 Abs 2 Z 2 GrEStG unter Lebenden übergebenen land- und forstwirtschaftlichen Betriebe sind von der Freibetragsregelung nicht erfasst.

Die Verpachtung eines Betriebes ist idR noch nicht als Betriebsaufgabe anzusehen. Insbesondere ist von einer Aufgabe des Betriebes erst dann zu sprechen, wenn der Verpächter nach Beendigung des Pachtverhältnisses mit dem noch vorhandenen Betriebsvermögen nicht in der Lage wäre, den Betrieb fortzuführen oder wenn er sonst nach außen zu erkennen gibt, dass er nicht die Absicht hat, den Betrieb nach Auflösung des Pachtvertrages weiterzuführen. Wenn eine Pension bezogen wird, dann kann bei einer Verpachtung des Betriebes von einer Betriebsaufgabe ausgegangen werden.[106]

---

[103] BMF 5.4.2002, SWK 2003, S 27.
[104] RV, 549 BlgNR 23. GP.
[105] VwGH 21.12.1999, 99/14/0262.
[106] Vgl zB VwGH 25.3.2010, 2009/16/0241.

3.7.4. Freibetrag

Der Freibetrag bzw Freibetragsteil steht bei jedem Erwerb von Betrieben (Teilbetrieben) zu, wenn Gegenstand der Zuwendung ein Anteil von mindestens einem Viertel des Betriebs oder ein gesamter Teilbetrieb (Anteil des Teilbetriebs) ist, wenn der Wert des Teilbetriebs (Anteil des Teilbetriebs) mindestens ein Viertel des gesamten Betriebs ausmacht.

Wird ein Mindestanteil an mehrere Erwerber übertragen und erhält der einzelne Erwerber für seine Person weniger als den Mindestanteil, so steht grundsätzlich der Freibetrag bzw Freibetragsanteil zu und verteilt sich auf die Erwerber entsprechend den von ihnen jeweils erworbenen Anteilen.[107]

Hinterlässt ein Unternehmer ein Grundstück gemeinsam mit einem (Teil-)Betrieb, steht der Freibetrag in dem Ausmaß zu, das seiner betrieblichen Nutzung entspricht. Für das Ausmaß der betrieblichen Nutzung sind die ertragsteuerlichen Grundsätze maßgeblich.[108]

Befinden sich im Betriebsvermögen eines Betriebes mehrere Grundstücke, liegt zwar hinsichtlich jedes einzelnen Grundstücks ein Erwerbsvorgang iS des § 1 Abs 1 Z 2 GrEStG vor, der Freibetrag (Freibetragsteil) steht jedoch insgesamt nur einmal pro Betrieb für den Erwerb sämtlicher Grundstücke zu.[109]

3.7.5. Nacherhebung

Die zunächst auf Grund des Freibetrags nicht erhobene Steuer ist gemäß § 3 Abs 1 Z 2 lit d GrEStG nachzuerheben, wenn der Erwerber innerhalb der Behaltefrist von fünf Jahren nach dem Erwerb das zugewendete Vermögen oder wesentliche Grundlagen davon entgeltlich oder unentgeltlich überträgt, betriebsfremden Zwecken zuführt oder wenn der Betrieb oder Teilbetrieb aufgegeben wird.

Aus dem – sachlichen – Zweck der Begünstigung – Erleichterung der Übergabe von Betrieben im Interesse der Substanzerhaltung und der Sicherung von Arbeitsplätzen – folgt, dass eine (im Zuge einer Erbauseinandersetzung vereinbarte) „Übertragung", die die Unternehmenserhaltung durch den oder die begünstigten Erwerber nicht nur nicht gefährdet, sondern sich auf eine Aufteilung des Nachlasses zwischen den Erwerbern reduziert und die Erhaltung des Unternehmens(teils) sogar typischerweise sichert, sachlicherweise nicht zu einer Nacherhebung der Steuer (oder einer Versagung des Freibetrags) führen darf. Eine verfassungskonforme Auslegung muss demgegenüber zum Ergebnis führen, dass solche Vermögenszuteilungen, die die Kontinuität des Betriebes typischerweise erst ermöglichen, vom Nacherhebungstatbestand ausgeschlossen sind.[110]

Welche Betriebsmittel zu den wesentlichen Grundlagen des Betriebes gehören, bestimmt sich in funktionaler Betrachtungsweise nach dem jeweiligen Betriebstypus wie ortsgebundene Tätigkeit, kundengebundene Tätigkeit, Produktionsunternehmen usw.[111]

---

[107] BMF 18.2.2009, 010206/0040-VI/5/2009.
[108] BMF 18.2.2009, 010206/0040-VI/5/2009.
[109] BMF 18.2.2009, 010206/0040-VI/5/2009.
[110] VfGH 29.9.2006, B 3551/05.
[111] ZB VwGH 24.4.1996, 94/15/0025; 31.3.2003, 99/14/0068.

Zu den wesentlichen Grundlagen des Betriebes gehören jene Betriebsmittel, die objektiv der Fortführung des als lebend anzusehenden Betriebes ermöglichen. In der Betrachtung der wesentlichen Betriebsgrundlagen ist auf die Umstände des Einzelfalles unter Berücksichtigung der Besonderheiten des jeweiligen Betriebstypus abzustellen.[112]

Der Nacherhebungstatbestand der Zuführung zu betriebsfremden Zwecken wird insbesondere dann gegeben sein, wenn Teile des Betriebs dem Betriebsvermögen entnommen werden (Privatentnahmen).

Schließlich ist die Steuer nachzuerheben, wenn der Betrieb oder Teilbetrieb aufgegeben wird. Unter Aufgabe wird iS der einkommensteuerrechtlichen Bestimmungen (vgl § 24 EStG 1988) verstanden, dass sich der Betriebsinhaber in einem Zug aller Wirtschaftsgüter des Betriebsvermögens entweder begibt oder sie in sein Privatvermögen überführt.[113]

Die Aufgabe des Betriebes besteht in der Zerschlagung einer betrieblichen Einheit in der Form, dass der Betrieb als solcher zu bestehen aufhört.[114]

Die Aufgabe des Betriebes liegt im Fall der Verpachtung idR nicht, in konkret gegebenen Fällen aber stets dann vor, wenn die Gesamtheit der dafür maßgebenden Tatsachen mit hoher Wahrscheinlichkeit dafür spricht, dass der Verpächter seinen Betrieb nie mehr wieder auf eigene Rechnung und Gefahr führen wird; nicht nötig ist hingegen, dass Letzteres wegen rechtlicher oder sachlicher Unmöglichkeit für immer ausgeschlossen ist.[115]

3.7.6. Ausschluss der Nacherhebung

Ausgeschlossen von der Nacherhebung der Steuer sind nach § 3 Abs 1 Z 2 lit e GrEStG Vorgänge, die ihrerseits einen steuerbegünstigten Erwerb darstellen. Ein solcher begünstigter Erwerb setzt eine Schenkung oder einen Erwerb von Todes wegen voraus; eine entgeltliche Veräußerung schließt eine Nacherhebung nicht aus.[116]

Weiters ist eine Nacherhebung ausgeschlossen, wenn das zugewendete Vermögen Gegenstand eines Umgründungsvorganges iS des UmgrStG ist. Die Steuer ist jedoch in den Fällen einer Umgründung nachzuerheben, wenn das umgewandelte Vermögen innerhalb von fünf Jahren nach dem Erwerb des zugewendeten Vermögens übertragen etc wird.

Eine Nacherhebung unterbleibt auch, wenn die Weiterübertragung nur deshalb keinen nach dieser Bestimmung steuerbegünstigten Erwerb darstellt, weil die Voraussetzung der erforderlichen Quote von mindestens 25 % nicht gegeben ist.[117]

3.8. Steuerbefreiung nach dem NeuFöG

3.8.1. Begriff der Betriebsübertragung

Nach § 5a Abs 1 Neugründungs-Förderungsgesetz, BGBl I 106/1999 idgF (NeuFöG), liegt eine Betriebsübertragung vor, wenn bloß ein Wechsel in der Person des die Be-

---

[112] BMF 18.2.2009, 010206/0040-VI/5/2009.
[113] Vgl zB VwGH 9.9.2004, 2001/15/0215; 19.12.2006, 2006/15/0353.
[114] Vgl zB VwGH 19.12.2006, 2006/15/0353.
[115] VwGH 18.10.2006, 2002/13/0217; 18.11.2008, 2006/13/0253.
[116] Vgl VwGH 11.11.2004, 2004/16/0038.
[117] BMF 18.2.2009, 010206/0040-VI/5/2009, AÖFV 82/2009.

triebsführung beherrschenden Betriebsinhabers in Bezug auf einen bereits vorhandenen Betrieb (Teilbetrieb) durch eine entgeltliche oder unentgeltliche Übertragung des Betriebes (Teilbetriebes) erfolgt und die die Betriebsführung innerhalb von zwei Jahren nach der Übertragung beherrschende Person (Betriebsinhaber) sich bisher nicht in vergleichbarer Art beherrschend betrieblich betätigt hat.[118]

Nach § 5a Abs 2 Z 1 NeuFöG wird die Grunderwerbsteuer von steuerbaren Vorgängen, die mit einer solchen Betriebsübertragung in unmittelbarem Zusammenhang stehen, nicht erhoben, soweit der für die Steuerberechnung maßgebende Wert 75.000 € nicht übersteigt.

Der Begriff der Betriebsübertragung ist weit gefasst und umfasst sowohl die entgeltliche wie die unentgeltliche Übertragung von Einzelunternehmen als auch von Anteilen an Personengesellschaften und Kapitalgesellschaften.[119]

3.8.2. (Teil-)Betrieb

Ein Teilbetrieb iS des § 5a NeuFöG liegt vor, wenn ein Betriebsteil eines Gesamtbetriebs, die organisatorische Geschlossenheit des Betriebsteils innerhalb des Gesamtbetriebs, eine gewisse Selbständigkeit des Betriebsteils gegenüber dem Gesamtbetrieb, die eigenständige Lebensfähigkeit des Betriebsteils und ein eigener Rechnungskreis gegeben sind.[120]

Eine nur betriebsinterne Selbständigkeit genügt dabei nicht; die Selbständigkeit muss vielmehr auch nach außen in Erscheinung treten.[121] Bloß organisatorisch getrennte Abteilungen oder Aufgabenbereiche innerhalb einer Gesamttätigkeit stellen keinen Teilbetrieb dar. Es ist zwar nicht die völlige Selbständigkeit zu fordern, aber doch ein mit einer gewissen Selbständigkeit ausgestatteter Organismus.[122]

Voraussetzung für die Begünstigung einer Betriebsübertragung ist unter anderem, dass bereits vorhandene Betriebsgrundlagen als funktionstüchtige Sachgesamtheit übertragen werden.[123]

Als wesentliche Betriebsgrundlagen werden jene Wirtschaftsgüter verstanden, die objektiv geeignet sind, dem Erwerber des Betriebs die Fortführung des Betriebs bzw die gleiche Tätigkeit zu ermöglichen.[124] Die wesentlichen Betriebsgrundlagen stellen daher eine potenzielle Fortführungsmöglichkeit in objektiver Hinsicht aus dem Blickwinkel des Erwerbers dar. Die Frage nach den wesentlichen Betriebsgrundlagen ist daher in funktionaler Betrachtungsweise in Abhängigkeit des jeweiligen Unternehmenstypus wie orts-, produktions- oder kundengebundene Tätigkeiten zu unterscheiden.[125]

---

[118] Vgl *Sulz*, Neue Befreiungen bei der Unternehmensnachfolge und bei Umgründungen, SWK 2002, S 675; *Urnik*, Zweifelsfragen zu Betriebsübertragungen unter Anwendung der Vorschriften des NeuFöG, SWK 2003, S 64.
[119] Vgl VwGH 13.5.2004, 2003/16/0507.
[120] Rz 165 NeuFöR.
[121] Vgl zB VwGH 20.11.1990, 89/14/0156, 0157; 3.11.1992, 89/14/0089 und 89/14/0271.
[122] OGH 13.2.1997, 6 Ob 2110/96d, EvBl 1997/109.
[123] Rz 143 NeuFöR.
[124] VwGH 3.12.1986, 86/13/0079.
[125] Rz 166 NeuFöR.

3.8.3. Wechsel des Betriebsinhabers

Ein Wechsel in der Person des Betriebsinhabers liegt dann vor, wenn die für den konkreten Betrieb wesentlichen Betriebsgrundlagen übertragen werden und keiner der bisherigen Betriebsinhaber nach der Übertragung des Betriebs oder Teilbetriebs weiter als Betriebsinhaber tätig ist.[126]

Betriebsinhaber ist die die Betriebsführung beherrschende natürliche oder juristische Person. Eine vergleichbare betriebliche Betätigung des Betriebsinhabers liegt vor, wenn sie in dieselbe Klasse iS der Systematik der Wirtschaftstätigkeiten (ÖNACE) einzuordnen ist.

3.8.4. Freibetrag

Der Betrag von 75.000 € stellt einen betriebsbezogenen Freibetrag dar, er steht pro übertragenem Betrieb zu, unabhängig davon, wie viele Grundstücke mit diesem Betrieb übertragen werden.

Der Freibetrag ist kumulativ mit der Befreiung nach § 3 Abs 1 Z 2 GrEStG anwendbar.[127]

Das Unmittelbarkeitserfordernis schließt den Zuerwerb eines Grundstücks aus Anlass der Betriebsübertragung (veranlasst etwa durch Erweiterungsüberlegungen) von der Befreiung aus.

Bei Übertragung eines landwirtschaftlichen Betriebs sind nur die Vermögensübertragungen für den Betrieb, der der Erzielung von Einkünften aus land- und Forstwirtschaft dient, vom Anwendungsbereich des § 5a Abs 2 Z 2 NeuFöG erfasst, nicht aber der (übersteigende) Wohnungswert iS des § 33 Abs 2 BewG. Der übersteigende Wohnungswert dient nicht der Einkünfteerzielung iS des § 2 Abs 3 Z 1 bis 3 EStG 1988.[128]

3.8.5. Nachversteuerung

Wird die Betriebsinhabervoraussetzung nicht erfüllt oder wenn der neue Betriebsinhaber innerhalb von fünf Jahren nach der Betriebsübertragung den übernommenen Betrieb oder wesentliche Grundlagen davon entgeltlich oder unentgeltlich überträgt oder betriebsfremden Zwecken zuführt oder den Betrieb aufgibt, entfällt der Eintritt der Wirkungen des § 5a Abs 2 Z 2 nachträglich (rückwirkend).

Eine Nachversteuerung iS des § 5a NeuFöG findet nicht statt, wenn ein Betriebsinhaber, der einen Betrieb begünstigt übernommen hat, verstirbt. Es besteht auch keine Meldepflicht.[129]

4. Abgaben iZm Grundbesitz

4.1. Dingliche Wirkung der Abgabenbescheide

Mit Grundbesitz in Zusammenhang stehende Abgaben und verschiedene landesgesetzlich geregelte Benützungsgebühren und Interessentenbeiträge kennen eine dingliche Wirkung der gegenüber dem jeweiligen Grundeigentümer erlassenen Abgabenbescheide. Bei einer Unternehmensnachfolge wirkt der gegen den Vorgänger erlassene Abga-

---

[126] Rz 173 NeuFöR.
[127] Rz 155 NeuFöR.
[128] Vgl zB UFS 5.5.2006, RV/0935-W/03; 10.5.2007, RV/0124-L/06.
[129] BMF 22.1.2010, 010206/0007-VI/5/2010.

benbescheid auch gegen den Nachfolger. Im Folgenden soll beispielhaft auf einige dieser Bestimmungen näher eingegangen werden.

Eine dingliche Wirkung muss im Gesetz ausdrücklich vorgesehen sein. Eine solche dingliche Wirkung liegt etwa bei einer Grundabtretungs-Ausgleichsabgabe iS des § 40 NÖ BauO 1996 gerade nicht vor.[130] Auch das Salzburger Interessentenbeiträgegesetz, LGBl 1962/161, kennt eine dingliche Wirkung von Abgabenbescheiden nicht.[131]

4.2. Grundsteuer

Gemäß § 194 Abs 5 BAO wirkt ein Grundsteuermessbescheid, soweit er die sachliche Abgabepflicht und die Höhe des Steuermessbetrages betrifft, auch gegen den Rechtsnachfolger, auf den der Steuergegenstand nach dem Feststellungszeitpunkt übergegangen ist oder übergeht. Das Gleiche gilt bei Nachfolge im Besitz.

Ein Grundsteuerbescheid wirkt gemäß § 28c GrStG 1955 idF des AbgVRefG, BGBl I 2009/20, auch gegen den Rechtsnachfolger, auf den der Steuergegenstand nach dem Feststellungszeitpunkt übergegangen ist oder übergeht. Das Gleiche gilt bei Nachfolge im Besitz. In diesen Fällen gilt mit der Zustellung an den Rechtsvorgänger (Vorgänger) auch die Bekanntgabe an den Rechtsnachfolger (Nachfolger) als vollzogen.

Der Begriff der Rechtsnachfolge (Nachfolge im Besitz) umfasst die Fälle, in denen sich die Zurechnung der wirtschaftlichen Einheit (Untereinheit) ändert, somit den Übergang des wirtschaftlichen Eigentums etwa als Folge eines Kaufes oder einer Schenkung.[132]

Der Grundsteuermessbescheid ist auch Grundlage der Abgabe von land- und forstwirtschaftlichen Betrieben, BGBl 1960/166 idgF. Weiters ist der Grundsteuermessbetrag auch für den Beitrag von land- und forstwirtschaftlichen Betrieben (§ 44 FLAG), für landesrechtlich geregelte Landeskammerumlagen und für § 30 Abs 3 BSVG bedeutsam.[133]

4.3. Wiener Abfallwirtschaftsgesetz

Nach dem mit „Dingliche Wirkung der Bescheide" überschriebenen § 44 des Gesetzes über die Vermeidung und Behandlung von Abfällen und die Einhebung einer hiefür erforderlichen Abgabe im Gebiet des Landes Wien (Wiener Abfallwirtschaftsgesetz – Wr AWG), LGBl 1994/13, wirken die nach diesem Gesetz gegenüber Eigentümern von Liegenschaften oder Bauwerken erlassenen Bescheide auch gegen alle späteren Eigentümer.

4.4. OÖ Raumordnungsgesetz

Im § 25 des OÖ Raumordnungsgesetzes (OÖ ROG), LGBl 1993/114, ist die Vorschreibung eines Aufschließungsbeitrages vorgesehen. Die dingliche Wirkung nach Abs 6 dieser Gesetzesstelle kann dabei nicht anders verstanden werden, als dass der dem Rechtsvorgänger im Grundeigentum erteilte Abgabenbescheid ab dem Eigentumsübergang

---

[130] VwGH 27.5.2008, 2008/17/0074.
[131] VwGH 27.10.2008, 2005/17/0176.
[132] RV, 38 BlgNR 24. GP.
[133] *Ritz*, BAO⁴, § 194 Rz 10.

dem Erwerber gegenüber unmittelbar Rechtswirkungen entfaltet, ohne dass es hiezu der Erlassung eines Haftungsbescheides bedarf. Ob eine ausdrückliche gesetzliche Anordnung einer dinglichen Wirkung einen Schuldnerwechsel oder einen Schuldnerbeitritt zur Folge hat, richtet sich nach der Ausgestaltung der gesetzlichen Regelung.[134] Nach dem Wortlaut des § 25 Abs 6 erster Satz OÖ ROG kommt es nicht zu einem Schuldnerwechsel, sondern zu einem Schuldnerbeitritt. Dieser Schuldnerbeitritt erfolgt im Zeitpunkt der Einzelrechtsnachfolge, das heißt ab dem Zeitpunkt, an dem das Eigentum an dem Grundstück auf den Einzelrechtsnachfolger übergeht.[135]

4.5. NÖ Abfallwirtschafts- und Kanalgesetz

Nach § 30 NÖ Abfallwirtschaftsgesetz 1992, LGBl 8240-0, wirken die nach diesem Gesetz an Eigentümer von bebauten Grundstücken oder Baulichkeiten erlassenen Bescheide auch gegen die späteren Eigentümer. Gemäß § 10 NÖ Kanalgesetz 1977, LGBl 8230-0, wirken die nach diesem Gesetz an Eigentümer von Liegenschaften oder Bauwerken oder Bauwerber erlassenen Bescheide, mit Ausnahme jener nach § 15 (Strafen), auch gegen alle späteren Eigentümer. Die dingliche Bescheidwirkung kann dabei nicht anders verstanden werden, als dass der dem Rechtsvorgänger im Grundeigentum erteilte Abgabenbescheid ab dem Eigentumsübergang dem Erwerber gegenüber unmittelbar Rechtswirkung entfaltet, ohne dass es hiezu der Erlassung eines Haftungsbescheides bedarf. Dabei wird nicht differenziert, ob der spätere Eigentümer sein Eigentum originär oder derivativ erhalten hat. Bei der „dinglichen Wirkung" eines Bescheides handelt es sich hier um eine durch das Gesetz angeordnete, über die Bescheidadressaten hinausgehende Rechtswirkung eines Bescheides und nicht um einen Haftungstatbestand. Die dingliche Wirkung erfasst dabei sowohl „einmalige" Abgaben als auch „laufende" Abgaben.[136]

5. Gerichtsgebühren

Nach TP 9 lit b Z 1 GGG unterliegen Eintragungen in das Grundbuch (Einverleibungen) zum Erwerb des Eigentums und des Baurechtes einer Gebühr in Höhe von 1 vH vom Wert des Rechtes.

Nach § 26 Abs 1 Z 1 GGG ist der für die Berechnung der Eintragungsgebühr maßgebende Wert bei der Eintragung des Eigentumsrechtes und des Baurechtes mit dem Betrag anzusetzen, der der Ermittlung der Grunderwerbsteuer zu Grunde zu legen wäre; hiebei sind Steuerbegünstigungen nicht zu berücksichtigen.

Mit Erkenntnis des VfGH vom 21.9.2011, G 34, 35/11, kundgemacht unter BGBl I 2011/95, wurde § 26 Abs 1 GGG mit Wirkung vom Ablauf des 31.12.2012 als verfassungswidrig aufgehoben. Nach dem Erkenntnis ist die Anknüpfung der Eintragungsgebühr an die Bemessungsgrundlage des GrEStG insofern verfassungswidrig, als damit für Erwerbe, bei denen eine Gegenleistung nicht vorhanden oder nicht ermittelbar ist, eine Bemessungsgrundlage heranzuziehen ist, die keinen sachgerechten Maßstab für die mit der Eintragungsgebühr abgegoltene Leistung der Gerichte bildet. Die Aufhebung dieser

---

[134] VwGH 21.5.2005, 2004/17/0156.
[135] VwGH 17.11.2008, 2005/17/0077.
[136] VwGH 12.8.2002, 2001/17/0104.

Bestimmungen führt im Hinblick auf § 1 BewG dazu, dass für die Bemessung der Eintragungsgebühr in allen Fällen die Vorschriften des ersten Teils des Bewertungsgesetzes, somit insbesondere § 10 BewG heranzuziehen sind, sofern § 26 GGG nicht zeitgerecht verfassungskonform gestaltet wird.[137]

§ 4 Abs 2 Z 2 GrEStG[138] stellt im Hinblick auf den Umstand, dass der Einheitswert land- und forstwirtschaftlicher Grundstücke nur einen verschwindenden Bruchteil des Verkehrswertes solcher Grundstücke beträgt, klarerweise eine erhebliche Begünstigung dar. Auch das BMF geht davon aus, dass hier eine Begünstigung vorliegt.[139]

Nach Auffassung des VwGH sind unter „Steuerbegünstigungen" iS des § 26 Abs 1 Satz 1 GGG Vorschriften zu verstehen, die gegenüber der an sich für die Ermittlung der Bemessungsgrundlage heranzuziehenden Bestimmung des GrEStG eine Begünstigung darstellen. Die Auffassung jedoch, dass die Bestimmungen des UmgrStG, wonach der zweifache Einheitswert Bemessungsgrundlage ist, nicht als Vorschriften anzusehen sind, die eine Steuerbegünstigung iS des § 26 Abs 1 GGG vorsehen, ist demgegenüber nicht nachvollziehbar.[140]

Im Falle von Betriebsübertragungen iS des § 5a NeuFöG besteht keine Befreiung von den Eintragungsgebühren nach TP 9 lit a und lit b GGG; in § 5a Abs 2 Z 1 NeuFöG wird auf diese Gebühren nicht verwiesen.

Hingegen sind Eintragungen in das Firmenbuch iS der TP 10 Z I GGG unmittelbar iZm der Betriebsübertragung gemäß § 5a Abs 2 Z 1 iVm § 1 Z 3 NeuFöG von den Gerichtsgebühren befreit.

6. Rechtsnachfolge von Verbänden

Im öffentlichen Recht begründete Geldleistungen können sich für den Fall der Unternehmensnachfolge auch aus den strafrechtlichen Bestimmungen des Verbandsverantwortlichkeitsgesetzes (VbVG), BGBl I 2007/112, ergeben. Dieses Bundesgesetz regelt, unter welchen Voraussetzungen Verbände für Straftaten verantwortlich sind und wie sie sanktioniert werden. Verbände iS dieses Gesetzes sind juristische Personen sowie eingetragene Personengesellschaften und Europäische wirtschaftliche Interessenvereinigungen.[141]

Werden die Rechte und Verbindlichkeiten des Verbandes im Wege der Gesamtrechtsnachfolge auf einen anderen Verband übertragen, so treffen die im VbVG vorgesehenen Rechtsfolgen gemäß § 10 VbVG den Rechtsnachfolger. Über den Rechtsvorgänger verhängte Rechtsfolgen wirken auch für den Rechtsnachfolger. Der Gesamt-

---

[137] *Fellner*, Neue Aspekte zur Verfassungswidrigkeit einheitswertabhängiger Geldleistungen, ÖStZ 2011, 271; *Gunacker*, Einheitswert als Steuerbemessungsgrundlage: Verfassungswidrigkeit bei der Stiftungseingangssteuer, verfassungsrechtliche Bedenken gegen § 26 Gerichtsgebührengesetz, NZ 2011, 171; *Fellner*, Veraltete Einheitswerte: Verfassungswidrigkeit bestätigt, ÖStZ 2011, 545; *Peyerl*, Eintragungsgebühr für das Grundbuch verfassungswidrig, SWK 2011, T 217.
[138] Siehe oben unter Kap 3, Pkt 3.5.
[139] BMF 14.5.2009, 010206/0167-VI/5/2009.
[140] VwGH 28.9.1998, 98/16/0200, 0201; 24.1.2002, 2001/16/0566.
[141] Vgl *Kert*, Verbandsverantwortlichkeit und Finanzstrafrecht, in *Leitner* (Hrsg), Finanzstrafrecht 2006, 9.

rechtsnachfolge ist Einzelrechtsnachfolge gleichzuhalten, wenn im Wesentlichen dieselben Eigentumsverhältnisse bestehen und der Betrieb oder die Tätigkeit im Wesentlichen fortgeführt wird. Besteht mehr als ein Rechtsnachfolger, so kann eine über den Rechtsvorgänger verhängte Geldbuße gegen jeden Rechtsnachfolger vollstreckt werden. Andere Rechtsfolgen können einzelnen Rechtsnachfolgern zugerechnet werden, soweit dies deren Tätigkeitsbereich entspricht.[142]

§ 10 VbVG ist sowohl für vom Gericht zu ahndende Finanzvergehen von Verbänden als auch für von der Finanzstrafbehörde zu ahndende Finanzvergehen von Verbänden anzuwenden.[143] Gegen § 10 VbVG bestehen verfassungsrechtliche Bedenken.[144]

Anders als bei natürlichen Personen, bei denen der staatliche Anspruch mit dem Tod erlischt,[145] treffen bei Übergang der Rechte und Verbindlichkeit des Verbandes im Wege der Gesamtrechtsnachfolge die Rechtsfolgen iS des VbVG den Rechtsnachfolger. Als Fälle der Gesamtrechtsnachfolge kommen insbesondere die Umwandlung, Verschmelzung, Spaltung, Übergang des Gesellschaftsvermögens iS des § 142 UGB, Einbringung nach § 61a VAG oder § 92 Abs 4 BWG in Betracht.

Nach § 10 Abs 2 VbVG ist der Gesamtrechtsnachfolge die Einzelrechtsnachfolge (insbesondere im Wege eines Asset Deals) gleichzuhalten, wenn im Wesentlichen dieselben Eigentumsverhältnisse bestehen und der Betrieb fortgeführt wird. Die Vorschrift dient der Verhinderung von Umgehungsgeschäften.

Literaturverzeichnis

Arnold, W. D., Rechtsgebühren[8], Wien 2006.
Arnold, W. D./Arnold, N., Grunderwerbsteuergesetz, Lose-Blatt-Ausgabe, Wien.
Doralt, W./Ruppe, H. G., Steuerrecht I[10], Wien 2012, II[5], Wien 2006.
Fellner, K. W., Finanzstrafgesetz[6], Lose-Blatt-Ausgabe, Enns.
Fellner, K. W., Gebühren und Verkehrsteuern[10], Lose-Blatt-Ausgabe, Enns.
Fellner, K. W., Stempel- und Rechtsgebühren[8], Wien 2008.
Hügel, H. F./Mühlehner, J./Hirschler, K., Umgründungssteuergesetz, Wien 2000.
Ritz, C., Bundesabgabenordnung[4], Wien 2011.
Stabentheiner, J., Die Gerichtsgebühren[9], Wien 2011.
Stoll, G., Bundesabgabenordnung Kommentar, Wien 1994.
Straube, M., Wiener Kommentar zum UGB, Wien 2009.
Twaroch, A./Frühwald, K./Wittmann, R., Bewertungsgesetz[2], Lose-Blatt-Ausgabe, Wien.

---

[142] Vgl *Gröhs*, Unternehmenskauf und finanzstrafrechtliche Verbandshaftung, ecolex 2007, 794, 885.
[143] § 28a Abs 1 bzw Abs 2 FinStrG.
[144] Vgl *Maderbacher*, § 10 VbVG verfassungskonform? ecolex 2007, 109.
[145] Vgl § 172 FinStrG.

Gesamtrechtsnachfolge- und Haftungsfragen

Erich Novacek

1. **Rechtfertigung und Abgrenzung des Themas**
2. **Einleitung**
3. **Begriffe**
    3.1. Der Erbe als Gesamtrechtsnachfolger
        3.1.1. Exkurs: Haftung des Erben gem § 40 UGB
    3.2. Unternehmen, Vermögen
        3.2.1. Schulden als Bestandteil des Unternehmens
        3.2.2. Vermögen
    3.3. Bewertung
4. **Schuldenregelungen für Erwerbe von Todes wegen ohne Gesamtrechtsnachfolge**
    4.1. Vermächtnis (Legat)
    4.2. Unwiderrufliche Schenkung auf den Todesfall
    4.3. Erbschaftskauf
5. **Haftungen gem § 1409f ABGB, § 38f UGB und § 14 BAO im Vergleich**
    5.1. Gegenstand der Haftung
        5.1.1. Unternehmens- bzw Vermögensteile
    5.2. Ausnahmen von der Haftung
        5.2.1. Erwerb insolventer Unternehmen
        5.2.2. Nutzungsüberlassung von Unternehmen
        5.2.3. Einstellung oder Zerschlagung des Unternehmens (nur § 38 UGB)
    5.3. Umfang der Haftung
    5.4. Möglichkeiten der Haftungsbegrenzung für den Erwerber
    5.5. Begrenzung der Haftung des Veräußerers
6. **Haftung gem § 15 BAO**
7. **Auswirkungen des EU-Rechts**
    7.1. Zivilrechtliche Erwägungen
8. **Verfassungsrechtliche Bedenken**
    8.1. Bedenken gegen § 1409 ABGB
    8.2. Bedenken gegen §§ 38 und 40 UGB
    8.3. Bedenken gegen § 14 BAO
9. **Übergang des Verlustabzugs auf den Erben**
10. **Schlussbemerkung**
Literaturverzeichnis

1. Rechtfertigung und Abgrenzung des Themas

Die unternehmerische Gestaltung anläßlich der Unternehmensnachfolge muss auch auf den Eintritt in die (unbekannten oder verheimlichten) Schulden des Erblassers bzw die mit der Übernahme (und Fortführung) des Unternehmens entstehende Haftung für die Schulden des Rechtsvorgängers, insbesondere die unternehmensbezogenenen Verbindlichkeiten, die im Zeitpunkt der Unternehmensübernahme bestehen, und ebenso auf den Übergang eines allfälligen Verlustabzugs Bedacht nehmen. Dabei sind sowohl bürgerlich-rechtliche als auch unternehmensrechtliche, im Fall der Haftung für Abgabenansprüche sowie bezüglich des Übergangs eines Verlustabzugs zusätzlich auch abgabenrechtliche Normen zu beachten.

Wegen der für die verschiedenen Unternehmensrechtsformen bestehenden unterschiedlichen gesellschaftsrechtlichen und steuerrechtlichen Voraussetzungen für den Eintritt der Gesamtrechtsnachfolge beim Unternehmensübergang auf einen anderen Rechtsträger sowie der daran anknüpfenden unterschiedlichen Regelungen betreffend den Übergang eines allfälligen Verlustabzuges wird die Untersuchung, um den vorgegebenen Umfang nicht zu überschreiten, auf die diesbezüglichen Regelungen für Einzelunternehmer beschränkt.

Der mit der Gesamtrechtsnachfolge gem § 547 ABGB bewirkte Eintritt des Erben in die Rechtsverhältnisse des Erblassers[1] wird nur hinsichtlich des Verlustabzuges erörtert. Der gem § 38 Abs 1 UGB als Zweifelsregel angeordnete Übergang von unternehmensbezogenen, nicht höchstpersönlichen Rechtsverhältnissen,[2] der zusätzlich zur Haftung für die mit dem Unternehmen verbundenen, bereits bestehenden Verbindlichkeiten eintritt, wird ebenfalls nicht dargestellt, wohl aber die im § 39 UGB für Dauerschuldverhältnisse vorgesehene Beendigung der Haftung des Veräußerers.

Die Unternehmensbegriffe des § 1409 ABGB und des § 1 Abs 2 UGB umfassen auch die nicht auf Gewinn gerichtete Tätigkeit;[3] diese gilt steuerlich bei physischen Personen als Liebhaberei,[4] was wegen der Beschränkung auf typisch erwerbswirtschaftlich tätige Einzelunternehmer nicht Gegenstand der Untersuchung ist. Ebenso bleibt die Verwaltung eigenen Vermögens durch Fruchtziehung außer Betracht, da die Unternehmereigenschaft nur bei einem derartigen Umfang der Vermietung und Verpachtung angenommen wird, dass sie zu ihrer Verwaltung eine dauerhaft eingerichtete Organisation benötigt (etwa ab fünf Bestandsobjekten, bei entsprechend größeren Bestandsobjekten auch bei weniger als fünf).[5]

2. Einleitung

Vorweg ist auf zwei Änderungen des UGB gegenüber dem HGB hinzuweisen: Im Unterschied zu den §§ 25ff HGB unterliegt gem § 4 UGB nun der Übergang aller Unterneh-

---

[1] *Eccher* in *Schwimann*, (Hrsg), ABGB Taschenkommentar, § 547, Rz 2.
[2] *Karollus* in *Jabornegg/Artmann* (Hrsg), UGB² Bd I, § 38, Rz 20.
[3] Vgl *Lukas*, in *Kletecka/Schauer* (Hrsg), abgb-on. manz.at, § 1409, Rz 13.
[4] Liebhabereiverordnung, BGBl 1993/33.
[5] *Schiebel/Six* in *Straube* (Hrsg), Wiener Kommentar zum UGB, RLG, § 189 Rz 45; vgl OGH 21.10.2010, 5 Ob 155/1 0w, s WBl 2011, 276.

men iSd § 1 Abs 2 UGB einschließlich der bisher von der Anwendung der §§ 25ff HGB ausgenommenen „Minderkaufleute" (ohne Firmenbucheintragung) der Haftung gem den §§ 38ff UGB. Die Haftung knüpft nicht mehr an die Firmenfortführung, was ja bei im Firmenbuch nicht eingetragenen Unternehmen nicht möglich wäre, sondern an die Fortführung des Unternehmens. Auf Land- und Forstwirte sowie Freiberufler sind die §§ 38ff UGB weiterhin nur anwendbar, wenn sie im Firmenbuch eingetragen sind[6]; Unternehmen im Bereich vermögensverwaltender und verschiedener anderer Tätigkeiten sind vom Begriff des Freiberuflers nicht umfasst,[7] für sie gilt die Haftung auch ohne Firmenbucheintragung.

Der Erbe als Gesamtrechtsnachfolger tritt gem § 548 ABGB in die Schulden des Erblassers ein und hat außerdem die Haftungsnorm des § 40 UGB zu beachten. Hingegen ist in folgenden Fällen des Erwerbs von Todes wegen keine Gesamtrechtsnachfolge gegeben: Erwerb durch Vermächtnis (Legat, §§ 535 und 647 ABGB) und durch unwiderrufliche Schenkung auf den Todesfall (§ 956 ABGB). In diesen Fällen und beim Erbschaftskauf (§§ 1278ff) richtet sich die Position des Erwerbers bezüglich der Schulden des Rechtsvorgängers nach speziellen Normen des ABGB, die im P 4. dargestellt werden, und zusätzlich nach der Haftungsnorm des § 38 UGB.

Der Erwerber eines Unternehmens unter Lebenden haftet gem § 1409 ABGB und § 38 UGB für die unternehmensbezogenen Schulden, gem § 1409 ABGB im Hinblick auf die ebenfalls haftungsrelevante Übernahme eines Vermögens uU überhaupt für alle Schulden des Veräußerers.[8]

Jeder Erwerber eines Unternehmens – von Todes wegen wie auch unter Lebenden – unterliegt überdies bezüglich der Abgabenansprüche den Haftungen gem den §§ 14 und 15 BAO.

Die aus der Unternehmensnachfolge im Wege der Gesamtrechtsnachfolge sowie die aus zivilrechtlichen und steuerrechtlichen Haftungen auf Grund der Unternehmensübernahme sich ergebenden Folgen und die Bedeutsamkeit der Gesamtrechtsnachfolge für die Vererblichkeit eines allfälligen Verlustabzugs werden dargestellt. Die Ausführungen in diesem Beitrag gelten im Fall des Erwerbs auf Grund eines bestimmten Rechtstitels durch eine Person ebenso für den Erwerb durch mehrere Personen auf Grund desselben Rechtstitels,[9] weiters für Personen weiblichen und männlichen Geschlechts jeweils in gleicher Weise.

3. Begriffe

3.1. Der Erbe als Gesamtrechtsnachfolger

Gem § 547 ABGB stellt der Erbe, sobald er die Erbschaft angenommen hat, in Rücksicht auf dieselbe den Erblasser vor. Bei der dadurch bewirkten Gesamtrechtsnachfolge geht

---

[6] *Novacek*, Haftungen bei Unternehmensübertragungen im Zivil- und Steuerrecht, RdW 2011/201.
[7] Vgl deren gesonderte Anführung von *Artmann/Herda* in *Jabornegg/Artmann* (Hrsg), aaO, § 1 Rz 22 sowie die Aufzählung von nicht als freiberuflich iSd UGB geltenden Tätigkeiten von *Herzog/Mayr* in *Doralt* (Hrsg), Einkommensteuergesetz Kommentar[11], § 5 Tz 10.
[8] *Lukas* in *Kletecka/Schauer* (Hrsg), aaO, § 1409, Rz 15.
[9] So ausdrücklich § 550 ABGB.

das Eigentum an einem einzelnen Vermögensgegestand oder an einer Gesamtsache, etwa einem Unternehmen[10] ebenso wie an einer Mehrzahl von Vermögensgegenständen, unmittelbar auf den (Unternehmens-)Nachfolger über.[11] Gem § 548 ABGB übernimmt der Erbe die Verbindlichkeiten, die der Erblasser aus seinem Vermögen zu leisten gehabt hätte, mit Ausnahme von Geldstrafen, zu denen der Verstorbene noch nicht verurteilt war.

Die erbrechtliche Gesamtrechtsnachfolge tritt allerdings nicht schon mit dem Tod des Erblassers, sondern erst mit der Einantwortung, allenfalls mit dem Urteil im Erbschaftsprozess ein.[12]

Gem § 800 ABGB muss der Erbe bereits mit der Erbantrittserklärung erklären, ob er die Erbschaft unbedingt oder mit Vorbehalt der Rechtswohltat des Inventariums antrete.

„Bei Abgabe einer unbedingten Erbantrittserklärung hat der Erbe" unter Wahrheitspflicht *„eine* **Vermögenserklärung** *abzugeben, in der die Verlassenschaft mit all ihren Bestandteilen zu beschreiben und zu bewerten ist, und die der Verlassenschaftsabhandlung zugrunde gelegt wird"*.[13]

Auf Grund einer bedingten Erklärung wird die Haftung des Erben auf den Wert der Nachlassaktiven beschränkt. Das Haftungsprivileg auf Grund der bedingten Erklärung eines von mehreren Miterben kommt gem § 807 ABGB auch den Miterben unabhängig von der Art ihrer Erbantrittserklärung zu.[14] Bei bedingter Erbantrittserklärung ist ein Inventar zu errichten, in dem das gesamte bewegliche und unbewegliche Vermögen (körperliche Sachen und vererbliche Rechte), das sich zum Todeszeitpunkt des Erblassers in seinem Besitz befunden hat, sowie seine Verbindlichkeiten zu verzeichnen sind. Auf Grund der beschränkten Haftung sind *„die Forderungen der Gläubiger im Fall einer Überschuldung des Nachlasses* **verhältnismäßig**" in analoger Anwendung der IO zu befriedigen. Der bedingt erbserklärte Erbe hat zu beweisen, dass der Nachlass nicht ausreicht.[15]

Ersatzerben (§§ 604ff ABGB) sowie im Fall einer fideikommissarischen Substition eingesetzte Vor- und Nacherben (§§ 613 ff ABGB) sind als Erben Gesamtrechtsnachfolger,[16] ebenso Personen (Ehegatten sowie eingetragene Partner),[17] die durch einen Erbvertrag (§§ 1249ff ABGB) eingesetzt werden, da dieser nur bewirkt, dass das Erbrecht stärker als durch ein widerrufliches Testament gesichert wird.[18] Auch Erbschaftskauf, Erbschaftsschenkung, qualifizierte Erbsentschlagung (Erbverzicht zugunsten eines Dritten) und Erbvergleich (bewirkt eine Änderung des Erbverhältnisses gegenüber dem Erbrechtstitel) führen zur erbrechtlichen Gesamtrechtsnachfolge.[19]

---

[10] *Kodek* in *Schwimann* (Hrsg), aaO, § 303, Rz 2; die Wertung des Unternehmens als bewegliche unkörperliche Gesamtsache iSd § 302 ABGB ist allerdings strittig (*Artmann/Herda* in *Jabornegg/Artmann* [Hrsg], aaO § 1 Rz 24).
[11] *Nemeth* in *Schwimann* (Hrsg), aaO, § 819, Rz 4.
[12] *Eccher* in *Schwimann* (Hrsg), aaO, § 547, Rz 1.
[13] *Nemeth* in *Schwimann* (Hrsg), aaO, § 801, Rz 3.
[14] *Nemeth* in *Schwimann* (Hrsg), aaO, § 802, Rz 1f.
[15] *Nemeth* in *Schwimann* (Hrsg), aaO, § 802, Rz 4 und 3.
[16] *Eccher* in *Schwimann* (Hrsg) aaO, § 604, Rz 1 sowie § 613.
[17] *Eccher* in *Schwimann* (Hrsg) aaO, § 602, Rz 1.
[18] *Schwimann* in *Schwimann* (Hrsg), Rz 2 zu §§ 1249–1254.
[19] *Schrammel* in *Schwimann* (Hrsg), § 1278, Rz 3, 4 und 8.

3.1.1. Exkurs: Haftung des Erben gem § 40 UGB

Im § 40 UGB wird analog zu § 38 UGB die Haftung des Erben für Verbindlichkeiten geregelt, nicht aber der im § 38 ebenfalls angeordnete Übergang von Rechtsverhältnissen, da sich dieser bereits aus den §§ 547ff ABGB ergibt.[20] Abweichend von § 38 UGB tritt gem § 40 die unbeschränkte Haftung nicht ein, wenn die Fortführung des Unternehmens spätestens drei Monate nach Einantwortung eingestellt oder die Haftung in sinngemäßer Anwendung des § 38 Abs 4 ausgeschlossen wird. Ist der Erbe nicht geschäftsfähig, so endet diese Frist nicht vor dem Ablauf von drei Monaten seit der Bestellung eines gesetzlichen Vertreters oder seit dem Eintritt der Geschäftsfähigkeit des Erben. Die Frage, *„ob auch eine Veräußerung oder Verpachtung des Unternehmens der Einstellung gleichzuhalten ist"* (und damit haftungsbefreiend wirkt), war bereits auf Grund der früheren Rechtslage (Firmenfortführung) strittig und ist es nach der neuen Rechtslage (Unternehmensfortführung) weiterhin.[21] Im Übrigen wird auf die Ausführungen zu § 38 verwiesen.

3.2. Unternehmen, Vermögen

Die Übernahme eines Unternehmens durch Rechtsgeschäft unter Lebenden führt gem § 38 UGB, § 1409 ABGB und § 14 BAO zur Haftung für die unternehmensbezogenen Schulden. Gem § 1409 ABGB ist überdies die Übernahme eines Vermögens haftungsrelevant, was, wie im Folgenden dargelegt wird, die Haftung nicht nur für die unternehmensbezogenen, sondern für alle Schulden des Veräußerers zur Folge haben kann.

Der Begriff des Unternehmens wird im ABGB nicht definiert, sondern wird inhaltlich verstanden iSd § 1 Abs 2 KSchG als auf Dauer angelegte Organisation selbständiger wirtschaftlicher Tätigkeit,[22] ebenso ausdrücklich § 1 Abs 2 UGB. Aus § 28 BAO ergibt sich der Begriff des Gewerbebetriebs als selbständige, nachhaltige Betätigung, die mit Gewinnabsicht unternommen wird und sich als Beteiligung am allgemeinen wirtschaftlichen Verkehr darstellt, wenn die Tätigkeit weder als Land- und Forstwirtschaft noch als Ausübung eines freien Berufes noch als eine andere selbständige Arbeit anzusehen ist.

Der Begriff des **Unternehmens** erfasst sowohl gewerbliche, kaufmännische als auch landwirtschaftliche Betriebe;[23] aber auch die freiberufliche Tätigkeit und die andere selbständige Arbeit begründen nach dem Vorgesagten einen Betrieb und damit ein Unternehmen.[24]

3.2.1. Schulden als Bestandteil des Unternehmens

Nach der Auslegung der §§ 1409 ABGB und 38 UGB werden nur die Aktiven, nicht aber die Passiven vom Begriff des Unternehmens umfasst.[25] Der beim Unternehmen beste-

---

[20] *Karollus* in *Jabornegg/Artmann* (Hrsg) aaO, § 40, Rz 4.
[21] *Karollus* in *Jabornegg/Artmann* (Hrsg) aaO, § 40, Rz 17.
[22] Vgl *Lukas* in *Kletecka/Schauer* (Hrsg), aaO, § 1409, Rz 13.
[23] *Rudolf* in *Schwimann* (Hrsg), aaO, § 1409, Rz 7.
[24] *Schiebel/Six* in *Straube* (Hrsg), aaO, § 189 Rz 6; glA *Thöni* in *Klang*, ABGB Kommentar³, § 1409, Rz 61; vgl auch die Anknüpfung der im § 14 Abs 1 BAO geregelten Haftung an ein Unternehmen oder einen im Rahmen eines Unternehmens gesondert geführten Betrieb.
[25] *Lukas* in *Kletecka/Schauer*, aaO, § 1409, Rz 13; ebenso *Ertl* in *Rummel* (Hrsg), Kommentar zum Allgemeinen Bürgerlichen Gesetzbuch, Bd II³, § 1409 Rz 4; glA offenbar *Karollus* in *Jabornegg/Artmann* (Hrsg), Kommentar zum UGB², § 38, Rz 62.

hende sachliche Zusammenhang zwischen Aktiva und Passiva wird nur als bedeutsam erachtet für die Abgrenzung von privaten Verbindlichkeiten des Veräußerers, für die der Erwerber eines Unternehmens gem § 1409 ABGB nicht haftet, wenn der Veräußerer neben dem veräußerten Unternehmen noch wesentliches sonstiges (anderes) Vermögen besitzt.[26]

„Der Wert des übernommenen Unternehmens ist nach einer nach objektivem Maßstab vorzunehmenden Bewertung aller zum Unternehmen gehörigen Komponenten, wie Goodwill, Kundenstock, Erwerbschancen, bestehende Rechte und bestehende Verbindlichkeiten zu ermitteln. Dabei sind die von der Betriebswirtschaftslehre entwickelten Verfahren heranzuziehen."[27] Entgegen dem Wortlaut des § 1409 Abs 1 und dem zivilrechtlich für die Unternehmensbewertung maßgeblichen, von der Betriebswirtschaftslehre entwickelten Fachgutachten (s P 3.3.), wird die Beschränkung der Haftung gem § 1409 Abs 1 (s P 5.4.) nicht auf den Wert des übernommenen Unternehmens, sondern auf den Wert der übernommenen Aktiven bezogen und nur, entgegen bisher grundsätzlicher Ablehnung einer Kürzung der Werthaftungssumme um bestehende Verbindlichkeiten, die Kürzung der Haftungssumme um pfandrechtlich gesicherte Verbindlichkeiten als gerechtfertigt erachtet.[28]

Zwar wird die *„Abgrenzung zum Unternehmen iSd § 1 Abs 2 UGB"* erörtert;[29] bei den Kommentierungen der §§ 1 Abs 2 und 38ff UGB wurden jedoch, soweit ersichtlich, die §§ 189ff UGB nicht erwähnt und deren zwingender Einfluss auf den Unternehmensbegriff nicht erörtert. Dies kann nicht damit erklärt werden, dass die §§ 1 und 38ff UGB privatrechtliche, die §§ 189ff UGB hingegen öffentlich-rechtliche Regelungen darstellen.[30] Eine solche Auslegung steht daher im Widerspruch mit den §§ 189ff UGB, insbesondere den §§ 191, 193 und 198, wonach der Unternehmer auch die dem Unternehmen gewidmeten Schulden zu Beginn seines Unternehmens im Inventar, in der Eröffnungsbilanz sowie in allen folgenden Jahresabschlüssen auszuweisen hat, um gem § 195 UGB dem Unternehmer ein möglichst getreues Bild der Vermögens- und Ertragslage des Unternehmens zu vermitteln.

Um auch den Haftungsumfang gem § 14 BAO mit dem Wert der übertragenen Aktiven ohne Widerspruch zu den §§ 189ff UGB beibehalten zu können, wurde § 14 Abs 1 zweiter Unterabsatz BAO so formuliert, dass die an die Übereignung eines Unternehmens oder Betriebes anknüpfende Haftung ausdrücklich mit dem *„Wert der übertragenen Gegenstände und Rechte (Besitzposten) ohne Abzug übernommener Schulden"* begrenzt wird.

3.2.2. Vermögen

*„Der Vermögensbegriff erfasst nur die **Aktiva**, also die Summe aller geldwerten Güter einer Person. (...) Eine tatbestandliche Vermögensübernahme liegt selbst dann vor, wenn ein **nicht erheblicher Teil** des Vermögens beim Übertragenden bleibt, weil es genügt, wenn der **wesentliche Teil** (...) übernommen wird. (...) Bei der Übernahme eines*

---

[26] *Thöni* aaO, in *Klang*³, § 1409, Rz 60.
[27] *Thöni* aaO, in *Klang*³, § 1409, Rz 93.
[28] So *Thöni* aaO, in *Klang*³, § 1409, Rz 95.
[29] *Thöni* aaO, in *Klang*³, § 1409, Rz 61.
[30] *Artmann/Herda* in *Jabornegg/Artmann* (Hrsg), aaO, vor § 1, Tz 18.

*bloßen **Unternehmensteils** kommt es wie im Fall der Übernahme einer einzelnen Sache darauf an, ob damit das im Wesentlichen einzige Vermögen des Übergebers veräußert wurde und ob dies dem Übernehmer bekannt war oder zumindest bekannt sein musste".*[31] Das „Vermögen" stellt demnach im Hinblick auf die Haftung gem § 1409 ABGB je nach Verhältnissen nicht nur eine Alternative zum „Unternehmen", sondern auch dessen Oberbegriff dar.

3.3. Bewertung

Sowohl bei der Gesamtrechtsnachfolge als auch bei den zivil- und steuerrechtlichen Haftungen wird die Bewertung des haftungsrelevanten Vermögens, insbesondere des Unternehmens, gefordert. Steuerlich richtet sich der Wert der Besitzposten *„dem § 1 Abs 1 BewG zufolge nach dessen §§ 2 bis 17. Somit sind der **Teilwert** (§ 12 BewG) bzw die nach den §§ 13 bis 17 BewG ermittelten Werte maßgebend (BMF, AÖF 1992/382, Abschn 2.2.4; aM Kotschnigg, wonach der gemeine Wert ausschlaggebend ist). Zu den Besitzposten gehört auch der Firmenwert (Stoll, BAO 171; abl Drabeck, SWK 1992, A V 20; Fraberger, Der steueroptimale Tod, 73)".*[32]

Für die zivilrechtliche Bewertung wird auf das Fachgutachten betreffend die Unternehmensbewertung[33] mit folgenden kritischen Anmerkungen hingewiesen (die folgenden Zitierungen beziehen sich auf das Fachgutachten):[34]

- Die Unbeachtlichkeit des bilanziellen Vorsichtsprinzips (P 3.7.) kann zur überhöhten Beanspruchung durch Gläubiger des Rechtsvorgängers führen.
- Die Berücksichtigung von Ertragsteuern (P 4.1.4.) ist bei Einzelunternehmern wegen der Progressivität des ESt-Tarifs und der Belastungswirkung durch andere Einkünfte schwierig.
- Die Unterstellung einer unbegrenzten Lebensdauer des Unternehmens (P 4.3.4.) ist bedenklich, da erfahrungsgemäß nur sehr wenige Unternehmen eine Lebensdauer von mehr als 100 Jahren aufweisen. Dies gilt auch für die dort für möglich gehaltene Annahme konstant wachsender finanzieller Überschüsse. Solche können günstigstenfalls der inflationären Entwicklung entsprechen, da selbst erfolgreich agierende Unternehmen im Lauf der Zeit durch andere, dieselben Marktchancen erkennende

---

[31] *Lukas* in *Kletecka/Schauer* (Hrsg), aaO, § 1409, Rz 13.
[32] *Ritz*, Bundesabgabenordnung Kommentar, § 14 Tz 19.
[33] Fachgutachten des Fachsenats für Betriebswirtschaft und Organisation des Instituts für Betriebswirtschaft, Steuerrecht und Organisation der Kammer der Wirtschaftstreuhänder vom 27. 2. 2006 idgF.
[34] *Vodrazka*, Vortrag und Diskussion zum Thema „Die Bewertung ganzer Unternehmen" am 14. 6. 2011 in Linz; s ausführlich *Vodrazka*, Die Anlässe zur Bewertung ganzer Unternehmen und deren Auswirkungen auf diese, SWK 2011, W 63ff, sowie *Schlager/Schwarz*, Karl Vodrazka zum 80. Geburtstag, SWK 2011, T 139, mit Hinweisen auf die Diskussion über die Bedeutung des Substanzwertes, und eigene Aufzeichnungen; vgl auch *Meinert*, Neuere Entwicklungen in der Unternehmensbewertung, DB 2011, 2397ff sowie 2455ff, weiters *Nadvornik/Sylle*, Eine Bestandsaufnahme der aktuellen Unternehmensbewertungslandschaft in Österreich – Eine empirische Erhebung, RWZ 2012/5 sowie *Kohl/König*, Das vereinfachte Ertragswertverfahren im Lichte des aktuellen Kapitalmarktumfeldes, BB 2012, 607ff, vgl auch *Welser/Siegwart*, Die gesetzliche Gewährleistung beim Unternehmenskauf, ZUS 2011/19 (S 67); schließlich *Sylle/Brauneis*, Der Einfluss der Finanzmarktkrise auf die einzelnen Parameter des Kapitalisierungszinssatzes im Rahmen der kapitalmarktorientierten Unternehmenswertermittlung, RWZ 2012/25.

Unternehmen unter zunehmenden Konkurrenzdruck kommen und so die anfänglichen Wachstumsraten nicht auf Dauer beibehalten können.
- Künftig geänderte Risikoeinschätzungen können ebenso zu einer anderen Bewertung führen.
- Die Unternehmensbewertung berücksichtigt auch das Fremdkapital (P 6.3.2.), das daher ein Bestandteil des Unternehmens ist.
- Angesichts der Ungewissheit über Dauer und Höhe der Ertragschancen sollte dem nicht mit den Bilanzwerten zu verwechselnden Substanzwert (P 6.4.) bei der Unternehmensbewertung mehr Gewicht beigemessen werden.
- Bei hilfsweiser Anwendung von Multiplikatormethoden (P 7.2.) ist zu beachten, dass bei der Anknüpfung an den Umsatz oder die Produktionsmenge das je nach Unternehmen unterschiedliche Ausmaß der Fremdfinanzierungskosten nicht berücksichtigt ist.

4. Schuldenregelungen für Erwerbe von Todes wegen ohne Gesamtrechtsnachfolge

Beim Erwerb eines Unternehmens von Todes wegen ohne Gesamtrechtsnachfolge sind neben der Haftungsnorm des § 38 UGB die folgenden Regelungen zu beachten:

4.1. Vermächtnis

Ist die vermachte Sache verpfändet oder belastet, so übernimmt gem § 662 Satz 3 ABGB der Empfänger auch die darauf haftenden Lasten. Aus der Bestimmung wird aber abgeleitet, dass der Vermächtnisnehmer nicht direkt den Nachlassgläubigern haftet, sondern der Nachlass und nach Einantwortung die Erben.[35] Mit der Beschränkung der Haftung gem § 1409 ABGB auf die Übernahme auf Grund einer entgeltlichen oder unentgeltlichen rechtsgeschäftlichen Veräußerung unter Lebenden[36] wird die erwogene allfällige Anwendbarkeit des § 1409 ABGB[37] offenbar ausgeschlossen.

4.2. Unwiderrufliche Schenkung auf den Todesfall

Nach dem Tod des Geschenkgebers ist die unwiderrufliche Schenkung auf den Todesfall als Vermächtnis zu behandeln,[38] womit die Haftung gem § 1409 ABGB ebenfalls ausgeschlossen ist.

4.3. Erbschaftskauf

„*Der Erbschaftskauf (§§ 1278 ff) erfüllt dieses Erfordernis – der Veräußerung des ganzen Vermögens einer Person – zwar, ist aber nach der Absicht des Gesetzgebers wegen seines selbständigen Regelungsregimes (§ 1282) nicht erfasst*"[39], womit eine Haftungs-

---

[35] *Eccher* in *Schwimann* (Hrsg), aaO, § 662, Rz 5.
[36] *Rudolf* in *Schwimann* (Hrsg), aaO, § 1409, Rz 4.
[37] *Eccher* in *Schwimann* (Hrsg), aaO, § 662, Rz 5.
[38] *Liedermann* in *Schwimann* (Hrsg), aaO, § 956, Rz 2.
[39] *Lukas* in *Kletecka/Schauer* (Hrsg), aaO, § 1409, Rz 2.

beschränkung gem § 1409 ABGB ausgeschlossen ist.⁴⁰ Demnach haften Erbe und Erbschaftskäufer solidarisch gegenüber den Nachlassgläubigern, wobei es im Fall einer unbedingten Erbantrittserklärung zur unbeschränkten Haftung, bei bedingter Erbantrittserklärung zu einer mit der Höhe der Nachlassaktiven beschränkten solidarischen Haftung kommt.⁴¹

5. Haftungen gem §§ 1409f ABGB, 38f UGB und 14 BAO im Vergleich

5.1. Gegenstand der Haftung

Haftungstatbestand ist

- gem § 1409 ABGB die entgeltliche oder unentgeltliche Übernahme eines Unternehmens oder Vermögens unter Lebenden, zB durch Kauf, Übergabevertrag, vorweggenommene Erbteilung, Schenkung,⁴² aber auch *„die Übernahme einer über den Erbteil hinausgehenden Quote durch den bedingt erbserklärten Erben in einem Erbübereinkommen, jedoch nur hinsichtlich der Differenz"*⁴³,
- gem § 38 UGB die Fortführung eines unter Lebenden erworbenen Unternehmens,
- gem § 14 BAO die Übereignung (von Todes wegen⁴⁴ oder unter Lebenden) eines Unternehmens (eines gesondert geführten Betriebes).

5.1.1. Unternehmens- bzw Vermögensteile

Bürgerlich-rechtlich gilt: *„Eine einzelne Sache, etwa eine Liegenschaft, erfüllt auch dann den Vermögensbegriff nicht, wenn sie einen nicht unbeträchtlichen Wert aufweist"*, außer *„wenn die fragliche Sache im Wesentlichen das gesamte Vermögen des Veräußerers darstellt."* Der Übergang von Unternehmensteilen führt dann zur Haftung für die unternehmensbezogenen Schulden, wenn dies die wesentlichen Teile des Unternehmens sind, mit denen der Übernehmer das erworbene Unternehmen weiterführen kann, oder zur Haftung für alle Schulden des Übergebers, wenn der übergebene Unternehmensteil das im Wesentlichen einzige Vermögen des Übergebers war. Bei der Veräußerung eines Vermögensteils wie auch eines Unternehmensteils als im Wesentlichen einziges Vermögen des Veräußerers kommt es aber nur dann zur Haftung des Erwerbers, wenn ihm diese besonderen Vermögensverhältnisse des Veräußerers bekannt waren oder bekannt sein hätten müssen.⁴⁵

> *„Wird nur ein **Teil eines Unternehmens** (...) übernommen, so haftet nach der Rspr der Erwerber für alle zum Gesamtbetrieb gehörigen Schulden, wobei ihm ledigl die Möglichkeit eingeräumt wird, sich an den anderen Teilbetriebsinhabern zu regressieren (...). Eine solche Begünstigung der Gläubiger, die über die Haftung für die zum übernommenen Vermögen oder Unternehmen ‚dazugehörigen Schulden' hinausgeht,*

---

⁴⁰ *Schrammel* in *Schwimann* (Hrsg), aaO, § 1282, Rz 3.
⁴¹ *Schrammel* in *Schwimann* (Hrsg), aaO, § 1282, Rz 1f.
⁴² *Rudolf* in *Schwimann* (Hrsg), aaO, § 1409, Rz 4.
⁴³ *Ertl* in *Rummel* (Hrsg), aaO, § 1409, Rz 3f und 6.
⁴⁴ *Ritz*, aaO, § 14 Tz 8 (arg „Legat").
⁴⁵ *Lukas* in *Kletecka/Schaue* (Hrsg), aaO, § 1409, Rz 11 und 13.

findet weder im Wortlaut noch im Zweck des Gesetzes Deckung. Richtigerweise kann daher der Erwerb des Teilbetriebes oder Teilvermögens nur eine Haftung für den darauf entfallenden Teil der Schulden auslösen".[46]

Unternehmensrechtlich kann die Übertragung von Unternehmensteilen zur Haftung führen, wenn ein relativ selbständiger Betrieb oder Teilbetrieb iSd Steuerrechts, möglicherweise ein im Wesentlichen selbständig überlebensfähiger Unternehmensteil übergeht. Selbständigkeit iS einer Zweigniederlassung wird nicht vorausgesetzt, ebenso wenig, dass die übertragenen Teile den bisherigen Schwerpunkt (Kernbereich) der Unternehmenstätigkeit des Veräußerers betrafen. Dabei bezieht sich die Haftung nur auf *„Verbindlichkeiten, die **gerade dem übertragenen Unternehmensteil zugeordnet** sind. (...) Im Einzelfall kann dies allerdings zu Zuordnungsproblemen führen, so etwa bei Vermögensgegenständen, die bisher mehreren Betrieben oder Teilbetrieben gewidmet waren".*[47]

Für die steuerrchtliche Haftung *„müssen nicht alle betrieblichen Wirtschaftsgüter übereignet werden; es reicht der **Erwerb der wesentlichen Grundlagen**".*[48] Im Übrigen darf auf die an dieser Stelle folgende umfangreiche Aufzählung der für die unterschiedlichen Betriebstypen jeweils wesentlichen Betriebsgrundlagen sowie auf die diesbzüglichen Ausführungen zu § 24 EStG[49] verwiesen werden.

5.2. Ausnahmen von der Haftung

5.2.1. Nutzungsüberlassung von Unternehmen

Die im § 38 Abs 5a UGB angeordnete Fiktion, dass die Fortführung eines Unternehmens im Wege der Pacht, der Leihe, der Fruchtnießung, des Rechtes des Gebrauchs und die Beendigung dieser Verträge nicht als Erwerb des Unternehmens gelten und damit nicht haftungsbegründend wirken, entspricht der Auslegung des § 1409 ABGB[50] und des § 14 Abs 1 BAO, wobei aber nach letzterer Bestimmung *„nicht auf die zivilrechtliche Gestaltung, sondern auf den Übergang des wirtschaftlichen Eigentums abgestellt"* wird.[51]

5.2.2. Übernahme insolventer Unternehmen

Gem den §§ 1409a ABGB, 38 Abs 5 UGB und 14 Abs 2 BAO ist beim Erwerb eines (Vermögens oder eines) Unternehmens im Weg der Zwangsvollstreckung, des Konkurses, des Ausgleichsverfahrens (auch des fortgesetzten Verfahrens) oder der Überwachung des Schuldners durch Sachwalter der Gläubiger die Haftung ausgeschlossen.

5.2.3. Einstellung oder Zerschlagung des Unternehmens

Nur die Haftung gem § 38 UGB ist ausgeschlossen, wenn das bisherige Unternehmen nicht fortgeführt, sondern eingestellt oder zerschlagen wird. *„Bereits eine Fortführung*

---

[46] *Ertl* in *Rummel* (Hrsg), aaO, § 1409 Rz 6 (mwN).
[47] *Karollus* in *Jabornegg/Artmann* (Hrsg), aaO, § 38, Rz 15.
[48] *Ritz*, aaO, § 14 Tz 6.
[49] *Fröhlich* in *Doralt* (Hrsg), Einkommensteuergesetz Kommentar[10], § 24, Tz 23ff.
[50] *Lukas* in *Kletecka/Schauer* (Hrsg), aaO, § 1409, Rz 7.
[51] *Ritz*, aaO, § 14 Tz 8.

*des Unternehmens für eine **relativ kurze Zeitspanne** genügt; auf eine Frist von drei Monaten kommt es anders als bei § 40 nicht an".*[52]

5.3. Umfang der Haftung

Der Erwerber eines Unternehmens oder Vermögens haftet gem § 1409 Abs 1 ABGB[53] für die unternehmens- oder vermögensbezogenen Schulden, die er bei der Übergabe kannte oder kennen musste. Ist ein naher Angehöriger (§ 32 IO) des Veräußerers der Übernehmer, so ist nicht der Gläubiger,[54] sondern gem § 1409 Abs 2 ABGB der Übernehmer für die Frage des Kennens oder Kennenmüssens beweispflichtig.[55] Die Haftung besteht zeitlich unbeschränkt.[56]

Wer ein unter Lebenden erworbenes Unternehmen fortführt, haftet gem § 38 UGB für die unternehmensbezogenen Schulden, auch wenn sie unbekannt oder nicht erkennbar waren.[57]

Entsprechend der an die Übereignung eines Unternehmens oder eines im Rahmen eines Unternehmens gesondert geführten Betriebes anknüpfenden Regelung haftet der Erwerber gem § 14 Abs 1 BAO nur für Abgaben, bei denen die Abgabepflicht sich auf den Betrieb des Unternehmens gründet, sowie für Steuerabzugsbeträge, die auf die Zeit seit dem Beginn des letzten, vor der Übereignung liegenden Kalenderjahres entfallen bzw abzuführen waren. Die Haftung besteht wie gem § 1409 Abs 1 ABGB nur insoweit, als der Erwerber im Zeitpunkt der Übereignung die in Betracht kommenden Schulden kannte oder kennen musste. *„Im Unterschied zu § 1409 Abs 2 ABGB sieht § 14 BAO keine Beweislast (des Erwerbers) für Erwerbe durch nahe Angehörige vor".*[58]

Entscheidend ist der tatsächliche oder zu erwartende Kenntnisstand im Zeitpunkt der Vornahme des jeweiligen sachenrechtlichen Verfügungsaktes. *„Die Haftung greift bereits bei leichter Fahrlässigkeit des Übernehmers. Bei Übernahme eines Unternehmens besteht die Sorgfaltspflicht in der Einsichtnahme in die Geschäftsbücher und der genauen Prüfung der (sonst) bekannten Schulden."* Die Auskunft des Veräußerers oder dessen Steuerberaters genügt nicht. Mangelhaftigkeit oder gänzliches Fehlen der Buchführung sowie die Auskunftsverweigerung des Übergebers über die Geschäftsschulden sind Anlass zu besonderer Vorsicht.[59] Die Einsichtnahme in die Geschäftsbücher und die genaue Prüfung der sonst bekannten Schulden sollte zur Beweissicherung dokumentiert werden.

5.4. Möglichkeit der Haftungsbegrenzung für den Erwerber

Die Haftung gem § 1409 Abs 1 ABGB ist unbeschränkt. Damit wird aber (infolge der weiter bestehenden Haftung des Veräußerers) eine Verdoppelung der Haftungsmassen

---

[52] *Karollus* in *Jabornegg/Artmann* (Hrsg), aaO, § 38, Rz 14.
[53] Weitere Haftungsbestimmungen s *Karollus* in *Jabornegg/Artmann* (Hrsg), aaO, § 38 Tz 76, sowie *Götz/Huber*, Die Tax Due Diligence im Überblick (FN 13), ZUS 2011/20.
[54] *Rudolf* in *Schwimann* (Hrsg), aaO, § 1409, Rz 10.
[55] *Lukas* in *Kletecka/Schauer* (Hrsg), aaO, § 1409, Rz 18.
[56] *Götz/Huber*, aaO, ZUS 2011/20 (Fn 13).
[57] *Karollus* in *Jabornegg/Artmann* (Hrsg), aaO, § 38, Rz 64.
[58] *Ritz*, aaO, § 14, Tz 17.
[59] *Lukas* in *Kletecka/Schauer* (Hrsg), aaO, § 1409, Rz 17.

bewirkt, weshalb die Bestimmung restriktiv zu interpretieren sei.[60] § 1409 wird daher nur dann angewendet, *„wenn der den Gläubigern auf Seiten des Übergebers zur Verfügung stehende* **Haftungsfonds** *durch die Übertragung (**messbar**) vermindert wird, also etwa mangels eines äquivalenten Kaufpreises oder wegen Uneinbringlichkeit der Kaufpreisforderung bzw (wenn er wegen) der gleichzeitigen Verfügung über diese Forderung zugunsten Dritter verringert wird"*. Wird das dem Wert des übernommenen Vermögens (Verkehrswert der übernommenen Aktiven) entsprechende Entgelt zur Gänze zur Befriedigung von Gläubigern des Übertragers verwendet, so ist die Haftung des Übernehmers ausgeschlossen. Der Erwerber muss die fälligen Ansprüche in der zeitlichen Reihenfolge der Geltendmachung befriedigen.[61]

Die Haftung gem § 38 UGB ist unbeschränkt, ungeachtet der gem § 39 UGB weiter bestehenden Haftung des Rechtsvorgängers; *„sie erfasst auch unbekannte und nicht erkennbare Verbindlichkeiten."*[62] Eine Vereinbarung zwischen Veräußerer und Erwerber über den teilweisen oder gänzlichen Haftungsausschluss ist gem § 38 Abs 4 UGB Dritten gegenüber nur wirksam, wenn sie spätestens[63] beim Unternehmensübergang

- in das Firmenbuch eingetragen oder
- auf verkehrsübliche Weise bekannt gemacht oder
- dem Dritten gegenüber vom Veräußerer oder vom Erwerber mitgeteilt wurde.

Bisher im Firmenbuch nicht eingetragene Unternehmen müssten daher zur Absicherung des Haftungsausschlusses ins Firmenbuch eingetragen werden, was nun gem § 8 Abs 1 UGB auch für nicht zur Rechnungslegung gem §§ 189ff UGB verpflichtete Unternehmen zulässig ist.[64] Auf Grund der Neufassung des § 5 EStG durch das StruktAnpG 2006[65] knüpft die Buchführungspflicht für Gewerbetreibende nicht mehr an die Firmenbucheintragung, sondern an die Rechnungslegungspflicht gem § 189 UGB an.[66] Gem § 189 Abs 4 UGB ist trotz Firmenbucheintragung für als Einzelunternehmer tätige Land- und Forstwirte die Buchführungspflicht nur gem § 125 BAO zu beurteilen bzw besteht für Freiberufler keine Buchführungspflicht.[67]

Die Möglichkeit, den Haftungsausschluss auf verkehrsübliche Weise bekannt zumachen, ist sehr unbestimmt. *„Es ist daher nicht absehbar, welche Art von Bekanntmachungen und in welchen Medien durch die Judikatur als verkehrsüblich gewertet werden wird"*. Die weiters mögliche Mitteilung des Haftungsausschlusses an den Dritten wirkt nicht gegen jedermann und schützt *„daher nicht vor dem Risiko unerwarteter Verbindlichkeiten sowie einer diesbezüglichen Täuschung durch den Veräußerer."*[68]

---

[60] *Rudolf* in *Schwimann*, aaO, § 1409, Rz 1.
[61] *Lukas* in *Kletecka/Schauer* (Hrsg), aaO, § 1409, Rz 3 und 16.
[62] *Karollus* in *Jabornegg/Artmann* (Hrsg), aaO, § 38, Rz 64.
[63] *OV*, Unternehmensübergang – Haftungsausschluss, OGH 21.12.2011, 6 Ob 242/11y, RdW 2012/215.
[64] S *Herzog/Mayr* in *Doralt*, aaO[11], § 5 Tz 1f.
[65] BGBl I 2006/100.
[66] *Herzog/Mayr* in *Doralt*, aaO[11], § 5 Tz 1f.
[67] *Mayr*, UGB und Steuerrecht, in *Achatz/Ehrke-Rabel/Heinrich/Leitner/Taucher* (Hrsg), Steuerrecht Verfassungsrecht Europarecht (FS Ruppe), 472.
[68] *Novacek*, aaO, RdW 2011/201.

5.5. Begrenzung der Haftung des Veräußerers

Übernimmt der Erwerber des Unternehmens unternehmensbezogene Rechtsverhältnisse des Veräußerers mit den bis zum Unternehmensübergang entstandenen Rechten und Verbindlichkeiten, so haftet der Veräußerer gem § 39 UGB für diese Verbindlichkeiten nur, soweit sie vor Ablauf von fünf Jahren nach dem Unternehmensübergang fällig werden. Ansprüche daraus verjähren innerhalb der für die jeweilige Verbindlichkeit geltenden Verjährungsfrist, längstens jedoch in drei Jahren.

Ausgehend von der im § 38 Abs 1 Satz 3 UGB angeordneten Forthaftung des Veräußerers für die unternehmensbezogenen Verbindlichkeiten bewirkt § 39 leg cit eine Enthaftung bzw eine besondere Verjährung *„für nach dem Unternehmensübergang entstehende Einzelansprüche aus einem bereits davor begründeten Dauerschuldverhältnis"*, wie Kreditverträge, Leibrenten- oder Pensionsverpflichtungen.[69]

6. Haftung gem § 15 BAO

„Gem § 15 Abs 2 haften Erwerber von Unternehmen, auf deren Betrieb sich eine Abgabepflicht gründet, iSd Abs 1 leg cit für diese Abgaben, sofern sie erkennen, dass (vom Übergeber" bzw Erblasser) *„abzugebende Erklärungen zur Festsetzung von Abgaben unrichtig oder unvollständig waren oder deren Einreichung pflichtwidrig unterlassen worden war, wenn sie den erkannten Verstoß nicht binnen drei Monaten, vom Zeitpunkt der Kenntnis an gerechnet, dem Finanzamt anzeigen".*[70]

„Umsatzsteuervoranmeldungen dienen nicht der Festsetzung von Abgaben, deren Nichteinreichung begründet daher keine Haftung; ebenso besteht keine Haftung für Selbstbemessungsabgaben, wenn keine Verpflichtung zur Einreichung diesbezüglicher Erklärungen besteht. Ein Verschulden des Rechtsvorgängers an der Pflichtverletzung ist nicht nötig. Es besteht keine Verpflichtung, die Erklärungen des Rechtsvorgängers zu prüfen.

Bei Unterlassung der Anzeige haftet der Unternehmenserwerber unbeschränkt für die vorenthaltenen Beträge. Ob die vorsätzliche Unterlassung der Anzeige eine Finanzordnungswidrigkeit iSd FinStrG darstellt, wird kontroversiell beurteilt."[71]

„Verletzt der Erwerber diese Anzeigepflicht, kommen ihm die sachlichen (auf den Betrieb des Unternehmens gegründete Abgaben) und die zeitlichen Beschränkungen (auf die Zeit seit dem Beginn des letzten, vor der Übereignung liegenden Kalenderjahres entfallende Abgaben), wie sie nach § 14 bestehen, nicht zugute".[72]

7. Auswirkungen des EU-Rechts

Mit dem Rechnungslegungsgesetz[73] wurde im Rahmen des HGB die Rechnungslegung umfassend geregelt und mit dem EU-Gesellschaftsrechtsänderungsgesetz[74] an die Be-

---

[69] *Karollus* in *Jabornegg/Artmann* (Hrsg), § 39 Rz 8f.
[70] *Novacek*, aaO, RdW 2011/201.
[71] *Novacek*, aaO, RdW 2011/201 unter Hinweis auf *Ritz*, aaO, § 15 Tz 4, 5, 6, 8 und 9.
[72] *Stoll*, BAO Kommentar, 159.
[73] RLG, BGBl 1990/475.
[74] EU-GesRÄG, BGBl 1996/304.

stimmungen der Bilanzrichtlinie[75] angepasst. Mit dem Handelsrechts-Änderungsgesetz[76] wurde das bisherige HGB in UGB umbenannt, wobei, wie bereits einleitend erwähnt, ua die Haftungsregelungen auf die Unternehmensfortführung umgestellt und deren Anwendungsbereich auf Minderkaufleute ausgedehnt wurde.

Der Gesetzgeber hat von Anfang an die von der Bilanzrichtlinie nicht erfassten, aber in ähnlicher Weise wie die der Richtlinie unterliegenden Kapitalgesellschaften tätigen Einzelunternehmer und Personengesellschaften in die Rechnungslegungsnormen einbezogen, womit seit dem EU-Beitritt Österreichs indirekt der Begriff des Unternehmens insoweit durch die RL vorbestimmt ist,[77] als er nicht nur die Aktiva (Anlage- und Umlaufvermögen), sondern auch die Verbindlichkeiten umfasst.[78] Dies gilt nicht nur für den Begriff des Unternehmens iSd §§ 189ff UGB, sondern mangels einer eigenen Begriffsbestimmung in den §§ 38ff UGB und § 1409 ABGB auch für die an das „Unternehmen" anknüpfenden Haftungsregelungen.[79]

7.1. Zivilrechtliche Erwägungen

Weder der § 1409 ABGB noch der dessen Auslegung zugrunde liegende § 1 Abs 2 KSchG noch der § 1 Abs 2 UGB stehen der Wertung der dem Unternehmen gewidmeten Schulden als Bestandteil des Unternehmens entgegen. Die Beschränkung des Unternehmenswerts auf die Aktiva beruht auf der Judikatur, welche eine zweifelhafte *„gleichsam mystische Idee (des Gesetzgebers) der Zusammengehörigkeit der Aktiva und Passiva eines Unternehmens"* ablehnt.[80] Die Judikatur zum ABGB hat zwar den Stellenwert einer Rechtsquelle,[81] die angeführten gesetzlichen Bestimmungen dürfen allerdings nicht entsprechend der bisherigen zivilrechtlichen Judikatur isoliert ausgelegt werden. Das bewegliche System[82] führt auf Grund der Einbeziehung der Rechnungslegungsnormen des UGB ebenfalls zur hier vertretenen Wertung der Betriebsschulden als Bestandteil des Unternehmens. *„Rational kontrollierbare Rechtsgewinnung aus dem geltenden Recht*

---

[75] Vierte Richtlinie des Rates Nr 78/660/EWG vom 25. 7. 1978.
[76] HaRÄG, BGBl I 2005/120.
[77] Die mittelbare Anwendbarkeit einer Richtlinie auf von ihr nicht erfasste Sachverhalte wird auch dann angenommen, wenn der Gesetzgeber von der Richtlinie nicht erfasste Sachverhalte in gleicher Weise regelt wie die vergleichbaren, unter die Richtlinie fallenden Sachverhalte, s *Novacek*, Fragen des Steuerpraktikers zum Gemeinschaftsrecht, P 1.4.2. unter Hinweis auf EuGH 14.9.1999, Rs C-275/97 *(DE + ES Bauunternehmung GmbH)*, F J 2006, 123ff.
[78] Dazu ausführlich *Novacek*, aaO, RdW 2011/201 (P 6.2.2.).
[79] Eine solche Auslegung entspricht dem § 7 ABGB. Nach den Ausführungen von *Bydlinski*, Juristische Methodenlehre und Rechtsbegriff ² (410) ist *„bis zum Beweis des Gegenteils (...) nicht anzunehmen, dass ein erlassenes Gesetz auf im Verhältnis zu anderen Gesetzen widersprüchlichen Wertungen und Zweckvorstellungen beruht, also Wertungswidersprüche, dh sachlich unbegründete Verschiedenbehandlung gleichartiger Sachverhalte provoziert und damit dem Gerechtigkeitsgedanken der ‚Gleichbehandlung des Gleichsinnigen' sowie den Erwartungen der Rechtsunterworfenen und damit der Rechtssicherheit widerspricht"*. Die Vermeidung von Wertungswidersprüchen entspricht auch dem zwar nicht ausdrücklich in der Bundesverfassung enthaltenen, jedoch indirekt aus verfassungsrechtlichen Bestimmungen ableitbaren Grundsatz der Einheit der Rechtsordnung (*Novacek*, Die Einheit der Rechtsordnung im Finanzstrafrecht und Bilanzsteuerrecht, RdW 1997, 235ff, mwN).
[80] *Ertl* in *Rummel* (Hrsg), aaO, § 1409 ABGB, Rz 1.
[81] *Griss*, Das ABGB und die Rechtsprechung, in Festversammlung 200 Jahre ABGB, 26.
[82] *Bydlinski*, aaO, 137.

kann auch mit Hilfe des ‚beweglichen Systems' bestehende Präjudizien als unrichtig erweisen und geht diesen daher vor".[83] Die zivilrechtliche Literatur und Judikatur wird demnach zur Beurteilung der Haftung gem § 1409 ABGB die Rechnungslegungsnormen des UGB berücksichtigen müssen.

8. Verfassungsrechtliche Bedenken[84]

8.1. § 1409 ABGB

Verfassungsrechtliche Bedenken bestehen gegen die im Abs 2 leg cit enthaltene Regelung, mit der einem nahen Angehörigen (§ 32 IO) als Übernehmer die Beweislast auferlegt wird, dass ihm die Schulden bei der Übergabe weder bekannt waren noch bekannt sein mussten. Dass die Haftung nicht mehr mit dem Wert der übernommenen Aktiven, sondern mit dem Wert des übernommenen Unternehmens beschränkt ist, ergibt sich nach den Ausführungen im P 7. auf Grund verfassungskonformer wie auch zivilrechtlicher Auslegung.

8.2. §§ 38ff UGB

Hier ergeben sich die verfassungsrechtlichen Bedenken wegen der überflüssigen Idealkonkurrenz zu den bürgerlich-rechtlichen Bestimmungen, insbesondere zu den §§ 548 und 1409 ABGB, weiters wegen der Diskriminierung gegenüber den durch die §§ 38ff UGB nicht erfassten Gesellschaftsanteilen, schließlich mangels einer den §§ 802 und 1409 ABGB entsprechenden Möglichkeit der Haftungsbegrenzung und nicht zuletzt deswegen, weil die vorgesehenen Möglichkeiten des Haftungsausschlusses teils unklar formuliert, teils den Kleinunternehmern nur unter zusätzlichen Kosten (Firmenbucheintragung) zugänglich sind.

8.3. § 14 BAO

Diese Bestimmung war zwar nach ihrer (wegen Widerspruch zur damaligen Auslegung des § 1409 ABGB) erfolgten Aufhebung durch den VfGH der als verfassungsrechtlich maßgeblich erachteten Auslegung angepasst worden. Die nun geltende Haftungsbeschränkung mit dem *„Wert der übertragenen Gegenstände und Rechte (Besitzposten) ohne Abzug übernommener Schulden"* (anstelle des Werts des übernommenen Unternehmens) steht allerdings mit der EU- bzw verfassungskonformen und zivilrechtlichen Auslegung des Unternehmensbegriffs (P 7. und 8.1.) in Widerspruch und ist deswegen verfassungswidrig. Schließlich bestehen auch Bedenken dagegen, dass Abgabenansprüche nicht nur im Verwaltungsweg, sondern gem den §§ 1409 ABGB oder 38ff UGB auch im Zivilrechtsweg geltend gemacht werden dürfen.[85]

---

[83] *Bydlinski*, aaO, 543.
[84] S *Novacek*, aaO, RdW 2011/201; diese Ausführungen betreffend Unternehmensübertragungen unter Lebenden sind auch für den Erbgang maßgeblich.
[85] *Ritz*, aaO, § 14 BAO Tz 2.

9. Übergang des Verlustabzuges auf den Erben

Auf Grund des Erkenntnisses des VfGH VfSlg 11636[86] war der Übergang des vom Erblasser nicht verbrauchten Verlustabzuges auf den Erben als Gesamtrechtsnachfolger unbestritten, während in allen anderen Fällen der Rechtsnachfolge, insbesondere bei Vermächtnisnehmern der Übergang des Verlustabzugs verneint wird.[87] Nach Ergehen des Beschlusses des dBFH vom 17.12.2007, GrS 2/04, mit dem der Übergang des Verlustabzugs auf den Erben abgelehnt wurde, entstanden Zweifel, ob dementsprechend auch in Österreich dem Übergang des Verlustabzugs im Erbweg wieder die steuerliche Anerkennung versagt werden könnte.[88] Die Zweifel wurden widerlegt.[89]

Ungeachtet dieser Literaturstimmen wird es als ungeklärt bezeichnet, *„ob dem Verlustabzug nach § 18 Abs 6 und 7 EStG ebenso wie dem Prinzip der Buchwertführung nach § 6 Z 9 lit a EStG eine einkunftsquellenbezogene Konzeption zugrunde liegt"*, und darauf hingewiesen, dass *„nicht garantiert ist, dass derjenige, der den ererbten Verlustvortrag geltend machen kann, auch die stillen Reserven versteuern muss (vgl Taucher, Erbschaften und Ertragsteuern (1991), 135)."* Daher wird als fraglich erklärt, ob der Unterschied zwischen der deutschen und der österreichischen Rechtslage puncto Erfordernis der Gewinnermittlung als Voraussetzung für die Vererblichkeit des Verlustvortrags ein abweichendes Ergebnis in der rechtlichen Beurteilung rechtfertigen kann.[90]

Dazu ist vorerst darauf hinzuweisen, dass *Taucher* seine (von *Paterno* ins Treffen geführte), damals entsprechend der historischen Auslegungsmethode vertretene Wertung des Verlustabzugs als Begünstigung und höchstpersönliches Recht und die daraus folgende Ablehnung der Vererblichkeit des Verlustabzuges mittlerweile offenbar aufgegeben hat und diesbezüglich nur noch auf *„divergierende Meinungen in der Judikatur und Literatur"* verweist.[91]

Die Zweifel an der einkunftsquellenbezogenen Konzeption des Verlustabzuges können mit dem Hinweis ausgeräumt werden, dass *„der Verlustabzug eine notwendige Ergänzung zur Gewinnermittlung, zum Nettoprinzip und zur Abschnittsbesteuerung"*[92] ist. Ein Ergebnis, wonach nicht derjenige die stillen Reserven versteuern muss, der den ererbten Verlust geltend machen kann, kann nicht nach Willkür, sondern nur durch die Disposition des Erblassers herbeigeführt werden, indem er den oder die Erben mit der Pflicht belastet, den zum Nachlass gehörigen Betrieb einem oder mehreren Legataren herauszugeben (§ 649, 1. Satz ABGB).

---

[86] VfGH 5.12.1988, G 248/87.
[87] *Doralt/Renner*, Einkommensteuergesetz Kommentar[11], § 18 Tz 323; ausführlich *Novacek*, Der Verlust im Österreichischen Abgabenrecht, 211ff; bezüglich Vermächtnisse UFS 7.7.2009, RV71333-L/08, s *Paterno*, Kein Verlustvortragsübergang auf den Vermächtnisnehmer?, ecolex 2010, 91f.
[88] *Bieber/Zimprich*, Übertragung von Verlustvorträgen durch Vererbung und Schenkung? (P B. 3. und C.), taxlex 2008/314, 314ff.
[89] *Dalbauer*, VwGH: Verlustabzug nicht vererbbar?, RdW 2009/118; *Novacek*, Ist der Übergang des Verlustabzugs im Erbweg wirklich fraglich?, ÖStZ 2009/635.
[90] *Paterno*, aaO, ecolex 2010, 91f.
[91] S *Taucher*, Gesamtrechtsnachfolge und Konfusion, in *Tanzer* (Hrsg), Die BAO im 21. Jahrhundert, FS Stoll zum 80. Geburtstag, 68, Fn 7.
[92] *Doralt/Renner*, aaO[10], § 18 Tz 282.

Schließlich ist die Frage, ob der unterschiedliche Umfang der Verlustvortragsregelungen in Deutschland (alle Einkunftsarten) und Österreich (nur betriebliche Einkunftsarten) eine unterschiedliche Beurteilung der Vererblichkeit des Verlustabzuges rechtfertigen kann, damit zu beantworten, dass in Deutschland wie in Österreich die Erfassung stiller Reserven in dem der Erzielung nichtbetrieblicher Einkünfte dienenden Vermögen nicht generell vorgesehen ist. Nach der vom dBFH nun aufgegebenen Judikatur wären ja sogar ausschließlich aus Verlusten aus Vermietung und Verpachtung resultierende Verlustabzüge vererblich gewesen. Der (zumindest grundsätzliche) Zusammenhang zwischen der Geltendmachung des ererbten Verlustabzuges und der Versteuerung der ererbten stillen Reserven fehlte dort demnach.

Dieser fehlende Zusammenhang mit der betrieblichen Gewinnermittlung und die fehlende Rechtsgrundlage für die Vererblichkeit des Verlustabzuges – im Gegensatz zum § 19 Abs 1 BAO in Österreich – waren für den Beschluss des dBFH vom 17.12.2007, GrS 2/04 ausschlaggebend.[93]

Schließlich soll neuerlich auf die gebotene verfassungskonforme Auslegung bezüglich der Vererblichkeit des Verlustabzuges hingewiesen werden. Der VfGH hatte nämlich im Einleitungsbeschluss, auf dessen Erwägungen das Erkenntnis VfSlg 11636 betreffend die Aufhebung des § 4 Abs 2 GewStG beruht, die vom BMF mitgeteilte Auslegung über die einkommensteuerliche Vererblichkeit des Verlustabzuges (nicht das Motiv der Auslegung)[94] ausdrücklich als verfassungsrechtlich geboten erklärt und deshalb auch § 4 Abs 2 GewStG als verfassungswidrig aufgehoben.[95]

Erbrechtlichen Gestaltungen mit dem Ziel einer optimalen Verwertung vererblicher Verlustvorträge[96] sind Grenzen gesetzt:

- die Einsetzung einer Person als Erben auf Grund einer Gegenleistung der einzusetzenden Person ist offenbar missbräuchlich;
- bei Einsetzung einer Person als Erben und Verteilung der gesamten Vermögenswerte unter die übrigen Erben durch Vermächtnisse ist zu prüfen, inwieweit der Erbe durch nicht von den Legataren zu übernehmende Schulden des Erblassers belastet bleibt;
- tritt der Erbe die Erbschaft auf Grund einer bedingten Erbantrittserklärung an, so wird der ererbte Verlustabzug nur mit dem Anteil anerkannt, in dem der Erbe den Verlust wirtschaftlich zu tragen hat.[97]

Auf Grund der durch den VfGH eröffneten Möglichkeit eines Verlustabzuges bei allen Einkunftsarten hätte sich iSd Beschlusses des dBFH vom 17.12.2007 ein Argument gegen die Vererblichkeit des Verlustabzugs ergeben; der Gesetzgeber hat allerdings den Bedenken des VfGH durch eine Änderung des § 28 Abs 2 EStG Rechnung getragen und den Verlustabzug weiterhin nur auf betriebliche Einkünfte beschränkt.[98] Die Vererblichkeit des Verlustabzugs ist demnach verfassungsrechtlich gesichert.

---

[93] *Novacek*, aaO, ÖStZ 2009/635.
[94] Vgl *Nowotny*, Erbrechtliche Gestaltung und steuerlicher Verlustabzug, RdW 1988, 34.
[95] *Novacek*, Der Verlust im Österreichischen Abgabenrecht, 211ff.
[96] *Bichler*, Ist der Verlustabzug ein Wirtschaftsgut?, mit Beispielen für die exzessive Verwertung ererbter Verlustvorträge, SWK, 1993, A 408.
[97] *Doralt*, UFS: Verlustvortrag bei bedingter Erbantrittserklärung, RdW 2009/117.
[98] VfGH 30.9.2010, G 35/10; dazu *Atzmüller*, Verlustvortrag: Der VfGH und eine rasche Gesetzesreparatur, RdW 2010/805.

Bei Überlegungen, den Betriebsnachfolger zur Vermeidung der Haftung gem § 40 UGB letztwillig nicht als Erben, sondern als Legatar einzusetzen[99], sollte neben der dann anwendbaren bürgerlich-rechtlichen Regelung betreffend Übernahme von Lasten durch den Legatar sowie der Haftungsnorm des § 38 UGB auch bedacht werden, dass ein ererbter Verlustabzug nicht auf den Legatar als Betriebsnachfolger übergeht, sondern beim Erben verbleibt.

10. Schlussbemerkung

Die im ABGB enthaltenen Regelungen betr Schuldeintritt des Erben sowie für den in anderen Fällen der Unternehmensübertragung vorgesehenen Eintritt von Haftungen konkurrieren durchgehend mit Haftungsregelungen des UGB und, soweit es um Abgabenansprüche geht, auch mit solchen der BAO. Es ist nicht möglich, die sich daraus ergebenden vielschichtigen Probleme kurz zusammenzufassen.

Ein Anliegen dieses Beitrags war es daher, nach Klärung verschiedener Begriffe, wie insbesondere des Unternehmens, einen Überblick über die im ABGB, im UGB und in der BAO enthaltenen, für den Einzelfall maßgeblichen Regelungen betreffend Eintritt in Schuldverhältnisse bzw Entstehen diesbezüglicher Haftungen sowie über die Möglichkeit der Einschränkung oder Vermeidung solcher Konsequenzen zu geben.

Der Einfluss des EU-Rechts auf den Unternehmensbegriff wurde dargelegt. Aus diesem wie auch aus anderen Gründen wurden verfassungsrechtliche Bedenken gegen einzelne Bestimmungen bzw deren Auslegung vorgebracht, deren Durchsetzungschancen allerdings nicht beurteilt werden können. Daher ist erhöhtes Augenmerk auf die vertragliche Regelung bzw die Art der Regelung des letzten Willens sowie auf die für verschiedene Fälle vorgesehenen Maßnahmen zur Vermeidung oder Beschränkung des Schuldeintritts oder des Entstehens von Haftungen, wie bedingte Erbantrittserklärung und Eintragung des Haftungsausschlusses im Firmenbuch, zu richten.

Schließlich wurde die Rechtslage betreffend die Vererblichkeit des Verlustabzugs dargestellt.

Literaturverzeichnis

Artmann, E./Herda, H. in *Jabornegg, P./Artmann, E.* (Hrsg), UGB Kommentar[2] (Wien 2010), § 1 Rz 22 und 24.
Atzmüller, M., Verlustvortrag: Der VfGH und eine rasche Gesetzesreparatur, RdW 2010/805.
Bydlinski, F., Juristische Methodenlehre und Rechtsbegriff[2] (Wien 1991), 137, 410 und 543.
Doralt, W./Renner, B., Einkommensteuergesetz Kommentar[10] (Wien 2006), § 18 Tz 323.
Eccher, B. in *Schwimann, M.* (Hrsg), ABGB Taschenkommentar (Wien 2010), § 547 Rz 1f, § 602 Rz 1, § 604 Rz 1 und § 662 Rz 5.
Ertl, G. in *Rummel, P.* (Hrsg), Kommentar zum Allgemeinen bürgerlichen Gesetzbuch[3] (Wien 2000 bzw 2002 bzw 2003), § 1409 Rz 1, 3, 4, 6 und 62.

---

[99] *Huber/Leitner*, Unternehmensnachfolge[3], 37.

Fröhlich, S. in *Doralt, W.* (Hrsg), aaO[10], (Wien 2006), § 24 Tz 23ff.
Götz, R./Huber, F., Die Tax Due Diligence im Überblick, ZUS 2011/20.
Griss, I., Das ABGB und die Rechtsprechung, in Festversammlung 200 Jahre ABGB, 26, (Wien 2012).
Herzog, O./Mayr, G., in *Doralt, W.* (Hrsg), aaO[11] (Wien 2007), § 5 Tz 1f und 10.
Huber, C./Leitner, R., Unternehmensnachfolge[3] (Wien 2011), 37.
Karollus, M. in *Jabornegg, P./Artmann, E.* (Hrsg), aaO, § 38 Rz 14, 15, 20 und 64, § 39 Rz 8 f sowie § 40 Rz 4 und 17
Kodek, G. in *Schwimann, M.* (Hrsg), aaO, § 303 Rz 2.
Kohl, T./König, J., Das vereinfachte Ertragswertverfahren im Lichte des aktuellen Kapitalmarktumfeldes, BB 2012, 607ff.
Liedermann, L. in *Schwimann, M.* (Hrsg), aaO, § 956, Rz 2.
Lukas, M. in *Kletecka, A./Schauer,M.* (Hrsg), abgb-on. manz.at (Wien 2010), § 1409 Rz 2, 3, 7, 11, 13, 15f, 17 und 18.
Mayr, G., UGB und Steuerrecht, in *Achatz, M./Ehrke-Rabel, T./Heinrich, J./Leitner, R./ Taucher, O.* (Hrsg), Steuerrecht Verfassungsrecht Europarecht – FS Ruppe (Wien 2007), 472.
Meinert, C., Neuere Entwicklungen in der Unternehmensbewertung, DB 2011, 2397ff und 2455ff.
Nadvornik, W./Sylle, F., Eine Bestandsaufnahme der aktuellen Unternehmensbewertungslandschaft in Österreich – Eine empirische Erhebung, RWZ 2012/5.
Nemeth, K. in *Schwimann, M.* (Hrsg), § 801 Rz 3, § 802, Rz 1f, 3f sowie § 819 Rz 4.
Novacek, E., Der Verlust im Österreichischen Abgabenrecht (Wien 2005), 211ff.
Ders, Ist der Übergang des Verlustabzugs im Erbweg wirklich fraglich?, ÖStZ 2009/ 635.
Ders, Fragen des Steuerpraktikers zum Gemeinschaftsrecht, FJ 2006, 123ff.
Ders, Haftungen bei Unternehmensübertragungen im Zivil- und Steuerrecht, RdW 2011/201.
Ders, Die Einheit der Rechtsordnung im Finanzstrafrecht und Bilanzsteuerrecht, RdW 1997, 235ff.
Nowotny, C., Erbrechtliche Gestaltung und Verlustabzug, RdW 1988, 34.
OV, Unternehmensübergang – Haftungsausschluss, OGH 21.12.2011, 6 Ob 242/11y, RdW 2012/215.
Paterno, L., Kein Verlustvortragsübergang auf den Vermächtnisnehmer?, ecolex 2010, 91f.
Ritz, C., Bundesabgabenordnung Kommentar[3] (Wien 2005), § 14 Tz 2, 6, 8, 17 und 19, § 15 Tz 4, 5, 6, 8 und 9.
Rudolf, C. in *Schwimann, M.* (Hrsg), aaO § 1409, Rz 1, 4, 7 und 10.
Schiebel, A./Six, M. in *Straube, M.* (Hrsg), Wiener Kommentar zum UGB, RLG (Wien 2011), § 38, Rz 62 und § 189, Rz 6.
Schlager, J./Schwarz, R., Karl Vodrazka zum 80. Geburtstag, SWK 2011, T 139.
Schrammel, U. in *Schwimann, M.* (Hrsg), aaO, § 1282, Rz 1ff.
Schwimann, M. in *Schwimann, M.* (Hrsg), aaO, Rz 2 zu §§ 1249–1254.
Stoll, G., BAO Kommentar (Wien 1994), 159.
Sylle, F./Brauneis, A., Der Einfluss der Finanzmarktkrise auf die einzelnen Parameter des Kapitalisierungszinssatzes im Rahmen der kapitalmarktorientierten Unternehmensbewertung, RWZ 2012/25.

Taucher, O., Gesamtrechtsnachfolge und Konfusion, in *Tanzer, M.* (Hrsg), Die BAO im 21. Jahrhundert, FS Stoll zum 80. Geburtstag (Wien 2005).

Thöni, W. in *Fenyves, A./Kerschner, F./Vonkilch, A.* (Hrsg), ABGB, 3. Auflage des von Heinrich Klang begründeten Kommentars, Wien 2011, § 1409, Rz 60, 61, 93 und 95.

Vodrazka, K., Die Anlässe zur Bewertung ganzer Unternehmen und deren Auswirkungen auf diese, SWK 2011, W 63ff.

Welser, I./Siegwart, M., Die gesetzliche Gewährleistung beim Unternehmenskauf, ZUS 2011/19.

Klein- und mittlere (Familien-)Unternehmen als Bewertungsobjekt im Rahmen der Unternehmensnachfolge

Wolfgang Nadvornik/Fabian Sylle

1. **Einleitung**
2. **Ein Überblick über die Unternehmenslandschaft in Österreich**
   2.1. Die Rolle der Klein- und Mittelunternehmen
      2.1.1. Definition
      2.1.2. Zahlen und Fakten
   2.2. Die Bedeutung der Familienunternehmen
      2.2.1. Begriffliche Abgrenzung und Charakteristiken
      2.2.2. Zahlen und Fakten
   2.3. Die Bedeutung der Unternehmensnachfolge
      2.3.1. Eine Bestandsaufnahme der Situation in Österreich
      2.3.2. Formen der Unternehmensnachfolge
3. **Die finanzwirtschaftliche Bewertung von kleinen und mittleren (Familien-)Unternehmen**
   3.1. Die Anforderungen an das Bewertungskalkül
   3.2. Ausgewählte bewertungsspezifische Besonderheiten im Rahmen der Wertermittlung
      3.2.1. Problematik der Datengewinnungg
      3.2.2. Berücksichtigung der Personenbezogenheit
      3.2.3. Abgrenzung des Bewertungsobjektes
      3.2.4. Berücksichtigung der Rechtsform
      3.2.5. Die Ermittlung eines Kapitalisierungszinssatzes für ertragswertorientierte Bewertungsverfahren
      3.2.6. Fehlende Ertragskraft als Besonderheit
4. **Abgeleitete Konsequenzen für die Bewertungspraxis**
   4.1. Die Vergleichsverfahren
      4.1.1. Hierarchische Einordnung der Vergleichsverfahren
      4.1.2. Grundsätzliche Vorgehensweise der Unternehmenswertermittlung
   4.2. Vereinfachte Multiplikatormethode
5. **Conclusio**
Literaturverzeichnis

1. Einleitung

Die österreichische Wirtschaft ist geprägt von Klein- und Mittelunternehmen, zumal deren Anteil im Jahr 2009 stolze 99,6 % aller Unternehmen betragen hat. Demgegenüber ist der Anteil der Großunternehmen mit 0,4 % (rund 1.000 Unternehmen) verschwindend klein. Auffallend ist auch, dass sich die meisten Klein- und Mittelunternehmen in Familienbesitz befinden, die in nächster Zeit mit dem Thema der Unternehmensnachfolge sowie der damit verbundenen Unternehmensübertragung konfrontiert sind. Übrigens ein Themenfeld, in dem **Josef Schlager** sowohl wissenschaftlich wie auch praktisch seit Jahren höchst engagiert tätig ist – Familienunternehmen sind ihm ein Herzensanliegen. Im oftmaligen Spannungsfeld von steuerlichen Erfordernissen, betriebswirtschaftlichen Methoden und rechtlichen Normierungen verliert er die für KMU typische persönliche (menschliche) Ebene nie aus den Augen.

Ausgehend von diesem Hintergrund wird auch die besonders hohe Relevanz der Wertermittlung im Bereich von kleinen und mittleren (Familien-)Unternehmen deutlich. Problematisch ist, dass es keine rechtlich „verbindliche" Vorgehensweise zur Unternehmenswertermittlung gibt und folglich ein eindeutiger bzw absoluter Unternehmenswert, der für jedermann Gültigkeit hat, nicht ermittelt werden kann. Verschärft wird dieser Umstand durch die Tatsache, dass auch die Größe des Bewertungsobjektes (zum Teil) erheblichen Einfluss auf den Unternehmensbewertungsprozess nehmen kann. Dementsprechend können sich ausgehend von der Unternehmensgröße sehr wohl Unterschiede im Vorgehen, nicht jedoch in den Grundsätzen der Unternehmensbewertung ergeben.

Kleine und mittlere (Familien-)Unternehmen sind im Rahmen der Wertermittlung anderen Problemen als große, börsennotierte Unternehmungen ausgesetzt. Die Unterschiede werden deutlich, wenn alleine nur die zur Verfügung gestellten Informationen und Unterlagen einer näheren Überprüfung unterzogen werden.

Obwohl die überwiegende Zahl der Bewertungsfälle den Bereich der kleinen und mittleren Unternehmen betrifft, liegt der Fokus der Literatur überwiegend auf dem Kapitalmarkt und folglich auf großen Unternehmen. Dennoch ist vor allem bei kleinen und mittleren (Familien-)Unternehmen eine theoretisch fundierte und praxistaugliche Unternehmenswertermittlung von existentieller Bedeutung, zumal gerade in diesem Bereich das zur Verfügung gestellte „Bewertungsbudget" eher gering ist. Somit liegt die Aufgabe einer „sinnvollen" bzw sachgerechten Unternehmensbewertung in der Berücksichtigung der spezifischen Eigenheiten bzw Besonderheiten von kleinen und mittleren (Familien-)Unternehmen. Nur durch die Anpassung der Bewertungsverfahren an die Bewertungssituation von Klein- und Mittelunternehmen können negative Folgen, die auf Fehlbewertungen basieren, vermieden werden.

Gegenstand des Beitrages sind die bewertungsspezifischen Besonderheiten von kleinen und mittleren (Familien-)Unternehmen, die aufgrund des künftig verstärkt anstehenden Generationenwechsels und der damit einhergehenden Unternehmensübergabe sowie den sich darauf (möglicherweise) ergebenden Nachfolgeproblematiken zunehmend in den Fokus der Betrachtung rücken. Aus diesen Gründen wird zunächst eine Abgrenzung von kleinen, mittleren und großen Unternehmen vorgenommen, um in einem weiteren Schritt die Charakteristiken von Familienunternehmen zu erarbeiten, um darauf aufbauend das für die weiteren Untersuchungen relevante Bewertungsobjekt, nämlich kleine und mittlere (Familien-)Unternehmen, eindeutig abgrenzen zu können. Danach wird das Thema „Unternehmensnachfolge" kurz skizziert, um ein allgemeines Verständnis über diese Thematik zu vermitteln, wobei in einem weiteren Schritt auch dessen Bedeutung für den österreichischen Wirtschaftsraum aufgezeigt wird. Anschließend werden ausgewählte bewertungsspezifische Besonderheiten, die im Rahmen der Unternehmenswertermittlung von kleinen und mittleren (Familien-)Unternehmen zu berücksichtigen sind, thematisiert und einer näheren Untersuchung unterzogen.

2. Ein Überblick über die Unternehmenslandschaft in Österreich

2.1. Die Rolle der Klein- und Mittelunternehmen

2.1.1. Definition

Eine Definition von Klein- und Mittelunternehmen[1] sollte eine (möglichst) homogene Unternehmensgruppe umfassen, um einerseits eine eindeutige Zuordnung zu ermöglichen und andererseits eine Differenzierung von großen Unternehmen zu gewährleisten.[2] Bis heute gibt es keine einheitliche bzw allgemeingültige Definition von kleinen und mittleren Unternehmen, da die Abgrenzungsmerkmale – die eine genaue Zuordnung ermöglichen sollten – in Abhängigkeit einer Nation und/oder Branche festgelegt werden.[3] Die Vielzahl der unterschiedlichen Definitionen ist somit auf die kulturellen und volkswirtschaftlichen Unterschiede der einzelnen Nationen zurückzuführen.

Die verschiedenen Definitionen greifen bei der Präzisierung des Begriffes der Klein- und Mittelunternehmen auf *quantitative* und/oder *qualitative Kriterien* zurück.[4] Bei der quantitativen Abgrenzung kommen als Schwellenwerte die unterschiedlichsten betriebswirtschaftlichen Kennzahlen in Betracht. Die „klassischen" Größen in diesem Zusammenhang sind die Anzahl der Mitarbeiter, die Höhe des Umsatzes, die Bilanzsumme und der Marktanteil des Unternehmens.[5]

Neben den quantitativen Kriterien finden sich in der betriebswirtschaftlichen Literatur auch qualitative Abgrenzungskriterien, die die Wesensverschiedenheit von Klein- und Mittelunternehmen aufzeigen sollen. Dazu zählen bspw die hohe Flexibilität, geringe Arbeitsteilung und flache Hierarchie.[6] Diese Merkmale lassen sich teilweise nur sub-

---

[1] Die Synonyme für den Begriff „Klein- und Mittelunternehmen" sind mannigfaltig. Hierzu zählen „klein- und mittelgroße Unternehmen", „klein- und mittlere Unternehmen", „Mittelstand" sowie die Abkürzung „KMU" selbst.

[2] Vgl *Behringer*, Unternehmensbewertung der Klein- und Mittelbetriebe[4], 30; *Haas/Neumair*, Internationale Wirtschaft, 670.

[3] Vgl *Feldbauer-Durstmüller/Mühlböck*, Konzeption des externen Controllings für Kleinst- und Kleinunternehmen (KKU), in *Lingau* (Hrsg), Mittelstandscontrolling 2009, 58; *Meyer*, Nachhaltigkeit in kleinen und mittleren Unternehmen, 31.

[4] Vgl *Keuper/Schunk*, Internationalisierung deutscher Unternehmen[2], 174; *Matschke/Brösel*, Unternehmensbewertung[3], 330.

[5] Vgl *Curran/Blackburn*, Researching the Small Enterprise, 9f.

[6] Vgl *Feldbauer-Durstmüller/Mühlböck*, Konzeption des externen Controllings für Kleinst- und Kleinunternehmen (KKU), in *Lingau* (Hrsg), Mittelstandscontrolling 2009, 59.

jektiv einschätzen und weisen zudem eine geringe Operationalisierbarkeit auf,[7] weswegen diese Kriterien (in der Praxis) eher selten Anwendung finden.[8] Auch dem österreichischen Fachgutachten zur Unternehmensbewertung (KFS/BW 1) können qualitative Kennzeichen von Klein- und Mittelunternehmen entnommen werden. Diese umfassen einen begrenzten Eignerkreis, Eigner mit geschäftsführender Funktion, Mitarbeit von Familienmitgliedern des Eigners oder der Eigner im Betrieb, keine eindeutige Abgrenzung zwischen Betriebs- und Privatvermögen, wenige Geschäftsbereiche, einfaches Rechnungswesen sowie einfache interne Kontrollen.[9]

Um Kohärenz in diesem Bereich zu schaffen und Wettbewerbsverzerrungen (im europäischen Raum) weitgehend zu vermeiden, empfiehlt die Europäische Kommission die Anwendung einer einheitlichen Definition zur Abgrenzung von kleinen und mittleren Unternehmen.[10] Zur Abgrenzung der Unternehmen werden die Mitarbeiterzahl, der Jahresumsatz und die Jahresbilanzsumme herangezogen. Durch den Vergleich der Unternehmensdaten mit den Schwellenwerten der drei Kriterien kann bestimmt werden, ob es sich um ein Kleinstunternehmen, ein kleines Unternehmen oder ein mittleres Unternehmen handelt. In diesem Zusammenhang ist jedoch darauf hinzuweisen, dass die Schwellenwerte für die Mitarbeiterzahl unbedingt zu beachten sind, während bei den Finanzangaben entweder der Schwellenwert für den Umsatz oder die Bilanzsumme einzuhalten ist.

Größenklasse	Mitarbeiterzahl		Jahresumsatz		Jahresbilanzsumme
Kleinstunternehmen	< 10	und	≤ 2 Mio EUR	oder	≤ 2 Mio EUR
Kleines Unternehmen	< 50		≤ 10 Mio EUR		≤ 10 Mio EUR
Mittleres Unternehmen	< 250		≤ 50 Mio EUR		≤ 43 Mio EUR

Tabelle 1: Schwellenwerte für Klein- und Mittelunternehmen[11]

Des Weiteren wird gefordert, dass ein Klein- und Mittelunternehmen unabhängig sein muss. Das Erfordernis der „Unabhängigkeit" ist dann erreicht, wenn weniger als 25 % des Kapitals oder der Stimmrechte im Besitz eines Unternehmens oder mehrerer Unternehmen sind.

---

[7] Vgl *Behringer*, Unternehmensbewertung der Klein- und Mittelbetriebe[4], 30; *Peemöller,* Anlässe der Unternehmensbewertung, in *Peemöller* (Hrsg), Praxishandbuch der Unternehmensbewertung[4], 25.
[8] So auch *Waschbusch/Knoll,* Unternehmensführung in Familienunternehmen, 641.
[9] Vgl *KWT,* Fachgutachten (KFS/BW 1), Tz 124.
[10] Die von der Europäischen Kommission verabschiedete Definition wird bspw in div Förderprogrammen zur Abgrenzung der antragsberechtigten Unternehmen sowie zur Bestimmung der Förderhöhe oder -intensität herangezogen.
[11] Siehe dazu *Europäische Kommission,* Empfehlung der Kommission vom 6. Mai 2003 betreffend die Definition der Kleinstunternehmen sowie der kleinen und mittleren Unternehmen (2003/361/EG), Aktenzeichen K(2003) 1422, 39.

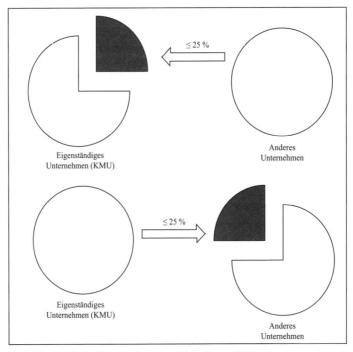

Abbildung 1: Das (geforderte) Unabhängigkeitskriterium bei KMU

2.1.2. Zahlen und Fakten

Betrachtet man die Unternehmenslandschaft Österreichs näher, dann fällt auf, dass die österreichische Wirtschaft von Klein- und Mittelunternehmen dominiert wird. Im Jahr 2009 betrug der Anteil der kleinen und mittleren Unternehmen 99,6 % aller Unternehmen der gewerblichen Wirtschaft. Somit gab es in Österreich mehr als 246.000 Klein- und Mittelunternehmen und nur etwas mehr als 1.000 Großunternehmen. Auffallend ist auch, dass der überwiegende Teil der kleinen und mittleren Unternehmen weniger als 100 Beschäftigte hatte. Die heimischen Klein- und Mittelunternehmen beschäftigten rund 62% aller unselbstständig Beschäftigten und stellen somit einen besonders wichtigen Arbeitgeber innerhalb der österreichischen Wirtschaft dar.[12]

2.2. Die Bedeutung der Familienunternehmen

2.2.1. Begriffliche Abgrenzung und Charakteristiken

Die Ausprägungen von Familienunternehmen sind ebenso vielfältig wie unterschiedlich. Daher wird der Terminus „Familienunternehmen" in der Literatur auch sehr unterschiedlich ausgelegt;[13] eine allgemeingültige bzw anerkannte Definition existiert jedoch nicht.

---

[12] Siehe dazu *Wirtschaftskammer Österreich,* Wirtschaftskraft KMU, 4.
[13] Vgl *Klein,* Familienunternehmen – Theoretische und empirische Grundlagen, in *Klein et al* (Hrsg), Family Business³, 9; *Waschbusch/Knoll,* Unternehmensführung in Familienunternehmen, 641.

Generell kann jedoch festgehalten werden, dass in Familienunternehmen die Eigentümerschaft und die Unternehmensführung meist identisch ist, dh die Familie ist der Eigentümer des Unternehmens oder diese arbeitet direkt im Management des Unternehmens. Somit hat eine Familie einen sehr großen Einfluss auf die Unternehmenskultur.[14] Diese Tatsache kann sich sowohl positiv als auch negativ auf die Unternehmung auswirken.[15]

Familienunternehmen sind auch dadurch charakterisiert, dass das (betriebliche) Eigenkapital zur Gänze oder zumindest mehrheitlich von der Familie aufgebracht wird.[16] Auch auf das Traditionsbewusstsein wird innerhalb von Familienunternehmen sehr großen Wert gelegt.[17] Diese Tatsache spielt vor allem im Rahmen der Unternehmensnachfolge bzw Betriebsübergabe eine wesentliche Rolle, da es den meisten Familien ein großes Anliegen ist, dass ein Familienmitglied das (Traditions-)Unternehmen fortführt.[18]

Als besondere Stärke dieser Betriebe wird vielfach die starke Verbundenheit der Unternehmerfamilie und somit des Unternehmens zu den Beschäftigten sowie den Kunden und Lieferanten gesehen.[19] Dies ist in den meisten Fällen darauf zurückzuführen, dass Familienunternehmen ihren Mitarbeitern einen angenehmen Arbeitsplatz zur Verfügung stellen und diesen auch einen größeren Handlungsspielraum einräumen. Aufgrund der „persönlichen Nähe" sind die von der Geschäftsführung getroffenen Entscheidungen (größtenteils) mitarbeiterorientierter Natur bzw werden von den Mitarbeitern als solche wahrgenommen. Die familiäre Verbundenheit überträgt sich nicht nur auf die Mitarbeiter, sondern wird auch von Kunden und Lieferanten in hohem Maße geschätzt, wodurch ein Gefühl der Loyalität und Zugehörigkeit erreicht wird.[20] Familienunternehmen gelten daher als besonders beständig und berechenbar.[21]

Zusammenfassend kann somit festgehalten werden, dass die Besonderheit von Familienunternehmen in der Zusammenführung bzw dem Zusammenspiel von Familie, Unternehmen und Eigentumsverhältnissen liegt.[22] Ausgehend davon schlägt die Europäische Kommission folgende Definition, die im Wesentlichen vier Punkte umfasst, vor:

---

[14] Vgl *Kempert*, Praxishandbuch für die Nachfolge im Familienunternehmen, 15; *LeMar*, Generations- und Führungswechsel im Familienunternehmen, 8; *Matschke/Brösel*, Unternehmensbewertung³, 330.

[15] Für weiterführende Ausführungen siehe *Voigt et al*, Unternehmensbewertung, 162.

[16] Vgl *Löwe*, Die Familienunternehmung, 29.

[17] *Schielke*, Finanzierung von Familienunternehmen, in *Kirchdörfer et al* (Hrsg), Familienunternehmen in Recht, Wirtschaft, Politik und Gesellschaft, 371.

[18] Vgl *Baumgartner*, Familienunternehmen und Zukunftsgestaltung, 19f; *Bundesministerium für Wirtschaft, Familie und Jugend*, Mittelstandsbericht, 19f; *Kempert*, Praxishandbuch für die Nachfolge im Familienunternehmen, 16.

[19] Vgl *Gratz*, Der erfolgreiche Familienunternehmer, 17f; *Huber/Leitner*, Unternehmensnachfolge³, 17; *Voigt et al*, Unternehmensbewertung, 160.

[20] Vgl *Kempert*, Praxishandbuch für die Nachfolge im Familienunternehmen,14ff; *Schielke*, Finanzierung von Familienunternehmen, in *Kirchdörfer et al* (Hrsg), Familienunternehmen in Recht, Wirtschaft, Politik und Gesellschaft, 223.

[21] Vgl *Huber/Leitner*, Unternehmensnachfolge³, 17.

[22] Siehe dazu *Ertl*, Ohne Kain kein Abel, in *Juritsch/Nadvornik/Gutschelhofer* (Hrsg), Unternehmensnachfolge in Familienunternehmen, 17; *Hackl*, Generationenfolge im Familienunternehmen, in *Kalss/Schauer* (Hrsg), Unternehmensnachfolge, 16.

Ein Unternehmen (egal welcher Größe) ist ein Familienunternehmen, wenn
- das Unternehmen mehrheitlich im Familieneigentum ist;
- die Familie einen maßgeblichen Einfluss auf strategische Entscheidungen (direkt oder indirekt) hat;
- mindestens ein Mitglied der Familie oder Verwandtschaft formal in die Unternehmensführung eingebunden ist;
- bei börsennotierten Unternehmen zumindest 25 % der Stimmrechte im Besitz des Gründers (natürliche Person), der Familie oder Nachkommen sind.[23]

Die in einem Familienunternehmen bestehenden Verflechtungen können in der nachfolgenden Abbildung wie folgt dargestellt werden:

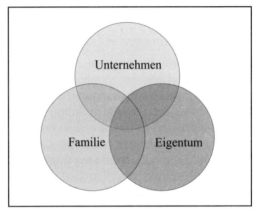

Abbildung 2: Bestehende Verflechtungen in Familienunternehmen (3-Kreis-Modell)[24]

Während die Klassifizierung der Unternehmen in kleine, mittlere und große Unternehmen hauptsächlich anhand quantitativer Kriterien vorgenommen wird, erfolgt die Einteilung in Familienunternehmen idR anhand von qualitativen Merkmalen.[25]

2.2.2. Zahlen und Fakten

Familienunternehmen prägen nicht nur die europäische, sondern vor allem auch die österreichische Wirtschaft. In Europa stehen 70 bis 80 % aller Unternehmen im Besitz einer Familie und halten somit 40 bis 50 % der europäischen Arbeitsplätze. Schätzungen zufolge sind knapp 80 % der heimischen Betriebe in Familienbesitz und sind Arbeitgeber von mehr als 70 % der österreichischen Beschäftigten.[26]

Hinsichtlich der Unternehmensgröße umfassen Familienunternehmen sowohl sehr kleine national tätige Unternehmen als auch große international operierende Konzerne.

---

[23] Vgl *European Commission,* Overview of Family-Business-Relevant Issues, 4.
[24] Siehe dazu *Gersick,* Generation to Generation³, 5 f.
[25] Vgl *Hinderer,* Familienunternehmen und M&A-Transaktionen, in *Kirchdörfer et al* (Hrsg), Familienunternehmen in Recht, Wirtschaft, Politik und Gesellschaft, 370; *Waschbusch/Knoll,* Unternehmensführung in Familienunternehmen, 641.
[26] Siehe dazu die Studie vom *Bundesministerium für Wirtschaft, Familie und Jugend,* Mittelstandsbericht, 19.

Schätzungen zufolge sind 60 % aller europäischen Unternehmungen in Familienbesitz, wobei der Großteil den Bereich der Klein- und Mittelunternehmen umfasst.[27]

2.3. Die Bedeutung der Unternehmensnachfolge

Von einer Unternehmensnachfolge oder -übergabe wird dann gesprochen, wenn der Eigentümer (Übergeber) seine führungs- und kapitalmäßige Verantwortung auf den Nachfolger weitergibt.[28] Der Nachfolger kann in diesem Zusammenhang entweder eine natürliche oder eine juristische Person sein, wobei das ursprüngliche Unternehmen weiterhin wirtschaftlich tätig sein muss.[29]

Erfolgt der Übergang von (Eigen-)Kapital und Führung im Rahmen eines Familienkontextes, dann kann auch von einem Generationenwechsel[30] in Familienunternehmen gesprochen werden.

2.3.1. Eine Bestandsaufnahme der Situation in Österreich

In Österreich sind in der Dekade 2009 bis 2018 ungefähr 57.500 heimische Klein- und Mittelunternehmen (ebenfalls erfasst sind Ein-Personen-Unternehmen) mit dem Thema der Unternehmensnachfolge konfrontiert. Betrachtet man die Mitarbeiterzahl der betroffenen Unternehmen, dann handelt es sich bei einem Zehntel der zur Übergabe stehenden Unternehmungen um Ein-Personen-Unternehmen und weitere rund 70 % haben weniger als 10 Mitarbeiter. Dadurch wird ersichtlich, dass der Anteil der Kleinunternehmen deutlich überwiegt. Das größte Übergabepotential weisen die Bundesländer Kärnten, Salzburg, Tirol und Vorarlberg auf.[31]

2.3.2. Formen der Unternehmensnachfolge

Bei der Frage nach der Unternehmensnachfolge gibt es unterschiedliche Möglichkeiten, um diese zu realisieren.

Wird ein Unternehmen innerhalb derselben Familie übertragen, dann liegt eine *familieninterne Unternehmensnachfolge* vor. In den meisten Fällen ist der Übergeber bestrebt, innerhalb der Familie einen (geeigneten) Nachfolger zu finden.[32] Während in der Vergangenheit die (traditionelle) familieninterne Nachfolge – also an die Nachkommen (Generationenwechsel) – die klassische Nachfolgeform in Familienunternehmen darstellte, erfreut sich heutzutage auch die Übertragung innerhalb derselben familiären Generation (bspw zwischen Partnern oder Geschwistern) zunehmender Beliebtheit.[33]

Gibt es jedoch innerhalb der Familie iwS kein Interesse oder verfügt niemand über „entsprechende" Fähigkeiten, dann kann die Übergabe auch außerhalb der Familie erfolgen.[34] Diese Variante wird als *familienexterne Unternehmensnachfolge* bezeichnet. Die-

---

[27] Vgl *European Commission*, Overview of Family-Business-Relevant Issues, 22.
[28] So auch *Spielmann*, Generationswechsel in mittelständischen Unternehmungen, 22.
[29] Vgl *Bundesministerium für Wirtschaft, Familie und Jugend*, Mittelstandsbericht, 191.
[30] Vgl *Freund*, Familieninterne Unternehmensnachfolge, 17.
[31] Vgl *Mand/Döflinger/Gavac*, Unternehmensübergaben und -nachfolgen, 3f.
[32] Vgl *Hacker/Schönherr*, Unternehmensnachfolge im Mittelstand, 56; *Spielberger/Nava*, Finanzinvestoren als Nachfolgelösung, 74.
[33] Vgl *Mand/Döflinger/Gavac*, Unternehmensübergaben und -nachfolgen, 4.
[34] Vgl *Spielberger/Nava*, Finanzinvestoren als Nachfolgelösung, 74.

se Form der Nachfolge umfasst die Betriebsübergabe an gute Bekannte, an Mitarbeiter oder an gänzlich Fremde.

Denkbar sind jedoch auch *Kombinationen* aus familieninterner und -externer Unternehmensnachfolge. So könnte bspw lediglich die Unternehmensführung an einen Dritten („Familienfremden") übertragen werden, während die Familie nach wie vor Eigentümer des Betriebes bleibt.[35]

3. Die finanzwirtschaftliche Bewertung von kleinen und mittleren (Familien-)Unternehmen

3.1. Die Anforderungen an das Bewertungskalkül

Die Unternehmensbewertung bzw deren Grundsätze sind unabhängig von der Größe des Unternehmens als Bewertungsobjekt. Im Allgemeinen entspricht der Wert eines Unternehmens – unabhängig davon, ob es sich um ein kleines, mittleres oder großes Unternehmen handelt – den auf den Bewertungsstichtag diskontierten finanziellen Überschüssen, die dem Investor zufließen und über die er frei verfügen kann.[36] Dennoch müssen die „Eigenarten" eines Bewertungsobjektes im Rahmen des Bewertungskalküls Berücksichtigung finden, um den Anforderungen der Wirtschaftlichkeit zu genügen. Diese Forderung ist vor allem bei der Unternehmenswertermittlung eines kleinen und mittleren (Familien-)Unternehmens von besonderer Bedeutung,[37] da gerade diese Unternehmen bewertungsspezifische Besonderheiten (bspw die starke Personenbezogenheit, die Problematik der Datengewinnung) aufweisen.

Des Weiteren wird häufig bei der Bewertung von Klein- und Mittelunternehmen eine Reduktion der „Bewertungskomplexität" gefordert, zumal gerade bei derartigen Bewertungsobjekten nur ein geringes Budget für eine Unternehmensbewertung zur Verfügung steht. Selbstverständlich muss bei der Komplexitätsreduktion darauf geachtet werden, dass es zu keinem Verstoß gegen die Grundsätze ordnungsmäßiger Unternehmensbewertung[38] kommt.[39]

3.2. Ausgewählte bewertungsspezifische Besonderheiten im Rahmen der Wertermittlung

3.2.1. Problematik der Datengewinnung

Das Rechnungswesen vieler kleiner und mittlerer Unternehmen weist idR nur geringe Dokumentationen, die nicht selten die gesetzlichen Mindeststandards gerade (noch) einhalten, auf. Dies liegt darin begründet, dass die wenigsten Klein- und Mittelunternehmen rechnungslegungspflichtig sind und daher oftmals (nur) betont steuerlich ausgerichtete

---

[35] So auch *Voigt et al*, Unternehmensbewertung, 160.
[36] Vgl *Helbling*, Besonderheiten der Bewertung von kleinen und mittleren Unternehmen, in *Peemöller* (Hrsg), Praxishandbuch der Unternehmensbewertung[4], 713.
[37] Vgl *Peemöller*, Anlässe der Unternehmensbewertung, in *Peemöller* (Hrsg), Praxishandbuch der Unternehmensbewertung[4], 25.
[38] Siehe dazu *Moxter*, Grundsätze ordnungsmäßiger Unternehmensbewertung[2].
[39] Vgl *Behringer*, Unternehmensbewertung der Klein- und Mittelbetriebe[4], 196.

Jahresabschlüsse erstellen.⁴⁰ Derartige Abschlüsse sind für eine Unternehmensanalyse nur bedingt geeignet, da diese keine betriebswirtschaftlich „exakte" Abbildung des Bewertungsobjektes darstellen, sondern in erster Linie dem Besteuerungszweck dienen.⁴¹

Eine Unternehmensbewertung muss ferner auf einer möglichst umfassenden Planungsrechnung,⁴² die ihre Zusammenfassung in Planbilanzen, Plan-Gewinn- und Verlustrechnungen und Finanzplänen findet, erfolgen.⁴³ Dokumentierte Planungsrechnungen werden zT gänzlich fehlen bzw sind von der bisherigen Unternehmensleitung auch nur in eingeschränktem Umfang zu erwarten,⁴⁴ da das Management nur allgemeine Vorstellungen über die künftige Unternehmensentwicklung vortragen wird können.⁴⁵ Die Empfehlung des KFS/BW 1, bei Fehlen einer ausreichend dokumentierten Planungsrechnung die Unternehmensleitung zur Erstellung einer Erfolgs- und Finanzprognose zu veranlassen,⁴⁶ wird wohl wenig Brauchbares erwarten lassen, zumal die künftigen Erwartungen des Käufers bzw Investors (und nicht die des Verkäufers) für die Prognoserechnung von Relevanz sind.⁴⁷,⁴⁸

Somit sollte auch hinterfragt werden, inwieweit eine Vergangenheitsanalyse überhaupt Aufschluss über die künftige Entwicklung des Bewertungsobjektes geben kann, wenn mit der Zukunft erhebliche Veränderungen verbunden sind.⁴⁹ Scheidet nämlich im Zuge eines Eigentümerwechsels der bisherige prägende Unternehmenseigner aus und wird durch eine neue prägende Persönlichkeit ersetzt, muss für die Gewährleistung einer sachgerechten Unternehmensbewertung die Qualität des Unternehmens bei der Prognose der künftigen Zuflüsse (Cashflow) ihren Niederschlag finden.⁵⁰ Dementsprechend kann eine auf Basis der Vergangenheit durchgeführte Planungsrechnung zu Fehlbewertungen führen.⁵¹

---

40 Vgl *Wagner,* Die Unternehmensbewertung, in *IDW* (Hrsg), WP Handbuch 2008¹³/ᴵᴵ, Rz 428; *Voigt et al,* Unternehmensbewertung, 162.
41 Vgl *Behringer,* Unternehmensbewertung der Klein- und Mittelbetriebe⁴, 44.
42 Siehe dazu *KWT,* Fachgutachten (KFS/BW 1), Tz 53.
43 Vgl *Purtscher,* Vergleichsverfahren und ihre Einsatzmöglichkeit zur Bewertung von KMUs, in *Königsmaier/Rabel* (Hrsg), Unternehmensbewertung, 497.
44 Vgl *Peemöller,* Anlässe der Unternehmensbewertung, in *Peemöller* (Hrsg), Praxishandbuch der Unternehmensbewertung⁴, 26.
45 Vgl *Wagner,* Die Unternehmensbewertung, in *IDW* (Hrsg), WP Handbuch 2008¹³/ᴵᴵ, Rz 429.
46 Siehe dazu *KWT,* Fachgutachten (KFS/BW 1), Tz 128.
47 Auch *Schlager* stellte (zwar iZm der unternehmerischen Steuergestaltung) fest, dass die Ungewissheit nicht durch die Bildung von Prognosen beseitigt werden kann. Eine Verbesserung der Prognosewahrscheinlichkeit kann jedoch durch eine zusätzliche Datengewinnung erreicht werden. Siehe dazu *Schlager,* Die unternehmerische Steuergestaltung, 117 und 118.
48 An dieser Stelle sei auch darauf hingewiesen, dass Umfang, Struktur und Beschaffenheit der Unternehmenssubstanz mehr oder minder das Potential der künftigen erzielbaren Überschüsse determinieren. So nimmt der Substanzwert als Liquidationswert eine eigenständige Bedeutung im Bewertungsprozess ein, zumal dieser die Wertuntergrenze des Unternehmens darstellt. Vgl *KWT,* Fachgutachten (KFS/BW 1), Tz 110. Eine diesbezüglich sehr differenzierte und weitgehende Darstellung findest sich auszugsweise in *Vodrazka,* Der Substanzwert, 147ff.
49 Vgl *Peemöller,* Anlässe der Unternehmensbewertung, in *Peemöller* (Hrsg), Praxishandbuch der Unternehmensbewertung⁴, 26.
50 So auch *IDW-FN,* Stellungnahme HFA 2/1995, 312f.
51 Vgl *Behringer,* Unternehmensbewertung der Klein- und Mittelbetriebe⁴, 218f; *Matschke/Brösel,* Unternehmensbewertung³, 331.

Planungsrechnungen sind im Hinblick auf ihre Zuverlässigkeit jedenfalls kritisch zu würdigen und einer Plausibilitätsprüfung zu unterziehen.[52] Im Bewertungsgutachten ist auf das Fehlen oder die Mangelhaftigkeit der Planungsrechnung und die damit verbundene fehlende bzw eingeschränkte Verlässlichkeit der Ergebnisse hinzuweisen. Derartige „Unsicherheiten" dürfen im Rahmen der Wertermittlung weder durch Abschläge von den zu diskontierenden finanziellen Überschüssen noch durch Risikozuschläge zum Kapitalisierungszinssatz in Ansatz gebracht werden.[53]

3.2.2. Berücksichtigung der Personenbezogenheit

Kleine und mittlere (Familien-)Unternehmen sind für den Eigentümer aufgrund ihrer Größe durchaus überschaubar, weswegen auch die Beziehungen untereinander als eng und informell charakterisiert werden können. Aufgrund der vorwiegend „flachen" Organisationsstruktur, die durch kurze Anweisungs- und Informationswege charakterisiert ist, stellt der Unternehmenseigner selbst die zentrale Entscheidungsinstanz dar. Aufgrund der Verflechtung des Eigentümers mit dem Unternehmensumfeld sind die Erfolge des Unternehmens erheblich von der Person des Unternehmers abhängig.[54]

Eben diese Abhängigkeiten müssen im Rahmen der Wertermittlung berücksichtigt werden, da vor allem die persönlichen Kenntnisse, Fähigkeiten und Beziehungen (Netzwerke) sowie das persönliche Engagement des Unternehmers für die Höhe der erwirtschafteten finanziellen Überschüsse verantwortlich sind.[55] Diese Erfolgsfaktoren sowie die Leistungen des Unternehmers sind über einen Unternehmerlohn in Ansatz zu bringen.[56] Die Höhe des Unternehmerlohns orientiert sich an branchenüblichen Vergütungen, die eine „vergleichbare" Führungskraft erhalten würde. Auch für Familienangehörige, die bisher unentgeltlich tätig gewesen sind, kann ein angemessener Lohnaufwand angesetzt werden. Entscheidend dafür ist, ob die Leistungen auch in Zukunft erbracht werden müssen. Ist dies nämlich der Fall, dann sind derartige Dienste in Rechnung zu stellen, andernfalls sind diese außer Ansatz zu lassen.[57]

3.2.3. Abgrenzung des Bewertungsobjektes

Für eine ordnungsmäßige Unternehmensbewertung muss das Vermögen des Bewertungsobjektes bewertet werden,[58] wobei sich das zu bewertende Vermögen in betriebsnotwendiges und nicht betriebsnotwendiges Vermögen untergliedern lässt.[59] Unter dem

---

[52] So auch *Wagner*, Die Unternehmensbewertung, in *IDW* (Hrsg), WP Handbuch 2008$^{13/II}$, Rz 429.
[53] Vgl *KWT*, Fachgutachten (KFS/BW 1), Tz 129.
[54] Vgl *Hinderer*, Familienunternehmen und M&A-Transaktionen, in *Kirchdörfer et al* (Hrsg), Familienunternehmen in Recht, Wirtschaft, Politik und Gesellschaft, 371; *Matschke/Brösel*, Unternehmensbewertung^3, 331.
[55] Vgl *KWT*, Fachgutachten (KFS/BW 1), Tz 127.
[56] So auch *Behringer*, Unternehmensbewertung der Klein- und Mittelbetriebe^4, 218; *Born*, Unternehmensanalyse und Unternehmensbewertung^2, 172; *Voigt et al*, Unternehmensbewertung, 165f.
[57] Vgl *Peemöller*, Anlässe der Unternehmensbewertung, in *Peemöller* (Hrsg), Praxishandbuch der Unternehmensbewertung^4, 26.
[58] Vgl *Behringer*, Unternehmensbewertung der Klein- und Mittelbetriebe^4, 210.
[59] Vgl *Nölle*, Unternehmensbewertung, in *Schacht/Fackler*, Praxishandbuch Unternehmensbewertung, 30.

betriebsnotwendigen Vermögen werden alle materiellen und immateriellen Vermögensgegenstände und Schulden, die für die Leistungserstellung im Unternehmen zu Verfügung stehen, subsumiert. Demgegenüber umfasst das nicht betriebsnotwendige Vermögen jene Vermögensteile, die nicht für die Leistungserstellung bzw die Unternehmensfortführung notwendig sind.[60]

Klein- und Mittelunternehmen stellen idR die persönliche Einkommensquelle des Unternehmers (iwS auch Familien) dar und bilden somit nicht selten die wirtschaftliche Existenzgrundlage.[61] Daher ist es auch nachvollziehbar, dass gerade in solchen Konstellationen keine eindeutige Abgrenzung zw der privaten und betrieblichen Sphäre gegeben ist, sondern vielmehr ein fließender Übergang besteht. Dementsprechend ist im Rahmen einer Unternehmensbewertung besonderes Augenmerk auf eine „korrekte" Trennung zwischen den Sphären zu legen,[62] damit eindeutig nachvollzogen werden kann, welche Vermögensteile zum Unternehmen gehören und welche nicht.[63] Wenn wesentliche Vermögensgegenstände, die für das zu bewertende Unternehmen betriebsnotwendig sind, im Privatvermögen gehalten werden, dann müssen diese entweder in die zu bewertende Vermögensmasse eingebracht oder über bspw Miet-, Pacht- oder Lizenzverträge (mit entsprechenden Laufzeiten), die sich durch einen Zahlungsstrom darstellen lassen, berücksichtigt werden.[64]

Kohärenterweise müssen auch persönliche Haftungen der Gesellschafter, die ihren Ursprung in einer niedrigen Eigenkapitalausstattung finden (können), aufgegriffen werden. Im Speziellen sind die Auswirkungen von Maßnahmen, die zur Stärkung der Unternehmenssubstanz vorgesehen werden, in den finanziellen Überschüssen zu erfassen.[65]

3.2.4. Berücksichtigung der Rechtsform

Unter einer Rechtsform wird die rechtliche Organisation eines Unternehmens („Rechtskleid") verstanden.[66] Als *Hauptkriterien* für die Rechtsformwahl fungieren in der Praxis das Ausmaß der persönlichen Haftung für die Unternehmenstätigkeit und die unterschiedlichen Besteuerungsmodalitäten zw den einzelnen Rechtsformen.[67] Als weitere Entscheidungskriterien sind das Mindestkapital, die Prüfungs- und Offenlegungspflicht, die Mitbestimmung, die Finanzierungsmöglichkeiten sowie die rechtsformspezifischen

---

[60] Vgl *Ballwieser*, Unternehmensbewertung², 10; *KWT*, Fachgutachten (KFS/BW 1), Tz 22 und 25.
[61] Es ist darauf hinzuweisen, dass Einkommensteile, die sich nicht direkt in Geldeinheiten niederschlagen und bei Kleinbetrieben teilweise erst die Existenzmöglichkeit sichern, umfassend erhoben und in Geld bewertet werden müssen. Dies hätte andernfalls zur Folge, dass sich der Vorteil, der sich aus der Tätigkeit des Unternehmers für das zu bewertende Unternehmen ergibt, nicht geldmäßig erfasst werden würde. Vgl *Schlager*, Enteignung von unternehmerisch genutzten Liegenschaften, in *Rummel/Schlager* (Hrsg), Enteignungsentschädigung, 235 und 236.
[62] Vgl *Matschke/Brösel*, Unternehmensbewertung³, 330; *Kempert*, Praxishandbuch für die Nachfolge im Familienunternehmen, 15.
[63] Vgl *Behringer*, Unternehmensbewertung der Klein- und Mittelbetriebe⁴, 210.
[64] Vgl *Born*, Unternehmensanalyse und Unternehmensbewertung², 172; *Wagner*, Die Unternehmensbewertung, in *IDW* (Hrsg), WP Handbuch 2008¹³/ᴵᴵ, Rz 423;
[65] Vgl *Peemöller*, Anlässe der Unternehmensbewertung, in *Peemöller* (Hrsg), Praxishandbuch der Unternehmensbewertung⁴, 26.
[66] Vgl *Gratz*, Der erfolgreiche Familienunternehmer, 20; *Meyer-Scharenberg*, Rechtsformwahl, in *Dowling/Drumm*, Gründungsmanagement², 34.
[67] Vgl *Huber/Leitner*, Unternehmensnachfolge³, 71.

Kosten genannt.⁶⁸ Die Rechtsformwahl ist eine wichtige unternehmerische Entscheidung, die sich langfristig auf die rechtliche und steuerliche Behandlung des Unternehmens auswirkt und daher nicht „leichtfertig" getroffen werden sollte.⁶⁹

Die meisten (österreichischen) Klein- und Mittelunternehmen treten in der Rechtsform eines Einzelunternehmens, einer Personengesellschaft oder Kapitalgesellschaft (GmbH und AG) auf, wobei im Falle einer Kapitalgesellschaft die Rechtsform der GmbH dominiert. Die Stiftung als Rechtsform ist bei derartigen Unternehmungen sehr selten anzutreffen.

Erfolgt aus Anlass der Unternehmensnachfolge ein Rechtsformvergleich und ergibt sich infolgedessen ein Anpassungsbedarf, der in einer Rechtsformänderung seinen Niederschlag findet, dann ist eine sog „Umgründung" erforderlich. Die Motive für eine Rechtsformänderung können vielschichtig sein. Die häufigsten Motive sind der Zusammenschluss mit neuen Gesellschaftern, die Haftungsbegrenzung, die Verselbstständigung von Unternehmenseinheiten in eigene Gesellschaften sowie die unterschiedliche Gewinnbesteuerung.⁷⁰ Alle diese Überlegungen sind, sofern die bestehende Rechtsform für das Unternehmen oder zumindest für den Unternehmensnachfolger nicht mehr ideal ist, im Rahmen der Unternehmensübergabe und somit auch bei der Wertermittlung zu berücksichtigen.⁷¹

3.2.5. Die Ermittlung eines Kapitalisierungszinssatzes für ertragswertorientierte Bewertungsverfahren

Im Rahmen der ertragswertorientierten Bewertungsverfahren erfolgt die (objektive) Berechnung des Kapitalisierungszinssatzes (Renditeforderung der Eigenkapitalgeber) anhand des CAPM.⁷² Dieses Modell ermittelt einen Kalkulationszinssatz vor Berücksichtigung der persönlichen Einkommensteuer. Wird nun das Bewertungsobjekt als Einzelunternehmen oder Personengesellschaft – wie dies bei den meisten kleinen und mittleren (Familien-)Unternehmen der Fall ist – geführt, dann ist das CAPM nicht anwendbar, da keine (Besteuerungs-)Äquivalenz zw dem Bewertungsobjekt und der Alternative gegeben ist. In diesem Fall müsste ein Kalkulationszinssatz nach persönlicher Einkommensteuer ermittelt werden („Tax-CAPM"); jedoch liegen dafür in Österreich bisher noch keine Untersuchungen vor.⁷³

Hinzu kommt die Tatsache, dass kleine und mittlere (Familien-)Unternehmen idR nicht börsennotiert und somit die Beteiligungen auch nicht handelbar sind.⁷⁴ Dies ist insbesondere bei der Ermittlung der unternehmensspezifischen Risikokomponente (Beta-

---

[68] Siehe dazu auch *Klein-Blenkers,* Rechtsformen der Unternehmen, 25ff; *Frank/Kuhn/Brückmann,* Familienunternehmen, 32ff. *Meyer-Scharenberg,* Rechtsformwahl, in *Dowling/Drumm* (Hrsg), Gründungsmanagement², 36; *Vollmer,* Einführung in die Betriebswirtschaftslehre, in *Camphausen* (Hrsg), Grundlagen der Betriebswirtschaftslehre², 57ff.
[69] Vgl *Kempert,* Praxishandbuch für die Nachfolge im Familienunternehmen, 155.
[70] Für weiterführende Ausführungen siehe *Huber/Leitner,* Unternehmensnachfolge³, 83.
[71] Vgl *Frank/Kuhn/Brückmann,* Familienunternehmen, Rz 1.
[72] Siehe dazu *Nadvornik et al,* Praxishandbuch des modernen Finanzmanagements, 499f.
[73] Vgl *Bertl/Mandl/Aschauer,* Steuern in der Unternehmensbewertung, in *Erberhartinger* (Hrsg), Investition, Finanzierung und Steuern², 244.
[74] Siehe dazu auch *Dvorak,* Bewertung von Klein- und Wachstumsunternehmen (start-ups, Earlystage), in *Kranebitter* (Hrsg), Unternehmensbewertung für Praktiker², 220.

Faktor) als äußerst problematisch anzusehen, da basierend auf den unternehmensspezifischen Besonderheiten keine geeignete Peer-Group zur Ableitung eines aussagekräftigen Beta-Faktors ermittelt werden kann. Bei der Bewertung von Klein- und Mittelunternehmen ist somit die Anwendung des CAPM nicht ohne (theoretische und praktische) Einschränkungen möglich.[75]

3.2.6. Fehlende Ertragskraft als Besonderheit

Als weitere Besonderheit im Rahmen der Bewertung von kleinen und mittleren Unternehmen sei auch die Ertragslosigkeit, die durch fehlende (positive) Erträge bzw finanzielle Überschüsse zum Ausdruck kommt, erwähnt.

Von Ertragsschwäche bzw Unrentabilität wird dann gesprochen, wenn sich das von einem (potentiellen) Investor zur Verfügung gestellte Kapital nicht „angemessen" verzinst.[76] Als Basis für eine angemessene Verzinsung fungiert der (landesübliche) Zinssatz von langfristigen, risikolosen Anleihen (Normalverzinsung).[77] Im Rahmen der Unternehmensbewertung erfolgt die Beurteilung der Angemessenheit idR anhand des Substanzwertes[78] zu Teilreproduktionswerten (ohne Berücksichtigung von Firmenwertbestandteilen).[79]

Im Zuge der Wertermittlung eines unrentablen Unternehmens muss zunächst der „Ausprägungsgrad" der Ertragsschwäche bestimmt werden. In der Bewertungspraxis können die unterschiedlichsten Ausprägungsformen in Erscheinung treten. In der nachfolgenden Abbildung sind die einzelnen Ausprägungsformen dargestellt:

Abbildung 3: Ausprägungsformen der Ertragsschwäche

Handelt es sich bei der identifizierten Ertragsschwäche nicht um einen nachhaltigen bzw permanten Zustand, dann bezeichnet man diese Form als *temporäre* bzw *vorübergehende Ertragsschwäche*.[80] In diesem Fall ist die Unrentabilität auf einen Zeitraum bestimmt

---

[75] Vgl *Purtscher*, Vergleichsverfahren und ihre Einsatzmöglichkeit zur Bewertung von KMUs, in *Königsmaier/Rabel* (Hrsg), Unternehmensbewertung, 498.
[76] Vgl *Ernst/Schneider/Thielen*, Unternehmensbewertungen erstellen und verstehen⁴, 6; *Nadvornik et al*, Praxishandbuch des modernen Finanzmanagements, 545.
[77] Vgl *Nadvornik/Sylle*, Bewertung ertragsschwacher Unternehmen, in *Pertersen/Zwirner/Brösel*, Handbuch Unternehmensbewertung, Rz 2; *Schnettler*, Die Bewertung von Betrieben nach betriebswirtschaftlichen Grundsätzen, 15.
[78] Siehe dazu *Mujkanovic*, Die Bewertung von Anteilen an nachhaltig ertragsschwachen Unternehmen im handelsrechtlichen Jahresabschluss, 295.
[79] So auch *Obermeier/Gasper*, Investitionsrechnung und Unternehmensbewertung, 175.
[80] Vgl *Dörner*, Die Unternehmensbewertung, in *Institut der Wirtschaftsprüfer* (Hrsg), Wirtschaftsprüfer-Handbuch¹⁰/ᴵᴵ, A 242.

bzw zeitlich befristet und kann durch entsprechende Sanierungsmaßnahmen überwunden werden.[81] Die sich in diesem Zusammenhang für das Bewertungsobjekt ergebenden Chancen und Risiken müssen im Unternehmenskonzept berücksichtigt werden,[82] wobei die eingeleiteten Maßnahmen auf deren Realisierbarkeit und Plausibilität zu überprüfen sind.[83] Ein Unternehmen kann die temporäre Ertragsschwäche aber auch aus eigener Kraft, also ohne die Einleitung von Sanierungsmaßnahmen, überwinden. In einer solchen Konstellation ist die Ertragsprognose mit noch größeren Planungsrisiken (als unter „normalen" Bedingungen) behaftet, da zunächst die ungünstig wirkenden Ergebniseinflüsse identifiziert werden müssen, um anschließend deren Besserungserwartung zu prognostizieren und entsprechend in Ansatz zu bringen.[84]

Stellt die Ertragsschwäche für das Bewertungsobjekt einen Dauerzustand dar, dh eine Verbesserung der Situation ist nicht möglich, dann spricht man von einer chronischen bzw nachhaltigen Ertragsschwäche.[85] Der Ausprägungsgrad der nachhaltigen Unterverzinsung reicht von sehr geringen bzw gänzlich fehlenden Erträgen bis hin zu tatsächlich negativen Überschüssen.[86] Die Anwendung ertragswertorientierter Verfahren kann in diesen Fällen sogar zu einem negativen Unternehmenswert führen, wobei der Liquidationswert als Wertuntergrenze angesehen werden kann.[87]

Es besteht aber auch die Möglichkeit, dass eine Ertragsschwäche nicht (sofort) als solche zu erkennen ist, da diese durch begünstigte Umstände zunächst „unterdrückt" wird. Diese Ausprägungsform wird als unterdrückte Ertragsschwäche bezeichnet. Kann eine unterdrückte Unrentabilität jedoch aufgedeckt werden, dann muss in einem nächsten Schritt die Ausprägungsform der Rentabilität (temporär oder chronisch) identifiziert werden, um diesen Sachverhalt entsprechend in das Bewertungskalkül miteinzubeziehen.[88,89]

---

[81] Vgl *Mujkanovic*, Die Bewertung von Anteilen an nachhaltig ertragsschwachen Unternehmen im handelsrechtlichen Jahresabschluss, 295; *Nadvornik/Sylle*, Bewertung ertragsschwacher Unternehmen, in *Pertersen/Zwirner/Brösel*, Handbuch Unternehmensbewertung, Rz 21f.

[82] Vgl *Sieben/Lutz*, Die Bewertung eines ertragsschwachen Unternehmens im Rahmen der Bestimmung der angemessenen Barabfindung beim Abschluss, 572.

[83] Siehe *Leuner*, Bewertung ertragsschwacher Unternehmen (Sanierung), in *Peemöller* (Hrsg), Praxishandbuch der Unternehmensbewertung⁴, 931ff.

[84] Vgl *Dörner*, Die Unternehmensbewertung, in *Institut der Wirtschaftsprüfer* (Hrsg), Wirtschaftsprüfer-Handbuch$^{10/II}$, A 242.

[85] Vgl *Mujkanovic*, Die Bewertung von Anteilen an nachhaltig ertragsschwachen Unternehmen im handelsrechtlichen Jahresabschluss, 295.

[86] Vgl *Dörner*, Die Unternehmensbewertung, in *Institut der Wirtschaftsprüfer* (Hrsg), Wirtschaftsprüfer-Handbuch$^{10/II}$, A 242.

[87] Vgl *Barborka*, Die Bewertung „unrentabler" Unternehmungen, 1402; *Wagner*, Die Unternehmensbewertung, in *IDW* (Hrsg), WP Handbuch 2008$^{13/II}$, Rz 383 und 414.

[88] Siehe dazu *Dörner*, Die Unternehmensbewertung, in *IDW* (Hrsg), Wirtschaftsprüfer-Handbuch$^{10/II}$, A 245.

[89] Zur Bewertung ertragsschwacher (bedarfswirtschaftlich und erwerbswirtschaftlich orientierter) Unternehmen siehe *Nadvornik/Sylle*, Bewertung ertragsschwacher Unternehmen, in *Pertersen/Zwirner/Brösel*, Handbuch Unternehmensbewertung, Rz 26ff.

4. Abgeleitete Konsequenzen für die Bewertungspraxis

Aufgrund der angesprochenen Problematiken im Rahmen der Bewertung von kleinen und mittleren Unternehmen (bspw fehlt idR eine dokumentierte Planungsrechnung; die Ermittlung eines unternehmensspezifischen Risikozuschlages ist mit hohem Aufwand verbunden) ist eine vollumfängliche Anwendung von DCF- bzw ertragswertorientierten Verfahren häufig nur mit Einschränkungen möglich. Bisher fehlen in diesem Kontext brauchbare, wissenschaftlich fundierte Bewertungskalküle, die auch in der Praxis Anwendung finden.[90]

In der Bewertungspraxis bietet sich vor diesem Hintergrund der Einsatz von Vergleichsverfahren als zweckmäßige Alternative an.[91] Verschiedene Umfragen haben gezeigt, dass Praktikermethoden (wie bspw die Multiplikatormethode) bei der Bewertung von Klein- und Mittelunternehmen am häufigsten angewendet werden.[92]

4.1. Die Vergleichsverfahren

4.1.1. Hierarchische Einordnung der Vergleichsverfahren

In der internationalen Bewertungstheorie und -praxis sowie bei Bewertungsfragen der internationalen Rechnungslegung[93] dominieren marktorientierte Vergleichsverfahren im Unterschied zu kapitalwert- und kostenorientierten Konzepten.[94]

Lediglich in den österreichischen und deutschen Bewertungsstandards sind die Vergleichsverfahren den zahlungsstromorientierten Verfahren hierarchisch untergeordnet.[95] Dennoch verweist das österreichische Fachgutachten bei der Bewertung von kleinen und mittleren Unternehmen (insbesondere bei freiberuflichen Praxen[96]) auf die vereinfachte Preisfindung mittels Multiplikatormethode; führt jedoch auch aus, dass die Multiplikatormethode nicht an die Stelle einer Unternehmensbewertung treten kann.[97]

4.1.2. Grundsätzliche Vorgehensweise der Unternehmenswertermittlung

Vergleichs- oder Multiplikatorverfahren basieren auf der Annahme, dass der Wert eines zu bewertenden Unternehmens vom (Markt-)Wert eines vergleichbaren Unternehmens

---

[90] Vgl *Purtscher*, Vergleichsverfahren und ihre Einsatzmöglichkeit zur Bewertung von KMUs, in *Königsmaier/Rabel* (Hrsg), Unternehmensbewertung, 506.
[91] So auch *Nadvornik et al*, Praxishandbuch des modernen Finanzmanagements, 552.
[92] Vgl *Helbling*, Besonderheiten der Bewertung von kleinen und mittleren Unternehmen, in *Peemöller* (Hrsg), Praxishandbuch der Unternehmensbewertung[4], 717. Für Zusammenfassungen mehrerer dieser Erhebungen siehe *Helbling*, Unternehmensbewertung und Steuern[9], 192ff.
[93] Vgl IAS 38.39 bis 38.41.
[94] In der US-amerikanischen Bewertungslehre wird keine Reihung oder Wertung zwischen den unterschiedlichen Bewertungsansätzen (Market Approach, Income Approach und Asset Based Approach) vorgenommen. Deren Anwendung hängt vielmehr vom jeweiligen Bewertungsanlass und -zweck ab. Siehe dazu *American Society of Appraisers*, ASA Business Valuation Standards BVS-II bis BVS-V; *IVSC*, International Valuation Standards[8], 70.
[95] Worauf diese „Diskriminierung" beruht, ist nicht bekannt.
[96] Unter die freien Berufe fallen bspw Ärzte, Ingenieure, Rechtsanwälte, Steuerberater sowie Wirtschaftsprüfer.
[97] Vgl *KWT*, Fachgutachten (KFS/BW 1), Tz 114.

abgeleitet werden kann.[98] Voraussetzung dafür ist, dass die wesentlichen Parameter (Geschäftsgegenstand, Größe, Ertragslage usw) des Bewertungsobjektes mit jenen des Vergleichsobjektes vergleichbar sind.[99]

Zur Ermittlung des Unternehmenswertes werden die erhobenen Marktpreise vergleichbarer Unternehmen mit einer bestimmten Performance-/Referenzgröße[100] in Relation gesetzt. Die daraus resultierende Verhältniszahl wird als Multiplikator bezeichnet. Um den Wert des Bewertungsobjektes zu erhalten, wird der Multiplikator mit der Referenzgröße des Bewertungsobjektes multipliziert.[101]

$$Multiplikator = \frac{Marktwert_{Vergleichsunternehmen}}{Performancegröße_{Vergleichsunternehmen}}$$

$$Marktwert_{Bewertungsobjekt} = Multiplikator \cdot Performancegröße_{Bewertungsobjekt}$$

In Abhängigkeit der gewählten Performancegröße ist als Marktwert des Vergleichsunternehmens entweder der Gesamtunternehmenswert (Entity Value)[102] oder der Wert des Eigenkapitals (Equity Value) heranzuziehen.[103] Somit kann auch zwischen dem Entity-Multiplikator, der als Bewertungsergebnis den Gesamtunternehmenswert zur Folge hat, sowie dem Equity-Multiplikator, der den Eigenkapitalwert ermittelt, differenziert werden. Die nachfolgende Abbildung verschafft einen Überblick über die verschiedenen Multiplikatoren:

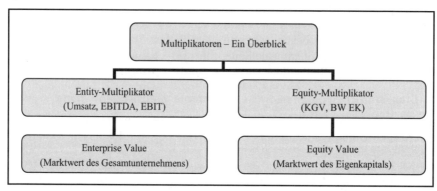

Abbildung 4: Entity- vs Equity-Multiplikator

---

[98] Vgl *Mandl/Rabel,* Methoden der Unternehmensbewertung (Überblick), in *Peemöller* (Hrsg), Praxishandbuch der Unternehmensbewertung⁴, 77; *Nadvornik et al,* Praxishandbuch des modernen Finanzmanagements, 536f.

[99] Vgl *Obermeier/Gasper,* Investitionsrechnung und Unternehmensbewertung, 164; *Purtscher,* Vergleichsverfahren und ihre Einsatzmöglichkeit zur Bewertung von KMUs, in *Königsmaier/Rabel* (Hrsg), Unternehmensbewertung, 501.

[100] Als Referenzgröße kommen Ertragsgrößen (EBITDA, EBIT, JÜ), Substanzgrößen (Buchwert EK) oder operative Größen (Kundenzahl) in Betracht.

[101] So auch *Obermeier/Gasper,* Investitionsrechnung und Unternehmensbewertung, 165.

[102] In der Literatur findet sich dafür auch öfters die Bezeichnung „Enterprise Value".

[103] Vgl *Mandl/Rabel,* Methoden der Unternehmensbewertung (Überblick), in *Peemöller* (Hrsg), Praxishandbuch der Unternehmensbewertung⁴, 78.

Einer jüngsten Studie zufolge kommt in Österreich vorwiegend der Umsatzmultiplikator, der zur Gruppe der Entity-Multiplikatoren zählt, zur Anwendung.[104] Zur Errechnung des Umsatzmultiplikators muss der Gesamtunternehmenswert durch den Umsatz des Vergleichsunternehmens dividiert werden. Anschließend ist der Entity-Multiplikator mit dem Umsatz des Bewertungsobjektes zu multiplizieren. Das Ergebnis stellt den potentiellen Marktwert des Gesamtunternehmens dar. Um zum Marktwert des Eigenkapitals zu gelangen, muss das (verzinsliche) Fremdkapital in Abzug gebracht werden.

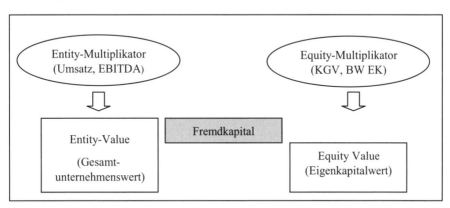

Abbildung 5: Berechnung des Unternehmenswertes

Die Schwierigkeit bei diesen Verfahren liegt in der Suche nach „passenden" Vergleichsunternehmen.[105] Dabei handelt es sich um eine sehr aufwendige Angelegenheit, die neben zeitlichen auch finanzielle Ressourcen in Anspruch nimmt, zumal die für die Bewertung erforderlichen Unternehmensdaten meist nur in kostenpflichtigen Datenbanken zur Verfügung stehen. Da der damit verbundene Aufwand erfahrungsgemäß dem zur Ermittlung des Diskontierungssatzes gleichkommt, besteht insofern keine „spürbare" Entlastung für den Bewerter.[106] Hinzu kommt die Tatsache, dass gerade für den deutschsprachigen Raum in Bezug auf die Vergleichsverfahren keine geeignete Datenbasis zur Verfügung steht und daher eine Bewertung nicht oder schwer möglich ist.[107] Gelöst werden kann dieses Problem durch den Rückgriff auf die „vereinfachte Multiplikatormethode".

4.2. Vereinfachte Multiplikatormethode

Bei der vereinfachten Multiplikatormethode wird auf die Auswahl konkreter Vergleichsunternehmen verzichtet und stattdessen auf branchenabhängige Multiplikatoren zurückgegriffen. Diese Multiplikatoren geben allgemeine Erfahrungssätze aus realisierten Marktpreisen für Unternehmensverkäufe (die in der Vergangenheit realisiert wurden)

---

[104] Siehe dazu *Nadvornik/Sylle*, Eine Bestandsaufnahme der aktuellen Unternehmensbewertungslandschaft in Österreich, 13.
[105] Vgl *Obermeier/Gasper*, Investitionsrechnung und Unternehmensbewertung, 175.
[106] Vgl *Purtscher*, Vergleichsverfahren und ihre Einsatzmöglichkeit zur Bewertung von KMUs, in *Königsmaier/Rabel* (Hrsg), Unternehmensbewertung, 506.
[107] Vgl *Nadvornik et al*, Praxishandbuch des modernen Finanzmanagements, 499f.

wieder und werden zur Schätzung der Marktpreise von zu bewertenden Unternehmen der betreffenden Branche eingesetzt.[108] Dieses Verfahren kommt insbesondere bei der Bewertung von Freiberuflerpraxen (bspw Steuerberaterpraxen) zur Anwendung.[109]

Nachstehende Tabelle beinhaltet einen Auszug über (aktuelle) Erfahrungssätze von Gewinn- und Umsatzmultiplikatoren:[110,]

Branche	EBIT-Multiplikator	Umsatzmultiplikator
Beratende Dienstleistungen[111]	5,5 – 7,4	0,56 – 0,96
Textil und Bekleidung	4,6 – 6,2	0,46 – 0,67
Nahrungs- und Genussmittel	5,1 – 6,7	0,53 – 0,94
Bau und Handwerk	4,1 – 5,5	0,40 – 0,62

Tabelle 2: Aktuelle Gewinn- und Umsatzmultiplikatoren[112]

Da es sich bei den dargestellten Multiplikatoren um Entity-Multiplikatoren handelt, muss das (verzinsliche) Fremdkapital vom ermittelten Gesamtunternehmenswert abgezogen werden, um den Eigenkapitalwert des zu bewertenden Unternehmens zu erhalten.

5. Conclusio

Die Unternehmensbewertung ist grundsätzlich von der Art und Größe des Bewertungsobjektes unabhängig, weswegen die Grundsätze der Zukunftsbezogenheit, der Nutzenorientierung, der Risikoberücksichtigung und des Investorbezugs uneingeschränkt gelten. Dennoch müssen auch die Besonderheiten des Bewertungsobjektes im Bewertungskalkül Berücksichtigung finden, um der Anforderung der Wirtschaftlichkeit gerecht zu werden.

Die „klassischen" Bewertungsverfahren sind auf große, börsennotierte Unternehmungen ausgerichtet, wodurch jene Betriebe, die keinen Zugang zum Kapitalmarkt haben, unberücksichtigt bleiben. Gerade kleine und mittlere (Familien-)Unternehmen fordern aufgrund deren (größenspezifischen) Eigenheiten und Besonderheiten Anpassungen hinsichtlich der zur Anwendung kommenden Bewertungsmethoden. Erwähnenswert in diesem Zusammenhang sind:

- ein fehlendes oder beschränkt aussagekräftiges (geprüftes) Rechnungswesen
- fehlende oder unzureichend dokumentierte Planungsrechnungen

---

[108] Vgl *Mandl/Rabel*, Methoden der Unternehmensbewertung (Überblick), in *Peemöller* (Hrsg), Praxishandbuch der Unternehmensbewertung⁴, 80.
[109] Siehe dazu *Nadvornik et al*, Praxishandbuch des modernen Finanzmanagements, 540.
[110] Die angeführten Multiplikatoren beziehen sich auf Small Caps, dh Unternehmen mit einem Umsatz kleiner 50 Mio Euro.
[111] Zur Branche „Beratende Dienstleistungen" zählen: Unternehmens- und Personalberatung, Unternehmensverwaltung, Steuer- und Rechtsberatung, Wirtschaftsprüfung, PR- und Werbeagenturen, Marktforschung.
[112] Eine vollständige Liste der Branchenmultiplikatoren ist unter: http://www.finance-research.de/multiples/index.php abrufbar.

- ein begrenzter Eigentümerkreis sowie Mitarbeit von Familienmitgliedern der Eigentümer
- flache Organisationsstruktur sowie fehlende (weisungsfreie) Kontrollorgane
- fließender Übergang zw der betrieblichen und privaten Sphäre
- fehlender Zugang zum Kapitalmarkt
- fehlende Ertragskraft (Ertragsschwäche)

Andererseits wird jedoch gerade bei derartigen Bewertungsobjekten eine „Komplexitätsreduktion" gefordert, da idR nur ein geringes Budget für die Durchführung einer Unternehmenswertermittlung zur Verfügung steht. Es müssen somit theoretisch fundierte und praxistaugliche Wertbestimmungen vorgenommen werden. Dennoch muss darauf geachtet werden, dass es durch die (aufgrund der bewertungsspezifischen Besonderheiten) geforderten Anpassungen nicht zu Fehlbewertungen kommt. Vor diesem Hintergrund bietet sich der Einsatz von Vergleichsverfahren (im Speziellen der vereinfachten Multiplikatormethode) aus theoretischer und praktischer Sicht als zweckmäßige Alternative an. Dies darf aber nicht dazu führen, dass der Bewerter das DCF-Verfahren als gleichsam betriebswirtschaftlichen Maßstab („Benchmark") der Unternehmensbewertung als grundsätzlichen Bestandteil seines Bewertungskonzeptes unberücksichtigt lässt.

Literaturverzeichnis

American Society of Appraisers, ASA Business Valuation Standards
Ballwieser, W., Unternehmensbewertung – Prozess, Methoden und Probleme^2, Stuttgart 2007.
Barborka, K., Die Bewertung „unrentabler" Unternehmungen, SWK 1999, 1401.
Baumgartner, B., Familienunternehmen und Zukunftsgestaltung – Schlüsselfaktoren zur erfolgreichen Unternehmensnachfolge, Wiesbaden 2009.
Behringer, S., Unternehmensbewertung der Klein- und Mittelbetriebe^4, Berlin 2009.
Bertl, R./Mandl, G./Aschauer, E., Steuern in der Unternehmensbewertung, in *Eberhartinger, E.* (Hrsg), Investition, Finanzierung und Steuern^2, Wien 2010.
Born, K., Unternehmensanalyse und Unternehmensbewertung^2, Stuttgart 2003.
Bundesministerium für Wirtschaft, Familie und Jugend, Mittelstandsbericht – Bericht über die Situation der kleinen und mittleren Unternehmungen der gewerblichen Wirtschaft, Wien 2010.
Camphausen, B. (Hrsg), Grundlagen der Betriebswirtschaftslehre^2, München 2011.
Curran, J./Blackburn, R. A., Researching the Small Enterprise, London ua 2001.
Dowling, M./Drumm, H. J., Gründungsmanagement – Vom erfolgreichen Unternehmensstart zu dauerhaftem Wachstum^2, Berlin ua 2003.
Dörner, W., Die Unternehmensbewertung, in *IDW* (Hrsg), Wirtschaftsprüfer-Handbuch – Handbuch für Rechnungslegung, Prüfung und Beratung (Band II)$^{10/II}$, Düsseldorf 1992.
Dvorak, M., Bewertung von Klein- und Wachstumsunternehmen (start-ups, Early-stage), in *Kranebitter, G.* (Hrsg), Unternehmensbewertung für Praktiker^2, Wien 2007.
Eberhartinger, E. (Hrsg), Investition, Finanzierung und Steuern^2, Wien 2010.
Ernst, D./Schneider, S./Thielen, B., Unternehmensbewertungen erstellen und verstehen – Ein Praxisleitfaden^4, München 2010.

Ertl, C., Ohne Kain kein Abel, in *Juritsch, E./Nadvornik, W./Gutschelhofer, A.* (Hrsg), Unternehmensnachfolge in Familienunternehmen, Wien 2007.

Europäische Kommission, Empfehlung der Kommission vom 6 Mai 2003 betreffend die Definition der Kleinstunternehmen sowie der kleinen und mittleren Unternehmen (2003/361/EG), Aktenzeichen K(2003), veröffentlicht im Amtsblatt der Europäischen Union L 124 vom 20.5.2003, 36.

European Commission, Overview of Family-Business-Relevant Issues – Research, networks, Policy Measures and Existing Studies, Url: http://ec.europa.eu/enterprise/policies/sme/ promoting-entrepreneurship/family-business/, 2009.

Feldbauer-Durstmüller, B./Mühlböck, S., Konzeption des externen Controllings für Kleinst- und Kleinunternehmen (KKU), in *Lingau, V.* (Hrsg), Mittelstandscontrolling 2009, Band 12, Köln 2009, 58.

Frank, H./Kuhn, T./Brückmann, M., Familienunternehmen – Recht, Steuern, Beratung, Wiesbaden 2008.

Freund, W., Familieninterne Unternehmensnachfolge – Erfolgs- und Risikofaktoren, Wiesbaden 2000.

Gersick, K. E., Generation to Generation – life cycles of the family business[3], Boston ua 1998.

Gratz, K., Der erfolgreiche Familienunternehmer – Ein praxisbezogener Leitfaden, Stuttgart 1997.

Haas, H.-D./Neumair, S. M., Internationale Wirtschaft, Oldenburg 2006.

Hacker, K./Schönherr, K. W., Unternehmensnachfolge im Mittelstand – Vom Mitarbeiter zum Unternehmer, Zürich 2007.

Hackl, G., Generationenfolge im Familienunternehmen – Psychologische Aspekte, in *Kalss, S./Schauer, M.* (Hrsg), Unternehmensnachfolge – Praktische Fragen und zivilrechtliche Gestaltungsmöglichkeiten, Wien 2001.

Helbling, C., Unternehmensbewertung und Steuern[9], Düsseldorf 1998.

Helbling, C., Besonderheiten der Bewertung von kleinen und mittleren Unternehmen, in *Peemöller* (Hrsg), Praxishandbuch der Unternehmensbewertung[4], Herne 2004.

Hinderer, M., Familienunternehmen und M&A-Transaktionen, in *Kirchdörfer, R./Lorz, R./ Wiedemann, A./Kögel, R./Frohnmayer, T.* (Hrsg), Familienunternehmen in Recht, Wirtschaft, Politik und Gesellschaft, FS Hennerkes, München 2009.

Huber, C./Leitner, R., Unternehmensnachfolge – Ein Leitfaden für die Praxis (rechtzeitige Planung; Erb-, Gesellschafts-, Gewerbe-, Mietrecht, Haftung & Förderung; steuerliche Behandlung)[3], Wien 2011.

IDW-FN (Fachnachrichten), Stellungnahme HFA 2/1995: Zur Unternehmensbewertung im Familien- und Erbrecht, Düsseldorf 1995.

IDW (Hrsg), Wirtschaftsprüfer-Handbuch – Handbuch für Rechnungslegung, Prüfung und Beratung (Band II)[10/II], Düsseldorf 1992.

IDW (Hrsg), WP Handbuch 2008 – Wirtschaftsprüfung, Rechnungslegung, Beratung (Band II) 13/II, Düsseldorf 2007.

IVSC, International Valuation Standards[8], London 2007.

Juritsch, E./Nadvornik, W./Gutschelhofer, A. (Hrsg), Unternehmensnachfolge in Familienunternehmen, Wien 2007.

Kalss, S./Schauer, M. (Hrsg), Unternehmensnachfolge – Praktische Fragen und zivilrechtliche Gestaltungsmöglichkeiten, Wien 2001.

Kempert, W., Praxishandbuch für die Nachfolge im Familienunternehmen – Leitfaden für Unternehmer und Nachfolger, Wiesbaden 2008.

Keuper, F./Schunk, H. A., Internationalisierung deutscher Unternehmen – Strategien, Instrumente und Konzepte für den Mittelstand², Wiesbaden 2011.

Kirchdörfer, R./Lorz, R./Wiedemann, A./Kögel, R./Frohnmayer, T. (Hrsg), Familienunternehmen in Recht, Wirtschaft, Politik und Gesellschaft, FS Hennerkes, München 2009.

Klein, S. B./Jaskiewicz, P./May, P./Schlippe, A. (Hrsg), Family Business³, Band 1, Köln 2010.

Klein, S. B., Familienunternehmen – Theoretische und empirische Grundlagen, in *Klein, S. B./Jaskiewicz, P./May, P./Schlippe, A.* (Hrsg), Family Business³, Band 1, Köln 2010.

Klein-Blenkers, F., Rechtsformen der Unternehmen, Heidelberg ua 2009.

Königsmaier, H./Rabel, K. (Hrsg), Unternehmensbewertung – Theoretische Grundlagen, praktische Anwendung, FS Mandl, Wien 2010.

Kranebitter, G. (Hrsg), Unternehmensbewertung für Praktiker², Wien 2007.

KWT, Fachgutachten des Fachsenats für Betriebswirtschaft und Organisation des Instituts für Betriebswirtschaft, Steuerrecht und Organisation der Kammer der Wirtschaftstreuhänder zur Unternehmensbewertung (KFS/BW 1), URL: http://www.kwt.or.at/de/, Wien 2006.

LeMar, B., Generations- und Führungswechsel im Familienunternehmen – Mit Gefühl und Kalkül den Wandel gestalten, Berlin ua 2011.

Leuner, R., Bewertung ertragsschwacher Unternehmen (Sanierung), in *Peemöller, V. H.* (Hrsg), Praxishandbuch der Unternehmensbewertung⁴, Herne 2004.

Lingau, V. (Hrsg), Mittelstandscontrolling 2009, Band 12, Köln 2009.

Löwe, C., Die Familienunternehmung – Zukunftssicherung durch Führung, Bern ua 1980.

Mand, I./Döflinger, C./Gavac, K., Unternehmensübergaben und -nachfolgen in Kleinen und Mittleren Unternehmen (KMU) der Gewerblichen Wirtschafts Österreichs, Studie der KMU Forschung Österreich im Auftrag des Bundesministeriums für Wirtschaft und Arbeit sowie der Wirtschaftskammer Österreich, URL: www.kmuforschung.ac.at, Wien 2008.

Mandl, G./Rabel, K., Methoden der Unternehmensbewertung (Überblick), in *Peemöller* (Hrsg), Praxishandbuch der Unternehmensbewertung⁴, Herne 2004.

Matschke, M./Brösel, G., Unternehmensbewertung – Funktionen, Methoden, Grundsätze³, Wiesbaden 2007.

Meyer, J.-A., Nachhaltigkeit in kleinen und mittleren Unternehmen, Köln 2011.

Meyer-Scharenberg, D. E., Rechtsformwahl, in *Dowling, M./Drumm, H. J.*, Gründungsmanagement – Vom erfolgreichen Unternehmensstart zu dauerhaftem Wachstum², Berlin ua 2003.

Moxter, A., Grundsätze ordnungsmäßiger Unternehmensbewertung², Wiesbaden 1983.

Mujkanovic, R., Die Bewertung von Anteilen an nachhaltig ertragsschwachen Unternehmen im handelsrechtlichen Jahresabschluss, WPg 2010, 294.

Nadvornik, W./Brauneis, A./Grechenig, S./Herbst, A./Schuschnig, T., Praxishandbuch des modernen Finanzmanagements, Wien 2009.
Nadvornik, W./Sylle, F., Bewertung ertragsschwacher Unternehmen, in *Pertersen, K./Zwirner, C./Brösel, G.*, Handbuch Unternehmensbewertung, Köln 2012.
Nadvornik, W./Sylle, F., Eine Bestandsaufnahme der aktuellen Unternehmensbewertungslandschaft in Österreich, RWZ 2012, 10.
Nölle, J.-U., Grundlagen der Unternehmensbewertung – Anlässe, Funktionen, Verfahren und Grundsätze, in *Schacht, U./Fackler, M.*, Praxishandbuch Unternehmensbewertung – Grundlagen, Methoden, Fallbeispiele, Wiesbaden 2005.
Obermeier, T./Gasper, R., Investitionsrechnung und Unternehmensbewertung, München 2008.
Peemöller, V. H., Anlässe der Unternehmensbewertung, in *Peemöller, V. H.* (Hrsg), Praxishandbuch der Unternehmensbewertung[4], Herne 2004.
Purtscher, V., Vergleichsverfahren und ihre Einsatzmöglichkeit zur Bewertung von KMUs, in *Königsmaier, H./Rabel, K.* (Hrsg), Unternehmensbewertung – Theoretische Grundlagen, praktische Anwendung, FS Mandl, Wien 2010.
Schacht, U./Fackler, M., Praxishandbuch Unternehmensbewertung – Grundlagen, Methoden, Fallbeispiele, Wiesbaden 2005.
Schielke, J. E., Finanzierung von Familienunternehmen, in *Kirchdörfer, R./Lorz, R./Wiedemann, A./Kögel, R./Frohnmayer, T.* (Hrsg), Familienunternehmen in Recht, Wirtschaft, Politik und Gesellschaft, FS Hennerkes, München 2009.
Schlager, J., Die unternehmerische Steuergestaltung, in Schriftenreihe des Journals für Betriebswirtschaft (Band III), Wien 1978.
Schlager, J., Enteignung von unternehmerisch genutzten Liegenschaften, in *Rummel, P./Schlager, J.* (Hrsg), Enteignungsentschädigung, Wien 1981.
Schnettler, A., Die Bewertung von Betrieben nach betriebswirtschaftlichen Grundsätzen, WPg 1 Jg 1948, 13.
Sieben, G./Lutz, H., Die Bewertung eines ertragsschwachen Unternehmens im Rahmen der Bestimmung der angemessenen Barabfindung beim Abschluss, BFuP 1984, 566.
Spielberger, K./Nava, F., Finanzinvestoren als Nachfolgelösung – Abgrenzung gegenüber industriellen Käufern, Unternehmeredition 2012, 74.
Spielmann, U., Generationswechsel in mittelständischen Unternehmungen – Ablösung von Firmen- und Nichtgründern, Wiesbaden 1994.
Vodrazka, K., Der Substanzwert, in Der österreichische Betriebswirt 1963, 147.
Voigt, C./Voigt, J. F./Voigt, R./Voigt J., Unternehmensbewertung – Erfolgsfaktoren von Unternehmen professionell analysieren und bewerten, Wiesbaden 2005.
Vollmer, T., Einführung in die Betriebswirtschaftslehre, in *Camphausen, B.* (Hrsg), Grundlagen der Betriebswitschaftslehre[2], München 2011.
Wagner, W., Die Unternehmensbewertung, in *IDW* (Hrsg), WP Handbuch 2008 – Wirtschaftsprüfung, Rechnungslegung, Beratung (Band II)[13/II], Düsseldorf 2007.
Waschbusch/Knoll, Unternehmensführung in Familienunternehmen durch ein familienfremdes Management – Fluch oder Segen?, BFuP 63 Jg 2011, 641.
Wirtschaftskammer Österreich, Wirtschaftskraft KMU – Vorfahrt für Österreichs KMU, URL: wko.at/kmu, Wien 2011.

Exkurs

Die Rolle des (betriebswirtschaftlichen) Sachverständigen bei der Ermittlung des Erwerbsschadens eines Selbständigen im Schadenersatzrecht – ein Beitrag zur Abgrenzung von Rechts- und Tatfrage

Christian Huber

1. **Einleitung**
    1.1. Unterschied zum Arbeitnehmer
    1.2. Definition des Selbständigen
    1.3. Warum so große Bedeutung
    1.4. Heranziehung von deutscher und schweizerischer Literatur und Judikatur
    1.5. Abbildung der Dynamik des Geschehens
    1.6. Anliegen des Beitrags und persönlicher Bezug zum Jubilar
    1.7. Ausklammerung folgender Probleme
2. **Die – legitime – Rolle des betriebswirtschaftlichen Sachverständigen**
    2.1. Beschränkung auf die Ermittlung von (Anknüpfungs-)Tatsachen
    2.2. Außergerichtliche Regulierung
        2.2.1. Berater bei der Darlegung des eingetretenen Schadens – Gehilfe des Anwalts des Anspruchstellers
        2.2.2. Betrauung durch den Haftpflichtversicherer
        2.2.3. Schiedsrichter
    2.3. Gerichtlicher Sachverständiger – Gehilfe des Gerichts
3. **(Mechanische) Ermittlung von Tatsachen durch den Sachverständigen – Tatfragen**
    3.1. Terminologische Unterscheidung zwischen Umsatz, Rohgewinn und Reingewinn
    3.2. Die unterschiedlichen Bewertungsansätze
        3.2.1. Konkret entgangene Geschäfte
        3.2.2. Ersatzkraftkosten
        3.2.3. Der entgangene Gewinn
            3.2.3.1. Die in Betracht kommenden Unterlagen
            3.2.3.2. Aufbereitung des sich daraus ergebenden Zahlenmaterials
            3.2.3.3. Vereinfachung der Gewinnermittlung durch Abstellen auf Tagessätze
4. **Eckpunkte der normativen Beurteilung – Rechtsfragen**
    4.1. Restitution und Kompensation
    4.2. Ersatzkraftkosten
        4.2.1. Ausgangspunkt: Eine tatsächlich eingestellte Ersatzkraft
            4.2.1.1. Einstellung einer Ersatzkraft als keine passende Alternative
            4.2.1.2. Ersatz – nur – bei Erfüllung der Schadensminderungsobliegenheit?

    4.2.1.3. Keine passgenaue Ersatzkraft
  4.2.2. Rechtlich gleichwertige Konstellationen
    4.2.2.1. „Unentgeltliches" Einspringen von Angehörigen, Mitarbeitern oder Nachbarn bzw Freunden
    4.2.2.2. „Überobligationsgemäße" Mehranstrengung des Verletzten
4.3. Der entgangene Gewinn
  4.3.1. Die für das österreichische Recht – noch – maßgebliche Unterscheidung zwischen positivem Schaden und entgangenem Gewinn
  4.3.2. Verletzungsbedingter Verlust von Kunden – Entsprechung zum merkantilen Minderwert
  4.3.3. Berechnung des Gewinnentgangs nach den Kosten einer – nicht eingestellten und daher fiktiven – Ersatzkraft
  4.3.4. Anrechnung von Ersparnissen – Vorteilsausgleichung oder Teil der Schadensberechnung, Auswirkungen auf die Beweislastverteilung
  4.3.5. Alterssicherung – zwei Varianten der Berücksichtigung
  4.3.6. Besondere Probleme vor und in der Gründungsphase
    4.3.6.1. Anforderungen an die Konkretheit einer Unternehmensgründung
    4.3.6.2. Besonderheiten der Umsatz- und Gewinnentwicklung
    4.3.6.3. Nachhaltig keine Gewinnerzielung – Verweis auf Erwerbseinkommen als Arbeitnehmer

5. Bemessung der Rente
 5.1. Dynamik der künftigen Entwicklung
  5.1.1. Berücksichtigung von Inflation und Wirtschaftswachstum sowie branchenspezifischen Faktoren
  5.1.2. Alter des Unternehmens und des Verletzten
 5.2. Befristung der Rente

6. Verletzungsbedingte Liquidation des Unternehmens

Resümee

Literaturverzeichnis

1. Einleitung

1.1. Unterschied zum Arbeitnehmer

Nahezu jede Erörterung des Erwerbsschadens eines Selbständigen, für den ein Ersatzpflichtiger, meist eine Haftpflichtversicherung, einstandspflichtig ist, verweist darauf, dass die Ermittlung von dessen Umfang besonders schwierig[1] und dabei die Heranziehung eines betriebswirtschaftlichen Sachverständigen unabdingbar sei.[2] Die Ermittlung eines Mindestschadens durch Bezugnahme auf das Entgelt einer vergleichbaren Ersatzkraft – ohne Wenn und Aber[3] – hat sich nicht durchgesetzt,[4] auch nicht für kurzfristige Ausfälle.[5] Es gilt das Dogma: Die Beeinträchtigung der Erwerbsfähigkeit als solche stellt keinen ersatzfähigen Schaden dar.[6]

Anspruchsgrundlage für einen solchen Anspruch ist häufig ein Verkehrsunfall oder ein ärztlicher Kunstfehler.[7] Die Arbeitskraft des Selbständigen wird dabei zeitweilig oder auf Dauer beeinträchtigt, partiell oder in vollem Ausmaß.

Weshalb bereitet aber die Bezifferung des Erwerbsschadens eines Selbständigen so viel größere Probleme als bei einem Arbeitnehmer? Dafür können mehrere Argumente ins Treffen geführt werden:

- Der Arbeitnehmer erhält für die Bereitstellung seiner Arbeitskraft ein Entgelt, während der Selbständige nicht nach Dauer und Intensität der Betätigung seiner Arbeitskraft entlohnt wird, sondern nach dem erzielten wirtschaftlichen Erfolg.[8]

---

[1] *Staudinger/Vieweg*, § 842 Rn 89; *Küppersbusch*, Ersatzansprüche bei Personenschäden[10], Rn 136; *Jahnke*, in *van Bühren/Lemcke/Jahnke*, Anwalts-Handbuch Verkehrsrecht[2], Rn 1077.

[2] *Harrer* in *Schwimann*, Praxiskommentar ABGB[3] § 1325 Rz 26; *Vrba/Lampelmayer/Wulff-Gegenbauer*, Schadenersatz in der Praxis idF der 26. ErgLief (2012) C III 2 Rn 12; *Pardey*, Berechnung von Personenschäden[4], Rn 2359; *Himmelreich/Halm/Euler*, Handbuch des Fachanwalts Verkehrsrecht[4], Kap 10 Rn 32; *Himmelreich/Halm/Staab/Kreuter-Lange*, Handbuch der Kfz-Schadensregulierung[2], Kap 17 Rn 62a; *Jahnke*, Der Verdienstausfall im Schadenersatzrecht[3], § 4 Rn 19; *Nomos[2]/Ch. Huber*, §§ 842, 843 Rn 135a; *Küppersbusch*, Ersatzansprüche bei Personenschäden[10], Rn 138; *Schellenberg/Ruf*, in *Schaffhauser/Kieser*, Invalidität von Selbständigerwerbenden, 117, 120.

[3] *Grunsky*, DAR 1988, 400, 403: Nachweis der relevanten Tatsachen häufig mit kaum überwindbaren Schwierigkeiten verbunden; *Staudinger/Vieweg*, § 842 Rn 88 mit Nachweis weiterer Literaturstimmen.

[4] *Greger*, Haftungsrecht des Straßenverkehrs[4], § 29 Rn 117.

[5] Dafür Sympathie bekundend aus pragmatischen Gründen *Himmelreich/Halm/Staab/Kreuter-Lange*, Handbuch der Kfz-Schadensregulierung[2], Kap 17 Rn 62; ebenso *Berger*, VersR 1981, 1105: Hinweis auf die Empfehlung des Verkehrsgerichtstages Goslar 1980: zur Vermeidung eines unverhältnismäßigen Beweisaufwands Abrechnung auf Ersatzkraftkosten bei kurzfristigem Ausfall eines Selbständigen, sofern der Geschädigte die Wahrscheinlichkeit eines nicht ganz unbeträchtlichen Arbeitsausfallsschadens beweisen kann.

[6] *Greger*, Haftungsrecht des Straßenverkehrs[4], § 29 Rn 111; *Landolt*, Der Unternehmerschaden, Rn 181.

[7] Eine Übersicht über die Bandbreite der möglichen Haftungsgrundlagen findet sich bei *Ott*, in *Koller*, Haftpflicht- und Versicherungstagung der Universität St. Gallen, 95, 112.

[8] *Nomos[2]/Ch. Huber*, §§ 842, 843 Rn 134: Abgeltung des Arbeitskrafteinsatzes des Selbständigen von Nachfrage am Markt abhängig; *Pardey*, Berechnung von Personenschäden[4], Rn 2351: ersatzfähiger Wert der Tätigkeit nach dem betriebswirtschaftlichen Erfolg, nicht nach Dauer und Intensität des Arbeitszeiteinsatzes; *C. Schah Sedi/M. Schah Sedi*, Das verkehrsrechtliche Mandat Band 5 Personenschaden, § 3 Rn 104: im Unterschied zum Arbeitnehmer bei Selbständigen nicht Wegfall der Arbeitskraft an sich maßgeblich, sondern Auswirkungen in seinem Vermögen, nicht nach Zeiteinsatz, sondern nach wirtschaftlichem Erfolg.

- Ein Arbeitnehmer erzielt typischerweise ein regelmäßiges Entgelt,[9] selbst wenn er einen 13. und 14. Bezug bekommt sowie eine Gewinnbeteiligung am Erfolg des Unternehmens, für das er tätig ist.[10] Für einen Selbständigen ist dem gegenüber charakteristisch, dass er unregelmäßige Einkünfte erzielt oder – jedenfalls in einer bestimmten Phase – womöglich gar keine. Zudem besteht keine Gewissheit, dass das einmal erreichte Einkommensniveau auf Dauer gehalten wird;[11] freilich ebenso wenig, dass es nicht in Zukunft eine Steigerung erfahren hätte.
- Auch eine wenige Tage andauernde Beeinträchtigung der körperlichen Integrität führt bei einem Arbeitnehmer zu einem Erwerbsschaden, der im Regelfall auf Arbeitgeber oder Sozialversicherungsträger weitergewälzt wird. Bei einem Selbständigen führt die kurzzeitige Beeinträchtigung aber unter Umständen zu keinem rechnerischen Schaden;[12] umgekehrt ist es denkbar, dass die Folgen seiner Verletzung sich weit in die Zukunft erstrecken,[13] wenn der Verletzte nach vollständiger Gesundung seine Tätigkeit wieder aufgenommen hat[14] und es etwa darum geht, dass er verletzungsbedingt Dauerkunden verliert[15] oder potentielle Kunden ihm wegen seiner zeitweiligen Abwesenheit misstrauen und deshalb ihre Nachfrage bei Konkurrenten decken.
- Beim Arbeitnehmer geht es um das ersatzfähige Entgelt, wobei mit relativ einfachen Mechanismen der betriebswirtschaftlichen Kostenrechnung eine Umlegung der Entgeltbestandteile auf die Tage erfolgt, an denen der Arbeitnehmer seine Arbeitskraft nicht einsetzen konnte.[16] Beim Selbständigen geht es dem gegenüber nicht nur um den entgangenen Gewinn, sondern auch um den Ersatz der weiterlaufenden fixen Kosten. Kann er sein Unternehmen nicht mehr fortführen, kommen weitere Schadensposten in Betracht.[17]
- Der Selbständige hat im Vergleich zum Arbeitnehmer, der Weisungen unterliegt und seine Leistung in einer vorgegebenen Arbeitszeit erbringen muss, einen weiter reichenden Gestaltungsspielraum; dem entsprechend ist die Bandbreite dessen, welche Abhilfemaßnahmen ihm gegenüber dem Ersatzpflichtigen abzuverlangen sind, sehr viel größer. Da nur der vom Schädiger verursachte Erwerbsschaden zu ersetzen ist, muss geprüft werden, ob ein Gewinnrückgang oder eine Vergrößerung des Verlustes[18] nicht – partiell – auf andere Ursachen zurückzuführen sind.[19] Im Rahmen der

---

[9] *Greger*, Haftungsrecht des Straßenverkehrs[4], § 29 Rn 108.
[10] *Grunsky*, DAR 1988, 400: qualitativ andere Problematik.
[11] *Wussow/Dressler*, Unfallhaftpflichtrecht[15], Kap 33 Rn 4.
[12] *Harrer* in Schwimann, Praxiskommentar ABGB[3] § 1325 Rz 24; *Greger*, Haftungsrecht des Straßenverkehrs[4], § 29 Rn 108, 112.
[13] *Heß/Burmann*, Handbuch des Straßenverkehrs I idF der 29. ErgLief 2012 Kap 6 D Rn 53.
[14] *Ruhkopf/Book*, VersR 1972, 114, 117.
[15] *Staudinger/Schiemann*, § 252 Rn 41.
[16] *Ch. Huber*, FS-Dittrich, 411ff.
[17] *ZürchKomm*[3]/*Landolt*, Art 46 Rn 660: Verminderung des Wertes des Unternehmens, wenn kein Ersatz durch einen Betriebsleiter, sowie Beeinträchtigung des wirtschaftlichen Fortkommens in Gestalt eines Erschwerungsschadens.
[18] Für dessen Ersatzfähigkeit *Staudinger/Schiemann*, § 252 Rn 41; *Geigel/Pardey*, Der Haftpflichtprozess[26], Kap 4 Rn 124.
[19] *Heß/Burmann*, Handbuch des Straßenverkehrs I idF der 29. ErgLief 2012 Kap 6 D Rn 53.

Prognose ist dabei auf die Entwicklung der Konjunktur sowie Besonderheiten der Branche zu achten.

1.2. Definition des Selbständigen

Den Selbständigen kann man negativ und positiv umschreiben. Selbständig ist, wer eine Erwerbstätigkeit nicht im Rahmen eines Arbeitsvertrags ausführt.[20] Eine positive Definition erfasst Kaufleute, Freiberufler unter Einschluss von Sportlern und Künstlern[21] sowie Land- und Forstwirte.

1.3. Warum so große Bedeutung

Der Erwerbsschaden des Selbständigen hat aus mehreren Gründen große Bedeutung:

- Er ist nach einer fremdverschuldeten Körperverletzung zumeist der größte Schadensposten.[22] Heilungskosten, vermehrte Bedürfnisse oder der Haushaltsführerschaden sind meist wesentlich geringer; erst recht gilt das für den (Kfz-)Sachschaden.
- Die Vorstellungen von Anspruchsteller und Ersatzpflichtigen liegen häufig beträchtlich aus einander, was weder an der Bösartigkeit des Haftpflichtversicherers noch überzogenen Begehrensvorstellungen des Verletzten liegt.[23]
- Der Verletzte muss einen solchen Anspruch in besonders hohem Maß selbst durchsetzen, weil der sozialversicherungsrechtliche Schutz deutlich geringer ausgeprägt ist als bei einem Arbeitnehmer.[24] Nach § 132 GSVG gibt es keine dem Erwerbsschaden sachlich kongruente Leistung, sofern die Beeinträchtigung kürzer als 6 Monate ist. Der eingetretene Erwerbsschaden reicht zudem häufig über die Höchstbemessungsgrundlagen des Sozialversicherungsrechts hinaus.

1.4. Heranziehung von deutscher und schweizerischer Literatur und Judikatur

Wenn es sich um eine so bedeutsame Problematik handelt, sollte man meinen, dass es dazu eine reichhaltige oberstgerichtliche Judikatur sowie ein umfassendes Schrifttum gibt. Zum österreichischen Recht stellt man indes fest, dass es in der Literatur bloß kursorische Äußerungen gibt. Und die Judikatur des OGH ist dadurch geprägt, dass Fragen der Schadensberechnung nur in eingeschränktem Maße revisibel sind, sodass auch der Befund der – nahezu ausschließlich veröffentlichten höchstrichterlichen – OGH-Recht-

---

[20] *ZürchKomm³/Landolt*, Art 46 Rn 699.
[21] OGH 14.8.2008, 2 Ob 191/07p, ZVR 2010/9 (*Ch. Huber*): Kunstmaler, frei schaffende Künstler nach der Verkehrsauffassung freiberuflich.
[22] *Hunziker-Blum*, ST 2002, 343, 344.
[23] Prototypisch OGH 22.2.2007, 2 Ob 156/06i, ZVR 2007/255 (*Ch. Huber*): Gaststätten-Komplementär; Angebot 5.000,– €, Begehren 80.000,– €, schließlich Zuspruch ca in der Mitte.
[23] Weder Bösartigkeit des Haftpflichtversicherers noch überzogene Begehrensvorstellungen des Verletzten.
[24] Ähnlich der Befund für die Schweiz: Ott in *Koller*, Haftpflicht- und Versicherungstagung der Universität St. Gallen (2001), 95: wegen des fehlenden UVG-Obligatoriums häufig privat minimal gegen Folgen von Unfall und Krankheit versichert; *Hunziker-Blum*, ST 2002, 343: ungedeckter Rest kann sehr hoch sein, unter Umständen sogar 100 %.

sprechung nicht übertrieben ergiebig ist.[25] Weitere Gründe mögen darin liegen, dass es in Österreich – im Unterschied zu Deutschland und der Schweiz – keine spezialisierten Fachanwälte gibt und namentlich in Ostösterreich viele Konflikte im Kaffeehaus und beim Heurigen amikal beigelegt werden, während anderswo die Gerichte bemüht werden. Ersteres erspart Regulierungskosten, Letzteres befördert das Wissen und die Erfahrung in Bezug auf die anstehenden Probleme; jedenfalls wird ein umfangreicheres Anschauungsmaterial dem Fachpublikum zugänglich.

Es erscheint angezeigt, Literatur und Judikatur der beiden anderen deutschsprachigen Rechtsordnungen, nämlich von Deutschland[26] und der Schweiz[27], für diesen Beitrag zu verwerten. Während die Bezugnahme auf deutsche Rechtsquellen im österreichischen Schadenersatzrecht ohnehin zum guten Ton gehört, ist das Eingehen auf die Rechtsentwicklung in der Schweiz seltener. Gerade im untersuchten Zusammenhang ist das aber aus folgenden Gründen durchaus lohnend:

Die rechtstatsächlichen Probleme sind naturgemäß ähnlich oder sogar gleich. Die Gesetzeslage der Schweiz ist mit der Deutschlands und Österreichs vergleichbar. Nach einer vom Schädiger zu verantwortenden Körperverletzung ist der Erwerbsschaden zu ersetzen, und zwar nach § 1325 ABGB, § 842f BGB bzw Art 46 Abs 1 OR. Es geht um den Ausgleich der erlittenen Einbuße, die möglichst konkret erfolgen soll. Je weiter der Schaden in der Zukunft liegt, umso bedeutsamer sind statistische Untersuchungen im Rahmen der Prognose. Je gehaltvoller und umfassender diese sind, desto präziser ist das Ergebnis, das sich erzielen lässt. Da der Schädiger den Verletzten in die Lage gebracht hat, dass er Beweisprobleme hat, gilt zugunsten des Anspruchstellers ein Schätzungsbonus. Zwar ist der Geschädigte in Bezug auf den Nachweis des erlittenen Schadens beweisbelastet; aber seine Darlegungslast ist reduziert.[28] Es genügt, wenn er brauchbare Anknüpfungstatsachen beweist, die eine richterliche Schadensschätzung gemäß § 273 ZPO, § 252 S 2 BGB sowie § 287 dZPO bzw Art 42 Abs 2 OR ermöglichen sollen.[29] Jedenfalls eine „Schätzung ins Blaue" oder eine, die in der Luft hängt, soll verhindert werden.[30] Im Regelfall ist das Vorbringen aber immerhin für die Schätzung eines Mindestschadens ausreichend; aber es kann auch zu einer völligen Abwei-

---

[25] So auch für das deutsche Recht *Ruhkopf/Book*, VersR 1970, 690: Schrifttum verhältnismäßig unbedeutend zu dieser Frage; das überraschend, da sich die Praxis täglich mit einschlägigen Fällen zu beschäftigen hat. Ähnlich der Befund zum schweizerischen Recht *Ott* in *Koller*, Haftpflicht- und Versicherungstagung der Universität St. Gallen (2001), 95: Judikatur und Literatur spärlich; 109: in Standardwerken und Lehrbüchern zum Haftpflichtrecht keine erschöpfenden Antworten. Zum deutschen und schweizerische Recht gibt es freilich wesentlich mehr Veröffentlichungen als in Österreich!

[26] An Aufsatzliteratur sind für Deutschland zu nennen: *Ruhkopf/Book*, VersR 1970, 690ff; VersR 1972, 114ff: Sicht der Haftpflichtversicherer; *Grunsky*, DAR 1988, 400ff: Professor; *Kendel*, zfs 2007, 372ff: Wirtschaftreuhänder, wenig aussagekräftig, eher Aufsatz, um auf sich aufmerksam zu machen.

[27] *Landolt*, Der Unternehmerschaden (2011).

[28] *Staudinger/Vieweg*, § 842 Rn 89; *Ott* in *Koller*, Haftpflicht- und Versicherungstagung der Universität St. Gallen (2001), 95, 98: Beweiserleichterung nach Art 42 Abs 2 OR, aber keine Befreiung des Geschädigten von der Beweislast.

[29] *Wussow/Dressler*, Unfallhaftpflichtrecht[15], Kap 33 Rn 4.

[30] *Ruhkopf/Book*, VersR 1970, 690, 691.

sung kommen.³¹ Wie in Österreich ist die tatrichterliche Ermittlung des Umfangs des Ersatzes nur in beschränktem Ausmaß durch ein Rechtsmittel an das Höchstgericht überprüfbar.³²

Die Unterschiede sind dem gegenüber allenfalls homöopathisch: Im österreichischen Recht ist gemäß §§ 1323f, 1332 ABGB die Unterscheidung zwischen positivem Schaden und entgangenem Gewinn – noch – bedeutsam. Im deutschen Recht gilt ein unterschiedliches Beweismaß zwischen haftungsbegründender und haftungsausfüllender Kausalität, nämlich der Strengbeweis nach § 286 dZPO für erstere und die überwiegende Wahrscheinlichkeit im Rahmen des § 287d ZPO für letztere, wenn also feststeht, dass ein realer Schaden eingetreten ist und es bloß um dessen Ausmaß geht.³³ Im schweizerischen Recht gibt es neben dem Erwerbsschaden noch die Kategorie der Erschwerung des wirtschaftlichen Fortkommens gemäß Art 46 OR.³⁴

Die Heranziehung der beiden Nachbarrechtsordnungen führt dazu, dass schon deren Begrifflichkeit ein bestimmtes Phänomen mitunter treffender umschreibt. Dazu kommt, dass für das eine oder andere Detailproblem eine höhere Sensibilität besteht. Während deutsche Darstellungen überwiegend aus der Feder von Vertretern der (Haftpflicht-)Versicherungswirtschaft stammen,³⁵ sodass der Akzent darauf liegt, dass dem Geschädigten keinesfalls ein zu hoher Ersatz zuerkannt werden soll,³⁶ zeichnet sich die Schweiz dadurch aus, dass sich auch Betriebswirte³⁷ in die Diskussion einbringen und darüber hinaus auch Vertreter der Geschädigtenseite die literarische Auseinandersetzung bereichern.³⁸ Die Folge ist, dass darauf geachtet wird, dass nicht weniger als die erlittene Einbuße ersetzt wird. Da wie dort wird deutlich, dass der main stream der Literatur Auswirkungen auf die – höchstrichterliche – Rechtsprechung hat.

1.5. Abbildung der Dynamik des Geschehens

Der Selbständige wird zu einem bestimmten Zeitpunkt am Körper verletzt. Bis dahin hat er sein Unternehmen schon mehrere Jahre betrieben oder gerade erst gegründet; womög-

---

[31] BGH 16.3.2004, VI ZR 138/03, NJW 2004, 1945: Assekuranzmakler; trotz Vorhalt durch das Gericht erforderliche Unterlagen aus der Zeit vor und nach dem Unfall nicht vorgelegt; *Heß/Burmann*, Handbuch des Straßenverkehrs I idF der 29. ErgLief 2012 Kap 6 D Rn 54.

[32] *Ruhkopf/Book*, VersR 1970, 690, 692: gegenüber weitgehenden Befugnissen des Tatrichters Möglichkeiten einer Nachprüfung durch den BGH begrenzt; BGH 10.12.1996, VI ZR 268/95, NZV 1997, 174: Handwerksbetrieb für Kälte- und Klimatechnik, hier Überprüfung bejaht, weil die Entscheidung des BerG in sich widersprüchlich war und ein Verstoß gegen Denkgesetze vorlag; ebenso für die Schweiz ZürchKomm³/*Landolt*, Art 46 Rn 744.

[33] *Wussow/Dressler*, Unfallhaftpflichtrecht1⁵, Kap 33 Rn 3.

[34] Zu dieser Schadenskategorie *Schatzmann*, SJZ 2000, 333ff.

[35] Als Ausnahme von der Regel sei verwiesen auf *Wussow/Dressler*, Unfallhaftpflichtrecht¹⁵, Kap 33 (BGH-Richter); *Pardey*, Berechnung von Personenschäden⁴, [Richter am LG Braunschweig]; *C. Schah Sedi/M. Schah Sedi*, Das verkehrsrechtliche Mandat Band 5 Personenschaden, [Geschädigtenanwälte]; *Grunsky*, DAR 1988, 400ff (Professor).

[36] So explizit *Ruhkopf/Book*, VersR 1970, 690ff; VersR 1972, 114ff.

[37] *Hunziker-Blum*, ST 2002, 343ff; *Ott* in *Koller*, Haftpflicht- und Versicherungstagung der Universität St. Gallen, 95ff; *Schellenberg/Ruf* in *Schaffhauser/Kieser*, Invalidität von Selbständigerwerbenden, 117ff.

[38] Besonders hervorgehoben seien die Werke von *Landolt*, namentlich Der Unternehmerschaden (2011); ZürchKomm³/*Landolt*, Art 46.

lich steht er erst knapp davor. Mit der Verletzung kommt es zu einer Zäsur im Unternehmen des Verletzten. Der Sachverständige erstellt sein Gutachten geraume Zeit später. Denkbar ist, dass der Verletzte zu diesem Zeitpunkt wieder gesund ist oder der Zustand seiner Beeinträchtigung einen Endzustand erreicht hat.[39] Häufig ist der Heilungsprozess aber noch nicht abgeschlossen, was zu besonderen Problemen führt.[40]

Wozu der Anspruchsteller verletzungsbedingt noch bzw nicht mehr in der Lage ist, fällt in die Kompetenz des medizinischen Sachverständigen. Keinesfalls kommt es im Schadenersatzrecht auf die im Sozialversicherungsrecht maßgebliche allgemeine Minderung der Erwerbsfähigkeit an;[41] abzustellen ist vielmehr auf die konkrete Beeinträchtigung bei Ausübung der jeweiligen Tätigkeit.[42] Zu bedenken ist dabei, dass nicht allein die Funktionsfähigkeit von Gliedmaßen oder Sinnesorganen maßgeblich ist. Selbst wenn die beeinträchtigten Teile nicht unmittelbar für bestimmte Tätigkeiten konkret benötig werden, wird die Arbeitseffizienz darunter leiden. Konzentrations- und Ausdauerdefizite haben Auswirkungen bei Zuverlässigkeit und Belastbarkeit.[43]

Relativ einfach ist die Beurteilung, wenn die Rahmenbedingungen beim Verletzten konstant sind. Gelegentlich kommt es aber zu Umstrukturierungen, etwa Änderungen der Rechtsform,[44] Einstellung oder Entlassung von Personal bzw modifizierter Gewichtung[45] sowie die Aufgabe oder Eröffnung neuer Geschäftsfelder.[46] Es gilt dann zu klären, ob die vom Schädiger zu verantwortende Verletzung dafür ursächlich war oder die Änderungen aus ganz anderen Gründen erfolgten, etwa vorangehenden Fehldispositionen oder einer Rezession.

Zu unterscheiden sind jedenfalls drei Phasen, nämlich die bis zur Verletzung, die zwischen Verletzung und dem Zeitpunkt der Beurteilung durch den Sachverständigen bzw des Endes der mündlichen Hauptverhandlung 1. Instanz in einem Zivilprozess sowie die daran anschließende Phase, für die eine Prognose zu erstellen ist. In der Schweiz ist für die zweite und dritte Phase die Terminologie aufgelaufener und zukünftiger Schaden geläufig.[47] Die Expertise erfolgt häufig am Übergang von der zweiten zur dritten Phase.[48] Der Sachverständige hat – wiederum nach schweizerischer Begrifflichkeit – die Differenz zwischen Validen- und Invalideneinkommen zu ermitteln, also den Unterschiedsbetrag zwischen dem Gewinn als Verletzter und dem als Gesunder.

---

[39] *Schellenberg/Ruf* in *Schaffhauser/Kieser*, Invalidität von Selbständigerwerbenden, 117, 120: häufig betriebswirtschaftliche Expertise dann, wenn medizinischer Residualzustand erreicht, also keine wesentliche Änderung des Gesundheitszustands mehr zu erwarten ist.
[40] *Ruhkopf/Book*, VersR 1970, 690, 694.
[41] *Jahnke*, Der Verdienstausfall im Schadenersatzrecht³, § 4 Rn 24.
[42] *Pardey*, Berechnung von Personenschäden⁴, Rn 2350: geschäftsspezifische Herabsetzung.
[43] *Schellenberg/Ruf* in *Schaffhauser/Kieser*, Invalidität von Selbständigerwerbenden, 117, 135.
[44] *Kendel*, zfs 2007, 372, 373: Umwandlung einer Einzelpraxis in eine Gemeinschaftspraxis.
[45] OGH 3.7.1984, 2 Ob 69, 70/83, ZVR 1985/47: *Bäcker*, Veränderung des Gesellschaftsvertrags, Vater vermindert seinen Anteil.
[46] BGH 10.12.1996, VI ZR 268/95, NZV 1997, 174: Handwerksbetrieb für Kälte- und Klimatechnik, Erwerb einer weiteren Firma nach dem Unfall.
[47] *Ott* in *Koller*, Haftpflicht- und Versicherungstagung der Universität St. Gallen, 95, 97f.
[48] BGH 10.12.1996, VI ZR 268/95, NZV 1997, 174: Handwerksbetrieb für Kälte- und Klimatechnik; BGH 16.3.2004, VI ZR 138/03, NJW 2004, 1945: Assekuranzmakler; *Wussow/Dressler*, Unfallhaftpflichtrecht¹⁵, Kap 33 Rn 5.

1.6. Anliegen des Beitrags und persönlicher Bezug zum Jubilar

Es geht um die Abklärung des schadenersatzrechtlichen und (allenfalls) prozessualen Umfelds für den betriebswirtschaftlichen Sachverständigen. Die an der Regulierung eines solchen Schadens beteiligten Fachleute, nämlich Anwälte, Richter, Sachbearbeiter des Haftpflicht- und Sozialversicherers, sollen dafür sensibilisiert werden, was durch Einschaltung eines betriebswirtschaftlichen Sachverständigen in welcher Zeit und mit welchen Gebühren[49] leistbar ist – und was nicht. Mitunter mag die Expertise einer klassischen Unternehmensbewertung gleichen.[50]

Dem Sachverständigen, der mit der Klärung von Tatfragen betraut ist, sollen in diesem Aufsatz Grundzüge vermittelt werden, welche Tatsachen für den zu regulierenden Schadenersatzanspruch bedeutsam sein können, mag das auch nicht zum Berufsbild eines Steuerberaters oder Wirtschaftsprüfers gehören.[51] Er muss wissen, welche Tatsachen er ermitteln muss[52] und dass bei diesen im Rahmen des Beweismaßes auch Wahrscheinlichkeitskalküle eine Rolle spielen (können),[53] so namentlich im österreichischen Recht bei der Abgrenzung zwischen positivem Schaden und entgangenem Gewinn.

Werden diese Vorgaben nicht beachtet, kann das Gutachten seine ihm zugedachte Aufgabe nicht erfüllen.[54] Jedenfalls muss der Sachverständige für die Empfänger das Ergebnis verständlich darstellen, also nicht nur in Tabellen und Zahlen, sondern auch durch Erklärungen und Begründungen.[55] Besonders, wenn wie häufig kein punktgenaues Ergebnis ermittelt werden kann, muss er offen legen, auf welchem Weg er zu den Ergebnissen gelangt ist und mit welchen Unwägbarkeiten diese behaftet sind.[56]

Ausfluss der Analyse der jeweiligen Befugnisse soll sein, dass die dem Sachverständigen gestellten Fragen sich in dem von diesem bewältigbaren Bereich bewegen bzw der Sachverständige an der Korrektur der an ihn gerichteten Fragen mitwirkt. Er muss wissen, dass er bloß ein Vorprodukt liefert, aber nicht an die Stelle des Anspruchstellers, Ersatzpflichtigen oder Richters tritt. Der Beitrag wird verfasst von einem keiner Lobby verpflichteten Professor, der somit sowohl die Interessen des Anspruchstellers als auch die des Ersatzpflichtigen angemessen berücksichtigen kann.

Die untersuchte Fragestellung liegt an der Schnittstelle zwischen materiellem Schadenersatzrecht, Zivilprozessrecht und Betriebswirtschaftslehre und weist einen besonde-

---

[49] Die Dauer der Gutachten und die Höhe der Gebühren monierend *Ruhkopf/Book*, VersR 1970, 690 bzw. VersR 1972, 114, 120.
[50] *Schellenberg/Ruf* in *Schaffhauser/Kieser*, Invalidität von Selbständigerwerbenden, 117, 118.
[51] *Kendel*, zfs 2007, 372.
[52] *Küppersbusch*, Ersatzansprüche bei Personenschäden[10], Rn 149: es ist darauf zu achten, dass der Steuerfachmann Grundsätze des Schadenersatzrechts und anrechenbare Vorteile beachtet.
[53] *Heß/Burmann*, Handbuch des Straßenverkehrs I idF der 29. ErgLief 2012 Kap 6 D Rn 68: gebotener Hinweis, dass bei der Prognose Beweiserleichterungen gelten.
[54] Noch deftiger *Heß/Burmann*, Handbuch des Straßenverkehrs I idF der 29. ErgLief 2012 Kap 6 D Rn 68: Gutachter muss eindeutig gesagt bekommen, worum es geht. Solche Gutachten sind oft teuer, zudem noch weitgehend unbrauchbar, weil die haftungsrechtlichen Fragestellungen vom beauftragten Sachverständigen nicht ausreichend erkannt und beachtet werden.
[55] *Schellenberg/Ruf* in *Schaffhauser/Kieser*, Invalidität von Selbständigerwerbenden, 117, 123, 127f; ähnlich *Ruhkopf/Book*, VersR 1972, 114: vermeiden, dass Zahlen mit großem Fleiß ohne rechtliche Beziehungen zum Schaden zusammengestellt werden, die die rechtliche Beurteilung nicht fördern.
[56] *Hunziker-Blum*, ST 2002, 343, 347.

ren Bezug zur Methodenlehre auf. Solche Fragestellungen beschäftigen sowohl den Jubilar[57] als auch den Autor seit Jahrzehnten, den Jubilar als juristisch versierten Betriebswirt, mich als ökonomisch angehauchten Schadenersatzrechtler. Ich verbinde mit diesem Aufsatz die Hoffnung, dass dieser nicht nur einen Beitrag auf einem in der österreichischen Rechtsordnung bisher unbeackerten Feld liefert, sondern auch der Jubilar die Themenstellung für den Anlass passend (emp)finden möge.

1.7. Ausklammerung folgender Probleme

Um bezüglich des Umfangs nicht völlig aus dem Ruder zu laufen, erfolgt eine Beschränkung auf die Probleme, die aus der Sicht der Heranziehung eines betriebswirtschaftlichen Sachverständigen im Kernbereich liegen.

Ausgeklammert wird die Frage des Erwerbsschadens eines Gesellschafters.[58] Einerseits wurde diese Problematik an anderer Stelle ausführlich thematisiert, wobei die zentralen Thesen mittlerweile vom OGH[59] übernommen worden sind: Eine Ersatzfähigkeit des Erwerbsschadens des Gesellschafters einer Personengesellschaft ist auch bezüglich der Gewinneinbuße der übrigen Gesellschafter insoweit gegeben, als eine Schadensverlagerung vorliegt. Das ist immer dann der Fall, wenn es sich beim Gewinnanteil um eine Abgeltung des Arbeitskrafteinsatzes des verletzten Gesellschafters handelt.

Soweit eine Tätigkeitsvergütung vereinbart ist, sind die Regeln des Lohnfortzahlungsschadens ebenso anzuwenden wie bei Verletzung eines Geschäftsführers einer GmbH oder eines Vorstands einer AG, mögen diese an der Gesellschaft auch kapitalmäßig beteiligt sein. Insoweit tun solche Gesellschafter sich mit dem Nachweis eines (Mindest-)Schadens viel leichter als ein Einzelunternehmer. Der OGH[60] hat sogar eine Überprüfung abgelehnt, ob die Gesellschaft wegen ihrer schlechten finanziellen Lage auf Dauer in der Lage ist, ein solches Entgelt zu zahlen, wobei einzuräumen ist, dass lediglich der Zeitraum bis zum Ende der mündlichen Hauptverhandlung 1. Instanz zu beurteilen war.

Soweit freilich ein über den Lohnfortzahlungs- bzw sonst verlagerten Schaden eintritt, gelten für den Erwerbsschaden eines Gesellschafters die gleichen Grundsätze wie für den Erwerbsschaden eines Einzelunternehmers. Die überaus feinsinnige, aber lebensfremde Unterscheidung, ob ein einspringender Sohn bei Verletzung eines Elternteils seine Mehranstrengung bloß dem verletzten Elternteil oder der zwischen den Eltern an-

---

[57] *Schlager*, Die unternehmerische Steuergestaltung – Planung, Durchsetzbarkeit, Grenzen; *ders*, Schadensberechnung – Vernetzung von rechtlichen und (betriebs)wirtschaftlichen Erkenntnissen, WT 1994/4, 16ff; *ders*, Das betriebswirtschaftliche Gutachten und die (Buch-)Sachverständigentätigkeit in Krise, Sanierung und Insolvenz, in *Feldbauer-Durstmüller/Schlager* (Hrsg), Krisenmanagement – Sanierung – Insolvenz, 779ff.

[58] Zum Ausgangspunkt OGH 12.2.1985, 2 Ob 2/85, GesRZ 1985/138 mit Besprechungsaufsatz von *Harrer*, GesRZ 1985, 130ff sowie der Gegenposition von *Ch. Huber*, JBl 1987, 613ff.

[59] Die Änderung andeutend OGH 22.2.2007, 2 Ob 156/06i, ZVR 2007/255 (*Ch. Huber*): Komplementär einer Gaststätten GmbH; die Übernahme meines Lösungsansatzes dann in OGH 14.2.2008, 2 Ob 238/07z ZVR 2008/239 mit Besprechungsaufsatz *Ch. Huber*, ZVR 2008, 484ff; ausdrücklich auf dieser Linie *Hinteregger*, ABGB-ON § 1325 Rn 23: keine Begrenzung des Ersatzes auf die Gewinneinbuße des verletzten Gesellschafters.

[60] OGH 26.1.1999, 4 Ob 299/98v, SZ 72/8 = ZVR 1999/66; zu Recht kritisch *Harrer* in Schwimann, Praxiskommentar ABGB³ § 1325 Rz 32.

genommenen Gesellschaft bürgerlichen Rechts erbringen wollte,[61] wurde mittlerweile zu Recht aufgegeben.

Bei Tötung eines Selbständigen stellen sich im Ausgangspunkt im Rahmen des Unterhaltsersatzanspruchs nach § 1327 ABGB ganz ähnliche Probleme, da der gesetzliche Unterhalt ein bloßer Ausschnitt des Erwerbsschadens ist. Allerdings tritt bei sehr hohem Einkommen relativ rasch beim Kindesunterhalt, letztendlich aber auch beim Ehegattenunterhalt eine Sättigungsgrenze ein, sodass man sich hier meist mit der Schätzung eines Mindestschadens begnügen kann. Ob der Beistandsentgang für sich – nach wie vor gesondert – ersatzfähig sein soll,[62] erscheint nicht sachgerecht. Soweit sich entgangene Beistandsleistungen nicht auf den Unterhaltsstandard des Hinterbliebenen auswirken, soll es dafür mE keinen Ersatz geben.[63]

Ausgeklammert werden grundsätzlich auch Fragen der abstrakten Rente sowie der Verunstaltungsentschädigung, weil es insoweit auf eine Präzisierung des eingetretenen Erwerbsschadens durch ein Gutachten eines betriebswirtschaftlichen Sachverständigen nicht ankommt. Nur am Rande behandelt werden Fragen des Steuer- und Sozialversicherungsrechts. Für den Regressanspruch des Sozialversicherungsträgers gilt Entsprechendes wie für den Unterhaltsersatzanspruch. Dafür reicht im Regelfall die Schätzung eines Mindestschadens, wofür man im Regelfall nicht auf die Mithilfe eines betriebswirtschaftlichen Sachverständigen angewiesen ist. Nicht gesondert eingegangen wird auf die Konstellation, dass den Anspruchsteller eine Mitverantwortung trifft mit der Folge, dass bloß ein Teil seines Schadens überwälzbar ist.

2. Die – legitime – Rolle des betriebswirtschaftlichen Sachverständigen

2.1. Beschränkung auf die Ermittlung von (Anknüpfungs-)Tatsachen

Mitunter wird der Eindruck vermittelt, als sei es Aufgabe des (betriebswirtschaftlichen) Sachverständigen, den ersatzfähigen Schaden zu ermitteln bzw den entgangenen Gewinn zu schätzen.[64] Sofern der Sachverständige über ausreichende (Schadenersatz-)Rechtskenntnisse verfüge, könne es bei marginalen Retuschen bleiben.[65] Nur wenn das nicht der Fall sei, sei eine stärkere Korrektur des Haftpflichtjuristen geboten. Die Expertise des betriebswirtschaftlichen Sachverständigen wird in die Nähe der Naturwissenschaften gerückt, wo es so sein mag, dass Erkenntnisse aufgrund objektiver Vorgaben wertneutral ermittelt werden können.

---

[61] So noch OGH 10.8.1998, 7 Ob 33/98y, JBl 1999, 185, = RdW 1999, 667. Ähnlich künstlich *Dressler*, FS-Steffen, 121 ff.

[62] So aber OGH 5.12.1968, 2 Ob 332/68, SZ 41/169: Witwer kann das durch den Tod der Ehefrau unrentabel und passiv gewordene Unternehmen (Hotel garni) auf Kosten des Ersatzpflichtigen weiterführen, obwohl er über andere ausreichende Einnahmequellen verfügt.

[63] So BGH 20.5.1980, VI ZR 202/78, BGHZ 77, 157 = NJW 1980, 2196: Förderung der Tätigkeit des Mannes als Volleyballtrainer durch Übersetzungs- und Bürotätigkeiten der getöteten Ehefrau ohne zusätzliche finanzielle Abgeltung durch den Volleyballverband.

[64] *Küppersbusch*, Ersatzansprüche bei Personenschäden[10], Rn 149: Jurist wird Schätzung des entgangenen Gewinns dem Steuerfachmann, dem Betriebs- oder Volkswirt überlassen.

[65] *Jahnke*, Der Verdienstausfall im Schadensersatzrecht[3], § 4 Rn 42: Ergebnisse eines Finanzfachmannes häufig auch unter schadenersatzrechtlichen Aspekten noch juristisch zu überprüfen.

Dem ist mE mit Entschiedenheit entgegenzutreten. So hilfreich es ist, wenn der betriebswirtschaftliche Sachverständige weiß, wofür die von ihm ermittelten Tatsachen verwendet werden, welche bedeutsam sind oder es auf den Wahrscheinlichkeitsgrad des Eintritts eines künftig angenommenen Ereignisses ankommt,[66] so klar muss es sein, dass seine legitime Aufgabe auf den Tatsachenbereich beschränkt ist. Das hat zur Folge, dass die Fragestellung an den Sachverständigen nicht lauten kann: Wie hoch ist der ersatzfähige Erwerbsschaden?[67] Vielmehr ist es Aufgabe des Haftpflichtjuristen, die Fragestellung möglichst präzise zu formulieren.[68] Sollte der Sachverständige durch die Fragestellung in die Rolle gedrängt werden, haftpflichtrechtliche Wertungsfragen zu beantworten, muss er darauf hinweisen, dass dies durch seine Fachkompetenz nicht gedeckt ist. Unterlässt er einen solchen Hinweis, macht er sich nicht nur gegenüber der dadurch belasteten Seite angreifbar; vielmehr liegt Einlassungsfahrlässigkeit vor, die womöglich zu einer Haftung des Sachverständigen führt.

Keine vom Sachverständigen zu beantwortende Tatfrage ist etwa, ob den Verletzten eine Obliegenheit zur Aufnahme einer unselbständigen Tätigkeit trifft,[69] sondern allenfalls, wie hoch derartige Einkünfte sein könnten. Ob der Verletzte trotz Verlusten berechtigt ist, das Unternehmen fortzuführen, ist keine Frage, die der Sachverständige zu beantworten hat, wohl aber, in welcher Höhe Verluste entstehen werden. Ob der Sachverständige bei seiner Prognose davon ausgehen darf, alle nicht rentablen Bereiche auszuklammern,[70] erscheint mE fraglich; jedenfalls müsste er eine solche Annahme offen legen. Im Regelfall wird er die Fortführung des Unternehmens unterstellen dürfen.[71]

Selbst auf dem Gebiet der Ermittlung von Tatsachen ist die Umschreibung der Expertise durchaus facettenreich. Genannt werden folgende Fachgebiete:

- Betriebswirtschaftslehre (allgemein)[72]
- Volkswirtschaftslehre[73]
- Steuerberater bzw Steuerfachmann[74]
- Wirtschaftsprüfer[75]
- Ausfallsachverständige[76]

---

[66] *Schellenberg/Ruf* in *Schaffhauser/Kieser*, Invalidität von Selbständigerwerbenden, 117, 124: Erfordernis einer Experteninstruktion.
[67] *Ruhkopf/Book*, VersR 1972, 114, 115: Sachverständiger häufig durch zu allgemein gehaltene Formulierungen in den Beweisbeschlüssen überfordert. Vgl auch OGH 18.4.1968, 2 Ob 12/68, SZ 41/46: Das Erstgericht hat pauschal auf das Sachverständigengutachten verwiesen, aber keine konkreten Feststellungen getroffen.
[68] *Heß/Burmann*, Handbuch des Straßenverkehrs I idF der 29. ErgLief 2012 Kap 6 D Rn 53: dem Gutachter sind möglichst viele Vorgaben zu machen.
[69] Zutreffend *Schellenberg/Ruf* in *Schaffhauser/Kieser*, Invalidität von Selbständigerwerbenden, 117, 133.
[70] So aber *Schellenberg/Ruf* in *Schaffhauser/Kieser*, Invalidität von Selbständigerwerbenden, 117, 131.
[71] *Schellenberg/Ruf* in *Schaffhauser/Kieser*, Invalidität von Selbständigerwerbenden, 117, 147.
[72] *Schellenberg/Ruf* in *Schaffhauser/Kieser*, Invalidität von Selbständigerwerbenden, 117, 120.
[73] *Himmelreich/Halm/Staab/Kreuter-Lange*, Handbuch der Kfz-Schadensregulierung^2, Kap 17 Rn 62a.
[74] *Himmelreich/Halm/Staab/Kreuter-Lange*, Handbuch der Kfz-Schadensregulierung^2, Kap 17 Rn 62a.
[75] *Pardey*, Berechnung von Personenschäden^4, Rn 2359.
[76] *Himmelreich/Halm/Euler*, Handbuch des Fachanwalts Verkehrsrecht^4, Kap 10 Rn 32.

- Unternehmensbewertung[77]
- Branchenkenntnisse[78]
- Marktbeobachtung[79]
- Konjunkturentwicklung[80]

Der Jubilar wird so ein „Tausendsassa" sein, der alle oder die meisten der hier genannten Themenfelder kompetent abdecken kann. Das wird man aber keinesfalls bei jedem Wirtschaftstreuhänder annehmen können. Ganz bedeutsam ist zudem, dass bei Erteilung des Gutachtenmandats abgeklärt wird, mit welchem Detaillierungsgrad bzw welcher Präzision eine bestimmte Frage beantwortet werden soll. Vorstellbar und wünschenswert ist vieles; je geringer der Streitwert ist, umso eher stellt sich freilich die Frage der Verhältnismäßigkeit des dafür erforderlichen Gutachtenhonorars.

Vorangestellt sei das hehre Dogma, dass der Sachverständige unabhängig sine ira et studio die von ihm erbetenen Tatsachen ermitteln soll. Zu bedenken ist indes: Ein betriebswirtschaftlicher Sachverständiger ist nicht a priori ein Säulenheiliger. In Bezug auf seine Unabhängigkeit sind Abstufungen und Nuancierungen denkbar, je nach dem, welche Rolle er wahrzunehmen hat. Und diesbezüglich sind durchaus verschiedene denkbar:

2.2. Außergerichtliche Regulierung

2.2.1. Berater bei der Darlegung des eingetretenen Schadens – Gehilfe des Anwalts des Anspruchstellers

Der Geschädigte und dessen Anwalt haben eine – dumpfe – Vorstellung vom Ausmaß des eingetretenen sowie zukünftig drohenden Schadens. Für ein schlüssiges Begehren muss der klägerische Anwalt auch im Rahmen der außergerichtlichen Regulierung möglichst konkrete Anknüpfungstatsachen vorbringen.[81] Welche das sind und wie diese aus dem betrieblichen Rechnungswesen zu gewinnen sind, dabei kann ein für ein solches Vorhaben herangezogener betriebswirtschaftlicher Sachverständiger eine überaus wertvolle Hilfe sein. Es dürfte für die allermeisten Geschädigtenanwälte zutreffen, dass sie die maßgeblichen Wirtschaftsdaten nicht selbst ermitteln bzw aufbereiten können.[82] Der Anwalt muss den Sachverständigen dafür sensibilisieren, dass es Beweiserleichterungen – im deutschen Recht nach § 287 dZPO – gibt und auch die Anforderungen an die Darlegungslast herabgesetzt sind.[83] Er muss ihn auch darüber aufklären, dass nicht nur ein Gewinnentgang ersatzfähig ist, sondern auch die Steigerung des Verlustes bzw ein Phasenverschiebungs-

---

[77] *Schellenberg/Ruf* in *Schaffhauser/Kieser*, Invalidität von Selbständigerwerbenden, 117, 118.
[78] *Hunziker-Blum*, ST 2002, 343, 347; ähnlich *Ruhkopf/Book*, VersR 1972, 114, 115: Gutachter soll Fakten, insbesondere Vergleichsmaterial liefern.
[79] *Ruhkopf/Book*, VersR 1972, 114, 118.
[80] *Heß/Burmann*, Handbuch des Straßenverkehrs I idF der 29. ErgLief 2012 Kap 6 D Rn 53.
[81] *Himmelreich/Halm/Staab/Kreuter-Lange*, Handbuch der Kfz-Schadensregulierung², Kap 17 Rn 61; *Nomos²/Ch. Huber*, §§ 842, 843 Rn 135: viel hängt vom anwaltlichen Geschick und dem jeweiligen Vorbringen ab.
[82] *C. Schah Sedi/M. Schah Sedi*, Das verkehrsrechtliche Mandat Band 5 Personenschaden, § 3 Rn 113 mit dem zusätzlichen Hinweis: Der Anwalt des Geschädigten soll mindestens die Hilfe des Steuerberaters seines Mandanten heranziehen.
[83] *Wussow/Dressler*, Unfallhaftpflichtrecht¹⁵, Kap 33 Rn 3; *Heß/Burmann*, Handbuch des Straßenverkehrs I idF der 29. ErgLief 2012 Kap 6 D Rn 66.

schaden, also der Umstand, dass bei Verletzung eines Selbständigen in der Gründungsphase dieser die Gewinnschwelle erst zu einem späteren Zeitpunkt erreicht.[84]

Der Sachverständige hat womöglich aber mehr Einfühlungsvermögen in Bezug auf den Verlust von Stammkunden oder den verletzungsbedingten Entgang von Neukunden; womöglich führt erst seine wirtschaftliche Sensibilität dazu, dass der Anwalt einen solchen Schadensposten in sein Begehren aufnimmt. Sofern nicht ein darauf spezialisierter betriebswirtschaftlicher Sachverständiger betraut wird, muss jedenfalls der Steuerberater des Anspruchstellers beigezogen werden;[85] an Unterlagen sind mindestens die Bilanzen, die Gewinn- und Verlustrechnungen sowie die Steuerbescheide vorzulegen.[86]

Besonders problematisch sind Konstellationen, in denen während der Verletzungsphase der Umsatz nicht nur nicht gesunken, sondern sogar noch gestiegen ist.[87] Ist eine Ersatzkraft eingestellt worden, ist mit der Einwendung zu rechnen, dass deren – vom Ersatzpflichtigen übernommene – Bezahlung dafür verantwortlich ist, sodass Abschläge beim Ersatz bei der Übernahme der vollen Kosten vorzunehmen sind. Sollte die Ursache auf anderem Gebiet liegen, ist es Aufgabe des Sachverständigen, mithilfe der Kostenrechnung die Wirklichkeit wahrheitsgemäß abzubilden.

Im Fall eines verletzten Bestattungsunternehmers[88] war das so. Der betriebswirtschaftliche Sachverständige konnte nachweisen, dass die Anzahl der Bestattungen und auch der Arbeitskraftaufwand gleich geblieben sind, aber die Erlöse für die Särge – womöglich branchenüblich – gestiegen waren, weil sich die Nachfrage so entwickelt hat. Ein Abzug bei den ersetzten Personalkosten konnte auf diese Weise abgewendet werden. Entsprechendes gilt bei einem neu gegründeten Unternehmen, bei dem der Inhaber gerade in der Phase verletzt wird, in der die Gewinnschwelle erreicht wird.[89]

Mag auch in dieser Funktion der Sachverständige zur Unabhängigkeit verpflichtet sein, so wirkt er mit am Nachweis eines subjektiven, aber begründeten Einkommensschadens, der einer einseitigen strategischen Sichtweise dient und die Verhandlungsposition für das erhobene Begehren stärken soll.[90]

2.2.2. Betrauung durch den Haftpflichtversicherer

Auch für den vom Haftpflichtversicherer betrauten Sachverständigen gilt der von der Gewerkschaft geläufige Satz: Dessen Brot ich esse, dessen Lied ich singe. Je nach dem, wer Vertragspartner des Sachverständigen ist, zeitigt die Expertise unterschiedliche Ergebnisse. Ein solcher Sachverständiger hat andere Fragen zu beantworten bzw einem

---

[84] BGH 6.7.1993, VI ZR 228/92, NJW 1993, 2673: Schwedenbauhäuschen; Verweis auf Umsätze in der Gründungsphase und Vergleichsbetrieb.
[85] *C. Schah Sedi/M. Schah Sedi*, Das verkehrsrechtliche Mandat Band 5 Personenschaden, § 3 Rn 113.
[86] OLG Oldenburg 10.11.1992, 5 U 43/92, NJW-RR 1993, 798.
[87] *ZürchKomm³/Landolt* Art 46 Rn 724: der Geschädigte ist beweispflichtig, dass die Gewinnsteigerung nicht durch Ausweitung des Umsatzes als Folge der Anstellung von zusätzlichem Personal erfolgte – unter Bezugnahme auf BGer 31.8.2000, 4 P 65/2000.
[88] BGH 31.3.1992, VI ZR 143/91, NJW-RR 1992, 852.
[89] OGH 18.4.1968, 2 Ob 12/68, SZ 41/46: Vertrieb eines Produkts für Baustellen.
[90] Insoweit völlig zutreffend *Schellenberg/Ruf* in *Schaffhauser/Kieser*, Invalidität von Selbständigerwerbenden, 117, 126; ähnlich *C. Schah Sedi/M. Schah Sedi*, Das verkehrsrechtliche Mandat Band 5 Personenschaden, § 3 Rn 113: vornehmlich über die Erwerbsprognose unterschiedliche Ansicht von Geschädigtem und Haftpflichtversicherer.

solchen werden dem Ersatzpflichtigen dienliche Weisungen erteilt, ganz abgesehen davon, dass er weiß, welche Ergebnisse produziert werden sollen, um eine abermalige Betrauung zu befördern. Der Ermessensspielraum wird dadurch beeinflusst.

Die unterschiedliche Betrauung des Kfz-Sachverständigen in Deutschland durch den Geschädigten, in Österreich aber durch die Kfz-Haftpflichtversicherung, ist dafür ein beredtes Beispiel. Daran ändert auch ein beschwörender Hinweis nichts, dass der Sachverständige unabhängig und ein ehrlicher Makler sei[91] sowie von *Ruhkopf/Book* der Eindruck vermittelt wird, dass die Übernahme der Kosten durch den Haftpflichtversicherer ein besonderes Entgegenkommen wäre. Wenn der Geschädigte – im Wesentlichen – obsiegt, muss der Haftpflichtversicherer diese Kosten in jedem Fall tragen!

Zutreffend ist vielmehr die Einschätzung von *Schellenberg/Ruf*,[92] wonach ein solcher Sachverständiger ein advocatus diaboli sei, der eine Sensitivitätsanalyse durchführe. Seine Rolle ist vergleichbar mit der eines steuerlichen Betriebsprüfers, dessen Aufgabe es ist, die Erklärungen des Steuerpflichtigen auf Wahrheitsgehalt und Plausibilität hin zu überprüfen.

2.2.3. Schiedsrichter

Nur für den Fall, dass ein solcher Sachverständiger als Schiedsrichter fungiert, der dann aber auch mehr als rudimentäre Kenntnisse im Haftpflichtrecht haben müsste, handelt es sich um einen für beide Seiten objektivierten Einigungswert, der als ersatzfähiger Schaden präsentiert wird.[93]

2.3. Gerichtlicher Sachverständiger – Gehilfe des Gerichts

Der gerichtliche Sachverständige ist ein Gehilfe des Gerichts. Mit dem Schiedsrichter hat er gemeinsam, dass er uneingeschränkt zu Unparteilichkeit verpflichtet ist. Wie bei der Mitwirkung im Rahmen der außergerichtlichen Regulierung als Sachverständiger einer Partei hat sich der Sachverständige auf die Ermittlung von Tatsachen zu beschränken. An der Korrektur überschießender Beweisbeschlüsse hat er mitzuwirken bzw schon bei Übernahme des Mandats darauf hinzuweisen. Bei gerichtlicher Streitaustragung kommt es typischerweise zur Betrauung eines (betriebswirtschaftlichen) Sachverständigen; ein Verzicht darauf kann ein Verfahrensfehler sein.[94] Der Sachverständige soll das Zahlenmaterial aufbereiten, aber nicht das Urteil vorwegnehmen.[95]

3. (Mechanische) Ermittlung von Tatsachen durch den Sachverständigen – Tatfragen

3.1. Terminologische Unterscheidung zwischen Umsatz, Rohgewinn und Reingewinn

Für einen betriebswirtschaftlichen Sachverständigen gehört die Unterscheidung von Umsatz und Gewinn zum kleinen Einmaleins; auch dass die Größen Rohgewinn und

---

[91] *Ruhkopf/Book*, VersR 1972, 114.
[92] *Schellenberg/Ruf* in *Schaffhauser/Kieser*, Invalidität von Selbständigerwerbenden, 117, 126.
[93] *Schellenberg/Ruf* in *Schaffhauser/Kieser*, Invalidität von Selbständigerwerbenden, 117, 126.
[94] KG 26.1.2004, 12 U 8954/00, NZV 2005, 148: Bauunternehmer; *Staudinger/Vieweg*, § 842 Rn 89.
[95] *Ruhkopf/Book*, VersR 1972, 114.

Reingewinn einen verschiedenen Differenzbetrag ausdrücken, ist für ihn selbstverständlich. Die von den (österreichischen) Gerichten und Literaturstimmen verwendete Begrifflichkeit lässt hingegen darauf schließen, dass diese schon damit Probleme haben. In nicht wenigen OGH-Entscheidungen[96] findet sich der Satz, dass die Kosten einer Ersatzkraft zu ersetzen seien, weil dadurch ein Gewinnentgang verhindert werde.[97] Gemeint ist selbstverständlich ein Umsatzrückgang.[98] Die Übernahme einer unzutreffenden Ausdrucksweise des OGH in der Literatur[99] macht diese naturgemäß auch nicht richtig(er). Wie kann es dazu kommen, dass (Haftpflicht-)Juristen Fehler bei solch trivialen Begriffen machen? In Bezug auf die Gerichte ist es jeweils der besonders gelagerte Sachverhalt, für den eine Aussage zumindest für den Ausgangsfall passen mag. Die ungeprüfte Übernahme in der Literatur ist freilich Ausdruck unzureichender Reflexion.

Im Verletzungsfall für einen begrenzten Zeitraum eine Ersatzkraft zu finden, ist häufig ein Ding der Unmöglichkeit. Deshalb springen Familienangehörige ein, die für ihren Arbeitskrafteinsatz nichts in Rechnung stellen. In solchen, aber nur in diesen Fällen[100] wird bewirkt, dass der Gewinn aufrechterhalten wird und der Verletzte dafür die Kosten einer Ersatzkraft erhält, weil das Verhalten des einspringenden Familienangehörigen den Schädiger nicht entlasten soll. Schon im Fall der tatsächlichen Einstellung einer entlohnten Ersatzkraft und der Zahlung von Überstunden an Mitarbeiter des Unternehmens[101] führt die Zahlung des Entgelts aber dazu, dass zwar der Umsatz stabilisiert werden mag, aber der Gewinn naturgemäß um die Kosten der Ersatzkraft sinkt.

Rohgewinn und Reingewinn mögen zwar ähnlich klingen; es handelt sich aber um unterschiedliche Residualgrößen. Der Rohgewinn ist die Differenz zwischen Umsatz und variablen Kosten, während beim Gewinn auch noch die fixen Kosten abzuziehen sind. Ersatzfähig ist der Rohgewinn.[102] Der Verletzte kann die fixen Kosten kurzfristig nicht abbauen und hätte diese auch ohne Verletzung erwirtschaftet.[103]

3.2. Die unterschiedlichen Bewertungsansätze

Für die Ermittlung des Erwerbsschadens des Selbständigen kommen verschiedene Ansätze in Betracht. Dem Anspruchsteller können verletzungsbedingt konkrete Geschäfte entgangen sein; er mag zur Abwehr einer Umsatzeinbuße eine Ersatzkraft eingestellt ha-

---

[96] OGH 3.7.1984, 2 Ob 69, 70/83, ZVR 1985/47; 28.4.1987, 2 Ob 46/86, ZVR 1988/84; 10.8.1998, 7 Ob 33/98y, JBl 1999, 185 = RdW 1999, 667; ebenso OLG Wien 28.6.1999, 11 R 202/98a, ZVR 2000/51.

[97] Ähnlich missverständlich *Himmelreich/Halm/Staab/Kreuter-Lange*, Handbuch der Kfz-Schadensregulierung[2], Kap 17 Rn 66: Ersatzkraftkosten nur ersatzfähig, wenn Gewinnentgang dadurch verringert oder vermieden wird; gemeint ist wohl auch hier Umsatzrückgang.

[98] Zutreffend *Wussow/Dressler*, Unfallhaftpflichtrecht[15], Kap 33 Rn 2; *Geigel/Pardey*, Der Haftpflichtprozess[26], Kap 4 Rn 125.

[99] *Vrba/Lampelmayer/Wulff-Gegenbauer*, Schadenersatz in der Praxis idF der 26. ErgLief (2012) C III 2 Rn 12.

[100] OGH 28.4.1987, 2 Ob 46/86, ZVR 1988/84; 10.8.1998, 7 Ob 33/98y, JBl 1999, 185 = RdW 1999, 667.

[101] OGH 3. 7. 1984, 2 Ob 69, 70/83, ZVR 1985/47: Zahlung von Überstunden an einen Gesellen.

[102] *Staudinger/Vieweg*, § 842 Rn 85; *Nomos*[2]/*Ch. Huber*, §§ 842, 843 Rn 137; *Ruhkopf/Book*, VersR 1970, 690, 697f.

[103] *Pardey*, Berechnung von Personenschäden[4], Rn 2353.

ben; oder aber es ist zu einer Gewinneinbuße gekommen, die sich in die Zukunft fortpflanzen wird. Bei diesen Ansätzen ist eine Mitwirkung des betriebswirtschaftlichen Sachverständigen in unterschiedlichem Ausmaß gegeben:

3.2.1. Konkret entgangene Geschäfte

Bezüglich des Nachweises von konkret entgangenen Geschäften kommen bloß manche Selbständige in Betracht. Genannt werden Makler, Architekten, Steuerberater oder Künstler.[104] Es werden aber strenge Beweisanforderungen gestellt, weil die Manipulationsgefahr durch Ausstellung von Gefälligkeitsbescheinigungen sehr groß ist.[105] Zu beachten ist, dass diese Methode der Ermittlung einer Einbuße nicht mit anderen, dem künftigen globalen Gewinnentgang oder der Erstattung von Ersatzkraftkosten kombiniert werden darf, weil dadurch die Gefahr der – im Schadenersatzrecht stets verpönten – Doppelliquidation gegeben wäre.[106]

3.2.2. Ersatzkraftkosten

Harrer[107] weist darauf hin, dass die Kosten von tatsächlich eingestellten Ersatzkräften im Allgemeinen – anders als beim Gewinnentgang – ohne Weiteres zu belegen seien. Das trifft zu. Freilich stellen sich namentlich dann, wenn eine Ersatzkraft wie im Regelfall nicht zu Beginn des Jahres oder nur für einen Teil des Jahres eingestellt wurde, weitere Zurechnungsfragen: Wie bei einem Arbeitnehmer geht es nicht allein um den Ersatz des netto an die betreffende Person fließenden Entgelts. Auch das Bruttoentgelt ist nicht ausreichend. Maßgeblich sind die Arbeitskraftkosten.

Betriebswirtschaftliche Expertise ist insoweit geboten, als bei Ermittlung von ersatzfähigen Tagessätzen die Zeiten für Feiertage, Krankheit, Urlaub und auch Fortbildung herausgerechnet werden müssen.[108] Schon beim Arbeitnehmerschaden lässt der geschädigte Arbeitgeber häufig einen beträchtlichen Teil der ihm zustehenden Vermögenseinbuße liegen, weil sein (Geschädigten-)Anwalt simple Phänomene der Kostenrechnung und Lohnbuchhaltung nicht beherzigt und sich den Luxus erlaubt, auf die Beiziehung eines betriebswirtschaftlichen Sachverständigen zu verzichten.[109] Mehr als den begehrten Betrag wird ein Gericht nämlich nicht zusprechen. Wird ein betriebswirtschaftlicher Sachverständiger für die Darlegung des Begehrens herangezogen, bringt dieser meist mehr, als er kostet, ganz abgesehen davon, dass mE derartige Kosten auf den Schädiger überwälzbar sind.

Betriebswirtschaftliches Know-how in gesteigertem Maß ist freilich geboten, wenn nach dem Schadensereignis Familienangehörige zunächst unentgeltlich einspringen, um

---

[104] *Pardey*, Berechnung von Personenschäden⁴, Rn 2370; *Küppersbusch*, Ersatzansprüche bei Personenschäden¹⁰, Rn 140.
[105] *Staudinger/Vieweg*, § 842 Rn 85; *Himmelreich/Halm/Euler*, Handbuch des Fachanwalts Verkehrsrecht⁴, Kap 10 Rn 32; *Himmelreich/Halm/Staab/Kreuter-Lange*, Handbuch der Kfz-Schadensregulierung2, Kap 17 Rn 70.
[106] KG 26.1.2004, 12 U 8954/00, NZV 2005, 148 Bauunternehmer; *Nomos²/Ch. Huber*, §§ 842, 843 Rn 138; *Küppersbusch*, Ersatzansprüche bei Personenschäden¹⁰, Rn 140.
[107] *Harrer* in *Schwimann*, Praxiskommentar ABGB³, § 1325 Rz 26.
[108] Dafür *Pardey*, Berechnung von Personenschäden⁴, Rn 2373, 2379.
[109] Umfassend zum österreichischen Haftpflichtrecht *Ch. Huber*, FS-Dittrich, 411ff.

eine Umsatzeinbuße nach Möglichkeit abzuwenden. Es stellt sich dann die Frage, wie viel eine entsprechende Ersatzkraft gekostet hätte. Insoweit mag es um zusätzliche Kenntnisse auf dem Gebiet der Eingruppierung gehen, wobei zu berücksichtigen ist, dass eine solche Person nicht nur über Sachkunde verfügen, sondern auch besonders zuverlässig sein muss. Maßgeblich ist, welche Tätigkeiten der Familienangehörige verrichtet und in welchem Ausmaß. Nimmt er Leitungsaufgaben wahr, ist wohl das Entgelt für einen Geschäftsführer oder leitenden Angestellten passend. Springt der Familienangehörige für einen kürzeren Zeitraum ein und passt er sich dem Bedarf, wie er sich aus dem Heilungsfortschritt des Verletzten ergibt, an, kann eine Orientierung an dem (höheren) Entgelt eines Insolvenzverwalters passender sein.

Die Zuerkennung von Ersatzkraftkosten schließt einen restlichen Gewinnentgang nicht aus,[110] ist doch nur in der Werbung von Rank Xerox die Kopie besser als das Original.[111] Typischerweise bedarf die Ersatzkraft einer Einarbeitungsphase,[112] das Netzwerk des „Patrons" ist kaum zu ersetzen;[113] und auch in vielen anderen Belangen ist das Einspringen einer Ersatzkraft eben das „second best".[114]

3.2.3. Der entgangene Gewinn

Die Einkommensvergleichsmethode, die das Validen- und Invalideneinkommen des Verletzten gegenüberstellt,[115] wird als das für die Praxis wichtigste und in der Regel auch zweckmäßigste Verfahren bezeichnet.[116] Die jeweilige Einbuße kann damit am präzisesten gemessen werden.

3.2.3.1. Die in Betracht kommenden Unterlagen

Es ist eine Binsenweisheit, dass es unterschiedliche Gewinnermittlungsmethoden gibt, nämlich die Bilanzierung nach § 4 Abs 1 bzw § 5 Abs 1 EStG sowie die Einnahmen-Ausgaben-Rechnung nach § 4 Abs 3 EStG. Zudem gibt es eine Unterscheidung zwischen Handels- und Steuerbilanz. Aus der Perspektive des Haftpflichtrechts ist zunächst außer Streit zu stellen, dass das Ausmaß des ersatzfähigen Erwerbsschadens eines Selbständigen nicht davon abhängig sein kann, für welche Gewinnermittlungsmethode dieser sich – vor dem Zeitpunkt der Verletzung – entschieden hat.

---

[110] *Reischauer* in *Rummel*, ABGB³, § 1325 Rn 37.
[111] *Ch. Huber*, ZVR 2007, 409 Anmerkung zu OGH 22.2.12007, 2 Ob 156/06i, ZVR 2007/255 – Gaststättenkomplementär.
[112] *Ch. Huber* in *Schwimann*, TaschenKomm ABGB, § 1325 Rn 65.
[113] *Hunziker-Blum*, ST 2002, 343, 344: je länger die Ersatzlösung andauert, umso mehr wird sich die Absenz auswirken; ähnlich *Ott*, in *Koller*, Haftpflicht- und Versicherungstagung der Universität St. Gallen, 95, 110: der Chef als Seele des Geschäfts in der Regel nicht voll zu ersetzen; *ZürchKomm³/Landolt* Art 46 Rn 751 unter Bezug auf BGE 21 II 1042: in einem gut eingeführten und soliden Geschäft kann Aufsicht und sogar bloße Gegenwart des Meisters im Geschäft einen Wert darstellen.
[114] OGH 2.4.1970, 2 Ob 70/70, ÖJZ 1970/261: Gärtner; insbesondere bei einem kleinen, ganz auf die Person des Inhabers abgestellten Gewerbebetrieb kann die intensive Arbeitsleistung des erfahrenen Inhabers durch Hilfskräfte nie vollständig ersetzt werden, deshalb Kombination von Kosten einer Ersatzkraft und Gewinnentgang.
[115] *Landolt*, Der Unternehmerschaden, Rn 393.
[116] *Küppersbusch*, Ersatzansprüche bei Personenschäden[10], Rn 145.

Als Ausgangspunkt sind die Bilanzen sowie die Gewinn- und Verlustrechnungen, die Einkommens- und Umsatzsteuerbescheide sowie Umsatzsteuervoranmeldungen[117] vorzulegen. Umstritten ist, für welchen Zeitraum das erfolgen soll. In Deutschland neigt man zu 3 Jahren[118] oder noch weniger,[119] während in der Schweiz 5 Jahre als Untergrenze gelten.[120] Jedenfalls müssen diese möglichst aktuell sein.[121]

Bei den weiteren Unterlagen ist zum Teil umstritten, ob es sich um subsidiäre oder zusätzliche Beweismittel handelt. Bei jungen Unternehmen sind die genannten Unterlagen nicht ausreichend;[122] vielmehr sollen zusätzlich Auftragslage, in Aussicht stehende Aufträge sowie die Kostensituation eine Rolle spielen[123] oder auch statistische Branchenerhebungen.[124] Bei einer verletzungsbedingten Behinderung von weniger als einem Jahr ist der Steuerbescheid nicht aussagekräftig, weil dieser nur eine Aussage über das gesamte Jahr erlaubt.[125] Bei einem Handelsvertreter kommt das Erwerbseinkommen des Nachfolgers als Anhaltspunkt in Betracht.[126] Ein Branchenvergleich wird genannt, zudem die Privatentnahmen[127] bzw der gepflogene Lebensstandard der Familie[128] oder auch der Lohn einer Ersatzkraft[129] bzw eines Abteilungschefs oder Direktors.[130] Außerdem bedeutsam kann sein die Witterung in der Landwirtschaft, die Konjunktur und saisonale Besonderheiten[131] und auch der Auslastungsgrad des Unternehmens[132] bzw dessen Kapazitätsgrenzen.[133] Hingewiesen wird darauf, dass die Unterlagen des Rech-

---

[117] *Himmelreich/Halm/Staab/Kreuter-Lange*, Handbuch der Kfz-Schadensregulierung², Kap 17 Rn 62.
[118] *MüKo⁵/Wagner*, § 842 Rn 43; *Pardey*, Berechnung von Personenschäden⁴, Rn 2383; mindestens drei Jahre: *Küppersbusch*, Ersatzansprüche bei Personenschäden¹⁰, Rn 146; *Himmelreich/Halm/Euler*, Handbuch des Fachanwalts Verkehrsrecht⁴, Kap 10 Rn 32; 3-5 Jahre: *C. Schah Sedi/M. Schah Sedi*, Das verkehrsrechtliche Mandat Band 5 Personenschaden, § 3 Rn 110; *Himmelreich/Halm/Staab/Kreuter-Lange*, Handbuch der Kfz-Schadensregulierung², Kap 17 Rn 62; *Heß/Burmann*, Handbuch des Straßenverkehrs I idF der 29. ErgLief 2012 Kap 6 D Rn 61.
[119] BGH 6.2.2001, VI ZR 339/99, NJW 2001, 1640: Rohrleitungsbauer; auch 2 ½ Jahre können ausreichend sein.
[120] *Landolt*, Der Unternehmerschaden. Rn 395; *ZürchKomm³/Landolt*, Art 46 Rn 729; *Hunziker-Blum*, ST 2002, 343.
[121] BGH 16.3.2004, VI ZR 138/03, NJW 2004, 1945: Assekuranzmakler; keine feste Größe, wie viele Jahre, jedenfalls nicht bloß solche, die zehn Jahre zurückliegen.
[122] *Greger*, Haftungsrecht des Straßenverkehrs⁴, § 29 Rn 112 unter Hinweis auf BGH 6.7.1993, VI ZR 228/92, NJW 1993, 2673: Schwedenbauhäuschen; Verweis auf Umsätze in der Gründungsphase und Vergleichsbetrieb.
[123] *Wussow/Dressler*, Unfallhaftpflichtrecht¹⁵, Kap 33 Rn 4.
[124] *C. Schah Sedi/M. Schah Sedi*, Das verkehrsrechtliche Mandat Band 5 Personenschaden, § 3 Rn 114.
[125] *Himmelreich/Halm/Staab/Kreuter-Lange*, Handbuch der Kfz-Schadensregulierung², Kap 17 Rn 63.
[126] *Greger*, Haftungsrecht des Straßenverkehrs⁴, § 29 Rn 136; über den Fall des Handelsvertreters hinaus diesen Ansatz befürwortend *Heß/Burmann*, Handbuch des Straßenverkehrs I idF der 29. ErgLief 2012 Kap 6 D Rn 80.
[127] *Landolt*, Der Unternehmerschaden, Rn 355.
[128] *Ott*, in *Koller*, Haftpflicht- und Versicherungstagung der Universität St. Gallen, 95, 140; *ZürchKomm³/Landolt*, Art 46 Rn 707.
[129] *Greger*, Haftungsrecht des Straßenverkehrs⁴, § 29 Rn 135: für die Landwirtschaft.
[130] *Landolt*, Der Unternehmerschaden, Rn 383.
[131] *Staudinger/Schiemann*, § 252 Rn 41.
[132] *Nomos²/Ch. Huber*, §§ 842, 843 Rn 140.
[133] *Ott*, in *Koller*, Haftpflicht- und Versicherungstagung der Universität St. Gallen, 95, 127.

nungswesens mitunter ohne Revisionspflicht erstellt werden, was dazu führt, dass es zu einer Vermischung von Geschäft und Privathaushalt kommt.[134]

Tendenziell betont man in Deutschland stärker die Subsidiarität weiterer Unterlagen,[135] während in der Schweiz versucht wird, alle zweckdienlichen Quellen heranzuziehen,[136] um namentlich für die Prognose ein möglichst gut abgestütztes Ergebnis zu erzielen. ME ist die schweizerische Position – zumindest im Rahmen der Plausibilitätskontrolle – vorzugswürdig, wobei zu bedenken ist, dass der zusätzliche Erhebungsaufwand nicht unentschädigt bleiben darf.

3.2.3.2. Aufbereitung des sich daraus ergebenden Zahlenmaterials

Zielsetzung des Gutachtens des betriebswirtschaftlichen Sachverständigen ist die Abbildung der tatsächlichen Entwicklung, einerseits für die Phase zwischen Verletzung und Beurteilung und andererseits für die Prognose für den sich anschließenden Zeitraum. Dafür ist es geboten, schon die der Verletzung vorangegangenen 3 bis 5 Jahre um „Störfaktoren" zu korrigieren. Der nach Bilanzgrundsätzen ermittelte Gewinn ist zwar einerseits gegenüber einer Einnahmen-Ausgaben-Rechnung aussagekräftiger, andererseits kann er aber in besonderer Weise durch Bewertungswahlrechte verzerrt sein.[137] Die folgenden Ausführungen müssen notwendigerweise kursorisch sein, ganz abgesehen davon, dass es sich um betriebswirtschaftliche und nicht um haftpflichtrechtliche Fragen handelt:

Maßgeblich ist primär die Handels- und nicht die Steuerbilanz.[138] Der Steuerbescheid ist der „natürliche Feind des Erwerbsschadens",[139] rechnet sich der Steuerpflichtige gegenüber dem Finanzamt doch möglichst arm, während es beim Erwerbsschaden darum geht, die gesamte Einbuße zu erfassen. Es kann daher nicht verwundern, dass aus der Sicht des Haftpflichtsachbearbeiters die Einkommensteuerveranlagung eine geeignete Grundlage für § d287 ZPO darstellt.[140] Der Wahrheit näher kommen wird, dass das

---

[134] *Schellenberg/Ruf*, in *Schaffhauser/Kieser*, Invalidität von Selbständigerwerbenden, 117, 122.

[135] *Geigel/Pardey*, Der Haftpflichtprozess[26], Kap 4 Rn 126: wenn keine anderen Unterlagen vorhanden, dann Branchenvergleich; weitergehend jedoch *Pardey*, Berechnung von Personenschäden[4], Rn 2383 sowie *Himmelreich/Halm/Euler*, Handbuch des Fachanwalts Verkehrsrecht[4], Kap 10 Rn 32: auch branchentypische Entwicklung ist auszuloten; differenzierend *MüKo*[5]/*Wagner*, § 842 Rn 43: Einkommensentwicklungen einschlägiger Berufsgruppen, Marktentwicklungsprognosen; je stärker das Einkommen Spiegelbild der persönlichen Leistungsfähigkeit, umso enger Ausrichtung der Schätzung an den Gewinnen der vergangenen Jahre. Letzteres ist mE fragwürdig, weil sich auch eine noch so starke Unternehmerpersönlichkeit einem gesamtwirtschaftlichen oder branchentypischen Trend kaum wird entziehen können.

[136] *Landolt*, Der Unternehmerschaden, Rn 398; *Hunziker-Blum*, ST 2002, 343, 346; *Ott*, in *Koller*, Haftpflicht- und Versicherungstagung der Universität St. Gallen, 95, 133.

[137] *Pardey*, Berechnung von Personenschäden[4], Rn 2384.

[138] KG 26.1.2004, 12 U 8954/00, NZV 2005, 148: Bauunternehmer; höherer Gewinn aufgrund der Handelsbilanz gegenüber der Steuerbilanz; aA *Ruhkopf/Book*, VersR 1972, 114, 116: maßgeblich Steuerbilanz mit Ausnahme von Sonderabschreibungen – Sicht des Haftpflichtversicherers.

[139] *Grunsky*, DAR 1988, 400, 406; *Nomos*[2]/*Ch. Huber*, §§ 842, 843 Rn 138.

[140] *Ruhkopf/Book*, VersR 1972, 114, 116; ähnlich aber auch *MüKo*[5]/*Wagner*, § 842 Rn 43: steuerliche Gewinnrichtsätze; finanzamtliche Gewinnschätzungen; aA *Pardey*, Berechnung von Personenschäden[4], Rn 2352: auf das steuerliche Ergebnis insbesondere bei Bilanzierung ist schadensrechtlich nicht abzustellen.

sich aus dem Einkommenssteuerbescheid ergebende Einkommen der Mindestschaden sein wird.[141]

ME ist der Meinung zu folgen, dass alles zu erfassen ist, was eingenommen wurde,[142] mag wegen der damit einhergehenden Probleme mit dem Finanzamt der Sieg an der Schadenersatzfront zu einem Pyrrhussieg werden.[143] Kein legitimes Interesse ist dem Geschädigten zuzubilligen, dass er ohne Verletzung ein beträchtliches Einkommen an den Finanzbehörden vorbei erzielen hätte können.[144] Entsprechende Behauptungen vor Gericht oder auch gegenüber der Haftpflichtversicherung können zu einer Benachrichtigung des Finanzamtes führen mit den sich daraus ergebenden steuerlichen Folgen.[145]

Von der Steuerhinterziehung ist die Steueroptimierung zu unterscheiden.[146] Die wahrgenommenen Bewertungswahlrechte für die vergangenen Jahre sind zu korrigieren, um Verfälschungen zu bereinigen. In welchen Bilanzpositionen derartiges Potenzial steckt, kann hier bloß angedeutet werden: Sonderabschreibungen, die mitunter auch wirtschaftspolitisch indiziert sind,[147] offene oder stille Rücklagen im Anlage- und Umlaufvermögen oder zu hohe Dotierung von Rückstellungen. Für die Prognose ist es bedeutsam, außerordentliche Erträge sowie außerordentliche Aufwendungen zu eliminieren.[148] Dazu kommt, dass Sonderausgaben und außergewöhnliche Belastungen die steuerliche Bemessungsgrundlage mindern, aber Einkommen darstellen.[149]

Während ein Arbeitnehmer Sozialversicherungsbeiträge entrichten muss bzw als Entgeltbestandteil Anwartschaften für eine zusätzliche betriebliche Altersversorgung aufbaut, sind die Rücklagen – präziser wohl Rückstellungen – des Selbständigen für seine Altersversorgung ebenfalls zu berücksichtigen.[150] Da nicht bloß der Reingewinn, sondern der Rohgewinn zu ermitteln ist, müssen die fixen Kosten hinzukommen. Plausibel ist der Vorschlag von *Schellenberg/Ruf*,[151] eine Abschreibung auf der Basis von Wiederbeschaffungswerten vorzunehmen. Namentlich bei Familienunternehmen ist zudem herauszurechnen, wenn das Erwerbseinkommen auch durch die Mitwirkung von Familienmitgliedern bereits vor der Verletzung zustande kam.[152]

---

[141] *Pardey*, Berechnung von Personenschäden[4], Rn 2384; *Geigel/Pardey*, Der Haftpflichtprozess[26], Kap 4 Rn 126.
[142] *Ott* in *Koller*, Haftpflicht- und Versicherungstagung der Universität St. Gallen, 95, 105; *Schellenberg/Ruf* in *Schaffhauser/Kieser*, Invalidität von Selbständigerwerbenden, 117, 130; aA *Jahnke*, Der Verdienstausfall im Schadenersatzrecht[3], § 4 Rn 46; ders, in *van Bühren/Lemcke/Jahnke*, Anwalts-Handbuch Verkehrsrecht[2], Rn 1078 – Sicht des Haftpflichtversicherers.
[143] *Grunsky*, DAR 1988, 400, 408.
[144] *Grunsky*, DAR 1988, 400, 407.
[145] *Wussow/Dressler*, Unfallhaftpflichtrecht[15], Kap 33 Rn 11; *Grunsky*, DAR 1988, 400, 401; *Ch. Huber*, ZVR 2000, 290ff.
[146] *Ott*, in *Koller*, Haftpflicht- und Versicherungstagung der Universität St. Gallen, 95, 106.
[147] *Grunsky*, DAR 1988, 400, 407.
[148] *Heß/Burmann*, Handbuch des Straßenverkehrs I idF der 29. ErgLief 2012 Kap 6 D Rn 63: bloß Erwähnung der außerordentlichen Erträge.
[149] *Nomos*[2]/*Ch. Huber*, §§ 842, 843 Rn 137.
[150] *Staudinger/Vieweg*, § 842 Rn 101.
[151] *Schellenberg/Ruf*, in *Schaffhauser/Kieser*, Invalidität von Selbständigerwerbenden, 117, 134.
[152] *Ott* in *Koller*, Haftpflicht- und Versicherungstagung der Universität St. Gallen, 95, 121; *Schellenberg/Ruf* in *Schaffhauser/Kieser*, Invalidität von Selbständigerwerbenden, 117, 141.

In Bezug auf die Prognose ist es unzulässig, den Jahresverdienst einfach auf die Tage der Krankschreibung umzulegen.[153] Auch eine mechanische Extrapolation[154] oder ein arithmetischer Mittelwert[155] sind abzulehnen. Bedeutsam kann sein, dass nach Wiederaufnahme der Tätigkeit nach der Verletzung das Erwerbseinkommen besonders hoch ist, weil liegen gebliebene Geschäfte – bei freien Kapazitäten – nun erledigt werden können.[156]

3.2.3.3. Vereinfachung der Gewinnermittlung durch Abstellen auf Tagessätze

In manchen Berufen ist es möglich, das Erwerbseinkommen nach Tagessätzen zu ermitteln. Es ergeben sich insoweit ähnliche Zurechnungsfragen wie beim Lohnfortzahlungsschaden des Arbeitgebers bei Verletzung des Arbeitnehmers. Beim Arbeitnehmer ist ein 5-6-wöchiger Jahresurlaub zugrunde zu legen. Als Anhaltspunkt gilt mE für den Selbständigen Entsprechendes,[157] es sei denn, die konkreten Umstände sehen anders aus; oder es gibt für Selbständige generell oder die betreffende Berufsgruppe statistische Unterlagen.[158]

Eine große Bedeutung hat dabei die saisonale Verteilung, die nicht bloß bei Taxis[159] und anderen Transportdienstleistungen[160] bedeutsam ist; selbst bei Notaren – vor Weihnachten –, Wirtschaftsprüfern – erste Jahreshälfte – und Ärzten – nicht oder besonders in der Urlaubssaison je nach Profession des Arztes – ist Derartiges zu beobachten; tauglicher Anknüpfungspunkt könnten in einem solchen Fall die Umsätze der Vergleichsperiode vergangener Jahre sein[161] sowie die Positionierung innerhalb der Branche. Das gilt auch für die Anrechnung ersparter variabler Kosten[162] sowie die Relation von Umsatz zu Rohgewinn.[163] Bei einem Anwalt hat man in der Schweiz die Anzahl der fakturierten Arbeitsstunden als Anknüpfungspunkt herangezogen.[164]

---

[153] *Jahnke*, in *van Bühren/Lemcke/Jahnke*, Anwalts-Handbuch Verkehrsrecht², Rn 1082.
[154] *Nomos²/Ch. Huber*, §§ 842, 843 Rn 137.
[155] *Pardey*, Berechnung von Personenschäden⁴, Rn 2386: Ein solcher arithmetischer Mittelwert zur Prognose des zukünftigen Gewinns ist am unzuverlässigsten.
[156] *Greger*, Haftungsrecht des Straßenverkehrs⁴, § 29 Rn 112 mit Hinweis auf BGH 16.2.1971,VI ZR 147/69, BGHZ 55, 329 = NJW 1971, 836: Fahrlehrer.
[157] Gegenteilig *Pardey*, Berechnung von Personenschäden⁴, Rn 2380: 1 Monat.
[158] *Schellenberg/Ruf* in *Schaffhauser/Kieser*, Invalidität von Selbständigerwerbenden, 117, 137: Vollzeit-Selbständigerwerbender 1 Woche weniger Ferien.
[159] *Heß/Burmann*, Handbuch des Straßenverkehrs I idF der 29. ErgLief 2012 Kap 6 D Rn 57.
[160] *Pardey*, Berechnung von Personenschäden⁴, Rn 2371; *Nomos²/Ch. Huber*, §§ 842, 843 Rn 141.
[161] Fragwürdig *Himmelreich/Halm/Staab/Kreuter-Lange*, Handbuch der Kfz-Schadensregulierung², Kap 17 Rn 62: bei mehrjähriger Betrachtung nicht nur konjunkturelle, sondern auch saisonale Besonderheiten erkennbar. Das ist mE aus den akkumulierten Größen eines Jahres jedenfalls nicht ohne Weiteres der Fall.
[162] *Greger*, Haftungsrecht des Straßenverkehrs⁴, § 29 Rn 133: bei Taxiunternehmer Anrechnung der Ersparnis von Benzin und Öl.
[163] *Ruhkopf/Book*, VersR 1972, 114, 117.
[164] *Ott*, in *Koller*, Haftpflicht- und Versicherungstagung der Universität St. Gallen, 95, 115: Bezug auf BG 11.5.1971, BGE 97 II 216: Verletzung eines frei erwerbenden Anwalts in St. Gallen, Ausgangsgröße 1600 fakturierbare Arbeitsstunden für Anwalt pro Jahr.

4. Eckpunkte der normativen Beurteilung – Rechtsfragen

Ging es im vorangegangenen Punkt C um die vom betriebswirtschaftlichen Sachverständigen zu beantwortenden Tatfragen, geht es im anschließenden Punkt D um die Einbettung in ein normatives Gerüst. Die Grundzüge des Haftpflichtrechts der deutschsprachigen Rechtsordnungen sind im Wesentlichen ident; Abweichungen mag es auf terminologischer Ebene geben, aber kaum auf inhaltlicher.

4.1. Restitution und Kompensation

Ziel ist der Ausgleich des Schadens. Zentral ist dabei die Unterscheidung zwischen Restitution und Kompensation. Im Rahmen der Restitution geht es um die Wiederherstellung des realen Zustands wie ohne Verletzung. Das österreichische Recht kennt dafür den treffenden Begriff der Schaffung einer Ersatzlage und trägt damit schon von der Begrifflichkeit dem Umstand Rechnung, dass es eine (100 %ige) Naturalrestitution selten gibt. Die Einstellung einer Ersatzkraft, Überstunden der Mitarbeiter, Einspringen Dritter sowie die Mehranstrengung des Verletzten selbst sind solche Ausprägungen;[165] das gilt auch für die Weitergabe eines Geschäfts an einen Subunternehmer.[166]

Dem steht die Kompensation gegenüber, die lediglich darauf abstellt, welche Vermögenslücke gerissen wurde, mögen zu ihrer Abwendung auch keine Abwehrmaßnahmen ergriffen worden sein. Die Frage lautet: Wie hoch ist der Rohgewinn, der entgangen ist? Die Ermittlung anhand der Einkommensvergleichsmethode oder der entgangenen Geschäfte sind Modalitäten zur Ermittlung des Kompensationsinteresses. Auch im österreichischen Recht ist man sich einig, dass der Erwerbsschaden des Selbständigen nach der subjektiv-konkreten Methode so präzise wie möglich zu bestimmen ist.[167] Manche[168] hängen dem gegenüber der überkommenen Methode einer objektiv-abstrakten Schadensberechnung an, wonach ein Wahlrecht bestehen soll zwischen subjektiv-konkreter und objektiv-abstrakter Schadensberechnung.

Restitution und Kompensation können nicht beliebig kumuliert werden. Allerdings ist es häufig so, dass trotz Schaffung einer Ersatzlage ein restliches Kompensationsinteresse verbleibt, welches neben den Aufwendungen zur Schadensbeseitigung ersatzfähig ist.[169] Bedeutsam ist die Unterscheidung deshalb, weil die Aufwendungen zur Schaffung einer Ersatzlage nur bei Herstellung eines solchen Zustands gebühren;[170] zudem kommt

---

[165] *Reischauer* in *Rummel*, ABGB³, § 1325 Rn 37; *Ch. Huber* in *Schwimann*, TaschenKomm ABGB, § 1325 Rn 62.
[166] OGH 26.6.2003, 2 Ob 135/03x, ZVR 2004/48: Ersatz der Mehrkosten aus der Weitergabe einer termingebundenen Werkausführung an einen Subunternehmer durch einen Tischlermeister.
[167] *Apathy*, EKHG, § 13 Rn 11.
[168] *Schlosser/Fucik/Hartl*, Handbuch des Verkehrsunfalls 6. Teil: Zivilrecht², Rn 726 unter Berufung auf *Koziol*, Österreichisches Haftpflichtrecht II², 132.
[169] *Ch. Huber* in *Schwimann*, TaschenKomm ABGB, § 1325 Rn 65.
[170] OGH 30.6.1994, 2 Ob 54/94, ZVR 1995/45: Ersatzkraftkosten jedenfalls nicht bei Betriebseinstellung, Hinweis auf Parallele zu fiktiven Reparaturkosten; zustimmend *Harrer* in *Schwimann*, Praxiskommentar ABGB³, § 1325 Rz 28; *Reischauer* in *Rummel*, ABGB³, § 1325 Rn 37; *Vrba/Lampelmayer/Wulff-Gegenbauer*, Schadenersatz in der Praxis idF der 26. ErgLief (2012) C III 2 Rn 12. Ähnlich *Ruhkopf/Book*, VersR 1970, 690, 692: bei ungünstiger Ertragslage keine Pauschalabgeltung der Arbeitskraft mit Normalgehältern wegen einer dadurch bewirkten nicht gerechtfertigten Besserstellung des Verunfallten.

es vor, dass solche – ersatzfähigen – Aufwendungen höher sind als die Vermögenseinbuße bei Verzicht auf die Schaffung einer Ersatzlage.

4.2. Ersatzkraftkosten

4.2.1. Ausgangspunkt: Eine tatsächlich eingestellte Ersatzkraft

Im Ausgangspunkt sollen die Fälle untersucht werden, in denen der verletzte Selbständige gegen – marktkonformes – Entgelt zusätzliche Arbeitskraft „einkauft".[171] Der Einstellung einer Ersatzkraft kommt dabei die Aufstockung der Arbeitszeit bisher im Unternehmen beschäftigter Mitarbeiter gleich. In einem zweiten Schritt werden dann Konstellationen untersucht, bei denen zwar kein rechnerischer Schaden feststellbar ist, die aber normativ wie die Einstellung einer Ersatzkraft zu behandeln sind.

4.2.1.1. Einstellung einer Ersatzkraft als keine passende Alternative

Die Einstellung einer Ersatzkraft kommt dann nicht in Betracht, wenn unvertretbare Handlungen betroffen sind,[172] wie das bei einem Künstler,[173] Sportler[174] oder Erfinder[175] der Fall sein wird. Je stärker die vom Verletzten zu erbringende Leistung auf dessen besonderer persönlicher Zuverlässigkeit und seiner – charismatischen – (Unternehmer-)Persönlichkeit beruht, umso weniger wird man eine Obliegenheit des Verletzten zur Einstellung einer Ersatzkraft annehmen dürfen; insoweit wird man einen weiten unternehmerischen Spielraum einräumen müssen.[176]

Die – kurzfristige – Einstellung einer Ersatzkraft kommt auch dann nicht in Betracht, wenn ein übernommenes Geschäft bis zu einem bestimmten Termin erfüllt sein muss;[177] die Betrauung eines Subunternehmers ist dann eine passende Alternative. Zu bedenken ist bei Beurteilung der – gegenüber der Einstellung einer Ersatzkraft höheren – Kosten bei Betrauung eines Subunternehmers, dass der Schädiger ansonsten auch für die Pflicht zum Ersatz des Verzögerungsschadens durch den Verletzten gegenüber dem aus dem Vertrag mit dem Verletzten anspruchsberechtigten Vertragspartner einzustehen hätte.[178]

4.2.1.2. Ersatz – nur – bei Erfüllung der Schadensminderungsobliegenheit?

Führt die Einstellung einer Ersatzkraft dazu, dass deren Kosten geringer sind als die ansonsten eintretende Gewinneinbuße, ist es geradezu im Interesse des Schädigers, dass sich der Geschädigte für eine solche Maßnahme entscheidet, weil auf diese Weise das

---

[171] *Harrer* in *Schwimann*, Praxiskommentar ABGB3, § 1325 Rz 26: Verdienstentgang selbständig Erwerbstätiger kann sich auch in den Kosten aufgenommener Ersatzkräfte ausdrücken.
[172] *Grunsky*, DAR 1988, 400, 404.
[173] OGH 14.8.2008, 2 Ob 191/07p, ZVR 2010/9 (*Ch. Huber*): Kunstmaler.
[174] In Erinnerung zu rufen ist der Verkehrsunfall des Tennisspielers *Thomas Muster*.
[175] BGH 5.5.1970, VI ZR 212/68, BGHZ 54, 45 = NJW 1970, 1411: Diplomchemiker.
[176] *Ch. Huber* in *Schwimann*, TaschenKomm ABGB, § 1325 Rn 65; *Staudinger/Vieweg*, § 842 Rn 86, 95; *Nomos²/Ch. Huber*, §§ 842, 843 Rn 136.
[177] OGH 26.6.2003, 2 Ob 135/03x, ZVR 2004/48: Herstellung einer Wohnzimmereinrichtung nach Fung-Shui-Kriterien zu einem runden Geburtstag des Bestellers; kurzfristige Einstellung einer Ersatzkraft kam nicht in Betracht.
[178] *ZürchKomm³/Landolt*, Art 46 Rn 725.

Ausmaß des geschuldeten Schadenersatzbetrags vermindert wird. Ob das der Fall ist, weiß man freilich erst nach einer gesetzten Maßnahme; und auch dann mag man mutmaßen: Was wäre, wenn …

Im Schadenersatzrecht kann es aber allein auf die Perspektive ex ante ankommen.[179] Die Umschreibung, unter welchen Voraussetzungen der Verletzte zur Einstellung einer Ersatzkraft – im Verhältnis zum Schädiger, der für deren Kosten aufkommen soll – gehalten sein soll, weisen durchaus Nuancen auf. Eine solche Maßnahme

- sei nach den Interessen beider Teile auf Basis der Grundsätze des redlichen Verkehrs geboten,[180]
- dürfe nicht von Anfang an kaufmännisch unvertretbar sein,[181]
- dürfe unter kaufmännischen Gesichtspunkten nicht schlichtweg unvertretbar sein,[182]
- habe sich zu orientieren am Maßstab eines wirtschaftlich vernünftig denkenden Kaufmanns,[183]
- sei nur zu billigen, wenn ein anderer Unternehmer bei rationaler betriebswirtschaftlicher Kalkulation den Betrieb fortführte.[184]

Wenn absehbar sei, dass die Kosten höher als die ansonsten drohende Gewinneinbuße sein würden, dürfe eine Ersatzkraft auf Kosten des Schädigers nur eingestellt werden,

- wenn der Verletzte ein besonderes wirtschaftliches Interesse daran habe, dass der Betrieb ungestört weiterlaufe, etwa wegen des Kundenstamms oder aus Wettbewerbsgründen,[185]
- ausnahmsweise bei berechtigtem Interesse an der gegebenenfalls vorübergehenden Aufrechterhaltung des Betriebs;[186]
- dann habe aber eine Begrenzung auf die ansonsten drohende Gewinneinbuße zu erfolgen.[187]

Letztere Ansicht ist die Mindermeinung einer Autorin der Versicherungswirtschaft; sie ist interessengeleitet – möglichst geringer Ersatz – und ist schadenersatzrechtlich nicht begründbar. Es stellt sich die Frage, ob es allein auf das (betriebs-)wirtschaftliche Kalkül ankommt. Und selbst dann wäre zwischen einer kurz- und mittelfristigen Perspektive – ex ante – zu unterscheiden.[188] Einem Taxiunternehmer wird nach deutschem Recht eingeräumt, Mietwagenkosten in einer Höhe von 100 % oder 200 % gegenüber der ansons-

---

[179] *Nomos²/Ch. Huber*, §§ 842, 843 Rn 136.
[180] OGH 25.6.1998, 2 Ob 147/98a, ZVR 1998/122; *Vrba/Lampelmayer/Wulff-Gegenbauer*, Schadenersatz in der Praxis idF der 26. ErgLief (2012) C III 2 Rn 15. Mit dieser Allerweltsformel lässt sich mE so gut wie jedes Ergebnis begründen.
[181] *Lange/Schiemann*, Schadensersatz³, 316.
[182] *Geigel/Pardey*, Der Haftpflichtprozess²⁶, Kap 4 Rn 125; BGH 10.12.1996, VI ZR 268/95, NZV 1997, 174: Handwerksbetrieb für Kälte-und Klimatechnik; in concreto verneint.
[183] *Himmelreich/Halm/Staab/Kreuter-Lange*, Handbuch der Kfz-Schadensregulierung², Kap 17 Rn 64.
[184] *Küppersbusch*, Ersatzansprüche bei Personenschäden¹⁰, Rn 142.
[185] *Greger*, Haftungsrecht des Straßenverkehrs⁴, § 29 Rn 130.
[186] *Küppersbusch*, Ersatzansprüche bei Personenschäden¹⁰, Rn 142.
[187] *Himmelreich/Halm/Staab/Kreuter-Lange*, Handbuch der Kfz-Schadensregulierung², Kap 17 Rn 66; ähnlich bereits *Ruhkopf/Book*, VersR 1970, 690, 694: im Endergebnis muss das zu einer Minderung des Schadens führen.
[188] *Nomos²/Ch. Huber*, §§ 842, 843 Rn 147.

ten drohenden Gewinneinbuße aufwenden zu dürfen, um auf diese Weise Stammkunden zu halten.[189]

Der OGH geht in seiner Rechtsprechung bei Verletzung von Landwirten, insbesondere solchen von – aus rein ökonomischer Sicht – unrentablen (Berg-)Bauernhöfen, deutlich darüber hinaus. Wenn die Schließung des Betriebs droht, werden dem Schädiger ohne Verhältnismäßigkeitsprüfung die marktkonformen Kosten einer Ersatzkraft auferlegt.[190] Selbst wenn man berechtigterweise ein Integritätsinteresse des Verletzten an der Fortführung des von ihm betriebenen Unternehmens bejaht[191] und nicht mit ganz spitzem betriebswirtschaftlichen Griffel rechnet,[192] erscheint ein Überhang von 900 % mE doch bedenklich. Da es keine lex agricolae pauperis gibt, sind derartige Überhänge – jedenfalls auf Dauer – nicht angemessen zu begründen. Ökologische Gesichtspunkte wie die Erhaltung der Landschaft können nicht durch Auferlegung eines Sonderopfers zu Lasten eines einzelnen Ersatzpflichtigen, mag hinter dem auch ein Haftpflichtversicherer stehen, finanziert werden.

4.2.1.3. Keine passgenaue Ersatzkraft

Bloß im ökonomischen Modell, nicht aber in der Lebenswirklichkeit lässt sich die durch die Verletzung eines Selbständigen gerissene Lücke 1:1 durch eine Ersatzkraft schließen. Im Leben sind bestenfalls Annäherungslösungen zu erzielen.

4.2.1.3.1. Aufwendungen und Umdispositionen

Anhand von drei prototypischen Entscheidungen soll veranschaulicht werden, um welche Probleme es geht:

In der Entscheidung SZ 41/46[193] ist für den verletzten Selbständigen dessen Bruder eingesprungen, der freilich erst angelernt werden musste. Dieser konnte zwar für die Baustellenbetreuung und die Erläuterung des Produkts eingesetzt werden, nicht aber für die Kundenwerbung. Zudem hat sich der Zustand des Verletzten kontinuierlich gebessert, sodass die Hilfe des einspringenden Bruders zunehmend weniger benötigt worden ist.

In der Entscheidung ZVR 1985/47[194] wurde dem Gesellen eines Bäckerbetriebs ein Überstundenentgelt von 150 % bezahlt. Da der Inhaber verletzungsbedingt Pausen einlegen musste, war von ihm – gleich einem Arbeitnehmer – nicht zu verlangen, dass er länger arbeitete. Der Leidenszustand des Verletzten veränderte sich; da dieser nicht

---

[189] Näheres bei *Himmelreich/Halm/Grabenhorst*, Handbuch des Fachanwalts Verkehrsrecht⁴, Kap 5 Rn 94.
[190] OGH 5.12.1968, 2 Ob 332/68, SZ 41/169: Unterhaltsersatz bzw Beistandsentgang nach Tötung der Ehefrau bei einem Hotel garni; OGH 10.5.1988, 2 Ob 48/88, ZVR 1989/30: Bergbauernhof, Angehörige leben von Sozialleistungen, 40.000,– öS (nicht €!) Jahresertrag, ausreichend für variable Kosten, Lebensunterhalt von Sozialleistungen bestritten; OGH 1.7.1992, 2 Ob 22, 23/92, EFSlg 69.109: nicht rentabler Nebenerwerbsbauer, voller Ersatz wegen Beeinträchtigung im Beruf als Autolackierer, Betriebseinkommen 20.591,– öS pro Jahr, unter Berücksichtigung von Mietwert und Eigenverbrauch 36.000,– bis 40.000,– öS, Bruttolohn für Hilfskräfte 222.700,– öS zugesprochen.
[191] *Nomos²/Ch. Huber*, §§ 842, 843 Rn 136a.
[192] *Ch. Huber* in *Schwimann*, TaschenKomm ABGB, § 1325 Rn 62; *Ch. Huber*, FS-M. Binder, 583, 599ff.
[193] OGH 18.4.1968, 2 Ob 12/68, SZ 41/46.
[194] OGH 3.7.1984, 2 Ob 69, 70/83, ZVR 1985/47.

mehr in der Produktion mitwirken konnte, betätigte er sich als Brotzusteller, wozu man einen Arbeitnehmer im Rahmen von dessen Schadensminderungsobliegenheit wohl kaum anhalten hätte können. Folgerichtig müsste das auch beim Selbständigen eine nicht anrechnungspflichtige überobligationsgemäße Mehranstrengung darstellen. Schließlich wurde der Gesellschaftsvertrag geändert und der Vater verminderte seinen Anteil.

In der E ZVR 2000/51[195] stellte der Betreiber einer Gaststätte einen Koch ein. Nachdem für die ersten 14 Tage Verwandte und Freunde eingesprungen waren, bot er dem engagierten Koch auch eine Wohnung an, weil er kurzfristig sonst keinen bekommen hätte. Der Verletzte betätigte sich als Kellner, weil das anders als die Tätigkeit eines Kochs kein Heben schwerer Lasten erforderte.[196] Das OLG Wien sprach zwar die Inseratkosten zu, versagte jedoch die Kosten der Wohnung, weil das laut Sachverständigengutachten nach dem Kollektivvertrag nicht vorgesehen sei; Niederösterreich sei nicht mit Westösterreich vergleichbar – und das ungeachtet des Vorbringens, dass zum Zeitpunkt der Beendigung des Dienstes des Kochs nach Mitternacht keine öffentlichen Verkehrsmittel mehr in Betrieb seien.

Auch in dieser Entscheidung stellt sich die Frage, ob ein Unternehmer – anders als ein Arbeitnehmer – seine Restarbeitskraft als Kellner nutzen muss, obwohl er Betreiber einer Gaststätte ist. Das ist mE zu verneinen. In Bezug auf die Versagung der Wohnkosten hat die strikte Orientierung an einem Sachverständigengutachten im konkreten Fall zu einem mE unzutreffenden Judiz geführt. Was nützt es, dass ein Koch nach dem Kollektivvertrag keinen Anspruch auf eine bestimmte Gegenleistung hat? Maßgeblich kann nur sein, ob dem Geschädigten ein Verstoß gegen die Schadensminderungsobliegenheit vorzuwerfen ist. Wenn bei kurzfristigem Bedarf dieser nicht anders zu decken ist, bleibt mE gar nichts Anderes übrig, als in den sauren Apfel zu beißen und die Wohnkosten zusätzlich zu tragen. Insofern kommt es nicht darauf an, ob sich der Sachverhalt in West- oder Ostösterreich abspielt, sondern zu welchem Entgelt kurzfristig ein bestimmter Bedarf zu decken ist.

Alle drei Entscheidungen machen deutlich, dass zwar bei tatsächlicher Einstellung einer Ersatzkraft die jeweils anfallenden Kosten auf den Cent genau nachweisbar sind; dessen ungeachtet bleiben gleichwohl knifflige Bewertungsfragen. Dass mit der Einstellung einer Ersatzkraft der Umsatz häufig nicht aufrechterhalten werden kann, ergibt sich auch daraus, dass nach einer schweizerischen Untersuchung der durchschnittliche Selbständige im Vergleich zu einem Arbeitnehmer länger arbeitet,[197] namentlich in der Gründungsphase und zudem weniger Urlaub macht.[198] Es ist mE plausibel, dass sich diese Beobachtung nicht auf die Eidgenossenschaft beschränkt, mag es sich insoweit auch um ein besonders fleißiges Volk handeln.

---

[195] OLG Wien 28.6.1999, 11 R 202/98a, ZVR 2000/51.
[196] Zu ähnlichen Umdispositionen im Rahmen einer Gaststätte: OGH 22.2.12007, 2 Ob 156/06i, ZVR 2007/255 (*Ch. Huber*): Gaststättenkomplementär.
[197] *Landolt*, Der Unternehmerschaden, Rn 399.
[198] *Schellenberg/Ruf* in *Schaffhauser/Kieser*, Invalidität von Selbständigerwerbenden, 117, 137: Vollzeit-Selbständigerwerbender 51,7 Stunden, im Angestelltenverhältnis 41,7 Stunden, 1 Woche weniger Ferien; 138: überdurchschnittlicher Arbeitszeiteinsatz in der Gründungsphase, 60 bis 70 Stunden.

4.2.1.3.2. Ersatzkraft, die Umsatzniveau nicht halten kann

Wenn die Ersatzkraft das Umsatzniveau des verletzten Unternehmers nicht halten kann, ist sie nicht a priori untüchtig. Sie muss sich einarbeiten und mit den Abläufen vertraut machen. Zudem arbeitet sie weniger umfänglich und intensiv. Sie wird mit einem Fixbetrag entlohnt und ist nicht am Gewinn beteiligt, weswegen sie – womöglich – mit weniger Herzblut bei der Sache ist.[199] Denkbar ist aber auch, dass eine ausgewählte Ersatzkraft der ihr übertragenen Aufgabe nicht gewachsen ist, was ex ante nicht immer erkennbar ist. Für die Kosten der Ersatzkraft, die eine stärkere Gewinneinbuße bewirkt,[200] als auch mit den Abwicklungskosten für die bisherige Ersatzkraft sowie den Suchkosten für eine neue Ersatzkraft[201] hat der Schädiger auszukommen.

4.2.1.3.3. Anrechnung von Vorteilen

Autoren der Versicherungswirtschaft achten stets penibel darauf, dass es durch die Ersatzleistung zu keiner Bereicherung des Geschädigten kommt. Sie verweisen auf die Ersatzkraft, die tüchtiger sei als der verletzte Unternehmer, weshalb der Umsatz – und nach Tragung der Ersatzkraftkosten – auch der Gewinn für den Verletzten steige.[202] Aus den oben beschriebenen Gründen dürfte das ziemlich so häufig sein wie die sprichwörtliche Stecknadel im Heuhaufen. Dass ungeachtet der Einstellung einer Ersatzkraft der Gewinn steigt, hat entweder ganz andere Ursachen oder ist darauf zurückzuführen, dass die Ressource Arbeitskraft sich nicht so portionieren lässt wie der Einsatz von Material.

Wird eine Ersatzkraft eingestellt und kann sich der Verletzte wegen seines Genesungsfortschritts kontinuierlich wieder im Unternehmen betätigen, kann zumeist nicht im gleichen Ausmaß das Ausmaß der Ersatzarbeitskraft reduziert werden. Sofern insoweit ein Gewinn erzielt wird, ist dieser anzurechnen.[203] Eine Versagung jeglicher Gewinnabschöpfung würde schon dem Grundsatz des guten und des bösen Tropfens widersprechen. Wenn der Schädiger das Risiko einer untüchtigen Ersatzkraft tragen muss, soll er auch von den Vorteilen einer besonders tüchtigen oder noch nicht sogleich abgebauten profitieren.

Verwiesen wird von Vertretern der Versicherungswirtschaft[204] zudem darauf, dass infolge entgangener Geschäfte Arbeitskapazität frei geworden sei. Das ist zutreffend. Aber ebenso wie die Beeinträchtigung der Arbeitskraft als solche keinen ersatzfähigen Schaden begründet, verhält es sich mit zusätzlichen freien Kapazitäten. Nur wenn der Verletzte gerade dadurch in die Lage versetzt wird, zusätzliche gewinnträchtige Geschäfte oder zumindest solche mit einem Deckungsbeitrag anzunehmen, kann eine Vorteilsausgleichung vorgenommen werden.

---

[199] *Landolt*, Der Unternehmerschaden, Rn 380 unter Bezug auf KGer 25.3./17.5.1966, ZF 3/66, PKG 1966/7: Personal konnte Ausfall der Kl nicht ersetzen, weil es durchwegs subalterne Funktionen erfüllte.

[200] *Reischauer* in *Rummel*, ABGB³, § 1325 Rn 37; *Ch. Huber* in *Schwimann*, TaschenKomm ABGB, § 1325 Rn 65; *Pardey*, Berechnung von Personenschäden⁴, Rn 2392.

[201] *Ruhkopf/Book*, VersR 1970, 690, 694.

[202] *Küppersbusch*, Ersatzansprüche bei Personenschäden¹⁰, Rn 142; *Ruhkopf/Book*, VersR 1970, 690, 692.

[203] AA *Greger*, Haftungsrecht des Straßenverkehrs⁴, § 29 Rn 116.

[204] *Küppersbusch*, Ersatzansprüche bei Personenschäden¹⁰, Rn 141; *Jahnke* in *van Bühren/Lemcke/Jahnke*, Anwalts-Handbuch Verkehrsrecht², Rn 1088.

4.2.2. Rechtlich gleichwertige Konstellationen

Nicht immer findet der Verletzte sogleich[205] oder passgenau eine Ersatzkraft, die das von ihm bewältigte Tätigkeitsspektrum abdecken kann. Mitunter leisten Arbeitnehmer Überstunden,[206] die zu einem rechnerischen Schaden führen, oder sie arbeiten während der vereinbarten Arbeitszeit intensiver, um den verletzten „Chef" nicht im Stich zu lassen. Häufig sind es – insbesondere in der Landwirtschaft und in Familienunternehmen[207] – aber zusätzlich[208] oder ausschließlich Familienangehörige[209] oder allenfalls Freunde bzw Nachbarn,[210] die einspringen, um dem Verletzten aus der Patsche zu helfen. In Betracht kommt schließlich, dass sich der Verletzte selbst mehr anstrengt, als er im Verhältnis zum Schädiger verpflichtet wäre.[211]

All diese Sonderleistungen sollen nach der Wertung des § 14 Abs 4 EKHG – im deutschen Recht § 843 Abs 4 BGB – nicht den Schädiger entlasten. Das betrifft sowohl den Fall, dass den Dritten nach dem Innenverhältnis zum Verletzten eine Unterhalts- oder Beistandspflicht traf,[212] oder das nicht der Fall war. Sosehr im Grunde darüber Einigkeit besteht, stellt sich die Frage nach den passenden Bewertungsansätzen. In der Schweiz fasst man diese Fälle unter dem Begriff des normativen Schadens zusammen, für den charakteristisch ist, dass es zur Schaffung einer Ersatzlage kommt, während beim fiktiven Schaden – dort – Ersatz danach begehrt werden kann, wie man sich verhalten dürfte, ohne dass es darauf ankommt, ob dies auch tatsächlich geschieht, was ausschließlich beim Haushaltsführungs- und Pflegeschaden anerkannt ist.[213]

4.2.2.1. „Unentgeltliches" Einspringen von Angehörigen, Mitarbeitern oder Nachbarn bzw Freunden

Diese Dritten substituieren eine Ersatzkraft, weshalb es folgerichtig ist, deren Arbeitskrafteinsatz im Ausmaß der Kosten einer Ersatzkraft abzugelten. Selbst im Rahmen dieses Maßstabs kommt eine beträchtliche Bandbreite des Ersatzbetrags in Betracht. Am engherzigsten ist die Bemessung in Deutschland. Unter Berufung auf eine vereinzelte Entschei-

---

[205] OLG Wien 28.6.1999, 11 R 202/98a, ZVR 2000/51: Einspringen von Freunden für die ersten 14 Tage.
[206] OGH 3.7.1984, 2 Ob 69, 70/83, ZVR 1985/47: Leistung von Überstunden mit einem Zuschlag von 150 % durch den angestellten Bäckergesellen.
[207] *ZürchKomm*³/*Landolt* Art 46 Rn 712; OGH 14.2.2008, 2 Ob 238/07z ZVR 2008/239 mit Besprechungsaufsatz *Ch. Huber*, Auslandsunfall eines deutschen Ehepaars in Österreich, ZVR 2008, 484ff: bei landwirtschaftlichen und gewerblichen Familienunternehmen derartige Hilfeleistungen von Angehörigen häufig anzutreffen.
[208] Instruktiv BGH 10.12.1996, VI ZR 268/95, NZV 1997, 174: Handwerksbetrieb für Kälte- und Klimatechnik; Einspringen von Ehefrau und Vater, Einstellen eines technischen Betriebsleiters, Leistung von Überstunden durch die Mitarbeiter.
[209] OGH 10.5.1988, 2 Ob 48/88, ZVR 1989/30: Familie mit acht Kindern, selbständige Landwirtin, Kinder halfen vermehrt mit; OGH 14.2.2008, 2 Ob 238/07z ZVR 2008/239 mit Besprechungsaufsatz *Ch. Huber*, ZVR 2008, 484ff: Einspringen des Ehegatten und der Kinder.
[210] OGH 27. 2. 1986, 8 Ob 86/85, ZVR 1987/56: Nachbarschaftshilfe und Angehörige.
[211] *Harrer* in *Schwimann*, Praxiskommentar ABGB³, § 1325 Rz 27; *Reischauer* in *Rummel*, ABGB³, § 1325 Rn 37.
[212] Überholt insoweit *Ruhkopf/Book*, VersR 1970, 690, 694: Abgeltung des Einsatzes von Familienmitgliedern nur dann, wenn diese über das gesetzliche Maß hinaus tätig werden.
[213] *Landolt*, Der Unternehmerschaden, Rn 184ff.

dung des OLG Oldenburg[214] wird von Autoren der Versicherungswirtschaft[215] die Ansicht vertreten, dass lediglich der Nettolohn einer Ersatzkraft gebühre. Begründet wird das mit dem Verweis auf den Haushaltsführerschaden. Das ist zwar auch dort unzutreffend; im vorliegenden Kontext aber umso mehr, weil es bei Tätigkeiten zur Substitution von solchen von Arbeitnehmern oder Selbständigen durchaus präzise Bewertungsparameter gibt.

Im österreichischen und schweizerischen Recht hält man dem gegenüber die Bruttokosten inklusive Sozialversicherungsleistungen für angemessen.[216] Das entspricht dem Ausgleichsgedanken, wird doch gerade eine solche Arbeitsleistung substituiert.[217] Aber selbst dieser Ansatz greift typischerweise zu kurz, ist es doch so, dass ein österreichischer Arbeitnehmer unter Berücksichtigung von Urlaub, Feiertagen und Krankenständen – grob gesprochen – 10 Monate oder weniger arbeitet und dafür 14 Bezüge erhält. Erst bei Berücksichtigung dieser Umstände wird der volle Wert der Arbeitsleistung erstattet.

Abgesehen von der Frage des Ersatzes in Netto- oder Bruttohöhe oder der vollen Arbeitskraftkosten geht es um die Frage, welcher Bewertungsansatz angemessen ist. Das hängt naturgemäß davon ab, ob ein Dritter bloß subalterne Aushilfstätigkeiten übernimmt oder Leitungsaufgaben wahrnimmt.[218] Im ersteren Fall ist eine Orientierung am Tariflohn der betreffenden Berufsgruppe passend, im letzteren hat eine Orientierung an Bezügen leitender Angestellter oder Geschäftsführern zu erfolgen. Nehmen Familienangehörige solche Tätigkeiten neben ihrem angestammten Beruf stundenweise wahr, kommt bei der Bemessung des Stundenlohns ein Überstundenzuschlag in Betracht, der schließlich auch dem Arbeitnehmer des Unternehmens zu bezahlen wäre.

Wenn sich die Angehörigen, die spontan einspringen,[219] in der Bereitstellung ihrer Arbeitskraft geschmeidig dem verletzungsbedingten Bedarf anpassen, also ihren Arbeitseinsatz in dem Ausmaß reduzieren, wie der Verletzte sich wieder in seinen ange-

---

[214] OLG Oldenburg 10.11.1992, 5 U 43/92, NJW-RR 1993, 798: Einspringen von Ehefrau und Mutter; wegen eines Grundbesitzerwerbs nach dem Unfall waren keine liquiden Mittel für die Bezahlung einer Ersatzkraft vorhanden, was zur Orientierung an der Rechtsprechung zum Haushaltsführerschaden führte. Daraus ergibt sich ein eindrucksvoller Zirkelschluss: Da der Schädiger nicht zahlt, konnte keine Ersatzkraft eingestellt werden; weil deshalb keine eingestellt wurde, gebühren bloß die Nettokosten. Ein klarer Anreiz für den Ersatzpflichtigen, die Regulierung zu verschleppen. Kann das von der Rechtsordnung gewollt sein?

[215] *Küppersbusch*, Ersatzansprüche bei Personenschäden[10], Rn 144; *Himmelreich/Halm/Staab/Kreuter-Lange*, Handbuch der Kfz-Schadensregulierung[2], Kap 17 Rn 66; *Jahnke* in *van Bühren/Lemcke/Jahnke*, Anwalts-Handbuch Verkehrsrecht[2], Rn 1092; *Heß/Burmann*, Handbuch des Straßenverkehrs I idF der 29. ErgLief 2012 Kap 6 D Rn 64; ebenso *Staudinger/Vieweg*, § 842 Rn 96. Kritisch indes *Pardey*, Berechnung von Personenschäden[4], Rn 2398: auf Nettokosten mag abgestellt werden, wenn Familienangehörige unentgeltlich aushelfen; deutlicher *Grunsky*, DAR 1988, 400, 405: bessere Gründe sprechen für Bruttovergütung.

[216] OGH 27.2.1986, 8 Ob 86/85, ZVR 1987/56: Kosten einer fremden Ersatzkraft: der sonst übliche Bruttolohn einschließlich Sozialversicherungsabgaben, hier 24,1 %; *Ch. Huber* in *Schwimann*, TaschenKomm ABGB, § 1325 Rn 46; *Vrba/Lampelmayer/Wulff-Gegenbauer*, Schadenersatz in der Praxis idF der 26. ErgLief (2012) C III 2 Rn 738; *Landolt*, Der Unternehmerschaden, Rn 190, 361.

[217] OGH 1.7.1992, 2 Ob 22, 23/92, EFSlg 69.109: Einspringen von Familienangehörigen gleichwertig; unrentable Nebenerwerbslandwirtschaft.

[218] *Pardey*, Berechnung von Personenschäden[4], Rn 2395: Berücksichtigung der verlängerten Arbeitszeit, Tarifgehälter nicht passend, weil Anforderungen an die Ersatzkraft wesentlich höher.

[219] *Nomos*[2]/*Ch. Huber*, §§ 842, 843 Rn 146: kurzfristig Arbeitnehmer zum Durchschnittslohn nicht zu bekommen. Ebenso *Ruhkopf/Book*, VersR 1970, 690, 694 unter Hinweis auf die begrenzte Zeitdauer des Bedarfs.

stammten Beruf einbringen kann, ist mE erwägenswert, einen ganz anderen Bewertungsansatz heranzuziehen, etwa die Honorierung eines Insolvenzverwalters für ein zeitlich befristetes Mandat. Denn es passt nicht zur Entlohnung eines Arbeitnehmers, dass dieser im Laufe der Zeit – auch in zeitlicher Hinsicht – Abstriche macht nach den Vorgaben desjenigen, für den er tätig ist. Sein Lohn ist vielmehr – moderat – bemessen unter der Voraussetzung einer durchgängigen Beschäftigung.

Am schwierigsten ist die Bewertung einer intensiveren Betätigung der Arbeitskraft durch die Mitarbeiter. Ob jemand mit gleicher Intensität länger arbeitet, was zu entschädigungspflichtigen Überstunden führt, oder in der gegebenen Arbeitszeit intensiver, macht vom wirtschaftlichen Ergebnis her keinen Unterschied. Es ist deshalb angebracht, den – wohl auch nur für eine bestimmte Phase möglichen besonders intensiven – Arbeitskrafteinsatz der Mitarbeiter so zu bewerten, als hätten sie Überstunden geleistet. Ob der Verletzte den vereinbarten Ersatzbetrag weiterleitet, wozu er der guten Ordnung und des Anstands nach gehalten ist, darauf kommt es für die schadenersatzrechtliche Beurteilung nicht an. Auch wenn er den Ersatzbetrag in den eigenen Sack steckt, hat ihn der Schädiger zu leisten.

4.2.2.2. „Überobligationsgemäße" Mehranstrengung des Verletzten

Beim Verletzten selbst stellt sich zunächst die Frage, welche Tätigkeiten als überobligationsgemäß anzusehen sind; und hat man diese Wertung vorgenommen, geht es darum, wie diese zu bewerten ist.

In Deutschland wird im Anschluss an die Fahrschullehrer-Entscheidung[220] angenommen, dass ein Selbständiger zu einer maßvollen Verlängerung der täglichen Arbeitszeit verpflichtet sein kann, um Geschäfte nachzuholen.[221] Im konkreten Fall ging es um solche wegen der Beschädigung eines Fahrschulautos; wertungsmäßig gilt Entsprechendes, wenn nicht das Werkzeug, nämlich das Fahrschulauto, beeinträchtigt ist, sondern der Fahrschullehrer verletzungsbedingt während eines bestimmten Zeitraums nicht zur Verfügung steht. Die tägliche maßvolle Verlängerung der Arbeitszeit schließt aber einerseits das Wochenende aus und legt zugrunde, dass eine solche Ausweitung aus Kapazitätsgesichtspunkten in Betracht kommt. In Österreich und der Schweiz[222] wird das abgelehnt. Holt der Unternehmer Geschäfte nach, weil er auf seinen Urlaub[223] – oder auf eine Fortbildung[224] – verzichtet, wird das generell als überobligationsgemäß qualifiziert.

---

[220] BGH 16.2.1971, VI ZR 147/69, BGHZ 55, 329 = NJW 1971, 836.
[221] *Geigel/Pardey*, Der Haftpflichtprozess[26], Kap 4 Rn 128: maßvolle Verlängerung der täglichen Arbeitszeit für einen überschaubaren Zeitraum bei Selbständigen immer zumutbar. Ebenso *Jahnke* in *van Bühren/Lemcke/Jahnke*, Anwalts-Handbuch Verkehrsrecht2, Rn 1100; *Greger*, Haftungsrecht des Straßenverkehrs[4], § 29 Rn 130; *Küppersbusch*, Ersatzansprüche bei Personenschäden[10], Rn 151; vorsichtiger *Luckey*, VRR 2005, 404, 406: „soll" er verpflichtet sein; noch weitergehend *Jahnke*, Der Verdienstausfall im Schadenersatzrecht[3], § 4 Rn 31: Obliegenheit, Fahrstunden auch am Wochenende anzubieten.
[222] *Landolt*, Der Unternehmerschaden, Rn 370: Hinweis, dass Leistungen außerhalb der ordentlichen Arbeitszeit in der Regel besonders und zudem nach erhöhten Ansätzen entschädigt werden; ebenso Rn 399; *Ott* in *Koller*, Haftpflicht- und Versicherungstagung der Universität St. Gallen, 95, 110.
[223] OGH 12.4.1983, 2 Ob 81/83, ZVR 1984/177; *Apathy*, EKHG § 13 Rn 11; *Ch. Huber* in *Schwimann*, TaschenKomm ABGB, § 1325 Rn 64: Verzicht auf Urlaub, Tätigkeiten außerhalb der normalen Arbeitszeit. AA für das deutsche Recht *Pardey*, Berechnung von Personenschäden[4], Rn 2351; BGH 11.1.1983, VI ZR 222/80, BGHZ 86, 212 = NJW 1983, 1107: Verletzung eines Arztes während seines Urlaubs; Abweisung, weil Urlaub nicht nachgeholt worden ist.
[224] *Grunsky*, DAR 1988, 400, 405.

Im Ausgangspunkt ist mE der schweizerische und österreichische Standpunkt zutreffend. Allerdings ist zu bedenken, dass eine selbständige Tätigkeit typischerweise sich nicht in einer 40-Stunden-Woche erschöpft. Wenn der Unternehmer – unabhängig von einer vorangegangenen Verletzung – mehr als die 40 Stunden arbeitet und er von seinen Kapazitäten Freiräume hat, durch die Verletzung entgangene Geschäfte nachzuholen, ist ihm das mE zumutbar.[225] Maßgeblich sind die individuellen Verhältnisse; sind diese nicht feststellbar, kommt es auf die eines solchen Selbständigen an. Als Faustregel wird man mit *Berger*[226] als Betrachtungszeitraum ein Quartal heranziehen können.

Ob einem Selbständigen generell mehr zumutbar ist als einem Arbeitnehmer, ist fragwürdig. Die Erledigung von Akten am Krankenbett durch einen selbständigen Anwalt ist es nicht.[227] Bedenklich ist mE die Ansicht, dass für einen Selbständigen eine erbrachte Arbeitsleistung nicht schon dann unzumutbar sei, wenn sich bei gleicher Situation ein Arbeitnehmer hätte krankschreiben lassen können:[228] Bei einer Schnittverletzung am linken Oberarm liege die Grenze erst dort, wo die Gefahr der Verschlimmerung der Gesundheitsschäden oder Raubbau an den Kräften des Verletzten drohe. Er müsse sich so behandeln lassen, als ob es keinen ersatzpflichtigen Schädiger gebe.

Es handelt sich dabei um eine Entscheidung aus der Schwabenmetropole, die für ihr besonders hohes Arbeitsethos bekannt ist; schon allein deshalb ist die Verallgemeinerungsfähigkeit begrenzt. Jedenfalls unangemessen ist der Maßstab, wie sich der Verletzte verhalten hätte, wenn keine Überwälzung auf den Schädiger erfolgen könne. Denn es macht nicht nur einen Unterschied, es darf auch einen machen, ob eine Überwälzung möglich ist. Während sich so mancher Geschädigte bei Selbsttragung des Schadens mit Behelfslösungen zufrieden gibt bzw geben muss, kann er bei Einstandspflicht eines Schädigers volle Restitution verlangen. Auch ein Selbständiger muss mE nicht bis an die Grenze des Raubbaus seiner Kräfte gehen.

Steht das Überobligationsgemäße einmal fest, geht es um die Frage, ob insoweit eine bloß ideelle Einbuße gegeben ist, die im Wege der Schmerzensgelderhöhung zu berücksichtigen oder ein Vermögensschaden gegeben ist.[229] Da die Substituierung einer Ersatzkraft vorliegt, ist mE ein Vermögensschaden zu bejahen; nur dieser führt zu einem signifikanten Ersatzbetrag.[230] Im Rahmen des Schmerzensgeldes würde dieser Umstand im Rahmen der Globalbemessung entweder völlig unter den Tisch fallen oder bloß in einer kaum wahrnehmbaren homöopathischen Dosierung wahrgenommen werden. Als Bewertungsansatz kommt in Betracht, dass die Gewinneinbuße gebührt, die durch das überpflichtgemäße Verhalten gerade abgewendet worden ist;[231] oder aber der Ansatz der Kosten einer entsprechend qualifizierten Arbeitskraft.[232]

---

[225] *Heß/Burmann*, Handbuch des Straßenverkehrs I idF der 29. ErgLief 2012 Kap 6 D Rn 57a.
[226] *Berger*, VersR 1981, 1105, 1106: so jedenfalls bei Arzt oder Anwalt.
[227] *Zoll*, r+s Sonderheft 2011, 133, 136; *Nomos*²/*Ch. Huber*, §§ 842, 843 Rn 136.
[228] So aber OLG Stuttgart 30.4.1980, 1 U 117/79, VersR 1981, 290; *Wussow/Dressler*, Unfallhaftpflichtrecht[15], Kap 33 Rn 10.
[229] Widersprüchlich *Hinteregger*, ABGB-ON, § 1325 Rn 13: bloße Mehranstrengungen im Beruf durch das Schmerzensgeld abzugelten; Rn 23: bei eigenen Mehranstrengungen ersatzfähig Kosten einer Ersatzkraft.
[230] *Ch. Huber* in *Schwimann*, TaschenKomm ABGB, § 1325 Rn 82.
[231] Dafür *Geigel/Pardey*, Der Haftpflichtprozess[26], Kap 4 Rn 128; *Staudinger/Vieweg*, § 842 Rn 85.
[232] Für ein Wahlrecht, je nach dem, welche Größe leichter beweisbar ist, OGH 12.4.1983, 2 Ob 81/83, ZVR 1984/177; *Apathy*, EKHG § 13 Rn 11.

Davon sind Konstellationen zu unterscheiden, in denen die verletzte Person die Beeinträchtigung ihrer körperlichen Integrität zum Anlass nimmt, ihre selbständige Tätigkeit in einer qualifiziert anderen Art wahrzunehmen. Prototypisch dafür ist der vom BGH entschiedene Landärztin-Fall.[233] Eine Landärztin hatte bisher Praxisvertretungen wahrgenommen, wozu sie sich aber aufgrund ihrer körperlichen Beeinträchtigung nicht mehr in der Lage sah. Sie gründete daher im Anschluss eine eigene Praxis. Der BGH sah das als überobligationsgemäße Risikoinvestition an, deren Einkünfte sie sich nicht anrechnen lassen müsse. Dem ist mE nur mit der Einschränkung zu folgen, dass das für den Teil des Gewinns gilt, der über das Erwerbseinkommen einer angestellten Ärztin hinausgeht, wenn dieser eine solche Tätigkeit als Arbeitnehmerin weiterhin zumutbar gewesen wäre.[234]

4.3. Der entgangene Gewinn

4.3.1. Die für das österreichische Recht – noch – maßgebliche Unterscheidung zwischen positivem Schaden und entgangenem Gewinn

Beide Schadenersatzreformgruppen sind sich einig über die Abschaffung des gegliederten Schadensbegriffs, also der Abstufung des Ersatzes zwischen positivem Schaden und entgangenem Gewinn, je nachdem, ob das Verhalten des Schädigers bloß leicht oder grob fahrlässig bzw vorsätzlich ist.[235] Noch ist diese Unterscheidung aber Bestandteil der lex lata. Soweit ein künftiger Gewinnentgang als mit hoher, also nicht bloß überwiegender Eintrittswahrscheinlichkeit angenommen wird,[236] wird er als positiver Schaden qualifiziert,[237] was auch bei trotz Verletzung gleich gebliebenem Umsatz bzw Gewinn gegeben sein kann,[238] ansonsten als entgangener Gewinn. Um die Unwägbarkeit eines künftigen, nur bei grober Fahrlässigkeit ersatzfähigen Nachteils deutlich herauszustreichen, wird mitunter der Begriff Gewinnchance[239] verwendet.

Der OGH vernebelt dieses an sich einigermaßen klare Konzept dadurch, dass er außerordentliche Gewinne selbst bei hoher Eintrittswahrscheinlichkeit nicht zum positiven Schaden zählt. Der Hinweis, dass es beim positiven Schaden nur auf die nach Berufsklasse und wirtschaftlicher Situation typische Vermögenseinbuße ankomme,[240] der

---

[233] BGH 25.9.1973, VI ZR 97/71, NJW 1974, 602.
[234] *Nomos*²/*Ch. Huber*, §§ 842, 843 Rn 145a.
[235] *Ch. Huber*, ZVR 2006, 472, 476.
[236] Wenig weiterführend *Vrba/Lampelmayer/Wulff-Gegenbauer*, Schadenersatz in der Praxis idF der 26. ErgLief (2012) C III 2 Rn 12: Regelbeweismaß ist eine hohe, aber auch nicht an Sicherheit grenzende Wahrscheinlichkeit; das beinhaltet eine gewisse Bandbreite, die von den objektiven Umständen des Einzelfalles als auch der subjektiven Einschätzung des Richters abhängig ist. Dem ist entgegenzuhalten: Lässt sich gestützt darauf eine Prognose treffen, wie die Entscheidung ausfallen wird?
[237] *Hinteregger*, ABGB-ON, § 1325 Rn 13; *Reischauer* in *Rummel*, ABGB³, § 1293 Rn 8: dass der Erwerbsschaden des Selbständigen nach § 273 ZPO zu schätzen ist, ist für die Qualifizierung als positiver Schaden nicht hinderlich.
[238] *Reischauer* in *Rummel*, ABGB³, § 1293 Rn 8 unter Bezug auf OGH 18.4.1968, 2 Ob 12/68, SZ 41/46: Vertrieb eines Produkts für Baustellen.
[239] OGH 14.8.2008, 2 Ob 191/07p, ZVR 2010/9 (*Ch. Huber*): Kunstmaler.
[240] So in OGH 25.2.1999, 2 Ob 27/99f, ZVR 2000/17 unter Berufung auf *F. Bydlinski*, Fragen der Schadensverursachung nach deutschem und österreichischem Recht, 51f.

Schaden also nur objektiv-abstrakt berechnet werden könne, ist seit Jahrzehnten aufgeben; hier wird diese Schimäre aber zur Abwehr eines unbillig erscheinenden „Übermaßgewinns" wieder aus der Mottenkiste geholt.

So hat der OGH bei leicht fahrlässigem Verhalten des Schädigers einen Ersatz abgelehnt, der in der Vereitelung einer Gesellschafterstellung eines Arbeitnehmers bestand,[241] einer verletzungsbedingt unterbliebenen Hofübertragung[242] oder der Schaffung von Bildern durch einen Maler, die er vorläufig nicht verkauft hat und als Altersrücklage widmete.[243] Diese „Reduktionsklausel" mag billig erscheinen; die Versagung eines entsprechenden Ersatzes bei nachgewiesener hoher bzw höchster Wahrscheinlichkeit erscheint indes wenig sachgerecht. Der betriebswirtschaftliche Sachverständige wird diesen Umstand indes berücksichtigen müssen.

4.3.2. Verletzungsbedingter Verlust von Kunden – Entsprechung zum merkantilen Minderwert

Namentlich bei Freiberuflern ist folgendes faktische Phänomen zu beobachten: Der Anwalt, Steuerberater oder Architekt ist während eines längeren Zeitraums verletzungsbedingt außer Gefecht. Kunden, die eine fortlaufende Betreuung, womöglich mit zeitkritischem Ablauf wünschen, wenden sich von ihm ab;[244] selbst dann, wenn eine Ersatzkraft eingestellt wird, weil diese den „Chef" eben selten ersetzen kann.[245] Oder potentielle Kunden nehmen von der Inanspruchnahme der Dienstleistungen des wieder genesenen Verletzten Abstand, weil sie skeptisch sind, ob er gesundheitlich wieder voll hergestellt bzw auf dem (aller-)neuesten Stand ist.[246] Solche Verluste lassen sich konkret kaum jemals nachweisen, würden doch potentielle Klienten oder Kunden bei Befragung andere Gründe vorschieben. Gleichwohl ist eine Einbuße gegeben.[247] In der Schweiz wird diese womöglich im Rahmen der wirtschaftlichen Erschwerung des Fortkommens gemäß Art 46 OR erfasst.

Es besteht eine Strukturparallele zur Reparatur beschädigter Kraftfahrzeuge.[248] Bei diesen wird ein merkantiler Minderwert zuerkannt, weil ein potentieller Erwerber bei Kauf eines reparierten Unfallfahrzeugs einen Risikoabschlag gegenüber einem unfallfreien Fahrzeug machen würde, verbleibt doch trotz moderner Reparaturtechnik das Risiko, dass nicht alle Gebrechen erkannt bzw ordentlich behoben worden sind.[249] Zeigt sich ein solches Gebrechen in der Folge nicht, schmilzt mit zeitlichem Abstand diese Vermögenseinbuße, weil der Lauf der Zeit dann bestätigt, dass sich das Risiko gerade

---

[241] OGH 29.10.1998, 2 Ob 270/98i, RdW 1999, 19: Das angeführte Argument der Gefahr einer partiellen Doppelliquidation ist mE vordergründig, ließe sich doch diese durch Anrechnung der als Arbeitnehmer erzielten Einkünfte beseitigen.
[242] OGH 25.2.1999, 2 Ob 27/99f, ZVR 2000/17.
[243] OGH 14.8.2008, 2 Ob 191/07p, ZVR 2010/9 (*Ch. Huber*): Kunstmaler.
[244] *Staudinger/Vieweg*, § 842 Rn 85; *Hunziker-Blum*, ST 2002, 343, 346: umso eher, je höher die Wettbewerbsintensität ist.
[245] Gegenteilig die Einschätzung von *Ruhkopf/Book*, VersR 1970, 690, 694: Gefahr der Entfremdung und Abgang des Kundenstammes, der durch Einstellung einer Ersatzkraft vorgebeugt wird.
[246] *Nomos²/Ch. Huber*, §§ 842, 843 Rn 139.
[247] Grundlegend *Grunsky*, DAR 1988, 400, 401f.
[248] *Grunsky*, DAR 1988, 400, 402.
[249] Umfassend zum merkantilen Minderwert *Ch. Huber*, FS Welser, 303ff.

nicht verwirklicht hat. Der OGH spricht bei Kraftfahrzeugen seit mehr als einem halben Jahrhundert[250] den merkantilen Minderwert als Teil des positiven Schadens zu.

In Österreich gibt es keine OGH-Entscheidung, in der ein derartiger Schadensposten jemals geltend gemacht wurde.[251] Ein Grund könnte darin liegen, dass es keine ausreichend versierten Geschädigtenanwälte gibt bzw diese auf die Inanspruchnahme von betriebswirtschaftlichen Sachverständigen verzichtet haben, die einen solchen Nachteil mit ausreichender Wahrscheinlichkeit immerhin plausibel machen hätten können. Denkbar könnte sein, dass der OGH einen solchen Schadensposten zum entgangenen Gewinn und nicht zum positiven Schaden rechnet, sodass er nur bei grober Fahrlässigkeit ersatzfähig wäre.

Dagegen würde freilich die Strukturparallele zum Kfz-Sachschaden sprechen. Zudem handelt es sich insoweit nicht um einen ganz außerordentlichen Gewinn wie die verletzungsbedingt vereitelte Erlangung einer Gesellschafterstellung durch einen Arbeitnehmer[252] oder eine verletzungsbedingt gescheiterte Hofübergabe;[253] vielmehr geht es um Einbußen im Alltagsgeschäft. Würde man freilich verlangen, dass der Nachteil aus dem Verlust konkreter Kunden nachgewiesen werden müsste,[254] wäre das eine Beweishürde, die womöglich noch bei abgesprungenen Dauerkunden, aber kaum jemals bei abgesprungenen Neukunden genommen werden könnte. Auch beim Kfz-Sachschaden ist das Risiko als solches ausreichend.

4.3.3. Berechnung des Gewinnentgangs nach den Kosten einer – nicht eingestellten und daher fiktiven – Ersatzkraft

Statistische Untersuchungen aus der Schweiz ergeben, dass der Gewinnausfall eines Selbständigen um 30 bis 40 % höher liegt als der Lohnausfall eines entsprechenden Arbeitnehmers.[255] Es stellt sich daher die Frage, ob ein Selbständiger einen Mindesterwerbsschaden nach den Kosten für eine nicht eingestellte Ersatzkraft berechnen kann. In Deutschland hat sich diese Frage an der Diplomchemiker-Entscheidung[256] entzündet. Ein Erfinder, der Betreiber eines pharmazeutischen Unternehmens, hatte bereits 400 Schutzrechte erfolgreich angemeldet, als er verletzt wurde. Er war daran gehindert, mit seinen Erfindungen voranzuschreiten.

Seinen Gewinnausfall hat er im Weg der Ersatzkraftkosten einer entsprechend qualifizierten Ersatzkraft beziffert. Sein Begehren wurde abgewiesen, weil sich fix besoldete und Monat für Monat ihr Salär empfangende Bundesrichter, namentlich wenn sie keine Nebeneinkünfte aus selbständiger Tätigkeit erzielen, damals nicht vorstellen konnten, dass man womöglich Monate und Jahre seine Arbeitskraft in ein Projekt steckt, das nach Abschluss dann einen – hoffentlich satten – Gewinn abwirft.

---

[250] Erstmals in OGH 24.2.1954, 2 Ob 88/54, SZ 27/52.
[251] Die Vermögensqualität trotz der Bewertbarkeit im Rahmen des Good Will des Unternehmens leugnend *Pardey*, Berechnung von Personenschäden[4], Rn 2355.
[252] OGH 29.10.1998, 2 Ob 270/98i, RdW 1999, 19.
[253] OGH 25.2.1999, 2 Ob 27/99f, ZVR 2000/17.
[254] Dafür *Geigel/Pardey*, Der Haftpflichtprozess[26], Kap 4 Rn 127.
[255] *ZürchKomm*[3]/*Landolt*, Art 46 Rn 699 unter Bezug auf BG 10.2.1976, BGE 102 II 334; ähnlich *Ott* in *Koller*, Haftpflicht- und Versicherungstagung der Universität St. Gallen, 95, 130.
[256] BGH 5.5.1970, VI ZR 212/68, BGHZ 54, 45 = NJW 1970, 1411.

Diese Entscheidung würde – jedenfalls sollte – heute anders ausfallen.[257] Die Rentabilitätshypothese spricht jedenfalls im Regelfall dafür, dass ein Unternehmer jedenfalls ein Erwerbseinkommen in der Höhe erzielt, als wäre er in einer entsprechenden Position als Arbeitnehmer tätig. Anderes mag in unrentablen Betrieben der Landwirtschaft gelten[258] sowie dann, wenn keine greifbaren Anhaltspunkte gegeben sind, welche Tätigkeit in welchem Umfang angegangen wurde.[259] Ansonsten möge bedacht werden, dass nach einer Schweizer Untersuchung ein Selbständiger gegenüber einem Arbeitnehmer wöchentlich länger arbeitet und weniger Urlaub macht.[260] Zudem geht es nicht allein um den Reingewinn, sondern den Rohgewinn.[261]

4.3.4. Anrechnung von Ersparnissen – Vorteilsausgleichung oder Teil der Schadensberechnung, Auswirkungen auf die Beweislastverteilung

Wird der selbständig Erwerbstätige verletzt, kann er seine berufliche Tätigkeit nicht ausüben. Es entgeht ihm dadurch ein Erwerbseinkommen; allerdings sind auch Ersparnisse die Folge: Variable Kosten für den Betrieb etwa eines Fahrzeugs wie Benzin oder Öl fallen nicht an;[262] zudem kann sich der Betreffende zu Hause kostengünstiger verpflegen und muss weniger adrett angezogen sein als im Beruf.[263] Sofern getätigte Investitionen allerdings nutzlos werden, sind die diesbezüglichen Aufwendungen im Rahmen der fixen Kosten ersatzfähig.[264]

Umstritten ist allein, ob es sich bei den variablen Kosten um eine Frage der Vorteilsausgleichung handelt, für die der Schädiger beweisbelastet wäre, wobei den Geschädigten aber eine sekundäre Darlegungslast trifft, dieser also bei entsprechenden Behauptungen des Ersatzpflichtigen auskunftspflichtig ist, oder es sich um eine Frage der Schadensberechnung handelt, sodass die Beweislast in Bezug auf den Saldo zwischen Um-

---

[257] *Staudinger/Schiemann*, § 252 Rn 43: Verringerung der Anforderungen an die Darlegungslast, Hinweis auf die Rentabilitätsvermutung, Lebenserfahrung spricht dafür, dass mindestens der Wert als Arbeitnehmer erwirtschaftet worden wäre; ebenso *Lange/Schiemann*, Schadensersatz³, 316; *Nomos²/Ch. Huber*, §§ 842, 843 Rn 19.

[258] Insoweit zutreffend *Pardey*, Berechnung von Personenschäden⁴, Rn 2390; *Jahnke*, Der Verdienstausfall im Schadenersatzrecht³, § 4 Rn 10: nicht ersatzfähig fiktive Gehaltskosten eines Landwirtschaftsmeisters.

[259] BGH 16.3.2004, VI ZR 138/03, NJW 2004, 1945: Assekuranzmakler; auch nicht Ersatz nach durchschnittlichem Geschäftsführergehalt einer GmbH, wenn noch nebulös war, welche Tätigkeit überhaupt entfaltet worden wäre.

[260] *Schellenberg/Ruf* in *Schaffhauser/Kieser*, Invalidität von Selbständigerwerbenden, 117, 137: Vollzeit-Selbständigerwerbender 51,7 Stunden, im Angestelltenverhältnis 41,7 Stunden, 1 Woche weniger Ferien; 138: überdurchschnittlicher Arbeitszeiteinsatz in der Gründungsphase, 60 bis 70 Stunden.

[261] Insofern noch überaus moderat *Ruhkopf/Book*, VersR 1970, 690, 693: bei manuell mitarbeitenden Inhabern von Handwerksbetrieben Berechnung nach der Anzahl der versäumten Arbeitsstunden, zugrunde zu legen ist Stundenlohn eines Handwerksmeisters zuzüglich eines angemessenen Unternehmergewinns.

[262] OGH 14.8.2008, 2 Ob 226/07k, ZVR 2009/206 (*Ch. Huber*).

[263] *Ch. Huber* in *Schwimann*, TaschenKomm ABGB, § 1325 Rn 57.

[264] BGH 15.7.1997, VI ZR 208/96, NJW 1997, 2943 = VersR 1997, 1154: Schweinemast; *Greger*, Haftungsrecht des Straßenverkehrs⁴, § 29 Rn 113; *ZürchKomm³/Landolt*, Art 46 Rn 727.

satz und variablen Kosten den Geschädigten trifft. Da der Schädiger keinerlei Einblick in die Sphäre des Geschädigten hat und es um den Nachweis des eingetretenen Schadens geht, sprechen die besseren Argumente dafür, das Problem als solches der Schadensberechnung zu qualifizieren mit der Folge der vollen Beweislast des Geschädigten.[265]

4.3.5. Alterssicherung – zwei Varianten der Berücksichtigung

Wird ein Arbeitnehmer verletzt, geht nach deutschem Recht der Regressanspruch in Bezug auf seine Altersversorgung nach § 119 SGB X im Weg einer Legalzession auf den Sozialversicherungsträger über. Besteht hingegen für den Verletzten keine Möglichkeit, trotz Wegfall der Erwerbsfähigkeit freiwillige Beiträge zu einer gesetzlichen Sozialversicherungsrente im Alter zu leisten, ist der Anspruchsteller darauf beschränkt, den Schaden erst zu dem Zeitpunkt geltend zu machen, zu dem er sich rechnerisch niederschlägt, nämlich bei Antritt der Altersrente ohne Verletzung.

Das österreichische Recht kennt keine dem § 119 SGB X entsprechende Norm; aber wegen der Kategorie der Schaffung einer Ersatzlage ist dem Geschädigten generell ein Wahlrecht einzuräumen:[266] Entweder kann er vom Schädiger fortlaufend die Beiträge verlangen, um Rentenanwartschaften aufzubauen, so als ob er nicht verletzt worden wäre; oder aber er begehrt die Differenz zwischen ausbezahlter Altersrente bei geringeren Beitragsleistungen und Altersrente ohne Verletzung zum Zeitpunkt des Antritts der Altersrente ohne Verletzung.

ME ist der erste Weg für den Geschädigten in jedem Fall vorzugswürdig.[267] Er erspart spätere Streitigkeiten über das Ausmaß der Differenz; durch laufende Rentenbeiträge erfolgt eine bessere Absicherung seiner Angehörigen für den Fall seines vorzeitigen Todes, sofern der Tod nicht vom Schädiger zu verantworten sein sollte. Und schließlich ist das Insolvenzrisiko geringer, mag doch ungewiss sein, ob der Ersatzpflichtige bzw die hinter ihm stehende Haftpflichtversicherung in 20, 30 oder 40 Jahren noch zahlungsfähig sind. Der Ersatzpflichtige wird die zweite Variante bevorzugen, ist doch gerade unsicher, ob der Verletzte das gesetzliche Rentenalter erreichen wird bzw früher stirbt, als es seiner Lebenserwartung entspricht.

Diese Grundsätze haben für selbständig Erwerbstätige besondere Bedeutung.[268] Ersatzfähig sind Beiträge für eine Altersversorgung als Teil des Erwerbsschadens. Falls im Sozialversicherungsrecht keine Pflichtversicherung und auch keine freiwillige Versicherungsmöglichkeit vorgesehen sind, muss die Möglichkeit bestehen, eine entsprechende Privatversicherung abzuschließen, die zu einer entsprechenden Absicherung bzw Annäherung an den Zustand ohne Verletzung führt.

---

[265] *Grunsky*, DAR 1988, 400, 405.
[266] OGH 18.4.2002, 2 Ob 38/02f, ZVR 2002/103: zutreffender Hinweis darauf, dass die Mittel für eine freiwillige Versicherung verwendet werden müssen; *Hinteregger*, ABGB-ON, § 1325 Rn 19.
[267] *Ch. Huber* in *Schwimann*, TaschenKomm ABGB, § 1325 Rn 59.
[268] *Geigel/Pardey*, Der Haftpflichtprozess[26], Kap 4 Rn 124: bei Selbständigen nicht in gleicher Weise Absicherung wie bei Arbeitnehmern.

4.3.6. Besondere Probleme vor und in der Gründungsphase

4.3.6.1. Anforderungen an die Konkretheit einer Unternehmensgründung

Soll ein Erwerbsschaden für ein erst künftig zu gründendes Unternehmen geleistet werden, müssen immerhin greifbare Anhaltspunkte dafür vorliegen.[269] Das bloße Gedankenkonzept für die Eröffnung eines vegetarischen Restaurants[270] oder die bloße Behauptung, sich kurz vor dem Unfall selbständig gemacht zu haben,[271] ist zu wenig. Solche Vorhaben müssen mit zumindest überwiegender Wahrscheinlichkeit nachgewiesen werden.[272]

4.3.6.2. Besonderheiten der Umsatz- und Gewinnentwicklung

4.3.6.2.1. Phasenverschiebungsschaden – Verlassen der Verlustphase

Die naive Vorstellung eines Selbständigen, dass er sogleich mit Eröffnung seines Unternehmens Gewinne erwirtschaften werde, bewahrheitet sich nur in Ausnahmefällen. Im Regelfall muss eine Verlustphase zurückgelegt werden, ehe die Gewinnschwelle erreicht wird. Durch eine Verletzung in der Verlustphase wird der Zeitpunkt der Erreichung der Gewinnschwelle weiter in die Zukunft verschoben.[273] Womöglich muss der Selbständige nach der Genesung wieder bei Null beginnen.[274] Dann geht es nicht allein um eine Phasenverschiebung, sondern zusätzlich um den Ersatz von frustrierten Aufwendungen. Unter Ausgleichsgesichtspunkten ist die Vermögenseinbuße erst dann gegeben, wenn die Gewinnschwelle erreicht ist.[275]

4.3.6.2.2. Besonders starke Umsätze in der Gründungsphase

Ausnahmsweise kann es dazu kommen, dass gerade in der Gründungsphase besonders starke Umsätze – und damit auch Gewinne – erwirtschaftet werden, wenn etwa ein Versicherungsvertreter sich aus einer Arbeitnehmertätigkeit heraus selbständig macht und in der Lage ist, den „angesparten" Kundenstamm zu sich herüberzuziehen.[276] Ein entsprechendes Phänomen ergab sich bei Unternehmensgründungen nach der Wende in den Neuen Bundesländern.[277]

4.3.6.2.3. Kein Abstellen auf Durchschnittsgewinne

Wegen der Besonderheiten von Unternehmen nach der Gründung, bei denen auch die Werbeaufwendungen überproportional hoch sind,[278] verbietet es sich, für die Prognose

---

[269] *Wussow/Dressler*, Unfallhaftpflichtrecht[15], Kap 33 Rn 5; *Küppersbusch*, Ersatzansprüche bei Personenschäden[10], Rn 138.
[270] OLG Hamm 21.1.1993, 27 U 191/92, NZV 1994, 109: Verletzter verlor Geruchssinn; Unternehmensprojekt „passte" zum – behaupteten – Erwerbsschaden bei der eingetretenen Verletzung.
[271] BGH 16.3.2004, VI ZR 138/03, NJW 2004, 1945: Assekuranzmakler.
[272] *Landolt*, Der Unternehmerschaden, Rn 382.
[273] *Pardey*, Berechnung von Personenschäden[4], Rn 2402; *Grunsky*, DAR 1988, 400, 402; *Landolt*, Der Unternehmerschaden, Rn 386.
[274] *Grunsky*, DAR 1988, 400, 403.
[275] *Grunsky*, DAR 1988, 400, 403.
[276] *Jahnke*, Der Verdienstausfall im Schadenersatzrecht[3], § 4 Rn 40.
[277] *Kendel*, zfs 2007, 372, 373.
[278] BGH 31.3.1992, VI ZR 143/91 NJW-RR 1992, 852: Bestattungsunternehmer und Florist.

auf Durchschnittsgewinne abzustellen.[279] Für die Prognose ist es in solchen Fällen hilfreich, auf Referenzbetriebe,[280] nach Möglichkeit aus der Region zu verweisen[281] sowie als zusätzliche Beweismittel die Befragung von Geschäftspartnern und Marktstudien heranzuziehen.[282]

4.3.6.3. Nachhaltig keine Gewinnerzielung – Verweis auf Erwerbseinkommen als Arbeitnehmer

Kommt die Erwerbsprognose zu dem Ergebnis, dass der Verletzte nachhaltig keinen Gewinn erzielt hätte, ist – jedenfalls bei einem jungen Menschen – anzunehmen, dass er ein entsprechendes Erwerbseinkommen als Arbeitnehmer erzielt hätte.[283] Bei älteren Arbeitnehmern wird das heute – anders als Mitte der 50-er Jahre – in Frage gestellt,[284] wobei zu bedenken ist, dass auch die Verletzung eines Arbeitslosen zu einem Erwerbsschaden führt.[285]

5. Bemessung der Rente
5.1. Dynamik der künftigen Entwicklung
5.1.1. Berücksichtigung von Inflation und Wirtschaftswachstum sowie branchenspezifischen Faktoren

Der Erwerbsschaden eines Selbständigen erfolgt typischerweise in Form einer Rente. Für die Bemessung ist maßgeblich der Kenntnisstand zum Zeitpunkt des Endes der letzten mündlichen Hauptverhandlung 1. Instanz, wobei dem Anspruchsteller ein Schätzungsbonus eingeräumt wird.[286] Textbausteinartig wird wiederholt, dass künftige Entwicklungen so weit wie möglich zu berücksichtigen sind. Bei der Umsetzung verlässt das Gericht dann häufig der Mut. In einer Art „Vogel-Strauß-Politik" wird so getan, als würde nach diesem Zeitpunkt alles beim Alten bleiben, obwohl mit Händen zu greifen ist, dass das nicht so ist.

Bei Umsetzung des selbst formulierten Postulats müssen daher schon bei erstmaliger Festsetzung der Rente alle in Betracht kommenden künftigen Änderungen berücksichtigt werden. Es geht dabei um mehr als eine Modalität im Rahmen des Ausgleichs der erlittenen Einbuße. Häufig wird nämlich darauf verwiesen, dass die künftige Entwicklung sich nicht verlässlich abschätzen lasse und jede Partei bei wesentlicher Änderung ohnehin eine Anpassung der Rente begehren könne.

---

[279] BGH 1.10.1957, VI ZR 214/56, VersR 1957, 750.
[280] BGH 6.7.1993, VI ZR 228/92, NJW 1993, 2673: Schwedenbauhäuschen.
[281] *Himmelreich/Halm/Euler*, Handbuch des Fachanwalts Verkehrsrecht⁴, Kap 10 Rn 34.
[282] *Heß/Burmann*, Handbuch des Straßenverkehrs I idF der 29. ErgLief 2012 Kap 6 D Rn 62.
[283] So ohne jegliche Einschränkung BGH 1.10.1957, VI ZR 214/56, VersR 1957, 750; *C. Schah Sedi/ M. Schah Sedi*, Das verkehrsrechtliche Mandat Band 5 Personenschaden, § 3 Rn 114.
[284] *Himmelreich/Halm/Staab/Kreuter-Lange*, Handbuch der Kfz-Schadensregulierung², Kap 17 Rn 62a, 65.
[285] BGH 8.4.2008, VI ZR 49/07, NJW 2008, 2185 = JZ 2008, 1112 (*Ch. Huber*).
[286] *MüKo⁵/Wagner*, § 842 Rn 43: besondere Schwierigkeiten durch sachgerecht-moderate Einstellung des Beweismaßes nach §§ 252 BGB, 287d ZPO zu meistern; *Küppersbusch*, Ersatzansprüche bei Personenschäden¹⁰, Rn 138; zur begrenzten Bedeutung des Schätzungsbonus in der Rechtsprechung des BGH *Ch. Huber*, HAVE 2011, 253ff.

Das ist zutreffend, führt aber tendenziell zu einer Verkürzung des Anspruchstellers. Typischerweise geht es nämlich schon wegen der Geldentwertung um ein Erhöhungsbegehren. Ein solches kann aber erst gestellt werden, wenn eine wesentliche Änderung eingetreten ist, was im deutschen Recht explizit in § 323 Abs 1 dZPO angeordnet ist. Zudem kann ein abgeänderter Betrag gemäß § 323 Abs 3 dZPO nur ab dem Zeitpunkt der Erhebung der Abänderungsklage begehrt werden. Der Anspruchsteller steht damit vor dem Risiko der Abschätzung, wann ein Gericht eine Änderung als wesentlich ansieht;[287] zudem erhält er für die Defizite bis zum Zeitpunkt der Erhebung keine Abgeltung, was evident dem Ausgleichsprinzip widerspricht.

Das schweizerische Recht sieht dem gegenüber keine Möglichkeit der Anpassung einer einmal festgesetzten Rente vor. Die Folge ist freilich, dass die an der Schadensregulierung Beteiligten eine sehr viel höhere Sensibilität in Bezug auf die Berücksichtigung künftiger Umstände entwickelt haben. Auch im deutschen und österreichischen Recht würde eine solche Haltung angebracht sein.[288] Würde nämlich schon bei erstmaliger Festsetzung die Zukunft einigermaßen präzise abgebildet werden, wären Anpassungsprozesse entbehrlich. Das wäre auch wirtschaftlich effizient, würden dadurch nämlich Regulierungskosten gespart.

Was sind nun aber die maßgeblichen Faktoren, die bei der Prognose zu berücksichtigen sind? Mittel- bzw langfristig ist davon auszugehen, dass Selbständige ihr Erwerbseinkommen zumindest real erhalten, also nominelle Steigerungen jedenfalls in Höhe der Inflationsrate erzielen. Darüber hinaus ist aber plausibel, dass sie auch am Wirtschaftswachstum teilhaben, mag das in den letzten Jahren auch moderater ausgefallen sein als in der Boomphase der 50-er und 60-er Jahre. Insoweit ist gewiss eine präzisere Festlegung nach der jeweiligen Branche möglich. Wichtig ist, dass dabei nicht bloß Risiken[289] berücksichtigt werden dürfen, sondern ebenso Chancen.[290]

Wenn für das österreichische Recht behauptet wird, dass eine dynamische, also an einen Index gebundene Rente unzulässig sei,[291] ist das unzutreffend. Der OGH hat in einer jüngeren Entscheidung[292] eine Anbindung an den österreichischen Verbraucherpreisindex bei einem Erwerbsschaden eines verletzten Ungarn abgelehnt. Der herangezogene Index hat insofern zweimal nicht gepasst: Die Entwicklung der Preissteigerung der Le-

---

[287] BGH 15.5.2007, VI ZR 150/06, NJW 2007, 2475 (*Teichmann*): Ablehnung bei einer Schmerzensgeldrente unter 25 %.

[288] Zutreffend *Grunsky*, DAR 1988, 400, 403: Rentenkurve schon vom Schadenersatzgericht festzulegen und nicht erst später über § 323 dZPO zu korrigieren.

[289] OLG München 20.1.2010, 20 U 3013/09, BeckRS 2010, 10686: 34-jähriger Architekt, Abschlag von 25 %, weil nur ein Abnehmer und rückläufige Baukonjunktur; kritisch dazu *Nomos²/Ch. Huber*, §§ 842, 843 Rn 135: Die Baukonjunktur ist nicht ständig rückläufig; auf einen Abschwung folgt auch ein Aufschwung. BGH 6.2.2001, VI ZR 339/99, NJW 2001, 1640 Rohrleitungsbauer; 10 % Abschlag, weil nur ein Auftraggeber; und das ungeachtet des Umstands, dass der Verletzte auch für andere tätig war, wenn er für den Hauptauftraggeber nicht ausgelastet war; hier allerdings bloß Rechtsmittel des Ersatzpflichtigen, der einen Abschlag von 50 % gefordert hatte.

[290] *Ott*, in *Koller*, Haftpflicht- und Versicherungstagung der Universität St. Gallen, 95, 114: Hinweis auf BG 15.10.1963 BGE 89 II 396: arbeitsamer und tüchtiger Buchbinder von 30 Jahren, der einzige im Unterwallis, Steigerung des Umsatzes in 10 Jahren von 21.000 Fr auf 30.000 Fr.

[291] *Hinteregger*, ABGB-ON, § 1325 Rn 24; eingeschränkter *Vrba/Lampelmayer/Wulff-Gegenbauer*, Schadenersatz in der Praxis idF der 26. ErgLief (2012) C III 2 Rn 11: keine Bindung des Erwerbsschadens an den Verbraucherpreisindex.

[292] OGH 26.5.1997, 2 Ob 79/97z, ZVR 1998/21.

benshaltungskosten in Österreich wurde als untaugliche Anknüpfungsgrundlage für die Entwicklung des Erwerbseinkommens angesehen; und das bei einer Person, die in Ungarn lebte. Übersehen wird freilich, dass der OGH in dieser Entscheidung sich von der Vorentscheidung[293] distanziert hat, die jegliche Indexbindung unter Hinweis auf die fehlende Bestimmtheit des Exekutionstitels abgelehnt hat. Bezug genommen wurde ausdrücklich auf § 8 Abs 2 EO in der Fassung der EO-Novelle 1991, BGBl 628, die einen indexgebundenen Exekutionstitel gerade vorsieht.

5.1.2. Alter des Unternehmens und des Verletzten

Bedeutsam für eine Erwerbsschadensprognose des verletzten Selbständigen ist sowohl dessen Alter[294] als auch die Lebenszyklusphase, in der sich sein Unternehmen befindet.[295] In der von der Versicherungswirtschaft dominierten deutschen Haftpflichtliteratur liest man allein den Hinweis auf das Nachlassen der Kräfte im Alter.[296] Die ausgewogenere schweizerische Literatur nimmt freilich auch wahr, dass nicht nur bei Arbeitnehmern, sondern auch bei selbständig Erwerbstätigen bis zum 50. Lebensjahr eine Steigerung des Erwerbseinkommens stattfindet, ehe eine Stagnation eintritt, die von einer Abnahme ab dem 65. Lebensjahr abgelöst wird,[297] eine Beobachtung, die sich branchenspezifisch noch verfeinern lässt, aber immerhin eine generelle Richtschnur bietet.

5.2. Befristung der Rente

Zum österreichischen Recht wird die Ansicht vertreten, dass für Selbständige das für Arbeitnehmer geltende gesetzliche Renteneintrittsalter nicht maßgeblich sei, die Rente jedenfalls nicht bis zum 65. Lebensjahr befristet werden dürfe.[298] Aus Entscheidungen zu eher ausgerissenen Sachverhalten[299] wird der Schluss gezogen, dass eine Befristung zu

---

[293] OGH 6.12.1984, 8 Ob 48/84, JBl 1985, 551.
[294] OGH 2.4.1970, 2 Ob 70/70, ÖJZ 1970/261: insbesondere deshalb keine Obliegenheit zur Aufgabe des Betriebs, weil der Verletzte nicht ganz arbeitsunfähig und erst 41 Jahre alt.
[295] *Nomos*²/*Ch. Huber*, §§ 842, 843 Rn 142: sowohl Alter des Verletzten als auch des Unternehmens von Bedeutung; *Schellenberg/Ruf* in *Schaffhauser/Kieser*, Invalidität von Selbständigerwerbenden, 117, 144: start up, Wachstum, Sättigung.
[296] *Ruhkopf/Book*, VersR 1972, 114, 117.
[297] *Schellenberg/Ruf*, in *Schaffhauser/Kieser*, Invalidität von Selbständigerwerbenden, 117, 146; *ZürchKomm*3/*Landolt*, Art 46 Rn 736: bei jungen Geschädigten eine kontinuierliche Gewinnsteigerung anzunehmen unter Bezug auf 15.10.1963, BGE 89 II 396: 30-jähriger Unternehmer, 4 % pro Jahr für die nächsten 10 Jahre; ebenso *Grunsky*, DAR 1988, 400, 403: bei jüngeren Geschädigten die künftig zu erwartenden Einkommenssteigerungen zu berücksichtigen; bei älteren zu beachten, dass diese sich langsam zur Ruhe setzen. Zu pauschal *C. Schah Sedi/M. Schah Sedi*, Das verkehrsrechtliche Mandat Band 5 Personenschaden, § 3 Rn 112: Einkommenstendenz zu sehen, nach oben oder unten.
[298] *Reischauer* in *Rummel*, ABGB³, § 1325 Rn 28; *Vrba/Lampelmayer/Wulff-Gegenbauer*, Schadenersatz in der Praxis idF der 26. ErgLief (2012) C III 2 Rn 742.
[299] OGH 15.9.1961, 2 Ob 288/61, ZVR 1962/60: Tischlereibetrieb, sogar angenommen, dass Reduzierung der Tätigkeit nach dem 65. Lebensjahr wegen Eintritt des Sohnes, es ging aber nur um die Frage der Befristung; OGH 5.12.1968, 2 Ob 332/68, SZ 41/169: Anspruch nach § 1327 ABGB; getötete Ehefrau 70 Jahre, keine Begrenzung für Ersatz der Mitwirkung im Hotel garni im Rahmen des ehelichen Beistands; OGH 10.5.1988, 2 Ob 48/88, ZVR 1989/30: keine Begrenzung der Rente einer Mutter von 8 Kindern in der Landwirtschaft auf das 65. Lebensjahr, Rente zusammen mit Beeinträchtigung im Haushalt zugesprochen.

unterbleiben habe.³⁰⁰ Soweit ein Nachlassen der Kräfte auch bei Selbständigen zu einem rückläufigen Erwerbseinkommen führe, wird das gleichfalls einem künftigen Anpassungsbegehren, hier des Ersatzpflichtigen, vorbehalten.

Dass Selbständige länger arbeiten als Arbeitnehmer, wird man statistisch belegen können.³⁰¹ Manche Berufsordnungen wie die der Ärzte oder Notare legen aber Altersgrenzen fest.³⁰² Wer über keine – angemessene – Altersversorgung verfügt, wird schon zur Aufrechterhaltung des gewohnten Lebensstandards über das gesetzliche Rentenalter hinaus arbeiten (müssen).³⁰³ Viele Selbständige tun das indes nicht allein aus finanziellen Erwägungen, sondern aus Lust an der Freude oder weil sie sich für unabkömmlich halten bzw ein Betätigungsfeld gefunden haben, auf dem sie ihre Erfahrung einbringen können. Dass Selbständige auf ihrem bisherigen konstant hohen Niveau weiterarbeiten und entsprechende Einkünfte erzielen, ehe sie von heute auf morgen tot umfallen, dürfte freilich durch keine Statistik zu belegen sein. Von daher verbietet sich ein unbefristeter Zuspruch einer nominell gleich hohen Erwerbsschadensrente.³⁰⁴

Die Prognose ist deshalb so schwierig, weil zwei gegenläufige Tendenzen zu beobachten sind: Auch Selbständige nehmen wahr, dass es Lebensfreuden abseits der Bewährung im Berufsleben gibt und schrauben mit zunehmendem Alter jedenfalls ihr Aktivitätsniveau zurück.³⁰⁵ Der demografische Wandel (mehr Alte bei weniger Geburten) im Zusammenwirken mit der Erhöhung der Lebenserwartung macht es erforderlich, dass die Menschen in den nächsten Jahrzehnten bis ins höhere Alter arbeiten werden (müssen), um den Zeitraum vom Rückzug aus dem Berufsleben bis zum Tod nicht immer weiter auszudehnen.³⁰⁶

Bei allen Unwägbarkeiten soll das zur Entscheidung berufene Gericht aber auch insoweit nicht den Kopf in den Sand stecken und eine zeitlich unbefristete Rente mit einem nominell gleich bleibenden Betrag zusprechen.³⁰⁷ Vielmehr ist eine Befristung der Er-

---

[300] *Danzl* in *Koziol/Bydlinski/Bollenberger*, ABGB³, § 1325 Rn 15.
[301] *Pardey*, Berechnung von Personenschäden⁴, Rn 2350: bei Selbständigen vom 70. Lebensjahr auszugehen, wenn es keine gesetzlichen Altersbegrenzungen für ausgeübte Tätigkeit gibt.
[302] So zum deutschen Recht *Jahnke*, Der Verdienstausfall im Schadenersatzrecht³, § 4 Rn 27: Kassenarztzulassung bis zum vollendeten 68. Lebensjahr gemäß § 95 VII SGB V; Notare bis zum vollendeten 70. Lebensjahr gemäß §§ 47, 48a BNotO.
[303] Besonders gelagert OGH 10.5.1979, 8 Ob 7/79, SZ 52/77: schwerste Verletzung eines 18-jährigen, der auch keine Invaliditätspension bekommen kann, deshalb Zuspruch einer lebenslangen Rente; aber auch als Gesunder wohl Reduzieren des monatlichen Einkommens mit Eintritt in die Altersrente, deshalb Zuspruch einer nominell gleich bleibenden Rente auch hier mE unberechtigt.
[304] So aber 5.12.1968, 2 Ob 332/68, SZ 41/169: Gleichsetzung von Lebenserwartung und Arbeitsfähigkeit bei Anspruch nach § 1327 ABGB; getötete Ehefrau 70 Jahre, weitere Lebenserwartung noch 11 Jahr und 11 Monate, diese gesund und agil, daher keine Begrenzung für Ersatz der Tätigkeit im Hotel garni.
[305] Gegenteilig die Einschätzung von *ZürchKomm*³/*Landolt*, Art 46 Rn 748: Annahme, dass die berufliche Aktivität auch nach Erreichen des Pensionsalters noch fortgesetzt wird; womöglich ist das in dieser Allgemeinheit eine besondere schweizerische Tugend, die dann nicht für Deutschland und Österreich verallgemeinerungsfähig wäre.
[306] Diesen Umstand berücksichtigend *Ott* in *Koller*, Haftpflicht- und Versicherungstagung der Universität St. Gallen, 95, 101.
[307] *Reischauer* in *Rummel*, ABGB³, § 1325 Rn 28: konsequenter wäre es, auch bei Selbständigen auf die Grenze von Arbeitnehmern abzustellen, Selbständigen wird Widerlegung des gesetzlichen Rentenalters aber ohnehin leichter gelingen.

werbsschadensrente eines Selbständigen[308] mit einer Staffelung, die dem Nachlassen der Kräfte Rechnung trägt,[309] wobei als Ansatzpunkt das 65. Lebensjahr passend sein könnte,[310] die angemessenste Lösung.[311] Statistiken der jeweiligen Branche können dafür eine Richtschnur geben. Und je älter der Anspruchsteller im Zeitpunkt der Verletzung ist, umso besser lässt sich abschätzen, wie lange er noch in welchem Ausmaß gearbeitet und Einkünfte in welcher Größenordnung erzielt hätte.[312]

6. Verletzungsbedingte Liquidation des Unternehmens

Muss der Selbständige sein Unternehmen verletzungsbedingt aufgeben, stellen sich folgende Detailfragen:

Ruhkopf/Book[313] sehen bei einem Anspruchsteller im fortgeschrittenen Alter die Gefahr, dass die Verletzung womöglich ein willkommener Anlass ist, den Anforderungen des Lebenskampfes auszuweichen, um auf Kosten der Allgemeinheit ein Rentnerdasein zu fristen, insbesondere dann, wenn keine zureichende Altersvorsorge vorhanden ist. Es ist nicht auszuschließen, dass Derartiges vorkommt; zu unterstellen ist das freilich nicht, hängt doch ein Selbständiger typischerweise an seinem Unternehmen, sodass er alles oder doch vieles tun wird, um eine Schließung abzuwenden.

Ist eine Schließung des Unternehmens nicht zu vermeiden, kommt eine Verweisung auf eine Arbeitnehmertätigkeit nur insoweit in Betracht, als diese der gleichen (gehobenen) Stellung[314] und der gleichen sozialen Stufe[315] entspricht. Sofern das nicht der Fall ist, liegt eine überobligationsgemäße Anstrengung vor mit der Folge, dass eine Anrechnung zu unterbleiben hat. Dass in der Praxis dessen ungeachtet – mE zu Unrecht – jedes Erwerbseinkommen angerechnet wird, dürfte zutreffen.[316] Soweit eine Anrechnung erfolgt, sind freilich auch die Kosten der sozialen Absicherung mit einzubeziehen, weil ein Selbständiger diese zu seinem Nettoeinkommen zusätzlich verdienen muss.[317]

Wird das Unternehmen veräußert, handelt es sich häufig um einen Notverkauf, bei dem Verluste entstehen, die ersatzfähig sind;[318] freilich nur, wenn diese der Verletzte erleidet, nicht aber die Erben.[319] In Ausnahmefällen kann die verletzungsbedingt vorzeiti-

---

[308] *Geigel/Pardey*, Der Haftpflichtprozess[26], Kap 4 Rn 124.
[309] *Staudinger/Vieweg*, § 842 Rn 89.
[310] *Wussow/Dressler*, Unfallhaftpflichtrecht[15], Kap 33 Rn 7; *Lange/Schiemann*, Schadensersatz[3], 315; *Jahnke*, in *van Bühren/Lemcke/Jahnke*, Anwalts-Handbuch Verkehrsrecht[2], Rn 1094.
[311] *Ch. Huber* in *Schwimann*, TaschenKomm ABGB, § 1325 Rn 58, 66; *Greger*, Haftungsrecht des Straßenverkehrs[4], § 29 Rn 114.
[312] *Ruhkopf/Book*, VersR 1970, 690, 695.
[313] *Ruhkopf/Book*, VersR 1970, 690, 695.
[314] ZürchKomm[3]/*Landolt*, Art 46 Rn 835.
[315] *Wussow/Dressler*, Unfallhaftpflichtrecht[15], Kap 33 Rn 9.
[316] *Heß/Burmann*, Handbuch des Straßenverkehrs I idF der 29. ErgLief 2012 Kap 6 D Rn 80: jedes Einkommen aus unselbständiger Tätigkeit anzurechnen.
[317] BGH 6.2.2001, VI ZR 339/99, NJW 2001, 1640: Rohrleitungsbauer, nachher Hausmeister; *Greger*, Haftungsrecht des Straßenverkehrs[4], § 29 Rn 119.
[318] *Ch. Huber* in *Schwimann*, TaschenKomm ABGB, § 1325 Rn 63; *Staudinger/Vieweg*, § 842 Rn 99; *Ruhkopf/Book*, VersR 1970, 690, 695; *Landolt*, Der Unternehmerschaden, Rn 332.
[319] *Greger*, Haftungsrecht des Straßenverkehrs[4], § 29 Rn 118; *Landolt*, Der Unternehmerschaden, Rn 334.

ge Veräußerung zu einem anrechnungspflichtigen Vorteil führen, wenn das wirtschaftliche Umfeld zu einem späteren Zeitpunkt einen derart hohen Erlös nicht mehr zugelassen hätte.[320]

Resümee

Ungeachtet des (beträchtlichen) Umfangs des Beitrags handelt es sich um eine durchaus punktuelle Darstellung. Anliegen war es, aufzuzeigen, dass der (betriebswirtschaftliche) Sachverständige zwar ein sehr wichtiges Vorprodukt für die Ermittlung des Umfangs des Erwerbsschadens eines Selbständigen liefert, aber die letztendliche Festsetzung von zahlreichen zivilrechtlichen Wertungsfragen abhängig ist. Die Kenntnis der Einbettung seiner ermittelten Tatsachen in die vorzunehmende rechtliche Beurteilung möge seine Sensibilität schärfen, welche Tatsachen bei welchem Wahrscheinlichkeitskalkül in der Folge verwertbar sind. Der Streifzug durch das Haftpflichtrecht auch der beiden deutschsprachigen Nachbarrechtsordnungen sollte vor Augen führen, wie vielfältig die normativen Stellschrauben sind, die nach Ermittlung der vom Sachverständigen ermittelten Tatsachen vorgenommen werden können, um zu einem abschließenden Ergebnis zu gelangen. Deutlich werden sollte aber auch, wie vielfältig und anspruchsvoll die Anforderungen sind, denen der (betriebswirtschaftliche) Sachverständige zu genügen hat. Es ist großartig, dass es Persönlichkeiten wie *Josef Schlager* gibt, der sich solchen Herausforderungen stellt.

Literaturverzeichnis

Apathy, P., EKHG, Wien, New York 1992.
Berger, M., Zum Erwerbsschaden des Selbständigen, VersR 1981, 1105.
Bydlinski, F., Probleme der Schadensverursachung nach deutschem und österreichischem Recht, Stuttgart 1964.
Dauner-Lieb, B./Langen, W. (Hrsg), Nomos Kommentar BGB[2], Schuldrecht Band 2/2, §§ 611-853, Baden-Baden 2012.
Dressler, W.-D., Der Erwerbsschaden des im Betrieb des Partners mitarbeitenden Ehegatten, FS-Steffen, Berlin, New York 1995 121.
Gauch, P./Schmid J. (Hrsg), Zürcher Kommentar zum Obligationenrecht[3], Teilband V1c, Zürich 2. Lieferung 2007.
Geigel, R./Haag, K. (Hrsg), Der Haftpflichtprozess[26], München 2011.
Greger, R., Haftungsrecht des Straßenverkehrs[4], Berlin 2007.
Grunsky, W., Schadensersatz bei Verletzung eines Gewerbetreibenden oder Freiberuflers, DAR 1988, 400.
Heß, R./ Burmann, M. (Hrsg), Handbuch des Straßenverkehrs I, 29. Ergänzungslieferung, München 2012.

---

[320] OLG Saarbrücken 13.6.2006, 4 U 365/05 – 165, NZV 2007, 469: wegen des verletzungsbedingt 17 Monate früher als geplant erfolgten Verkaufs der Apotheke um 30 bis 40 % höherer Erlös, weil sich nachher die gesetzlichen Bedingungen geändert haben; *Pardey*, Berechnung von Personenschäden[4], Rn 2352: anders aber, wenn Erlös über dem Verkehrswert bzw besonderes Kaufinteresse des Erwerbers und deshalb besonders hoher Erlös.

Harrer, F., Schadenersatzansprüche eines geschäftsführenden Gesellschafters, GesRZ 1985, 130.

Himmelreich, K./Halm, W. (Hrsg), Handbuch des Fachanwalts Verkehrsrecht[4], Köln 2012.

Himmelreich, K./Halm, W./Staab, U. (Hrsg), Handbuch der Kfz-Schadensregulierung[2], Köln 2012.

Huber, Ch., Auslandsunfall eines deutschen Ehepaars in Österreich, ZVR 2008, 484.

Huber, Ch., Der Erwerbsschaden des Schwarzarbeiters – zugleich Besprechung von OGH 25.3.1999, 2 Ob 289/97g, ZVR 2000, 290.

Huber Ch., Der merkantile Minderwert beim Kfz-Schaden – ein vernachlässigbarer oder vernachlässigter Schadensposten, FS-Welser Wien 2004, 303.

Huber, Ch., Der Schadenersatzanspruch eines geschäftsführenden Gesellschafters einer Personengesellschaft wegen Verdienstentgangs gemäß § 1325 ABGB, JBl 1987, 613.

Huber Ch., Die Reform des österreichischen Schadenersatzrechts, ZVR 2006, 472.

Huber Ch., Die „Subventionierung des Arbeitsplatzes" – eine neue Kategorie des Personenschadens, FS-M. Binder, Wien 2010, 583.

Huber Ch., Die Wende beim Lohnfortzahlungsschaden – Analyse und Ausblick, FS-Dittrich, Wien 2000, 411.

Huber Ch., Zwei neuere BGH-Entscheidungen zur Erwerbsschadensprognose – der „Schätzungsbonus" des Verletzten und dessen (dürftige) Umsetzung – Besprechung der Urteile des BGH vom 5.10.2010, VI ZR 186/08, NJW 2011, 1148 (*Schiemann*) sowie 9.11.2010, VI ZR 300/08, NJW 2011, 1145 (*Schiemann*), HAVE 2011, 253.

Hunziker-Blum, F., Die gutachterliche Ermittlung des Erwerbsschadens bei Selbständigerwerbenden – Eine interessante und wichtige Aufgabe des Wirtschaftsprüfer, ST 2002, 343.

Jahnke, J., Der Verdienstausfall im Schadenersatzrecht[3], Bonn 2009.

Kendel, A. E., Maßnahmen zur Regulierung des Erwerbsschaden bei Selbständigen und Freiberuflern, zfs 2007, 372.

Kletečka, A./Schauer, M., ABGB-Online-Kommentar, 2012.

Koziol, H./Bydlinski, P./Bollenberger, R., Kurzkommentar zum ABGB[3], Wien, New York 2010.

Koziol H., Österreichisches Haftpflichtrecht II[2], Wien 1984.

Küppersbusch, G., Ersatzansprüche bei Personenschäden[10], München 2010.

Landolt, R., Der Unternehmerschaden, Zürich/St. Gallen 2010.

Lange, H./Schiemann, G., Schadensersatz[3], Tübingen 2003.

Luckey, J., Erwerbsschadenersatz bei Verkehrsunfällen, VRR 2005, 404.

Ott, W. E., Erwerbsausfall von Selbständigerwerbenden, in *Koller, A.* (Hrsg), Haftpflicht- und Versicherungstagung der Universität St. Gallen, St. Gallen 2001, 95.

Pardey, F., Berechnung von Personenschäden[4], Heidelberg 2010.

Ruhkopf, R./Book, H., Über die Haftpflichtansprüche körperlich verletzter, freiberuflich tätiger Personen und Gewerbetreibender wegen Gewinnentgangs, VersR 1970, 690.

Ruhkopf, R./Book, H., Über die Haftpflichtansprüche körperlich verletzter, freiberuflich tätiger Personen und Gewerbetreibender wegen Gewinnentgangs (Teil II), VersR 1972, 114.

Rummel, P. (Hrsg), Kommentar zum Allgemeinen bürgerlichen Gesetzbuch[3], 2. Band, Teil 2, §§ 1175-1502, Wien 2007.

Säcker, F.-J./Rixecker, R. (Hrsg), Münchener Kommentar zum Bürgerlichen Gesetzbuch[5], Band 5, Schuldrecht Besonderer Teil III, §§ 705-853, München 2009.

Schah Sedi, C./Schah Sedi, M., Das verkehrsrechtliche Mandat Band 5 Personenschaden, Bonn 2010.

Schatzmann B., Die Erschwerung des wirtschaftlichen Fortkommens, SJZ 2000, 333.

Schellenberg, A. C./Ruf, R., Unfallbedingter Erwerbsschaden Selbständigerwerbender, in Schaffhauser, R./Kieser, U. (Hrsg), Invalidität von Selbständigerwerbenden, St. Gallen 2007, 117.

Schlager, J., Das betriebswirtschaftliche Gutachten und die (Buch-)sachverständigentätigkeit in Krise, Sanierung und Insolvenz, in Feldbauer-Durstmüller, B./Schlager, J. (Hrsg), Krisenmanagement – Sanierung – Insolvenz, Wien 2002, 779.

Schlager, J., Die unternehmerische Steuergestaltung – Planung, Durchsetzbarkeit, Grenzen, Wien 1978.

Schlager, J., Schadensberechnung – Vernetzung von rechtlichen und (betriebs)wirtschaftlichen Erkenntnissen, WT 1994/4, 16.

Schwimann, M. (Hrsg), Praxiskommentar ABGB[3], Wien 2006.

Schwimann, M. (Hrsg), Taschenkommentar ABGB, Wien 2010.

Staudinger, J. (Hrsg), J. von Staudingers Kommentar zum Bürgerlichen Gesetzbuch mit Einführung und Nebengesetzen, Buch 2, Recht der Schuldverhältnisse, §§ 249-254 (Schadensersatzrecht), Berlin 2005.

Staudinger, J. (Hrsg), J. von Staudingers Kommentar zum Bürgerlichen Gesetzbuch mit Einführung und Nebengesetzen, Buch 2, Recht der Schuldverhältnisse, §§ 840-853 (Unerlaubte Handlungen 5), Berlin 2007.

van Bühren, H./Lemcke, H./Jahnke J. (Hrsg), Anwalts-Handbuch Verkehrsrecht[2], Köln 2012.

Vrba, K./Lampelmayer, M./Wulff-Gegenbauer, W., Schadenersatz in der Praxis, 26. Ergänzungslieferung, Wien 2012.

Wussow, W., Unfallhaftpflichtrecht[15], Köln, Berlin, Bonn, München 2002.

Zoll, K.-H., Entwicklungen im Personenschadensrecht, r+s Sonderheft 2011, 133.

Autorenverzeichnis

Univ.-Prof. Dr. Markus Achatz leitet das Institut für Finanzrecht, Steuerrecht und Steuerpolitik an der Universität Linz, Steuerberater und Partner bei LeitnerLeitner.

A. Univ.-Prof. Dr. Dietmar Aigner lehrt am Institut für betriebswirtschaftliche Steuerlehre der Johannes Kepler Universität Linz. Er ist Mitglied des Fachsenats für Steuerrecht der Kammer der Wirtschaftstreuhänder, Fachbuchautor und Fachvortragender.

Mag. Dr. Stefan Bendlinger ist Steuerberater und Partner der ICON Wirtschaftstreuhand GmbH. Er ist Berater international tätiger Unternehmen mit Sitz im In- und Ausland. Tätigkeitsschwerpunkt ist das internationale Steuerrecht. Er ist Fachautor, Vortragender, Lektor an Universitäten und Fachhochschulen und Mitglied des Fachsenats für Steuerrecht der Kammer der Wirtschaftstreuhänder.

O.Univ.-Prof. Dr. Bruno Binder, Universitätsprofessor für Öffentliches Recht, Vorstand des Instituts für Öffentliches Wirtschaftsrecht, Rechtswissenschaftliche Fakultät der Universität Linz.

MMag. Dr. Christoph Denk, Steuerberater und Wirtschaftsprüfer; Geschäftsführer, Steuerberater und Wirtschaftsprüfer bei der G&P Wirtschafts-Prüfung GmbH, Fachhochschullektor in Graz, Universitätslektor am Institut für Controlling und Consulting der Johannes Kepler Universität Linz sowie am Institut für Finanzmanagement der Alpen-Adria-Universität Klagenfurt, Ordentliches Mitglied des Fachsenats für Steuerrecht der Kammer der Wirtschaftstreuhänder sowie Mitglied des Instituts Österreichischer Wirtschaftsprüfer, Fachbuchautor.

Dr. Karl-Werner Fellner, Hofrat des Verwaltungsgerichtshofes i.R. Publikationen in verschiedenen Bereichen des Abgabenrechts.

Mag. Johann Fischerlehner, Hofrat des Unabhängigen Finanzsenates an der Außenstelle Linz, Fachautor und Vortragender, Schwerpunkt Verfahrensrecht.

Mag. Dr. Gudrun Fritz-Schmied ist ao. Univ.-Prof. an der Alpen-Adria-Universität Klagenfurt, Institut für Finanzmanagement, Abteilung Finance & Accounting; Leiterin des Schwerpunktbereiches Nationale und Internationale Rechnungslegung; Mitglied des Fachsenats für Steuerrecht der Kammer der Wirtschaftstreuhänder; Lehrbeauftragte an der Universität Salzburg sowie Vortragende bei Universitätslehrgängen.

Dr. Herbert Grünberger begann seine berufliche Laufbahn als kfm. Lehrling und arbeitete als Buchhalter im Rechnungswesen einer Druckerei. Er maturierte an der Arbeitermittelschule und studierte Rechtswissenschaften in Linz. Von 1972 bis 1980 arbeitete er für KPMG, nachher in Kooperation mit Coopers & Lybrand (PwC) und schließlich als Partner mit Moore Stephens. Dr. Grünberger ist Wirtschaftsprüfer und Steuerberater, CPA (Chicago). Er ist Associate Professor of Accounting an der Lauder Business School, Vienna International College. Er hat das Management-Development-Programm an der Carnegie Mellon University in Pittsburgh und das Executive-Programm an der University of New Hampshire, USA absolviert. Er ist Aufsichtsrat und Stiftungsvorstand.

Univ.-Prof. Dr. Alfred Gutschelhofer, 1960 in Graz geboren, absolvierte 1985 an der Karl-Franzens-Universität Graz das Studium der Betriebswirtschaftslehre. Nach seiner Tätigkeit als Unternehmensberater und Vertragsassistent am Institut für Unternehmensführung schloss Gutschelhofer 1991 auch das Studium der Wirtschaftspädagogik ab und promovierte schließlich 1993 zum Doktor der Sozial- und Wirtschaftswissenschaften. Nach Forschungsaufenthalten an US-amerikanischen Universitäten und bei Daimler Benz in Stuttgart habilitierte er sich 1998/99 an der Uni Graz. Von 2000 bis 2003 war er Vorstand des Instituts für Unternehmensgründung an der Universität Linz. Von 2003 bis 2011 war Alfred Gutschelhofer Rektor der Karl-Franzens-Universität Graz. Seit 2011 steht er dem Institut für Unternehmensführung und Entrepreneurship sowie dem Zentrum für Entrepreneurship und angewandte Betriebswirtschaftslehre an der Karl-Franzens-Universität Graz vor.

Mag. DDr. Herbert Helml, Wirtschaftsprüfer und Steuerberater, allgemein beeideter und gerichtlich zertifizierter Sachverständiger, zertifizierter Wirtschaftsmediator; Mitglied der Prüfungskommission für Steuerberater und Vorsitzender des Schlichtungsausschusses der Kammer der Wirtschaftstreuhänder Oberösterreich, Fachbuchautor, Gründer und Geschäftsführer der MOORE STEPHENS UNICONSULT Wirtschaftstreuhand- und Steuerberatungsgesellschaft mbH in Wels und Linz.

Sektionschef a. D. *Univ.Prof. Dr. Gerhart Holzinger*, Präsident des Verfassungsgerichtshofes, Wien. 1973–1975 Universitätsassistent am Institut für Verfassungs- und Verwaltungsrecht der Universität Salzburg; 1975–1995 Verfassungsdienst des Bundeskanzleramtes, ab 1984 dessen Leiter; 1995–2008 Mitglied, seit Mai 2008 Präsident des Verfassungsgerichtshofes. 1997 Habilitation an der Universität Graz; 2002 Verleihung des Titels Universitätsprofessor. 1995 Generalsekretär, 2000–2008 Präsident der Österreichischen Juristenkommission; 1997–2009 Präsident der Österreichischen Verwaltungswissenschaftlichen Gesellschaft; 1999–2003 Vorsitzender des Menschenrechtsbeirates im Bundesministerium für Inneres.

O. Univ.-Prof. Mag. rer. soc. oec. Dr. iur. Christian Huber, Inhaber des Lehrstuhls für Bürgerliches Recht, Wirtschaftsrecht und Arbeitsrecht an der Rheinisch-Westfälischen Technischen Hochschule Aachen, Studium Jus und BWL an der Johannes Kepler Universität Linz (1974–1981), Habilitation für bürgerliches Recht an der Universität Wien (1992), Mitglied der Schriftleitung der Zeitschrift für Verkehrsrecht (Österreich), der Neuen Zeitschrift für Verkehrsrecht (Deutschland) sowie von Haftpflicht und Versicherung (Schweiz), Vortragender bei der Weiterbildung von Haftpflichtjuristen in Österreich, Deutschland und der Schweiz, Gerichtssachverständiger an deutschen Gerichten zum österreichischen Haftpflichtrecht, Mitglied des geschäftsführenden Vorstands des Instituts für Europäisches Verkehrsrecht.

Mag. Klaus Hübner, Steuerberater; 1986 bis 2010 geschäftsführender Gesellschafter und Managing Partner der Hübner & Hübner Wirtschaftsprüfungs- und Steuerberatungs GmbH, Wirtschaftsmediator, Präsident der Kammer der Wirtschaftstreuhänder 1995 bis 2002 und seit 2006.

Mag. Dr. Petra Hübner-Schwarzinger, Steuerberaterin in Wien mit dem Schwerpunkt der Kollegenberatung auf dem Gebiet der Rechtsformgestaltung und Umgründungen; allgemein beeidete gerichtlich zertifizierte Sachverständige für die Fachgruppe Steuer- und Rechnungswesen, Fachbuchautorin und Fachvortragende.

Univ.-Prof. Dr.rer.soc.oec. Norbert Kailer, Vorstand des Institutes für Unternehmensgründung und Unternehmensentwicklung, Johannes Kepler Universität Linz. Vorstandsmitglied des hochschulübergreifenden Prä-Inkubators „Akostart OÖ" (Verein der JKU, der FH OÖ und der Kunstuniversität Linz).

Dr. Sabine Kanduth-Kristen, LL.M., StB, ist Universitätsprofessorin am Institut für Finanzmanagement der Alpen-Adria-Universität Klagenfurt, Abteilung für Betriebliches Finanz- und Steuerwesen.

Dr. Andreas Kauba ist Partner/Gesellschafter-Geschäftsführer bei der Consultatio Gruppe und Universitätslektor an der Universität Wien. Davor war er lange bei der Großbetriebsprüfung tätig.

Dr. Paul Peter Kern, Steuerberater und Fachberater für Sanierung und Insolvenzverwaltung (DStV e.V.), Partner der Kanzlei Prof. Dr. Skopp & Collegen, Wirtschaftsprüfer, Steuerberater und Rechtsanwältin, Straubing.

Univ.-Prof. Dr. Ferdinand Kerschner, geboren 1953, studierte, promovierte und habilitierte sich an der JKU Linz. Nach einer Gastprofessur in Graz (1990/1991) Universitätsprofessor an der JKU Linz, 2008/2009 Senatsvorsitzender der JKU Linz, derzeit Vorstand des Instituts für Zivilrecht und des Instituts für Umweltrecht, Herausgeber der Schriftenreihe RdU sowie Schriftleiter und Redakteur der gleichnamigen Zeitschrift.

Univ.-Prof. DDr. Georg Kofler, LL.M. (NYU) lehrt und forscht am Institut für Finanzrecht, Steuerrecht und Steuerpolitik der Johannes Kepler Universität Linz.

Dr. Herbert Kofler war mehrere Jahre gemeinsam mit Josef Schlager Assistent bei Prof. Vodrazka an der Universität Linz. Danach war er Professor für betriebliches Finanz- und Steuerwesen und Vorstand des Institutes für Finanzmanagement an der Alpen-Adria-Universität Klagenfurt.

DDr. Ulrich Kraßnig, LL.M., geb. 1980, Wirtschaftsprüfer und Steuerberater, Studium der Rechtswissenschaften und der Betriebswirtschaftslehre in Wien, Studienjahr und einjähriges Internship in San Diego (USA), Postgraduate-Studium International Tax Law; ehemals Group Tax Adviser der Erste Group Bank AG, derzeit Gesellschafter-Geschäftsführer der Moore Stephens Alpen-Adria Wirtschaftsprüfungs GmbH; Fachautor und Fachvortragender zu Themen des Steuer- und Gesellschaftsrechts.

Mag. Dr. Rudolf Krickl ist Steuerberater und Partner bei PricewaterhouseCoopers Wien; Verfasser von Fachpublikationen sowie Vortragender bei fachspezifischen Praktikerseminaren im In- und Ausland. Seine fachlichen Schwerpunkte liegen im Bereich der Konzernsteuerplanung, des internationalen Steuerrechts sowie der Betreuung von Familienunternehmen.

Mag. Marco Laudacher, Hofrat des Unabhängigen Finanzsenats an der Außenstelle Linz, Fachautor und Fachvortragender, Co-Autor der EStR und KStR, Bereichsredakteur der Entscheidungsdatenbank des UFS.

O. Univ.-Prof. DDr. Eduard Lechner, Professor für Finanzrecht am Institut für Recht der Wirtschaft der Fakultät für Wirtschaftswissenschaften der Universität Wien sowie Wirtschaftsprüfer und Steuerberater.

Hon.-Prof. Dr. Carl-Friedrich Leuschner, Diplom-Kaufmann, Wirtschaftsprüfer, Steuerberater, Honorar-Professor an der Universität Osnabrück, Partner bei der Deloitte & Touche GmbH, Wirtschaftsprüfungsgesellschaft, Franklinstraße 50, 60486 Frankfurt am Main.

Mag. Alois Markschläger (geb. 1949), BWL-Studium an der JKU in Linz, Assistent bei Prof. Vodrazka (1973), Unternehmensberater und Trainer seit 1980, nebenberuflicher Lektor an der JKU Linz und an der Fachhochschule Wels (bis 2011).

Autorenverzeichnis

Mag. Karl Mitterlehner, Wirtschaftsprüfer, Steuerberater/auditor, tax consultant Geschäftsführer/member of the board, wesentliche Funktionen: Gründer der ICON Wirtschaftstreuhand GmbH; Leiter des Fachsenates der Kammer der Wirtschaftstreuhänder OÖ, Mitglied des Ausschusses für Steuer- und Kapitalmarktfragen der Industriellenvereinigung, Vorstandsmitglied der voestalpine Mitarbeiterbeteiligung Privatstiftung; Kernkompetenzen: Konzernbesteuerung, Interessenvertretung, Wirtschaftsprüfung.

O. Univ.-Prof. Mag. Dr. Wolfgang Nadvornik, Vorstand des Instituts für Finanzmanagement an der Alpen-Adria-Universität Klagenfurt, Leiter des Fachbereichs Finance & Accounting, Studium der Betriebswirtschaftslehre und Wirtschaftspädagogik an der Universität Linz, Lehre und Forschung an in- und ausländischen Universitäten, Gastprofessor, gerichtlich zertifizierter Sachverständiger für Betriebswirtschaft und Vermögensberatung, zahlreiche, auch internationale Fachpublikationen.

Dr. jur. Erich Novacek, Fachschriftsteller, Linz.

O. Univ. Prof. Dr. Helmut Pernsteiner, Vorstand des Instituts für betriebliche Finanzwirtschaft und stv. Vorstand des Forschungsinstituts für Bankwesen an der Johannes Kepler Universität Linz.

Mag. Margot Pintscher, Berufsanwärterin in der Treuhand-Union Linz Wirtschaftsprüfungs- und Steuerberatungsgesellschaft mbH, 4030 Linz, Denkstraße 49.

KR Johann Pointner, Wirtschaftsprüfer, Geschäftsführer der Treuhand-Union Linz Wirtschaftsprüfungs- und Steuerberatungsgesellschaft mbH, 4030 Linz, Denkstraße 49.

Franz X. Priester, Wirtschaftsprüfer, Steuerberater, Unternehmensberater; Steyr; gerichtlich zertifizierter Sachverständiger, Vorstandsmitglied und OÖ Vizepräsident der Kammer der Wirtschaftstreuhänder, Präsidiumsmitglied und Landesobmann VWT; Mitglied des Fachsenates für Steuerrecht der Kammer der Wirtschaftstreuhänder, Gesellschafter-Geschäftsführer der Beratergruppe PRIESTER (Steyr, Kirchdorf, Wels).

Mag. Bernhard Renner, Senatsvorsitzender im Unabhängigen Finanzsenat; Mitarbeit bei mehreren Richtlinienwerken des BMF, Fachautor und Fachvortragender; Spezialgebiete: Gemeinnützigkeitsrecht, Liebhaberei, verdeckte Ausschüttungen sowie Analyse deutscher Steuerrechtsjudikatur; stellvertretender Vorsitzender der Prüfungskommission für Steuerberater.

Univ.-Prof. em. Dr. Dr. h.c. Dieter Rückle, Universität Trier, FB IV-Betriebswirtschaftslehre; nach Habilitation an der Universität Wien Professuren in Münster (Westf.), Wien (Univ.), Trier. Träger des Dr. Kausch-Preises (St. Gallen), Ehrendoktor der JKU Linz.

Mag. Stephan Schlager, Steuerberater, Wirtschaftsprüfer in Linz, Universitätslektor an der Johannes Kepler Universität Linz, Fachautor und Vortragender (www.schlager-wp.at).

Dipl.-Kfm. Prof. em. Dr. Dr. hc. mult. Dieter Schneider, Jahrgang 1935, habilitierte sich für Betriebswirtschaftslehre 1965 an der Universität Frankfurt. Nach Professuren in Münster und Frankfurt lehrte er bis 2000 an der Ruhr-Universität Bochum. Er erhielt Ehrenpromotionen durch die Universitäten Duisburg, Würzburg, Bayreuth und Göttingen und wurde 2011 zum Ehrenmitglied der Schmalenbach-Gesellschaft ernannt.

Hon.-Prof. Univ.-Doz. Mag. Dr. Reinhard Schwarz ist Universitätsdozent an der Alpen-Adria-Universität Klagenfurt, Wirtschaftsprüfer und Steuerberater und stellvertretender Vorsitzender des Fachsenats für Steuerrecht der Kammer der Wirtschaftstreuhänder.

Mag. Dr. Udo Schwarz, geb. am 07.09.1967, wurde 1996 zum Steuerberater und 2001 zum Wirtschaftsprüfer bestellt und erlangte 1999 die Befugnis zum Certified Public Accountant. Er ist tätig als Wirtschaftsprüfer und Steuerberater, allgemein beeideter und gerichtlich zertifizierter Sachverständiger und ist Lektor an der Johannes Kepler Universität Linz, an der Fachhochschule Steyr sowie am WIFI Linz und Dornbirn. Fachliche Schwerpunkte von Dr. Schwarz sind Privatstiftungen, Internationale Rechnungslegung, Due Diligence und Controlling.

Dr. Rainer Stadler, MBA MPA, Wirtschaftsprüfer und Steuerberater, Linz, allgemein gerichtlich beeideter und zertifizierter Sachverständiger, Mitglied des Fachsenats für Steuerrecht der Kammer der Wirtschaftstreuhänder.

Mag. Dr. Wolfgang Steinmaurer, Wirtschaftsprüfer und Steuerberater, Universitätslektor an der Johannes Kepler Universität Linz und an der Wirtschaftsuniversität Wien; Mitglied des Fachsenats für Steuerrecht der Kammer der Wirtschaftstreuhänder.

Em. Univ.-Prof. Dr. Harald Stiegler, ehemaliger Vorstand des Instituts für Controlling & Consulting der Johannes Kepler Universität Linz.

Univ.-Ass. Mag. Dr. Fabian Sylle, BA, ist Universitätsassistent am Institut für Finanzmanagement (Abt. Finance and Accounting) der Alpen-Adria-Universität Klagenfurt, Praxistätigkeit im Versicherungswesen. Seine Tätigkeitsfelder umfassen die Entschädigungsbewertung, betriebliche Finanzierung, Investitions- und Unternehmensbewertung sowie das Kreditwesen; Lehrbeauftragter an der Paris-Lodron-Universität Salzburg.

MMag. Dr. Verena Trenkwalder, LL.M. ist Wirtschaftsprüferin und Steuerberaterin und als Tax Partner und Head of Tax bei der KPMG Alpen-Treuhand AG Wirtschaftsprüfungs- und Steuerberatungsgesellschaft in Linz tätig. Sie ist Vorstandsmitglied der Kammer der Wirtschaftstreuhänder, Landespräsidentin der Kammer der Wirtschaftstreuhänder in Oberösterreich und Mitglied des Fachsenats für Steuerrecht. Sie ist Vortragende und publiziert laufend zu steuerlichen Themen. Schwerpunktmäßig berät sie Konzerne und Unternehmen im nationalen und internationalen Steuerrecht.

Univ.-Prof. Dr. Michael Tumpel ist Vorstand des Instituts für betriebswirtschaftliche Steuerlehre der JKU Linz, Leiter der Arbeitsgruppe Umsatzsteuer und Verbrauchsteuern des Fachsenats für Steuerrecht der Kammer der Wirtschaftstreuhänder sowie Redakteur der SWK,.

Em. o. Univ.-Prof. Dkfm. Dr. Karl Vodrazka ist emeritierter Universitätsprofessor für Betriebswirtschaftslehre mit besonderer Berücksichtigung des Wirtschaftsprüfungswesen an der Johannes Kepler Universität Linz, Vortragender und Autor zahlreicher Publikationen, wirkliches Mitglied der philosophisch-historischen Klasse der Österreichischen Akademie der Wissenschaften.

Univ.-Prof. Mag. Dr. Erika Maria Wagner ist seit 2010 Professorin am Institut für Umweltrecht und am Institut für Zivilrecht an der Johannes Kepler Universität in Linz. Sie leitet die Abteilung für umweltrechtliche Grundlagenforschung und ist stellvertretende Institutsvorständin des Instituts für Umweltrecht seit 2004; venia docendi für das gesamte Zivilrecht seit 2004. Sie hat zahlreiche Wissenschaftspreise für Ihre Arbeiten auf dem Gebiet der Schnittstellen zwischen öffentlichem und privatem Nachbar- und Immissionsschutzrecht erhalten.

Mag. Anita Witzler wurde 1996 zum Steuerberater bestellt. Nach Tätigkeiten bei Ernst & Young Wien und KPMG Linz ist sie seit Oktober 2008 als Steuerberaterin (Bilanzierung und Beratung von KMUs) bei Moore Stephens Schwarz Kallinger Zwettler in Steyr tätig.

Abkürzungsverzeichnis

aA	anderer Ansicht
AAB	Allgemeine Auftragsbedingungen für Wirtschaftstreuhänder
Abb	Abbildung
Abs	Absatz
aF	alte Fassung
AFRAC	Austrian Financial Reporting and Auditing Committee
allg	allgemein
APG	Auskunftspflichtgesetz
AR	Advance Ruling
ARR	Richtlinien zu Advance Ruling
Art	Artikel
Aufl	Auflage
Bd	Band
BDI	Bundesverband der Deutschen Industrie
best	bestimmte
betr	betreffend
betriebl	betrieblich
BFHE	Sammung der Entscheidungen des Bundesfinanzhofes
BGBl	Bundesgesetzblatt
BibuG	Bilanzbuchhaltergesetz
BilMoG	Bilanzrechtsmodernisierungsgesetz
BMF	Bundesministerium für Finanzen
bspw	beispielsweise
B-UHG	Bundesumwelthaftungsgesetz
BVG	Bundesverfassungsgesetz
BW	Buchwert
bzw	beziehungsweise
ca	circa
CAPM	Capital Asset Pricing Model
DB	„Der Betrieb" (Zeitschrift)
DBA	Doppelbesteuerungsabkommen
DBG	Gesetz über die direkte Bundessteuer
dh	daher
Diss	Dissertation
div	diverse
ds	das sind
DStV e.V.	Deutscher Steuerberaterverband
e.V.	eingetragener Verein

Erk	Erkenntnis
EStG	Einkommenstcucrgcsctz
estl	ertragssteuerlich
EStR	Einkommensteuerrichtlinien
et al	et alii
ff	fortfolgende
FS	Festschrift
gem	gemäß
ggf	gegebenenfalls
GmbH & Co KG	Gesellschaft mit beschänkter Haftung und Co Kapitalgesellschaft
GoB	Grundsätze ordnungsmäßiger Buchführung
GoR	Grundsätze ordnungsmäßiger Rechnungslegung
grds	grundsätzlich
GrEStG	Grunderwerbssteuergesetz
hA	herrschende Ansicht
HaRÄG	Handelsrechts-Änderungsgesetz
HGB	Handelsgesetzbuch
hins	hinsichtlich
Hs	Halbsatz
ibs	insbesondere
idFd	in der Fassung des
idgF	in der geltenden Fassung
idR	in der Regel
IdW	Institut der Wirtschaftsprüfer
ieS	im engeren Sinne
iHv	in Höhe von
inkl	inklusive
insb	insbesondere
int	international
IRÄG	Insolvenzrechtsänderungsgesetz
iRd	im Rahmen des/der
iS	im Sinne
iSd	im Sinne des/der
iVm	in Verbindung mit
iwS	im weitesten Sinne
iZm	im Zusammenhang mit
Kap	Kapitel
KESt	Kapitalertragsteuer
KG	Kommanditgesellschaft
KMU	Klein- und Mittelstandsunternehmen

KöSt	Körperschaftsteuer
leg cit	legis citatae
LiFo	Last in First out
lt	laut
maW	mit anderen Worten
max	maximal
mind	mindestens
Mio	Millionen
MTR	Mutter-Tochter-Richtlinie
mwN	mit weiteren Nennungen
NeuFöG	Neugründungs-Förderungsgesetz
nF	neue Fassung
Nr	Nummer
NRAbg	Nationalratsabgeordneter
oV	ohne Verfasser
öHGB	österreichisches Handelsgesetzbuch
OR	Obligationenrecht
R	Richtlinie
RÄG 2010	Rechnungslegungsrecht-Änderungsgesetz 2010
rd	rund
RDB	Rechtsdatenbank
RLG	Rechnungslegungsgesetz
Rs	Rechtssache
s	siehe
Slg	Sammlung
sog	sogenannte
StA	Steuerauskunft
stl	steuerlich
Stpfl	der/die Steuerpflichtige
StuW	„Steuer und Wirtschaft" (Zeitschrift)
Ts	Tausend
Tz	Textziffer
ua	unter anderem, und andere
uam	und andere mehr
udgl	und dergleichen
UGB	Unternehmensgesetzbuch
UmgrStR	Umgründungssteuerrichtlinien
URG	Unternehmensreorganisationsgesetz
ustl	umsatzsteuerlich
usw	und so weiter

uU	unter Umständen
v	vom (Datum)
va	vor allem
vgl	vergleiche
vH	von Hundert / Prozent
VPR	Verrechnungspreisrichtlinie
vs	versus
VwGH	Verwaltungsgerichtshof
WT	Fachzeitschrift „Der Wirtschaftstreuhänder"
WTBG	Wirtschaftstreuhänderberufsgesetz
zB	zum Beispiel
zit	zitiert
zT	zum Teil

Stichwortverzeichnis

A

Abfallwirtschaftsgesetz 764
Abfuhrabgaben 732
Abgabenanspruch
–, Entstehung 732
Abgabenschuld
–, Löschung 568
Abgabenverfahren 166
Abgrenzung 226
Absatzkrise 621
Abschöpfungsverfahren 572
Abschreibungen auf den niedrigeren Teilwert 371
Abweichendes Wirtschaftsjahr 269, 274
Abzugsverbot 281
Advance Ruling 83f
Advocatus diaboli 831
Akquisitionsprozess 460
Alter des Unternehmens/des Verletzten 857
Alterssicherung 853
Altersversorgung 837
Angemessenheit 289
Ängste 517
(Anknüpfungs-)Tatsachen 827
Anlagevermögen 680
Anrechnungsvortrag 429
Anschaffungsnebenkosten 305
Anspruch auf Vorkehrungen 656
Anwachsung 754
Anwendungsorientierung in der Betriebswirtschaftslehre 108
Anzahlung 636
Arbeitnehmertätigkeit 859
Arbeitsgesellschafter 693
Arbeitskraftkosten 846
Arbeitsunterlagen 225
Arzt 687
„Ärzte" der Wirtschaft 217
Asset-Deal 443
Aufbauorganisation 469
Auffanggesellschaft 541

Aufgabe eines Mitunternehmeranteils 693
Aufgabegewinn 672
Aufwendungen und Umdispositionen 842
Aufzeichnungen 153
Ausgegliederte Rechtsträger 385
Ausgleich
–, innerbetrieblicher 562
Ausgleichsquote 534, 561
Ausgleichszahlungen 593
Auskunftsbescheid 83
Auskunftsklausel 426
Auskunftspflicht der Abgabenbehörde 735
Auskunftspflichtgesetz 81
Auslegung, objektiv-teleologische 75
Ausscheiden eines Gesellschafters 692
Aussonderungsansprüche 654
Aussonderungsrecht 638
Austritt des Wirtschaftstreuhänders 195
Ausübungstatbestand 412

B

Balance 516
Bank 522
Basel II 523
Befangenheit 206
Begünstigte 491
Begünstigte Zwecke 386
Begünstigtenmeldeverpflichtung 363
Begünstigter Empfängerkreis 384, 386
Begünstigter Spendenempfänger 397
Begünstigter Zweck 385
Beistandsentgang 827
Belastungsvergleich 285
Beratungspotenzial 228
Bereicherung
–, ungerechtfertigte 650
Berufsrechtliche Restriktionen 177
Berufsrechtliche Verschwiegenheitsrechte 160
Bescheid 167
Bescheinigung 626

Beseitigungsansprüche 654
Beseitigungsaufträge 656
Besserung 530
Bestandvertrag 746
Beteiligung
–, Anschaffung 443
–, Steuerneutralität 375
–, Steuerwirksamkeit 373
Beteiligungserträge 281
Beteiligungserwerb 443
Beteiligungsneutralität 375
Betrieb 277, 743
Betriebsaufgabe 680, 708
Betriebsaufspaltung 682
Betriebsausgabe 381ff, 386ff, 390, 394, 399
Betriebsgrundlagen 684, 727
Betriebsnachfolge 727
Betriebsnotwendiges/nicht betriebsnotwendiges Vermögen 802
Betriebsprüfer 230
Betriebsprüfung 80, 229
–, steuerliche 64
Betriebsschuld 557
Betriebsstätte 411, 413f, 437, 731
–, temporäre 415
Betriebsübertragung 743, 761
–, unentgeltliche 758
Betriebsunterbrechung 682
Betriebsveräußerung 677
Betriebsverlegung ins Ausland 683
Betriebsvermögensvergleich 267
Betriebsverpachtung 682
Betriebswirtschaftliche Steuerlehre
–, Aufgaben 130
–, normative 131
–, rechtskritische 131
Betriebswirtschaftliche Steuergestaltungslehre 130
Betriebswirtschaftliche Steuerwirkungslehre 130
Betriebswirtschaftliches Kalkül 841
Betriebswirtschaftslehre
–, Positionen und Gegensätze 109
–, Praxisorientierung 108

Beurteilungsrisiken 63
Bcwcisbcschluss 831
Beweismaß zwischen haftungsbegründender/haftungsausfüllender Kausalität 823
Bewertung 776
–, vereinfachte 303
Bilanzbuchhalter 214f
BilMoG 314f
Biodiversität 656
BMF-Schreiben vom 12.3.2010 316
Bochumer Kompetenzmodell 243
Branchensterben 514
Bruttolohn 846
Buchführungspflicht 268, 272
Buchhaltungsberufe 213
Buchprüfer 214
Buchvermögen, negatives 596
Buchwert 391ff
Bundesverwaltungsabgaben 744
Businessplanerstellung 251
BVG umfassender Umweltschutz 648

C
CAPM 804
Controlling
–, Selbstcontrolling 364
–, Steuererklärungscontrolling 358
Corporate Governance 467
Corporate Governance Kodex 602, 609

D
Darlehensvertrag 291, 303
Dauerbetriebsstätte 415
DBA-Entlastungsverordnung 413
Deckelung 454
Demografischer Wandel 858
Dept-to-Equity-Swap 629
Dereliktion 665
Dienstleistungsbetriebsstätte 414
Dienstverhältnis 290
Dingliche Sicherheiten 649
Diplomchemiker-Entscheidung 851
Direktförderung 399
Direktgeschäft 412

Dividende 422
Doppelbesteuerung 405, 408, 450
Doppelbesteuerungsabkommen 65
Double Dip 429
Due Diligence 207, 470
Due-Diligence-Prüfung 461
Durchschnittsbelastung 283
Durchschnittsgewinne 854
Durchschnittssätze 273
Durchschnittssteuersatz 283

E
EDV 78
E-Government 165
Eigenkapital 465
Eigenmittelquote 627
Eigentumsvorbehalt 638, 640
Eigenverbrauch (Entnahme) 703
Eigenverwaltung 624, 626
Einbringung 586
–, von Grundstücken 309
Eingabemaske 168
Eingabengebühr 305
Einhebung
–, Unbilligkeit 82
Einheitsfiktion 447
Einheitswert 757
Einigung (Verständigung) 80
Einkommensbegriff 279
Einkommensteuer
–, Erhebungsformen 284
Einkommensverwendung 280
Einkünfte aus einer privaten Grundstücksveräußerung 306f
Einkunftsverteilung 676
Einlagen 280, 587
–, symmetrisch und asymmetrisch 596
Einlagenbewertung 307
Einmalbesteuerung 450
Einnahmen-Ausgabenrechner 271, 558
Einsatz privater Mittel 554
Einstellung/Zerschlagung des Unternehmens 779
Einzelabschluss
–, Mehrfunktionalität 311

Einzelunternehmer 182
Elektronischer Rechtsverkehr 165
Emerging Markets 462
Empirische Betriebswirtschaftliche Steuerlehre 131
Entgangene Geschäfte 833
Entgangener Gewinn 823, 834
Entnahme-/Ausschüttungspolitik 287
Entnahmen
–, Unangemessenheit 567
Entrepreneurial university 243
Entrepreneurship 107, 122
Entrepreneurship-Ausbildung 123
Entrepreneurship-Lehrstuhl 122
Entscheidungsneutralität 448
Entwicklungsrisiko 64
Erbe als Gesamtrechtsnachfolger 772
Erbschaftskauf 777
Erfolgskrise 621
Erfolgsplattform 518
Ergänzungsbilanz 308
Erlassregelung iVm § 206 lit b BAO 552
Erlebenswahrscheinlichkeit 749
Ermessen 726
Ersatzkraft 840, 842
–, Anforderungen an die Qualifikation 834
–, Kosten der 833, 840
Ersatzvornahme 648
–, Kosten 651, 659f
–, vor Insolvenzeröffnung durchgeführte 651
Ersparnisse 852
Ertragslosigkeit 805
Ertragsschwäche 805
Ertragsteuer 275
Erwerb aus einer Insolvenzmasse 737
Erwerb von Todes wegen ohne Gesamtrechtsnachfolge 777
Erwerber 725
Erwerbsfähigkeit
–, Minderung 824
Erwerbsschaden 817ff
–, Arbeitnehmer 819

875

–, Dynamik der künftigen Entwicklung 855
–, eines Selbständigen
– –, Umfangsermittlung 860
– –, besonders große Bedeutung 821
–, nach den Kosten für eine nicht eingestellte Ersatzkraft 851
–, Unterschied Arbeitnehmer, Selbständiger 819
Erwerbsschaden eines Gesellschafters 826
Erwerbsunfähigkeit 759
Erzielung von Einnahmen 495
ESUG 614, 624, 626
EU-Amtshilferichtlinie 426
Euro- bzw Staatsschuldenkrise 68
EU-Umwelthaftungsrichtlinie 648
Event 229
Event-Marketing 230
Exogene Ursachen 621

F
Fachbereich 78, 230
Fachleute, an Regulierung beteiligt 825
Fälligkeitstag 733
Familienangehörige 832
Familienunternehmen 717, 793, 796
–, Einbringung in eine Personen- oder Kapitalgesellschaft 721
–, entgeltliche Übertragung innerhalb und außerhalb der Familie 719
–, unentgeltliche Übertragung innerhalb der Familie 718
–, Unternehmensaufgabe 722
–, Verpachtung innerhalb der Familie 722
Family, Friends and Fools 257
Fehlerkultur 512
Feste Gebühren 743
Feststellungs- und Beweislast 735
Finanz- und Liquiditätsplanung 628
Finanzamt-Automat 166
Finanzmanagement 464
Finanzplan 48
–, Planungsperiode 49
–, Teilplanungsperiode 51

Finanzplanung 46
–, Gegenstand 42
–, zeitliche Aspekte 48
–, Zahlen 53
–, Ziele 43
Fiskus 65
Fördereffekt 446
Förderungsverhalten 513
Forderungsverzicht 529f, 635
–, durch Drittgläubiger 564
Forschungsaufgaben 384
Fortbestehensprognose 607
Fortbildung 206
Fortführung
–, Betrieb 727
–, Unternehmen 557
Fortführungskonzept 210
Freibetrag 674f, 760
Freie Kapazitäten 844
Freier Beruf 175, 202
Fremdfinanzierung von Geldeinlagen 301
Fremdkapital 464

G
Gebäude 270
Gebäudebegünstigung 676
Gebäudeeinlagen 308
Gebrauchsüberlassung 493
–, unentgeltliche 495
Gegenleistung 753
Geheimerlass 78
Geheimnisschutz 160
Gehilfe
–, des Anwalts des Anspruchstellers 829
–, des Gerichts 831
Geldaufwendungen 382
Geldbuße 767
Geldspende 391f
Geldwäsche 206
Geldwäschemeldung 364
Gemeiner Wert 389ff, 393
Gemeinlastprinzip 647, 657, 665
Gemischte Schenkung 755
Gerichtlicher Ausgleich 559
Gerichtsgebühren 765

Gesamtbetrag der Einkünfte 394
Gesamtrechtsnachfolge 746, 769
Geschäftsbeziehung 685
Geschäftsführerbezüge 289
Geschäftsführung 288
Geschäftsmodell 251
Geschäftsveräußerung 707
Geschäftsvorfall 154
Gesellschafter 265
Gesellschafterdarlehen 304, 532
Gesellschaftsteuer 297
Gesetzmäßigkeitsgebot 168
Gestaltungsmissbrauch 78
Gewerbliche oder berufliche Tätigkeit 492
Gewillkürtes Betriebsvermögen 270
Gewinnchance 849
Gewinnentgang – Umsatzrückgang 832
Gewinnermittlung 267
Gewinnfeststellung, einheitliche 67
Gewinnfreibetrag 276, 300
Gewinnvorab 592
Gläubiger 538
Gäubigerausschuss 625
Gläubigergleichbehandlung 655
Gleichbehandlungsgrundsatz 70
Glücksvertrag 747
Großmutterzuschuss 299, 528
Grundaufzeichnung 153
Grundaufzeichnungsfunktion 154
Grundbucheintragungsgebühr 305
Grunderwerbsteuer 305, 752
Grundsteuer 764
Grundstück 270, 305, 752
Grundstücksumsatz 704
Grundstücksveräußerung 364
Gründung 265
Gründungsberater 206
Gründungsberatung 207
Gründungshelfer 258
Gründungskompetenz 243
Gründungsneigung 114
Gründungsphase 854
Gründungsplanung 248
Gründungsprüfung 208
Gruppenbesteuerung 374, 430, 537

H
Haftpflichtversicherer 832
Haftung 769, 778f
–, des Veräußerers 782
–, gem § 15 BAO 782
–, Umfang 780
Haftungsbegrenzung 736, 780
Haftungsnorm
–, Zwecke 737
Haftungsrechtliche Positionierung 178
Haftungsvergütung 292
Halbfertige Bauten 643
Hälftesteuersatz 674
Handelsbilanz – Steuerbilanz 836
Handlung
–, unvertretbare 840
Hausbank 522
Hoffnungskauf 747
Holding 443
Hybride Gesellschaftsform 418
Hypertext 223
Hypothekarverschreibung 750

I
IDW ES 6 625
Immunisierung von Steuergesetzen 69
Information 227
–, freiwillige 467
Informations- und Kommunikations-
    medium 169
Informationsabgabe 467
Informationsaustausch 426
Informationsbeschaffung 229, 347
Informationsflut 224
Informationsmanagement 467
Informationsverarbeitung 468
Inseratkosten 843
Insolvenz 542
Insolvenz- oder Masseforderung 636, 647
Insolvenzgrund 618
–, allgemeiner 619
Insolvenzplan 625
Insolvenzplanverfahren 619
Insolvenzprophylaxe 615, 627
Insolvenzstatistik 615

Insolvenzursache 618
Insolvenzverfahren 533
–, Eröffnung 656
–, Nichteröffnung mangels kostendeckenden Vermögens 571
–, Ziele 613
Insolvenzverwalter 657
–, Störereigenschaft 658
Institutionen 384
Internes Kontrollsystem 604
Investitionsbegünstigung 271
Investitionsrisiko 449
IRÄG 2010 571

J
Juristische Person 664

K
Kanalgesetz 765
Kapitalentsperrender Effekt 585
Kapitalerhaltung 595
Kapitalerhaltungsgrundsätze 583
Kapitalertragsteuer 284
Kapitalgesellschaft 266
Kapitalisierungszinssatz 804
Kapitalkontenzusammenschluss 591
Kapitalkonto, negatives 694
Kapitalverkehrsfreiheit 425
Kfz-Sachschaden
–, Strukturparallele 851
Klein- und Mittelunternehmen 793
Klientenstock eines Wirtschaftstreuhänders 686
KMU 615, 621
Kollektivvertrag 843
Komanditná spolocnost 418
Kommanditgesellschaft 298
Kommunikation 515
–, Begriff 231
Kompetenz-Assessment 249
Kompetenzentwicklung 256
Kompetenzportfolio 248
Konkurrenzrisiken 64
Kontaminierte Liegenschaft 648, 661
Kontrolle 349

Konzeptphase 460
Konzernschranke 430, 454
Koordination 349
Koordinationsfunktion 364
Körperschaften
–, außerbetrieblicher Bereich 498
Korruption 470
Kostenkontrolle 353
Kostenrisiko 738
Krise 526
–, Produktkrise 621
Krisenstadium 621
Krisenursachen 620f
Kulturmanagement 469
Kundenbindungsmanagement 466
Kundenstock 685f

L
Lagebericht 608
Landärztin-Fall 849
Landeskultur 470
Landwirtschaft 688
Landwirtschaftlicher Übergabevertrag 756
Latente Steuern 316, 335
Laufende Gewinnermittlung 182
Laufender Berater 208
Lebensstandard, Aufrechterhaltung des gewohnten über das gesetzliche Rentenalter hinaus 858
Lebenszyklus eines Unternehmens 204
Legalitätsprinzip 76
Lehraufgaben 384
Leibrentenvertrag 748
Leistungsaustausch 496
Leistungsverzeichnis 153
Lenkungs- oder Sozialzwecknormen 74
Lernen, betriebliches 256
Lernende Organisation 514
Leserechte 223
Liberalisierung 216
Liberalisierungswelle 213
Liebhaberei 275, 683, 729
–, Tätigkeit 500

Liegenschaft 306
–, Wertsteigerung bei Sanierung 659
–, Veräußerung 639
Life-styling 250
Life-Styling-Überlegungen 249
Limbisches Profil 515, 523
Liquidation 613
Liquidationsgewinn 555
Liquidität 346, 618, 623
Liquiditätskrise 621
Lohnfortzahlungsschaden 826

M

Management Letter 609
Management Reporting 605
Management, angewandtes 107
Mängelbehebung 79
Mantelkauf 282, 540
Markenmanagement 465
Marketingkonzept 234
Marketingplanung 255
Marktanalyse 253
Marktsegmentierung 253
Masseforderung 543, 647, 650
Massefreundliche Lösung 654
Maßgeblichkeit
–, Durchbrechung der 313
–, materielle 312
–, umgekehrte 312
–, Umkehrung der 314
Maßgeblichkeitsprinzip 311
–, Durchbrechung 314
–, in der Schweiz 320
–, in Österreich 318
–, Neujustierung 318
Maßgeblichkeitsgrundsatz
–, Neujustierung 315
–, Neuregelung und Interpretation 317
Medizinischer Residualzustand 824
Mehrbankenpolitik 522
Meldepflichtige Personen 702
Meldepflichtige Schenkungen 702
Merger & Acquisition 208
Merkantiler Minderwert 850
Mietpreis 505

Mietrechtsübergang 746
Mindestbesteuerung 284
Mindestkapitalvorschriften 297
Mindest-KöSt 556
Missbrauch 503
Missbrauchsabwehr 428
Mitarbeiter 523
–, Suche und Auswahl neuer 256
Mitunternehmerschaft 183, 590
Mitwirkungspflicht 157, 160
Multiplikator 808
Multiplikatormethode 807
–, vereinfachte 809
Mutter-Tochter-RL 421

N

Nacherhebung 760
Nachfolgeberater 211
Nachfolger 513
Nachhaltigkeit 493
Nachrangigkeitserklärung 531
Nachsicht 568
Nachsicht aus Billigkeit 77
Nachversteuerung 445
Nachversteuerungstatbestände 453
Naturalanspruch 655
Nettogröße 561
Nettolohn 846
Nettovermögen 392
Nettovermögensminderung 394
Neubewertung 480
Neugründung 305
Neugründungsförderung 299
Neugründungs-Förderungsgesetz 744, 761
Neupartner 191
Normative Stellschrauben 860
Notverkauf 859
Nutzungsüberlassung 494
–, von Unternehmen 779

O

Offenlegungs- und Mitwirkungspflicht 735
Offenlegungspflicht 153, 157
Offenlegungsverpflichtung 363

Öffentlich-rechtliche Verhaltenspflicht 651
On-the-job-Training 256
Option zur Steuerwirksamkeit 451

P

Paritätische Kommission 214
Parteienvertreter 160
Parteiwechsel 745
Partizipationskapital 531
Passiveinkünfte 428
Patientenstock 686
Patronatserklärung 531
Pensionsrückstellung 289
Performance-/Referenzgröße 808
Personalmanagement 463
Personengesellschaft 421, 558, 596
–, Betriebsstätten 416
Personenunternehmen 266
Persönlichkeitseigenschaften 245
Perspektive ex ante 841
Pflichteinlage 298
Phasenverschiebungsschaden 874
Planungssicherheit 59
Portfoliobeteiligung 425
Positiver Schaden/entgangener Gewinn 849
Post Merger Integration 459
Präjudizialität 76
Praxisorientierung in der Betriebswirtschaftslehre 108
Privatsphäre 66
Privatstiftung 351, 491, 505
–, Immobilienvermietung 498
Progressionsermäßigung 676
Prospective overruling 77
Prüfung
–, Postenprüfung 602
–, prozessorientiert 602
Prüfungsaufgaben 203
Prüfungshandlung
–, prozessorientiert 605
Prüfungshonorar 610
Prüfungsmehrwert 602, 610
Prüfungsstandard (ISA) 602

Q

Qualitätsmanagement 226
Qualitätszeugnis 205
Quellenlandprinzip 408
Quellensteuer 422
Quote 536
Quotenerfüllung 535

R

Raumordnungsgesetz 764
Realteilung 593
Rechtsänderung
–, ökonomische Folgen 68
Rechtsänderungsrisiko 63
Rechtsform 177, 265, 803
Rechtsformgestaltung 173, 185
Rechtsformwahl 177
Rechtsformwechsel ohne Veränderung in der Unternehmer-Struktur 186
Rechtsfragen 828, 839
Rechtsgebühren 745
Rechtskritische Betriebswirtschaftliche Steuerlehre 131
Rechtssicherheit 218, 725
Rechtsstaat 166
Rechtsstaatlichkeit 169
Refinanzierung 309
Refinanzierungskosten 304
Reingewinn 831
Rentabilitätshypothese 852
Rente 855
–, Befristung 857
–, indexgebundene 856
Reorganisation 535
Reorganisationsverfahren 627
Ressourcenmanagement 463
Restitution und Kompensation 839
Restschuldbefreiung 573
Restvermögensprüfung 589
Reverse-Charge 640
Richterentscheidung, Prognose 79
Risiken 465
–, steuerliche 62
Risikobeurteilungsprozess 604
Risikomanagement 605

Risikomanagementsystem 609
Risikoneutralität 448
Rohgewinn 831
Rückwirkung
–, Arten 70
–, unechte 72
Rückwirkungsverbot 69

S
Sachaufwendungen 382
Sachspende 389 ff
Sachverständigengutachten 203
Sachverständiger
–, betriebswirtschaftlicher 827
–, Unabhängigkeit 829
–, wirtschaftliche Sensibilität 830
Sachzuwendung 394
Saisonale Verteilung 838
Sanierung 526, 549, 590, 613
–, übertragende 613
Sanierung der Umwelt 647
Sanierungsabsicht 566
Sanierungsansätze 618
Sanierungsbedürftigkeit 566
Sanierungsberater 209
Sanierungschancen 624
Sanierungseignung 538, 551
Sanierungsfähigkeit 521, 551
Sanierungsgewinn 533, 555, 613
Sanierungshilfe 615
Sanierungsinstrumente 527
Sanierungskatalog 539
Sanierungskonzept 210, 625
Sanierungskosten 570, 650
Sanierungskultur 520
Sanierungsmaßnahme 565
Sanierungsprüfung 615
Sanierungsverfahren
–, mit Eigenverwaltung 572
–, ohne Eigenverwaltung 572
Sanierungsverwalter 210
Sanierungswürdigkeit 521
Sanierungszweck 540
Schachtelbeteiligung 372, 425f, 532
Schachtelprivileg 281

Schaden
–, aufgelaufener und künftiger 824
–, fiktiver 845
–, normativer 845
–, positiver 823
Schadensberechnung 852
–, objektiv-abstrakte 850
Schadensminderungsobliegenheit 840
Schadensschätzung 822
Schattenwirtschaft 470
Schätzungsbonus zugunsten des
   Anspruchstellers 822
Scheingewinnbesteuerung 529
Schenkung 777
Schenkungsmeldepflicht 702
Schiedsverfahren 411
Schmerzensgelderhöhung 848
Schreibrechte 224
Schulden als Bestandteil des Unternehmens 774
Schulderlass 534, 541
Schuldnachnachlass 547ff
–, in gerichtlichen Insolvenzverfahren 556
Schutzschirmverfahren 625
Schwellenländer 462
Selbständiger, Definition 795
Selbstwert 515
Sensitivitätsanalyse 831
Share-Deal 443
Sicherungsgut 641
Siebentelregelung 282
Siebentelverteilung 450
Signal- und Spielregelfunktion 627
Sittenwidrigkeit 663
Soforteingabe 167
Sonderausgaben 278, 383, 386ff, 394, 399
Sonderklassepatient 683
Sonderopfer 842
Sonderbetriebsausgaben 301, 305
Sonderbetriebseinnahmen 304f
Sonderbetriebsvermögen 288, 301, 305, 692
Sondermasseforderung 641
Sorgfalt 734

Spaltung 589
Spekulationsfristen 72
Spendenabzug 381ff, 396
Spendenbereitschaft 396
Spendenleistung 382f, 386, 390, 392, 394, 399
Spendensammelvereine 384f
Spendenverhalten 396
Sphäre
–, nichtunternehmerische 496
–, unternehmerische 496
Stakeholderkrise 621
Standardverdachtsfall 428
Standortwahl 253
Strategiekrise 621
Stempelgebühren 743
Steuerabgrenzung 334
Steueranrechnung 410
Steueraufkommen 392
Steuerauskunft 84
–, klassische 81
Steuerbegünstigungen 766
Steuerbelastungsvergleiche 98
Steuerberater 201, 213
–, Berechtigungsumfang 202
Steuerbewilligungsrecht 67
Steuerbilanz – Handelsbilanz 836
Steuerbilanzpolitik
–, Verselbständigung 321
Steuercontrolling 344
–, kurzfristiges 346, 358
–, langfristiges 347, 355
–, mittelfristiges 346, 358
Steuerfreistellung 410
Steuergegenstand 274
Steuergestaltung 348
Steuerhinterziehung 837
Steuerlabyrinth 218
Steuerlatenz 445
Steuerliche Verluste 567
Steuerlicher Verlustabzug 584
Steuern
–, aktiv latente 330
–, latente 316, 335
–, passiv latente 331

Steueroptimierung 837
Steuerpflicht
–, beschränkte 412
Steuerplanung 61, 348
Steuerrechtsdurchsetzung 227
Steuerrechtsrisiko 93
Stifter 491
Stifterrechte 477
Stille Beteiligung 298
Stille Botschaft 513
Stille Reserven 391
Stillhalten 553
Stimulanz 516
Strategie 469
–, Wachstumsstrategie 252
Strategieprozess 356
Strategische Lücken 460
Subject-to-tax-Klausel 417
Subsidiarität 737
Substanzauszahlung 479
Substanzbesteuerung 427
Substiftung 477
Subunternehmer 840
Summengrundsatz 589
Surrogatvermögen 479
Synergie 468
Systematik 62

T

Tagessätze 838
Tatfrage 825
Tätigkeitsvergütung 288, 826
Tauschgrundsätze 300, 302, 306, 309
Teilbetrieb 689, 762
Teilwert 391
Teilwertabschreibung 372, 449, 528
–, auf Beteiligungen an Gruppenmitgliedern 372
Teilwertabschreibungsverbot
–, einlagenbedingtes 373, 374
–, gruppenbedingtes 374
Totalanalyse 66
Transaktionsphase 460
Treu und Glauben 82
Typenvergleich 425

U

Übereignung 726
–, im Ganzen 730
Übergangsregelungen, individualisierte 75
Übernahme
–, insolventes Unternehmen 779
–, Unternehmen 207
Überobligationsgemäße Mehranstrengung des Verletzten 847
Überschuldung 616, 618f, 625
Überschuss 267
Überstunden 847
Übertragung
–, stiller Reserven 276
–, unentgeltliche 677
Umgehungshandlungen 662
Umgründung 576ff, 753
Umlaufvermögen 680
Umsatz 831
Umsätze gem § 6 Abs 1 Z 16 und Z 17 UStG 711
–, Option zur Steuerpflicht 711
Umsatzsteuer 301, 306
–, Berichtigung 637, 642
Umwandlung 579, 585
Umwelthaftungsregime 656
Umweltschaden
–, Verursacher 647
Umweltschutz
–, BVG 648
Umweltsanierungskostenversicherung 649
Unbilligkeit
–, persönliche 569
–, sachliche 569
Uneinbringlichkeit 635, 637
Unentgeltliches Einspringen von Angehörigen, Mitarbeitern, Nachbarn, Freunden 845
Ungewissheit 79
Unkenntnis, fahrlässige 734
Untätigkeitsklage 648
Unterhaltsersatzanspruch bei Tötung 827

Unterlagen 835
–, in Betracht kommende 834
Unterlassungs- und Beseitigungsansprüche 657
Unternehmen 774
–, Frühentwicklung 247
Unternehmensbewertung 461, 580
Unternehmensfortführung 655, 731
Unternehmensführung 124
Unternehmensgründung 297
–, Rahmenbedingungen 246
Unternehmensgruppe 443, 530
Unternehmenskaufvertrag 751
Unternehmenskultur 469, 511
Unternehmensnachfolge 717
–, familienexterne 799
–, familieninterne 799
Umsatzsteuerfragen 715
Unternehmensnachfolge oder -übergabe 799
Unternehmensprofil 251
Unternehmensreorganisationsgesetz 626
Unternehmensschenkung gegen Versorgungsrente 711
Unternehmensveräußerung 748
–, im Ganzen 674
Unternehmensverkauf gegen Kaufpreisrente 710
Unternehmensverpachtung 709
Unternehmenswertermittlung 800
Unternehmereigenschaft 635
–, einer Privatstiftung 505
Unternehmerisches Wissen 244
Unternehmung 66
URG 626
Urteil
–, Leitsätze 77
–, Vorwegnahme 831

V

Veranlagung, elektronische 62
Veräußerung
–, Betrieb 677
–, Freiberufler-Betrieb 678
–, Gewerbebetrieb 679

Veräußerung oder Verpachtung 774
Veräußerungsgewinn 672
–, bei Mitunternehmerschaften 692
Veräußerungsverlust 449, 673
Verbandsverantwortlichkeitsgesetz 766
Verbriefungsgesellschaft 751
Verdeckte Gewinnausschüttung 280, 292
Verdeckter Spitzenausgleich 594
Verdecktes Eigenkapital 292, 532
Verfassungskonformität 69
Vergleichsverfahren 807
Verhaltensanweisungen
–, Offenlegung 78
Verhältnismäßigkeit 663, 725
Verkehrsauffassung 729
Verkehrssteuern 675
Verkehrswert 580, 663
Verletzung von Landwirten 842
Verletzungsbedingte Liquidation des Unternehmens 859
Verlustabzug, Übergang auf den Erben 785
Verlustausgleich 277
Verlustberücksichtigung 452
Verlustbeseitigung 581
Verlustbremse 584
Verluste, steuerliche 567
Verlustsistierung 1996 und 1997 551
Verlustverwertung 372
Verlustvortrag 277, 540, 542
Vermächtnis 777
Vermeidungs- bzw Sanierungsverfahren 648
Vermietung/Verpachtung 291, 492
Vermögen 774f
Vermögensänderung 268
Vermögenserklärung 773
Vermögensschaden 848
Verrechnungspreise 84
Verschmelzung 579
Verständigungsverfahren 411
Vertragsübernahme 745, 750
Vertrauensschaden
–, Berechnung 82

Vertrauensschutz 70
Vertreterbetriebsstättc 414
Vertretung in Abgabe- und Abgabestrafverfahren 203
Verursacherprinzip 647, 657, 665
Verwaltungskostenbeitrag 84
Verwertungstatbestand 412
Volkswirtschaftlicher Wert 217
Vorab-Verständigungsverfahren 84
Vorbehaltsaufgaben 203
Vorjahresgewinn 386, 394
Vorkonkursliches Handeln 658
Vorkonkursrechtlicher Tatbestand 656
Vorsichtsprinzip 54
Vorsteuerabzug 637
Vorsteuerausschluss 504
Vorsteuerberichtigungszeitraum gem § 12 Abs 10 UStG 712
Vorteilsausgleichung 852
Vorverfahren 618

W

Warenlager 685
Warenschulden 558
Wartetastenverlust 536
Welteinkommen 405
Werbewirksamkeit 382f
Werbung 231
Werbungskosten 381
Wertverlust 452
Wertverzehr 447
Wettbewerbsanalyse 253
Wettbewerbsneutralität 448
Wirtschaftliche Betrachtungsweise 78
Wirtschaftliches Eigentum 503
Wirtschaftliches Fortkommen 823, 850
Wirtschaftliche Verfügungsmacht
–, Übergang 730
Wirtschaftsgüter
–, Zurückbehalten 587, 681
Wirtschaftsprüfer 201
–, Berechtigungsumfang 204
–, Berichterstattung 609
Wirtschaftsprüfer und Steuerberater, Marke 219

Wirtschaftsprüfung 601
Wirtschaftstreuhänder 173, 201, 213
–, Aufnahme eines neuen als Partner in das Unternehmen 191
–, Geschichte 212
Wissensarbeit 225, 232
Wissensbewahrung 235
Wissensbewertung 235
Wissensentwicklung 227, 234
Wissenserwerb 233
Wissensidentifikation 232
Wissenslücke 233
Wissensmanagement 231
Wissensmanager 228
Wissensökonomie 93, 96
Wissensteilung 235
Wissensziel 232
Wohnsitzlandprinzip 408
Work-life-balance 250
World Wide Web 223
Würdigung von Angaben 79

Z

Zahlungsplan 572
Zahlungsunfähigkeit 616, 618f
–, drohende 616, 618f, 625
Zeitaufzeichnung 153
Zession 750
Ziele
–, finanzielle 66
Zurückbehalten 587
–, unwesentlicher Wirtschaftsgüter 681
Zusage, verbindliche 82
Zusammenschluss 590
Zusammenveranlagung 273
Zuschuss 299, 527
Zuschüsse und Forderungsnachlässe 582
Zustandsverantwortlichkeit 660, 663
Zuwendung 359, 390
–, freiwillige 382
Zwangsausgleich 560
Zwangsversteigerung 639
Zweigniederlassung 416
Zwischensteuer 360